CB057820

Guia Completo de Receitas

Mestre-Cuca

Guia Completo de Receitas

Mestre-Cuca

Lafonte

Copyright © Larousse, Paris 2006
Copyright © 2007 by Editora Lafonte

Todos os direitos reservados.

EDIÇÃO BRASILEIRA
Direção editorial Sandro Aloisio
Coordenação Estúdio Sabiá
Edição Silvana Salerno
Tradução Célia Regina Rodrigues de Lima, Maria Alice Sampaio Doria, Mary Amazonas Leite de Barros e Paola Morsello
Preparação de texto Paola Morsello
Revisão Célia Regina Rodrigues de Lima, Hebe Lucas e Valéria Sanalios
Adaptação do projeto gráfico e diagramação Pólen Editorial
Capa Sart/Dreamaker Brand & Design

EDIÇÃO FRANCESA
Direção da publicação Carola Strang
Direção editorial Colette Hanicotte
Edição Ewa Lochet, com a colaboração de Isabelle Jullien, Marie-Thérèse Lestelle, Virginie Mahieux, Maja Siemek, Martine Willemin
Criação das receitas rápidas Béatrice Lagandré
Direção de arte Emmanuel Chaspoul com a colaboração de Jacqueline Bloch
Projeto gráfico Grégoire Bourdin
Ilustrações Sylvie Rochart
Fotografias Studiaphot
Diagramação Nord Compo
Revisão Annick Valade com a colaboração de Madeleine Biaujeaud

As receitas de Cuscuz paulista, Cuscuz de palmito e camarão, Espaguete ao vôngole, Quindim e Sorvete marmorizado são de Wanda Salerno. As demais receitas brasileiras são de Silvana Salerno.

Dados Internacionais de Catalogação na Publicação (CIP)
(Câmara Brasileira do Livro, SP, Brasil)

Guia Completo de Receitas : 1800 receitas. – São Paulo :
Editora Lafonte, 2007.

Título original: Petit Larousse de la cuisine :
1800 recettes
Várias tradutoras.
ISBN 978-85-8186-224-8

1. Culinária 2. Gastronomia 3. Receitas.

07-4890   CDD-641.5

Índices para catálogo sistemático:
1. Receitas : Culinária : Economia doméstica   641.5

5ª reimpressão: 2016
4ª reimpressão: 2013
3ª reimpressão: 2010
2ª reimpressão: 2009
1ª edição brasileira: 2007
Direitos de edição em língua portuguesa, para o Brasil, adquiridos por Editora Lafonte Ltda.

Av. Profa. Ida Kolb, 551 – 3º andar – São Paulo – SP – CEP 02518-000
Tel.: 55 11 3855-2294 / Fax: 55 11 3855-2280
atendimento@editoralafonte.com.br - www.editoralafonte.com.br

Guia Completo de Receitas

Mestre-Cuca

Sumário

CONHECIMENTOS DE BASE

Nutrição e alimentação 10
Material culinário 14
Cozimento dos alimentos 17
Compras e conservação 21
Glossário 24

PREPARAÇÕES DE BASE

Molhos e condimentos 34
   Caldos, court-bouillons
   e marinadas 34
   Condimentos 45
   Emulsões frias 52
   Emulsões quentes 58
   Gelatinas (de carne, peixe e frango) 61
   Manteigas aromatizadas 63
   Molhos brancos 70
   Molhos com frutas e
   outros molhos doces 83
   Molhos com manteiga,
   leite e creme de leite 85
   Molhos escuros 88
Empanados e recheios 103
Massas para pratos salgados 111

CALDOS, CONSOMÊS, CREMES E SOPAS

Caldos 121
Consomês 123
Cremes e veloutés 127
Sopas 145

HORS-D'OEUVRE E ENTRADAS

Aperitivos 161
Entradas frias 170
Entradas quentes 200

OVOS E QUEIJOS

Omeletes 239
Ovos à la coque 244
Ovos cozidos 246
Ovos en cocotte 248
Ovos fritos 249
Ovos mexidos 251
Ovos no prato e na caçarola 255
Ovos pochés 258
Ovos semiduros (mollets) 260
Pratos à base de queijo 265

PEIXES, MARISCOS, CRUSTÁCEOS, MOLUSCOS E RÃS

Crustáceos 272
Mariscos 288
Moluscos de mar 305
Moluscos de terra 309
Peixes de mar 312
Peixes de rio 383
Rãs 398

CARNES

Boi 403
Carneiro e cordeiro 440
Porco 463
Vitela 485

AVES, COELHO E CAÇA

Coelho 514

SUMÁRIO

Frango e galinha 522
Galinha-d'angola 558
Ganso 560
Pato 566
Peru 581
Pombo 588
Aves de caça 591
   Codorna 591
   Faisão 596
   Pato selvagem 600
   Perdigoto e perdiz 603
Animais de caça 608
   Cabrito 609
   Javali 614
   Lebre 618

HORTALIÇAS E FRUTOS

Abacate 627
Abóbora e abobrinha 629
Abóbora-japonesa 634
Abóbora-moranga 634
Acelga 637
Agrião 640
Aipo 641
Aipo-rábano 643
Alcachofra 646
Alface 650
Alho 652
Alho-poró 654
Aspargos 656
Azedinha 659
Batata 660
Batata-doce 674
Berinjela 675
Brócolis 686
Brotos e grãos 687
Castanha portuguesa 689
Cebola 691
Cenoura 695
Chicória 698
Chuchu 700
Cogumelos 701
Couve-chinesa 714
Couve-de-bruxelas 716
Couve-flor 718
Endívia 722
Erva-doce 724
Ervilha e grão-de-bico 726
Espinafre 732
Favas 737
Feijão 739
Legumes sortidos 747
Lentilha 753
Mandioquinha 756
Milho 759
Nabo 762
Palmito 764
Pepino 765
Pimentão 768
Repolho 772
Repolho roxo 778
Salsinha 780
Tomate 782
Trufa 790
Vagem 791

MASSAS, RISOTOS E SÊMOLA

Massas 797
Pães 813
Risotos 815
Sêmola 825

SOBREMESAS E DOCES

Sobremesas sem frutas 831

SUMÁRIO

Sobremesas com frutas 872
   Abacaxi 872
   Ameixa 877
   Amêndoa 880
   Amora 882
   Avelã 883
   Banana 883
   Caju 888
   Caqui 890
   Castanha 891
   Cereja 895
   Coco 901
   Damasco 902
   Figo 907
   Framboesa 909
   Goiaba 910
   Grapefruit 911
   Laranja 912
   Limão 915
   Maçã 919
   Manga 923
   Maracujá 925
   Melão 925
   Mexerica e tangerina 927
   Morango 928
   Pêra 933
   Pêssego 938
   Seleção de frutas 942
   Seleção de frutas tropicais 948
   Uva 950

CONFEITARIA
Massas de confeitaria 953
Biscoitos, bolos e
petits-fours secos 963
Bolos recheados, tortas,
tortinhas e folhados vienenses .. 975
Petits-fours frescos 1030

BALAS, CHOCOLATES E DOCINHOS
Caramelos e glacês 1034
Balas 1037
Chocolates 1038
Docinhos 1040

COZINHA RÁPIDA
60 receitas para refeições rápidas,
saudáveis e saborosas no dia-a-dia

Abobrinha 1049
Alho-poró 1050
Arroz 1051
Banana 1052
Batata 1053
Brócolis, couve, couve-flor 1054
Carne moída 1055
Cenoura 1056
Chocolate 1057
Endívia 1058
Ervilha 1060
Farinha de mandioca e de milho 1061
Frango 1062
Kiwi 1063
Laranja 1064
Lentilha 1065
Maçã 1066
Massas 1069
Ovos 1070
Peixe (em conserva) 1071
Peixe (em filés) 1072
Porco 1073
Presunto 1074
Salada verde 1076
Sêmola e polenta 1077
Tofu 1079

SUMÁRIO

Tomate 1080
Trigo e quinoa 1081
Vagem 1082

Anexos 1084

Índice 1086

TÉCNICAS CULINÁRIAS
(entre as páginas 544 e 545)

Desengordurar um caldo II
Deglaçar II
Preparar Béchamel
(molho branco) III
Preparar molho béarnaise IV

Fazer massa folhada V
Limpar vieiras VI
Cortar as barbatanas VII
Tirar as escamas VII
Retirar as vísceras VII
Rechear um peixe VIII
Fatiar um pernil assado IX
Rechear um frango X
Cortar um frango assado XI
Retirar fundo de alcachofra XII
Picar ervas XII
Picar cenoura XIII
Fazer uma juliana de alho-poró ... XIII
Preparar creme inglês XIV
Fazer chantilly XV
Preparar calda de caramelo XVI

Conhecimentos de base

NUTRIÇÃO E ALIMENTAÇÃO	10
MATERIAL CULINÁRIO	14
COZIMENTO DOS ALIMENTOS	17
COMPRAS E CONSERVAÇÃO	21
GLOSSÁRIO	24

NUTRIÇÃO E ALIMENTAÇÃO
CONHECIMENTOS DE BASE

Nutrição e alimentação

Pesquisas científicas na área nutricional estabeleceram regras simples para o equilíbrio alimentar: 15% das calorias diárias devem ser de proteínas, 30 a 35% de lipídios e 50 a 55% de glicídios. Para respeitar esse equilíbrio, a grande dica é comer de tudo, em três refeições ao dia:

• um café-da-manhã composto de uma bebida (chá ou café), um laticínio (leite, iogurte, ou queijo branco para as proteínas e o cálcio), cereais e/ou pão (glicídios) com um pouco de manteiga ou geléia, uma fruta ou um suco de fruta (glicídios e vitaminas).

• um almoço e um jantar com carne ou peixe (proteínas e ferro), legumes, arroz, massa ou batatas (glicídios e vitaminas), um queijo (proteínas e cálcio), uma fruta (glicídios e vitaminas) ou sobremesa e pão (glicídios).

As quantidades variam segundo cada indivíduo. De fato, só sentimos fome de verdade quando o organismo precisa de glicídios, ou seja, quando os da refeição anterior já foram absorvidos. E ela desaparece ao longo da refeição, pois os glicídios assimilados enviam sinais ao sistema nervoso que desencadeiam essa sensação de saciedade.

NECESSIDADE CONSTANTE DE ENERGIA

A energia, tanto a contida nos alimentos quanto a necessária ao organismo, é medida em quilojoules (kj) ou quilocalorias (kcal), que chamamos informalmente de calorias.

Para um balanço energético equilibrado, é necessário que a ingestão calórica seja igual ao consumo. Um desequilíbrio – ingestão excessiva e queima insuficiente, ou o inverso – provoca o aumento ou, ao contrário, a perda de peso. Para entender as necessidades de energia, é preciso primeiramente saber como esta é utilizada pelo organismo. O primeiro local de gasto, o metabolismo de base, corresponde àquilo que se gasta obrigatoriamente em uma vida sedentária, e depende da altura, peso, sexo e idade, mas também do estado físico e psíquico. A termorregulação, ou manutenção da temperatura corporal a 37ºC, também provoca gasto de energia. Enfim, para nos alimentarmos várias vezes ao dia, necessitamos de energia, que é gasta ao longo da transformação e da estocagem dos nutrientes. Mas o recorde em gasto de energia está em princípio ligado ao trabalho muscular. Gasta-se, por exemplo, 250 a 300 calorias ao caminhar durante 1 hora. O equilíbrio alimentar exige que os nutrientes – proteínas, lipídios e glicídios –, assim como as vitaminas e sais minerais, sejam ingeridos em proporções adequadas.

NUTRIÇÃO E ALIMENTAÇÃO
CONHECIMENTOS DE BASE

PROTEÍNAS: ALIMENTOS CONSTRUTORES

As proteínas compõem todas as células do corpo e são constituídas de 23 aminoácidos; oito deles são indispensáveis, mas o organismo não consegue sintetizá-los. As necessidades diárias de proteínas são de 1 g por quilo de massa corporal, o que corresponde, em princípio, a 12 a 15% das necessidades calóricas diárias. As proteínas fornecem 4 calorias por grama.

É nos queijos fermentados que se encontra a maioria das proteínas (18 a 25% – em contraste com 8 a 19% encontradas no queijo fresco), seguidas de carnes, peixes, frutos do mar e crustáceos (15 a 25%), ovos (13%) e farinhas (10%). Elas também podem ser encontradas nas leguminosas (8%) e no pão (7%).

No mínimo um terço das proteínas absorvidas deve ser de origem animal, porque a carne e seus derivados contêm os 8 aminoácidos indispensáveis, enquanto as proteínas de origem vegetal são em geral desprovidas deles. A dieta vegetariana, que exclui apenas carnes e peixes, não apresenta perigo, mas o mesmo não ocorre com a dieta vegana, que exclui todos os alimentos de origem animal.

No entanto, esse equilíbrio (um terço de proteínas animais e dois terços de proteínas vegetais) raramente é respeitado. Muitas vezes, essa proporção é invertida, o que reflete na saúde, pois o excesso de gorduras dos alimentos de origem animal causa um desequilíbrio que favorece a obesidade e o surgimento de doenças cardiovasculares.

GLICÍDIOS: ALIMENTOS ENERGÉTICOS POR EXCELÊNCIA

Os glicídios, ou carboidratos, são também denominados "açúcares", o que pode dar margem a confusão. Açúcar e doces são glicídios puros (100%). Biscoitos e frutas secas contêm de 65 a 88% de glicídios. O pão contém 55%, o que o torna seu principal fornecedor. Massas e arroz, uma vez cozidos, contêm 20% de glicídios, assim como as batatas. Os laticínios contêm de 3 a 6%, os legumes 7% em média, o que é pouco. Quanto às frutas, possuem em média entre 5 e 20% de glicídios.

Depois de processados no tubo digestivo, os glicídios são transformados em glicose – alimento essencial às células, pois fornece a energia necessária para o seu funcionamento. Uma simples diminuição da glicemia (taxa de glicose do sangue) tem efeitos imediatos, que se traduzem em fadiga, uma sensação desagradável de desânimo e fome.

NUTRIÇÃO E ALIMENTAÇÃO
CONHECIMENTOS DE BASE

A glicose está presente principalmente no fígado e nos músculos, sob a forma de glicogênio, e se eleva até o nível de 300 a 400 g, no máximo, o que representa uma reserva energética de cerca de 12 horas. Por isso é absolutamente necessário absorver glicídios (ou carboidratos) em todas as refeições.

LIPÍDIOS: ESTÉTICA E ENERGIA

Os lipídios, ou gorduras, têm inúmeras funções no organismo. Reunidos no tecido adiposo, que envolve os músculos, dão forma ao corpo e são também o reservatório mais importante de energia. A reserva média de uma pessoa de 65 kg é de 9 a 10 kg, ou seja, 81 mil a 90 mil calorias, o que permitiria sobreviver sem comer durante 40 dias. Os óleos são lipídios puros (100%). Alimentos gordurosos, como a manteiga e a margarina, contêm 83%, e certos embutidos, 60%. As carnes mais gordurosas têm 30%, os queijos fermentados, de 15 a 30%; o creme de leite, de 15 a 35%.

Os lipídios podem conter três tipos de ácidos graxos: saturados, monoinsaturados e poliinsaturados. Esses ácidos são conhecidos devido ao papel nocivo ou benéfico que exercem no sistema cardiovascular. Os ácidos graxos saturados encontram-se essencialmente nas gorduras de origem animal (manteiga, creme de leite, queijos, carnes) e são fáceis de identificar: quanto mais dura a gordura à temperatura ambiente (18 a 22°C), mais rica em ácidos graxos saturados. Os óleos são ricos em ácidos graxos mono e poliinsaturados, que têm função benéfica e protetora contra doenças cardiovasculares. As gorduras animais contêm colesterol, enquanto as vegetais, não.

Todas as gorduras são facilmente armazenadas pelo organismo quando a proporção ingerida é alta, podendo acarretar ganho de peso, em especial se houver predisposição genética.

SAIS MINERAIS, OLIGOELEMENTOS E VITAMINAS ESSENCIAIS

Todos os minerais estão presentes no organismo, e cada um deles desempenha um papel específico. Os principais são: cálcio, cloro, ferro, magnésio, fósforo, potássio e sódio. O termo "oligoelementos" designa os minerais contidos em quantidades ínfimas tanto no organismo quanto nos alimentos.

Cálcio e fósforo são, quantitativamente, os mais importantes no organismo, pois entram na composição dos ossos, daí a necessidade de grande consumo diário (800 a 1.000 mg). Todos os alimentos contêm fósforo. O mesmo ocorre com o cálcio, essencialmente presente nos produtos lácteos. O leite con-

NUTRIÇÃO E ALIMENTAÇÃO
CONHECIMENTOS DE BASE

têm 125 mg, e um iogurte comum, 140 mg; a quantidade presente nos queijos é variável (cerca de 50 mg para cada 100 g nos queijos moles e 950 mg nos queijos duros). Portanto, é bom tomar leite durante o dia, mas é absolutamente necessário consumir queijo ou outro laticínio às refeições.

O **ferro** é um dos constituintes dos glóbulos vermelhos. Desempenha um papel muito importante em todos os mecanismos da respiração celular, assim como na defesa imunitária. Nossas necessidades (18 a 24 mg para as mulheres; 19 mg para os homens) nem sempre são satisfeitas, pois ele é pouco absorvido pelo organismo e bastante raro nos alimentos. Em geral, a falta de ferro é causada pelo consumo insuficiente de carne vermelha. Muitos legumes contêm ferro, mas sob uma forma não utilizada pelo organismo.

O **magnésio** constitui as células nervosas e é responsável pela excitabilidade neuromuscular. As necessidades desse mineral são bastante consideráveis (300 a 500 mg por dia) e com freqüência não são satisfeitas, pois, com exceção do chocolate (290 mg para cada 100 g), das frutas secas (50 a 250 mg), das leguminosas (60 a 80 mg) e dos cereais integrais, os alimentos são pobres nessa substância. A falta de magnésio se traduz em fadiga, problemas musculares, e às vezes até em espasmofilia.

O **sódio** tem papel determinante, pois controla todo o equilíbrio hídrico do organismo. Ele nunca falta, ao contrário: é absorvido em abundância, às vezes até em excesso, por meio do sal (cloreto de sódio). O sódio é encontrado em quase todos os alimentos. Seu excesso pode favorecer a hipertensão.

O **potássio** é fundamental no metabolismo. Está presente em todos os alimentos, sobretudo nas frutas e legumes.

Os **oligoelementos** são: cobre, cromo, flúor, iodo, manganês, molibdênio, selênio e zinco. A quantidade necessária de alguns desses elementos ainda é pouco conhecida.

As **vitaminas** são indispensáveis ao crescimento, à reprodução e ao bom funcionamento de todos os órgãos. São obtidas dos alimentos, com exceção da vitamina D, que é essencialmente obtida da ação dos raios ultravioleta do sol. Todos os alimentos, exceto o açúcar puro, contêm vitaminas, mas nenhum contém todas elas, o que reforça a necessidade de uma alimentação variada. As carências existem, sobretudo com relação às vitaminas do complexo B e à vitamina C, quando a alimentação é desequilibrada, muito rica em açúcares e gorduras e/ou muito pobre em cereais, frutas e legumes. Uma carência mínima já é suficiente para causar problemas que se traduzem inicialmente em fadiga.

NUTRIÇÃO E ALIMENTAÇÃO / MATERIAL CULINÁRIO
CONHECIMENTOS DE BASE

Para concluir, não se deve esquecer que a água é o principal constituinte do organismo e se renova sem cessar. Dois a três litros de água são eliminados a cada dia. Eles provêm da água das bebidas ou daquela contida nos alimentos consumidos: beber ao menos 1 litro de água por dia é, portanto, uma necessidade mínima absoluta. O ideal é consumir 2 litros por dia.

Material culinário

Para cozinhar bem, é preciso conhecer as regras da arte culinária, além de dispor do material necessário para a realização das receitas. Os diversos utensílios devem ser resistentes e de fácil manuseio e manutenção.

A BATERIA DE COZINHA

Aparelho para fondue. De barro ou ferro esmaltado, é acompanhado de um réchaud para ser levado à mesa.

Caçarolas e panelas. As caçarolas devem ser estáveis, com cabo longo. O caldeirão é uma grande panela de bordas altas, com alças, própria para grandes quantidades de sopas e cozidos. Escolha de preferência recipientes de aço inoxidável – material resistente e que não conserva odores – com tampa. Para preparar molhos e caldas, utilize uma panelinha de fundo grosso, se possível de cobre com estanho, que é um bom condutor de calor.

Frigideira. É bom possuir várias e reservar uma para os peixes. Seu fundo deve ser bem espesso para que o calor se distribua de maneira homogênea. Um revestimento antiaderente permite que os alimentos não grudem.

Fritadeira. Possui um cesto no qual se colocam os alimentos antes de mergulhá-los no óleo para fritar.

Grelha. De ferro ou alumínio, é muito útil para carnes.

Panela de ferro. De ferro fundido ou esmaltado, é insubstituível no cozimento lento.

Prato para ovo. Prato no formato de um ovo aberto, com alças, em geral de barro ou cerâmica, para ir ao forno ou em banho-maria.

Refratários. São feitos de diversos materiais. Para assar grandes porções de carne, aves e peixes, deve ser bastante grande, de modo a conter a gordura e o suco do cozimento. Os refratários são usados para assar e gratinar todo tipo de pratos, doces ou salgados.

MATERIAL CULINÁRIO
CONHECIMENTOS DE BASE

Terrina. Retangular, redonda ou oval, é um recipiente de barro ou porcelana esmaltada, com bordas altas, alças e tampa.
Wok. Frigideira chinesa, de material antiaderente ou ferro, grande e mais aberta que a frigideira comum, facilita o preparo de carnes com legumes, pratos asiáticos etc.

OS UTENSÍLIOS BÁSICOS

Agulha de costura. Para fechar e costurar aves e carnes recheadas.
Batedor. Para bater as claras em neve. Os mais rígidos servem para emulsificar molhos e misturar cremes mais consistentes.
Coador. Deve ser fino e cônico, para filtrar as impurezas dos molhos, coulis e caldos.
Colher e espátula de madeira. A primeira para misturar os ingredientes e a segunda para desenformar e despejar os alimentos na frigideira (sem estragar o revestimento antiaderente).
Concha. Utilizada para sopas e líquidos. Uma concha menor e com bico serve para retirar a gordura dos caldos e molhos.
Escorredor. Utensílio grande e redondo que filtra os líquidos ou escorrer alimentos, crus ou cozidos, separando-os de seu líquido de cozimento.
Escumadeira. Espátula larga e redonda, com furos, para retirar a gordura dos caldos e separar alimentos sólidos de líquidos.
Liquidificador. Serve para preparar pastas, purês de frutas, vitaminas etc.
Pão-duro. Serve para raspar o fundo das vasilhas e tigelas.
Peneira. Usa-se para peneirar a farinha e evitar grumos.
Pincel de cozinha. Utilizado para pincelar com manteiga, gemas ou óleo em certas receitas e dourar a superfície de massas antes de assar.
Vasilha. Escolha uma bem grande e funda que permita o uso do batedor, sovar uma massa ou colocá-la para crescer.

FACAS E OUTROS PEQUENOS UTENSÍLIOS

Descaroçador. Espécie de pinça para retirar o caroço de azeitonas, cerejas etc.
Descaroçador de maçã. Cilindro de bordas afiadas próprio para extrair a polpa da maçã, deixando-a inteira.
Descascador. Instrumento de lâmina curta usado para retirar tirinhas finas de frutas cítricas, entre outras possibilidades.
Descascador de legumes. De lâmina fendida, serve para descascar legumes como batatas.

MATERIAL CULINÁRIO
CONHECIMENTOS DE BASE

Faca de carne. Faca grande e afiada para cortar carne crua ou assada.
Faca de chef. Sua grande lâmina permite picar alho, cebola, ervas finas etc.
Faca de peixe. Faca grande, própria para peixe.
Faca de ofício. Faca pequena e pontiaguda para preparar e trinchar legumes.
Faca serrilhada. Para cortar tomates, cebola etc.

FÔRMAS E UTENSÍLIOS PARA PÂTISSERIE

Aros de fôrma para tortas. Aros avulsos podem ser usados em volta da massa colocada na assadeira, o que facilita na hora de desenformar.
Carretilha. Própria para recortar a massa de modo regular.
Fôrma canelada. Usadas para sobremesas cremosas, podem ser de cerâmica ou revestimento antiaderente.
Fôrma de biscoitos. Retangular, é utilizada para assar massa de biscoito, que será em seguida recheada e enrolada.
Fôrma de bolo. Redonda, quadrada ou retangular, com bordas altas, para ser usada em bolos e sobremesas em geral.
Fôrma de pão-de-ló. Baixa e redonda, ou retangular, suas paredes podem ser caneladas ou lisas.
Fôrma de pudim. Lisa ou canelada, possui um orifício central.
Fôrma de suflê. Redonda, quadrada ou retangular, de porcelana ou vidro temperado.
Fôrma de tortinhas. Fôrma pequena (de porcelana ou vidro) para porções individuais (pudins, suflês, ovos etc.).
Fôrma individual. Pequena e redonda, para porções individuais.
Fôrma para bolo inglês (ou pão). Comprida, no formato de um pão de fôrma.
Fôrma para pudim e charlote. Alta, com laterais ligeiramente enviesadas, possui alças para facilitar na hora de desenformar. Usada em pudins, charlotes, diplomatas e alguns pratos salgados, como o aspic.
Fôrma para sorvete. Em geral metálica, possui tampa hermética para evitar a formação de cristais.
Fôrma para torta. Redonda ou retangular, de preferência de fundo removível, o que facilita na hora de desenformar.
Fôrma para waffle. Fôrma articulada de duas placas, em geral de ferro, para fazer waffles. Também pode ser elétrica.
Forminhas de docinhos, empadas e petit-fours. Pequeninas e de formatos muito variados.
Placa de metal. É uma placa alveolada que permite assar vários docinhos ao mesmo tempo.

Rolo de massa. Tradicionalmente de madeira, serve para abrir massas.
Saco e bicos para confeitar. Permitem rechear carolinas, decorar bolos e tortas e dispor massas sobre a assadeira. De tamanhos e formatos variados.

INSTRUMENTOS DE MEDIDA

Balança. Em geral, utiliza-se uma balança automática (o peso é indicado pela agulha sobre o mostrador). A balança eletrônica, com marcação digital, é ainda mais precisa.

Copo medidor. De plástico rígido ou vidro, próprio para medir o volume de líquidos ou para pesar sem balança certos ingredientes fluidos (farinha, açúcar etc.).

Pesa-xarope (densitômetro). Usado para medir a concentração de açúcar, principalmente no preparo de confeitos.

Termômetro. O termômetro de cozinha (de vidro e com líquido vermelho), graduado de 0 a 120°C, serve para controlar a temperatura do banho-maria. O termômetro usado nas caldas de açúcar é graduado de 80 a 200°C.

Timer. Muito útil para programar o tempo de cozimento.

ELETRODOMÉSTICOS

Batedeira. Indicada no preparo de massas para bolo, claras em neve, chantilly etc.

Mixer. Para bater legumes e frutas. O modelo mais simples pode ser usado com a panela no fogo; os outros possuem um recipiente de vidro cujo fundo é munido de lâminas cortantes para triturar e homogeneizar.

Multiprocessador. Usado para triturar, picar e transformar em pasta alimentos sólidos ou duros. Conforme o modelo, pode-se adaptar inúmeros acessórios: faca, trincho, ralador, peneira etc.

Sorveteira. Aparelho para preparar sorvetes e sorbets.

Cozimento dos alimentos

O cozimento consiste em submeter o alimento à ação do calor para fazer sobressair suas qualidades gustativas ou modificar sua estrutura física, composição química e sabor.

FORMAS DE COZIMENTO

Cozimento em frigideira

Há três formas: salteado, refogado e frito. No salteado, o alimento é passado rapidamente em gordura (manteiga ou óleo). Nos refogados, usa-se pouquíssimo óleo, cebola e/ou alho e frita-se rapidamente o alimento, mexendo.

Cozimento em líquido

■ *O cozimento a partir do líquido fervente* (cozimento em água fervente) consiste em cozinhar um alimento em temperatura constante, num líquido em ebulição. Todos os alimentos podem ser feitos dessa forma, mas a condução do processo deve ser adaptada a cada caso.

Carnes e legumes frescos. Alimentos mais resistentes, podem ser cozidos rapidamente em fogo alto, pois é necessário retirá-los logo para não perderem o sabor, preservando seu aspecto e suas propriedades nutritivas.

Ovos, peixes, frutas, almôndegas, salsichas etc. Estes alimentos delicados devem cozinhar em fogo brando a fim de preservar seu aspecto e também favorecer a troca de sabores entre o alimento e o líquido de cozimento.

■ *O cozimento a partir do líquido frio* permite cozinhar ou precozer o alimento até a ebulição. Favorece a troca de nutrientes entre o alimento e o líquido de cozimento.

Esta técnica se aplica ao cozimento ou branqueamento de legumes e leguminosas, caldos de peixe (court-bouillon), ao cozimento e branqueamento de carnes (cozidos, pot-au-feu), caça, aves etc., assim como a caldos e molhos com especiarias.

■ *O cozimento a vapor* consiste em levar ao fogo uma panela com um pouco de água e encaixar um escorredor de macarrão dentro dela com o alimento a ser cozido. O vapor da água passará pelos furinhos do escorredor e cozinhará lentamente o alimento. Pode-se utilizar um cuscuzeiro ou uma panela própria para o cozimento a vapor. Cozidos assim, os legumes e os peixes, em particular, conservam o sabor e as suas propriedades nutritivas.

COZIMENTO DOS ALIMENTOS
CONHECIMENTOS DE BASE

Nota: o banho-maria não é considerado um modo de cozimento. Coloca-se o recipiente com o alimento dentro de outro recipiente maior com água fervente, o que permite manter o alimento quente ou derretê-lo (chocolate, manteiga), sem risco de queimá-lo pelo contato com o fogo, ou cozinhar lentamente um molho béarnaise, por exemplo, sem que a temperatura ultrapasse 65ºC. Flãs e pudins de leite são feitos em banho-maria, no fogo ou forno.

Cozimento em panela de pressão

Esta técnica permite cozinhar rapidamente em água ou caldo, no vapor ou "no bafo" a uma temperatura média de 120ºC. O tempo de cozimento é calculado a partir do momento em que a válvula da panela começa a girar e apitar. Antes de abri-la, espere a pressão cessar, retirando a válvula ou resfriando a panela sob a água fria.

Abafado

É um cozimento lento, em fogo brando e recipiente fechado, com pouco ou nenhum líquido e ervas aromáticas. É ideal para grandes peças de carne e de aves, pois poderiam ficar ressecadas se fossem assadas. O recipiente fechado mantém a umidade do alimento. Espalham-se os temperos no fundo da assadeira, depois coloca-se a peça já temperada e um pouco de óleo ou manteiga. Depois coloca-se a assadeira coberta no forno preaquecido. Deve-se regar regularmente o alimento. Ao final, deve-se descobrir a peça para que doure. O caldo é obtido adicionando-se vinho ou suco de laranja ou maracujá, por exemplo, à guarnição. É assim que se preparam costeletas de vitela, pato e galinha-d'angola.

Cozido

Cozimento em fogo moderado e recipiente fechado, utilizado para pedaços grandes de carne, duros e fibrosos, aves grandes e peixes de carne muito firme. Esses alimentos são imersos no líquido de cozimento, com exceção dos peixes, que na maioria das vezes são mergulhados só até a metade.

Guisado

O guisado é um tipo de cozimento próprio para carnes e aves em pedaços. Procede-se em duas etapas: doura-se o alimento no óleo, para fritá-lo, depois acrescenta-se líquido (água, caldo, vinho), até cobrir tudo, temperos e ervas aromáticas, como se faz na carne assada.

COZIMENTO DOS ALIMENTOS

Papillotes

O cozimento em papillotes lembra o abafado, mas é reservado a alimentos de porções individuais: inteiros, em escalopes, em pedaços ou em filés (peixes, aves, legumes, frutas). O alimento é envolvido em papel-manteiga ou papel-alumínio antes de ser exposto ao calor, no forno ou grelha. Tem a vantagem de não requerer gordura nem ressecar o alimento.

Assados (carnes)

Ao assar carnes e legumes, expomos o alimento diretamente ao fogo após untá-lo em gordura. No forno, deve-se regar freqüentemente a peça com o caldo de cozimento. Preaqueça o forno por 10 minutos para dourar as carnes vermelhas. Dourá-las numa assadeira diretamente é ainda melhor. Nunca salgue durante o cozimento, o que poderia deixar a carne ressecada. Vire a peça na assadeira, evitando perfurá-la. Antes de servir, espere cerca de metade do tempo de cozimento, cubra com papel-alumínio e deixe a porta do forno entreaberta e o termostato em posição mínima.

Assar no espeto tem suas vantagens: a peça não fica imersa em gordura e doura uniformemente, provocando a rápida evaporação da água e a concentração de sucos.

Frituras

As frituras feitas em uma quantidade maior de óleo bem quente podem ser simples (batata e mandioca fritas) ou empanadas (bife à milanesa etc.). Mergulha-se o alimento em grande quantidade de óleo bem quente, até que fique dourado e crocante. Pode-se utilizar uma frigideira com cesto ou uma fritadeira. A quantidade de óleo e o tempo de fritura dependem da quantidade de alimento: a proporção ideal é de 3 volumes de óleo para 1 de alimento. Nunca reutilize o óleo, pois faz mal à saúde.

Grelhados

Grelhar um alimento é expô-lo à ação direta do calor por contato (grelha), ou irradiação (churrasqueira). Dessa forma, o alimento conserva todo o sabor. Este modo de cozimento serve para carnes e espetinhos. Deve-se pincelar o alimento com óleo para evitar que ressequе, virando-o uma só vez, na metade do tempo de cozimento (mas sem perfurá-lo com o garfo).

Nota: o grill do forno, que fica em sua parte superior, é usado tanto para grelhar como para gratinar.

COZIMENTO DOS ALIMENTOS / COMPRAS E CONSERVAÇÃO
CONHECIMENTOS DE BASE

APARELHOS PARA ASSAR E COZINHAR

Fornos

A gás ou elétrico, todo forno possui um termostato que controla a temperatura, que vai de 50-100ºC a 300ºC. O botão de regulagem também pode ser graduado. No forno a gás, a combustão mantém um fluxo de ar quente que se desprende de maneira intensa. No forno elétrico, o deslocamento de ar quente, por convecção natural, é menos significativo. Da mesma forma, numerosos aparelhos são equipados com sistemas de convecção forçada. Nestes, a circulação do ar e as trocas térmicas são aceleradas.

Microondas

O magnetron emite ondas de altíssima freqüência que penetram no alimento e o cozinham por meio da agitação das moléculas de água. O microondas tem a vantagem de reduzir consideravelmente o tempo de cozimento, mas de forma alguma pode substituir o forno clássico: as carnes não douram, a massa não cresce etc., o que limita sua utilização. Por outro lado, é muito prático para descongelar e esquentar refeições, e ideal para amolecer manteiga, fundir chocolate, esquentar leite sem deixar ferver ou transbordar etc.

Compras e conservação

Fazer compras pensando na próxima refeição faz parte do prazer de cozinhar. Podemos encontrar, ao longo das estações do ano, os melhores produtos de cada região e aproveitar seu frescor, sobretudo se desejamos conservá-los.

AS COMPRAS

Certos alimentos, devido à sua fragilidade, precisam ser consumidos rapidamente. É o caso do peixe, que não deve ser conservado mais do que 24 horas, principalmente em períodos de calor. Embora a maior parte seja encontrada o ano todo, a tainha e o linguado são mais abundantes no inverno, a sardinha e o vermelho no verão, a merluza no final da primavera etc. Pergunte ao vendedor qual o peixe da estação. Mas atenção! Certos peixes, como o atum, se oxidam facilmente e só devem ser cortados na hora do preparo.

COMPRAS E CONSERVAÇÃO
CONHECIMENTOS DE BASE

Pode-se consumir frutos do mar o ano todo. No entanto, os mexilhões, assim como as ostras, são mais difíceis de ser encontrados na época de reprodução.

A carne de vitela provém de um animal com apenas algumas semanas. A denominação "cordeiro" só se aplica a animais com menos de 10 meses.

A aquisição de frutas e legumes deve ser cuidadosa. Os produtos vendidos em embalagens a vácuo em sua grande maioria são mais manipulados que aqueles comercializados em sua embalagem de origem. Com o desenvolvimento do cultivo em estufas, técnicas de conservação e de transporte, pode-se encontrar o ano todo qualquer tipo de fruta e legume. Mas, além do preço mais vantajoso, é em plena estação que é possível consumir as melhores variedades de cada região.

As frutas saboreadas ao natural, como parte de uma sobremesa ou compota, devem estar maduras, sobretudo as frutas com caroço. É melhor privilegiar o sabor do que o aspecto uniforme e bem equilibrado imposto por certos produtores.

As ervas aromáticas, que revelam maravilhosamente o sabor dos pratos, encontram-se em abundância nos mercados e feiras livres e, quanto mais frescas, mais perfumadas.

A CONSERVAÇÃO

Cozinhar exige que se tenha sempre à mão um certo número de gêneros alimentares: arroz, sêmola, temperos, frutas secas, geléias etc. Não é o caso, no entanto, de fazer estoques por tempo muito longo. Leve em conta, antes de tudo, o local de que dispõe, a proximidade do comércio e a freqüência das refeições preparadas em casa. Verifique sempre a data de validade dos alimentos. A farinha, uma vez aberta, se desidrata, portanto é melhor consumi-la em até um mês.

O refrigerador permite conservar os produtos frescos por alguns dias. Para conservar por diversos meses os alimentos, é preciso usar o freezer, o que permite ganhar tempo (pode-se fazer compras com menos freqüência) e dinheiro (você pode comprar ou estocar no melhor momento os produtos da estação), além de variar o menu.

O congelamento consiste em resfriar rapidamente um alimento, de maneira a fazer passar ao estado sólido todo o líquido que ele contém. Se essa operação é feita com o alimento ainda fresco, permite que ele conserve todas as suas qualidades (aspecto, textura, sabor). Seu teor de vitaminas e de minerais não é muito diferente do de produtos frescos. Se o congelamento é muito

COMPRAS E CONSERVAÇÃO
CONHECIMENTOS DE BASE

lento, os cristais de gelo que se formam ficam muito grandes e podem destruir as fibras; ao descongelar, o alimento então se torna mole e sem cor.

Para congelar bem, é preciso respeitar certas regras. Selecionar produtos bem frescos; o frio não esteriliza, apenas os micróbios congelam ao mesmo tempo que os alimentos. Inúmeros alimentos podem ser congelados. É preciso embalá-los, retirando antes todo o ar para evitar a oxidação. Depois de lavados e descascados, os legumes devem ser branqueados, ou seja, mergulhados por alguns minutos em água fervente. As frutas devem ser congeladas in natura, ou na forma de compotas ou coulis.

O tempo de conservação dos alimentos congelados varia muito. Por exemplo: carnes, de 8 a 12 meses, mas carne de porco: 5 meses. Aves: 6 meses. Carne de caça: 3 meses. Peixes magros: 5 meses. Peixes gordos: 3 meses. Legumes: de 6 a 12 meses. Frutas: de 6 a 10 meses. Pratos condimentados: 8 meses. Massas doces cruas: 2 meses. Ervas: 6 meses. O descongelamento de um alimento ou prato pronto jamais deve ser feito em temperatura ambiente. É preciso colocá-lo no refrigerador por cerca de 2 a 20 horas, dependendo de sua natureza e tamanho. Pode-se utilizar também o microondas para descongelar grandes pedaços com rapidez. Enfim, só se deve cozinhar um produto congelado se tiver pequeno volume.

Atenção: uma vez descongelado, qualquer produto não deve jamais ser congelado novamente.

Glossário

aerar: bater claras, creme de leite ou outro ingrediente com o batedor para que ganhem volume graças à incorporação de bolhas de ar. *Veja também* "bater".

afogar: *veja* refogar.

aligeirar, afinar: adicionar líquido a uma preparação muito densa.

amassar: trabalhar uma massa sobre uma superfície limpa e seca (pia ou mesa da cozinha) até torná-la homogênea, mas não elástica; trabalhar com as mãos a farinha com um ou mais ingredientes até obter uma massa lisa e homogênea.

aparar: 1) suprimir as partes não utilizáveis (aparas) de uma carne, ave, peixe ou hortaliça no momento do preparo. 2) igualar as extremidades ou o contorno de um bolo, torta, sobremesa etc.

aspic: caldo feito com carne, peixe ou ave, e gelatina ou ovos, bem cozido e temperado, que ao esfriar adquire consistência gelatinosa. É usado para cobrir e decorar pratos frios e enformados.

atar uma ave: com uma agulha de costura, dar um ou dois pontos através do corpo de uma ave para manter suas patas e asas junto ao corpo durante o cozimento.

bater: trabalhar vigorosamente um elemento para modificar sua consistência, aspecto ou cor. Por exemplo, bater uma massa até ficar aerada, bater as claras em neve ou bater um creme até ficar leve e compacto. *Veja também* "aerar".

blanc (de cuisson): mistura de água e farinha de trigo acrescida de suco de limão (ou vinagre branco, quando as quantidades são consideráveis).

bouquet garni: macinho de ervas aromáticas usado em cozidos e outros pratos. O bouquet garni tradicional é composto de dois a três galhos de salsinha, um de tomilho e uma ou duas folhas de louro secas.

branquear: mergulhar alimentos (raízes, legumes, carnes etc.) em água fervente, por alguns minutos, e em seguida em água fria, para interromper o cozimento. Essa técnica tem várias aplicações: 1) conservar o alimento antes de congelá-lo, pois destrói as enzimas que o deterioram; 2) facilitar a retirada da pele de tomates e pêssegos, por exemplo; 3) amaciar levemente verduras (repolho, espinafre) e carnes; 4) retirar o cheiro forte e eliminar o gosto azedo ou pronunciado de certos alimentos; 5) eliminar as impurezas e firmar as carnes; 6) dessalgar carnes de porco – nos três últimos casos, pode-se adicionar sal ou vinagre à água.

brunoise: modo de cortar os legumes, em cubos muito pequenos.

canelar: 1) fazer pequenos sulcos em "V", paralelos e pouco profundos, na casca de uma fruta (limão, laran-

GLOSSÁRIO
CONHECIMENTOS DE BASE

ja) com uma faca. 2) usar a carretilha para recortar uma massa, deixando-a "canelada".

caramelizar (ou caramelar): 1) transformar açúcar em caramelo aquecendo-o em fogo baixo; untar uma fôrma com caramelo; aromatizar o arroz-doce com caramelo. 2) glaçar com caramelo frutas, tortas etc.; dourar uma massa polvilhada com açúcar. 3) caramelizar ingredientes salgados como carnes, cebolas e batatas consiste em fritá-los rapidamente no óleo, em fogo alto, ou submetê-los à ação direta do calor do fogo.

"chaminé": pequena abertura feita sobre a tampa de uma massa crocante ou torta antes de levá-la ao forno, a fim de facilitar a saída do vapor. Em geral, a chaminé consiste de um tubo feito com papel-manteiga, ou de um pequeno funil metálico colocado na vertical, através do qual pode-se também despejar algum ingrediente, como geléia líquida.

chiffonade: folhas de verduras – alface, endívia, repolho etc. – cortadas em tirinhas de vários tamanhos.

clarificar: 1) tornar clara e límpida uma calda ou geléia, por filtragem ou decantação. 2) clarificar a manteiga consiste em derretê-la em banho-maria, sem mexer, a fim de eliminar o soro do leite, que se deposita no fundo.

coar: passar pelo coador um creme, molho ou coulis para torná-lo liso ou retirar as impurezas.

colorir: 1) realçar ou mudar a cor de uma preparação (creme, molho) utilizando um corante natural (suco de beterraba, tomate em conserva, caramelo etc.). 2) colorir uma carne consiste em caramelizar sua superfície, fritando-a no óleo, em fogo alto, ou submetendo-a à ação direta do calor do fogo.

confit: conserva de carnes na sua própria gordura. Ex.: confit de canard (conserva de pato), confit d'oie (conserva de ganso) etc. É utilizada em carnes de porco e aves.

cortar em escalopes: cortar diagonalmente, em fatias mais ou menos finas, uma peça de carne, um grande filé de peixe, ou certas hortaliças como cogumelos.

court-bouillon: caldo do cozimento de peixes, carnes ou legumes em água e sal, vinho (ou vinagre), água e temperos, coado e sem a gordura que se forma na superfície. Empregado para cozinhar peixes, crustáceos, carnes e molhos. Pode ser servido puro, como consomê.

cozinhar em fogo brando: deixar cozinhar lentamente, ou terminar de cozinhar em fogo baixo, pratos com molho, de modo geral.

cozinhar no bafo: cozinhar o alimento na panela tampada, sem água. Usa-se muito para camarão e mariscos. *Camarões no bafo*, o delicioso prato de Santa Catarina, é feito

GLOSSÁRIO
CONHECIMENTOS DE BASE

assim; os mexilhões são cozidos no bafo antes de serem servidos com molho ou vinagrete, assim como os vôngoles que entram no prato italiano *Espaguete ao vôngole*.

crescer: diz-se que uma preparação (massa, bolo, suflê) cresce quando aumenta de volume, seja durante o cozimento, seja durante a fermentação.

croûtons: torradinhas feitas com pão amanhecido cortado em quadradinhos e tostado na frigideira em óleo, azeite ou manteiga. Também podem ser feitos no forno.

dar consistência cremosa: amolecer os ingredientes, mexendo bem, até lhes dar uma consistência de creme.

dar corpo: trabalhar uma massa sovando-a, para lhe dar elasticidade ou plasticidade.

dar liga: dar certa consistência a um preparado líquido, como um creme, com ajuda de farinha, maisena ou creme de leite fresco.

decantar: 1) passar um líquido de um recipiente a outro depois de deixá-lo descansar o suficiente para que as impurezas em suspensão se depositem no fundo. 2) retirar de uma preparação os elementos aromáticos que não devem ser servidos.

decocção: extração dos princípios de uma substância por ebulição. O produto é mergulhado na água, que ferve durante um certo tempo: é dessa forma que se obtêm os caldos de carne e de legumes, os court-bouillons e os extratos aromáticos.

deglaçar: dissolver os sucos caramelizados de certos fundos de cozimento pela adição de um líquido (água, caldo, vinho) para fazer um molho. Por exemplo, retira-se uma carne assada da assadeira, coloca-se um líquido e leva-se a fôrma ao fogo para deglaçar os resíduos sólidos e saborosos aí contidos, e formar um molho.

demi-glace: preparada do mesmo modo que a glace, porém em menor tempo de cozimento, fica menos consistente. *Veja* glace.

derreter: 1) em panela tampada, cozinhar lentamente, sem deixar dourar, em pouca gordura e sem líquido, ingredientes que servem de tempero ao prato principal, como cebolas, alho e alho-poró. No caso de hortaliças que soltam água (cogumelos), diz-se "suar". *Veja* suar. 2) por meio do calor, tornar líquido um ingrediente como o chocolate ou a manteiga. Para evitar que o alimento queime, recorre-se com freqüência ao banho-maria.

descamar: retirar as escamas de um peixe.

desengordurar: tirar o excesso de gordura de um produto, preparação ou recipiente de cozinha.

dessalgar: eliminar, totalmente ou em parte, o sal de certos alimentos conservados em salmoura, pela imersão em água fria. Exemplo: bacalhau, carnes de porco salgadas.

GLOSSÁRIO
CONHECIMENTOS DE BASE

diluir: diminuir o grau de cozimento de uma calda de açúcar, geléia ou caramelo adicionando aos poucos, e mexendo, a água fria necessária para obter uma consistência mais fina e mole.

dourar: 1) deixar corar levemente um ingrediente no fogo, em óleo quente, como a cebola num refogado; a farinha é dourada na manteiga derretida para fazer o roux – base usada para engrossar molhos. 2) pincelar uma massa com ovo batido, eventualmente diluído em um pouco de água ou leite, para que a massa, depois de assada, fique com uma crosta brilhante e dourada.

empanar: recobrir certos alimentos (filés de peixe e carne, pedaços de frango etc.) com farinha de rosca, depois de tê-los mergulhado em ovo batido, a fim de que uma crosta se forme durante a fritura.

emulsionar: provocar a dispersão de um líquido em outro líquido (ou em um sólido) com o qual não se mistura. Provoca-se uma emulsão ao dispersar ovos na manteiga, por exemplo.

ervas finas: combinação de quatro ervas frescas: salsinha, cebolinha, cerefólio e estragão.

escumar (ou espumar): tirar a espuma que se forma à superfície de uma calda ou geléia durante o cozimento (calda de açúcar, geléia). Essa operação se realiza com uma escumadeira (ou espumadeira), concha ou colher. O mesmo processo é usado em cozidos e sopas, como feijoada e canja, para retirar a gordura que se deposita na superfície do caldo.

fatiar: cortar frutas, legumes ou carnes em fatias, lâminas ou rodelas mais ou menos finas, se possível da mesma espessura.

finalizar: terminar um prato, fazendo os últimos acerto de tempero, consistência, decoração etc.

flambar: regar um preparado salgado, que está sendo cozido ou grelhado, ou uma sobremesa quente, com uma bebida alcoólica e inflamá-la.

forrar: revestir as paredes e o fundo de uma fôrma com papel-manteiga ou com outros ingredientes (tiras de toucinho, folhas de alface, tomates ou cebolas fatiados etc.). Nas sobremesas, uma possibilidade é untar a fôrma com uma fina camada de geléia.

fumet: preparação de base que consiste em um caldo bem concentrado e coado utilizado em molhos e cozidos de frutos do mar, aves etc.

geléia para cobertura: para utilizar geléia na cobertura de uma torta, ou bolo, é preciso diluí-la em um pouco de água e/ou suco de fruta e cozê-la. A geléia dá um acabamento brilhante às tortas de frutas, assim como aos pães-de-ló e biscoitos.

glaçar: 1) técnica de cozimento que consiste em dar um aspecto brilhante a certas hortaliças (cebolinhas, cenouras, nabos), fazendo-as cozi-

GLOSSÁRIO
CONHECIMENTOS DE BASE

nhar numa mistura de manteiga, água e açúcar. 2) regar regularmente um assado, para que uma fina camada brilhante se forme sobre ele. 3) recobrir um bolo com glacê (uma cobertura que vai se solidificar ao secar).

glace: caldo de carne, ave ou peixe cozido por muito tempo até ficar concentrado e adquirir bastante sabor. As glaces mais usadas na culinária francesa são as de carne, peixe, frango e vitela.

gratinar: assar, ou acabar de assar, uma receita no forno, de modo que em sua superfície se forme uma fina crosta dourada.

grelhar na frigideira: grelhar o alimento (filés de frango, carne e peixe) em pouquíssimo óleo, e regá-lo com um filete de água, vinho ou suco de frutas sem açúcar (laranja, maracujá etc.) para não grudar.

guarnecer: 1) rechear o interior de carnes (lombo, peito etc.), aves, caças, peixes, frutos do mar, legumes, ovos e frutas com salpicão, purê, farofa ou outro preparado, em geral antes de assá-los. 2) rechear bolos e tortas. 3) cobrir bolos e tortas com cremes, glacês etc. 4) adicionar elementos para ornamentar um prato pronto.

incisão: corte oblíquo de pequena profundidade na superfície de carnes, peixes etc. com o objetivo de facilitar a penetração do tempero e acelerar o cozimento.

infusão: despejar um líquido fervente sobre uma substância aromática para melhor extrair seu aroma. Costuma-se colocar a baunilha no leite quente, ou a canela no vinho tinto quente. Diversos tipos de chá são feitos por infusão.

jardineira: mistura de legumes à base de cenouras e nabos (cortados em bastões) e vagens (em pedaços), servida como acompanhamento de carnes assadas e frango refogado. Cada ingrediente é cozido separadamente, depois são misturados com ervilhas frescas e passados na manteiga.

juliana, cortar à: técnica para cortar legumes, ou carnes, em tiras fininhas de mais ou menos 5 cm de comprimento. Do francês: *julienne*.

laminar: cortar em lâminas finas, no sentido do comprimento, ingredientes como castanhas-do-pará, amêndoas etc.

lardear: envolver uma carne magra com gordura, ou toucinho, a fim de mantê-la úmida e conservar seu formato. O mesmo que bardear.

levantar fervura: quando se trata de um líquido, momento em que as primeiras bolhas que precedem a ebulição começam a subir à superfície.

macedônia: 1) mistura de legumes cortados em cubinhos e de vagens em pedaços. Cozidos separadamente, os legumes são a seguir misturados com ervilhas ou verduras cozidas. 2) combinação de diversas frutas cortadas em cubos que leva o nome de macedônia de frutas – o mesmo que salada de frutas.

macerar: mergulhar, por tempo suficiente, frutas frescas, cristalizadas ou secas em líquido (bebida alcoólica, calda, chá) para que se impregnem do aroma.

marinar: deixar de molho em temperos carnes, aves ou peixes por determinado tempo, para amaciar e aromatizar.

mirepoix: preparação culinária que combina legumes, presunto cru ou toucinho magro, e temperos. Derretida lentamente na manteiga, a mirepoix serve para dar aroma, cor e sabor a cozidos, caldos e fumets.

mistura de farinha e água: é o primeiro estágio de uma massa, antes da adição de outros ingredientes (manteiga, ovos, leite etc.).

misturar, mexer: 1) trabalhar com a colher ou a espátula dois ou mais ingredientes até tornar a mistura homogênea. Exemplo: misturar a manteiga e a farinha. 2) mexer um creme, molho etc., enquanto amorna, com o pão-duro ou batedor, para conservar a textura homogênea e sobretudo evitar que se forme uma película na superfície. Essa técnica acelera o resfriamento.

papillote: processo de cozimento em que a preparação é colocada em embrulhinhos de papel-manteiga ou papel-alumínio e levada ao forno. Costuma ser usado para peixes, pois evita o seu ressecamento. Em francês, é conhecido como cozimento em papillote; em italiano, in cartoccio ("cartucho"); em português, papelote (menos usado). Pode-se abrasileirar o papillote usando folha de bananeira cozida e cortada em quadradinhos para fazer os pacotinhos.

pelar: retirar a pele de uma fruta (tomate, pêssego) depois de ter sido mergulhada por alguns segundos em água fervente. Retira-se a pele com a ponta de uma faca, delicadamente, sem atingir a polpa.

picar: reduzir um alimento (castanhas, amendoins, nozes, amêndoas, ervas aromáticas, tomates, cascas de frutas cítricas) a fragmentos bem pequenos, usando uma faca ou um picador.

ponto de fio: calda grossa de água com açúcar (a quantidade de açúcar é maior que na calda rala). Ao ser puxada com um garfo, forma longos fios finos.

preparação (ou mistura): elementos diversos que entram na composição de uma receita antes do seu cozimento ou esfriamento.

purificar: 1) eliminar o amargor de certas hortaliças de gosto pronunciado e com forte teor de água (pepino, repolho) pulverizando sal. 2) deixar certos alimentos (aves, cabrito, peixes de rio) na água fria durante determinado tempo, renovando a água

GLOSSÁRIO
CONHECIMENTOS DE BASE

várias vezes, para eliminar as impurezas e retirar o gosto desagradável.

quatro especiarias: combinação de pimenta-do-reino, noz-moscada e gengibre em pó e cravo-da-índia moído.

recortes: com a ponta de uma faca, fazer leves entalhes regulares e oblíquos nas bordas da massa (especialmente a folhada), de forma decorativa, para facilitar o seu crescimento enquanto assa.

reduzir: diminuir o volume de um líquido (caldo, molho) por evaporação, mantendo-o em ebulição, o que realça o seu sabor, pela concentração dos sucos, e lhe dá mais aroma e consistência.

refogar: fritar rapidamente o alimento, mexendo sempre, em um pouco de óleo, cebola e alho; em seguida acrescenta-se água (ou outro líquido) para o cozimento. Grande parte dos pratos brasileiros cozidos iniciam-se com um refogado. A diferença entre o refogado e o cozido é a quantidade de água ou caldo (maior no cozido).

regar: adicionar um líquido a uma preparação para assá-la ou fazer um caldinho. O líquido pode ser água, leite, vinho, suco de laranja etc.

salpicão: prato composto de ingredientes cortados em cubinhos, ligados por um molho cremoso feito com maionese e outros temperos (salpicão de frango, legumes, carne, crustáceos, peixes ou ovos); no salpicão de frutas, a liga é feita por um creme ou xarope.

saltear: fritar rapidamente batata, ervilha, legumes ou carnes em pouca gordura (óleo ou manteiga) e em fogo forte, sacudindo a panela para o alimento não grudar no fundo. As batatas e outros alimentos sautés são feitos assim.

selar: grelhar com um mínimo de gordura, em fogo alto, para fazer endurecer a superfície de carnes e outros alimentos, a fim de preservar todos os seus sucos e manter o seu interior macio. Essa técnica se aplica sobretudo às peças de carne vermelha e peixe preparados na frigideira, ou antes de serem levados ao forno.

suar: cozinhar lentamente, com pouca gordura e sem líquido, hortaliças que soltam água, como cogumelos, cebolas etc. O calor moderado permite evitar que os ingredientes escureçam, em particular as cebolas.

untar: espalhar manteiga amolecida no fundo e nas laterais da fôrma para evitar que a massa grude enquanto assa e para que seja desenformada com facilidade.

Preparações de base

MOLHOS E CONDIMENTOS	34
Caldos, court-bouillons e marinadas	34
Condimentos	45
Emulsões frias	52
Emulsões quentes	58
Gelatinas	61
Manteigas aromatizadas	63
Molhos brancos	70
Molhos com frutas e outros molhos doces	83
Molhos com manteiga, leite e creme de leite	85
Molhos escuros	88
EMPANADOS E RECHEIOS	103
MASSAS PARA PRATOS SALGADOS	111

PREPARAÇÕES DE BASE

MOLHOS E CONDIMENTOS

Os **molhos** têm um lugar importante na culinária francesa. Deve-se a Antonin Carême (1784-1833) o mérito de ter sistematizado o capítulo referente aos molhos (ele nomeou mais de duzentos), dividindo-os inicialmente em molhos quentes e frios e introduzindo a noção de molho matriz, do qual decorrem as variações. No âmago desse sistema, podem-se distinguir inicialmente os molhos brancos ou escuros feitos a partir de um roux (mistura de partes iguais de manteiga e farinha); a seguir, as emulsões quentes, feitas com manteiga, como o molho holandês e o molho béarnaise; e as emulsões frias, feitas com óleo como a maionese. Ao repertório clássico aos poucos foram sendo acrescentados os molhos estrangeiros ou regionais, caracterizados por um ingrediente principal: alho (aïoli), creme de leite fresco (*Molho normando*), cebola (*Molho à moda de Lyon*) etc.

Os **condimentos** são ingredientes ou preparações capazes de revelar o gosto dos alimentos e pratos cozidos. Este termo genérico bastante vasto abrange tanto as especiarias e os aromatizantes quanto os molhos e as diversas combinações mais ou menos cozidas (chutneys, picles, essências etc.).

As **manteigas aromatizadas** são manteigas amolecidas às quais se adicionam diversos ingredientes crus ou cozidos, reduzidos a purê ou bem picados. Trata-se igualmente da manteiga cozida ou simplesmente derretida, à qual se incorporam temperos e condimentos de todo tipo. As manteigas aromatizadas acompanham carnes e peixes grelhados. Também são usadas no acabamento de alguns molhos.

Os **caldos** podem ser aromatizados, gordos ou magros, à base de cordeiro, boi ou aves, e até mesmo de caça ou legumes. São destinados aos diversos molhos, e empregados para regar guisados ou carnes na brasa. Os **fumets** são caldos de peixe ou de crustáceos.

O **court-bouillon** é o caldo do cozimento de peixes, carnes e legumes em vinho (ou vinagre) e água, coado, e com a gordura retirada. Usado para cozinhar peixes, crustáceos e carne de caça branca; pode ser servido como consomê.

A **marinada** é uma preparação líquida aromatizada na qual os alimentos ficam imersos por um certo tempo, seja para amaciá-los, seja para modificar seu sabor, impregnando-os com o aroma dos condimentos. A marinada, ou vinha-d'alhos, é feita com vinho, alho, louro, sal, pimenta e ervas aromáticas.

As **gelatinas** são preparadas com cabeças e restos de peixes cozidos, ou ossos e carnes gelatinosas, cozidos em água com temperos e ervas aromáticas. Pode-se aumentar o grau de solidificação com algumas folhas de gelatina. São usadas para cobrir e dar liga às preparações chaud-froid (quente-frio) e para dar forma aos aspics.

EMPANADOS E RECHEIOS

Os **empanados** podem ser feitos com farinha de trigo, farinha de rosca, ovos batidos, pão ralado, batata e até arroz. São passados em carnes, peixes e aves antes de serem fritos. Podem ser temperados com sal, queijo ou alho. Os filés de peixe devem ser passados primeiro na farinha de trigo, depois nos ovos; os bifes devem ser passados primeiro nos ovos, depois na farinha de rosca. As postas de peixes gordos podem ser passadas apenas na farinha de milho antes de serem fritas (ficam crocantes e saborosas).

Diversos preparados podem ser empanados antes de serem fritos ou grelhados; e pode-se polvilhar farinha de rosca em pratos como purês, massas com creme branco e queijo antes de serem gratinados.

Quanto aos **recheios**, são misturas de ingredientes crus ou cozidos, picados mais ou menos grosseiramente e temperados, utilizados para rechear carnes, legumes, ovos, massas, peixes, aves etc. Os recheios constituem a base de bolinhos, galantines, patês, terrinas e tortas. Há três grandes famílias de recheios: os magros, à base de legumes; os gordos, à base de carnes e caça; e os recheios de peixe. A base de um recheio em geral é a carne picada (de boi, frango ou peixe), e os ingredientes que a acompanham lhe dão caráter e consistência. O tempero é determinante: especiarias, aromatizantes, ervas finas, vinho (ou outra bebida alcoólica), fumet, essência, sal, pimenta e às vezes até frutas secas.

MASSAS SALGADAS

As massas de cozinha (para preparações salgadas) e de confeitaria (para receitas doces) são misturas à base de farinha e água, enriquecidas com gordura, ovos, leite, às vezes açúcar, e diversos ingredientes complementares. Uma massa pode ser um acompanhamento, pode ser usada em um caldo, pode ser recheada etc. Para todas as massas, o tempo de cozimento é de importância capital. O forno deve ser preaquecido a fim de alcançar a temperatura desejada no momento de levar a massa ao forno.

MOLHOS E CONDIMENTOS

Para facilitar a apresentação foram reunidas nesta parte as manteigas aromatizadas, os caldos, os fumets, as galantines e as marinadas, que não são propriamente molhos. A quantidade de molho (de 200 a 300 ml) que aparece nas receitas foi prevista para 3 ou 4 pessoas. Para o molho à vinagrete, assim como todos dos quais este faz parte, calcular sempre 1 colher de sopa de óleo por pessoa. Os molhos à base de caldo e de bouillons, que demoram bastante para ser preparados, podem ser feitos a partir de produtos desidratados, que são comercializados sob diferentes formas (tabletes, em pó etc.); basta dissolvê-los na água. Outra solução para ganhar tempo consiste em preparar os caldos e bouillons em grande quantidade para congelá-los.

CALDOS, COURT-BOUILLONS E MARINADAS

Blanc de champignon

Rendimento: cerca de 100 ml
100 ml de água
40 g de manteiga
1/2 limão
300 g de champignons
sal

Ferva a água com sal, a manteiga e o suco de limão. Limpe os champignons e mergulhe-os na panela por cerca de 6 min, depois escorra.

O caldo de cozimento pode aromatizar um molho, um fumet de peixe ou uma marinada. Pode ser congelado em potes para ficar sempre à disposição. Os champignons servirão em outra receita.

■ Preparo: 10 min   ■ Cozimento: 6 min

Caldo claro de frango

Rendimento: cerca de 2 litros
1 frango
500 g de miúdos de frango
3 ou 4 carcaças de frango
2 cenouras ▶

Proceda como para o Caldo claro de vitela (*veja p. 35*), fazendo um primeiro cozimento das carnes para "branqueá-las", depois cozinhando por bastante tempo com os legumes, e escumando regularmente. Como o frango é mais gorduroso do que a vitela, o resfriamento final é importante para retirar bem a gordura do caldo. ▶

CALDOS, COURT-BOUILLONS E MARINADAS
PREPARAÇÕES DE BASE

2 cebolas
1 alho-poró grande (parte branca)
1 talo de aipo (salsão)
1 bouquet garni (veja glossário)

Um vez retirada a gordura, o caldo de frango pode ser congelado, assim como o caldo de vitela. Esses caldos claros são a base de inúmeros molhos. As carnes podem depois ser utilizadas em um recheio de torta.

■ Preparo: 15 min ■ Cozimento: 4 h

Caldo claro de vitela

Rendimento: 1 litro

1 kg de carne de vitela (jarrete com osso)
2 litros de água
1 cebola
2 cravos-da-índia
1 cenoura
2 alhos-porós
1 talo de aipo (salsão)
1 ramo de tomilho
1 folha de louro
sal

1. Desosse e amarre a carne de vitela (jarrete com osso). Envolva os ossos com um pano e quebre-os com um martelo.
2. Coloque a carne em um caldeirão, cubra com água fria e leve para ferver. Escume de vez em quando.
3. Corte a cebola ao meio e deixe dourar a seco em uma outra panela, em fogo brando. Depois espete nela os cravos-da-índia.
4. Descasque a cenoura e amarre-a com os alhos-porós, o aipo, o tomilho e o louro.
5. Coloque os legumes e temperos junto com a carne e cozinhe por 2h30 em fogo brando, sem tampa, escumando de vez em quando.
6. Coe o caldo, espere esfriar e coloque na geladeira. Antes de usar, retire a película de gordura que se forma na superfície.

Este caldo "branco" serve para fazer o velouté de vitela, sucos e molhos; é próprio para grelhar legumes e afinar as sopas cremosas de legumes. Pode ser congelado, para estar sempre à mão.

■ Preparo: 15 min ■ Cozimento: 2h30

Caldo claro-escuro

Rendimento:
cerca de 1 litro

1 osso de vitela
60 g de toucinho (com a pele)
50 g de lascas de presunto
500 g de carne de boi magra (jarrete ou raquete)
500 g de jarrete de vitela
1 cenoura
1,5 litro de água
1 cebola
1 bouquet garni (veja glossário)
1 dente de alho
5 g de sal grosso

1. Preaqueça o forno a 250°C. Quebre os ossos com um martelo.
2. Mergulhe o toucinho e o presunto em água fervente por 4-5 min.
3. Desosse e corte em cubos a carne de boi e a de vitela.
4. Corte em rodelas a cebola e a cenoura.
5. Disponha todos os ingredientes em uma assadeira grande, ou sobre a grelha do forno, e deixe assar até que fiquem levemente dourados.
6. Retire do forno e despeje em uma panela grande. Adicione o bouquet garni, o alho descascado e 0,5 litro de água.
7. Cozinhe em fogo brando até que o líquido fique reduzido e tenha adquirido cor de caramelo e consistência de xarope. Adicione 0,5 litro de água e deixe reduzir novamente. Adicione mais 0,5 litro de água e o sal grosso e deixe levantar fervura, cozinhando por 8 h com a panela tampada.
8. Espere o caldo esfriar. Retire a película de gordura da superfície com a escumadeira e coe em uma peneira forrada com tecido fino (musselina).

Este caldo também pode ser congelado.

■ Preparo: 30 min ■ Cozimento: 8h30

Caldo de caça

Rendimento:
cerca de 1 litro

1 kg de asas e ossos de caça de pêlo (ou carcaça e asas de caça de plumas)
100 g de toucinho
1 cenoura ▶

1. Preaqueça o forno a 250°C. Corte as carnes em pedaços, coloque-as em uma assadeira e leve ao forno para dourar por 10-15 min.
2. Corte o toucinho em pedaços.
3. Descasque e corte em cubinhos a cebola e a cenoura. Faça um bouquet garni com a salsinha, o tomilho, o louro, a sálvia e o alecrim. ▶

CALDOS, COURT-BOUILLONS E MARINADAS
PREPARAÇÕES DE BASE

1 cebola grande
6-8 ramos de salsinha
1 ramo de tomilho
1 folha de louro
2-3 folhas de sálvia
1 ramo de alecrim
10 g de manteiga
100 ml de vinho branco
1,5 litro de água
5 bagas de zimbro
5 grãos de pimenta

4 Derreta a manteiga em uma panela, adicione o toucinho, a cebola e a cenoura e refogue. Junte a carne de caça, o vinho branco e misture bem com a colher de pau. Deixe reduzir bem, até que não haja quase nenhum líquido.

5 Acrescente a água fria e o bouquet garni, as bagas de zimbro e a pimenta. Deixe levantar fervura e cozinhe por 3 horas em fogo brando, escumando de vez em quando.

6 Espere esfriar e coloque na geladeira. Retire a camada de gordura da superfície e passe por uma peneira fina ou por peneira forrada com tecido fino.

Este caldo é ideal para fazer pratos à base de caça.

■ Preparo: 30 min ■ Cozimento: 3h30

Caldo de carne clarificado

Rendimento: 1 litro
250 g de carne de boi magra
1/2 cenoura
1 alho-poró pequeno (parte verde)
1/4 de talo de aipo (salsão)
1 tomate
1 clara de ovo
1,5 litro de Caldo ou consomê de carne (veja p. 38)
1/2 maço de cerefólio
5 grãos de pimenta
1 pão-duro

1 Pique a carne.

2 Descasque os legumes e corte em pedacinhos.

3 Coloque-os em uma terrina com a clara de ovo, misture e deixe descansar por 15 min.

4 Despeje o caldo em uma panela. Adicione todos os ingredientes e misture bem com o batedor manual.

5 Aqueça levemente, mexendo sem parar com o pão-duro, até levantar fervura. Cozinhe em fogo brando por cerca de 1h30.

6 Adicione o cerefólio picado e os grãos de pimenta esmagados e deixe em infusão por 30 min.

7 Mergulhe um tecido bem fino (musselina) em água gelada, torça bem e forre com ele uma peneira. Coe nela o caldo.

Este caldo é muito saboroso. Pode ser congelado, para estar sempre à mão.

■ Preparo: 20 min ■ Cozimento: 1h30
■ Descanso: 15 + 30 min

CALDOS, COURT-BOUILLONS E MARINADAS
PREPARAÇÕES DE BASE

Caldo escuro de vitela

**Rendimento:
cerca de 1 litro**

500 g de quarto dianteiro de vitela
500 g de jarrete de vitela
1 osso de vitela
1 cenoura
1 cebola
1 bouquet garni (veja glossário)
sal e pimenta

1 Preaqueça o forno a 250°C. Desosse as carnes e amarre-as. Envolva os ossos em um pano e quebre-os com um martelo.
2 Deixe as carnes e os ossos dourarem no forno (proceda como para o Caldo claro-escuro, *veja p. 36*).
3 Descasque e corte em rodelas a cebola e a cenoura. Coloque-as na panela junto com o bouquet garni e deixe cozinhar em fogo brando por 15 min.
4 Adicione 0,5 litro de água e deixe reduzir do mesmo modo que o Caldo claro-escuro; repita a operação. Adicione 1,5 litro de água ou de caldo e deixe ferver. Retire a espuma, tempere com um pouco de sal e pimenta e deixe ferver por 6 horas.
5 Retire a gordura e escume.

Este caldo também pode ser congelado.

■ Preparo: 15 min ■ Cozimento: 6h30

Caldo ou consomê de carne

Rendimento: 1 litro

350 g de carne de boi magra
150 g de carne de boi com osso
2 litros de água
1 cebola
2 cravos-da-índia
1 alho-poró
1 ramo de tomilho
1 talo de aipo (salsão)
1 litro de vinagre de maçã ▶

1 Retire a gordura, desosse e amarre a carne de boi (paleta, jarrete, raquete, peixinho, costela, rabo etc.).
2 Envolva os ossos com um pano e quebre-os com um martelo.
3 Coloque as carnes em um caldeirão e despeje água até cobrir tudo. Tempere com sal. Deixe levantar fervura e retire a espuma várias vezes.
4 Corte a cebola ao meio, cozinhe-a em uma panela em fogo brando, até que fique bem dourada. Retire e espete nela os cravos-da-índia. ▶

CALDOS, COURT-BOUILLONS E MARINADAS
PREPARAÇÕES DE BASE

1/2 folha de louro
1 cenoura
1 dente de alho
sal

5 Lave o alho-poró e amarre-o junto com o tomilho, o aipo e o louro. Lave a cenoura e descasque o alho.
6 Adicione a cebola, o alho-poró, a cenoura e o alho ao caldeirão. Deixe cozinhar em fogo brando por 3h30 sem tampa, escumando de vez em quando.
7 Coe o caldo e espere esfriar antes de levar à geladeira. Retire a película de gordura da superfície.

Este caldo pode ser congelado.

■ Preparo: 15 min   ■ Cozimento: 3h30

Court-bouillon água e sal

Rendimento: 1 litro

15 g de sal
1 ramo de tomilho (opcional)
1 folha de louro (opcional)

Ferva a água com o sal. O "água e sal", o mais simples dos court-bouillons, em geral não é aromatizado, mas pode-se adicionar, a gosto, um pouco de tomilho e de louro. Pode-se cozinhar nele de tudo, desde carnes e peixes, até legumes.

■ Preparo: 5 min

Court-bouillon ao leite

Rendimento: 1 litro

1/2 limão
0,5 litro de leite
0,5 litro de água
sal

Retire toda a casca do limão, inclusive a película branca e corte-o em rodelas. Misture o leite e a água e tempere com sal. Despeje sobre o alimento que deseja cozinhar e adicione as rodelas de limão.

Este court-bouillon é utilizado principalmente no cozimento de peixes chatos, como linguado e rodovalho, ou ainda de peixes defumados ou salgados, como hadoque ou bacalhau (neste caso, não coloque sal).

■ Preparo: 5 min

CALDOS, COURT-BOUILLONS E MARINADAS
PREPARAÇÕES DE BASE

Court-bouillon ao vinho

Rendimento: 1 litro

1 cenoura
1 cebola
700 ml de água
300 ml de vinho branco seco
1 bouquet garni (veja glossário)
5 grãos de pimenta
sal

1 Corte em rodelas a cebola e a cenoura.
2 Coloque a água, o vinho branco, o bouquet garni e os legumes em uma panela. Salgue e leve para ferver por 20 min.
3 Retire do fogo, adicione a pimenta em grão (caso contrário, o court-bouillon ficará amargo) e deixe em infusão por 10 min. Coe em uma peneira fina.

Este court-bouillon serve para cozinhar crustáceos e peixes.

■ Preparo: 5 min ■ Cozimento: 20 min

Court-bouillon para peixe

Rendimento: 1 litro

1 cenoura
1 cebola
1 litro de água
1 bouquet garni (veja glossário)
1 colher (sopa) de sal
5 grãos de pimenta
100 ml de vinagre

1 Corte a cenoura e a cebola em rodelas.
2 Coloque-as em uma panela com água e o bouquet garni. Leve à ebulição e deixe cozinhar por 20 min. Adicione o sal, a pimenta e o vinagre.
3 Desligue o fogo e deixe em infusão por 10 min. Então, passe numa peneira ou coe num tecido bem fino (musselina).

Uma vez utilizado, o court-bouillon para peixe pode servir para fazer uma sopa ou um molho branco. Para isso, é necessário conservá-lo em recipiente esterilizado.

■ Preparo: 10 min ■ Cozimento: 20 min

CALDOS, COURT-BOUILLONS E MARINADAS
PREPARAÇÕES DE BASE

Demi-glace

Rendimento:
cerca de 400 ml

500 ml de Caldo escuro de vitela (veja p. 38)
800 ml de Caldo claro-escuro (veja p. 36)
50 ml de vinho Madeira
talos de champignons (opcional)

1 Misture os dois caldos e leve para ferver em fogo brando até que o líquido fique reduzido em dois terços.
2 Escume constantemente e com cuidado as impurezas da superfície. Retire do fogo, adicione o Madeira e despeje em uma peneira forrada com pano fino (musselina).
3 Quando o caldo estiver reduzido, pode-se adicionar um punhado de talos de champignons lavados e cortados em pedacinhos.

A Demi-glace pode ser conservada na geladeira em um recipiente hermético.

Molho madeira

Reduza em dois terços 50 ml de vinho Madeira. Adicione 250 ml de demi-glace e deixe reduzir por alguns minutos. Fora do fogo, realce o gosto com um filete de vinho Madeira.

■ Preparo: 5 min   ■ Cozimento: 35-45 min

Fumet de peixe

Rendimento:
cerca de 1,5 litro

2,5 kg de espinhas e aparas de peixe
2 cenouras
1 cebola
7 cebolas-brancas
150 g de champignons
25 ramos de salsinha
1 colher (sopa) de óleo ▶

1 Lave e quebre as espinhas e aparas de peixe.
2 Corte a cebola e as cenouras bem fininho, juntamente com as cebolas-brancas e os champignons; amarre os ramos de salsinha. Doure tudo em uma panela com óleo. Adicione o bouquet garni e o suco de limão. Tempere com sal.
3 Cubra com água. Deixe levantar fervura, retire a camada de gordura superficial e escume. Cozinhe em fogo brando, sem tampa, por 20 min. ▶

CALDOS, COURT-BOUILLONS E MARINADAS
PREPARAÇÕES DE BASE

1 bouquet garni (veja glossário)
1/2 limão
sal grosso

4 Despeje sobre um escorredor forrado com tecido fino (musselina), pressionando as espinhas com o dorso de uma colher. Deixe esfriar.

Este caldo pode ser congelado.

Fumet ao vinho tinto
Substitua a água por um vinho tinto encorpado.

■ Preparo: 15 min   ■ Cozimento: 20 min

Glace de carne

Rendimento: cerca de 150-200 ml

1 litro de Caldo claro-escuro (veja p. 36)

1 Retire toda a gordura da superfície do caldo. Quando estiver bem límpido, leve ao fogo médio, sem tampa, e deixe ferver até ficar reduzido à metade.
2 Coe em um tecido fino (musselina) e deixe reduzir novamente, escumando com cuidado. Coe novamente. Repita a operação até que o caldo cubra o dorso de uma colher, diminuindo a cada vez o fogo.
3 Despeje a glace de carne em pequenos potes de vidro e envolva com filme de PVC. Conserve em local fresco.

As glaces de carne, frango ou caça dão sabor e leveza a inúmeros pratos.

Glace de frango
Substitua o Caldo claro-escuro pelo Caldo claro de frango (*veja p. 34*).

Glace de caça
Substitua o Caldo claro-escuro pelo Caldo de caça (*veja p. 36*).

■ Preparo: 5 min   ■ Cozimento: cerca de 2 h

CALDOS, COURT-BOUILLONS E MARINADAS
PREPARAÇÕES DE BASE

Glace de peixe

**Rendimento:
cerca de 200 ml**

1 litro de Fumet de peixe
 (veja p. 41)

Despeje o Fumet de peixe em uma panela e deixe ferver em fogo brando até adquirir consistência de xarope. Escume de vez em quando. Coe em uma peneira forrada com tecido fino (musselina).

A glace é um caldo muito concentrado, ou reduzido, espesso e saboroso, que realça o sabor de molhos, e pode ser usada para besuntar peixes antes de assar. Pode ser conservada na geladeira em um recipiente hermético e bem esterilizado.

■ Preparo: 5 min ■ Cozimento: 1-2 h

Marinada cozida para carne e caça

Para 1-2 kg de carne

4-5 colheres (sopa) de azeite
1 cebola grande
2 cebolas-brancas
1 cenoura
1-2 garrafas de vinho tinto ou branco
1 colher (sopa) de vinagre
2 ramos de salsinha
1 ramo de tomilho
1/2 folha de louro
1 talo de aipo (salsão)
1 dente de alho
10 grãos de pimenta
1 cravo-da-índia
5 bagas de zimbro
5 sementes de coentro
uma pitada de alecrim

1. Lave os legumes, pique as cebolas e corte as cenoura em rodelas.
2. Refogue tudo em uma colher (sopa) de óleo em uma caçarola. Adicione o vinho tinto ou branco (segundo a receita), o vinagre e todos os temperos. Salgue. Calcule a quantidade de vinho em função do peso da carne a marinar: conte 1 litro de marinada para cada 500 g de carne.
3. Leve para ferver em fogo brando por 30 min.
4. Esfrie rapidamente a marinada colocando-a na geladeira, depois despeje-a sobre a carne.
5. Adicione o restante do óleo, de forma que uma fina camada cubra toda a superfície.
6. Cubra com filme de PVC e conserve a marinada em local fresco.

■ Preparo: 5 min ■ Cozimento: 30 min

Marinada fria para carne e caça

Para 1-2 kg de carne

quatro especiarias (mistura de pimenta-do-reino, noz-moscada, cravo e gengibre)
1 cebola comum
2 cebolas-brancas
1 cenoura
2 dentes de alho
1 ramo de tomilho
1/2 folha de louro
3 ramos de salsinha
1 cravo-da-índia
1 ou 2 garrafas de vinho tinto ou branco
2 colheres (sopa) de vinagre
1 cálice de conhaque
2 colheres (sopa) de óleo
sal e pimenta

1. Tempere a peça de carne com sal, pimenta e as quatro especiarias. Coloque em uma vasilha grande.
2. Pique as cebolas, corte a cenoura em rodelas e esprema o alho.
3. Coloque as cebolas e a cenoura na terrina, adicione o ramo de tomilho e o louro picados, a salsinha e o cravo-da-índia. Cubra completamente com vinho tinto ou branco e com vinagre e adicione o conhaque e o óleo.
4. Cubra e deixe marinar em local fresco de 6 h a 2 dias, virando a carne 2 ou 3 vezes durante esse período.

A marinada melhora a textura da carne, deixando-a mais macia e saborosa.

■ Preparo: 15 min   ■ Marinada: 6 h a 2 dias

Marinada fria para patês e terrines

Para 1 kg de carne

2 g de quatro especiarias (mistura de pimenta-do-reino, noz-moscada, cravo e gengibre)
2 ramos de tomilho
1 folha de louro
100 ml de conhaque
100 ml de vinho Madeira
sal e pimenta

1. Tempere a carne com sal, pimenta e as quatro especiarias ou misture-os aos ingredientes a serem marinados. Adicione o tomilho e o louro picados.
2. Regue com o conhaque e o vinho Madeira.
3. Deixe marinar por 24 h em recipiente fechado e em local fresco, misturando os ingredientes 2 ou 3 vezes ao longo do dia.

■ Preparo: 5 min   ■ Marinada: 24 h

CALDOS, COURT-BOUILLONS E MARINADAS / **CONDIMENTOS**
PREPARAÇÕES DE BASE

Marinada instantânea

Para 1 kg de peixe ou de carne
4 colheres (sopa) de azeite
1 limão
1 folha de louro
1 ramo de tomilho
sal e pimenta

1 Tempere com sal e pimenta todos os ingredientes a marinar e regue com azeite.
2 Descasque o limão, retirando a película branca. Corte-o em fatias finas e acrescente à marinada.
3 Pique a folha de louro e o ramo de tomilho e espalhe sobre o peixe (ou carne). Deixe descansar por cerca de 10 min.

■ Preparo: 5 min ■ Descanso: 10 min

CONDIMENTOS

Azeite apimentado

Rendimento: 1 litro
6 pimentas-dedo-de-moça
1 litro de azeite

1 Ferva água em uma panelinha. Coloque as pimentas e retire-as imediatamente.
2 Amasse levemente as pimentas com um garfo.
3 Coloque-as em um recipiente e cubra com o azeite. Tampe e agite. Deixe marinar por 2 meses em local escuro antes de usar.

■ Preparo: 10 min ■ Marinada: 2 meses

Azeite com alho

Rendimento: 1 litro
8 dentes de alho
1 litro de azeite

1 Descasque o alho.
2 Ferva água em uma panelinha, coloque os dentes de alho e deixe cozinhar por 2 min. Escorra e reserve.
3 Coloque o alho em um pote e despeje azeite por cima. Se preferir, coloque os dentes de alho diretamente na garrafa de azeite.
4 Deixe marinar por 15 dias em local escuro.

■ Preparo: 5 min ■ Marinada: 15 dias

CONDIMENTOS
PREPARAÇÕES DE BASE

Azeite com manjericão

Rendimento: 1 litro

5 folhas de manjericão fresco
1 litro de azeite
1/2 cabeça de alho
1/2 cebola-branca

1. Lave o manjericão.
2. Coloque-o em um pote e despeje nele o azeite.
3. Adicione a cebola-branca e o alho, retirando apenas a casca superficial, até que os dentes apareçam.
4. Tampe bem e deixe marinar por 15 dias em local escuro.

Pode-se aromatizar da mesma forma o azeite com outras ervas, como estragão, funcho, alecrim, sálvia etc.

■ Preparo: 15 min ■ Marinada: 15 dias

Chutney de abacaxi

Rendimento:
2 potes de 500 g

250 ml de vinagre branco
125 g de açúcar demerara
1/2 colher (sopa) de mostarda em grão
2 cravos-da-índia
1/4 de canela em pau
duas pitadas de gengibre em pó
1/2 lata de abacaxi em calda (ou 4 fatias de abacaxi fresco cozido em pouca água e açúcar)
60 g de uvas-passas

1. Misture em uma panela o vinagre branco com o açúcar demerara, a mostarda em grão, os cravos-da-índia, a canela e o gengibre em pó. Leve ao fogo e deixe ferver por cerca de 10 min, misturando de vez em quando. Escorra o abacaxi, corte em pedaços e adicione-o juntamente com as uvas-passas.
2. Cozinhe em fogo brando, sem tampa, até que a mistura adquira a consistência de geléia.
3. Escalde os potes, despeje neles o chutney quente e feche imediatamente.

Sirva com carnes frias.

■ Preparo: 30 min ■ Cozimento: 30-40 min

CONDIMENTOS
PREPARAÇÕES DE BASE

Chutney de cebola roxa

Rendimento:
2 potes de 500 g

500 g de cebolas roxas
75 g de gengibre em conserva
175 g de açúcar demerara
100 g de uvas-passas
1 copo de vinho branco seco
1 copo de vinagre de vinho branco
1/2 dente de alho
uma pitada de curry
2 cravos-da-índia

1. Descasque e corte as cebolas em rodelas finas.
2. Corte o gengibre em conserva em pedacinhos.
3. Leve ao fogo as cebolas e o gengibre em uma panela com o açúcar demerara, as uvas-passas, o vinho, o vinagre, o alho, o curry e os cravos-da-índia. Deixe levantar fervura e cozinhe por cerca de 1h45 a 2 h. Espere esfriar.
4. Despeje o chutney frio dentro dos potes cuidadosamente fervidos e feche bem. Conserve em local fresco.

■ Preparo: 10 min   ■ Cozimento: 1h45-2h

Chutney de manga

Rendimento:
1 pote de 500 g

6 mangas grandes
1 cebola
1 pimentão
360 ml de vinagre de vinho branco
360 g de açúcar
90 g de açúcar mascavo
2 colheres (sopa) de gengibre ralado
1/2 pimentão vermelho
1/2 xícara (chá) de uvas-passas pretas
sal

1. Lave, descasque e corte as mangas em cubinhos. Descasque e pique a cebola. Corte o pimentão em cubinhos. Coloque as uvas-passas de molho em um pouco de água fervente para reidratá-las. Reserve.
2. Em uma panela grande, coloque o vinagre, o açúcar e o açúcar mascavo, misturando bem. Leve ao fogo brando por cerca de 5 a 8 min, até que o açúcar dissolva.
3. Acrescente a manga, a cebola, o gengibre, o pimentão e as uvas-passas. Misture bem e cozinhe em fogo baixo até adquirir a consistência de uma geléia.
4. Deixe esfriar e guarde em vidro esterilizado, hermeticamente fechado. Conserve em local fresco.

Sirva como acompanhamento de carnes vermelhas ou aves.

■ Preparo: 30 min   ■ Cozimento: 15 min

CONDIMENTOS
PREPARAÇÕES DE BASE

Essência de champignon

Rendimento:
cerca de 250 ml

50 g de champignons
40 g de manteiga
0,5 litro de água
1/2 limão
sal

1. Limpe os champignons e corte-os em pedaços.
2. Numa panela coloque a manteiga, a água, o suco de limão e tempere com sal. Espere levantar fervura e adicione os champignons, deixando-os por 10 min. Depois, retire-os com a escumadeira.
3. Deixe o líquido reduzir até a metade e conserve-o na geladeira.

Esta essência pode ser usada para realçar o sabor de uma receita (sopa ou molho) ou para aromatizá-la.

■ Preparo: 15 min ■ Cozimento: 10 min

Limões confits (em conserva)

Rendimento:
2 potes de 500 g

1 kg de limões orgânicos
3 colheres (sopa) de sal
azeite

1. Lave os limões, seque-os bem e corte em rodelas grossas ou em quartos, se forem pequenos.
2. Coloque em uma vasilha, polvilhe com o sal, misture tudo e deixe por cerca de 12 h.
3. Retire o excesso de sal cuidadosamente.
4. Disponha os limões dentro dos potes e cubra-os completamente com azeite.
5. Conserve em local seco e fresco e ao abrigo da luz por pelo menos 1 mês antes de degustá-los. Vede bem o pote cada vez que o abrir.

■ Preparo: 30 min ■ Marinada: 12 h

CONDIMENTOS
PREPARAÇÕES DE BASE

Pesto

Rendimento:
cerca de 200 ml

6 macinhos de manjericão
uma pitada de alecrim
2 dentes de alho
3 colheres (sopa) de parmesão ralado
120 ml de azeite
1 colher (sopa) de pinholes
2 talos de aipo (salsão)
sal e pimenta

1. Separe as folhas de manjericão e lave-as. Pique bem o alho e corte o aipo em pequenos pedaços.
2. Coloque o manjericão, o alecrim e o alho em um pilão e amasse bem.
3. Adicione o parmesão e misture bem.
4. Doure os pinholes por alguns minutos em forno quente (200°C), amasse e reserve.
5. Despeje o azeite aos poucos na pasta de manjericão, misturando com um garfo. Tempere com sal e pimenta, adicione os pinholes e misture.

Você também pode preparar o pesto no liquidificador. Para isso, bata os ingredientes com a metade do azeite, depois incorpore o restante do azeite e tempere.

■ Preparo: 20 min

Picles ao vinagre

Rendimento:
3 potes de 500 g

2 litros de água
225 g de sal grosso
6 cebolas
1 couve-flor
1 pepino
5 tomates verdes
3 pimentas-vermelhas
1 litro de vinagre de maçã
3 cravos-da-índia
1 colher (café) de mostarda em grão
3 grãos de pimenta-dedo-de-moça

1. Ferva a água com o sal.
2. Descasque e pique bem as cebolas. Lave os outros legumes. Separe a couve-flor em buquês, corte o pepino em cubinhos e os tomates em tiras. Coloque todos os legumes numa vasilha. Despeje a água salgada por cima e deixe marinar por 24 h em local fresco.
3. Escorra os legumes e distribua-os em três potes, colocando uma pimenta em cada um.
4. Numa vasilha, misture o vinagre com todas as especiarias e coloque em cada recipiente até enchê-lo. Depois feche-os e mantenha em local fresco por 1 mês, antes de consumir.

Os picles são em geral servidos como acompanhamento de carnes frias, guisados ou como aperitivo.

■ Preparo: 40 min   ■ Marinada: 24 h

CONDIMENTOS
PREPARAÇÕES DE BASE

Picles de couve-flor e tomate

Rendimento:
3 potes de 500 g

1 couve-flor pequena
350 g de tomates
2 cebolas
1/2 pepino
100 g de sal
1 colher (café) de mostarda em grão
1 colher (café) de gengibre em pó
1 colher (café) de pimenta preta em grão
125 g de açúcar demerara
1,5 litro de vinagre de vinho branco

1 Lave e separe a couve-flor em pequenos buquês. Corte os tomates em quartos e pique as cebolas e o pepino.
2 Coloque tudo em uma vasilha, em camadas, temperando com sal a cada camada. Cubra a vasilha com filme de PVC e deixe marinar em local fresco por 24 horas.
3 Passado esse tempo, ponha os legumes em uma peneira e deixe sob água corrente para retirar o excesso de sal.
4 Coloque tudo em uma panela. Adicione a mostarda, o gengibre, a pimenta, o açúcar demerara, 350 ml do vinagre e misture bem. Deixe ferver em fogo médio, mexendo sempre, depois diminua o fogo e deixe por cerca de 15 a 20 min, sem parar de mexer. Os legumes devem ficar macios mas firmes (espete um garfo para saber se estão no ponto).
5 Distribua os legumes nos potes adicionando vinagre até enchê-los completamente. Mantenha em local fresco e escuro.

■ Preparo: 1 h   ■ Marinada: 24 h

Tapenade

Rendimento:
cerca de 300 g

20 filés de anchova salgados
250 g de azeitonas pretas grandes
50 g de alcaparras ▶

1 Dessalgue os filés de anchova em água fria.
2 Retire os caroços das azeitonas, corte-as em quatro e bata, ou passe no processador, juntamente com as anchovas e as alcaparras.
3 Adicione o azeite e o suco de limão, batendo bem como ao fazer uma maionese. ▶

CONDIMENTOS
PREPARAÇÕES DE BASE

150 ml de azeite
1/2 limão
1 lata de atum ralado no óleo (opcional)

4 Pode-se eventualmente adicionar um pequena lata de atum ralado.

A tapenade pode ser guardada em um pote em local fresco. É uma pasta servida com vegetais crus ou torradas.

■ Preparo: 15 min

Vinagre com ervas

Rendimento: 750 ml

2 cebolinhas redondas
2 cebolas
5 talos de cebolinha-verde
750 ml de vinagre de vinho

1 Ferva água em uma panelinha.
2 Fatie fino as cebolas e as cebolinhas redondas.
3 Mergulhe as cebolas fatiadas e a cebolinha-verde por 30 segundos em água fervente e escorra. Deixe sob água corrente e coloque sobre papel-toalha.
4 Coloque todos esses temperos no vinagre de vinho. Deixe marinar por 1 mês antes de usar.

Nesta receita é melhor utilizar o vinagre de vinho envelhecido.

■ Preparo: 10 min   ■ Marinada: 1 mês

Vinagre com estragão

Rendimento: 750 ml

2 ramos de estragão
750 ml de vinagre de vinho branco

1 Ferva água em uma panelinha. Desligue o fogo e coloque o estragão de molho por 1 h.
2 Enxágüe o estragão sob água corrente, deixe secar sobre papel-toalha e depois coloque-o na garrafa de vinagre.
3 Deixe marinar por 1 mês antes de usar.

■ Preparo: 5 min   ■ Marinada: 1 mês

EMULSÕES FRIAS
PREPARAÇÕES DE BASE

EMULSÕES FRIAS

Aïoli

Rendimento:
cerca de 250 ml

4 dentes de alho
1 gema
  (ou 2, se necessário)
250 ml de óleo
1/2 limão
sal e pimenta

1. Descasque os dentes de alho, corte-os ao meio no sentido do comprimento e retire o gérmen, se houver. Amasse no pilão com uma pitada de sal.
2. Adicione a gema e misture por 2 min. Deixe descansar por 5 min.
3. Despeje o óleo em um filete fino, mexendo sempre no mesmo sentido. Adicione o suco de limão. Tempere com sal e pimenta, se necessário.

Se durante o preparo o aïoli ficar líquido, prepare outra gema de acordo com o passo 2 e adicione aos poucos ao aïoli. Se não tiver pilão, bata o aïoli em uma vasilha, como uma maionese.

■ Preparo: 15 min

Maionese clássica

Rendimento:
cerca de 250 ml

1 gema
1 colher (café)
  de mostarda
250 ml de óleo
1/2 limão
sal e pimenta

1. Retire o ovo da geladeira com antecedência, para que fique à temperatura ambiente.
2. Em uma vasilha grande, misture a gema e a mostarda. Tempere com sal e pimenta.
3. Despeje o óleo aos poucos, batendo vigorosamente e sem parar com a colher de pau ou o batedor. Adicione o suco de limão. Corrija o tempero.

É mais fácil fazer a maionese com o mixer ou no liquidificador. Ela pode ser aromatizada com ervas finas, ervas secas, uma pitada de extrato de tomate etc.

Maionese clarificada
Adicione 100 ml de Gelatina de carne (*veja p. 61*) à maionese. Este molho serve para decorar pratos frios.

■ Preparo: 15 min

EMULSÕES FRIAS
PREPARAÇÕES DE BASE

Molho à moda de Dijon

Rendimento:
cerca de 250 ml

2 gemas cozidas
2 colheres (sopa) de mostarda
250 ml de azeite ou óleo de girassol
1 limão
sal e pimenta

Amasse as gemas cozidas com o garfo e misture com a mostarda para fazer um creme. Tempere com sal e pimenta. Sempre mexendo, adicione o azeite (ou óleo) aos poucos, depois o suco de limão.

■ Preparo: 15 min

Molho andaluz

Rendimento: 250-300 ml

100 ml de molho de tomate
250 ml de Maionese clássica (veja p. 52)
25 g de pimentão
sal e pimenta

1 Cozinhe o molho de tomate em fogo brando por 10-15 min até reduzi-lo à metade. Deixe esfriar (na geladeira, se quiser).
2 Enquanto isso, faça a Maionese clássica e corte o pimentão em cubinhos.
3 Misture todos os ingredientes. Adicione sal e pimenta. Prove e corrija o tempero.

■ Preparo: 15 min   ■ Cozimento: 15 min

Molho Cambridge

Rendimento:
cerca de 250 ml

6 filés de anchova salgados
2 gemas cozidas
1 colher (café) de alcaparras
4 ramos de estragão
4 ramos de cerefólio
mostarda e pimenta
200 ml de azeite ou óleo de girassol
1 filete de vinagre

1 Dessalgue as anchovas, enxaguando-as sob água corrente.
2 Bata as anchovas no liquidificador juntamente com as gemas cozidas, as alcaparras e metade do estragão e do cerefólio. Adicione 1 colher (café) de mostarda, misture bem e tempere com pimenta.
3 Despeje o azeite (ou óleo) batendo sem parar, como ao fazer uma maionese, e adicione um pouco de vinagre. Prove e corrija o tempero.
4 Pique o restante das ervas e acrescente ao molho.

■ Preparo: 15 min

EMULSÕES FRIAS
PREPARAÇÕES DE BASE

Molho gribiche

Rendimento: 250-300 ml

1 ovo
salsinha, cerefólio e estragão
250 ml de azeite ou óleo de girassol
2 colheres (sopa) de vinagre
1 colher (sopa) de alcaparras (ou pepinos em conserva picados)
sal e pimenta

1. Cozinhe o ovo até ficar levemente duro: 7 min se for retirado da geladeira, 5 min se estiver em temperatura ambiente.
2. Separe a clara e a gema. Corte a clara em cubinhos.
3. Pique bem as ervas, de maneira a obter 1 colher (sopa) de cada tipo.
4. Em uma vasilha, amasse bem a gema e despeje o azeite (ou óleo) aos poucos, batendo como ao fazer uma maionese.
5. Adicione o vinagre, o sal, a pimenta, as alcaparras (ou pepinos em conserva picados), a salsinha, o cerefólio, o estragão e a clara do ovo. Misture bem. Experimente e corrija o tempero.

■ Preparo: 20 min ■ Cozimento: 10-12 min

Molho ravigote

Rendimento: 2-3 porções

1/2 cebola
1 colher (sopa) de vinagre
3 colheres (sopa) de azeite ou óleo de girassol
1 colher (café) de mostarda
2 colheres (café) de alcaparras
ervas finas (salsinha, cebolinha, cerefólio e estragão)
sal e pimenta

1. Descasque e pique bem a cebola.
2. Prepare um vinagrete misturando em uma vasilha o vinagre, o azeite (ou óleo), a mostarda, uma pitada de sal e uma pitada de pimenta-do-reino moída na hora.
3. Adicione a cebola picada e as alcaparras.
4. Pique as ervas finas até obter uma colher (sopa) bem cheia de cada uma. Acrescente ao molho e misture.

Este molho é um ótimo acompanhamento para vitela e carneiro assados.

■ Preparo: 5 min

EMULSÕES FRIAS
PREPARAÇÕES DE BASE

Molho rémoulade

Rendimento:
cerca de 250 ml

250 ml de Maionese clássica (veja p. 52)
2 pepinos pequenos em conserva
ervas finas (salsinha, cebolinha, cerefólio e estragão)
1 colher (sopa) de alcaparras
sal e pimenta

1. Prepare a Maionese clássica.
2. Corte os pepinos em conserva em cubinhos e pique as ervas finas até obter 2 colheres (sopa).
3. Adicione tudo à maionese, juntamente com as alcaparras. Tempere com sal e pimenta. Experimente e corrija o tempero.

■ Preparo: 15 min

Molho russo frio

Rendimento:
cerca de 250 ml

250 ml de Maionese clássica (veja p. 52)
25 g de lagosta (só a parte cremosa)
25 g de caviar
1 colher (café) de mostarda

1. Prepare a Maionese clássica.
2. Cozinhe a lagosta e passe por uma peneira fina, amassando bem com o dorso da colher. Incorpore à maionese. Adicione o caviar e a mostarda.

■ Preparo: 15 min

Molho tártaro

Rendimento:
cerca de 250 ml

200 ml de Maionese clássica (veja p. 52)
1 maço de cebolinha
1 cebola nova
sal e pimenta

1. Prepare a Maionese clássica, substituindo a gema crua por gema cozida bem amassada com o garfo.
2. Fatie a cebolinha de maneira a obter 12 colheres (sopa) e adicione.
3. Pique a cebola e incorpore-a aos molho. Tempere com sal e pimenta.

■ Preparo: 15 min

Pasta de anchova

Rendimento:
cerca de 200 ml

3 dentes de alho
6-8 ramos de salsinha
20 filés de anchova
150 ml de azeite
vinagre
pimenta

1. Descasque e pique o alho.
2. Destaque e pique as folhas de salsinha.
3. Dessalgue as anchovas, deixando-as sob água corrente. Em seguida, pique-as grosseiramente.
4. Em uma vasilha, misture as anchovas com o alho e amasse tudo muito bem para fazer uma espécie de pasta.
5. Despeje o azeite aos poucos, misturando com o batedor. Tempere com pimenta. Adicione, sempre batendo, a salsinha picada e algumas gotas de vinagre.

Esta pasta acompanha legumes crus ou torradas.

■ Preparo: 15 min

Rouille (Molho provençal)

Rendimento:
cerca de 250 ml

2 gemas
3 dentes de alho
uma pitada de sal grosso
duas pitadas de pimenta-branca
uma pitada de açafrão
duas pitadas de pimenta-de-caiena
250 ml de azeite

1. Prepare este molho como a maionese. Para isso, retire os ovos da geladeira com antecedência para que estejam em temperatura ambiente.
2. Esprema ou pique o alho. Em um pilão, ou vasilha, misture o alho com o sal, a pimenta-branca, o açafrão, a pimenta-de-caiena e as gemas.
3. Incorpore o azeite aos poucos com o auxílio do batedor manual.

Este molho acompanha tradicionalmente peixes ensopados, boullabaisse, peixes escaldados e legumes crus ou cozidos no vapor.

■ Preparo: 15 min

EMULSÕES FRIAS
PREPARAÇÕES DE BASE

Sardela

Rendimento:
cerca de 250 ml

2 gemas cozidas
1 colher (sopa) de creme de leite fresco sem soro
150 ml de azeite
1/2 limão
1 colher (sopa) de conhaque
sal e pimenta

1. Em uma vasilha, amasse as gemas cozidas com o garfo, depois misture com o creme de leite.
2. Bata o molho com o azeite com o auxílio de um batedor manual.
3. Adicione o suco de limão e o conhaque. Tempere com sal e pimenta.

———————

■ Preparo: 15 min

Vinagrete

Rendimento: 2-3 porções
(cerca de 40 ml)

1 colher (sopa) de vinagre ou suco de limão
uma pitada de sal
3 colheres (sopa) de óleo
pimenta

Em uma vasilha, misture o vinagre (ou limão) e o sal, até que este se dissolva. Adicione o óleo e uma pitada de pimenta-do-reino moída na hora.

Pode-se substituir o vinagre (ou limão) por suco de laranja (ou grapefruit) e o óleo por creme de leite fresco.

Vinagrete com mostarda
Misture o vinagre (ou limão) com 1 colher (café) rasa de mostarda, depois proceda como na receita do vinagrete.

———————

■ Preparo: 5 min

EMULSÕES QUENTES

Molho béarnaise

Rendimento:
cerca de 250 ml

3 cebolas-brancas
50 ml de vinagre de estragão
30 ml de vinho branco
3 colheres (sopa) de estragão picado
2 colheres (sopa) de cerefólio picado
duas pitadas de pimenta em grão amassada
uma pitada de sal
125 g de manteiga
3 gemas

1. Pique as cebolas.
2. Coloque-as em uma panela com o vinagre de estragão, o vinho branco, 2 colheres (sopa) de estragão, 1 colher (sopa) de cerefólio, a pimenta amassada e o sal. Aqueça em fogo brando por 10-12 min, até que o líquido fique reduzido em dois terços.
3. Retire a panela do fogo e deixe esfriar.
4. Enquanto isso, derreta a manteiga em fogo brando (ou no microondas), sem deixar escurecer. No caldo reduzido, adicione as gemas e um pouco de água e misture energicamente com o batedor.
5. Fora do fogo, incorpore a manteiga derretida e quente, batendo sem parar.
6. Coe o molho. Antes de servir, adicione o restante do estragão e o cerefólio. Prove e corrija o tempero.

■ Preparo: 15 min ■ Cozimento: 10-15 min

Molho beurre blanc

Rendimento: 250-300 ml

2 cebolas-brancas
250 ml de vinagre de vinho
300 ml de Fumet de peixe (veja p. 41)
125 de manteiga com sal
125 de manteiga sem sal
pimenta-do-reino moída na hora

1. Descasque e pique as cebolas.
2. Coloque-as em uma panela juntamente com o vinagre, o Fumet de peixe e 2 ou 3 pitadas de pimenta moída na hora. Cozinhe em fogo brando até que o preparado fique reduzido a dois terços.
3. Retire as manteigas da geladeira e corte-as em pedacinhos.
4. Fora do fogo, adicione ao molho todos os pedaços de manteiga de uma só vez. Bata vigorosamente com o batedor manual até obter uma espécie de pasta lisa e não espumosa. Prove e corrija o tempero. ▶

EMULSÕES QUENTES
PREPARAÇÕES DE BASE

Este molho pode ser preparado com manteiga sem sal: neste caso, basta adicionar sal.

Molho beurre blanc à moda de Nantes
Adicione ao Molho beurre blanc 1 colher (sopa) de creme de leite sem soro (o que permite estabilizar a emulsão).

■ Preparo: 20 min ■ Cozimento: 10-15 min

Molho Choron

Rendimento:
cerca de 250 ml

200 ml de Molho
béarnaise (veja p. 58)
50 ml de molho de tomate
sal e pimenta

Prepare o Molho béarnaise e o molho de tomate. Reduza o molho até obter 2 colheres (sopa) de purê. Coe na peneira e misture com o molho. Adicione sal e pimenta. Prove e corrija o tempero.

Pode-se substituir o molho de tomate por 1 colher (café) de extrato de tomate.

Molho Foyot
Misture 2 colheres (sopa) de Glace de carne (*veja p. 42*) com 200 ml de Molho béarnaise.

■ Preparo: 30 min ■ Cozimento: 10-15 min

Molho de trufas

Rendimento:
cerca de 250 ml

1/2 copo de vinho Madeira
1/2 copo de suco de carne
 ou 1 colher (café)
 de Glace de carne
 (veja p. 42) diluída
 em água ▶

1 Despeje em uma panela o vinho Madeira, o suco de carne (ou a glace diluída em água), o extrato de tomate e a trufa. Deixe cozinhar por 10 min. Retire a trufa e corte-a em bastõezinhos. Reserve. Tampe a panela e deixe reduzir o líquido até adquirir consistência de xarope.

2 Corte a manteiga em pedaços. ▶

EMULSÕES QUENTES
PREPARAÇÕES DE BASE

1 colher (café) de extrato de tomate
1 trufa fresca (ou em conserva)
200 g de manteiga
2 gemas
sal e pimenta

3 Fora do fogo, adicione as gemas e a trufa e misture bem.
4 Recoloque a panela em fogo brando e adicione a manteiga batendo sem parar, com o auxílio de um batedor. Tempere com sal e pimenta.

■ Preparo: 10 min   ■ Cozimento: 20 min

Molho holandês

Rendimento: 250-300 ml
250 g de manteiga
2 colheres (sopa) de água
1 colher (sopa) de vinagre
uma pitada de sal
uma pitada de pimenta
4 gemas
1/2 limão

1 Corte a manteiga em pedaços.
2 Esquente um pouco de água em uma panela para fazer um banho-maria.
3 Em outra panela menor, esquente a água e o vinagre com o sal e a pimenta. Deixe ferver um pouco para reduzir e coloque a panela no banho-maria.
4 Adicione as gemas batendo suavemente. Misture bem até espumar um pouco.
5 Retire a panela do banho-maria e adicione os pedaços de manteiga, batendo sem parar, e raspando bem a panela. Despeje 1 ou 2 colheres de água ao mesmo tempo para suavizar o molho. Se esfriar demais enquanto estiver incorporando a manteiga, recoloque em banho-maria por alguns segundos. Verifique o tempero, adicione um filete de limão e sirva imediatamente.

■ Preparo: 15 min   ■ Cozimento: 10 min

Molho musseline

Rendimento:
cerca de 300 ml

200 ml de Molho holandês
(veja p. 60)
100 ml de Creme de leite
fresco
sal e pimenta

1. Prepare o Molho holandês.
2. Bata o creme de leite e, fora do fogo, adicione-o ao Molho holandês, batendo suavemente, mas sem parar. Adicione sal e pimenta a gosto. Sirva morno.

■ Preparo: 15 min   ■ Cozimento: 10 min

GELATINAS

Gelatina de carne

Rendimento:
cerca de 1 litro

200 g de quarto traseiro
de boi
100 g de jarrete de vitela
250 g de osso de vitela
1/2 pé de vitela
100 g de toucinho
1/2 cebola
1 cenoura
1/2 alho-poró
1 bouquet garni
(veja glossário)
sal e pimenta

1. Preaqueça o forno a 200°C. Corte as carnes em pedaços. Quebre os ossos com um martelo, dentro de um pano, depois coloque-os em uma assadeira junto com o pé de vitela e o toucinho. Leve ao forno para dourar, virando de vez em quando.
2. Descasque e corte em rodelas os legumes. Coloque-os em um caldeirão juntamente com as carnes, os ossos, e o toucinho crocante. Adicione o bouquet garni e 1 colher (café) de sal e pimenta.
3. Acrescente 1 litro de água e leve para ferver. Escume, depois adicione uma concha de água fria e cozinhe durante 3 h, em fogo brando.
4. Forre uma peneira com tecido bem fino (musselina) e coe lentamente o líquido. Deixe descansar, depois leve o líquido à geladeira para retirar mais facilmente a gordura depositada na superfície.
5. Clarifique o caldo (*veja p. 37*).

Caldo para gelatina branca
Prepare da mesma forma, sem dourar as carnes e os ossos. ▶

GELATINAS
PREPARAÇÕES DE BASE

Caldo para gelatina de caça
Adicione à carne 250 g de carcaça, de pedaços de caça grelhados e bagas de zimbro.

Gelatina de frango
Adicione à carne 300 g de carcaça e miúdos de frango assados.

■ Preparo: 30 min ■ Cozimento: 3h15

Gelatina de peixe branco

**Rendimento:
cerca de 1 litro**

1,5 litro de Fumet de peixe (veja p. 41)
2 alhos-porós (parte branca)
1 pedaço pequeno (40 g) de alho-poró (parte verde)
1 talo de aipo (salsão)
3-4 champignons (50 g)
200 g de pescada
3 claras de ovos
5 folhas de gelatina sem sabor
1/2 maço de cerefólio
5 grãos de pimenta
sal

1 Prepare ou descongele o Fumet de peixe. Espere esfriar.
2 Lave o alho-poró, o aipo e os champignons, depois corte-os em cubinhos.
3 Pique a pescada e misture-a, em uma panela, com as claras e os legumes cortados.
4 Despeje sobre eles o fumet já frio. Tempere com sal e leve ao fogo para ferver por 20 min, mexendo com freqüência.
5 Coloque as folhas de gelatina de molho em uma vasilha com água fria, depois escorra e adicione-as à panela ao final do cozimento.
6 Forre uma peneira com tecido fino (musselina), coloque nela os ramos de cerefólio e os grãos de pimenta esmagados e coe lentamente a gelatina, sem pressioná-la. Experimente e corrija o tempero, se necessário.
7 Depois que esfriar, leve à geladeira para firmar. Sirva algumas horas depois.

■ Preparo: 30 min ■ Cozimento: 20 min

MANTEIGAS AROMATIZADAS

Manteiga aromatizada a frio:
preparo

Retire a manteiga da geladeira com antecedência e trabalhe-a com o pão-duro, ou com um garfo, até que amoleça e vire uma pasta, pois assim absorverá mais facilmente o ingrediente usado para aromatizá-la.

As manteigas aromatizadas podem guarnecer canapés ou acompanhar peixes, carnes assadas e legumes cozidos no vapor.

Manteiga Bercy

**Rendimento:
cerca de 100 g**

50 g de miolo de boi
1 cebola-branca
1/2 copo de vinho branco
1 colher (café) de salsinha picada
1/2 limão
50 g de manteiga em temperatura ambiente
sal e pimenta

1 Ferva água com sal em uma panela. Corte o miolo de boi em cubinhos e mergulhe na água por 5 min. Retire e escorra.

2 Pique bem a cebola, coloque-a em uma panelinha, adicione vinho branco e deixe cozinhar até que o líquido fique reduzido à metade. Deixe esfriar.

3 Adicione a manteiga, o miolo, a salsinha, o suco de limão, o sal e uma pitada de pimenta moída na hora, misturando bem toda vez que acrescentar um ingrediente.

■ Preparo: 20 min

MANTEIGAS AROMATIZADAS
PREPARAÇÕES DE BASE

Manteiga Chivry

Rendimento:
cerca de 100 g

75 g de salsinha, estragão, cerefólio e cebolinha
1 cebola-branca
80 g de manteiga em temperatura ambiente
sal e pimenta

1 Ferva uma panela com água e mergulhe nela as ervas e a cebola durante 3 min.
2 Escorra-as em uma peneira fina, deixe sob água corrente e depois coloque sobre papel-toalha.
3 Pique tudo muito bem e misture em uma vasilha, com a manteiga amolecida. Tempere com sal e pimenta a gosto.

■ Preparo: 15 min

Manteiga congelada e grelhada

Rendimento:
cerca de 100 g

1/2 colher (sopa) de cerefólio picado
1/4 colher (café) de estragão picado
1/2 colher (sopa) de cebolinha picada
1/2 limão
espetinhos de madeira
400 g de Empanado à inglesa (veja p. 103)
50 g de manteiga em temperatura ambiente
sal e pimenta

1 Trabalhe a manteiga até ficar cremosa juntamente com o cerefólio, o estragão, a cebolinha e 5 gotas de suco de limão. Tempere com sal e pimenta a gosto. Faça pequenas bolinhas (de cerca de 3 cm), coloque-as nos espetinhos e leve ao congelador por 30 min.
2 Enquanto isso, prepare o Empanado à inglesa.
3 Quando as bolinhas de manteiga estiverem congeladas, passe-as no empanado, segurando pelos espetos. Repita a operação 2 vezes.
4 Coloque os espetinhos em uma assadeira e deixe grelhar por 8-10 min, regando-os com a manteiga derretida e virando-os de vez em quando até que estejam bem dourados. Sirva imediatamente.

Servidos com peixe e legumes, os espetinhos de manteiga substituem de maneira original a manteiga derretida clássica.

■ Preparo: 30 min ■ Congelamento: 30 min
■ Cozimento: 8-10 min

MANTEIGAS AROMATIZADAS
PREPARAÇÕES DE BASE

Manteiga de agrião

Rendimento:
cerca de 100 g

1 maço de agrião
80 g de manteiga em temperatura ambiente
sal e pimenta

1. Lave bem o agrião. Reserve 75 g de folhas.
2. Mergulhe-as por 1 min em água fervente com sal. Escorra em uma peneira e deixe sob água corrente para esfriar. Seque sobre papel-toalha.
3. Bata no liquidificador até virar um purê bem fino e misture com a manteiga amolecida. Depois tempere com sal e pimenta a gosto.

Manteiga de estragão
Prepare da mesma forma, substituindo o agrião por um maço de estragão.

■ Preparo: 15 min

Manteiga de alho

Rendimento:
cerca de 100 g

4 dentes de alho
100 g de manteiga em temperatura ambiente
sal e pimenta

1. Descasque os dentes de alho e mergulhe-os por 7-8 min em água fervente.
2. Retire da água com a escumadeira, escorra e coloque sobre papel-toalha. Bata os dentes de alho no processador.
3. Numa vasilha, despeje essa pasta sobre a manteiga amolecida e misture bem com a colher de pau ou com um garfo. Tempere com sal e pimenta a gosto.

Manteiga de echalota
Substitua os dentes de alho por 3 cebolas-brancas.

■ Preparo: 15 min

Manteiga de anchova

Rendimento:
cerca de 100 g

6-8 filés de anchova salgados
1/2 limão (opcional)
70 g de manteiga em temperatura ambiente

1. Deixe os filés de anchova de molho por 30 min em uma vasilha com água fria para dessalgá-los.
2. Passe os filés de anchova no liquidificador ou amasse com o garfo até obter uma pasta.
3. Adicione o suco de limão, dependendo do acompanhamento, depois misture essa pasta com a manteiga amolecida.

■ Preparo: 40 min

Manteiga de caranguejo ou camarão

Rendimento:
cerca de 100 g

50 g de caranguejo (ou camarão) cozido sem casca
50 g de manteiga em temperatura ambiente
sal e pimenta

Amasse a carne de crustáceo num pilão ou bata no liquidificador. Misture bem com a manteiga amolecida e tempere com sal e pimenta a gosto.

Manteiga de lagosta
Prepare da mesma forma, usando as partes cremosas da cabeça da lagosta e as ovas.

■ Preparo: 10 min

Manteiga de escargot

Rendimento:
cerca de 100 g

3 cebolas-brancas
1 1/2 dente de alho
1 colher (sopa) de salsinha picada
70 g de manteiga em temperatura ambiente
sal e pimenta

1. Descasque e pique bem as cebolas.
2. Descasque o alho e esmague-o bem até virar uma pasta.
3. Misture-o com as cebolas-brancas e a salsinha e adicione esta preparação à manteiga. Tempere com sal e pimenta a gosto.

■ Preparo: 15 min

MANTEIGAS AROMATIZADAS
PREPARAÇÕES DE BASE

Manteiga de limão

Rendimento:
cerca de 100 g

1 ou 2 limões orgânicos
100 g de manteiga em temperatura ambiente
sal e pimenta

1 Retire a casca de meio limão. Pique bem a casca e coloque em uma panela.
2 Cubra com água fria e deixe ferver. Coe e deixe sob água corrente. Repita essa operação 2 vezes.
3 Esprema o limão até obter 2 colheres (sopa) de suco. Misture a casca e o suco com a manteiga cremosa e tempere com sal e pimenta a gosto.

■ Preparo: 15 min

Manteiga de pimentão

Rendimento:
cerca de 100 g

1/2 pimentão verde ou vermelho
90 g de manteiga em temperatura ambiente
pimenta-de-caiena
sal e pimenta-do-reino

1 Retire as sementes do pimentão, corte-o em cubinhos e deixe o cozinhar na manteiga, até que possa ser amassado com o garfo. Se preciso, adicione um pouco de água, para que não grude na panela.
2 Deixe esfriar na geladeira.
3 Passe esse purê por uma peneira fina.
4 Incorpore-o à manteiga amolecida, tempere com sal, pimenta-do-reino e pimenta-de-caiena.

■ Preparo: 20 min

Manteiga de roquefort

Rendimento:
cerca de 100 g

50 g de roquefort
1 colher (café) de conhaque
1 colher (café) rasa de mostarda
50 g de manteiga em temperatura ambiente

1 Amasse o roquefort com o conhaque e a mostarda até obter uma massa homogênea.
2 Adicione essa mistura à manteiga amolecida e misture bem.

Esta manteiga serve para guarnecer canapés, folhados ou acompanhar legumes crus.

■ Preparo: 5 min

MANTEIGAS AROMATIZADAS
PREPARAÇÕES DE BASE

Manteiga hôtelier

Rendimento:
cerca de 100 g

50 g de champignons
1/2 cebola-branca
50 g de manteiga em temperatura ambiente
1 colher (sopa) de salsinha
1/2 limão

1. Prepare a duxelles: pique bem a cebola e os champignons. Derreta um pouco da manteiga em uma panelinha, coloque a cebola, deixe fritar levemente e adicione os champignons. Mantenha a panela em fogo brando, mexendo sem parar, até que a água tenha evaporado.
2. Coloque em uma vasilha e deixe esfriar na geladeira.
3. Enquanto isso, pique a salsinha. Misture a manteiga amolecida com a salsinha, 4 ou 5 gotas de suco de limão e a duxelles.

■ Preparo: 30 min   ■ Cozimento: 10 min

Manteiga maître d'hôtel

Rendimento:
cerca de 100 g

1 colher (sopa) de salsinha picada
um filete de suco de limão
100 g de manteiga em temperatura ambiente
sal e pimenta

Adicione um filete de suco de limão e a salsinha picada à manteiga amolecida e misture bem. Depois tempere com sal e pimenta a gosto.

■ Preparo: 5 min

Manteiga manié

Rendimento:
cerca de 100 g

50 g de farinha de trigo
50 g de manteiga em temperatura ambiente

Em um prato raso, misture com um garfo a manteiga e a farinha até que a mistura esteja homogênea.

A Manteiga manié, incorporada com o batedor, aos poucos, a certas preparações e molhos, dá mais liga e encorpa a receita.

■ Preparo: 5 min

MANTEIGAS AROMATIZADAS
PREPARAÇÕES DE BASE

Manteiga marchand de vin

Rendimento:
cerca de 100-150 g

200 ml de Caldo ou consomê de carne (veja p. 38)
2 cebolas-brancas médias
200 ml de vinho tinto
50 g de manteiga em temperatura ambiente
1 colher (sopa) de salsinha picada
5-6 gotas de suco de limão
sal e pimenta

1. Prepare o Caldo ou consomê de carne (ou utilize um caldo de carne pronto).
2. Pique as cebolas, coloque-as em uma panela com o vinho tinto e deixe cozinhar até reduzir o líquido pela metade.
3. Adicione o consomê e deixe reduzir novamente até que o líquido esteja bem denso. Espere esfriar.
4. Adicione esta preparação à manteiga cremosa com a salsinha e as gotas de limão. Tempere com sal e pimenta e coloque na geladeira.

■ Preparo: 15 min

Manteiga Montpellier

Rendimento:
cerca de 100 g

1 cebola-branca
cerefólio, agrião, espinafre, estragão, salsinha: 5 folhas de cada
5 talos de cebolinha
1/2 pepino em conserva
10 alcaparras
1/2 filé de anchova dessalgado
1 1/2 dente de alho
1/2 gema de ovo cozida
60 g de manteiga em temperatura ambiente
sal e pimenta

1. Descasque a cebola.
2. Lave todas as verduras e mergulhe-as, juntamente com a cebola, por 1 min em água fervente com sal.
3. Escorra-as em uma peneira e deixe sob água corrente para esfriar. Depois deixe secar sobre papel-toalha.
4. Coloque tudo no liquidificador, juntamente com o pepino em conserva, as alcaparras, a anchova, o alho e a gema cozida. Adicione à manteiga amolecida e misture bem, temperando com sal e pimenta a gosto.

Para tornar esta manteiga ainda mais cremosa, adicione 1/2 gema de ovo cru bem fresca e 1 colher (sopa) de azeite.

■ Preparo: 15 min

MANTEIGAS AROMATIZADAS / MOLHOS BRANCOS
PREPARAÇÕES DE BASE

Manteiga noisette

Rendimento:
cerca de 100 g

100 g de manteiga em temperatura ambiente
sal e pimenta

1. Aqueça levemente a manteiga em uma frigideira até que fique dourada e desprenda um cheiro forte, tomando cuidado para que não escureça. Depois tempere com sal e pimenta. Sirva a manteiga imediatamente, quando estiver espumosa.

Esta manteiga pode acompanhar miolos de cordeiro ou de carneiro, legumes ou um peixe escaldado em court-bouillon.

■ Preparo: 5 min

MOLHOS BRANCOS

Béchamel (molho branco)

Rendimento:
cerca de 250-300 ml

250 ml de leite
15 g de manteiga
15 g de farinha de trigo
sal, pimenta e noz-moscada

1. Aqueça o leite. Derreta a manteiga em fogo médio. Adicione aos poucos a farinha, mexendo sem parar, até que a farinha esteja cozida.
2. Despeje o leite bem quente, batendo sem parar para misturar bem e evitar a formação de grumos.
3. Tempere com sal e pimenta a gosto e um pouco de noz-moscada ralada.
4. Passe o molho por uma peneira fina. Se não servi-lo imediatamente, conserve-o aquecido, misturando de vez em quando para impedir a formação de uma película na superfície.

■ Preparo: 5 min ■ Cozimento: 10-15 min

MOLHOS BRANCOS
PREPARAÇÕES DE BASE

Molho à moda da Bretanha

Rendimento:
cerca de 250 ml

200 ml de Molho branco ou velouté (veja p. 74)
1 alho-poró (parte branca)
1 talo de aipo (salsão)
1 cebola
75 g de manteiga
50 g de champignons
1 copo de vinho branco seco
1 colher (sopa) de creme de leite fresco sem soro
sal e pimenta

1 Prepare o Velouté e conserve-o aquecido.
2 Corte o alho-poró e o aipo em tirinhas e a cebola em rodelas. Derreta 20 g de manteiga; adicione os legumes com uma pitada de sal e deixe cozinhar por 15 min em fogo brando, em panela tampada.
3 Enquanto isso, lave os champignons e corte-os em cubinhos. Adicione-os à panela juntamente com o vinho branco. Cozinhe até que não haja quase mais líquido (redução a seco).
4 Adicione o Velouté, misture bem e deixe ferver em fogo alto por 1 min. Tempere com sal e pimenta.
5 Coe o molho e leve de volta ao fogo, agora brando, adicionando o creme de leite fresco e o restante da manteiga. Retire imediatamente do fogo.

■ Preparo: 20 min   ■ Cozimento: 30 min

Molho Albufera

Rendimento:
cerca de 250 ml

250 ml de Molho supremo (veja p. 80)
20 g de Manteiga de pimentão (veja p. 67)
1 colher (café) de Gelatina de carne (veja p. 61)

1 Prepare o Molho supremo e a Manteiga de pimentão sem a pimenta-de-caiena.
2 Adicione a Gelatina de carne e a Manteiga de pimentão ao Molho supremo e deixe cozinhar em fogo brando, misturando bem com a colher de pau.
3 Coe o molho em uma peneira forrada com tecido fino (musselina). Experimente e corrija o tempero.

■ Preparo: 30 min   ■ Cozimento: 10-15 min

MOLHOS BRANCOS
PREPARAÇÕES DE BASE

Molho alemão gordo

Rendimento:
cerca de 250-300 ml

150 ml de Molho branco ou velouté (veja p. 74)
2 colheres (sopa) de Blanc de champignon (veja p. 34)
100 ml de Caldo claro de vitela (veja p. 35) ou de frango (veja p. 34)
1/2 limão
pimenta em grão
noz-moscada
1 gema de ovo
15 g de manteiga

1. Prepare o Molho branco (reserve 1 ou 2 colheres de sopa), o Blanc de champignon e o caldo.
2. Despeje tudo na mesma panela (reserve 1 ou 2 colheres do Molho branco). Deixe aquecer em fogo brando.
3. Adicione 1 filete de suco de limão, alguns grãos de pimenta esmagados e 1 pedaço de noz-moscada. Misture bem e deixe cozinhar lentamente por 10-15 min, para que o molho reduza e envolva o dorso da colher. Retire do fogo.
4. Misture a gema em uma vasilha com o restante do Molho branco e incorpore à preparação quente.
5. Leve de volta ao fogo mas não deixe ferver. Adicione 1 filete de limão e coe o molho em uma peneira fina.
6. Adicione a manteiga cortada em pedacinhos, e misture bem. Experimente e corrija o tempero.

Molho alemão magro
Substitua o Caldo claro de vitela por Fumet de peixe (*veja p. 41*).

■ Preparo: 30 min   ■ Cozimento: 15-20 min

Molho ao vinho branco

Rendimento:
cerca de 250 ml

10 g de Roux branco (veja p. 82)
150 ml de Fumet de peixe (veja p. 41)
150 ml de vinho branco
50 ml de creme de leite
30 g de manteiga
sal e pimenta

1. Prepare o Roux branco e o Fumet de peixe.
2. Coloque o fumet e o vinho branco em uma panela e leve ao fogo até ficar reduzido em um terço.
3. Despeje este caldo concentrado aos poucos sobre o roux, misturando bem. Cozinhe o molho em fogo brando por 15 min.
4. Adicione o creme de leite e deixe reduzir ligeiramente. ▶

5 Coe o molho e acrescente a manteiga batendo sem parar. Tempere com sal e pimenta a gosto.

Este molho serve para umedecer o peixe escaldado ou cozido no vapor. É também a base de diversos molhos para peixe.

■ Preparo: 15 min ■ Cozimento: 15 min

Molho aurora

**Rendimento:
cerca de 250-300 ml**

*200 ml de Molho supremo
(veja p. 80)*
*2 colheres (sopa) de
molho de tomate*

Prepare o Molho supremo e o molho de tomate. Coloque os dois na mesma panela e leve ao fogo brando para esquentar. Coe em uma peneira fina. Experimente e corrija o tempero.

■ Preparo: 15-30 min ■ Cozimento: 10-15 min

Molho Bercy

**Rendimento:
cerca de 250 ml**

3 cebolas-brancas
55 g de manteiga
*100 ml de Fumet de peixe
(veja p. 41)*
100 ml de vinho branco
*200 ml de Velouté de peixe
(veja p. 75)*
*1 colher (sopa) de
salsinha picada*
sal e pimenta

1 Corte as cebolas em fatias finas e refogue em fogo brando com 5 g de manteiga durante 4-5 min, sem dourar.
2 Adicione o Fumet de peixe e o vinho branco. Deixe cozinhar em fogo médio, misturando de vez em quando com a colher de pau, até que o líquido fique reduzido à metade.
3 Enquanto isso, prepare o Velouté de peixe. Depois de pronto, coloque na panela com as cebolas e misture bem. Ferva por alguns instantes em fogo alto.
4 Corte o restante da manteiga em pedacinhos. Fora do fogo, acrescente-a aos poucos, com o batedor.
5 Coloque por fim a salsinha picada, e tempere com sal e pimenta a gosto. ▶

Molho marinière

Substitua o Fumet de peixe pelo líquido de cozimento de mariscos.

Estes molhos ficam ótimos com peixe assado ou cozido em court-bouillon.

■ Preparo: 30 min ■ Cozimento: 25-30 min

Molho Bontemps

Rendimento:
cerca de 250 ml

1/2 cebola
30 g de manteiga
uma pitada de páprica
100 ml de vinho branco seco
100 ml de Molho branco ou velouté (veja receita abaixo)
1 colher (café) de mostarda
sal e pimenta

1 Descasque e pique bem a cebola.
2 Derreta 10 g de manteiga em uma panela, adicione a cebola e refogue lentamente por 3-4 min. Tempere com sal e pimenta, adicione uma pitada de páprica, o vinho, e misture bem. Cozinhe em fogo brando até que a preparação fique reduzida em dois terços.
3 Enquanto isso, prepare o Velouté.
4 Adicione-o ao preparado de cebola e leve para ferver. Retire imediatamente do fogo, adicione o restante da manteiga e a mostarda. Prove e corrija o tempero.
5 Coe em uma peneira fina.

■ Preparo: 15 min ■ Cozimento: 15-20 min

Molho branco ou velouté

Rendimento:
cerca de 250 ml

250 ml de Caldo claro de vitela (veja p. 35)
50 g de Roux branco (veja p. 82)
sal e pimenta

1 Prepare o Caldo claro de vitela (ou descongele-o e aqueça em fogo brando).
2 Enquanto isso, prepare o Roux branco.
3 Despeje o caldo quente sobre o roux, misturando vigorosamente com o batedor. Deixe cozinhar por 10-12 min em fogo brando, sem ferver. Tempere com sal e pimenta. ▶

MOLHOS BRANCOS
PREPARAÇÕES DE BASE

Pode-se fazer este molho com água, mas ficará menos saboroso. Adicione então noz-moscada ralada ou outro tempero, dependendo do alimento a acompanhar.

Velouté de frango
Substitua o Caldo claro de vitela por Caldo claro de frango (*veja p. 34*).

Velouté de peixe
Substitua o Caldo claro por Fumet de peixe (*veja p. 41*).

■ Preparo: 5 min ■ Cozimento: cerca de 10 min

Molho branco quente-frio

**Rendimento:
cerca de 1 litro**

400 ml de Gelatina de frango (veja p. 62)
400 ml de Molho branco ou velouté (veja p. 62)
1/2 litro de Essência de champignon (veja p. 48)
200 ml de creme de leite fresco

1 Prepare a Gelatina de frango.
2 Prepare o Velouté e a Essência de champignon, misture ambos em uma panela e aqueça em fogo alto, misturando com um pão-duro por cerca de 10 min, para que reduza um pouco.
3 Adicione aos poucos a gelatina e o creme de leite fresco. Continue o cozimento até que o molho envolva bem a colher.
4 Coe o molho em uma peneira forrada com tecido fino (musselina). Mexa com a colher até esfriar.

Este molho pode ser servido com frango assado frio. Também pode ser aromatizado e decorado com trufas.

■ Preparo: 40 min ■ Cozimento: cerca de 30 min

MOLHOS BRANCOS
PREPARAÇÕES DE BASE

Molho cremoso

Rendimento:
cerca de 250-300 ml

15 g de farinha
15 g de manteiga
200 ml de leite
100 ml de creme de leite
1/2 limão
sal e pimenta-do-reino
uma pitada de pimenta-de-caiena
noz-moscada

1. Prepare um Béchamel (*veja p. 70*) com a farinha, a manteiga, o leite e metade do creme de leite. Cozinhe durante cerca de 5 min, batendo vigorosamente.
2. Adicione o restante do creme de leite, depois o suco de limão e misture bem.
3. Tempere com sal e pimenta-do-reino a gosto, coloque uma pitada de pimenta-de-caiena e por fim um pouco de noz-moscada ralada por cima.
4. Coe o molho.

■ Preparo: 5 min ■ Cozimento: 8-10 min

Molho de mostarda

Rendimento:
cerca de 250 ml

Béchamel (veja p. 70)
15 g de farinha
15 g de manteiga
250 ml de leite
4 colheres (sopa) de creme de leite fresco
1 colher (café) de vinagre branco
1 colher (café) de mostarda em grãos (ou mostarda de Dijon)
sal e pimenta

1. Prepare um Béchamel com a farinha, a manteiga e o leite.
2. Ao final do cozimento, adicione o creme de leite fresco, o vinagre branco, a mostarda, uma pitada de sal e uma de pimenta. Prove e corrija o tempero, se necessário.

■ Preparo: 15 min ■ Cozimento: 20 min

MOLHOS BRANCOS
PREPARAÇÕES DE BASE

Molho húngaro

Rendimento:
cerca de 250-300 ml

1 cebola
50 g de manteiga
uma pitada de páprica
150 ml de vinho branco
1 bouquet garni pequeno (veja glossário)
250 ml de Molho branco ou velouté (veja p. 74)
sal e pimenta

1 Descasque e pique a cebola.
2 Derreta 20 g de manteiga em uma panela, adicione a cebola e refogue durante 5-10 min, sem deixar dourar. Tempere com sal, pimenta e uma pitada de páprica.
3 Adicione o vinho branco e o bouquet garni. Cozinhe em fogo brando até que a preparação fique reduzida em dois terços.
4 Adicione o Velouté. Deixe ferver por 5 min em fogo alto, passe por uma peneira forrada com tecido fino.
5 Esquente o molho e tire do fogo. Adicione o restante da manteiga, cortada em pedacinhos. Experimente e corrija o tempero.

■ Preparo: 20 min   ■ Cozimento: cerca de 30 min

Molho Mornay

Rendimento:
cerca de 250-300 ml

250 ml de Béchamel (veja p. 70)
1 gema de ovo
1 colher (sopa) de creme de leite fresco
350 g de queijo gruyère ralado
sal e pimenta

1 Prepare o Béchamel.
2 Em uma vasilha, bata a gema com o creme de leite e, fora do fogo, adicione essa mistura à panela com o molho, incorporando-a vigorosamente com o batedor.
3 Coloque no fogo por alguns segundos, tomando cuidado para não deixar ferver. Adicione o queijo ralado, misturando com a colher de pau.
4 Tempere com sal e pimenta. Experimente e corrija o tempero. Se não for utilizado na hora, espete um pedaço de manteiga no garfo e passe sobre a superfície do molho para evitar que se forme uma película.
5 Esquente levemente, mexendo sempre, antes de servir.

■ Preparo: 25 min   ■ Cozimento: 15-20 min

MOLHOS BRANCOS
PREPARAÇÕES DE BASE

Molho Nântua

Rendimento:
cerca de 250 ml

30 g de Manteiga de lagosta (veja p. 66)
300 ml de Béchamel (veja p. 70)
25 ml de creme de leite fresco
1 colher (café) de conhaque
uma pitada de pimenta-de-caiena
sal

1. Prepare a Manteiga de lagosta e o Béchamel. Continue o cozimento do molho até que reduza em um terço. Adicione o creme de leite fresco e misture.
2. Coe em uma peneira fina, pressionando bem com o dorso da colher.
3. Esquente o molho. Ao levantar fervura, adicione a Manteiga de lagosta, batendo sem parar, e depois o conhaque e a pimenta-de-caiena. Tempere com sal. Prove e corrija o tempero.

■ Preparo: 30 min   ■ Cozimento: 10-15 min

Molho normando

Rendimento:
cerca de 250 ml

200 ml de Velouté de peixe (veja p. 75)
100 ml de Fumet de peixe (veja p. 41)
100 ml de Blanc de champignon (veja p. 34)
1 gema de ovo
3 colheres (sopa) de creme de leite fresco
30 g de manteiga
sal e pimenta

1. Prepare o Velouté, o Fumet de peixe e o Blanc de champignon.
2. Coloque todos na mesma panela e deixe reduzir um pouco, depois retire do fogo e mantenha aquecido.
3. Dilua a gema em uma colher de sopa de creme de leite e acrescente à panela. Aqueça levemente, até que a preparação reduza em um terço.
4. Corte a manteiga em pedaços e adicione-os juntamente com as 2 colheres (sopa) de creme de leite restantes, sal e pimenta. Experimente e corrija o tempero.

Pode-se adicionar um pouco de caldo de cozimento de mariscos.

■ Preparo: 30 min   ■ Cozimento: 10 min

MOLHOS BRANCOS
PREPARAÇÕES DE BASE

Molho picante

**Rendimento:
cerca de 250 ml**

3 cebolas-brancas
100 ml de vinho branco seco
50 ml de vinagre
1 bouquet garni pequeno (veja glossário)
4,5 grãos de pimenta
200 ml de Caldo ou consomê de carne (veja p. 38)
40 g de Roux caramelo (veja p. 82)
3 pepinos em conserva
2 colheres (sopa) de salsinha picada
sal

1 Descasque e pique as cebolas.
2 Em uma panela, despeje o vinho e o vinagre, adicione o bouquet garni, os grãos de pimenta picados e as cebolas. Depois que ferver, mantenha em fogo brando até ficar reduzido à metade.
3 Prepare o Caldo. Faça o Roux, regue com o caldo e cozinhe em fogo brando por 15 min.
4 Pique os pepinos em conserva.
5 Retire o bouquet garni da redução de vinho, despeje-a sobre o molho, adicione os pepinos e a salsinha picada e salgue.

Este molho acompanha tradicionalmente a língua de boi. Pode ser servido também com costeletas de porco ou carne de porco assada.

Preparo: 15 min ■ Cozimento: 25 min

Molho real

**Rendimento:
cerca de 250 ml**

100 ml de Velouté de frango (veja p. 75)
50 ml de Caldo claro de frango (veja p. 34) ou em tablete
50 ml de creme de leite fresco
1 colher (sopa) de trufa picada
25 g de manteiga
1 colher (sobremesa) de xerez
sal e pimenta

1 Prepare o Velouté de frango e o Caldo claro de frango.
2 Misture-os na mesma panela e deixe cozinhar em fogo brando para reduzir o líquido à metade, adicionando o creme de leite durante o cozimento.
3 Retire do fogo e incorpore a trufa picada, depois a manteiga, batendo sem parar, e por fim o xerez. Tempere com sal e pimenta. Prove e corrija o tempero.

■ Preparo: 15 min ■ Cozimento: cerca de 15 min

MOLHOS BRANCOS
PREPARAÇÕES DE BASE

Molho Soubise

Rendimento:
cerca de 250-300 ml

3 cebolas-brancas grandes
50 g de manteiga
uma pitada de açúcar
150 ml de Béchamel (veja p. 70)
5 colheres (sopa) de creme de leite fresco
sal e pimenta

1. Descasque e corte as cebolas em rodelas; mergulhe-as em uma panela com água fervente e sal.
2. Assim que a água levantar fervura novamente, escorra as cebolas e coloque-as em uma panela com 20 g de manteiga, sal, pimenta e uma pitada de açúcar. Tampe e deixe cozinhar em fogo brando por 10-15 min, sem deixar dourar.
3. Enquanto isso, prepare o Béchamel. Coloque-o sobre as cebolas, misture e deixe cozinhar por mais 10-15 min.
4. Prove e corrija o tempero. Passe no coador, ou numa peneira fina, pressionando bem com o dorso da colher.
5. Esquente novamente o molho, misture com o restante da manteiga e o creme de leite. Prove e corrija o tempero.

■ Preparo: 25 min ■ Cozimento: cerca de 30 min

Molho supremo

Rendimento:
cerca de 250-300 ml

250 ml de Velouté de frango (veja p. 75)
1 colher (café) de caldo de galinha em tablete
100 ml de creme de leite fresco
10 g de manteiga
sal e pimenta

1. Prepare o Velouté de frango, adicionando o caldo de galinha em tablete.
2. Deixe reduzir pelo menos até a metade, em fogo brando. Adicione o creme de leite e cozinhe lentamente até que o molho envolva o dorso da colher.
3. Retire do fogo e adicione a manteiga, batendo sem parar.
4. Coe o molho num coador ou numa peneira fina. Tempere com sal e pimenta a gosto.

■ Preparo: 15 min ■ Cozimento: 15-20 min

Molho Véron

Rendimento:
cerca de 250 ml

200 ml de Molho normando (veja p. 78)
1 cebola-branca grande
1 1/2 colher (sopa) de estragão picado
1/2 colher (sopa) de cerefólio picado
1 tomate médio
duas pitadas de pimenta-do-reino
2 colheres (sopa) de vinho branco
2 colheres (sopa) de vinagre de álcool
2 colheres (sopa) de Caldo escuro de vitela (veja p. 38)
7 filés de anchova em conserva
uma pitada de pimenta-de-caiena

1 Prepare o Molho normando e mantenha-o aquecido.
2 Pique a cebola, o estragão e o cerefólio.
3 Escalde o tomate, retire as sementes e corte em cubinhos.
4 Prepare uma redução: coloque em uma panela a cebola, o tomate, 1 colher (sopa) de estragão, a pimenta-do-reino, e despeje por cima o vinho branco e o vinagre. Esquente e deixe reduzir quase até secar.
5 Passe em uma peneira fina, pressionando bem para extrair todos os sucos. Depois misture essa redução com o Molho normando.
6 Aqueça o Caldo escuro e leve ao fogo até reduzi-lo à metade.
7 Dessalgue as anchovas na água. Amasse-as com o garfo e adicione-as ao molho. Tempere com a pimenta-de-caiena e misture bem.
8 Coe o molho em uma peneira bem fina. Adicione o cerefólio e o restante do estragão.

■ Preparo: 30 min ■ Cozimento: 15-20 min

MOLHOS BRANCOS
PREPARAÇÕES DE BASE

Molho Villeroi

Rendimento:
cerca de 250-300 ml

200 ml de Molho alemão gordo (veja p. 72)
50 ml de Caldo claro de vitela (veja p. 35)
50 ml de Blanc de champignon (veja p. 34)
sal e pimenta

1 Prepare o Molho alemão, o Caldo claro de vitela e o Blanc de champignon. (Ou descongele as preparações feitas anteriormente.)

2 Misture os caldos na mesma panela e deixe reduzir até que o molho envolva a espátula.

3 Coe e bata até ficar levemente morno. Tempere com sal e pimenta. Prove e corrija o tempero.

Este molho, em geral, acompanha espetinhos de carne ou de peixe. Pode-se substituir o Caldo claro de vitela por Fumet de peixe (*veja p. 41*).

■ Preparo: 15 min ■ Cozimento: cerca de 15 min

Roux branco

Rendimento: 60 g de roux
30 g de manteiga
30 g de farinha

1 Derreta a manteiga em fogo médio em uma panela de fundo grosso, sem deixá-la corar.

2 Adicione aos poucos a farinha, misturando sem parar, e cozinhe até que o gosto de farinha tenha desaparecido completamente.

3 Retire do fogo para que o roux não escureça.

O Roux branco é usado essencialmente no preparo do Molho branco (também chamado Velouté), do Béchamel e de diversos outros molhos na proporção de 60 g para 0,5 litro de água, Caldo de carne ou outro, ou ainda leite.

Roux caramelo
O método é o mesmo, mas deixa-se cozinhar um pouco mais, mexendo sempre, até adquirir coloração mais escura.

■ Preparo: 2 min ■ Cozimento: 3-5 min

MOLHOS COM FRUTAS E OUTROS MOLHOS DOCES

Molho Cumberland

**Rendimento:
cerca de 250 ml**

*2 cebolas-brancas
1 laranja orgânica
1 limão orgânico
4 colheres (sopa) de geléia de groselha
1 colher (sopa) de mostarda
10 ml de vinho do Porto
uma pitada de pimenta-de-caiena
uma pitada de gengibre em pó (opcional)
sal*

1 Pique as cebolas até obter 1 colher (sobremesa).
2 Com o descascador de legumes, retire a casca da laranja e do limão, e branqueie-as mergulhando-as por 10 segundos em água fervente. Deixe secar sobre papel-toalha e corte a seguir à juliana (em tirinhas).
3 Ferva 1 copo de água filtrada.
4 Coloque a geléia de groselha em uma panelinha e acrescente água fervente, aos poucos, para diluí-la, mexendo sempre. Atenção: coloque pouca água, o suficiente apenas para dissolver a geléia. A geléia deve ficar líquida.
5 Misture a cebola picada, 1 colher (sobremesa) das cascas cortadas de cada fruta, a mostarda, a geléia de groselha diluída e o vinho do Porto.
6 Esprema o suco da laranja e do limão e coloque no molho. Tempere com sal. Adicione uma pitada de pimenta-de-caiena e, se quiser, também uma de gengibre.

■ Preparo: 20 min

Molho de amoras

**Rendimento:
cerca de 250 ml
(3-4 porções)**

*250 g de amoras
2 colheres (sopa) de açúcar*

1 Em uma panela com um pouquinho de água, cozinhe as amoras em fogo alto, com a panela tampada, por 10 min.
2 Escorra e reserve a água do cozimento. Bata as frutas no liquidificador.
3 Dilua o purê obtido em uma parte da água do cozimento e leve ao fogo para fazer um molho bem denso.
4 Coloque o açúcar. ▶

MOLHOS COM FRUTAS E OUTROS MOLHOS DOCES

Molho de jabuticabas

Substitua as amoras pela mesma quantidade de jabuticabas. Depois de cozidas, passe as frutas pela peneira em vez de bater no liquidificador. Prossiga a receita da mesma forma.

■ Preparo: 20 min ■ Cozimento: 10 min

Molho de hortelã

Rendimento:
cerca de 250 ml

1-2 maços de hortelã
200 ml de vinagre
5 colheres (sopa) de água
25 g de açúcar demerara
sal e pimenta

1 Destaque as folhas de hortelã até obter cerca de 50 g.
2 Pique-as bem.
3 Coloque-as em uma vasilha com o vinagre, a água e o açúcar demerara, uma pitada de sal e uma pitada de pimenta-do-reino moída na hora. Misture bem. Sirva frio.

■ Preparo: 10 min

Molho Yorkshire

Rendimento:
cerca de 250 ml

1 laranja orgânica
200 ml de vinho do Porto
5 colheres (sopa) de geléia de groselha
uma pitada de canela
uma pitada de pimenta-de-caiena
sal

1 Descasque a laranja e fatie a casca em lâminas finas. Coloque 1 colher (sopa) cheia em uma panela juntamente com o vinho do Porto, tampe e deixe cozinhar em fogo brando por cerca de 20 min.
2 Peneire o vinho do Porto cozido em uma panelinha, reservando as cascas de laranja. Junte a geléia de groselha ao vinho do Porto, a canela em pó e a pimenta-de-caiena. Misture e leve para ferver.
3 Esprema o suco da laranja e acrescente ao molho. Deixe ferver novamente e coe.
4 Adicione a casca de laranja cozida. Tempere com sal. Experimente e corrija o tempero.

■ Preparo: 20 min ■ Cozimento: 25 min

MOLHOS COM MANTEIGA, LEITE E CREME DE LEITE

Molho ao curry

Rendimento:
cerca de 250 ml

2 cebolas
10 g de manteiga
2 colheres (sopa) de curry
150 ml de vinho branco
50 ml de Fumet de peixe (veja p. 41) ou caldo de peixe em tablete
150 ml de creme de leite
sal e pimenta

1 Descasque e pique as cebolas.
2 Derreta a manteiga em uma panela, adicione as cebolas, tampe e refogue por 10-15 min, sem deixar dourar.
3 Adicione uma colher (sopa) de curry e misture bem. Despeje o vinho branco e o Fumet ou caldo de peixe em tablete e misture novamente. Tempere com sal e pimenta. Cozinhe em fogo brando por 20 min.
4 Coe em uma peneira, pressionando bem com o dorso da colher.
5 Leve de volta ao fogo brando e adicione 1 colher (sopa) de curry. Misture, despeje o creme de leite e bata o molho por 5 min em fogo alto até engrossar. Corrija o tempero, se necessário.

■ Preparo: 20 min ■ Cozimento: cerca de 45 min

Molho bourguignon para peixes

Rendimento:
cerca de 250 ml

1/2 cebola
2 champignons
200 ml de Fumet de peixe (veja p. 41) ou caldo de peixe em tablete
20 ml de vinho tinto
espinhas e aparas de peixe
uma pitada de tomilho
uma pitada de louro
200 ml de caldo de cozimento do peixe
50 g de manteiga
sal e pimenta

1 Descasque e corte em rodelas a cebola e os champignons.
2 Coloque-os em uma panela com o Fumet ou o caldo em tablete preparado, o vinho tinto, as espinhas e aparas do peixe que está preparando e as especiarias. Tempere com sal e pimenta e cozinhe em fogo brando até que não haja quase mais líquido. Então, acrescente o caldo de cozimento do peixe que foi preparado.
3 Coe o molho. Corte a manteiga em pedaços e incorpore ao molho com o batedor manual.

Este molho deve ser preparado enquanto o peixe que ele guarnece cozinha no court-bouillon.

■ Preparo: 15 min ■ Cozimento: cerca de 20 min

MOLHOS COM MANTEIGA, LEITE E CREME DE LEITE
PREPARAÇÕES DE BASE

Molho de pão

Rendimento:
cerca de 250 ml

1 cebola pequena
1 cravo-da-índia
200 ml de leite
15 g de manteiga
35 g de miolo de pão
50 ml de creme de leite
sal e pimenta

1 Pique a cebola e o cravo-da-índia e coloque-os no leite juntamente com a manteiga. Tempere com sal e pimenta e aqueça. Quando o molho levantar fervura, esfarele o miolo de pão e cozinhe por 15 min em fogo brando.
2 Retire a cebola, incorpore o creme de leite e aqueça por 1-2 min, batendo sem parar.

■ Preparo: 10 min   ■ Cozimento: 15-20 min

Molho genovês

Rendimento:
cerca de 250 ml

200-300 g de aparas
 de salmão
1 cenoura
1 cebola
2 ramos de salsinha
10 g de manteiga
1 ramo de tomilho
1 folha de louro
40 ml de vinho tinto
10 g de Manteiga manié
 (veja p. 68)
10 g de Manteiga
 de anchova
 (opcional, veja p. 66)
sal e pimenta

1 Corte em pedaços as aparas (pedaços, espinhas, pele etc.) de salmão. Corte a cenoura e a cebola em cubinhos e pique a salsinha.
2 Refogue esses ingredientes na manteiga, em fogo brando, por 5 min. Adicione uma ramo de tomilho, meia folha de louro, sal, pimenta e as aparas de peixe, cozinhando com tampa por 15 min em fogo brando. Acrescente o vinho tinto e deixe cozinhar por mais 30-40 min.
3 Coe o molho.
4 Prepare a Manteiga manié e, se quiser, também a de anchova. Coloque o molho em fogo brando e dilua nele as manteigas.

■ Preparo: 15 min   ■ Cozimento: 50 min

MOLHOS COM MANTEIGA, LEITE E CREME DE LEITE
PREPARAÇÕES DE BASE

Molho indiano

Rendimento:
cerca de 250 ml

2 cebolas
1 maçã verde
1 colher (sopa) de óleo
1 colher (sopa) de salsinha picada
1 colher (sopa) de aipo (parte verde) picado
tomilho e louro
noz-moscada ralada
1 colher (sopa) de farinha de trigo
1 colher (sopa) de curry
1 litro de Caldo claro de vitela (veja p. 35) ou de frango (veja p. 34)
1/2 limão
4 colheres (sopa) de creme de leite
50 ml de leite de coco (opcional)
sal e pimenta

1. Descasque e pique a cebola e a maçã. Aqueça levemente o óleo em uma panela e refogue a cebola e a maçã por 15 min, até se desmancharem.
2. Adicione a salsinha, o aipo, 1 ramo de tomilho, meia folha de louro, a noz-moscada ralada, sal e pimenta. Misture bem.
3. Coloque a farinha, o curry e misture. Acrescente o Caldo claro e misture muito bem. Cozinhe em fogo brando por 30 min, mexendo de vez em quando.
4. Adicione um pouco mais de caldo se o molho engrossar demais, e leve de volta ao fogo.
5. Acrescente 1 colher (café) de suco de limão, o creme de leite e, se quiser, um pouco de leite de coco. Experimente e corrija o tempero.

■ Preparo: 20 min   ■ Cozimento: 45 min

Molho poulette

Rendimento:
cerca de 250 ml

40 g de manteiga
2 gemas
200 ml de Caldo claro de vitela (veja p. 35) ou de frango (veja p. 34)
1/2 limão
sal e pimenta

Corte a manteiga em pedacinhos e reserve. Dilua as gemas no caldo e aqueça por 10 min em fogo brando, batendo sem parar. Adicione o suco do limão e a manteiga. Retire do fogo assim que o molho aderir bem à colher. Tempere com sal e pimenta.

■ Preparo: 5 min   ■ Cozimento: 10 min

Molho quente de raiz-forte

Rendimento:
cerca de 250 ml

150 ml de Molho branco ou velouté (veja p. 74)
100 ml de Caldo claro de vitela (veja p. 35)
2 colheres (sopa) de raiz-forte ralada
1 colher (sopa) de mostarda
1 colher (sopa) de vinagre
1 gema
sal e pimenta

1. Prepare o Velouté e o Caldo de vitela.
2. Cozinhe a raiz-forte e o Caldo por 15 min. Adicione o Velouté e cozinhe por mais 10 min, sem parar de mexer.
3. Em uma vasilha, dilua a mostarda no vinagre.
4. Coe o molho e, fora do fogo, adicione a gema, batendo sempre.
5. Leve de volta ao fogo brando para que engrosse, batendo sem parar. Adicione a mostarda diluída, depois tempere com sal e pimenta.

■ Preparo: 15 min   ■ Cozimento: 25 min

MOLHOS ESCUROS

Molho à bolonhesa

Rendimento:
cerca de 500 g

2 ramos de aipo (salsão)
3 cebolas
1 bouquet garni (veja glossário)
2 folhas de sálvia
1 ramo de alecrim
5 tomates (ou 1/2 lata de polpa de tomate)
250 g de carne de boi
2 dentes de alho
2 colheres (sopa) de azeite
200 ml de Caldo ou consomê de carne (veja p. 38)
100 ml de vinho branco seco
sal e pimenta

1. Pique o aipo e as cebolas.
2. Adicione a sálvia e o alecrim ao bouquet garni.
3. Escalde os tomates, retire a pele e corte em pedaços.
4. Pique a carne grosseiramente.
5. Coloque o azeite em uma caçarola para esquentar e doure nele a carne. Acrescente então as cebolas o aipo e o alho amassado, misturando bem a cada acréscimo de ingrediente. Adicione os tomates (ou a polpa) e refogue por mais 10 min.
6. Prepare o caldo e despeje na panela com o bouquet garni, o vinho branco, o sal e a pimenta.
7. Tampe a panela e cozinhe o molho por 1 h em fogo brando, adicionando um pouco de água de vez em quando. Experimente e corrija o tempero.

■ Preparo: 20 min   ■ Cozimento: 1h15 min

MOLHOS ESCUROS
PREPARAÇÕES DE BASE

Molho à caçadora

Rendimento: 250-300 ml

100 g de champignons
1 cebola-branca grande
200 ml de Caldo escuro de vitela (veja p. 38) ou caldo em tablete
1 colher (café) de maisena
1 colher (café) de extrato de tomate
40 g de manteiga
50 ml de vinho branco
1 cálice de conhaque
1 colher (sopa) de ervas finas picadas (salsinha, cebolinha, cerefólio e estragão)
sal e pimenta

1. Lave e corte em fatias os champignons. Descasque e pique a cebola.
2. Prepare o caldo. Adicione a maisena (dissolvida previamente em um pouco de água) e o extrato de tomate. Retire do fogo e mantenha aquecido.
3. Derreta 20 g de manteiga em uma panela e refogue nela os champignons e as cebolas. Adicione o vinho branco, diminua o fogo e deixe cozinhar até reduzir à metade.
4. Aqueça o conhaque em uma panelinha, despeje-o sobre a preparação e flambe. Acrescente o caldo e continue a cozinhar por mais 10 min.
5. Retire do fogo, coloque o restante da manteiga, as ervas finas, o sal e a pimenta. Prove e corrija o tempero.

■ Preparo: 20 min ■ Cozimento: 15-20 min

Molho à la duxelles

Rendimento: cerca de 250 ml

250 g de champignons
1 cebola comum
1 cebola-branca
20 g de manteiga
100 ml de vinho branco
200 ml de Demi-glace (veja p. 41) ou caldo de carne em tablete
100 ml de molho de tomate ou 1 colher (café) de extrato de tomate
1 colher (sopa) de salsinha picada
sal e pimenta

1. Prepare a duxelles. Pique os champignons e as cebolas. Refogue as cebolas na manteiga e acrescente os champignons. Tempere com sal e pimenta. Cozinhe em fogo alto para fazer evaporar o máximo de líquido dos champignons.
2. Adicione o vinho branco e continue a cozinhar, em fogo médio, até que não haja quase mais líquido.
3. Misture a Demi-glace (ou 200 ml de caldo de carne em tablete) com o molho de tomate e despeje na caçarola. Deixe ferver por mais 2-3 min e adicione a salsinha picada. Prove e acerte o tempero.

■ Preparo: 15 min ■ Cozimento: cerca de 20 min

MOLHOS ESCUROS
PREPARAÇÕES DE BASE

Molho à moda de Bordeaux

Rendimento:
cerca de 250-300 ml

25 g de miolo de boi
2 cebolas-brancas
200 ml de vinho tinto
1 ramo de tomilho
1 pedaço de folha de louro
150 ml de Demi-glace (veja p. 41)
15 g de manteiga
1 colher (café) de salsinha picada
sal e pimenta

1. Corte o miolo em cubinhos e deixe de molho por cerca de 1 hora em uma vasilha com água.
2. Mergulhe os cubinhos em água salgada fervente por 1 min e escorra.
3. Descasque e pique as cebolas. Coloque-as em uma panela juntamente com o vinho tinto, o tomilho, o louro, uma pitada de sal e pimenta. Cozinhe em fogo brando até que o líquido reduza em dois terços. Adicione a Demi-glace e continue a ferver até reduzir em mais um terço.
4. Retire do fogo, adicione a manteiga cortada em pedacinhos e misture bem.
5. Coe o molho e conserve-o aquecido. Na hora de servir, acrescente o miolo e a salsinha picada. Experimente o tempero.

Este molho acompanha carnes grelhadas e fritas, como costelas e bifes.

■ Preparo: 15 min ■ Demolha: 1 h
■ Cozimento: cerca de 30 min

Molho à moda de Lyon

Rendimento:
cerca de 250 ml

2 cebolas
15 g de manteiga
500 ml de vinagre
500 ml de vinho branco
200 ml de Demi-glace (veja p. 41) ou 300 ml de Caldo escuro de vitela (veja p. 38)
sal e pimenta

1. Descasque e pique bem as cebolas.
2. Derreta a manteiga em uma panela, coloque nela as cebolas e refogue em fogo brando até dourarem. Adicione o vinagre e o vinho branco e continue a cozinhar até o líquido quase desaparecer.
3. Despeje então a Demi-glace (ou 300 ml de Caldo escuro concentrado). Deixe ferver por 3-4 min. Experimente e tempere com sal e pimenta. Coe o molho ou sirva assim mesmo.

■ Preparo: 10 min ■ Cozimento: 15-20 min

MOLHOS ESCUROS
PREPARAÇÕES DE BASE

Molho à moda de Rouen

Rendimento:
cerca de 250 ml

*3 fígados de pato
(ou frango)*
*50 ml de Caldo escuro
de vitela (veja p. 38)
ou caldo em tablete*
2 cebolas-brancas
1/2 copo de vinho tinto
50 g de manteiga
sal e pimenta

1 Retire as nervuras dos fígados de aves, amasse-os em um pilão, depois passe por uma peneira fina.
2 Prepare o Caldo ou descongele-o (ou utilize tablete).
3 Pique as cebolas-brancas, coloque-as em uma panela com o vinho e deixe reduzir até a metade em fogo brando. Adicione o Caldo e deixe reduzir outra vez pela metade.
4 Retire do fogo, adicione os fígados e misture bem. Leve de volta ao fogo, mas sem deixar ferver.
5 Coe o molho. Aqueça-o novamente, sempre sem deixar ferver, e adicione a manteiga aos poucos, batendo vigorosamente. Acrescente sal e pimenta, prove e corrija o tempero. Sirva imediatamente.

■ Preparo: 15 min   ■ Cozimento: 25-30 min

Molho à pizzaiola

Rendimento:
cerca de 250 ml

1 cebola
1 1/2 dente de alho
2 tomates
*3 colheres (sopa)
de azeite*
*2 colheres (sopa)
de extrato de tomate*
1 folha de louro
*1 colher (sopa) de
manjerona em pó*
4 folhas de manjericão
uma pitada de açúcar
sal e pimenta

1 Descasque e pique a cebola e o alho.
2 Escalde os tomates em água fervente, rapidamente, para retirar a pele. Corte-os ao meio, retire as sementes e pique em um prato para conservar todo o suco.
3 Esquente o azeite. Adicione a cebola e deixe refogar em fogo brando por 6 min, sem parar de mexer.
4 Adicione o alho, o sal e a pimenta e deixe cozinhar por mais 2 min, sem parar de mexer.
5 Coloque os tomates com todo o suco, o extrato de tomate, o louro, a manjerona e o manjericão cortado bem fininho com a tesoura. Misture e cozinhe em fogo brando por cerca de 30 min, misturando de vez em quando.
6 Retire o louro e adicione o açúcar. Experimente e corrija o tempero.

■ Preparo: 15 min   ■ Cozimento: 40 min

MOLHOS ESCUROS
PREPARAÇÕES DE BASE

Molho agridoce

Rendimento: 250-300ml

1 colher (sopa) de uvas-passas
2 cebolas-brancas
2 colheres (chá) de açúcar
2 colheres (sopa) de vinagre
100 ml de vinho branco seco
200 ml de Demi-glace (veja p. 41) ou caldo de carne em tablete
2 colheres (café) de alcaparras
sal e pimenta

1 Coloque as uvas-passas de molho em uma vasilha com água por 2 h.
2 Descasque e pique as cebolas.
3 Em uma panelinha de fundo grosso, coloque o açúcar e o vinagre e aqueça levemente até que a preparação se caramelize.
4 Acrescente o vinho branco e as cebolas-brancas, e cozinhe até que não sobre quase mais líquido.
5 Despeje a Demi-glace (ou o caldo) na panela e deixe ferver por alguns instantes.
6 Coe o molho em uma peneira fina e leve de volta ao fogo até levantar fervura.
7 Escorra as uvas-passas e adicione-as ao molho, juntamente com as alcaparras. Tempere com sal e pimenta. Experimente e corrija o tempero, se necessário.

■ Preparo: 10 min   ■ Demolha: 2 h
■ Cozimento: cerca de 15 min

Molho apimentado

Rendimento: cerca de 250 ml

1 cenoura pequena
1/2 cebola
um pedacinho de aipo (salsão)
25 g de toucinho
15 g de manteiga
1 pequeno ramo de tomilho
1/2 folha de louro
15 grãos de pimenta
80 ml de vinagre
50 ml de Marinada instantânea (veja p. 45) ▶

1 Pique em cubinhos a cenoura, a cebola e o aipo. Corte da mesmo forma o toucinho.
2 Derreta a manteiga em uma panela, coloque todos os cubinhos, juntamente com o tomilho, o louro e 5 grãos de pimenta, e deixe cozinhar em fogo brando por 10 min, mexendo sem parar.
3 Adicione o vinagre e a Marinada, depois deixe reduzir até a metade. Despeje a Demi-glace ou o Caldo de caça e deixe cozinhar lentamente por 30 min.
4 Amasse os 10 grãos de pimenta restantes, acrescente ao molho e deixe em infusão por 5 min. Se o molho estiver muito aguado, adicione 1 colher (café) de maisena diluída em um pouco de água. ▶

MOLHOS ESCUROS
PREPARAÇÕES DE BASE

250 ml de Demi-glace ou Caldo de caça (veja p. 41 ou 36)
1 colher (café) de maisena (opcional)

5 Experimente e corrija o tempero. Coe o molho em uma peneira.

■ Preparo: 20 min ■ Cozimento: 30-35 min

Molho bigarade (ou azedo)

Rendimento: cerca de 250 ml

200 ml de Caldo claro de frango (veja p. 34) ou caldo de cozimento de um pato
1 colher (café) de fécula de milho
1 laranja orgânica
1/4 de limão
1 colher (café) de açúcar
1 colher (sobremesa) de vinagre
sal e pimenta

1 Prepare o caldo (ou retire caldo de cozimento do pato). Aqueça-o e despeje nele a fécula diluída.
2 Retire as cascas de laranja e limão e corte-as em pedacinhos. Esprema as frutas e reserve o seu suco.
3 Em uma panela, misture o açúcar e o vinagre e aqueça até que a preparação fique amarelada, um pouco caramelizada.
4 Despeje o caldo e misture bem. Acrescente os sucos de laranja e limão e deixe cozinhar em fogo brando por 2 min, misturando bem. Adicione sal e pimenta, prove e corrija o tempero.

■ Preparo: 15 min ■ Cozimento: 10 min

Molho bourguignon para carnes e aves

Rendimento: 250-300 ml

100 g de toucinho
1 cebola
1 cenoura pequena
100 g de champignons
75 g de manteiga
500 ml de vinho tinto
200 ml de Caldo claro-escuro (veja p. 36) ou caldo de carne em tablete
1 bouquet garni (veja glossário)
sal e pimenta

1 Você pode fazer um caldo fresco, descongelar o caldo previamente preparado ou usar um tablete de caldo de carne.
2 Aqueça água em uma panela. Corte o toucinho em pedaços e mergulhe-os de 3 a 4 min em água fervente. Depois escorra.
3 Descasque e corte em cubinhos os legumes.
4 Derreta 25 g de manteiga em uma panela, coloque nela os legumes, tampe e cozinhe por 10 min. ▶

MOLHOS ESCUROS
PREPARAÇÕES DE BASE

5 Adicione o toucinho em cubinhos e misture. Acrescente o vinho tinto, deixe reduzir um quarto e em seguida coloque o caldo e o bouquet garni.
6 Tempere com sal e pimenta e cozinhe em fogo brando até que o molho fique reduzido em dois terços.
7 Coe o molho, amassando bem os ingredientes com o dorso da colher.
8 Aqueça novamente e retire do fogo. Na hora de servir, adicione o restante da manteiga batendo vigorosamente. Experimente e corrija o tempero.

■ Preparo: 20 min ■ Cozimento: 30-40 min

Molho Chateaubriand

Rendimento: 250-300 ml

2 ou 3 cebolas-brancas
25 g de champignons
100 ml de vinho branco
150 ml de Demi-glace (veja p. 41)
3 ramos de salsinha
2 ramos de estragão
80 g de manteiga
1/2 limão
pimenta-de-caiena
sal e pimenta-do-reino

1 Descasque e pique as cebolas.
2 Lave e corte os champignons em cubinhos.
3 Coloque as cebolas, os champignons e o vinho branco em uma panela e deixe cozinhar em fogo brando até que o líquido fique reduzido em dois terços. Adicione a Demi-glace e continue o cozimento até que só reste metade do líquido.
4 Destaque as folhas de salsinha e de estragão e pique bem.
5 Fora do fogo, adicione ao preparado a manteiga e as ervas picadas, um filete de limão e uma pitada de pimenta-de-caiena, misturando bem com a colher de pau. Tempere com sal e pimenta-do-reino e verifique o tempero.

Este molho é um ótimo acompanhamento para carnes vermelhas e brancas, grelhadas ou fritas.

■ Preparo: 15 min ■ Cozimento: 10-20 min

MOLHOS ESCUROS
PREPARAÇÕES DE BASE

Molho Colbert (ou Manteiga Colbert)

Rendimento: 150-200 ml

125 g de manteiga
2 colheres (sopa) de Glace de carne (veja p. 42) ou caldo em tablete
1 colher (sopa) de Caldo claro de frango (veja p. 34) ou caldo em tablete
pimenta-de-caiena
1/2 limão
1 colher (sopa) de salsinha picada
1 colher (sopa) de vinho Madeira
sal e pimenta-do-reino

1. Retire a manteiga da geladeira e corte em pedaços.
2. Aqueça a Glace de carne (ou 1 copo de caldo de carne em tablete) e o Caldo claro de frango juntos e espere ferver.
3. Em uma vasilha, amasse a manteiga com a espátula de madeira ou com um garfo.
4. Fora do fogo, incorpore a manteiga, misturando vigorosamente. Tempere com sal e pimenta-do-reino e adicione uma pitada de pimenta-de-caiena.
5. Adicione, batendo suavemente, o suco de limão, a salsinha picada e o vinho Madeira. Verifique o tempero.

■ Preparo: 15 min   ■ Cozimento: 10 min

Molho com cogumelos e alcaparras

Rendimento: cerca de 250 ml

150 ml de Demi-glace (veja p. 41) ou caldo de carne em tablete
1 cebola comum
2 cebolas-brancas
30 g de champignons
20 g de manteiga
100 ml de vinagre
1 lata pequena de polpa de tomate
1 fatia pequena de presunto cozido
3 pepinos em conserva
1 colher (sopa) de salsinha
1 colher (sopa) de alcaparras

1. Prepare a Demi-glace (ou substitua por 200 ml de caldo de carne em tablete).
2. Pique as cebolas e os champignons.
3. Derreta a manteiga em uma panela, coloque a cebola comum e deixe refogar lentamente por 5 min. Adicione as cebolas-brancas e os champignons e cozinhe por mais 10 min, sempre em fogo brando.
4. Adicione o vinagre e mantenha no fogo até reduzir um quarto.
5. Acrescente a Demi-glace (ou o caldo) e a polpa de tomate e deixe ferver por 5 min.
6. Enquanto isso, pique o presunto, os pepinos e a salsinha e junte ao molho. Pouco antes de servir, adicione as alcaparras. Prove e corrija o tempero.

■ Preparo: 30 min   ■ Cozimento: cerca de 30 min

MOLHOS ESCUROS
PREPARAÇÕES DE BASE

Molho com estragão

Rendimento:
cerca de 250 ml

200 ml de Caldo escuro de vitela (veja p. 38) ou caldo de carne em tablete

4-5 maços de estragão (para obter 100 g de folhas)

100 ml de vinho branco

1 Você pode fazer um caldo fresco, descongelar o caldo previamente preparado ou usar o caldo em tablete.
2 Pique as folhas de estragão e reserve uma colherada.
3 Coloque o estragão picado em uma panela junto com o vinho branco e deixe cozinhar até que o líquido tenha praticamente desaparecido. Adicione então o caldo. Deixe ferver por alguns instantes e coe. Ao servir, adicione o estragão reservado.

■ Preparo: 15 min   ■ Cozimento: 10 min

Molho de miolo de boi

Rendimento:
cerca de 250 ml

75 g de miolo de boi
3 cebolas-brancas
1 colher (café) de maisena
1/2 copo de Caldo claro de vitela (veja p. 35) ou caldo de carne em tablete
200 ml de vinho branco
100 g de manteiga
1 colher (sopa) de suco de limão
salsinha
sal

1 Coloque o miolo de boi de molho por 2 h, trocando a água algumas vezes.
2 Pique as cebolas. Coloque-as em uma panela com o vinho branco e deixe reduzir pela metade em fogo brando.
3 Dilua a maisena no caldo de vitela e adicione o vinho, misturando bem.
4 Escalde o miolo em água fervente com sal por 3 min, escorra e corte-o em cubinhos.
5 Corte a manteiga em pedacinhos e, fora do fogo, incorpore-a ao molho com o batedor manual. Adicione o suco de limão e o miolo. Salpique a salsinha picada. Experimente e corrija o tempero.

■ Preparo: 15 min   ■ Demolha: 2 h
■ Cozimento: 15-20 min

Molho de tomate

Rendimento:
cerca de 250 ml

2 kg de tomates
2 dentes de alho
2 cenouras
2 cebolas
100 g de toucinho magro
40 g de manteiga
60 g de farinha de trigo
1 bouquet garni (veja glossário)
150 g de presunto
1 litro de Caldo claro de vitela (veja p. 35) ou caldo de carne em tablete
20 g de açúcar
sal e pimenta

1 Escalde os tomates na água fervente por alguns segundos; retire a pele e as sementes e amasse-os. Esprema o alho. Corte as cenouras, as cebolas e o toucinho em cubinhos.

2 Mergulhe o toucinho por 1 min em água fervente, escorra e doure na manteiga. Reserve, jogue fora a gordura e recoloque o toucinho na panela.

3 Adicione as cenouras e as cebolas, 1 colher (sopa) de água, tampe e cozinhe em fogo brando por cerca de 10 a 15 min, deixando colorir levemente. Polvilhe a farinha, misture bem e deixe clarear.

4 Acrescente os tomates, o alho, o bouquet garni e o presunto (sem a gordura). Despeje o caldo, tempere com sal e pimenta, coloque o açúcar e leve ao fogo até levantar fervura, sem parar de mexer. Tampe e deixe por 2 h.

5 Retire o bouquet garni e o presunto. Coe o molho. Prove e corrija o tempero.

Para ter este molho sempre à mão, prepare-o em grande quantidade e guarde no congelador em recipientes herméticos.

■ Preparo: 30 min   ■ Cozimento: 2 h

Molho diable

Rendimento:
cerca de 250 ml

2 cebolas-brancas
150 ml de vinho branco seco
1 colher (sopa) de vinagre
1 ramo de tomilho
1/2 folha de louro
pimenta ▶

1 Descasque e pique as cebolas.

2 Em um panela, misture o vinho branco, o vinagre, as cebolas, o tomilho, o louro e uma generosa pitada de pimenta moída na hora. Cozinhe em fogo médio até que o líquido fique reduzido em dois terços. ▶

MOLHOS ESCUROS
PREPARAÇÕES DE BASE

1 colher (sopa) de extrato de tomate

200 ml de Demi-glace (veja p. 41) ou caldo de carne reduzido em um terço

1 colher (sopa) de salsinha picada

3 Misture o extrato de tomate com a Demi-glace (ou caldo de carne reduzido em um terço) e despeje em uma panela. Deixe ferver por 2-3 min.
4 Coe o molho.
5 Experimente e corrija o tempero. Ao servir, adicione a salsinha picada.

- Preparo: 10 min ■ Cozimento: cerca de 15 min

Molho espanhol

Rendimento: cerca de 1 litro

1 cenoura
1 cebola
1 talo de aipo (salsão)
10 g de manteiga
raminhos de tomilho e louro
50 g de champignons
500 g de tomates (ou 1 lata de polpa de tomate)
30 g de Roux escuro (veja p. 102)
1,5 litro de Caldo escuro de vitela (veja p. 38)

1 Prepare a mirepoix: descasque e corte em cubinhos a cenoura e a cebola, e fatie o aipo. Derreta a manteiga em uma panela, adicione os legumes, um pouco de tomilho e louro e cozinhe em fogo brando por cerca de 15 min. A mirepoix estará pronta quando os legumes estiverem se desfazendo.
2 Corte em pedaços os champignons e amasse os tomates.
3 Faça o Roux escuro, adicione a mirepoix, os champignons e os tomates. Adicione o Caldo escuro de vitela e deixe cozinhar em fogo brando de 3 a 4 h, escumando regularmente.
4 Coe o molho em uma peneira forrada com tecido fino (musselina).

Este molho é a base de inúmeros outros. Uma boa dica é preparar uma quantidade grande e congelá-lo em recipientes herméticos, para tê-lo sempre à mão.

- Preparo: 30 min ■ Cozimento: cerca de 4 h

MOLHOS ESCUROS
PREPARAÇÕES DE BASE

Molho financière

Rendimento:
cerca de 250 ml

75 g de champignons
50 g de presunto magro
40 g de manteiga
40 g de farinha de trigo
200 ml de Caldo claro
  de frango (veja p. 34)
  ou caldo em tablete
1/2 copo de vinho branco
tomilho e louro
50 ml de vinho Madeira
sal e pimenta

1 Lave os champignons e corte-os em cubinhos. Faça o mesmo com o presunto.

2 Derreta a manteiga em uma panela, coloque o champignon e refogue rapidamente em fogo médio. Adicione a farinha, misturando bem por alguns minutos.

3 Prepare o caldo de frango, descongele-o ou utilize tablete. Aqueça o caldo e coloque o champignon refogado e o vinho branco. Misture bem, adicione uma pitada de tomilho e de louro, sal e pimenta, e deixe cozinhar por cerca de 20 min em fogo brando. O molho deverá ficar viscoso.

4 Ao final do cozimento, adicione o vinho Madeira.

■ Preparo: 15 min   ■ Cozimento: 25-30 min

Molho grand veneur

Rendimento:
cerca de 250 ml

200 ml de Molho
  apimentado (veja p. 92)
1 colher (sopa) de geléia
  de groselha
2 colheres (sopa) de
  creme de leite fresco
sal e pimenta

1 Prepare o Molho apimentado. Coe e adicione a geléia de groselha e o creme de leite fresco.

2 Coloque em uma panela em fogo brando e bata. Adicione sal e pimenta, prove e corrija o tempero.

Este molho é próprio para acompanhar cabrito.

■ Preparo: 10 min   ■ Cozimento: 45 min

MOLHOS ESCUROS
PREPARAÇÕES DE BASE

Molho marinheiro

Rendimento:
cerca de 250 ml

50 ml de Fumet ao vinho tinto (veja p. 42) ou 1 tablete de caldo
200 ml de Molho espanhol (veja p. 98) ou Demi-glace (veja p. 41)
2 rodelas de cebola comum
1 cebola-branca pequena
2-3 champignons
40 g de manteiga
50 ml de vinho tinto
pimenta em grão amassada
1 cravo-da-índia
1 ramo de tomilho
1 folha de louro

1. Descongele o Fumet (ou utilize um tablete de caldo) e o Molho espanhol (ou a Demi-glace).
2. Pique as cebolas e os champignons.
3. Derreta 20 g de manteiga em uma panela, coloque as cebolas e deixe refogar suavemente por 3-4 min. Adicione o vinho tinto, a pimenta amassada, os champignons, o ramo de tomilho, o louro e o cravo-da-índia. Deixe reduzir até que o líquido fique com consistência de xarope.
4. Acrescente o Fumet e deixe reduzir à metade. Junte o Molho espanhol e cozinhe por mais 10 min.
5. Coe o Molho e adicione o restante da manteiga, misturando delicadamente.

■ Preparo: 30 min   ■ Cozimento: cerca de 20 min

Molho montês

Rendimento:
cerca de 250 ml

300 ml de Caldo escuro de vitela (veja p. 38) ou caldo de carne em tablete
200 g de carne de caça de segunda
20 g de cenouras
20 g de cebolas
2-3 ramos de salsinha
1 ramo de tomilho
1/2 folha de louro
2 colheres (café) de conhaque
150 ml de vinho tinto
2 colheres (café) de vinagre de vinho ▶

1. Você pode fazer um caldo fresco, descongelar o caldo previamente preparado ou usar o caldo em tablete.
2. Corte a carne em pedaços.
3. Prepare a mirepoix: corte em cubinhos a cenoura e a cebola, e pique a salsinha.
4. Coloque a mirepoix em uma vasilha com o tomilho, o louro, o conhaque, 100 ml de vinho tinto e o vinagre. Junte a carne e deixe-a marinar por 12 h em local frio, mexendo-a de vez em quando.
5. Aqueça bem o azeite, coloque a carne e a mirepoix. Sele a carne por 4 a 5 min (*veja glossário*). Despeje a marinada, misture bem e cozinhe por mais alguns minutos. Adicione o Caldo escuro de vitela, a pimenta preta e deixe cozinhar em fogo brando até que o líquido fique reduzido em um terço. ▶

2 colheres (café) de azeite
5 grãos de pimenta preta
pimenta-de-caiena
uma pitada de açúcar

6 Adicione o restante do vinho tinto, uma pitada de pimenta-de-caiena e açúcar. Misture bem. Coe o molho em uma peneira bem fina.

■ Preparo: 30 min ■ Marinada: 12 h
■ Cozimento: 30 min

Molho Périgueux

Rendimento:
cerca de 250 ml

100 ml de Demi-glace (veja p. 41) ou 150 ml de Caldo escuro de vitela (veja p. 38)
100 g de trufas picadas
150 ml de pasta de trufa
sal e pimenta

1 Aqueça a Demi-glace ou o Caldo escuro de vitela e deixe reduzir em fogo brando até adquirir a consistência de xarope.
2 Pique a trufa e adicione ao caldo reduzido, assim como a pasta de trufa. Tempere com sal e pimenta. Experimente e corrija o tempero.
3 Ferva rapidamente e sirva.

■ Preparo: 10 min ■ Cozimento: 10 min

Molho Robert

Rendimento:
cerca de 250 ml

1 cebola
15 g de manteiga
100 ml de vinho branco
50 ml de vinagre
250 ml de Molho espanhol (veja p. 98) ou 350 ml de Demi-glace (veja p. 41) ou caldo de carne concentrado
1 colher (sopa) de mostarda
sal e pimenta

1 Pique a cebola bem fininho.
2 Derreta a manteiga em uma panela e refogue nela a cebola. Adicione o vinho branco e o vinagre, misture bem e cozinhe em fogo médio até quase secar.
3 Acrescente o Molho espanhol (que pode ser substituído pela Demi-glace ou por 350 ml de caldo de carne concentrado). Tempere com sal e pimenta. Experimente e corrija o tempero.
4 Dilua a mostarda em um pouco de molho em uma vasilha, e depois, fora do fogo, adicione ao restante do molho.

■ Preparo: 15 min ■ Cozimento: cerca de 15 min

MOLHOS ESCUROS
PREPARAÇÕES DE BASE

Molho Sainte-Menehould

Rendimento:
cerca de 250 ml

1 cebola
20 g de manteiga
tomilho e louro
100 ml de vinho branco
1 colher (sopa) de vinagre
2 pepinos em conserva
salsinha e cerefólio
200 ml de Demi-glace (veja p. 41) ou 300 ml de caldo em tablete
uma pitada de pimenta-de-caiena
1 colher (sopa) de mostarda
sal e pimenta-do-reino

1. Pique a cebola e refogue-a na manteiga por 10 min em fogo brando. Tempere com sal e pimenta, adicione uma pitada de tomilho e de louro, o vinho branco e o vinagre e misture. Deixe reduzir até quase secar.
2. Enquanto isso, pique os pepinos em conserva, a salsinha e o cerefólio.
3. Despeje a Demi-glace (ou 300 ml de caldo em tablete) no molho. Ferva por 1 min em fogo alto; adicione uma pitada de pimenta-de-caiena. Retire do fogo e incorpore a mostarda, os pepinos em conserva, 1 colher (sopa) de salsinha e o cerefólio. Prove e corrija o tempero.

■ Preparo: 20 min ■ Cozimento: 20 min

Roux escuro

Rendimento: cerca de 60 g
30 g de manteiga
30 g de farinha de trigo

O método é o mesmo utilizado para fazer o Roux branco (*veja p.* 82): deixe derreter a manteiga em uma panela e adicione farinha, misturando bem. Deixe o roux cozinhar lentamente, sem parar de mexer até que adquira coloração castanho-clara. As proporções de líquido a serem adicionadas são as mesmas: 0,5 litro para cada 60 g de roux.

■ Preparo: 5 min ■ Cozimento: 10-15 min

EMPANADOS E RECHEIOS

CONSELHOS PRÁTICOS

O recheio de um prato cozido pode se destacar mais que o de um assado. O recheio de um assado deve ser gorduroso o suficiente para que o prato não fique ressecado, sobretudo se for uma ave. Os ingredientes de empanados que fazem parte do preparo de alguns recheios devem estar completamente frios antes de serem incorporados. Os empanados que utilizam ovos não podem ser preparados em pequenas quantidades, pois o ovo não é divisível.

Empanado à inglesa

Rendimento:
cerca de 400 g

1 ovo
1 colher (sopa) de óleo
150 g de farinha de trigo
cerca de 150 g de farinha de rosca (ou pão amanhecido ralado)
sal e pimenta

Disponha em três pratos fundos: 1) o ovo e o óleo batidos juntos com um pouco de sal e pimenta; 2) a farinha; 3) a farinha de rosca. Passe o alimento primeiramente na farinha, depois no ovo batido e a seguir na farinha de rosca.

■ Preparo: 5 min

Empanado à milanesa

Rendimento:
cerca de 100 g

100 g de farinha de rosca (ou pão amanhecido ralado)
30 g de parmesão ralado
1 ovo
sal e pimenta

1 Espalhe a farinha de rosca em um prato raso e misture com o parmesão.
2 Bata o ovo em um prato fundo.
3 Tempere com sal e pimenta o alimento a ser empanado.
4 Passe-o na farinha, depois no ovo batido e por fim na farinha de rosca com parmesão. Frite em seguida em óleo bem quente.

■ Preparo: 5 min

Empanado de batata

Rendimento:
cerca de 250 g

150 g de batatas
150 ml de leite
duas pitadas de sal
uma pitada de pimenta
noz-moscada
20 g de manteiga

1 Corte as batatas em rodelas, cozinhe na água e escorra.
2 Ferva o leite com sal, pimenta e uma pitada de noz-moscada por 5-6 min. Coloque a manteiga e as batatas. Cozinhe em fogo brando por 15 min. Misture bem até obter um purê homogêneo.

Este empanado deve ser utilizado morno.

■ Preparo: 15 min

Empanado de farinha de trigo

Rendimento:
cerca de 250 g

150 ml de água
25 g de manteiga
um pitada de sal
75 g de farinha de trigo

1 Ferva a água e adicione a manteiga e o sal.
2 Peneire a farinha e adicione aos poucos, misturando com a colher de pau. Cozinhe em fogo brando, misturando sem parar até a massa ficar seca.
3 Quando a massa se desprender da panela, tire do fogo. Coloque em um prato untado com manteiga, alise e deixe esfriar.

■ Preparo: 5 min   ■ Cozimento: cerca de 15 min

Empanado de pão

Rendimento:
cerca de 250 g

125 g de miolo de pão
150 ml de leite

1 Corte o miolo de pão em pedacinhos.
2 Aqueça o leite, despeje sobre o pão e misture.
3 Coloque em uma panela e deixe secar ao fogo, misturando com a colher de pau até que se desprenda do fundo da panela.
4 Passe para um prato untado com manteiga e deixe esfriar.

■ Preparo: 15 min

Empanado de pão fresco

**Rendimento:
cerca de 100 g**

100 g de miolo de pão fresco

Esfarele bem o miolo do pão entre os dedos.

Este empanado é empregado, como a farinha de rosca, em filés de carne e peixe, ou para gratinar um prato. Pode ser utilizado puro, misturado com queijo ralado ou ainda com alho ou salsinha picados.

■ Preparo: 5 min

Recheio americano

**Rendimento:
cerca de 250 g**

*1 cebola pequena
100 g de toucinho defumado
100 g de miolo de pão fresco
sálvia em pó
tomilho
sal e pimenta*

1 Pique bem a cebola.

2 Em uma frigideira, frite o toucinho, depois acrescente a cebola e cozinhe em fogo brando sem deixar dourar.

3 Fora do fogo, incorpore o miolo de pão fresco em pedaços até a absorção total da gordura.

4 Tempere com sal e pimenta e coloque sálvia e tomilho a gosto.

■ Preparo: 30 min ■ Cozimento: 10 min

Recheio de camarão

**Rendimento:
cerca de 250 g**

*100 g de manteiga
6 ovos
125 g de camarões
sal*

1 Retire a manteiga da geladeira com antecedência e corte em pedaços para que amoleça.

2 Cozinhe os ovos, descasque-os e reserve as gemas.

3 Cozinhe os camarões em água salgada se forem frescos. Se forem congelados, descongele no microondas, depois descasque-os cuidadosamente.

4 Amasse as gemas cozidas e os camarões em um pilão ou triture-os no processador. ▶

EMPANADOS E RECHEIOS
PREPARAÇÕES DE BASE

5 Com um garfo, misture os camarões triturados com a manteiga, até obter uma pasta.

Recheio de crustáceo (caranguejo, siri, pitu, lagostim)
Substitua os camarões pelo crustáceo escolhido.

■ Preparo: 15 min ■ Cozimento: 10-12 min

Recheio de champignons

Rendimento:
cerca de 500 g

2 cebolas-brancas
200 g de champignons
40 g de manteiga
noz-moscada
125 g de Empanado de pão (veja p. 104)
4 gemas

1 Descasque as cebolas, lave os champignons e pique tudo.
2 Derreta a manteiga em uma panelinha e refogue em fogo alto a cebola e os champignons até que não soltem mais água. Adicione um pouco de noz-moscada ralada e misture. Deixe esfriar.
3 Enquanto isso, prepare o Empanado de pão.
4 Bata no liquidificador ou no processador juntamente com as cebolas e os champignons picados.
5 Adicione as gemas, uma de cada vez, e misture.

■ Preparo: 20 min ■ Cozimento: cerca de 20 min

Recheio de fígado

Rendimento:
cerca de 500 g

2-3 cebolas-brancas
4-5 champignons
250 g de toucinho magro fresco
300 g de fígado de vitela ou frango
80 g de manteiga
doze pitadas de sal
duas pitadas de pimenta ▶

1 Pique as cebolas e os champignons.
2 Corte o toucinho e o fígado em cubinhos.
3 Em uma frigideira, derreta 30 g de manteiga e doure nela o toucinho. Retire com a escumadeira e salteie o fígado na mesma panela por cerca de 5 ou 6 min.
4 Adicione o toucinho, as cebolas e os champignons picados, além de sal, pimenta, quatre-épices, tomilho e louro. Aqueça por 2 min em fogo alto, mexendo sem parar. ▶

EMPANADOS E RECHEIOS
PREPARAÇÕES DE BASE

duas pitadas de quatro especiarias (mistura de pimenta-do-reino, noz-moscada, cravo e gengibre)
1 ramo de tomilho
1/2 folha de louro
150 ml de vinho branco
3 gemas

5 Retire o fígado em cubinhos com a escumadeira e coloque na vasilha da batedeira. Tire o tomilho e o louro.

6 Despeje o vinho branco na frigideira e leve ao fogo, raspando todos os sucos que ficaram no fundo e nas laterais da frigideira com a espátula. Despeje esse molho sobre o fígado em cubinhos.

7 Adicione 50 g de manteiga e as gemas e misture até obter um purê bem fino. Conserve na geladeira até a hora de usar.

Caso não possua batedeira, utilize o processador. Para tornar este recheio ainda mais saboroso, experimente adicionar 1 copo de conhaque.

■ Preparo: 30 min   ■ Cozimento: 15 min

Recheio de musseline

Rendimento:
cerca de 500 g
250 g de vitela (escalope) ou frango (asa)
1 clara
350 g de creme de leite
sal e pimenta

1 Corte a vitela ou o frango em pedacinhos e reduza-os a uma massa no processador.

2 Bata a clara levemente com o garfo.

3 Coloque a carne triturada em uma tigela e adicione um pouco de clara batida, sal e pimenta, misturando bem com uma colher de pau. Deixe na geladeira por 2 h.

4 Coloque a tigela em uma bacia cheia de gelo e incorpore aos poucos o creme de leite, trabalhando vigorosamente com a espátula.

5 Cubra com filme de PVC e conserve na geladeira até a hora de servir.

Recheio de musseline de peixe
Substitua a carne pela mesma quantidade de peixe.

■ Preparo: 30 min   ■ Descanso: 2 h

Recheio para aves

Rendimento:
cerca de 500 g

150 g de frango
50 g de escalopes (bifes finos) de vitela
225 g de toucinho
1 ovo
50 ml de conhaque
sal e pimenta

1 Corte em cubinhos o frango, o escalope e o toucinho e triture tudo no processador.
2 Adicione o ovo, o conhaque, sal e pimenta. Misture bem.
3 Cubra a terrina com filme de PVC e conserve na geladeira até a hora de servir.

■ Preparo: 15 min

Recheio para peixe

Rendimento:
cerca de 500 g

250 g de miolo de pão
1 copo de leite
1 maço de salsinha
1/2 cebola comum
3 cebolas-brancas
1/2 dente de alho
150 g de champignons
25 g de manteiga
1/2 copo de vinho branco
2 gemas
sal e pimenta
noz-moscada

1 Esfarele o miolo de pão em uma vasilha e regue com o leite. Trabalhe o pão com os dedos até que fique bem embebido.
2 Pique um punhado de salsinha.
3 Descasque e pique separadamente as cebolas, o alho e os champignons.
4 Aqueça a manteiga em uma panela. Adicione os champignons, a cebola comum e a salsinha picados e refogue por alguns minutos, misturando bem.
5 Leve ao fogo as cebolas-brancas e o vinho até reduzir à metade. Despeje este concentrado sobre o refogado e misture.
6 Esprema o miolo de pão com as mãos para retirar o excesso de leite e coloque em uma tigela.
7 Adicione o refogado sobre o pão e misture cuidadosamente com a colher de pau. Junte as gemas, o alho picado, sal, pimenta, um pouco de noz-moscada ralada e misture bem novamente.

■ Preparo: 30 min ■ Cozimento: cerca de 15 min

EMPANADOS E RECHEIOS
PREPARAÇÕES DE BASE

Recheios para ravióli

Rendimento:
cerca de 500 g

recheio de carne e legumes

150 g de espinafre
150 g de sobras de carne de boi cozida ou grelhada
1 cebola-branca
1 cebola comum grande
30 g de manteiga
50 g de miolo de vitela
1 ovo
50 g de parmesão ralado
sal, pimenta e noz-moscada

De carne e legumes

1 Ferva água em uma panela. Lave o espinafre, mergulhe na água fervente por 5 min, escorra, esprema entre as mãos e pique bem fininho.

2 Pique a carne e as cebolas. Cozinhe em metade da manteiga por 15 min, em fogo brando, com tampa. Cozinhe o miolo da mesma forma no restante da manteiga.

3 Bata o ovo em uma vasilha.

4 Misture cuidadosamente todos os ingredientes, adicionando o parmesão, sal, pimenta e noz-moscada ralada.

recheio de carne ou queijo

100 g de alface
10 g de manteiga
200 g de sobras de vitela (ou frango)
100 g de mortadela
50 g de parmesão
1 ovo
sal, pimenta e noz-moscada

De carne ou queijo

1 Ferva água em uma panela. Lave a alface, mergulhe na água fervente por 5 min, escorra e esprema com as mãos. Refogue por 10 min na manteiga.

2 Pique a carne, a mortadela e a alface.

3 Adicione o parmesão ralado, o ovo batido, sal, pimenta e um pouco de noz-moscada ralada. Misture bem.

recheio de espinafre

350 g de espinafre
30 g de manteiga
50 g de ricota
50 g de parmesão
1 gema
sal, pimenta e noz-moscada

De espinafre

1 Lave e pique bem o espinafre.

2 Derreta a manteiga em uma panela grande, adicione o espinafre picado e cozinhe por 10-15 min. Tempere com sal e pimenta e uma pitada de noz-moscada. Adicione, sempre misturando bem, a ricota, o parmesão ralado e por fim a gema.

■ Preparo: 20 min ■ Cozimento: 15-20 min

EMPANADOS E RECHEIOS
PREPARAÇÕES DE BASE

Recheio para terrina de legumes

Rendimento:
cerca de 500 g

1/2 aipo-rábano
2 cenouras
100 g de ervilhas
100 g de vagens
2 ovos
100 g de creme de leite fresco
sal e pimenta
noz-moscada

1 Preaqueça o forno a 180°C.
2 Corte em quatro o aipo-rábano e cozinhe no vapor por 15-20 min.
3 Cozinhe separadamente os outros legumes da mesma forma e corte-os em pedaços.
4 Passe o aipo-rábano no processador até obter uma pasta.
5 Coloque essa pasta em um prato e deixe secar levemente no forno, sem deixar dourar, por cerca de 10 min, misturando de vez em quando.
6 Quebre os ovos e separe as claras e as gemas. Bata as claras em neve firme com uma pitada de sal.
7 Na vasilha da batedeira, ou em uma terrina, misture a pasta de aipo, os outros legumes cozidos e as gemas com o batedor manual. Adicione o creme de leite e por fim as claras em neve. Tempere com sal e pimenta e uma pitada de noz-moscada ralada.
8 Cubra a terrina com filme de PVC e conserve na geladeira até o momento de utilizar o recheio.

Terrina de legumes

Prepare o recheio apenas com o aipo; corte as cenouras e as vagens em pedacinhos. Disponha em uma fôrma uma camada com o aipo, coloque a seguir os legumes, depois outra camada de aipo. Cozinhe em banho-maria, no forno a 180°C, por 40 min.

■ Preparo: 40 min ■ Cozimento: 15-20 min

MASSAS PARA PRATOS SALGADOS
PREPARAÇÕES DE BASE

MASSAS PARA PRATOS SALGADOS

Certas massas, como a massa podre, a massa folhada e a de pizza podem ser congeladas (já abertas), o que permite economizar tempo no preparo das receitas. As massas devem ser degeladas na geladeira (processo lento), não à temperatura ambiente (processo rápido). Para ganhar tempo, você pode utilizar massas prontas (dê preferência às que empregam manteiga).

Massa de beignet (bolinho)

Rendimento:
cerca de 500 g

3 gemas
250 g de farinha de trigo
5 g de sal
250 ml de cerveja ou de leite
1 colher (café) de óleo

1 Separe as claras e as gemas.
2 Peneire a farinha em uma tigela, abra nela uma cova, coloque as gemas, o sal, a cerveja (ou o leite) e o óleo.
3 Misture bem até obter uma massa lisa. Deixe descansar no mínimo por 1 h.

Antes de servir, você pode incorporar com a espátula as claras batidas em neve bem firme. Assim, a massa ficará muito mais leve.

■ Preparo: 5 min   ■ Descanso: 1 h

Massa de brioche

Rendimento:
cerca de 500 g

200 g de manteiga
7 g de fermento biológico
4 colheres (sopa) de leite
250 g de farinha de trigo
25 g de açúcar
1 colher (café) de sal
4 ovos

1 Retire a manteiga com antecedência da geladeira e corte-a em pedaços para que amoleça.
2 Em uma vasilha, dissolva o fermento no leite.
3 Trabalhe na batedeira (ou à mão, em uma vasilha) a farinha, o fermento dissolvido, o açúcar, o sal e 2 ovos. Depois que os ingredientes estiverem integrados, adicione mais 2 ovos, um por vez, e continue a sovar. Quando a massa começar a se desprender da vasilha, adicione a manteiga e continue a trabalhá-la até que fique totalmente solta da tigela. ▶

4 Faça uma bola com a massa e cubra a tigela com filme de PVC ou com um pano limpo. Deixe crescer até dobrar de volume por 2-3 h em local quente (22°C ou mais).

5 Coloque a massa na superfície de trabalho e dobre-a ao meio. Sove a massa vigorosamente para que volte ao tamanho inicial. Faça uma bola, coloque na vasilha, cubra e deixe fermentar de novo por 1h30 a 2 h. A massa deverá dobrar de volume novamente. Em seguida, trabalhe a massa para que volte ao tamanho inicial.

6 Dê à massa o formato que quiser e coloque de novo para fermentar da mesma forma.

■ Preparo: 6-7 h

Massa de carolina

Rendimento:
cerca de 500 g

200 ml de água
50 g de manteiga
1 colher (café) de sal
125 g de farinha de trigo
3 ovos
uma pitada de noz-moscada ralada

1 Despeje a água em uma panela, adicione a manteiga e o sal e deixe ferver, misturando com a colher de pau até derreter a manteiga.

2 Diminua o fogo e acrescente a farinha de uma só vez, mexendo sem parar. Continue a mexer, raspando as laterais da panela até que a massa fique bem seca e se descole do fundo e das laterais da panela.

3 Transfira para uma tigela, deixe esfriar um pouco e incorpore os ovos, um a um, misturando bem. Adicione a noz-moscada (apenas nas carolinas salgadas). A massa deve ficar lisa e espessa.

■ Preparo: 15 min

Massa de crepe

Rendimento:
cerca de 500 g

100 g de farinha de trigo
2 ovos
300 ml de leite
uma pitada generosa de sal

1 Peneire a farinha.
2 Bata os ovos com o sal. Incorpore-os à farinha, misturando com a colher de pau.
3 Despeje o leite aos poucos, mexendo sem parar. Antes de fritar os crepes, coloque um pouco de água na massa. Se estiver com grumos, passe na peneira, esmagando-a com o dorso da colher.

Pode-se substituir os 300 ml de leite por 200 ml de leite e 100 ml de água, ou por 200 ml de leite e 100 ml de cerveja. O leite também pode ser substituído por um caldo claro: adicione então 10 g de manteiga derretida.

Massa de crepe de trigo-sarraceno
Substitua a farinha de trigo por farinha de trigo-sarraceno. A massa ficará um pouco mais compacta; por isso, adicione uma colher (sopa) de óleo.

■ Preparo: 10 min   ■ Descanso: 2 h

Massa de pão

Rendimento:
cerca de 500 g

10 g de fermento biológico
300 ml de água
500 g de farinha de trigo especial
10 g de sal

1 Esfarele o fermento biológico em uma tigela, despeje 100 ml de água por cima e misture com o dedo para dissolvê-lo. Adicione 125 g de farinha e misture com a mão. A massa deverá estar bem mole. Cubra a tigela com um pano limpo e conserve por 2 h em local quente para crescer. O fermento deverá dobrar de volume.
2 Adicione o restante da farinha, 200 ml de água, o sal e misture, sempre com a mão, até obter uma bola de massa bem consistente e pegajosa. ▶

MASSAS PARA PRATOS SALGADOS
PREPARAÇÕES DE BASE

3 Polvilhe a superfície de trabalho levemente com farinha, coloque nela a massa e trabalhe da seguinte maneira: destaque a metade da bola de massa e amasse-a energicamente contra a metade restante. Repita essa operação 8 vezes. A seguir, amasse a bola com as mãos e dobre-a em três. Depois gire-a 90° e bata-a na mesa de trabalho. Repita três vezes a operação. Deixe descansar por 5 min e repita a operação (dobre 3 vezes e bata 3 vezes) e mais 3 vezes com 5 min de intervalo entre cada uma.

4 Polvilhe a massa com farinha, coloque-a em uma tigela, cubra com um pano e deixe descansar por 2 h em local morno (22°C). Ela deverá dobrar de volume.

5 Unte com óleo uma grande fôrma oval. Coloque a massa sobre a mesa enfarinhada e dê-lhe o formato da fôrma, mas um pouco maior. Dobre o excedente por cima para encaixar a massa na fôrma, e coloque-a de maneira que não preencha mais do que três quartos da fôrma. Cubra com um pano e deixe descansar por mais 2 h no mesmo local. A massa deverá dobrar de volume e preencher toda a fôrma; a superfície ficará levemente fendida.

6 Asse por 45 min em forno preaquecido a 220°C.

■ Preparo: cerca de 1 h   ■ Descanso: 6 h
■ Cozimento: 45 min

Massa de pizza

**Rendimento:
cerca de 500 g**

*15 g de fermento biológico
uma pitada de açúcar
450 g de farinha de trigo
1 colher (café) de sal
4 colheres (sopa) de azeite*

1 Preaqueça o forno a 220°C por 10 min.

2 Coloque o fermento em uma vasilha com o açúcar, 4 colheres (sopa) de água morna e misture bem.

3 Desligue o forno e coloque nele a vasilha por 5 min para que o fermento dobre de volume. É normal que se formem bolhas na superfície. ▶

MASSAS PARA PRATOS SALGADOS
PREPARAÇÕES DE BASE

4 Peneira a farinha em uma tigela e abra nela uma cova. Adicione sal, 5 colheres (sopa) de água, o fermento e o azeite. Trabalhe com as mãos até formar uma grande bola; a massa deverá estar leve.

5 Polvilhe com farinha a superfície de trabalho, coloque nela a bola de massa e trabalhe-a por cerca de 10 min, empurrando-a para a frente a intervalos regulares, depois reunindo-a novamente até que fique bem lisa e elástica. Polvilhe com farinha, refaça a bola e coloque-a na tigela. Cubra com um pano limpo e deixe crescer em local quente (cerca de 22ºC) por 1h30. A massa deverá dobrar de volume.

6 Recoloque a massa sobre a superfície de trabalho. Amasse-a com o punho uma ou duas vezes, depois corte-a em quatro pedaços. Pegue um deles e trabalhe-o por 1 min, adicionando um pouco de farinha se a massa estiver pegajosa. Depois amasse novamente com a palma da mão para formar uma bolacha grossa. Pegue essa bolacha com as duas mãos e estique-a, fazendo-a rodar várias vezes sobre si mesma, segurando-a no ar, de maneira que estique. Coloque-a sobre a superfície de trabalho enfarinhada e alise. Levante ligeiramente as bordas da massa para formar o *cornicione*. Deixe descansar sobre um pano polvilhado com farinha. Faça o mesmo com os três outros pedaços.

A maneira mais simples de rechear a massa consiste em colocar algumas colheradas de Molho de tomate (*veja p. 97*), bem temperado com alho e orégano (calcule 500 ml de molho para 4 porções). Polvilhe com parmesão ralado (cerca de 80 g) e adicione 100 g de mussarela em fatias finas. Regue com o azeite e asse por 10 min no fogo a 250ºC.

■ Preparo: 20 min ■ Descanso: 1h30

MASSAS PARA PRATOS SALGADOS
PREPARAÇÕES DE BASE

Massa de torta

Rendimento:
cerca de 500 g

100 g de manteiga
350 g de farinha de trigo
2 ovos
4 colheres (sopa) de água
4 colheres (sopa) de sal

1. Corte a manteiga em pedacinhos.
2. Peneire a farinha aos poucos sobre a superfície de trabalho. Abra uma cova na farinha e coloque nela os ovos, o sal, a manteiga e a água, misturando tudo com a mão. Faça uma bola com a massa, estique-a entre as mãos, depois forme outra bola. Repita a operação.
3. Refaça a bola, coloque-a em uma tigela e cubra com papel-alumínio. Conserve em local fresco por 2 h antes de usar.

■ Preparo: 15 min ■ Descanso: 2 h

Massa de torta (com banha)

Rendimento:
cerca de 500 g

100 g de banha de porco
400 g de farinha de trigo
1 ovo
150 ml de água
1 colher (sopa) de sal

1. Derreta a banha de porco.
2. Peneire a farinha sobre a superfície de trabalho e abra nela uma cova. Coloque a banha, o ovo, a água e o sal. Misture tudo com as mãos. Trabalhe suavemente. Forme uma bola e conserve-a em local fresco até o momento de usar.

■ Preparo: 15 min

Massa folhada

Rendimento:
cerca de 1 kg

500 g de farinha de trigo
250 ml de água
10 g de sal
500 g de manteiga em temperatura ambiente

1. Peneire a farinha sobre a superfície de trabalho ou em uma tigela e abra nela uma cova. Despeje nessa cova a água fria e o sal e misture primeiro com a colher de pau, depois rapidamente com as mãos, até a massa ficar bem homogênea. Forme uma bola, embrulhe-a em papel-alumínio e deixe descansar por 30 min em local fresco. ▶

MASSAS PARA PRATOS SALGADOS
PREPARAÇÕES DE BASE

2 Enquanto isso, mexa a manteiga em uma tigela com a colher de pau até que fique com a mesma consistência da massa inicial.

3 Polvilhe com farinha a superfície de trabalho e o rolo de massa. Abra a massa em formato quadrado de cerca de 20 cm de cada lado. Coloque a manteiga de uma só vez no meio do quadrado e dobre as pontas em direção ao centro, de forma a fechar a manteiga dentro dele. Deixe descansar no local por 15 min (não coloque na geladeira para não endurecer a manteiga).

4 Polvilhe levemente a superfície de trabalho e o rolo de massa. Estenda o quadrado fechado até adquirir a forma de um retângulo (de cerca de 60 x 20 cm). Cuide para que o retângulo todo fique com a mesma espessura e para que a manteiga não saia de dentro da massa.

5 Faça a primeira "dobra": dobre o retângulo em três e passe levemente o rolo por cima para igualar os ângulos. Gire a massa dobrada 90° e abra suavemente um retângulo do mesmo tamanho que o anterior. Dobre novamente a massa em três. A primeira "dobra" está terminada. Pressione levemente com o dedo o centro da massa para marcar a primeira dobra. Deixe descansar por 25 min no mínimo, desta vez na geladeira.

6 Repita a operação (abra, vire e dobre) mais quatro vezes, deixando a massa descansar pelo menos 15 min a cada "dobra". Marque dessa vez a massa com a ponta dos dedos (2 para a segunda dobra, 3 para a terceira etc.).

7 Na sexta dobra, estique a massa nos dois sentidos e recorte-a no formato desejado. A massa feita desta forma é chamada de "seis dobras".

■ Preparo: 30 min   ■ Descanso: 2 h

MASSAS PARA PRATOS SALGADOS
PREPARAÇÕES DE BASE

Massa para fritar

Rendimento:
cerca de 500 g

225 g de farinha de trigo
2 ovos
200 ml de cerveja
1 colher (café) de sal

1. Peneire a farinha em uma tigela.
2. Abra nela uma cova.
3. Adicione os ovos, o sal e a cerveja. Misture bem até a massa ficar homogênea. Deixe descansar por 1 h em local fresco.

Na hora de usar, podem-se acrescentar à massa duas claras em neve bem firme com uma pitada de sal para torná-la mais leve.

■ Preparo: 10 min   ■ Descanso: 1 h

Massa podre

Rendimento:
cerca de 500 g

150 g de manteiga
1 ovo
300 g de farinha de trigo
4 colheres (sopa) de água gelada
sal

1. Corte a manteiga em pedaços para que amoleça.
2. Bata o ovo em uma vasilha.
3. Peneire a farinha em uma tigela ou sobre a superfície de trabalho e adicione uma generosa pitada de sal. Coloque no centro a manteiga e o ovo batido e despeje a água gelada. Trabalhe tudo o mais rapidamente possível. Faça com a massa uma bola, mesmo se restarem ainda alguns pedaços de manteiga mal incorporados.
4. Embrulhe a massa com papel-alumínio e deixe descansar por 1 h na geladeira.
5. Enfarinhe a superfície de trabalho e abra a massa com a palma da mão para amassar os pedaços de manteiga que restarem. Estenda a massa na espessura desejada.

Massa podre (sem ovo)
De preparo mais rústico e prático, é feita com as mesma proporções de farinha e manteiga, mas sem ovo.

■ Preparo: 15 min   ■ Descanso: 1 h

Caldos, consomês, cremes e sopas

CALDOS	121
CONSOMÊS	123
CREMES E VELOUTÉS	127
SOPAS	145

CALDOS, CONSOMÊS, CREMES E SOPAS

OS DIVERSOS TIPOS DE SOPA

As **sopas** são pratos muito saudáveis e uma maneira excelente de consumir legumes e verduras. Costumam ser servidas como primeiro prato do jantar, especialmente no inverno. Há três tipos de sopas: os caldos e consomês, as sopas propriamente ditas e os cremes (ou sopas cremosas), mais encorpados, do qual fazem parte as bisques.

Os **caldos** podem ser utilizados para cozinhar certos alimentos e preparar inúmeros molhos. Os caldos magros e coados podem ser consumidos na refeição. Os **consomês** são caldos de carne, caça, ave ou peixe. A qualidade de um consomê se mede pela sua leveza e transparência.

Em geral, as **sopas** são típicas de uma região. Feitas com aves, carnes, peixes, legumes e verduras em pedaços, podem ser engrossadas com macarrão, arroz ou pão.

Os **cremes** ou **sopas cremosas** têm como base o Béchamel. Engrossados com farinha de trigo ou maisena, são finalizados com creme de leite fresco. Se adicionarmos gemas, o creme se torna um velouté (que não deve ser confundido com o velouté que é sinônimo de molho branco). Os cremes e os veloutés podem ser feitos a partir de legumes, arroz, carne, ave, peixe ou crustáceos. Todos os ingredientes são misturados, o que permite obter uma textura bem fina.

Rica e perfumada, a **bisque** é um creme denso, fruto do cozimento de crustáceos e suas carapaças, aromatizada com vinho branco e finalizada com creme de leite fresco. O ingrediente principal (lagosta, lagostim, caranguejo) é em geral flambado no conhaque, o que realça o sabor da bisque. A carne de crustáceo é cortada em cubinhos e servida como guarnição.

A maioria das sopas só têm a ganhar quando são enriquecidas com manteiga e creme de leite fresco (misturado ou não à gema de ovo). Esses acréscimos são incorporados no último instante, em fogo brando (não devem jamais ferver) ou fora do fogo. As sopas devem ser servidas bem quentes, com exceção das sopas frias (gaspacho, vichyssoise), que devem ser servidas geladas. Elas se conservam por 1 ou 2 dias na geladeira e podem ser congeladas.

CALDOS

Caldo de ervas

**Rendimento:
cerca de 1 litro**

*1 maço de cerefólio
40 g de azedinha
 (ou agrião novo)
20 g de alface
1 litro de água
duas pitadas de sal
5 g de manteiga*

1 Destaque as folhas de cerefólio de maneira a obter 10 g. Lave a azedinha (ou o agrião) e a alface e coloque-as, juntamente com o cerefólio e a água, em um uma panela.

2 Espere levantar fervura e cozinhe por 15-20 min.

3 Adicione o sal e a manteiga. Misture e depois coe.

Podem-se acrescentar folhas de acelga ou espinafre e, na hora de servir, salsinha e suco de limão.

■ Preparo: 15 min ■ Cozimento: 15-20 min

Caldo de frango

Rendimento: 1 litro

*2 cenouras, 1 nabo
1 alho-poró (parte branca)
1 talo de aipo (salsão)
1 cebola
1 cravo-da-índia
2 litros de água
1 bouquet garni
 (veja glossário)
1 dente de alho
1 carcaça de frango
 e 2 coxinhas
1/2 limão
1 colher (café) de salsinha
 picada
sal e pimenta*

1 Descasque e corte em cubinhos todos os legumes, exceto a cebola e o alho. Pique a cebola e esprema o alho.

2 Despeje 2 litros de água em uma panela e adicione a carcaça e as coxinhas. Deixe ferver.

3 Escume o caldo. Acrescente todos os legumes, o cravo e o bouquet garni. Tempere com sal e pimenta, e deixe ferver em fogo brando por cerca de 1 hora.

4 Coe o caldo. Desosse as carnes e adicione ao caldo, assim como o suco de limão e a salsinha picada. Experimente e corrija o tempero.

■ Preparo: 20 min ■ Cozimento: cerca de 1 h

CALDOS
CALDOS, CONSOMÊS, CREMES E SOPAS

Caldo de legumes

Rendimento:
cerca de 1 litro

3 cenouras
3 tomates
3 talos de aipo (salsão)
3 alhos-porós
1 nabo
1 ramo de salsinha
1 ramo de tomilho
1/2 folha de louro
1 dente de alho (opcional)
0,5 litro de água
sal grosso

1 Descasque e pique em pedaços todos os legumes. Coloque-os em uma panela junto com a salsinha, o tomilho, o louro e o alho (opcional). Adicione 0,5 litro de água fria e 1 colher (sopa) de sal grosso. Deixe levantar fervura, retire as impurezas da superfície com a escumadeira e cozinhe em fogo brando por 40 min.

2 Coe os legumes sem amassar. Experimente e corrija o tempero.

■ Preparo: 30 min ■ Cozimento: 50 min

Caldo gordo (de carne)

Rendimento: 2 litros

200 g de costela de boi
150 g de alcatra
2 litros de água
1 cebola
1 dente de alho
1 cenoura
1 alho-poró
2 cravos-da-índia
1 ramo de tomilho
1 talo de aipo (salsão)
1 folha de louro
5-6 ramos de salsinha
sal e pimenta

1 Coloque as carnes com os ossos em um caldeirão, despeje 2 litros de água, tempere com sal e pimenta e deixe levantar fervura. Depois escume.

2 Descasque a cebola e o alho e raspe a cenoura; lave o alho-poró. Corte a cebola ao meio e deixe dourar em uma panela. Retire e espete nela os cravos-da-índia.

3 Amarre o alho-poró, o tomilho, o aipo, o louro e a salsinha. Adicione esse macinho, a cenoura, o alho e a cebola ao caldeirão. Cozinhe em fogo brando por cerca de 3 h, escumando regularmente. Coe o caldo.

■ Preparo: 15 min ■ Cozimento: 3 h

CONSOMÊS
CALDOS, CONSOMÊS, CREMES E SOPAS

CONSOMÊS
Consomê à madrilenha

Rendimento: 4-6 porções

2 tomates grandes
1 litro de Consomê de frango (veja p. 125)
uma pitada de pimenta-de-caiena

1 Ferva a água em uma panela e escalde os tomates por 30 segundos. Deixe esfriar e retire a pele e as sementes.

2 Corte a polpa em cubinhos, passe na peneira e amasse bem com o dorso da colher.

3 Adicione essa polpa ao consomê juntamente com a pimenta-de-caiena e misture bem.

4 Conserve o consomê na geladeira por 1 h no mínimo, para que esfrie bem. Sirva em taças.

Pode-se também adicionar ao caldo pequenos cubinhos de pimentão vermelho cozido.

■ Preparo: 10 min ■ Cozimento: 1 h no mínimo

Consomê claro

Rendimento: cerca de 3 litros

1 osso grande de boi
750 g de carne de boi (raquete, paleta ou outra)
3,5 litros de água
2 cenouras
2 nabos
1 alho-poró grande
1 bouquet garni (veja glossário)
1 cebola
1 cravo-da-índia
1/2 dente de alho
sal grosso e pimenta

1 Quebre o osso com um martelo, coloque-o em um caldeirão junto com a carne e 3,5 litros de água fria. Deixe levantar fervura e escume várias vezes as impurezas que sobem até a superfície.

2 Adicione um pouco de sal grosso (é melhor corrigir o tempero ao final do que colocar sal em excesso no início do cozimento).

3 Enquanto isso, descasque e corte em pedaços grandes os legumes, pique a cebola e o alho e, junto com o cravo-da-índia e o bouquet garni, adicione à panela.

4 Retire a carne e coe o caldo. Acrescente pimenta.

5 Deixe o caldo esfriar na geladeira e retire a gordura solidificada da superfície. ▶

CONSOMÊS

Congele a quantidade que não utilizar. Esse consomê poderá ser empregado para "regar" certas preparações, em lugar da água ou do caldo claro, como risotos ou guisados. Constitui igualmente a base de outras receitas de consomês que se encontram nas páginas seguintes.

■ Preparo: 15 min ■ Cozimento: 4 h

Consomê de caça

Rendimento: 3 litros

1 kg de pescoço de cabrito
500-700 g de pernil de lebre
1 faisão
3 litros de água
2 cenouras
2 alhos-porós pequenos
1 cebola grande
1 talo de aipo (salsão)
25 bagas de zimbro
2 cravos-da-índia
1 maço de salsinha
1 dente de alho
1 ramo de tomilho
1/2 folha de louro
1 bouquet garni (veja glossário)
sal

1 Preaqueça o forno a 250°C. Corte todas as carnes em pedaços e leve-as ao forno por 15-20 min até ficarem bem douradas.

2 Passe as carnes para um caldeirão e adicione 3 litros de água fria. Leve ao fogo e deixe levantar fervura.

3 Enquanto isso, descasque e pique os legumes. Leve ao forno para dourá-los.

4 Faça uma trouxinha com as bagas de zimbro e os cravos-da-índia.

5 Quando o caldo ferver, adicione os legumes, a salsinha, o alho descascado, todas as especiarias e a trouxinha, salgue e deixe levantar fervura novamente. Tampe e cozinhe em fogo brando por 3h30, escumando de vez em quando.

6 Deixe esfriar e coloque na geladeira. Retire a gordura da superfície do caldo cuidadosamente e coe: está pronto para ser servido como sopa.

Depois de desossadas, as carnes que serviram no preparo deste prato podem ser utilizadas em guarnições. Este consomê pode ser congelado e servido mais tarde.

■ Preparo: 30 min ■ Cozimento: 4 h

Consomê de frango

Rendimento: 3 litros

1 frango (ou 1 carcaça e alguns pedaços)
2 cenouras
2 nabos
1 alho-poró grande
1 bouquet garni (veja glossário)
1 cebola
1 cravo-da-índia
1/2 dente de alho
sal grosso e pimenta

1 Preaqueça o forno a 250ºC. Corte o frango em pedaços. Leve as carnes (e a carcaça) para dourar no forno por 15-20 min.

2 Passe para um caldeirão e adicione 3,5 litros de água fria. Deixe levantar fervura, escumando regularmente as impurezas que sobem à superfície e salgue.

3 Enquanto isso, descasque e corte em pedaços grandes os legumes; pique a cebola e o alho com o cravo-da-índia. Adicione tudo ao caldeirão junto com o bouquet garni. Tampe e deixe cozinhar em fogo brando por 4 h no mínimo.

4 Retire o frango e coe o caldo. Deixe esfriar e coloque na geladeira. Quando a gordura se solidificar na superfície, retire-a com a escumadeira.

Congele o caldo que não utilizar. Esse consomê poderá ser utilizado em lugar da água ou do caldo claro para regar alguns pratos ou enquanto se assa uma ave.

■ Preparo: 15 min ■ Cozimento: 4 h

Consomê de peixe

Rendimento: 3 litros

750 g de bacalhau
350 g de espinhas de peixe
500 g de cabeças de peixe
1 cebola grande
1 alho-poró grande
1 maço de salsinha pequeno
1 talo de aipo pequeno (salsão)
1 ramo de tomilho
1/2 folha de louro
300 ml de vinho branco

1 Coloque o peixe, as espinhas e as cabeças em um caldeirão. Cubra com 3 litros de água fria e deixe levantar fervura.

2 Enquanto isso, descasque e pique bem a cebola e o alho-poró. Acrescente-os ao caldeirão juntamente com a salsinha, o aipo, o tomilho, o louro e o vinho branco. Tempere com sal e cozinhe em fogo brando por 45-50 min.

3 Coe o caldo. ▶

CONSOMÊS
CALDOS, CONSOMÊS, CREMES E SOPAS

Se não for utilizado imediatamente, o consomê pode ser congelado e servir no preparo de outros pratos. Pode ser preparado com todo tipo de peixe.

■ Preparo: 15 min ■ Cozimento: cerca de 1 h

Consomê Florette

Rendimento:
cerca de 1 litro

100 g de alho-poró
10 g de manteiga
1 litro de Consomê claro (veja p. 123)
1 colher (sopa) de arroz
creme de leite sem soro
parmesão ralado
sal

1 Corte o alho-poró à juliana.
2 Derreta a manteiga em uma panela e refogue o alho-poró. Acrescente 2-3 colheres (sopa) de Consomê claro e deixe reduzir até que não haja mais líquido.
3 Ferva à parte o restante do consomê, adicione o arroz e deixe cozinhar por 10-15 min. Experimente.
4 Adicione o alho-poró refogado e misture. Prove novamente e adicione sal, se necessário.
5 Sirva com o creme de leite e o parmesão ralado à parte, para que cada um se sirva à vontade.

■ Preparo: 15 min ■ Cozimento: 15 min

Consomê Leopoldo

Rendimento: 4-6 porções

125 ml de Consomê claro (veja p. 123)
80 g de azedinha (ou agrião novo)
20 g de manteiga
2 colheres (sopa) de sêmola
folhas de cerefólio

1 Prepare (ou descongele) o consomê.
2 Lave a azedinha e corte-a em tirinhas (faça um rolinho com as folhas e corte-as).
3 Derreta a manteiga, adicione a azedinha e refogue até que esteja bem mole e reduzida.
4 Ferva o consomê e adicione a sêmola. Misture bem e deixe cozinhar por cerca de 20 min.
5 Adicione a azedinha ao final do cozimento. Despeje em uma sopeira e salpique as folhas de cerefólio por cima.

■ Preparo: 10 min ■ Cozimento: 30 min

CREMES E VELOUTÉS
CALDOS, CONSOMÊS, CREMES E SOPAS

CREMES E VELOUTÉS

Bisque d'écrevisse (Creme de lagosta)

Rendimento: 4-6 porções

- 2 litros de Consomê claro (veja p. 123)
- 1 cenoura
- 1 cebola
- 100 g de manteiga
- 75 g de arroz arbório
- 18 lagostas frescas ou congeladas
- 1 bouquet garni pequeno (veja glossário)
- 3 colheres (sopa) de conhaque
- 400 ml de vinho branco
- uma pitada de pimenta-de-caiena
- 150 ml de creme de leite fresco
- sal e pimenta-do-reino

1. Descongele ou faça o consomê.
2. Prepare uma mirepoix: corte em cubinhos a cenoura e a cebola e refogue-as em 40 g de manteiga até ficarem bem tenras.
3. Ferva 0,5 litro de consomê, coloque o arroz e deixe cozinhar por 15-20 min (se não tiver consomê suficiente, utilize água). Quando estiver pronto, escorra.
4. Limpe as lagostas, se forem frescas, mantendo a casca; ou descongele-as no microondas. Lave em água corrente e adicione-as à mirepoix junto com o bouquet garni. Tempere com sal e pimenta-do-reino. Saltei-as até ficarem avermelhadas.
5. Despeje o conhaque em uma pequena concha, mantenha-a acima da chama para aquecê-lo (ou esquente-o em uma taça no microondas), coloque-o bem quente sobre as lagostas e flambe-as, misturando bem. Acrescente o vinho branco e cozinhe até o líquido ficar reduzido em dois terços. Despeje cerca de 2 copos (200 ml) de consomê e deixe cozinhar em fogo brando por 10 min, mexendo de vez em quando.
6. Deixe as lagostas esfriarem e retire a casca. Corte a carne das caudas em cubinhos e reserve em um prato.
7. Amasse no pilão as carapaças, o arroz cozido e o caldo de cozimento das lagostas.
8. Coe tudo numa peneira bem fina, pressionando bem.
9. Coloque essa pasta em uma panela junto com o restante do consomê e deixe levantar fervura, mexendo, por 5-6 min. ▶

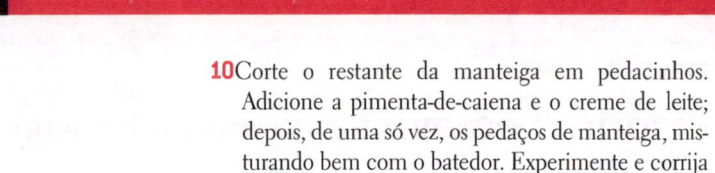

CREMES E VELOUTÉS
CALDOS, CONSOMÊS, CREMES E SOPAS

10. Corte o restante da manteiga em pedacinhos. Adicione a pimenta-de-caiena e o creme de leite; depois, de uma só vez, os pedaços de manteiga, misturando bem com o batedor. Experimente e corrija o tempero. Junte a carne em cubinhos e sirva bem quente.

Pode-se preparar a bisque de lagosta com antecedência. Nesse caso, adicione o creme de leite e a manteiga só na hora de servir.

■ Preparo: 30-45 min ■ Cozimento: cerca de 30 min

Creme Crécy

Rendimento: 4-6 porções

1 litro de Caldo ou consomê de carne (veja p. 38) ou Caldo claro de frango (veja p. 34)
500 g de cenouras
1 cebola grande
80 g de manteiga
uma pitada de sal
1/2 colher (café) de açúcar
100 g de arroz

1. Descongele o caldo ou reconstitua-o.
2. Corte as cenouras e a cebola em rodelas finas. Refogue em fogo brando em 50 g de manteiga. Tempere com o sal e o açúcar.
3. Quando estiverem prontas, adicione o consomê, deixe levantar fervura e acrescente o arroz aos poucos, misturando com a colher de pau. Tampe e deixe ferver em fogo brando por cerca de 20 min.
4. Passe a sopa no processador, depois coe em uma peneira fina.
5. Adicione algumas colheradas de caldo para diluí-la. Leve de volta ao fogo e acrescente o restante da manteiga.

Esta sopa costuma ser servida com croûtons fritos na manteiga.

■ Preparo: 15 min ■ Cozimento: 30 min

CREMES E VELOUTÉS
CALDOS, CONSOMÊS, CREMES E SOPAS

Creme de abóbora de Saint-Jacques-de-Montcalm

Rendimento: 4-6 porções

1 kg de abóbora-moranga
80 g de bacon
1 talo de aipo (salsão)
1 cebola pequena
30 g de manteiga
1 colher (café) de farinha de trigo
200 ml de leite
200 ml de caldo de galinha (em tablete)
uma pitada de páprica
noz-moscada
80 g de croûtons
2 colheres (sopa) de óleo
200 ml de creme de leite fresco
sal

1. Preaqueça o forno a 200ºC.
2. Faça um purê de abóbora: corte-a em pedaços e cozinhe no vapor por 15-20 min. Passe no espremedor de batatas e conserve em local aquecido.
3. Coloque as fatias de bacon em uma assadeira e deixe secar ao forno.
4. Corte o aipo e a cebola em cubinhos. Derreta a manteiga e refogue os legumes em fogo brando por 4-5 min. Polvilhe com farinha e cozinhe por mais 5 min.
5. Reconstitua o caldo, coloque-o na panela, adicione o leite e misture. Tempere com sal, páprica e um pouco de noz-moscada ralada. Ferva levemente por 5 min.
6. Incorpore o purê de abóboras e continue a cozinhar, mas sem deixar ferver, por mais 10 min.
7. Prepare os croûtons: corte pão de fôrma velho em quadradinhos e frite rapidamente em óleo. Seque em papel-toalha.
8. Dilua o creme de leite na sopa. Acrescente o bacon em pedaços. Sirva com os croûtons à parte.

■ Preparo: 40 min   ■ Cozimento: 40-45 min

Creme de aipo

Rendimento: 4-6 porções

1 litro de Consomê de frango (veja p. 125)
250 g de batatas
4-5 talos de aipo (salsão)
70 g de manteiga
sal e pimenta

1. Descongele ou reconstitua o consomê.
2. Descasque e corte as batatas em cubinhos.
3. Fatie o aipo bem fininho e refogue por alguns minutos em 30 g de manteiga. Bata no liquidificador para obter um purê.
4. Coloque o purê em uma panela, adicione a metade do consomê e as batatas. Deixe levantar fervura e cozinhe por 30 min. ▶

CREMES E VELOUTÉS
CALDOS, CONSOMÊS, CREMES E SOPAS

5 Bata no liquidificador. Adicione o restante do consomê (não coloque tudo se desejar um sopa mais consistente) e tempere com sal e pimenta.

6 Ao servir, acrescente o restante da manteiga cortada em pedacinhos.

■ Preparo: 15 min   ■ Cozimento: 40 min

Creme de arroz

Rendimento: 4-6 porções

1 litro de Consomê claro (veja p. 123)
175 g de arroz
25 g de manteiga
200 ml de creme de leite fresco
sal e pimenta

1 Descongele o consomê ou prepare-o. Reserve 1 copo.

2 Coloque o arroz em uma panela de água fervente e deixe-o por 5 min, depois escorra.

3 Adicione a manteiga ao consomê; quando ferver, despeje o arroz. Deixe cozinhar em fogo brando por 45 min.

4 Bata no liquidificador (ou processador), depois passe numa peneira fina, pressionando bem com o dorso da colher.

5 Acrescente o copo de consomê reservado. Leve de volta ao fogo e adicione o creme de leite, batendo sem parar. Tempere com sal e pimenta, prove e corrija o tempero.

■ Preparo: 10 min   ■ Cozimento: 50 min

Creme de azedinha

Rendimento: 4-6 porções

1 litro de Caldo ou consomê de carne (veja p. 38) ou Consomê de frango (veja p. 125) ou caldo em tablete
1/2 baguete ▶

1 Descongele o caldo ou consomê (ou utilize um tablete).

2 Corte a baguete em fatias e leve ao forno para tostar a 180ºC.

3 Lave a azedinha e retire os cabinhos. Corte em tirinhas (para isso, enrole as folhas juntas fazendo um maço e corte bem fininho). ▶

CREMES E VELOUTÉS
CALDOS, CONSOMÊS, CREMES E SOPAS

300 g de azedinha (ou agrião novo)
20 g de manteiga
4 gemas
200 ml de creme de leite fresco
cerefólio

4 Derreta a manteiga, coloque nela a azedinha e refogue até ficar bem tenra. Adicione o consomê e deixe levantar fervura. Diminua o fogo e deixe ferver por 5 min.

5 Em uma vasilha, dilua as gemas no creme de leite e coloque no consomê, batendo vigorosamente. Cozinhe em fogo brando, sem deixar ferver; o consomê deverá aderir à colher de pau.

6 Adicione 1 colher (sopa) de folhas de cerefólio na hora de servir.

7 Leve à mesa as torradas à parte. Ao servir, coloque no fundo do prato as torradas e a sopa por cima.

Esta sopa também pode ser servida gelada, enriquecida com filezinhos de salmão defumado, sardinhas fatiadas ou pedaços de atum em conserva no óleo.

■ Preparo: 20 min   ■ Cozimento: 15 min

Creme de camarão

Rendimento: 4-6 porções

800 ml de Béchamel (veja p. 70)
50 ml de Consomê claro (veja p. 123) ou de leite
1 cenoura
1 cebola
30 g de manteiga
350 g de camarões
50 ml de vinho branco
1 colher (sopa) de conhaque
200 ml de creme de leite fresco
sal e pimenta

1 Prepare o Béchamel e conserve-o aquecido. Descongele o consomê ou use o leite.

2 Faça uma mirepoix: corte a cenoura e a cebola em cubinhos e refogue na manteiga em fogo brando por cerca de 10-15 min, até ficarem tenras.

3 Adicione os camarões e refogue. Tempere com sal e pimenta, despeje o vinho branco e o conhaque. Misture bem e cozinhe por 5 min.

4 Separe 12 camarões, retire a casca e reserve. Triture os camarões restantes no processador.

5 Leve ao fogo os camarões triturados com o Béchamel e misture bem. Despeje o consomê (ou o leite), depois o creme de leite e misture.

6 Corrija o tempero. Decore o prato com os camarões reservados.

■ Preparo: 30 min   ■ Cozimento: 20-30 min

CREMES E VELOUTÉS
CALDOS, CONSOMÊS, CREMES E SOPAS

Creme de cevadinha

Rendimento: 4-6 porções

1 litro de Consomê claro (veja p. 123)
300 g de cevadinha
1 talo de aipo (salsão)
3-4 colheres (sopa) de leite
200 ml de creme de leite fresco
sal e pimenta

1 Descongele o consomê.
2 Lave a cevadinha e deixe de molho por 1 h em água morna. Pique o aipo.
3 Em uma panela, misture a cevadinha, o aipo e 1 litro de Consomê claro. Deixe cozinhar em fogo brando por 2h30.
4 Coe o creme em uma peneira bem fina.
5 Adicione 3-4 colheres de leite. Leve de volta ao fogo e acrescente o creme de leite, misturando bem. Tempere com sal e pimenta, prove e corrija o tempero.

■ Preparo: 1 h ■ Cozimento: 2h30

Creme de ervilha

Rendimento: 4-6 porções

350 g de ervilhas secas
1 dente de alho
1 cebola média
1 cenoura pequena
1 alho-poró pequeno
80 g de manteiga
50 g de bacon
1 bouquet garni (veja glossário)
1 fatia de pão de fôrma (cerca de 50 g)
50 ml de óleo
sal
cerefólio (opcional)

1 Lave as ervilhas, coloque-as em uma panela e cubra com água fria. Deixe levantar fervura e cozinhe por 1-2 min, depois escorra.
2 Pique o alho, a cebola, a cenoura e o alho-poró.
3 Derreta 30 g de manteiga em uma panela e refogue os legumes com o bacon por 2-3 min. Adicione as ervilhas, 1,5 litro de água, o bouquet garni, o alho e salgue. Tampe a panela e cozinhe em fogo brando por 1 h.
4 Enquanto isso, prepare os croûtons: tire a casca da fatia de pão de fôrma e corte-a em cubinhos. Frite em um pouco de óleo quente, mexendo sem parar até dourar. Retire com a escumadeira e deixe escorrer sobre papel-toalha.
5 Quando a sopa estiver pronta, tire o bouquet garni, bata com o mixer e coe. Experimente e corrija o tempero. Se estiver muito grossa, adicione um pouco de água. Aqueça novamente, junte o restante da manteiga e misture. ▶

CREMES E VELOUTÉS
CALDOS, CONSOMÊS, CREMES E SOPAS

6 Salpique o cerefólio. Sirva na sopeira com os croûtons à parte.

■ Preparo: 15 min   ■ Cozimento: cerca de 1 h

Creme de estragão

Rendimento: 4-6 porções

600 ml de Béchamel
(veja p. 70)
4-5 maços de estragão
200 ml de vinho branco
30 g de manteiga
sal e pimenta

1 Prepare o Béchamel.
2 Destaque as folhas de estragão, reservando algumas para decorar. Pique o restante grosseiramente e coloque em uma panela juntamente com o vinho branco. Deixe ferver em fogo brando até que o líquido fique reduzido em dois terços.
3 Adicione o Béchamel, sal e pimenta, e deixe levantar fervura. Coe em uma peneira bem fina, pressionando com o dorso da colher.
4 Leve de volta ao fogo para esquentar, retire do fogo e adicione a manteiga.
5 Sirva com as folhas de estragão reservadas.

■ Preparo: 30 min   ■ Cozimento: cerca de 30 min

Creme de frango

Rendimento: 4-6 porções

1 frango (ou 1 galinha pequena)
1 litro de Consomê claro (veja p. 123)
1 talo de aipo (salsão)
2 alhos-porós (parte branca)
1 bouquet garni (veja glossário)
800 ml de Béchamel (veja p. 70)
100 ml de creme de leite fresco

1 Descongele ou faça o consomê.
2 Coloque-o em uma panela grande, ou caldeirão, com o frango e deixe levantar fervura. Escume.
3 Enquanto isso, lave o aipo e os alhos-porós, amarre-os ao bouquet garni e acrescente ao caldo. Tampe e deixe cozinhar em fogo brando por 1h30-2h, até que a carne se solte espontaneamente dos ossos.
4 Prepare o Béchamel e conserve-o quente.
5 Escorra o frango: retire toda e pele e os ossos. Reserve o peito. Reduza o restante da carne em purê, no processador. ▶

6 Misture essa carne com o Béchamel e deixe levantar fervura. Adicione algumas colheres do caldo de cozimento do frango, batendo sem parar.

7 Passe em uma peneira fina, pressionando bem com o dorso da colher. Coloque o creme de leite e bata, aquecendo levemente.

8 Corte o peito em pedacinhos e adicione-o ao servir.

Pode-se utilizar o caldo de cozimento do frango para preparar uma sopa ou um molho. Coloque-o na geladeira e, quando estiver frio, retire a gordura que se forma na superfície.

■ Preparo: 30 min ■ Cozimento: 1h30-2h

Creme de legumes

Rendimento: 4-6 porções

2 cenouras
1 nabo pequeno
1 alho-poró (parte branca)
1 cebola
2 talos de aipo (salsão)
60 g de manteiga
1/8 de maço de couve
1 cravo-da-índia
1 batata
1 xícara de ervilhas congeladas
cerefólio

1 Corte em pedaços grandes as cenouras, o nabo, o alho-poró, a cebola e o aipo.

2 Derreta 30 g de manteiga em uma panela e adicione os legumes. Tampe e cozinhe por 10 min em fogo brando. Adicione 1,5 litro de água e deixe ferver.

3 Enquanto isso, ferva água em outra panela. Corte a couve em pedacinhos, ferva por 3-4 min, depois escorra em uma peneira e lave em água corrente. Acrescente o cravo-da-índia à panela e deixe ferver em fogo brando por 1 h.

4 Descasque e corte em cubinhos a batata, coloque-a na sopa e cozinhe por mais 25 min.

5 Acrescente as ervilhas 12-15 min antes do final do cozimento.

6 Ao servir, adicione os 30 g de manteiga restantes e misture. Coloque algumas folhinhas de cerefólio no centro da sopa.

Esta sopa pode ser servida com croûtons.

■ Preparo: 20 min ■ Cozimento: 1h30

CREMES E VELOUTÉS

CALDOS, CONSOMÊS, CREMES E SOPAS

Creme de ostras

Rendimento: 4-6 porções

24 ostras
30 ml de vinho branco
1/2 pacote de cream crackers
200 ml de creme de leite fresco
100 g de manteiga
uma pitada de pimenta-de-caiena
sal e pimenta-do-reino

1 Abra as ostras sobre uma vasilha para recolher toda a água. Retire as conchas e coloque as ostras em uma panela.
2 Coe a água em uma peneira forrada com tecido fino e despeje na panela. Adicione então o vinho branco.
3 Aqueça e retire do fogo assim que começar a levantar fervura. Com a escumadeira, retire as impurezas da superfície.
4 Esfarele entre as mãos o equivalente a 3 colheres (sopa) de biscoitos e acrescente à sopa juntamente com o creme de leite.
5 Corte a manteiga em pedacinhos.
6 Esquente novamente a sopa e adicione a manteiga de uma só vez, misturando com a colher de pau. Tempere com sal, pimenta-do-reino e pimenta-de-caiena e misture novamente. Sirva numa sopeira.

■ Preparo: 30 min ■ Cozimento: 15 min

Creme de tomate

Rendimento: 4-6 porções

1 litro de Caldo ou consomê de carne (veja p. 38) ou Consomê de frango (veja p. 125)
8 tomates
1/2 cebola
60 g de manteiga
1 dente de alho
1 bouquet garni (veja glossário)
100 g de arroz
salsinha ou manjericão
sal e pimenta

1 Descongele ou reconstitua o caldo escolhido e aqueça-o.
2 Escalde os tomates e retire a pele e as sementes. Pique a cebola.
3 Derreta 20 g de manteiga e refogue a cebola picada, sem deixar dourar. Adicione os tomates, o dente de alho amassado, o bouquet garni, sal e pimenta. Deixe ferver por 20 min. Acrescente o arroz e misture bem por 1-2 min.
4 Despeje o caldo bem quente, misture, tampe e cozinhe por 20 min. Retire o bouquet garni. ▶

CREMES E VELOUTÉS
CALDOS, CONSOMÊS, CREMES E SOPAS

5 Bata tudo no liquidificador e recoloque na panela. Junte o restante da manteiga cortada em pedaços batendo sem parar. Salpique a salsinha ou o manjericão picado.

Esta sopa pode ser servida com croûtons esfregados no alho e fritos em azeite.

■ Preparo: 15 min ■ Cozimento: cerca de 30 min

Creme Du Barry

Rendimento: 4-6 porções

1 couve-flor
sobras de purê de batatas (150-200 g)
800 ml-1 litro de Consomê claro (veja p. 123) ou leite
200 ml de creme de leite fresco
salsinha picada
sal e pimenta

1 Lave e separe os buquês de couve-flor, coloque-os em água fervente com sal; deixe cozinhar por 10-15 min.
2 Deixe esfriar e bata tudo no liquidificador ou processador.
3 Esquente novamente o purê de batatas e misture-o com o de couve-flor. Esquente o consomê (ou o leite) e adicione a esse purê, misturando bem, até obter uma consistência líquida e cremosa. Conserve em fogo brando e junte o creme de leite.
4 Experimente e corrija o tempero. Sirva com salsinha picada.

■ Preparo: 15 min ■ Cozimento: cerca de 30 min

Creme Saint-Germain

Rendimento: 4-6 porções

1 litro de Consomê claro (veja p. 123)
1 miolo de alface
1 cebola-branca grande
750 g de ervilhas congeladas
1 bouquet garni (veja glossário) ▶

1 Descongele ou reconstitua o consomê.
2 Lave as folhas de alface e corte a cebola em quartos. Coloque-as em uma panela com as ervilhas, o bouquet garni, o cerefólio, 30 g de manteiga, o açúcar e sal. Adicione 1 xícara de água fria, deixe levantar fervura e cozinhe em fogo brando por 30-35 min. ▶

CREMES E VELOUTÉS

3 ramos de cerefólio
60 g de manteiga
1 colher (sopa) de açúcar
salsinha, cebolinha e estragão
sal

3 Retire o bouquet garni e passe no processador, depois numa peneira fina.

4 Adicione o consomê conforme a consistência desejada (sopa densa ou mais líquida) e recoloque a panela no fogo.

5 Junte a manteiga restante batendo bem e salpique as ervas (salsinha, cebolinha e estragão) picadas.

■ Preparo: 15 min   ■ Cozimento: 35-40 min

Gaspacho andaluz

Rendimento: 4 porções

4 tomates
1 pimentão vermelho
1 pimentão verde
150 g de pepinos
1 cebola
2 dentes de alho
1 colher (sopa) de extrato de tomate
1 colher (sopa) de alcaparras
1 ramo de tomilho fresco
2 colheres (sopa) de vinagre
10 folhas de estragão
1 limão
3 colheres (sopa) de azeite

1 Ferva água em uma panela, escalde nela os tomates por alguns segundos; retire a pele e as sementes, e corte-os em cubos. Faça o mesmo com os pimentões.

2 Descasque os pepinos e corte-os em cubos. Descasque e pique a cebola e o alho.

3 Coloque todos os legumes em uma vasilha, adicione o extrato de tomate, as alcaparras, as folhas de tomilho e o vinagre.

4 Despeje 1 litro de água fria na vasilha e bata tudo no liquidificador ou no processador.

5 Pique o estragão, esprema o limão e adicione à preparação. Junte o azeite e misture bem.

6 Coloque o gaspacho em pratinhos fundos, ou cumbucas, e deixe na geladeira por pelo menos 2 h antes de servir.

■ Preparo: 25 min   ■ Cozimento: 2 h

CREMES E VELOUTÉS
CALDOS, CONSOMÊS, CREMES E SOPAS

Sopa cremosa: método de base

Rendimento: 4-6 porções

500 g de um legume ou vários
40 g de manteiga
800 ml de Béchamel (veja p. 70)
50 ml de Consomê claro (veja p. 123) ou leite
200 ml de creme de leite fresco
sal e pimenta

1. Corte em pedacinhos o legume (ou legumes) escolhido: alcachofra, aspargo, aipo, champignon, couve-flor, agrião, endívia, alface, alho-poró. Ferva por cerca de 10 min em água com sal, depois escorra.
2. Derreta a manteiga em uma panela, adicione os legumes, tempere com sal e pimenta e refogue por 10 min.
3. Prepare o Béchamel, adicione-o aos legumes e cozinhe por 10 min, em fogo brando, misturando de vez em quando.
4. Bata a sopa no liquidificador (ou no processador).
5. Adicione o Consomê claro ou o leite. Leve de volta ao fogo, acrescente o creme de leite e misture bem. Experimente e corrija o tempero.

■ Preparo: 30 min   ■ Cozimento: cerca de 30 min

Sopa de costela de porco

Rendimento: 4-6 porções

1 litro de Caldo ou consomê de carne (veja p. 38) ou caldo em tablete
50 g de cevadinha
2 cenouras
1/2 aipo-rábano
1 alho-poró
30 g de manteiga
1 cebola com 1 cravo-da-índia espetado
1 folha de louro
100 g de costela de porco defumada
1 gema ▶

1. Descongele o caldo ou prepare-o com um tablete.
2. Coloque a cevadinha de molho em uma vasilha com água.
3. Corte as cenouras e o aipo-rábano em cubos. Fatie o alho-poró. Refogue os legumes na manteiga.
4. Adicione o caldo e aqueça em fogo alto. Quando começar a ferver, coloque a cevadinha junto com a água da demolha e a cebola picada, o louro e a costela de porco. Diminua o fogo e cozinhe por mais 1h30 em fogo brando.
5. Retire a costela, corte-a em cubinhos e recoloque no caldo.
6. No momento de servir, dilua a gema no creme de leite, misture bem e despeje no caldo, fora do fogo, batendo sem parar. Aqueça levemente, sem deixar ferver, até que a sopa fique cremosa. ▶

100 ml de creme de leite fresco
cebolinha
sal e pimenta

7 Tempere, salpique a cebolinha picada e sirva.

Sopa de carneiro
Proceda da mesma forma, substituindo a costela de porco por 200 g de peito ou pescoço de carneiro.

■ Preparo: 15 min ■ Cozimento: 1h45

Sopa de feijão

Rendimento: 4-6 porções

300 g de feijão
1 cenoura
1 cebola grande
1 cravo-da-índia
1 bouquet garni (veja glossário)
1,5 litro de água
sal grosso
80 g de torradas de pão de fôrma
50 g de manteiga

1 Na véspera, deixe o feijão de molho.
2 Corte a cenoura em cubos. Pique a cebola e o cravo-da-índia.
3 Escorra o feijão e leve ao fogo em uma panela grande com água suficiente para cobrir bem os grãos. Deixe levantar fervura e escume. Adicione a cenoura, a cebola, o bouquet garni e cozinhe por 1 h, até que fiquem bem tenros. Quando estivem quase prontos, tempere com sal.
4 Com a escumadeira, retire a cenoura, a cebola e o bouquet garni. Escorra o feijão sobre uma vasilha para recolher o caldo do cozimento. Passe o feijão rapidamente no processador.
5 Dilua o purê obtido em um pouco do caldo do cozimento até obter a consistência desejada. Coe a sopa, pressionando o dorso da colher na peneira.
6 Corte o pão em quadradinhos e faça as torradinhas.
7 Leve a sopa de volta ao fogo para aquecer levemente, experimente e corrija o tempero. Dilua a manteiga pouco antes de servir.

■ Demolha: 12 h ■ Preparo: 30 min
■ Cozimento: cerca de 1h30

CREMES E VELOUTÉS
CALDOS, CONSOMÊS, CREMES E SOPAS

Sopa de feijão-branco

Rendimento: 4-6 porções

350 g de feijão-branco
1 cenoura
1 cebola espetada com 2 cravos-da-índia
1,5 litro de água
1 bouquet garni (veja glossário)
75 g de bacon
40 g de manteiga

1 Deixe o feijão de molho em água fria por 12 h.
2 Corte a cenoura em cubos e pique a cebola.
3 Escorra o feijão e leve ao fogo com 1,5 litro de água fria. Deixe levantar fervura. Acrescente a cebola, a cenoura, o bouquet garni e o bacon. Tampe, deixe levantar fervura e cozinhe até que os feijões amoleçam. Retire o bouquet garni e a cebola.
4 Bata os feijões no liquidificador e coloque o purê obtido no líquido de cozimento.
5 Se quiser, adicione um pouco do caldo do feijão. Experimente e corrija o tempero. Ferva e adicione a manteiga, batendo sem parar.

Esta sopa pode ser servida com torradinhas fritas na manteiga (croûtons).

■ Demolha: 12 h ■ Preparo: 15 min
■ Cozimento: 1h30-2h

Sopa de mandioca gratinada

Rendimento: 6 porções

1 litro de Caldo ou consomê de carne (veja p. 38) ou caldo em tablete
400 g de mandioca
pimenta-do-reino e noz-moscada
6 fatias médias de queijo prato

1 Faça o Caldo de carne (ou prepare o caldo em tablete).
2 Descasque a mandioca, lave e pique em pedacinhos. Cozinhe no caldo por cerca de 15 min, até ficar bem macia. Deixe esfriar.
3 Passe o caldo com a mandioca no processador ou no liquidificador.
4 Leve a sopa ao fogo para esquentar. Coloque pimenta-do-reino e noz-moscada ralada na hora e prove o tempero. Como o caldo já é salgado, em geral não é preciso salgar. ▶

5 Preaqueça o forno.
6 Divida a sopa em seis cumbuquinhas refratárias e cubra com as fatias de queijo prato.
7 Leve ao forno quente, por cerca de 5-10 min, para gratinar.

Sirva com fatias de pão torradas.

■ Preparo: 15 min (30 min se fizer o caldo)
■ Cozimento: cerca de 20 min (3h30 se fizer o caldo)

Sopa fria de pepino

Rendimento: 4-6 porções

1 pepino grande
12 cebolas novas
1 queijo tipo fromage blanc com 20% de gordura
cebolinha e salsinha picadas
sal e pimenta

1 Descasque o pepino, retire as sementes e corte em cubinhos. Descasque as cebolas e corte-as em quatro. Pique os legumes e coloque em uma vasilha.
2 Adicione o mesmo volume de queijo tipo fromage blanc; tempere com sal e pimenta e bata bem. Experimente e corrija o tempero: este purê deverá ficar bastante picante.
3 Conserve na geladeira por 2 h ou no congelador por 10 min, para que fique bem frio.
4 No momento de servir, acrescente água gelada até obter a consistência de uma sopa um pouco grossa.
5 Salpique a cebolinha e a salsinha picadas e sirva imediatamente.

■ Preparo: 10 min ■ Cozimento: 2 h

CREMES E VELOUTÉS
CALDOS, CONSOMÊS, CREMES E SOPAS

Velouté de alcachofra

Rendimento: 4-6 porções

200 ml de Consomê de frango (veja p. 125) ou caldo em tablete
800 ml de Molho branco ou velouté (veja p. 74)
8 fundos de alcachofra
3 gemas
100 ml de creme de leite fresco
30 g de manteiga (opcional)

1. Descongele o consomê (ou utilize um tablete).
2. Prepare o Velouté.
3. Escorra os fundos de alcachofra, corte-os em pedaços e adicione ao velouté. Leve ao fogo. Deixe levantar fervura e cozinhe em fogo brando até que os legumes se desfaçam.
4. Bata tudo no liquidificador ou processador até que fique uma mistura perfeitamente lisa. Adicione um pouco de consomê até obter a consistência desejada.
5. Em uma vasilha, dilua as gemas no creme de leite e, fora do fogo, despeje na sopa, batendo vigorosamente. Aqueça novamente, mas sem ferver, batendo sem parar até que sopa envolva a colher de pau.
6. Se quiser, acrescente a manteiga na hora de servir, sempre batendo bem.

Velouté de aspargos
Substitua os fundos de alcachofra por 400 g de aspargos (ou pontas de aspargos) cozidos por 5 min em água fervente.

■ Preparo: 15 min ■ Cozimento: cerca de 15-20 min

Velouté de caça

Rendimento: 6 porções

1 litro de Consomê de caça (veja p. 124)
100 g de Roux branco (veja p. 82)
350 g de carne de caça (lebre, javali etc.)
100 g de manteiga
3 gemas ▶

1. Prepare 1 litro de consomê bem encorpado, com a carne de caça escolhida.
2. Faça o roux. Misture aos poucos o consomê e deixe cozinhar em fogo brando.
3. Corte a caça em pedaços. Deixe dourar a carne por 4-5 min em 50 g de manteiga. Adicione-a ao velouté e cozinhe em fogo brando por 40 min.
4. Retire um ou dois pedaços, corte-os em cubinhos e reserve. Se quiser, retire os ossos. ▶

100 ml de creme de leite fresco
folhas de cerefólio
sal e pimenta

5 Bata o restante no liquidificador, depois coe em uma peneira bem fina: a consistência deve ficar cremosa.
6 Ferva novamente.
7 Em uma vasilha, misture as gemas e o creme de leite e, fora do fogo, adicione ao velouté batendo sem parar. Incorpore a seguir 50 g de manteiga. Prove e acerte o tempero.
8 Ao servir, adicione a caça cortada em cubinhos, despeje na sopeira e salpique algumas folhas de cerefólio.

Velouté de boi
Prepare da mesma forma utilizando 1 litro de Consomê claro (*veja p. 123*) e 400 g de carne de boi magra.

Velouté de frango
Prepare da mesma forma utilizando 1 litro de Consomê de frango (*veja p. 125*) e um frango de 1 kg. Após o cozimento, retire o peito de frango, corte-o em cubinhos e adicione à sopa na hora de servir.

■ Preparo: 30 min ■ Cozimento: cerca de 1 h

Velouté de crustáceo

Rendimento: 4-6 porções

1 litro de Velouté de peixe (veja p. 144)
80 g de Manteiga de lagosta (veja p. 66)
1/2 cenoura
1 cebola pequena
2 cebolas-brancas
50 g de manteiga
500 g de crustáceos (lagosta, lagostim e outros) ▶

1 Prepare ou descongele o Velouté de peixe e mantenha-o aquecido.
2 Prepare a Manteiga de lagosta e leve à geladeira.
3 Pique a cenoura e as cebolas.
4 Derreta a manteiga em uma panela grande e refogue os legumes rapidamente. Adicione os crustáceos escolhidos. Misture todos os ingredientes várias vezes.
5 Aqueça o conhaque no microondas, despeje-o imediatamente e flambe. Acrescente o vinho branco. Tempere com sal, pimenta-do-reino, páprica e uma pitada de pimenta-de-caiena. Adicione o extrato de tomate. Misture bem e cozinhe por 20 min. ▶

CREMES E VELOUTÉS
CALDOS, CONSOMÊS, CREMES E SOPAS

1 colher (sopa) de conhaque
100 ml de vinho branco
páprica
pimenta-de-caiena
1 colher (sopa) de extrato de tomate
3 gemas
100 ml de creme de leite fresco
folhas de cerefólio
sal e pimenta-do-reino

6 Tire as cascas dos crustáceos e reserve-as em uma travessa. Amasse os crustáceos no pilão, ou bata no processador, juntamente com o líquido de cozimento. Adicione essa pasta ao Velouté de peixe e deixe ferver em fogo brando por alguns minutos.

7 Coe em uma peneira fina e deixe ferver novamente em fogo brando.

8 Em uma vasilha, bata as gemas com o creme de leite e adicione-as, sempre batendo, mas fora do fogo, à panela. Tempere e corrija o tempero.

9 Aqueça novamente o velouté. Retire do fogo, Acrescente a Manteiga de lagosta e conserve aquecido.

10 Corte as caudas reservadas em pedacinhos, junte ao velouté e salpique algumas folhas de cerefólio.

■ Preparo: 1 h ■ Cozimento: cerca de 1 h

Velouté de peixe

Rendimento: 4-6 porções

1 litro de Fumet de peixe (veja p. 41)
100 g de Roux branco (veja p. 82)
500 g de filés de pescada (ou outro peixe)
3 gemas
100 ml de creme de leite fresco
cerefólio
sal e pimenta

1 Prepare o Fumet de peixe.

2 Faça o Roux branco. Adicione aos poucos o fumet, misturando bem. Junte os filés de peixe e cozinhe em fogo brando por 15-20 min.

3 Bata tudo com o mixer (ou na batedeira) e coe em uma peneira fina. Leve ao fogo novamente até levantar fervura. Retire do fogo.

4 Em uma vasilha, misture as gemas e o creme de leite. Despeje essa preparação no velouté e leve de volta ao fogo, misturando bem, mas sem deixar ferver.

5 Tempere e prove. Salpique algumas folhas de cerefólio na hora de servir.

■ Preparo: 15 min ■ Cozimento: cerca de 20 min

CREMES E VELOUTÉS / SOPAS
CALDOS, CONSOMÊS, CREMES E SOPAS

Vichyssoise

Rendimento: 4-6 porções

2 alhos-porós (parte branca)
400 g de batatas
40 g de manteiga
1,5 litro de água
1 bouquet garni (veja glossário)
200 ml de creme de leite fresco
cebolinha picada
sal e pimenta

1 Corte em rodelas os alhos-porós e as batatas. Derreta a manteiga, adicione o alho-poró, tampe e deixe refogar, sem dourar, por 10 min. Acrescente as batatas e misture. Coloque a água e o bouquet garni, tempere com sal e pimenta e deixe levantar fervura. Cozinhe por 30-40 min.

2 Bata tudo no liquidificador e leve de volta ao fogo.

3 Adicione o creme de leite e deixe levantar novamente fervura, batendo sem parar. Tempere com sal e pimenta.

4 Espere esfriar e conserve por 1-2 h na geladeira (ou 15 min no congelador). Sirva bem fria, salpicada com cebolinha picada.

■ Preparo: 15 min ■ Cozimento: 40 min
■ Refrigeração: 2 h

SOPAS

Aïgo boulido

Rendimento: 4-6 porções

18 dentes de alho
1 colher (café) de sal grosso
1 ramo de sálvia (de preferência fresca)
1/2 folha de louro
1 ramo de tomilho
30-40 g de queijo (gruyère ou prato) ralado
8-12 fatias de pão
4-6 colheres (sopa) de azeite
1 gema (opcional)

1 Descasque os dentes de alho e retire o germe. Ferva a água com o alho e o sal grosso por 15 min.

2 Desligue o fogo, adicione a sálvia, o louro e o tomilho e deixe em infusão por 10 min.

3 Enquanto isso, espalhe o queijo ralado nas fatias de pão e leve ao forno para gratinar (cerca de 2 min).

4 Coe o caldo para retirar as ervas e leve de volta ao fogo.

5 Coloque duas fatias de pão em cada prato e regue com 1 colher de azeite. Despeje por cima o caldo bem quente e sirva imediatamente.

Esta sopa pode ficar mais encorpada com a adição de uma gema, fora do fogo.

■ Preparo: 15 min ■ Cozimento: 15-20 min

Borshtch

Rendimento: 4-6 porções

- 1,5 litro de Caldo ou consomê de carne (veja p. 38) ou caldo em tablete
- 2 cebolas
- 20 g de manteiga
- 2 beterrabas
- 200 g de repolho
- 2 cenouras
- 1/2 talo de aipo (salsão)
- 1 ramo de salsinha
- 1/2 lata de polpa de tomate
- 2 batatas
- 20 g de Manteiga manié (veja p. 68)

1. Descongele o caldo ou utilize um tablete.
2. Pique as cebolas e refogue em 20 g de manteiga. Adicione as beterrabas cortadas em cubinhos. Misture, desligue o fogo e mantenha aquecido.
3. Corte o repolho em tirinhas. Pique as cenouras e o aipo.
4. Aqueça o caldo e, assim que ferver, adicione o repolho, as cenouras, o aipo, a salsinha e o refogado de cebola e beterraba. Adicione a polpa de tomate também à panela. Deixe cozinhar por 2 h em fogo brando.
5. Corte as batatas em cubos e cozinhe por 15-20 min.
6. Prepare a Manteiga manié. Dilua-a em um pouco de caldo e adicione-a à sopa. Deixe ferver por mais 15 min e sirva.

O borshtch pode ser servido dessa forma ou com creme de leite.

■ Preparo: 30 min   ■ Cozimento: 2h30

Caldeirada

Rendimento: 4-6 porções

- 1 cebola
- 1/2 pimentão
- 1/2 alho-poró
- 2 tomates pequenos
- 1 dente de alho
- 1 dúzia de mexilhões
- 400 g de peixe em postas grandes
- 500 g de lula
- 8 colheres (sopa) de azeite
- 200 ml de vinho branco ▶

1. Pique a cebola, o pimentão e o alho-poró. Retire a pele e as sementes dos tomates, escalde-os e corte-os em cubinhos. Esprema o alho. Tempere com sal e pimenta todos os legumes e misture.
2. Lave os mexilhões. Lave o peixe. Lave e fatie as lulas.
3. Leve ao fogo uma panela com 4 colheres (sopa) de azeite. Coloque os mexilhões no fundo e cubra com a metade da mistura de legumes. Disponha o peixe e as lulas e complete com o restante dos legumes. Regue com o vinho branco e deixe levantar fervura; diminua o fogo, tampe e deixe cozinhar em fogo brando por 20 min. ▶

SOPAS
CALDOS, CONSOMÊS, CREMES E SOPAS

4-6 fatias de pão de fôrma
salsinha picada
sal e pimenta

4 Doure o pão de fôrma, de ambos os lados, no azeite restante. Escorra em papel-toalha.
5 Coloque uma fatia de pão em cada prato fundo. Regue com uma concha de caldo, disponha o peixe por cima, os mexilhões e as lulas. Salpique com bastante salsinha picada e sirva imediatamente.

■ Preparo: 40 min ■ Cozimento: 40 min

Cock-a-leeckie

Rendimento: 4-6 porções

1 litro de Consomê de frango (veja p. 125) ou caldo em tablete
2 alhos-porós (parte branca)
20 g de manteiga
200 g de sobras de frango
sal e pimenta

1 Descongele o Consomê de frango ou utilize um tablete.
2 Corte os alhos-porós à juliana.
3 Leve-os ao fogo com a manteiga, tampe e deixe refogar em fogo brando por cerca de 15 min. Adicione o consomê e aqueça novamente. Tempere, experimente e corrija o tempero.
4 Corte o frango em tirinhas. Acrescente ao consomê ao servir.

■ Preparo: 10 min ■ Cozimento: 15 min

Cousinette

Rendimento: 4-6 porções

3 batatas
150 g de espinafre
50 g de azedinha (ou agrião novo)
150 g de alface
1 punhado pequeno de malva (de preferência selvagem; deve ser comprada em herbanários)
80 g de manteiga ▶

1 Descasque, lave e corte as batatas em fatias finas. Lave o espinafre (ou o agrião), a azedinha, a alface e a malva e corte tudo em fatias bem finas.
2 Derreta 50 g de manteiga em uma panela e adicione as verduras. Misture, tampe e deixe cozinhar por 10 min em fogo brando. Adicione a água ou o caldo (você pode utilizar um tablete) e as batatas. Cozinhe por mais 30 min.
3 Antes de servir, experimente e corrija o tempero, adicionando a manteiga restante. ▶

1,5 litro de água
(ou caldo de frango em tablete)
pão torrado

4 Despeje a sopa no prato sobre fatias bem finas de pão torrado.

■ Preparo: 15 min   ■ Cozimento: 40 min

Fassolada

Rendimento: 4-6 porções

500 g de feijão-branco
1 tomate grande
1 talo de aipo (salsão)
1 cenoura
1 cebola grande
2 dentes de alho
1/2 folha de louro
1 colher (sopa) de extrato de tomate
2 colheres (sopa) de azeite
sal

1 Coloque o feijão em uma panela grande, cubra com água fria, deixe ferver e coe.

2 Escalde o tomate, retire a pele e as sementes e corte em cubos. Corte os outros legumes em cubos; deixe o alho inteiro.

3 Leve ao fogo o feijão e os legumes. Adicione o louro e o extrato de tomate. Despeje 1,5 litro de água, o azeite e cozinhe em fogo brando por 1h30-2 h. Adicione sal apenas no final do cozimento.

■ Preparo: 30 min   ■ Cozimento: 2 h

Minestrone florentino

Rendimento: 4-6 porções

300 g de feijão-branco
3 dentes de alho
1 maço de sálvia
100 ml de azeite
2 abobrinhas
2 alhos-porós
1/2 maço de couve
500 g de espinafre
1 cebola
1 fatia de presunto cru ▶

1 Coloque o feijão em uma panela grande com água, 1 dente de alho, a sálvia e 1 colher (sopa) de azeite e deixe cozinhar em fogo brando por cerca de 1 h. Prove para ver se está no ponto.

2 Enquanto isso, prepare os legumes: lave e corte as abobrinhas e os alhos-porós em cubinhos, a couve em tirinhas finas e pique o espinafre grosseiramente. Pique a cebola e o presunto.

3 Quando o feijão estiver pronto, escorra em uma vasilha para reservar a água do cozimento. Separe o feijão em duas porções e bata a metade no liquidificador. Reserve. ▶

150 g de molho de tomate (ou 1 latinha de extrato de tomate)
1 talo de aipo (salsão)
1 maço de salsinha
1 cebola
2 ramos de tomilho
1 litro de Consomê de frango (veja p. 125) ou caldo em tablete
2 ramos de alecrim
sal e pimenta

4 Em uma panela grande, aqueça 2 colheres (sopa) de azeite, adicione o presunto, o aipo, a salsinha, a cebola picada e um ramo de tomilho. Misture bem. Acrescente os alhos-porós e as abobrinhas cortados em cubinhos, a couve e o espinafre. Misture bem novamente Deixe cozinhar e, ao final de 10 min, despeje o molho de tomate (ou o extrato). Deixe ferver em fogo brando por pelo menos 30 min.

5 Enquanto isso, descongele o consomê ou prepare-o com um tablete. Junte ao caldo os feijões inteiros (que não foram batidos no liquidificador), a água do cozimento e os feijões batidos. Coloque também o consomê para obter uma consistência cremosa. Cozinhe por 1 h. Tempere com sal e pimenta.

6 Leve ao fogo uma pequena frigideira com o restante do azeite, 2 dentes de alho amassados, 1 ramo de tomilho e o alecrim. Quando o alho começar a dourar, despeje esse azeite aromatizado no minestrone através de uma peneira, de maneira a reter as ervas. Sirva quente ou frio.

■ Preparo: 40 min   ■ Cozimento: 1h30-2h

Sobronade

Rendimento: 4-6 porções

400 g de feijão-branco
1 aipo-rábano
50 g de toucinho
125 g de presunto cru
4 cenouras
1 cebola com 1 cravo-da-índia espetado
2 dentes de alho
1 talo de aipo (salsão)
350 g de carne de porco fresca ▶

1 Coloque o feijão de molho por 12 h em água fria.

2 Corte o aipo-rábano em fatias largas.

3 Pique o toucinho e leve ao fogo. Adicione a metade do aipo-rábano e deixe dourar bem.

4 Corte o presunto em cubinhos. Pique as cenouras, a cebola e o alho. Fatie o aipo (salsão).

5 Escorra o feijão. Leve ao fogo em um caldeirão com bastante água. Junte o presunto, o toucinho e a carne de porco. Deixe levantar fervura e escume. Adicione o aipo-rábano, o bouquet garni, as cenouras, a cebola, o alho, o aipo e o maço de salsinha. Deixe ferver em fogo brando por 20-30 min. ▶

SOPAS

*1 bouquet garni
 (veja glossário)*
1 maço de salsinha
250 g de batatas
*pão amanhecido
 (ou pão duro)*

6 Descasque as batatas e corte-as em fatias grossas. Acrescente-as ao caldo e deixe cozinhar por mais 40 min.

7 Forre uma sopeira com as fatias de pão e despeje a sopa por cima.

■ Demolha: 12 h ■ Preparo: 20 min
■ Cozimento: cerca de 1h15

Sopa com cerveja

Rendimento: 4-6 porções

*1 litro de Consomê de
 frango (veja p. 125)*
150 ml de cerveja
125 g de pão de fôrma
noz-moscada
*50 ml de creme de leite
 fresco*
sal e pimenta

1 Descongele ou reconstitua o consomê. Leve-o ao fogo com a cerveja e o pão de fôrma. Tempere com sal e pimenta, tampe e deixe cozinhar em fogo brando por 30 min.

2 Bata no liquidificador ou no processador.

3 Adicione um pouco de noz-moscada ralada e o creme de leite. Corrija o tempero e sirva bem quente.

■ Preparo: 10 min ■ Cozimento: 30 min

Sopa de abóbora

Rendimento: 4-6 porções

*0,5 litro de Caldo ou
 consomê de carne
 (veja p. 38) ou de vitela
 (veja p. 35) ou caldo em
 tablete*
0,5 litro de leite
1 kg de abóbora
2 batatas
2 alhos-porós médios
15 g de manteiga
*3 colheres (sopa)
 de creme de leite fresco*
*sal, pimenta e
 noz-moscada*

1 Descongele o caldo (ou utilize um tablete). Aqueça-o.

2 Aqueça levemente o leite.

3 Descasque e corte em cubos a abóbora e as batatas. Lave os alhos-porós e corte-os em fatias finas.

4 Em uma panela, derreta a manteiga e adicione os alhos-porós. Cozinhe em fogo brando por 5 min. Depois acrescente a abóbora, as batatas, o caldo e o leite. Tampe, tempere com sal e cozinhe por 20 min.

5 Bata no liquidificador. Adicione pimenta e um pouco de noz-moscada ralada. ▶

6 Leve de volta ao fogo, ferva rapidamente, adicione o creme de leite e sirva.

> Esta sopa pode ser feita rapidamente na panela de pressão com a mesma quantidade de abóbora e 1 copo de água. Bata no liquidificador, adicione 200 ml de leite, tempere com sal, pimenta e noz-moscada ralada. Acrescente um pouco de água até obter a consistência desejada.

■ Preparo: 15 min   ■ Cozimento: 30 min

Sopa de alho-poró com batata

Rendimento: 4-6 porções

4 batatas grandes
6 alhos-porós médios
1,5 litro de água
30 g de manteiga
salsinha picada
sal e pimenta

1 Descasque e corte as batatas em pedaços. Corte os alhos-porós em rodelas finas. Aqueça a água.
2 Derreta a manteiga em uma panela, refogue o alho-poró, acrescente a água fervente e deixe ferver. Adicione as batatas e tempere com sal e pimenta.
3 Bata no liquidificador. Passe para uma sopeira e salpique a salsinha picada por cima.

■ Preparo: 10 min   ■ Cozimento: 1 h

Sopa de cebola

Rendimento: 4-6 porções

1,5 litro de Caldo ou consomê de carne (veja p. 38) ou Consomê claro (veja p. 123) ou caldo em tablete
3 cebolas
30 g de manteiga
1 colher (sopa) cheia de farinha de trigo ▶

1 Descongele o caldo (ou utilize um tablete) e aqueça no fogo.
2 Corte as cebolas em rodelas bem finas. Derreta a manteiga em uma panela e refogue as cebolas, em fogo médio, sem dourar demais. Quando estiverem quase prontas, mas *al dente*, polvilhe com farinha. Continue a cozinhar por alguns instantes mexendo com a colher de pau. Despeje o caldo ou o Consomê claro e misture bem. ▶

2 colheres (sopa) de vinho do Porto ou Madeira
4-6 fatias de pão
queijo gruyère ralado (opcional)

3 Adicione o vinho do Porto (ou Madeira) e cozinhe em fogo brando por 30 min.
4 Enquanto isso, corte as fatias de pão e deixe tostar um pouco no forno (200°C). Coloque-as no fundo da sopeira e despeje a sopa bem quente por cima.

Sopa de cebola gratinada
Espalhe queijo gruyère ralado (10-15 g por porção) sobre a sopa – na sopeira ou nos pratos – e leve ao forno por 5-10 min.

■ Preparo: 15 min   ■ Cozimento: 40 min

Sopa de favas

Rendimento: 4-6 porções
1/4 de cebola comum
125 g de carne de boi (músculo ou pernil dianteiro)
150 g de favas frescas
75 g de toucinho
30 g de cevadinha
duas pitadas de manjerona
2 cenouras
1 nabo
1/2 talo de aipo (salsão)
3 folhas de alface
1 batata
1 colher (sopa) de salsinha
1 cebola-branca
sal e pimenta

1 Descasque e pique a cebola comum. Corte a carne de boi em pedaços. Tire as favas das vagens.
2 Doure o toucinho em uma panela; quando ele estiver se dissolvendo, adicione a cebola e misture.
3 Adicione a carne de boi em pedaços, as favas e a cevadinha. Despeje 1,5 litro de água na panela. Tempere com sal e pimenta e duas pitadas de manjerona. Cozinhe por 1h-1h30.
4 Corte em pedaços a cenoura, o nabo, o aipo e a batata. Lave e corte a alface em tirinhas. Adicione os legumes à sopa e continue o cozimento por mais 30 min.
5 Pique a salsinha e a cebola-branca e acrescente na hora de servir, após ter provado e corrigido o tempero.

■ Preparo: 30 min   ■ Cozimento: 2 h

SOPAS

CALDOS, CONSOMÊS, CREMES E SOPAS

Sopa de frango à moda inglesa

Rendimento: 4-6 porções

1,75 litro de caldo de galinha (fresco ou em tablete)
1 cebola espetada com 1 cravo-da-índia
1 frango pequeno
1 bouquet garni (veja glossário)
2 talos de aipo (salsão)
100 g de arroz
1 cenoura grande
sal

1 Prepare o caldo.
2 Pique a cebola.
3 Coloque o frango em um caldeirão e despeje o caldo. Leve ao fogo até ferver e escume. Tempere com sal. Adicione a cebola picada, o bouquet garni, um talo de aipo e o arroz. Cozinhe em fogo brando até que a carne do frango se solte dos ossos.
4 Escorra o frango e corte a carne em pedacinhos. Retire o bouquet garni e a cebola. Recoloque a carne de frango na sopa.
5 Corte a cenoura e o outro talo de aipo em cubinhos e coloque na sopa. Deixe levantar fervura e cozinhe por uns 10 min. Sirva bem quente.

■ Preparo: 10 min ■ Cozimento: 1h-1h30

Sopa de legumes

Rendimento: 4-6 porções

1,5 litro de Consomê de frango (veja p. 125)
3 batatas
3 cenouras
4 nabos
1 couve-flor pequena
1 alho-poró
2 cebolas
80 g de manteiga
1 maço de cebolinha
100 ml de creme de leite
sal e pimenta

1 Descongele o consomê e esquente no fogo.
2 Corte as batatas, as cenouras e os nabos em pedaços grandes. Separe os buquês de couve-flor e lave-os. Corte o alho-poró e as cebolas em rodelas finas.
3 Derreta a manteiga em uma panela. Adicione todos os legumes, um após o outro, misturando a cada vez. Tampe e refogue em fogo brando por 10 min.
4 Despeje o caldo quente por cima e tempere com sal e pimenta. Deixe cozinhar em fogo brando por 40 min.
5 Corte a cebolinha bem fininho e coloque em uma sopeira. Adicione o creme de leite e misture. Despeje com cuidado a sopa por cima, misturando com a colher de pau. Experimente e corrija o tempero. Sirva imediatamente.

■ Preparo: 30 min ■ Cozimento: cerca de 50 min

Sopa de pão

Rendimento: 4-6 porções

1,5 litro de Caldo ou consomê de carne (veja p. 38) ou de vitela (veja p. 35) ou caldo em tablete

250 g de pão de fôrma amanhecido

5 tomates

1 cebola grande

2 colheres (sopa) de óleo de girassol

uma pitada de orégano

2 colheres (sopa) de ervas finas (salsinha, cebolinha, cerefólio e estragão)

sal e pimenta

1. Descongele o caldo ou utilize um tablete. Leve ao fogo para aquecer.
2. Ferva água em uma panela.
3. Retire a casca do pão de fôrma e esfarele em uma vasilha. Escalde os tomates em água fervente, retire a pele e as sementes e corte a polpa em pedaços.
4. Descasque e pique a cebola.
5. Leve ao fogo o óleo e doure a cebola. Adicione o tomate e cozinhe em fogo médio por 5 min. Despeje 1 litro de caldo, adicione o orégano, sal e pimenta e deixe cozinhar por mais 30 min.
6. Despeje o caldo restante sobre o miolo de pão e deixe um pouco de molho. Adicione então essa mistura à panela, mexa bem e deixe cozinhar por mais 10 min.
7. Peneire tudo (ou bata no liquidificador) e leve de volta ao fogo.
8. Despeje na sopeira e salpique com as ervas finas picadas.

Esta sopa deve ser servida fervente.

■ Preparo: 15 min ■ Cozimento: 45 min

Sopa de pão ao leite

Rendimento: 4-6 porções

1 litro de leite

250 g de pão de fôrma amanhecido

noz-moscada

sal

1. Ferva o leite.
2. Retire a casca do pão de fôrma, esfarele-o e coloque-o em uma panela. Regue com o leite fervente e deixe o pão absorver o líquido por 2-3 min. Deixe cozinhar em fogo brando por 15 min.
3. Bata no liquidificador (ou processador). Tempere com sal e noz-moscada ralada a gosto. Aqueça de novo antes de servir. ▶

Pode-se adoçar esta sopa ou enriquecê-la com uma gema batida com 50-100 ml de creme de leite fresco (fora do fogo).

■ Preparo: 5 min ■ Cozimento: 15 min

Sopa de peixes

Rendimento: 4-6 porções

2 kg de peixes variados em postas grandes (pescada, cação, namorado etc.)
2 alhos-porós
2 cebolas
4 tomates
4 dentes de alho
50 ml de azeite
2 folhas de louro
casca de 1/4 de laranja
3 ramos de funcho seco (ou 1 colher (sopa) de dill ou endro)
4 ramos de salsinha
1 colher (café) de extrato de tomate
2,5 litros de água
80 g de espaguete
uma pitada de açafrão
sal e pimenta

1 Lave e seque as postas de peixe.
2 Fatie os alhos-porós e as cebolas.
3 Escalde os tomates, retire a pele e as sementes e corte em pedaços.
4 Descasque o alho.
5 Aqueça o azeite em um caldeirão e refogue as cebolas e os alhos-porós por 2-3 min. Adicione os peixes, os tomates, o alho, o louro, a casca de laranja, o funcho, a salsinha e o extrato de tomate. Misture e deixe cozinhar em fogo brando até que a carne dos peixes fique desfiada.
6 Enquanto isso, ferva 2,5 litros de água. Adicione-a ao caldeirão quando os peixes estiverem bem cozidos e mantenha em fogo brando por mais 20 min. Tempere com sal e pimenta.
7 Retire todos os temperos da sopa. Bata no liquidificador, ou processador, e coe em uma peneira fina.
8 Leve a sopa de volta ao fogo; assim que ferver, adicione o espaguete cortado em pedaços de 2 cm. Cozinhe por 10-15 min. Prove e corrija o tempero.
9 Coloque uma concha de sopa num prato e dilua nela o açafrão. Adicione ao caldeirão e misture bem.

Esta sopa pode ser servida com croûtons (tostados ao forno). Pode-se também adicionar queijo gruyère ralado (50-60 g).

■ Preparo: 1 h ■ Cozimento: cerca de 35 min

SOPAS

Sopa de pesto provençal

Rendimento: 4-6 porções

250 g de feijão-branco com as vagens
250 g de feijão-vermelho com as vagens
250 g de feijão-verde com as vagens
2-3 abobrinhas
4 batatas médias
5 dentes de alho
3 tomates
2,5 litros de água
1 maço de manjericão grande
4-5 colheres (sopa) de azeite
75 g de parmesão ralado
150 g de espaguete
sal e pimenta

1 Ferva água em uma panelinha.

2 Retire os feijões brancos e vermelhos das vagens. Corte os feijões-verdes em pedaços. Limpe as abobrinhas e descasque as batatas e o alho. Escalde os tomates, retire as peles a as sementes.

3 Ferva 2,5 litros de água em um caldeirão, coloque todos os feijões, as abobrinhas, as batatas e 1 tomate. Deixe cozinhar por 1 h. Adicione sal.

4 Enquanto isso, prepare o pesto: pique os 2 tomates restantes e reserve. Lave e seque o manjericão; corte as folhinhas grosseiramente. No pilão, amasse os dentes de alho, o sal e o manjericão até obter uma pasta. Adicione, mexendo sempre, o azeite, os tomates picados, a pimenta e o parmesão.

5 Com a escumadeira, retire do caldeirão as batatas, as abobrinhas e o tomate e amasse-os com o garfo. Volte os legumes à panela.

6 Quebre o espaguete em pedaços de cerca de 2 cm. Coloque-os na sopa e cozinhe por cerca de 20 min. Experimente. A sopa estará pronta quando estiverem cozidos. Corrija o tempero.

7 Retire a sopa do fogo e adicione o pesto. Misture bem e sirva imediatamente.

■ Preparo: 1 h ■ Cozimento: 1h30

Sopa de vagem

Rendimento: 4-6 porções

1,5 litro de Caldo de legumes (veja p. 122) ou caldo em tablete
500 g de vagem
5 ramos de segurelha
60 g de Roux branco (veja p. 82) ▶

1 Descongele o Caldo de legumes ou utilize um tablete. Aqueça-o no fogo.

2 Lave e limpe as vagens. Corte de viés, em pedaços de 1,5 cm. Coloque-as no caldo fervente, juntamente com a segurelha, e deixe cozinhar por 25 min. ▶

1 colher (sopa) de vinagre
400 g de batatas

3 Prepare o roux e dilua-o com o caldo. Coe e despeje na sopa. Adicione o vinagre e continue a cozinhar por 15 min.

4 Enquanto isso, descasque as batatas e corte em cubos de cerca de 1 cm. Acrescente à sopa e cozinhe por 20 min.

Esta sopa pode ser servida com paio e salsichão em fatias. Coloque as carnes num prato fundo e despeje a sopa por cima.

■ Preparo: 30 min   ■ Cozimento: cerca de 1h15

Sopa húngara

Rendimento: 4-6 porções

150 g de fígado de vitela ou de frango (ou caldo em tablete)
75 g de manteiga
1/2 cebola
1 colher (sopa) de salsinha picada
1 ovo
1 colher (café) de páprica
noz-moscada
0,5 litro de Caldo ou consomê de carne ou de vitela (veja p. 38 ou 35) ou caldo em tablete
1,5 litro de Consomê de frango (veja p. 125) ou caldo em tablete
sal e pimenta

1 Corte o fígado em cubinhos e doure-o rapidamente em 15 g de manteiga. Tempere com sal e pimenta.

2 Corte a cebola bem fininho e refogue levemente em 10 g de manteiga.

3 Bata o fígado e a cebola no processador.

4 Adicione a salsinha, o ovo, 50 g de manteiga, sal, pimenta, a páprica e uma boa pitada de noz-moscada ralada.

5 Aqueça o Caldo ou consomê de carne (ou utilize um tablete).

6 Forme bolinhos de fígado (do tamanho de uma noz) e cozinhe por 15 min no caldo de carne fervente.

7 Enquanto isso, aqueça o Consomê de frango (ou utilize um tablete). Coloque nele os bolinhos com o caldo de carne e sirva.

■ Preparo: 30 min   ■ Cozimento: 15 min

Tourin périgourdin

Rendimento: 4-6 porções

- 1,5 litro de Caldo ou consomê de carne (veja p. 38) ou de vitela (veja p. 35)
- 150 g de cebola
- 2 dentes de alho
- 2 tomates
- 1 colher (sopa) de gordura de ganso, pato ou frango
- 1 colher (sopa) de farinha de trigo
- 2-3 colheres (sopa) de água
- 2 gemas
- 4-6 fatias de pão integral

1 Descongele ou reconstitua o caldo e aqueça-o.

2 Descasque as cebolas e corte-as em rodelas finas. Descasque o alho e esprema-o.

3 Escalde os tomates por alguns segundos em água fervente, depois retire a pele e as sementes.

4 Em uma frigideira, derreta a gordura de ave e refogue nela as cebolas. Polvilhe com a farinha, adicione o alho e misture bem. Acrescente 2-3 colheres (sopa) de água fervente e misture de novo.

5 Coloque os tomates no caldo fervente por 5 min. Retire-os com a escumadeira, amasse-os em um prato e recoloque-os no caldo. Acrescente o refogado da frigideira e cozinhe por 45 min em fogo alto.

6 Em uma vasilha, dilua as gemas em um pouco de caldo.

7 Retire o caldo do fogo e despeje-o na vasilha, batendo vigorosamente. Leve de volta ao fogo por mais 3 min, mexendo sem parar. A sopa deverá engrossar um pouco.

8 Disponha as fatias de pão no fundo da sopeira e coloque a sopa por cima.

■ Preparo: 15 min ■ Cozimento: 1 h

Hors-d'oeuvre e entradas

APERITIVOS	161
ENTRADAS FRIAS	170
ENTRADAS QUENTES	200

HORS-D'OEUVRE E ENTRADAS

Uma refeição clássica se articula em torno de um prato central, precedido de um hors-d'oeuvre (primeiro prato) ou de uma sopa e às vezes de uma entrada (que tradicionalmente vem em terceiro lugar após o hors-d'oeuvre), seguida da salada, do queijo e da sobremesa. Atualmente, tudo isso está bastante simplificado, o número de pratos ficou bastante reduzido, e os termos hors-d'oeuvre e entrada tendem a se confundir. Os hors-d'oeuvre e as entradas servem para despertar o apetite, e devem ser leves.

As entradas e os hors-d'oeuvre podem ser chamados de **aperitivos**, mas nesse caso são combinações variadas de pequenos pratos salgados, que habitualmente são servidos com bebidas apropriadas.

Há duas distinções básicas nesses pratos: as entradas e hors-d'oeuvre quentes e as frias. Estas últimas compõem-se de peixes e frutos do mar marinados, defumados, em conserva no azeite ou vinagre; embutidos variados, ovas de peixes, todo tipo de legumes crus e pratos cozidos como coquetel de camarão, ovos recheados, legumes e frutas cozidas, saladas mistas, pastas e patês etc. Os hors-d'oeuvre e entradas quentes englobam todos os tipos de salgadinhos fritos ou assados – croquetes, empadinhas, bolinhos, rissoles, tortinhas salgadas, quiches –, assim como os folhados recheados.

As **saladas mistas** são em geral servidas como hors-d'oeuvre ou entradas, enquanto as saladas verdes são servidas após o prato principal. Decorativas e coloridas, as saladas mistas reúnem diversos legumes, verduras e alimentos frios, que podem ser simples ou muito rebuscados. O molho que acompanha deve se harmonizar com os ingredientes, sem mascarar o seu sabor.

À base de hortaliças cruas ou cozidas, estas saladas também acompanham assados quentes ou frios. Quando incluem ingredientes como carnes, aves, peixes, crustáceos, presunto etc., podem constituir o prato principal.

APERITIVOS

Abará

Rendimento: 30 unidades
500 g de feijão-fradinho
6 folhas de bananeira
1 cebola
1 pedaço de gengibre
250 g de camarão seco

Recheio
1 xícara de camarão seco
1 cebola
3 colheres (sopa)
  de azeite-de-dendê

1 Na véspera, deixe o feijão de molho. No dia seguinte, troque a água, lave bem e amarre o feijão num pano de prato; role o pano na pia, com as mãos, para tirar as cascas. Tire o feijão do pano, lave bem e jogue fora todas as cascas.

2 Cozinhe as folhas de bananeira em banho-maria por 5 min ou escalde-as (mergulhe em água fervente e deixe por alguns minutos até amolecer). Escorra e reserve. Pique a cebola. Rale o gengibre e reserve.

3 Tire as cascas do camarão e bata no processador juntamente com o feijão até obter uma pasta. Acrescente a cebola e o gengibre e bata novamente, até ficar uma massa homogênea.

4 Acrescente o dendê e bata com a colher de pau até formar uma massa bem lisa.

5 Corte as folhas de bananeira em retângulos de mais ou menos 10 x 20 cm. Coloque 2 colheres (sopa) de massa no meio de cada retângulo juntamente com 2 camarões secos. Dobre as folhas, fechando para baixo, formando quadradinhos. Cozinhe em banho-maria por cerca de 30 min.

6 Prepare o recheio. Tire a cabeça e a cauda dos camarões e bata no processador. Refogue a cebola no dendê. Junte o camarão e refogue por cerca de 5-10 min, em fogo baixo. Coloque um pouquinho de água na metade do cozimento. Sirva o abará na folha de bananeira, acompanhado pelo recheio quente. Cada pessoa cortará o abará ao meio e colocará o recheio.

■ Demolha: 12 h ■ Preparo: 50 min
■ Cozimento: 30 min

Acarajé

Rendimento: 25 unidades

1 kg de feijão-fradinho
1 cebola
azeite-de-dendê
 (para fritar)
Vatapá
 (veja receita p. 341)
 ou outro recheio
250 g de camarão seco
 (para servir)
sal e pimenta

1. Na véspera, deixe o feijão de molho. No dia seguinte, troque a água, lave bem e amarre o feijão num pano de prato; role o pano na pia, com as mãos, para tirar as cascas. Tire do pano, lave o feijão e jogue fora todas as cascas.
2. Passe o feijão no processador até virar uma pasta. Rale a cebola e coloque no feijão. Tempere com uma pitada de sal e misture bem. Bata com a colher de pau até obter uma pasta uniforme e macia. Reserve.
3. Leve uma frigideira grande ao fogo com o dendê. Enquanto isso, modele os acarajés: 3 colheres (sopa) formam 1 acarajé grande. (Se quiser, faça acarajés menores.) Quando o azeite estiver bem quente, frite a massa.
4. Deixe escorrer em papel-toalha e mantenha aquecido.
5. Recheie o acarajé a gosto. O recheio tradicional é vatapá, camarão seco e molho de pimenta. Para rechear o acarajé, faça um vatapá simples: siga a receita deste livro, sem colocar o peixe.

■ Demolha: 12 h   ■ Preparo: 1 h

Ameixas-pretas com bacon

Rendimento: 20 ameixas

10 fatias finas de bacon
20 ameixas-pretas
20 pistaches
20 palitos

1. Preaqueça o forno a 250°C.
2. Corte as fatias de bacon ao meio no sentido do comprimento. Abra as ameixas e retire o caroço (ou compre ameixas sem caroço).
3. Coloque um pistache sem casca no lugar do caroço e enrole cada ameixa em meia fatia de bacon. Prenda com um palito.
4. Disponha as ameixas em uma travessa e leve ao forno por 8-9 min. Sirva bem quente.

■ Preparo: 30 min   ■ Cozimento: 8-9 min

APERITIVOS
HORS-D'OEUVRE E ENTRADAS

Ameixas-pretas com roquefort

Rendimento: 20 ameixas

20 ameixas-pretas
80 g de roquefort
2 colheres (sopa) de castanhas-de-caju picadas
1 colher (sopa) cheia de creme de leite fresco
1 colher (sobremesa) de vinho do Porto
pimenta

1 Retire o caroço das ameixas e achate-as com a faca.
2 Amasse bem o roquefort com o garfo.
3 Em uma vasilha, misture o roquefort, as castanhas, o creme de leite, o vinho do Porto e tempere com bastante pimenta.
4 Coloque 1 colher (café) dessa pasta no centro de cada ameixa e leve à geladeira por 2 h antes de servir como aperitivo.

■ Preparo: 30 min ■ Cozimento: 2 h

Bolinhas de queijo

Rendimento: cerca de 30 bolinhas (650 g de massa)

150 g de queijo gruyère
500 g de Massa de carolina (veja p. 112)
três pitadas de pimenta
1 ovo

1 Corte o queijo em fatias bem finas.
2 Prepare a massa, adicionando aos ovos 100 g de gruyère e a pimenta.
3 Preaqueça o forno a 200°C.
4 Forre uma fôrma com papel-manteiga. Faça bolinhas de massa com o auxílio de duas colheres, ou com o saco de confeitar, e arrume-as na assadeira.
5 Bata o ovo em uma vasilha. Corte o queijo restante em quadradinhos do tamanho das bolinhas.
6 Pincele a massa com o ovo batido e espalhe sobre elas os quadradinhos de gruyère.
7 Leve ao forno por 20 min até as bolinhas ficarem bem douradas. Deixe amornar no forno desligado e entreaberto.

■ Preparo: 30 min ■ Cozimento: 30 min

APERITIVOS
HORS-D'OEUVRE E ENTRADAS

Canapés: preparo

1. Os canapés são preparados apenas com uma fatia de pão de fôrma (sem casca). Pode-se utilizar pão branco, integral, de centeio ou com grãos cortado redondo, quadrado ou triangular. Para cortar o pão, empilhe 4 ou 5 fatias, segure bem com a mão e corte de acordo com a forma e o tamanho desejados.
2. Cubra as fatias cortadas com manteigas aromatizadas, patês, salpicão de peixe ou ave, fatias finas de carne etc., e disponha sobre uma travessa, cobertas com filme de PVC para que não ressequem. Conserve na geladeira até o momento de servir.

Pode-se passar uma camada fina de gelatina nos canapés, para protegê-los e deixá-los mais brilhantes. Para isso, prepare a gelatina sem sabor e passe-a, quando estiver morna, sobre o canapé com o auxílio de um pincel de cozinha.

Canapés à moda de Bayonne

Rendimento: 20 canapés

100 g de Manteiga com ervas finas (veja Manteiga de agrião p. 65)
5 fatias de pão de fôrma
3-4 fatias de presunto cru

1. Prepare a Manteiga com ervas finas da mesma forma que a Manteiga de agrião, substituindo o agrião por ervas à sua escolha.
2. Retire a casca do pão de fôrma e corte as fatias em quatro.
3. Espalhe a Manteiga com ervas finas uniformemente sobre os canapés.
4. Corte as fatias de presunto do tamanho do canapé e coloque sobre eles.

■ Preparo: 30 min

APERITIVOS
HORS-D'OEUVRE E ENTRADAS

Canapés de anchova

Rendimento: 20 canapés

2 ovos
100 g de Manteiga Montpellier (veja p. 69)
5 fatias de pão de fôrma
10 filés de anchovas
salsinha picada

1 Prepare os ovos cozidos. Deixe esfriar e retire a casca.
2 Pique bem as claras e as gemas separadamente.
3 Prepare a Manteiga Montpellier.
4 Corte as fatias de pão de fôrma em quatro, após ter retirado a casca.
5 Deixe os filés de anchovas sobre papel-toalha para escorrer; corte ao meio no sentido do comprimento e da largura.
6 Com uma faca, espalhe a manteiga preparada de modo uniforme nos canapés. Disponha dois pedaços de anchovas em forma de cruz com um pouco de ovo picado e salsinha dos lados.

■ Preparo: 30 min

Canapés de camarão

Rendimento: 20 canapés

100 g de Manteiga de camarão (veja p. 66)
20 camarões
5 fatias de pão de fôrma
2-3 colheres (sopa) de salsinha picada

1 Prepare a Manteiga de camarão.
2 Cozinhe os camarões com a casca. Retire as cascas e as cabeças e separe as caudas do camarão.
3 Tire a casca do pão de fôrma e corte as fatias em quatro.
4 Passe a Manteiga de camarão uniformemente sobre cada fatia.
5 Coloque uma cauda de camarão por cima e salpique um pouco de salsinha por cima.

Nesta receita, pode-se substituir o camarão por lagosta, utilizando uma fatia de lagosta cozida em cada canapé.

■ Preparo: 30 min

APERITIVOS
HORS-D'OEUVRE E ENTRADAS

Canapés de peixe defumado

Rendimento: 20 canapés
2 ovos
80 g de manteiga em temperatura ambiente
1 colher (sopa) de mostarda
5 fatias de pão de fôrma
100 g de peixe defumado
cebolinha picada
1 limão

1. Prepare os ovos cozidos. Espere esfriar, retire a casca e pique a gema.
2. Sove a manteiga juntamente com a mostarda.
3. Passe esse preparo uniformemente sobre os canapés.
4. Corte o peixe em fatias bem finas. Use duas ou três fatias para formar uma rosácea. Coloque uma rosácea sobre cada canapé.
5. Espalhe por cima a gema picada e a cebolinha.
6. Regue com um pouco de suco de limão.

■ Preparo: 30 min

Canapés de salmão defumado

Rendimento: 20 canapés
5 fatias de pão de fôrma
cerca de 60 g de manteiga
2-3 fatias de salmão defumado
2 limões

1. Retire a casca do pão de fôrma e corte as fatias em quatro.
2. Passe a manteiga no pão.
3. Corte o salmão do tamanho dos canapés e disponha um pedaço sobre cada um.
4. Decore com meia rodela de limão. Para isso, corte os limões em fatias finíssimas. Corte as fatias ao meio e arrume-as nos canapés de modo sinuoso, como se fossem a metade de um 8.

■ Preparo: 30 min

APERITIVOS
HORS-D'OEUVRE E ENTRADAS

Canapés primavera

Rendimento: 20 canapés

2 ovos
1 maço de agrião
100 g de Manteiga Montpellier (veja p. 69)
5 fatias de pão de fôrma

1 Cozinhe os ovos duros. Deixe esfriar, retire a casca e pique a gema.
2 Lave e seque cuidadosamente cerca de 50 folhas de agrião em papel-toalha.
3 Prepare a Manteiga Montpellier.
4 Retire a casca do pão de fôrma, corte as fatias em quatro e espalhe a Manteiga Montpellier sobre os canapés.
5 Disponha a gema picada nas bordas dos canapés.
6 Coloque 2-3 folhas de agrião em cada canapé.

■ Preparo: 30 min

Diablotins de nozes com roquefort

Rendimento: 20 diablotins

1 baguete
100 g de Manteiga de roquefort (veja p. 66)
1 colher (sopa) de nozes picadas

1 Corte a baguete em fatias de 5-6 mm de espessura.
2 Preaqueça o forno a 250°C.
3 Prepare a Manteiga de roquefort. Acrescente as nozes picadas e espalhe a manteiga sobre o pão.
4 Leve ao forno por 5 min. Sirva imediatamente.

■ Preparo: 30 min   ■ Cozimento: 5 min

Diablotins de queijo

Rendimento: 20 diablotins

1 baguete
40-50 g de manteiga
80-100 g de queijo emmental ou parmesão ralado (ou 100-125 g de gruyère ou edam)

1 Corte as baguetes em fatias de 5-6 mm de espessura.
2 Passe manteiga nelas e espalhe o queijo ralado por cima (ou coloque uma fina fatia de gruyère ou edam).
3 Leve-as para gratinar no forno (ou grill) até ficarem bem douradas. Sirva imediatamente.

■ Preparo: 30 min   ■ Cozimento: cerca de 5 min

APERITIVOS
HORS-D'OEUVRE E ENTRADAS

Iscas de bacalhau

Rendimento: 4-6 porções

500 g de bacalhau
200 g de Massa de beignet (bolinho) (veja p. 111)
1 folha de louro
2 colheres (sopa) de azeite
2 cebolas-brancas
1 dente de alho
5 ramos de cebolinha
uma pitada de pimenta-de-caiena
óleo para fritar
sal e pimenta

1. Na véspera, coloque o bacalhau de molho em uma bacia; troque a água várias vezes ou deixe sob um filete de água corrente.
2. Prepare a Massa de beignet e deixe-a descansar por 1 h.
3. Coloque o bacalhau dessalgado com o louro em uma panela de água fria e deixe cozinhar em fogo brando por 10 min, depois escorra.
4. Retire a pele e as espinhas do bacalhau e separe as lascas, pequenos pedaços que se formam espontaneamente. Coloque em uma vasilha, amasse com o garfo e tempere com o azeite.
5. Pique as cebolas, o alho e a cebolinha e junte ao bacalhau. Adicione a massa e misture bem. Acrescente uma pitada de pimenta-de-caiena e mexa. Tempere, experimente e corrija o tempero.
6. Aqueça o óleo para fritar.
7. Com uma colher (sobremesa), pegue a massa e coloque no óleo fervente. Frite 5 ou 6 por vez. Deixe dourar de um lado (3-4 min), vire do outro lado e retire com a escumadeira. Deixe escorrer sobre papel-toalha.

■ Demolha: 12 h ■ Descanso: 1 h ■ Preparo: 30 min
■ Cozimento: cerca de 20-30 min

Palitinhos

Rendimento: 20 palitos

300 g de Massa de torta (veja p. 116)
20 g de cominho em grão
1 ovo

1. Prepare a massa, misturando nela os grãos de cominho. Deixe descansar por cerca de 2 h.
2. Preaqueça o forno a 240°C. Estenda a massa doce com o rolo e corte-a em bastõezinhos, ou palitinhos, de cerca de 8 cm de comprimento.
3. Bata o ovo em uma vasilha, e pincele com ele os bastõezinhos. ▶

APERITIVOS
HORS-D'OEUVRE E ENTRADAS

4 Forre uma assadeira com uma folha de papel-manteiga. Disponha os palitinhos e leve para assar por 10 min.

■ Preparo: 25 min ■ Descanso: 2 h
■ Cozimento: 10 min

Pasta de anchova

**Rendimento:
200 g de pasta**

4 ovos
75 g de filés de anchovas em conserva
50 g de manteiga
1 colher (sopa) de ervas finas (veja glossário)

1 Prepare os ovos cozidos. Espere esfriar, retire a casca e separe as claras e as gemas.
2 Dessalgue as anchovas, deixando-as sob água corrente.
3 Num pilão, amasse-as bem junto com as gemas cozidas e a manteiga, até formar uma pasta.
4 Adicione as ervas finas picadas e misture. Conserve na geladeira. Sirva esta pasta fresca, com fatias de pão tostado.

■ Preparo: 20 min

Trutas secas

Rendimento: 4-6 porções

3-4 trutas
sal e pimenta

1 Limpe bem as trutas, lave e deixe secar.
2 Corte as cabeças. Coloque a faca por dentro da truta e corte-a ao meio, de forma a poder retirar a espinha central, tomando cuidado para não separar os dois filés (deixe-os unidos pela pele). Retire as espinhas restantes com uma pinça.
3 Preaqueça o forno a 150°C.
4 Faça incisões na carne em formato de losango de 1 cm de lado, cortando até a pele, mas sem furá-la.
5 Tempere com sal e pimenta. ▶

APERITIVOS / ENTRADAS FRIAS

6 Leve ao forno por 30 min. Conserve-as em temperatura ambiente, dentro de um saco bem fechado de algodão, e deixe secar em local arejado. Sirva como aperitivo.

■ Preparo: 15 min   ■ Cozimento: 30 min

ENTRADAS FRIAS

Abacates à moda americana

Rendimento: 4 porções

- 125 g de brotos de feijão
- 150 ml de Maionese clássica (veja p. 52)
- 2 colheres (café) de mostarda
- pimenta-de-caiena
- 2 abacates
- 1/2 limão
- 250 g de abacaxi fresco ou em conserva
- 1 tomate pequeno
- 2 colheres (sopa) de salsinha picada
- sal e pimenta-do-reino

1 Mergulhe os brotos de feijão em água fervente com sal, retire imediatamente e escorra.

2 Prepare a maionese com 2 colheres (café) de mostarda e uma pitada de pimenta-de-caiena.

3 Abra os abacates ao meio, retire a polpa e corte-a em cubos regulares. Esprema algumas gotas de limão no interior das cascas e espalhe-as com o dedo (para impedir que escureçam). Tempere o abacate com sal, pimenta-do-reino e limão e misture bem.

4 Corte o abacaxi em cubinhos. Misture o abacaxi e os brotos de feijão com a maionese temperada. Adicione o abacate picado.

5 Recheie as cascas de abacate e enfeite com uma rodela de tomate. Salpique a salsinha picada por cima e conserve na geladeira até a hora de servir.

■ Preparo: 30 min

ENTRADAS FRIAS
HORS-D'OEUVRE E ENTRADAS

Abacates recheados de siri

Rendimento: 4 porções

150 ml de Maionese clássica (veja p. 52)
2 colheres (café) de mostarda
pimenta-de-caiena
1 colher (sopa) de ketchup
250 g de siri fresco ou congelado
2 abacates
1/2 limão
páprica
sal e pimenta-do-reino

1. Prepare a maionese com 2 colheres (café) de mostarda e uma pitada de pimenta-de-caiena. Reserve 2 colheres (sopa) e misture com o ketchup.
2. Passe a carne de siri no processador.
3. Abra os abacates, retire a polpa e corte-a em cubinhos. Tempere o abacate e o interior das cascas com sal, pimenta-do-reino e limão.
4. Misture a maionese com a carne de siri. Adicione delicadamente os cubinhos de abacate.
5. Recheie os abacates. Decore com a maionese de siri, usando o saco de confeitar com bico canelado. Polvilhe com páprica.

■ Preparo: 30 min

Abacaxi com presunto defumado

Rendimento: 4 porções

2 abacaxis médios
300 g de batatas firmes
200 g de aipo-rábano
200 g de maçã golden
1/2 limão
1 cebola-branca
cebolinha
cerefólio
4 fatias de presunto defumado
150 ml de Maionese clássica (veja p. 52)
50 ml de creme de leite fresco
sal e pimenta

1. Corte os abacaxis ao meio, no sentido da altura. Retire a polpa e corte em cubinhos. Reserve as cascas dos abacaxis para serem recheadas.
2. Descasque e lave as batatas. Corte-as em cubinhos e cozinhe em água fervente com sal. Deixe esfriar e escorra.
3. Descasque o aipo-rábano e as maçãs e tempere-os com suco de limão. Corte as maçãs em cubinhos e o aipo à juliana. Pique a cebola. Corte em rodelinhas a cebolinha e o cerefólio até obter uma colher de sopa de cada erva.
4. Corte 3 fatias de presunto em tirinhas bem regulares.
5. Prepare a maionese seguindo a receita. Adicione o creme de leite fresco e misture. Prove e acerte o tempero. ▶

ENTRADAS FRIAS
HORS-D'OEUVRE E ENTRADAS

6 Misture o abacaxi em cubinhos, as batatas, as maçãs e o aipo. Adicione as tirinhas de presunto, as ervas e a maionese.
7 Coloque esse recheio dentro das cascas de abacaxi reservadas.
8 Corte pequenos triângulos na fatia de presunto restante e enrole-os em formato de cone. Decore os abacaxis com eles. Sirva gelado.

■ Preparo: 40 min

Aspic: preparo

1 Coloque a fôrma na geladeira por 1 h (ou 10 min no congelador) para que fique bem fria.
2 Prepare a gelatina, deixe esfriar e coloque-a na fôrma. Vire rapidamente a fôrma em todos os sentidos para espalhar a gelatina por toda a superfície. Tire a gelatina da fôrma e reserve em local frio para que ela fique firme, mas não endureça.
3 Prepare a decoração do prato, espalhando no fundo da fôrma e nas suas laterais ovos cozidos cortados em rodelas, presunto em tirinhas, folhas de ervas, salmão defumado, sardinhas, atum etc. Leve em conta, quando estiver montando o prato, o aspecto exterior que terá ao ser desenformado.
4 Coloque a fôrma enfeitada de novo na geladeira por mais 10 min.
5 Coloque a preparação na fôrma e comprima delicadamente; depois coloque por cima a gelatina. Deixe a fôrma na geladeira até a hora de servir.
6 Para desenformar, mergulhe a fôrma por alguns segundos em água fervente; vire-a sobre um prato frio e recoloque-o por alguns instantes na geladeira antes de servir.

■ Preparo: cerca de 30 min   ■ Refrigeração: 1 h

ENTRADAS FRIAS
HORS-D'OEUVRE E ENTRADAS

Aspic de aspargos

Rendimento: 4 porções

300 ml de gelatina em pó sem sabor
120-160 g de pontas de aspargos verdes
160 g de foie gras
sal

1 Prepare a gelatina, deixe esfriar e espalhe no fundo e nas laterais de quatro forminhas refratárias. Retire a gelatina das forminhas e reserve numa tigela.
2 Cozinhe os aspargos em água fervente com sal, deixando-os um pouco firmes (verifique o cozimento espetando as pontas com uma faca).
3 Escorra os aspargos e corte-os da altura das forminhas. Se forem muito grossos, corte-os novamente ao meio no sentido do comprimento. Disponha os aspargos nas forminhas, uns ao lado dos outros.
4 Em um prato, amasse o foie gras com o garfo. Coloque-o sobre os aspargos, sem pressionar.
5 Cubra com a gelatina e leve à geladeira por 3-4 h antes de desenformar e servir.

■ Preparo: 40 min   ■ Refrigeração: 3-4 h

Aspic de caranguejo, camarão ou lagosta

Rendimento: 4 porções

100 g de Recheio de camarão (veja p. 105)
1 ovo
300 ml de gelatina em pó sem sabor
1 tomate pequeno
4 folhas de estragão
100 g de siri, caranguejo ou camarão (sem casca)

1 Faça o Recheio de camarão. Prepare o ovo cozido.
2 Prepare a gelatina diluindo o pó na água e deixe esfriar.
3 Descasque e corte o ovo em rodelas. Corte o tomate da mesma forma.
4 Espalhe a gelatina em quatro forminhas (*veja Aspic: preparo, p. 172*), retire a gelatina e reserve. Decore o fundo das fôrmas com uma folha de estragão, uma rodela de ovo cozido e algumas meias rodelas de tomate. Espalhe um pouco de gelatina por cima.
5 Coloque a carne do crustáceo escolhido até a metade das fôrmas. Cubra com o Recheio de camarão e complete com a gelatina. Deixe na geladeira por 5-6 h.

■ Preparo: cerca de 40 min   ■ Refrigeração: 5-6 h

ENTRADAS FRIAS
HORS-D'OEUVRE E ENTRADAS

Aspic de foie gras

Rendimento: 4 porções

1 ovo
300 ml de gelatina em pó sem sabor
1 xícara de vinho Madeira (ou xerez)
200 g de foie gras
12 castanhas-do-pará

1. Prepare o ovo cozido. Faça a gelatina, dissolvendo-a no vinho e em água. Separe a clara e a gema do ovo e pique a clara.
2. Espalhe a gelatina em quatro forminhas (*veja Aspic: preparo, p. 172*) e adicione a clara picada.
3. Corte o foie gras em finas fatias e distribua-o no interior das forminhas. Fatie as castanhas-do-pará em lâminas finas e espalhe-as sobre o foie gras.
4. Complete as forminhas com a gelatina e coloque na parte mais fria da geladeira. Desenforme ao servir.

■ Preparo: cerca de 30 min   ■ Refrigeração: 5-6 h

Aspic de peixe

Rendimento: 4 porções

100 g de filés de peixe
100 g de Musse de peixe (veja p. 222)

Siga a receita de Aspic de caranguejo (*veja p. 173*), substituindo os crustáceos por filés de peixe (pescada, abrótea, linguado ou outro) cozidos no vapor e o recheio de camarão pela Musse de peixe.

Pode-se misturar à Musse de peixe 1 colher (sopa) de salsinha bem picada.

■ Preparo: 40 min   ■ Refrigeração: 5-6 h

ENTRADAS FRIAS
HORS-D'OEUVRE E ENTRADAS

Aspic de salmão defumado

Rendimento: 4 porções

300 ml de gelatina em pó sem sabor

3 colheres (sopa) de xerez ou vinho Madeira

100 g de Recheio de salmão (veja Recheio de musseline, p. 107)

100 g de Salada russa (veja p. 198)

100 g de salmão defumado

1 Prepare a gelatina de peixe adicionando o xerez (ou Madeira).
2 Faça o Recheio de salmão e a Salada russa.
3 Corte o salmão defumado em fatias finas.
4 Espalhe a gelatina numa fôrma (*veja Aspic: preparo, p. 172*).
5 Coloque a Salada russa sobre as fatias de salmão defumado e enrole-as.
6 Disponha na fôrma os rolinhos de salmão. Cubra com uma camada de Recheio de salmão e complete com a gelatina.
7 Deixe na geladeira até firmar. Desenforme no momento de servir.

A Salada russa pode ser feita rapidamente com 100 g de jardineira de legumes em lata, misturada com 2 colheres (sopa) de maionese.

■ Preparo: 1 h ■ Refrigeração: 5-6 h

Canudinhos de salmão defumado com ovas de peixe

Rendimento: 4 porções

200 ml de creme de leite
1/2 limão
50 g de raiz-forte ralada
4 fatias de salmão defumado de 40 g cada
320 g de ovas de peixe
1/2 pé de alface
2 colheres (sopa) de Vinagrete (veja p. 57)
2 limões
sal e pimenta-do-reino

1 Bata o creme de leite. Adicione algumas gotas de suco de limão e a raiz-forte ralada. Experimente e corrija o tempero.
2 Coloque em cada fatia de salmão uma colher de creme de leite batido com raiz-forte. Adicione as ovas por cima e enrole as fatias de peixe.
3 Lave a alface, escorra e corte as folhas mais bonitas em fatias bem finas. Tempere com o Vinagrete e forre com elas a travessa. Distribua o salmão enrolado por cima e decore com quartos de limão.
4 Sirva o restante do creme com raiz-forte à parte.

■ Preparo: 30 min

Carolinas à moda holandesa

Rendimento: 12 carolinas

4 ovos
400 g de Massa de carolina (veja p. 112)
4 filés de arenque (ou anchova) salgados
95 g de manteiga
1 colher (sopa) de cebolinha picada
2 colheres (sopa) de salsinha picada
pimenta

1 Faça 3 ovos cozidos.

2 Preaqueça o forno a 190°C. Prepare a Massa de carolina e coloque-a em um saco de confeitar. Forme 12 carolinas de cerca de 4 cm e coloque numa assadeira forrada com papel-manteiga.

3 Separe a clara e a gema do quarto ovo, coloque a gema em uma tigela e pincele com ela as carolinas. Leve ao forno por 10 min e deixe esfriar.

4 Dessalgue os filés de arenque (ou anchova) sob água corrente, retire as espinhas com uma pinça e escorra.

5 Soque no pilão ou passe no processador o peixe com 2 gemas cozidas e 80 g de manteiga. Adicione a cebolinha e 1 colher de salsinha. Tempere com pimenta.

6 Coloque o recheio no saco de confeitar. Abra as carolinas de leve pela lateral e insira o recheio por essa abertura.

7 Derreta o restante da manteiga e pincele as carolinas. Amasse a gema restante, misture com a outra colher de salsinha picada e espalhe sobre as carolinas. Mantenha em local fresco até o momento de servir.

■ Preparo: 30 min ■ Cozimento: 10 min

ENTRADAS FRIAS
HORS-D'OEUVRE E ENTRADAS

Carolinas com musse de foie gras

Rendimento: 12 carolinas

200 g de Massa de carolina (veja p. 112)
200 g de creme de leite
200 g de musse de foie gras

1 Prepare a Massa de carolina e proceda como na receita anterior.
2 Bata o creme de leite. Misture com a musse de foie gras (comprada pronta).
3 Com a ponta da faca, faça uma abertura no fundo das carolinas e coloque o recheio com o saco de confeitar.

■ Preparo: 30 min ■ Cozimento: 10 min

Cavalinhas ao vinho branco

Rendimento: 4 porções

4 cavalinhas de cerca de 200 g cada
1 cenoura grande
1 cebola grande
2 ramos de tomilho
1 folha de louro
6 grãos de pimenta
1 cravo-da-índia
500 ml de vinho branco
1 limão orgânico
1 colher (sopa) de vinagre de vinho branco
sal

1 Limpe os filés de cavalinha. Coloque-os lado a lado em uma fôrma refratária, tempere com sal e deixe por 1 h na geladeira.
2 Preaqueça o forno a 180°C.
3 Corte em fatias finas a cenoura e a cebola. Coloque-as em uma panela com o tomilho, o louro, a pimenta, o cravo-da-índia e o vinho branco. Deixe levantar fervura, diminua o fogo e cozinhe por mais 10 min.
4 Corte o limão em rodelas finas e acrescente à panela juntamente com o vinagre. Cozinhe por mais 2 min e despeje tudo sobre os filés de peixe.
5 Leve ao forno por 5 min. Deixe esfriar e conserve por 24 h na geladeira antes de servir.

■ Preparo: 15 min ■ Descanso: 1 h + 24 h
■ Cozimento: 17 min

ENTRADAS FRIAS
HORS-D'OEUVRE E ENTRADAS

Charutinhos de folhas de uva

Rendimento:
15 charutinhos

15 folhas grandes de uva
50 g de arroz
1 colher (sobremesa) de manteiga
100 g de cebola
100 ml de azeite
1 fio de óleo
60 g de carne de boi
1 colher (café) de hortelã fresca
1/2 tablete de caldo de galinha
1 limão
1 colher (café) de coentro em grão

1. Mergulhe as folhas de uva em água fervente por 2 min no máximo. Lave em água corrente e seque em um pano limpo.
2. Cozinhe o arroz, deixando-o um pouco *al dente*.
3. Descasque e pique grosseiramente as cebolas e refogue-as em 1 colher de azeite.
4. Pique a carne e doure em um pouco de óleo.
5. Lave e pique a hortelã.
6. Em uma vasilha, misture bem todos os ingredientes. Coloque um pouquinho desse recheio no centro de cada folha. Enrole em forma de charutinho e amarre com uma linha.
7. Dissolva o caldo de galinha em meio copo de água.
8. Unte uma frigideira e disponha os charutinhos um ao lado do outro. Regue com uma colher de azeite, suco de limão e o caldo de galinha. Adicione o coentro. Tampe e cozinhe por 20 min em fogo brando.
9. Escorra os charutinhos de uva e deixe esfriar completamente antes de retirar a linha.

■ Preparo: 1 h ■ Cozimento: 20 min

Coquetel de caranguejo

Rendimento: 4-6 porções

250 ml de Maionese clássica (veja p. 52)
1 colher (sopa) de ketchup
1 maço de estragão
3 cebolas-brancas
1 copo de vinho branco
uma pitada de pimenta-de-caiena
1 copo de licor de conhaque (opcional) ▶

1. Faça uma maionese bem temperada; adicione o ketchup e uma colher de sopa de estragão picado. Conserve em local fresco.
2. Descasque e pique as cebolas, coloque-as em uma panelinha com o vinho branco e deixe cozinhar em fogo brando ate que o líquido seja absorvido. Deixe esfriar.
3. Adicione as cebolas com o vinho à maionese e misture bem. Experimente e acerte o tempero, adicione a pimenta-de-caiena e, se quiser, o conhaque. Misture esse molho com a carne de siri amassada. ▶

ENTRADAS FRIAS
HORS-D'OEUVRE E ENTRADAS

400 g de siri
Vinagrete (veja p. 57)
1/2 pé de alface
sal e pimenta-do-reino

4 Prepare 2-3 colheres de Vinagrete. Lave a alface, corte em tirinhas e tempere com o Vinagrete.
5 Divida a alface em tacinhas, adicione o coquetel de siri e deixe em local fresco.
6 Salpique um pouco de estragão picado ao servir.

Coquetel de camarão
Substitua a carne de siri por camarões sem casca. Pode-se decorar cada tacinha com os ovos cozidos e tomates cortados em rodelas, finalizando com um camarão-rosa sem casca.

■ Preparo: 30 min

Galantine de frango

Rendimento: 8-10 porções

1 frango bem grande cortado
250 g de carne de porco (sem osso)
250 g de costela de vitela (ou boi)
150 g de toucinho
150 g de presunto cozido
150 g de presunto cru
2 ovos
150 g de pistaches descascados
100 ml de conhaque
1/2 colher (café) de quatro especiarias (veja glossário)
5 litros de gelatina sem sabor
1 copo de vinho Madeira
sal e pimenta

1 Corte os pedaços de frango em cubinhos.
2 Triture no processador a carne de porco e a carne da costela. Corte o toucinho e o presunto em cubinhos.
3 Misture as carnes trituradas com os pedaços de frango, toucinho e presunto.
4 Bata os ovos e acrescente às carnes, juntamente com os pistaches, o conhaque, sal, pimenta e as quatro especiarias. Trabalhe essa mistura com as mãos úmidas para torná-la mais homogênea; forme uma bola e depois um retângulo.
5 Embrulhe esse preparado num pano fino umedecido e feche-o bem com um barbante, dando a volta nas pontas e no meio, como se fosse um pacotinho.
6 Prepare a gelatina adicionando o vinho Madeira. Mergulhe o pacotinho na gelatina fervente e deixe cozinhar em fogo brando por 3 h.
7 Escorra o pacotinho e coloque-o sobre a pia com um prato e um peso por cima para achatá-lo um pouco. ▶

ENTRADAS FRIAS
HORS-D'OEUVRE E ENTRADAS

8 Retire a gordura que se forma na superfície do caldo de cozimento e deixe esfriar completamente.
9 Desembrulhe o pacotinho e deixe escorrer bem. Pincele a galantine com várias camadas de gelatina a cada 10 min. Sirva frio e conserve na geladeira.

■ Preparo: 1 h ■ Cozimento: 3 h

Grapefruit com camarão

Rendimento: 4 porções

1 colher (sopa) de vinagre
3 colheres (sopa) de azeite
1/2 colher (café) de açúcar
1 colher (sopa) de shoyu
1 colher (café) de pó de gengibre
1 colher (sopa) de ketchup
1 colher (café) de mel
150 g de camarão-rosa
1 pepino pequeno
2 grapefruits
sal e pimenta

1 Prepare um vinagrete misturando o vinagre e uma pitada de sal, o azeite, o açúcar, o shoyu, o gengibre, o ketchup, o mel e a pimenta. Misture tudo muito bem.
2 Tire as cascas e as cabeças dos camarões.
3 Corte o pepino em tirinhas.
4 Descasque as grapefruits, retire a película branca e corte em cubinhos.
5 Misture os camarões e o pepino com o molho. Prove e acerte o tempero. Adicione as grapefruits e misture delicadamente.
6 Distribua em tacinhas e conserve em local frio.

■ Preparo: 15 min

Hors-d'oeuvre natural

Rendimento: 4 porções

500 g de brotos de feijão
4 colheres (sopa) de azeite
4 ovos
2 peitos de frango cozidos
1 colher (sopa) de vinagre de xerez (ou conhaque)
pimenta-de-caiena ▶

1 Lave os brotos de feijão, escorra e escalde por 1 min em água fervente. Escorra e reserve.
2 Aqueça 2 colheres de azeite em uma frigideira, ou wok, e refogue rapidamente os brotos de feijão, mexendo, durante 2 min. Escorra e deixe esfriar.
3 Prepare os ovos cozidos, espere esfriar e descasque.
4 Corte os peitos de frango em tirinhas. ▶

ENTRADAS FRIAS
HORS-D'OEUVRE E ENTRADAS

1 maço de cerefólio fresco (ou salsinha)
8 tomates-cerejas
sal

5 Prepare o vinagrete com o restante do azeite, 1 colher (sopa) de vinagre de xerez, uma pitada de pimenta-de-caiena e o cerefólio picadinho.
6 Lave e seque os tomates-cerejas.
7 Coloque os brotos em uma vasilha, adicione o vinagrete e o frango. Misture tudo.
8 Arrume esta salada no centro de um prato grande. Corte os ovos cozidos em rodelas e espalhe sobre a salada. Coloque em volta os tomates-cerejas e sirva como entrada fria.

■ Preparo: 20 min   ■ Cozimento: 13 min

Limões recheados

Rendimento: 4-6 porções

200 ml de Aïoli (veja p. 52)
4 ovos
30 azeitonas pretas grandes
1 maço pequeno de salsinha
6 limões grandes
1 lata de atum

1 Prepare o Aïoli.
2 Faça os ovos cozidos.
3 Retire o caroço das azeitonas, reserve 6, e pique as outras, assim como a salsinha.
4 Corte a parte superior de cada limão; com a faca, retire a polpa do limão sem danificar a casca.
5 Amasse o atum. Descasque os ovos, retire as gemas e amasse-as com o garfo. Misture a polpa e o suco dos limões com o peixe, adicione as azeitonas picadas e a salsinha, as gemas e o aïoli. Prove e acerte o tempero.
6 Recheie as cascas de limão com esse preparado. Decore cada limão com uma azeitona preta e deixe na geladeira até a hora de servir.

Pode-se substituir o atum com aïoli por sardinhas em conserva no óleo.

■ Preparo: 30 min

ENTRADAS FRIAS
HORS-D'OEUVRE E ENTRADAS

Ovas de peixe grelhadas

Rendimento: 4 porções
200-250 g de ovas de peixe (tainha ou outro)
2 colheres (sopa) de azeite
1 limão
40 g de manteiga
sal e pimenta

1. Coloque as ovas de peixe em uma vasilha e tempere suavemente com o azeite, o suco do limão, sal e pimenta. Deixe descansar por 30 min.
2. Derreta a manteiga em uma frigideira e refogue as ovas por 10 min em fogo brando.

Sirva com pão de centeio, manteiga e limão.

■ Preparo: 15 min ■ Descanso: 30 min
■ Cozimento: 10 min

Palmito com camarão

Rendimento: 4-6 porções
1 vidro de palmito
500 g de camarão-rosa
150 g de brotos de feijão
200 ml de Maionese clássica (veja p. 52)
ketchup
pimenta-de-caiena
1 alface pequena
sal e pimenta-do-reino

1. Escorra os palmitos, lave em água corrente, seque e corte em bastões grandes.
2. Retire a cauda dos camarões. (Reserve as cabeças e congele para outro uso, caldo ou molho.)
3. Escalde os brotos.
4. Prepare a maionese adicionando uma pitada de pimenta-de-caiena e 1 colher (sopa) cheia de ketchup.
5. Misture bem todos os ingredientes, tempere com sal e pimenta-do-reino e conserve em local fresco.
6. Lave a alface, escolha as folhas mais bonitas, seque e corte em tirinhas bem finas. Forre com elas as tacinhas individuais, distribua a mistura entre elas e conserve na geladeira até a hora de servir.

■ Preparo: 30 min

ENTRADAS FRIAS
HORS-D'OEUVRE E ENTRADAS

Patê de anchova (Anchoïade)

Rendimento: 4-6 porções

125 g de anchovas em conserva no óleo
125 g de anchovas salgadas
3 dentes de alho
1 figo seco
casca de 1 limão orgânico
1 colher (sopa) de azeite
1 colher (café) de vinagre
4-6 fatias bem grossas de pão integral

1 Preaqueça o forno a 250°C.
2 Seque as anchovas no óleo em papel-toalha. Dessalgue as anchovas salgadas sob água corrente e escorra. Corte-as em pedacinhos.
3 Descasque e pique os dentes de alho. Corte o figo em pedacinhos. Pique um pedaço pequeno da casca do limão.
4 Amasse as anchovas, o alho e o figo num pilão ou passe no processador. Acrescente o azeite, o vinagre e a casca de limão.
5 Passe essa pasta sobre as fatias de pão, deixando-a penetrar bem. Leve ao forno por 5-7 min. Sirva imediatamente.

■ Preparo: 15 min   ■ Cozimento: 5-7 min

Patê de coelho com castanha-do-pará

Rendimento: 6 porções

1 coelho de 1,5 kg
150 de bacon
500 g de fígados de frango
100 ml de vinho do Porto
2 cebolas
1 maço de cerefólio
500 g de lingüiça
1 ovo
1 colher (café) de tomilho
1/2 folha de louro
16 castanhas-do-pará
sal e pimenta

1 Desosse o coelho completamente e pique a carne em pedacinhos.
2 Preaqueça o forno a 190°C. Corte os fígados em cubinhos, coloque em uma vasilha e cubra com o vinho do Porto; deixe marinar por 30 min.
3 Enquanto isso, pique as cebolas e o cerefólio. Tire a pele das lingüiças e misture-as com o coelho picado; adicione o ovo e misture bem. Tempere com sal e pimenta. Junte a cebola e o cerefólio picados, as especiarias, as castanhas-do-pará inteiras e metade de vinho do Porto da marinada. Misture tudo. Prove e corrija o tempero.
4 Forre uma tigela com cerca de três quartos do bacon e cubra com metade do recheio. Coloque os fígados de frango e o restante do recheio. Cubra com as fatias de bacon restantes. ▶

ENTRADAS FRIAS
HORS-D'OEUVRE E ENTRADAS

5 Coloque a tigela em banho-maria e leve ao forno por 2 h.
6 Deixe esfriar, cubra e conserve na geladeira por pelo menos 24 h.

- Preparo: 40 min ■ Marinada: 30 min
- Cozimento: 2 h ■ Refrigeração: 24 h

Patê de fígado maison

Rendimento: 6 porções

120 g de bacon
300 g de fígado de vitela
300 g de fígado de porco
1 ovo
1 colher (café) de tomilho
1 colher (café) de manjerona
1 colher (café) de sálvia
1 colher (sopa) de conhaque
1 colher (café) de vinho Madeira
1 folha de louro
sal e pimenta

1 Preaqueça o forno a 200°C.
2 Corte o fígado em pedaços, depois pique bem e coloque em uma tigela.
3 Adicione o ovo inteiro, as especiarias, o conhaque e o vinho Madeira, misturando a cada vez. Tempere com sal e pimenta e misture novamente. Prove e acerte o tempero.
4 Disponha as fatias de bacon por cima, em forma de cruz, com a folha de louro no centro.
5 Coloque a tigela em uma fôrma refratária com água fervente até a metade. Leve ao forno por 45 min.
6 Espere esfriar, cubra e conserve na geladeira por pelo menos 24 h.

- Preparo: 30 min ■ Cozimento: 45 min
- Refrigeração: 24 h

Patê de salmão

Rendimento: 8-10 porções

600 g de Recheio para peixe (veja p. 108)
1 trufa
500 g de Massa podre (sem ovo) (veja p. 118)
▶

1 Prepare o Recheio para peixe, pique a trufa e acrescente ao recheio.
2 Prepare a massa. Preaqueça o forno a 190°C.
3 Pique as ervas finas.
4 Corte o salmão em escalopes de cerca de 5-6 cm, e deixe macerar em uma vasilha com o azeite, sal, pimenta e as ervas por 1 h. ▶

ENTRADAS FRIAS
HORS-D'OEUVRE E ENTRADAS

*2 colheres (sopa)
de ervas finas
(veja glossário)
500 g de filé de salmão
100 ml de azeite
sal e pimenta*

5 Corte cerca de dois terços da massa, abra até ficar com 4 mm de espessura e forre com ela o interior de uma fôrma redonda ou oval.

6 Coloque na fôrma metade do recheio para peixe, cubra com os escalopes de salmão já escorridos e depois com o restante do recheio. Forme novamente uma bola com a massa restante, abra-a e cubra com ela o recheio.

7 Faça um orifício no centro da tampa da massa e insira um cartãozinho enrolado para funcionar como uma chaminé, por onde sairá a fumaça durante o cozimento.

8 Deixe assar por 1h15. Sirva frio.

■ Preparo: 1h30   ■ Cozimento: 1h15

Peixes marinados à grega

Rendimento: 4-6 porções
*2 pimentões
1 dente de alho
100 g de cebola
150 ml de azeite
150 ml de vinho branco
150 ml de água
1 limão
1 bouquet garni
(veja glossário)
quatro pitadas de sal
pimenta
500 g de filés de trilha
ou sardinha*

1 Corte os pimentões em tiras. Esprema o alho sem descascar. Descasque e pique bem as cebolas.

2 Aqueça o azeite, adicione as cebolas e refogue por cerca de 10 min.

3 Acrescente o vinho branco, a água, o suco do limão, os pimentões, o alho, o bouquet garni, o sal e pimenta. Deixe ferver por 15 min.

4 Enquanto isso, retire as espinhas dos peixes com uma pinça.

5 Despeje a marinada quente sobre os filés e deixe esfriar. Conserve na geladeira.

■ Preparo: 30 min   ■ Cozimento: cerca de 25 min

ENTRADAS FRIAS
HORS-D'OEUVRE E ENTRADAS

Peras Savarin

Rendimento: 4 porções
50 g de roquefort
25 g de manteiga em temperatura ambiente
4 peras
1/2 limão
4 colheres (sobremesa) de creme de leite fresco
páprica

1. Trabalhe a manteiga e o roquefort, amassando-os bem com o garfo.
2. Descasque as peras, corte-as ao meio e regue com suco de limão para que não escureçam. Com uma colherinha, retire as sementes e recheie a cavidade com a pasta de manteiga e roquefort.
3. Coloque as peras em pratos individuais e cubra com o creme de leite fresco. Polvilhe com páprica. Sirva gelado.

■ Preparo: 15 min

Pissaladière

Rendimento: 4-6 porções
500 g de Massa de pão (veja p. 113)
100 ml de azeite
1 kg de cebolas
3 dentes de alho
1 ramo de tomilho
1/2 folha de louro
1 colher (sopa) de alcaparras
1 latinha de filés de anchova salgados
20 azeitonas pretas
sal e pimenta

1. Prepare a Massa de pão e incorpore 4 colheres (sopa) de azeite. Sove com a mão, forme uma bola e deixe fermentar por 1 h em temperatura ambiente.
2. Pique as cebolas. Esprema o alho. Em uma frigideira grande, ou wok, coloque 4-5 colheres (sopa) de azeite, adicione as cebolas, tampe e deixe cozinhar em fogo brando, com pouquíssimo sal, um pouco de pimenta, o alho, o tomilho e o louro.
3. Com o garfo, amasse as alcaparras até formar uma pasta, acrescente ao purê de cebola e misture.
4. Preaqueça o forno a 240°C. Abra a massa em formato de disco e coloque-a sobre uma grelha untada com óleo. Espalhe por cima o purê de cebola, deixando as bordas livres.
5. Dessalgue os filés de anchovas em água corrente, escorra e coloque por cima do purê de cebola, pressionando-os um pouco. Disponha as azeitonas e pressione novamente. ▶

ENTRADAS FRIAS
HORS-D'OEUVRE E ENTRADAS

6 Modele a borda da massa até formar uma moldura que contenha o recheio. Asse por 20 min. Sirva morna ou fria.

■ Preparo: 1 h ■ Cozimento: 20 min

Rillettes de Tours

Rendimento:
500 g de rillettes

750 g de pedaços de carne de porco gorda e magra, com osso e desossada (pescoço, costeleta, pernil, peito etc.)
1 cravo-da-índia
3 grãos de pimenta-preta
1 ramo de tomilho
1 folha de louro
2 colheres (café) de sal

1 Com uma faquinha, separe a gordura das carnes e desosse-as cuidadosamente. Quebre os ossos em pedaços grandes (colocando-os dentro de um pano e batendo com o martelo). Corte a carne em tirinhas e pique grosseiramente a gordura.

2 Faça uma trouxinha de pano e coloque o cravo-da-índia, os grãos de pimenta, o tomilho e o louro. Amarre bem.

3 Em uma panela de ferro grande, coloque a gordura, depois os ossos quebrados e a carne. Junte a trouxinha com as especiarias e o sal. Tampe e deixe cozinhar em fogo brando por 4 h.

4 Tire do fogo. Retire os ossos; se houver pedaços de carne grudados, retire-os e recoloque na panela.

5 Leve de volta ao fogo, mexendo sem parar até que não saia mais vapor do recipiente: só então o cozimento estará terminado.

6 Retire a trouxinha. Despeje o picadinho em potes de louça (ou vidro) e misture bem para homogeneizar a gordura e a carne. Deixe esfriar; a gordura em geral sobe à superfície.

7 Cubra com filme de PVC e conserve na geladeira.

Sirva como um patê, com pão italiano ou integral.

■ Preparo: 1 h ■ Cozimento: cerca de 4h30

ENTRADAS FRIAS
HORS-D'OEUVRE E ENTRADAS

Salada Ali-Babá

Rendimento: 4-6 porções

1 abobrinha pequena
4 batatas pequenas
3 ovos
150 ml de Maionese clássica (veja p. 52)
4 tomates pequenos (ou 10-12 tomates-cerejas)
300 g de camarão-rosa
1 colher (sopa) de ervas finas (veja glossário)
100 ml de Vinagrete (veja p. 57)
sal e pimenta

1 Cozinhe a abobrinha em água salgada, sem deixar amolecer, e corte-a em tirinhas.
2 Cozinhe as batatas com casca; espere esfriar, descasque e corte em rodelas.
3 Prepare os ovos cozidos, deixe esfriar, descasque e corte em quartos.
4 Enquanto os legumes cozinham, faça a Maionese clássica.
5 Escalde os tomates, retire a pele, corte em quatro e tire as sementes.
6 Descasque os camarões e misture com a maionese e as ervas finas picadas.
7 Em uma vasilha disponha os camarões no centro. Coloque em volta a abobrinha, as rodelas de batatas, os ovos cozidos e os tomates. Ao servir, regue com o Vinagrete. Não misture.

Flores comestíveis podem ser usadas para decorar esta salada.

■ Preparo: 30 min ■ Cozimento: 15 min

Salada americana

Rendimento: 4 porções

4 ovos
1 abacaxi
1 lata grande de milho (300 g)
sobras de peito de frango
1 pepino
1/2 copo de Vinagrete (veja p. 57)
1 colher (sopa) de ketchup
1 alface
4 tomates-cerejas

1 Prepare os ovos cozidos.
2 Corte 4-6 fatias de abacaxi; pique em cubinhos até obter 4 colheres (sopa) bem cheias.
3 Escorra o milho. Corte o peito de frango em cubinhos. Descasque o pepino, retire as sementes e corte até obter 4 colheres (sopa).
4 Prepare o Vinagrete e misture com o ketchup.
5 Descasque e corte os ovos cozidos em quartos. Misture todos os ingredientes com o vinagrete.
6 Forre 4 tacinhas com folhas de alface. Coloque por cima a salada e enfeite com uma rodela de tomate-cereja.

■ Preparo: 30 min ■ Cozimento: 10 min

ENTRADAS FRIAS
HORS-D'OEUVRE E ENTRADAS

Salada californiana

Rendimento: 4 porções

4 romãs
1 lata de milho verde
1 limão
4 tomates
200 g de atum em conserva (sem óleo)
200 ml de queijo tipo fromage blanc
1 colher (café) de páprica
1 colher (café) de curry
tabasco
molho inglês
12 filés de anchova
1 miolo de alface
sal e pimenta

1 Retire as sementes das romãs e coloque-as na geladeira.
2 Escorra o milho e regue com suco de limão. Escalde os tomates, retire a pele e corte em rodelas.
3 Amasse o atum.
4 Coloque o milho, os tomates e o atum numa saladeira. Adicione o fromage blanc, a páprica, o curry e algumas gotas de tabasco e molho inglês. Tempere com sal e pimenta e misture delicadamente.
5 Disponha por cima alguns filés de anchova em forma de cruz. Arrume algumas folhas de alface nas bordas da vasilha.
6 Ao servir, enfeite a salada com as sementes de romã.

■ Preparo: 25 min

Salada César

Rendimento: 4-6 porções

3 ovos
3 miolos de alface romana
5 fatias grossas de pão de fôrma
2 dentes de alho
4 colheres (sopa) de azeite
4 filés de anchova no óleo
1 limão
50 g de parmesão ralado
sal e pimenta

1 Prepare os ovos cozidos. Lave a alface.
2 Tire a casca do pão e corte as fatias em cubinhos. Descasque e pique os dentes de alho. Aqueça 2 colheres de azeite e refogue o alho. Adicione o pão e deixe dourar por 5 min. Escorra sobre papel-toalha. Estão prontos os croûtons.
3 Deixe esfriar os ovos cozidos, descasque e corte em quartos. Corte as anchovas em tirinhas.
4 Faça um vinagrete com o suco do limão, o restante do azeite, sal e pimenta; adicione as folhas de alface e misture. Incorpore os ovos cozidos, os croûtons com alho e as anchovas. Polvilhe com parmesão e sirva.

■ Preparo: 25 min ■ Cozimento: 10 min

ENTRADAS FRIAS
HORS-D'OEUVRE E ENTRADAS

Salada de alface, laranja e cereja

Rendimento: 4-6 porções

- 6 pés de alface pequenos
- 2 laranjas
- 300 g de cerejas
- 4 colheres (sopa) de Vinagrete (veja p. 57)
- 100 ml de creme de leite fresco
- 1 colher (sopa) de azeite
- 1/2 colher (café) de mostarda
- 1 limão
- 1/2 colher (café) de páprica
- sal e pimenta

1 Lave as alfaces. Corte os miolos das alfaces em quartos e cerca de 10 folhas em tirinhas. Descasque as laranjas, retire a película branca e separe em gomos. Lave as cerejas e retire os caroços. Prepare o Vinagrete.

2 Misture o creme de leite, o azeite, a mostarda, o suco do limão, a páprica, sal e pimenta e bata um pouco.

3 Disponha ao redor da travessa os miolos de alface; abra-os e cubra com o molho de creme de leite. Tempere a alface cortada em tiras com o vinagrete. Arrume no centro da travessa, com as cerejas por cima. Coloque no centro da cada quarto de alface aberto um gomo de laranja.

■ Preparo: 15 min

Salada de anchova à moda sueca

Rendimento: 4-6 porções

- 2 ovos
- 1/2 copo de Vinagrete (veja p. 57) com mostarda
- 1 limão
- 6 maçãs verdes
- 2 beterrabas cozidas
- 6-8 filés de anchova salgados (ou no óleo)
- 4 champignons bem grandes

1 Prepare os ovos cozidos e o Vinagrete. Esprema o limão. Corte as maçãs em cubinhos e passe no suco de limão para que não escureçam; escorra e coloque na saladeira. Corte as beterrabas em cubinhos e junte às maçãs.

2 Dessalgue as anchovas em água corrente (ou escorra as anchovas no óleo em papel-toalha) e disponha sobre a salada.

3 Descasque os ovos cozidos. Pique separadamente a clara e a gema e salpique na saladeira. Lave e corte em fatias finas os chapéus dos champignons, passe no suco de limão e decore com eles a salada.

■ Preparo: 30 min   ■ Cozimento: 10 min

ENTRADAS FRIAS
HORS-D'OEUVRE E ENTRADAS

Salada de azedinha com bacon

Rendimento: 4-6 porções

300 g de azedinha (ou agrião novo)
1/2 copo de Vinagrete (veja p. 57)
150 g de bacon
1 colher (sopa) de vinagre

1 Lave as folhas e seque-as. Prepare o Vinagrete e tempere a salada.
2 Doure o bacon na frigideira.
3 Despeje o vinagre por cima e misture com a colher de pau, para raspar o fundo da frigideira. Coloque o bacon quente sobre as folhas. Misture e sirva imediatamente.

■ Preparo: 15 min ■ Cozimento: cerca de 10 min

Salada de batata

Rendimento: 4-6 porções

700 g de batatas pequenas
100 ml de creme de leite fresco
2 colheres (café) de mostarda
1 miolo de alface
100 g de cogumelos shiitake
1 dente de alho
1 colher (sobremesa) de azeite
um fio de vinho branco
sal e pimenta

1 Em uma panela grande, cozinhe as batatas. Deixe esfriar, descasque e corte em rodelas.
2 Bata levemente o creme de leite com a mostarda, tempere com sal e pimenta e misture bem com as batatas mornas, tomando cuidado para não quebrá-las.
3 Lave a alface e seque bem as folhas.
4 Lave delicadamente os cogumelos shiitake e corte em tiras largas. Refogue o alho no azeite e acrescente os cogumelos. Ponha um fio de vinho branco, tempere com sal e pimenta e tire do fogo.
5 Forre a vasilha com as folhas de alface. Disponha no centro as batatas e espalhe por cima os shiitakes refogados.

■ Preparo: 20 min ■ Cozimento: cerca de 20 min

ENTRADAS FRIAS
HORS-D'OEUVRE E ENTRADAS

Salada de beterraba à moda escandinava

Rendimento: 4-6 porções

4 ovos
2 beterrabas cozidas
1/2 copo de Vinagrete (veja p. 57)
1/2 maço de salsinha
2 cebolas
4-6 filés de arenque em óleo

1. Prepare os ovos cozidos e o Vinagrete.
2. Corte as beterrabas em cubinhos e misture ao vinagrete.
3. Destaque as folhas de salsinha e pique com a faca ou corte com a tesoura. Descasque as cebolas, corte em rodelas, desfaça os anéis e coloque sobre as beterrabas.
4. Corte os filés de arenque em tirinhas e adicione à salada.
5. Corte os ovos em quartos e espalhe sobre as beterrabas. Salpique a salsinha por cima.

■ Preparo: 20 min   ■ Cozimento: 10 min

Salada de broto de feijão

Rendimento: 4 porções

500 g de brotos de feijão (ou de soja)
8 palitos de kani
200 g de camarões pequenos sem casca
2 minicebolas
1 colher (sopa) de shoyu
1 colher (café) de mostarda doce
uma pitada de açúcar
1 colher (sopa) de xerez
1 colher (sopa) de vinagre
1 colher (sopa) de óleo de soja
duas pitadas de pimenta-de-caiena
coentro fresco

1. Escalde os brotos de feijão durante 1 min em água fervente com sal. Escorra na peneira e deixe secar sobre papel-toalha.
2. Corte cada kani em três, no sentido vertical. Coloque em uma vasilha, junto com os camarões e os brotos de feijão.
3. Pique bem as cebolas e junte à salada.
4. Acrescente o shoyu, a mostarda, o açúcar, o xerez, o vinagre, o óleo e a pimenta-de-caiena.
5. Bata energicamente com o batedor manual para emulsionar o molho e espalhe-o sobre a salada. Misture bem e decore com folhas de coentro.

■ Preparo: 20 min   ■ Cozimento: 1 min

ENTRADAS FRIAS
HORS-D'OEUVRE E ENTRADAS

Salada de carne

Rendimento: 4-6 porções

250 g de carne de boi
6 batatas pequenas
150 ml de vinho branco
1 colher (sopa) de azeite
4 tomates
1 cebola
1/2 maço de cerefólio
1/2 copo de Vinagrete com mostarda (veja p. 57)
sal e pimenta

1. Cozinhe a carne por 30 min em meio litro de caldo ou utilize carne já pronta.
2. Cozinhe as batatas com casca, descasque-as ainda quentes e corte em rodelas finas. Tempere com sal e pimenta; despeje por cima o vinho branco e o azeite. Misture de vez em quando para que fiquem bem impregnadas com esse molho.
3. Corte os tomates em rodelas finas. Descasque a cebola e corte em rodelas finas. Destaque algumas folhas de cerefólio.
4. Prepare o Vinagrete. Corte a carne em fatias de cerca de 5 mm de espessura.
5. Em uma travessa, coloque as batatas no centro e disponha as fatias de carne ao redor. Contorne com as rodelas de tomate. Despeje por cima o vinagrete. Decore com os anéis de cebola e as folhas de cerefólio.

■ Preparo: 40 min   ■ Cozimento: 30 min

Salada de cenoura com laranja

Rendimento: 4-6 porções

500 g de cenouras
4 laranjas
2 cebolas-brancas grandes
1/2 copo de Vinagrete (veja p. 57) com azeite ou limão

1. Rale as cenouras.
2. Descasque as laranjas e retire a película branca; corte a polpa em cubinhos.
3. Corte as cebolas em rodelas finas e desfaça-as em anéis.
4. Prepare o Vinagrete.
5. Coloque as cenouras na saladeira, regue com o vinagrete e adicione os cubinhos de laranja. Misture e decore com os anéis de cebola. Sirva bem frio.

■ Preparo: 15 min

ENTRADAS FRIAS
HORS-D'OEUVRE E ENTRADAS

Salada de couve-flor com agrião

Rendimento: 4-6 porções

1 couve-flor grande
1 maço de rabanetes
1 maço de agrião
1/2 copo de Vinagrete (veja p. 57) com limão
1 colher (sopa) de ervas finas (veja glossário)

1. Destaque os buquês de couve-flor, lave e cozinhe no vapor por cerca de 12 min.
2. Limpe e lave os rabanetes. Lave o agrião.
3. Prepare o Vinagrete.
4. Arrume a couve-flor fria no centro de uma travessa. Enfeite com os rabanetes e as folhas de agrião. Regue com o vinagrete.
5. Tempere com as ervas picadas.

■ Preparo: 20 min ■ Cozimento: 12 min

Salada de crudités
(Salada de legumes crus)

Rendimento: 4-6 porções

1 beterraba
2 pimentões
1 bulbo de erva-doce
3 aipos (parte verde)
4 tomates médios
1 maço pequeno de salsinha
1/2 copo de Vinagrete (veja p. 57)
1 alface
10-12 azeitonas verdes e pretas

1. Limpe e lave os legumes. Descasque a beterraba e corte-a em cubinhos. Corte os pimentões ao meio, retire as sementes e corte em tirinhas finas. Corte da mesma forma a erva-doce e as folhas de aipo. Fatie os tomates. Lave e pique a salsinha.
2. Prepare o Vinagrete.
3. Forre o fundo de uma travessa com folhas de alface e coloque por cima, alternadamente, a erva-doce, a beterraba, o aipo e os pimentões. Arrume as azeitonas no centro. Contorne tudo com rodelas de tomate. Regue com o Vinagrete e salpique com salsinha.

■ Preparo: 15 min

ENTRADAS FRIAS
HORS-D'OEUVRE E ENTRADAS

Salada de ervilha-torta

Rendimento: 4-6 porções

500 g de ervilha-torta
1 embalagem de caranguejo (ou siri) congelado
1 limão orgânico
100 ml de creme de leite
2 colheres (sopa) de azeite
1 colher (sopa) de salsinha picada
sal e pimenta

1. Na véspera, retire o caranguejo do congelador e passe para a geladeira.
2. No dia seguinte, retire os filamentos da ervilha-torta e cozinhe-a no vapor até ficar macia (coloque sal na panela do banho-maria).
3. Abra a embalagem de caranguejo e escorra.
4. Raspe a casca do limão, esprema o suco e regue com ele a carne de caranguejo.
5. Misture, batendo sem parar, o creme de leite, o azeite, a casca de limão, sal e pimenta.
6. Coloque na saladeira a ervilha-torta, o caranguejo e o suco de limão. Adicione o molho e misture delicadamente. Tempere com a salsinha e sirva.

■ Preparo: 10 min   ■ Cozimento: 10 min

Salada de espinafre com peixe defumado

Rendimento: 4-6 porções

500-600 g de espinafre
4 colheres (sopa) de azeite
1 colher (sopa) de vinagre de vinho branco
1 colher (sopa) de vinagre de xerez (ou vinagre balsâmico)
1 colher (café) de mostarda
200 g de peixe defumado (salmão, linguado, truta)
sal e pimenta

1. Lave o espinafre e escalde por 3 min em água fervente. Escorra e deixe secar sobre um pano limpo.
2. Prepare um vinagrete com 3 colheres do azeite, os dois vinagres, a mostarda, sal e pimenta.
3. Coloque o espinafre e o vinagrete em uma vasilha e misture bem.
4. Corte os filés de peixe em pedacinhos. Aqueça 1 colher do óleo de amendoim em uma frigideira e frite o peixe. Distribua o peixe quente sobre a salada e sirva em seguida.

■ Preparo: 15 min   ■ Cozimento: 5 min

ENTRADAS FRIAS
HORS-D'OEUVRE E ENTRADAS

Salada de fundos de alcachofra

Rendimento: 4-6 porções

5 batatas médias
1 maço de aspargos verdes pequenos (ou 1 vidro de aspargos pequenos)
200 ml de Maionese clássica (veja p. 52)
1 colher (sobremesa) de mostarda
1 vidro de fundos de alcachofra
3 talos de aipo
sal e pimenta

1 Cozinhe as batatas. Deixe esfriar, descasque e corte em cubinhos.

2 Limpe e cozinhe os aspargos em água com sal, deixando-os ainda crocantes. Se utilizar aspargos em conserva, escorra. Corte as pontas e reserve.

3 Misture a maionese com 2 colheres (café) de mostarda. Escorra os fundos de alcachofra e corte-os em cubinhos. Descasque e corte em bastõezinhos os talos de aipo.

4 Misture os legumes, exceto os aspargos, com a maionese temperada. Faça um domo em uma vasilha e enfeite com as pontas de aspargos.

■ Preparo: 30 min   ■ Cozimento: 15-20 min

Salada de manga

Rendimento: 4 porções

1 manga
20 g de kani kama
1 aipo (ou salsão)
1/2 cebola
1 tomate
20 ml de shoyu
15 ml de azeite
20 ml de vinagre de vinho branco
sal e gengibre ralado a gosto

1 Corte a manga em cubinhos. Desfie o kani kama. Lave e corte o aipo em fatias finas e compridas.

2 Prepare o molho. Pique a cebola. Corte o tomate em cubinhos. Em uma tigela, misture o shoyu, o azeite e o vinagre. Adicione o tomate e a cebola picadinhos. Tempere com sal e gengibre.

3 Misture delicadamente a manga, o kani kama e o aipo. Arrume-os em uma travessa. Cubra com o molho. Sirva frio, como entrada, ou acompanhando um peixe, por exemplo.

■ Preparo: 20 min

Salada Montfermeil

Rendimento: 4-6 porções

2 ovos
250 g de batatas
1 maço pequeno de salsinha
5-6 folhas de estragão
1/2 vidro de fundos de alcachofra
1 bulbo de erva-doce
1/2 copo de Vinagrete com mostarda (veja p. 57)

1. Prepare os ovos cozidos. Cozinhe as batatas.
2. Lave e pique a salsinha e as folhas de estragão.
3. Escorra os fundos de alcachofra e corte em cubinhos. Lave a erva-doce e corte em palitos.
4. Descasque e corte as batatas em cubinhos.
5. Prepare o Vinagrete. Pique os ovos cozidos e misture com a salsinha e o estragão.
6. Em uma vasilha, coloque as batatas, as alcachofras, a erva-doce e o Vinagrete. Misture tudo e espalhe por cima o ovo e as ervas picadas.

■ Preparo: 30 min ■ Cozimento: 15-20 min

Salada niçoise

Rendimento: 4-6 porções

5 ovos
1 alface pequena
6-8 tomates
4 cebolinhas redondas
12-18 filés de anchova
1 pimentão
3 talos de aipo
1 talo de cebolinha-verde
3-4 fundos de alcachofra
1 limão
1 lata de atum em óleo ou ao natural
1/2 copo de Vinagrete (veja p. 57) com azeite
100 g de azeitonas pretas pequenas

1. Prepare os ovos cozidos.
2. Lave a alface e seque as folhas. Corte os tomates em quartos. Descasque as cebolas.
3. Escorra o óleo das anchovas (ou dessalgue-as em água corrente).
4. Lave o pimentão, retire as sementes e corte em tirinhas. Lave o aipo e corte em cubinhos. Esprema o suco de limão sobre os fundos de alcachofra e corte-os em fatias finas. Descasque os ovos cozidos e corte em quartos.
5. Em uma saladeira, disponha em camadas algumas folhas de salada, alguns tomates, um pouco da alcachofra, do pimentão, do atum, das cebolinhas, do aipo e da cebolinha-verde. Continue a montar camadas até terminar os ingredientes.
6. Prepare o Vinagrete e espalhe-o sobre a salada. Misture delicadamente. Disponha os quartos de ovos e as anchovas por cima. Decore com as azeitonas.

■ Preparo: 40 min ■ Cozimento: 10 min

ENTRADAS FRIAS
HORS-D'OEUVRE E ENTRADAS

Salada russa

Rendimento: 4-6 porções

250 g de ervilhas
1 batata
2 cenouras
1 nabo (de preferência novo)
150 g de vagens
250 ml de Maionese clássica (veja p. 52)
4-6 camarões grandes
raminhos de cerefólio ou salsinha picada

1. Retire as ervilhas das vagens frescas e cozinhe em água fervente com sal por 15-20 min. (Ou descongele ervilhas congeladas.)
2. Descasque os outros legumes e cozinhe-os separadamente da mesma forma.
3. Prepare a maionese. Cozinhe os camarões, tire a casca e corte em cubinhos. Arrume no meio da travessa.
4. Pique as batatas, as cenouras e o nabo em cubinhos e as vagens em tiras. Misture com as ervilhas e a maionese. Disponha a salada em volta dos camarões.
5. Decore com os raminhos de cerefólio ou a salsinha picada.

■ Preparo: 40 min ■ Cozimento: cerca de 15-20 min

Terrina de pato

Rendimento: uma terrina de 26 cm

1 pato novo (com cerca de 1,250 kg)
300 g de toucinho
sal e pimenta
1/2 colher (café) de quatro especiarias (veja glossário)
4 colheres (sopa) de conhaque
2 folhas de louro
3 ramos pequenos de tomilho
1 tripa de porco transparente
1 casca de laranja orgânica
250 g de champignons ▶

1. Na véspera, desosse o pato e retire os filés. Retire o restante da carne e conserve na geladeira. Corte os filés de pato e o toucinho em tiras e coloque numa tigela. Tempere com sal, pimenta, as quatro especiarias, o conhaque, uma folha de louro e um ramo de tomilho. Deixe marinar por 24 h na geladeira.
2. Lave a tripa de porco em água corrente e deixe escorrer. Escalde a casca de laranja em água fervente e escorra.
3. Corte os champignons e as cebolas em cubinhos e refogue por 15 min na manteiga com sal e pimenta.
4. Pique a carne de porco, a cebola, o restante da carne de pato e a casca de laranja. Misture esses ingredientes em uma vasilha com os champignons. Acrescente os ovos, sal e pimenta. Preaqueça o forno a 180°C. ▶

3 cebolas-brancas
20 g de manteiga
350 g de carne de porco fresca
1 cebola
2 ovos

5 Retire a carne de pato e o toucinho da marinada e escorra. Coe a marinada e coloque-a na vasilha com os outros ingredientes. Misture bem para mesclar todos os componentes.

6 Forre uma fôrma refratária (com tampa) com a tripa de porco. Coloque metade dos ingredientes mesclados e alise bem com o garfo. Cubra com as tiras de pato e de toucinho, alternando-as. Adicione o restante do recheio e alise de novo. Feche a tripa de porco sobre o recheio; corte o excedente. Coloque por cima uma folha de louro e duas pequenas folhas de tomilho fresco. Coloque a tampa da fôrma.

7 Ponha a fôrma refratária em banho-maria. Deixe levantar fervura e leve ao forno por 1h30.

8 Retire do forno e espere amornar. Tire a tampa e coloque em seu lugar um prato com um peso. Deixe esfriar e coloque na geladeira.

As tripas de porco transparentes, usadas nas terrinas e lingüiças caseiras, encontram-se à venda em mercados municipais.

■ Marinada: 24 h   ■ Preparo: 2 h
■ Cozimento: 1h30

Terrina de vitela com legumes

Rendimento:
uma terrina de 26 cm

1 litro de Caldo escuro de vitela (veja p. 38)
500 g de carne de vitela
40 g de ervilhas frescas ou congeladas
250 g de cenouras (de preferência novas)
4 abobrinhas pequenas
4 folhas de gelatina
2 maços de endro (dill)
sal e pimenta

1 Prepare o caldo. Cozinhe a vitela no caldo por cerca de 1 h, até ficar bem macia. Deixe esfriar.

2 Enquanto isso, retire as ervilhas das vagens e cozinhe em banho-maria. Escorra e passe imediatamente em água fria para que mantenham a cor. Descasque as cenouras, corte-as em rodelas e cozinhe em água com sal. Lave as abobrinhas (mas não descasque), corte-as em rodelas e cozinhe em banho-maria. Experimente cada legume ao final de 5 min para verificar se está cozido. Deverão ficar um pouco firmes. Quando estiverem prontos, escorra e misture os três.

▶

3. Retire a vitela do caldo e corte ao meio. Fatie uma das metades em tirinhas grossas e a outra metade em cubos e misture tudo.
4. Coe caldo de cozimento da vitela. Deixe as folhas de gelatina de molho em água fria, escorra e misture em uma tigela com um pouco do caldo de vitela. Leve ao fogo por 2 min. Retire e deixe esfriar.
5. Forre o fundo de uma fôrma retangular com as folhas de endro. Espalhe por cima uma camada de legumes, depois uma de vitela, outra de legumes e assim por diante, até quase encher a fôrma. Tempere todas as camadas com pimenta e com algumas folhas de endro. Comprima tudo muito bem. Espalhe a gelatina por cima de modo a cobrir toda a superfície.
6. Deixe algumas horas na geladeira, desenforme e sirva bem fresca.

■ Preparo: 1 h ■ Cozimento: 1h30
■ Refrigeração: 3-4h

ENTRADAS QUENTES

Barquinhas de anchova e champignon

Rendimento:
10 barquinhas

250 g de anchovas salgadas
250 g de Massa podre (veja p. 118)
100 ml de Béchamel (veja p. 70)
250 g de champignons
1 cebola grande
30 g de manteiga
100 g de miolo de pão amanhecido

1. Coloque as anchovas para dessalgar em uma vasilha com água. Troque a água diversas vezes.
2. Preaqueça o forno a 180°C.
3. Faça a Massa podre e deixe descansar por 1 h. Estenda a massa e corte-a em 10 pedaços no formato das forminhas de barquinha. Coloque nas forminhas. Espete o fundo de cada barquinha de massa com o garfo e leve ao forno por 10 min.
4. Prepare o Béchamel (molho branco).
5. Descasque e corte em cubinhos os champignons e a cebola. Refogue em 10 g de manteiga, escorra e acrescente ao béchamel. ▶

ENTRADAS QUENTES
HORS-D'OEUVRE E ENTRADAS

6 Esfarele o pão e frite na frigideira com o restante da manteiga.
7 Corte os filés de anchovas em pedacinhos e adicione-os refogando com o molho branco.
8 Recheie as barquinhas com esse creme. Espalhe o miolo de pão por cima e leve ao forno por 10 min.

■ Preparo: 1 h ■ Cozimento: cerca de 10 min

Barquinhas de champignon

**Rendimento:
10 barquinhas**

250 g de Massa podre (veja p. 118)
500 g de champignons
3 cebolas-brancas médias
125 g de manteiga
1 colher (café) de salsinha picada
5 ovos
50 g de miolo de pão amanhecido
sal e pimenta

1 Preaqueça o forno a 180°C.
2 Prepare a Massa podre e deixe descansar por 1 h. Proceda como na receita anterior.
3 Pique os champignons e as cebolas; refogue na frigideira com 50 g de manteiga, misturando com freqüência, até que a água dos legumes tenha sido eliminada. Tempere com sal e pimenta. Adicione a salsinha picada.
4 Prepare os ovos mexidos *(veja p. 251)*.
5 Esfarele o pão e frite em 50 g de manteiga.
6 Coloque uma camada de ovos mexidos e uma de champignons em cada barquinha. Polvilhe com o pão frito.
7 Deixe assar por alguns minutos em temperatura alta.

■ Preparo: 40 min ■ Cozimento: cerca de 10 min

ENTRADAS QUENTES
HORS-D'OEUVRE E ENTRADAS

Barquinhas de queijo

Rendimento:
10 barquinhas

250 g de Massa podre (veja p. 118)
350 g de champignons
80 g de manteiga
100 ml de Béchamel (veja p. 70)
100 g de queijo gruyère ralado
50 g de farinha de rosca

1. Preaqueça o forno a 180°C.
2. Prepare a Massa podre, deixe-a descansar por 1 h e proceda como nas receitas anteriores.
3. Limpe e corte os champignons em fatias bem finas e deixe dourar em 30 g de manteiga.
4. Prepare o Béchamel (molho branco), adicione o gruyère e os champignons.
5. Recheie as barquinhas com esse creme, polvilhe com farinha de rosca, regue com 50 g de manteiga derretida e gratine em forno alto.

■ Preparo: 40 min ■ Cozimento: 30 min

Blinis à francesa

Rendimento:
cerca de 10 blinis

10 g de fermento biológico
25 g de farinha de trigo (para o fermento)
400 ml de leite
2 ovos
50 ml de creme de leite fresco
125 g de farinha de trigo
uma generosa pitada de sal
manteiga

1. Coloque em uma vasilha o fermento biológico e 25 g de farinha de trigo. Acrescente 250 ml de leite, misture bem e deixe fermentar por 20 min em local morno.
2. Enquanto isso, quebre os ovos e separe as claras e as gemas. Bata as claras em neve. Bata o creme de leite.
3. Peneire a farinha na vasilha, adicione as gemas, o leite morno restante e o sal. Misture, mas sem alisar demais. Incorpore no último instante as claras em neve e o creme batido. Deixe a massa descansar por cerca de 1 h.
4. Frite os blinis na manteiga em uma frigideira pequena (ou panquequeira)

O blinis é uma panqueca de origem russa, feita com trigo-sarraceno. É servida com salmão defumado ou ovas de salmão.

■ Preparo: 35 min ■ Descanso: 1 h
■ Cozimento: 20-30 min

ENTRADAS QUENTES
HORS-D'OEUVRE E ENTRADAS

Bolinhas à moda toscana

Rendimento:
25-30 bolinhas

50 g de presunto
1/4 de trufa
300 g de Massa de carolina (veja p. 112)
noz-moscada
50 g de parmesão ralado
óleo para fritar

1. Corte o presunto em cubinhos.
2. Pique a trufa.
3. Prepare a Massa de carolina, adicionando um pouco de noz-moscada ralada, o parmesão, o presunto e a trufa picada.
4. Forme as bolinhas e frite-as em óleo bem quente.

■ Preparo: 30 min   ■ Cozimento: 20 min

Bolinhas de queijo recheadas

Rendimento: 10 bolinhas

500 g de Massa de carolina (veja p. 112)
300 ml de Béchamel (veja p. 70)
75 g de queijo gruyère (ou 50 g de parmesão ralado)
noz-moscada

1. Preaqueça o forno a 200ºC.
2. Prepare a Massa de carolina.
3. Forre a assadeira com papel-manteiga. Com a colher ou o saco de confeitar, divida a massa em dez porções, dispondo-a na assadeira. Asse as carolinas por 25 min. Deixe esfriar.
4. Prepare o Béchamel (molho branco). Ao final do cozimento, adicione o queijo escolhido e um pouco de noz-moscada ralada.
5. Coloque o molho em um saco de confeitar com bico fino. Espetando a ponta do bico por baixo das carolinas, recheie todas elas.
6. Esquente as carolinas no forno a 160ºC, cobertas com papel-alumínio, por cerca de 10 min.

Pode-se reduzir à metade a quantidade de queijo e adicionar 75 g de presunto cru cortado em cubinhos.

■ Preparo: 30 min   ■ Cozimento: cerca de 35 min

ENTRADAS QUENTES
HORS-D'OEUVRE E ENTRADAS

Bolinhas leves

Rendimento:
20-25 bolinhas

250 g de Massa de
 carolina (veja p. 112)
óleo para fritar
sal e pimenta

1. Prepare a Massa de carolina.
2. Aqueça o óleo para fritar.
3. Pegue um pouco de massa com uma colher. Com o dedo, dê-lhe o formato de uma bolinha do tamanho de uma noz. Coloque no óleo quente cerca de 8-10 bolinhas e frite até ficarem bem douradas.
4. Retire com a escumadeira e deixe escorrer sobre papel-toalha. Tempere com sal e pimenta.

Estas bolinhas podem ser aromatizadas com anchova, queijo ou azeitonas. Misture o ingrediente escolhido à massa de carolina, a gosto.

■ Preparo: 30 min ■ Cozimento: cerca de 15-20 min

Bolinhos de bacalhau

Rendimento: 4-6 porções

300 g de bacalhau
 (veja p. 322)
500 ml de molho
 de tomate
250 g de purê de batatas
100 ml de Béchamel
 (veja p. 70)
óleo para fritar

1. Na véspera, coloque o bacalhau de molho para dessalgar.
2. Prepare o bacalhau.
3. Faça o molho de tomate.
4. Prepare o purê de batatas.
5. Faça o Béchamel (molho branco) com 15 g de farinha, 15 g de manteiga e 100 ml de leite para que fique bem denso.
6. Escalde o bacalhau por 10 min.
7. Aqueça o óleo.
8. Separe o bacalhau em lascas, retirando as espinhas. Misture com o purê de batatas e o Béchamel.
9. Forme bolinhas do tamanho de um ovo e frite em óleo quente. Sirva bem quente com o molho de tomate.

■ Preparo: 1 h ■ Cozimento: cerca de 15 min

Capucins (Tortinhas de gruyère)

Rendimento: 8 tortinhas

200 g de Massa podre (veja p. 118)
500 g de Massa de carolina (veja p. 112)
75 g de queijo gruyère ralado

1. Prepare a Massa podre.
2. Estenda a massa sobre as forminhas e deixe descansar na geladeira por 1 h.
3. Preaqueça o forno a 190°C. Prepare a Massa de carolina. Ao final do preparo, depois de colocar os ovos, adicione o gruyère ralado.
4. Coloque a massa de carolina em um saco de confeitar e aplique uma bolinha de massa em cada tortinha (ou faça as bolinhas com uma colher, mergulhando-a a cada vez em água fria).
5. Asse durante cerca de 20 min. Sirva bem quente.

■ Preparo: 30 min ■ Descanso: 1 h
■ Cozimento: 20 min

Carolinas com purê de legumes

Rendimento: 4-6 porções

300 g de Massa de carolina (veja p. 112)
400 g de ervilhas
200 g de feijão
200 g de pontas de aspargos
100 ml de creme de leite fresco
sal e pimenta

1. Preaqueça o forno a 200°C. Prepare a Massa de carolina.
2. Com a colher ou o saco de confeitar, disponha a massa na assadeira em porções pequenas e leve ao forno por 25 min. Deixe esfriar.
3. Cozinhe as ervilhas, o feijão e os aspargos, separadamente, em água com sal.
4. Bata um após o outro no liquidificador ou processador.
5. Misture tudo em uma panela e leve ao fogo brando. Adicione o creme de leite. Experimente e acerte o tempero (sal e pimenta).
6. Coloque o purê em um saco de confeitar com ponta fina e recheie as carolinas, espetando o bico na parte de baixo da massa.
7. Antes de servir, cubra as carolinas com papel-alumínio e leve ao forno a 160°C, para esquentá-las.

■ Preparo: 40 min ■ Cozimento: 35 min

ENTRADAS QUENTES
HORS-D'OEUVRE E ENTRADAS

Crepes de anchova

Rendimento: 4 porções

1 lata de anchovas salgadas
250 g de Massa de crepe (veja p. 113)
350 ml de Béchamel (veja p. 70) sem sal
1 lata pequena de anchovas em conserva no óleo
10 g de manteiga
30 g de farinha de rosca

1. Coloque as anchovas em uma vasilha e deixe sob água corrente para dessalgar (calcule 4 filés por porção).
2. Prepare a Massa de crepe e deixe descansar por 2 h.
3. Frite 8 crepes. Coloque em um prato tampado, sobre panela com água quente, para mantê-los aquecidos.
4. Prepare o Béchamel (molho branco) sem sal, e deixe reduzir um pouco para que fique bem grosso.
5. Soque as anchovas em um pilão ou bata no processador até virar uma pasta. Misture com o Béchamel. Corte em pedacinhos 8 filés de anchovas. Distribua o molho sobre os crepes e adicione os pedacinhos de anchovas.
6. Unte uma fôrma refratária com manteiga. Dobre os crepes em quatro e coloque-os na fôrma. Polvilhe com farinha de rosca e deixe gratinar por 3-4 min em forno alto.

■ Preparo: 30 min ■ Cozimento: 3-4 min

Crepes de ovo e queijo

Rendimento: 4 porções

500 g de Massa de crepe (veja p. 113)
10 g de manteiga sem sal
10 g de manteiga com sal
4 ovos
120 g de queijo ralado
sal e pimenta

1. Prepare a Massa de crepe com farinha de trigo-sarraceno e deixe descansar por 2 h.
2. Derreta a manteiga em uma frigideira e despeje um pouco de massa. Os crepes deverão ficar bem grossos.
3. Vire e cozinhe do outro lado. Quebre um ovo por cima do crepe. Quando a clara estiver firme, tempere levemente com sal e pimenta, polvilhe com queijo ralado e dobre em formato de quadrado. Repita a operação com os outros crepes. Sirva imediatamente, bem quentes.

■ Preparo: 15 min ■ Descanso: 2 h
■ Cozimento: 15-20 min

ENTRADAS QUENTES
HORS-D'OEUVRE E ENTRADAS

Crepes de presunto

Rendimento: 8-10 crepes

300 g de Massa de crepe (veja p. 113)
250 ml de Béchamel (veja p. 70)
noz-moscada
150 g de presunto cozido ou defumado
100 g de queijo ralado
40 g de manteiga
sal, pimenta e noz-moscada

1 Faça os crepes e coloque-os em um prato sobre banho-maria.

2 Prepare o Béchamel (molho branco). Tempere com um pouco de noz-moscada ralada.

3 Corte o presunto em cubinhos e adicione ao molho, juntamente com 50 g de queijo ralado. Espere amornar.

4 Preaqueça o forno a 280ºC. Unte uma assadeira com manteiga.

5 Coloque uma colher bem cheia de Béchamel sobre cada crepe, espalhe, depois enrole e vá enfileirando-os na assadeira. Polvilhe os crepes com o queijo ralado restante.

6 Regue com manteiga derretida e deixe gratinar no forno por cerca de 10 min.

■ Preparo: 45 min   ■ Cozimento: cerca de 10 min

Crepes de queijo

Rendimento: 4 porções

8 crepes
350 ml de Béchamel (veja p. 70)
150 g de gruyère ou parmesão ralado

Siga a receita dos crepes de anchovas, substituindo as anchovas por 100 g de gruyère ou parmesão ralado no Béchamel. Polvilhe o restante do queijo antes de levar ao forno.

■ Preparo: 20 min   ■ Cozimento: 3-4 min

ENTRADAS QUENTES
HORS-D'OEUVRE E ENTRADAS

Crepes de roquefort

Rendimento: 8-10 crepes

300 g de Massa de crepe (veja p. 113)
250 ml de Béchamel (veja p. 70)
60-80 g de roquefort
sal, pimenta e noz-moscada
15 g de manteiga
30 g de queijo ralado

1 Prepare a Massa de crepe e deixe descansar por 2 h.
2 Faça os crepes e mantenha-os aquecidos.
3 Prepare o Béchamel (molho branco).
4 Amasse o roquefort com o garfo até virar uma pasta e misture bem com o molho. Tempere com sal e pimenta e adicione uma pitada de noz-moscada ralada.
5 Preaqueça o forno a 280°C.
6 Recheie os crepes com uma colher bem cheia desse preparado e enrole-os.
7 Unte levemente uma assadeira com manteiga.
8 Polvilhe os crepes com queijo ralado e leve ao forno para gratinar por cerca de 10 min.

■ Preparo: 45 min ■ Descanso: 2 h
■ Cozimento: 10 min

Croissants de queijo

Rendimento: 4 porções

4 croissants
40 g de manteiga
200 g de queijo gruyère, emmental ou prato
pimenta

1 Preaqueça o forno a 275°C. Abra os croissants pela lateral, sem separar as metades, e passe manteiga no interior.
2 Corte o queijo em fatias finas e coloque dentro dos croissants. Tempere com pimenta.
3 Leve os croissants ao forno até o queijo derreter. Sirva bem quente.

■ Preparo: 10 min ■ Cozimento: cerca de 10 min

ENTRADAS QUENTES
HORS-D'OEUVRE E ENTRADAS

Croque-monsieur
(Misto-quente à francesa)

Rendimento: 4 porções

150 g de manteiga
8 fatias de pão de fôrma (10-12 cm de cada lado)
4 fatias de gruyère do tamanho do pão
2 fatias de presunto cozido

1 Retire a manteiga da geladeira com 1 h de antecedência.
2 Passe manteiga levemente no pão.
3 Corte as fatias de presunto ao meio.
4 Sobre cada fatia de pão, coloque uma de queijo, uma de presunto e cubra com outra fatia de pão.
5 Derreta um pedaço de manteiga em uma frigideira, e frite os croque-monsieurs em fogo brando até ficarem dourados. Vire os sanduíches utilizando duas espátulas ou garfos. Coloque mais um pouco de manteiga na frigideira e deixe dourar o outro lado. Conserve no forno quente se não for servi-los imediatamente.

Croque-madame
Coloque um ovo cozido no prato (*veja p.* 255) sobre cada croque-monsieur.

■ Preparo: 15 min ■ Cozimento: 20 min

Croquetes à bonne femme

Rendimento: 4-6 porções

500 g de carne de boi
500 g de Massa para fritar (veja p. 118)
1 cebola pequena
15 g de manteiga
150 g de farinha de trigo
óleo para fritar
sal

1 Leve ao fogo uma panela grande com água, deixe aquecer um pouco, coloque a carne e cozinhe em fogo brando por 1 h. Escume.
2 Enquanto isso, prepare a Massa para fritar. Reserve por 1 h na geladeira.
3 Retire a carne da panela e deixe reduzir o caldo até ficar com cerca de 200 ml.
4 Descasque e pique a cebola. Derreta a manteiga em uma panela, adicione a cebola e refogue.
5 Polvilhe com 1 colher (sopa) de farinha e cozinhe por 5 min, misturando sem parar. ▶

ENTRADAS QUENTES
HORS-D'OEUVRE E ENTRADAS

6 Adicione aos poucos o caldo, misture bem e cozinhe por 15 min em fogo brando.

7 Corte a carne em cubinhos e incorpore-a ao molho. Aqueça novamente, depois deixe esfriar completamente.

8 Divida a preparação em porções de 60-70 g, no formato de croquetes. Passe-os na farinha e depois na massa para fritar. Coloque um de cada vez no óleo aquecido a 170°C. Quando estiverem bem dourados, escorra, coloque sobre papel-toalha e tempere com sal.

■ Preparo: 15 min ■ Cozimento: cerca de 1h30

Croquetes de carne

Rendimento: 4-6 porções

500 ml de molho de tomate
250 g de carne de boi cozida
200 ml de Béchamel (veja p. 70)
1 gema
80 g de presunto
óleo para fritar
400 g de Empanado à inglesa (veja p. 103)
1 maço de salsinha
pimenta

1 Prepare o molho de tomate (ou descongele) e tempere com bastante pimenta. Conserve aquecido.

2 Utilize sobras de carne cozida ou cozinhe um pedaço de carne por 15-20 min em um caldo.

3 Prepare o Béchamel (molho branco) e adicione, fora do fogo, uma gema de ovo; depois, aqueça levemente. Corte a carne e o presunto em pedacinhos e misture ao molho. Experimente e corrija o tempero. Deixe esfriar.

4 Aqueça o óleo para fritar.

5 Prepare o Empanado à inglesa.

6 Divida a massa em bolinhas do tamanho de 1 ovo (50-70 g). Enrole-as com as mãos, passe no empanado e frite a 180°C.

7 Frite a salsinha.

8 Coloque os croquetes numa travessa e decore com a salsinha frita. Sirva com o molho de tomate à parte.

■ Preparo: 1 h ■ Cozimento: 15-20 min

Croquetes de champignon

Rendimento: 4-6 porções

600 g de champignons
30 g de manteiga
80 g de miolo de pão
100 ml de leite
150 g de presunto
2 colheres (sopa) de salsinha picada
400 g de Empanado à inglesa (veja p. 103)
4 gemas
sal
óleo para fritar

1. Lave e corte os champignons em cubinhos.
2. Derreta a manteiga em uma frigideira e refogue os champignons até que o líquido que eles soltam tenha evaporado completamente.
3. Ponha o miolo de pão de molho no leite.
4. Prepare o Empanado à inglesa.
5. Tire o pão do leite; aperte bem com as mãos para eliminar o excesso de líquido. Misture os champignons, o pão, o presunto e a salsinha. Adicione as gemas, uma por uma, misturando a cada vez. Experimente e corrija o tempero.
6. Aqueça o óleo.
7. Forme bolinhas não muito pequenas; achate-as levemente, passe no empanado e frite em óleo bem quente. Escorra sobre papel-toalha e tempere com sal. Sirva bem quente.

■ Preparo: 30 min ■ Cozimento: cerca de 15-20 min

Croquetes de queijo

Rendimento: 4-6 porções

200 ml de Béchamel (veja p. 70)
50 ml de creme de leite fresco
125 g de queijo ralado
400 g de Empanado à inglesa (veja p. 103)
óleo para fritar
sal e pimenta
noz-moscada

1. Prepare o Béchamel (molho branco), aumentando um pouco as proporções de farinha e manteiga: 75 g de cada para 500 ml de leite. Adicione o creme de leite e o queijo e misture até obter uma massa homogênea.
2. Tempere com sal, pimenta e noz-moscada ralada. Deixe esfriar. Prepare o empanado.
3. Reparta o molho com queijo em porções do tamanho de um ovo pequeno. Enrole os croquetes e passe no empanado. Frite em óleo bem quente até dourar.
4. Escorra em papel-toalha. Sirva bem quente.

■ Preparo: 30 min ■ Cozimento: 15-20 min

ENTRADAS QUENTES
HORS-D'OEUVRE E ENTRADAS

Croustades: preparo

1. O modo de preparo das croustades é o mesmo das tortas. Prepare 400 g de massa podre (com ou sem ovo) (*veja p. 118*) para fôrma de 28 cm de diâmetro (8 porções), 350 g de massa para fôrma de 22 cm de diâmetro (4-6 porções) ou 250 g de massa para 4 croustades individuais de 10 cm de diâmetro (ou uma croustade de 18 cm de diâmetro). Abra a massa com o rolo até ficar com 3 mm de espessura.
2. Preaqueça o forno a 240°C.
3. Unte a fôrma com manteiga e polvilhe com farinha, sacudindo de leve para retirar o excedente.
4. Estenda a massa na fôrma. Pressione para fazê-la aderir bem ao fundo e às bordas, e modele-a para que fique um pouco mais grossa no alto e não se retraia durante o cozimento.
5. Faça furinhos na massa com o garfo e cubra a fôrma com papel-manteiga untado com um pouco de manteiga ou papel-alumínio.
6. Asse por 10 min. Deixe esfriar e retire da fôrma.
7. Bata um ovo em uma vasilha e pincele com ele toda a croustade.
8. Leve de volta ao forno por mais 3-4 min. Depois disso, pode ser recheada.

■ Preparo: 20 min   ■ Cozimento: 10 min

Croustades à la diable

Rendimento: 4 porções

4 croustades individuais (veja receita anterior)
150 ml de Demi-glace (veja p. 41)
350 g de champignons ▶

1. Faça as croustades.
2. Prepare ou descongele a Demi-glace.
3. Limpe os champignons, corte em cubinhos e refogue levemente na manteiga quente. Corte o presunto em cubinhos. ▶

ENTRADAS QUENTES
HORS-D'OEUVRE E ENTRADAS

50 g de manteiga
300 g de presunto defumado
pimenta-de-caiena
100 g de miolo de pão amanhecido
sal e pimenta-do-reino

4 Preaqueça o forno a 250°C. Deixe reduzir um terço da Demi-glace e adicione uma pitada de pimenta-de-caiena.

5 Misture o presunto e os champignons com a Demi-glace reduzida e recheie com esse preparado as croustades.

6 Esfarele o pão e polvilhe por cima. Deixe gratinar no forno por cerca de 10 min.

■ Preparo: 30 min ■ Cozimento: 10 min

Croustades de fígado de frango

Rendimento: 4 porções

4 croustades individuais (veja p. 212)
100 ml de Molho madeira (veja p. 41)
350 g de fígados de frango
350 g de champignons
2 cebolas-brancas
100 g de manteiga
sal e pimenta-do-reino

1 Prepare as croustades e o Molho madeira.

2 Limpe os fígados de frango, retirando todos os filamentos; separe os lóbulos e tempere com sal e pimenta.

3 Corte os champignons bem fininho. Pique as cebolas.

4 Derreta 50 g de manteiga em uma caçarola, refogue rapidamente as cebolas e os champignons e salgue. Deixe cozinhar em fogo brando por cerca de 10 min.

5 Derreta o restante da manteiga; quando estiver bem quente, salteie os fígados de frango. Escorra os fígados (jogue fora a manteiga do cozimento) e junte às cebolas e aos champignons. Adicione o Molho madeira e misture bem.

6 Aqueça novamente as croustades, recheie-as e sirva bem quentes.

■ Preparo: 30 min ■ Cozimento: cerca de 15 min

ENTRADAS QUENTES
HORS-D'OEUVRE E ENTRADAS

Croustades de lagosta com trufas

Rendimento: 4 porções

4 croustades individuais (veja p. 212)
2 lagostas de 500-600 g
150 ml de Béchamel (veja p. 70)
50 g de Manteiga de lagosta (veja p. 66)
70 g de trufas
100 g de pão amanhecido
sal e pimenta

1 Prepare a massa das croustades.
2 Cozinhe as lagostas como os camarões (*veja p. 274*). Retire a casca.
3 Prepare o Béchamel (molho branco) e a Manteiga de lagosta.
4 Corte a carne da cauda e das pinças das lagostas em cubinhos, reservando 4 rodelas finas. Fatie a trufa, deixando 4 fatias reservadas.
5 Adicione a Manteiga de lagosta ao molho. Misture os cubinhos de lagosta e as trufas.
6 Preaqueça o forno a 250°C. Coloque esse recheio nas croustades.
7 Esfarele o pão, polvilhe com ele as croustades e leve ao forno para gratinar até ficarem douradas. Decore com as rodelas de lagosta e trufa reservadas. Sirva imediatamente.

■ Preparo: 1 h ■ Cozimento: 10 min

Croûtes de pão de fôrma: preparo

1 Utilize um pão de fôrma não fatiado e amanhecido. Corte fatias de cerca de 5-6 cm de espessura, contando 1 fatia por pessoa. Com a ponta da faca, faça uma abertura de 4-5 cm de diâmetro.
2 Frite em óleo bem quente e deixe escorrer em papel-toalha.
3 Retire todo o miolo delimitado pelo corte feito.
4 Coloque as croûtes no forno próximo à porta até a hora de recheá-las.

■ Preparo: 15 min ■ Cozimento: 5-10 min

ENTRADAS QUENTES
HORS-D'OEUVRE E ENTRADAS

Croûtes com miolo de boi

Rendimento: 4 porções

4 croûtes (veja p. 214)
100 ml de Caldo escuro de vitela (veja p. 38)
500 g de miolo de boi
5-6 cebolas-brancas
50 ml de vinho branco
sal e pimenta

1 Prepare as croûtes, cortando-as em fatias de 2 cm de espessura e 4 cm de largura.
2 Faça o caldo de vitela e deixe reduzir à metade.
3 Ferva água com sal em uma panela, mergulhe nela o miolo e deixe cozinhar por cerca de 10 min em fogo brando (a água deve apenas levantar fervura).
4 Escorra o miolo. Corte 4 rodelas e o restante em cubinhos.
5 Pique as cebolas. Coloque-as em uma panela com o vinho branco e cozinhe em fogo brando por cerca de 10 min.
6 Preaqueça o forno a 250ºC. Misture o miolo em cubinhos com o caldo de vitela reduzido, adicione as cebolas e o vinho branco e distribua essa preparação sobre as croûtes.
7 Tempere com pimenta e deixe gratinar por cerca de 10 min. Sirva imediatamente.

■ Preparo: 30 min ■ Cozimento: cerca de 10 min

Dartois de anchova

Rendimento: 4-6 porções

200 g de Recheio de musseline de peixe (veja p. 107)
50 g de Manteiga de anchova (veja p. 66)
80 g de filés de anchova em conserva no óleo
500 g de massa folhada pronta
1 ovo

1 Prepare o Recheio de peixe e a Manteiga de anchova. Adicione esta última ao recheio e misture bem.
2 Seque as anchovas em papel-toalha.
3 Abra a massa folhada até ficar com 3 mm de espessura e corte em duas tiras: uma de 10 x 24 cm e outra de 12 x 26 cm.
4 Preaqueça o forno a 240ºC. Coloque a tira menor de massa em uma assadeira forrada com papel-manteiga.
5 Espalhe com uma colher uma camada de 5 mm de espessura do recheio, deixando as bordas livres (cerca de 1 cm de borda não recoberta). ▶

ENTRADAS QUENTES
HORS-D'OEUVRE E ENTRADAS

6 Espalhe os filés de anchova por cima. Cubra com uma segunda camada de recheio e alise bem. Com um pincel embebido em água, molhe as bordas de massa.

7 Cubra a torta com a outra tira de massa e cole as bordas, pressionando bem com os dedos. Pincele com o ovo batido.

8 Recorte com a faca um círculo bem pequeno no centro da tampa da torta, e insira nele um cartão de visitas enrolado, para fazer uma chaminé.

9 Leve ao forno por 25 min. Sirva quente.

■ Preparo: 1 h ■ Cozimento: 25 min

Dartois de frutos do mar

Rendimento: 4-6 porções

400 g de Massa folhada (veja p. 116)
500 ml de Court-bouillon para peixe (veja p. 40)
8 lagostins
1 cebola-branca
100 ml de vinho branco
150 ml de creme de leite fresco
8 vieiras
50 g de camarões sem casca
15 g de manteiga
1 colher (sopa) de Calvados (ou conhaque)

1 Prepare a Massa folhada e deixe descansar por 2 h.

2 Aqueça o court-bouillon. Quando começar a ferver, mergulhe os lagostins por 5 min. Retire, descasque e corte em pedaços.

3 Pique a cebola. Coloque em uma panela juntamente com o vinho branco, o creme de leite, sal e pimenta e aqueça. Mergulhe nesse caldo as vieiras por 5 min.

4 Retire as vieiras com a escumadeira e corte-as em cubinhos.

5 Adicione as bebidas ao molho e leve ao fogo para apurar. Despeje então os lagostins, as vieiras e os camarões.

6 Proceda a seguir como no dartois de anchova.

■ Preparo: 15 min ■ Cozimento: cerca de 15 min

ENTRADAS QUENTES
HORS-D'OEUVRE E ENTRADAS

Figos recheados com queijo de cabra

Rendimento: 4 porções

250 g de Massa folhada (veja p. 116)
60 g de uvas-passas
100 ml de Vinagrete (veja p. 57)
1 ovo
400 g de vagens
2 queijos de cabra
8 figos
1/2 maço de cebolinha
amêndoas (ou castanhas) fatiadas para decorar

1. Prepare a Massa folhada. Preaqueça o forno a 210°C. Abra a massa até ficar bem fina. Com uma carretilha canelada, recorte 8 discos de 6 cm de diâmetro, pincele com o ovo batido e disponha-os em uma assadeira forrada com papel-manteiga.
2. Prepare o Vinagrete. Coloque as uvas no Vinagrete para macerar.
3. Cozinhe as vagens em água com sal por 10-15 min, até ficarem *al dente*.
4. Corte os queijos de cabra em quatro. Corte os figos a 1,5 cm da altura, reserve as "tampas" e retire um terço da polpa. Pique a cebolinha.
5. Recheie o interior de cada figo com um quarto de queijo de cabra. Coloque um figo recheado sobre cada círculo de massa e pincele com o ovo as bordas e o exterior do figo. Leve ao forno por 20 min. Ao final de 15 min, feche os figos com as suas "tampas".
6. Tempere as vagens com o vinagrete e adicione a cebolinha.
7. Disponha vagens temperadas e 2 figos em cada prato. Decore com amêndoas (ou castanhas) fatiadas.

■ Preparo: 1 h   ■ Cozimento: 20 min

ENTRADAS QUENTES
HORS-D'OEUVRE E ENTRADAS

Flã à moda de Bordeaux

Rendimento: 4 porções

1 croustade de 18 cm (veja p. 212)
100 ml de Molho à moda de Bordeaux (veja p. 90)
500 ml de Caldo ou consomê de carne (veja p. 38)
500 g de miolo de boi
2-3 cogumelos grandes (shiitake ou outro)
2 colheres (sopa) de óleo
300 g de presunto cozido
100 g de pão
20 g de manteiga
1 colher (sopa) de salsinha
sal e pimenta

1. Prepare a croustade com 250 g de massa podre e asse.
2. Faça o Molho à moda de Bordeaux e conserve aquecido.
3. Aqueça o caldo e cozinhe nele o miolo por 10-15 min em fogo brando.
4. Corte os chapéus dos cogumelos em fatias finas.
5. Aqueça o óleo em uma frigideira, salteie os cogumelos e tempere com sal e pimenta. Escorra sobre papel-toalha.
6. Corte o presunto em cubinhos. Esfarele o pão.
7. Escorra o miolo, corte 6-8 fatias bem grossas e o restante em pedaços.
8. Preaqueça o forno a 275°C. Adicione o presunto e o miolo picados ao molho, misture e coloque dentro da croustade.
9. Por cima desse recheio, disponha as fatias de miolo e de cogumelos, alternadamente. Derreta a manteiga e regue o flã.
10. Leve ao forno para gratinar por 10-12 min. Sirva quente, com salsinha picada.

■ Preparo: 40 min   ■ Cozimento: 10-12 min

Folhados: preparo

Rendimento:
10 folhados de 8-10 cm de diâmetro

1 kg de Massa folhada (veja p. 116) ou massa comprada pronta
1 ovo

1. Prepare a Massa folhada e deixe descansar por 1 h.
2. Abra a massa com o rolo até ficar com cerca de 5 mm de espessura. Com um molde canelado de 8-10 cm de diâmetro, faça 20 círculos. Umedeça uma assadeira e coloque 10 círculos, levantando um pouco suas bordas para que elas não sequem ao assar.
3. Pincele com o ovo batido. ▶

ENTRADAS QUENTES
HORS-D'OEUVRE E ENTRADAS

4 Com um molde de 7-9 cm de diâmetro, recorte 10 círculos menores e coloque sobre os maiores, sobrepondo bem as bordas exteriores. (Os círculos menores vão ser as "tampinhas" que cobrirão o recheio do folhado.)
5 Deixe na geladeira por 30 min.
6 Preaqueça o forno a 180ºC. Retire os folhados da geladeira e asse por 12-15 min.
7 Com a ponta da faca, descole com cuidado a tampa de cada folhado (o círculo menor) e retire, se preciso, o excedente de massa que ficou no interior.
8 Recheie os folhados a gosto. Estes folhados são chamados em francês de "bouchées", por serem pequeninos e poderem ser comidos de uma vez (ou "bocada") só. A diferença entre bouchée e vol-au-vent é o tamanho; o vol-au-vent tem 15-20 cm.

■ Preparo: 1 h ■ Cozimento: cerca de 15 min
■ Descanso da massa: 2h + 1h30

Folhados à moda beneditina

Rendimento: 10 folhados

1 kg de Massa folhada (veja p. 116)
1,8 kg de Brandade de bacalhau (veja p. 325)
125 g de trufas

1 Prepare os folhados (*veja receita anterior*), depois a brandade. Preaqueça o forno a 200ºC.
2 Corte 100 g de trufas em cubinhos e misture com a brandade.
3 Corte o restante das trufas em 10 fatias e ponha uma sobre cada folhado. Asse em forno alto por cerca de 2 min.

■ Preparo: 1 h ■ Cozimento: 2 min
■ Descanso da massa: 2h + 1h30

ENTRADAS QUENTES
HORS-D'OEUVRE E ENTRADAS

Folhados da rainha
(Bouchées à la reine)

Rendimento: 4 porções

4 folhados (veja p. 218)
500 ml de caldo de galinha em tablete
300 g de peito de frango
500 ml de Molho alemão magro (veja p. 72)
150 g de champignons
1/2 limão
10 g de manteiga
40 g de trufas
2 colheres (sopa) de vinho branco
sal e pimenta

1 Faça a massa dos folhados.
2 Prepare o caldo de galinha. Coloque o peito de frango e cozinhe em fogo brando por 10-15 min.
3 Retire com a escumadeira e corte em cubinhos.
4 Prepare o Molho alemão magro com o caldo e conserve aquecido. Se quiser, faça o recheio de musseline.
5 Limpe os champignons, corte o talo, regue com 1 colher (café) de suco de limão, corte em quatro e refogue na manteiga juntamente com 1 colher (sopa) de água, sem deixar dourar. Tempere com sal.
6 Quando estiverem prontos, retire o suco e adicione-o ao molho. Misture bem.
7 Corte a trufa em cubinhos e escalde em 2 colheres (sopa) de vinho branco.
8 Preaqueça o forno a 180°C.
9 Misture os cubinhos de frango e de trufa e os quartos de champignons com o molho. Experimente e acerte o tempero.
10 Leve ao forno os folhados, para aquecer. Coloque o recheio bem quente e ponha as "tampinhas".

■ Preparo: 2 h   ■ Cozimento: cerca de 30 min
■ Descanso da massa: 2h + 1h30

Folhados de fígado de frango

Rendimento: 10-12 folhados

1 kg de massa folhada pronta para fazer os folhados ou croustades (veja p. 218 ou 212) ▶

1 Prepare 10-12 croustades com a massa folhada.
2 Prepare o Molho madeira e conserve-o aquecido.
3 Limpe os fígados de frango: retire cuidadosamente os filamentos, separe os lóbulos e corte em tirinhas. Tempere com sal e pimenta. ▶

ENTRADAS QUENTES
HORS-D'OEUVRE E ENTRADAS

250 ml de Molho madeira (veja p. 41)
1 kg de fígados de frango
1 kg de cogumelos shiitake e shimeji
150 g de cebolas-brancas
4 dentes de alho
1/2 maço de salsinha
1/2 maço de estragão
5 talos de cebolinha-verde
200 g de manteiga
sal e pimenta

4 Lave e corte os champignons bem fininho. Descasque e pique as cebolas e o alho. Pique todas as ervas.
5 Derreta 100 g de manteiga e salteie os fígados em fogo alto por cerca de 5-10 min.
6 Em outra frigideira, derreta o restante da manteiga e refogue as cebolas e o alho. Adicione os champignons e as ervas e refogue rapidamente em fogo alto. Tempere com sal e pimenta.
7 Aqueça os folhados (só a massa) no forno.
8 Misture o Molho madeira com os champignons. Adicione os fígados. Recheie os folhados e sirva bem quente.

Se não tiver Molho madeira, misture diretamente os champignons e os fígados, acrescente 100 ml de vinho Madeira e misture, raspando o fundo da frigideira com a colher de pau. Deixe reduzir em fogo brando (5-10 min). A seguir, recheie os folhados.

■ Preparo: 15 min ■ Cozimento: cerca de 15 min

Folhados de foie gras com ostras

Rendimento: 10 folhados

1 kg de Massa folhada (veja p. 116)
10 ostras
150 g de foie gras
pimenta

1 Prepare os folhados (*veja p. 218*).
2 Abra as ostras e retire-as das conchas.
3 Preaqueça o forno a 250ºC. Asse a massa por 5 min, para esquentá-la.
4 Corte o foie gras em 10 quadrados. Coloque um quadrado em cada folhado e sobre ele uma ostra crua.
5 Tempere com pimenta-branca fresca. Sirva imediatamente.

■ Preparo: 1h15 ■ Cozimento: 5 min
■ Descanso da massa: 2h + 1h30

Goyère

Rendimento: 4-6 porções

130 g de queijo tipo fromage blanc
300 g de Massa podre (veja p. 118) ou massa pronta
130 g de queijo meia-cura novo
2 ovos
1 colher (sopa) de creme de leite fresco
30 g de manteiga
sal e pimenta

1. Escorra o fromage blanc. Prepare a massa e deixe descansar por 1 h.
2. Preaqueça o forno a 230°C. Estenda a massa até ficar com 3 mm de espessura e forre com ela uma fôrma de 22 cm de diâmetro. Espete o fundo da massa com o garfo, cubra com papel-manteiga e espalhe grãos de feijão, para a massa não crescer e depois quebrar. Asse por 10-12 min. Deixe esfriar.
3. Tire a casca do meia-cura (que deve estar bem macio, sem ter sido gelado) e corte-o em cubos. Misture com o fromage blanc e amasse muito bem com o garfo.
4. Bata os ovos até espumarem. Adicione o creme de leite e sal. Tempere com bastante pimenta e misture aos queijos. Amasse tudo com as mãos, sovando bem.
5. Despeje o recheio sobre a massa, iguale a superfície e leve ao forno por 20 min.
6. Retire do forno. Com a ponta da faca, trace losangos na superfície. Espalhe cubinhos de manteiga por cima e leve de volta ao forno por mais 15 min. Sirva bem quente.

■ Preparo: 30 min ■ Cozimento: cerca de 35 min

Musse de peixe

Rendimento: 4-6 porções

500 g de filés de peixe
3 claras
600 ml de creme de leite fresco
sal e pimenta

1. Corte os filés em pedaços e soque-os no pilão ou bata no processador. Tempere com sal e pimenta.
2. Acrescente as claras uma por vez, misturando bem a cada vez.
3. Passe na peneira grossa e leve à geladeira por 2 h.
4. Preaqueça o forno a 190°C. ▶

ENTRADAS QUENTES
HORS-D'OEUVRE E ENTRADAS

5 Coloque o recipiente com o recheio dentro de uma bacia cheia de gelo e adicione aos poucos, com a espátula, o creme de leite sem o soro. Acerte o tempero.

6 Unte levemente a fôrma com um pincel embebido em óleo e despeje nela a musse. Leve para assar em banho-maria por 20 min. Retire do forno e espere 10 min antes de desenformar. Sirva morno, com molho para peixe.

■ Preparo: 30 min ■ Refrigeração: 2 h
■ Cozimento: 20 min

Pão de peixe

Rendimento: 4-6 porções

250 g de filés de peixe
125 g de Empanado de farinha de trigo (veja p. 104)
125 g de manteiga
1 ovo pequeno
2 gemas
10 g de manteiga para untar
sal e pimenta
noz-moscada

1 Retire as espinhas do peixe com uma pinça e corte os filés em cubinhos. Tempere com sal e pimenta e um pouco de noz-moscada ralada.

2 Bata no processador.

3 Preaqueça o forno a 200°C.

4 Prepare o empanado. Incorpore a manteiga e misture tudo à pasta de peixe. Adicione, sem parar de mexer, o ovo inteiro e a seguir as gemas, uma por vez.

5 Bata no processador até obter uma pasta bem lisa. Coloque numa fôrma untada.

6 Deixe em banho-maria no forno por 45-50 min. Desenforme numa travessa e sirva com molho para peixe.

■ Preparo: 40 min ■ Cozimento: cerca de 45-50 min

ENTRADAS QUENTES
HORS-D'OEUVRE E ENTRADAS

Pirojki caucasianos

Rendimento: 4-6 porções

500 g de Massa de carolina (veja p. 112)
100 g de queijo ralado
400 ml de Béchamel (veja p. 70)
150 g de champignons
15 g de manteiga
óleo para fritar
200 g de farinha de rosca
400 g de Empanado à inglesa (veja p. 103)
sal e pimenta

1 Preaqueça o forno a 180°C. Prepare a Massa de carolina, adicionando 50 g de queijo ralado. Forre uma assadeira com papel-manteiga e abra a massa bem fina. Leve ao forno por 25 min.

2 Prepare o Béchamel (molho branco), cozinhando em fogo brando para que fique bem grosso. Mexa, de vez em quando, e adicione o restante do queijo.

3 Limpe e lave os champignons. Corte bem fininho.

4 Derreta a manteiga e refogue os champignons por cerca de 10-15 min. Tempere com sal e pimenta. Separe 250 g (cerca da metade) do Béchamel e misture aos champignons.

5 Aqueça o óleo para fritar.

6 Vire a massa de carolina assada sobre a superfície de trabalho e divida-a em duas partes. Espalhe a preparação de molho branco e champignons sobre uma das partes, deixando as bordas livres. Cubra com a outra metade da massa e pressione bem as bordas, para fechar bem a torta. Corte em retângulos de 6 cm de comprimento por 3 cm de largura, e cubra cada um com a outra metade do Béchamel. Polvilhe farinha de rosca e passe no Empanado à inglesa.

7 Frite os pirojki em óleo bem quente (180°C), e deixe escorrer sobre papel-toalha.

8 Disponha os pirojki em um prato forrado com papel-toalha e sirva.

■ Preparo: 30 min   ■ Cozimento: cerca de 15 min

ENTRADAS QUENTES
HORS-D'OEUVRE E ENTRADAS

Pirojki folhados

Rendimento: 4-6 porções

100 g de arroz
1 colher (sopa) de manteiga
2 ovos
80-100 g de sobras de peixe
400 g de massa folhada pronta
óleo para fritar
1 ovo para dourar
sal e pimenta

1 Faça o arroz. Depois de pronto, adicione a manteiga e conserve-o aquecido. Cozinhe os ovos duros. Pique o peixe cozido. Descasque, pique os ovos e misture ao peixe. Adicione a seguir o arroz. Tempere com sal e pimenta e reserve.

2 Preaqueça o forno a 220ºC. Abra a massa folhada até ficar com 2-3 mm de espessura e recorte 12 discos com 7 cm de diâmetro. Estique-os levemente para lhes dar formato oval. Disponha sobra a metade esquerda de cada pedaço, sem chegar até a borda, uma pequena porção de recheio. Bata o ovo em uma tigela e pincele com ele a parte direita da massa sem recheio. Vire-a sobre a metade recheada e feche bem as bordas pressionando com os dedos. Com a ponta de uma faca, faça pequenas estrias sobre a massa e pincele novamente com ovo.

3 Leve ao forno por 20 min. Sirva bem quente.

■ Preparo: 40 min ■ Cozimento: 20 min

Pizza napolitana

Rendimento: 4 porções

Massa de pizza (veja p. 114)
1 lata de molho de tomate
400 g de mussarela
50 g de filés de anchova salgada ou em óleo
100 g de azeitonas pretas
1 colher (café) de orégano
1/2 copo de azeite

1 Prepare a Massa de pizza. Divida-a em quatro partes e estenda com o rolo para obter quatro discos. Preaqueça o forno a 250ºC.

2 Com o dorso da colher, espalhe o molho de tomate sobre os discos de pizza.

3 Coloque os filés de anchova sob água corrente para tirar o sal (ou escorra os filés em óleo sobre papel-toalha). Distribua as anchovas e as azeitonas pretas sobre as pizzas.

4 Tempere com orégano e regue com azeite. Leve ao forno por 30 min. Sirva bem quente.

■ Preparo: 30 min ■ Cozimento: 30 min

ENTRADAS QUENTES
HORS-D'OEUVRE E ENTRADAS

Pizza quatro estações

Rendimento: 4 porções

*Massa de pizza
(veja p. 114)
2 dentes de alho
800 g de tomates
2 colheres (sopa)
de azeite
três pitadas de orégano
4 fatias de presunto cru
150 g de salame fatiado
1 pote de fundos de
alcachofra
1 lata pequena de filés
de anchova
100 g de azeitonas pretas
1 lata de polpa de tomate
150 g de champignons
80 g de parmesão
sal e pimenta*

1. Prepare a Massa de pizza. Divida-a em quatro partes e estenda com o rolo para obter quatro discos. Preaqueça o forno a 250°C.
2. Pique o alho. Escalde os tomates, retire a pele e as sementes e pique-os. Aqueça 1 colher (sopa) de azeite em uma frigideira, frite o alho e refogue os tomates. Tempere com o orégano, o alho, sal e pimenta e deixe cozinhar por 15-30 min, para apurar. Preaqueça o forno a 250°C.
3. Corte o presunto em tirinhas e as fatias de salame em quartos.
4. Escorra as alcachofras e corte-as ao meio.
5. Escorra os filés de anchova em papel-toalha.
6. Retire o caroço das azeitonas e corte os champignons bem fininho.
7. Distribua sobre as pizzas a polpa de tomate, os tomates e os filés de anchova. Divida os outros ingredientes, um em cada quarto de pizza: alcachofras, presunto, champignons e salame. Espalhe as azeitonas sobre toda a pizza e polvilhe com parmesão. Regue com um filete de azeite.
8. Leve ao forno por cerca de 10 min. Sirva bem quente.

■ Preparo: 30 min   ■ Cozimento: cerca de 10 min

Quiche lorraine

Rendimento: 4-6 porções

*450 g de Massa podre
(veja p. 118)
250 g de toucinho
4 ovos
300 ml de creme de leite
fresco
sal e pimenta
noz-moscada*

1. Prepare a massa e deixe-a descansar.
2. Preaqueça o forno a 200°C. Abra a massa até ficar com 4 mm de espessura.
3. Unte com manteiga uma fôrma de torta de 26 cm de diâmetro, depois polvilhe com farinha de trigo. Estenda a massa na fôrma e espete-a com o garfo. Cubra com papel-manteiga e coloque por cima grãos de feijão para fazer peso. Leve ao forno por 12-14 min. Deixe esfriar. ▶

4 Ferva água. Corte o toucinho em cubinhos e mergulhe-os na água fervente por 5 min. Escorra, seque em papel-toalha e refogue levemente em uma frigideira antiaderente. Espalhe sobre a massa assada.

5 Bata os ovos com o creme de leite. Tempere com sal e pimenta e misture. Adicione um pouco de noz-moscada ralada. Misture tudo sobre a massa com o toucinho.

6 Leve ao forno por 30 min. Sirva quente.

Servida com uma salada verde ou mista, a quiche constitui um prato principal.

■ Preparo: 30 min   ■ Cozimento: cerca de 30 min

Rissoles: preparo

Rendimento: 4 porções

500 g de Massa de brioche, Massa folhada ou Massa podre (veja p. 111, 116 ou 118)
óleo para fritar

1 Prepare a massa e abra até ficar com 3-4 mm de espessura. Com um molde redondo ou oval, de 6 cm de diâmetro, recorte 24 discos de massa.

2 Coloque um pouco de recheio (cerca de 15 g) no centro de 12 discos.

3 Molhe um pincel na água, umedeça com ele as bordas da massa recheada e cubra-a com outro disco, pressionando bem as bordas para fechá-las. No caso da Massa de brioche, quando os rissoles estiverem prontos, deixe fermentar por 30-45 min em local morno, ao abrigo de correntes de ar.

4 Em qualquer caso, frite os rissoles em óleo bem quente (180ºC), dos dois lados, e escorra sobre papel-toalha.

5 Sirva bem quente, numa travessa forrada com papel-toalha.

Todos os recheios utilizados no preparo de croquetes, bolinhos e croûtes podem ser utilizados nos rissoles. Calcule 300 g de recheio para 500 g de massa.

■ Preparo: cerca de 30 min

ENTRADAS QUENTES
HORS-D'OEUVRE E ENTRADAS

Rissoles à camponesa

Rendimento: 4-6 porções

450 g de Massa podre (sem ovo) (veja p. 118)
100 ml de Molho madeira (veja p. 41)
1 cenoura
1 talo de aipo grande
100 g de champignons
3 cebolas-brancas
50 g de manteiga
300 g de presunto
sal e pimenta

1. Prepare a massa e deixe descansar por 1 h.
2. Recorte os rissoles (*veja p. 227*).
3. Faça o Molho madeira e conserve aquecido.
4. Descasque todos os legumes e corte-os em cubinhos. Pique as cebolas e refogue-as na manteiga até ficarem bem tenras.
5. Corte o presunto em cubinhos.
6. Reduza o molho madeira de maneira que sobrem apenas cerca de 3 ou 4 colheres (sopa). Misture os legumes, o presunto e o molho, e recheie a metade dos rissoles.
7. Termine de preparar e sirva os rissoles bem quentes.

■ Preparo: cerca de 45 min ■ Cozimento: cerca de 15 min

Salada morna de lentilhas

Rendimento: 4-6 porções

350 g de lentilhas
3 dentes de alho
2 cebolas comuns
2 cravos-da-índia
15 g de manteiga
1 ramo de tomilho
1 folha de louro
700 ml de vinho branco
2 cebolas-brancas
6 colheres (sopa) de azeite
2 colheres (sopa) de vinagre de vinho tinto
250 g de toucinho
2 colheres (sopa) de salsinha

1. Coloque as lentilhas de molho por 3 h; em seguida, lave-as. Corte os dentes de alho ao meio. Pique uma cebola. Derreta a manteiga e refogue rapidamente o alho, a cebola picada, o tomilho e o louro.
2. Acrescente as lentilhas, adicione o vinho e a segunda cebola espetada com o cravo-da-índia. Tempere com sal e deixe levantar fervura. Diminua o fogo e cozinhe por 40 min.
3. Pique as cebolas-brancas e prepare o vinagrete com o azeite e o vinagre. Incorpore tudo às lentilhas. Pique o toucinho e doure-o a seco; escorra em papel-toalha e reserve.
4. Retire o tomilho e o louro, escorra as lentilhas e disponha em uma travessa previamente aquecida. Adicione o toucinho, regue com o vinagrete, misture e salpique a salsinha picada por cima.

■ Demolha: 3 h ■ Preparo: 1h30 ■ Cozimento: 40 min

ENTRADAS QUENTES
HORS-D'OEUVRE E ENTRADAS

Steak & kidney pie

Rendimento: 4-6 porções

400 g de Massa podre (sem ovo) (veja p. 118)
4 ovos
250 g de picanha ou paleta
1 rim de vitela
500 g de batatas
2 cebolas
1 maço pequeno de salsinha
20 g de manteiga
1 copinho de Caldo ou consomê de carne (veja p. 38) ou caldo em tablete
1 ovo (para pincelar)
sal e pimenta

1 Faça a massa e deixe descansar por 1 h.
2 Prepare 4 ovos cozidos. Corte a carne em tirinhas. Retire a gordura do rim de vitela e corte-o em pedacinhos. Misture a carne e o rim.
3 Descasque, lave e corte em fatias finas as batatas. Corte as cebolas em rodelas. Pique a salsinha.
4 Descasque os ovos e corte-os em rodelas.
5 Preaqueça o forno a 190ºC. Unte uma fôrma com manteiga. Coloque metade da carne misturada com rim. Tempere levemente com sal e pimenta e salpique um pouco de salsinha por cima. Cubra com uma camada de batatas e espalhe as rodelas de ovos. Adicione uma camada de cebola e o restante da carne. Despeje o caldo.
6 Abra a massa de maneira que fique maior do que a fôrma. Coloque por cima (deverá cair e cobrir as bordas). Pressione com os dedos para colar bem a massa à borda exterior da fôrma.
7 Pincele toda a superfície com o ovo batido. Com a ponta da faca trace algumas linhas sobre a torta.
8 Faça um buraco no meio da massa e coloque dentro um cartãozinho enrolado para fazer uma "chaminé".
9 Leve ao forno por 1h15. Sirva bem quente na própria fôrma.

■ Preparo: 1 h ■ Cozimento: 1h15

ENTRADAS QUENTES
HORS-D'OEUVRE E ENTRADAS

Suflê: preparo

Rendimento: 4-6 porções

400 ml de Béchamel (veja p. 70)
4 ovos
manteiga
sal e pimenta
noz-moscada

1. Prepare o Béchamel (molho branco), tempere com sal, pimenta e noz-moscada ralada. Acrescente, então, o ingrediente básico do suflê, que pode ser legumes ou verduras (abóbora, espinafre), peixe ou frango cozidos etc.
2. Preaqueça o forno a 220°C.
3. Bata os ovos em neve com uma pitada de sal. Adicione primeiramente as gemas ao molho branco, uma por uma, misturando bem a cada vez, depois as claras em neve, suavemente, mexendo sempre no mesmo sentido, com a colher de pau, para não quebrá-las.
4. Unte com manteiga uma fôrma de 20 cm de diâmetro e coloque o suflê.
5. Leve ao forno por 30 min sem abrir a porta do forno. Sirva imediatamente.

■ Preparo: 30 min ■ Cozimento: 30 min

Suflê de ave

Rendimento: 4-6 porções

250 g de sobras de carne de aves (frango, peru novo, galinha-d'angola)
30 g de manteiga
400 ml de Béchamel (veja p. 70)
4 ovos
sal e pimenta

1. Pique a carne de ave cozida, misture com a manteiga e passe no processador. Tempere com sal e pimenta.
2. Prepare o Béchamel (molho branco) e termine o suflê (*veja acima*). Distribua em cumbucas individuais e leve ao forno por 15-20 min.

Suflê à moda da rainha
Adicione 2 colheres (sopa) de trufa picada à carne de ave triturada.

■ Preparo: 30 min ■ Cozimento: 30 min

ENTRADAS QUENTES
HORS-D'OEUVRE E ENTRADAS

Suflê de batata

Rendimento: 4-6 porções

4 batatas grandes
4 colheres (sopa) de creme de leite fresco
4 ovos
sal e pimenta
75 g de queijo ralado (opcional)

1 Descasque, corte em pedaços as batatas e cozinhe em um pouco de água com sal.
2 Bata no liquidificador, adicione o creme de leite e misture bem. Tempere com sal e pimenta.
3 Acrescente o queijo ralado, se for usá-lo. Termine o suflê (o purê substitui o Béchamel habitual), como indicado na p. 230, e cozinhe da mesma forma.

Suflê de batata-doce
Proceda da mesma forma, substituindo as batatas por batatas-doces. Adicione 75 g de gruyère ralado ou 50 g de parmesão.

■ Preparo: 40 min   ■ Cozimento: cerca de 30 min

Suflê de carne de caça

Rendimento: 4-6 porções

250 g de sobras de carne de caça (faisão ou perdiz)
400 g de Caldo de caça (veja p. 36)
400 ml de Béchamel (veja p. 70)
4 ovos
sal e pimenta

1 Amasse a carne no pilão ou no processador.
2 Prepare o Béchamel (molho branco) com o Caldo de caça e incorpore a carne. Tempere com sal e pimenta.
3 Prepare o suflê (*veja p. 230*).
4 Sirva com Molho Périgueux (*veja p. 101*).

■ Preparo: 30 min   ■ Cozimento: cerca de 30 min

ENTRADAS QUENTES
HORS-D'OEUVRE E ENTRADAS

Suflê de fígado de frango

Rendimento: 4-6 porções

3 cebolas-brancas
1 maço de salsinha
250 g de fígados de frango
50 g de manteiga
400 ml de Béchamel
   (veja p. 70)
4 ovos
sal e pimenta

1. Descasque e pique as cebolas. Pique a salsinha. Corte os fígados de frango em pedaços. Derreta 20 g de manteiga e salteie os fígados com as cebolas e a salsinha. Tempere com sal e pimenta.
2. Passe tudo no processador com o restante da manteiga até obter uma pasta.
3. Preaqueça o forno a 200°C.
4. Prepare o Béchamel (molho branco), incorpore a pasta de fígado e termine o suflê (veja p. 230).

■ Preparo: 30 min   ■ Cozimento: 30 min

Suflê de queijo

Rendimento: 4-6 porções

150 g de queijo meia-cura
400 ml de Béchamel
   (veja p. 70)
4 ovos
sal e pimenta
noz-moscada

Proceda como na receita de suflê (veja p. 230), adicionando antes dos ovos o queijo ralado.

Você pode fazer este suflê com queijo prato, parmesão ou gorgonzola, depende do gosto que pretende imprimir ao prato.

Acompanhado de uma salada verde, o suflê de queijo pode ser servido como prato principal.

■ Preparo: 20 min   ■ Cozimento: cerca de 30 min

ENTRADAS QUENTES
HORS-D'OEUVRE E ENTRADAS

Suflê de salmão defumado

Rendimento: 4-6 porções

400 g de salmão defumado
4 ovos inteiros
250 g de creme de leite fresco
4 claras
20 g de manteiga
sal e pimenta

1 Encha uma tigela grande com gelo. Pique o salmão defumado em pedaços bem pequenos e coloque em uma vasilha menor dentro da vasilha de gelo.
2 Preaqueça o forno a 200°C.
3 Bata os ovos com o creme de leite e despeje aos poucos sobre o salmão, trabalhando bem com a espátula por 7-8 min.
4 Bata as claras em neve bem firme com uma pitada de sal.
5 Incorpore delicadamente as claras, despejando-as aos poucos e misturando sempre no mesmo sentido.
6 Unte uma fôrma com manteiga. Despeje tudo na fôrma e deixe assar por cerca de 25 min, sem abrir a porta do forno.

■ Preparo: 20 min   ■ Cozimento: cerca de 25 min

Suflê de siri

Rendimento: 4-6 porções

100 ml de caldo de camarão (em tablete)
400 ml de Béchamel (veja p. 70)
1 embalagem de carne de siri congelada
6 ovos
sal e pimenta

1 Prepare o caldo de camarão.
2 Faça o Béchamel (molho branco) com 300 ml de leite e o caldo de camarão.
3 Passe os siris no processador e adicione ao molho.
4 Acerte o tempero, depois termine o suflê (*veja p. 230*).

Suflê de camarão
Substitua a carne de siri por camarões sem casca e utilize a casca para fazer o caldo fresco de camarão.

Suflê de lagosta
Utilize 200 g de lagosta em lugar do siri.

■ Preparo: 30 min   ■ Cozimento: 30 min

Torta de alho-poró

Rendimento: 4-6 porções

500 g de Massa podre (veja p. 118)
1,5 kg de alho-poró
50 g de manteiga
3 gemas
1 ovo

1. Prepare a Massa podre.
2. Enquanto a massa descansa, lave os alhos-porós, retire a parte verde e corte a parte branca em rodelas finas.
3. Derreta 40 g de manteiga em uma panela e cozinhe os alhos-porós em fogo brando por 25-30 min. Tempere com sal e pimenta.
4. Preaqueça o forno a 230°C. Enquanto isso, divida a massa em duas partes, uma maior do que a outra.
5. Forre com o pedaço maior uma fôrma para torta de 28 cm de diâmetro untada com manteiga.
6. Bata as gemas em uma vasilha e, fora do fogo, misture-as ao alho-poró. Experimente e acerte o tempero. Coloque os alhos-porós na fôrma, espalhando-os por igual.
7. Cubra com o segundo pedaço de massa, apertando bem as bordas.
8. Bata o ovo em uma vasilha e pincele a tampa da massa.
9. Corte um pequeno círculo de massa no centro da torta e coloque um cartão de visitas enrolado (ou um retângulo de papel grosso) dentro dele, para que a fumaça saia por essa chaminé. Asse por 30-40 min até dourar bem. Sirva bem quente.

■ Preparo: 40 min   ■ Cozimento: cerca de 1h10

Torta de frango

Rendimento: 6-8 porções

1 Frango em gelatina (veja p. 548)
600 g de Massa de brioche (veja p. 111)
1,5 litro de Caldo claro de frango (veja p. 34)
100 g de bacon
1 ovo

1 Siga a receita do frango mas não coloque a gelatina (pode ser feito na véspera e conservado na geladeira). Prepare a massa de brioche.

2 Descongele o Caldo claro de frango (ou prepare-o com tablete) e, quando, ferver, coloque o frango para cozinhar em fogo brando por 30-40 min. Escorra o frango e deixe esfriar.

3 Preaqueça o forno a 190ºC.

4 Abra a Massa de brioche e divida-a em duas partes iguais. Arrume as fatias de bacon sobre uma das partes. Coloque o frango no meio da outra metade de massa e cubra-a com a massa com bacon, apertando as bordas para fechar bem.

5 Com uma faca, faça estrias sobre a tampa da torta e pincele-a com ovo batido. Abra um buraco, bem no centro, e coloque um cartãozinho enrolado dentro dele, para fazer a "chaminé".

6 Leve a massa para assar, por 1h30, em fôrma forrada com papel-manteiga. Sirva quente.

■ Preparo: 2 h ■ Cozimento: cerca de 1h30

Torta de fromage blanc

Rendimento: 4-6 porções

400 g de Massa podre (veja p. 118)
250 g queijo tipo fromage blanc
5 colheres (sopa) de farinha de trigo
5 colheres (sopa) de creme de leite fresco
2 ovos
25 g de manteiga
sal e pimenta

1 Prepare a massa e deixe descansar por 1 h. Estenda a massa até ficar com 26 cm de diâmetro.

2 Preaqueça o forno a 200ºC.

3 Escorra o soro do fromage blanc. Misture-o com a farinha, adicione o creme de leite, os ovos, sal e um pouquinho de pimenta.

4 Despeje numa fôrma levemente untada, espalhe por cima pedacinhos de manteiga e leve ao forno por 45 min. Sirva morno.

■ Preparo: 15 min ■ Cozimento: 45 min
■ Descanso: 1 h

ENTRADAS QUENTES
HORS-D'OEUVRE E ENTRADAS

Welsh rarebit

Rendimento: 4 porções

250 g queijo de Cheshire ou parmesão
200 ml de cerveja
1 colher (sobremesa) de mostarda inglesa (levemente escura)
4 fatias de pão
25 g de manteiga
pimenta

1 Preaqueça o forno a 260ºC.
2 Corte o queijo em fatias finas e coloque-as em uma panela. Adicione a cerveja e a mostarda. Tempere com pimenta. Leve ao fogo, mexendo com a colher de pau até ficar fluido e homogêneo.
3 Toste as fatias de pão e passe a manteiga sobre elas.
4 Unte quatro pratos com manteiga. Coloque uma fatia de pão em cada um e distribua a preparação de queijo por cima.
5 Leve ao forno por 3-4 min. Sirva bem quente.

Esta é uma receita típica do País de Gales. "Welsh" é o nome do povo galês e "rare bit", ou "bom bocado", é um trocadilho com "coelho", pois a pronúncia de "rabbit" é próxima à de "rare bit".

■ Preparo: 15 min ■ Cozimento: cerca de 5 min

Ovos e queijos

OMELETES	239
OVOS À LA COQUE	244
OVOS COZIDOS	246
OVOS EN COCOTTE	248
OVOS FRITOS	249
OVOS MEXIDOS	251
OVOS NO PRATO E NA CAÇAROLA	255
OVOS POCHÉS	258
OVOS SEMIDUROS (MOLLETS)	260
PRATOS À BASE DE QUEIJO	265

OVOS E QUEIJOS

OVOS

Graças às suas qualidades nutritivas e à diversidade de uso na culinária, o ovo sempre teve papel importante na alimentação. É uma boa fonte de proteínas, vitaminas (A, B, D e E) e ferro.

Os ovos podem ser empregados tanto em pratos salgados quanto doces, mas também podem ser apreciados puros. Diversos métodos de cozimento – em omeletes, fritos, pochés, semiduros etc. – proporcionam grande variedade de pratos e permitem criar toda espécie de variações.

Devemos guardar os ovos sem lavar para que não fiquem permeáveis aos odores e se desidratem mais rapidamente. Um ovo bem fresco pode durar até 3 semanas na geladeira. Um ovo cozido se conserva 4 dias com casca, e 2 sem casca; a gema e a clara cruas duram apenas 24 horas. Todas a preparações à base de ovos crus ou semicozidos (maionese, cremes para confeitaria) devem ser conservadas por 2 dias, no máximo, na geladeira.

Cada ovo deve ser quebrado separadamente, pois um ovo estragado (que se reconhece pelo odor forte e textura líquida) inutiliza todos os outros. Uma dica para descascar mais facilmente os ovos cozidos é passá-los sob um filete de água.

A quantidade de ovos por pessoa depende do tipo de prato e da importância da refeição. Geralmente, calcula-se 1 ovo por pessoa para uma entrada, 2 para o prato principal; e 2 ou 3 para uma omelete, dependendo do recheio.

QUEIJOS

O queijo é um alimento rico em proteína e cálcio, além de ser energético. Na culinária, serve como ingrediente de base ou como condimento. Pode ser servido cru (canapés, patês, saladas aromatizadas, sanduíches) ou cozido (crepes, gratinados, pizzas, suflês etc.). Existe uma grande variedade de pratos típicos à base de queijo, como as massas gratinadas e as fondues.

OMELETES

Omelete simples: cozimento

Rendimento: 4 porções
8 ovos
20-25 g de manteiga
sal e pimenta

1 Quebre os ovos em uma tigela e bata com o garfo. Tempere com sal e pimenta.

2 Derreta a manteiga em uma frigideira antiaderente; quando começar a espumar, despeje os ovos batidos e aumente o fogo. Quando os ovos começarem a firmar, traga-os da borda até o centro, com uma espátula de madeira. Ao mesmo tempo, incline a frigideira de vez em quando para distribuir melhor os ovos ainda líquidos. A omelete estará pronta quando estiver firme. Se preferir uma omelete mole, retire do fogo quando estiver líquida no centro.

3 Coloque-a em uma travessa aquecida e enrole-a. Se quiser, passe um pouco de manteiga por cima para deixá-la brilhante.

Pode-se acrescentar 2-3 colheres (sopa) de leite ou 1 de creme de leite aos ovos batidos.

■ Preparo: 5 min ■ Cozimento: 8-10 min

Omelete à moda da Lorraine

Rendimento: 4 porções
150 g de toucinho
80 g de queijo gruyère
1/4 de maço de cebolinha
8 ovos
15 g de manteiga
pimenta

1 Corte o toucinho em cubinhos. Doure-os em uma frigideira antiaderente, escorra e descarte a gordura.

2 Rale o gruyère em lascas grossas. Pique a cebolinha.

3 Bata os ovos com todos os ingredientes e tempere com pimenta.

4 Aqueça a manteiga em uma frigideira, despeje a preparação e cozinhe como um crepe por 2-3 min de cada lado.

■ Preparo: 15 min ■ Cozimento: cerca de 6 min

OMELETES
OVOS E QUEIJOS

Omelete basca

Rendimento: 4 porções

1 pimentão vermelho
1 pimentão verde
1 dente de alho
2 colheres (sopa) de azeite
8 ovos
pimenta-de-caiena
30 g de manteiga
sal

1. Lave os pimentões e corte-os ao meio. Tire as sementes e corte-os em tirinhas. Descasque e pique o alho.
2. Aqueça o azeite em uma frigideira. Adicione os pimentões e o alho e refogue por 10 min, mexendo com a espátula.
3. Bata os ovos em uma tigela. Tempere com sal e duas ou três pitadas de pimenta-de-caiena.
4. Aqueça a manteiga em uma frigideira. Despeje os ovos batidos e deixe-os firmar, virando as bordas com a espátula de madeira. Adicione os pimentões, distribuindo-os por igual. Cozinhe por mais 2 min e enrole a omelete. Sirva imediatamente.

■ Preparo: 15 min ■ Cozimento: 12 min

Omelete com azedinhas

Rendimento: 4 porções

200 g de azedinhas (ou agrião novo)
1/4 de maço de cerefólio
1/4 de maço de salsinha
1/4 de maço de estragão
40 g de manteiga
8 ovos
120 g de presunto cru fatiado (opcional)
2 batatas (opcional)
sal e pimenta

1. Lave e limpe as azedinhas (ou o agrião) e escorra. Pique grosseiramente. Corte as ervas com a tesoura.
2. Derreta 20 g de manteiga em uma panela. Adicione as azedinhas (ou o agrião) e refogue por 3 min, mexendo sem parar. Retire do fogo.
3. Bata os ovos em uma tigela e tempere com sal e pimenta. Adicione as azedinhas refogadas e as ervas. Bata mais uma vez.
4. Derreta o restante da manteiga em uma frigideira antiaderente e despeje os ovos batidos. Cozinhe como um crepe, por 2-3 min de cada lado.

Pode-se adicionar 120 g de presunto cru fatiado, ou 2 batatas cozidas cortadas em rodelas finas.

■ Preparo: 15 min ■ Cozimento: 5 min

Omelete com batatas

Rendimento: 4 porções
150 g de batatas
40 g de manteiga
8 ovos
sal e pimenta

1 Cozinhe as batatas com casca em água com sal. Descasque e corte em pedaços.
2 Doure as batatas na frigideira em 20 g de manteiga. Conserve aquecidas.
3 Prepare a Omelete (*veja p. 239*).
4 Adicione as batatas ao final do cozimento, antes de enrolar a omelete.

■ Preparo: 30 min ■ Cozimento: cerca de 15 min

Omelete com champignons

Rendimento: 4 porções
150 g de champignons
70 g de manteiga
8 ovos
sal e pimenta

1 Corte os champignons em lâminas finas.
2 Bata os ovos. Tempere com sal e pimenta.
3 Refogue os champignons na frigideira, em 20 g de manteiga derretida, por cerca de 10 min; acrescente os ovos batidos.
4 Derreta o restante da manteiga na frigideira, frite a omelete e dobre-a. Deslize a omelete delicadamente para uma travessa. Sirva em seguida.

■ Preparo: 15 min ■ Cozimento: cerca de 15 min

Omelete com ervas

Rendimento: 4 porções
1/2 maço de cerefólio
1/2 maço de estragão
1/2 maço de salsinha
1/2 maço de cebolinha
12 ovos
20 g de manteiga
sal e pimenta

1 Lave as ervas e destaque as folhas. Pique todas as ervas grosseiramente.
2 Bata os ovos, adicione as ervas e tempere com sal e pimenta. Faça a Omelete (*veja p. 239*).

■ Preparo: 15 min ■ Cozimento: 8-10 min

OMELETES
OVOS E QUEIJOS

Omelete com presunto ou bacon

Rendimento: 4 porções

150 g de presunto
  ou bacon
40 g de manteiga
8 ovos
sal e pimenta

1. Para uma omelete de presunto, corte o presunto em cubinhos. Para uma omelete de bacon, doure as fatias de bacon na frigideira e escorra-as em papel-toalha; descarte a gordura da frigideira.
2. Derreta a manteiga em uma frigideira. Bata os ovos, tempere com sal e pimenta; adicione o presunto ou o bacon. Cozinhe a Omelete (*veja p. 239*), enrole-a e coloque em uma travessa.

■ Preparo: 15 min ■ Cozimento: cerca de 15 min

Omelete com queijo

Rendimento: 4 porções

8 ovos
40 g de manteiga
150 g de queijo ralado
sal e pimenta

Prepare a Omelete (*veja p. 239*). Ao final do cozimento, antes de enrolá-la, acrescente o queijo ralado.

■ Preparo: 5 min ■ Cozimento: 15 min

Omelete com tomate

Rendimento: 4 porções

4 tomates
1 cebola-branca
1 dente de alho
1 colher (sopa) de azeite
1 ramo de tomilho
1/4 de folha de louro
8 ovos
40 g de manteiga
sal e pimenta

1. Escalde os tomates, retire a pele e corte em pedaços.
2. Descasque e pique a cebola e o alho. Refogue-os em azeite, adicione os tomates, o tomilho e o louro. Tempere com sal e pimenta e cozinhe até que o líquido tenha evaporado.
3. Bata os ovos, tempere com sal e pimenta e adicione a metade dos tomates. Conserve o restante aquecido. Misture.
4. Cozinhe a Omelete (*veja p. 239*). Ao final do cozimento, antes de enrolar, adicione a outra metade dos tomates.

■ Preparo: cerca de 30 min
■ Cozimento: cerca de 15 min

OMELETES
OVOS E QUEIJOS

Omelete Du Barry

Rendimento: 4 porções

1 couve-flor pequena
50 g de manteiga
8 ovos
1/2 maço de cerefólio
sal e pimenta

1 Destaque os buquês de couve-flor e cozinhe no vapor (devem ficar um pouco firmes).
2 Refogue a couve-flor numa frigideira com a manteiga.
3 Bata os ovos, tempere com sal e pimenta, adicione o cerefólio picado e despeje tudo sobre a couve-flor. Cozinhe como um grande crepe.

■ Preparo: 15 min   ■ Cozimento: 15-20 min

Omelete mista

Rendimento: 4 porções

2 batatas
1 fatia bem grossa de presunto
40 g de manteiga
8 ovos
30 g de queijo fresco
1 colher (sopa) de creme de leite fresco
sal e pimenta

1 Descasque as batatas e corte-as em cubinhos.
2 Corte da mesma forma o presunto.
3 Em uma frigideira, doure o presunto em 10 g de manteiga; escorra.
4 Acrescente o restante da manteiga e doure as batatas. Adicione o presunto e os ovos batidos; tempere com sal e pimenta.
5 Frite a omelete de um lado, depois do outro. Corte o queijo em cubinhos e espalhe sobre a omelete. Despeje a seguir o creme de leite e sirva imediatamente.

■ Preparo: 30 min   ■ Cozimento: cerca de 20 min

OMELETES / OVOS À LA COQUE

Omelete musseline

Rendimento: 4 porções
12 ovos
3 colheres (sopa) de creme de leite fresco
20 g de manteiga
sal e pimenta

1 Quebre os ovos, separando as claras e as gemas. Bata as gemas com o creme de leite e tempere com sal e pimenta.
2 Bata as claras em neve com uma pitada de sal e incorpore delicadamente às gemas.
3 Derreta a manteiga em uma frigideira e cozinhe essa preparação como um grande crepe, 2-3 min de cada lado.

■ Preparo: 10 min   ■ Cozimento: cerca de 6 min

OVOS À LA COQUE

Ovos à la coque: cozimento

Pode-se proceder de três maneiras: mergulhar os ovos em água fervente por 3 min; mergulhá-los em água fervente por 1 min, retirar do fogo e deixá-los por 3 min na água quente; ou levar os ovos em uma panela com água fria e retirá-los quando começar a ferver.

Todos esses procedimentos são válidos para os ovos que estejam à temperatura ambiente. Ao usar ovos gelados, aumente o tempo de cozimento em 1,5 min. Para evitar que um ovo rache, faça um furinho com uma agulha na casca assim que for colocado na água fervente.

OVOS À LA COQUE
OVOS E QUEIJOS

Ovos à la coque com castanhas-do-pará

Rendimento: 4 porções
2-4 castanhas-do-pará
1-2 ovos por pessoa
sal

1 Corte em lâminas finas as castanhas-do-pará.
2 Prepare os Ovos à la coque (*veja p. 244*).
3 Retire a parte superior do ovo, misture a gema com uma colherinha de castanhas fatiadas e tempere com sal. Coloque algumas lâminas de castanha por cima e recoloque a parte superior do ovo. Sirva imediatamente.

■ Preparo: 5 min ■ Cozimento: 3 min

Ovos à la coque com ovas de salmão

Rendimento: 4 porções
1-2 ovos por pessoa
1 potinho de ovas de salmão

1 Prepare os ovos à la coque e coloque-os no porta-ovos. Retire a casca da parte superior dos ovos juntamente com a clara que se encontra presa à casca.
2 Coloque cerca de 1 colher (café) de ovas de salmão dentro de cada ovo e misture com a gema, mexendo de leve com uma colherinha. Disponha 5-6 ovas de salmão por cima e recoloque a tampa do ovo. Sirva imediatamente.

Ovos à la coque com ervas finas
Substitua as ovas de salmão por ervas picadas (salsinha, cebolinha, hortelã, orégano, cerefólio, estragão etc.). Calcule 1 colher (café) de ervas para cada ovo.

■ Preparo: 5 min ■ Cozimento: 3 min

OVOS COZIDOS

Ovos cozidos: cozimento

Cozinhe os ovos à temperatura ambiente por cerca de 10 min; deixe mais 2 ou 3 min se estiverem gelados. Mergulhe-os por 7-8 min em água fria para esfriá-los e descasque. Não se deve nunca ferver os ovos por mais tempo, pois a clara se torna borrachuda e a gema fica quebradiça.

Ovos cozidos ao creme

Rendimento: 4 porções
8 ovos
100 g de cebola
40 g de manteiga
40 g de farinha de trigo
0,5 litro de leite frio
sal, pimenta e noz-moscada

1. Prepare os ovos cozidos, passe sob água corrente e descasque.
2. Corte-os em rodelas grossas, disponha-as em um prato fundo e mantenha-as aquecidas.
3. Corte a cebola em fatias finas. Refogue-a na manteiga por 5-10 min, sem deixar que escureça.
4. Polvilhe com farinha, misture bem e cozinhe por mais 5 min.
5. Despeje o leite frio, mexendo sem parar, e continue o cozimento por 10 min. Tempere com sal, pimenta e noz-moscada. Cubra os ovos com o molho bem quente e sirva imediatamente.

■ Preparo: 15 min ■ Cozimento: cerca de 25 min

OVOS COZIDOS
OVOS E QUEIJOS

Ovos cozidos com champignons

Rendimento: 4 porções

500 ml de Molho Mornay (veja p. 77)
6 ovos
1 cebola-branca
200 g de champignons
30 g de manteiga
1/2 limão
2 colheres (sopa) de salsinha
40 g de queijo gruyère ralado

1 Prepare o Molho Mornay e conserve-o aquecido.
2 Prepare os ovos cozidos, passe sob água corrente e descasque.
3 Pique a cebola e os champignons. Refogue a cebola com 20 g de manteiga, adicione os champignons e cozinhe até que a água de cozimento tenha evaporado completamente. Adicione algumas gotas de suco de limão e a salsinha picada.
4 Preaqueça o forno a 250ºC.
5 Corte os ovos ao meio no sentido do comprimento e retire as gemas. Amasse as gemas com os champignons refogados e recheie as claras com essa mistura.
6 Unte uma fôrma refratária. Coloque os ovos, cubra com o Molho Mornay e polvilhe com gruyère ralado. Deixe por 3-4 min no forno e sirva imediatamente.

■ Preparo: 30 min   ■ Cozimento: 3-4 min

Ovos cozidos com maionese

Rendimento: 4 porções

4 ovos
4 colheres (sopa) de Maionese clássica (veja p. 52)
1 colher (sopa) de salsinha picada

1 Cozinhe os ovos, passe sob água corrente e descasque.
2 Corte-os ao meio no sentido do comprimento. Retire as gemas e pique. Faça a maionese.
3 Disponha as claras sobre uma travessa, recheie-as com a maionese e coloque a gema picada por cima.
4 Enfeite com a salsinha picada e sirva imediatamente.

■ Preparo: 10 min   ■ Cozimento: cerca de 10 min

OVOS EN COCOTTE

Ovos en cocotte: cozimento

1 Unte com manteiga o interior de forminhas individuais e tempere com sal e pimenta moída na hora (se forem colocados diretamente sobre as gemas, farão surgir pontos brancos).
2 Quebre um ovo em cada forminha.
3 Asse em banho-maria em forno preaquecido a 150°C, de 6 a 8 min, sem cobrir. Quando os ovos ficarem opacos estarão cozidos.

Ovos en cocotte à moda de Rouen

Rendimento: 4 porções
100 g de fígado
4 ovos
15-20 g de manteiga

1 Tempere o fígado, corte em tirinhas e refogue.
2 Espalhe o fígado refogado em 4 tigelinhas de porcelana ou forminhas individuais refratárias.
3 Quebre 1 ovo em cada recipiente, coloque um pouquinho de manteiga por cima e asse em banho-maria (*veja acima*).

■ Preparo: 5 min   ■ Cozimento: 6-8 min

Ovos en cocotte com creme de leite

Rendimento: 4 porções
30 g de manteiga
4 colheres (sopa)
  de creme de leite fresco
4 ovos
sal e pimenta

1 Preaqueça o forno a 220°C. Unte 4 forminhas individuais com manteiga e coloque em cada uma 1 colher (café) de creme de leite.
2 Quebre 1 ovo em cada forminha. Tempere com sal e pimenta. Despeje o restante do creme de leite. Asse em banho-maria (*veja nesta página*, Ovos en cocotte: cozimento).

Pode-se adicionar ao creme de leite 2 colheres (sopa) de queijo ralado, molho de tomate ou presunto picado.

■ Preparo: 5 min   ■ Cozimento: 6-8 min

OVOS FRITOS

Ovos fritos: preparo

1 Quebre separadamente cada ovo em uma xícara.
2 Esquente um pouco de óleo em uma frigideira pequenina, do tamanho de um ovo, e coloque delicadamente o ovo, para não quebrar.
3 Se quiser a gema mole, deixe a clara cozinhar e retire em seguida. Tempere com sal.
4 Se preferir a gema dura, deixe fritar por alguns segundos; com a espátula de madeira, cubra a gema com a clara e vire o ovo. Após 1 min, retire e escorra em papel-toalha. Tempere com sal.

Ovos fritos à americana

Rendimento: 4 porções
8 fatias de bacon
4 tomates
1 colher (sopa)
  de óleo de girassol
salsinha crespa picada
4 fatias de pão de fôrma
4 ovos
200 ml de óleo para fritar
sal
pimenta-de-caiena

1 Toste as fatias de bacon em uma frigideira antiaderente sem óleo. Retire quando estiverem bem crocantes e conserve-as aquecidas.
2 Lave e seque os tomates, corte-os ao meio e retire as sementes. Coloque o óleo de girassol na frigideira quente e refogue os tomates. Tempere com sal e pimenta e escorra.
3 Frite a salsinha.
4 Toste o pão de fôrma. Frite os ovos (*veja acima*), escorra e coloque um sobre cada torrada.
5 Salpique uma pitada de pimenta-de-caiena. Adicione o bacon frito e os tomates e cubra com os buquês de salsinha frita. Sirva imediatamente.

■ Preparo: 10 min ■ Cozimento: 20 min

Ovos fritos com jardineira de legumes

Rendimento: 4 porções

óleo para fritar
500 g de jardineira de legumes congelada ou em lata
100 ml de creme de leite fresco
200 g de filés de anchova em óleo
8 ovos
sal e pimenta

1 Esquente o óleo.
2 Aqueça a jardineira de legumes e misture com o creme de leite. Tempere com sal e pimenta. Conserve aquecido.
3 Escorra o óleo dos filés de anchova.
4 Disponha no centro de uma travessa a jardineira de legumes e cubra-a com os filés de anchova.
5 Frite os ovos (*veja p. 249, Ovos fritos: preparo*) e disponha-os sobre a jardineira de legumes. Sirva imediatamente.

■ Preparo: 30 min ■ Cozimento: 15 min

Ovos fritos embrulhados

Rendimento: 4 porções

papel-manteiga
4 ovos
quatro pitadas de salsinha picada
quatro pitadas de coentro picado
óleo para fritar
sal e pimenta

1 Recorte quatro quadrados de papel-manteiga. Quebre 1 ovo sobre o papel-manteiga; tempere com sal e pimenta. Adicione uma pitada de salsinha e uma de coentro.
2 Dobre o papel-manteiga ao meio, no sentido diagonal, e vire as pontas para baixo. Faça o mesmo com os outros ovos.
3 Mergulhe imediatamente os pacotinhos na frigideira, em óleo bem quente, e vire-os ao final de 1-2 min para que fiquem bem dourados.
4 Deixe escorrer em papel-toalha e sirva bem quentes.

■ Preparo: 15 min ■ Cozimento: 3-5 min

OVOS MEXIDOS

Ovos mexidos: cozimento

1. Derreta um pouquinho de manteiga em uma panela de fundo grosso, de preferência antiaderente.
2. Retire a panela do fogo e adicione os ovos, apenas misturados, mas não batidos. Tempere com sal e pimenta. Cozinhe em fogo brando, ou em banho-maria, misturando sem parar com uma espátula de madeira e raspando bem as laterais da panela.
3. Quando os ovos tiverem adquirido consistência cremosa, retire do fogo, adicione um pouquinho de manteiga fresca e misture.

Barquinhas de ovos mexidos com aspargos

Rendimento:
10 barquinhas

250 g de Massa podre (sem ovo) (veja p. 118)
10-15 aspargos pequenos (ou 1 vidro de 250 g)
10 ovos
50 g de manteiga
sal e pimenta

1. Preaqueça o forno a 200°C. Prepare a massa e deixe descansar por 1 h. Abra até ficar com cerca de 3 mm de espessura. Corte em 10 pedaços e forre as forminhas untadas com manteiga. Leve ao forno por cerca de 10 min.
2. Limpe os aspargos e cozinhe em água fervente com sal por cerca de 15-20 min.
3. Corte as extremidades, até obter cerca de 30 a 50 pedaços (dependendo do tamanho) e conserve em local aquecido (forno desligado).
4. Prepare os Ovos mexidos (*veja receita anterior*) e recheie com eles as barquinhas desenformadas.
5. Distribua os aspargos sobre cada barquinha. Sirva imediatamente.

■ Preparo: 30 min ■ Descanso: 1 h
■ Cozimento: cerca de 30 min

OVOS MEXIDOS
OVOS E QUEIJOS

Brouillade de trufa

Rendimento: 4 porções
1 trufa
12 ovos
sal e pimenta

1 Fatie a metade da trufa em rodelas finas e a outra em cubinhos.
2 Prepare os Ovos mexidos (*veja p. 251*). Adicione os cubinhos de trufa ao final do cozimento.
3 Coloque em uma travessa e cubra com a trufa fatiada.

Pode-se servir esta brouillade com croûtons de pão de fôrma fritos na manteiga.

■ Preparo: 5 min ■ Cozimento: cerca de 15 min

Ovos mexidos à romana

Rendimento: 4-6 porções
750 g de espinafre
40 g de manteiga
8 ovos
80 g de parmesão ralado
8 filés de anchovas no óleo

1 Lave o espinafre e escalde-o. Derreta 30 g de manteiga e refogue o espinafre em fogo brando, misturando de vez em quando.
2 Prepare os Ovos mexidos (*veja p. 251*) e adicione 50 g de parmesão. Unte uma fôrma refratária com o restante da manteiga.
3 Corte os filés de anchova em cubinhos, seque em papel-toalha e misture ao espinafre. Despeje na fôrma.
4 Coloque os ovos mexidos por cima e polvilhe com o restante do parmesão ralado. Deixe gratinar por cerca de 5 min até dourar. Sirva em seguida.

■ Preparo: 20 min ■ Cozimento: 20 min

OVOS MEXIDOS
OVOS E QUEIJOS

Ovos mexidos com alcachofra

Rendimento: 4 porções

1/2 maço de aspargos (ou 1 vidro de 250 g)
2 fundos de alcachofra congelados
30 g de manteiga
200 g de foie gras (opcional)
12 ovos
sal e pimenta

1 Prepare os aspargos como na receita de Ovos mexidos com aspargos (*veja a próxima receita*).
2 Corte os fundos de alcachofra em cubinhos e doure-os em 10 g de manteiga.
3 Se usar foie gras, corte-o em fatias e refogue-as rapidamente em uma frigideira antiaderente. Escorra em papel-toalha e misture com a alcachofra.
4 Prepare os Ovos mexidos (*veja p. 251*) e misture-os com a alcachofra.
5 Coloque em uma travessa, decore com as pontas de aspargos e o foie gras.

■ Preparo: 30 min   ■ Cozimento: 15-20 min

Ovos mexidos com aspargos

Rendimento: 4 porções

1 maço de aspargos frescos ou em conserva (1 vidro de 250 g)
60 g de manteiga
12 ovos
sal e pimenta

1 Corte as pontas dos aspargos; guarde o restante para fazer uma sopa. Se os aspargos forem frescos, cozinhe-os em água fervente com sal por cerca de 10 min.
2 Derreta 20 g de manteiga em uma caçarola, coloque as pontas de aspargos e deixe cozinhar em fogo brando por cerca de 5-10 min.
4 Prepare os Ovos mexidos (*veja p. 251*) com o restante da manteiga. Misture com as pontas de aspargos, coloque em uma travessa e sirva imediatamente.

■ Preparo: 15 min   ■ Cozimento: cerca de 25 min

OVOS MEXIDOS
OVOS E QUEIJOS

Ovos mexidos com camarão

Rendimento: 4 porções

150 ml de Molho cremoso (veja p. 76)
50 g de Manteiga de camarão (veja p. 66)
300 g de camarões grandes
4 fatias de pão de fôrma
12 ovos
40 g de manteiga
sal e pimenta

1 Prepare o Molho cremoso e adicione, batendo sem parar, a Manteiga de camarão. Conserve aquecido.
2 Cozinhe os camarões no bafo (em panela tampada, sem água). Espere esfriar, tire a casca (guarde as cabeças e cascas para fazer um caldo e usar em moqueca, pirão, sopa ou croquetes) e coloque-os no Molho cremoso.
3 Toste as fatias de pão de fôrma (sem deixar endurecer) e corte-as em quatro ou em triângulos.
4 Prepare os Ovos mexidos (*veja p. 251*) e coloque-os em uma travessa funda. Arrume os camarões com creme no centro dos ovos e os croûtons em volta. Sirva o restante do molho à parte.

Se preferir, pode servir esta receita com os camarões ao natural, apenas cozidos no bafo, e temperados com gotas de limão e azeite.

■ 30 min ■ Cozimento: 10-15 min

Ovos mexidos gratinados

Rendimento: 4 porções

400 g de molho de tomate
400 g de abobrinhas
50 ml de azeite
12 ovos
80 g de manteiga
40 g de parmesão ralado
sal e pimenta

1 Prepare (ou descongele) o molho de tomate.
2 Descasque e corte em rodelas as abobrinhas. Refogue-as na frigideira em um pouco de azeite por cerca de 15 min. Tempere com sal e pimenta. Verifique o cozimento: devem estar bem tenras.
3 Faça os ovos mexidos (com 40 g de manteiga).
4 Unte uma fôrma refratária e disponha uma camada de ovos mexidos, uma de abobrinhas e outra de molho de tomate. Termine com uma camada de ovos mexidos.
5 Polvilhe com parmesão ralado. Derreta o restante da manteiga e espalhe por cima.
6 Leve ao forno para gratinar.

■ Preparo: 30 min ■ Cozimento: cerca de 20 min

OVOS NO PRATO E NA CAÇAROLA

Ovos au miroir: cozimento

1 Preaqueça o forno a 180°C. Unte pratinhos refratários com manteiga à temperatura ambiente. Tempere com sal e pimenta. Quebre nele 1-2 ovos (dependendo do tamanho do prato).
2 Derreta 5 g de manteiga e regue as gemas.
3 Asse os ovos no forno; a clara deve ficar bem brilhante e uma espécie de verniz translúcido deverá surgir sobre a gema.

Ovos na caçarola: cozimento

1 Derreta um pouco de manteiga em uma frigideira antiaderente. Quando a manteiga começar a borbulhar, coloque os ovos.
2 Frite a gosto, até a clara ficar mais ou menos firme. Tempere com sal e uma pitada de pimenta moída na hora.

Ovos no prato: cozimento

1 Unte pratos, ou tigelinhas refratárias, com manteiga em temperatura ambiente.
2 Esquente os refratários no microondas.
3 Quebre os ovos nos pratos e leve ao forno até que a clara fique firme, e a gema, mole. Sirva em seguida.

Ovos à catalã

Rendimento: 4 porções

1 berinjela pequena
3 colheres (sopa) de azeite
4 tomates
1/2 dente de alho
1 colher (café) de salsinha picada
8 ovos
sal e pimenta

1. Corte a berinjela em fatias finas; tempere com sal e pimenta. Aqueça 2 colheres (sopa) de azeite e refogue a berinjela por cerca de 15-20 min.
2. Corte os tomates ao meio, retire as sementes e refogue, em outra panela, com o restante do azeite, até eliminar toda a água. Tempere com sal e pimenta.
3. Pique o alho. Junte os tomates e a berinjela na mesma panela, adicione a salsinha e cozinhe por mais 2-3 min.
4. Arrume em uma travessa e conserve aquecido.
5. Cozinhe os Ovos na caçarola (*veja p. 255*), e coloque sobre os legumes. Sirva imediatamente.

■ Preparo: 10 min ■ Cozimento: cerca de 30 min

Ovos à moda da Lorraine

Rendimento: 4 porções

12 fatias de bacon
20 g de manteiga
12 fatias finas de queijo gruyère
8 ovos
2 colheres (sopa) de creme de leite fresco
sal e pimenta

1. Toste o bacon em uma frigideira antiaderente quente até ficar translúcido.
2. Unte quatro pratos refratários com manteiga e coloque o bacon e o gruyère.
3. Quebre 2 ovos em cada prato, disponha um filete de creme de leite em torno das gemas, tempere com sal e pimenta e leve ao forno até a clara ficar brilhante e uma espécie de verniz translúcido surgir sobre a gema.

■ Preparo: 15 min ■ Cozimento: 5-10 min

OVOS NO PRATO E NA CAÇAROLA
OVOS E QUEIJOS

Ovos com bacon

Rendimento: 4 porções
20 g de manteiga
4 fatias de bacon
8 ovos
sal e pimenta

1 Derreta a manteiga e frite as fatias de bacon até ficarem translúcidas.
2 Frite os ovos numa frigideira até a clara ficar firme. Tempere com sal e uma pitada de pimenta moída na hora.

■ Preparo: 5 min   ■ Cozimento: 10 min

Ovos com verduras

Rendimento: 4 porções
250 g de folhas de alface
100 g de azedinha (ou agrião novo)
40 g de manteiga
1 colher (sopa) de cerefólio picado
2 fatias de bacon
8 ovos
sal e pimenta

1 Lave as verduras, seque e corte em tirinhas. Refogue-as em 30 g de manteiga, com o cerefólio, por 10-15 min em fogo brando.
2 Enquanto isso, derrcta o restante da manteiga em outra frigideira e doure o bacon.
3 Disponha as verduras refogadas em círculo em uma travessa refratária oval. Quebre os ovos no centro, tempere com sal e pimenta e leve ao forno até a clara ficar brilhante e uma espécie de verniz translúcido surgir sobre a gema. Decore com o bacon.

■ Preparo: 10 min   ■ Cozimento: 15-20 min

OVOS POCHÉS

Ovos pochés: cozimento

1. Ferva 2 litros de água sem sal (o sal liquefaz a albumina da clara) e adicione 100 ml de vinagre branco.
2. Quebre um ovo em uma concha e mergulhe-a no fundo da panela com água. Retire a concha delicadamente, deixando o ovo na água fervente. Faça o mesmo com os outros ovos. Ao cozinhar, a clara envolverá a gema.
3. Deixe os ovos escaldarem por 3 min, sem ferver. Quando as claras estiverem cozidas, retire-as com a escumadeira e coloque em uma vasilha com água fria.
4. Com uma tesoura, retire os filamentos em torno dos ovos, para dar-lhes formato regular.

Ovos pochés à la Mornay

Rendimento: 4 porções

500 ml de Molho Mornay
(veja p. 77)
50 g de manteiga
8 fatias de pão de fôrma
8 ovos
40 g de queijo prato ralado
20 g de queijo parmesão ralado
20 g de farinha de rosca
sal

1. Prepare o Molho Mornay e conserve aquecido.
2. Passe 40 g de manteiga nas fatias de pão e leve ao forno para tostar levemente.
3. Prepare os Ovos pochés (*veja receita anterior*).
4. Disponha as torradas em uma travessa, coloque os Ovos pochés por cima e cubra com o Molho Mornay.
5. Misture os dois queijos ralados com a farinha de rosca e espalhe sobre os ovos com torradas.
6. Derreta os 10 g de manteiga restantes e distribua sobre os ovos com torradas. Leve ao forno por cerca de 5 min.

■ Preparo: 20 min ■ Cozimento: 15 min

OVOS POCHÉS
OVOS E QUEIJOS

Ovos pochés com molho de camarão

Rendimento: 6 porções

300 ml de Béchamel (veja p. 70)
1 colher (sopa) de curry
1 colher (sopa) de creme de leite
100 g de camarão sem casca
6 ovos bem gelados
6 torradas de pão de fôrma
sal, pimenta e noz-moscada

1. Prepare o Béchamel. Adicione o curry, o creme de leite e os camarões cortados. Tempere com pimenta e noz-moscada ralada. Conserve aquecido.
2. Prepare os Ovos pochés (*veja p. 258*).
3. Arrume as torradas em uma travessa. Coloque um ovo poché sobre cada uma e cubra com o molho. Sirva imediatamente.

■ Preparo: 10 min   ■ Cozimento: 20 min

Ovos pochés en meurette

Rendimento: 4 porções

400 ml de Molho à moda de Bordeaux (veja p. 90)
20 g de manteiga
100 g de bacon
1 dente de alho
8 fatias de pão integral amanhecido (ou croûtons)
250 ml de vinho tinto
50 ml de vinagre
8 ovos
sal e pimenta

1. Prepare o Molho à moda de Bordeaux e conserve aquecido.
2. Derreta a manteiga e refogue o bacon por 5-10 min; escorra sobre papel-toalha e adicione ao molho.
3. Descasque o alho; esfregue-o nas fatias de pão e leve ao forno para tostar.
4. Leve ao fogo o vinho, o vinagre e 1 litro de água; tempere com pimenta, deixe levantar fervura por 5 min e escalde os ovos nesse líquido (*veja p. 258, Ovos pochés*). Deixe escorrer em papel-toalha.
5. Despeje o molho em uma travessa, adicione cuidadosamente os Ovos pochés e decore com as torradas (ou croûtons).

■ Preparo: 40 min   ■ Cozimento: cerca de 15 min

Ovos pochés Raquel

Rendimento: 4 porções

500 ml de Molho de miolo de boi (veja p. 96)
100 g de miolo de boi
8 fatias de pão de fôrma
8 ovos
sal e pimenta

1. Prepare o molho de miolo e conserve aquecido. Cozinhe em fogo brando o miolo de boi por 10-12 min. Desligue o fogo. Coloque as fatias de pão no forno e deixe tostar. Conserve no forno para mantê-las quentes.
2. Prepare os Ovos pochés (*veja p. 258*). Distribua as torradas em uma travessa. Coloque um ovo sobre cada uma e cubra com o molho.
3. Escorra o miolo e corte em fatias; espalhe sobre os ovos.

Pode-se substituir os ovos pochés por ovos semiduros.

■ Preparo: 40 min ■ Cozimento: 15-20 min

OVOS SEMIDUROS (MOLLETS)

Ovos semiduros (mollets): cozimento

Proceda como para os Ovos à la coque (*veja p. 244*), mas prolongue o cozimento. Calcule 5 min para os ovos em temperatura ambiente, mergulhados em água fervente, e 7 min se estiverem gelados. Deixe sob água corrente e descasque cuidadosamente. A clara deverá estar firme, e a gema, cremosa.

Ovos semiduros à escocesa

Rendimento: 4 porções

4 croustades de massa podre (veja p. 212)
150 ml de Molho cremoso (veja p. 76)
1 colher (café) de extrato de tomate
250 ml de Béchamel (veja p. 70)
250 ml de Court-bouillon água e sal (veja p. 39)
200 g de salmão
50 g de Manteiga de camarão (veja p. 66)
4 ovos

1 Prepare as croustades. Faça o Molho cremoso; acrescente o extrato de tomate e conserve aquecido.
2 Faça o Béchamel e deixe reduzir um pouco.
3 Aqueça o Court-bouillon e cozinhe nele o salmão por 10 min em fogo brando; desfie o salmão e coloque no Béchamel. Misture bem até obter uma pasta homogênea.
4 Aqueça novamente as croustades. Cozinhe os Ovos semiduros (*veja p. 260*).
5 Acrescente a Manteiga de camarão ao Molho cremoso, batendo sem parar.
6 Recheie as croustades com a pasta de salmão.
7 Descasque os ovos cozidos e coloque-os por cima. Cubra com o molho de camarão e sirva imediatamente.

■ Preparo: 40 min ■ Cozimento: cerca de 20 min

Ovos semiduros à florentina

Rendimento: 4 porções

500 ml de Molho Mornay (veja p. 77)
pimenta-de-caiena
500 g de espinafre
50 g de manteiga
8 ovos
40 g de queijo gruyère ralado
sal e pimenta

1 Prepare o Molho Mornay, acrescente uma pitada de pimenta-de-caiena e conserve aquecido.
2 Cozinhe o espinafre com 40 g de manteiga por 10-15 min. Tempere com sal e pimenta e depois escorra.
3 Prepare os Ovos semiduros (*veja p. 260*). Unte com manteiga quatro pratos pequenos. Coloque o espinafre e os Ovos semiduros.
4 Cubra com o Molho Mornay e polvilhe com queijo ralado. Leve ao forno para gratinar.

■ Preparo: 40 min ■ Cozimento: 20 min

Ovos semiduros à provençal

Rendimento: 4 porções

300 ml de molho de tomate
4 tomates grandes
150 ml de azeite
1 berinjela
1 abobrinha
50 g de pão
2 dentes de alho
1/2 maço de salsinha
8 ovos
40 g de manteiga
2 colheres (sopa) de cheiro-verde
sal e pimenta

1 Prepare um molho de tomate e dilua em 2-3 colheres de água.
2 Preaqueça o forno a 200°C. Corte os tomates ao meio. Retire as sementes com uma colherinha. Despeje cerca de 2 colheres (sopa) de azeite numa tigela. Coloque as metades de tomate e vire-os uma ou duas vezes para que fiquem bem impregnados de azeite. Asse-os no forno por 8-10 min.
3 Lave e corte em rodelas a berinjela e a abobrinha, sem descascá-las. Esquente o restante do azeite e cozinhe os legumes em fogo brando, mexendo de vez em quando, até ficarem bem tenros. Tempere com sal e pimenta.
4 Esfarele o pão. Pique o alho e a salsinha e misture.
5 Prepare Ovos semiduros (*veja p. 260*) ou Pochés (*veja p. 258*).
6 Derreta a manteiga. Deixe esfriar e descasque os ovos. Passe os ovos na manteiga derretida e em seguida no cheiro-verde com alho e coloque-os dentro das metades de tomates.
7 Disponha os tomates em círculo em uma travessa e aqueça. Coloque os legumes no centro e salpique o cheiro-verde picado. Cubra com o molho de tomate.

■ Preparo: 20 min ■ Cozimento: cerca de 30 min

OVOS SEMIDUROS (MOLLETS)
OVOS E QUEIJOS

Ovos semiduros Brillat-Savarin

Rendimento: 4 porções

1 croustade de 22 cm de massa podre (sem ovo) (veja p. 118)
250 ml de Molho madeira (veja p. 41)
120 g de shiitake
1 maço de aspargos (ou 1 vidro de 250 g)
50 g de manteiga
8 ovos

1. Prepare a croustade e o Molho madeira. Conserve aquecidos.
2. Lave cuidadosamente os shiitake e escorra bem.
3. Separe as pontas dos aspargos e refogue em 20 g de manteiga por cerca de 5-10 min. Refogue os shiitake por cerca de 5-8 min na manteiga restante; acrescente os aspargos refogados e conserve aquecido.
4. Cozinhe os Ovos semiduros (*veja p. 260*) e descasque-os.
5. Recheie a croustade com os cogumelos e os aspargos. Coloque em volta os Ovos semiduros. Cubra com o Molho madeira.

■ Preparo: 30 min   ■ Cozimento: 15 min

Ovos semiduros com shiitake

Rendimento: 4 porções

4 croustades de massa podre (veja p. 212)
120 g de shiitake
250 ml de Molho cremoso (veja p. 76)
1 cenoura
100 g de alho-poró (parte branca)
1 talo de aipo pequeno (salsão)
100 g de champignons
75 g de manteiga
5 colheres (sopa) de vinho Madeira
1 cebola-branca
200 ml de creme de leite
4 ovos
sal e pimenta

1. Prepare as croustades.
2. Lave cuidadosamente os shiitake e escorra-os.
3. Prepare o Molho cremoso e conserve-o aquecido.
4. Corte todos os legumes em cubinhos. Refogue em 50 g de manteiga até ficarem bem tenros. Tempere com sal e pimenta.
5. Acrescente o vinho Madeira e misture, raspando bem o fundo da panela com a colher de pau.
6. Pique a cebola e refogue-a na manteiga restante. Adicione os shiitake e diminua o fogo; coloque três quartos do creme de leite, tempere com sal e pimenta e deixe cozinhar até reduzir o líquido quase completamente. Junte, então, o restante do creme. Experimente e acerte o tempero.
7. Aqueça novamente as croustades.
8. Prepare os Ovos semiduros (*veja p. 260*). ▶

9 Recheie as croustades com os legumes. Acrescente os ovos cozidos.
10 Cubra com o Molho cremoso. Decore cada croustade com 1-2 shiitake por cima; sirva o restante dos cogumelos à parte.

■ Preparo: 40 min ■ Cozimento: cerca de 30 min

Ovos semiduros em gelatina

Rendimento: 6 porções
250 ml de gelatina
2 colheres (sopa) de vinho Madeira
6 ovos
3 fatias de presunto
salsinha
2 pepinos pequenos em conserva (cornichons)
sal e pimenta

1 Prepare a gelatina e adicione o vinho Madeira.
2 Prepare os Ovos semiduros (*veja p. 260*).
3 Coloque uma camada de gelatina de cerca de 3 mm de espessura em potinhos de louça; incline os recipientes para espalhar bem a gelatina pelas laterais e coloque imediatamente na geladeira; deixe por 15 min.
4 Enquanto isso, corte cada fatia de presunto ao meio (ou do tamanho do fundo do pote). Pique a salsinha. Corte os pepinos em fatias finas.
5 Coloque em cada potinho algumas rodelas de pepino, uma fatia de presunto e uma de ovo semiduro. Depois preencha com gelatina (se tiver endurecido, esquente de novo para que se liquefaça). Leve à geladeira e deixe até a hora de servir (no mínimo 2 h).
6 Para desenformar os ovos em gelatina, mergulhe os potinhos por 5 segundos em uma panela com água morna, depois passe uma faca entre a gelatina e o pote. Vire sobre um prato e retire o potinho delicadamente. ▶

OVOS SEMIDUROS (MOLLETS) / PRATOS À BASE DE QUEIJO

Pode-se adicionar 1/2 colher (sopa) de jardineira de legumes em cima do presunto. Pode-se substituir o presunto por salmão defumado e decorar com folhas de estragão (colocadas no fundo dos potinhos).

■ Preparo: 30 min ■ Descanso: 2 h ■ Cozimento: 6 min

PRATOS À BASE DE QUEIJO

Fondue à piemontesa

Rendimento: 4-6 porções
600 g de queijo fontina
750 ml de leite
8-12 fatias de pão de fôrma
6 gemas
120 g de manteiga

1 Corte o queijo em cubos, coloque em uma tigela e despeje o leite frio por cima. Deixe descansar por 2 h, no mínimo.
2 Corte as fatias de pão em triângulos e leve ao forno para tostar. Mantenha-as aquecidas no forno quente desligado.
3 Coloque o queijo e o leite em uma panela; adicione as gemas e a manteiga.
4 Cozinhe em banho-maria em fogo moderado, batendo sem parar, até que o queijo derreta e fique com aspecto cremoso. O ponto ideal de cozimento corresponde às primeiras bolhas de água do banho-maria.
5 Sirva em uma sopeira, com as torradas ao lado.

■ Preparo: 15 min ■ Descanso: 2 h
■ Cozimento: cerca de 15 min

Fondue valaisane

Rendimento: 4-6 porções

2-3 baguetes
2 dentes de alho
600-800 g de queijo gruyère ou uma mistura de queijos beaufort, emmental e comté
1 garrafa de vinho branco seco
1 colher (sobremesa) de maisena
1 copo de licor de kirsh
pimenta

1 Corte o pão em fatias grossas, coloque em uma cesta e cubra com um guardanapo.
2 Descasque os dentes de alho e esfregue com ele os fundo e as laterais de uma panela para fondue de barro.
3 Corte o queijo em fatias bem finas; coloque na panela e adicione o vinho branco seco até cobrir o queijo.
4 Leve a panela ao fogo; com a colher de pau, mexa até que o queijo tenha derretido. Tempere com três ou quatro pitadas de pimenta moída na hora.
5 Dissolva a maisena no kirsh e despeje na panela. Misture bem e coloque a panela na mesa sobre o réchaud.

■ Preparo: 30 min ■ Cozimento: 10-15 min

Fondues belgas de queijo

Rendimento: 4-6 porções

4 ovos
500 ml de Béchamel (veja p. 70)
noz-moscada
125 g de queijo cheddar ou meia-cura
25 g de manteiga
óleo para fritar
150 g de farinha de rosca
sal e pimenta

1 Quebre os ovos, separe as gemas e as claras.
2 Forre uma assadeira com papel-manteiga.
3 Prepare o Béchamel, tempere com sal e pimenta e adicione a noz-moscada ralada.
4 Corte o queijo em pedacinhos e acrescente ao molho, em fogo médio, misturando sem parar. Acrescente as gemas, uma a uma. Continue a mexer até obter uma pasta que se desprenda das bordas. Despeje sobre a assadeira, formando uma camada com 1 cm de espessura.
5 Derreta a manteiga no microondas; pincele a pasta e deixe esfriar.
6 Esquente o óleo para fritar. ▶

7 Polvilhe com farinha a superfície de trabalho e vire a massa sobre ela. Corte-a em quadrados de 5 cm de lado.
8 Passe a massa na clara, depois na farinha de rosca.
9 Frite, aos poucos, em óleo bem quente até dourar. Sirva bem quente.

■ Preparo: 30 min ■ Cozimento: cerca de 10 min

Keshy yena

Rendimento: 4-6 porções

700 g de pernil de porco assado
100 g de azeitonas verdes
100 g de molho de tomate
1 queijo edam novo (inteiro)

1 Asse o pernil de porco e corte-o em fatias.
2 Retire o caroço das azeitonas. Aqueça o molho de tomate.
3 Preaqueça o forno a 160ºC. Corte a parte superior do edam e retire todo o queijo com uma faca, deixando as laterais com 1,5 cm de espessura.
4 Corte o queijo retirado em cubos e misture com a carne, as azeitonas e o molho de tomate.
5 Recheie a fôrma de edam com esse preparado, recoloque a parte superior e prenda com palitos. Coloque em uma assadeira e leve ao forno por 1 h. Sirva imediatamente.

■ Preparo: 1 h ■ Cozimento: 1 h

PRATOS À BASE DE QUEIJO
OVOS E QUEIJOS

Torta de gruyère

Rendimento: 4-6 porções

250 g de Massa podre (veja p. 118)
2 ovos
250 ml de leite
150 ml de creme de leite fresco
125 g de queijo gruyère ralado
sal, pimenta e noz-moscada

1 Prepare a Massa podre e deixe-a descansar por 1 h, ou utilize uma massa pronta.
2 Preaqueça o forno a 220°C. Bata os ovos, o leite e o creme de leite; tempere com sal, pimenta e noz-moscada. Adicione o queijo ralado.
3 Abra a massa e estenda-a em uma fôrma de 26 cm de diâmetro, previamente untada com manteiga. Cubra a massa com o recheio de queijo e leve ao forno por 30 min.

A salada verde é um excelente acompanhamento para esta torta.

■ Preparo: 30 min ■ Cozimento: 30 min

Peixes, mariscos, crustáceos, moluscos e rãs

CRUSTÁCEOS	272
MARISCOS	288
MOLUSCOS DE MAR	305
MOLUSCOS DE TERRA	309
PEIXES DE MAR	312
PEIXES DE RIO	383
RÃS	398

PEIXES, MARISCOS, CRUSTÁCEOS, MOLUSCOS E RÃS

PEIXES

O peixe é um alimento particularmente saudável. É rico em proteínas, contém numerosos oligoelementos e vitaminas do complexo B. Tem baixo teor de lipídios, o que o torna um alimento dietético. A maioria dos peixes vive nos mares e oceanos; os peixes de rio são menos numerosos. Podem ser classificados em três categorias: magros (pescada, linguado, dourado), semigordos (sardinha, tainha, truta) e gordos (enguia, atum, salmão).

Há inúmeras formas de preparo para o peixe. Como sua carne é delicada, sua qualidade mais importante é o frescor, reconhecido pelo odor levemente iodado e pelo brilho das escamas; as brânquias devem ser vermelho-vivo, os olhos brilhantes e salientes e a carne firme; os filés ou postas não devem estar descoloridos nem imersos em líquido. Tais características devem ser observadas sempre pelo consumidor.

O peixe deve ser conservado no freezer; deixe-o na geladeira somente se for prepará-lo no dia da compra. O tempo de conservação depende de variados fatores: o peixe fatiado se conserva menos tempo que o peixe inteiro; este último deve imperativamente ser descamado, limpo e lavado (todo traço de sangue deverá desaparecer, pois confere um sabor amargo à carne), e embrulhado em filme de PVC antes de ser congelado.

O preço varia segundo a espécie, a proveniência e a estação. Na época apropriada, o peixe sempre é mais barato, assim como legumes, verduras e frutas.

Preparo. O peixe deve ser limpo da seguinte forma: com uma tesoura, cortam-se as barbatanas. Em seguida, deve ser descamado com uma faca e depois, limpo; para isso, é preciso fazer uma incisão de alguns centímetros no ventre, a fim de retirar as vísceras, e depois lavar a cavidade central. As vísceras também podem ser retiradas pelas guelras (principalmente se pretende recheá-lo) ou pelas costas.

Às vezes, deve-se retirar a pele do peixe para cozinhá-lo no vapor, fritar ou cozinhar com molho. É preciso fazer uma incisão na cauda, descolar levemente a pele e arrancá-la, puxando-a até a cabeça. Toda essa limpeza, porém, pode ser feita pelo peixeiro.

Alguns conselhos para o cozimento. Para grelhar os peixes inteiros, faça incisões oblíquas na carne para que o calor penetre uniformemente.

Para saltear um peixe, utilize manteiga misturada com óleo ou apenas óleo.

Para escaldar o peixe em um court-bouillon, inicie o cozimento sempre a frio e observe rigorosamente o tempo indicado.

PEIXES, MARISCOS, CRUSTÁCEOS, MOLUSCOS E RÃS

Os filés de peixe feitos em papillote (embrulhados em papel-manteiga ou outro material, como folha de bananeira), podem ser assados no forno, cozidos no vapor ou no microondas (neste último caso, os papillotes serão confeccionados com papel-manteiga).

Para fritar, só utilize peixe com carne firme.

FRUTOS DO MAR, MOLUSCOS E RÃS

Assim como os peixes, os crustáceos, os mariscos e os moluscos são alimentos saudáveis, ricos em proteínas e minerais, muito apreciados devido a seu sabor especial.

O **crustáceo** mais sofisticado é a lagosta, que costuma ser degustada em datas comemorativas devido ao preço bastante elevado. De tamanho menor, os lagostins, caranguejos e camarões possuem também qualidades gustativas e textura da carne bastante interessantes. Os crustáceos podem ser cozidos em court-bouillon aromatizado, cozidos no bafo, grelhados ou fritos. Podem ser consumidos frios ou quentes.

Os **mariscos** – ostras, mexilhões, vôngoles, vieiras (ou coquilles saint-jacques), entre outros – podem ser consumidos cozidos e às vezes crus (é o caso da ostra). Devem ser preparados no máximo até 3 dias depois da coleta. Compre sempre mariscos fechados (se estiverem abertos, estarão estragados). Para abri-los, coloque-os no forno bem quente ou cozinhe-os no bafo. Os mariscos que não se abrirem após cozidos (mexilhões, vôngoles) não devem ser consumidos. Ao consumir ostras cruas, assegure-se de que sejam frescas.

Dentre os **moluscos**, todas as espécies vivem no mar; os escargots, ou caracóis, que são moluscos terrestres, são a única exceção. Os moluscos costumam ser cozidos em court-bouillon (polvo), no bafo, em óleo (lula), no forno ou en cocotte (escargots recheados com manteiga).

As **rãs** pertencem à família dos batráquios. São consumidas apenas as coxas, que têm carne firme e sabor suave, que precisa ser incrementado.

CRUSTÁCEOS

Bobó de camarão

Rendimento: 8 porções

1 kg de camarões médios limpos
1/2 kg de mandioca (aipim)
4 garrafinhas de leite de coco
1 copo de leite
10 tomates maduros
1 cebola grande
2 dentes de alho
1 maço de cheiro-verde
1/2 copo de azeite ou óleo de dendê
sal, limão e pimenta
molho de pimenta-dedo-de-moça

1. Tempere os camarões com limão e sal e reserve.
2. Cozinhe a mandioca na água com sal. Deixe esfriar e bata no liquidificador. Acrescente o leite de coco e o leite de vaca. Deve ficar uma "massa" bem pastosa, não muito grossa; se for preciso, acrescente mais leite até obter uma pasta elástica, nem fina nem grossa.
3. Retire a pele e as sementes dos tomates e pique-os. Pique a cebola, o alho e o cheiro-verde.
4. Leve ao fogo uma panela com o azeite e doure a cebola e depois o alho. Adicione os tomates e deixe cozinhar. Coloque um pouquinho de água, tempere com sal e pimenta e prove. Junte o cheiro-verde, abaixe o fogo e deixe apurar por cerca de 8-10 min.
5. Acrescente os camarões, misture e deixe cozinhar por 5 min. Não cozinhe muito, senão os camarões endurecem. Prove e acerte o tempero.
6. Acrescente a pasta de mandioca e misture bem. Prove e corrija o tempero. Deixe levantar fervura e tire do fogo. Sirva em seguida com arroz e molho de pimenta-dedo-de-moça.

■ Preparo: 20 min ■ Cozimento: 10-12 min

Camarão à baiana

Rendimento: 6 porções

2 kg de camarões sete-barbas (sem casca)
2 limões
2 cebolas
3 dentes de alho
1 kg de tomates maduros
1/2 xícara (chá) de óleo de girassol ▶

1. Limpe os camarões, lave e tempere com o suco dos limões, sal e pimenta-do-reino. Deixe marinar durante 30 min.
2. Enquanto isso, pique finamente a cebola e os dentes de alho, separadamente.
3. Tire a pele e as sementes dos tomates e pique bem miudinho. Se preferir, pique os tomates com a pele, bata no liquidificador e passe na peneira. Reserve. ▶

CRUSTÁCEOS
PEIXES, MARISCOS, CRUSTÁCEOS, MOLUSCOS E RÃS

molho de pimenta (ou a própria pimenta-dedo-de-moça)
1 colher (sopa) de azeite-de-dendê
sal e pimenta

4 Leve uma caçarola grande ao fogo, aqueça o óleo e refogue a cebola; quando ela estiver macia, acrescente o alho. Quando o alho começar a dourar, junte o camarão e refogue bem.

5 Acrescente os tomates, mexa e deixe cozinhar por 5-8 min, com a caçarola tampada. Coloque o molho de pimenta a gosto, prove e corrija o tempero. Adicione o azeite-de-dendê e cozinhe por mais 2 min. Os camarões, como todos os frutos do mar em geral, não podem cozinhar muito, pois endurecem.

Se não tiver azeite-de-dendê em casa, substitua-o por azeite de oliva. Se quiser um prato bem apimentado, refogue uma pimenta picadinha junto com a cebola e o alho. A escolha da pimenta é sua: malagueta, para um sabor mais acentuado; dedo-de-moça, para um sabor mais delicado.

Sirva o camarão com arroz bem soltinho.

■ Preparo: 30 min   ■ Marinada: 30 min
■ Cozimento: 15 min

Camarão com coco

Rendimento: 4 porções
500 g de camarões grandes
240 ml de creme de leite
2 ovos
120 g de farinha de trigo
1 xícara (chá) de coco ralado fresco
50 g de manteiga
sal e pimenta-do-reino moída na hora

1 Descasque e limpe os camarões. Faça um corte no meio, ao longo do comprimento, e abra-os em forma de borboleta.

2 Despeje o creme de leite em uma tigela. Tempere com sal e pimenta a gosto. Mergulhe os camarões e deixe-os marinar por 30 min.

3 Bata os ovos e reserve. Coloque a farinha de trigo em um prato fundo e o coco ralado em outro. Passe os camarões, um a um, na farinha, no ovo e, por fim, no coco ralado.

4 Preaqueça o forno a 240°C. Forre uma assadeira com papel-alumínio e disponha os camarões. Derreta ligeiramente a manteiga e regue os camarões. ▶

5 Leve os camarões ao forno por cerca de 8 min.

Sirva bem quente, com molho de pimenta, salada verde e arroz.

- Preparo: 45 min Marinada: 30 min
- Cozimento: 10 min

Camarão grelhado

Rendimento: 4 porções
12 camarões grandes
12 espetos
Marinada instantânea (veja p. 45)

1 Lave os camarões e tire a casca.
2 Espete os camarões, horizontalmente, nos espetos.
3 Prepare a marinada e coloque nela os espetos; deixe curtir o tempero por cerca de 1 h.
4 Escorra os espetos e grelhe-os por 2 min de cada lado, pincelando a marinada sobre eles. Sirva imediatamente.

- Preparo: 30 min ■ Marinada: 1 h ■ Cozimento: 4 min

Camarão sauté

Rendimento: 4-6 porções
800 g de camarões-cinza
30 g de manteiga
1 colher (sopa) de óleo de girassol
1 copo de vinha branco seco
1 colher (sopa) de sal grosso
pimenta

1 Lave rapidamente os camarões e escorra em um pano.
2 Aqueça a manteiga e o óleo em uma frigideira grande (ou wok). Coloque os camarões, misture bem e refogue por 3 min.
3 Acrescente o vinho branco e cozinhe por mais 2 min.
4 Escorra os camarões e coloque em uma travessa. Adicione o sal grosso, quatro ou cinco pitadas de pimenta moída na hora e misture bem. Sirva mornos.

Pode-se preparar os camarões sem o vinho.

- Preparo: 10 min ■ Cozimento: cerca de 5 min

CRUSTÁCEOS

Camarão sauté com uísque

Rendimento: 4-6 porções

800 g de camarões-cinza
30 g de manteiga
1 colher (sopa) de azeite
1/2 copo de uísque (ou conhaque)
pimenta-de-caiena
1 colher (sopa) de sal grosso
pimenta-do-reino

1. Lave e escorra os camarões.
2. Aqueça a manteiga e o azeite em uma frigideira grande. Coloque os camarões, misture bem e refogue por 3 min.
3. Aqueça o uísque (ou conhaque) com uma pitada de pimenta-de-caiena e despeje sobre os camarões.
4. Flambe, salteando os camarões em uma frigideira. Adicione sal grosso e quatro ou cinco pitadas de pimenta-do-reino moída na hora. Misture bem e sirva imediatamente.

■ Preparo: 10 min   ■ Cozimento: cerca de 5 min

Caruru

Rendimento: 4 porções

2 cebolas
2 colheres (sopa) de cheiro-verde
1 colher (sopa) de coentro
1 colher (chá) de gengibre
100 g de amendoim
100 g de castanhas-de-caju
1/2 kg de quiabo
200 g de camarões secos
suco de 1/2 limão
1/2 litro de caldo de peixe
1 colher (sopa) de azeite-de-dendê
sal e pimenta

1. Pique a cebola, o cheiro-verde e o coentro. Rale o gengibre.
2. Tire a pele dos amendoins e moa-os (ou pique) juntamente com as castanhas-de-caju.
3. Lave os quiabos e corte-os em pequenos pedaços. Não lave depois de cortado, pois o quiabo soltará mais baba ainda. Escalde os quiabos em água fervente com sal por 5 min. Deixe-os escorrer numa peneira para eliminar um pouco da baba.
4. Enquanto isso, passe no processador a cebola, metade dos camarões secos, os amendoins, as castanhas-de-caju, o gengibre e o coentro. Bata até obter uma pasta homogênea.
5. Coloque essa pasta na panela, junte os quiabos e o suco de limão e cozinhe, adicionando aos poucos o caldo de peixe e o azeite-de-dendê. Tempere com pimenta. Prove e corrija o tempero. Cozinhe mexendo sempre, até obter uma consistência pastosa (cerca de 15 min). ▶

6 Ao final do cozimento, adicione os camarões restantes.

Caruru com quiabo cru
Siga a receita acima, sem o quiabo. Fatie alguns quiabos em lâminas bem finas e sirva à parte.

■ Preparo: 20 min ■ Cozimento: cerca de 15 min

Salada de camarão

Rendimento: 4-6 porções
12-18 camarões grandes
2 abobrinhas
5 colheres (sopa) de azeite
1 maço de radicchio (ou alface roxa)
24 azeitonas pretas
2 limões
1 maço pequeno de cerefólio
sal e pimenta

1 Escalde os camarões por cerca de 2 min em uma panela grande com água salgada fervente. Escorra e tire a casca. Reserve.
2 Corte as abobrinhas, sem descascar, em rodelas finas. Leve ao fogo 1 colher de azeite e refogue as abobrinhas por 3 min. Tempere com sal e pimenta. Escorra e seque sobre papel-toalha.
3 Lave a salada e seque as folhas. Retire o caroço das azeitonas.
4 Bata 4 colheres (sopa) de azeite, 3 colheres (sopa) de suco de limão, e tempere com sal e pimenta. Despeje a metade desse vinagrete sobre os camarões e misture bem. Tempere a salada com a outra metade.
5 Pique o cerefólio. Distribua as abobrinhas entre os pratos. Adicione aos camarões a salada e as azeitonas pretas. Salpique com o cerefólio.

■ Preparo: 25 min ■ Cozimento: 5 min

Caranguejo: cozimento

O preparo dos caranguejos é feito simplesmente fervendo-os em uma grande quantidade de água salgada ou em um Court-bouillon para peixe (*veja p. 40*). Calcule 18-25 min para um caranguejo de 800 g a 1 kg.

Caranguejo à moda da Bretanha

Rendimento: 4-6 porções

- 2 litros de Court-bouillon para peixe (veja p. 40)
- 4-6 caranguejos (dependendo do tamanho)
- 300 ml de Maionese clássica (veja p. 52)
- alface ou salsinha

1. Ferva o court-bouillon. Mergulhe nele os caranguejos por 8-10 min, escorra e deixe esfriar.
2. Destaque as patas e as pinças e retire o interior das carapaças. Lave as carapaças em água corrente.
3. Prepare a maionese.
4. Corte a carne do caranguejo em pedaços, recoloque nas carapaças limpas e disponha em uma travessa, rodeadas com as patas e as pinças, sobre folhas de alface, ou salpicadas com salsinha.
5. Sirva com a maionese à parte, em uma molheira.

■ Preparo: 30 min ■ Cozimento: 8-10 min

Caranguejo recheado à moda da Martinica

Rendimento: 4-6 porções

- 4-6 caranguejos
- 2 litros de Court-bouillon para peixe (veja p. 40)
- 4-6 pãezinhos amanhecidos
- 1 xícara de leite
- 4 fatias de presunto
- 6 cebolas-brancas
- 1 maço pequeno de salsinha
- 4 dentes de alho
- 2 colheres (sopa) de azeite
- uma pitada de pimenta-de-caiena
- 2-3 gemas
- 2-3 colheres (sopa) de rum branco ▶

1. Limpe bem os caranguejos e cozinhe-os, com a casca, no court-bouillon (ou caldo de peixe em tablete).
2. Retire a carne dos caranguejos preservando as carapaças, que serão recheadas. Amasse a carne.
3. Preaqueça o forno a 180ºC.
4. Dissolva o pão amanhecido no leite.
5. Descasque e pique bem, separadamente, o presunto, as cebolas, a salsinha e o alho.
6. Aqueça o azeite em uma frigideira e refogue as cebolas. Adicione a salsinha e misture. Tempere com sal.
7. Acrescente a carne de caranguejo amassada, a pimenta-de-caiena, o pão espremido (para retirar o excesso de líquido) e o presunto picado. Misture bem e deixe cozinhar. Experimente e acerte o tempero; este recheio deverá ser bem apimentado.
8. Misture as gemas com o rum e, fora do fogo, incorpore-as ao recheio quente. ▶

2-3 colheres (sopa) de farinha de rosca
30 g de manteiga
sal

9 Volte ao fogo para aquecer um pouco mais o recheio. Tire do fogo e divida-o entre as carapaças.
10 Polvilhe com farinha de rosca, regue com a manteiga derretida e deixe gratinar lentamente no forno por 10-15 min.

■ Preparo: 1 h ■ Cozimento: cerca de 15 min

Folhados de caranguejo

Rendimento: 4-6 porções

500 ml de Massa folhada (veja p. 116)
2 caranguejos grandes
1 cenoura
2 cebolas
1/2 alho-poró (parte branca)
1 talo de aipo (salsão)
40 g de manteiga
50 ml de conhaque
300 ml de vinho branco
1 colher (sopa) de extrato de tomate
um pedaço de casca de laranja
uma pitada de pimenta-de-caiena
1 dente de alho
1 maço pequeno de salsinha
1 ovo
sal e pimenta-do-reino

1 Prepare a Massa folhada (ou utilize massa pronta) e deixe descansar por 2 h.
2 Lave e escove os caranguejos; mergulhe-os por 8 min em água fervente e escorra.
3 Destaque as pinças e as patas e quebre-as. Corte o corpo ao meio.
4 Descasque e pique bem a cenoura, as cebolas, o alho-poró e o aipo. Aqueça a manteiga em uma frigideira; refogue os caranguejos, depois os legumes picados e misture até que fiquem bem avermelhados.
5 Aqueça o conhaque, despeje por cima e flambe. Acrescente a seguir o vinho branco, o extrato de tomate, a casca de laranja, sal e pimenta-do-reino, a pimenta-de-caiena, o alho amassado e a salsinha. Misture bem, tampe e cozinhe por mais 10 min.
6 Retire o caranguejo e cozinhe por mais 10 min.
7 Com o martelo, retire a carne dos caranguejos da carapaça e das pinças.
8 Coe o molho em uma peneira fina. Acrescente a metade da carne e deixe esfriar completamente.
9 Preaqueça o forno a 230°C. Abra a massa folhada até ficar com 6 mm de espessura. Recorte em retângulos de 13 x 8 cm, e trace linhas entrecruzadas com a ponta da faca. Pincele a massa com o ovo batido, coloque sobre a assadeira umedecida e asse por 20 min. ▶

10 Retire os folhados do forno, abra-os com o rolo de massa e recheie com os caranguejos ao molho.
11 Esquente o restante do molho e sirva à parte.

■ Preparo: 45 min ■ Cozimento: 50 min

Sopa de caranguejo

Rendimento: 4-6 porções

1 cebola grande
4 tomates
2 dentes de alho
4-6 caranguejos (dependendo do tamanho)
4 colheres (sopa) de azeite
uma pitada de gengibre em pó
uma pitada (ou um pistilo) de açafrão
uma pitada de pimenta-de-caiena
1 ramo de tomilho
1,5 litro de Court-bouillon para peixe (veja p. 40)
sal e pimenta-do-reino

1 Pique a cebola. Escalde os tomates, retire a pele e amasse-os com o garfo. Esprema o alho.
2 Ferva água com sal em um caldeirão e mergulhe os caranguejos por 3 min.
3 Escorra. Separe o corpo do caranguejo das patas e das pinças; retire a carne da carapaça e reserve.
4 Refogue a carne de caranguejo com a cebola em 2 colheres (sopa) de azeite. Faça o court-bouillon.
5 Acrescente os tomates, o gengibre, o açafrão, a pimenta-de-caiena, pimenta-do-reino, o alho e o tomilho. Misture bem esse caldo, tampe e deixe cozinhar em fogo brando por cerca de 2 h.
6 Coe o caldo em uma peneira fina, pressionando com o pilão para obter um molho um pouco consistente. Prove e acerte o tempero.
7 Bata com o martelo nas patas e pinças para retirar a carne aí contida; corte-a e refogue com o restante do azeite. Junte o caranguejo previamente refogado. Despeje o molho por cima, leve ao fogo para levantar fervura e cozinhe em fogo brando por 5-6 min.
8 Sirva em uma sopeira, acompanhada de arroz.

■ Preparo: 20 min ■ Cozimento: cerca de 2 h

CRUSTÁCEOS
PEIXES, MARISCOS, CRUSTÁCEOS, MOLUSCOS E RÃS

Lagosta e lagostim: preparo

Compre lagostas vivas e sem marcas. Elas devem ter todas as patas e pinças e nenhum buraco na carapaça; somente as antenas podem estar quebradas. Primeiramente, limpe a lagosta, ainda viva, retirando as vísceras. Em seguida, coloque a lagosta viva na panela. Para isso, é preciso prendê-la com elásticos grossos, com as pinças e a cauda dobrada. Ela pode ser escaldada (jogada em água fervente com sal) ou cozida em court-bouillon por cerca de 1 min.
A lagosta vermelha pesa de 450 g a 1 kg; a lagosta comum, de 800 g a 1 kg. As fêmeas são sempre mais pesadas que os machos e às vezes têm ovas.

Casquinhas frias de lagosta

Rendimento: 4 porções

1 lagosta de 1 kg (ou 2 de 500 g)
2 ovos
100 ml de Maionese clássica (veja p. 52)
100 ml de Vinagrete (veja p. 57)
1 pé de alface pequeno
4 conchas de vieiras vazias
1 colher (sopa) de salsinha picada
1 colher (sopa) de cerefólio picado

1 Escalde a lagosta em água salgada por cerca de 1 min ou cozinhe.
2 Retire a cabeça (reserve-a para outro uso). Corte a lagosta em 8 fatias.
3 Faça um salpicão: corte o restante da carne e o interior das pinças em cubinhos. Cozinhe os ovos.
4 Faça a Maionese clássica e o Vinagrete.
5 Lave a alface. Retire o miolo e corte-o em quatro. Corte as folhas em tirinhas (chiffonade). Tempere a alface cortada com um pouco do vinagrete; coloque o restante do vinagrete na lagosta picadinha.
6 Descasque e corte em quatro os ovos cozidos.
7 Disponha a chiffonade de alface nas conchas. Cubra com o salpicão de lagosta. Salpique por cima a salsinha e o cerefólio. Coloque sobre cada concha duas fatias de lagosta. Cubra com a maionese. Decore com os quartos de alface e de ovos. Conserve na geladeira até a hora de servir.

■ Preparo: 1 h   ■ Cozimento: 8-10 min

Lagosta à americana

Rendimento: 4-6 porções

2 lagostas de 800 g-1 kg
100 g de manteiga
100 ml de azeite
2 tomates
1 cenoura
1 cebola comum
2 cebolas-brancas
1 dente de alho
200 ml de vinho branco
4 colheres (sopa) de conhaque
2 colheres (sopa) de extrato de tomate
1 folha de louro
150 ml de Fumet de peixe (veja p. 41)
200 ml de Manteiga manié (veja p. 68)
1 limão
pimenta-de-caiena
1 colher (sopa) de salsinha
1 colher (sopa) de estragão
sal e pimenta

1. Ferva água com sal em um caldeirão. Mergulhe as lagostas e cozinhe por 1 min depois que a água voltar a ferver. Escorra.

2. Retire as vísceras. Quebre as pinças e reserve. Corte a carne em pedaços grandes e coloque em uma vasilha juntamente com o seu suco.

3. Aqueça 40 g de manteiga e 2 colheres (sopa) de azeite em uma panela grande e salteie a lagosta cortada por 3-4 min, mexendo bem. Disponha em uma travessa.

4. Escalde os tomates, retire a pele e as sementes, amasse e reserve.

5. Pique bem a cenoura, a cebola comum, as cebolas-brancas e o alho. Aqueça 60 g de manteiga e 1 colher (sopa) de azeite em uma panela e refogue o alho e as cebolas picadas em fogo brando.

6. Adicione a lagosta, misture e despeje o vinho branco. Tampe a panela e deixe cozinhar por 6-7 min em fogo brando.

7. Leve ao fogo o conhaque e flambe-o. Adicione os tomates, o extrato de tomate, o louro, o suco da lagosta recolhido e o Fumet de peixe. Tempere com sal e pimenta, misture e cozinhe sem tampa por cerca de 15 min.

8. Retire os pedaços de lagosta com a escumadeira e coloque-os numa travessa. Conserve aquecido.

9. Deixe o molho reduzir em um terço.

10. Prepare a Manteiga manié e incorpore-a ao molho, em pedacinhos, em fogo brando, batendo vigorosamente. Despeje o suco de limão, tempere com sal, pimenta-do-reino e pimenta-de-caiena. O molho deve ficar bem condimentado.

11. Continue a bater o molho para que fique bem encorpado. Espalhe-o sobre a lagosta. Cubra com a salsinha e o estragão picados. Sirva bem quente. ▶

CRUSTÁCEOS
PEIXES, MARISCOS, CRUSTÁCEOS, MOLUSCOS E RÃS

A lagosta à americana costuma ser acompanhada de arroz branco.

■ Preparo: 45 min ■ Cozimento: 25 min

Lagosta com maionese

Rendimento: 4-6 porções

2 litros de Court-bouillon ao vinho (veja p. 40)
3 lagostas de cerca de 400 g (ou 2 lagostas de 800 g-1 kg)
250 ml de Maionese clássica (veja p. 52)

1 Prepare o court-bouillon, deixe levantar fervura, mergulhe os crustáceos e cozinhe em fogo brando (8 min para uma lagosta de 400 g, 10 min para uma lagosta de 1 kg). Escorra.
2 Amarre os crustáceos abertos em uma tábua de cozinha, para conservar seu formato regular, enquanto esfriam.
3 Prepare a maionese.
4 Se as lagostas forem pequenas, abra-as ao meio. Se forem maiores, retire a carne da carapaça e corte-a em medalhões. Destaque e quebre as pinças. Disponha os medalhões sobre a carapaça e decore com as pinças.
5 Sirva com a maionese à parte.

■ Preparo: 30 min ■ Cozimento: 8-10 min

Lagosta cozida ao vinho

Rendimento: 4-6 porções

2 litros de Court-bouillon ao vinho (veja p. 40)
2 lagostas de cerca de 700 g cada
limão (ou vinagrete)

1 Prepare o court-bouillon, mergulhe as lagostas e cozinhe por 15 min em fogo brando. Deixe esfriar no caldo de cozimento.
2 Escorra as lagostas e corte-as ao meio no sentido do comprimento.
3 Sirva com suco de limão ou vinagrete.

Lagosta à moda parisiense
Prepare a lagosta cozida, disponha-a sobre folhas de alface e sirva acompanhada de maionese.

■ Preparo: 20 min ■ Cozimento: 15 min

CRUSTÁCEOS
PEIXES, MARISCOS, CRUSTÁCEOS, MOLUSCOS E RÃS

Lagosta grelhada

Rendimento: 4-6 porções

2-3 lagostas de 400-500 g
2-3 colheres (sopa) de creme de leite fresco
1 gema
páprica
1 colher (café) de xerez
1 folha de manjericão fresco
sal e pimenta

1 Preaqueça o forno a 225ºC.
2 Mergulhe as lagostas por cerca de 1 min em água fervente.
3 Retire-as e corte-as ao meio, no sentido do comprimento. Tire as vísceras e lave.
4 Misture o creme de leite, a gema, uma boa pitada de páprica, sal, pimenta, o xerez e o manjericão picado. Mexa delicadamente. Prove e acerte o tempero.
5 Tempere com sal e pimenta as metades de lagosta e disponha-as em uma assadeira, com a carapaça virada para baixo. Cubra a carne com uma colherinha desse molho e leve ao forno por 1 min.
6 Repita a operação duas ou três vezes: as lagostas devem assar por 8 min ao todo. Sirva imediatamente.

■ Preparo: 30 min ■ Cozimento: cerca de 8 min

Lagosta grelhada ao xerez

Rendimento: 4-6 porções

2 lagostas vivas de 700 g cada
100 g de manteiga
4 colheres (sopa) de xerez seco
páprica
pimenta-de-caiena
sal e pimenta

1 Ferva água com sal e pimenta em um caldeirão; mergulhe as lagostas por 2 min.
2 Escorra as lagostas. Quando estiverem mornas, corte-as ao meio, no sentido do comprimento.
3 Preaqueça o forno. Derreta lentamente a manteiga em uma panelinha, adicione o xerez, uma boa pitada de páprica e outra de pimenta-de-caiena. Misture e mantenha aquecido.
4 Unte uma assadeira. Coloque as lagostas, com a carapaça para cima, e leve ao forno por 8-10 min.
5 Vire as lagostas e regue com a manteiga ao xerez, tempere com pimenta e deixe grelhar por mais 10 min. Sirva imediatamente.

■ Preparo: 10 min ■ Cozimento: cerca de 20 min

CRUSTÁCEOS
PEIXES, MARISCOS, CRUSTÁCEOS, MOLUSCOS E RÃS

Salada de lagosta

Rendimento: 4-6 porções

2 lagostas de 400-500 g (ou 1 lagosta de 1 kg)
200 ml de Maionese clássica (veja p. 52)
2 limões
1 pote de fundos de alcachofra
2 miolos de alface
páprica
1 colher (sopa) de conhaque
sal e pimenta

1. Cozinhe as lagostas em água com sal ou em um court-bouillon por 10-15 min. Deixe esfriar no líquido de cozimento.
2. Enquanto isso, prepare a maionese.
3. Retire inteiramente a casca dos crustáceos, corte a carne em fatias regulares; retire a carne das pinças e amasse-as.
4. Esprema um limão e coloque o suco em uma vasilha.
5. Escorra os fundos de alcachofra, corte-os em fatias finas e adicione à vasilha com o suco de limão. Misture bem.
6. Lave e seque a alface; corte as folhas grosseiramente. Em uma tigela, misture a metade da maionese com a carne das lagostas amassada, o suco de limão, sal e pimenta. Despeje sobre as folhas de alface e misture.
7. Distribua esta salada em tacinhas ou pratos individuais. Reparta as fatias de lagosta e os fundos de alcachofra entre elas.
8. Acrescente uma boa pitada de páprica e o conhaque ao restante da maionese. Prove e acerte o tempero. Cubra a salada com o molho. Conserve na geladeira até a hora de servir.

■ Preparo: 30 min ■ Cozimento: 10-15 min

Croquetes de lagostim

Rendimento: 4-6 porções

500 g de Massa de beignet (bolinho) (veja p. 111)
16-24 lagostins
2 cebolas grandes
óleo
1 clara
2-3 limões

1. Prepare a massa de bolinho e deixe descansar por 1 h.
2. Mergulhe os lagostins por 2-3 min em água fervente com sal. Escorra, deixe esfriar e retire as carapaças. Corte-os ao meio. Reserve as cabeças para outra utilização (ou congele-as).
3. Enquanto os lagostins esfriam, corte as cebolas em rodelas, separe os anéis e refogue-os no óleo. ▶

4. Bata a clara em neve e incorpore à massa.
5. Coloque os anéis de cebola fritos e os lagostins na massa. Frite, às colheradas, no óleo quente. Coloque poucos bolinhos de cada vez para que tenham espaço para inflar ao dourar.
6. Escorra sobre papel-toalha e sirva imediatamente com quartos de limão.

■ Preparo: 20 min   ■ Cozimento: 5 min

Lagostim ao molho de laranja

Rendimento: 4-6 porções

4 alhos-porós (parte branca)
24 lagostins
1 colher (sopa) de azeite
2 laranjas orgânicas
125 g de manteiga
sal e pimenta

1. Abra ao meio os alhos-porós, lave bem e corte em tirinhas finas.
2. Retire as cabeças dos lagostins e amasse-as.
3. Aqueça o azeite em uma frigideira (ou wok) e refogue rapidamente as cabeças.
4. Tempere com sal e cubra com água fria. Deixe levantar fervura, tampe e cozinhe por 15 min.
5. Enquanto isso, retire a casca de uma laranja e corte-a em tirinhas. Esprema o suco das duas laranjas e coloque-o em um prato.
6. Aqueça 30 g de manteiga em uma panela, adicione o alho-poró e cubra com água fria. Cozinhe sem tampa em fogo alto até a evaporação completa.
7. Retire as cabeças dos lagostins e coe o caldo de cozimento em uma peneira fina. Leve ao fogo 2 copos desse líquido, acrescente o suco e a casca de laranja.
8. Deixe ferver até reduzir pela metade. Incorpore, batendo sem parar, 50 g de manteiga em pedaços. Retire do fogo e tempere com sal e pimenta.
9. Refogue por 2-3 min os lagostins no restante da manteiga. Disponha-os em uma travessa previamente aquecida, rodeados dos alhos-porós. Cubra delicadamente com o molho de laranja.

■ Preparo: 40 min   ■ Cozimento: cerca de 30 min

Lagostim frito

Rendimento: 4-6 porções

16 ou 24 lagostins
2-3 limões
400 g de Empanado à inglesa (veja p. 103)
óleo
sal e pimenta

1. Tire a casca dos lagostins.
2. Tempere com sal e pimenta. Regue com suco de limão e deixe descansar em local fresco por 30 min.
2. Enquanto isso, prepare o Empanado à inglesa e aqueça o óleo para fritar.
3. Passe os lagostins no empanado e frite-os aos poucos no óleo quente por 3-4 min.
4. Deixe secar sobre papel-toalha. Sirva bem quente com limão.

- Preparo: 30 min   - Descanso: 30 min
- Cozimento: 20 min

Pitu: preparo

Os pitus são camarões grandes, de água doce, muito saborosos. Antes de prepará-los, é preciso limpá-los. Com uma faca bem afiada, faça um corte logo acima dos olhos, para retirar as vísceras, que ficam na cabeça. Lave bem e escalde-os em uma panela grande com água e sal, até mudarem de cor. Escorra e reserve. A cabeça e as patas propiciam uma ótima sopa de crustáceos ou manteiga aromatizada.

Pitu à moda de Bordeaux

Rendimento: 4-6 porções

2-3 kg de pitus (6-8 por pessoa)
1 cenoura
1 cebola ▶

1. Prepare os pitus (*veja receita anterior*).
2. Corte os legumes em pedacinhos.
3. Refogue a cebola em 10 g de manteiga; acrescente a cenoura e o aipo. ▶

1/2 talo de aipo (salsão)
100 g de manteiga
uma pitada de pimenta-de-caiena
1/2 copo de conhaque
1 garrafa de vinho branco
3 gemas
sal e pimenta-do-reino

4 Derreta 30 g de manteiga em uma panela grande e salteie rapidamente os pitus. Tempere com sal, pimenta-do-reino e a pimenta-de-caiena. Quando estiverem bem vermelhos, aqueça o conhaque e flambe-os.

5 Coloque o vinho branco na panela até cobrir os pitus. Adicione os legumes e continue a cozinhar por 10 min ou mais.

6 Escorra os camarões e recolha o caldo. Disponha em uma travessa e conserve aquecido.

7 Bata as gemas em uma vasilha, dilua-as em um pouco do caldo de cozimento e despeje na panela.

8 Leve ao fogo brando e adicione o restante da manteiga, em pedacinhos, batendo. Prove e acerte o tempero.

9 Cubra os pitus com esse molho bem quente e sirva em seguida.

■ Preparo: 1 h   ■ Cozimento: cerca de 15 min

Pitu ao leite de coco

Rendimento: 4-6 porções

2-3 kg de pitus (6-8 por pessoa)
2 tomates grandes
1 cebola
1 limão
azeite
500 ml de leite de coco
1 bouquet garni (veja glossário)
10 grãos de pimenta (ou pimenta-do-reino)
sal

1 Prepare os pitus (*veja p. 286*).

2 Tire a pele e as sementes dos tomates; pique em cubinhos. Rale a cebola.

3 Coloque os pitus numa tigela grande e tempere-os com suco de limão, azeite e o leite de coco. Misture bem e leve ao fogo, em uma panela grande. Acrescente a cebola ralada, os cubinhos de tomate, o bouquet garni, sal e pimenta. Cozinhe por apenas 5 min (lembre-se de que os pitus já foram escaldados), para curtir o tempero. Retire o bouquet garni e sirva em seguida, com arroz branco ou integral.

■ Preparo: 15 min   ■ Cozimento: cerca de 5 min

CRUSTÁCEOS / MARISCOS
PEIXES, MARISCOS, CRUSTÁCEOS, MOLUSCOS E RÃS

Molho de crustáceos

Rendimento: 4-6 porções

400 ml de Molho cremoso (veja p. 76)
1 lagosta de 1 kg (ou 800 g de camarões grandes)
200 g de arroz
3-4 cebolas-brancas
50 g de manteiga
50 g de Manteiga de caranguejo ou camarão (veja p. 66)
1 colher (sopa) de ervas finas frescas picadas (salsinha, cebolinha, cerefólio e estragão)
sal e pimenta

1 Prepare o Molho cremoso.
2 Mergulhe os crustáceos em água fervente e cozinhe por 8-10 min (lagostas) e por 4-5 min (camarões).
3 Tire a casca dos crustáceos.
4 Prepare o arroz e conserve-o aquecido.
5 Descasque e pique as cebolas.
6 Tire a cabeça e as pinças da lagosta, mas deixe os camarões inteiros.
7 Derreta a manteiga e refogue as cebolas; adicione os crustáceos, tempere com sal e pimenta, tampe e deixe cozinhar por 8-10 min. Adicione o Molho cremoso, misture e cozinhe por mais 5 min.
8 Ao servir, adicione a manteiga de crustáceo escolhida. Salpique as ervas finas por cima. Sirva com o arroz.

■ Preparo: 40 min   ■ Cozimento: 20-25 min

MARISCOS

Amêijoas com creme

Rendimento: 4-6 porções

12-18 amêijoas
3 cebolas-brancas
2 dentes de alho
30 g de manteiga
100 g de pão (sem a casca)
4 colheres (sopa) de creme de leite fresco
2 colheres (sopa) de salsinha picada

1 Lave as amêijoas cuidadosamente e coloque-as no forno quente por 2-3 min para abrir as conchas. Retire do forno, reserve o líquido das conchas e pique as amêijoas em cubinhos. Separe uma das partes de cada concha, lave e deixe secar.
2 Pique bem as cebolas e o alho. Derreta a manteiga em uma frigideira, adicione a cebola picada e o pão esfarelado e deixe em fogo alto por 3-4 min.
3 Acrescente as amêijoas e o alho picado, misture bem e cozinhe por 1-2 min.
4 Despeje o creme de leite, misture novamente e cozinhe em fogo brando por mais 1-2 min. Adicione a salsinha e mexa. ▶

5 Coloque as amêijoas refogadas nas conchas secas. Leve ao forno por 2 min para dourar e sirva imediatamente.

■ Preparo: 15 min ■ Cozimento: cerca de 10-15 min

Espetinhos de frutos do mar

Rendimento: 4 porções

8 ostras grandes
4 vieiras
400 g de mariscos pequenos (lambe-lambe ou sururu)
4 camarões grandes (ou lagostins)
150 g de champignons
Marinada instantânea (veja p. 45)
4 espetinhos de madeira

1 Abra as ostras sobre uma vasilha, filtre sua água e leve tudo ao fogo. Escalde as ostras nessa água fervente por cerca de 1 min.
2 Abra os mariscos colocando-os por 2-3 min no forno quente; retire as conchas.
3 Retire a casca dos camarões (ou lagostins).
4 Lave os champignons; conserve apenas os chapéus.
5 Passe todos os frutos do mar para uma grande tigela, regue com a Marinada instantânea a misture.
6 Coloque-os em espetos de madeira, alternando com os champignons.
7 Leve ao forno para grelhar ou coloque na churrasqueira. Regue com a marinada.

■ Preparo: 30 min ■ Cozimento: cerca de 5 min

Espetinhos de mexilhão

Rendimento: 4 porções

2 kg de Mexilhões à marinheira (veja p. 294)
300 g de champignons pequenos
2 1/2 limões
25 g de manteiga
óleo para fritar ▶

1 Prepare os Mexilhões à marinheira, retire das conchas e escorra bem.
2 Lave os champignons, conserve apenas os chapéus e espalhe suco de meio limão sobre eles. Derreta a manteiga em uma panela e refogue os champignons em fogo brando por 10-15 min. Aqueça o óleo para fritar.
3 Frite a salsinha. ▶

MARISCOS

1/2 maço de salsinha crespa
2 colheres (sopa) de mostarda
400 g de Empanado à inglesa (veja p. 103)
espetinhos de madeira

4 Passe os mariscos na mostarda. Coloque-os nos espetos, alternando com o champignons.
5 Passe os espetos no Empanado à inglesa e frite em óleo quente por 5 min.
6 Sirva com a salsinha frita e os limões cortados em quartos.

■ Preparo: 40 min ■ Cozimento: 15-20 min

Espetinhos de ostras

Rendimento: 4 porções

250 g de Molho Villeroi (veja p. 82)
12 ostras
150 g de champignons
2 limões
25 g de manteiga
óleo para fritar
400 g de Empanado à inglesa (veja p. 103)
1/2 maço de salsinha crespa
sal e pimenta
espetinhos de madeira

1 Prepare o Molho Villeroi com um fumet (ou caldo em tablete) de peixe.
2 Abra as ostras em uma vasilha. Filtre o líquido das ostras e leve ao fogo para ferver; coloque as ostras e cozinhe por 2 min. Escorra e retire os filamentos com a tesoura.
3 Lave os champignons e tempere com suco de limão; corte em fatias grossas e refogue levemente na manteiga.
4 Aqueça o óleo para fritar. Prepare o Empanado à inglesa.
5 Frite a salsinha.
6 Monte os espetos alternando ostras e champignons. Mergulhe-os no molho, empane e coloque por 3-4 min no óleo quente.
7 Sirva com a salsinha frita e meias fatias de limão.

■ Preparo: 40 min ■ Cozimento: 10-15 min

MARISCOS

Espetinhos de ostras à inglesa

Rendimento: 4-6 porções

12-18 ostras
pimenta-branca moída na hora
12-18 fatias de bacon
espetinhos de madeira

1. Preaqueça o forno. Retire as ostras das conchas.
2. Coloque as ostras em uma travessa e tempere com um pouco de pimenta-branca.
3. Enrole cada uma em uma fatia de bacon e enfie em espetos de madeira.
4. Deixe grelhar no forno por cerca de 2 min.

Pode-se servir estes espetinhos com pão de fôrma torrado e quente.

■ Preparo: 20-30 min ■ Cozimento: 2 min

Espetinhos de vieiras e ostras à Villeroi

Rendimento: 4-6 porções

8-12 vieiras
8-12 ostras grandes
250 ml de Molho Villeroi (veja p. 82)
400 g de Empanado à inglesa (veja p. 103)
sal
óleo para fritar
espetinhos de madeira

1. Retire as vieiras e os corais das conchas, descartando os filamentos; lave bem. Retire as ostras das conchas.
2. Ferva água com sal em uma panela e escalde as vieiras e os corais por 1 min; escorra imediatamente. Na mesma água, escalde as ostras igualmente por 1 min.
3. Prepare o Empanado à inglesa.
4. Disponha os frutos do mar, alternados, em espetos de madeira. Cubra com o Molho Villeroi. Passe no empanado e frite a 180°C por 2 min. Sirva imediatamente.

■ Preparo: 45 min ■ Cozimento: 2 min

MARISCOS

Mariscada com açafrão

Rendimento: 4-6 porções
3-4 kg de mexilhões
2 copos de vinho branco
8 dentes de alho
150 g de manteiga
2 colheres (sopa) de salsinha picada
alguns pistilos (ou uma pitada) de açafrão ou 1 colher (café) de curry
200 ml de creme de leite fresco
1 colher (café) de maisena

1. Limpe e lave cuidadosamente os mariscos. Coloque-os em um caldeirão, adicione o vinho branco e deixe em fogo alto por 5-10 min até abrirem, misturando e sacudindo o caldeirão de vez em quando. Retire do fogo. Descarte a metade das conchas vazias, deixando apenas a metade das conchas em que estão os mexilhões. Coloque na travessa para servir e conserve aquecido.
2. Descasque e pique o alho. Corte a manteiga em pedacinhos.
3. Filtre o caldo de cozimento dos mariscos em uma peneira forrada com tecido fino (musselina).
4. Esquente esse caldo, sem deixar ferver. Adicione o alho, a salsinha, a manteiga e misture bem com a colher de pau. Acrescente por fim o açafrão. Quando a manteiga tiver derretido, junte o creme de leite. Aumente o fogo e deixe levantar fervura rapidamente. Dissolva a maisena em um pouco de água e despeje no molho, mexendo bem.
5. Espalhe sobre os mariscos, misture e sirva imediatamente.

Pode-se substituir o açafrão por 1 colher (café) de curry e a liga de maisena por uma gema diluída com um pouco de creme de leite (que deve ser adicionada fora do fogo).

■ Preparo: 1 h ■ Cozimento: cerca de 20 min

Mariscos grelhados e ostras sautées ao uísque

Rendimento: 4-6 porções

2 cebolas-brancas
24 ostras
12-18 mariscos grandes
100 g de manteiga
250 ml de uísque
200 ml de vinho branco
200 ml de Fumet de peixe (veja p. 41)
200 ml de creme de leite fresco
100 g de milho em lata
sal e pimenta

1 Descasque e pique as cebolas-brancas.

2 Coloque as ostras e os mariscos no forno alto até as conchas abrirem. Retire-os das conchas e tempere com sal e pimenta. Doure as ostras e os mariscos, dos dois lados, em uma frigideira antiaderente (ou wok), com 20 g de manteiga, em fogo alto. Desligue o fogo e conserve-os aquecidos.

3 Descarte o líquido de cozimento. Limpe a frigideira com papel-toalha e leve de volta ao fogo. Derreta 40 g de manteiga e refogue as cebolas-brancas picadas por cerca de 5 min.

4 Quando estiverem bem macias, aumente o fogo, acrescente as ostras, misture rapidamente e retire do fogo.

5 Aqueça o uísque em uma panelinha. Adicione os mariscos à frigideira e despeje por cima o uísque. Flambe imediatamente.

6 Com a escumadeira, retire os mariscos e as ostras e conserve-os aquecidos.

7 Despeje o vinho branco e o Fumet de peixe na frigideira, deixe levantar fervura e reduzir pela metade.

8 Acrescente o creme de leite e reduza novamente pela metade. Incorpore o restante da manteiga e o milho (sem o soro). Tempere com sal e pimenta e aqueça novamente, sem deixar ferver.

9 Despeje o molho sobre os frutos do mar. Sirva as ostras e os mariscos quentes.

Estes mariscos podem ser servidos sobre uma camada de risoto rodeada de cubinhos de tomates crus com cebolinha picada.

■ Preparo: 30 min ■ Cozimento: cerca de 15 min

Mexilhões à la poulette

Rendimento: 4-6 porções

300 ml de Molho poulette (veja p. 87)
3-4 kg de Mexilhões à marinheira (veja abaixo)
1 limão
2 colheres (sopa) de salsinha picada

1. Prepare o Molho poulette e conserve-o aquecido.
2. Prepare os Mexilhões à marinheira.
3. Retire as metades das cascas vazias dos mexilhões. Coloque as outras metades de conchas com os mariscos em uma travessa e conserve aquecidos.
4. Coe a água de cozimento em uma peneira fina e deixe reduzir até a metade em fogo alto. Acrescente o Molho poulette e o suco de limão.
5. Despeje sobre os mexilhões e salpique com salsinha picada.

■ Preparo: 30 min ■ Cozimento: cerca de 30 min

Mexilhões à marinheira

Rendimento: 4-6 porções

3-4 kg de mexilhões
1 cebola comum grande
1 cebola-branca
1 maço de salsinha
30 g de manteiga
200-300 ml de vinho branco seco
1 ramo de tomilho
1/2 folha de louro
creme de leite fresco (opcional)
sal e pimenta

1. Lave cuidadosamente os mexilhões.
2. Descasque e pique as cebolas. Corte a salsinha.
3. Derreta a manteiga, adicione as cebolas picadas e refogue em fogo brando por 1-2 min.
4. Adicione os mexilhões e o vinho branco. Tempere com sal e pimenta. Junte a salsinha, o tomilho e o louro. Deixe cozinhar por 6 min em fogo alto, misturando com freqüência e sacudindo algumas vezes a panela.
5. Quando os mexilhões estiverem abertos, retire-os da panela e coloque em uma vasilha previamente aquecida. Descarte o tomilho e o louro, assim como os mariscos que não abriram. Despeje o líquido de cozimento sobre os mariscos e sirva.

Pode-se filtrar o suco antes de regar os mariscos e acrescentar 3 colheres (sopa) de creme de leite fresco.

■ Preparo: 20 min ■ Cozimento: 7-8 min

MARISCOS

PEIXES, MARISCOS, CRUSTÁCEOS, MOLUSCOS E RÃS

Mexilhões à provençal

Rendimento: 4-6 porções

3-4 kg de mexilhões
6 tomates grandes
4 dentes de alho
3 colheres (sopa) de azeite
1 bouquet garni (veja glossário)
1/2 maço de manjericão
sal e pimenta

1. Lave cuidadosamente os mexilhões.
2. Mergulhe rapidamente os tomates em água fervente, retire a pele e as sementes e pique grosseiramente a polpa.
3. Descasque e pique os dentes de alho.
4. Aqueça o azeite em uma panela. Adicione os tomates, o alho e o bouquet garni. Tempere com pimenta e deixe cozinhar por 10 min em fogo brando, sem tampa, mexendo de vez em quando.
5. Acrescente os mexilhões e cozinhe por 10 min em fogo alto, sacudindo a panela e mexendo várias vezes com a colher de pau. Retire quando estiverem abertos. Elimine as metades das conchas vazias.
6. Disponha as conchas com mexilhão em uma travessa grande e conserve-as aquecidas.
7. Deixe reduzir o líquido de cozimento em um terço em fogo alto e adicione as folhas de manjericão picadas. Tempere, prove e acerte o tempero. Despeje esse líquido sobre os mexilhões e sirva imediatamente.

■ Preparo: 30 min ■ Cozimento: 20 min

Mexilhões ao creme

Rendimento: 4-6 porções

3-4 kg de Mexilhões à marinheira (veja p. 294)
300 ml de creme de leite fresco
1/2 maço de salsinha
sal e pimenta

1. Prepare os Mexilhões à marinheira.
2. Escorra-os com a escumadeira e coloque em uma travessa. Conserve-os aquecidos.
3. Leve o líquido de cozimento ao fogo alto até ficar reduzido em um terço. Diminua o fogo e despeje o creme de leite. Misture.
4. Deixe reduzir novamente, mas em fogo brando, cerca de um terço do molho. Tempere, prove e corrija o tempero. Despeje o molho cremoso sobre os mariscos e salpique com salsinha picada.

■ Preparo: 30 min ■ Cozimento: cerca de 15 min

MARISCOS

Mexilhões fritos

Rendimento: 4-6 porções

3-4 kg de Mexilhões à marinheira (veja p. 294)
3 colheres (sopa) de salsinha
1 copo de azeite
2 limões
pimenta
500 g de Massa para fritar (veja p. 118)
óleo para fritar

1 Prepare os Mexilhões à marinheira. Retire-os das conchas e deixe esfriar.
2 Pique a salsinha. Faça uma marinada com o azeite, o suco dos limões, a salsinha e a pimenta e despeje sobre os mariscos; misture bem e deixe descansar por 30 min.
3 Enquanto isso, prepare a Massa para fritar e deixe descansar por 1 h. Aqueça o óleo.
4 Mergulhe os mariscos na massa, retire-os em pequenas quantidades com a escumadeira e frite-os no óleo quente por 2-3 min.
5 Escorra e deixe secar sobre papel-toalha.

Sirva como entrada, com quartos de limão, ou como aperitivo, espetados em palitos.

■ Preparo: 40 min   ■ Cozimento: 15-20 min

Ostras à la diable

Rendimento: 4 porções

12 ostras
25 g de manteiga
1 colher (sopa) de farinha de trigo
1 colher (sopa) de creme de leite fresco
Béchamel (molho branco) (veja p. 70)
noz-moscada
sal e pimenta-branca
pão amanhecido
páprica

1 Abra as ostras sobre uma vasilha e retire-as de suas conchas.
2 Coe o líquido das conchas em uma peneira forrada com tecido fino (musselina) e despeje em uma panela; leve ao fogo médio.
3 Com 10 g de manteiga, a farinha, o líquido de cozimento das ostras e o creme de leite prepare o Béchamel (molho branco). Tempere com sal, pimenta e noz-moscada.
4 Esfarele o pão. Derreta o restante da manteiga (reserve um pouquinho dela) na frigideira e doure o pão esfarelado.
5 Misture as ostras escaldadas com o Béchamel. ▶

6 Recheie as conchas com as ostras cobertas de molho branco. Espalhe por cima o pão passado na manteiga e tempere com páprica. Adicione um pedacinho de manteiga em cada uma.
7 Disponha as conchas em uma assadeira, apoiando-as em papel-alumínio amassado. Leve ao forno aquecido a 200°C por 3-4 min. Sirva imediatamente.

■ Preparo: 1 h ■ Cozimento: 6 min

Ostras à moda de Boston

Rendimento: 4-6 porções
12-18 ostras
pimenta-branca moída na hora
50 g de farinha de rosca
50 g de queijo gruyère ralado
50 g de manteiga

1 Preaqueça o forno a 230°C. Abra as ostras. Retire delicadamente a carne e escorra o seu líquido na peneira.
2 Lave bem as conchas. No fundo de cada uma, coloque uma pitada de pimenta-branca e uma boa porção de farinha de rosca.
3 Recoloque as ostras nas conchas. Salpique o gruyère ralado e a farinha de rosca e adicione um pedacinho de manteiga em cada uma.
4 Disponha em uma assadeira e leve ao forno por 6-7 min para gratinar.

Para servir de apoio, pode-se colocar uma camada grossa de sal grosso, ou algas, no fundo da travessa em que serão servidas as ostras.

■ Preparo: 20-30 min ■ Cozimento: 6-7 min

Ostras fritas

Rendimento: 4 porções
250 g de Massa de beignet (bolinho) (veja p. 111)
uma dúzia de ostras ▶

1 Prepare a massa de bolinho.
2 Abra as ostras em uma vasilha. Filtre o líquido delas e leve ao fogo para ferver; coloque as ostras e cozinhe por 2 min. Escorra e retire os filamentos com a tesoura. ▶

MARISCOS

Marinada instantânea (veja p. 45)
óleo para fritar
1/2 maço de salsinha crespa
sal
2 limões

3 Deixe esfriar, depois escorra e deixe secar sobre papel-toalha. Deixe marinar por 30 min na geladeira.
4 Aqueça o óleo para fritar. Frite a salsinha.
5 Mergulhe as ostras na massa, colocando 3 ou 4 de cada vez, e frite no óleo quente até ficarem bem infladas. Escorra e deixe secar em papel-toalha.
6 Arrume em uma travessa, tempere com sal e sirva com quartos de limão e a salsinha frita.

■ Preparo: 1 h ■ Marinada: 30 min
■ Cozimento: cerca de 20 min

Salada de mariscos

Rendimento: 4-6 porções
2 cebolas-brancas
1 limão
12 talos de cebolinha
4 colheres (sopa) de azeite
1-2 pés de alface
2-2,5 kg de mariscos
200 ml de vinho branco
sal e pimenta

1 Descasque e pique bem as cebolas. Esprema o limão. Corte a cebolinha bem fininho.
2 Misture em uma vasilha as cebolas, o suco de limão, a cebolinha e o azeite. Tempere com sal e pimenta.
3 Lave e seque a alface.
4 Escove as conchas dos mariscos e lave-as bem. Deixe de molho e troque a água várias vezes até retirar toda a areia. Para abri-los com mais facilidade, coloque-os no forno quente por 2-3 min. Reserve o líquido das conchas e os mariscos e descarte as conchas.
5 Coe o líquido dos mariscos em uma peneira forrada com tecido fino e leve ao fogo, com o vinho, até levantar fervura. Junte os mariscos na panela e deixe ferver por 2 min. Escorra os mariscos, coloque em uma tigela e cubra com o molho.
6 Arrume as folhas de alface nos pratos. Acrescente os mariscos com o molho por cima e sirva imediatamente.

■ Preparo: 20 min ■ Cozimento: 2 min

Salada de mexilhões

Rendimento: 4-6 porções

6 batatas médias
3-4 kg de mexilhões ou 500 g de mexilhões sem concha congelados
1 limão
2 cebolas-brancas
1 dente de alho
1 talo de aipo (salsão)
1 maço de cerefólio
2 colheres (sopa) de vinho branco
3 colheres (sopa) de óleo
sal e pimenta

1. Lave as batatas e deixe cozinhar por 15-20 min em água fervente.
2. Coloque os mexilhões para abrir em um caldeirão com água, por cerca de 10 min, em fogo alto, sacudindo a panela várias vezes. Escorra e retire as conchas. Coloque os mariscos em uma vasilha e regue com o suco de limão.
3. Descasque e pique bem as cebolas e o alho. Corte o aipo em fatias bem finas. Pique o cerefólio.
4. Escorra e descasque as batatas. Corte-as em rodelas e coloque na vasilha com os mexilhões.
5. Em uma tigela, misture o alho, a cebola-branca, o aipo, o vinho, o óleo, sal e pimenta e despeje sobre os mariscos e as batatas. Misture delicadamente e espalhe o cerefólio por cima. Sirva esta salada morna.

■ Preparo: 20 min   ■ Cozimento: 20 min

Salada de vieiras

Rendimento: 4-6 porções

200 g de abobrinhas
12-18 vieiras frescas
2 colheres (sopa) de suco de limão
3 colheres (sopa) de azeite
1 colher (sopa) de salsinha picada
1 colher (sopa) de vinagre
2 miolos de alface
sal e pimenta

1. Preaqueça o forno a 200ºC. Corte as abobrinhas em rodelas bem finas e as vieiras em duas ou três partes, dependendo do tamanho. Coloque-as com as abobrinhas em uma travessa refratária. Tempere com sal e pimenta, regue com o suco de limão e misture bem. Deixe marinar por 10-15 min.
2. Leve a travessa ao forno por 3 min, retire, misture e leve de volta ao forno por mais 2-3 min.
3. Despeje o líquido de cozimento em uma vasilha, adicione o azeite, a salsinha e o vinagre. Tempere com sal e pimenta. Bata para emulsionar. ▶

4 Arrume as folhas da alface em uma travessa. Disponha por cima as vieiras e as abobrinhas já frias. Cubra com o vinagrete.

■ Preparo: 20 min ■ Cozimento: 6 min

Vieiras à provençal

Rendimento: 4-6 porções

- 12-18 vieiras frescas ou congeladas
- 1 cebola
- 300 ml de vinho branco seco
- 1 bouquet garni (veja glossário)
- 1 dente de alho
- 2 colheres (sopa) de azeite
- 2 colheres (sopa) de manteiga
- 2 colheres (sopa) de salsinha picada
- 2 colheres (sopa) de farinha de rosca
- sal e pimenta

1 Se as vieiras forem frescas, lave e escove as conchas, e leve ao forno com a parte bojuda para baixo. Tire do forno assim que as conchas começarem a abrir. Retire a vieira com o coral e corte os filamentos excedentes. Se as vieiras forem congeladas, deixe descongelar por 30 min no leite.

2 Descasque e pique a cebola; coloque-a em uma panela com as vieiras, o vinho branco, o bouquet garni, sal e pimenta. Deixe levantar fervura lentamente, diminua o fogo e deixe cozinhar por mais 5 min.

3 Retire as vieiras, escorra e corte-as ao meio.

4 Pique o alho. Preaqueça o forno.

5 Aqueça o azeite e a manteiga em uma fôrma refratária, coloque nela as vieiras e salpique com alho, salsinha e farinha de rosca.

6 Leve ao forno para dourar. Sirva imediatamente.

■ Preparo: 20 min ■ Cozimento: 8-10 min

Vieiras ao molho

Rendimento: 4-6 porções

1 cenoura
1 cebola comum
4 cebolas-brancas
1 dente de alho
1 ramo de tomilho
1/2 folha de louro
1/2 maço de salsinha
1 copo de vinho branco
2 copos de água
12-18 vieiras com coral
1-2 colheres (sopa) de creme de leite fresco (opcional)
sal e pimenta

1 Corte a cenoura e a cebola comum em fatias finas. Pique as cebolas-brancas e esprema o alho.

2 Leve ao fogo com o tomilho, o louro e a salsinha. Despeje o vinho branco e a água, e tempere com sal e pimenta. Cozinhe em fogo brando por 20 min; deixe esfriar.

3 Preaqueça o forno a 180°C. Lave as vieiras, escovando as cascas. Coloque-as em uma assadeira, com a parte bojuda para baixo, e leve ao forno. Retire assim que começarem a abrir.

4 Retire-as das conchas, separando as vieiras e os corais dos filamentos cinzentos; lave-os bem para retirar toda a areia.

5 Coloque as vieiras, os corais e os filamentos no caldo frio. Leve ao fogo e deixe levantar fervura; abaixe o fogo e cozinhe por 5 min. Com a escumadeira, retire as vieiras e os corais e conserve-os aquecidos.

6 Ferva o caldo em fogo brando por cerca de 15 min e coe. Se não usar creme de leite, regue as vieiras e os corais com o caldo e sirva.

7 Se usar creme de leite, leve o caldo de volta ao fogo, juntamente com o creme de leite.

8 Deixe reduzir este molho em um terço; regue as vieiras e os corais e sirva.

■ Preparo: 40 min ■ Cozimento: cerca de 1 h

MARISCOS
PEIXES, MARISCOS, CRUSTÁCEOS, MOLUSCOS E RÃS

Vieiras com algas no vapor

Rendimento: 4-6 porções

12-18 vieiras frescas
2-3 punhados de algas (varech)
pimenta-preta moída na hora
200 g de manteiga

1 Lave e escove as conchas das vieiras; leve ao forno com a parte bojuda para baixo e retire logo que as conchas começarem a abrir. Tire as vieiras com os corais das conchas e corte os filamentos excedentes.
2 Preaqueça o forno a 220°C. Lave bem as algas e escorra.
3 Recorte 4-6 quadrados de papel-alumínio. Divida as algas entre os quadrados e coloque por cima uma vieira. Tempere levemente com pimenta.
4 Corte a manteiga em pedacinhos e espalhe sobre as vieiras antes de fechar os papelotes. Leve ao forno por 10 min.
5 Retire do forno. Abra os embrulhinhos; disponha as vieiras em pratos previamente aquecidos e regue-as com o suco que ficou no papelote. Tempere com pimenta e sirva.

■ Preparo: 20 min ■ Cozimento: 10 min

Vieiras com alho-poró

Rendimento: 4-6 porções

12-18 vieiras frescas ou congeladas
250 ml de leite
800 g-1 kg de alho-poró (parte branca)
100 g de manteiga
30 g de cebolas-brancas
1 limão
150 ml de vinho branco
4 colheres (sopa) de creme de leite fresco
sal e pimenta

1 Se as vieiras forem frescas, lave e escove as conchas, e leve ao forno em uma assadeira com a parte bojuda para baixo. Tire do forno assim que as conchas começarem a abrir. Retire a vieira com o coral e corte os filamentos excedentes. Se as vieiras forem congeladas, deixe descongelar por 30 min no leite.
2 Limpe os alhos-porós e corte-os em fatias finas. Derreta 80 g de manteiga em uma panela, adicione o alho-poró, tempere com sal e deixe ferver em uma panela sem tampa por 20-25 min, para que o máximo de líquido evapore. ▶

3. Pique as cebolas. Derreta o restante da manteiga em uma frigideira, adicione as cebolas, tempere com sal e cozinhe em fogo brando. Regue com 1 colher (sopa) de suco de limão e 5-6 colheres (sopa) de vinho branco. Tempere com pimenta.
4. Escorra as vieiras e cozinhe no bafo (com a panela tampada e sem água) por 1 min de cada lado. Esquente bem o creme de leite, adicione as vieiras e cozinhe por 2 min.
5. Sirva as vieiras quentes, acompanhadas de alho-poró, em pratos previamente aquecidos.
6. Coe o líquido de cozimento em uma peneira fina e recoloque na panela junto com o restante do vinho. Deixe reduzir levemente, batendo vigorosamente com o batedor, e cubra as vieiras com esse caldo.

■ Preparo: 30 min   ■ Cozimento: cerca de 30 min

Vieiras cruas

Rendimento: 4-6 porções
8-12 vieiras
100 ml de azeite
1 limão
ramos de cerefólio
4 ramos de endro (dill)
pimenta-do-reino

1. Retire as vieiras das conchas, remova os filamentos (corte tudo o que sobrar, para conservar apenas as vieiras), lave em água corrente e seque sobre papel-toalha.
2. Com um pincel, unte com azeite o fundo dos pratos e pingue algumas gotas de limão.
3. Usando uma faca bem afiada, corte as vieiras em fatias finas e disponha em círculo nos pratos. Misture um pouco de azeite com uma pitada de pimenta moída na hora e espalhe com o pincel, sobre as vieiras. Não coloque sal.
4. Decore com raminhos de cerefólio, endro picado e fatias de limão cortadas ao meio.

■ Preparo: 15 min

Vôngoles: preparo

1. Deixe de molho por 1-2 h em água com bastante sal. Lave bem as conchas dos mariscos fechados, esfregando-os uns nos outros (se tiver algum marisco aberto, jogue-o fora).
2. Coloque em uma panela bem grande, tampada, e leve ao fogo alto, com 1 copo de água, até que os mariscos se abram (cozimento no bafo). Chacoalhe a panela durante o cozimento. Os vôngoles soltarão o seu próprio líquido, que é esverdeado.
3. Jogue fora os mariscos que não abrirem: estão estragados.
4. Os vôngoles estão prontos para uso: podem ser utilizados com a concha ou sem ela. É muito importante guardar o caldo de cozimento: ele pode ser usado em qualquer preparação, especialmente no Espaguete ao vôngole (*veja p. 801*).

Salada de vôngoles

Rendimento: 4-6 porções

500 g de ervilhas-tortas
100 ml de Vinagrete (veja p. 57)
2 colheres (sopa) de ervas finas frescas picadas (salsinha, cebolinha, cerefólio e estragão)
2 kg de vôngoles
sal

1. Retire as ervilhas das vagens e cozinhe por 10-15 min em água com sal.
2. Faça o Vinagrete. Adicione as ervas finas.
3. Lave bem os vôngoles em água corrente (se tiver algum marisco aberto, jogue-o fora). Deixe de molho por 1-2 h em água com bastante sal.
4. Coloque em uma panela bem grande, tampada, e leve ao fogo alto, sem água, até que os mariscos se abram. Chacoalhe a panela durante o cozimento.
5. Lave as ervilhas-tortas e cozinhe-as no vapor.
6. Retire os vôngoles das conchas, misture com as ervilhas e tempere com o vinagrete. Sirva a salada morna.

■ Preparo: 20 min + 1 h   ■ Cozimento: 15-20 min

MOLUSCOS DE MAR

Lula: preparo

As lulas geralmente são vendidas inteiras e limpas. No entanto, é preciso lavá-las bem antes de cozinhar e certificar-se de que a bolsa de tinta, situada na cabeça, esteja bem vazia. Também se encontram à venda lulas congeladas e às vezes cortadas em anéis.

Lulas à andaluza

Rendimento: 4-6 porções

- 1 kg de lulas frescas ou congeladas
- 100 ml de azeite
- 4 pimentões
- 3 cebolas
- 5 tomates
- 100 g de pão integral
- 1 copo de vinho branco
- 1 maço pequeno de salsinha
- 4 dentes de alho
- uma pitada de açafrão
- 75 g de amêndoas moídas
- sal e pimenta-do-reino

1 Lave, escorra e corte as lulas frescas em anéis. Se forem congeladas, descongele no microondas.

2 Esquente 4 colheres (sopa) de azeite e refogue as lulas por 2-3 min. Escorra sobre papel-toalha e reserve.

3 Coloque os pimentões em uma fôrma e leve ao forno por cerca de 15 min. Retire a pele e as sementes e corte em anéis.

4 Corte as cebolas em rodelas.

5 Escalde e amasse os tomates.

6 Corte o pão em cubos e doure-os em 2 colheres (sopa) de azeite bem quente. Escorra sobre papel-toalha e reserve.

7 Em uma frigideira grande, esquente 2 colheres (sopa) de azeite e refogue as lulas, os pimentões, as cebolas e os tomates, mexendo de vez em quando, até dourar. Regue com vinho branco e cozinhe em fogo brando, sem tampa, por 35-45 min.

8 Pique em uma vasilha os cubos de pão, a salsinha e o alho. Adicione o açafrão, as amêndoas moídas, 2 colheres (sopa) de azeite e misture bem. Quando as lulas estiverem cozidas, despeje essa preparação sobre elas e acrescente sal e pimenta, se necessário. Sirva bem quente com arroz.

■ Preparo: 30 min ■ Cozimento: 35-45 min

MOLUSCOS DE MAR
PEIXES, MARISCOS, CRUSTÁCEOS, MOLUSCOS E RÃS

Lulas à moda basca

Rendimento: 4-6 porções

- 1 kg de lulas (só a parte branca)
- 1 kg de tomates
- 8 pimentões vermelhos ou verdes
- 4 cebolas
- 4 dentes de alho
- 50 ml de azeite
- 1 bouquet garni (veja glossário)
- 3 colheres (sopa) de salsinha picada
- sal e pimenta-do-reino

1. Lave, seque e corte as lulas em fatias. Escalde ligeiramente os tomates, retire a pele e corte em pedaços grandes.
2. Retire as sementes dos pimentões e corte-os em tirinhas. Corte as cebolas em rodelas finas.
3. Amasse os dentes de alho.
4. Esquente o azeite em uma frigideira grande. Junte o pimentão e apure por cerca de 3 min. Adicione a cebola, as lulas e o alho. Misture bem e cozinhe por 15 min em fogo médio.
5. Acrescente os tomates e o bouquet garni. Tempere com sal e pimenta. Deixe apurar por 10-15 min, com a frigideira meio tampada.
6. Ao final do cozimento, retire a tampa e, se o molho ainda estiver líquido demais, aumente o fogo. Sirva com salsinha picada por cima.

■ Preparo: 30 min   ■ Cozimento: cerca de 30 min

Lulas recheadas à provençal

Rendimento: 4 porções

- 3 cebolas grandes
- 4 lulas grandes limpas com os tentáculos
- 100 g de pão amanhecido (pão velho)
- 1 copo de leite
- 4 dentes de alho
- 1 maço de salsinha
- 4 colheres (sopa) de azeite
- 2 tomates
- 2 gemas
- 1 copo de vinho branco seco ▶

1. Pique 2 cebolas com os tentáculos das lulas.
2. Molhe o pão em um pouco de leite, escorra e junte ao preparado de cebola.
3. Pique 3 dentes de alho e metade da salsinha. Coloque o preparado de cebola em uma panela de barro com 2 colheres (sopa) de azeite. Junte o alho, a salsinha e os tomates cortados em pedaços.
4. Retire do fogo, acrescente as gemas e misture bem.
5. Aqueça o forno a 180°C. Pique o restante do alho, da cebola e da salsinha, adicione sal e pimenta e misture bem. Com uma colher, recheie as lulas com esse preparo. Feche a bolsa costurando com agulha e linha ou com um barbante bem fino. ▶

MOLUSCOS DE MAR

2-3 colheres (sopa) de farinha de rosca
sal e pimenta-do-reino

6 Unte uma fôrma refratária e disponha nela as lulas. Cubra com o refogado e tempere com sal e pimenta. Despeje o vinho branco e 150 ml de água.
7 Unte uma folha de papel-alumínio e cubra com ela a fôrma. Inicie o cozimento em fogo alto, deixando apurar por 5 min, e leve a seguir ao forno por 30 min.
8 Retire o papel-alumínio e recoloque a fôrma em fogo alto por 5 min para reduzir. Regue as lulas com um filete de azeite, polvilhe com a farinha de rosca e leve para gratinar por mais 3 min no forno.

■ Preparo: 40 min ■ Cozimento: 40 min

Lulas sautées

Rendimento: 4-6 porções

1 kg de lulas pequenas e limpas
120 ml de azeite
4 dentes de alho
salsinha picada
sal e pimenta-do-reino

1 Lave e seque bem as lulas. Coloque em uma frigideira, regue com o azeite e misture.
2 Refogue em fogo alto por 10 min, mexendo sem parar. Adicione sal e pimenta. Tampe e deixe cozinhar por mais 15 min em fogo brando.
3 Descasque e pique bem o alho.
4 Acrescente o alho e a salsinha picada à frigideira e misture bem para envolver as lulas, aumentando um pouco o fogo. Sirva imediatamente, bem quente.

■ Preparo: 10 min ■ Cozimento: 25 min

Polvo: preparo

O polvo tem oito tentáculos providos de ventosas e em alguns casos chega a medir 80 cm. Pode-se comprar o polvo limpo, pronto para preparo. Ao cozinhar um polvo recém-pescado, lave a bolsa de tinta com cuidado em água corrente e descarte a cabeça; reserve os tentáculos para cozinhar.

O polvo tem a carne bem firme, por isso é necessário batê-la bastante para amaciar. Segure com a mão e bata contra uma tábua ou a borda da pia. Os polvos pequenos não precisam ser batidos.

Polvo à provençal

Rendimento: 4-6 porções

1 polvo de 1-1,2 kg
2 litros de Court-bouillon para peixe (veja p. 40)
2 cebolas
6 tomates
2 dentes de alho
4 colheres (sopa) de azeite
1/2 garrafa de vinho branco seco
1 bouquet garni (veja glossário)
2 colheres (sopa) de salsinha picada
sal e pimenta-do-reino

1 Prepare o polvo (*veja página anterior*) e esquente o court-bouillon.
2 Corte os tentáculos e o corpo do polvo em pedaços de 2-3 cm. Mergulhe-os no court-bouillon por 10 min, escorra e enxugue bem.
3 Descasque e pique as cebolas. Escalde os tomates, retire a pele e corte em pedaços grandes. Descasque e amasse o alho.
4 Esquente o azeite em uma caçarola e refogue o polvo com a cebola por 5 min. Adicione sal e pimenta.
5 Acrescente o tomate e cozinhe por 10 min.
6 Despeje o vinho e a mesma medida de água fria. Adicione o bouquet garni e o alho. Cozinhe sem tampa por pelo menos 1 h.
7 Acerte o tempero e adicione mais sal, se necessário. Disponha em uma travessa e salpique a salsinha picada por cima.

■ Preparo: 20 min ■ Cozimento: 1h30

Polvo ao forno

Rendimento: 4-6 porções

1 kg de polvos pequenos
1 pimentão
2 cebolas
100 g de presunto cru
2 colheres (sopa) de azeite ▶

1 Lave bem os polvos, corte-os em pedaços de 3-4 cm e cozinhe em fogo brando, sem tampa, por cerca de 15 min, virando de vez em quando para soltarem a água. Não cozinhe muito para não endurecerem.
2 Preaqueça o forno a 180°C. ▶

1 maço pequeno de salsinha
1 ramo de tomilho
1 folha de louro
300 ml de vinho tinto
sal e pimenta-do-reino

3 Retire as sementes do pimentão e corte-o em rodelas. Descasque e pique as cebolas. Corte o presunto em tirinhas. Refogue tudo por 5 min em uma caçarola com o azeite.

4 Pique grosseiramente a salsinha.

5 Escorra os polvos e coloque-os na caçarola juntamente com o tomilho, o louro e a salsinha. Adicione sal e pimenta. Despeje o vinho, mexa e tampe bem a panela.

6 Leve ao forno por cerca de 2 h. Experimente e acrescente mais sal, se necessário. Sirva bem quente em uma travessa funda.

■ Preparo: 30 min ■ Cozimento: cerca de 2h30

MOLUSCOS DE TERRA
Escargots: preparo

1 Antes de preparar os escargots vivos, deixe-os em jejum por uns 10 dias.

2 Em seguida, mergulhe-os em uma vasilha com um punhado de sal grosso (para 4 dúzias), 1/2 copo de vinagre e uma pitada de farinha. Cubra a vasilha, coloque um peso em cima e deixe por 3 h, virando de vez em quando.

3 Retire-os da vasilha e lave bem, trocando a água várias vezes, para eliminar toda a mucosidade e clarear a carne, depois mergulhe em água fervente por 5 min.

4 Escorra e passe na água fria.

5 Elimine as conchas e a extremidade preta (a cloaca). Porém, não é necessário retirar a parte formada pelo fígado e pelas glândulas, que representam 1/4 do peso total do animal (é a parte mais saborosa, onde se concentram as substâncias nutritivas).

Em alguns supermercados, é possível encontrar escargots em conserva, prontos para o uso.

MOLUSCOS DE TERRA
PEIXES, MARISCOS, CRUSTÁCEOS, MOLUSCOS E RÃS

Cumbuquinhas de escargots

Rendimento: 6 porções

6 dúzias de escargots em conserva
1 dente de alho
2 cebolas-brancas
1 maço de salsinha
100 g de manteiga
noz-moscada ralada
1/2 kg de champignons
250 ml de vinho branco seco
200 ml de creme de leite fresco
6 fatias de pão de fôrma
sal e pimenta-do-reino

1 Escorra os escargots.

2 Descasque e pique bem o alho, as cebolas e a salsinha e misture bem. Corte 80 g de manteiga em pedacinhos e, com um garfo, incorpore ao picadinho. Tempere com sal e pimenta e adicione um pouco de noz-moscada ralada.

3 Limpe os champignons, elimine a ponta dos caules (reserve-as para outra preparação) e corte-os em fatias.

4 Derreta a manteiga aromatizada em uma frigideira e refogue os champignons por 4-5 min.

5 Acrescente os escargots e misture bem. Despeje o vinho branco, mexa e cozinhe sem tampa por 8-10 min.

6 Incorpore o creme de leite e deixe reduzir em fogo alto por 8 min.

7 Enquanto isso, doure as rodelas de pão no restante da manteiga. Escorra e disponha cada uma em uma cumbuca individual. Coloque o refogado por cima e sirva bem quente.

■ Preparo: 15 min   ■ Cozimento: 20 min

Escargots à moda da Borgonha

Rendimento: 6 porções

400 g de Manteiga de escargot (veja p. 66)
6 dúzias de escargots em conserva com as conchas

1 Prepare a Manteiga de escargot e coloque na geladeira.

2 Escorra os escargots em uma peneira, lave bem em água corrente e seque.

3 Ponha em cada concha um pouco da manteiga aromatizada, introduza um escargot e complete com o restante da manteiga. Alise com uma faca. ▶

4 Disponha as conchas em um prato alveolado, próprio para escargot, ou apóie as conchas em papel-alumínio amassado com a abertura para cima. Leve ao forno por 10 min. Sirva assim que a manteiga começar a borbulhar.

■ Preparo: 45 min ■ Cozimento: 10 min

Escargots refogados com salsicha

Rendimento: 4 porções
6 dúzias de escargots petits gris
200 g de sal grosso
1 colher (sopa) de farinha de trigo
1 colher (sopa) de vinagre
2 cenouras
1 cebola espetada com cravos-da-índia
1 colher (sopa) de sal grosso
1 bouquet garni (veja glossário)
6 dentes de alho descascados
1 colher (sopa) de pimenta-preta em grãos
200 g de cebolas-brancas
4 ramos de salsinha
50 g de manteiga
250 g de salsicha sem pele
750 ml de vinho tinto encorpado
sal e pimenta-do-reino

1 Passe os escargots em uma peneira grossa e misture-os com o sal grosso, a farinha e o vinagre. Deixe de molho por 2 h, depois escorra bem em água corrente.

2 Corte as cenouras e a cebola em quatro. Coloque água num caldeirão até a metade e adicione o sal grosso, o bouquet garni, 2 dentes de alho e a pimenta em grão. Leve para ferver e acrescente os escargots. Deixe cozinhar por mais 1 h depois que levantar novamente fervura. Escorra e reserve o caldo do cozimento.

3 Descasque e pique as cebolas-brancas, o alho restante e a salsinha. Em uma caçarola, doure a cebola com os cravos espetados na manteiga. Acrescente o alho, a salsinha e a salsicha picados. Refogue por cerca de 10 min, amassando tudo com um garfo.

4 Adicione os escargots e o vinho. Complete com o caldo do cozimento. Tempere com sal e pimenta, tampe e deixe cozinhar por 2 h. Sirva bem quente.

■ Preparo: 1 h ■ Demolha: 2 h
■ Cozimento: 3h15

PEIXES DE MAR

Anchova: preparo

A anchova é um peixe muito frágil. Não é preciso tirar as escamas. Corte a cabeça e retire as vísceras pressionando o peixe com o polegar. Lave e deixe escorrer em papel-toalha. Esse trabalho, porém, pode ser feito pelo peixeiro, na hora de comprar o peixe.

Anchovas fritas

Para 4-6 porções
600 g de anchova
0,5 litro de leite
1 maço grande de salsinha
250 g de farinha de trigo
óleo para fritar
3 limões
sal

1 Limpe os peixes e mergulhe-os no leite.
2 Separe, lave e seque a salsinha, cortando os talos maiores. Esquente o óleo e frite a salsinha.
3 Escorra as anchovas em uma peneira. Espalhe a farinha em um pano e empane bem os peixes. Esquente o óleo a 180°C e frite nele os peixes, em pequenas quantidades, de ambos os lados, por cerca de 2 min. Retire e escorra em papel-toalha.
4 Tempere as anchovas com sal e disponha-as em uma travessa. Sirva-as decoradas com a salsinha frita e quartos de limão.

■ Preparo: 15 min ■ Cozimento: 15-20 min

Anchovas marinadas

Para 1/2 kg de anchovas
1 cebola
1 cenoura
1 colher (café) de pimenta-do-reino em grãos ▶

1 Compre anchovas limpas, lave-as e tempere com sal e pimenta. Deixe marinar por 2 h.
2 Descasque a cebola e a cenoura e corte-as em rodelas finas. Amasse os grãos de pimenta. ▶

PEIXES DE MAR

250 ml de óleo de girassol
3 dentes de alho
100 ml de vinagre
1 ramo de tomilho
1/2 folha de louro
5 ramos de salsinha
sal e pimenta

3 Esquente em uma frigideira 200 ml de óleo. Quando estiver bem quente, frite as anchovas em fogo alto, virando-as com cuidado. Retire com uma escumadeira e disponha-as lado a lado em uma travessa.

4 Adicione à frigideira 5 colheres (sopa) de óleo e refogue a cebola e a cenoura por 5 min. Junte os dentes de alho inteiros, sem descascar, o vinagre e 100 ml de água. Tempere com sal.

5 Acrescente o tomilho, o louro, a salsinha e a pimenta. Ferva por 10 min e despeje esse molho quente sobre as anchovas. Deixe marinar por 24 h.

Sirva como petisco, com rodelas de limão.

■ Preparo: 30 min   ■ Marinada: 2 h + 24 h
■ Cozimento: cerca de 15 min

Filés de anchova à moda sueca

Rendimento: 4 porções
2 ovos
400 g de filés de anchova salgados
300 g de maçãs golden
300 g de beterrabas cozidas
150 ml de Vinagrete (veja p. 57)
1/2 maço de salsinha

1 Cozinhe os ovos.

2 Coloque as anchovas de molho na água, trocando-a várias vezes para retirar o sal. Depois corte em fatias finas.

3 Descasque e corte em cubinhos as maçãs e as beterrabas e misture-as com uma parte do Vinagrete.

4 Descasque os ovos e pique as claras e as gemas separadamente.

5 Coloque em uma travessa as maçãs e as beterrabas. Disponha por cima os filés e por último as claras e as gemas. Regue com o restante do Vinagrete e decore com ramos de salsinha.

■ Preparo: 30 min

PEIXES DE MAR
PEIXES, MARISCOS, CRUSTÁCEOS, MOLUSCOS E RÃS

Filés de anchova à silesiana

Rendimento: 4-6 porções

300 g de batatas
2 maçãs golden
1/2 beterraba
100 ml de Vinagrete (veja p. 57)
10-12 anchovas em conserva
1 colher (sopa) de salsinha

1 Cozinhe as batatas com casca, descasque, corte em rodelas e ponha em uma saladeira. Pique as maçãs e a beterraba em cubos e adicione às batatas.
2 Prepare o Vinagrete e misture com a salada. Coloque em uma vasilha e reserve.
3 Disponha as anchovas em uma travessa e espalhe a salsinha picada por cima. Sirva com a salada à parte.

■ Preparo: 30 min   ■ Cozimento: cerca de 15 min

Arenque: preparo

Para preparar os filés, corte-os com uma faca bem afiada começando pela cauda, ou peça para o peixeiro fazer isso. Em seguida, lave e seque o peixe.
Se o arenque for defumado, corte os filés, retire a pele e as espinhas. Deixe de molho no leite para eliminar o sal. Se for salgado, corte os filés e dessalgue no leite ou em uma mistura de água e leite. Escorra, apare e seque cuidadosamente cada um.

Arenque com batatas

Rendimento: 4-6 porções

1 kg de batatas
1/2 copo de vinho branco
2 cebolas
1 maço de cebolinha
8-12 filés de arenques em conserva
6 colheres (sopa) de óleo
3 colheres (sopa) de vinagre de vinho branco
sal e pimenta-do-reino

1 Cozinhe as batatas com a casca em água com sal por 20-25 min. Descasque-as e corte-as em rodelas grossas. Regue imediatamente com vinho branco, tempere com sal e pimenta e misture bem.
2 Corte as cebolas em rodelas finas e desfaça-as em anéis. Pique a cebolinha. Escorra os filés de arenque.
3 Prepare um vinagrete com o óleo, o vinagre, sal e pimenta. Despeje sobre as batatas, misture bem e divida-as entre os pratos. Disponha 2 filés em cada prato e salpique com a cebolinha. Sirva a seguir. ▶

PEIXES DE MAR
PEIXES, MARISCOS, CRUSTÁCEOS, MOLUSCOS E RÃS

A salada fica melhor se as batatas estiverem quentes: se não puder servi-las em seguida, mantenha-as em local aquecido depois de temperadas.

■ Preparo: 20 min   ■ Cozimento: 25 min

Arenques à la diable

Rendimento: 4-6 porções

1,4 kg de arenques
1 vidro pequeno de mostarda
300 g de farinha de rosca ou pão amanhecido
150 ml de óleo

1 Compre os arenques limpos.
2 Com a ponta de uma faca, faça três incisões superficiais no dorso dos peixes.
3 Pincele-os de ambos os lados com mostarda e passe na farinha de rosca.
4 Regue com óleo e leve ao forno por cerca de 10 min para grelhar.

Sirva à parte com Molho diable (*veja p. 97*), de mostarda (*veja p. 76*) ou ravigote (*veja p. 54*).

Arenques em papillote

Rendimento: 4 porções

4 arenques frescos de 200 g cada
2 ovos
100 g de champignons
4 cebolas-brancas
2 colheres (sopa) de salsinha picada
40 g de manteiga
2 colheres (café) de raiz-forte ralada
sal e pimenta-do-reino

1 Prepare os arenques e retire as espinhas.
2 Cozinhe os ovos e pique-os.
3 Preaqueça o forno a 200ºC.
4 Pique os champignons e as cebolas. Misture-as com os ovos, sal, pimenta e a salsinha. Recheie os arenques com essa preparação.
5 Sove a manteiga junto com a raiz-forte. Espalhe essa mistura sobre quatro pedaços de papel-alumínio ou papel-manteiga. Disponha os peixes recheados sobre eles e feche os papillotes.
6 Leve ao forno por 25 min. Sirva os papillotes no prato para que o caldo do cozimento não se perca.

■ Preparo: 20 min   ■ Cozimento: 25 min

Arenques marinados

Para uma tigela pequena:

800 g de filés de arenque defumado
1 litro de leite
4 cebolas
3 cenouras
2 colheres (sopa) de coentro em grão
1 folha de louro
1 ramo de tomilho
1 litro de azeite

1 Coloque os filés em uma vasilha com o leite. Cubra com filme de PVC e deixe marinar por 24 h na geladeira.
2 Retire e deixe secar os filés. Descasque e corte as cebolas e as cenouras em rodelas finas.
3 Disponha metade da cebola no fundo da vasilha. Ponha os filés por cima, junte o restante da cebola, a cenoura, o coentro, a folha de louro em pedaços e o tomilho. Regue com o azeite.
4 Cubra e deixe marinar por 8-10 dias na geladeira antes de consumir.

■ Preparo: 15 min ■ Descanso: 24 h
■ Marinada: 8-10 dias

Arenques marinados com pimenta

Para uma tigela pequena:

10-15 arenques pequenos
3 cebolas
3 cenouras
2 colheres (sopa) de salsinha picada
10 grãos de pimenta-do-reino
2 cravos
1 folha de louro
1 ramo de tomilho
300 ml de vinho branco
100 ml de vinagre
sal

1 Prepare os arenques e disponha-os em uma travessa grande. Polvilhe com sal de ambos os lados e deixe marinar por 6 h. Preaqueça o forno a 225°C.
2 Descasque e corte em rodelas as cebolas e as cenouras. Coloque em uma fôrma refratária de 22 cm a metade dos legumes, junte um pouco de salsinha, os grãos de pimenta, os cravos e o louro e o tomilho picado. Disponha os arenques por cima.
3 Misture o vinho e o vinagre e despeje sobre os peixes, de forma que o líquido atinja sua altura. Coloque o restante dos legumes por cima e cubra com papel-alumínio.
4 Leve ao fogo até ferver e depois asse no forno por 20 min. ▶

PEIXES DE MAR

5 Deixe os arenques esfriarem no próprio caldo do cozimento e coloque a seguir na geladeira.

■ Marinada: 6 h ■ Preparo: 15 min
■ Cozimento: 20 min

Atum: preparo

O atum é um peixe muito grande, que raramente se compra inteiro. Escolha um bom fornecedor, que tenha o peixe fresco. Antes de prepará-lo, lave-o em água corrente e enxugue-o sobre papel-toalha.

Atum com agrião

Rendimento: 4-6 porções
400 g de agrião
4 cebolas-brancas
1 dente de alho
50 g de manteiga
4 gemas
250 ml de creme de leite fresco
1 colher (sopa) de óleo
5 postas de atum de cerca de 150 g cada
sal e pimenta-do-reino

1 Limpe, lave e pique o agrião. Descasque e pique as cebolas e o alho.
2 Derreta a manteiga em uma panela, junte a cebola e o alho, refogue um pouco e acrescente o agrião. Cozinhe por 5 min, mexendo sem parar. Tempere com sal e pimenta.
3 Em uma tigela, misture as gemas e o creme de leite, adicione 2 colheradas do refogado de agrião bem quente e mexa energicamente.
4 Despeje o conteúdo da tigela na panela e leve ao fogo, sem parar de mexer. Experimente e acerte o tempero, se necessário. Depois de 2 min, retire do fogo. Coloque o molho em uma tigela e mantenha em lugar aquecido.
5 Unte com azeite as postas de peixe. Esquente uma frigideira antiaderente e frite o atum por 7-8 min de cada lado. ▶

6 Escorra, disponha em uma travessa, cubra com o molho e sirva.

■ Preparo: 15 min   ■ Cozimento: cerca de 15 min

Espetinhos à moda de Nice

Rendimento:
12 espetinhos

500 g de atum
100 ml de azeite
1 limão
250 ml de Molho Villeroi (veja p. 82)
1 colher (sopa) de extrato de tomate
1/2 maço de estragão
400 g de Empanado à inglesa (veja p. 103)
24 azeitonas pretas grandes
24 champignons pequenos
12 filés de anchova em conserva no óleo
óleo para fritar
espetos de madeira
sal e pimenta-do-reino

1 Corte o atum em cubinhos e deixe marinar por 1 ou 2 h no azeite misturado com o suco de limão, sal e pimenta.

2 Enquanto isso, prepare o Molho Villeroi. Adicione a ele o extrato de tomate e as folhas de estragão picadas e reserve em lugar quente.

3 Prepare o empanado. Descaroce as azeitonas. Lave e seque os champignons.

4 Escorra os filés de anchova. Esquente o óleo para fritar.

5 Monte os espetinhos alternando uma azeitona, um pedaço de atum, uma cabeça de cogumelo (guarde o restante para outra utilização) e um filé de anchova enrolado.

6 Mergulhe os espetos no molho, um de cada vez, empane-os e frite-os no óleo a 180°C por cerca de 5 min. Escorra sobre papel-toalha e sirva em seguida.

■ Preparo: 30 min   ■ Marinada: 1-2 h
■ Cozimento: 5 min

PEIXES DE MAR

PEIXES, MARISCOS, CRUSTÁCEOS, MOLUSCOS E RÃS

Guisado de atum à provençal

Rendimento: 4-6 porções

6 filés de anchova no óleo
2 postas de atum de 200 a 300 g cada
150 ml de azeite
1 limão
2 cebolas
4 tomates grandes
2 dentes de alho
1 bouquet garni (veja glossário)
300 ml de vinho branco
sal e pimenta-do-reino

1. Escorra e seque os filés de anchova. Com uma faca pequena, faça um talho em cada posta de atum e insira nele meio filé de anchova.
2. Coloque o atum em uma travessa, regue com 100 ml de azeite e o suco do limão, tempere com sal e pimenta e deixe marinar por 1 h.
3. Descasque e pique as cebolas. Escalde os tomates, retire a pele e as sementes e corte em pedaços. Descasque e amasse os dentes de alho.
4. Em uma fôrma, coloque o restante do azeite e refogue a cebola até ficar dourada. Retire com uma escumadeira e ponha em um pratinho.
5. Coloque as postas de peixe na fôrma e doure dos dois lados.
6. Recoloque a cebola na fôrma, adicione o tomate, o alho e o bouquet garni. Tampe e cozinhe em fogo brando por 15 min.
7. Preaqueça o forno a 220°C.
8. Acrescente o vinho branco, misture bem, cubra com papel-alumínio e leve ao forno por 45 min, regando as postas constantemente com o líquido do cozimento.
9. Retire o peixe, disponha em uma travessa e mantenha em local aquecido.
10. Retire o bouquet garni. Leve a fôrma ao fogo e deixe reduzir pela metade o líquido de cozimento. Experimente e corrija o tempero, se necessário, e despeje o molho sobre o atum. Sirva bem quente.

■ **Preparo:** 30 min ■ **Marinada:** 1 h
■ **Cozimento:** cerca de 1 h

PEIXES DE MAR
PEIXES, MARISCOS, CRUSTÁCEOS, MOLUSCOS E RÃS

Musse de atum

Rendimento: 4-6 porções

150 ml de Maionese clássica (veja p. 52)
50 ml de creme de leite fresco
450 g de atum no óleo
400 g de vagem bem fina
1 colher (sopa) de vinagre (ou suco de limão)
3 colheres (sopa) de azeite
1 limão
sal

1. Prepare a maionese e bata o creme de leite.
2. Escorra o atum e passe no processador. Misture-o com a maionese e o creme de leite batido. Ponha a massa em uma fôrma para pudim. Alise a superfície e leve à geladeira por 6 h.
3. Limpe a vagem e cozinhe por 8 min em água fervente levemente salgada. Escorra em uma peneira, passe em água corrente, mexendo bem para reavivá-la e preservar sua cor. Deixe esfriar.
4. Faça um vinagrete misturando o vinagre ou o limão, sal e azeite. Despeje-o sobre as vagens.
5. Desenforme a musse em uma travessa. Disponha um pouco das vagens por cima e o restante em volta para enfeitar. Decore com rodelas de limão e sirva frio.

■ Preparo: 30 min ■ Refrigeração: 6 h
■ Cozimento: 8 min

Posta de atum à moda basca

Rendimento: 4-6 porções

2 pimentões vermelhos
1 berinjela
4 tomates
2 cebolas
1 dente de alho
1 posta de atum de 800 g-1 kg
2 colheres (sopa) de farinha de trigo
2 colheres (sopa) de azeite
1 ramo de tomilho
1 folha de louro
uma pitada de pimenta-de-caiena
sal

1. Abra os pimentões ao meio, retire as sementes e corte-os em tirinhas. Pique a berinjela em cubinhos, sem descascá-la. Escalde os tomates, retire a pele e corte em pedaços. Descasque e pique as cebolas e o alho.
2. Passe o peixe na farinha. Esquente o azeite em uma caçarola, coloque o atum e doure-o de ambos os lados por 5 min. Retire-os.
3. Ponha o pimentão na caçarola e refogue por 3 min, mexendo bem.
4. Adicione a berinjela, o alho e a cebola e mexa bem. Por fim, acrescente o tomate, o tomilho, o louro, o sal e a pimenta. Misture bem e deixe ferver.
5. Recoloque o atum na caçarola, tampe, diminua o fogo e cozinhe por cerca de 45 min. ▶

Sirva bem quente, com abobrinhas ou batatas cozidas no vapor.

■ Preparo: 30 min ■ Cozimento: cerca de 1 h

Posta de atum ao curry

Rendimento: 4-6 porções

10 filés de anchova salgados
1 posta de atum de 800 g-1 kg
2 ramos de tomilho
1 folha de louro
350 ml de vinho branco seco
3 colheres (sopa) de azeite
4 talos de aipo (salsão)
3 cebolas
3 tomates grandes
1 colher (sopa) de curry
uma pitada de açafrão
1 limão
sal e pimenta-do-reino

1. Dessalgue os filés de anchova em água corrente e corte-os ao meio. Faça incisões regulares na posta de atum e insira meio filé de anchova em cada uma. Disponha a posta em uma travessa funda.
2. Coloque o tomilho e o louro picados sobre o peixe, despeje o vinho e 1 colher (sopa) de azeite. Deixe marinar por 1 h na geladeira, virando duas ou três vezes.
3. Enquanto isso, retire os fiapos do aipo e corte em pedacinhos. Descasque e pique as cebolas. Escalde os tomates, retire a pele e as sementes e corte em pedaços.
4. Esquente 1 colher (sopa) de azeite em uma caçarola. Acrescente o aipo e a cebola e cozinhe em fogo brando por 3 min, mexendo bem. Adicione o tomate, o curry, o açafrão, sal e pimenta. Tampe e deixe apurar em baixa fervura por 30 min, mexendo de vez em quando.
5. Escorra a posta de atum e enxugue-a sobre papel-toalha. Esquente 1 colher (sopa) de azeite em uma frigideira e doure nela a posta de ambos os lados por 3 min.
6. Coloque o peixe na caçarola, coe a marinada e junte-a à caçarola. Misture bem. Tampe e cozinhe em fogo brando por 1 h.
7. Acrescente o suco de limão e mexa. Experimente e acerte o tempero, se necessário. Sirva bem quente.

Este prato costuma ser servido com Arroz à crioula (*veja p. 816*).

■ Preparo: 30 min ■ Marinada: 1 h ■ Cozimento: 1h40

PEIXES DE MAR
PEIXES, MARISCOS, CRUSTÁCEOS, MOLUSCOS E RÃS

Bacalhau: preparo

Antes de fazer o bacalhau, é preciso dessalgá-lo longamente. Coloque os filés em uma peneira dentro de uma bacia com água fria. Deixe por 12 h, trocando a água três ou quatro vezes. O bacalhau seco exige um tempo maior para ser dessalgado: entre 24 e 48 h.

Bacalhau à beneditina

Rendimento: 4-6 porções
800 g de bacalhau
400 g de batatas
400 ml de leite
200 ml de azeite
30 g de manteiga
sal e pimenta-do-reino

1 Dessalgue o bacalhau (*veja explicação acima*). Coloque-o em uma panela com água fria e deixe ferver por 8-10 min.
2 Descasque e corte em pedaços as batatas. Cozinhe em água com sal e escorra.
3 Preaqueça o forno a 200°C. Desfie o bacalhau, ponha em uma travessa e leve ao forno por 2-3 min para secar.
4 Esquente o leite.
5 Com um socador, amasse o bacalhau com a batata em uma vasilha. Adicione o azeite, alternando com o leite quente, e continue amassando até a massa adquirir consistência de purê. Tempere com sal e pimenta.
6 Mantenha o forno a 200°C. Unte com manteiga uma fôrma refratária e coloque nela a massa, alisando a superfície.
7 Regue com a manteiga derretida e leve ao forno para dourar por 5-7 min. Sirva bem quente.

■ Demolha: 12 h ■ Preparo: 30 min
■ Cozimento: 5-7 min

PEIXES DE MAR

Bacalhau à crioula

Rendimento: 4-6 porções

750 g de bacalhau
1,5 kg de tomates
2 cebolas
4 dentes de alho
cerca de 200 ml de azeite
uma pitada de pimenta-de-caiena
2 pimentões verdes
1 ou 2 limões
sal e pimenta-do-reino

1 Dessalgue o bacalhau (*veja p.* 322). Mergulhe-o em água fria e deixe ferver em fogo brando por 5-7 min. Escorra, desfie e retire as espinhas.

2 Escalde e retire a pele dos tomates. Reserve 6 deles. Retire as sementes dos restantes e pique. Descasque e pique as cebolas e o alho.

3 Refogue a cebola em uma caçarola com 3 colheres (sopa) de azeite. Quando estiver dourada, acrescente os tomates e o alho, a pimenta-de-caiena, sal, pimenta-do-reino e deixe cozinhar até que a maior parte do líquido tenha evaporado.

4 Preaqueça o forno a 230ºC.

5 Corte os 6 tomates ao meio e retire as sementes. Abra os pimentões, remova as sementes e as nervuras e corte-os em tirinhas.

6 Doure o tomate e o pimentão em uma frigideira com 2 colheres (sopa) de azeite. Tempere com sal e pimenta (vire os tomates para que dourem dos dois lados).

7 Unte uma fôrma refratária e coloque no fundo o refogado de tomate. Disponha por cima o bacalhau desfiado. Cubra com os tomates e o pimentão.

8 Espalhe por cima 2 colheres (sopa) de azeite e asse por 10 min no forno, regando com um pouco de suco de limão.

■ Demolha: 12 h ■ Preparo: 40 min
■ Cozimento: 10 min

PEIXES DE MAR
PEIXES, MARISCOS, CRUSTÁCEOS, MOLUSCOS E RÃS

Bacalhau à moda de Nice

Rendimento: 4-6 porções

1 kg de bacalhau seco
1 kg de tomates bem maduros
2 dentes de alho
3 colheres (sopa) de azeite
1 bouquet garni (veja glossário)
400 g de batatas
250 g de azeitonas pretas
8 folhas de manjericão
sal e pimenta-do-reino

1 Dessalgue o bacalhau em água fria por 48 h, trocando-a várias vezes.
2 Corte os tomates em quartos. Descasque e pique o alho. Esquente o azeite em uma panela e frite o alho por 2 min. Adicione o tomate, o bouquet garni, sal e pimenta e cozinhe por 20 min em fogo brando, sem tampa.
3 Retire o bouquet garni e coe o refogado de tomate em uma peneira fina, pressionando bem.
4 Corte o bacalhau em postas grandes e retire as espinhas. Ponha em uma caçarola e despeje o molho de tomate. Deixe cozinhar por 50 min, sem tampa, mexendo de vez em quando.
5 Descasque as batatas e corte-as em rodelas grossas. Adicione-as à caçarola, assim como as azeitonas, e cozinhe por mais 25 min. Se o líquido diminuir demais, acrescente um pouco de água.
6 Distribua em pratos fundos bem quentes, salpique com manjericão picado e sirva em seguida.

■ Demolha: 48 h ■ Preparo: 25 min
■ Cozimento: cerca de 1h35

Bacalhau à provençal

Rendimento: 4-6 porções

800 g de bacalhau
500 ml de molho de tomate
2 dentes de alho
2 colheres (sopa) de salsinha picada
sal e pimenta-do-reino

1 Dessalgue o bacalhau (veja p. 322).
2 Prepare ou descongele o molho de tomate.
3 Cozinhe o bacalhau na água e desfie-o como para fazer uma brandade (veja página ao lado).
4 Descasque e amasse os dentes de alho. Despeje o molho de tomate em uma frigideira, acrescente o alho, o bacalhau, sal e pimenta e misture bem. Deixe apurar por 10 min em fogo brando, sem deixar ferver. ▶

5 Corrija o tempero, coloque em uma travessa e salpique com um pouco de salsinha.

- **Demolha:** 12 h **Preparo:** 30 min
- **Cozimento:** 10 min

Brandade de bacalhau

Rendimento: 4-6 porções

1 kg de bacalhau
800 ml de azeite
250 ml de leite
5-6 fatias de pão amanhecido (ou torrado)
2 dentes de alho
sal e pimenta-branca

1 Dessalgue o bacalhau (*veja p. 322*).
2 Ferva água em um caldeirão ou em uma caçarola grande e ponha os pedaços de peixe. Diminua o fogo e cozinhe por 8 min em fogo brando.
3 Escorra, retire a pele e as espinhas do bacalhau e desfaça-o com os dedos.
4 Em uma panela, aqueça 200 ml de azeite. Quando estiver bem quente, adicione o bacalhau, diminua o fogo e mexa com a colher de pau até que adquira consistência pastosa.
5 Esquente o leite. Quando a pasta estiver bem lisa, retire a panela do fogo e continue a mexer, acrescentando pouco a pouco, sem parar de mexer (como em uma maionese), 400 a 500 ml de azeite, alternando com o leite bem quente. Tempere com sal e pimenta. A pasta deve ficar com a consistência de um purê de batata. Reserve em local aquecido.
6 Esfregue os dentes de alho descascados nas fatias de pão ou torradas. Corte em quatro ou em triângulos e frite-as no restante do azeite.
7 Coloque a brandade em uma travessa funda. Guarneça com croûtons de alho e sirva bem quente.

Pode-se esquentar facilmente a brandade que sobrar no microondas ou em uma panela, em fogo brando, mexendo sem parar para que não grude no fundo.

- **Demolha:** cerca de 12 h **Preparo:** 30 min
- **Cozimento:** 15-20 min

Filés de bacalhau maître d'hôtel

Rendimento: 4-6 porções

600-800 g de filés de bacalhau
1 kg de batatas pequenas
100 g de Manteiga maître d'hôtel (veja p. 68)
400 g de Empanado à inglesa (veja p. 103)
20 g de manteiga
4 colheres (sopa) de azeite

1 Dessalgue os filés de bacalhau (*veja p.* 322).
2 Descasque e cozinhe as batatas em água com sal.
3 Prepare a Manteiga maître d'hôtel e o Empanado à inglesa.
4 Corte os filés em fatias de 3-4 cm, achate-os ligeiramente e empane.
5 Esquente a manteiga e o azeite em uma frigideira e frite os filés por 3-5 min de ambos os lados.
6 Derreta a Manteiga maître d'hôtel no microondas por 1 min e despeje sobre os filés. Sirva as batatas à parte.

■ Demolha: 12 h ■ Preparo: 15 min
■ Cozimento: cerca de 5 min

Badejo: preparo

Muitas vezes é confundido com a garoupa, por ser muito parecido com ela. Tanto os badejos grandes como os pequenos (de 1 a 3 kg) são vendidos limpos. Basta descamá-los, lavá-los e secá-los. Os badejos grandes devem ser cortados em filés ou postas. Lave-os em água corrente e deixe secar em papel-toalha.

Badejo à indiana

Rendimento: 4-6 porções

2 filés de badejo de 400 a 500 g cada
3 cebolas grandes
5 tomates
2 dentes de alho
1 maço pequeno de salsinha ▶

1 Tempere os filés com sal e pimenta.
2 Descasque e pique as cebolas. Escalde os tomates, retire a pele e corte em pedaços. Pique o alho e a salsinha. Em uma caçarola, esquente 4 colheres (sopa) de óleo, junte a cebola e o tomate, tampe e cozinhe por cerca de 20 min. ▶

PEIXES DE MAR

PEIXES, MARISCOS, CRUSTÁCEOS, MOLUSCOS E RÃS

6 colheres (sopa) de óleo de amendoim
1 colher (sopa) bem cheia de curry
200 ml de vinho branco
sal e pimenta-do-reino

3 Adicione sal, pimenta-do-reino, o alho e a salsinha e cozinhe por mais 10 min.

4 Preaqueça o forno a 220ºC. Coloque o badejo na caçarola, adicione o curry, 2 colheres (sopa) de óleo e o vinho. Leve ao fogo até ferver, depois passe para o forno e deixe 15 min, regando o peixe três ou quatro vezes com o caldo do cozimento.

Sirva bem quente, com arroz.

■ Preparo: 15 min   ■ Cozimento: 45 min

Badejo ao creme

Rendimento: 4-6 porções
800 g de filés de badejo
2 cebolas
30 g de manteiga
200 ml de vinho branco
200 ml de creme de leite fresco
sal e pimenta-do-reino

1 Corte os filés de badejo em quadrados de 5 cm de lado. Coloque sobre papel-toalha e tempere com sal e pimenta.

2 Descasque e pique as cebolas. Derreta a manteiga em uma caçarola, acrescente a cebola e refogue por 10-15 min, mexendo de vez em quando.

3 Quando estiverem cozidas, adicione o peixe em pedaços e sele em fogo alto. Depois, retire-os com uma escumadeira e disponha em uma travessa.

4 Adicione o vinho branco e deixe reduzir em três quartos. Junte o creme de leite, mexa bem e cozinhe em fogo alto por 5 min até engrossar.

5 Recoloque os pedaços de peixe na caçarola e cozinhe por mais 5 min.

■ Preparo: 15 min   ■ Cozimento: 20-25 min

PEIXES DE MAR
PEIXES, MARISCOS, CRUSTÁCEOS, MOLUSCOS E RÃS

Badejo assado

Rendimento: 4-6 porções

1 badejo de 1,5 kg
3 colheres (sopa) de óleo
2 limões
100 g de manteiga
150 ml de vinho branco
sal e pimenta-do-reino

1. Prepare o badejo. Tempere com o sal e a pimenta, regue com o óleo e o suco dos limões e deixe macerar por 30 min.
2. Derreta a manteiga. Escorra o peixe e coloque-o no espeto. Pincele com a manteiga e asse no forno a 220°C, por 15-20 min, virando sempre e regando várias vezes com a manteiga.
3. Disponha em uma travessa e reserve em lugar aquecido.
4. Leve o vinho ao fogo. Deixe reduzir um pouco o líquido e regue o peixe com ele.

Pode-se também grelhar o badejo na churrasqueira ou no grill.

■ Preparo: 10 min ■ Marinada: 30 min
■ Cozimento: cerca de 20 min

Badejo em folha de bananeira

Rendimento: 4 porções

4 folhas de bananeira
4 filés de badejo de 150-180 g
2 tomates
1 cebola
sal e pimenta-do-reino
4 palitinhos de madeira

1. Ferva água em um caldeirão. Lave as folhas de bananeira, retire a nervura central e escalde-as rapidamente para amaciá-las. Abra-as em uma superfície e coloque um filé de badejo sobre cada uma.
2. Escalde os tomates, retire a pele e corte em pedacinhos. Pique grosseiramente a cebola. Tempere os filés com sal e pimenta e espalhe o tomate e a cebola sobre eles.
3. Dobre as folhas de bananeira formando papillotes e feche-os com palitos. Cozinhe numa panela a vapor por 30 min.

Pode-se também usar papel-manteiga em lugar das folhas de bananeira.

■ Preparo: 15 min ■ Cozimento: 30 min

PEIXES DE MAR
PEIXES, MARISCOS, CRUSTÁCEOS, MOLUSCOS E RÃS

Badejo grelhado

Rendimento: 4 porções

4 postas de badejo de 150-180 g
1/2 copo de azeite
3 limões
1 ramo de tomilho
1 folha pequena de louro
1 tomate
1 cebola
1 colher (sopa) de salsinha
sal grosso
sal e pimenta-do-reino (ou girassol)

1 Lave as postas de badejo e coloque em um prato. Tempere com sal e pimenta de ambos os lados. Misture o azeite, o suco de 1 limão, o tomilho e o louro, misture bem e despeje essa marinada sobre o peixe. Deixe por 1 h na geladeira, virando de vez em quando.

2 Pique a salsinha. Fatie o tomate e a cebola e forre uma assadeira com eles. Preaqueça o forno.

3 Retire as postas da marinada, escorra e coloque na assadeira, sobre o tomate e a cebola. Cubra com papel-alumínio e asse por cerca de 8-10 min.

4 Retire do forno. Polvilhe ligeiramente com sal grosso, sal e salsinha picada. Sirva com 2 limões cortados em quartos.

■ Preparo: 5 min ■ Descanso: 1 h ■ Cozimento: 4 h

Badejo na brasa

Rendimento: 4 porções

2 cebolas
4 filés de badejo de 150 g cada
1 limão
20 g de manteiga
3 colheres (sopa) de salsinha picada
200 ml de vinho branco
2 torradas
sal e pimenta-do-reino

1 Preaqueça o forno a 200°C. Pique as cebolas.

2 Tempere os filés com sal e pimenta. Descasque o limão e corte em rodelas.

3 Unte uma fôrma refratária com manteiga, forre com as cebolas e 2 colheres (sopa) de salsinha picada. Disponha nela os filés e regue com um pouco de vinho. Coloque uma rodela de limão sobre cada filé. Leve ao fogo até ferver, depois passe para o forno e asse por 15 min.

4 Escorra os filés, disponha-os em uma travessa e mantenha em lugar aquecido.

5 Esfarele bem as torradas. Despeje o conteúdo da fôrma em uma panela. Ferva o caldo do cozimento em fogo brando, até reduzir um pouco, e em seguida adicione as torradas e o restante da manteiga, mexendo sem parar. ▶

6 Misture tudo muito bem e despeje sobre o peixe. Salpique com o restante da salsinha picada.

■ Preparo: 15 min ■ Cozimento: 15-20 min

Badejo sauté ao creme

Rendimento: 4 porções

4 postas de badejo de 150 g cada
50 g de manteiga
150 ml de creme de leite fresco
sal e pimenta-do-reino

1 Tempere o peixe com sal e pimenta.
2 Derreta 30 g de manteiga em uma frigideira e doure as postas em fogo alto de todos os lados. Adicione o creme de leite, tampe e cozinhe por 7-10 min.
3 Escorra o peixe, disponha-o em uma travessa e reserve em lugar quente.
4 Ferva o creme até reduzi-lo à metade. Tempere com sal e pimenta.
5 Fora do fogo, adicione 20 g de manteiga ao creme, despeje sobre o badejo e sirva imediatamente.

■ Preparo: 5 min ■ Cozimento: cerca de 15 min

Croquetes de badejo

Rendimento: cerca de 25 croquetes

1/2 kg de filés de badejo
cinco pitadas de sal
uma pitada de pimenta-branca
uma pitada de noz-moscada ralada
3 claras
650 ml de creme de leite fresco

1 Tempere o badejo com sal, pimenta e noz-moscada.
2 Adicione as claras uma por vez. Quando a mistura estiver bem homogênea, despeje em uma tigela. Leve à geladeira, assim como o creme de leite e a vasilha da batedeira.
3 Assim que a mistura esfriar, coloque-a na vasilha da batedeira. Adicione 250 ml do creme de leite gelado e ligue a batedeira por alguns segundos para misturar bem.
4 Repita a operação com mais 200 ml de creme, e depois com o restante.
5 Faça os croquetes e cozinhe-os na água como indicado na receita de Croquetes de tilápia (*veja p.* 390).

■ Preparo: 30 min ■ Cozimento: cerca de 15 min

Peixada à francesa

Rendimento: 4-6 porções

200 g de peixe-espada
200 g de raias pequenas
200 g de namorado
200 g de badejo
200 g de sibas pequenas
200 g de lagostins vivos
100 g de alho
2 cebolas-brancas
1/2 maço de salsinha
1/2 maço de estragão
250 g de manteiga
0,5 litro de vinho branco
0,5 litro de Fumet de peixe (veja p. 41)
1 bouquet garni (veja glossário)
80 ml de óleo de amendoim (ou de girassol)

1. Prepare os peixes.
2. Pique o alho, as cebolas, a salsinha e o estragão e refogue tudo em uma panela com 50 g de manteiga, por 10 min, em fogo brando.
3. Adicione o vinho, o Fumet de peixe e o bouquet garni. Cozinhe por mais 30 min, sem tampa.
4. Preaqueça o forno a 160°C. Em uma caçarola ou frigideira grande, esquente o óleo e disponha os peixes aos poucos, cortados em filés, segundo a firmeza da carne: o peixe-espada, as raias, o namorado, o badejo, as sibas cortadas ao meio e finalmente os lagostins. Misture e cozinhe por mais 3-4 min a cada peixe acrescentado.
5. Junte o fumet ao vinho e cozinhe por 4 min. Leve ao forno e deixe por mais 10 min.
6. Escorra e retire os peixes. Corte 200 g de manteiga em pedacinhos e adicione ao caldo de cozimento, em fogo brando, mexendo bem.

Este prato pode ser servido com torradinhas passadas no alho e na manteiga.

■ Preparo: 20 min   ■ Cozimento: cerca de 1h15

Cavala: preparo

Abundante o ano todo e de preço acessível, a cavala pode ser preparada de diversas maneiras. Sua pele cinzenta não tem escamas. Assim, depois de retirar as vísceras, lave o peixe cuidadosamente e escorra sobre papel-toalha.

Cavalas à boulonnaise

Rendimento: 4-6 porções

1 kg de mariscos
200 ml de vinagre
2 litros de Court-bouillon para peixe (veja p. 40)
3 cavalas de cerca de 500 g
40 g de farinha de trigo
140 g de manteiga
3 gemas
1 colher (sopa) de creme de leite fresco
1 limão
sal e pimenta-do-reino

1 Limpe os mariscos e coloque-os em um caldeirão em fogo alto com 100 ml de vinagre. Retire-os das conchas, mantenha-os aquecidos e coe o líquido de cozimento em uma peneira forrada com tecido fino.

2 Esquente o court-bouillon com 100 ml de vinagre. Prepare as cavalas, corte-as em postas grandes, adicione-as ao court-bouillon e cozinhe em fogo brando por 10 min.

3 Retire 400 ml do court-bouillon, coe e ferva por 5-10 min para reduzi-lo um pouco.

4 Prepare um molho branco com 40 g de manteiga, a farinha e o court-bouillon reduzido e acrescente o caldo coado dos mariscos.

5 Em uma tigela, bata as gemas com o creme de leite e, fora do fogo, incorpore essa mistura ao molho, mexendo bem. Deixe cozinhar em fogo brando até que, ao colocar uma colher, ela fique bem envolvida pelo molho. Tempere com pimenta.

6 Escorra as postas de peixe, retire toda a pele e disponha-as em uma travessa, rodeadas pelos mariscos. Mantenha em lugar aquecido.

7 Corte o restante da manteiga em pedacinhos e acrescente-a ao molho com o suco do limão, batendo sem parar, em fogo brando. Experimente e acerte o tempero, se necessário. Despeje o molho sobre o peixe e sirva imediatamente.

■ Preparo: 40 min   ■ Cozimento: cerca de 25 min

PEIXES DE MAR
PEIXES, MARISCOS, CRUSTÁCEOS, MOLUSCOS E RÃS

Cavalas à normanda

Rendimento: 4 porções

4 cavalas de cerca de cerca de 300 g cada
2 cebolas
5 maçãs grandes
250 ml de vinho branco seco
50 ml de vinagre de maçã
1/2 maço de cebolinha
sal e pimenta-do-reino

1 Prepare as cavalas. Tempere-as com sal e pimenta por dentro e por fora.
2 Descasque as cebolas e 1 maçã, corte-as em rodelas e forre com elas uma caçarola. Coloque o peixe, o vinho e o vinagre de maçã. Deixe levantar fervura, diminua o fogo e cozinhe por mais 5 min. Deixe esfriar na caçarola.
3 Descasque as outras maçãs e corte-as em quartos. Derreta a manteiga em uma frigideira e doure as maçãs rapidamente, para que não se desfaçam.
4 Retire o peixe, ponha-o em uma travessa e mantenha em local aquecido. Disponha as maçãs à sua volta.
5 Reduza o caldo do cozimento em um terço e regue com ele as cavalas. Polvilhe com pimenta moída na hora e salpique com a cebolinha picada.

■ Preparo: 15 min   ■ Cozimento: cerca de 15 min
■ Descanso: cerca de 20 min

Filés de cavala à moda de Dijon

Rendimento: 4 porções

4 cavalas grandes
1 vidro pequeno de mostarda branca
20 g de manteiga
1 copo de Fumet de peixe (veja p. 41)
2 cebolas
2 colheres (sopa) de óleo
1 colher (sopa) de farinha de trigo
1 copo de vinho branco seco
1 bouquet garni (veja glossário) ▶

1 Corte as cavalas em filés. Tempere-os com sal e pimenta, pincele-os com mostarda e disponha em uma fôrma refratária untada com manteiga.
2 Prepare o Fumet de peixe.
3 Descasque e pique bem as cebolas e doure-as em uma panela com o óleo. Acrescente a farinha e mexa. Despeje o fumet e o vinho e misture bem. Finalmente, ponha o bouquet garni e cozinhe por 8-10 min.
4 Preaqueça o forno a 200°C. Cubra o peixe com o molho, leve ao fogo até ferver e depois asse no forno por 10 min.
5 Escorra os filés e disponha-os em uma travessa. ▶

PEIXES DE MAR
PEIXES, MARISCOS, CRUSTÁCEOS, MOLUSCOS E RÃS

1 limão
1/4 de maço de salsinha
sal e pimenta-do-reino

6 Retire o bouquet garni da travessa, junte 1 colher (sopa) de mostarda e mexa bem. Experimente e acerte o tempero e despeje o molho sobre os filés.
7 Enfeite com rodelas ou quartos de limão e ramos de salsinha e sirva.

■ Preparo: 15 min   ■ Cozimento: cerca de 15 min

Dourado: preparo

O dourado rosa, que chega a pesar 3 kg, provém principalmente do Atlântico. Sua carne é menos densa e mais seca. O dourado cinza pesa de 300 g a 2 kg. É o mais comum. Pode ser pescado tanto no Atlântico como no Mediterrâneo.

Esses peixes, vendidos inteiros e limpos, devem ser cuidadosamente descamados, lavados e secos. Podem ser grelhados. Também são encontrados congelados nos bons supermercados.

Dourado à la meunière

Rendimento: 4-6 porções

2 dourados de 600 g (ou 3 de 400 g)
100 g de farinha de trigo
80 g de manteiga
2 colheres (sopa) de salsinha picada
2 limões
sal e pimenta-do-reino

1 Prepare os dourados e coloque-os sobre papel-toalha. Faça pequenos talhos no dorso dos peixes e tempere com sal e pimenta de ambos os lados.
2 Ponha a farinha em um prato e passe nela os dourados, sacudindo levemente para tirar o excesso.
3 Em uma frigideira grande, derreta 40 g de manteiga e frite os peixes por 10 min de cada lado.
4 Escorra-os, disponha em uma travessa retangular, salpique com salsinha, regue com o suco dos limões e mantenha em local aquecido.
5 Derreta o restante da manteiga na frigideira do cozimento até dourar (manteiga noisette) e despeje-a sobre os peixes. Sirva imediatamente.

■ Preparo: 15 min   ■ Cozimento: 20 min

PEIXES DE MAR
PEIXES, MARISCOS, CRUSTÁCEOS, MOLUSCOS E RÃS

Dourado ao vinho branco

Rendimento: 6 porções

1 dourado de 1,2 kg
2 cenouras
1 dente de alho
2 cebolas comuns
2 cebolas-brancas
2 talos de aipo (salsão)
150 g de champignons
60 g de manteiga
1 ramo de tomilho
1 folha de louro
400 ml de vinho moscatel
1 limão
sal e pimenta-do-reino

1 Lave o peixe, já limpo, e tempere com sal e pimenta por dentro e por fora.
2 Descasque as cenouras, o alho e os dois tipos de cebola. Descasque o aipo e limpe os champignons.
3 Preaqueça o forno a 230ºC. Pique bem os legumes. Derreta a manteiga em uma panela. Coloque os legumes, o tomilho e o louro e refogue em fogo brando por 15 min, mexendo de vez em quando.
4 Forre uma travessa refratária com essa preparação e disponha o dourado por cima. Adicione o vinho e um pouco de água, de tal forma que o peixe fique coberto pela metade. Corte o limão em rodelas e disponha sobre o dourado.
5 Leve ao forno por 30 min, regando freqüentemente.
6 Cerca de 10 min antes de servir, desligue o forno e cubra a travessa com papel-alumínio. Sirva na própria travessa, bem quente.

■ Preparo: 30 min ■ Cozimento: 30 min

Dourado com limões confits

Rendimento: 4-6 porções

1 dourado de cerca
 de 1,6 kg
1 colher (sopa) de coentro
 em grão
15 rodelas de Limões
 confits (veja p. 48)
1 ou 2 limões
5 colheres (sopa)
 de azeite
sal e pimenta-do-reino

1 Descame e eviscere o dourado e, com uma faca, faça pequenos cortes em cruz no dorso do peixe.
2 Preaqueça o forno a 230ºC. Unte uma travessa refratária com azeite e guarneça o fundo com 9 rodelas de limão cristalizado. Disponha o dourado e tempere com sal e pimenta. Espalhe o coentro em grão por cima.
3 Coloque mais 6 rodelas de limão cristalizado no dorso do peixe e regue com 2 colheres (sopa) de suco de limão e 4 colheres de azeite.
4 Leve ao forno por 30 min, regando-o várias vezes.

■ Preparo: 5 min ■ Cozimento: 30 min

PEIXES DE MAR
PEIXES, MARISCOS, CRUSTÁCEOS, MOLUSCOS E RÃS

Dourado recheado

Rendimento: 4-6 porções

1 dourado de 1,6 kg
250 g de pão amanhecido
1 copo de leite
1 bulbo de erva-doce
2 cebolas-brancas
2 colheres (sopa)
  de licor de anis
1 limão
1 folha de louro
1 ramo de tomilho
30 g de manteiga
200 ml de vinho branco
2 colheres (sopa)
  de azeite
sal e pimenta-do-reino

1. Compre o dourado limpo e sem espinhas, para ser recheado. Lave e tempere o peixe com sal e pimenta.
2. Em uma tigela, coloque o pão e o leite. Descasque a erva-doce e a cebola e pique bem. Escorra o pão, pressionando-o, e misture com a erva-doce picada. Junte o licor, 1 colher (sopa) de suco de limão, o louro, o tomilho e misture bem.
3. Preaqueça o forno a 250°C. Recheie o peixe com a erva-doce e feche-o costurando com um fio, sem apertar demais.
4. Unte uma travessa refratária, coloque no fundo a cebola picada e disponha o dourado por cima.
5. Cubra com o vinho até atingir um terço da altura da travessa e regue com o azeite.
6. Leve ao forno por 30 min, regando de vez em quando. Ao final do cozimento, cubra o peixe com papel-alumínio, para que não resseque muito. Sirva na própria travessa.

■ Preparo: 30 min ■ Cozimento: cerca de 30 min

Ensopado de peixe

Rendimento: 4-6 porções

1,5-2 kg de postas de
  peixe (dourado, cação,
  merluza, congro etc.)
1-2 cabeças de peixes
  grandes
3 cebolas grandes
6 batatas
25 g de manteiga
1 bouquet garni
  (veja glossário)
1/2 maço de salsinha ▶

1. Lave os peixes e reserve.
2. Descasque as cebolas e as batatas e corte-as em quartos. Em um caldeirão, derreta a manteiga e refogue a cebola. Coloque 3 litros de água, as batatas, o bouquet garni e a salsinha, e leve ao fogo por 15 min.
3. Adicione os peixes e as cabeças e cozinhe por mais 10 min.
4. Prepare o Vinagrete. Retire os peixes e as batatas com uma escumadeira. ▶

4-6 fatias de pão integral
200 ml de Vinagrete (veja p. 57)

5 Forre o fundo de uma sopeira com o pão e despeje o caldo. Sirva à parte o peixe e as batatas, e ponha o Vinagrete em uma molheira.

■ Preparo: 30 min   ■ Cozimento: 25-30 min

Filés de dourado com juliana de legumes

Rendimento: 4-6 porções
2 alhos-porós (parte branca)
4 talos de aipo
1/2 bulbo de erva-doce
2 nabos pequenos (novos, de preferência)
50 g de manteiga
800 g de filés de dourado
1 ou 2 limões
200 ml de creme de leite fresco
sal e pimenta-do-reino

1 Descasque, lave e corte todos os legumes em tirinhas. Derreta 40 g de manteiga em uma frigideira ou panela e refogue os legumes em fogo brando até ficarem tenros. Tempere com sal e pimenta.

2 Preaqueça o forno a 220°C. Unte uma travessa refratária e forre-a com a juliana de legumes. Tempere os filés com sal e pimenta e disponha-os na travessa.

3 Esprema os limões para obter 2 colheres (sopa) de suco. Misture-o em uma tigela com o creme de leite e despeje sobre os filés.

4 Cubra a fôrma com papel-alumínio e leve ao forno por 15-20 min. Sirva na travessa de cozimento.

Pode-se preparar da mesma forma filés de badejo ou de qualquer outro peixe.

■ Preparo: 30 min   ■ Cozimento: 15-20 min

Garoupa e cherne: preparo

A garoupa, o cherne e o badejo pertencem à mesma família de peixes, conhecida pela qualidade de sua carne. Leves e pouco gordurosos, esses peixes são indicados para qualquer tipo de preparo. É mais fácil pedir para o peixeiro limpá-los.

PEIXES DE MAR
PEIXES, MARISCOS, CRUSTÁCEOS, MOLUSCOS E RÃS

Bouillabaisse

Rendimento: 4-6 porções

2 kg de peixes variados (garoupa ou cação, pargo, cherne, badejo etc.)
10 caranguejos pequenos
2 cebolas
3 dentes de alho
2 alhos-porós (parte branca)
3 talos de aipo (salsão)
150 ml de azeite
3 tomates
1 talo de erva-doce
250 ml de Rouille (molho provençal) (veja p. 56)
1 bouquet garni (veja glossário)
duas pitadas de açafrão
1 baguete
sal e pimenta-do-reino

1. Limpe e prepare os peixes, cortando-os em pedaços grandes. Reserve as cabeças e as aparas. Lave e escove os caranguejos.
2. Corte 1 cebola, 1 dente de alho, o alho-poró e o aipo. Doure-os em 100 ml de azeite e adicione sal e pimenta. Junte as cabeças e as aparas dos peixes. Cubra com água, deixe levantar fervura e cozinhe em fogo brando por 20 min. Coe e reserve o caldo de cozimento.
3. Enquanto cozinha, escalde os tomates, retire a pele e corte em cubinhos. Descasque e pique a outra cebola, os dentes de alho restantes e a erva-doce.
4. Prepare o Rouille.
5. Refogue os legumes no azeite restante. Acrescente o caldo, o tomate e o bouquet garni. Em seguida coloque os peixes, os caranguejos e o açafrão. Deixe cozinhar em fogo alto por cerca de 10 min. Desligue o fogo e mantenha a bouillabaisse aquecida.
6. Corte a baguete em rodelas e toste-as no forno.
7. Retire os peixes e os caranguejos com a escumadeira e disponha em uma travessa grande.
8. Despeje o caldo em uma sopeira, sem coar, e sirva acompanhado do molho e dos croûtons.

■ Preparo: 45 min ■ Cozimento: cerca de 15 min

PEIXES DE MAR
PEIXES, MARISCOS, CRUSTÁCEOS, MOLUSCOS E RÃS

Cozido de garoupa

Rendimento: 4-6 porções

1,2-1,5 kg de garoupa (ou cherne) em postas
1 alho-poró (parte branca)
2 cebolas
2 cenouras
2 dentes de alho
1 bouquet garni (veja glossário)
1 pedaço de casca de laranja desidratada
1 litro de vinho branco
250 ml de Aïoli (veja p. 52)
4 ou 6 fatias de pão amanhecido
uma pitada de açafrão
sal e pimenta-do-reino

1. Lave o peixe e tempere-o com sal e pimenta.
2. Descasque e corte em rodelas o alho-poró, as cebolas e as cenouras. Descasque e amasse o alho.
3. Coloque o peixe e os legumes em uma caçarola junto com o bouquet garni, um pouco da casca de laranja, sal e pimenta. Despeje o vinho e 2 copos de água. Cozinhe por cerca de 10 min.
4. Enquanto isso, prepare o Aïoli e disponha as fatias de pão nos pratos.
5. Escorra as postas de peixe, reparta-as entre os pratos e mantenha em lugar aquecido.
6. Coe o court-bouillon em uma peneira, leve de volta ao fogo, acrescente o açafrão e deixe reduzir em um terço do volume.
7. Retire do fogo e adicione o Aïoli, batendo energicamente. Cubra o peixe com esse molho.

■ Preparo: 30 min ■ Cozimento: cerca de 30 min

Moqueca baiana

Rendimento: 6 porções

6 postas grandes de peixe de carne firme (garoupa, namorado, cherne, badejo ou robalo)
suco de 1 limão
3-4 tomates grandes
1 cebola grande
1 pimentão vermelho
1 pimentão amarelo
1 pimenta-malagueta picada (se quiser mais apimentado), dedo-de-moça (se preferir menos apimentado) ou molho da pimenta (se preferir mais suave)
▶

1. Lave o peixe. Tempere com sal, pimenta-do-reino e o suco de limão. Deixe marinar por 20 min.
2. Escalde os tomates, retire a pele e as sementes e corte-os em fatias. Corte a cebola em rodelas grossas. Faça o mesmo com o pimentão vermelho e o amarelo. Reserve.
3. Pique a pimenta (ou separe o molho de pimenta que vai usar) e reserve.
4. Pique a cebolinha, a salsinha e o coentro (ou hortelã), misture tudo e reserve.
5. Em uma caçarola grande (de preferência de barro, mas pode ser de pedra-sabão, de ferro ou antiaderente), refogue levemente o alho em 1 colher (sopa) de azeite de oliva e 1 colher (sopa) de azeite-de-dendê, sem deixar escurecer. Retire do fogo. ▶

1 colher (sopa) de cebolinha verde
1 colher (sopa) de salsinha picada para decorar
1 colher (sobremesa) de coentro (ou hortelã) picado
2 dentes de alho
2 colheres (sopa) de azeite
2 colheres (sopa) de azeite-de-dendê
1 vidro de leite de coco
sal e pimenta-do-reino

6 Espalhe na caçarola uma camada composta com as fatias de tomate, outra de pimentão vermelho e amarelo e outra de cebola. Tempere com metade da pimenta e das ervas frescas picadas.

7 Disponha as postas de peixe na caçarola e espalhe por cima uma nova camada de fatias de tomate, cebola e pimentão vermelho e amarelo. Cubra com o restante das ervas frescas e pimenta picadas.

8 Tempere tudo com 1 colher (sopa) de azeite de oliva e 1 colher (sopa) de azeite-de-dendê.

9 Cozinhe em fogo brando por cerca de 10 min, mas olhando sempre para verificar o ponto do cozimento. Atenção: o peixe cozinha muito rapidamente, portanto fique atento. Não deixe ferver, para não endurecer. O tempo exato de cozimento dependerá da espessura das postas. Importante: não misture os ingredientes nem mexa o peixe. Não adicione água nem sal.

10 Em seguida, coloque o leite de coco e cozinhe por mais 5 min. Experimente e corrija o tempero. Retire do fogo e sirva a moqueca diretamente da panela, acompanhada de arroz branco e farinha de milho (ou farofa).

Moqueca capixaba

Faça como na receita anterior, substituindo o azeite-de-dendê por azeite de oliva nas duas etapas de preparo (5 e 8). No item 3, não use pimenta em pedaços, apenas molho de pimenta, e acrescente, sobre o peixe, colorau a gosto. Na etapa 10, substitua o leite de coco por algumas gotas de limão.

■ Marinada: 1 h ■ Preparo: 20 min
■ Cozimento: cerca de 15 min

Vatapá

Rendimento: 12 porções

1 kg de camarão fresco com a casca

2,2 kg de garoupa, namorado, cação ou cherne em postas

limão

250 g de camarão seco

1 maço de cheiro-verde

1 maço pequeno de hortelã fresca (ou coentro)

250 g de castanhas-de-caju torradas

1 cebola

2 dentes de alho

800 g de tomates

1 pimenta-dedo-de-moça (ou o molho dessa pimenta)

16 colheres (sopa) de maisena

3 1/2 garrafinhas de leite de coco

1 colher (sopa) de azeite-de-dendê

1 colher (sopa) de azeite de oliva

sal e pimenta-do-reino

1. Limpe o camarão (ou peça para o peixeiro limpá-lo e guardar as cascas) e cozinhe as cascas em água. Coe e reserve.
2. Tempere o camarão e o peixe com sal, um pouco de pimenta-do-reino e limão. Reserve.
3. Passe o camarão seco no processador e reserve.
4. Lave e pique o cheiro-verde e a hortelã (ou coentro) e reserve. Pique as castanhas-de-caju e reserve.
5. Pique a cebola e o alho. Escalde os tomates, retire a pele e as sementes e pique. Refogue o alho e a cebola no azeite. Acrescente os tomates e deixe apurar. Se quiser um prato bem apimentado, refogue a pimenta picada com a cebola.
6. Acrescente as postas de peixe e o camarão fresco ao refogado. Coloque metade das ervas frescas picadas e deixe cozinhar por cerca de 5 min. Retire as postas de peixe e o camarão da panela e reserve.
7. Dissolva a maisena no leite de coco. Leve ao fogo na panela em que o peixe foi refogado e acrescente o camarão seco processado, as castanhas-de-caju picadas e 1 colher (sopa) do molho da pimenta-dedo-de-moça (se não tiver usado antes). Adicione o caldo de camarão, misture bem e cozinhe por mais 5 min. Prove e corrija o tempero.
8. Acrescente o peixe e o camarão e regue com o azeite-de-dendê. Prove novamente e acerte o tempero. Cozinhe por mais 5 min. Retire as postas de peixe e sirva bem quente, colocando o vatapá em uma sopeira e o peixe em uma travessa. Sirva com arroz branco, farinha de mandioca e molho de pimenta.

■ Preparo: 50 min   ■ Cozimento: 15 min

Hadoque: preparo

O hadoque é um peixe de água fria, que vive no Atlântico Norte e no Ártico. É raro encontrar hadoque fresco no Brasil, por isso as receitas deste livro são feitas com hadoque defumado, que deve ser colocado de molho no leite frio para amaciar a carne.

Hadoque à indiana

Rendimento: 4-6 porções
800 g de hadoque
1 litro de leite
500 ml de Molho indiano (veja p. 87)
2 cebolas grandes
30 g de manteiga

1 Deixe o hadoque de molho no leite frio por 2-3 h.
2 Prepare o Molho indiano.
3 Descasque e pique bem as cebolas, depois refogue-as na manteiga. Deixe amornar.
4 Retire o peixe do leite, corte-o em cubinhos e elimine as espinhas.
5 Acrescente os pedaços de hadoque à cebola, adicione o molho e misture bem. Cozinhe com tampa por 10 min, em fogo brando.

Sirva com arroz.

■ Demolha: 2-3 h ■ Preparo: 5 min
■ Cozimento: 10 min

Hadoque com ovos pochés

Rendimento: 4-6 porções
800 g de filés de hadoque
1 litro de leite
1 folha de louro
4-6 Ovos pochés (veja p. 258)
120 g de manteiga
1 limão
alguns ramos de salsinha
pimenta-do-reino

1 Coloque os filés de molho no leite frio por cerca de 30 min.
2 Retire-os do leite, despeje este em uma panela juntamente com o louro e leve ao fogo até ferver. Adicione o hadoque e reduza o fogo. Deixe cozinhar em fogo brando por cerca de 10 min.
3 Enquanto isso, prepare os ovos. ▶

4 Corte a manteiga em pedacinhos e derreta-a sem deixar ferver. Esprema o limão e acrescente-o à manteiga derretida, mexendo bem.

5 Escorra o hadoque e disponha um filé em cada prato, com um ovo poché por cima. Regue com a mistura de manteiga e suco. Adicione pimenta e enfeite com os ramos de salsinha.

Sirva com batatas cozidas na água ou no vapor.

■ Demolha: 30 min ■ Preparo: 15 min
■ Cozimento: 8-10 min

Linguado: preparo

O linguado é um peixe chato, de carne branca, fina e delicadíssima. Como não tem escamas, é possível limpá-lo em casa, se tiver uma faca bem afiada. O primeiro passo é arrancar a pele. Para isso, segure a cauda com papel-toalha e corte a pele preta na altura dela, em sentido levemente diagonal. Com o polegar, descole suavemente a pele. Em seguida, segure esse pedaço de pele e puxe de uma só vez em direção à cabeça. Arranque a cabeça. Vire o peixe e, pelo lado branco, puxe a pele da cabeça para o rabo. Com uma tesoura, corte as nadadeiras laterais. Para fazer os filés, corte a carne até as espinhas, de uma parte a outra da espinha central. Em seguida, recorte 4 filés com a faca, bem precisamente, indo da espinha central para as bordas. Retire os fragmentos eventuais que possam ter sobrado nos filés e comprima-os levemente. Lave em seguida em água corrente.

PEIXES DE MAR
PEIXES, MARISCOS, CRUSTÁCEOS, MOLUSCOS E RÃS

Filés de linguado à moda crioula

Rendimento: 4-6 porções

1,2-1,5 kg de filés de linguado
100 g de arroz
4 tomates
50 ml de azeite
50 g de pimentão vermelho
50 g de pimentão verde
80 g de farinha de trigo
120 g de manteiga
1 dente de alho amassado
1 colher (sopa) de salsinha picada
1/2 limão
Azeite apimentado (veja p. 45)
sal e pimenta-do-reino
uma pitada de pimenta-de-caiena

1 Limpe os filés de linguado, adicione sal, pimenta e um pouco de pimenta-de-caiena.
2 Prepare o arroz.
3 Corte os tomates ao meio, retire as sementes e refogue em uma frigideira com 1 colher (café) de azeite. Tempere com sal e pimenta. Ponha em uma travessa, guarneça com arroz e mantenha aquecido.
4 Lave os pimentões, corte em cubinhos e refogue em uma frigideira com 1 colher de azeite. Deixe cozinhar até que fiquem bem tenros. Escorra e coloque sobre os tomates guarnecidos com arroz.
5 Passe os filés na farinha. Coloque 2 colheres (sopa) de azeite e 40 g de manteiga na frigideira e frite-os por 10-20 min. Escorra-os e disponha em uma travessa aquecida.
6 Descarte a gordura da frigideira. Acrescente 80 g de manteiga e refogue o alho, a salsinha, o suco de limão e algumas gotas de Azeite apimentado.
7 Cubra os filés com esse molho. Decore com os tomates guarnecidos com arroz e sirva imediatamente.

■ Preparo: 45 min   ■ Cozimento: cerca de 15 min

Filés de linguado ao Molho Véron

Rendimento: 4-6 porções

500 ml de Molho Véron (veja p. 81)
1,2-1,5 kg de filés de linguado
150 g de farinha de rosca
125 g de manteiga

1 Faça o Molho Véron e mantenha-o aquecido. Tempere os filés com sal e pimenta.
2 Ponha a farinha de rosca em um prato. Derreta a manteiga e coloque-a em um prato fundo. Passe os filés na manteiga e na farinha de rosca. Regue-os com o restante da manteiga e leve ao forno para grelhar por 10 min em temperatura baixa, virando-os uma vez. ▶

3 Coloque o molho em uma travessa e disponha os filés harmoniosamente sobre ele.

■ Preparo: 15 min   ■ Cozimento: 10-15 min

Filés de linguado com camarão

Rendimento: 4-6 porções

250 ml de Molho ao vinho branco (veja p. 72)
12 ostras
6 filés de linguado
250 ml de Fumet de peixe (veja p. 41)
200 g de camarões pequenos sem casca
1 limão

1 Prepare o Molho ao vinho branco.
2 Abra as ostras sobre uma vasilha. Coe sua água em uma peneira forrada com tecido fino. Esquente-a e cozinhe as ostras por 3 min em fogo brando. Escorra e reserve em lugar quente.
3 Enrole os filés de linguado e amarre-os.
4 Misture o Fumet de peixe com a água de cozimento das ostras e ferva até o líquido reduzir à metade. Deixe esfriar.
5 Coloque os filés no caldo e cozinhe em fogo brando por 10 min. Escorra-os, disponha em uma travessa e reserve em lugar aquecido.
6 Esquente os camarões por 1 min nesse caldo, retire-os com a escumadeira e mantenha-os aquecidos.
7 Aumente o fogo, cozinhe até que o líquido de cozimento fique reduzido à metade e misture-o com o Molho ao vinho branco. Regue com suco de limão. Experimente e acerte o tempero, se necessário.
8 Enfeite o centro da travessa com os camarões. Disponha duas ostras sobre cada filé. Cubra com o molho e sirva imediatamente.

■ Preparo: 20 min   ■ Cozimento: cerca de 15 min

PEIXES DE MAR
PEIXES, MARISCOS, CRUSTÁCEOS, MOLUSCOS E RÃS

Filés de linguado com manjericão

Rendimento: 4-6 porções

2 linguados grandes de cerca de 750 g cortados em filés
4 cebolas-brancas
2 colheres (sopa) de manjericão picado
1 colher (sopa) de azeite
1/2 copo de Fumet de peixe (veja p. 41)
1/2 copo de vinho branco
1 tomate
120 g de manteiga
1/2 limão
sal e pimenta-do-reino

1. Lave e seque o peixe. Preaqueça o forno a 250ºC.
2. Pique bem as cebolas e o manjericão. Misture as cebolas com uma colher de manjericão e o azeite e forre uma fôrma refratária com essa mistura. Tempere os filés com sal e pimenta e disponha-os na travessa. Misture o fumet com o vinho branco e despeje sobre os peixes.
3. Leve a travessa ao fogo até ferver. Cubra com papel-alumínio e leve ao forno por 5 min.
4. Escorra os filés e mantenha-os aquecidos. Recoloque a travessa no fogo e deixe o líquido do cozimento reduzir em um terço.
5. Escalde o tomate e corte-o em cubinhos.
6. Corte a manteiga em pedacinhos e misture-a ao molho reduzido, mexendo bem. Tempere com sal e pimenta e acrescente o suco de limão.
7. Distribua o tomate sobre os filés, cubra com o molho e salpique com o restante do manjericão.

■ Preparo: 15 min ■ Cozimento: cerca de 15 min

Filés de linguado fritos

Rendimento: 4-6 porções

1 linguado de 800 g-1 kg em filés
0,5 litro de leite
óleo para fritar
250 g de farinha de trigo
salsinha
2 limões
sal

1. Lave e seque o peixe. Corte-o em fatias transversais de cerca de 2 cm.
2. Esquente o óleo. Tempere o leite com sal.
3. Mergulhe os pedaços de linguado no leite, escorra-os e passe-os na farinha. Sacuda para tirar o excesso.
4. Ponha os filés no óleo aquecido a 180ºC, até ficarem dourados. Escorra-os e seque-os em papel-toalha. Frite um pouco por vez para que dourem bem.
5. Salpique com sal e disponha uns sobre os outros em uma travessa, sobre um guardanapo.
6. Frite a salsinha e decore a travessa com ela. Corte os limões em quartos e coloque em volta.

■ Preparo: 10 min ■ Cozimento: cerca de 20 min

PEIXES DE MAR
PEIXES, MARISCOS, CRUSTÁCEOS, MOLUSCOS E RÃS

Filés de linguado Mornay

Rendimento: 4-6 porções

1 linguado de 1 kg em filés
400 ml de Molho Mornay (veja p. 77)
1/2 copo de Fumet de peixe (veja p. 41)
30 g de queijo parmesão ralado
30 g de manteiga
sal e pimenta-do-reino

1. Lave e seque o peixe.
2. Prepare o Molho Mornay e o Fumet de peixe.
3. Preaqueça o forno a 200°C. Tempere os filés com sal e pimenta. Unte uma fôrma refratária, disponha os filés e regue-os com o fumet. Leve ao forno por 7-8 min.
4. Retire a fôrma do forno e escorra os filés. Despeje o líquido do cozimento em uma tigela (guarde-o para outra utilização).
5. Recoloque os filés na travessa e cubra com o molho. Polvilhe com o queijo ralado. Derreta o restante da manteiga e regue com ela os filés. Leve para gratinar por 2-3 min.

■ Preparo: 30 min   ■ Cozimento: cerca de 10 min

Linguado à la meunière

Rendimento: 4-6 porções

4-6 postas de linguado (250-300 g)
1 copo de farinha de trigo
150 g de manteiga
1 colher (sopa) de óleo
1 limão
1 colher (sopa) de salsinha picada
pimenta-do-reino

1. Prepare o linguado. Coloque a farinha sobre papel-toalha, passe o peixe de ambos os lados e sacuda para tirar o excesso de farinha. Tempere com pimenta.
2. Esquente em uma frigideira (se possível oval) 75 g de manteiga e o óleo. Doure as postas de linguado em fogo alto por 6-7 min de cada lado.
3. Escorra-os e coloque em uma travessa aquecida. Derreta o restante da manteiga em uma panelinha com o suco de limão e regue os peixes com essa mistura. Salpique com a salsinha.

Pescada à la meunière
Siga a receita, substituindo o linguado pela pescada.

■ Preparo: 5 min   ■ Cozimento: cerca de 15 min

PEIXES DE MAR
PEIXES, MARISCOS, CRUSTÁCEOS, MOLUSCOS E RÃS

Linguado à moda de Dieppe

Rendimento: 4-6 porções

1 linguado de 1,2-1,5 kg
0,5 litro de Fumet de peixe (veja p. 41)
1 kg de mexilhões
50 g de champignons
45 g de manteiga
25 g de farinha de trigo
1 bouquet garni (veja glossário)
200 ml de vinho branco
2 gemas
100 g de camarões pequenos sem casca
sal e pimenta-do-reino

1. Compre o linguado já limpo.
2. Prepare o Fumet de peixe.
3. Limpe os mexilhões e cozinhe-os à marinheira (veja p. 294). Limpe e corte os champignons.
4. Separe 1/2 copo do líquido de cozimento dos mexilhões e coe-o em uma peneira forrada com tecido fino.
5. Faça um Roux branco (veja p. 82) com 25 g de manteiga e a farinha, regue com Fumet de peixe e com o líquido de cozimento dos mexilhões. Adicione o bouquet garni. Experimente e acerte o tempero, se necessário, e deixe cozinhar em fogo brando, com tampa, por 20-25 min.
6. Retire os mexilhões das conchas e leve-os de volta à panela, em fogo brando, até o final do cozimento.
7. Preaqueça o forno a 220ºC. Salgue o linguado. Unte uma fôrma refratária, disponha nela o peixe e regue com vinho branco. Leve ao fogo até ferver, depois coloque no forno por 15-18 min, regando três ou quatro vezes.
8. Quando estiver assado, disponha em uma travessa e mantenha em lugar aquecido, coberto com papel-alumínio.
9. Em uma tigela, dilua as gemas em um pouco do molho com champignons. Despeje o conteúdo da tigela na caçarola e acrescente os camarões.
10. Coe o líquido de cozimento do peixe e acrescente-o à caçarola. Misture bem e cozinhe, em fogo brando, até engrossar um pouco. Por fim, adicione os mexilhões quentes escorridos.
11. Cubra o peixe com esse molho e sirva bem quente.

■ Preparo: 40 min   ■ Cozimento: cerca de 30 min

PEIXES DE MAR
PEIXES, MARISCOS, CRUSTÁCEOS, MOLUSCOS E RÃS

Linguado ao forno

Rendimento: 4 porções

2 linguados de 300-400 g
100 g de manteiga
1 copo de Fumet de peixe (veja p. 41)
1/2 limão
sal e pimenta-do-reino

1. Lave e seque o peixe, já limpo.
2. Com um garfo, amasse 40 g de manteiga, quatro pitadas de sal e pimenta-do-reino moída na hora. Coloque essa mistura no interior de cada peixe. Preaqueça o forno a 250ºC.
3. Prepare o fumet e adicione o suco de limão.
4. Unte uma fôrma refratária e coloque nela os linguados. Regue-os com o fumet até que atinja a altura dos peixes.
5. Corte o restante da manteiga em fatias e distribua sobre os peixes. Tempere com sal e pimenta. Leve ao forno por cerca de 15 min, regando quatro ou cinco vezes, até que a superfície esteja dourada. Sirva na própria travessa.

■ Preparo: 10 min   ■ Cozimento: cerca de 15 min

Linguado Dugléré

Rendimento: 4 porções

1 linguado de 1 kg cortado em 4 postas
1 cebola comum grande
2 cebolas-brancas
1 maço pequeno de salsinha
1 dente de alho
4 tomates
80 g de manteiga
1 ramo de tomilho
1 folha de louro
200 ml de vinho branco
sal e pimenta-do-reino

1. Lave e seque as postas de peixe.
2. Descasque e corte a cebola comum e as cebolas-brancas, a salsinha e o alho (reserve 1 colher [sopa] de salsinha). Escalde os tomates, retire a pele, as sementes e corte em pedaços. Em uma frigideira, derreta 20 g de manteiga e refogue essa preparação em fogo brando, por 10-15 min, adicionando o tomilho e o louro.
3. Preaqueça o forno a 220ºC. Unte uma fôrma refratária e coloque nela o conteúdo da frigideira. Disponha por cima as postas de linguado. Tempere com sal e pimenta. Espalhe 30 g de manteiga em pedacinhos, despeje o vinho e cubra com papel-alumínio. Leve ao fogo para ferver, depois asse no forno por 10 min. ▶

PEIXES DE MAR
PEIXES, MARISCOS, CRUSTÁCEOS, MOLUSCOS E RÃS

4 Escorra as postas de linguado, disponha em uma travessa retangular e leve ao fogo. Retire o tomilho e o louro. Deixe o caldo reduzir em um terço e incorpore 30 g de manteiga, batendo bem.

5 Em seguida, cubra o peixe com o molho e salpique salsinha picada.

■ Preparo: 30 min   ■ Cozimento: cerca de 15 min

Pargo: preparo

O pargo é um peixe muito saboroso, próprio para ser grelhado ou assado.

Ao comprá-lo, peça para o peixeiro retirar as vísceras, mantendo as escamas.

Lave o peixe por dentro e por fora, em água corrente, e seque em papel-toalha. Antes de temperá-lo, faça alguns cortes diagonais na parte superior, para o tempero penetrar melhor.

Pargo assado

Rendimento: 4-6 porções

1 pargo inteiro, limpo, de cerca de 1,2 kg
2 cebolas-brancas
100 g de manteiga
2 colheres (sopa) de salsinha picada
150 ml de vinho branco
sal e pimenta-do-reino

1 Lave e tempere o peixe com sal e pimenta.

2 Com a colher de pau, trabalhe 50 g de manteiga para amolecê-la. Pique as cebolas, junte a manteiga, a salsinha, sal e pimenta e misture bem até obter uma massa homogênea. Recheie o pargo.

3 Preaqueça o forno a 200°C. Unte uma travessa refratária retangular com manteiga e disponha nela o peixe. Adicione sal e pimenta e regue com o vinho branco. ▶

4 Espalhe sobre o pargo o restante da manteiga em pedacinhos e leve ao forno por 15-20 min. Regue com o vinho freqüentemente durante o cozimento. Se o molho secar muito depressa, adicione um pouco de água. Sirva imediatamente.

■ Preparo: 20 min   ■ Cozimento: 15-20 min

Pargo grelhado

Rendimento: 4-6 porções

1 pargo inteiro e limpo de 1,5 kg
Marinada instantânea (veja p. 58)
150 g de Manteiga maître d'hôtel (veja p. 68)
2 limões

1 Lave o peixe. Tempere com sal e pimenta e ponha na marinada por 1 h.
2 Preaqueça o forno ou prepare a churrasqueira. Retire o peixe da marinada e coloque em uma travessa, se for ao forno. Grelhe por 30 min.
3 Faça a Manteiga maître d'hôtel.
4 Coloque o peixe em uma travessa e disponha em volta quartos de limão. Espalhe bolinhas de manteiga sobre o peixe.

Sirva com salada verde e purê de mandioquinha.

■ Marinada: 1 h   ■ Preparo: 10 min
■ Cozimento: cerca de 30 min

Peixe-espada: preparo

1 Compre o peixe inteiro e limpo.
2 Lave bem por dentro e por fora e seque em papel-toalha. Corte em postas e tempere.
3 O peixe-espada, assim como a enguia, costuma ser empanado em farinha e frito em postas. Antes de ser assado ou cozido, pode ser grelhado rapidamente – dessa forma, a pele se desprende e pode ser retirada com mais facilidade, e a carne elimina o excesso de gordura.

PEIXES DE MAR
PEIXES, MARISCOS, CRUSTÁCEOS, MOLUSCOS E RÃS

Ballotine de peixe (Peixe recheado)

Rendimento: 4-6 porções

- 1 peixe-espada de 1 kg limpo
- sal e limão
- 250 ml de Molho bourguignon para peixes (veja p. 85)
- 400 g de Recheio para peixe (veja p. 108)
- 2 colheres (sopa) de salsinha
- 1 litro de Fumet ao vinho tinto (veja p. 42)

1. Lave bem o peixe, por dentro e por fora, e tempere-o com sal e limão.
2. Prepare o Molho bourguignon e reserve. Faça o Recheio para peixe com pescada; adicione a salsinha picada.
3. Recheie o peixe-espada e costure a abertura com uma linha ou amarre-a bem.
4. Aqueça o fumet, mergulhe nele o peixe e cozinhe em fogo brando por 25-30 min.
5. Escorra, disponha em uma travessa e cubra com o molho.

■ Preparo: 1 h ■ Cozimento: 25-30 min

Caldeirada à la meunière

Rendimento: 4-6 porções

- 2 cebolas
- 1 ramo de aipo
- 1 cenoura
- 1 dente de alho
- 120 g de manteiga
- 800 g-1 kg de peixe-espada em postas (ou enguia)
- 1 copo de cachaça
- 1 litro de vinho tinto
- 1 bouquet garni (veja glossário)
- 1 cravo-da-índia
- 5 grãos de pimenta
- 24 minicebolas
- 250 g de champignons
- 10 g de Manteiga manié (veja p. 68)
- 6 fatias de pão
- sal

1. Descasque e pique bem as cebolas, o aipo e a cenoura. Descasque e amasse o alho.
2. Derreta 60 g de manteiga e refogue nela as postas de peixe.
3. Esquente a cachaça, despeje-a sobre o peixe e flambe. Junte a cebola, o aipo e a cenoura, misture bem e acrescente o vinho.
4. Adicione o bouquet garni, o alho, o cravo-da-índia, os grãos de pimenta e o sal. Leve para ferver e deixe cozinhar em fogo brando por 20 min.
5. Cozinhe as minicebolas e mantenha-as aquecidas.
6. Limpe e corte os champignons e doure-os em 30 g de manteiga.
7. Quando o peixe estiver cozido, escorra e mantenha-o aquecido.
8. Prepare a Manteiga manié. ▶

PEIXES DE MAR

9. Coloque o líquido do cozimento no liquidificador, leve de volta ao fogo e adicione a Manteiga manié, batendo vigorosamente.
10. Recoloque o peixe no molho, junte os champignons e deixe cozinhar em fogo brando por 5 min.
11. Doure as fatias de pão no restante da manteiga.
12. Despeje a caldeirada em uma travessa funda, junte as minicebolas e decore com os croûtons.

Podem-se acrescentar, ao servir, umas vinte tirinhas de bacon douradas na manteiga.

■ Preparo: 1 h ■ Cozimento: cerca de 30 min

Espetinhos à inglesa

Rendimento: 4-6 porções

1 peixe-espada de cerca de 1,5 kg
Marinada instantânea (veja p. 45)
400 ml de Molho tártaro (veja p. 55)
150 g de farinha de trigo
10-12 fatias de bacon
1/2 maço pequeno de salsinha
3 limões
espetinhos de madeira

1. Lave bem o peixe e corte-o em 10-12 postas (ou peça para o peixeiro cortar).
2. Prepare a Marinada instantânea e deixe o peixe de molho nela por 1 h.
3. Faça o Molho tártaro.
4. Escorra as postas de peixe e empane-as na farinha.
5. Enfie nos espetos, intercalando com o bacon.
6. Asse por 10-12 min no forno ou na churrasqueira, virando de vez em quando.
7. Disponha em uma travessa comprida com ramos de salsinha e quartos de limão. Sirva o molho à parte.

■ Preparo: 15 min ■ Marinada: 1h
■ Cozimento: cerca de 10-12 min

PEIXES DE MAR
PEIXES, MARISCOS, CRUSTÁCEOS, MOLUSCOS E RÃS

Peixe à moda do Quebec

Rendimento: 4-6 porções

800 g de peixe-espada em postas
150 ml de vinagre
1 cebola
50 g de manteiga
1 colher (sopa) de salsinha picada
2 cebolas-brancas
60 g de Manteiga manié (veja p. 68)
2 ou 3 limões
molho inglês
150 ml de creme de leite fresco

1. Coloque as postas de peixe-espada em uma panela com 0,5 litro de água, o vinagre e a cebola comum picada e cozinhe por 10 min. Escorra e lave em água quente. Descarte a água do cozimento.
2. Recoloque o peixe na panela com 0,5 litro de água, sal, a manteiga, a salsinha e as cebolas-brancas picadas. Deixe cozinhar por 15 min.
3. Prepare a Manteiga manié. Retire o peixe. Adicione a Manteiga manié ao caldo, batendo energicamente. Esprema os limões até obter 100 ml de suco e acrescente-o, juntamente com algumas gotas de molho inglês e o creme de leite. Mexa bem.
4. Sirva o peixe em uma travessa, coberto com molho.

■ Preparo: 15 min   ■ Cozimento: cerca de 30 min

Peixe à provençal

Rendimento: 4-6 porções

4 tomates
1 dente de alho
1 cebola
1 colher (sopa) de azeite
800 g-1 kg de peixe-espada em postas
1 bouquet garni (veja glossário)
100 ml de vinho branco
12 azeitonas pretas
2 colheres (sopa) de salsinha picada
sal e pimenta-do-reino

1. Escalde os tomates, retire a pele e corte em pedaços. Descasque e amasse o alho. Descasque e corte a cebola e refogue-a no azeite, em fogo brando, até dourar bem.
2. Aumente o fogo e acrescente à panela as postas de peixe. Deixe cozinhar, mexendo várias vezes. Tempere com sal e pimenta e adicione o tomate, o bouquet garni e o alho. Mexa bem e despeje o vinho. Cozinhe em fogo brando, sem tampa, por 25-30 min.
3. Dez minutos antes de servir, adicione as azeitonas sem caroço. Disponha em uma travessa funda e salpique com a salsinha.

■ Preparo: 15 min   ■ Cozimento: 30 min

PEIXES DE MAR
PEIXES, MARISCOS, CRUSTÁCEOS, MOLUSCOS E RÃS

Peixe-espada ao molho verde

Rendimento: 4-6 porções

100 g de espinafre
100 g de azedinha (ou agrião novo)
100 g de manteiga
800 g-1 kg de peixe-espada (ou cavala) em postas
300 ml de vinho branco
1 bouquet garni (veja glossário)
2 colheres (sopa) de salsinha picada
1 colher (sopa) de estragão picado
1 colher (sopa) de sálvia
6 fatias de pão de fôrma
3 gemas
2 limões

1 Lave e pique o espinafre e a azedinha.

2 Derreta a manteiga em uma frigideira e refogue nela o peixe. Acrescente o espinafre e a azedinha e cozinhe em fogo brando.

3 Adicione o vinho, o bouquet garni, a salsinha, o estragão e a sálvia. Tempere com sal e pimenta e deixe apurar em fogo brando por 10 min.

4 Toste as fatias de pão no forno ou na torradeira.

5 Em uma tigela, misture as gemas com 2 colheres (sopa) de suco limão, despeje na frigideira e mexa bem, sem deixar ferver. Coloque as torradas em pratos individuais. Disponha as postas de peixe por cima e cubra com o molho.

Pode-se servir o peixe frio, sem as torradas, acompanhado de salada.

■ Preparo: 15 min ■ Cozimento: cerca de 15 min

Pescada: preparo

A pescada é um peixe bastante delicado, que se deteriora rapidamente, especialmente se estiver cortado em filés. Para obter filés frescos, escolha o peixe inteiro e peça para o peixeiro preparar os filés na hora. Ao preparar o peixe inteiro, lave-o bem por dentro e por fora; em seguida, deixe-o imerso por alguns segundos em água com limão.

PEIXES DE MAR
PEIXES, MARISCOS, CRUSTÁCEOS, MOLUSCOS E RÃS

Casquinhas de peixe

Rendimento: 4 porções

300 ml de Molho Mornay (veja p. 77)
1 maço de salsinha
400 g de filés de pescada (ou outro peixe)
40 g de queijo gruyère ralado
20 g de manteiga
4 conchas de vieira vazias

1. Prepare o Molho Mornay.
2. Cozinhe o peixe em água com sal ou em um court-bouillon durante 10 min (ou utilize sobras de peixe).
3. Preaqueça o forno a 260°C. Pique a salsinha.
4. Desfie o peixe e misture-o com o Molho Mornay e a salsinha. Acrescente mais sal, se necessário.
5. Recheie as conchas com essa preparação. Espalhe o queijo gruyère e pedacinhos de manteiga por cima e leve para gratinar no forno por 5-10 min.

■ Preparo: 15 min ■ Cozimento: cerca de 10 min

Pescada à bonne femme

Rendimento: 4-6 porções

1 pescada limpa, sem espinhas, de 1,2-1,5 kg
4 cebolas-brancas
1/2 maço de salsinha
250 g de champignons
50 g de manteiga
100 ml de vinho branco seco
100 ml de Fumet de peixe (veja p. 41)
sal e pimenta-do-reino

1. Lave e tempere o peixe com sal e pimenta.
2. Descasque e pique as cebolas. Retire os talos da salsinha e pique-a. Limpe os champignons e corte em fatias finas.
3. Preaqueça o forno a 220°C. Unte uma travessa funda com manteiga e espalhe nela a cebola, a salsinha e os champignons. Disponha a pescada, regue com o vinho e o fumet. Espalhe sobre o peixe bolinhas de manteiga.
4. Leve ao fogo até ferver, depois coloque no forno por 10-15 min, regando duas ou três vezes. Ao final do cozimento, cubra com papel-alumínio para que o peixe não resseque. Sirva na própria travessa.

Pode-se substituir a pescada por namorado ou outro peixe grande.

■ Preparo: 15 min ■ Cozimento: cerca de 20 min

PEIXES DE MAR

PEIXES, MARISCOS, CRUSTÁCEOS, MOLUSCOS E RÃS

Pescada à provençal

Rendimento: 4 porções

400 ml de molho de tomate
2 pescadas de 1/2 kg cada
80 g de farinha de trigo
6 colheres (sopa) de azeite
100 g de pão fresco
1 colher (sopa) de salsinha picada
sal e pimenta-do-reino

1 Prepare ou compre o molho de tomate.
2 Limpe as pescadas, tempere com sal e pimenta, empane-as na farinha e doure em uma frigideira com 5 colheres de azeite. Preaqueça o forno a 275ºC.
3 Coloque um pouco do molho no fundo de uma travessa. Disponha as pescadas e cubra com o restante do molho.
4 Espalhe por cima o pão esfarelado, regue com o que sobrou do azeite e leve para gratinar no forno por 10 min. Salpique com a salsinha e sirva bem quente na própria travessa de cozimento.

■ Preparo: 20 min   ■ Cozimento: cerca de 15 min

Pescada ao molho holandês

Rendimento: 4-6 porções

400 g de molho de tomate
1 pescada de 1,2-1,5 kg
400 ml de Court-bouillon para peixe (veja p. 40)
80 g de pimentão
20 g de manteiga
250 ml de Molho holandês (veja p. 91)

1 Prepare ou compre o molho de tomate.
2 Preaqueça o forno a 160ºC. Coloque a pescada em uma assadeira, com o lado aberto para baixo. Despeje o court-bouillon sobre ela e leve ao fogo para esquentar.
3 Assim que começar a ferver, coloque uma folha de papel-manteiga sobre o peixe, para protegê-lo. Leve ao forno por 18-20 min.
4 Lave os pimentões e corte em quadradinhos. Refogue-os em fogo brando na manteiga.
5 Quando a pescada estiver cozida, escorra-a, retire a pele escura e mantenha o peixe em local quente. Coe o líquido do cozimento, deixe reduzir até engrossar e adicione o pimentão. Reserve em local quente.
6 Prepare o Molho holandês e adicione a ele o caldo de peixe com pimentão. ▶

PEIXES DE MAR
PEIXES, MARISCOS, CRUSTÁCEOS, MOLUSCOS E RÃS

7 Disponha o peixe em uma travessa. Coloque à sua volta pequenas porções de molho de tomate.
8 Cubra a pescada com o molho e leve ao forno para grelhar por 3 min. Sirva imediatamente.

■ Preparo: 30 min   ■ Cozimento: 20-30 min

Pescada com maionese

Rendimento: 6 porções

1 pescada-branca de 2 kg limpa e sem espinhas
2 litros de Court-bouillon para peixe (veja p. 40)
2 colheres (sopa) de gelatina em pó
300 ml de Maionese clássica (veja p. 52)
1 lata de seleta de legumes
6 tomates pequenos e redondos
algumas folhas de alface
2 limões
sal e pimenta-do-reino

1 Prepare a pescada e o court-bouillon.
2 Envolva o peixe em um tecido fino e coloque-o em uma fôrma ou caçarola oval. Despeje sobre ele o court-bouillon frio ou morno e leve ao fogo até ferver. Diminua o fogo e cozinhe por cerca de 25 min.
3 Retire o peixe, desembrulhe-o, coloque em uma grelha e elimine toda a pele.
4 Coe o court-bouillon. Dissolva a gelatina em pó em 300 ml de court-bouillon. Enquanto esfria, prepare a maionese.
5 Cubra a pescada com pelo menos três camadas de gelatina líquida. Disponha-a em uma travessa retangular.
6 Enxágüe a seleta de legumes em água fria e escorra bem. Misture-a com 2 colheres (sopa) de maionese.
7 Corte uma tampinha nos tomates e retire a polpa com uma colherinha. Recheie-os com a seleta e coloque-os em volta do peixe sobre folhas de alface, alternando com quartos de limão.
8 Ponha o restante da maionese em uma molheira. Conserve a pescada na geladeira até a hora de servir.

■ Preparo: 40 min (fazer 2 h antes)
■ Cozimento: 25 min

PEIXES DE MAR
PEIXES, MARISCOS, CRUSTÁCEOS, MOLUSCOS E RÃS

Pescada grelhada

Rendimento: 4 porções

1 pescada de 1 kg
2 colheres (sopa) de azeite
100 g de Manteiga de anchova (veja p. 66) ou de Manteiga maître d'hôtel (veja p. 68)
sal e pimenta-do-reino

1. Prepare a pescada.
2. Coloque sal e pimenta no azeite e espalhe-o sobre o peixe com um pincel.
3. Disponha a pescada em uma grelha e leve ao forno ou à churrasqueira. Deixe grelhar por 10-12 min de cada lado.
4. Enquanto isso, prepare a manteiga aromatizada. Sirva à parte ou então abra o peixe, retire a espinha e insira a manteiga.

■ Preparo: 15 min ■ Cozimento: 20-25 min

Pescada-amarela à boulangère

Rendimento: 4-6 porções

1,5-2 kg de pescada-amarela
700 g de batatas
3 cebolas médias
80 g de manteiga
1 ramo de tomilho
1 folha de louro
2 colheres (sopa) de salsinha picada
sal e pimenta-do-reino

1. Prepare os filés e tempere com sal e pimenta.
2. Descasque e corte em rodelas finas as batatas e as cebolas. Misture-as e adicione sal e pimenta.
3. Preaqueça o forno a 220°C. Derreta a manteiga.
4. Unte uma fôrma refratária e disponha nela a pescada. Coloque em volta as rodelas de batata e cebola e regue tudo com a manteiga derretida. Tempere a seguir com sal, pimenta, o tomilho e o louro.
5. Leve ao forno por 20-30 min, regando freqüentemente. Salpique a salsinha e sirva na travessa de cozimento.

■ Preparo: 20 min ■ Cozimento: cerca de 35 min

PEIXES DE MAR
PEIXES, MARISCOS, CRUSTÁCEOS, MOLUSCOS E RÃS

Pescadas ao vinho branco

Rendimento: 4 porções

4 pescadas
2 cebolas comuns
2 cebolas-brancas
40 g de manteiga
200 ml de Fumet de peixe (veja p. 41)
200 ml de vinho branco
300 ml de creme de leite
sal e pimenta-do-reino

1. Lave as pescadas, já limpas, e tempere com sal e pimenta.
2. Descasque e pique bem as cebolas comuns e as cebolas-brancas e refogue em uma panela com 30 g de manteiga. Preaqueça o forno a 220°C.
3. Prepare o Fumet de peixe.
4. Unte uma fôrma refratária com o restante da manteiga. Forre o fundo com as cebolas picadas e disponha os peixes por cima.
5. Acrescente o fumet e o vinho: o líquido deve cobrir as pescadas pela metade. Leve a travessa ao fogo até o líquido ferver. Cubra com papel-alumínio e a seguir ponha no forno por 10 min.
6. Retire e escorra as pescadas, disponha em uma travessa e mantenha em lugar aquecido.
7. Leve a fôrma refratária de volta ao fogo e deixe reduzir o líquido de cozimento pela metade. Acrescente o creme de leite e misture bem, raspando o fundo e as laterais com uma colher de pau. Reduza mais um pouco e, quando o molho estiver bem cremoso, despeje-o sobre os peixes.

■ Preparo: 15 min   ■ Cozimento: cerca de 10 min

Pescadas fritas à Colbert

Rendimento: 4 porções

4 pescadas de 300 g cada
100 g de Manteiga maître d'hôtel (veja p. 68)
400 g de Empanado à inglesa (veja p. 103)
0,5 litro de leite
óleo para fritar
1 limão
1/4 de maço de salsinha
sal e pimenta-do-reino

1. Prepare as pescadas: faça um corte no dorso e retire a espinha central. Tempere com sal e pimenta e coloque em um prato. Prepare a Manteiga maître d'hôtel.
2. Faça o Empanado à inglesa. Coloque o leite em um prato fundo e ponha os peixes de molho por 2-3 min. Esquente o óleo.
3. Escorra os peixes e empane-os. Em seguida frite-os por 5 min no óleo quente à temperatura de 100°C.

▶

PEIXES DE MAR
PEIXES, MARISCOS, CRUSTÁCEOS, MOLUSCOS E RÃS

4 Escorra os peixes sobre papel-toalha e disponha-os em uma travessa aquecida. Com uma colherinha, introduza na incisão dorsal de cada peixe cerca de 25 g de Manteiga maître d'hôtel.
5 Arrume as pescadas em uma travessa, colocando em volta quartos de limão e galhos de salsinha.

■ Preparo: 30 min   ■ Cozimento: cerca de 5 min

Raia: preparo

A raia não tem escamas e é coberta por uma camada viscosa que se forma cerca de dez horas após sua morte e que produz um cheiro característico de amoníaco, o qual permite saber se está fresca.
A raia também não tem espinhas. Geralmente é vendida em postas, sem a pele; as barbatanas às vezes vêm inteiras. Porém, é preciso lavar o peixe muito bem antes de prepará-lo.

Raia na manteiga noisette

Rendimento: 4-6 porções
800 g de raia com as barbatanas
2 litros de Court-bouillon para peixe (veja p. 40)
80 g de Manteiga noisette (veja p. 70)
3 colheres (sopa) de alcaparras
1 limão
6-8 ramos de salsinha picada

1 Lave bem a raia.
2 Prepare o court-bouillon (ou utilize 2 litros de água salgada com 100 ml de vinagre) e deixe esfriar. Ponha a raia no court-bouillon e leve ao fogo até ferver. Retire a espuma da superfície, diminua o fogo e cozinhe por 5-7 min.
3 Enquanto isso, prepare a Manteiga noisette.
4 Escorra a raia e disponha-a sobre uma travessa aquecida. Escorra as alcaparras e esprema o limão. Corte os cabos da salsinha. Regue a raia com o suco de limão e salpique com as alcaparras e a salsinha. Cubra com a Manteiga noisette e sirva em seguida.

■ Preparo: 10 min   ■ Cozimento: 5-7 min

PEIXES DE MAR
PEIXES, MARISCOS, CRUSTÁCEOS, MOLUSCOS E RÃS

Salada de raia

Rendimento: 4-6 porções

800 g de raia com as barbatanas
100 ml de vinagre
1 ramo de tomilho
1 tomate
1 colher (sopa) de ervas finas (veja glossário)
1 alface lisa ou crespa
1 limão
3 colheres (sopa) de azeite
sal e pimenta-do-reino

1. Lave a raia. Ferva 2 litros de água com o vinagre e o tomilho. Deixe esfriar.
2. Escalde o tomate e corte-o em cubos. Pique as ervas finas.
3. Coloque a raia na água com vinagre e cozinhe em fogo brando por 5-7 min. Retire a espuma e acenda o forno.
4. Lave a alface e selecione as folhas mais claras do centro. Retire as nervuras e corte as folhas ao meio. Prepare um vinagrete com o suco de limão, o azeite, as ervas finas, sal e pimenta e regue a salada com ele. Coloque a vasilha sobre a porta aberta do forno quente para aquecer a salada.
5. Retire a pele da raia e corte a carne em tirinhas. Acrescente à salada com o tomate em pedaços, misture bem e sirva.

■ Preparo: 15 min   ■ Cozimento: 5-7 min

Robalo: preparo

O robalo é um dos peixes mais saborosos que temos. É ótimo para ser feito em postas, grelhado ou ensopado. Tem a carne firme e muitas escamas, por isso é mais fácil pedir para o peixeiro limpar.

Azul-marinho

Rendimento: 6 porções

1 kg de robalo (ou garoupa ou outro peixe de carne firme) em postas
5-6 bananas-nanicas verdes
1 cebola
2 dentes de alho
2 tomates
1/2 pimentão
2 colheres (sopa) de azeite
250 g de farinha de mandioca
1 colher (sopa) de coentro
3 colheres (sopa) de salsinha picada
sal e pimenta-do-reino

1. Tempere o peixe com sal. Descasque as bananas e deixe-as de molho em água fria.
2. Pique a cebola e o alho. Escalde os tomates, retire a pele e as sementes e pique. Pique o pimentão.
3. Em uma panela, de preferência de ferro, esquente o azeite e refogue a cebola e o alho por cerca de 2 min. Acrescente os tomates e o pimentão e continue a cozinhar até que os tomates se desmanchem. Tempere com sal e metade do coentro.
4. Adicione as bananas ao refogado, juntamente com a água da demolha: devem ficar cobertas de água. Cozinhe em fogo brando até ficarem macias.
5. Retire as bananas e reserve. Coloque as postas de peixe e cozinhe por cerca de 12 min. Tempere com pimenta e prove. Retire o peixe do fogo e mantenha-o aquecido.
6. Em outra panela, fora do fogo, prepare o pirão. Amasse as bananas e acrescente o caldo do cozimento do peixe, aos poucos, misturando bem, até obter um purê. Leve tudo ao fogo e junte, também aos poucos, a farinha de mandioca, mexendo até que o pirão se desprenda do fundo da panela. Adicione mais um pouco de pimenta. Prove e acerte o sal. Tempere com salsinha e coentro.
7. Disponha o pirão em uma travessa e coloque por cima as postas de peixe. Regue com um pouco do caldo do cozimento.

Este prato típico do litoral paulista é servido com arroz branco, farinha de mandioca e pimenta-malagueta.

■ Preparo: 1 h ■ Cozimento: 20 min

PEIXES DE MAR
PEIXES, MARISCOS, CRUSTÁCEOS, MOLUSCOS E RÃS

Caçarola de robalo

Rendimento: 4-6 porções

500 g de cabeças e carapaças de lagostins
500 g de tomate
4 cebolas-brancas
1 dente de alho
1 maço pequeno de salsinha
1/2 maço de estragão
100 ml de azeite
1,8 kg de robalo em postas grandes
1 copo de licor de conhaque
1 pedaço de casca de laranja desidratada
1 bouquet garni (veja glossário)
1 colher (sopa) de extrato de tomate
1/2 garrafa de vinho branco
50 ml de creme de leite fresco
sal e pimenta-do-reino
pimenta-de-caiena

1 Lave e seque as cabeças e carapaças dos lagostins.

2 Escalde os tomates, retire a pele e as sementes e corte-os em pedaços. Descasque e pique as cebolas. Descasque e amasse o alho. Pique a salsinha e o estragão.

3 Esquente o azeite em uma caçarola, refogue as cabeças e as carapaças dos lagostins juntamente com as postas. Assim que o peixe começar a dourar, adicione a cebola e deixe corar.

4 Aqueça o conhaque, despeje-o na caçarola e flambe. Acrescente o alho, a casca de laranja, o estragão, a salsinha, os tomates, o bouquet garni e mexa bem.

5 Dilua o extrato de tomate no vinho e despeje na caçarola. Tempere com sal, pimenta-do-reino, pimenta-de-caiena e misture.

6 Tampe a caçarola e cozinhe por 15 min, até o peixe ficar um pouco firme. Escorra-o e mantenha em lugar aquecido.

7 Retire o bouquet garni, as cabeças e as carapaças. Coe o molho, recoloque-o na caçarola e acrescente o creme de leite. Mexa bem e cozinhe por 3-4 min.

8 Disponha o robalo em uma travessa e cubra com o molho.

Sirva este prato com arroz.

■ Preparo: 30 min   ■ Cozimento: 25-30 min

PEIXES DE MAR
PEIXES, MARISCOS, CRUSTÁCEOS, MOLUSCOS E RÃS

Postas de robalo com champignons

Rendimento: 4 porções

1/2 kg de champignons
1 limão
2 cebolas-brancas
1 copo de Court-bouillon para peixe (veja p. 40)
60 g de manteiga
4 postas de robalo
1 copo de vinho branco
1 bouquet garni (veja glossário)
100 ml de creme de leite fresco
sal e pimenta-do-reino

1. Limpe e pique os champignons e adicione a eles imediatamente 1 colher (sopa) de suco de limão. Descasque e pique as cebolas e misture-as aos champignons.
2. Prepare o court-bouillon.
3. Preaqueça o forno a 230ºC.
4. Em uma frigideira, derreta 20 g de manteiga, acrescente o picadinho de champignon e cebola e refogue por 5 min em fogo alto.
5. Unte uma fôrma refratária, espalhe o picadinho de cebola e champignon no fundo e disponha sobre ele as postas de peixe. Despeje por cima o vinho e o court-bouillon. Adicione 30 g de manteiga em pedacinhos, sal, pimenta e o bouquet garni.
6. Leve ao forno por 20 min. Regue uma ou duas vezes com 1 ou 2 colheres (sopa) de água.
7. Escorra as postas e reserve em local aquecido.
8. No forno ou no fogão, reduza o caldo de cozimento em um terço, recoloque as postas na travessa, cubra com o creme de leite e leve ao forno por mais 5 min. Sirva em seguida.

■ Preparo: 15 min   ■ Cozimento: cerca de 30 min

Robalo à moda crioula

Rendimento: 4-6 porções

3 cebolas
3 tomates
2 dentes de alho
1 laranja orgânica
100 ml de óleo
1,4 kg de robalo limpo em postas
uma pitada de açafrão ▶

1. Descasque e pique bem as cebolas.
2. Escalde os tomates, retire e pele e as sementes e corte em pedaços. Descasque e pique bem o alho. Retire a casca da laranja.
3. Coloque óleo em uma caçarola, doure as postas de peixe e retire com uma escumadeira.
4. No mesmo óleo, refogue a cebola por 5 min, adicione o tomate e misture. ▶

PEIXES DE MAR
PEIXES, MARISCOS, CRUSTÁCEOS, MOLUSCOS E RÃS

1 colher (sopa) de gengibre fresco ralado ou 1 colher (café) de gengibre em pó
1 bouquet garni (veja glossário)
1 colher (café) de curry
pimenta-de-caiena
sal e pimenta-do-reino

5 Acrescente o açafrão, o gengibre, o alho, o bouquet garni, a casca de laranja e o curry. Deixe cozinhar em fogo médio por 5-6 min, mexendo sem parar.

6 Adicione 250 ml de água quente, a pimenta-de-caiena, sal e pimenta. Tampe e deixe cozinhar em fogo brando por cerca de 20 min.

7 Recoloque o robalo na caçarola, tampe e cozinhe por cerca de 10 min.

8 Retire o bouquet garni e a casca de laranja.

Sirva com arroz branco.

Robalo marinado no gengibre

Rendimento: 4-6 porções
1 limão
50 g de gengibre fresco
100 ml de azeite
450 g de filés de robalo
4 vieiras com coral
sal marinho (ou flor de sal)
1/2 maço de endro
pimenta-do-reino moída na hora

1 Retire a casca do limão, pique-a bem e ferva por 5 min. Escorra e deixe esfriar. Descasque e rale o gengibre. Misture o azeite, o gengibre e a casca de limão e deixe marinar por 24 h.

2 Com uma faca bem afiada, corte os filés e as vieiras em fatias bem finas. Disponha-os nos pratos em forma de rosácea.

3 Pincele-os com o azeite aromatizado, tempere com sal e pimenta e salpique com o endro picado. Cubra os pratos com filme de PVC e deixe na geladeira por 1 h.

4 Esprema o limão e regue os peixes com o suco. Sirva em seguida.

■ Preparo: 15 min   ■ Descanso: 24 h + 1 h

Saint-pierre: preparo

O saint-pierre é um dos melhores peixes de água salgada. Sua carne é branca e firme. Pode ser cozido inteiro, se for pequeno (25-30 cm), ou em filés, se for maior (40-50 cm). Escame-o, limpe-o e lave-o cuidadosamente. Ou compre o peixe já limpo.

PEIXES DE MAR
PEIXES, MARISCOS, CRUSTÁCEOS, MOLUSCOS E RÃS

Filés de saint-pierre ao limão

Rendimento: 4 porções

800 g de filés de saint-pierre
2 limões orgânicos
1 colher (sopa) de azeite
300 g de favas
30 g de manteiga
5 talos de cebolinha
sal e pimenta-do-reino

1 Corte os filés em cubos grandes de cerca de 5 cm de lado.
2 Retire e corte em tirinhas a casca dos limões. Esquente o azeite em uma frigideira e refogue a casca dos limões por 2 min, mexendo bem. Retire também a película branca dos limões e corte a polpa em cubinhos.
3 Preaqueça o forno a 240ºC.
4 Abra e lave as favas, retirando os feijões.
5 Amoleça a manteiga. Corte quatro quadrados grandes de papel-manteiga e pincele-os com manteiga. Distribua sobre eles as favas e o limão, em seguida o peixe e a casca do limão. Tempere com sal e pimenta. Feche os papillotes e leve ao forno por cerca de 10 min.
6 Retire os papillotes, abra-os e salpique com a cebolinha picada. Sirva imediatamente.

■ Preparo: 20 min   ■ Cozimento: cerca de 10 min

Filés de saint-pierre com abobrinha

Rendimento: 4 porções

800 g de filés de saint-pierre
1 limão orgânico
500 g de abobrinhas de casca fina
100-120 g de manteiga
5 talos de cebolinha
sal e pimenta-do-reino

1 Corte os peixes em postas de 3-4 cm de altura.
2 Raspe a casca do limão e esprema o suco.
3 Lave as abobrinhas, sem tirar a casca, e corte em rodelas finas.
4 Preaqueça o forno a 240ºC. Corte e unte quatro quadrados grandes de papel-manteiga. Distribua uma camada grossa de abobrinha sobre cada um e coloque por cima o peixe. Salpique com as raspas de limão e regue com o suco. Adicione 20 g de manteiga em pedacinhos em cada papillote. Tempere com sal e pimenta. Feche os papillotes hermeticamente e leve ao forno por 8-9 min. ▶

5 Abra os papillotes e salpique com cebolinha picada.

■ Preparo: 20 min ■ Cozimento: cerca de 8-9 min

Filés de saint-pierre com batatas

Rendimento: 4-6 porções

1/2 kg de batatas
30 g de manteiga
800 g de filés de saint-pierre
1 colher (sopa) de óleo
uma pitada de açúcar
200 ml de creme de leite fresco
sal e pimenta-do-reino

1 Descasque e fatie as batatas o mais fino possível. Derreta a manteiga e o óleo em uma frigideira, coloque os filés e frite por 4 min de cada lado. Tempere com sal e pimenta. Retire o peixe com a escumadeira, escorra e reserve em lugar aquecido.
2 Ponha as batatas na frigideira e cozinhe em fogo brando por 10-15 min no caldo do cozimento do peixe.
3 Adicione o açúcar e o creme de leite e misture bem. Aumente o fogo e deixe o molho ferver e engrossar por 5 min, mexendo bem.
4 Recoloque os filés de saint-pierre nesse molho. Experimente e corrija o tempero, se necessário, e sirva.

■ Preparo: 20 min ■ Cozimento: cerca de 25 min

Salmão: preparo

Escame cuidadosamente o salmão, eviscere-o e lave-o em água corrente para eliminar todas as escamas, pois são muito pegajosas. Se comprar o peixe pronto, em postas, lave-o muito bem, da mesma forma. Retire com uma pinça as espinhas visíveis.

PEIXES DE MAR
PEIXES, MARISCOS, CRUSTÁCEOS, MOLUSCOS E RÃS

Costeletas de salmão à Pojarski

Rendimento: 4 porções

400 g de salmão em postas
100 g de pão amanhecido
1 copo de leite
400 g de Empanado à inglesa (veja p. 103)
70 g de manteiga
noz-moscada
1 colher (sopa) de óleo
1 limão
sal e pimenta-do-reino

1. Retire cuidadosamente as espinhas do peixe.
2. Mergulhe o pão no leite e escorra-o.
3. Prepare o Empanado à inglesa.
4. Pique o salmão e o pão, adicione 60 g de manteiga e misture bem. Tempere com sal e pimenta e acrescente uma pitada de noz-moscada ralada. Divida a preparação em quatro porções iguais, molde-as em formato de costeletas de 3 cm de espessura e empane.
5. Em uma frigideira, derreta o restante da manteiga com o óleo e doure nela as costeletas de ambos os lados.
6. Disponha-as em uma travessa, regue com a manteiga do cozimento e decore com rodelas de limão.

■ Preparo: 20 min   ■ Cozimento: cerca de 10 min

Costeletas de salmão ao vinho borgonha

Rendimento: 4 porções

4 postas de salmão de 180 g cada
1 envelope de gelatina instantânea
1 litro de vinho tinto
20 g de manteiga
1/2 maço de estragão
sal e pimenta-do-reino

1. Unte uma fôrma refratária com manteiga. Corte as postas de salmão em forma de costeletas. Tempere com sal e pimenta e coloque na travessa.
2. Prepare a gelatina com o vinho e, quando estiver bem quente, despeje-a sobre o peixe. Leve a fôrma ao fogo para ferver, diminua o fogo e cozinhe por 6-8 min.
3. Escorra as postas sobre uma grelha apoiada em uma travessa e seque com papel-toalha. Deixe esfriar completamente.
4. Clarifique o caldo de gelatina *(proceda como na receita Caldo de carne clarificado, veja p. 37)*. Espere amornar, mas não deixe firmar.
5. Com um pincel, cubra as postas com 4-5 camadas sucessivas de gelatina. ▶

6 Coloque a grelha com a travessa na geladeira após cada camada aplicada. Antes da última aplicação, disponha duas folhas de estragão sobre cada posta.
7 Espalhe uma fina camada de gelatina na travessa e disponha no fundo mais algumas folhas de estragão.
8 Leve à geladeira para firmar e disponha o salmão por cima.

■ Preparo: 2 h ■ Cozimento: 6-8 min

Escalopes de salmão Troigros

Rendimento: 4 porções

100 g de agrião novo (ou azedinha)
2 cebolas-brancas
4 escalopes de salmão de 120 g cada, retirados da parte mais carnuda
80 ml de vinho sauvignon branco
80 ml de Fumet de peixe (veja p. 41)
30 ml de vermute
300 ml de creme de leite fresco sem soro
1/4 de limão
sal e pimenta-do-reino

1 Lave rapidamente o agrião e retire as hastes. Descasque e pique as cebolas.
2 Comprima delicadamente os escalopes de salmão entre duas folhas de papel-manteiga. Tempere-os com sal e pimenta de um lado só.
3 Despeje o sauvignon, o Fumet de peixe e o vermute em uma panela e adicione as cebolas. Deixe reduzir até que não reste quase líquido.
4 Acrescente o creme de leite, deixe ferver até adquirir consistência cremosa e coloque o agrião no molho. Depois de 2 min, retire a panela do fogo. Tempere com sal e pimenta e adicione o suco de limão.
5 Enquanto o molho apura, esquente uma frigideira antiaderente e disponha os escalopes com a parte salgada para baixo. Frite esse lado por 30 segundos, vire e deixe 20 segundos do outro lado.
6 Distribua o molho nos quatro pratos aquecidos, disponha os escalopes por cima e sirva em seguida.

■ Preparo: 15 min ■ Cozimento: cerca de 10 min

Koulibiac de salmão

Rendimento: 6 porções

500 g de Massa folhada (veja p. 116)
4 ovos
100 g de arroz
3 colheres (sopa) de sêmola fina
600 g de salmão
1 copo de vinho branco
1 bouquet garni (veja glossário)
1 colher (sopa) de páprica
3 cebolas-brancas
350 g de champignons
165 g de manteiga
sal e pimenta-do-reino

1. Prepare a Massa folhada e deixe descansar por 2 h (ou compre-a pronta).
2. Cozinhe 3 ovos.
3. Coloque a sêmola em um prato e borrife-a com água fervente salgada (uma vez e meia o volume da sêmola).
4. Lave o salmão já limpo.
5. Ferva 1,5 litro de água com sal, o vinho branco, o bouquet garni e a páprica e mergulhe o salmão nesse caldo. Diminua o fogo e cozinhe por 10 min. Deixe o peixe esfriar na panela.
6. Descasque e pique as cebolas e os champignons e doure-os em uma panela com 15 g de manteiga. Tempere com sal e pimenta.
7. Descasque os ovos e corte-os em quatro.
8. Forre uma fôrma com papel-manteiga. Enfarinhe a superfície de trabalho e abra dois terços da massa folhada. Corte um retângulo de 3 mm de espessura e coloque-o na fôrma forrada.
9. Disponha em camadas, sem ultrapassar as bordas, o arroz, o salmão amassado, os champignons, a sêmola e os ovos. Dobre as bordas do retângulo sobre o recheio. Abra o restante da massa e coloque-a sobre a parte recheada. Aperte as bordas para fixá-las.
10. Enfeite com tiras da massa e pincele por cima o ovo batido. Leve ao forno aquecido a 230°C por 30 min.
11. Sirva bem quente, com a manteiga derretida à parte, em uma molheira.

■ Preparo: 1h30   ■ Cozimento: 30 min

PEIXES DE MAR
PEIXES, MARISCOS, CRUSTÁCEOS, MOLUSCOS E RÃS

Postas de salmão à florentina

Rendimento: 4 porções

500 ml de Molho Mornay (veja p. 77)
1 kg de espinafre
40 g de manteiga
noz-moscada
1 litro de Fumet de peixe (veja p. 41)
4 postas de salmão de 180 g cada
40 g de queijo ralado
10 g de manteiga
sal e pimenta-do-reino

1. Prepare o Molho Mornay.
2. Limpe e lave o espinafre e pique-o grosseiramente. Derreta a manteiga em uma frigideira e refogue-o em fogo brando por cerca de 15 min. Tempere com sal e pimenta e acrescente uma pitada de noz-moscada ralada.
3. Enquanto isso, prepare o fumet, deixe esfriar e coloque nele as postas de peixe. Cozinhe por 7-8 min e escorra.
4. Forre uma fôrma refratária com o espinafre escorrido e disponha o salmão por cima.
5. Cubra com o Molho Mornay. Polvilhe com queijo ralado, regue com a manteiga da frigideira e leve ao forno para gratinar por 5 min.

■ Preparo: 30 min ■ Cozimento: 20 min

Salada de salmão marinado

Rendimento: 4-6 porções

600 g de salmão
sal grosso
5 cebolas-brancas
1/2 maço de salsinha
200 ml de azeite
200 ml de óleo de girassol
1 ramo de tomilho
1 folha de louro
1 colher (café) de pimenta-branca em grão
1 colher (café) de pimenta-preta em grão
500 g de batatas
1 maço de cebolinha
1/2 maço de cerefólio
sal

1. Coloque o salmão em uma tigela e cubra-o com sal grosso. Deixe marinar por 3 h e depois lave-o bem.
2. Descasque e pique bem as cebolas. Corte os ramos da salsinha. Em um prato fundo, misture o azeite, o óleo, a cebola e a salsinha. Triture o tomilho e o louro. Amasse ligeiramente os grãos de pimenta e adicione-os. Tempere com sal.
3. Corte o filé de salmão em dois, horizontalmente, e coloque na marinada por 24 h.
4. Cozinhe as batatas com casca em água e sal.
5. Pique bem a cebolinha e o cerefólio. Escorra os filés e corte-os em postas de cerca de 0,5 cm.
6. Descasque e corte em rodelas as batatas. Coloque em uma vasilha e misture com 4 colheres (sopa) da marinada. Polvilhe com sal grosso e as ervas picadas (reserve 1 colher). ▶

7 Misture novamente e disponha tudo em uma travessa. Coloque por cima o salmão salpicado com as ervas reservadas.

■ Marinada: 3 h + 24 h ■ Preparo: 30-40 min

Salmão à moda de Nântua

Rendimento: 4 porções

1 litro de Fumet de peixe (veja p. 41)
4 postas de salmão de 150-160 g cada
500 ml de Molho Nântua (veja p. 78)
12 cavaquinhas (lagostas pequenas) ou 12 camarões-rosa
sal e pimenta-do-reino

1 Prepare o Fumet de peixe. Coloque nele as postas de salmão, diminua o fogo e cozinhe por 6-7 min.

2 Escorra e disponha o peixe em uma travessa e reserve em lugar aquecido. Prepare o Molho Nântua.

3 Tire a carapaça das cavaquinhas ou a casca dos camarões e coloque-os no fumet fervente para esquentar. Separe uma concha do caldo e deixe reduzir o restante em dois terços. Acrescente o Molho Nântua e misture bem. Experimente e acerte o tempero, se necessário.

4 Cubra o peixe com esse molho e disponha as cavaquinhas ou camarões em volta.

■ Preparo: 40 min ■ Cozimento: cerca de 8 min

Salmão en croûte

Rendimento: 6-8 porções

400 g de Massa folhada (veja p. 116)
1 salmão inteiro de 900 g-1 kg
2 ovos
sal e pimenta-do-reino

1 Prepare a Massa folhada e deixe descansar por 2 h (ou compre-a pronta).

2 Escame o salmão e retire as vísceras (sem cortar a cabeça). Lave-o cuidadosamente por dentro.

3 Ferva 2 litros de água. Coloque o salmão em uma grelha apoiada sobre uma travessa funda. Despeje água fervente em todo o corpo do peixe (menos a cabeça) e retire a pele. Vire o salmão e repita a operação. Enxugue-o com papel-toalha. Tempere com sal e pimenta por dentro.

4 Forre uma fôrma com papel-manteiga. ▶

5 Enfarinhe a superfície de trabalho.
6 Bata os ovos em uma tigela. Corte dois terços da massa e abra-a em um retângulo de 36 x 14 cm, com 3 mm de espessura. Disponha o retângulo na fôrma. Coloque o salmão sobre a massa, com a cabeça virada para a esquerda. Tempere com sal e pimenta. Dobre cada lado da massa sobre si mesmo alguns centímetros e pincele com o ovo batido.
7 Abra o segundo pedaço de massa em um retângulo de 30 x 10 cm com 4 mm de espessura. Coloque-o sobre o peixe e aperte bem as pontas sobre a parte pincelada com ovo. Recorte o excesso de massa seguindo a forma do salmão. Com a ponta de uma faca, desenhe ligeiramente a cabeça, a cauda e as escamas. Depois pincele a massa com ovo batido.
8 Leve a fôrma à geladeira por 30 min.
9 Preaqueça o forno a 180°C. Pincele a massa novamente com ovo e leve para assar por 45 min.
10 Retire do forno e deixe o salmão descansar por 10 min. Disponha-o em uma travessa e sirva bem quente.

■ Preparo: 30 min   ■ Refrigeração: 30 min
■ Cozimento: 45 min

Salmão quente-frio

Rendimento: 4 porções

4 filés de salmão de 150 g cada
1,5 litro de Fumet de peixe (veja p. 41)
500 ml de Molho branco quente-frio (veja p. 75)
10 g de trufas (ou 4 azeitonas pretas)
40 g de pimentão verde (ou 1 maço de estragão)
200 ml de Gelatina de peixe branco (veja p. 62)

1 Lave e seque os filés de salmão.
2 Prepare o Fumet de peixe e mergulhe nele os filés, diminua o fogo imediatamente e cozinhe em fogo brando por 7-8 min. Devem ficar um pouco firmes. Deixe que esfriem no caldo, escorra e disponha em uma grelha.
3 Coe o fumet em uma peneira forrada com tecido fino e use-o para preparar o molho quente-frio. Cubra os filés com três camadas sucessivas de molho, levando à geladeira por 15-20 min a cada camada acrescentada. ▶

PEIXES DE MAR
PEIXES, MARISCOS, CRUSTÁCEOS, MOLUSCOS E RÃS

4 Depois da última aplicação, decore com rodelas de trufa (ou azeitonas pretas) e pimentão em cubinhos ou folhas de estragão.

5 Reconstitua a Gelatina de peixe branco e, com um pincel, passe-a sobre os filés. Coloque o salmão junto com o molho em uma travessa e reserve na geladeira até a hora de servir.

■ Preparo: cerca de 2 h ■ Cozimento: 7-8 min

Tartare de salmão

Rendimento: 4 porções
400 g de salmão fresco
10 ramos de salsinha
200 g de camarões grandes
4 filés de anchova no óleo
2 pepinos em conserva
8 alcaparras
2 gemas
1 colher (sopa) de pimenta-verde
4 colheres (sopa) de azeite
1 colher (café) de molho inglês
3 gotas de tabasco
1 colher (sopa) de vinagre de maçã
1 colher (café) de conhaque (ou vodca)
1 pepino pequeno
cerefólio fresco

1 Retire a pele e as espinhas do salmão.

2 Destaque as folhas da salsinha.

3 Descasque os camarões e escorra bem os filés de anchova.

4 Pique o salmão, os camarões e os filés de anchova, bem como os pepinos em conserva, as alcaparras e a salsinha. Misture tudo. Junte as gemas e a pimenta-verde e mexa bem com uma espátula.

5 Adicione o azeite, o molho inglês, o tabasco, o vinagre e o conhaque (ou vodca), mexendo bem a cada adição. Divida a mistura em quatro porções, moldando-as na mão ou em uma fôrma. Reserve na geladeira.

6 Descasque o pepino, corte-o em rodelas finas e forre cada prato de servir. Disponha os tartares de salmão por cima e decore com folhas de cerefólio.

O tartare de salmão pode ser servido como entrada ou como prato principal. Neste último caso, dobre as proporções.

■ Preparo: 20 min ■ Descanso: 1 h

Waterzoï de salmão e badejo

Rendimento: 4-6 porções

500 g de salmão
500 g de badejo
1,5 litro de Fumet de peixe (veja p. 41)
4 talos de aipo (salsão)
150 g de manteiga
1 bouquet garni (veja glossário)
4 folhas de sálvia
3 torradas
1 baguete
sal e pimenta-do-reino

1. Escame os peixes e lave-os bem.
2. Prepare o fumet (ou utilize o caldo pronto).
3. Corte o aipo em tirinhas.
4. Unte com manteiga o fundo de uma caçarola e ponha o aipo. Tempere com sal e pimenta e adicione o bouquet garni e a sálvia. Disponha por cima os dois peixes, despeje 1 litro de fumet (até a altura dos peixes) e acrescente aos poucos 80 g de manteiga. Tampe, cozinhe lentamente por 15 min e deixe esfriar.
5. Retire a pele dos peixes e corte-os em postas.
6. Coe o suco de cozimento e recoloque-o na caçarola com os pedaços de peixe.
7. Se quiser, junte o restante do fumet. Cubra até a metade, leve para ferver, diminua o fogo e cozinhe lentamente por 15 min.
8. Escorra os peixes. Esfarele as torradas e adicione-as à caçarola, misturando bem. Deixe reduzir esse molho em um terço, recoloque os peixes na caçarola e esquente.
9. Corte o pão em rodelas, passe manteiga e toste. Sirva o waterzöi na caçarola com as torradas à parte.

■ Preparo: 40 min ■ Cozimento: cerca de 30 min

Salmonete: preparo

O salmonete tem cerca de 20-30 cm de comprimento. Como primeiro passo, escame, limpe, lave e seque cuidadosamente o peixe. Antes de preparar os filés, remova as espinhas com uma pinça. Ou compre o salmonete limpo e peça ao peixeiro para retirar as espinhas.

PEIXES DE MAR
PEIXES, MARISCOS, CRUSTÁCEOS, MOLUSCOS E RÃS

Caçarola de salmonetes com polpa de tomate

Rendimento: 4 porções

8 salmonetes de 150-200 g cada
200 g de molho de tomate
4 cebolas-brancas
70 g de manteiga
250 ml de vinho branco
5 ramos de estragão fresco
sal e pimenta-do-reino

1. Lave os salmonetes já limpos.
2. Descasque e pique bem as cebolas. Derreta 40 g de manteiga em uma frigideira, coloque os salmonetes e doure por 2 min de cada lado.
3. Acrescente a cebola e o vinho. Leve ao fogo até quase ferver, diminua o fogo, tampe e deixe cozinhar em fogo brando por 10 min. Retire os salmonetes da frigideira e mantenha-os aquecidos em uma travessa.
4. Despeje o molho de tomate na frigideira, misture com o caldo de cozimento dos salmonetes e esquente. Tempere com sal e pimenta.
5. Destaque as folhas de estragão e pique. Cubra os salmonetes com o molho e salpique o estragão por cima.

■ Preparo: 50 min ■ Cozimento: 18 min

Salmonetes ao forno com erva-doce

Rendimento: 4-6 porções

2 salmonetes de 500 g cada
1 cebola grande
1 bulbo pequeno de erva-doce
3 colheres (sopa) de azeite
farinha de rosca
1 colher (sopa) de salsinha
1 limão
sal e pimenta-do-reino

1. Compre os salmonetes limpos, lave-os e seque-os. Faça dois ou três talhos em seu dorso, tempere com sal e pimenta.
2. Descasque e pique a cebola e a erva-doce. Refogue a cebola em 1 colher (sopa) de azeite por 10 min em fogo brando. Adicione a erva-doce e cozinhe por mais 10 min.
3. Preaqueça o forno a 210°C. Unte uma fôrma refratária com óleo e espalhe no fundo o refogado de cebola e erva-doce. Coloque os salmonetes por cima.

▶

4 Polvilhe-os com farinha de rosca, regue com 2 colheres (sopa) de azeite e leve ao forno por 15-20 min.
5 Ao servir, salpique a salsinha picada por cima e regue com suco de limão.

***

■ Preparo: 25 min   ■ Cozimento: 15-20 min

Salmonetes em papillote

Rendimento: 4 porções

40 g de Manteiga de anchova (veja p. 66)
8 salmonetes pequenos (150-200 g cada)
5 fatias de pão amanhecido
1 copo de leite
2 colheres (sopa) de salsinha picada
50 ml de azeite
2 limões
sal e pimenta-do-reino

1 Faça a Manteiga de anchova.
2 Lave os salmonetes já limpos.
3 Esfarele o pão em uma tigela, despeje o leite e misture. Esprema o pão, adicione a manteiga e a salsinha e amasse bem.
4 Tempere os peixes com sal e pimenta. Com uma colherinha, recheie-os com essa preparação e disponha-os em uma travessa. Pincele-os com o azeite e deixe descansar por 1 h na geladeira.
5 Preaqueça o forno a 240°C. Unte 4 pedaços de papel-alumínio retangulares e coloque 2 salmonetes em cada um. Feche os papillotes e leve ao forno por 15-20 min.
6 Sirva nos papillotes, com os limões à parte, cortados em quartos.

***

■ Descanso: 1 h   ■ Preparo: 15 min
■ Cozimento: cerca de 15-20 min

PEIXES DE MAR
PEIXES, MARISCOS, CRUSTÁCEOS, MOLUSCOS E RÃS

Salmonetes grelhados

Rendimento: 4 porções

1 ramo de alecrim
100 ml de azeite
800 g de salmonetes pequenos
2 limões
sal e pimenta-do-reino

1. Na véspera, ponha o alecrim e o azeite em uma tigela, cubra com filme de PVC e deixe marinar.
2. Não eviscere os salmonetes, apenas faça pequenos talhos. Pincele-os com o azeite com alecrim.
3. Forre a grelha do forno com papel-alumínio bem grosso. Disponha os filés e deixe grelhar por 3-4 min. Vire-os, pincele-os de novo com o azeite aromatizado e grelhe por mais 3 min.
4. Tempere com sal e pimenta e sirva em seguida com os limões cortados em quartos.

■ Marinada: 12 h ■ Preparo: 10 min
■ Cozimento: 6-7 min

Sardinha: preparo

Seja qual for a maneira de preparar a sardinha, ela deve ser sempre escamada, limpa, lavada e seca sobre papel-toalha. Ou compre o peixe já limpo. Mantenha a cabeça da sardinha, se for grelhá-la.

Dartois de sardinha

Rendimento: 4-6 porções

500 g de Massa folhada (veja p. 116)
800 g de espinafre
1 dente de alho
300 g de agrião novo (ou azedinha)
60 g de manteiga
24 sardinhas no óleo
1 gema
sal e pimenta-do-reino

1. Prepare a Massa folhada e deixe descansar por 2 h (ou compre-a pronta).
2. Lave o espinafre. Descasque e pique o alho. Lave e corte os talos do agrião, escorra e seque as folhas. Derreta a manteiga em uma panela, adicione o agrião e o espinafre e cozinhe por 5 min, mexendo constantemente.
3. Acrescente o alho. Tempere com sal e pimenta, misture bem, cozinhe por mais 10 min e retire do fogo. Esprema as folhas para eliminar o excesso de líquido. ▶

4 Preaqueça o forno a 220°C. Abra a massa folhada até ficar com 5 mm de espessura e corte dois retângulos de 30 cm de comprimento por 12 cm de largura. Forre uma fôrma com papel-manteiga e coloque nela um retângulo de massa.
5 Escorra as sardinhas e deixe secar em papel-toalha. Retire a espinha central.
6 Espalhe os legumes uniformemente sobre a massa da fôrma, sem chegar até a borda. E disponha por cima as sardinhas lado a lado no sentido da largura.
7 Pincele ligeiramente com água as bordas da massa. Coloque por cima o segundo retângulo e feche as bordas, pressionando com os dedos.
8 Dilua a gema em uma tigela com 1 colher (café) de água e pincele a superfície da massa. Leve ao forno por 1 h.
9 Corte o folhado em pedaços e sirva quente ou frio.

■ Preparo: 1 h   ■ Cozimento: 1h30

Sardinhas ao forno

Rendimento: 4 porções
2 dúzias de sardinha
4 cebolas-brancas
1 limão
1/2 copo de vinho branco
40 g de manteiga
2 colheres (sopa) de salsinha picada
sal e pimenta-do-reino

1 Limpe e lave as sardinhas. Tempere com sal e pimenta.
2 Preaqueça o forno a 250°C.
3 Descasque e pique as cebolas.
4 Unte uma fôrma refratária, forre com a cebola e tempere com sal. Disponha por cima as sardinhas, regue com suco de limão, despeje o vinho branco e adicione o restante da manteiga em pedacinhos. Leve ao forno por 10-12 min.
5 Salpique o peixe com salsinha e sirva imediatamente.

■ Preparo: 20 min   ■ Cozimento: cerca de 10-12 min

PEIXES DE MAR

Sardinhas cruas à moda da Bretanha

Rendimento: 4 porções
2 dúzias de sardinhas
1 colher (sopa) de sal grosso
1/2 maço de salsinha
pão integral
manteiga com sal

1. Lave e seque as sardinhas já limpas. Coloque-as em uma travessa grande e polvilhe-as com sal grosso de ambos os lados. Deixe descansar por 8 h na geladeira.
2. Seque os peixes com papel-toalha e retire a pele, que deverá sair facilmente. Separe os dois filés de cada sardinha e remova a espinha central. Disponha em uma travessa de servir.
3. Pique a salsinha e salpique sobre os filés. Sirva com pão integral tostado e manteiga com sal.

■ Preparo: 8 h ■ Cozimento: 20 min

Sardinhas escabeche

Rendimento: 4 porções
2 dúzias de sardinhas
1 colher (sopa) de salsinha
40 g de farinha de trigo
100 ml de azeite
3 colheres (sopa) de vinagre de vinho
3 dentes de alho
1 ramo de tomilho
2 ramos de alecrim
2 folhas de louro
uma pitada de pimenta-de-caiena
sal e pimenta-do-reino

1. Lave e seque as sardinhas já limpas. Pique a salsinha.
2. Passe as sardinhas na farinha. Esquente metade do azeite em uma frigideira, coloque as sardinhas e frite por 2-3 min de cada lado. Retire com uma escumadeira e disponha-as em uma travessa funda.
3. Acrescente o restante do azeite à frigideira e aqueça. Adicione o vinagre, 2 colheres (sopa) de água, o alho, o tomilho, o alecrim, o louro, a salsinha, a pimenta-de-caiena, sal e pimenta-do-reino e cozinhe por 15 min em fogo brando, sem tampa. Retire a frigideira do fogo e deixe esfriar.
4. Despeje esse óleo aromatizado sobre as sardinhas. Antes de servir, deixe marinar por pelo menos 24 h.

■ Preparo: 30 min ■ Cozimento: 15 min
■ Marinada: 24 h

PEIXES DE MAR
PEIXES, MARISCOS, CRUSTÁCEOS, MOLUSCOS E RÃS

Sardinhas grelhadas

Rendimento: 4 porções

2 dúzias de sardinhas
óleo de girassol
2 limões
azeite
sal

1. Lave e seque as sardinhas já limpas.
2. Unte ligeiramente a grelha do forno ou da churrasqueira.
3. Ponha os peixes na grelha e cozinhe por 5 min em temperatura média, virando-os. Deixe grelhar por mais 3-5 minutos até que a pele comece a se soltar.
4. Tempere com sal e sirva com quartos de limão e azeite à parte.

Batatas assadas em papillote e manteiga fresca acompanham bem este prato.

■ Preparo: 15 min ■ Cozimento: 8-10 min

Vermelho: preparo

O vermelho fica especialmente saboroso quando preparado na grelha (da churrasqueira ou do forno). Ao comprá-lo, peça ao peixeiro para retirar as vísceras. O preparo é muito simples. Lave o peixe por dentro e por fora, em água corrente, e seque em papel-toalha. Tempere com sal, coloque rodelas de limão e cebola dentro dele e regue com azeite por dentro e por fora – o vermelho está pronto para ser grelhado.

PEIXES DE MAR / PEIXES DE RIO
PEIXES, MARISCOS, CRUSTÁCEOS, MOLUSCOS E RÃS

Vermelho na brasa

Rendimento: 4-6 porções

1 vermelho limpo de 1,2-1,5 kg sem a espinha
2 cenouras
2 cebolas
1 talo de aipo (salsão)
5-6 ramos de salsinha
1 ramo de tomilho
1 folha de louro
750 ml de Fumet de peixe (veja p. 41)
80 g de manteiga
sal

1. Lave e tempere o peixe.
2. Descasque as cenouras, as cebolas e o aipo e corte em cubos. Doure-os em uma frigideira com 20 g de manteiga. Adicione a salsinha, o tomilho e o louro.
3. Prepare o fumet. Preaqueça o forno a 220°C.
4. Unte uma fôrma com manteiga e disponha os legumes no fundo. Coloque o peixe e despeje o fumet.
5. Leve ao forno por 15-20 min, regando várias vezes.
6. Escorra o peixe e retire a pele. Corte os filés, elimine a espinha central e o máximo de espinhas possível. Feche os filés e recoloque o vermelho na travessa.
7. Coe o líquido de cozimento e reduza-o em um terço. Adicione 50 g de manteiga, bata bem e cubra o peixe com esse molho. Sirva bem quente.

■ **Preparo: 15 min** ■ **Cozimento: cerca de 30 min**

PEIXES DE RIO

CARPA

Carpa à chinesa

Rendimento: 4-6 porções

1 carpa de 1,5 kg
2 cebolas grandes
0,5 litro de óleo
2 colheres (sopa) de vinagre
1 colher (sopa) rasa de açúcar
1 colher (sobremesa) de gengibre ralado
2 colheres (sopa) de saquê (ou cachaça)
sal e pimenta-do-reino

1. Limpe a carpa e corte-a em postas.
2. Descasque e pique bem as cebolas e doure-a em 2 colheres (sopa) de óleo bem quente.
3. Junte o vinagre, o açúcar, o gengibre, o saquê, sal, pimenta e um copo de água. Misture bem, tampe e leve ao fogo por 10 min.
4. Com o restante do óleo refogue as postas na frigideira por 10 min, coloque-as no molho e cozinhe por mais 4-5 min. Sirva bem quente.

■ **Preparo: 15 min** ■ **Cozimento: cerca de 20 min**

Carpa à moda judaica

Rendimento: 4-6 porções

1 carpa de cerca de 1,5 kg
sal grosso
1 maço de salsinha
3 dentes de alho
4 colheres (sopa) de azeite
2 colheres (sopa) de farinha de trigo
sal e pimenta-do-reino

1. Prepare a carpa, reservando cuidadosamente as ovas.
2. Corte o peixe em postas, coloque em uma travessa e cubra com sal grosso. Deixe descansar por 20-30 min.
3. Pique a salsinha e o alho, ponha em uma tigela e misture bem.
4. Escorra a carpa, enxágüe levemente e seque com um pano.
5. Em uma caçarola com azeite, refogue as ovas, retire-as e conserve em uma travessa no forno aquecido.
6. Dissolva a farinha na gordura da caçarola e acrescente água até alcançar dois terços da panela. Acrescente sal, pimenta, a salsinha e o alho picados, as postas e as ovas. Cozinhe por 20 min em fogo brando.
7. Retire as postas e as ovas e disponha em uma travessa funda.
8. Reduza o molho em um terço em fogo brando. Despeje sobre o peixe e coloque na geladeira por 1-2 h, até adquirir consistência de geléia.

- Preparo: 15 min   ■ Descanso: 30 min
- Cozimento: cerca de 45 min   ■ Refrigeração: 1-2 h

Carpa na cerveja

Rendimento: 4-6 porções

1 carpa de cerca de 1,5 kg
1 cebola grande
1 pedaço de talo de aipo (salsão)
70 g de manteiga
30 g de pão integral
1 bouquet garni (veja glossário) ▶

1. Limpe a carpa.
2. Tempere o peixe com sal e pimenta por dentro e por fora.
3. Descasque e pique bem a cebola e o aipo e refogue por 5-10 min em 20 g de manteiga, sem tampar nem deixar dourar.
4. Corte o pão em cubinhos. ▶

PEIXES DE RIO

1/2 litro de cerveja clara
sal e pimenta-do-reino

5. Preaqueça o forno a 170°C. Unte uma travessa refratária e disponha a cebola, o aipo e o pão. Coloque a carpa, o bouquet garni e a cerveja e asse por 30 min.
6. Retire o peixe, disponha em uma travessa e mantenha-a aquecida.
8. Reduza o líquido de cozimento em um terço e coe.
9. Recoloque-o na panela e ferva. Fora do fogo, adicione 40 g de manteiga, batendo sem parar. Sirva a carpa com o molho em uma molheira.

■ Preparo: 15 min ■ Cozimento: cerca de 35 min

DOURADO
Caldeirada de peixes de rio

Rendimento: 4-6 porções

1,5 kg de peixes de rio (dourado, tilápia, lambari, piracanjuba etc.)
125 g de Cebolas glaçadas (veja p. 692)
2 cebolas grandes
4 dentes de alho
190 g de manteiga
1 bouquet garni (veja glossário)
0,5 litro de conhaque
0,5 litro de vinho branco
0,5 litro de Fumet de peixe (veja p. 41)
125 g de champignons pequenos
80 g de Manteiga manié (veja p. 68)
sal e pimenta-do-reino

1. Prepare os peixes e corte-os em pedaços grandes.
2. Prepare as Cebolas glaçadas.
3. Descasque as cebolas e corte-as em rodelas finas. Descasque e amasse o alho.
4. Coloque em uma frigideira 20 g de manteiga e junte a cebola, o alho e os pedaços de peixe. Acrescente o bouquet garni e tempere com sal e pimenta.
5. Esquente o conhaque, coloque-o em uma panela e flambe, depois adicione o vinho e o Fumet de peixe. Deixe levantar fervura, tampe e cozinhe em fogo brando por 25 min.
6. Enquanto isso, limpe os champignons, tempere com sal e pimenta e refogue-os inteiros em 20 g de manteiga por cerca de 15 min, na panela tampada.
7. Escorra o peixe e ponha em uma frigideira ou panela. Mantenha aquecido.
8. Reduza o caldo do cozimento dos peixes em dois terços.
9. Enquanto o caldo apura, prepare a Manteiga manié e adicione-a ao caldo. Corte a manteiga restante (150 g) em pedacinhos e, fora do fogo, incorpore-a ao caldo. Misture bem. ▶

10. Coloque os champignons e as cebolinhas na panela do peixe. Despeje o molho por cima e apure em fogo brando por 5-10 min.
11. Disponha a caldeirada em uma travessa grande, redonda e funda.

Pode-se guarnecer a caldeirada com uma dúzia de pitus cozidos em court-bouillon e servi-la com Arroz à crioula (veja p. 816).

■ Preparo: 1 h   ■ Cozimento: cerca de 30 min

Dourado à moda de Bordeaux

Rendimento: 4-6 porções

1 dourado de cerca de 1,5 kg
2 cebolas
1 cenoura grande
1 dente de alho
70 g de manteiga
1 bouquet garni (veja glossário)
600 ml de vinho tinto
4 alhos-porós (parte branca)
2 fatias de presunto defumado
2 colheres (sopa) de farinha de trigo
sal e pimenta-do-reino

1. Compre um dourado limpo e sem espinhas.
2. Corte-o em postas de 6 cm.
3. Descasque as cebolas e a cenoura e corte-as em rodelas finas. Descasque e amasse o alho.
4. Coloque em uma frigideira 10 g de manteiga, junte a cebola, a cenoura, o bouquet garni e o alho.
5. Disponha as postas, tempere com sal e pimenta e despeje o vinho. Cozinhe por 10 min em fogo alto, escorra as postas e reserve em lugar quente.
6. Coe o líquido de cozimento e mantenha aquecido.
7. Enquanto isso, lave o alho-poró e corte-o em três. Pique o presunto em cubinhos.
8. Em uma panela, derreta 40 g de manteiga, refogue o alho-poró, o presunto, tampe e deixe cozinhar em fogo brando até formar um molho. Adicione o peixe e deixe apurar.
9. Prepare um roux com 20 g de manteiga e a farinha, dilua-o no líquido de cozimento e deixe cozinhar em fogo brando, mexendo sempre, por 15 min.
10. Coe o molho, misture bem e cozinhe por mais 5 min.
11. Despeje o molho sobre o peixe e misture. Transfira para uma travessa aquecida e sirva.

■ Preparo: 30 min   ■ Cozimento: cerca de 40 min

PEIXES DE RIO
PEIXES, MARISCOS, CRUSTÁCEOS, MOLUSCOS E RÃS

LAMBARI E OUTROS
Filés de lambari à milanesa

Rendimento: 4-6 porções

150 g de buquê de brócolis
250 g de Risoto (veja p. 815)
400 g de Empanado à inglesa (veja p. 107)
4 filés de lambari
50 g de manteiga
2 limões

1. Lave os buquês de brócolis e adicione ao arroz, logo no início do cozimento.
2. Prepare o empanado.
3. Lave os filés de lambari, seque em papel-toalha e empane-os à inglesa.
4. Derreta 40 g de manteiga em uma frigideira e frite os filés por 2-4 min de cada lado.
5. Unte uma travessa comprida e coloque nela o arroz de brócolis com os filés por cima. Decore com quartos de limão.

■ Preparo: 40 min   ■ Cozimento: cerca de 8-10 min

Peixada à camponesa

Rendimento: 4-6 porções

1,5 kg de peixes de rio
10 Cebolas glaçadas (veja p. 692)
2 cebolas
1 cenoura
2 dentes de alho
40 g de manteiga
1 bouquet garni (veja glossário)
0,5 litro de vinho branco
250 g de champignons
100 g de bacon
1/2 limão
40 g de Manteiga manié (veja p. 68)
150 ml de creme de leite fresco
100 g de torradinhas
sal e pimenta-do-reino

1. Compre os peixes limpos e cortados em postas médias.
2. Prepare as cebolinhas glaçadas. Descasque e corte em rodelas finas as cebolas e a cenoura. Descasque e amasse o alho.
3. Derreta 20 g de manteiga em uma caçarola. Junte a cebola, a cenoura e em seguida o peixe, sem mexer. Coloque no centro o bouquet garni.
4. Adicione o vinho e o alho. Tempere com sal e pimenta. Tampe, deixe levantar fervura e cozinhe por 20 min em fogo brando.
5. Enquanto isso, limpe os champignons, corte-os em fatias e regue com o limão.
6. Derreta em uma frigideira 20 g de manteiga e doure o bacon e os champignons por 10-12 min.
7. Prepare a Manteiga manié.
8. Retire o peixe da caçarola e ponha na frigideira. Adicione também as cebolinhas. ▶

9 Incorpore a Manteiga manié à caçarola e misture até o molho engrossar. Coe e transfira para a frigideira.
10 Aqueça tudo, adicione o creme de leite e deixe apurar por 5 min, sem tampa.
11 Disponha a peixada em uma travessa funda aquecida e sirva com as torradinhas.

▪ Preparo: 30 min ▪ Cozimento: cerca de 30 min

Peixada de rio

Rendimento: 4-6 porções

1,5 kg de peixes de rio (dourado, lambari, salmonete, jaú, pintado etc.)
1 cenoura
1 cebola comum
1 cebola-branca
1 dente de alho
50 g de manteiga
1 copo de cachaça
0,5 litro de vinho tinto
1 bouquet garni (veja glossário)
50 g de Manteiga manié (veja p. 68)
100 g de torradinhas
sal e pimenta-do-reino

1 Compre os peixes limpos e cortados em postas.
2 Descasque e corte em rodelas finas a cenoura, a cebola comum e a cebola-branca. Descasque e amasse o alho. Derreta a manteiga em uma caçarola e refogue nela o peixe, mexendo bem.
3 Aqueça a cachaça, despeje na caçarola e flambe. Adicione a cenoura, a cebola comum, a cebola-branca, o alho, o bouquet garni, sal e pimenta e misture tudo muito bem. Despeje o vinho, tampe e cozinhe por 20 min em fogo brando.
4 Faça a Manteiga manié. Adicione-a à panela, mexa bem e cozinhe por mais 5-10 min, até o molho engrossar.
5 Experimente o tempero e, se necessário, adicione mais sal. Disponha a peixada em uma travessa funda aquecida e guarneça com as torradinhas.

▪ Preparo: 30 min ▪ Cozimento: cerca de 30 min

PEIXES DE RIO
PEIXES, MARISCOS, CRUSTÁCEOS, MOLUSCOS E RÃS

Piracanjuba grelhada

Rendimento: 4-6 porções

5 dentes de alho
1/2 maço de salsinha
2 ramos de tomilho
3 limões
300 g de Cebolas glaçadas (veja p. 692)
200 ml de azeite
4-6 postas de piracanjuba (ou outro peixe sem espinhas) de 150 g cada
sal

1. Pique o alho e a salsinha e triture o tomilho. Esprema o suco de 2 limões. Misture tudo com o azeite e deixe o peixe de molho nessa marinada por 2-3 h.
2. Faça as Cebolas glaçadas e mantenha-as aquecidas.
3. Esquente um pouco de água com sal e adicione o suco do último limão.
4. Retire o peixe da marinada. Esquente-a em fogo brando, desligue o fogo e deixe em infusão por cerca de 15 min.
5. Coloque as postas de peixe no forno e grelhe por 3-4 min de cada lado.
6. Disponha a piracanjuba em pratos individuais e cubra com as cebolas.
7. Esquente a marinada e coe, pressionando bem os dentes de alho; regue tudo com esse molho.

■ Marinada: 2-3 h ■ Preparo: 30 min
■ Cozimento: cerca de 1h15

Tilápia: preparo

A tilápia é um peixe bastante comum nos rios brasileiros. Pode ser encontrada nas feiras e supermercados com facilidade. Ao comprar, verifique sempre o frescor da carne. Às vezes, os peixes de rio podem viajar mais que os de mar, o que tende a facilitar a sua deterioração.

PEIXES DE RIO
PEIXES, MARISCOS, CRUSTÁCEOS, MOLUSCOS E RÃS

Croquetes à moda de Nântua

Rendimento: 4-6 porções

10-12 camarões
500 ml de Molho Nântua
(veja p. 78)
12 Croquetes de tilápia
(veja receita abaixo)
350 g de champignons
1/2 limão
70 g de manteiga
30 g de farinha de rosca
(opcional)

1. Lave os camarões e cozinhe-os no bafo (em panela tampada, com uma colher de água). Mantenha-os aquecidos.
2. Prepare o Molho Nântua. Mantenha-o em local aquecido.
3. Faça os croquetes e cozinhe na água.
4. Limpe e lave os champignons e corte-os em quatro. Cozinhe em um pouco de água com limão, sal e 20 g de manteiga, durante 4 ou 5 min.
5. Tire a casca dos camarões.
6. Aqueça o forno a 180°C.
7. Derreta 50 g de manteiga.
8. Disponha os croquetes e os camarões em uma travessa refratária untada. Cubra com o molho, polvilhe com farinha de rosca e regue com a manteiga derretida. Leve ao forno por 15 min.
9. Sirva os croquetes acompanhados dos champignons em uma tigelinha à parte.

■ Preparo: 1 h ■ Cozimento: 15 min

Croquetes de tilápia

Rendimento: cerca de 25 croquetes

1 tilápia de 1,2-1,5 kg
280 g de manteiga
125 g de farinha de trigo
3 gemas
6 ovos
sal e pimenta-do-reino
noz-moscada

1. Corte os filés de tilápia.
2. Retire a pele e as espinhas. Deve render 400 g de carne. Triture-a bem no processador e ponha na geladeira.
3. Leve ao fogo 250 ml de água com 80 g de manteiga, sal, pimenta e noz-moscada e deixe ferver.
4. Peneire a farinha. Fora do fogo, despeje-a na panela de uma vez só e misture vigorosamente com a espátula até obter uma massa uniforme. Leve de volta ao fogo e continue a mexer até a preparação desgrudar da panela. ▶

5 Fora do fogo, junte as gemas, uma a uma. Despeje essa preparação em uma vasilha, cubra com filme de PVC, para não ressecar, e leve à geladeira para esfriar. Quando estiver bem fria, bata no liquidificador junto com a carne da tilápia.

6 Em uma tigela, bata o restante da manteiga com a colher de pau até ficar cremosa.

7 Disponha a vasilha com a preparação de peixe em uma bacia com cubos de gelo. Tempere com sal e pimenta.

8 Adicione os ovos inteiros, um a um, e finalmente a manteiga: a massa deve ficar bem homogênea. Leve à geladeira por 30 min.

9 Em uma panela grande, aqueça 4 litros de água com sal.

10 Prepare os croquetes molhando 2 colheres (sopa) na água quente e pressionando o recheio entre elas (passe o recheio de uma para a outra até que ele adquira formato de croquete). Mergulhe os croquetes na água salgada fervente e deixe cozinhar por 15 min, até inflarem.

11 Retire-os delicadamente com a escumadeira, escorra sobre papel-toalha e espere esfriar.

■ Preparo: 1 h ■ Cozimento: cerca de 15 min

Croquetes de tilápia ao béchamel

Rendimento: 4-6 porções

10-12 Croquetes de tilápia (veja p. 390)
750 ml de Béchamel (veja p. 70)
noz-moscada
50 g de manteiga

1 Prepare os croquetes sem cozinhá-los na água.

2 Prepare o Béchamel, substituindo metade do leite por creme de leite, e acrescente algumas pitadas de noz-moscada.

3 Preaqueça o forno a 190°C.

4 Unte uma travessa refratária com manteiga e coloque um quarto do Béchamel. Disponha os croquetes, cubra com o restante do molho e espalhe bolinhas de manteiga por cima. ▶

5 Cozinhe por 15 min: os croquetes devem inflar. Sirva em seguida.

■ Preparo: 1 h   ■ Cozimento: 15 min

Filés de tilápia ao creme

Rendimento: 4-6 porções
800 g de filés de tilápia
1 limão
10 g de manteiga
400 ml de vinho rosé
2 gemas
100 ml de creme de leite fresco
2 colheres (sopa) de cebolinha picada
sal e pimenta-do-reino

1 Lave e seque os filés. Regue-os com suco de meio limão e tempere com sal e pimenta dos dois lados.
2 Faça pequenos rolinhos com os filés e disponha-os em uma travessa untada com manteiga. Despeje o vinho por cima, cubra com papel-manteiga e cozinhe em fogo brando por 10-12 min.
3 Retire os filés e mantenha-os aquecidos em uma travessa.
4 Leve ao fogo o líquido do cozimento para reduzi-lo em um terço. Fora do fogo, adicione as gemas e o creme de leite. Misture bem e aqueça novamente, sem deixar ferver.
5 Adicione o suco de meio limão e a cebolinha. Tempere com sal e pimenta e cubra os filés com esse molho. Sirva em seguida.

■ Preparo: 15 min   ■ Cozimento: cerca de 15 min

Tilápia ao molho beurre blanc

Rendimento: 4-6 porções
1 tilápia (ou outro peixe próprio para cozinhar) de cerca de 2 kg
2 litros de Court-bouillon para peixe (veja p. 40)
0,5 litro de Molho beurre blanc (veja p. 58)
alguns ramos de salsinha ou cerefólio

1 Prepare o Court-bouillon para peixe e leve ao fogo. Deixe esfriar.
2 Limpe e lave a tilápia, elimine as nadadeiras e a cauda. Coloque-a no court-bouillon frio ou morno e deixe cozinhar por cerca de 15 min após levantar fervura, em fogo brando. Em seguida, retire a panela do fogo.
3 Prepare o Molho beurre blanc.
4 Escorra a tilápia e retire a pele. ▶

5 Disponha-a em uma travessa funda e cubra com o molho ou sirva-o à parte. Salpique com salsinha ou cerefólio frescos.

■ Preparo: 30 min   ■ Cozimento: 15-20 min

TRUTA
Truta à moda da Bretanha

Rendimento: 4 porções

2 litros de Court-bouillon para peixe (veja p. 40) ou de Fumet de peixe (veja p. 41)
1 truta de 1 kg
800 g de batatas
60 g de manteiga
2 colheres (sopa) de azeite
200 g de toucinho defumado ou tirinhas de bacon
3 cebolas-brancas
250 g de champignons
300 ml de vinho branco
100 ml de creme de leite fresco
sal e pimenta-do-reino

1 Prepare o court-bouillon e leve ao fogo.
2 Lave a truta. Quando o court-bouillon começar a ferver, coloque nele o peixe e cozinhe por 25-30 min em fogo brando.
3 Enquanto isso, descasque as batatas e corte-as em cubos. Em uma frigideira, esquente 20 g de manteiga com o azeite e salteie as batatas.
4 Corte o toucinho em cubinhos e derreta-o em uma frigideira sem óleo.
5 Pique as cebolas. Corte os champignons em fatias bem finas. Derreta o restante da manteiga em uma frigideira e refogue as cebolas por 5 min. Adicione os champignons e refogue por mais 5 min.
6 Despeje o vinho e cozinhe em fogo brando por 10 min. Acrescente o creme de leite e ferva mais um pouco. Tempere com sal e pimenta.
7 Escorra a truta e corte-a em filés.
8 Distribua o toucinho e a batata em pratos individuais. Coloque os filés por cima. Experimente e corrija o tempero. Sirva em seguida.

■ Preparo: 20 min   ■ Cozimento: cerca de 55 min

PEIXES DE RIO
PEIXES, MARISCOS, CRUSTÁCEOS, MOLUSCOS E RÃS

Truta salmonada recheada

Rendimento: 4-6 porções

1 truta salmonada de 1-1,2 kg
300 g de Recheio de musseline de peixe (veja p. 107)
1 cenoura
1 cebola
100 g de manteiga
250 ml de Fumet de peixe (veja p. 42)
250 ml de vinho branco
1/2 kg de batatinhas cozidas
sal e pimenta-do-reino

1. Limpe a truta e retire as vísceras. Prepare o Recheio de musseline com pescada.
2. Corte a cenoura e a cebola em cubinhos e refogue em 20 g de manteiga. Deixe esfriar antes de misturar ao recheio.
3. Prepare o Fumet de peixe com o vinho.
4. Preaqueça o forno a 230°C.
5. Recheie a truta e coloque-a com o ventre para baixo em uma caçarola. Despeje o Fumet de peixe ao vinho e leve ao forno por 20 min.
6. Enquanto isso, doure as batatinhas em 30 g de manteiga.
7. Escorra a truta, disponha em uma travessa e mantenha em local aquecido.
8. Coe o caldo do cozimento, reduza-o em um terço e adicione 50 g de manteiga, batendo bem. Despeje o molho sobre a truta e sirva com as batatinhas.

■ Preparo: 30 min ■ Cozimento: cerca de 30 min

Trutas à moda da Borgonha

Rendimento: 4 porções

4 trutas
12 Cebolas glaçadas (veja p. 692)
250 g de champignons
1 cenoura
1 cebola
50 g de manteiga
1 bouquet garni (veja glossário)
2 copos de vinho tinto da Borgonha
20 g de Manteiga manié (veja p. 68)
sal e pimenta-do-reino

1. Lave as trutas, já limpas, e tempere com sal e pimenta por dentro e por fora.
2. Prepare as Cebolas glaçadas. Preaqueça o forno a 240°C. Corte os champignons, a cenoura e a cebola em fatias finas.
3. Unte uma travessa refratária com manteiga e disponha esses legumes no fundo. Em seguida coloque as trutas, o bouquet garni e o vinho até cobrir o peixe. Deixe levantar fervura, tampe e deixe no forno por mais 10 min.
4. Prepare a Manteiga manié.
5. Escorra as trutas e coloque-as em uma travessa aquecida com as Cebolas glaçadas. ▶

6. Coe o caldo do cozimento, adicione a ele a Manteiga manié, batendo bem, e leve de volta ao fogo por 2-3 min para engrossar. Junte 20 g de manteiga, mexendo sem parar, e cubra as trutas com esse molho.

■ Preparo: 30 min   ■ Cozimento: cerca de 15 min

Trutas ao molho holandês

Rendimento: 4 porções

1,5 litro de Court-bouillon para peixe (veja p. 40) ou de Fumet de peixe (veja p. 41)
200 g de manteiga ou 250 ml de Molho holandês (veja p. 60)
4 trutas vivas
1 vidro de vinagre de vinho
1/2 maço de salsinha

1. Prepare o court-bouillon com o dobro de vinagre. Faça o Molho holandês ou derreta a manteiga em uma panela em banho-maria.
2. Bata as trutas em uma superfície dura, retire as vísceras e limpe-as rapidamente, sem enxugar. Coloque em uma travessa, regue com o vinagre e mergulhe no court-bouillon fervente. Cozinhe por 6-7 min em fogo brando.
3. Escorra e disponha em uma travessa forrada com um guardanapo. Decore com galhos de salsinha.
4. Sirva à parte, em uma molheira, a manteiga derretida ou o Molho holandês.

■ Preparo: 30 min   ■ Cozimento: 6-7 min

Trutas com amêndoas

Rendimento: 4 porções

75 g de amêndoas fatiadas
4 trutas de 250 g cada
200 g de farinha de trigo
70 g de manteiga
1-2 limões
1 colher (sopa) de salsinha picada
1 colher (sopa) de vinagre
sal e pimenta-do-reino

1. Preaqueça o forno a 200ºC. Coloque as amêndoas em uma fôrma forrada com papel-manteiga e leve ao forno até que estejam douradas.
2. Limpe as trutas, escorra-as e coloque sobre papel-toalha. Salpique com sal e pimenta de ambos os lados. Despeje a farinha em um prato, passe nela as trutas e sacuda-as. ▶

PEIXES DE RIO
PEIXES, MARISCOS, CRUSTÁCEOS, MOLUSCOS E RÃS

3 Derreta 50 g de manteiga em uma frigideira grande e doure as trutas de ambos os lados. Diminua o fogo e cozinhe por mais 5-7 min (10 min se forem grossas), virando-as mais uma vez. Adicione as amêndoas durante o cozimento.

4 Retire as trutas da frigideira e coloque-as em uma travessa. Regue com 2 colheres (sopa) de suco de limão e salpique com salsinha. Reserve em local aquecido.

5 Acrescente à frigideira 20 g de manteiga e o vinagre, esquente e despeje sobre as trutas, com as amêndoas.

■ Preparo: 15 min ■ Cozimento: cerca de 15 min

Trutas com espinafre

Rendimento: 4 porções

4 trutas de cerca de 200 g cada
800 g de espinafre
2 dentes de alho
60 g de manteiga
1 ovo
4 torradas ou 50 g de farinha de rosca
1 ou 2 limões
sal e pimenta-do-reino
4 palitinhos de madeira

1 Limpe as trutas, lave e enxugue.

2 Limpe o espinafre, corte os cabinhos, lave, escorra e pique as folhas. Descasque e pique o alho.

3 Coloque em uma tigela 20 g de manteiga e leve ao microondas por 30 segundos ou derreta em banho-maria. Acrescente o alho e retorne ao forno por mais 1 min.

4 Bata o ovo em uma tigela e tempere com sal e pimenta.

5 Triture as torradas. Misture-as com o espinafre e o ovo batido. Junte a manteiga ao alho. Tempere com sal e pimenta e mexa bem até obter uma mistura homogênea.

6 Recheie as trutas. Feche as aberturas com um palitinho e coloque em uma travessa.

7 Para assá-las no microondas, cubra a travessa com filme de PVC e fure-o três ou quatro vezes. Cozinhe em potência máxima por 7-8 min, virando a travessa na metade do cozimento. Caso prefira o forno tradicional, coloque a travessa por 20 min no forno preaquecido a 200°C. ▶

8 Ponha o resto da manteiga em uma tigela, leve ao microondas por 30 segundos ou derreta em uma panelinha. Tempere com sal e pimenta. Acrescente 2 colheres (sopa) de suco de limão. Regue as trutas com esse preparado e sirva bem quente.

────────

- Preparo: 30 min
- Cozimento: 7-8 min no microondas ou 20 min no forno tradicional

Trutas em papillote

Rendimento: 6 porções

6 trutas de 200 g cada
1/2 maço de salsinha
1 ramo de tomilho
1/2 colher (café) de coentro em grão
1 limão
3 talos de aipo (salsão)
3 cebolas-brancas
óleo
sal e pimenta-do-reino

1 Lave as trutas, já limpas, e tempere com sal e pimenta por dentro e por fora. Pique a salsinha. Coloque os peixes em uma travessa funda, junte o tomilho, 3 colheres (sopa) de salsinha picada e o coentro. Regue com o suco de limão e deixe marinar por 1 h.

2 Preaqueça o forno a 200ºC.

3 Corte o aipo. Pique bem as cebolas e misture-as com o aipo, sal e pimenta.

4 Corte 6 retângulos de papel-manteiga e unte-os. Disponha em cada um um pouco da preparação de aipo e cebola e uma truta. Feche os papillotes, coloque em uma travessa e leve ao forno por 15 min. Sirva imediatamente.

────────

- Marinada: 1 h ■ Preparo: 20 min
- Cozimento: 15 min

RÃS

Rã: preparo

1 Retire a pele das rãs fazendo um corte no pescoço e puxando-a para trás.
2 Corte a coluna vertebral sem separar as coxas. Retire as patas.
3 Coloque as coxas por 12 h em água fria, trocando-a várias vezes para a carne clarear. Em seguida seque.

Coxas de rã com salsinha

Rendimento: 4-6 porções

400 g de Empanado à inglesa (veja p. 103)
4-5 dúzias de coxas de rã
3 colheres (sopa) de azeite
3 colheres (sopa) de salsinha picada
2-3 limões
sal e pimenta-do-reino

1 Prepare o Empanado à inglesa. Tempere as coxas com sal e pimenta e empane-as.
2 Esquente o azeite em uma frigideira e salteie as coxas, em fogo alto, por 7-8 min.
3 Escorra e coloque em uma travessa aquecida. Salpique com a salsinha e regue com suco de limão.

Pode-se ainda dourar as coxas de rã em 30 g de manteiga e regar com o suco do cozimento, ou então escorrer e besuntar com Manteiga maître d'hotel (veja p. 68). Também podem ser servidas com batatas cozidas, acompanhadas de manteiga fresca.

■ Preparo: 15 min   ■ Cozimento: 7-8 min

Coxas de rã fritas

Rendimento: 4 porções

250 g de Massa para fritar (veja p. 118)
2 claras
250 ml de Molho gribiche (veja p. 54)
Marinada instantânea (veja p. 45)
4 dúzias de coxas de rã
óleo para fritar
1/2 maço de salsinha
2 limões

1 Faça a Massa para fritar e acrescente as claras batidas em neve.
2 Prepare o Molho gribiche e a marinada. Deixe as coxas de rã marinarem por 30 min.
3 Esquente o óleo e frite a salsinha.
4 Envolva as coxas na massa de fritar e mergulhe no óleo aquecido a 180°C. Coloque pequenas quantidades de cada vez.
5 Escorra, seque sobre papel-toalha e sirva com a salsinha frita, quartos de limão e o molho à parte.

■ Preparo: 30 min ■ Marinada: 30 min
■ Cozimento: 15-20 min

Coxas de rã grelhadas

Rendimento: 4-6 porções

1 dente de alho
1 copo de azeite
4-5 limões
2 colheres (sopa) de salsinha
uma pitada de pimenta-de-caiena
1 folha de louro
4-5 dúzias de coxas de rã
sal
pimenta-do-reino moída na hora

1 Descasque e pique o alho e a salsinha.
2 Misture o azeite e o suco de 2 limões. Junte o alho, a salsinha, a pimenta-de-caiena, o louro triturado, o sal e a pimenta.
3 Coloque as coxas de rã em uma tigela funda, despeje a marinada, mexa e deixe descansar por 1 h.
4 Preaqueça o forno ou prepare a churrasqueira.
5 Escorra as coxas e seque com papel-toalha.
6 Enfie nos espetos, no sentido perpendicular.
7 Grelhe as coxas no forno, ou na brasa, durante cerca de 5 min, virando-as várias vezes.
8 Sirva em seguida com quartos de limão.

■ Preparo: 5 min ■ Marinada: 1 h
■ Cozimento: cerca de 5 min

Sopa de rã

Rendimento: 4-6 porções

2 rãs congeladas
1/2 maço de cheiro verde
1/2 maço de hortelã
1 folha de louro
1 inhame
1 mandioquinha
1 abobrinha
1 cebola
noz-moscada
sal e pimenta-do-reino

1 Na véspera, tire as rãs do freezer e passe para a geladeira, para descongelar.

2 Leve ao fogo a carne de rã em uma panela com água, sal e um amarradinho de cheiro verde, louro e hortelã. Deixe levantar fervura e abaixe o fogo. Cozinhe até que a carne se desprenda dos ossos (cerca de 15-20 min).

3 Enquanto isso, descasque e pique o inhame. Raspe a casca da mandioquinha e da abobrinha e pique-as.

4 Cozinhe os legumes em água com sal, a cebola, um ramo de salsinha e um de cebolinha.

5 Coe o caldo de rã. Descarte o amarradinho de ervas e os ossos da rã. Misture novamente a carne ao caldo e deixe esfriar.

6 Depois que os legumes esfriarem, misture-os com a carne de rã e o caldo coado e bata tudo no liquidificado ou processador até homogeneizar.

7 Leve ao fogo e prove. Adicione uma pitada de noz-moscada e uma de pimenta-do-reino.

Sirva esta sopa acompanhada de torradas com azeite e orégano.
A carne de rã é delicada e muito nutritiva.

■ Preparo: 15 min ■ Cozimento: 30-40 min

Carnes

BOI	403
CARNEIRO E CORDEIRO	440
PORCO	463
VITELA	485

CARNES

Compreendem as carnes vermelhas (boi, carneiro e cordeiro) e brancas (porco e vitela). A carne não deve ser consumida logo após o abate, ainda quente: precisa ser maturada antes. Pode-se avaliar uma carne pela cor, pela maciez, pela suculência e pelo sabor.

A cor depende da raça, da idade e da alimentação do animal: a do boi deve ser vermelho-escura e brilhante, com gordura amarela em tecido fibroso fino; a da vitela, ligeiramente rosada e com gordura branca; a do cordeiro, rosa-escura e com gordura branca; a do carneiro, mais escura; e a do porco, rosada. A maciez depende das características do animal (idade, raça e alimentação), do grau de maturação, do tipo de músculo e da forma de preparo: cozinhar na água ou no bafo deixa a carne mais macia.

A suculência designa o poder da carne de liberar suco durante a mastigação. Geralmente está ligada à presença de gordura visível entre os músculos (carne fibrosa); no entanto, algumas carnes jovens (sobretudo a de vitela), ricas em água, também podem ficar suculentas se durante o cozimento a água permanecer nos músculos.

O sabor das carnes provém essencialmente da gordura, dependendo, portanto, da alimentação do animal. Não se deve confundir a qualidade da carne com o tipo de corte. Um jarrete ou paleta de boa qualidade produz um cozido delicioso, ao passo que um bife de alcatra pode ficar péssimo se o animal não for de boa qualidade.

Atualmente, as formas de cozimento da carne resumem-se a dois procedimentos principais: cozimento rápido (na frigideira, na grelha, no forno, regando freqüentemente a peça) e cozimento lento. Este envolve três tipos de operações: grelhado, cozimento lento em caldo ou vinho e cozimento propriamente dito em líquido abundante, com legumes e temperos.

A carne também pode ser consumida crua (carpaccio, steak tartare). Para isso, deve ser bem temperada, para ressaltar seu sabor. Se for preparar carne fatiada, peça ao açougueiro para cortá-la na hora. Também é vendida congelada, nos supermercados. O tartare (o nome se deve à sua origem tártara) é um prato feito com carne crua picada na ponta da faca e bem temperada.

MIÚDOS

São os órgãos internos dos animais. Os mais apreciados são a língua, os miolos, os rins, as moleias de vitela e o coração. O estômago e os intestinos são usados no preparo da dobradinha.

BOI

O termo "boi" abrange a carne de todos os bovinos grandes: vaca, boi, touro e novilho. Entre eles, há os animais próprios para corte e os destinados a fornecer leite. As raças mais comuns para abate são a angus, a charolesa, a limusina, a nelore e a zebu.

Os tipos de corte da carne variam de acordo com o modo de preparo: cozimento rápido (na frigideira, grelhada, assada no forno) ou cozimento lento (guisada, na brasa ou cozida em líquido).

A maior parte das peças "nobres", de cozimento rápido, é fornecida pelo quarto traseiro da carcaça, ou seja (em ordem decrescente de qualidade): filé-mignon, contrafilé, alcatra, bisteca, patinho, fraldinha cortada em filés, ponta de contrafilé e, por fim, peixinho cortado em bifes e músculo.

Para cozimento lento, são indicados cortes como capa de filé, coxão duro e coxão mole, capa de contrafilé, fraldinha, paleta, peito e pedaços com ossos, como costela, quarto traseiro, miolo do peito e ponta de agulha.

O chateaubriand é um bife alto de filé, de textura bem macia, de cerca de 3 cm de espessura. O tournedos é um medalhão retirado do centro do filé-mignon, com 2 cm de espessura, envolto em toucinho e amarrado.

Importante: depois de moída, a carne deve ser consumida em 24 horas.

BOI: CARNE CRUA

Carpaccio

Rendimento: 4 porções

200 g de filé-mignon
4 colheres (sopa) de azeite
2 limões
50 g de queijo parmesão
1/4 de maço de salsinha
sal e pimenta

1 Enrole o filé em filme de PVC e deixe no congelador por 4 h. Com um pincel, unte os pratos com azeite.

2 Com uma faca bem afiada, corte o filé em fatias finíssimas. Disponha-as nos pratos, uma a uma, formando uma rosácea.

3 Esprema os limões para obter 4 colheres (sopa) de suco. Regue o carpaccio com o restante do azeite e o suco de limão. Tempere com sal e pimenta. ▶

4 Rale o parmesão em lascas finas, pique a salsinha e salpique sobre os pratos. Coloque na mesa um galheteiro com azeite, sal e pimenta para que as pessoas adicionem os temperos a gosto.

■ Congelamento: 4 h   ■ Preparo: 20 min

Steak tartare

Rendimento: 4 porções

2 cebolas comuns
2 cebolas-brancas
700 g de patinho ou contrafilé
pimenta-de-caiena
molho inglês
4 gemas
4 colheres (café) de alcaparras
alguns ramos de salsinha
sal e pimenta-do-reino

1 Descasque e corte todas as cebolas.
2 Moa ou pique bem a carne. Tempere com sal, pimenta, uma pitada de pimenta-de-caiena e algumas gotas de molho inglês. Forme quatro bolas com a mistura, coloque uma em cada prato, abra um buraco no centro e coloque nele uma gema crua.
3 Disponha em volta da carne 1 colher (sobremesa) rasa de cebola comum picada, 1 colher (café) de alcaparras escorridas, um pouco de salsinha e de cebola-branca picadas.
4 Sirva com ketchup, azeite, mostarda, molho inglês e tabasco à parte, para que as pessoas se sirvam à vontade.

■ Preparo: 15 min

BOI: COZIDO

Carne cozida com legumes

Rendimento: 4-6 porções

700-800 g de osso de boi ou de vitela
6 cenouras
3 nabos
6 alhos-porós pequenos
2 talos de aipo (salsão)
2 dentes de alho ▶

1 Coloque os ossos em um caldeirão com 2,5 litros de água e deixe levantar fervura. Escume várias vezes a superfície e as laterais do caldeirão e deixe no fogo por 1 h.
2 Enquanto isso, lave e descasque os legumes e amarre os alhos-porós e os aipos formando um feixe. Espete uma cebola com o cravo-da-índia. ▶

BOI: COZIDO
CARNES

2 cebolas
1 cravo-da-índia
1,2 kg de jarrete, músculo do dianteiro ou paleta ou 2 kg de aparas de costela ou de rabo
1 bouquet garni (veja glossário)
sal e pimenta

3 Ponha a carne no caldeirão, deixe ferver novamente e escume. Adicione os legumes, o alho picado e o bouquet garni. Tempere com sal e pimenta, tampe e cozinhe em fogo brando por 3 h.

4 Retire a carne (descarte os ossos), corte-a em pedaços regulares, coloque em uma travessa com os legumes em volta e sirva.

Este prato pode ser acompanhado de sal grosso, cebolinhas, pepininhos em conserva e mostarda.

■ Preparo: 40 min ■ Cozimento: 4 h

Carne salgada

Rendimento: 4 pessoas
1 kg de sal
100 g de salitre
50 g de açúcar mascavo
1 kg de peito, ponta de alcatra ou paleta

1 Prepare a salmoura: coloque em um caldeirão 2 litros de água e adicione o sal, o salitre e o açúcar mascavo. Deixe ferver por 5 min, mexendo bem, e espere esfriar.

2 Retire a gordura da carne e mergulhe-a na salmoura, de forma que fique totalmente coberta. Deixe marinar em temperatura ambiente por 6-8 dias, no verão, e 8-10 dias, no inverno.

3 Antes de usar, dessalgue a carne por 12 h, trocando a água várias vezes. Cozinhe na água (sem sal) durante 1 h (30 min por quilo). Sirva quente, cortada em fatias, com legumes diversos (repolho roxo ou verde refogado, chucrute e, em geral, todos os legumes vão bem com a carne salgada).

Pode-se usar também a carne salgada como ingrediente de cozidos. Ou servi-la fria: para esfriá-la, coloque-a em uma travessa, cubra com um prato e ponha um peso em cima.

■ Preparo: 5 min ■ Marinada: 6-10 dias
■ Demolha: 12 h ■ Cozimento: 1 h

BOI: COZIDO / CARNES

Fondue chinesa

Rendimento: 4-6 porções

150 g de camarões-rosa
500 g de contrafilé
3 peitos de frango
100 g de toucinho
10-12 vieiras
1 pé de alface romana
150 g de champignons
1 maço de agrião
100 g de brotos de feijão
1 limão
3 dentes de alho
1 maço de cebolinha
50 g de gengibre fresco
shoyu
1 litro de caldo de frango
4-6 ovos gelados

1. Retire a casca dos camarões.
2. Corte o contrafilé, o frango e o toucinho em fatias bem finas, as vieiras em rodelas, e os camarões em pedaços. Disponha-os em cumbuquinhas.
3. Lave e corte a alface em tirinhas. Limpe os champignons e fatie-os. Lave o agrião e coloque-o em uma saladeira.
4. Distribua nas cumbucas a alface, os brotos de feijão escorridos e os champignons regados com limão. Prepare também os recipientes com os condimentos: o alho e a cebolinha picados, o gengibre ralado e o shoyu.
5. Esquente o caldo, despeje-o em uma caçarola e mantenha-o quente sobre um réchaud de mesa.
6. Cada pessoa mergulha a carne, os camarões ou as vieiras no caldo com uma colher e tempera-os com um dos condimentos, degustando-os com os legumes crus e a alface.
7. Coloque na caçarola o restante dos ingredientes para selá-los rapidamente. Cada convidado quebra um ovo em sua tigela e despeja sobre ele uma concha do caldo borbulhante.

Pode-se enriquecer o caldo com espaguete. Sirva este prato com chá ou cerveja chinesa.

■ Preparo: 30 min ■ Cozimento: alguns segundos

Sopa à parisiense

Rendimento: 4-6 porções

2 cenouras
3 nabos pequenos
1/4 de bulbo de aipo-rábano
2 talos de alho-poró (só a parte branca)
2 cebolas pequenas
1/2 repolho
250 ml de Caldo ou consomê de carne (veja p. 38)
800 g de músculo bovino
400 g de costela de boi
15 g de manteiga
2 coxas de frango
1 baguete
1 osso grande de tutano bovino
sal e pimenta

1 Descasque os legumes. Pique as cenouras, os nabos, o aipo-rábano e o alho-poró. Corte as cebolas ao meio e doure-as em uma frigideira antiaderente (elas darão cor ao caldo). Cozinhe o repolho por 10 min em água com sal.

2 Despeje 2 litros de consomê em um caldeirão e adicione as carnes. Leve para ferver, retirando a espuma da superfície de vez em quando. Adicione todos os legumes e cozinhe por 3 h em fogo brando, colocando aos poucos o consomê.

3 Em uma frigideira, derreta a manteiga, refogue ligeiramente as coxas de frango e ponha-as na caçarola. Cozinhe por mais 50 min.

4 Corte o pão em rodelas, toste-o na torradeira e reserve em lugar aquecido sobre papel-toalha.

5 Envolva o osso em um tecido fino e coloque no caldeirão. Deixe ferver por 10 min. Com a escumadeira, retire a gordura da superfície.

6 Desembrulhe o osso, retire o tutano, besunte com ele algumas torradas e tempere com pimenta. Regue as outras com um pouco do caldo e pimenta também.

7 Despeje o conteúdo do caldeirão em uma sopeira grande e sirva bem quente, com as torradas à parte.

■ Preparo: 30 min ■ Cozimento: cerca de 4h15

BOI: COZIDO
CARNES

Pot-au-feu

Rendimento: 6 porções

500 g de costela
500 g de músculo dianteiro
500 g de miolo da paleta
1 cebola
4 cravos-da-índia
4 dentes de alho
1 bouquet garni (veja glossário)
6-8 grãos de pimenta
1 colher (sopa) de sal grosso
5 cenouras
5 nabos
4 talos de alho-poró (só a parte branca)
2 talos de aipo (salsão)
4 ossos de tutano

1. Despeje em um caldeirão 2,5 litros de água fria. Coloque a costela, o músculo e o miolo da paleta. Deixe em fogo brando até levantar fervura e cozinhe por mais 1 h, escumando a superfície constantemente.
2. Descasque a cebola e espete-a com os cravos. Descasque e pique o alho e coloque-o no caldeirão junto com o bouquet garni, a pimenta e o sal grosso. Deixe ferver novamente, retire a espuma, diminua o fogo e cozinhe por mais 2 h, escumando a superfície de vez em quando.
3. Enquanto isso, descasque, lave e corte em pedaços grandes os legumes. Coloque tudo no caldeirão e cozinhe por 30 min.
4. Envolva os ossos de tutano em tecido fino, coloque no caldeirão e cozinhe por mais 30 min. Retire constantemente a gordura da superfície do caldeirão com uma escumadeira.
5. Escorra as carnes, os legumes e os ossos e coloque-os em uma travessa grande e funda, aquecida.
6. Coe o caldo em uma sopeira e regue a travessa com 2 ou 3 colheres (sopa) desse líquido.
7. Sirva com sal grosso, pepininhos em conserva, mostarda e pão tostado e molhado no tutano.

■ Preparo: 30 min   ■ Cozimento: 4 h

BOI: ASSADO, GRELHADO, NA CAÇAROLA

Bife a cavalo

Rendimento: 4 porções

60 g de manteiga
400 g de bife de carne moída
4 ovos
sal
pimenta-do-reino moída na hora

1 Em uma frigideira antiaderente, derreta 20 g de manteiga e coloque os bifes. Frite por 2 min de cada lado. Tempere com sal e pimenta.

2 Coloque os bifes em uma travessa aquecida e conserve em lugar quente.

3 Em uma frigideira pequena, derreta uma bolinha de manteiga. Quebre um ovo, frite-o rapidamente e salgue. Coloque-o sobre um dos bifes. Faça o mesmo com os outros 3 ovos. Tempere cada ovo com um pouco de pimenta. Sirva em seguida, acompanhado de ketchup ou mostarda.

■ Preparo: 2 min   ■ Cozimento: 15 min

Bifes ao roquefort

Rendimento: 4 porções

60 g de Manteiga de roquefort (veja p. 66)
1 colher (sopa) de pimenta-verde
8 bagas de zimbro
500 g de carne moída
20 g de manteiga
sal e pimenta-do-reino

1 Prepare a Manteiga de roquefort.

2 Amasse ligeiramente a pimenta-verde e o zimbro, misture com a carne moída, e tempere com sal e pimenta-do-reino. Faça quatro bolas e achate-as para formar os bifes.

3 Derreta a manteiga em uma frigideira e frite os bifes por 3 min de cada lado.

4 Retire os bifes e coloque-os em uma assadeira. Besunte-os com a manteiga preparada e deixe grelhar por 1 min. Sirva em seguida.

Para acompanhar este prato, sirva um purê de batata e um arroz bem soltinho.

■ Preparo: 10 min   ■ Cozimento: 7 min

BOI: ASSADO, GRELHADO, NA CAÇAROLA
CARNES

Chateaubriand maître d'hôtel

Rendimento: 4 porções

40 g de Manteiga maître d'hôtel (veja p. 68)
800 g de batatinhas
50 g de manteiga
1 colher (sopa) de óleo
4 chateaubriands de 150-200 g cada
sal e pimenta

1. Prepare a Manteiga maître d'hôtel e reserve na geladeira.
2. Lave e seque as batatas. Esquente em uma panela 25 g de manteiga com o óleo. Coloque as batatinhas e cozinhe em fogo brando, com tampa, por 20 min, mexendo de vez em quando. Tempere com sal e pimenta.
3. Derreta o restante da manteiga em uma frigideira. Quando estiver bem quente, frite os chateaubriands por 4 min de cada lado. Retire e coloque em uma travessa aquecida.
4. Disponha as batatas em volta dos bifes e coloque um pouco de manteiga maître d'hôtel sobre cada um.

■ Preparo: 15 min   ■ Cozimento: 30 min

Costela à la bouquetière

Rendimento: 4 porções

2 maços de cenouras pequenas
3 nabos pequenos
100 g de vagem
4 fundos de alcachofra
200 g de couve-flor
140 g de manteiga
100 g de ervilhas
400 g de batatinhas
1 costela de boi com osso de 1,4 kg
1/2 copo de caldo de carne
sal e pimenta

1. Prepare o acompanhamento. Lave todos os legumes e cozinhe-os separadamente em água salgada: as cenouras e os nabos cortados em pedaços; as vagens e os fundos de alcachofra inteiros e a couve-flor em buquês. Escorra-os e refogue-os rapidamente na frigideira com 50 g de manteiga.
2. Cozinhe as ervilhas e guarneça as alcachofras com elas. Refogue as batatas em 50 g de manteiga. Reserve os legumes em lugar aquecido.
3. Preaqueça o forno a 250°C. Tempere a costela com sal e pimenta, regue com 40 g de manteiga derretida e leve ao forno em uma assadeira (cerca de 18 min por quilo). Escorra, cubra com papel-alumínio e mantenha por 30 min no forno desligado para que o calor se distribua uniformemente pelo interior da carne.
4. Disponha a costela em uma travessa. ▶

BOI: ASSADO, GRELHADO, NA CAÇAROLA
CARNES

5 Esquente o caldo de carne, despeje-o na assadeira onde foi cozida e deixe reduzir em fogo médio, raspando o fundo com a colher de pau, até ficar bem cremoso.
6 Coloque os legumes em volta da carne e cubra-a com o caldo reduzido.

- Preparo: 1 h ■ Cozimento: cerca de 30 min
- Descanso: 30 min

Entrecôte à moda da Borgonha

Rendimento: 4 porções

100 ml de Demi-glace (veja p. 41)
2 bistecas bovinas de 300-400 g cada
30 g de manteiga
200 ml de vinho tinto
sal e pimenta

1 Descongele a Demi-glace.
2 Tempere as bistecas com sal e pimenta. Derreta a manteiga em uma frigideira e doure a carne por 2 min de cada lado (ou mais, se quiser ao ponto). Retire do fogo e disponha em uma travessa em lugar aquecido.
3 Coloque o vinho e a Demi-glace na frigideira, mexa bem, raspando o fundo com uma colher de pau, e deixe apurar até a mistura ficar cremosa. Despeje sobre as bistecas e sirva em seguida.

- Preparo: 30 min ■ Cozimento: cerca de 15 min

Entrecôte à moda da vovó

Rendimento: 4 porções

12 minicebolas
12 champignons
1 limão
100 g de bacon
1 bisteca bovina de 600 g
30 g de manteiga
100 ml de caldo de carne ▶

1 Cozinhe as minicebolas. Lave os champignons e cozinhe-os em água fervente com sal e limão.
2 Coloque as tiras de bacon em uma panela com água fria, leve para ferver e retire.
3 Em uma frigideira, frite a bisteca na manteiga por 3-4 min de um lado. Vire, frite por mais 1 min e adicione as cebolas, os champignons e o toucinho. Misture bem e continue o cozimento por 2-3 min (ou mais, se quiser a carne bem passada). ▶

1 colher (sopa) de
  salsinha picada
sal e pimenta

4 Disponha a bisteca em uma travessa com os acompanhamentos e reserve em lugar aquecido.

5 Despeje o caldo na frigideira, raspe bem o fundo, misture e deixe reduzir em cerca de um terço. Despeje esse molho sobre as bistecas, salpique com a salsinha e sirva.

Esta bisteca pode ser servida com arroz ou batatas sautées.

■ Preparo: 20 min   ■ Cozimento: cerca de 10 min

Entrecôte à moda de Bordeaux

Rendimento: 4 porções
2 bistecas bovinas de
  400 g cada
4-5 cebolas-roxas
  pequenas
125 g de manteiga
1 colher (sopa) de óleo
1 ramo de tomilho
1 colher (sopa) de
  salsinha picada
0,5 litro de vinho
  Bordeaux tinto
sal e pimenta

1 Retire a carne da geladeira 1 h antes do cozimento.

2 Pique bem as cebolas.

3 Em uma panela grande, esquente 25 g de manteiga. Frite as bistecas por 4-5 min em fogo médio, vire-as e cozinhe por mais 3-4 min. Retire do fogo e coloque em uma travessa. Despeje o caldo do cozimento em uma tigela.

4 Descarte a gordura da panela e leve-a ao fogo novamente com 20 g de manteiga. Adicione as cebolas e deixe cozinhar em fogo médio, mexendo sem parar, por 2-3 min. Tempere com sal, uma pitada de pimenta moída na hora, o tomilho e a salsinha. Mexa bem e acrescente o vinho tinto.

5 Deixe esse molho reduzir em fogo alto por 5 min, adicione o suco do cozimento das bistecas e misture bem. Incorpore o restante da manteiga em pedaços, batendo bem.

6 Quando o molho estiver cremoso (demora uns 5 min), coe-o, regue com ele as bistecas e sirva em seguida.

Se gostar do sabor da cebola no vinho tinto, não regue com o molho. Pode-se servir estas bistecas com batatas assadas.

■ Preparo: 10 min   ■ Cozimento: cerca de 15 min

BOI: ASSADO, GRELHADO, NA CAÇAROLA
CARNES

Entrecôte à moda de Lyon

Rendimento: 4 porções

100 ml de Demi-glace (veja p. 41)
2 cebolas grandes
50 g de manteiga
2 bistecas bovinas de 300-400 g cada
2 colheres (sopa) de vinagre
1 colher (sobremesa) de salsinha picada
sal e pimenta

1. Descongele a Demi-glace.
2. Descasque e pique as cebolas. Doure-as em 30 g de manteiga.
3. Em uma frigideira, derreta o restante da manteiga. Tempere as bistecas com sal e pimenta e doure-as por 1 min de cada lado. Adicione a cebola e cozinhe por mais 2 min de cada lado.
4. Disponha tudo em uma travessa e mantenha em lugar aquecido.
5. Despeje o vinagre na frigideira, misture e raspe o fundo com a colher de pau. Acrescente o molho, mexa novamente e deixe apurar até o molho ficar bem cremoso. Junte a salsinha, misture e cubra as bistecas com esse molho.

■ Preparo: 30 min   ■ Cozimento: cerca de 15 min

Entrecôte com salada

Rendimento: 4 porções

80 g de Manteiga maître d'hôtel (veja p. 68)
1/2 maço de agrião
300 g de batata palha
2 bistecas de cerca de 300 g cada
sal e pimenta

1. Prepare a Manteiga maître d'hôtel, molde-a em formato cilíndrico, enrole-a em papel-alumínio ou em filme de PVC e leve à geladeira por pelo menos 1h.
2. Lave o agrião e divida-o em pequenos raminhos.
3. Tempere as bistecas com sal e pimenta e leve para grelhar por 2-3 min de cada lado. Disponha em uma travessa.
4. Corte a manteiga aromatizada em rodelas e coloque-as sobre as bistecas. Decore o prato com o agrião e a batata palha.

■ Descanso: 1 h   ■ Preparo: 30 min
■ Cozimento: cerca de 10 min

BOI: ASSADO, GRELHADO, NA CAÇAROLA
CARNES

Entrecôte Mirabeau

Rendimento: 4 porções

15 azeitonas verdes
40 g de Manteiga de anchova (veja p. 66)
1/2 maço de estragão
8 filés de anchova no óleo
2 bistecas bovinas de 250-300 g cada
1 colher (sopa) de óleo
pimenta

1 Descaroce as azeitonas, mergulhe-as em água fervente por 2 min e escorra. Prepare a Manteiga de anchova.
2 Destaque as folhas do estragão, mergulhe-as em água fervente e retire-as imediatamente. Reserve.
3 Escorra os filés de anchova e corte-os em fatias.
4 Pincele as bistecas com óleo, tempere com pimenta e grelhe por cerca de 2 min de cada lado (ou mais, se quiser a carne bem passada). Disponha por cima os pedaços de anchova.
5 Disponha as folhas de estragão ao lado da carne, bem como as azeitonas e porções de manteiga de anchova.

■ Preparo: 15 min ■ Cozimento: cerca de 5 min

Espetinhos de filé marinado

Rendimento: 4-6 porções

cerefólio, cebolinha, estragão e salsinha (5 ramos de cada um)
200 ml de azeite
800 g de filé-mignon
200 g de carne defumada
1 pimentão verde
8 champignons grandes
1/2 limão
12 cebolas pequenas
12 tomates-cerejas
sal e pimenta

1 Pique as ervas, misture-as com 150 ml de azeite e tempere com sal e pimenta.
2 Corte o filé e a carne defumada em cubos de cerca de 3 cm de lado. Ponha-os para marinar no azeite por 30 min.
3 Retire as sementes do pimentão e corte-o em quadrados de 3 cm.
4 Corte os champignons na base do chapéu e regue com limão. Refogue-os no azeite com o pimentão. Assim que o pimentão estiver macio, retire e deixe escorrer em papel-toalha.
5 Monte os espetinhos alternando os ingredientes e deixe grelhar por 7-8 min.

■ Marinada: 30 min ■ Preparo: 20 min
■ Cozimento: 7-8 min

Filé à moda de Frascati

Rendimento: 4 porções

400 ml de Demi-glace (veja p. 41)
100 ml de vinho do Porto
1 maço de aspargos
50 g de manteiga
8 champignons grandes
1 trufa pequena
1/2 litro de vinho Madeira
500 g de filé-mignon sem gordura
1 colher (sopa) de óleo
160 g de foie gras cru
sal e pimenta

1. Prepare o molho, adicione o vinho do Porto e mantenha em lugar aquecido.
2. Descasque os aspargos e cozinhe em água fervente com sal até que estejam tenros mas com as pontas firmes. Escorra-os e retire as pontas (reserve-as para fazer uma sopa). Doure os aspargos em 20 g de manteiga e mantenha em lugar aquecido.
3. Preaqueça o forno a 240ºC. Limpe os champignons, corte as cabeças (guarde os caules para outra utilização) e refogue-os em fogo brando com 20 g de manteiga, sal e pimenta. Mantenha-os aquecidos.
4. Corte a trufa em tirinhas e esquente-a em fogo brando no vinho Madeira.
5. Pincele o filé com o óleo, tempere com sal e pimenta e leve ao forno por 15 min.
6. Corte o foie gras em quatro fatias. Em uma frigideira antiaderente bem quente, refogue-as no restante da manteiga por 1 min de cada lado.
7. Recheie 5 ou 6 champignons com os aspargos e os restantes com a trufa.
8. Coloque o assado em uma travessa e disponha em volta os champignons e o foie gras. Regue ligeiramente com o molho e sirva.

■ Preparo: 45 min   ■ Cozimento: 15 min

Filé em brioche

Rendimento: 4-6 porções

500 g de Massa de brioche (veja p. 111)
300 ml de Molho Périgueux (veja p. 101)
25 g de manteiga ▸

1. Prepare a Massa de brioche e o Molho Périgueux.
2. Preaqueça o forno a 260ºC. Derreta a manteiga e o óleo em uma caçarola, e doure nela o filé de ambos os lados em fogo alto. Despeje o conteúdo da caçarola em uma assadeira e leve ao forno por 10 min, regando a carne duas ou três vezes. ▸

BOI: ASSADO, GRELHADO, NA CAÇAROLA
CARNES

3 colheres (sopa) de óleo
1 kg de filé-mignon (atado sem toucinho)
1 ovo
sal e pimenta

3 Escorra o filé, tempere com sal e pimenta e deixe esfriar.
4 Diminua a temperatura do forno para 220°C. Abra a massa, formando um retângulo grande o suficiente para envolver o filé.
5 Bata o ovo em uma tigela.
6 Desate a carne e ponha-a no centro da massa no sentido do comprimento. Pincele com ovo a parte da massa ao redor do filé. Dobre-a, envolvendo a carne, e aperte bem dos lados. Corte as duas extremidades, deixando um espaço ao lado da carne, e feche bem. Pincele toda a superfície com ovo.
7 Com a massa restante, faça flores ou estrelas (ou o motivo que desejar) para enfeitar a superfície. Pincele-as também com ovo.
8 Coloque o filé em uma assadeira, levemente untada e enfarinhada, e asse por 30 min. Disponha o molho em uma molheira e sirva à parte.

■ Preparo: cerca de 3 h   ■ Cozimento: 30 min

Fraldinha com cebola

Rendimento: 4 porções

100 g de cebolas-roxas pequenas
40 g de manteiga
4 bifes de fraldinha de 120-150 g cada
2 colheres (sopa) de vinagre de vinho tinto
1 colher (sopa) de salsinha picada
sal e pimenta

1 Descasque e corte as cebolas.
2 Derreta a manteiga em uma caçarola e doure nela os bifes de ambos os lados. Junte as cebolas e refogue-as. Tempere com sal e pimenta.
3 Retire os bifes e disponha-os em uma travessa.
4 Despeje o vinagre na caçarola e mexa bem, raspando o fundo com uma colher de pau. Diminua o fogo e deixe reduzir o líquido em um terço. Despeje-o sobre a carne, salpique com a salsinha e sirva imediatamente.

Se preferir a carne malpassada, retire os bifes da frigideira assim que adicionar as cebolas.

■ Preparo: 15 min   ■ Cozimento: 10-15 min

Hambúrguer com tomate

Rendimento: 4 porções

1 cebola comum
1 cebola-branca
70 g de manteiga
2 tomates grandes
1 colher (sopa) de óleo
500 g de carne moída
1 ovo
1 colher (sopa) de extrato de tomate
3 colheres (sopa) de salsinha picada
6 colheres (sopa) de ketchup
molho tabasco
sal e pimenta

1. Pique bem a cebola comum e a cebola-branca. Derreta 15 g de manteiga em uma panelinha, refogue-as por 3-4 min e retire do fogo.
2. Corte os tomates ao meio, na horizontal, unte-os com óleo, refogue e tempere com sal e pimenta.
3. Coloque a carne em uma fôrma refratária, adicione o refogado de cebolas, o ovo, o extrato de tomate, a salsinha, sal, pimenta e misture bem. Divida a massa em quatro porções. Com as mãos molhadas, faça quatro bolas e achate-as, formando círculos bem firmes.
4. Em uma frigideira, esquente o restante da manteiga e frite os hambúrgueres por 4 min de cada lado.
5. Misture o ketchup com algumas gotas de tabasco, sal e pimenta.
6. Disponha os tomates em uma travessa redonda. Coloque os hambúrgueres por cima, cubra com ketchup e sirva.

■ Preparo: 15 min ■ Cozimento: cerca de 10 min

Ponta de contrafilé acebolado

Rendimento: 4 porções

2 bifes de contrafilé de 200-250 g cada
40 g de manteiga
8-10 cebolas-brancas picadas
3 colheres (sopa) de vinagre
sal e pimenta

1. Faça pequenas incisões de ambos os lados de cada bife. Esquente a manteiga em uma frigideira e doure nela a carne por 3-4 min de cada lado em fogo alto. Tempere com sal e pimenta a gosto. Escorra e mantenha em local aquecido.
2. Coloque as cebolas na frigideira e refogue em fogo brando. Adicione o vinagre, raspe o fundo com a colher de pau para aproveitar os sucos da carne e deixe reduzir o líquido à metade.
3. Despeje esse molho sobre os bifes e sirva.

■ Preparo: 15 min ■ Cozimento: 6-8 min

BOI: ASSADO, GRELHADO, NA CAÇAROLA
CARNES

Rosbife: cozimento

1. Retire o rosbife da geladeira pelo menos 1 h antes de cozinhá-lo. Calcule um tempo de cozimento de 10-15 min para cada 500 g de carne, dependendo da espessura do assado.
2. Preaqueça o forno a 250°C. Coloque o rosbife diretamente na assadeira, se estiver envolto com bacon, ou então unte-a com óleo. Cozinhe por 8-10 min, diminua a temperatura para 200°C e tempere com sal e pimenta. Continue a assar de acordo com o peso da carne.
3. Quando terminar, cubra o rosbife com papel-alumínio e deixe por 5 min no forno desligado, com a porta aberta, depois retire a assadeira e espere mais alguns minutos: os sucos se distribuirão melhor na carne uniformemente rosada e quente no interior, tornando mais fácil cortá-la. Disponha em uma travessa.
4. Se o rosbife tiver sido cozido sem gordura, esquente a assadeira no fogo para dourar ligeiramente os sucos da carne, acrescente algumas colheres de Caldo claro de vitela (*veja p. 35*) ou água e raspe o fundo com a colher de pau, misturando até obter um molho cremoso. Coe e coloque em uma molheira aquecida.
5. Se o rosbife tiver sido envolto com bacon, descarte essa gordura e proceda da mesma forma para fazer o molho.

Steak com pimenta

Rendimento: 4 porções

4 colheres (sopa) de conhaque
4 bifes de filé-mignon de 180 g e 3 cm de espessura cada
4 colheres (sopa) de pimenta-preta amassada
30 g de manteiga
150 ml de creme de leite fresco
sal

1. Despeje o conhaque em uma tigela funda, coloque nela os filés e deixe por 1 min de cada lado.
2. Coloque a pimenta amassada em um prato e pressione os bifes contra ela para que a absorvam. Deixe descansar por 15 min.
3. Derreta a manteiga em uma frigideira e doure os bifes por 2-3 min de cada lado, em fogo alto. Retire da frigideira e descarte a gordura do cozimento.
4. Despeje o conhaque que sobrou na tigela em uma panelinha e esquente no microondas.
5. Recoloque os filés na frigideira, adicione o conhaque e flambe. Retire a carne, coloque-a em uma travessa e mantenha-a em lugar aquecido.
6. Adicione o creme de leite à frigideira, mexa com uma espátula, raspando bem os sucos do cozimento, e deixe levantar fervura. Retire do fogo e acrescente a esse molho o suco que escorreu dos bifes na travessa. Misture bem e cubra a carne com esse molho.

■ **Descanso:** 15 min ■ **Preparo:** 5 min
■ **Cozimento:** 4-6 min

Tournedos à caçadora

Rendimento: 4-6 porções

200-300 ml de Molho à caçadora (veja p. 89)
4-6 tournedos de cerca de 120 g cada
20 g de manteiga
1 colher (sopa) de salsinha
sal e pimenta

1. Prepare o Molho à caçadora e mantenha-o aquecido.
2. Tempere a carne com sal e pimenta. Derreta a manteiga em uma frigideira e doure os tournedos por 2-3 min de cada lado. Retire e coloque em uma travessa aquecida.
3. Cubra a carne com o Molho à caçadora, salpique com salsinha e sirva imediatamente.

■ **Preparo:** 30 min ■ **Cozimento:** 4-6 min

Tournedos Choron

Rendimento: 4-6 porções

200-300 de Molho Choron (veja p. 59)
pimenta-do-reino amassada
4-6 tournedos de cerca de 120 g cada
sal

1 Prepare o Molho Choron e mantenha-o aquecido em uma molheira.
2 Amasse a pimenta com o pau de macarrão. Tempere a carne com sal e pimenta. Doure por 2-3 min de cada lado e sirva em seguida com o molho.

Para acompanhar este prato, sirva batata palha e arroz.

■ Preparo: 25 min ■ Cozimento: cerca de 6 min

Tournedos Rossini

Rendimento: 4 porções

4 fatias de pão de fôrma
150 g de foie gras cru (de ganso ou pato)
1 trufa
4 tournedos de 130 g cada (sem gordura)
60 g de manteiga
50 ml de vinho Madeira
sal e pimenta

1 Retire a casca do pão de fôrma.
2 Corte o foie gras em quatro fatias. Corte a trufa em lâminas. Tempere os tournedos com sal e pimenta.
3 Em uma frigideira, doure as fatias de pão em 30 g de manteiga. Retire, coloque em uma travessa e mantenha aquecido.
4 Frite o foie gras por 1 min de cada lado. Retire com a escumadeira e mantenha aquecido sobre papel-toalha.
5 Refogue a trufa fatiada em 10 g de manteiga, vire e deixe secar também sobre papel-toalha.
6 Em outra frigideira, frite os tournedos com 20 g de manteiga por 2-3 min de cada lado. Retire-os e disponha um sobre cada fatia de pão tostado. Coloque por cima o foie gras e finalmente a trufa.
7 Despeje o vinho Madeira na frigideira, raspe o fundo e misture com a colher de pau. Cubra a carne com esse molho e sirva imediatamente.

■ Preparo: 20 min ■ Cozimento: 6-8 min

BOI: FRITURA / GUISADO
CARNES

BOI: FRITURA

Fondue à moda da Borgonha

Rendimento: 4-6 porções

molhos e condimentos diversos
800 g-1 kg de alcatra
1 litro de óleo
1 dente de alho
sal
pimenta-do-reino moída na hora

1 Primeiramente prepare os molhos: Béarnaise (*veja p. 58*) temperado com um pouco de extrato de tomate; Maionese (*veja p. 52*) temperada com uísque ou conhaque; Tapenade (*veja p. 50*); Rouille (*veja p. 56*) e os condimentos: mostardas diversas, Manteiga de anchova (*veja p. 66*), pepininhos em conserva, cebolinhas ao vinagrete e chutneys.
2 Corte a carne em cubos de 2 cm de lado.
3 Descasque o alho e esfregue-o no interior da panela de fondue (de preferência de ferro).
4 Em uma caçarola, esquente o óleo com uma pitada de sal e despeje-o na panela de fondue. Coloque a panela sobre um réchaud de mesa aceso para manter o óleo fervente.
5 Cada pessoa espeta um cubinho de carne com seu garfo e o mergulha no óleo para fritá-lo.

■ Preparo: 10 min (sem os molhos)

BOI: GUISADO

Baekenofe

Rendimento: 6-8 porções

500 g de paleta de carneiro
500 g de paleta de porco
500 g de carne para assar (músculo ou paleta bovina)
5 cebolas grandes
3 cravos-da-índia
2 dentes de alho
0,5 litro de vinho branco
1 bouquet garni (veja glossário) ▶

Na véspera
1 Corte as carnes em cubos grandes. Descasque 2 cebolas, depois espete uma delas com os cravos e corte a outra em rodelas finas. Descasque e amasse o alho. Coloque todos os ingredientes para marinar em uma vasilha com o vinho, o bouquet garni e um pouco de sal e pimenta.

No dia
2 Ponha a farinha em uma tigela, adicione a água e misture até obter uma massa homogênea.
3 Preaqueça o forno a 160°C. ▶

200 g de farinha de trigo
1 litro de água
1 kg de batatas
30 g de banha de porco
sal e pimenta

4 Descasque as batatas e as cebolas restantes e corte em rodelas.
5 Unte uma assadeira com a banha, disponha uma camada de batatas, outra de carnes misturadas, outra de cebolas e prossiga assim até terminarem os ingredientes. Finalize com uma camada de batata. Retire o bouquet garni e a cebola com cravo da marinada, e despeje-a na travessa. O líquido deve cobrir a última camada. Caso não cubra, adicione um pouco de água.
6 Enrole a massa na farinha, formando um rolinho. Coloque a tampa na travessa e vede-a com o rolinho de massa para impedir que o vapor escape.
7 Leve ao forno por 4 h e sirva.

■ Marinada: 12 h ■ Preparo: 20 min
■ Cozimento: 4 h

Boeuf bourguignon

Rendimento: 4-6 porções

1/2 kg de carne bovina para cozido
2 cenouras
2 cebolas grandes
3 dentes de alho
500 ml de Caldo claro de vitela (veja p. 35)
2 colheres (sopa) de óleo
150 g de bacon
2 colheres (sopa) de farinha de trigo
600 ml de vinho Borgonha
1 bouquet garni (veja glossário)
12 Cebolas glaçadas (veja p. 692)
200 g de champignons
20 g de manteiga ▶

1 Corte a carne em cubinhos de 5 cm de lado.
2 Descasque as cenouras, as cebolas e o alho. Corte as cenouras e as cebolas em rodelas e amasse 1 dente de alho. Prepare o caldo de vitela (ou descongele-o, se já tiver em casa).
3 Preaqueça o forno a 250°C.
4 Esquente o óleo em uma caçarola, frite o bacon e retire-o.
5 Coloque a carne na caçarola e doure-a de todos os lados. Adicione a cenoura e a cebola, refogue em fogo brando e tempere com sal e pimenta. Retire tudo com uma escumadeira, jogue fora a gordura da caçarola e recoloque a carne, a cenoura e a cebola. Polvilhe com a farinha, mexa bem e deixe dourar mais um pouco.
6 Acrescente à caçarola o Caldo de vitela, o vinho, o alho, o bouquet garni, mexa bem, tampe e deixe cozinhar em fogo brando por 2h15-2h30. ▶

BOI: GUISADO
CARNES

200 g de Croûtons de alho (veja p. 814)
sal e pimenta

7 Enquanto isso, prepare as Cebolas glaçadas. Limpe os champignons, corte-os em pedaços e refogue por 10 min em 20 g de manteiga.

8 Prepare os croûtons com pão integral.

9 Retire a carne e coloque-a em uma travessa.

10 Escume e, se quiser, deixe reduzir o líquido de cozimento e coe-o. Ponha-o novamente na caçarola com o bacon, as cebolas e os champignons. Experimente e corrija o tempero, se necessário.

11 Esqueente novamente o molho e despeje-o sobre a carne. Sirva com os croûtons.

■ Preparo: 45 min   ■ Cozimento: cerca de 2h30

Broufado

Rendimento: 6 porções

1,2 kg de alcatra
2 cebolas grandes
1/2 copo de vinagre de vinho tinto
5 colheres (sopa) de azeite
1 copo de aguardente de frutas
1 bouquet garni (veja glossário)
12 filés de anchova salgados
1 copo de vinho branco ou tinto
4 pepininhos em conserva
10 cebolinhas em conserva
15 g de Manteiga manié (veja p. 68)
pimenta

1 Corte a alcatra em cubos de 5 cm de lado. Descasque e corte 1 cebola em rodelas. Em uma vasilha, misture o vinagre, 3 colheres (sopa) de azeite, a aguardente, o bouquet garni, a cebola e a pimenta. Adicione a carne e deixe marinar por 24 h na geladeira, mexendo várias vezes.

2 Preaqueça o forno a 200ºC.

3 Dessalgue as anchovas em água corrente. Descasque e pique a segunda cebola.

4 Retire a carne da marinada e doure-a em uma assadeira com 2 colheres (sopa) de azeite. Acrescente a cebola, a marinada e o vinho. Deixe levantar fervura, cubra com papel-alumínio e leve ao forno por 2 h.

5 Corte os pepininhos em rodelas, adicione-os à assadeira, bem como as cebolinhas, e asse por mais 15 min.

6 Pique a anchova em pedacinhos, prepare a Manteiga manié e misture com a anchova. Acrescente à assadeira e mexa bem por 5 min. Sirva bem quente. ▶

BOI: GUISADO
CARNES

Sirva este prato com batatas cozidas com a casca passadas na manteiga.

■ Preparo: 15 min   ■ Marinada: 24h
■ Cozimento: cerca de 2h20

Carne à moda

Rendimento: 6 porções

125 g de toucinho
100 ml de conhaque
1 ramo de tomilho
1 folha de louro
3 cebolas
1 kg de cenouras
3 dentes de alho
1/2 kg de alcatra
1 litro de vinho tinto
150 ml de azeite
1 bouquet garni (veja glossário)
1 pé de vitela desossado
150 g de toucinho
500 ml de Caldo de carne (veja p. 38)
sal e pimenta

1. Corte 125 g de toucinho em tiras e deixe marinar por 1 h no conhaque juntamente com o tomilho e o louro esmagados.
2. Descasque as cebolas, as cenouras e o alho e corte-os em rodelas.
3. Escorra e lardeie a carne (*veja Guisado de carne com legumes, p. 431*), tempere com sal e bastante pimenta e coloque-a em uma tigela. Adicione o conhaque da marinada, o vinho, 100 ml de azeite, as cebolas, as cenouras, o alho, o bouquet garni, alguns grãos de pimenta e deixe marinar por 5-6 h. Revolva a carne de vez em quando, para que absorva bem os temperos.
4. Em uma panela, coloque o pé de vitela e 150 g de toucinho, cubra com água fria e ferva por 5 min.
5. Preaqueça o forno a 200°C.
6. Retire a carne da marinada e seque-a cuidadosamente. Escorra os ingredientes da marinada.
7. Em uma assadeira, doure a carne de todos os lados com o restante do azeite. Retire-a, descarte o óleo, recoloque-a na assadeira com os ingredientes da marinada, o toucinho e o pé de vitela escorridos. Regue com a marinada e o caldo. Salgue, tampe, leve para ferver e depois ao forno por cerca de 2h30.
8. Corte a carne em fatias regulares e o pé de vitela em cubos. Distribua os cubos e as cenouras em volta da carne. Coe o caldo do cozimento, despeje-o sobre a carne e sirva bem quente.

■ Preparo: 30 min   ■ Marinada: cerca de 7 min
■ Cozimento: 2h30

BOI: GUISADO
CARNES

Carne com cerveja

Rendimento: 4-6 porções

3 cebolas
800 g de peito ou paleta bovinos
100 ml de Caldo de carne (veja p. 38)
40 g de banha de porco
1 bouquet garni (veja glossário)
600 ml de cerveja clara
25 g de manteiga
25 g de farinha de trigo
1/2 colher (café) de açúcar mascavo
sal e pimenta

1 Descasque as cebolas e corte-as em rodelas finas.
2 Pique a carne em cubos ou em fatias finas. Prepare o caldo de carne.
3 Derreta a banha em uma frigideira, coloque nela a carne, refogue e retire da panela. Doure a cebola na mesma gordura e retire também.
4 Em uma caçarola, disponha uma camada de carne, tempere com sal e pimenta. Adicione outra camada de cebola, tempere com sal e pimenta e repita a operação até os ingredientes acabarem. Adicione o bouquet garni.
5 Despeje a cerveja e o caldo na frigideira e aqueça.
6 Prepare um Roux escuro (*veja p. 102*) com a manteiga e a farinha, dissolva na mistura de cerveja e acrescente o açúcar mascavo. Prove e acerte o tempero.
7 Despeje essa preparação na caçarola, tampe e deixe apurar em fogo brando por 2h30. Sirva na própria panela de cozimento.

■ Preparo: 30 min ■ Cozimento: 2h30

Carne com chili

Rendimento: 6-8 porções

4 cebolas grandes
3 dentes de alho
1,5 kg de coxão mole ou patinho
500 ml de Caldo de carne (veja p. 38)
4 colheres (sopa) de óleo de milho
3 colheres (café) de chili em pó
tabasco ▶

1 Descasque e pique 2 cebolas e o alho.
2 Corte a carne em cubinhos ou pique-a grosseiramente. Prepare o caldo (se quiser, utilize um tablete).
3 Esquente o óleo em uma caçarola grande e refogue a cebola e o alho. Depois de 10 min, acrescente a carne. Cozinhe sem tampa por 5-6 min, mexendo sem parar. Adicione o chili, o cominho, o orégano, sal, pimenta e algumas gotas de tabasco. Mexa e mantenha em fogo brando. Adicione o caldo.
4 Escorra os tomates e incorpore-os ao molho. Misture bem e deixe apurar, sem tampa, por 1 h-1h10. ▶

BOI: GUISADO
CARNES

1 colher (café) de cominho em grão
1 colher (café) de orégano seco
1 lata de tomates sem pele
800 g de feijão cozido por apenas 15 min
100 g de queijo cheddar
sal e pimenta

5 Acrescente o feijão e cozinhe por mais 1 h.
6 Descasque e pique as 2 cebolas restantes e coloque-as em uma tigela. Rale o queijo cheddar em outra tigela.
7 Sirva o chili bem quente com esses dois condimentos.

■ Preparo: 15 min   ■ Cozimento: cerca de 2h30

Carne de panela

Rendimento: 4-6 porções
1/2 kg de costela de boi desossada
800 g de cebolas
3 colheres (sopa) de óleo
1 folha de louro
2 cravos-da-índia
4 copos de água
2 fatias de pão integral com grãos
1 limão orgânico
1 colher (sopa) de alcaparras
sal e pimenta

1 Corte a carne em cubos grandes e tempere com sal e pimenta.
2 Descasque as cebolas e corte-as em rodelas finas.
3 Esquente o óleo e doure a carne de todos os lados; retire-a da panela.
4 Coloque a cebola na panela e refogue em fogo brando, sem deixar dourar. Adicione o louro, os cravos amassados e a água fria. Espere ferver, recoloque a carne na caçarola, tampe e cozinhe em fogo brando por 1h30.
5 Enquanto isso, toste o pão no forno. Esfarele as torradas e reserve.
6 Raspe a casca do limão e esprema o suco.
7 Escorra a carne e coloque-a em uma travessa. Cubra e reserve em lugar aquecido.
8 Acrescente à panela o farelo de pão torrado, as alcaparras escorridas, o suco e a casca do limão e a pimenta moída na hora. Deixe reduzir o caldo por 5 min, regue com ele a carne e sirva.

■ Preparo: 30 min   ■ Cozimento: 1h30

BOI: GUISADO
CARNES

Carne em gelatina

Rendimento: 8 porções

1 kg de carne bovina de segunda
2 cenouras
1 cebola
2 nabos
2 alhos-porós
1 talo de aipo
1 dente de alho
3 ramos de salsinha
tomilho, louro
1 cravo-da-índia
1 pacotinho de gelatina
sal grosso e pimenta

1. Coloque a carne em um caldeirão e cubra-a com água fria. Leve para ferver e mantenha no fogo por 20 min, escumando a superfície regularmente.
2. Descasque e lave as cenouras, a cebola, os nabos, os alhos-porós e o aipo. Descasque o alho.
3. Prepare um bouquet garni amarrando juntos o alho-poró, o aipo, a salsinha, 1 ramo de tomilho e 1 folha de louro. Espete a cebola com o cravo. Coloque as cenouras, os nabos, o bouquet garni, o alho e a cebola no caldeirão e tempere com sal e pimenta. Cozinhe em fogo brando, escumando a superfície de vez em quando.
4. Retire a carne do caldo, depois os legumes e deixe esfriar. Coe, meça a quantidade de caldo necessária e prepare a gelatina com ele. Verifique e acerte o tempero, e deixe esfriar.
5. Espalhe uma camada fina de gelatina no fundo de uma assadeira e leve-a para gelar.
6. Fatie a carne.
7. Corte as cenouras e os nabos em rodelas. Corte o alho-poró e o aipo ao meio, no sentido do comprimento.
8. Disponha uma camada de carne na assadeira, adicione as cenouras e os nabos. Continue a pôr camadas, alternando a carne com os legumes e colocando o alho-poró e o aipo no centro. Despeje lentamente o restante da gelatina, deixando-a penetrar até o fundo da assadeira. Leve para gelar por pelo menos 10 h.
9. Desenforme a carne, corte-a e sirva com pepininhos em conserva.

Este prato combina bem com salada verde, de tomate ou de vagens.

■ **Preparo: cerca de 1h15** ■ **Refrigeração: cerca de 10 h**
■ **Cozimento: 2 h**

BOI: GUISADO
CARNES

Carne guisada

Rendimento: 6 porções

3 cebolas e 3 cenouras
5 dentes de alho
250 g de toucinho magro
1,5 kg de músculo
5 colheres (sopa) de azeite
750 ml de vinho tinto
2 ramos de salsinha
1 colher (sopa) de pimenta em grão
4 bagas de zimbro
4 cravos-da-índia
1 talo pequeno de aipo (salsão)
1 ramo de tomilho
2 folhas de louro
1/2 laranja orgânica
sal grosso

1. Descasque os legumes. Pique as cebolas, corte o alho em rodelas e as cenouras em pedaços grandes. Fatie bem fino o toucinho. Corte a carne em pedaços e salgue-a.
2. Em uma caçarola, esquente o azeite e doure a carne com o toucinho. Retire-os, descarte a gordura e recoloque tudo na caçarola.
3. Acrescente o alho, as cebolas e as cenouras e refogue por 2 min.
4. Adicione o vinho, os condimentos amarrados e um pedaço de casca de laranja. Se o vinho não cobrir totalmente a carne, complete com água. Coloque duas pitadas de sal grosso, tampe a caçarola e cozinhe em fogo brando por 3 h.
5. Retire o tomilho e o louro, prove, acerte o tempero e sirva.

Este prato é servido tradicionalmente com massas frescas.

■ Preparo: 25 min ■ Cozimento: 2-3 h

Carne miroton

Rendimento: 4-6 porções

800 g de carne cozida
6 cebolas grandes
140 g de manteiga
1 colher (sopa) de farinha de trigo
2 colheres (sopa) de vinagre
2 colheres (sopa) de vinho branco
50 g de farinha de rosca ▶

1. Corte a carne cozida em fatias finas. Descasque e corte em rodelas finas as cebolas, e frite-as em fogo brando com 120 g de manteiga. Polvilhe-as com farinha e deixe dourar, mexendo sem parar. Adicione o vinagre, o vinho branco, sal e pimenta. Deixe levantar fervura e retire do fogo.
2. Preaqueça o forno a 230°C. Despeje metade do molho em uma assadeira. Coloque por cima as fatias de carne, encavalando-as ligeiramente. Cubra com o restante do molho. Polvilhe com a farinha de rosca, derreta a manteiga que sobrou e regue a carne com ela. ▶

2 colheres (sopa) de salsinha picada
sal e pimenta

3 Leve ao forno e gratine por 15-20 min, sem deixar ferver.

4 Salpique a salsinha por cima e sirva bem quente.

■ Preparo: 30 min   ■ Cozimento: 15-20 min

Carne recheada

Rendimento: 4-6 porções

1/2 kg de ponta de agulha
30 g de bacon
3 cebolas grandes
6 dentes de alho
2 colheres (sopa) de óleo
2 cravos-da-índia
manjericão, louro, alecrim, segurelha e tomilho em pó (uma pitada de cada)
200 ml de vinho branco
1,5 litro de Caldo claro-escuro (veja p. 36) ou caldo em tablete

1 Com a ponta de uma faca, faça pequenas incisões na carne, introduza nelas o bacon e amarre-a.

2 Corte as cebolas em rodelas. Descasque o alho.

3 Esquente o óleo em uma caçarola e doure a carne de todos os lados. Adicione a cebola, o alho, os cravos-da-índia e todos os temperos. Despeje o vinho, deixe reduzir e acrescente o caldo. Tampe e deixe cozinhar em fogo brando por pelo menos 2h30, adicionando uma colher de água de vez em quando.

4 Sirva a carne cortada em fatias e coberta com o caldo de cozimento reduzido à metade.

■ Preparo: 15 min   ■ Cozimento: 2h30

Carne-de-sol com pirão de leite

Rendimento: 6 porções

1 kg de carne-de-sol
2 cebolas pequenas
2 dentes de alho
salsinha
1 colher (sopa) de vinagre
pimenta
uma pitada de cominho
100 g de toucinho picado

Pirão de leite

2 xícaras de leite
farinha de mandioca crua
folhas de hortelã para decorar

1 De véspera, corte a carne-de-sol em bifes e deixe de molho na água para dessalgar.

2 No dia seguinte, escorra a carne e coloque em uma tigela. Pique uma cebola, o alho e um pouco de salsinha e ponha sobre a carne. Acrescente o vinagre, uma pitada de pimenta-do-reino e uma de cominho, e misture bem. Deixe a carne nessa marinada por 1 h.

3 Corte a outra cebola em rodelas e reserve.

4 Enquanto a carne está marinando, prepare o pirão de leite. Leve o leite ao fogo, até ferver. Coloque a farinha de mandioca aos poucos, mexendo sem parar para não empelotar. ▶

BOI: GUISADO
CARNES

5 Passada 1 h, leve o toucinho ao fogo, em uma frigideira. Frite os bifes na gordura do toucinho de ambos os lados.

6 Coloque as rodelas de cebola reservadas sobre a carne e deixe na frigideira até dourarem. Mantenha aquecidas.

7 Sirva a carne-de-sol com arroz e o pirão de leite decorado com as folhas de hortelã.

■ Demolha: 12 h ■ Marinada: 1 h ■ Preparo: 10 min
■ Cozimento: 20 min

Estrogonofe de filé-mignon

Rendimento: 4-6 porções
800 g de filé-mignon
4 cebolas comuns
3 cebolas-brancas
1 cenoura grande
1 folha de louro
1 ramo de tomilho
1 garrafa de vinho branco
200 g de champignons
80 g de manteiga
1 cálice de conhaque
150 ml de creme de leite fresco sem soro
2 colheres (sopa) de salsinha picada
sal e pimenta

1 Corte o filé em tirinhas de 2,5 cm de comprimento.

2 Descasque e pique os dois tipos de cebola e a cenoura. Coloque esses legumes em uma vasilha. Adicione o filé, o louro e o tomilho picados e o vinho. Tampe e deixe marinar por pelo menos 12 h na geladeira, virando a carne de vez em quando. Corte os champignons em lâminas.

3 Retire a carne. Leve ao fogo a marinada, deixe reduzir o líquido pela metade e coe.

4 Doure os champignons em 30 g de manteiga, escorra e conserve aquecido.

5 Descarte a gordura, limpe a frigideira e esquente a manteiga restante. Adicione a carne e refogue-a em fogo alto, virando-a sem parar para que não queime. Esquente o conhaque, despeje-o na frigideira e flambe. Mexa bem e, com a escumadeira, retire a carne. Disponha-a em uma travessa de servir e mantenha aquecido.

6 Coloque os champignons na frigideira, acrescente a marinada e o creme de leite. Mexa bem em fogo alto para engrossar, acerte o tempero, se necessário, e cubra a carne com o molho. ▶

7 Salpique com a salsinha e sirva bem quente.

■ Preparo: 15 min ■ Marinada: 12 h
■ Cozimento: cerca de 15 min

Guisado de carne com legumes

Rendimento: 4-6 porções

80 g de toucinho
100 ml de óleo
3 colheres (sopa) de conhaque
1 colher (sopa) de ervas finas (veja glossário)
1 dente de alho
1/2 kg de ponta de agulha
1/2 litro de Caldo ou consomê de carne (veja p. 38) ou em tablete
200 ml de vinho branco
20 Cebolas glaçadas (veja p. 692)
3 maços de cenouras novas
5 nabos
150 g de vagem
2 colheres (sopa) de salsinha
sal e pimenta

1 Corte o toucinho em bastõezinhos.
2 Em uma tigelinha, misture 50 ml de óleo, o conhaque, as ervas finas e o alho picados e tempere com sal e pimenta. Adicione o toucinho e deixe marinar por 12 h.
3 Retire o toucinho. Faça incisões na carne e introduza nela o toucinho.
4 Coloque o restante do óleo em uma caçarola. Doure a carne de todos os lados. Retire-a, descarte o óleo e recoloque a carne na panela.
5 Prepare o caldo e acrescente à panela, junto com o vinho e a marinada. Cozinhe em fogo brando por 2h30.
6 Enquanto isso, prepare as Cebolas glaçadas.
7 Descasque as cenouras e os nabos, corte-os em pedaços e faça-os glaçados como as cebolas.
8 Retire os filamentos das vagens e cozinhe-as no vapor, deixando-as um pouco firmes. Escorra e reserve-as aquecidas. Adicione à caçarola os legumes glaçados e cozinhe por mais 2 min.
9 Escorra e disponha a carne em uma travessa retangular aquecida com os legumes em volta. Mantenha aquecido.
10 Raspe o fundo da caçarola para aproveitar os sucos da carne, coe e reduza o caldo até ficar bem cremoso. Experimente e acerte o tempero.
11 Espalhe a salsinha picada por cima e sirva com o molho à parte.

■ Preparo: 20 min ■ Marinada: 12 h
■ Cozimento: cerca de 2h45

BOI: GUISADO
CARNES

Goulash

Rendimento: 4-6 porções

3 cebolas
500 g de tomates
1 dente de alho
500 ml de Caldo ou consomê de carne (veja p. 38)
1,2 kg de paleta bovina
60 g de banha de porco
1 bouquet garni (veja glossário)
1 colher (sobremesa) de páprica
750 g de batatas
sal e pimenta

1. Descasque e corte as cebolas em rodelas. Escalde os tomates, retire a pele e as sementes e corte-os em pedaços. Descasque e amasse o alho.
2. Prepare o Caldo de carne (natural ou em tablete).
3. Corte a paleta em três pedaços grandes.
4. Esquente a banha em uma caçarola e doure nela a carne e as cebolas. Adicione os tomates, o alho, o bouquet garni, a páprica, sal e misture bem. Despeje o caldo até atingir a altura da carne e deixe ferver. Diminua o fogo, tampe e cozinhe por 2 h.
5. Descasque as batatas e corte-as em quartos. Adicione à caçarola junto com 200 ml de água fervente. Mantenha no fogo até que os legumes estejam cozidos.
6. Experimente e corrija o tempero. Disponha em uma travessa e sirva bem quente.

■ Preparo: 20 min ■ Cozimento: cerca de 2h45

Picadinho à italiana

Rendimento: 4 porções

250 ml de Molho de tomate (veja p. 97)
300-400 g de sobras de carne cozida
1 cebola
1 dente de alho
300 ml de Caldo ou consomê de carne (veja p. 38)
1 colher (sopa) de azeite
1 colher (sopa) de farinha de trigo ▶

1. Prepare o Molho de tomate e reserve em lugar aquecido.
2. Pique a carne. Descasque a cebola e o alho. Pique a cebola e esmague o alho. Prepare o caldo de carne (ou use um tablete).
3. Em uma caçarola, esquente o azeite e refogue a cebola, sem deixar escurecer. Polvilhe com a farinha e mexa bem. Adicione o caldo e misture.
4. Junte o molho de tomate, o bouquet garni e o alho. Deixe apurar por 20 min. ▶

2 colheres (sopa) de molho de tomate
1 bouquet garni (veja glossário)

5 Fora do fogo, retire o bouquet garni, deixe amornar, adicione a carne e esquente novamente. Sirva com o molho de tomate à parte.

Este prato é um ótimo acompanhamento para massas.

■ **Preparo:** 15 min ■ **Cozimento:** 20 min

Picadinho gratinado com berinjelas

Rendimento: 4 porções

300-400 g de sobras de carne cozida
2 colheres (sopa) de salsinha picada
1 cebola
150 ml de azeite
1 colher (sopa) de farinha de trigo
300 ml de Caldo ou consomê de carne (veja p. 38)
2 colheres (sopa) de extrato de tomate
1 bouquet garni (veja glossário)
1 dente de alho
2 berinjelas
40 g de queijo parmesão ralado
30 g de farinha de rosca
sal e pimenta

1 Pique a carne e misture-a com a salsinha.

2 Pique a cebola e doure-a em uma assadeira com 1 colher de azeite. Polvilhe com a farinha, mexa e adicione 200 ml de caldo. Dissolva o extrato de tomate no restante do caldo e despeje na caçarola juntamente com o bouquet garni e o alho amassado. Deixe apurar por 20 min.

3 Enquanto isso, corte as berinjelas em rodelas, refogue-as em uma frigideira com o restante do azeite e deixe escorrer sobre papel-toalha.

4 Preaqueça o forno a 230ºC.

5 Retire o bouquet garni do molho. Misture o molho com o picadinho de carne. Forre uma assadeira com a berinjela. Disponha sobre ela o picadinho, alise a superfície, salpique com parmesão e farinha de rosca, regue com azeite e leve para gratinar no forno.

■ **Preparo:** 15 min ■ **Cozimento:** cerca de 30 min

Picadinho parmentier

Rendimento: 4-6 porções

1 kg de purê de batata
2 colheres (sopa) de creme de leite fresco
600 g de carne cozida ou assada
200 ml de Caldo ou consomê de carne (veja p. 38)
2 cebolas comuns
3 cebolas-brancas
60 g de manteiga
farinha de rosca
sal e pimenta

1. Prepare o purê e misture-o com o creme de leite.
2. Pique a carne e prepare o caldo.
3. Descasque e pique as cebolas comuns e as cebolas-brancas. Refogue-as em uma panela com 20 g de manteiga. Tempere com sal e pimenta, adicione o caldo, mexa e cozinhe por 15 min em fogo brando. Deixe esfriar, adicione a carne e misture.
4. Preaqueça o forno a 275°C. Unte uma assadeira. Espalhe no fundo o picadinho, cubra com o purê, salpique com farinha de rosca e regue com a manteiga restante derretida. Leve ao forno para gratinar por 15 min.

■ Preparo: 30 min ■ Cozimento: 15 min

Tajine de carne com bacon

Rendimento: 4-6 porções

1 kg de paleta ou músculo
2 cebolas
2 dentes de alho
4 colheres (sopa) de azeite
1/2 colher (café) de cominho
duas pitadas de açafrão
1/2 colher (café) de gengibre
1/2 colher (café) de pimenta
1 colher (café) de sal
1,5 kg de aipo (salsão)
1 limão

1. Corte a carne em pedaços médios. Descasque e pique as cebolas e o alho.
2. Em uma panela de barro (ou caçarola), esquente o azeite e doure a carne com a cebola e o alho.
3. Adicione o cominho, o açafrão, a pimenta e o sal. Despeje água quente até a altura da carne e cozinhe em fogo brando por 30 min.
4. Enquanto isso, corte o aipo em tirinhas. Adicione à panela.
5. Deixe apurar por mais 30 min, acrescente o suco do limão e cozinhe por mais 10 min.

■ Preparo: 15 min ■ Cozimento: cerca de 1h15

BOI: GUISADO
CARNES

Vaca atolada

Rendimento: 6 porções

2 cebolas
2 dentes de alho
alguns ramos de salsinha
alguns ramos de cebolinha
1 kg de costela bovina
suco de 1 limão
120 ml de cachaça
1 kg de mandioca
3 colheres (sopa) de óleo
1 folha de louro
1 colher (sopa) de urucum
sal e pimenta

1 Descasque e pique as cebolas e o alho. Pique a salsinha e a cebolinha. Reserve. Corte a costela em pedaços.

2 Em uma panela, coloque a costela, o suco de limão, a cachaça e cubra com água. Cozinhe em fogo alto por cerca de 20 min. Escorra e reserve.

3 Descasque, lave e corte a mandioca em pedaços pequenos, retirando a fibra central. Cozinhe em água com sal até ficar macia, mas sem desmanchar. Coe e reserve.

4 Em uma caçarola, aqueça o óleo e refogue a cebola e o alho. Frite as costelas até dourar.

5 Lentamente, acrescente um pouquinho de água, até formar um caldo. Coloque o louro, a salsinha, a cebolinha e o urucum. Tampe a caçarola e deixe cozinhar.

6 Quando as costelas estiverem ficando tenras, adicione a mandioca, tempere com pimenta e deixe mais alguns minutos, até o caldo engrossar. Prove e corrija o tempero.

Sirva bem quente, acompanhada de arroz branco e molho apimentado.

■ Preparo: 1 h ■ Cozimento: cerca de 1h30

BOI: MIÚDOS

Dobradinha

Rendimento: 4-6 porções

800 g de dobradinha
400 g de cenouras novas
36 cebolas-brancas pequenas
600 ml de Caldo ou consomê de carne (veja p. 38)
50 g de manteiga
1 colher (sopa) de farinha de trigo
1 bouquet garni (veja glossário)
pimenta-de-caiena
2 colheres (sopa) de salsinha picada
sal e pimenta-do-reino

1. Branqueie e corte a dobradinha em cubinhos.
2. Raspe as cenouras e descasque as cebolas. Esquente água em uma panela. Quando ferver, coloque as cenouras, cozinhe por 10 min e escorra.
3. Esquente o caldo (se quiser, utilize um tablete), mergulhe nele dois terços das cebolas, cozinhe por 5 min e escorra.
4. Derreta a manteiga em uma caçarola e refogue as outras cebolas. Salpique com a farinha, doure ligeiramente, despeje o caldo do cozimento das primeiras cebolas, mexa bem e ferva por 6 min. Acrescente a dobradinha, sal, pimenta-do-reino, o bouquet garni, uma pitada de pimenta-de-caiena e cozinhe em fogo alto por 1h30. Adicione as cenouras e as cebolas cozidas, tampe e deixe cozinhar em fogo brando por mais 10 min.
5. Disponha em uma travessa, salpique com salsinha e sirva bem quente.

■ Preparo: 10 min ■ Cozimento: cerca de 2 h

Hochepot

Rendimento: 4-6 porções

800 g de rabo de boi
2 pés de porco
2 orelhas de porco
sal grosso
pimenta em grão
1 couve lombarda grande
3 alhos-porós
2 talos de aipo (salsão) ▶

1. Peça ao açougueiro para cortar o rabo de boi, assim como os pés de porco. As orelhas ficam inteiras. Cozinhe tudo por 15 min em água com sal.
2. Escorra as carnes, deixe esfriar, coloque em uma caçarola de barro envernizada (ou numa panela) e cubra com água fria. Adicione 2 colheres (sopa) de sal grosso e pimenta em grão. Cozinhe em fogo brando por 2 h. ▶

BOI: MIÚDOS
CARNES

- 1 cebola
- 1 cravo-da-índia
- 4 dentes de alho
- 4 cenouras
- 4 nabos
- 1/2 bulbo de aipo-rábano
- 1 colher (sopa) de bagas de zimbro

3 Enquanto isso, lave e descasque os legumes. Corte a couve em quartos e cozinhe-a na água por 10 min. Espete a cebola com o cravo e corte o aipo-rábano em pedaços. Pique os legumes e acrescente tudo à caçarola, cozinhe por mais 2 h e escorra.

4 Coloque o rabo e os pés no centro da travessa de servir e disponha em volta os legumes com as orelhas cortadas em fatias.

5 Sirva o caldo à parte, com pão tostado.

■ Preparo: 15 min ■ Cozimento: 4h15

Língua à alsaciana

Rendimento: 8 porções

- 1,4 kg de língua
- 3-4 litros de Caldo ou consomê de carne (veja p. 38) ou caldo pronto
- 1 bouquet garni (veja glossário)
- 2,4 kg de chucrute comprado pronto
- 250 g de toucinho
- 1 kg de batatas
- 8 salsichas
- sal e pimenta

1 Lave a língua. Despeje o caldo de carne em um caldeirão, adicione o bouquet garni e a língua. Deixe ferver e cozinhe em fogo brando por 2h30.

2 Enquanto isso, prepare e esquente o chucrute.

3 Coloque o toucinho em uma panela, cubra com água fria e espere ferver. Mantenha no fogo por 10 min, escumando a superfície de vez em quando.

4 Retire a língua do caldo, remova a gordura e a cartilagem. Elimine a pele com uma faca bem afiada, cortando-a na base e na parte de cima e puxando em direção à ponta.

5 Preaqueça o forno a 180ºC. Coloque numa assadeira a língua com o chucrute em volta. Feche com papel-alumínio e leve ao forno por 30 min.

6 Enquanto isso, cozinhe as batatas.

7 Mergulhe as salsichas em água fervente por 5 min.

8 Disponha o chucrute em uma travessa. Corte a língua e o toucinho em fatias e coloque-os sobre o chucrute junto com as batatas e as salsichas.

■ Preparo: 20 min ■ Cozimento: 3 h

BOI: MIÚDOS
CARNES

Língua ao forno

Rendimento: 6 porções

- 1 língua bovina de cerca de 2 kg
- 200 g de toucinho com couro
- 4 cebolas
- 3 cenouras
- 1 bouquet garni (veja glossário)
- 200 ml de vinho branco seco
- 2 litros de Caldo ou consomê de carne (veja p. 38)
- 5-6 pepininhos em conserva
- Roux branco (veja p. 82)
- 25 g de manteiga
- 2 colheres (sopa) de farinha de trigo
- 2 colheres (sopa) de alcaparras
- 1 colher (café) de mostarda com estragão
- sal e pimenta

1. Coloque a língua em uma panela, cubra com água fria e leve para ferver. Cozinhe por 15 min, retirando a espuma da superfície de vez em quando.
2. Forre uma assadeira com o toucinho, com o lado do couro para baixo.
3. Descasque e pique bem as cebolas e as cenouras e coloque-as na assadeira junto com o bouquet garni. Por cima coloque a língua, cubra com papel-alumínio e esquente levemente por 10 min.
4. Preaqueça o forno a 175°C. Retire o papel-alumínio da assadeira, despeje o vinho, deixe ferver (a descoberto) até reduzir, adicione o caldo e ferva novamente. Tempere com sal e pimenta, cubra novamente com o papel-alumínio e leve ao forno por 2 h. Durante o cozimento, vire a língua várias vezes.
5. Retire a língua e corte-a em pedaços regulares. Disponha uma parte na travessa de servir aquecida. Peneire o caldo de cozimento.
6. Pique os pepininhos.
7. Faça o Roux branco com a manteiga e a farinha: dissolva-o em 600 ml do caldo de cozimento, ferva e adicione os pepininhos, as alcaparras escorridas e a mostarda. Experimente e corrija o tempero. Sirva esse molho à parte.

■ Preparo: 35 min ■ Cozimento: cerca de 2h40

Tripas à moda de Lyon

Rendimento: 4-6 porções

3 cebolas
50 g de manteiga
2 colheres (sopa) de óleo
800 g de dobradinha cozida
2 colheres (sopa) de vinagre
2 colheres (sopa) de salsinha picada
sal e pimenta

1 Descasque e corte as cebolas em rodelas finas. Derreta em uma frigideira 25 g de manteiga com 1 colher de óleo e doure as cebolas. Tempere com sal e pimenta.
2 Corte a dobradinha em fatias finas, refogue na frigideira com o restante da manteiga e do óleo bem quentes e tempere com sal e pimenta. Despeje as cebolas por cima, misture e deixe dourar por igual, mexendo com freqüência.
3 Retire e coloque em uma travessa funda. Ponha o vinagre na frigideira, raspe o fundo para aproveitar os sucos da carne, mexa bem e despeje esse molho sobre a dobradinha. Salpique com a salsinha e sirva bem quente.

■ Preparo: 15 min ■ Cozimento: cerca de 15 min

CARNEIRO E CORDEIRO

O termo "carneiro" designa o ovino macho castrado há mais de um ano e submetido à engorda para ser vendido nos açougues. Também é usado para se referir à ovelha, cuja carne é mais gordurosa e de qualidade inferior. Atualmente, as pessoas costumam apreciar mais o cordeiro, filhote de carneiro com menos de 10 meses de idade, devido à sua carne delicada, tenra e perfumada.

O carneiro e o cordeiro são cortados da mesma maneira, e as utilizações variam de acordo com as partes do animal. As mais usadas em assados são o pernil (que também pode ser cozido em água ou caldo), a sela (pernil sem osso), o lombo e o quarto dianteiro, desossado ou não (a peça que compreende o pernil e a sela juntos tem o nome de "barão"). Para grelhados, as partes preferidas são as costeletas. Para churrasco, em geral usa-se a carne do peito, do quarto dianteiro ou do pescoço, as quais, porém, são menos macias no carneiro do que no cordeiro. As partes ideais para grelhar, saltear ou refogar são o pescoço, o lombo e o quarto dianteiro, dando origem aos ensopados, guisados, tajines, halicots de carneiro etc.

Os ensopados, salteados ou refogados são as formas mais comuns de preparo, porque fornecem a untuosidade necessária às carnes firmes. Para assados e grelhados, é recomendável usar animais bem jovens.

Quanto ao cabrito, que costuma encontrar-se nos cardápios dos restaurantes na parte destinada ao carneiro e ao cordeiro, nesta obra é apresentado no capítulo dedicado aos animais de caça (*veja pp. 609-613*), devido às características de sua carne e do modo de prepará-la.

CARNEIRO E CORDEIRO: COZIDO

Pernil de cordeiro à inglesa

Rendimento: 6-8 porções

1 pernil de cordeiro de 1,6-1,8 kg
2 cenouras
2 cebolas ▶

1. Tempere o pernil com sal e pimenta.
2. Descasque e corte as cenouras em pedacinhos. Descasque as cebolas e espete-as com um cravo-da-índia. Descasque o alho. Em um caldeirão, ferva bastante água com sal (8 g por litro). ▶

CARNEIRO E CORDEIRO: ASSADO, GRELHADO, NA CAÇAROLA
CARNES

2 cravos-da-índia
1 dente de alho
100 g de manteiga
3 colheres (sopa) de farinha de trigo
1 bouquet garni (veja glossário)
500 ml de Molho de hortelã (veja p. 84)
sal e pimenta

3 Estenda um tecido fino sobre a superfície de trabalho (musselina), unte-o com manteiga e enfarinhe-o. Coloque o pernil sobre o tecido, envolva-o e amarre-o. Mergulhe o pernil na água fervente com os legumes e o bouquet garni. Cozinhe em fogo alto por cerca de 50 min (30 min por quilo).

4 Prepare o Molho de hortelã.

5 Escorra o pernil, corte-o e disponha em uma travessa retangular. Sirva com o molho à parte.

Este pernil pode ser servido com purê de batata ou com um molho de alcaparras: misture 500 ml de Béchamel (molho branco) (*veja p. 70*) com 125 g de alcaparras.

■ Preparo: 10 min ■ Cozimento: cerca de 50 min

CARNEIRO E CORDEIRO: ASSADO, GRELHADO, NA CAÇAROLA

Carré de cordeiro à moda de Bordeaux

Rendimento: 4 porções

400 g de batatas pequenas
400 g de champignons
150 ml de azeite
40 g de manteiga
1 carré de cordeiro de cerca de 1,2 kg
50 ml de Caldo escuro de vitela (veja p. 38)
1 colher (café) de extrato de tomate
1 dente de alho
sal e pimenta

1 Descasque as batatas e cozinhe por 10 min em água com sal e escorra.

2 Preaqueça o forno a 180°C. Lave os champignons e doure-os em 100 ml de azeite bem quente.

3 Em uma assadeira, derreta a manteiga com o restante do azeite e doure o carré de todos os lados. Acrescente os champignons escorridos e as batatas. Tempere com sal e pimenta. Cubra com papel-alumínio e leve ao forno por 25 min.

4 Prepare o Caldo escuro de vitela e adicione o extrato de tomate.

5 Alguns minutos antes de servir, descasque e amasse o alho e coloque-o na assadeira juntamente com o caldo. Misture e sirva bem quente.

■ Preparo: 15 min ■ Cozimento: 25 min

Carré de cordeiro à moda de Nice

Rendimento: 4 porções

3 abobrinhas
3 tomates
400 g de batatas pequenas
150 ml de azeite
1 carré de cordeiro de cerca de 1,2 kg
1 ramo de tomilho
2 colheres (sopa) de azeitonas pretas
1 colher (sopa) de salsinha picada
sal e pimenta

1 Descasque as abobrinhas e corte em cubos grandes. Escalde os tomates, retire a pele e as sementes e corte em pedacinhos. Descasque as batatas.
2 Em uma frigideira com azeite, doure cada legume separadamente e escorra-os.
3 Preaqueça o forno a 210ºC.
4 Coloque o restante do azeite em uma panela de barro e doure o carré de todos os lados.
5 Retire a gordura da panela, recoloque o carré e acrescente os legumes. Tempere com sal, pimenta, tomilho e leve ao forno por 15-20 min. Adicione as azeitonas 5 min antes de terminar o cozimento. Salpique com a salsinha e sirva na caçarola.

■ Preparo: 30 min ■ Cozimento: 15-20 min

Carré de cordeiro à moda do Languedoc

Rendimento: 4 porções

1 carré de cordeiro de cerca de 1,2 kg
12 Cebolas glaçadas (veja p. 692)
100 g de presunto cru
6 dentes de alho
300 g de cogumelos pequenos
50 ml de azeite
3 colheres (sopa) de manteiga ▶

1 Compre o carré de cordeiro limpo.
2 Prepare as Cebolas glaçadas. Corte o presunto em cubos.
3 Descasque os dentes de alho e mergulhe-os por 2 min em água fervente. Lave os cogumelos e refogue-os em uma frigideira com o azeite.
4 Ao final do cozimento das cebolas, adicione o presunto, o alho e os cogumelos.
5 Preaqueça o forno a 210ºC. Em uma caçarola, derreta a manteiga e doure o carré de todos os lados. Tempere com sal e pimenta. Escorra-o e coloque em uma assadeira de barro. ▶

CARNEIRO E CORDEIRO: ASSADO, GRELHADO, NA CAÇAROLA
CARNES

*1 colher (sopa)
de salsinha
sal e pimenta*

6 Acrescente a preparação de cebolas e presunto e leve ao forno por 15-20 min, regando freqüentemente. Salpique com salsinha e sirva na própria travessa de cozimento.

■ Preparo: 30 min ■ Cozimento: 15-20 min

Chiche-kebab

Rendimento: 4-6 porções
*2 dentes de alho
2 cebolas-brancas
1/2 maço de salsinha
6 colheres (sopa) de azeite
4 colheres (sopa) de xerez
1 colher (sopa) de orégano
1-1,2 kg de carne de cordeiro sem osso (pernil)
2 pimentões verdes
10 cebolinhas
4-6 tomates-cerejas
10-12 champignons
sal e pimenta*

1 Descasque e pique o alho, as cebolas e a salsinha. Em uma tigela, misture tudo com o azeite, o xerez, o orégano, sal e pimenta.

2 Corte a carne em cubos de 2,5 cm. Ponha na marinada e mexa bem. Cubra a tigela com filme de PVC e deixe na geladeira por pelo menos 12 h (se possível, 24 h), virando a carne várias vezes.

3 Preaqueça o forno ou prepare a churrasqueira.

4 Lave os pimentões, corte-os em quatro e retire as sementes. Descasque as cebolinhas. Lave os tomates e os champignons.

5 Escorra a carne e reserve a marinada.

6 Distribua os ingredientes nos espetos, alternando-os. Pincele com azeite a assadeira. Mergulhe os espetinhos na marinada, um a um, e asse por 10-12 min, virando-os e regando diversas vezes com a marinada.

Sirva o chiche-kebab com arroz e salada de alface.

■ Preparo: 25 min ■ Marinada: 12-24 h
■ Cozimento: 10-12 min

Cordeiro ao forno

Rendimento: 4 porções

1, 2 kg de quarto dianteiro
de cordeiro
1 colher (sopa) de óleo
2 dentes de alho
2 ramos de tomilho
1 folha pequena de louro
sal e pimenta

1 Compre o cordeiro já desossado. Peça ao açougueiro para triturar os ossos. Preaqueça o forno a 220ºC.
2 Tempere a carne com sal e pimenta e amarre-a. Coloque em uma assadeira com os ossos e o óleo e leve ao forno por 30-35 min. Vire a carne e regue com água várias vezes durante o cozimento.
3 Disponha o cordeiro em uma travessa, cubra com papel-alumínio e deixe descansar por 15 min em lugar aquecido.
4 Descasque os dentes de alho.
5 Pegue a gordura de cozimento da travessa, acrescente o tomilho, o louro e o alho, 400 ml de água, raspe o fundo da travessa para aproveitar os sucos do cozimento, mexa bem e deixe o líquido reduzir à metade. Tempere com sal e pimenta, adicione o caldo do cordeiro, coe e despeje em uma molheira bem quente.
6 Desamarre o cordeiro e sirva.

■ Preparo: 10 min   ■ Cozimento: cerca de 45 min

Cordeiro recheado

Rendimento: 4-6 porções

1,2 kg de cordeiro
(quarto dianteiro)
15 dentes de alho
1/2 maço de salsinha
150 g de fígado de boi
800 g de batatas
200 g de paio picado
sem a pele
30 g de manteiga
sal e pimenta

1 Compre o cordeiro já inteiramente desossado.
2 Descasque os dentes de alho e pique 3 deles. Mergulhe os outros 12 em água fervente por 2 min. Retire os talos da salsinha e corte-a. Pique o fígado.
3 Descasque as batatas, corte-as em quartos, ponha em uma panela com água fria e sal e leve para ferver por 5 min.
4 Tempere o cordeiro com sal e pimenta.
5 Em uma tigela, misture o paio com o fígado, o alho e a salsinha picados, sal e pimenta. Espalhe esse recheio sobre o cordeiro, enrole-o e amarre-o em formato de rocambole. ▶

6 Preaqueça o forno a 230°C. Esquente a manteiga em uma caçarola e doure o cordeiro de todos os lados. Acrescente as batatas e os dentes de alho e esfregue-os na gordura. Tempere com sal e pimenta e leve ao forno por pelo menos 50 min.

7 Salpique com a salsinha e sirva na própria caçarola.

■ Preparo: 30 min ■ Cozimento: 50 min

Costeletas de cordeiro ao molho cremoso

Rendimento: 4 porções

200 ml de Molho cremoso (veja p. 76)
4 fatias de pão de fôrma
50 g de manteiga
400 g de brotos de feijão
azeite
1 limão
12 costeletas de cordeiro pequenas
1 colher (sopa) de óleo
250 ml de creme de leite
sal e pimenta

1 Ferva água com sal em uma panela grande.

2 Unte ligeiramente as fatias de pão com 10 g de manteiga e toste-as na frigideira. Escorra sobre papel-toalha e reserve.

3 Coloque os brotos de feijão por 5-6 min em água fervente, coe e tempere com sal, azeite e gotas de limão. Deixe esfriar, misture com o Molho cremoso e reserve em lugar aquecido.

4 Esquente a travessa de servir.

5 Coloque o óleo e o restante da manteiga na frigideira e frite as costeletas por 3 min de um lado e 2 min do outro. Retire-as da frigideira, descarte a gordura, adicione o creme de leite e mexa bem, raspando o fundo com a colher de pau. Tempere com sal e pimenta.

6 Corte o pão em triângulos e toste no forno.

7 Disponha as costeletas em uma travessa, alternando com as torradas, e regue com o molho da frigideira. Ponha os brotos de feijão no centro e sirva imediatamente.

■ Preparo: 20 min ■ Cozimento: 5 min

CARNEIRO E CORDEIRO: ASSADO, GRELHADO, NA CAÇAROLA
CARNES

Costeletas de cordeiro com agrião

Rendimento: 4 porções

40 g de manteiga
1 colher (sopa) de salsinha picada
1 maço de agrião
8 costeletas de cordeiro grandes
sal e pimenta

1 Corte a manteiga em pedacinhos e coloque em uma tigela. Mexa com uma espátula até adquirir consistência cremosa. Adicione uma pitada de sal, pimenta-do-reino moída na hora e salsinha picada. Sove bem e leve à geladeira.
2 Lave e escorra o agrião. Separe-o em buquês.
3 Tempere as costeletas com sal e pimenta. Grelhe-as por 2-3 min de cada lado. Disponha em uma travessa de servir bem quente e coloque sobre cada costeleta um quarto da manteiga aromatizada bem gelada.
4 Enfeite a travessa com buquês de agrião e sirva em seguida.

■ Preparo: 10 min ■ Cozimento: 8 min

Costeletas de cordeiro com tomilho

Rendimento: 4 porções

200 ml de azeite
1 colher (sopa) de tomilho seco
12 costeletas de cordeiro pequenas
sal e pimenta

1 Coloque o azeite em uma tigela com o tomilho, mexa bem e deixe descansar em temperatura ambiente por 1 h.
2 Unte as costeletas de ambos os lados com esse azeite.
3 Um pouco antes de servir, grelhe as costeletas por 3-4 min de cada lado. Tempere com sal e pimenta.

Pode-se também besuntar as costeletas com Azeite com manjericão ou com alecrim (*veja p. 46*).

■ Marinada: 1 h ■ Preparo: 5 min
■ Cozimento: 7-8 min

CARNEIRO E CORDEIRO: ASSADO, GRELHADO, NA CAÇAROLA
CARNES

Medalhões de cordeiro à moda turca

Rendimento: 4 porções

8 medalhões de cordeiro de 70 g cada
300 g de arroz
1 colher (sopa) de manteiga
250 ml de Caldo claro de vitela (veja p. 35)
1 colher (sopa) de extrato de tomate
4 berinjelas
200 ml de azeite
65 g de manteiga
1 colher (sopa) de azeite
sal e pimenta

1. Peça ao açougueiro para cortar os medalhões do peito do cordeiro.
2. Prepare o arroz, coloque 1 colher (sopa) de manteiga e mantenha aquecido.
3. Faça o caldo de vitela e misture-o com o extrato de tomate.
4. Lave as berinjelas e corte-as em cubos, tempere com sal e refogue no azeite. Espete nelas um garfo para saber se estão cozidas.
5. Em uma frigideira grande, derreta 40 g de manteiga e 1 colher (sopa) de azeite e frite os medalhões por 2-3 min de cada lado. Adicione sal e pimenta. Aqueça a travessa de servir.
6. Escorra a berinjela sobre papel-toalha. Disponha os medalhões na travessa, adicione a berinjela e o arroz e mantenha em lugar aquecido.
7. Descarte a gordura do cozimento dos medalhões e despeje o caldo de vitela na frigideira. Aumente o fogo e raspe o fundo, mexendo, para diluir a crosta depositada. Junte 25 g de manteiga e misture bem. Despeje o molho sobre os medalhões e sirva.

■ Preparo: 40 min ■ Cozimento: cerca de 6 min

Pernil de cordeiro à boulangère

Rendimento: 4-6 porções

600 g de batatas
2 ou 3 cebolas grandes
1 colher (sopa) de óleo
2 dentes de alho
100 ml de Caldo claro de vitela (veja p. 35) ▶

1. Descasque as batatas e cozinhe-as por 10 min em água com sal. Corte-as em rodelas, assim como as cebolas. Refogue as cebolas em uma frigideira com o óleo, sem deixar dourar, e escorra. Descasque o alho.
2. Prepare o caldo de vitela.
3. Preaqueça o forno a 275°C. Tempere o pernil com sal e pimenta e esfregue-o com o alho. ▶

CARNEIRO E CORDEIRO: ASSADO, GRELHADO, NA CAÇAROLA

1 pernil de cordeiro de 1,5-1,6 kg
sal e pimenta

4 Misture as rodelas de batata e cebola, tempere com sal e pimenta e coloque-as em uma assadeira. Coloque o cordeiro por cima e leve ao forno. Depois de 10 min, diminua a temperatura para 250ºC e asse por mais 20-25 min.

5 Durante o cozimento, regue a carne com 1 ou 2 colheres do caldo de vitela.

6 Verifique se as batatas estão no ponto. Cubra a travessa com papel-alumínio e deixe descansar por cerca de 15 min no forno desligado antes de servir.

■ Preparo: 20 min   ■ Cozimento: 30-35 min

Pernil de cordeiro apimentado

Rendimento: 6 porções

2 litros de Marinada cozida para carne e caça (veja p. 43)
1 pernil de cordeiro de 1,6-1,8 kg
8-10 tiras de bacon
1 colher (sopa) de óleo
800 ml de Molho apimentado (veja p. 92)
sal e pimenta

1 Prepare a marinada e deixe esfriar.

2 Retire a gordura do pernil. Com uma faca, faça algumas incisões na carne e introduza uma tira de bacon em cada uma. Ponha o cordeiro na marinada e deixe na geladeira por 2 dias.

3 Preaqueça o forno a 240ºC.

4 Retire o pernil da marinada e coloque em uma assadeira; pincele com óleo e leve ao forno por 15 min. Tempere com sal e pimenta e asse por mais 25 min, a 200ºC. Cubra com papel-alumínio e deixe descansar no forno por 10-15 min, com a porta entreaberta.

5 Enquanto a carne assa, prepare o Molho apimentado usando a marinada e seu tempero aromático.

■ Marinada: 2 dias (na geladeira)
■ Preparo: 1 h   ■ Cozimento: cerca de 45 min

CARNEIRO E CORDEIRO: ASSADO, GRELHADO, NA CAÇAROLA

CARNES

Pernil de cordeiro assado

Rendimento: 6 porções

1 pernil de cordeiro de cerca de 1,6 kg sem a sela
1 dente de alho
sal e pimenta

1. Compre o pernil limpo.
2. Preaqueça o forno a 240ºC.
3. Se o pernil estiver muito gordo, retire parte da camada de gordura com uma faca.
4. Descasque o alho e introduza-o no músculo perto do osso.
5. Coloque a carne em uma assadeira e leve ao forno por 15 min. Tempere com sal e pimenta e asse por mais 25 min a 200ºC. Cubra com papel-alumínio e deixe descansar no forno por 10-15 min, com a porta entreaberta.
6. Se quiser o pernil malpassado, deixe por 10 min; se preferir mais rosado, deixe por 15 min.

■ Preparo: 5 min   ■ Cozimento: cerca de 45 min

Pernil de cordeiro assado com alho

Rendimento: 4 porções

50 ml de azeite
2 ramos de tomilho
1 colher (café) de alecrim em pó
3-4 filés de anchova salgados
3 cabeças de alho
1 pernil de cordeiro de cerca de 1,5 kg sem a sela
sal e pimenta

1. Misture o azeite com o tomilho picado, o alecrim e uma pitada de pimenta-do-reino.
2. Dessalgue os filés de anchova e corte-os em dois. Descasque 5 dentes de alho. Corte 2 deles em pedacinhos. Preaqueça o forno a 240ºC.
3. Coloque o pernil em uma assadeira. Com uma faquinha, faça incisões na carne e introduza os pedaços de anchova e alho.
4. Besunte o pernil com o azeite aromatizado, adicione os 3 dentes de alho inteiros descascados e leve ao forno por 35-45 min. Enquanto assa, regue várias vezes com o azeite aromatizado. Tempere com sal e pimenta e asse por mais 25 min a 200ºC. Cubra com papel-alumínio e deixe descansar no forno por 10-15 min, com a porta entreaberta. ▶

5 Enquanto isso, prepare o Alho en chemise (*veja p. 652*). Acrescente-o à travessa 5 min antes do final do cozimento. Regue mais uma vez o pernil. Sirva bem quente na travessa em que foi assado.

■ Preparo: 20 min ■ Cozimento: 35-40 min

Pernil de cordeiro assado com ervas

Rendimento: 6 porções

- 1 pernil de cordeiro de 1,6 kg sem a sela
- 4 dentes de alho
- 1/2 maço de salsinha
- 1 maço de hortelã
- 100 g de miolo de pão fresco
- 2 ramos de tomilho
- 1 colher (café) de louro em pó
- sal e pimenta

1 Leve o cordeiro ao forno preaquecido por 15 min. Tempere com sal e pimenta e asse por mais 25 min a 200°C. Cubra com papel-alumínio e deixe descansar no forno por 10-15 min, com a porta entreaberta.

2 Enquanto isso, descasque e pique o alho, lave e corte a salsinha e a hortelã e amasse o miolo de pão. Misture bem esses ingredientes com o tomilho, o louro, sal e pimenta.

3 Depois dos 15 primeiros min de cozimento, retire o pernil do forno, espalhe nele essa preparação e deixe assar por mais 30 min.

■ Preparo: 10 min ■ Cozimento: cerca de 45 min

Pernil de cordeiro com feijão-verde

Rendimento: 6-8 porções

- 750 g de feijão-verde
- 1 cenoura
- 3 cebolas
- 5 dentes de alho
- 1 cravo-da-índia
- 1 bouquet garni (*veja glossário*) ▶

1 Ponha o feijão-verde de molho em água fria por 2 h. Descasque a cenoura, as cebolas e o alho.

2 Escorra o feijão, coloque em uma panela e cubra com água. Adcione a cenoura, 1 cebola com um cravo espetado, 1 dente de alho e o bouquet garni. Deixe ferver em fogo brando por 1h-1h30. Na metade do cozimento, retire a espuma da superfície e adicione sal. ▶

CARNEIRO E CORDEIRO: ASSADO, GRELHADO, NA CAÇAROLA

1 pernil de cordeiro de cerca de 2 kg
5 ou 6 tomates maduros
80 g de manteiga
1 ramo de tomilho
sal e pimenta

3 Preaqueça o forno a 240°C. Corte 2 dentes de alho em quatro pedaços. Com uma faquinha, faça pequenas incisões no cordeiro e introduza um pedaço de alho em cada uma. Coloque a carne em uma assadeira e leve ao forno por 15 min. Tempere com sal e pimenta e asse por mais 25 min a 200°C. Cubra com papel-alumínio e deixe descansar no forno por 10-15 min, com a porta entreaberta.

4 Fatie as 2 cebolas restantes. Escalde os tomates e retire e pele e as sementes. Pique o restante do alho.

5 Derreta 30 g de manteiga em uma caçarola e doure a cebola e o alho, junto com o tomilho e os tomates. Deixe cozinhar em fogo brando por 15 min.

6 Escorra o feijão, embrulhe em um pano e esfregue para que a pele dos grãos saia. Tire toda a pele e ponha os grãos na caçarola. Cozinhe em fogo brando até o momento de servir. Adicione mais 20 g de manteiga e misture. Ponha o feijão em uma travessa e mantenha aquecido.

7 Retire o pernil do forno. Mantenha os pratos e a molheira aquecidos no forno desligado. Fatie o cordeiro. Despeje o líquido do cozimento em uma panela e esquente-o.

8 Fora do fogo, acrescente à panela o restante da manteiga e bata energicamente. Experimente o tempero, coloque mais sal, se necessário, e despeje na molheira bem quente.

■ Molho: 2 h ■ Preparo: 15 min
■ Cozimento: 1h30

Pernil de cordeiro cozido com alho

Rendimento: 6-8 porções

1 pernil de cordeiro de 1,8-2 kg desossado
2 dentes de alho
sal e pimenta

1 Tempere a carne com sal e pimenta.

2 Descasque e corte o alho em três ou quatro pedaços. Com uma faquinha, faça pequenas incisões no pernil e insira os pedaços de alho. ▶

CARNEIRO E CORDEIRO: GUISADO

3 Enfie a carne em um espeto e asse por cerca de 1 h, colocando um recipiente embaixo e regando a carne regularmente com seu próprio suco.

■ Preparo: 10 min ■ Cozimento: 1 h

CARNEIRO E CORDEIRO: GUISADO

Cari de cordeiro

Rendimento: 4-6 porções

- 1 colher (sopa) de gengibre fresco ralado
- uma pitada de açafrão
- 5 colheres (sopa) de óleo
- pimenta-de-caiena
- 1,5 kg de pernil dianteiro de cordeiro em pedaços
- 3 tomates grandes
- 4 cebolas grandes
- 3 dentes de alho
- 1 colher (sopa) de curry
- 1 bouquet garni (veja glossário)
- 1 maçã verde
- 150 ml de leite de coco (ou leite semidesnatado)
- 400-500 g de Arroz à indiana (veja p. 816)
- 2 ou 3 fatias de abacaxi fresco (ou em lata)
- 1 banana
- 1/2 limão
- 50 g de castanhas-de-caju
- 30 g de uvas-passas
- sal e pimenta-do-reino

1 Misture o gengibre, o açafrão, 2 colheres (sopa) de óleo, uma pitada de pimenta-de-caiena, sal e pimenta-do-reino. Besunte os pedaços de cordeiro com essa mistura e deixe macerar por 1 h.

2 Escalde os tomates, retire a pele e corte-os em pedaços. Descasque e corte as cebolas em rodelas; descasque e pique o alho.

3 Em uma caçarola, esquente 3 colheres de óleo, doure os pedaços de carne e retire-os. Adicione a cebola, refogue por 5 min e acrescente o tomate, o curry, o alho e o bouquet garni.

4 Descasque e rale a maçã, ponha na caçarola e mexa por 2-3 min. Recoloque a carne na panela, misture bem, adicione o leite de coco ou, se não tiver, leite semidesnatado. Tampe e deixe cozinhar em fogo brando por 40 min. Experimente e corrija o tempero, se necessário.

5 Enquanto isso, prepare o Arroz à indiana.

6 Corte as fatias de abacaxi em cubos. Corte a banana em rodelas e misture-a com o suco de limão. Disponha o abacaxi e a banana em tigelas separadas, bem como as castanhas-de-caju e as uvas-passas, e sirva.

■ Maceração: 1 h ■ Preparo: 40 min
■ Cozimento: 40 min

Carneiro com mandioca

Rendimento: 6 porções

2 cebolas
3 dentes de alho
alguns ramos de salsinha, cebolinha e hortelã
1 kg de carne de carneiro em pedaços
suco de 1 limão
1 kg de mandioca
3 colheres (sopa) de óleo
2 colheres (sopa) de vinho branco
1 folha de louro
uma pitada de noz-noscada
sal e pimenta

1. Descasque e pique as cebolas e o alho. Pique a salsinha, a cebolinha e a hortelã. Reserve.
2. Tempere o carneiro com sal, pimenta e o suco do limão. Leve ao fogo com água e cozinhe em fogo alto por cerca de 20 min. Retire e reserve.
3. Descasque, lave e corte a mandioca em pedaços, retirando a fibra central. Cozinhe em água com sal até ficar tenra, mas sem desmanchar. Coe e reserve.
4. Em uma caçarola, aqueça o óleo e refogue a cebola e o alho. Frite o carneiro até dourar.
5. Acrescente o vinho branco, um pouco de água, a mandioca cozida, o louro, a salsinha, a cebolinha, a hortelã e a noz-moscada. Prove, acerte o tempero, tampe a caçarola e cozinhe em fogo brando. Quando a carne estiver bem macia e a mandioca se desmanchando, retire a tampa e cozinhe por mais alguns minutos até o molho engrossar um pouco.

Sirva bem quente, acompanhado de arroz branco e chutney de hortelã.

■ Preparo: 1 h   ■ Cozimento: cerca de 1h30

Carneiro com pistache

Rendimento: 4-6 porções

4 cabeças de alho
1,2 kg de pernil dianteiro de carneiro desossado
50 g de manteiga
1 cenoura
1 cebola
1 fatia grossa de presunto cru
400 ml de caldo de vitela ou de carne em tablete
1 laranja orgânica (só a casca) ▶

1. Descasque os dentes de alho e mergulhe-os por 2 min em água fervente.
2. Tempere a carne com sal e pimenta, enrole-a e amarre-a. Derreta 1 colher (sopa) de manteiga em uma assadeira e doure o cordeiro de todos os lados. Escorra a carne e descarte a gordura.
3. Descasque e pique bem a cenoura e a cebola.
4. Disponha na assadeira junto com o presunto. Coloque o cordeiro por cima, adicione o restante da manteiga e cozinhe lentamente por 10-15 min.
5. Prepare o caldo de vitela e descasque a laranja. ▶

CARNEIRO E CORDEIRO: GUISADO

2 colheres (sopa) de
   farinha de trigo
200 ml de vinho branco
1 bouquet garni
   (veja glossário)
sal e pimenta

6 Preaqueça o forno a 220ºC.

7 Retire o cordeiro e o presunto da assadeira e acrescente a farinha. Misture bem, leve ao fogo por 5 min, adicione o vinho branco e o caldo. Cozinhe por mais 5 min, coe o líquido de cozimento e reserve em lugar aquecido.

8 Corte o presunto em cubinhos. Recoloque o cordeiro na assadeira com o presunto, o alho, o bouquet garni e a casca da laranja. Acrescente o caldo de cozimento, tampe e leve ao forno por cerca de 20 min.

9 Escorra a carne, desamarre e coloque em uma travessa aquecida. Cubra com o molho, decore com o alho e sirva.

10 Se não quiser descascar o alho, prepare-o en chemise: nesse caso, coloque na assadeira, durante o primeiro cozimento, 3 dentes de alho descascados e picados.

■ Preparo: 1 h ■ Cozimento: 35-40 min

Cordeiro com ameixas e amêndoas

Rendimento: 4 porções

1,2 kg de quarto dianteiro
   de cordeiro
20 g de manteiga
2 colheres (sopa) de óleo
1 pedaço de canela
   em pau
50 g de amêndoas sem
   casca
70 g de açúcar
1/2 colher (café) de água
   de flor de laranjeira ▶

1 Retire a gordura do cordeiro, corte-o em cubos grandes e tempere com sal e pimenta.

2 Em uma caçarola, esquente a manteiga e o óleo e doure bem a carne. Retire-a da caçarola, reserve-a e descarte a gordura do cozimento.

3 Coloque na caçarola 250 ml de água, a canela em pedaços, as amêndoas, o açúcar e a água de flor de laranjeira. Deixe ferver em fogo alto, mexendo sem parar, recoloque a carne, tampe e cozinhe em fogo brando por 30 min. ▶

1 tigela de chá verde
200 g de ameixas secas sem caroço
sal e pimenta

4 Enquanto isso, prepare o chá verde bem forte e coloque as ameixas de molho nele.

5 Acrescente as ameixas à caçarola, sem escorrer, e cozinhe por mais 10 min. Sirva bem quente.

■ Preparo: 10 min   ■ Cozimento: cerca de 40 min

Cordeiro na brasa

Rendimento: 4 porções

1,2 kg de pernil dianteiro de cordeiro desossado
2 colheres (sopa) de óleo
1 cebola pequena
1 cenoura
20 g de manteiga
250 ml de Caldo claro de vitela (veja p. 35)
100 ml de molho de tomate (ou 1 colher (café) de extrato de tomate)
100 g de bacon
1 bouquet garni (veja glossário)
sal e pimenta

1 Peça ao açougueiro para desossar o cordeiro e reserve os ossos e as aparas da carne. Tempere a carne com sal e pimenta, enrole-a e amarre-a.

2 Esquente o óleo em uma assadeira e doure nela o cordeiro. Retire-o e descarte o óleo.

3 Descasque e corte em cubinhos a cebola e a cenoura. Refogue em uma frigideira com a manteiga e escorra.

4 Prepare o Caldo claro de vitela e adicione o molho de tomate ou o extrato de tomate.

5 Preaqueça o forno a 220ºC. Forre a assadeira com o bacon. Junte a cebola e a cenoura e cozinhe lentamente por 10 min. Disponha o cordeiro e tempere com sal e pimenta. Adicione o caldo de vitela, o bouquet garni, os ossos e as aparas. Leve ao forno por 35-40 min.

6 Escorra a carne e coloque-a em uma travessa aquecida.

7 Coe o conteúdo da assadeira, amassando os legumes com o dorso de uma colher, e despeje esse caldo em uma molheira.

■ Preparo: 25 min   ■ Cozimento: 45-50 min

CARNEIRO E CORDEIRO: GUISADO
CARNES

Cordeiro refogado com berinjelas

Rendimento: 4 porções

1,2 kg de cordeiro ou vitela
3 berinjelas
1 dente de alho
1/4 de maço de salsinha
20 g de manteiga
200 ml de óleo
300 ml de Caldo claro de vitela (veja p. 35)
150 ml de vinho branco
100 ml de molho de tomate
sal e pimenta

1. Compre o cordeiro já desossado, sem gordura e cortado em pedaços. Tempere com sal e pimenta.
2. Descasque e corte as berinjelas em quadradinhos. Descasque o alho e pique a salsinha.
3. Em uma caçarola, esquente a manteiga junto com 3 colheres (sopa) de óleo. Doure a carne, virando-a várias vezes, retire-a e descarte a gordura.
4. Recoloque o cordeiro na caçarola, adicione o caldo de vitela, tempere com sal e pimenta, tampe e cozinhe por 15 min.
5. Enquanto isso, esquente 150 ml de óleo, refogue a berinjela e salgue. Quando estiverem cozidas, deixe secar sobre papel-toalha.
6. Retire a carne da caçarola, adicione o vinho branco e o molho de tomate e misture bem com o líquido de cozimento.
7. Recoloque o cordeiro e a berinjela na panela, adicione o alho e metade da salsinha, mexa bem e cozinhe por mais 5-10 min. Experimente e corrija o tempero, se necessário.
8. Disponha a carne em uma travessa bem quente e adicione a salsinha picada por cima.

■ Preparo: 15 min ■ Cozimento: cerca de 25-35 min

Cordeiro (ou vitela) sauté

Rendimento: 4 porções

1,2 kg de cordeiro (ou vitela)
2 cebolas-brancas
20 g de manteiga
4 colheres (sopa) de óleo
300 ml de caldo de carne ou galinha
2 colheres (sopa) de molho de tomate ▶

1. Corte o cordeiro em pedaços, retire a gordura, e tempere com sal e pimenta.
2. Descasque e pique as cebolas.
3. Em uma panela, derreta a manteiga com 2 colheres (sopa) de óleo e doure a carne. Acrescente a cebola e misture bem. Despeje o caldo e o molho de tomate, tempere com sal e pimenta, adicione o bouquet garni, mexa novamente, tampe e deixe apurar em fogo brando por 30 min (ou 35, se for vitela). ▶

CARNEIRO E CORDEIRO: GUISADO
CARNES

1 bouquet garni (veja glossário)
250 g de champignons
1/4 de maço de estragão
1/4 de maço de cerefólio
sal e pimenta

4 Enquanto isso, lave e pique bem os champignons e, em uma frigideira, refogue-os com o restante do óleo. Tempere com sal e pimenta, despeje na panela e cozinhe por mais 15 min (ou 20, se for vitela). Pique as ervas.

5 Disponha em uma travessa, salpique com as ervas e sirva.

■ Preparo: 10 min   ■ Cozimento: cerca de 45 min

Cordeiro sauté à la poulette

Rendimento: 4 porções

1,2 kg de cordeiro
2 cebolas
3 alhos-porós (só a parte branca)
30 g de manteiga
1 colher (sopa) de farinha de trigo
200 ml de vinho branco seco
1 bouquet garni (veja glossário)
300 g de champignons
2 gemas
100 ml de creme de leite fresco
1 limão
sal e pimenta

1 Corte o cordeiro em pedaços, retire a gordura e doure em uma frigideira antiaderente, sem gordura.

2 Corte as cebolas e os alhos-porós em rodelas finas.

3 Derreta a manteiga em uma caçarola, coloque a cebola e o alho-poró e deixe refogar por 5-10 min. Adicione o cordeiro e refogue-o. Mexa bem, polvilhe a farinha por cima e mexa novamente para envolver a carne.

4 Coloque o vinho e 200 ml de água, acrescente o bouquet garni e tempere com sal e pimenta. Tampe e deixe apurar em fogo brando por 30 min.

5 Lave e corte bem fino os champignons e acrescente-os à caçarola. Mexa e cozinhe por mais 10 min em fogo brando.

6 Enquanto isso, bata em uma tigela as gemas, o creme de leite, 1 colher (café) de suco de limão e um pouco de molho quente.

7 Retire o bouquet garni e, fora do fogo, despeje o conteúdo da tigela na caçarola.

8 Leve a caçarola de volta no fogo, cozinhe por 2-3 min, mexendo sempre, sem deixar ferver, e sirva.

■ Preparo: 15 min   ■ Cozimento: cerca de 50 min

CARNEIRO E CORDEIRO: GUISADO
CARNES

Fricassê de cordeiro

Rendimento: 4-6 porções

- 1,2 kg de quarto dianteiro de cordeiro desossado
- 2 colheres (sopa) de óleo
- 1 colher (sopa) de farinha de trigo
- 300 ml de caldo de vitela ou de carne em tablete
- 1 bouquet garni (veja glossário)
- 15-20 Cebolas glaçadas (veja p. 692)
- 300 g de champignons
- 25 g de manteiga
- 1 gema
- 1 colher (sopa) de salsinha picada
- sal e pimenta

1. Compre o cordeiro cortado em pedaços.
2. Em uma caçarola, refogue a carne no óleo bem quente, sem deixar dourar. Escorra, descarte o óleo e recoloque o cordeiro na caçarola. Tempere com sal e pimenta. Polvilhe-o com a farinha e mexa por 3-4 min. Despeje o caldo, adicione o bouquet garni e leve ao fogo até ferver. Tampe e cozinhe por 30 min em fogo brando.
3. Enquanto isso, prepare as Cebolas glaçadas.
4. Lave os champignons, corte em pedaços e refogue em uma frigideira com a manteiga.
5. Retire o cordeiro da caçarola e disponha em uma travessa aquecida.
6. Coe o líquido de cozimento e ponha na caçarola. Adicione as cebolas e os champignons e mexa bem.
7. Em uma tigela, misture a gema com 3-4 colheres do caldo de cozimento, adicione à caçarola e misture bem. Despeje o molho sobre o cordeiro, salpique com a salsinha e sirva.

■ Preparo: 30 min   ■ Cozimento: cerca de 30 min

Guisado de cordeiro

Rendimento: 4-6 porções

- 1,2 kg de carne de cordeiro
- 2 cebolas
- 1 litro de Caldo ou consomê de carne (veja p. 38)
- 3 colheres (sopa) de óleo
- 1 colher (sopa) de farinha de trigo ▶

1. Corte o cordeiro em cubos de 2 cm e tempere com sal e pimenta.
2. Descasque e corte as cebolas em rodelas finas. Prepare o caldo de carne.
3. Em uma caçarola, esquente o óleo, refogue a carne com a cebola e polvilhe com a farinha. Mexa com uma colher de pau, despeje o caldo, tampe e cozinhe por 30 min em fogo brando. ▶

400 g de cenouras
400 g de nabos
400 g de batatas
1/4 de maço de salsinha picada
sal e pimenta

4 Enquanto isso, descasque as cenouras, os nabos e as batatas e corte-os em cubinhos. Acrescente os legumes à caçarola e cozinhe por mais 20-25 min. Experimente e corrija o tempero, se necessário.

5 Salpique a salsinha por cima e sirva bem quente.

■ Preparo: 15 min   ■ Cozimento: cerca de 55 min

Halicot de carneiro

Rendimento: 4-6 porções

1,2 kg de colarinho e peito de carneiro
2 cebolas
1 dente de alho
500 ml de Caldo ou consomê de carne (veja p. 38)
3 colheres (sopa) de óleo
2 colheres (café) de açúcar
3 colheres (sopa) de farinha de trigo
1 colher (sopa) de extrato de tomate
1 bouquet garni (veja glossário)
600 g de batatas
300 g de nabos pequenos
200 g de cebolas pequenas
sal e pimenta

1 Corte a carne em pedaços e tempere com sal e pimenta. Pique as cebolas e amasse o alho. Prepare o caldo de carne.

2 Esquente o óleo em uma caçarola e refogue o carneiro. Adicione as duas cebolas, o açúcar e a farinha, misturando a cada ingrediente acrescentado.

3 Dissolva o extrato de tomate em um pouco de caldo e despeje na caçarola. Acrescente o restante do caldo, o alho e o bouquet garni. Misture bem, tampe e cozinhe por 30-35 min em fogo brando.

4 Enquanto isso, descasque e corte os legumes. Corte as batatas em quartos. Com a escumadeira, retire a gordura da superfície do caldo.

5 Acrescente os legumes à caçarola. Complete com um pouco de caldo, se precisar, para que fiquem cobertos pelo líquido. Cozinhe por mais 30-40 min, até que os legumes estejam tenros.

6 Retire o bouquet garni e sirva na própria caçarola.

■ Preparo: 15 min   ■ Cozimento: 1h-1h10

CARNEIRO E CORDEIRO: GUISADO
CARNES

Navarin de cordeiro

Rendimento: 4-6 porções

1 kg de cordeiro em pedaços
2 tomates
2 dentes de alho
2 colheres (sopa) de óleo
1 colher (sopa) de farinha de trigo
1 bouquet garni (veja glossário)
2 maços de cenouras novas
200 g de nabos pequenos
1 réstia de minicebolas
300 g de vagens
300 g de ervilhas frescas
25 g de manteiga
sal, pimenta e noz-moscada

1. Corte a carne em pedaços grandes.
2. Escalde os tomates, retire a pele e as sementes. Pique o alho.
3. Esquente o óleo em uma caçarola grande e doure a carne. Deixe escorrer sobre papel-toalha e descarte a gordura.
4. Recoloque a carne na caçarola, polvilhe com a farinha e cozinhe por 3 min, mexendo sem parar. Tempere com sal, pimenta e noz-moscada ralada. Acrescente o tomate, o alho, o bouquet garni e um pouco de água, até cobrir a carne. Deixe levantar fervura, tampe e cozinhe em fogo brando por 35 min.
5. Enquanto isso, rale as cenouras e os nabos, descasque as cebolas, retire o filamento das vagens e escorra as ervilhas. Derreta a manteiga em uma frigideira e doure as cenouras, as cebolinhas e os nabos.
6. Cozinhe as vagens no vapor por 7-8 min.
7. Ponha na caçarola as cenouras, os nabos, as cebolas e as ervilhas, misture e tampe novamente. Deixe no fogo por mais 20-25 min.
8. Cinco minutos antes de servir, acrescente a vagem e misture delicadamente. Sirva bem quente, na própria caçarola.

■ Preparo: 25 min   ■ Cozimento: cerca de 1 h

CARNEIRO E CORDEIRO: GUISADO — CARNES

Peito de cordeiro recheado

Rendimento: 6-8 porções

2 kg de peito de cordeiro ou de carneiro
150 g de champignons
2 cebolas
2 cenouras
150 g de presunto
4 dentes de alho
1/2 maço de salsinha
200 ml de Caldo ou consomê de carne (veja p. 38)
300 g de miolo de pão amanhecido
2 copos de leite
2 ovos
30 g de manteiga
200 g de bacon
1 bouquet garni (veja glossário)
200 ml de vinho branco seco
100 ml de molho de tomate
sal e pimenta

1 Compre o peito já preparado: as costelas devem ser retiradas sem furar a pele.

2 Lave e corte os champignons em fatias finas, bem como as cebolas e as cenouras.

3 Corte o presunto em cubinhos. Descasque os dentes de alho e pique 2 deles.

4 Lave e pique a salsinha. Prepare o caldo de carne.

5 Em uma tigela, misture o pão com o leite, amassando-o com as mãos. Adicione os ovos batidos, o presunto, os champignons, a salsinha e o alho picados, sal e pimenta.

6 Esfregue o interior do peito com o alho e tempere com sal e pimenta. Coloque o recheio e costure a carne fazendo uma trouxinha.

7 Unte uma assadeira, forre-a com as tirinhas de bacon e espalhe as cebolas e as cenouras. Disponha a carne, acrescente o bouquet garni, cubra com papel-alumínio e deixe cozinhar lentamente por 20 min, virando-a de vez em quando.

8 Preaqueça o forno a 220°C. Coloque o vinho na assadeira e reduza-o à metade. Misture o molho de tomate com o caldo e adicione também à assadeira. Tampe e leve ao forno por cerca de 45 min.

9 Desate o cordeiro, disponha-o em uma travessa e sirva bem quente.

O peito de cordeiro pode ser acompanhado de arroz ou Batatas sautées (veja p. 669).
Se sobrar carne, guarde-a para servir em outra ocasião, com pepininhos em conserva.

■ Preparo: 30 min   ■ Cozimento: 1h-1h05

CARNEIRO E CORDEIRO: GUISADO

Tajine de cordeiro primavera

Rendimento: 4-6 porções

1,2 kg de quarto dianteiro de cordeiro desossado
3 cebolas
3 dentes de alho
4 tomates
6 batatas médias
6 colheres (sopa) de azeite
1 colher (café) de canela em pó
1 colher (café) de cominho
250 g de favas
4 Limões confits (em conserva) (veja p. 48)
4 alcachofras pequenas
1 maço de coentro
sal e pimenta

1. Corte o cordeiro em pedaços.
2. Descasque e pique as cebolas e o alho. Escalde os tomates, retire a pele e as sementes e corte-os em quartos. Descasque e corte as batatas em cubos grandes.
3. Esquente o azeite em uma panela de barro. Refogue a carne com a cebola e o alho. Acrescente os tomates, as batatas, a canela e o cominho, mexendo bem a cada ingrediente acrescentado. Tempere com sal e pimenta e adicione 200 ml de água. Tampe e deixe em fogo brando por 1 h.
4. Enquanto isso, descasque e debulhe as favas, corte os limões em quartos, retire as folhas das alcachofras e corte os fundos ao meio. Coloque tudo na panela de barro e cozinhe por mais 30 min. Experimente e acerte o tempero.
5. Lave e pique o coentro e salpique sobre o cordeiro ao servir.

■ Preparo: 20 min   ■ Cozimento: 1h30

PORCO: COZIDO
CARNES

PORCO

Tudo no porco é aproveitável em culinária. Uma vez abatido o animal, descartam-se as vísceras (miúdos). O corpo é separado da cabeça e cortado ao meio: de cada metade da carcaça, retira-se o peito e, na altura do jarrete (joelho), o pernil traseiro (presunto) e o dianteiro (paleta), que são tratados separadamente. A parte mais vendida como carne fresca é o dorso (rins ou lombo). A carne de porco de boa qualidade se reconhece pela cor rosada, textura firme e sem excesso de umidade. Pode ser consumida fresca, semi-salgada, salgada ou defumada. As costeletas geralmente são grelhadas. Os outros pedaços, como o lombo, a costela, o filé, a paleta, o peito e as costelinhas, podem ser assados ou grelhados na brasa.

O pernil às vezes é vendido fresco. Costuma-se prepará-lo em fatias grossas para grelhados, cozidos e assados no forno ou na brasa.

A pele e a gordura são retiradas da parte superior do porco para fazer toucinho e bacon, depois de removido o couro.

A carne de porco, ao contrário da de boi, deve ser sempre bem cozida. Costuma-se servi-la com frutas ou purê de legumes. E, em geral, é temperada com pimenta-verde, mostarda, cebolas douradas, molhos apimentados e alho.

PORCO: COZIDO

Cozido de Auvergne

Rendimento: 8 porções

1/2 cabeça de porco
500 g de toucinho semi-salgado
1 paleta de porco semi-salgada
1 cebola
2 cravos-da-índia
1 bouquet garni (veja glossário)
800 g de cenouras
1 couve lombarda
800 g de batatas
2 lingüiças
sal e pimenta

1. Coloque em um caldeirão a cabeça de porco, o toucinho e a paleta. Cubra com água e cozinhe por 15 min em fogo brando.

2. Escorra as carnes e ponha-as de volta no caldeirão com 3 litros de água quente, a cebola espetada com os cravos e o bouquet garni. Cozinhe por 2 h em fogo brando. Retire 300 ml do caldo de cozimento e reserve-o.

3. Descasque as cenouras, adicione-as ao caldeirão e cozinhe por 30 min.

4. Enquanto isso, ferva água com sal em uma panela. Corte a couve em quartos e coloque-a na água fervente por 2 min. Escorra, passe em água corrente e reserve. ▶

PORCO: COZIDO
CARNES

5 Descasque as batatas e cozinhe no caldo reservado até ficarem cozidas.
6 Acrescente à caçarola as lingüiças, a couve, e cozinhe por mais 30 min.
7 Disponha as carnes e os legumes em uma travessa grande e sirva.

■ Preparo: 30 min   ■ Cozimento: cerca de 3 h

Cozido de joelho de porco

Rendimento: 6 porções

1 joelho de porco semi-salgado
300 g de lombo de porco semi-salgado
300 g de paleta semi-salgada
1 cebola
2 dentes de alho
2 cravos-da-índia
1 bouquet garni (veja glossário)
6 grãos de pimenta
3 batatas grandes
3 cenouras
2 alhos-porós
2 bulbos de erva-doce
100 g de aipo-rábano
150 g de creme de leite fresco
1 colher (sopa) de mostarda doce
uma pitada de açafrão
1 limão
sal e pimenta

1 Dessalgue o joelho, o lombo e a paleta em água fria por 2 h.
2 Descasque a cebola e o alho e espete os cravos nela.
3 Lave as carnes, ferva-as em uma caçarola com água por 10 min e escorra. Descarte a água.
4 Recoloque as carnes na caçarola. Adicione a cebola, o alho, o bouquet garni e a pimenta, cubra com água e cozinhe por 1h30.
5 Descasque e lave as batatas, as cenouras, os alhos-porós, os bulbos de erva-doce e o aipo-rábano. Acrescente-os inteiros à caçarola e cozinhe por mais 30 min.
6 Despeje o creme de leite em uma panela, adicione a mostarda, o açafrão e o suco de limão. Tempere com sal e pimenta e leve ao fogo por 3 min, mexendo sem parar. Reserve.
7 Escorra as carnes, corte-as em pedaços regulares e disponha em uma travessa. Escorra os legumes e coloque-os em volta das carnes. Sirva com o molho cremoso à parte.

■ Demolha: 2 h   ■ Preparo: 15 min
■ Cozimento: 2 h

PORCO: COZIDO
CARNES

Cozido lorraine

Rendimento: 8 porções

1,2 kg de paleta de porco semi-salgada
1 couve lombarda média
6 cenouras
6 nabos
3 alhos-porós
1 talo de aipo (salsão)
300 g de toucinho
400 g de bacon
1 rabo de porco
1 bouquet garni (veja glossário)
400 g de batatas
1 lingüiça
sal e pimenta

1. Dessalgue a paleta por 1 h em água fria, trocando-a uma vez.
2. Limpe a couve e mergulhe-a em água fervente por 3 min, escorra e deixe esfriar. Descasque e lave os outros legumes e os alhos-porós.
3. Disponha o toucinho no fundo de um caldeirão. Por cima ponha a paleta, o bacon, o rabo, a couve inteira, todos os legumes (menos as batatas) e o bouquet garni. Cubra tudo com água, leve para ferver e deixe em fogo brando por cerca de 2h15.
4. Descasque as batatas e adicione-as à caçarola, bem como a lingüiça. Cozinhe por mais 45 min. Verifique o tempero.
5. Retire as carnes, corte-as e disponha em uma travessa aquecida, com os legumes em volta.
6. Coe o caldo e sirva à parte.

■ Demolha: 1 h ■ Preparo: 30 min
■ Cozimento: cerca de 3 h

Galantine de leitão à moda de Luxemburgo

Rendimento: 8-10 porções

2 alhos-porós
3 cenouras
1/2 talo de aipo
1 kg de cabeça de porco
1 kg de jarrete de boi
600 g de jarrete de porco
3 pés de porco
300 g de orelhas de porco
alguns ramos de salsinha
4 cravos-da-índia
1 colher (café) de mostarda em grão ▶

Na véspera

1. Lave os alhos-porós; limpe e lave as cenouras e o aipo, corte-os em pedaços e coloque em um caldeirão.
2. Corte a cabeça de porco em pedaços grandes, amarre os jarretes e acrescente-os ao caldeirão juntamente com os pés e as orelhas, a salsinha, os cravos, a mostarda e sal. Dissolva o tablete de caldo em um pouco de água e adicione-o. Despeje o vinho e cozinhe por cerca de 3 h, retirando a espuma da superfície de vez em quando. ▶

PORCO: COZIDO
CARNES

1 tablete de caldo de carne
4 litros de vinho branco
sal

3 Retire as carnes do caldeirão, deixe esfriar, pique em pedacinhos e ponha tudo em uma vasilha. Cubra com filme de PVC e conserve na geladeira. Coe o caldo e mantenha-o na geladeira durante a noite.

No dia

4 Retire a gordura que se formou na superfície e descarte-a. Esquente o caldo e coe-o em uma peneira forrada com tecido fino (musselina). Coloque-o no caldeirão com as carnes e deixe ferver por 15 min.

5 Despeje em uma vasilha e leve à geladeira por 3-4 h, até firmar. Sirva gelado com uma salada.

■ Preparo: 3h30 ■ Descanso: 12 h
■ Cozimento: 15 min

Paleta de porco com feijão-branco

Rendimento: 4-6 porções

400-500 g de feijão-branco
cerca de 1 kg de paleta de porco semi-salgada
1 dente de alho
1 cebola
2 bouquets garnis (veja glossário)
sal

1 Coloque o feijão de molho por 2-3 h.

2 Dessalgue a paleta: coloque-a por 1 h em água fria, trocando-a uma vez.

3 Descasque o alho e a cebola. Corte o alho em quatro.

4 Retire a paleta da marinada, faça quatro incisões nela e insira os pedaços de alho. Ponha em um caldeirão com bastante água fria, 1 bouquet garni e cozinhe por 2 h.

5 Escorra o feijão, coloque em uma panela com a cebola, o segundo bouquet garni, bastante água e cozinhe em fogo brando por cerca de 2 h. Os grãos devem ficar um pouco firmes.

6 Escorra a carne e adicione-a ao feijão. Experimente e corrija o tempero, se necessário. Tampe e mantenha em fogo brando até que os grãos estejam bem macios. Antes de servir, retire a cebola e o bouquet garni.

■ Preparo: 5 min ■ Marinada e demolha: 2-3 h
■ Cozimento: 2h30-3h

PORCO: ASSADO, GRELHADO, NA CAÇAROLA

Carré de porco à moda da Alsácia

Rendimento: 8 porções

1,6 kg de carré ou costela de porco
1 copo de vinho branco
1,5 kg de chucrute pronto
sal e pimenta

1 Preaqueça o forno a 210°C. Coloque o carré ou a costela em uma assadeira e tempere com sal e pimenta. Asse por cerca de 45 min, virando na metade do tempo de cozimento.

2 Retire a carne, despeje o vinho branco na assadeira, mexa, raspando os sucos do fundo com a colher de pau, e ponha esse caldo em uma caçarola.

3 Adicione o chucrute à caçarola com a carne no centro. Cozinhe por 20-30 min. Disponha a carne em uma travessa com o chucrute por cima e sirva.

■ Preparo: 2 h ■ Cozimento: 1h15

Carré de porco assado

Rendimento: 4-6 porções

800 g-1 kg de carré ou costela de porco desossada (reserve os ossos)
3 colheres (sopa) de óleo
1 dente de alho
1/2 maço de agrião
3 folhas de sálvia
3 ramos de salsinha
1 ramo de tomilho
1/2 folha de louro
sal e pimenta

1 Compre a carne já preparada.

2 Preaqueça o forno a 220°C. Tempere a carne com sal e pimenta, coloque-a em uma assadeira com o óleo, os ossos e as aparas e doure-a em fogo alto, virando várias vezes, por 2-3 min. Em seguida, leve ao forno.

3 Depois de 15 min, diminua a temperatura para 180°C e continue a assar por 40-45 min (ou 1 h, se pesar 1 kg).

4 Descasque e pique o alho. Lave o agrião e separe os galhinhos.

5 Retire a assadeira do forno, remova o assado, envolva-o em papel-alumínio e reserve em lugar aquecido.

6 Descarte a gordura da assadeira, despeje nela 50 ml de água e raspe bem o fundo para descolar os sucos da carne. Adicione os condimentos, tempere com sal e pimenta e deixe o líquido reduzir à metade. Coe e disponha em uma molheira bem quente. ▶

7 Coloque o assado em uma travessa e decore com galhinhos de agrião.

■ Preparo: 25 min ■ Cozimento: cerca de 1 h

Costeletas de porco à charcutière

Rendimento: 4 porções

1 cebola
250 ml de Caldo escuro de vitela (veja p. 38) (ou caldo em tablete)
8 pepininhos em conserva
1 colher (sopa) de óleo
40 g de manteiga
4 costeletas de porco de 200 g cada
100 ml de vinho branco
1 colher (sopa) de mostarda
sal e pimenta

1 Descasque e pique bem a cebola.
2 Esquente o caldo de vitela ou utilize um tablete. Corte os pepininhos em rodelas.
3 Em uma frigideira, esquente o óleo com 20 g de manteiga. Tempere as costeletas com sal e pimenta e frite-as por 6-8 min de cada lado.
4 Disponha-as em uma travessa e reserve em lugar aquecido.
5 Remova a gordura da frigideira e refogue a cebola. Despeje o vinho e deixe o líquido reduzir à metade.
6 Acrescente o caldo de vitela e espere ferver.
7 Retire do fogo, adicione a mostarda e a manteiga restante e os pepininhos. Corrija o tempero, se necessário. Despeje o molho sobre as costeletas e sirva bem quente.

Sirva com purê de abóbora ou mandioquinha.

■ Preparo: 30 min ■ Cozimento: 15 min

PORCO: ASSADO, GRELHADO, NA CAÇAROLA
CARNES

Costeletas de porco agridoces

Rendimento: 4 porções

2 maçãs golden
1/2 limão
20 g de manteiga
1 colher (sopa) de óleo
4 costeletas de porco
2 colheres (sopa) de melado
2 colheres (sopa) de creme de leite sem soro
sal e pimenta

1 Preaqueça o forno a 200ºC.
2 Descasque as maçãs, parta-as ao meio, retire as sementes, corte em fatias finas e regue com o suco do limão.
3 Esquente a manteiga e o óleo em uma frigideira. Tempere as costeletas com sal e pimenta e doure-as por 2 min de cada lado.
4 Passe a carne para uma assadeira. Disponha as fatias de maçã sobre as costeletas e tempere com sal e pimenta.
5 Cubra com o melado e o creme de leite e leve ao forno por 20 min. Sirva bem quente.

■ Preparo: 10 min   ■ Cozimento: 25 min

Costeletas de porco ao gruyère

Rendimento: 4 porções

4 costeletas de porco
20 g de manteiga
1 colher (sopa) de óleo
100 g de queijo gruyère ralado
2 colheres (sopa) de mostarda forte
100 ml de creme de leite fresco
sal e pimenta

1 Retire levemente a gordura das costeletas e tempere-as com sal e pimenta.
2 Esquente a manteiga e o óleo em uma frigideira. Doure as costeletas por 3 min de cada lado. Diminua o fogo e deixe mais por 5-6 min de cada lado.
3 Enquanto isso, preaqueça o forno.
4 Misture em uma tigela o queijo gruyère, a mostarda e o creme de leite.
5 Escorra as costeletas e ponha-as em uma assadeira. Envolva-as com a mistura de queijo e leve ao forno por 5 min para gratinar. Sirva em seguida.

■ Preparo: 5 min   ■ Cozimento: cerca de 25 min

PORCO: ASSADO, GRELHADO, NA CAÇAROLA
CARNES

Costeletas de porco grelhadas

Rendimento: 4 porções

4 costeletas de porco de 200 g cada
2 colheres (sopa) de óleo
1/2 maço de agrião
sal e pimenta

1 Compre as costeletas já preparadas. Unte-as com óleo e tempere com sal e pimenta de ambos os lados. Grelhe-as por 15-20 min, virando-as várias vezes.

2 Lave o agrião e separe os galhinhos.

3 Coloque as costeletas em uma assadeira aquecida e decore com os galhinhos de agrião.

Pode-se também servir estas costeletas com Molho Soubise (*veja p. 80*).

■ Preparo: 5 min   ■ Cozimento: cerca de 20 min

Filé-mignon de porco

Rendimento: 4 porções

2 filés de porco de 250 g cada
2 cebolas
1 dente de alho
4 tiras de bacon
20 g de manteiga
1 colher (sopa) de óleo
350 ml de vinho branco seco
sal e pimenta

1 Corte os filés em fatias de 2 cm de espessura e tempere com sal e pimenta.

2 Descasque e pique as cebolas e o alho. Corte o bacon em tirinhas.

3 Em uma frigideira, esquente 10 g de manteiga com o óleo e doure os medalhões de porco por 1 min de cada lado em fogo alto. Diminua o fogo e deixe por mais 8-10 min, virando a carne várias vezes. Coloque-os em uma travessa e mantenha em lugar aquecido.

4 Descarte a gordura, esquente o restante da manteiga na frigideira e adicione a cebola, o alho e o bacon. Misture bem, aumente um pouco o fogo para dourar e acrescente o vinho. Cozinhe por mais 10-15 min, mexendo sem parar, para reduzir o líquido.

5 Cubra a carne com esse molho, sem coá-lo. Sirva com mostarda doce à l'ancienne (à moda antiga).

Este prato fica ótimo servido com chucrute.

■ Preparo: 15 min   ■ Cozimento: 30-35 min

PORCO: ASSADO, GRELHADO, NA CAÇAROLA
CARNES

Pernil de porco com cinco especiarias

Rendimento: 4-6 porções

3 dentes de alho
4 cebolas-brancas
1 colher (sopa) de açúcar
1 colher (sopa) de nuoc-mam (molho tailandês)
1 colher (sopa) de shoyu
1 colher (sopa) de cinco especiarias (pimenta-do-reino, cravo-da-índia, gengibre, coentro e noz-moscada)
1 kg de pernil de porco
200 ml de Caldo claro de vitela (veja p. 35) ou de frango (veja p. 34)

1. Pique o alho e as cebolas, passe-os no processador com o açúcar, o nuoc-mam, o shoyu e as cinco especiarias.
2. Em um caldeirão, doure o pernil com a pele por 10 min e adicione a mistura de especiarias.
3. Despeje o caldo claro, tampe e cozinhe em fogo brando por 50 min, virando a carne após 25 min.
4. Espalhe bem o líquido de cozimento por todo o pernil antes de retirá-lo. Corte em fatias, disponha em uma travessa e regue com o molho de cozimento.

■ Preparo: 5 min ■ Cozimento: cerca de 1h

Porco assado à moda de Dijon

Rendimento: 6 porções

1,5 kg de filé de porco
6 colheres (sopa) de mostarda forte
50 g de tripa de porco
200 ml de vinho branco seco
1 colher (sopa) de creme de leite fresco

1. Amarre o filé ou compre-o já preparado.
2. Preaqueça o forno a 220ºC. Coloque a carne em uma assadeira e, com um pincel, unte-a com mostarda de todos os lados. Enrole o filé e embrulhe-o na tripa de porco.
3. Leve a carne ao forno por cerca de 55 min, regando com o vinho de vez em quando (reserve 1/2 copo).
4. Mantenha a carne por 5 min no forno desligado, com a porta fechada. Depois disponha na travessa de servir.
5. Despeje na assadeira o vinho reservado e raspe o fundo, mexendo para aproveitar os sucos de cozimento. Reduza o líquido à metade, adicione o creme de leite e deixe reduzir novamente até o molho ficar cremoso. Cubra a carne com ele e sirva.

■ Preparo: 10 min ■ Cozimento: cerca de 1h

PORCO: GUISADO

Civet de porco ao vinho tinto

Rendimento: 6 porções

1 colher (sopa) de vinagre
150 g de toucinho salgado
6 cebolas
600 g de lombo de porco
600 g de pernil de porco
1 colher (sopa) de farinha de trigo
1 litro de vinho tinto
1 bouquet garni (veja glossário)
sal e pimenta

1 Corte o toucinho em cubos. Descasque e pique as cebolas. Ponha o toucinho em uma caçarola, deixe derreter em fogo médio e escorra.

2 Corte as carnes em pedaços, adicione à panela e doure-as, virando-as várias vezes. Polvilhe a farinha, mexa e cozinhe por cerca de 3 min. Acrescente o vinho, as cebolas, o toucinho, o bouquet garni, sal e pimenta. Ferva, diminua o fogo e cozinhe por mais 1 h, mexendo de vez em quando.

3 Prove e acerte o tempero. Sirva bem quente.

Tradicionalmente, este prato é acompanhado de uma massa ou de purê de batata com aipo.

■ Preparo: 20 min ■ Cozimento: cerca de 1h15

Costeletas de porco com couve

Rendimento: 4 porções

1 couve lombarda pequena
3 colheres (sopa) de creme de leite fresco
2 cebolas
50 g de manteiga
4 costeletas de porco
1 colher (sopa) de óleo
1 bouquet garni (veja glossário)
1 colher (sopa) de vinagre
sal e pimenta

1 Lave a couve e mergulhe-a por 10 min em água fervente com sal. Escorra e corte as folhas em tirinhas. Ponha em uma panela com o creme de leite, tempere com sal e pimenta e deixe apurar em fogo brando por 15 min.

2 Descasque e pique bem as cebolas. Doure-as em uma frigideira com 20 g de manteiga por cerca de 10 min. Retire, ponha em uma tigela e reserve.

3 Tempere as costeletas com sal e pimenta. Esquente o óleo na frigideira e doure a carne de ambos os lados.

4 Retire as costeletas, descarte a gordura e coloque na frigideira mais 20 g de manteiga, as cebolas, a carne e o bouquet garni, tampe e deixe cozinhar por 30 min. ▶

PORCO: GUISADO
CARNES

5 Disponha a couve em uma vasilha.
6 Escorra as costeletas, coloque sobre a couve e mantenha-as aquecidas.
7 Despeje o vinagre na frigideira, raspe o fundo para aproveitar o suco do cozimento e cubra as costeletas com esse molho. Sirva bem quente.

■ Preparo: 40 min ■ Cozimento: 35 min

Pernil de porco com ameixas

Rendimento: 4-6 porções

1,5 litro de Marinada fria para carne e caça (veja p. 44)
1 kg de pernil de porco fresco
1 garrafa de vinho branco
400 g de ameixas sem caroço
3 dentes de alho
1 colher (sopa) de pistaches sem casca
2 colheres (sopa) de óleo
sal e pimenta

1 Na véspera, prepare a marinada com o vinho, mergulhe nela a carne e deixe na geladeira por 24 h.
2 Esquente o vinho branco e ponha as ameixas de molho.
3 Descasque os dentes de alho e corte-os em quartos. Com a ponta de uma faca, faça pequenas incisões na carne e introduza os pedacinhos de alho e os pistaches.
4 Esquente o óleo em uma caçarola e doure a carne de todos os lados. Retire-a, descarte a gordura e recoloque o pernil na panela.
5 Acrescente 3 copos da marinada, tampe e cozinhe por 3 h em fogo médio. Se necessário, adicione um pouco mais de marinada durante o cozimento.
6 Escorra as ameixas, ponha-as na caçarola e cozinhe por mais 45 min.
7 Sirva bem quente.

■ Marinada: 24 h ■ Preparo: 30 min
■ Cozimento: 3h45

PORCO: GUISADO
CARNES

Porco assado ao leite

Rendimento: 6 porções

1,5 kg de lombo de porco
12 dentes de alho
1 litro de leite integral
noz-moscada
50 g de miolo de
  pão fresco
sal e pimenta

1. Compre o lombo já desossado e amarrado para assar.
2. Preaqueça o forno a 160°C. Em uma assadeira, coloque o alho com a casca, a carne e o leite.
3. Tempere com sal, pimenta e noz-moscada ralada. Leve ao fogo, esquente até quase levantar fervura, cubra com papel-alumínio e leve ao forno por 1h10. Cuidado para o leite não derramar.
4. Vire o assado três ou quatro vezes durante o cozimento. Escorra-o, coloque-o em uma travessa aquecida e cubra com papel-alumínio.
5. Coe o líquido de cozimento, pressionando os alhos com o dorso de uma colher para extrair a polpa. Acrescente o miolo de pão e deixe ferver.
6. Bata o molho no liquidificador, corrija o tempero, se necessário, e sirva-o à parte em uma molheira.

■ Preparo: 15 min ■ Cozimento: cerca de 1h20

Repolho recheado com carne de porco

Rendimento: 4 porções

300 g de pão amanhecido
150 ml de leite
2 dentes de alho
2 cebolas-brancas
1 maço de salsinha
1/2 maço de estragão
400 g de carne de porco
  moída
3 gemas ▶

1. Em uma tigela, esfarele o pão e umedeça-o com o leite. Pique o alho, as cebolas, a salsinha e o estragão e misture tudo com a carne de porco.
2. Esprema o pão e acrescente-o ao picadinho juntamente com as gemas, as especiarias, sal e pimenta. Misture bem, até a mistura ficar homogênea. Leve à geladeira.
3. Em um caldeirão, ferva água com sal. Destaque as folhas do repolho, eliminando as mais grossas, e mergulhe-as por 5 min na água fervente (reserve ▶

PORCO: MIÚDOS
CARNES

1 colher (café) de quatro especiarias (pimenta-do-reino, cravo-da-índia, gengibre e noz-moscada)
1 repolho grande
2 litros de Caldo de legumes (veja p. 122) ou de carne (veja p. 38)
sal e pimenta

o miolo do repolho para outra utilização). Escorra-as, passe em água corrente, seque e disponha em uma travessa formando uma rosácea.

4 Faça uma bola com o recheio, coloque-a sobre as folhas e envolva a carne com elas. Amarre as folhas de repolho ou envolva-as com um tecido fino. Esquente o Caldo de legumes (ou de carne), mergulhe o embrulho de repolho nele e cozinhe em fogo brando por 1h45.

5 Desamarre o repolho ou retire-o da musselina. Corte em fatias e sirva bem quente.

■ Preparo: 40 min   ■ Cozimento: 1h45

PORCO: MIÚDOS

Andouillettes à moda de Lyon

Rendimento: 4 porções

4 andouillettes
3 cebolas
20 g de manteiga
1 colher (sopa) de óleo
2 colheres (sopa) de vinagre de vinho
1 colher (sopa) de salsinha picada
sal e pimenta

1 Espete ligeiramente as andouillettes com um garfo.

2 Descasque as cebolas, corte-as em rodelas finas e refogue-as na manteiga por 10-15 min, sem deixar dourar. Retire da frigideira e mantenha em lugar aquecido.

3 Ponha o óleo na frigideira, esquente-o e doure as andouillettes por 15 min, virando-as várias vezes. Adicione a cebola 5 min antes de terminar o cozimento. Retire as andouillettes da frigideira, despeje o vinagre e raspe bem o fundo, mexendo para aproveitar o suco da carne.

4 Recoloque as andouillettes e a cebola no molho e cozinhe em fogo brando por mais 5 min. Disponha em uma travessa aquecida, salpique com a salsinha e sirva bem quente.

■ Preparo: 15 min   ■ Cozimento: cerca de 20 min

PORCO: MIÚDOS
CARNES

Andouillettes grelhadas

Rendimento: 4 porções

4 andouillettes (pequenos chouriços feitos com miúdos de carne de porco)

1 Com a ponta de uma faca, faça pequenas incisões nas andouillettes.
2 Grelhe-as lentamente na brasa, para que assem bem no centro, por cerca de 20 min.

■ Preparo: 5 min ■ Cozimento: cerca de 20 min

Boudin noir à la normande
(Morcela à moda normanda)

Rendimento: 4-6 porções

500 g de maçãs
1 limão
60 g de manteiga
700 g de morcela ou chouriço de sangue
sal e pimenta

1 Descasque e corte em fatias finas as maçãs, e regue-as com o suco de limão.
2 Em uma frigideira, derreta 40 g de manteiga e doure as maçãs por cerca de 15 min.
3 Corte a morcela em pedaços de cerca de 10 cm e espete-os com um garfo.
4 Em outra frigideira, esquente o restante da manteiga e frite a morcela, virando algumas vezes, por 10-12 min. Tempere com sal e pimenta.
5 Retire a morcela, disponha-a em uma travessa aquecida com as maçãs em volta e sirva.

■ Preparo: 15 min ■ Cozimento: cerca de 15 min

Caillettes à moda da Ardèche

Rendimento: 4 porções

1 maço de acelga
1 maço de espinafre
1/2 maço de agrião novo
1 dente de alho
1 cebola
250 g de fígado de boi ▶

1 Lave as verduras. Ferva água em um caldeirão, coloque a acelga, o espinafre e o agrião e deixe no fogo por cerca de 10 min. Escorra e pique tudo.
2 Pique o alho, a cebola, o fígado, a carne de porco e 50 g de bacon.
3 Derreta a manteiga em uma frigideira e doure a cebola. Adicione a carne, as verduras, o alho e ▶

PORCO: MIÚDOS
CARNES

250 g de carne de porco
150 g de bacon
20 g de manteiga
150 g de tripa de porco
sal e pimenta

tempere generosamente com sal e pimenta. Cozinhe por 5 min, misturando bem.
4. Preaqueça o forno a 275°C.
5. Coloque a tripa de porco em uma grande vasilha com água. Faça 8 bolas do tamanho de uma mexerica com o refogado.
6. Escorra a tripa de porco, corte-a em 8 pedaços e embrulhe com eles as bolinhas. Coloque em uma fôrma refratária de barro com tampa. Espalhe as outras fatias de bacon sobre as bolinhas ou caillettes.
7. Leve ao forno por 15 min e sirva bem quente.

A tripa de porco pode ser encontrada nos mercados municipais. É usada para envolver lingüiça, terrinas e outros embutidos e preparações à base de carne de porco.

■ Preparo: 30 min   ■ Cozimento: 15 min

Cozido à moda do Quebec

Rendimento: 4-6 porções
3 kg de pés de porco
3 cebolas
1 cravo-da-índia
uma pitada de canela em pó
500 g de batatas médias
Roux branco (veja p. 82)
30 g de manteiga
3 colheres (sopa) de farinha de trigo
sal e pimenta

1. Ferva a água em um caldeirão. Corte os pés em pedaços grandes, coloque na água por 10 min e escorra.
2. Descasque as cebolas e corte-as em pedaços grandes. Ponha no caldeirão com os pés, o cravo, a canela, sal, pimenta e cubra com água. Cozinhe em fogo brando por 3 h.
3. Descasque as batatas e acrescente-as 20 min antes de terminar o cozimento.
4. Retire os pés e as batatas. Desosse os pés e mantenha-os aquecidos. Coe o caldo.
5. Faça um Roux branco com a manteiga e a farinha, dilua-o no caldo e cozinhe por cerca de 30 min.
6. Recoloque os pés e as batatas no molho, ferva e sirva em seguida.

■ Preparo: 15 min   ■ Cozimento: cerca de 3h30

PORCO: MIÚDOS
CARNES

Orelhas de porco ao vinho

Rendimento: 4-6 porções

6 orelhas de porco
1 cenoura
1 cebola
20 g de manteiga
250 g de toucinho
1 bouquet garni
  (veja glossário)
200 ml de vinho branco
400 ml de Caldo escuro
  de vitela (veja p. 38)
sal e pimenta

1. Ferva água em um caldeirão e mergulhe nele as orelhas por 5 min. Descasque a cenoura e a cebola e corte-as em rodelas bem finas.
2. Escorra as orelhas e corte-as ao meio no sentido do comprimento.
3. Preaqueça o forno a 180ºC. Unte uma assadeira e forre-a com o toucinho. Adicione a cebola e a cenoura em rodelas e disponha as orelhas e o bouquet garni. Cubra com papel-alumínio e deixe cozinhar em fogo brando, depois adicione o vinho e cozinhe até que o líquido esteja totalmente reduzido.
4. Acrescente o caldo de vitela, cubra novamente com o papel-alumínio e leve ao forno por 50 min.
5. Escorra as orelhas, coloque-as em uma travessa e mantenha no forno desligado.
6. Coe o caldo de cozimento, reduza-o ligeiramente e regue as orelhas.

■ Preparo: 15 min ■ Cozimento: cerca de 1h15

Orelhas de porco gratinadas

Rendimento: 4 porções

8 Orelhas de porco
  ao vinho
  (veja receita acima)
1 cebola-branca picada
50 g de manteiga
300 g de champignons
40 g de farinha de rosca
2 colheres (sopa) de
  salsinha picada
1/2 limão
sal e pimenta

1. Prepare as orelhas ao vinho.
2. Refogue a cebola em 10 g de manteiga, adicione 100 g de champignons bem picados, sal, pimenta e cozinhe até evaporar todo o líquido.
3. Descasque e corte em fatias finas o restante dos champignons e refogue-os em uma frigideira com 20 g de manteiga. Adicione sal e pimenta.
4. Escorra as orelhas e coe o líquido de cozimento.
5. Preaqueça o forno a 220ºC. Unte uma assadeira e disponha as orelhas com os champignons em volta. Cubra com um copo do caldo de cozimento misturado com o refogado de cebola e champignons e salpique com a farinha de rosca. ▶

PORCO: MIÚDOS
CARNES

6 Derreta o restante da manteiga e despeje por cima de tudo. Leve para gratinar por 10-15 min. Salpique com a salsinha e regue com o suco de limão. Sirva bem quente.

■ Preparo: 1 h   ■ Cozimento: 10-15 min

Pés de porco: cozimento

1 Limpe os pés de porco e branqueie-os em um caldeirão com água fervente por 10 min. Retire-os dois a dois e coloque-os em uma panela com água fria.
2 Leve para ferver. Adicione uma mistura de temperos feita com cenoura, aipo, nabo, cebola espetada com um cravo-da-índia, alho-poró e bouquet garni.
3 Cozinhe por 4 h em fogo brando e escorra.

Pés de porco à Sainte-Menehould

Rendimento: 4 porções

400 g de Empanado à inglesa (veja p. 103)
2 pés de porco cozidos (veja receita anterior)
30 g de manteiga
sal e pimenta

1 Prepare o empanado.
2 Corte os pés de porco ao meio, no sentido do comprimento, e empane-os bem.
3 Derreta a manteiga e pincele os pés de porco. Doure-os em fogo brando por 8-10 min, virando várias vezes.
4 Sirva bem quente com mostarda.

■ Preparo: 15 min   ■ Cozimento: 8-10 min

PORCO: PRESUNTO E LINGÜIÇAS

Cake de presunto

Rendimento: 6 porções

2 fatias grossas de presunto (de 200 g cada)
3 ovos
100 g de farinha de trigo
100 ml de leite
3 colheres (sopa) de óleo de milho
2 colheres (chá) de fermento em pó
150 g de queijo gruyère ralado
1 colher (sopa) de pimenta-verde em grão
2 colheres (sopa) de cebolinha picada
30 g de manteiga
sal e pimenta-preta moída na hora

1 Preaqueça o forno a 180°C. Retire a gordura do presunto e corte-o em cubinhos.
2 Bata os ovos em uma tigela. Incorpore aos poucos a farinha, o leite, o óleo, uma pitada de sal, o fermento e a pimenta. Trabalhe a massa até ficar bem homogênea.
3 Acrescente o queijo gruyère, a pimenta-verde, a cebolinha e o presunto.
4 Unte uma fôrma para bolo inglês, despeje a preparação, alise a superfície e leve ao forno por 40 min.
5 Retire o cake do forno e deixe esfriar. Desenforme e corte em fatias grossas. Sirva com uma salada.

Este cake também pode ser servido frio, como aperitivo.

■ Preparo: 20 min ■ Cozimento: cerca de 40 min

Chipolatas com risoto à piemontesa

Rendimento: 4-6 porções

250 g de couve lombarda
500 g de Risoto à piemontesa (veja p. 823)
4-6 lingüiças suínas fininhas e cruas
20 g de manteiga
200 ml de vinho branco
200 ml de Caldo ou consomê de carne (veja p. 38)
sal

1 Escolha as folhas mais claras da couve, retire as nervuras centrais e mergulhe-as por 5 min em água fervente. Escorra e pique.
2 Prepare o risoto, acrescentando a couve picada junto com o arroz. Coloque o risoto em uma fôrma para pudim e comprima bem. Desenforme-o sobre a travessa de servir e mantenha-o aquecido.
3 Pique ligeiramente as lingüiças, doure-as rapidamente em uma frigideira com a manteiga, virando uma vez. Acrescente o vinho e cozinhe por mais 5 min. ▶

PORCO: PRESUNTO E LINGÜIÇAS
CARNES

4 Escorra as lingüiças e disponha sobre o risoto.
5 Adicione o caldo à frigideira, reduza-o à metade e despeje-o sobre as lingüiças.

■ Preparo: 40 min ■ Cozimento: cerca de 10 min

Lingüiças à moda catalã

Rendimento: 4-6 porções
20 dentes de alho
3 colheres (sopa) de azeite
800 g-1 kg de lingüiça
2 colheres (sopa) de farinha de trigo
1 colher (sopa) de extrato de tomate
200 ml de vinho branco
200 ml de Caldo ou consomê de carne (veja p. 38) ou caldo pronto em tablete
1 bouquet garni (veja glossário)
1 pedaço de casca de laranja
sal e pimenta

1 Descasque os dentes de alho, mergulhe-os por 5 min em água fervente e retire.
2 Esquente o azeite em uma frigideira grande, frite as lingüiças e retire-as.
3 Doure a farinha na frigideira, mexendo bem, adicione o extrato de tomate, o vinho e o caldo. Misture bem e cozinhe por 10 min.
4 Coe o molho. Recoloque as lingüiças na frigideira, adicione o alho, o bouquet garni, a casca de laranja e o molho. Tampe e mantenha em fogo brando por 30 min.
5 Retire o bouquet garni e a casca de laranja. Disponha tudo em uma travessa aquecida e sirva.

■ Preparo: 30 min ■ Cozimento: cerca de 40 min

Lingüiças à moda do Languedoc

Rendimento: 4-6 porções
1 kg de lingüiça caseira
4 dentes de alho
3 colheres (sopa) de manteiga
1 bouquet garni (veja glossário)
2 colheres (sopa) de vinagre
300 ml de Caldo ou consomê de carne (veja p. 38) ▶

1 Enrole a lingüiça em espiral e fure-a com 2 espetinhos cruzados para que conservem essa forma.
2 Descasque e pique os dentes de alho.
3 Em uma frigideira, derreta a manteiga e coloque a lingüiça. Adicione o alho picado e o bouquet garni. Tampe e cozinhe por 18 min em fogo brando, virando a lingüiça uma vez.
4 Escorra a lingüiça, retire os espetos, disponha em uma travessa e mantenha-a aquecida. ▶

PORCO: PRESUNTO E LINGÜIÇAS
CARNES

100 ml de molho de tomate
3 colheres (sopa) de alcaparras
1 colher (sopa) de salsinha picada

5 Descarte a gordura da frigideira, coloque o vinagre e raspe o fundo com uma colher de pau para aproveitar os sucos do cozimento.
6 Acrescente o caldo e o molho de tomate e deixe o líquido reduzir em um terço.
7 Adicione as alcaparras e a salsinha. Misture bem e regue a lingüiça com esse molho.

■ Preparo: 30 min ■ Cozimento: cerca de 25 min

Lingüiças grelhadas

Rendimento: 4-6 porções
1 kg de purê de batata
1 kg de lingüiças de porco

1 Comece a preparar o purê.
2 Espete as lingüiças com um garfo e disponha-as lado a lado sobre a grelha da churrasqueira. Asse lentamente (para que o interior não fique cru) por cerca de 15 min, virando várias vezes.
3 Enquanto assam, termine de preparar o purê.
4 Disponha as lingüiças sobre o purê e sirva.

■ Preparo: 30 min ■ Cozimento: cerca de 15 min

Presunto ao molho Madeira

Rendimento: 4-6 porções
2 ramos de tomilho
2 folhas de louro
2 colheres (sopa) de sal grosso
1 pedaço de presunto fresco de 800 g-1 kg
2 cenouras
1 talo de aipo (salsão)
1 cebola pequena
110 g de manteiga
uma pitada de açúcar
300 ml de vinho Madeira ▶

1 Pique 1 ramo de tomilho e 1 folha de louro e misture-os com o sal grosso. Esfregue o presunto com essa mistura e deixe aromatizar por 4-5 h.
2 Descasque e corte em cubos as cenouras e o aipo. Pique a cebola.
3 Derreta 30 g de manteiga em uma panela, coloque os legumes, o tomilho e o louro restantes, sal, pimenta e o açúcar, tampe e cozinhe por 20 min, mexendo de vez em quando. Acrescente 200 ml de vinho Madeira, misture e deixe reduzir à metade, sem tampar.
4 Preaqueça o forno a 200°C. ▶

PORCO: PRESUNTO E LINGÜIÇAS
CARNES

200 ml de Caldo ou consomê de carne (veja p. 38) ou caldo em tablete
sal e pimenta

5 Seque o presunto. Derreta 50 g de manteiga em uma caçarola e doure-o ligeiramente de ambos os lados.
6 Coloque o presunto em uma travessa e cubra com os legumes refogados no vinho. Derreta a manteiga restante e ponha por cima. Cubra tudo com papel-manteiga untado. Leve ao forno por 45-50 min, regando constantemente com o caldo de cozimento.
7 Retire o papel-manteiga e os legumes e disponha o presunto em uma travessa aquecida.
8 Misture o restante do vinho Madeira com o caldo de carne, coloque na caçarola, raspe o fundo para aproveitar os sucos de cozimento e deixe reduzir à metade.
9 Passe no processador os legumes e o caldo de cozimento e despeje sobre o presunto.

Sirva este prato com espinafre na manteiga.

■ Preparo: 20 min ■ Repouso: 4-5 h
■ Cozimento: cerca de 1 h

Presunto ao vinho branco

Rendimento: 4 porções
5 cebolas-brancas
1/2 maço de estragão
150 ml de vinho branco
150 ml de Caldo ou consomê de carne (veja p. 38)
5 colheres (sopa) de extrato de tomate
200 ml de creme de leite fresco
25 g de manteiga
4 fatias grossas de presunto defumado (de 200 g cada)

1 Pique as cebolas e o estragão. Coloque as cebolas em uma panela com o vinho, ferva e cozinhe por 10 min em fogo brando.
2 Adicione o estragão, o caldo de carne e o extrato de tomate, mexa bem, tampe e deixe apurar por cerca de 10 min. Acrescente o creme de leite, mexa e cozinhe por mais 10 min, sempre em fogo brando.
3 Retire a gordura do presunto. Derreta a manteiga em uma frigideira e frite-o, virando-o uma vez, sem deixar dourar.
4 Escorra o presunto, coloque-o em uma travessa, cubra com o molho e sirva imediatamente.

■ Preparo: 15 min ■ Cozimento: cerca de 30 min

PORCO: PRESUNTO E LINGÜIÇAS

Presunto em papillote

Rendimento: 4 porções

2 cebolas-brancas
1 maço de cebolinhas
400 g de champignons
30 g de manteiga
4 fatias finas de presunto defumado
4 colheres (sopa) de creme de leite fresco
sal e pimenta

1 Pique as cebolas e a cebolinha. Fatie os champignons.
2 Esquente a manteiga em uma panela, refogue as cebolas, os champignons e a cebolinha. Cozinhe por 7-8 min em fogo alto, mexendo sempre.
3 Retire a gordura do presunto e corte cada fatia ao meio.
4 Corte 4 pedaços retangulares de papel-alumínio. Sobre cada retângulo, espalhe 1 colher (sopa) do refogado. Ponha 1/2 fatia de presunto por cima, outra porção de refogado, terminando com a outra 1/2 fatia. Regue com o creme de leite e tempere com sal e pimenta.
5 Feche os papillotes e leve ao forno por 8-10 min em temperatura de 200ºC. Retire e sirva bem quente.

■ Preparo: 25 min   ■ Cozimento: 20 min

VITELA

A qualidade da carne de vitela depende da alimentação do animal. A vitela de leite é a carne do macho abatido bem jovem, com poucos dias de vida. É excepcionalmente boa, branca, tenra e de sabor pouco acentuado. Há também o vitellone, uma carne mais saborosa, proveniente do bezerro confinado por pouco tempo e abatido logo depois de desmamar. O tipo mais apreciado é a vitela propriamente dita. Nesse caso, o bezerro não mama na mãe; é confinado em lugar escuro desde os primeiros dias de vida e se alimenta apenas com soro de leite e ração com pouco ferro. Isso faz que o animal não cresça muito e fique fraco mas não adoeça, e produza uma carne sem glóbulos vermelhos, e por isso mais macia e de sabor mais delicado.

As vitelas tradicionais têm a carne bem vermelha, semelhante à do boi, que requer um preparo especial. Há ainda os animais machos mais velhos, não castrados e alimentados em pasto, e as vitelas criadas com o leite da mãe, cuja carne é ligeiramente rosada. A vitela destinada a corte é alimentada com leite desnatado complementado com outros produtos. Sua carne é um pouco menos clara e menos saborosa.

Costuma-se diferenciar as partes usadas para assar e para fritar, como o coxão mole, o miolo de alcatra, a ponta de alcatra, o lombo e o filé, bem como as costelas. Os outros pedaços são paleta, peito, ponta de agulha, fraldinha, costela superior, pescoço e jarrete. As receitas mais clássicas são escalope grelhado em frigideira (alcatra, miolo de alcatra e ponta de alcatra), assados (pedaços de alcatra, miolo de alcatra, ponta de alcatra, coxão mole, lombo), medalhão de filé grelhado ou ensopado, paupiette recheada, blanquette e sauté.

VITELA: COZIDA

Blanquette de veau
(Blanquete de vitela)

Rendimento: 4-6 porções
800 g-1 kg de vitela
1 cenoura
1 talo pequeno de aipo (salsão) ▶

1 Corte a vitela em pedaços grandes.
2 Corte a cenoura, o aipo e o alho-poró em pedaços grandes, espete a cebola com o cravo. Coloque tudo em uma caçarola grande com a carne e o bouquet garni. Despeje o caldo de vitela (ou água), ▶

VITELA: ASSADA, GRELHADA, NA CAÇAROLA

1 alho-poró
 (só a parte branca)
1 cebola
1 cravo-da-índia
1 bouquet garni
 (veja glossário)
2 litros de Caldo claro
 de vitela (veja p. 35)
 ou água
30 g de farinha de trigo
30 g de manteiga
1 gema
100 ml de creme de leite
 fresco
1/2 limão
sal e pimenta

tempere com sal e pimenta e cozinhe em fogo brando por 1 h, retirando a espuma da superfície de vez em quando.

3 Escorra a carne e mantenha-a aquecida. Coe o líquido de cozimento.

4 Toste a farinha, acrescente a manteiga e dilua esse roux no líquido de cozimento, mexendo bem. Ferva e cozinhe por 10 min.

5 Em uma tigela, misture a gema com o creme de leite e adicione algumas colheres de molho. Fora do fogo, despeje o conteúdo da tigela na caçarola e misture bem. Prove e acerte o tempero, e acrescente o suco do 1/2 limão.

6 Recoloque a carne no molho e reserve em lugar aquecido até o momento de servir.

A blanquette geralmente é servida com arroz.

■ Preparo: 20 min ■ Cozimento: cerca de 1h10

VITELA: ASSADA, GRELHADA, NA CAÇAROLA

Costeletas de vitela à normanda

Rendimento: 4 porções
4 costeletas de vitela
80 g de manteiga
50 ml de calvados
 (ou conhaque)
250 ml de creme de
 leite fresco
4 maçãs
sal
pimenta- branca moída
 na hora

1 Tempere as costeletas com sal e pimenta e faça pequenas incisões nas bordas para que não se deformem durante o cozimento.

2 Derreta 40 g de manteiga em uma frigideira grande e doure a carne por 2 min de cada lado. Diminua o fogo, tampe e deixe cozinhar por 10 min.

3 Esquente o calvados (ou conhaque), despeje-o na frigideira e flambe. Retire as costeletas e reserve-as em lugar aquecido.

4 Adicione o creme de leite à frigideira e cozinhe por 3-4 min, até que a mistura engrosse. Tempere com sal e pimenta. Corrija o tempero, se necessário.

5 Recoloque a carne no molho e mantenha a frigideira aquecida, fora do fogo. ▶

VITELA: ASSADA, GRELHADA, NA CAÇAROLA
CARNES

6 Descasque as maçãs, retire o miolo e corte-as em rodelas. Em outra frigideira, refogue-as em fogo alto no restante da manteiga.

7 Disponha as costeletas com o molho em uma travessa aquecida. Coloque as maçãs em volta e sirva.

■ Preparo: 25 min   ■ Cozimento: 20 min

Escalopes à milanesa

Rendimento: 4 porções
200 ml de molho de tomate
200 g de espaguete ou penne
300 g de Empanado à milanesa (veja p. 103)
2 champignons
1 fatia de presunto (cerca de 80 g)
4 escalopes de vitela (150 g cada)
80 g de manteiga
2 colheres (sopa) de óleo
3 colheres (sopa) de vinho Madeira
200 ml de Caldo escuro de vitela (veja p. 38)
200 g de parmesão
sal e pimenta

1 Em uma panela grande, ferva água com sal e coloque o macarrão.

2 Prepare o empanado.

3 Lave os champignons e corte-os em tirinhas, assim como o presunto.

4 Tempere os escalopes com sal e pimenta e empane-os. Frite-os por 8-10 min em uma frigideira com 20 g de manteiga e o óleo, virando uma vez.

5 Em uma panelinha, derreta 20 g de manteiga e doure os champignons por 2 min, ponha o presunto e cozinhe por mais 2 min. Adicione o vinho, reduza por 1 min, acrescente o caldo de vitela e apure por mais 2-3 min.

6 Incorpore 20 g de manteiga, ponha mais sal, se necessário, e reserve em lugar aquecido.

7 Escorra o macarrão, misture-o com 20 g de manteiga e disponha em uma travessa aquecida.

8 Sirva os escalopes em uma travessa funda, com o parmesão, o molho de tomate e o molho de vitela à parte.

Pode-se preparar as costeletas de vitela da mesma maneira.

■ Preparo: 20 min   ■ Cozimento: 15-20 min

Escalopes Casimir

Rendimento: 4 porções

2 cenouras pequenas
1 cebola pequena
4 fundos de alcachofra em conserva
60 g de manteiga
4 escalopes de vitela (120-150 g cada)
1 colher (sopa) de páprica
4 colheres (sopa) de creme de leite fresco
sal e pimenta-do-reino

1. Corte as cenouras em tirinhas, pique a cebola e escorra os fundos de alcachofra.
2. Coloque as cenouras em uma panela com 30 g de manteiga e refogue em fogo brando por 10-12 min. Adicione sal e pimenta, a alcachofra e cozinhe por mais 10 min.
3. Enquanto isso, tempere os escalopes com sal, pimenta e páprica. Derreta 30 g de manteiga em uma frigideira e doure a carne de ambos os lados. Diminua o fogo, acrescente a cebola e cozinhe por mais 10 min, virando a carne.
4. Disponha as alcachofras em uma travessa, ponha um escalope em coroa sobre cada uma e guarneça com as cenouras.
5. Despeje o creme de leite na frigideira, mexa bem, reduza-o à metade e cubra os escalopes com o molho.

■ Preparo: 15 min ■ Cozimento: cerca de 15 min

Escalopes empanados

Rendimento: 4 porções

4 escalopes de vitela de cerca de 150 g cada um
400 g de Empanado à inglesa (veja p. 103)
20 g de manteiga
2 colheres (sopa) de óleo
1 limão
sal e pimenta

1. Tempere os escalopes com sal de ambos os lados.
2. Prepare o empanado e passe a carne nele.
3. Esquente a manteiga com o óleo em uma frigideira e frite os escalopes por cerca de 8 min, virando-os até que estejam bem dourados. Escorra e coloque em uma travessa aquecida.
4. Sirva com quartos de limão.

Lombo de vitela assado em rognonnade

Rendimento: 8 porções

1 lombo de vitela de 2 kg com o rim
1 colher (sopa) de óleo
40 g de manteiga
2 cenouras
2 cebolas grandes
2 tomates grandes
1 bouquet garni (veja glossário)
100 ml de vinho branco
250 g de minicebolas
1 litro de caldo de carne
sal e pimenta

1 Peça ao açougueiro para preparar o lombo deixando uma aba comprida para envolver o filé e o rim à parte, sem a gordura.
2 Preaqueça o forno a 200ºC.
3 Corte o rim ao meio no sentido do comprimento e retire os nervos.
4 Em uma assadeira, esquente o óleo e a manteiga, frite rapidamente o rim e deixe secar sobre papel-toalha.
5 Tempere com sal e pimenta o interior do lombo e introduza no meio os pedaços de rim. Enrole a carne, amarre-a e tempere com sal e pimenta.
6 Descasque e corte em cubos as cenouras, as cebolas e os tomates e coloque-os no fundo da assadeira com o bouquet garni.
7 Disponha o lombo por cima, tampe a assadeira e leve ao forno por 30 min. Adicione o vinho e cozinhe por mais 30 min, regando freqüentemente a carne com o próprio suco.
8 Enquanto isso, cozinhe as minicebolas.
9 Escorra o lombo, desamarre-o e mantenha-o aquecido em uma travessa com a cebola.
10 Ponha o caldo de carne na assadeira e reduza-o à metade em fogo alto. Regue o lombo com um pouco do molho e sirva o restante em uma molheira.

■ Preparo: 20 min ■ Cozimento: 1 h

VITELA: ASSADA, GRELHADA, NA CAÇAROLA
CARNES

Medalhões de vitela ao molho

Rendimento: 6 porções

6 filés de vitela (150-200 g cada)
30 g de bacon
1 cenoura
1 cebola
40 g de manteiga
200 g de toucinho
200 ml de vinho branco
3-4 colheres (sopa) de Caldo claro de vitela (veja p. 35)
sal e pimenta

1 Compre os medalhões já prontos.
2 Corte o bacon em tirinhas. Com uma faca, faça pequenas incisões na carne e introduza as tirinhas.
3 Descasque a cenoura e a cebola, corte em rodelas finas e refogue rapidamente em 20 g de manteiga. Escorra.
4 Ponha mais 10 g de manteiga na frigideira e doure a carne por 1 min de cada lado.
5 Unte uma caçarola com manteiga e forre o fundo com o toucinho. Espalhe por cima a mistura de cenoura e cebola e disponha os medalhões por cima. Tampe e cozinhe por 10 min em fogo brando. Adicione o vinho, aumente o fogo e cozinhe até não restar quase mais líquido.
6 Acrescente o caldo até atingir um terço da altura dos medalhões, tampe e ferva por mais 20 min, regando três ou quatro vezes a carne.
7 Disponha os medalhões em uma travessa aquecida.
8 Coe o caldo de cozimento, coloque-o em uma panela e reduza-o em um terço. Prove, corrija o tempero, despeje sobre os medalhões e sirva.

■ Preparo: 15 min   ■ Cozimento: cerca de 30 min

Rôti de veau (Vitela assada)

Rendimento: 4 porções

1 pedaço de vitela de 700-800 g (lombo, costela desossada, ponta de alcatra ou paleta com ossos e aparas)
3 colheres (sopa) de óleo
1/2 maço de agrião
3 ramos de salsinha ▶

1 Compre a carne já preparada.
2 Preaqueça o forno a 220ºC.
3 Tempere com sal e pimenta. Esquente o óleo em uma assadeira, junte os ossos e as aparas e doure a carne de todos os lados.
4 Leve a vitela ao forno por 15 min, reduza a temperatura para 200ºC e continue a cozinhar por mais 25 min, regando freqüentemente.
5 Prepare o agrião. ▶

VITELA: GUISADA
CARNES

1 ramo de tomilho
1 folha de louro pequena
sal e pimenta

6 Escorra a carne e mantenha em lugar aquecido em uma travessa de servir. Coloque 500 ml de água na assadeira, adicione a salsinha, o tomilho e o louro e raspe bem o fundo com a colher de pau para aproveitar o suco de cozimento. Deixe o líquido reduzir à metade em fogo alto. Experimente e acerte o tempero.

7 Coe o molho, regue o assado com um pouco dele e sirva o restante em uma molheira. Decore com o agrião.

■ Preparo: 5 min   ■ Cozimento: 40 min

VITELA: GUISADA

Costeletas de vitela à camponesa

Rendimento: 4 porções
4 cenouras
2 cebolas
2 alhos-porós
  (só a parte branca)
1 nabo
4 talos de aipo (salsão)
100 g de manteiga
2 batatas grandes
2 colheres (sopa) de óleo
200 g de bacon
4 costeletas de vitela
  (160-180 g cada)
1 colher (sopa) de
  salsinha picada
sal e pimenta

1 Corte em tirinhas as cenouras, as cebolas, os alhos-porós, o nabo e o aipo. Refogue-os em uma caçarola com 30 g de manteiga e tempere com sal e pimenta. Experimente e verifique se estão macios.

2 Descasque e corte em cubinhos as batatas, adicione sal e salteie em uma frigideira com 20 g de manteiga e o óleo.

3 Doure o bacon em 20 g de manteiga.

4 Faça alguns talhos nas bordas das costeletas. Em uma panela, derreta 30 g de manteiga e doure-as por 1-2 min de cada lado, tempere com sal e pimenta e cozinhe por 10-12 min em fogo brando.

5 Escorra os legumes e as batatas, bem como o bacon. Coloque tudo na panela e cozinhe por mais 5 min.

6 Disponha as costeletas em uma travessa aquecida e coloque os legumes em volta. Salpique com salsinha e sirva bem quente.

■ Preparo: 25 min   ■ Cozimento: cerca de 20 min

VITELA: GUISADA
CARNES

Costeletas de vitela à piemontesa

Rendimento: 4 porções

300 g de Risoto à piemontesa (veja p. 823)
200 ml de molho de tomate
300 g de Empanado à milanesa (veja p. 103)
4 costeletas de vitela de 160-180 g cada
20 g de manteiga
1 colher (sopa) de óleo
sal e pimenta

1 Prepare o Risoto à piemontesa. Faça ou descongele o molho de tomate e prepare o Empanado à milanesa.

2 Tempere as costeletas com sal e pimenta e empane-as. Em uma frigideira, esquente a manteiga com o óleo e cozinhe as costeletas em fogo brando por 10-15 min, virando-as na metade do tempo.

3 Deixe secar sobre papel-toalha, coloque em uma travessa e cubra com o molho de tomate. Sirva com o risoto à parte.

■ Preparo: 30 min ■ Cozimento: cerca de 15 min

Costeletas de vitela com tomates recheados

Rendimento: 2 porções

100 g de manteiga em temperatura ambiente
140 g de farinha de rosca
40 g de queijo gruyère ralado
4 colheres (sopa) de salsinha picada
4 tomates médios e redondos
2 costeletas de vitela (250 g cada)
1 colher (sopa) de farinha de trigo
2 cebolas-brancas
150 ml de vinho branco
50 ml de água
sal e pimenta

1 Coloque em um prato 30 g de manteiga, 60 g da farinha de rosca e o queijo gruyère ralado e mexa bem com um garfo até obter uma pasta grossa.

2 Em outro prato, coloque 30 g de manteiga com 80 g de farinha de rosca, a salsinha, sal, pimenta e misture bem.

3 Preaqueça o forno a 180°C.

4 Corte os tomates ao meio, na horizontal, e recheie-os com a pasta de salsinha. Tempere com sal e pimenta as costeletas, passe-as ligeiramente na farinha, coloque em uma assadeira com 20 g de manteiga e leve ao forno.

5 Depois de 15 min, vire as costeletas, besunte-as com a pasta de queijo e disponha os tomates recheados na assadeira. Cozinhe por mais 15-20 min, regando de vez em quando. ▶

VITELA: GUISADA
CARNES

6 Pique as cebolas. Escorra as costeletas e os tomates e coloque-os em uma travessa aquecida. Ponha as cebolas na assadeira e asse em fogo alto, mexendo bem. Despeje o vinho e a água, raspe o fundo com uma colher de pau para aproveitar o suco do cozimento e deixe o líquido reduzir à metade.

7 Acrescente 20 g de manteiga, mexa bem, corrija o tempero, se necessário, e regue as costeletas com o molho.

■ Preparo: 20 min   ■ Cozimento: cerca de 30 min

Costeletas de vitela Pojarski

Rendimento: 2 porções

2 costeletas de vitela (200 g cada)
200 g de pão de fôrma
50 ml de leite
100 g de manteiga
1 colher (sopa) de salsinha picada
uma pitada de noz-moscada
1 colher (sopa) de farinha de trigo
1 colher (sopa) de óleo
1/2 limão
sal e pimenta

1 Desosse as costeletas com uma faquinha bem afiada. Raspe bem os ossos, mergulhe-os por 5 min em água fervente, passe-os em água corrente e seque.

2 Em uma tigela, despedace o pão, despeje o leite e deixe de molho.

3 Amoleça 60 g de manteiga.

4 Pique bem a carne.

5 Esprema o pão. Misture a carne, o pão, a manteiga, a salsinha, sal, pimenta e a noz-moscada e trabalhe a massa até ficar homogênea. Prenda-a contra cada osso, pressionando-a para reconstituir a forma da costeleta, e leve à geladeira por 30 min.

6 Salpique com farinha cada costeleta reconstituída. Esquente 20 g de manteiga e o óleo numa frigideira e cozinhe as costeletas por 15 min, virando-as.

7 Disponha a carne em uma travessa e decore cada uma com uma rodela de limão.

■ Preparo: 20 min   ■ Descanso: 30 min
■ Cozimento: 15-20 min

VITELA: GUISADA
CARNES

Fricandeau de vitela
(Guisado de vitela)

Rendimento: 6 porções

1/2 pé de vitela
Marinada instantânea (veja p. 45)
50 g de toucinho
1,2 kg de miolo de alcatra de vitela
2 cenouras
2 cebolas
50 g de manteiga
1 osso de vitela
1 colher (sopa) de óleo
1 bouquet garni (veja glossário)
300 ml de vinho branco
600 ml de caldo de carne em tablete
1 colher (sopa) de extrato de tomate
400 g de Purê de azedinha (veja p. 660) (ou agrião novo)
sal e pimenta

1 Coloque o pé de vitela na água fria, leve para ferver e cozinhe por 10 min.
2 Retire, deixe esfriar, desosse e corte em pedacinhos. Prepare a marinada.
3 Corte o toucinho em tirinhas e ponha para marinar por 30 min. Faça pequenas incisões na carne e introduza o toucinho com a ponta de uma faca.
4 Descasque e corte em cubos as cenouras e as cebolas, doure-as em 20 g de manteiga e coloque em uma assadeira.
5 Preaqueça o forno a 220°C.
6 Quebre o osso em pedacinhos. Corte a carne em fatias de 3-4 cm de espessura.
7 Em uma frigideira, esquente 30 g de manteiga com o óleo e doure a carne e os ossos.
8 Escorra a carne e os ossos e ponha-os na assadeira com o bouquet garni, o pé de vitela, o vinho, sal e pimenta. Cubra com papel-alumínio e deixe levantar fervura.
9 Retire o papel-alumínio e leve ao forno por 30 min.
10 Enquanto isso, prepare o caldo e reduza à metade. Recoloque-o no fogo.
11 Dissolva o extrato no caldo e despeje-os sobre a carne. Leve de novo para ferver e ponha no forno por mais 30 min.
12 Escorra a carne e disponha em uma travessa.
13 Coe o suco do cozimento, corrija o tempero, se necessário, e regue a carne com algumas colheradas do líquido. Sirva com o Purê de azedinha e o molho à parte.

■ Preparo: 30 min   ■ Marinada: 30 min
■ Cozimento: 1 h

VITELA: GUISADA
CARNES

Fricassê de vitela

Rendimento: 4 porções

800 g de costela ou paleta de vitela
1 cebola grande
40 g de manteiga
40 g de farinha de trigo
1 litro de água
1 bouquet garni (veja glossário)
2 colheres (sopa) de creme de leite fresco
sal e pimenta

1. Corte a carne em pedaços médios (de cerca de 50 g). Descasque e corte a cebola.
2. Esquente a manteiga e frite a carne sem deixar dourar. Adicione a cebola e cozinhe em fogo brando por 5 min. Polvilhe com a farinha e cozinhe por mais 5 min, mexendo sem parar.
3. Adicione a água, o bouquet garni, sal e pimenta. Tampe, ferva e cozinhe por 45 min.
4. Retire a carne da panela e coloque-a em uma travessa em lugar aquecido.
5. Reduza o líquido de cozimento em um terço (se necessário) acrescente o creme de leite, misture e leve para ferver, sem parar de mexer. Experimente e acerte o tempero, se desejar. Coe o molho e regue com ele a carne.

■ **Preparo: 15 min** ■ **Cozimento: 45 min**

Jarrete de vitela à provençal

Rendimento: 4-6 porções

4-6 pedaços de jarrete de 180 g cada
2 cebolas
6-8 tomates
2 dentes de alho
3 colheres (sopa) de azeite
200 ml de vinho branco
1 bouquet garni (veja glossário)
150 ml de Caldo claro de vitela (veja p. 35) ou caldo de carne em tablete
sal e pimenta

1. Tempere o jarrete com sal e pimenta.
2. Descasque e pique as cebolas. Escalde os tomates, retire as sementes e corte em pedaços. Descasque e esmague o alho.
3. Esquente o azeite em uma frigideira e doure a carne de ambos os lados. Adicione a cebola e deixe corar. Depois os tomates, o vinho e o bouquet garni. Mexa bem e cozinhe por 5 min.
4. Acrescente o caldo e o alho. Tampe e cozinhe por 1h20 em fogo brando. Retire a tampa e deixe o líquido reduzir por 10 min. Sirva bem quente.

■ **Preparo: 15 min** ■ **Cozimento: cerca de 1h30**

VITELA: GUISADA
CARNES

Ossobuco à milanesa

Rendimento: 4-6 porções

500 g de tomates
2 cebolas
1 talo de aipo (salsão)
1 dente de alho
5 colheres (sopa) de azeite
2 colheres (sopa) de farinha de trigo
4-6 pedaços de jarrete de vitela de 200 g cada (com osso)
1 folha de louro
200 ml de vinho branco seco
1,5 litro de caldo de legumes ou de carne
1/2 maço de salsinha
1 ramo de alecrim

1. Escalde os tomates, retire a pele e as sementes, e corte-os em pedaços.
2. Preaqueça o forno a 200°C.
3. Descasque e pique as cebolas, o aipo e o alho. Coloque o azeite em uma assadeira e doure nela os legumes.
4. Polvilhe ligeiramente a carne com a farinha e doure-a também de ambos os lados. Adicione o louro e o vinho e deixe reduzir em um terço. Acrescente os tomates, cozinhe por alguns minutos e despeje o caldo (em tablete). Quando ferver, coloque a assadeira no forno por 1 h.
5. Pique a salsinha e o alecrim e misture.
6. Disponha o ossobuco em uma travessa.
7. Coe o caldo de cozimento, adicione as ervas picadas e deixe reduzir à metade.

Sirva o ossobuco com um risoto de sua preferência.

■ Preparo: 15 min ■ Cozimento: 1 h

Picadinho de vitela à moda de Zurique

Rendimento: 4-6 porções

2 cebolas-brancas
50 g de manteiga
150 g de champignons
400 g de miolo de alcatra de vitela
1 rim de vitela
100 ml de vinho branco
200 ml de creme de leite fresco
100 ml de Demi-glace (veja p. 41) ▶

1. Descasque e pique as cebolas e doure-as em fogo brando em 10 g de manteiga.
2. Lave e corte bem fino os champignons, acrescente-os à panela e continue a cozinhar em fogo brando.
3. Enquanto isso, corte o miolo e o rim em fatias finas. Refogue-o por 15 min em uma frigideira com 40 g de manteiga, virando várias vezes. Tempere com sal e pimenta e reserve em lugar aquecido.
4. Tempere os champignons com sal e pimenta, despeje o vinho branco na panela e cozinhe por 5 min em fogo alto. Retire os champignons. ▶

VITELA: GUISADA
CARNES

1 colher (sopa) de salsinha picada
sal e pimenta

5 Adicione o creme de leite e a Demi-glace, misture bem e deixe o molho reduzir à metade.
6 Recoloque os champignons e a carne na panela, esquente rapidamente e disponha o molho na travessa de servir. Salpique com a salsinha.

■ Preparo: 15 min ■ Cozimento: cerca de 25 min

Vitela à caçadora

Rendimento: 4 porções
1 cebola comum grande
1 cenoura
1 dente de alho
100 ml de molho de tomate
2 colheres (sopa) de óleo
4 costelas de vitela (160-200 g cada)
1 bouquet garni (veja glossário)
100 ml de vinho branco
1 litro de Caldo claro de vitela (veja p. 35) ou caldo de carne em tablete
200 g de champignons
2 cebolas-brancas
30 g de manteiga
1 colher (sopa) de salsinha
sal e pimenta

1 Descasque, lave e corte em cubinhos a cebola comum e a cenoura. Descasque o alho.
2 Prepare ou descongele o molho de tomate.
3 Em uma caçarola, esquente o óleo e refogue as costelas de ambos os lados. Retire-as, reserve-as e coloque na caçarola a cebola, a cenoura, o alho e o bouquet garni. Refogue os legumes por alguns minutos e disponha a carne por cima.
4 Adicione o vinho, deixe reduzir, e acrescente o caldo e o molho de tomate. Tampe e cozinhe em fogo brando por 1 h.
5 Lave e corte bem fino os champignons e as cebolas-brancas e refogue-os em uma frigideira com a manteiga.
6 Retire a carne da panela e coloque em uma travessa em lugar aquecido.
7 Peneire o molho sobre a frigideira com os champignons e deixe apurar por 2 min.
8 Prove e corrija o tempero, e regue as costelas com o molho. Salpique com a salsinha e sirva.

■ Preparo: 20 min ■ Cozimento: 1 h

VITELA: GUISADA
CARNES

Vitela ao vinho tinto

Rendimento: 6 porções

1 cebola grande
1 dente de alho
1,2 kg de paleta de vitela
50 g de manteiga
300 ml de vinho tinto
150 ml de Caldo claro de vitela (veja p. 35) ou caldo de carne em tablete
1 bouquet garni (veja glossário)
20 minicebolas
150 g de champignons
10 g de Manteiga manié (veja p. 68)
sal e pimenta

1. Descasque e pique bem a cebola e o alho. Corte a carne em pedaços de cerca de 80 g e tempere com sal e pimenta.
2. Em uma frigideira, doure a vitela com 30 g de manteiga. Adicione a cebola fatiada e doure-a também. Acrescente o vinho, o caldo, o bouquet garni e o alho. Tampe e deixe apurar por 45 min.
3. Enquanto isso, cozinhe as minicebolas.
4. Lave e corte os champignons bem fino e doure-os em 20 g de manteiga.
5. Prepare a Manteiga manié.
6. Retire a carne da panela. Coe o molho e adicione a manteiga, misturando bem para dar liga.
7. Recoloque a carne na frigideira, com as cebolas, os champignons e o molho. Esquente tudo em fogo brando e sirva.

■ Preparo: 15 min   ■ Cozimento: 45 min

Vitela Marengo

Rendimento: 6 porções

5 tomates grandes
2 cebolas
1 dente de alho
1,5 kg de paleta de vitela
50 g de manteiga
2 colheres (sopa) de óleo
1 colher (sopa) de farinha de trigo
200 ml de vinho branco
1 bouquet garni (veja glossário)
24 minicebolas
150 g de champignons
150 g de torradas ▶

1. Escalde os tomates, retire a pele e as sementes e corte-os em pedaços. Pique as cebolas e o alho. Corte a carne em pedaços de cerca de 80 g e tempere com sal e pimenta.
2. Em uma caçarola, esquente 30 g de manteiga com o óleo e doure nela a carne. Adicione as cebolas, polvilhe com a farinha, mexa e cozinhe por 3 min.
3. Despeje o vinho branco e raspe o fundo da panela com uma colher de pau para aproveitar o suco da carne. Acrescente os tomates, o bouquet garni, o alho, sal e pimenta. Adicione 300 ml de água quente (ela não deve cobrir a carne), ferva, tampe e deixe apurar por 45 min.
4. Enquanto isso, cozinhe as minicebolas. ▶

VITELA: GUISADA
CARNES

1 colher (sopa) de salsinha picada
sal e pimenta

5 Corte os champignons em fatias e refogue em 20 g de manteiga. Prepare torradas quadradinhas e pequenas (croûtons).
6 Cinco minutos antes de terminar o cozimento, coloque os champignons na caçarola.
7 Disponha a vitela e as cebolas em uma travessa funda, cubra com o molho e salpique por cima a salsinha. Decore com as torradinhas.

■ Preparo: 30 min   ■ Cozimento: 45 min

Vitela recheada

Rendimento: 6 porções
1/2 kg de peito de vitela
1/2 pé de vitela
250 g de champignons
85 g de manteiga
2 cebolas comuns
2 cebolas-brancas
300 g de pão
1 copo de leite
3 dentes de alho
1 maço de salsinha
2 gemas
uma pitada de pimenta-de-caiena
1 cenoura
1 alho-poró (só a parte branca)
1 talo de aipo (salsão)
150 g de bacon
2 colheres (sopa) de extrato de tomate
250 ml de vinho branco
250 ml de Caldo claro de vitela (veja p. 35) ou caldo em tablete
sal e pimenta-do-reino

1 Tempere a vitela com sal e pimenta.
2 Coloque o pé de vitela na água fria, ferva e deixe cozinhar por 10 min. Escorra-o, deixe esfriar, desosse-o e corte em pedacinhos.
3 Lave e corte os champignons em cubinhos, e refogue-os em 10 g de manteiga até que a água evapore.
4 Descasque e pique 1 cebola comum e as cebolas-brancas. Refogue-as em 20 g de manteiga.
5 Ponha o pão, sem a casca, de molho no leite.
6 Pique o alho e a salsinha.
7 Esprema o pão e coloque-o em uma tigela. Adicione o alho e a salsinha, os champignons escorridos, as gemas, os dois tipos de cebola, sal, pimenta-do-reino e pimenta-de-caiena. Recheie a carne e costure a abertura com linha.
8 Preaqueça o forno a 200°C.
9 Descasque e corte em cubinhos a cenoura, o alho-poró, o aipo e a outra cebola. Coloque-os em uma panela e cozinhe por 10 min em 25 g de manteiga.
10 Em uma frigideira, doure a carne em 30 g de manteiga.
11 Unte uma assadeira com manteiga e forre o fundo e os lados com o bacon. Distribua os legumes por cima. Acrescente a carne e o pé desossado. ▶

VITELA: MIÚDOS

12 Dilua o extrato de tomate no vinho branco e despeje-o na assadeira juntamente com o caldo. Cubra com papel-alumínio e leve para ferver no fogão. Depois passe para o forno e deixe por 1h40.
13 Retire o peito.
14 Com uma colher de pau, raspe o fundo da assadeira para aproveitar o suco do cozimento, coe-o e reduza-o em um terço. Regue a carne com ele e sirva bem quente.

As sobras de vitela recheada podem ser servidas frias com pepininhos em conserva, mostarda e uma salada verde.

■ Preparo: 1 h ■ Cozimento: 1h40

VITELA: MIÚDOS

Coração de vitela à bonne femme

Rendimento: 4-6 porções

2 corações de vitela
150 g de cebolas pequenas
1 kg de batatas pequenas
150 g de toucinho ou bacon
40 g de manteiga
sal e pimenta

1 Compre os corações já preparados.
2 Descasque as cebolas e as batatas.
3 Corte o toucinho em cubos e mergulhe-os por 5 min em água fervente.
4 Derreta a manteiga em uma caçarola, doure nela os corações, com sal e pimenta, depois retire-os e reserve.
5 Coloque o toucinho na caçarola e refogue também. Adicione as cebolas e misture.
6 Recoloque os corações na panela. Disponha as batatas em volta. Tampe e deixe cozinhar por 30 min em fogo brando, mexendo de vez em quando.
7 Experimente e corrija o tempero, se necessário. Sirva.

■ Preparo: 30 min ■ Cozimento: 30 min

VITELA: MIÚDOS
CARNES

Coração de vitela recheado

Rendimento: 4-6 porções

2 corações de vitela
200 g de Recheio de champignons (veja p. 106) ou de Recheio de musseline (veja p. 107)
1 tomate grande
1 cenoura
1 cebola grande
80 g de tripa de porco
1 bouquet garni (veja glossário)
40 g de manteiga
50 ml de vinho branco
50 ml de caldo de carne em tablete
sal e pimenta

1 Compre os corações já preparados.
2 Prepare o recheio escolhido.
3 Escalde o tomate, retire a pele e as sementes e corte-o em cubinhos. Descasque a cenoura e a cebola e corte-as da mesma maneira.
4 Preaqueça o forno a 150ºC.
5 Tempere o interior dos corações com sal e pimenta, recheie-os com o preparado de champignons, envolva-os em um pedaço de tripa de porco e amarre.
6 Disponha os legumes e o bouquet garni no fundo de uma assadeira com os corações por cima. Espalhe a manteiga em fatias, tampe e leve ao forno por cerca de 30 min.
7 Adicione o vinho e continue a cozinhar por mais 30 min, regando freqüentemente. Prepare o caldo.
8 Retire os corações e coloque em uma travessa.
9 Despeje o caldo na assadeira e deixe reduzir em um terço em fogo alto.
10 Coe o molho, prove e corrija o tempero, e cubra os corações com ele. Sirva bem quente.

■ Preparo: 45 min   ■ Cozimento: 1 h

Coração de vitela sauté

Rendimento: 4 porções

2 corações de vitela
200 g de champignons grandes
70 g de manteiga
100 ml de vinho Madeira
sal e pimenta

1 Compre os corações já preparados, corte-os em fatias finas e tempere com sal e pimenta.
2 Lave os champignons e corte-os também em fatias.
3 Derreta 40 g de manteiga em uma frigideira e refogue nela os corações em fogo alto por 3-4 min. Retire-os e reserve em uma travessa em lugar aquecido.
4 Coloque os champignons na frigideira e doure-os também. Tempere com sal e pimenta e disponha-os ao lado dos corações, na travessa. ▶

VITELA: MIÚDOS

5 Despeje o vinho na frigideira, raspe o fundo com a colher de pau para aproveitar o suco do cozimento e deixe o líquido reduzir à metade.
6 Fora do fogo, junte o restante da manteiga, mexa bem e regue os corações com esse molho.

■ Preparo: 15 min   ■ Cozimento: cerca de 20 min

Espetinhos de coração

Rendimento: 4 porções
2 corações de vitela
100 g de champignons pequenos
Marinada instantânea (veja p. 45)
4 tomates-cerejas
espetinhos de madeira

1 Compre os corações já preparados. Corte-os em cubos grandes.
2 Lave os champignons.
3 Prepare a marinada e ponha os corações e os champignons de molho por 30 min.
4 Distribua a carne nos espetinhos, alternando com os champignons. Finalize cada espeto com um tomate-cereja.
5 Grelhe os espetos, virando-os várias vezes, e sirva em seguida.

■ Preparo: 15 min   ■ Marinada: 30 min
■ Cozimento: 10-12 min

Fígado de vitela à crioula

Rendimento: 6 porções
6 bifes de fígado de vitela (150 g cada)
Marinada instantânea (veja p. 45)
60 g de toucinho
1 cebola
1/2 cabeça de alho
2 colheres (sopa) de azeite ▶

1 Compre o fígado já preparado e cortado.
2 Prepare a marinada com limão.
3 Corte o toucinho em cubinhos e deixe marinar por 15 min. Faça pequenos cortes nos bifes de fígado e introduza neles o toucinho. Coloque tudo de molho na mesma marinada.
4 Pique a cebola e o alho. ▶

VITELA: MIÚDOS
CARNES

1 colher (sopa) de salsinha picada
2 colheres (sopa) de farinha de trigo
1 colher (sobremesa) de extrato de tomate
50 ml de vinho branco
sal e pimenta

5 Esquente o azeite em uma frigideira e frite os bifes por 2 min de cada lado em fogo alto. Diminua o fogo e deixe por mais 6-8 min. Retire e disponha em uma travessa aquecida.

6 Ponha a cebola na frigideira, refogue-a com a salsinha e adicione a farinha de trigo, sal e pimenta.

7 Dilua o extrato de tomate no vinho branco, adicione à frigideira e misture bem. Esquente esse molho por 5 min, mexendo sem parar, e cubra com ele os bifes de fígado.

■ Preparo: 1 h   ■ Marinada: 35 min
■ Cozimento: 15-20 min

Fígado de vitela à florentina

Rendimento: 4 porções
1 kg de espinafre
150 g de Massa para fritar (veja p. 118)
1 cebola grande
óleo de fritura
100 g de manteiga
noz-moscada
4 bifes de fígado de vitela (125 g cada)
100 ml de vinho branco
sal e pimenta-do-reino

1 Lave o espinafre. Prepare a Massa para fritar.

2 Descasque e corte a cebola em rodelas e destaque-as umas das outras.

3 Esquente o óleo para fritar.

4 Pressione o espinafre para extrair a água e refogue em fogo brando com 50 g de manteiga. Tempere com sal, pimenta e uma pitada de noz-moscada.

5 Passe as rodelas de cebola na massa e mergulhe-as no óleo a 180ºC. Quando estiverem douradas, retire e deixe secar sobre papel-toalha.

6 Disponha o espinafre em uma travessa ligeiramente untada com manteiga e mantenha-a aquecida.

7 Esquente o restante da manteiga em uma frigideira e doure o fígado por 2-3 min de cada lado. Retire da panela e coloque sobre o espinafre.

8 Despeje o vinho branco na frigideira, raspe o fundo com uma colher de pau para aproveitar o suco, deixe reduzir à metade e regue o fígado com esse molho. Decore com a cebola frita e sirva.

■ Preparo: 30 min   ■ Cozimento: cerca 10 min

VITELA: MIÚDOS
CARNES

Fígado de vitela à inglesa

Rendimento: 4 porções

20 g de manteiga
1 colher (sopa) de óleo
4 bifes de fígado de vitela (125 g cada)
4 fatias de bacon
1 colher (sopa) de salsinha picada
1/2 limão
sal e pimenta

1. Esquente a manteiga e o óleo em uma frigideira. Tempere os bifes de fígado com sal e pimenta e frite por 2-5 min de cada lado, conforme a espessura e o ponto de cozimento desejados.
2. Coloque os bifes de fígado sobre papel-toalha e reserve em uma travessa em lugar aquecido.
3. Frite o bacon na mesma frigideira e disponha uma fatia sobre cada bife. Salpique com a salsinha picada.
4. Esprema o limão sobre a manteiga do cozimento, raspe o fundo para aproveitar o suco, misture e regue os bifes de fígado com esse molho.

■ Preparo: 5 min ■ Cozimento: 5-10 min

Fígado de vitela à moda de Lyon

Rendimento: 4 porções

3 cebolas grandes
80 g de manteiga
4 bifes de fígado de vitela (125 g cada)
2 colheres (sopa) de farinha de trigo
2 colheres (sopa) de Glace de carne (veja p. 42) ou caldo de carne em tablete
50 ml de vinagre
1 colher (sopa) de salsinha picada
sal e pimenta

1. Descasque e corte as cebolas em rodelas finas. Aqueça 40 g de manteiga em uma panela e refogue-as por cerca de 20 min em fogo brando.
2. Tempere com sal e pimenta os bifes de fígado, polvilhe com a farinha e doure em fogo alto com 40 g de manteiga.
3. Retire os bifes e reserve em uma travessa aquecida.
4. Misture a Glace de carne (ou o caldo) com as cebolas, cozinhe, mexendo bem até engrossar, e regue os bifes com esse molho.
5. Coloque o vinagre na frigideira, esquente e despeje sobre o fígado. Salpique com a salsinha e sirva.

■ Preparo: 30 min ■ Cozimento: cerca de 10 min

VITELA: MIÚDOS
CARNES

Fígado de vitela assado

**Rendimento:
12-15 porções**

*1 fígado de vitela de 2,5 kg
250 g de toucinho
100 ml de conhaque
uma pitada de quatro especiarias (pimenta-do-reino, gengibre, noz-moscada e coentro em pó)
1/2 maço de salsinha
250 g de tripa de porco
200 ml de vinho branco
100 ml de Caldo claro de vitela (veja p. 35) ou caldo em tablete
sal e pimenta*

1 Compre o fígado já limpo.
2 Corte o toucinho em cubos grandes. Com uma faca, faça pequenas incisões no fígado e introduza o toucinho.
3 Preaqueça o forno a 200ºC.
4 Regue o fígado com o conhaque, tempere com sal e pimenta, polvilhe com as quatro especiarias e a salsinha picada, envolva-o em um pedaço de tripa de porco e amarre. Coloque em uma assadeira e leve ao forno por cerca de 1h30.
5 Retire o fígado e disponha-o em uma travessa aquecida.
6 Descarte a gordura do cozimento, despeje na assadeira o vinho e o caldo, raspe o fundo para aproveitar o suco, mexa e deixe reduzir em um terço em fogo alto. Sirva com esse molho à parte.

Mandioquinha cozida e fatiada, coberta com salsinha picada, é um ótimo acompanhamento para este prato.

■ Preparo: 15 min   ■ Cozimento: cerca de 1 h

Medula de vitela frita

Rendimento: 4-6 porções

*600-800 g de medula de vitela
250 ml de molho de tomate
Marinada instantânea (veja p. 45)
250 g de Massa para fritar (veja p. 118)
óleo para fritar
1/2 maço de salsinha crespa
sal*

1 Ponha as medulas de molho em água fria por 1 h. Elimine as membranas e lave. Cozinhe por 10 min em água ou caldo, escorra e deixe esfriar.
2 Faça o molho de tomate.
3 Prepare a marinada e coloque as medulas de molho por 30 min.
4 Prepare a massa. Esquente o óleo a 160ºC e frite a salsinha.
5 Retire as medulas da marinada, mergulhe-as na massa e frite em uma frigideira até ficarem bem douradas. Coloque sobre papel-toalha e tempere com sal. ▶

VITELA: MIÚDOS
CARNES

6 Disponha as medulas com a salsinha em uma travessa forrada com um guardanapo. Sirva com o molho de tomate à parte.

■ Marinada: 1 h ■ Preparo: 30 min
■ Cozimento: 20-30 min

Orelhas de vitela à la diable

Rendimento: 4 porções

4 orelhas de vitela ao molho
250 ml de Molho diable (veja p. 97)
20 g de manteiga
4 colheres (sopa) de mostarda
150 g de farinha de rosca

1 Cozinhe as orelhas por 5 min. Escorra-as, corte-as ao meio no sentido do comprimento, coloque-as em um prato e tampe com o outro, colocando um peso em cima. Deixe esfriar por 30 min.
2 Durante o cozimento, prepare o Molho diable.
3 Derreta a manteiga. Com uma colher ou um pincel, besunte generosamente as orelhas com mostarda, passe-as na farinha de rosca e regue com a manteiga derretida. Leve para grelhar em uma frigideira por 10-15 min em fogo brando. Sirva com o molho à parte.

■ Preparo: 40 min ■ Cozimento: 10-15 min

Orelhas de vitela à mirepoix

Rendimento: 4 porções

400 ml de Caldo escuro de vitela (veja p. 38)
4 orelhas de vitela
2 cenouras
2 cebolas grandes
1 bouquet garni (veja glossário)
200 ml de vinho branco
sal e pimenta

1 Prepare ou descongele o caldo.
2 Mergulhe as orelhas na água fria, leve ao fogo e ferva por 8 min. Deixe esfriar, escorra, limpe e enxugue.
3 Preaqueça o forno a 180°C.
4 Descasque e corte em cubos as cenouras e as cebolas. Coloque as orelhas em uma assadeira e cubra-as com os legumes. Junte o bouquet garni, sal, pimenta e o vinho. ▶

VITELA: MIÚDOS
CARNES

5 Reduza quase completamente o líquido em fogo alto, acrescente o caldo de vitela, cubra com papel-alumínio e leve ao forno por 1h30.
6 Escorra as orelhas, retire a pele que recobre o interior e o exterior da parte fina e corte-as em pedaços médios.
7 Coe o líquido de cozimento, raspe o fundo da assadeira para aproveitar o suco, mexa e reduza-o em cerca de um terço. Recoloque as orelhas, esquente tudo e despeje em uma travessa aquecida.

■ Preparo: 30 min   ■ Cozimento: 1h30

Pés de vitela: cozimento

1 Para limpar os pés de vitela, coloque-os em um caldeirão ou caçarola com água e ferva por 10 min.
2 Retire, deixe esfriar e regue com limão.
3 Dissolva um pouco de farinha de trigo em água fria (1 colher de sopa por litro), acrescente sal (6 g por litro) e suco de limão (1 colher de sopa por litro).
4 Adicione os pés, uma cebola espetada com um cravo-da-índia e um bouquet garni. Ferva por 1h30-2h.

Pés de vitela com molho tártaro

Rendimento: 4 porções
4 pés de vitela cozidos
250 ml de Molho tártaro (veja p. 55)
400 g de Empanado à inglesa (veja p. 103)
óleo para fritar

1 Prepare e cozinhe os pés (*veja explicação acima*).
2 Enquanto isso, faça o Molho tártaro.
3 Escorra os pés e desosse-os ainda quentes. Corte a carne em cubos grossos e deixe secar sobre papel-toalha.
4 Prepare o empanado e esquente o óleo. Empane a carne e doure-a no óleo a 180ºC. Retire e deixe secar sobre papel-toalha.
5 Sirva bem quente com o Molho tártaro.

■ Preparo: 2h30   ■ Cozimento: 10-15 min

Rim: preparo

Primeiramente, extraia a capa de gordura que envolve o rim. Em geral, o açougueiro costuma fazer isso.

Corte-o ao meio e elimine a membrana superior que o recobre.

Com uma faca, retire as nervuras e as partes esbranquiçadas. Está pronto para cozinhar.

Caçarola de rim de vitela

Rendimento: 4 porções

2 rins de vitela
40 g de manteiga
100 ml de calvados (ou conhaque)
250 ml de creme de leite fresco
1 colher (café) de mostarda
sal e pimenta

1 Prepare os rins como explicado acima ou compre-os limpos. Corte-os ao meio no sentido do comprimento.
2 Em uma caçarola, derreta a manteiga, sem deixar dourar, coloque os rins e cozinhe em fogo brando por 5-6 min, mexendo várias vezes.
3 Adicione o calvados (ou conhaque), tampe e retire a caçarola do fogo. Deixe macerar por 10 min.
4 Retire os rins, coloque em uma travessa funda e cubra com papel-alumínio.
5 Reduza o molho à metade e tempere com sal e pimenta.
6 Despeje o creme de leite na caçarola e leve ao fogo até engrossar, mexendo sem parar.
7 Em uma tigela, dilua a mostarda em uma colher de molho e coloque na caçarola.
8 Misture bem, despeje sobre os rins e sirva em seguida.

■ Preparo: 15 min   ■ Cozimento: cerca de 15 min

Rim de vitela à moda de Bordeaux

Rendimento: 4 porções

50 g de miolo de boi
2 cebolas-brancas
2 rins de vitela
40 g de manteiga
200 ml de vinho branco
400 ml de Caldo claro de vitela (veja p. 35) ou caldo em tablete
1 colher (sopa) de salsinha picada
sal e pimenta

1. Coloque o miolo em água fervente com sal e cozinhe por 2 min. Retire-o e mantenha em lugar aquecido.
2. Descasque e corte as cebolas.
3. Prepare os rins (*veja página ao lado*), corte em fatias médias e tempere com sal e pimenta.
4. Derreta a manteiga em uma frigideira e frite os bifes de rim por 3-4 min, mexendo-os. Escorra e reserve em lugar aquecido.
5. Adicione o vinho à frigideira e raspe o fundo com uma colher de pau para aproveitar o suco do cozimento. Adicione a cebola e cozinhe até que não reste mais líquido.
6. Acrescente o caldo de vitela ao suco do cozimento dos rins e reduza o líquido à metade. Corrija o tempero, se necessário.
7. Recoloque os rins no molho, sem deixar ferver, adicione o miolo cortado em cubos e mexa bem.
8. Disponha em uma travessa, salpique com a salsinha e sirva.

■ Preparo: 15 min ■ Cozimento: cerca de 10 min

Rim de vitela com mostarda

Rendimento: 4 porções

2 rins de vitela
300 ml de Caldo escuro de vitela (veja p. 38) ou caldo pronto
2 cebolas-brancas
200 ml de vinho branco seco
1 folha de louro
1 ramo de tomilho
200 ml de creme de leite com o soro ▶

1. Prepare os rins (*veja página ao lado*) e o caldo.
2. Descasque e pique as cebolas bem fino e ponha em uma frigideira com o vinho branco, o louro e o tomilho.
3. Em fogo brando, reduza o líquido à metade. Acrescente o caldo e o creme de leite e cozinhe até que o molho envolva bem a colher.
4. Coloque a mostarda em uma vasilha e coe o molho sobre ela, mexendo com uma colher para dissolver bem. Experimente e corrija o tempero, ▶

VITELA: MIÚDOS
CARNES

2 colheres (sopa) de mostarda em grão
2 colheres (sopa) de óleo
1 colher (sopa) de cebolinha picada
sal e pimenta

cubra com papel-alumínio e reserve em lugar aquecido.

5 Corte os rins em fatias grossas, transversalmente, e doure-os no óleo quente por 2 min de cada lado. Tempere com sal e pimenta e deixe escorrer em uma peneira por 10 min.

6 Recoloque o molho em uma panela, esquente-o e mergulhe os rins nele. Não deixe ferver.

7 Disponha em uma travessa, salpique com a cebolinha e sirva em seguida.

■ Preparo: 30 min ■ Cozimento: 4-5 min

Rim de vitela grelhado

Rendimento: 4 porções
2 rins de vitela
1 cebola-branca
4 colheres (sopa) de azeite
1 ramo de tomilho
2 tomates grandes
1 maço de agrião
sal e pimenta

1 Limpe os rins (*veja p. 508*). Corte cada metade em dois.

2 Descasque e pique bem as cebolas.

3 Em uma tigela, misture 2 colheres (sopa) de azeite, o tomilho picado, a cebola, sal e pimenta e coloque os fígados para marinar nesse tempero por 20 min.

4 Preaqueça o forno.

5 Lave os tomates, corte-os ao meio e retire as sementes. Escolha e lave o agrião.

6 Escorra e enxugue os rins. Enfie-os nos espetos e leve para grelhar no forno em temperatura média, por 5-7 min, virando várias vezes.

7 Desligue o forno e mantenha os rins lá dentro por 5 min.

8 Enquanto isso, refogue os tomates em uma frigideira com o azeite restante e tempere com sal e pimenta.

9 Sirva os rins com os tomates e o agrião.

■ Preparo: 10 min ■ Marinada: 20 min
■ Cozimento: cerca de 12 min

Aves, coelho e caça

COELHO	514
FRANGO E GALINHA	522
GALINHA-D'ANGOLA	558
GANSO	560
PATO	566
PERU	581
POMBO	588
AVES DE CAÇA	591
Codorna	591
Faisão	596
Pato selvagem	600
Perdigoto e perdiz	603
ANIMAIS DE CAÇA	608
Cabrito	609
Javali	614
Lebre	618

AVES E COELHO

Designa-se como "aves" o conjunto de animais bípedes que fornecem carne ou ovos (pato, galeto, peru, ganso, pombo, galinha-d'angola, galinha, frango). A este capítulo vamos acrescentar o coelho doméstico, por ter características em comum com as aves.

A carne desses animais (aves e coelho) é rica em proteínas e vitaminas B e serve de base tanto para o preparo de pratos simples e econômicos como de receitas clássicas regionais e preparações mais refinadas.

A ave mais consumida é o frango, seguida do peru, que também é vendido em pedaços. Os gansos, atualmente, são engordados para a produção de foie gras. O abate de patos, por sua vez, também vem se desenvolvendo por causa da onda de consumo de foie gras e de peito de pato.

Antes de ser abatida, a galinha deve ter um número de 1 a 4, que indica o "calibre" do animal (peso, relatório de seu preparo: eviscerado, limpo etc.); o 1 corresponde a um frango jovem, pesando no máximo 850 g, pronto para ser cozido. Por outro lado, uma letra A, B ou C indica a "classe" do animal (grau de engorda, desenvolvimento dos músculos, conformação). Finalmente, a ave pode vir com um selo, que aponta sua origem.

Cozimento das aves. Em geral, costuma-se preparar a carne assada (a forma mais comum); cozida em água fervente ou caldo; ensopada (sobretudo para as aves um pouco velhas ou de tamanho grande, bem como para miúdos); salteada, no vapor ou grelhada. Por fim, pode-se cozinhá-la em caçarola ou como fricassê.

O fígado, a moela e, mais raramente, o rim da galinha também têm diversos usos em culinária. O frango entra igualmente no preparo de rocamboles (ballottines), quentes-frios (chauds-froids), vol-au-vents etc. Essas receitas podem ser consumidas quentes ou frias.

ANIMAIS DE CAÇA

Aqui entram todos os animais selvagens abatidos para consumo. Existem duas categorias de animais de caça: os de pêlos e os de penas. No primeiro grupo, há os de grande porte, como o bode selvagem, o veado, a camurça, o cabrito-montês, o gamo, a cabra e o javali; e os de pequeno porte, como a lebre e o coelho selvagem.

O segundo grupo abrange os animais de penas, como as aves de montanha ou de planície (galinha-d'angola, galo silvestre, faisão, perdiz, galinha-d'água e pombo). Classificam-se em uma categoria específica a cotovia, o papa-figo, o tordo e o melro. Em outra categoria, das aves aquáticas, podemos citar a galinhola selvagem, o pato selvagem, o maçarico e o ganso selvagem.

A carne de caça. O modo de vida e a alimentação do animal silvestre determinam a qualidade e o sabor da carne, dando-lhe um aroma forte que se acentua com a idade.

Sua carne é mais compacta, mais colorida que a dos outros animais, mais pobre em gordura e mais rica em proteínas: é considerada difícil de digerir e deve ser consumida com moderação.

A carne de caça precisa sempre descansar antes de ser cozida; assim atinge um certo grau de maturação que a torna mais tenra e saborosa.

Se não for faisandé (processo que consiste em deixar a carne entrar em decomposição, para amaciá-la e ganhar um sabor particular), deve ser limpa o mais rápido possível e pendurada em lugar fresco e escuro – pelas patas posteriores, se for animal de pêlos, ou pela cabeça, se for de penas – ou colocada em um local frio. A retirada dos pêlos ou das penas só deve ser feita no momento da utilização.

A carne de caça comercializada já vem maturada; ao comprá-la, convém escolher um animal "fresco" (não faisandé) e jovem (se for ave, o bico deve estar flexível).

A cozinha de caça. O corte e os modos de preparo dos animais de caça são os mesmos usados para os outros animais; no entanto, a carne de caça geralmente é marinada, o que a torna mais macia.

As costelas e o pernil traseiro são assados; o pescoço, o quarto dianteiro e o peito são usados em guisados ou ensopados; as costeletas e os medalhões são grelhados ou salteados. Os animais de caça de penas são feitos como as outras aves. Finalmente, essa carne é muito usada em terrinas e patês.

COELHO

Os coelhos domésticos, criados por sua carne e também por seu pêlo, diferenciam-se segundo o tamanho, a cor e a textura da pelagem, bem como pela qualidade da carne. Os animais maiores chegam a atingir 10 quilos, mas os que são comercializados, com menos de 12 semanas de idade, pesam de 1,2 a 1,4 quilo só de carcaça, sem incluir as patas. Sempre tenros, pois são abatidos jovens, devem ter o pescoço pouco alongado, as patas anteriores flexíveis, as unhas curtas, o fígado claro e sem manchas, a carne rosada, a gordura em volta do lombo bem branca e o rim bem visível.

O coelho caipira, mais gordo que os animais comumente abatidos, é excelente se for alimentado com ervas e cereais.

Antes de ser utilizada em uma preparação culinária, a carne do coelho, rosa-clara com uma gordura branca, precisa ficar de molho em uma marinada de vinho com temperos como cebola, cenoura, salsa, alho e tomilho. É recomendável evitar cozinhar demais a carne, para não ressecá-la.

Coelho: preparo

1 Corte as extremidades das patas e da cabeça.
2 Retire o fígado e os pulmões.
3 Separe as patas da frente cortando a articulação da perna e do tórax.
4 Separe as coxas do lombo: desloque a articulação e corte, ladeando a coluna vertebral até o rabo. Conforme a espessura das coxas, divida-as ao meio com um golpe preciso de um facão.
5 Separe o peito do lombo na altura da primeira costela. Dependendo da espessura do lombo, corte-o em dois ou três pedaços iguais.
6 Parta o tórax ao meio, cortando de cada lado da coluna vertebral.

COELHO
AVES, COELHO E CAÇA

Caçarola de coelho

Rendimento: 4-6 porções

200 g de toucinho
1 couve-de-bruxelas
1 cenoura
1 nabo
3 cebolas
30 g de manteiga
1 coelho de 1,6 kg cortado em pedaços
sal e pimenta-do-reino

1. Corte o toucinho em cubos e mergulhe-o em água fria. Leve para ferver por 2 min, escorra e reserve a água.
2. Retire o miolo da couve, destaque as folhas, lave-as, eliminando os talos grossos, mergulhe-as por 3 min na água reservada e escorra.
3. Corte em pedaços a cenoura, o nabo e as cebolas.
4. Derreta a manteiga em uma frigideira grande, doure o coelho e escorra-o.
5. Derreta o toucinho na frigideira, retire e ponha os legumes, menos a couve, doure-os e escorra.
6. Forre o fundo de uma caçarola com a couve, adicione uma porção do coelho, o toucinho e os legumes e tempere com sal e pimenta, ponha outra camada de couve e assim por diante, até terminarem os ingredientes. A cada camada acrescentada, regue com vinho. Tampe e cozinhe em fogo baixo por 45-50 min. Sirva na própria caçarola.

■ Preparo: 30 min   ■ Cozimento: cerca de 1 h

Coelho à caçadora

Rendimento: 4-6 porções

1 coelho de 1,5 kg cortado em pedaços
80 g de manteiga
3 colheres (sopa) de óleo
2 cebolas-brancas
100 ml de vinho branco
250 ml de molho de tomate
500 ml de caldo de carne em tablete
1 bouquet garni (veja glossário)
300 g de champignons ▶

1. Tempere o coelho com sal e pimenta.
2. Refogue o coelho em uma caçarola com 40 g de manteiga e o óleo. Retire-o, escorra-o e despreze a gordura. Coloque na panela as cebolas picadas e refogue por 2-3 min em fogo baixo. Recoloque a carne.
3. Acrescente o vinho e deixe reduzir à metade. Junte o molho de tomate, o caldo e o bouquet garni, tampe e cozinhe por 45 min em fogo baixo.
4. Lave os champignons e corte em fatias finas. Refogue em 20 g de manteiga e tempere com sal e pimenta. Escorra-os, adicione à caçarola e cozinhe por 5 min. ▶

5 ramos de estragão
5 ramos de cerefólio
sal e pimenta-do-reino

5 Pique as ervas. Acrescente mais sal ao molho, se necessário, misture a manteiga restante e mexa bem.
6 Disponha em uma travessa e salpique com as ervas.

■ Preparo: 15 min   ■ Cozimento: cerca de 50 min

Coelho assado

Rendimento: 4 porções
80 g de toucinho
800 g de coelho (lombo e pernas)
1 colher (sopa) de óleo
20 g de manteiga
2 galhos de salsa
1 ramo de tomilho
1 ramo de segurelha
1 folha de louro pequena
sal e pimenta-do-reino

1 Preaqueça o forno a 200°C.
2 Corte o toucinho em tirinhas. Faça pequenas incisões na superfície da carne e introduza o toucinho, deixando uma parte para fora. Tempere o coelho com sal e pimenta e besunte-o com óleo e manteiga.
3 Enfie o coelho no espeto, ou coloque-o em uma assadeira e leve ao forno por 30 min, regando freqüentemente.
4 Corte a carne e coloque-a em uma travessa. Coloque 250 ml de água na assadeira e leve ao fogo, raspando o fundo com uma colher de pau para aproveitar os sucos do cozimento. Adicione as ervas, sal, pimenta e reduza a cerca de um terço.
5 Coe o caldo e sirva-o à parte, em uma molheira.

■ Preparo: 15 min   ■ Cozimento: cerca de 35 min

Coelho com ameixas

Rendimento: 4-6 porções
1 caneca grande de chá mate bem forte
350 g de ameixas secas
1 coelho de cerca de 1,5 kg cortado
2 cebolas-brancas
20 g de manteiga ▶

1 Faça o chá e mergulhe as ameixas nele por 2 h.
2 Tempere o coelho com sal e pimenta. Descaroce as ameixas. Descasque e pique as cebolas.
3 Esquente a manteiga e o óleo em uma caçarola e doure o coelho de todos os lados em fogo alto. Junte as cebolas, o tomilho e o vinho. Tampe e deixe apurar por 30 min. ▶

2 colheres (sopa) de óleo
1 ramo de tomilho
200 ml de vinho branco
1 colher (sopa) de vinagre
sal e pimenta-do-reino

4 Passe no processador o fígado do coelho com o vinagre e adicione-o à caçarola juntamente com as ameixas escorridas. Cozinhe por mais 20 min.
5 Sirva bem quente na própria caçarola.

■ Preparo: 20 min ■ Maceração: 2 h
■ Cozimento: 50 min

Coelho com batatas

Rendimento: 4-6 porções

1 litro de Marinada fria para carne e caça (veja p. 44)
1 coelho de 1,5 kg cortado em pedaços
250 g de bacon
30 g de manteiga
1 colher (sopa) de óleo
24 cebolas pequenas
1 colher (sopa) de farinha de trigo
200 ml de vinho branco
200 ml de caldo de galinha em tablete
1 bouquet garni (veja glossário)
1 galho de segurelha
750 g de batatas
2 colheres (sopa) de salsa picada

1 Faça a marinada, mergulhe o coelho nela e leve à geladeira por 12 h.
2 Coloque o bacon em água fria, ferva por 2 min e escorra.
3 Retire o coelho da marinada e enxugue-o cuidadosamente. Esquente a manteiga e o óleo em uma caçarola, doure a carne e escorra.
4 Doure as cebolas e o bacon e escorra-os. Descarte a gordura, recoloque o coelho na caçarola, junte a cebola e o bacon, polvilhe com a farinha, mexa bem e deixe dourar.
5 Coe a marinada, coloque 2-3 colheres dela na panela, junte o vinho, o caldo, o bouquet garni e a segurelha. Cozinhe por 25 min em fogo médio.
6 Descasque as batatas, ponha-as na caçarola, tampe e cozinhe por mais 45 min.
7 Salpique com a salsa e sirva na caçarola.

■ Preparo: 30 min ■ Marinada: 12 h
■ Cozimento: cerca de 1 h

Coelho com cebolas

Rendimento: 4-6 porções

4 cebolas grandes
1 fatia grossa de presunto cru
3 colheres (sopa) de azeite
1 coelho de 1,5 kg cortado em pedaços
1 ramo de tomilho
1 copo de conhaque
200 ml de vinho branco seco
500 g de batatas
30 g de manteiga
1 colher (sopa) de cebolinha picada
sal e pimenta-do-reino

1 Descasque as cebolas e corte-as em rodelas finas. Corte o presunto em tirinhas.

2 Esquente 2 colheres de azeite em uma caçarola e doure o coelho. Adicione sal, pimenta e o tomilho. Junte as cebolas e o presunto, mexa, acrescente o conhaque e cozinhe por 5 min em fogo alto o suficiente para reduzi-lo.

3 Despeje o vinho, mexa bem, tampe e deixe apurar em fogo baixo por 45 min.

4 Enquanto isso, descasque as batatas, corte-as em cubos e doure-as no restante do azeite misturado com a manteiga. Tempere com sal e pimenta.

5 Escorra a carne e coloque-a em uma travessa. Cubra com o molho e salpique com a cebolinha.

6 Sirva as batatas à parte.

■ Preparo: 15 min ■ Cozimento: cerca de 1 h

Coelho com mostarda

Rendimento: 4-6 porções

1 coelho de 1,5 kg cortado em pedaços
50 g de manteiga
2 ramos de tomilho
3-4 colheres (sopa) de mostarda
3 cebolas-brancas
200 ml de vinho branco
300 ml de creme de leite fresco
sal e pimenta-do-reino

1 Tempere o coelho com sal e pimenta.

2 Preaqueça o forno a 210°C. Unte uma assadeira e forre-a com os ramos de tomilho amassados.

3 Com uma colher, besunte generosamente com mostarda os pedaços de coelho, por dentro e por fora, e disponha-os na assadeira. Leve ao forno por cerca de 50 min, virando a carne na metade do cozimento.

4 Corte as cebolas, coloque em uma panela com o vinho, esquente em fogo baixo e reduza o líquido à metade. Coe, pressionando com o dorso de uma colher.

5 Retire o coelho, coloque-o em uma travessa e mantenha em lugar aquecido. ▶

6 Despeje o líquido de cozimento na redução de cebola e vinho, junte 250 ml de creme de leite e reduza a cerca de um terço.

7 Misture 1 colher (sopa) de mostarda com o restante do creme. Mexa bem e cozinhe por 2-3 min, ponha mais sal, se necessário. Cubra o coelho com o molho e sirva bem quente.

■ Preparo: 20 min ■ Cozimento: cerca de 1 h

Coelho em gelatina

Rendimento: 4-6 porções

1 coelho de 1,5 kg cortado em pedaços
1 garrafa de vinho branco
2 cebolas
2 cenouras
2 dentes de alho
3 folhas de gelatina
1 maço de cebolinha
1 maço de salsa lisa
1 maço de cerefólio
sal e pimenta-do-reino

1 Coloque o coelho em uma tigela com o vinho, salgue, apimente e deixe descansar por 15 min na geladeira.

2 Corte as cebolas e as cenouras em rodelas, pique o alho.

3 Ponha o coelho com o vinho em uma caçarola, junte os legumes, mexa e cozinhe em fogo baixo por 2 h.

4 Escorra a carne, coe o líquido de cozimento e ponha mais sal, se necessário.

5 Mergulhe as folhas de gelatina em uma tigela com água, escorra-as e esprema-as. Dissolva-as em uma tigela com 3 colheres de suco de cozimento quente, adicione o restante do líquido e deixe esfriar.

6 Enquanto isso, desosse o coelho.

7 Pique as ervas bem fino, misture-as com a carne e disponha tudo em uma fôrma redonda de bolo.

8 Despeje a gelatina pouco a pouco na fôrma, de maneira que penetre até o fundo. Leve à geladeira por pelo menos 3 h.

■ Preparo: 30 min ■ Cozimento: 2 h
■ Refrigeração: 3 h

COELHO
AVES, COELHO E CAÇA

Coelho sauté

Rendimento: 4-6 porções

1 coelho de cerca de 1,5 kg cortado em pedaços
2 cebolas-brancas
40 g de manteiga
50 ml de óleo
100 ml de vinho branco
1 litro de caldo de galinha em tablete
1 bouquet garni (veja glossário)
1 colher (sopa) de salsa picada
sal e pimenta-do-reino

1. Tempere o coelho com sal e pimenta.
2. Descasque e pique as cebolas.
3. Derreta a manteiga e o óleo em uma caçarola, doure o coelho e escorra-o. Descarte a gordura.
4. Coloque as cebolas na caçarola e frite em fogo baixo por 20 min.
5. Adicione o vinho e reduza-o à metade.
6. Recoloque a carne na caçarola, mexa e adicione o caldo e o bouquet garni. Tampe e cozinhe em fogo baixo por 45 min.
7. Retire o bouquet garni. Ponha mais sal, se necessário. Salpique com a salsa e sirva na própria caçarola ou em uma travessa.

■ Preparo: 15 min ■ Cozimento: cerca de 40 min

Gibelotte de coelho

Rendimento: 4-6 porções

250 g de cebolinhas brancas
1 dente de alho
60 g de manteiga
1 colher (sopa) de óleo
100 g de bacon
1 coelho de 1,5 kg cortado
1 colher (sopa) de farinha de trigo
500 ml de vinho tinto
1 bouquet garni (veja glossário)
200 ml de caldo de galinha em tablete
300 g de cogumelos
300 g de batatas bolinhas
2 colheres (sopa) de salsa picada
sal e pimenta-do-reino

1. Preaqueça o forno a 150°C.
2. Descasque as cebolinhas e o alho. Em uma caçarola refratária, esquente 25 g de manteiga e o óleo e frite as cebolas e o bacon até ficar bem dourados. Retire-os e coloque o coelho. Refogue bem, salgue, apimente e retire-o.
3. Adicione a farinha à caçarola e mexa por 2 min com uma espátula. Despeje o vinho e deixe ferver.
4. Recoloque a carne na caçarola com o bouquet garni, o alho e adicione o caldo. Tampe e leve ao forno por 30 min.
5. Limpe os cogumelos e descasque as batatas. Doure-os em uma frigideira com o restante da manteiga. Adicione-os à caçarola, mexa bem e leve ao forno por mais 30 min.
6. Retire e escorra o coelho. ▶

7. Verifique se as batatas estão cozidas e, se necessário, deixe no forno mais um pouco.
8. Se o molho estiver muito líquido, reduza-o no fogo.
9. Disponha o guisado em uma travessa, salpique com salsa e sirva.

■ Preparo: 20 min ■ Cozimento: cerca de 1h10

Guisado de coelho

Rendimento: 4 porções

1 coelho fresco de cerca de 1,4 kg
1/2 colher (sopa) de vinagre de vinho
1 cenoura pequena
1 cebola média
1 colher (sopa) de óleo
40 g de manteiga
2 colheres (sopa) de farinha de trigo
2 colheres (sopa) de conhaque
1 litro de vinho tinto
1 bouquet garni (veja glossário)
60 g de pão para torradas
2 colheres (sopa) de salsa picada
sal e pimenta-do-reino

1. Peça ao açougueiro para limpar o coelho na hora, de forma que possa recolher o sangue, o fígado e o coração.
2. Misture o sangue com o vinagre, junte o fígado e o coração e leve à geladeira. Corte o coelho em oito pedaços e tempere com sal e pimenta.
3. Corte a cenoura e a cebola em cubinhos.
4. Em uma caçarola com o óleo e a manteiga, doure o coelho em fogo alto e retire-o.
5. Descarte a gordura da panela e refogue os legumes em fogo baixo.
6. Recoloque o coelho na caçarola, polvilhe com farinha e mexa bem. Esquente o conhaque, despeje-o na panela e flambe.
7. Acrescente o vinho e o bouquet garni, tampe e cozinhe em fogo baixo por 45 min.
8. Leve o pão ao forno para torrar.
9. Escorra a carne e reserve-a em uma travessa coberta com papel-alumínio.
10. Coe o molho e despeje uma pequena concha dele no sangue e misture. Fora do fogo, coloque o sangue no molho e mexa bem.
11. Adicione mais sal, se necessário, esquente o molho sem deixar ferver e cubra o coelho com ele.
12. Salpique com a salsa e sirva com as torradas em volta.

■ Preparo: 30 min ■ Cozimento: cerca de 50 min

FRANGO E GALINHA

A **galinha**, abatida entre 18 meses e 2 anos, pesa de 2 a 3 quilos. Sua carne é firme, um pouco gordurosa, e geralmente é preparada em forma de cozidos ou ensopados em caldo claro de ave, que a torna macia e perfumada.

O **frango** é engordado em cercados para que sua carne se torne tenra e bem branca, de sabor delicado, com uma camada de gordura. Em geral, pesa cerca de 1,8 quilo. Costuma-se prepará-lo preferencialmente assado, ensopado ou cozido, ou ainda refogado ou grelhado, embora essas duas últimas formas de cozimento levem à perda de toda a gordura. Pode também ser preparado com trufa ou foie gras. É servido quente ou frio.

O frango é criado por processos artesanais ou industriais; macho ou fêmea, sua carne é macia, podendo ser branca ou ligeiramente amarelada, dependendo da alimentação. Os três tipos mais comuns são:

• O frango tradicional ou do campo, de crescimento rápido, é abatido bem jovem (por volta de 45 dias); pesa cerca de 1 quilo e sua carne é muito macia.

• O frango alimentado só com milho é abatido entre 50 e 70 dias. Tem a carne mais firme e pesa entre 1,2 e 1,8 quilo.

• O frango com selo de garantia de origem, criado solto, é abatido entre 110 e 120 dias; bem formado, tem carne macia, firme e saborosa e chega a atingir 2 quilos. É conhecido como frango caipira.

Atualmente, comercializa-se o frango depenado limpo (com o fígado, a moela e o coração), eviscerado (sem os miúdos), pronto para cozinhar (totalmente limpo, com o pescoço destroncado e sem os pés) ou ainda cortado em pedaços ou em filés.

As principais formas de cozimento. As mais comuns são o assado e o refogado. Pode também ser grelhado, frito em óleo (fatiado e empanado), dourado na frigideira com pouca gordura ou ainda cozido em água.

Se a ave for assada, é importante conservar um pouco da gordura. Ao cozinhá-la no forno, é possível acrescentar temperos como tomilho ou estragão ou então recheá-la. Para saber se está no ponto, levante o frango e veja se o suco da carne está incolor. Para servi-lo frio, envolva-o, ainda quente, em papel-alumínio para conservá-lo macio e saboroso.

Se for prepará-lo na panela, escolha um frango bem grande e firme, mas não gordo demais. Ao preparar um ensopado ou refogado, use dois frangos pequenos em vez de um grande, pois assim terá mais pedaços "nobres".

FRANGO E GALINHA: COZIDOS

Frango e galinha: preparo

1 Faça um talho na pele do pescoço da ave no sentido do comprimento, retire a traquéia, o esôfago e o papo.
2 Deixe o pescoço ou, com uma faca pequena, seccione-o na base, sem cortar a pele.
3 Faça uma incisão no curanchim (rabo da galinha) e retire as vísceras, a moela, o fígado, o coração e os pulmões.
4 Retire imediatamente o fel do fígado, tomando cuidado para não rasgá-lo.
5 Faça uma incisão na parte abaulada da moela, lave em água corrente e seque.
6 Passe o frango na chama para eliminar a penugem. Dependendo do gosto, coloque ou não os miúdos limpos de volta dentro da ave.
7 Corte a ponta do elerão e dobre ao contrário para debaixo da asa.
8 Corte os pés na junção com a coxa. Se não tiver retirado o pescoço, dobre-o sob uma asa e puxe a pele para cima do peito.
9 Amarre o frango.

O galeto, o capão, o peru, o pombo e a galinha-d'angola são limpos da mesma maneira.

FRANGO E GALINHA: COZIDOS

Frango ao molho supremo

Rendimento: 8 porções
1 frango de 2,5 kg limpo
200 g de Recheio de musseline
  (veja p. 107)
1 trufa
4 litros de Caldo claro de frango (veja p. 34)
200 g de arroz basmati ▶

1 Tempere o frango por dentro com sal e pimenta e reserve.
2 Prepare o Recheio de musseline. Recheie a ave e amarre-a.
3 Corte a trufa em lâminas finas. Faça várias incisões nas coxas e nas laterais da ave com uma faca pequena e pontuda e introduza uma lâmina de trufa em cada incisão. ▶

40 g de manteiga
500 ml de Molho supremo (veja p. 80)
sal e pimenta

4 Enrole a ave em um tecido fino, apertando bem. Ponha no caldo de frango e cozinhe em fervura leve por 1 h.
5 Apague o fogo e mantenha aquecido.
6 Retire mais ou menos 1 litro do molho do cozimento, ferva em outra panela e cozinhe nele o arroz.
7 Quando o arroz ficar pronto, ponha na travessa que vai à mesa e acrescente a manteiga.
8 Prepare o Molho supremo com o caldo do cozimento do frango e coloque-o em uma molheira quente.
9 Coloque a ave na travessa, retirando o tecido em que foi enrolada. Sirva em seguida.

■ Preparo: 20 min   ■ Cozimento: 1h30

Frango com arroz

Rendimento: 6-8 porções
1 frango de 2,2-2,4 kg
4 litros de Caldo claro de frango (veja p. 34) ou caldo em tablete
300-400 g de arroz
50 g de manteiga
1 litro de Molho supremo (veja p. 80)
sal e pimenta

1 Tempere o frango com sal, pimenta e amarre-o.
2 Aqueça o caldo de frango, ponha a ave nesse caldo e leve para ferver lentamente, retirando a espuma que se forma com uma escumadeira. Cozinhe em fogo brando por 1 h.
3 Enquanto isso, faça o arroz, utilizando uma parte do caldo de cozimento do frango. Tempere com sal e pimenta. Acrescente a manteiga ao arroz cozido e misture bem.
4 Quando o frango estiver pronto, prepare o Molho supremo com o caldo do cozimento.
5 Arrume a ave em uma travessa aquecida, cubra com um pouco do molho e ponha o arroz em volta. Sirva o restante do molho à parte, em uma molheira.

Podemos preparar da mesma maneira um frango grande de 1,6 a 1,8 kg (cozimento 40 min) ou uma galinha (cozimento 1h30).

■ Preparo: 10 min   ■ Cozimento: cerca de 1 h

Frango com castanhas-do-pará

Depois de rechear o frango, fatie 100 g de castanhas-do-pará em lâminas finas. Faça várias incisões nas coxas e nas laterais da ave com uma faca pequena e pontuda e introduza uma lâmina de castanha-do-pará em cada incisão.

Frango no vapor com brócolis

Rendimento: 4 porções

- 1 cenoura
- 1 nabo
- 1 abobrinha
- 1 fatia de presunto defumado
- 40 g de manteiga
- 1 colher (sopa) de óleo
- 4 peitos de frango
- 1 cebola
- 2 pés de brócolis
- 200 g de toucinho
- sal e pimenta

1. Pique a cenoura e o nabo em cubinhos. Corte a abobrinha (com a casca) e o presunto em cubos pequenos.
2. Em uma frigideira, refogue esses ingredientes com 20 g da manteiga e o óleo, e cozinhe lentamente. Quando estiverem cozidos, prove o tempero.
3. Ponha os peitos de frango entre duas folhas de filme de PVC e bata com uma faca grande e larga, ou um martelo de cozinha, para que fiquem bem finos.
4. Tempere os peitos de frango com pimenta, ponha no centro um pouco da mistura de legumes e enrole formando um pequeno cilindro. Embrulhe-os separadamente em filme de PVC e cozinhe por 20 min no vapor.
5. Pique a cebola.
6. Separe os buquês de brócolis e cozinhe por 5 min em água salgada.
7. Refogue o toucinho e a cebola com o resto da manteiga por 5 min, acrescente o brócolis. Tempere com sal, pimenta e reserve em local aquecido.
8. Retire os peitos de frango do filme de PVC e corte-os enviesados, no sentido do comprimento. Arrume-os na travessa e, em volta, ponha os brócolis refogados no toucinho.

■ Preparo: 25 min   ■ Cozimento: cerca de 15 min

FRANGO E GALINHA: COZIDOS

Frango quente-frio

Rendimento: 6 porções

3 litros de caldo de frango em tablete
1 frango de 1,8-2 kg limpo
1 litro de Molho branco quente-frio (veja p. 75)
1 maço de estragão

1. Prepare o caldo de frango.
2. Cozinhe o frango no caldo, em fervura leve, por 1 h.
3. Retire toda a pele da ave, coe o caldo do cozimento, ponha a pele nesse caldo e deixe esfriar.
4. Prepare o Molho branco quente-frio com o caldo do cozimento. Acrescente metade do maço de estragão para aromatizar.
5. Escolha uma travessa grande, espalhe uma camada fina do molho no fundo e ponha a travessa na geladeira para o molho esfriar. Disponha algumas folhas de estragão em volta para decorar.
6. Corte o frango em oito pedaços e desosse a parte de cima das coxas.
7. Molhe os pedaços de frango um a um no molho frio, coloque-os em uma travessa, cubra com papel-alumínio e leve à geladeira por 30 min.
8. Cubra os pedaços de frango com mais duas camadas do molho quente-frio, levando a travessa à geladeira depois de cada operação. Decore com folhas de estragão após a última camada.
9. Arrume com cuidado os pedaços de frango na travessa e leve à geladeira por 5-6 h antes de servir.

Como acompanhamento, sirva uma salada de vagens bem finas.

■ Preparo: 2-3 h ■ Cozimento: 1 h
■ Refrigeração: 5-6 h

FRANGO E GALINHA: COZIDOS
AVES, COELHO E CAÇA

Galinha à béarnaise

Rendimento: 6-8 porções

1 galinha de 2-2,2 kg limpa
200 g de presunto cru
3 cebolas
3 dentes de alho
1 maço pequeno de salsinha
4 fígados de frango
350 g de paio
3 nabos
2 aipos (salsões)
6 batatas
2,5 litros de caldo de galinha em tablete
20 g de manteiga (ou óleo)
sal e pimenta

1 Tempere a galinha com sal e pimenta.
2 Prepare o recheio: corte o presunto cru em tiras, pique as cebolas, o alho, a salsinha, os fígados e o paio. Misture e tempere com sal e pimenta. Trabalhe os ingredientes até que eles adquiram o aspecto de uma pasta homogênea.
3 Recheie a galinha e costure meticulosamente as aberturas do pescoço e do curanchim (rabo da galinha).
4 Descasque os legumes e corte-os ao meio. Prepare o caldo.
5 Leve ao fogo a manteiga, em uma panela grande, e doure a galinha de todos os lados. Acrescente os legumes e refogue-os por alguns minutos, mexendo. Adicione o caldo de galinha e cozinhe por cerca de 1h15. Prove e corrija o tempero.
6 Corte a galinha em pedaços e o recheio em fatias. Sirva em uma travessa, com os legumes ao lado.

■ Preparo: 45 min   ■ Cozimento: cerca de 1h15

Waterzoï de frango

Rendimento: 4-6 porções

1 frango de 1,5-1,7 kg limpo
1 litro de Caldo claro de frango (veja p. 34) ou caldo em tablete
5 alhos-porós (parte branca)
2 talos de aipo (salsão)
3 cebolas
1 maço de salsinha
80 g de manteiga
2 gemas ▶

1 Prepare o caldo de frango. Mergulhe o frango nele e cozinhe-o por 30 min em fogo brando.
2 Enquanto isso, pique o alho-poró, o aipo e as cebolas e lave 5 galhos de salsinha. Derreta 40 g de manteiga em uma caçarola com a salsinha, coloque os legumes e cozinhe em fogo brando por 20 min. Tempere com sal e pimenta.
3 Corte o frango em oito pedaços desossando-o o máximo possível e arrume-os na caçarola por cima dos legumes. Adicione o caldo do cozimento até cobrir o frango e cozinhe por mais 30 min.
4 Retire o frango. ▶

FRANGO E GALINHA: ASSADOS, GRELHADOS E NA CAÇAROLA

250 ml de creme de leite fresco
1 limão
6-8 fatias de pão
sal e pimenta

5 Misture as gemas com o creme de leite, acrescente o suco do limão e despeje na caçarola. Misture, sem deixar ferver, por 5 min. Prove e corrija o tempero.

6 Ponha o frango de volta na caçarola e leve à mesa na própria panela. Sirva as fatias de pão torradas com manteiga à parte.

■ Preparo: 15 min   ■ Cozimento: cerca de 1h10

FRANGO E GALINHA: ASSADOS, GRELHADOS E NA CAÇAROLA

Capão assado com trufa

Rendimento: 8-10 porções

1 capão de 2,5-3 kg limpo
1 trufa fresca (opcional)
60 g de manteiga
100 ml de vinho branco
50 ml de creme de leite fresco
sal e pimenta

1 Introduza a trufa na ave, embrulhe-a com papel-alumínio e leve à geladeira por 24 h.

2 Preaqueça o forno a 230°C. Retire a trufa. Misture 25 g de manteiga com sal e pimenta e ponha dentro do capão novamente.

3 Amarre a ave, tempere com sal e pimenta e besunte com manteiga. Leve ao forno e adicione um pouco de água na assadeira.

4 Quando o capão estiver bem dourado, diminua a temperatura para 180°C e asse de 1h15 a 1h30 no total (15 min para cada meio quilo), virando a ave e regando várias vezes. Acrescente um pouco de água, se necessário.

5 Apague o forno, troque o capão de assadeira e deixe-o no forno apagado por 10 a 15 min, coberto com papel-alumínio.

6 Ponha 2 ou 3 colheradas de vinho branco na assadeira em que assou a ave e raspe bem o molho. Despeje tudo em uma panela. Acrescente o restante do vinho branco e deixe reduzir à metade.

7 Adicione o creme de leite fresco e deixe reduzir um terço mais ou menos. Tempere com sal e pimenta. Acrescente o suco que o capão soltou. ▶

FRANGO E GALINHA: ASSADOS, GRELHADOS E NA CAÇAROLA
AVES, COELHO E CAÇA

8 Rale a trufa no molho ou corte em pequenos cubinhos e sirva bem quente em uma molheira.

Esta receita pode ser feita da mesma maneira, sem a trufa.

■ Preparo: 120 min   ■ Repouso: 24 h
■ Cozimento: 1h15-1h30

Coxas de frango com orégano

Rendimento: 4 porções
200 g de Empanado à milanesa (veja p. 103)
1 colher (sopa) de orégano seco
4 coxas de frango
1 colher (sopa) de azeite
2 limões

1 Preaqueça o forno a 210ºC.
2 Prepare o Empanado à milanesa, acrescentando o orégano junto com o parmesão.
3 Empane as coxas de frango.
4 Unte uma assadeira com o azeite, arrume as coxas e leve ao forno por 35 min.
5 Sirva bem quente com os quartos de limão.

■ Preparo: 20 min   ■ Cozimento: cerca de 35 min

Frango ao leite de coco

Rendimento: 6 porções
2 dentes de alho
120 ml de vinho branco seco
6 filés de peito de frango finos
15 g de farinha de trigo
6 fatias de queijo mussarela
6 fatias de presunto cozido
1 colher (sopa) de manteiga
sal e pimenta-do-reino ▶

1 Adicione o alho picado, o vinho, o sal e a pimenta e deixe os filés de frango marinarem nessa mistura por cerca de 25 min.
2 Em uma tigela funda, despeje a farinha de trigo. Disponha sobre cada filé uma fatia de mussarela e uma de presunto. Enrole-os e prenda com palitos. Passe os rolinhos pela farinha de trigo.
3 Preaqueça o forno a 180ºC. Derreta ligeiramente a manteiga. Arrume os filés em uma assadeira antiaderente, regue-os com a manteiga e cubra com papel-alumínio. Leve ao forno por cerca de 1 h. Ao final do cozimento, retire o papel-alumínio para os filés dourarem. Aqueça uma travessa no microondas para servir. ▶

FRANGO E GALINHA: ASSADOS, GRELHADOS E NA CAÇAROLA

Molho

30 g de manteiga
1 cebola
2 dentes de alho
240 ml de caldo de frango em tablete
7 g de curry em pó
1 colher (sopa) de polpa de tomate
250 ml de leite de coco
suco de 1 limão pequeno
alguns ramos de coentro
sal e pimenta-do-reino

4 Prepare o molho. Em uma panela, derreta a manteiga, adicione a cebola e o alho picados e frite-os até ficarem macios. Acrescente o caldo de frango, o curry, a polpa de tomate, o leite de coco e o suco de limão. Tempere com sal e pimenta, e cozinhe por 10 min em fogo brando.

5 Arrume os rolinhos de frango na travessa aquecida e regue-os com o molho. Salpique coentro picado. Sirva bem quente, com arroz.

■ **Preparo:** 30 min   ■ **Marinada:** 25 min
■ **Cozimento:** 1h15

Frango assado

Rendimento: 4 porções

1 frango de 1,3 kg limpo
1 colher (sopa) de óleo
20 g de manteiga
sal e pimenta

1 Preaqueça o forno a 200°C.

2 Tempere o frango por dentro com sal e pimenta e amarre-o.

3 Coloque em uma assadeira, pincele com óleo e ponha umas 10 g de manteiga em cada coxa. Tempere com sal e pimenta e leve ao forno.

4 Depois de mais ou menos 10-15 min, acrescente um copo de água quente na assadeira. Asse o frango por 45 min, regando de vez em quando com o molho do cozimento. Vire-o na metade do tempo para que doure por igual.

5 Apague o forno, cubra o frango com papel-alumínio e deixe descansar por 10 min.

6 Trinche o frango, recolha o molho que ele soltou e coloque na assadeira. Leve a assadeira ao fogo, acrescente uma ou duas colheres de água, raspe bem o fundo e deixe ferver. Sirva este molho em uma molheira ou cubra o frango com ele.

■ **Preparo:** 10 min   ■ **Cozimento:** cerca de 1 h

Frango com aipo

Rendimento: 4-6 porções

1 frango de 1,8-2 kg limpo com os miúdos
60 g de manteiga
2 colheres (sopa) de óleo
1 kg de aipo (salsão)
2 colheres (sopa) de salsinha picada
sal e pimenta

1. Retire os miúdos do frango e tempere-o por dentro com sal e pimenta. Coloque o fígado, o coração e a moela de volta dentro da ave e amarre-a.
2. Preaqueça o forno a 200°C.
3. Derreta 30 g de manteiga com o óleo em uma caçarola e doure o frango de todos os lados. Retire e despreze a gordura do cozimento.
4. Ponha mais 30 g de manteiga na caçarola, depois o frango, tampe e cozinhe por 45 min.
5. Enquanto isso, ferva água em uma panela. Desfie as nervuras do aipo e corte em tiras grandes. Mergulhe na água fervente por 3 min e escorra. Adicione o aipo na caçarola e cozinhe por mais 15 min.
6. Coloque o frango em uma travessa quente, para ir à mesa. Arrume o aipo em volta.
7. Coe o molho do cozimento; se estiver muito ralo, leve ao fogo para apurar. Cubra o frango com o molho e espalhe a salsinha por cima.

■ **Preparo:** 10 min ■ **Cozimento:** cerca de 1 h

Frango em crosta de sal

Rendimento: 4-6 porções

1 ramo de tomilho
1 frango de 1,6-1,8 kg limpo
7 kg de sal grosso

1. Coloque o tomilho dentro do frango.
2. Preaqueça o forno a 240°C.
3. Forre uma assadeira com papel-alumínio. Cubra o fundo com sal, formando uma camada de uns 4 cm de espessura. Ponha o frango por cima. Acrescente sal, apertando bem, até que o frango fique coberto por uma camada bem compacta de 3 ou 4 cm. Leve ao forno, sem cobrir, por 1h30.
4. Retire do forno e vire em uma tábua. Quebre a crosta com um martelo. Seque bem o frango sobre papel-toalha e coloque-o na travessa para servir.

■ **Preparo:** 15 min ■ **Cozimento:** 1h30

Frango frito Maryland

Rendimento: 4 porções

1 frango de 1,2 kg limpo
óleo para fritar
300 ml de leite
3 colheres (sopa) de farinha de trigo
2 dentes de alho
1 cebola
200 ml de Caldo claro de frango (veja p. 34) ou caldo em tablete
4 fatias de bacon
1 colher (sopa) de óleo
4 espigas de milho
30 g de manteiga
1 limão
sal e pimenta

1. Trinche o frango reservando os miúdos e a carcaça.
2. Aqueça o óleo.
3. Preaqueça o forno a 140°C.
4. Mergulhe os pedaços de frango no leite. Escorra, tempere com sal e pimenta, passe-os na farinha e frite a 180°C.
5. Assim que todo o frango estiver dourado, ponha-o em uma assadeira e termine o cozimento no forno por cerca de 12-15 min.
6. Pique o alho e a cebola.
7. Leve ao fogo 200 ml do leite da marinada e o caldo de frango; acrescente o alho, a cebola, a carcaça e os miúdos. Tempere com sal e pimenta. Cozinhe em fogo lento por 15 min.
8. Enquanto isso, frite as fatias de bacon no óleo e escorra em papel-toalha.
9. Asse as espigas de milho no forno por 10-12 min, virando-as com freqüência. Derreta a manteiga e misture com o suco de limão. Espalhe sobre as espigas.
10. Arrume a travessa com os pedaços de frango, as fatias de bacon e as espigas de milho. Coe o molho e sirva à parte em uma molheira.

■ Preparo: 20 min   ■ Cozimento: cerca de 30 min

FRANGO E GALINHA: ASSADOS, GRELHADOS E NA CAÇAROLA
AVES, COELHO E CAÇA

Frango grelhado no forno

Rendimento: 4 porções

4 batatas grandes
1 frango de 1 kg limpo
30 g de manteiga sem sal
100 g de Manteiga maître d'hôtel (veja p. 68)
pimenta moída na hora

1 Preaqueça o forno na temperatura máxima.
2 Lave e escove as batatas; seque, enrole em papel-alumínio e leve ao forno por cerca de 30-40 min. Verifique o cozimento espetando-as com uma faca pontuda.
3 Quando as batatas estiverem meio cozidas, corte as asas e as coxas do frango e tempere-as com a pimenta.
4 Arrume o frango na assadeira. Ponha uma bolinha de manteiga em cima de cada pedaço e leve ao forno por 10-12 min. Quando estiverem dourados, vire-os e deixe assar por 10 min do outro lado.
5 Enquanto isso, prepare a Manteiga maître d'hôtel.
6 Sirva o frango bem quente, com uma bolinha da manteiga preparada por cima. Corte a parte de cima das batatas sem retirar o papel-alumínio e divida sobre elas o resto da manteiga.

■ **Preparo:** 10 min   ■ **Cozimento:** cerca de 50 min

Galetos assados

Rendimento: 4 porções

2 galetos limpos (cerca de 600 g) com os miúdos
20 g de manteiga
1/2 maço de agrião
3 galhos de salsinha
uma pitada de tomilho
sal e pimenta

1 Separe os miúdos dos franguinhos.
2 Preaqueça o forno a 200ºC.
3 Tempere os galetos com sal e pimenta, por dentro e por fora. Unte-os com manteiga. Arrume as aves em uma assadeira com os miúdos. Leve ao forno por 30 min virando-as e regue a cada 10 min.
4 Enquanto isso, lave e seque o agrião.
5 Retire os galetos do forno e mantenha em um local aquecido na travessa que vai à mesa.
6 Ponha 250 ml de água na assadeira do cozimento, acrescente a salsinha picada e o tomilho, raspe bem o molho do cozimento e deixe reduzir um terço. ▶

FRANGO E GALINHA: ASSADOS, GRELHADOS E NA CAÇAROLA

7 Coe o molho e sirva à parte.
8 Arrume os galhos de agrião em volta dos galetos.

Os galetos também podem ser assados em espetos por 40 min.

■ Preparo: 10 min ■ Cozimento: cerca de 30 min

Galetos grelhados

Rendimento: 4 porções
2 galetos limpos (600 g cada)
3 colheres (sopa) de óleo
20 g de manteiga
1/2 maço de agrião
sal e pimenta
2 espetos de madeira ou metal

1 Faça um corte de cada lado da coluna vertebral dos galetos. Retire a coluna e o osso do esterno, bata as metades com um martelo e coloque em espetos, passando pela asa e pelo pé. Unte as aves com o óleo, tempere com sal e pimenta.
2 Preaqueça o forno a 150°C. Grelhe os galetos por 4 min virando-os diversas vezes.
3 Arrume os galetos em uma assadeira, unte-os com manteiga e leve ao forno por uns 25 min.
4 Lave e seque o agrião.
5 Ponha os galetos na travessa que vai à mesa e arrume em volta os galhinhos de agrião.

■ Preparo: 10 min ■ Cozimento: cerca de 30 min

Yassa de frango (Frango à moda africana)

Rendimento: 4-6 porções
1 frango de 1,6 kg limpo
3 limões
1/2 pimenta-dedo-de-moça
3 cebolas grandes
3 colheres (sopa) de óleo
300 g de Arroz à crioula (veja p. 816)
sal e pimenta

1 Corte o frango em pedaços.
2 Esprema o suco dos limões, pique a pimenta e as cebolas e misture tudo com 1 colher de óleo, sal e pimenta e ponha o frango para marinar por 2 h.
3 Tire o frango da marinada e doure-o no forno de todos os lados.
4 Retire as cebolas da marinada. ▶

FRANGO E GALINHA: SALTEADOS OU GUISADOS

5 Aqueça o resto do óleo em uma caçarola e doure as cebolas. Acrescente a marinada e 2 colheres (sopa) de água. Adicione os pedaços de frango, tampe a panela e cozinhe em fogo lento por 25 min.
6 Prepare o Arroz à crioula.
7 Sirva o frango bem quente coberto com o molho e o Arroz à crioula à parte.

■ **Preparo: 15 min** ■ **Marinada: 2 h**
■ **Cozimento: cerca de 35 min**

FRANGO E GALINHA: SALTEADOS OU GUISADOS

Asas de frango ao curry

Rendimento: 4 porções

50 g de uvas-passas
50 ml de rum
8 asas de frango
2 colheres (sopa) de curry
1 cebola
1 maçã
1 colher (sopa) de coco ralado
100 ml de leite
50 ml de creme de leite fresco
sal

1 Ponha as passas de molho no rum por 15 min.
2 Preaqueça o forno a 200°C. Polvilhe as asas de frango com um pouco de curry e ponha em uma assadeira funda.
3 Pique a cebola, rale a maçã e misture-as com as passas ao rum. Acrescente o coco ralado, o restante do curry, o leite, o creme de leite fresco e sal. Cozinhe o molho por 8 a 10 min; ele deve ficar encorpado.
4 Despeje o molho sobre as asas, cubra a assadeira com papel-alumínio e leve ao forno por 15 min. No meio do cozimento, retire a assadeira e mexa o molho.
5 Retire a assadeira do forno e deixe descansar por 5 min, ainda coberta. Sirva com arroz.

■ **Preparo: 15 min** ■ **Cozimento: cerca de 35 min**

FRANGO E GALINHA: SALTEADOS OU GUISADOS
AVES, COELHO E CAÇA

Chicken pie

Rendimento: 4-6 porções

5 ovos
1 frango de 1,5 kg limpo
4 cebolas
150 g de champignons
2 colheres (sopa) de salsinha picada
200 g de bifes de carne de boi magra
30 g de manteiga
150 g de bacon em fatias finas
1 litro de Caldo claro de frango (veja p. 34) ou caldo em tablete
500 g de massa folhada pronta
sal e pimenta

1 Cozinhe 4 ovos.
2 Separe as coxas, o peito e as asas do frango. (A carcaça e os miúdos poderão ser usados para fazer um caldo).
3 Pique as cebolas. Fatie os champignons em lâminas finas. Acrescente a salsinha, sal e pimenta e unte os pedaços de frango com essa mistura.
4 Preaqueça o forno a 190°C.
5 Corte os bifes em tiras finas e tempere com sal e pimenta. Unte uma fôrma de pudim sem orifício e forre o fundo e as laterais com as tiras de carne. Arrume as coxas, as asas e o peito de frango na fôrma e cubra com as fatias de bacon.
6 Descasque os ovos duros, corte as gemas ao meio e ponha na fôrma. Adicione o caldo de frango até preencher três quartos da fôrma.
7 Estique a massa com 5 mm de espessura. Cubra a fôrma com a massa, apertando bem nas laterais.
8 Bata o último ovo e espalhe-o com um pincel sobre a massa. Com a ponta de uma faca, faça um recorte bem pequenino no centro da torta e retire esse pedacinho de massa; coloque um cartãozinho ao redor desse orifício, para fazer uma chaminé (*veja glossário*).
9 Leve ao forno por 1h30.
10 Reduza bem o resto do caldo de frango. No momento de servir, ponha 2-3 colheres desse caldo dentro da torta, pela chaminé. Sirva imediatamente.

■ Preparo: 40 min   ■ Cozimento: 1h30

FRANGO E GALINHA: SALTEADOS OU GUISADOS
AVES, COELHO E CAÇA

Coq au vin

Rendimento: 4-6 porções

1 frango caipira grande (ou galo) de 2,5 kg limpo
24 minicebolas
2 dentes de alho
200 g de toucinho
1 colher (sopa) de óleo
80 g de manteiga em temperatura ambiente
1 cálice de conhaque
1 litro de vinho tinto
1 bouquet garni (veja glossário)
200 g de champignons
1 colher (sopa) de farinha de trigo
sal e pimenta

1 Corte o frango (ou galo) em pedaços.
2 Descasque as cebolas e esprema o alho. Pique o toucinho em cubos.
3 Ponha o toucinho na água fria, leve para ferver e cozinhe por 2 min. Escorra e reserve.
4 Aqueça 1 colher (sopa) de óleo e 40 g de manteiga. Doure o toucinho e as cebolas. Retire as cebolas e o toucinho e coloque a carne. Vire várias vezes até dourar ligeiramente. Escorra os pedaços de frango. Despreze a gordura da caçarola. Ponha de volta as cebolas, o toucinho e o frango.
5 Aqueça o conhaque, coloque na caçarola e flambe. Adicione o vinho tinto, o bouquet garni, o alho, sal e pimenta. Leve para ferver lentamente, tampe e deixe cozinhar em fogo lento de 40 a 50 min.
6 Enquanto isso, lave e corte em lâminas finas os champignons. Refogue os champignons em 20 g de manteiga e coloque na caçarola. Deixe cozinhar por 20 min.
7 Prepare a Manteiga manié: misture com um garfo a manteiga restante com a farinha até obter uma pasta homogênea. Dilua essa pasta com um pouco do molho quente e adicione aos poucos, na caçarola, mexendo sempre. Cozinhe por mais 5 min, mexendo sem parar. Sirva bem quente.

■ **Preparo: 30 min** ■ **Cozimento: cerca de 1h30**

FRANGO E GALINHA: SALTEADOS OU GUISADOS

Costeletas de frango Pojarski

Rendimento: 4 porções

50 g de pão (só o miolo)
100 ml de leite
600 g de peito de frango
1 ovo
200 ml de creme de leite fresco
400 g de Empanado à inglesa (veja p. 103)
40 g de manteiga
1 colher (sopa) de óleo
sal e pimenta

1. Coloque o pão de molho no leite. Corte o peito de frango em cubinhos e moa no processador.
2. Esprema o pão com as mãos. Bata o ovo em uma travessa. Acrescente o pão umedecido, o peito de frango moído e o creme de leite. Misture bem e tempere com sal e pimenta.
3. Prepare o Empanado à inglesa. Divida a mistura do frango em quatro partes e molde-as com a forma de uma costeleta de 2-3 cm de espessura. Empane as "costeletas".
4. Aqueça a manteiga com o óleo na frigideira e frite as costeletas por uns 5 min, de ambos os lados, em fogo brando.
5. Escorra em papel-toalha.

■ Preparo: 20 min   ■ Cozimento: cerca de 10 min

Coxas de frango à polonesa

Rendimento: 4 porções

50 g de manteiga
500 g de repolho roxo
2 colheres (sopa) de vinagre de vinho tinto
1 colher (café) de sementes de cominho
1 colher (sopa) de óleo
4 coxas de frango
sal e pimenta

1. Deixe 30 g de manteiga em temperatura ambiente para amolecer.
2. Corte o repolho em quartos e retire as nervuras grossas. Lave as folhas e corte-as bem fino. Acrescente o vinagre e o cominho e tempere com sal e pimenta.
3. Unte uma folha de papel-alumínio com a manteiga amolecida, coloque-a no fundo de uma panela e ponha o repolho temperado. Leve ao fogo em panela tampada e cozinhe por 1 h em fogo brando.
4. Aqueça o resto da manteiga e o óleo em uma frigideira e doure as coxas de frango em fogo brando por 10 min, virando-as diversas vezes. Escorra. ▶

5 Tire o papel-alumínio da panela e adicione o frango. Cozinhe por 5 min. Sirva as coxas de frango com repolho bem quentes.

■ Preparo: 20 min ■ Cozimento: 1h15

Frango à caçadora

Rendimento 4-6 porções

1 frango de 1,3-1,5 kg limpo e cortado
2 cebolas-brancas
80 g de manteiga
3 colheres (sopa) de óleo
100 ml de vinho branco
250 ml de Molho de tomate (veja p. 97)
500 ml de Demi-glace (veja p. 41) ou caldo de carne em tablete
1 bouquet garni (veja glossário)
300 g de champignons
5 galhinhos de estragão
5 galhinhos de cerefólio
sal e pimenta

1 Tempere o frango com sal e pimenta.
2 Pique as cebolas.
3 Aqueça 40 g de manteiga e o óleo em uma caçarola e refogue o frango. Escorra o frango e descarte a gordura.
4 Ponha as cebolas na caçarola e cozinhe em fogo brando por 2-3 min. Acrescente o frango.
5 Adicione o vinho branco e deixe reduzir mais ou menos à metade. Acrescente o Molho de tomate, a Demi-glace ou o caldo e o bouquet garni, misture bem, tampe e cozinhe em fogo brando por 45 min.
6 Enquanto isso, lave os champignons e corte-os em lâminas. Derreta 20 g de manteiga e salteie os champignons. Tempere com sal e pimenta.
7 Adicione os champignons à caçarola e cozinhe tudo por mais 5 min.
8 Pique as ervas.
9 Prove e corrija o tempero. Acrescente a manteiga restante e misture bem.
10 Coloque em uma travessa e espalhe por cima as ervas picadas.

■ Preparo: 15 min ■ Cozimento: cerca de 50 min

Frango à crioula com abacaxi e rum

Rendimento: 4-6 porções

- 1 frango de 1,3-1,5 kg limpo
- 3 cebolas
- 2 colheres (sopa) de óleo
- 50 ml de rum
- 1 lata grande de abacaxi em calda
- 2 limões
- 1 colher (café) de gengibre em pó
- uma pitada de pimenta-de-caiena
- sal e pimenta

1. Tempere o frango com sal e pimenta por dentro e por fora e amarre-o.
2. Pique as cebolas.
3. Em uma caçarola, aqueça o óleo e doure o frango por igual. Acrescente as cebolas em volta do frango e deixe que amoleçam.
4. Aqueça o rum, despeje na caçarola e flambe.
5. Adicione 3 colheres (sopa) da calda do abacaxi e 2 colheres (sopa) de suco de limão. Polvilhe o gengibre e a pimenta-de-caiena e misture. Tampe e cozinhe por 45 min.
6. Corte as fatias de abacaxi em cubos e ponha na caçarola. Tempere com sal, pimenta e deixe cozinhar por mais 10 min.

Um arroz simples ou incrementado acompanham este prato.

■ Preparo: 15 min ■ Cozimento: cerca de 1 h

Frango à moda basca

Rendimento: 4-6 porções

- 1 frango de 1,5 kg limpo e cortado
- 4 colheres (sopa) de azeite
- 4 cebolas
- 3 dentes de alho
- 3 tomates
- 4 pimentões
- 200 g de presunto cru
- 1/2 pimenta-dedo-de-moça
- 200 ml de vinho branco seco
- sal e pimenta

1. Doure o frango em uma caçarola com 2 colheres (sopa) de azeite.
2. Descasque e pique as cebolas e os dentes de alho. Escalde os tomates, retire a pele e as sementes e pique-os. Espete os pimentões com um garfo e grelhe-os diretamente na boca do fogão, para retirar a pele com facilidade. Corte o pimentão sem pele em tirinhas finas. Pique o presunto em cubinhos.
3. Retire o frango da caçarola e despreze a gordura.
4. Adicione o resto de azeite e leve ao fogo. Acrescente o presunto, a cebola e refogue, mexendo sempre. ▶

5. Adicione o alho, os pimentões, os tomates, a pimenta e o vinho. Tempere com sal e pimenta, misture e deixe cozinhar por 10-12 min, sem tampar.
6. Acrescente os pedaços de frango, mexa, tampe a caçarola e deixe cozinhar por 30-40 min. Sirva na caçarola.

■ Preparo: 10 min ■ Cozimento: cerca de 1 h

Frango à moda cigana

Rendimento 4-6 porções

1 frango de 1,3-1,5 kg limpo
4 pimentões
2 tomates
1 cebola
1 dente de alho
1/2 bulbo de erva-doce
3 colheres (sopa) de óleo
150 ml de vinho branco
1 colher (sopa) de páprica
1 limão
sal e pimenta

1. Tempere o frango por dentro com sal e pimenta.
2. Grelhe os pimentões, retire a pele e as sementes e corte-os em tiras. Escalde os tomates, retire a pele e as sementes e corte-os em fatias grossas. Pique a cebola, o alho e a erva-doce.
3. Aqueça 2 colheres (sopa) de óleo e doure o frango por igual. Retire o frango e despreze a gordura.
4. Ponha o resto do óleo e o frango em uma caçarola, adicione metade do vinho branco e deixe reduzir à metade.
5. Acrescente todos os legumes, a páprica e misture. Tempere com sal e pimenta, tampe e deixe cozinhar em fogo bem baixo por 30 min. Acrescente o resto do vinho e cozinhe sem tampar por 15 min.
6. No final do cozimento, adicione um fiozinho de suco de limão.

Sirva este frango com arroz branco ou incrementado com legumes.

■ Preparo: 25 min ■ Cozimento: cerca de 1 h

FRANGO E GALINHA: SALTEADOS OU GUISADOS

Frango à moda de Clamart

Rendimento: 6 porções

1 frango de 1,8 kg cortado
40 g de manteiga
1 colher de sopa de óleo
1 kg de Ervilhas à francesa (veja p. 728)
sal e pimenta

1. Preaqueça o forno a 200°C.
2. Derreta 20 g de manteiga com o óleo em uma caçarola e doure o frango de todos os lados em fogo alto por 8 a 10 min. Escorra o jogue fora a gordura.
3. Ponha o frango em uma assadeira com o resto de manteiga e 2 colheradas de água. Tempere com sal e pimenta e leve ao forno por 20 min.
4. Enquanto isso, prepare as ervilhas, cozinhando por apenas 15 min. Ponha as ervilhas na assadeira e cozinhe por mais 20 min.

- Preparo: 15 min (40 min se usar ervilhas frescas)
- Cozimento: cerca de 50 min

Frango à niçoise

Rendimento: 4 porções

40 g de manteiga
4 colheres (sopa) de azeite
1 frango de 1,2 kg limpo e cortado
100 ml de vinho branco
100 ml de molho de tomate
1 dente de alho
4 fundos de alcachofra em conserva
2 abobrinhas
2 colheres (sopa) de azeitonas pretas
sal e pimenta

1. Aqueça 20 g de manteiga com 2 colheres (sopa) de azeite e doure os pedaços de frango de todos os lados por 8-10 min.
2. Tempere com sal e pimenta. Tampe e deixe cozinhar por 15 min em fogo brando.
3. Retire o frango e descarte o azeite.
4. Despeje o vinho branco e o molho de tomate na panela e tempere com sal e pimenta.
5. Acrescente o dente de alho amassado, ponha de volta os pedaços de frango e cozinhe por 10-12 min.
6. Enquanto o frango cozinha, refogue os fundos de alcachofra em 20 g de manteiga. Tempere com sal e pimenta e reserve.
7. Descasque as abobrinhas, corte-as em cubos e salteie em uma frigideira com 2 colheres (sopa) de azeite. Adicione as azeitonas. ▶

FRANGO E GALINHA: SALTEADOS OU GUISADOS
AVES, COELHO E CAÇA

8 Arrume o frango na travessa que vai à mesa, disponha em volta as alcachofras e as abobrinhas e cubra-o com o molho.

■ Preparo: 15 min ■ Cozimento: cerca de 40 min

Frango à portuguesa

Rendimento: 4 porções
2 colheres (sopa) de azeite
20 g de manteiga
1 cebola
1 frango de 1,2 kg limpo
8 tomates
50 ml de vinho branco
1 colher (sopa) de salsinha picada
sal e pimenta

1 Aqueça o azeite e a manteiga em uma caçarola, refogue a cebola picada, depois doure o frango por 8-10 min em fogo alto de todos os lados.
2 Tempere com sal e pimenta. Tampe e deixe cozinhar por 30 min em fogo brando.
3 Retire o frango e descarte a gordura.
4 Escalde, retire a pele e as sementes dos tomates e corte-os em pedaços.
5 Ponha o frango de volta na caçarola, acrescente os tomates, o sal e a pimenta e cozinhe por uns 30 min, tampando só metade da panela.
6 Arrume o frango na travessa que vai à mesa.
7 Adicione o vinho branco à caçarola, dissolva o que ficou no fundo da panela mexendo com uma colher de pau. Reduza um terço do molho e cubra o frango.
8 Espalhe por cima a salsinha picada e sirva imediatamente.

■ Preparo: 15 min ■ Cozimento: 1h10

FRANGO E GALINHA: SALTEADOS OU GUISADOS
AVES, COELHO E CAÇA

Frango ao curry

Rendimento: 4-6 porções

3 cebolas
1/2 limão
2 bananas
2 maçãs
2 tomates
2 colheres (sopa) de óleo
1 frango de 1,3-1,5 kg limpo e cortado
3 colheres (sopa) de curry em pó
200 ml de leite de coco
200-300 g de arroz
1 iogurte
sal

1 Pique as cebolas. Esprema o limão em uma saladeira, acrescente as bananas cortadas em cubinhos e as maçãs descascadas, cortadas em cubinhos e sem sementes.
2 Escalde os tomates, retire a pele e corte-os grosseiramente.
3 Aqueça o óleo em uma caçarola e refogue os pedaços de frango com as cebolas. Salpique 1 colher (sopa) de curry, misture e cozinhe por 5 min, mexendo.
4 Escorra as bananas e as maçãs e adicione à caçarola com o resto do curry e os tomates.
5 Despeje o leite de coco, misture, tempere com sal, tampe a caçarola e cozinhe em fogo brando por uns 35 min.
6 Enquanto isso, prepare o arroz.
7 Retire os pedaços de frango e mantenha-os em um local aquecido na travessa que vai à mesa.
8 Ponha o iogurte na caçarola, misture e cozinhe por 5 a 10 min para engrossar o molho. Prove e corrija o tempero e despeje sobre os pedaços de frango. Sirva o arroz à parte.

■ Preparo: 20 min ■ Cozimento: cerca de 40 min

Frango ao limão

Rendimento: 4-6 porções

2 limões
uma pitada de pimenta-de-caiena
1 frango de 1,3-1,5 kg limpo e cortado
2 colheres (sopa) de azeite
2 galhinhos de tomilho ▶

1 Esprema os limões e misture o suco com o sal, a pimenta e uma pitada de pimenta-de-caiena.
2 Coloque os pedaços de frango para marinar nesse tempero por 1 h, no mínimo.
3 Reserve a marinada. Doure o frango em uma frigideira com o azeite quente.
4 Diminua o fogo, tempere com o tomilho picado, tampe e cozinhe em fogo brando por 30 min. Escorra o frango e mantenha em local aquecido, coberto com papel-alumínio. ▶

Técnicas culinárias

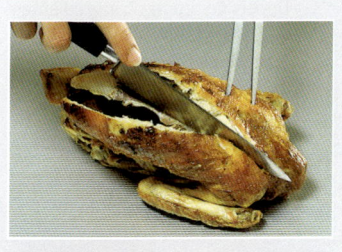

Desengordurar um caldo	II
Deglaçar	II
Preparar Béchamel (molho branco)	III
Preparar molho béarnaise	IV
Fazer massa folhada	V
Limpar vieiras	VI
Cortar as barbatanas	VII
Tirar as escamas	VII
Retirar as vísceras	VII
Rechear um peixe	VIII
Fatiar um pernil assado	IX
Rechear um frango	X
Cortar um frango assado	XI
Retirar fundo de alcachofra	XII
Picar ervas	XII
Picar cenoura	XIII
Fazer uma juliana de alho-poró	XIII
Preparar creme inglês	XIV
Fazer chantilly	XV
Preparar calda de caramelo	XVI

Desengordurar um caldo

Passe o caldo em uma peneira forrada com musselina (tecido fino). Deixe o líquido esfriar e leve à geladeira.

Assim que a gordura se concentrar na superfície, retire-a com uma colher ou escumadeira.

Deglaçar

Depois de retirar os ingredientes cozidos, despeje o líquido (creme, caldo, vinho etc.) sobre os sucos do cozimento depositados na frigideira e leve ao fogo. Raspe o fundo com uma espátula para dissolvê-los no líquido.

Continue a cozinhar por 3-4 min, mexendo sempre para reduzir o caldo. Ponha mais sal, se necessário. Se quiser, coe o molho.

Preparar Béchamel (molho branco)
VEJA RECEITA P. 70

Em uma panela de fundo grosso, derreta a manteiga em fogo médio e junte a farinha. Mexa vigorosamente até que a mistura fique homogênea. Esse preparado é o que se chama "roux".

Cozinhe o roux mexendo bem para evitar que grude no fundo. Não deixe dourar.

Retire a panela do fogo e despeje o leite frio de uma vez só, mexendo para evitar que encaroce. (Pode-se também fazer o processo inverso: junte o leite bem quente sobre o roux já frio. Esse método é preferível quando se prepara molho em grande quantidade.)

Leve ao fogo novamente, mexendo sempre até o início da fervura. Deixe cozinhar, sem ferver, por 2-3 min. Coloque mais sal e pimenta e, se quiser, noz-moscada ralada. Depois de cozido, passe o molho em uma peneira (opcional).

Preparar molho béarnaise
VEJA RECEITA P. 58

Em uma panela de fundo grosso, coloque as cebolas-brancas picadas e uma parte do estragão e do cerefólio. Junte o vinagre de estragão, o vinho branco, salgue e apimente. Esquente em fogo baixo e reduza o líquido a dois terços. Fora do fogo, coe (opcional) e deixe esfriar.

Adicione as gemas e um pouco de água à preparação já fria e bata vigorosamente. Leve a panela ao fogo em banho-maria.

Acrescente pouco a pouco a manteiga derretida, mexendo bem.

Quando o molho adquirir consistência cremosa, coloque o restante do estragão e do cerefólio. Ponha mais sal, se necessário.

Fazer massa folhada
VEJA RECEITA P. 116

Peneire a farinha, junte uma pitada de sal, a manteiga em temperatura ambiente e o ovo batido. Trabalhe a massa com as mãos.

Adicione a água bem fria e trabalhe a massa o mais rápido possível, fazendo uma bola. Envolva a massa em papel-alumínio e deixe descansar por 1 h na geladeira.

Recoloque a massa na superfície de trabalho e pressione-a com a palma da mão para deixá-la bem misturada e homogênea.

Enfarinhe o rolo e abra a massa de acordo com a espessura desejada.

Limpar vieiras

Coloque a concha com a parte arredondada para baixo, deixando a abertura voltada para você. Introduza a ponta de uma faca bem resistente entre as duas valvas. Procure o músculo interno e corte-o, passando a lâmina ao longo da concha.

Abra a concha e passe-a delicadamente sob a água para eliminar a areia. Destaque o molusco com a ajuda de uma colher.

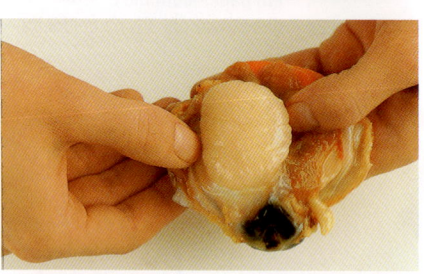

Com uma pressão dos polegares, retire o músculo interno e a membrana, as barbas e a bolsa escura.

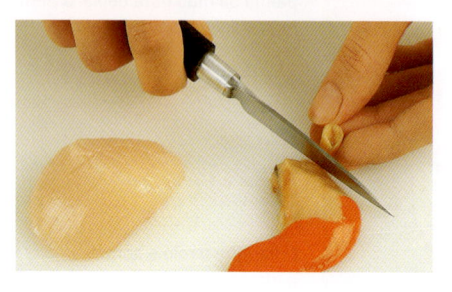

Corte a ventosa do coral. Deixe a concha por alguns minutos em água fria.

Cortar as barbatanas

Com uma tesoura, corte as guelras e as barbatanas dorsais e peitorais. Encurte a cauda.

Tirar as escamas

Raspe o peixe vigorosamente, da cabeça à cauda, com uma faca ou um descamador, para tirar as escamas. Lave-o várias vezes em água corrente.

Retirar as vísceras

Se o peixe for pequeno, limpe-o pelas brânquias. Introduza o indicador no opérculo e puxe delicadamente primeiro as brânquias, depois as vísceras.

O peixe de tamanho médio deve ser limpo pelo ventre. Faça uma incisão de alguns centímetros, afaste as bordas da abertura e retire as vísceras.

Rechear um peixe

Segure o peixe pelo ventre e faça uma incisão da cabeça à nadadeira caudal.

Afaste a pele e destaque a espinha central. Corte-a na altura da cabeça e da cauda e retire-a.

Esvazie o peixe pelo ventre (*veja p. VII*), retire as escamas, lave-o e seque-o.

Tempere o interior do peixe com sal e pimenta. Coloque o recheio e comprima-o bem. Feche o peixe, costurando-o com agulha e linha.

Fatiar um pernil assado

Coloque o pernil assado sobre uma tábua de carne. Segure-o pelo osso, com a parte mais arredondada para cima. Corte as extremidades perto do osso, em toda a volta, com uma faca de lâmina fina e comprida. Reserve.

Apóie o pernil na tábua e corte fatias finas, paralelamente ao osso.

Faça uma incisão não muito funda junto ao fêmur. Destaque ligeiramente o osso, de maneira a cortar mais facilmente a carne.

Vire o pernil. Corte a carne do outro lado, em fatias finas, perpendicularmente ao osso.

Rechear um frango

Coloque a ave de costas, mantendo as pernas à esquerda. Com uma agulha e um barbante, atravesse de ponta a ponta a articulação das coxas e das sobrecoxas. Puxe, reservando um pouco de barbante para amarrar.

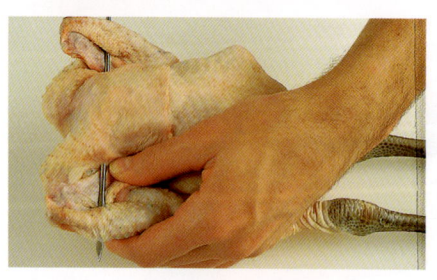

Vire a ave, mantendo as pernas sempre à esquerda. Dobre a pele do pescoço sobre o dorso. Perfure uma asa, depois essa pele, passando sob a coluna vertebral. Espete a outra asa, puxe e amarre uma vez.

Introduza o recheio pelo curanchim da ave. Deixe um pouco de espaço, pois o recheio incha durante o cozimento.

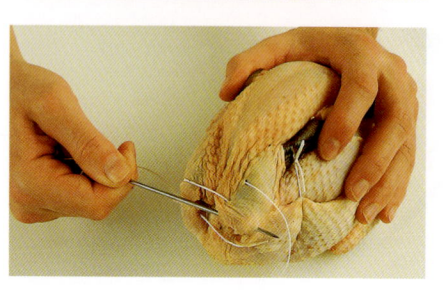

Feche a abertura e costure-a com linha grossa para evitar que o recheio escape.

Cortar um frango assado

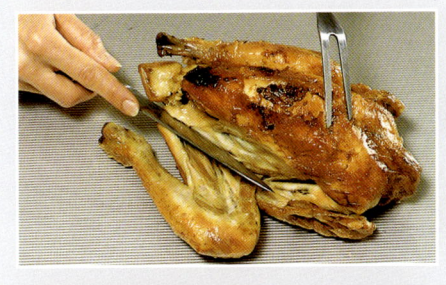

Segure o frango com um garfo. Com uma faca bem afiada, perfure a pele e a carne entre a coxa e o peito e corte a articulação.

Separe a sobrecoxa da coxa.

Corte o peito ao longo da espinha, depois trinche a articulação da asa.

Corte o peito ao meio.

Retirar fundo de alcachofra

Depois de arrancar o cabo da alcachofra, nivele o fundo para retirar todas as folhas. Regue com limão.

Corte as folhas a dois terços da altura. Apare em toda a volta.

Destaque o coração e retire os pêlos cuidadosamente com uma faquinha.

Picar ervas

Segure as ervas com uma mão e corte-as com uma faca bem afiada. O lado cortante da lâmina deve ficar ligeiramente inclinado para fora.

Picar cenoura

Raspe, lave e corte a cenoura em fatias de 1-2 mm de espessura no sentido do comprimento. Coloque umas sobre as outras e pique em tiras bem finas.

Junte as tirinhas e corte em cubos minúsculos. Se não usar o picadinho em seguida, conserve-o por algum tempo em um pano úmido.

Fazer uma juliana de alho-poró

Corte a parte branca do alho-poró em pedaços de 5-10 cm e corte-os no sentido do comprimento.

Coloque as fatias em uma travessa e corte-as em tirinhas bem finas. A juliana pode ser feita com vários legumes frescos, mas também com outros ingredientes: filé de frango, cogumelo, pepino em conserva, presunto, pimentão, trufa etc.

Preparar creme inglês
VEJA RECEITA P. 842

Despeje o leite em uma panela e junte a fava de baunilha cortada ao meio e ralada. Leve ao fogo baixo e ferva. Retire do fogo e deixe em infusão por 3 min.

Coloque as gemas em uma tigela, adicione o açúcar e bata bem até que a mistura fique cremosa.

Retire a fava do leite. Despeje-o pouco a pouco sobre as gemas, mexendo bem.

Ponha a preparação na panela e leve ao fogo baixo até engrossar, sem deixar ferver. O creme estará pronto quando aderir à colher.

Fazer chantilly
VEJA RECEITA P. 837

Coloque o creme de leite líquido na geladeira por 2 h. Despeje-o em uma tigela.

Bata o creme com uma batedeira elétrica em velocidade média ou use uma batedeira manual.

Quando o creme começar a engrossar, junte o açúcar e continue a bater.

Pare de bater assim que o creme estiver firme e formando picos na hélice da batedeira.

Preparar calda de caramelo
VEJA RECEITA P. 1034

Escolha uma panela de fundo grosso. Derreta o açúcar com a água em fogo baixo. Não mexa, apenas incline a panela de vez em quando para unificar a cor e distribuir o calor.

Verifique a cor do caramelo despejando uma colher da calda em um prato branco. O caramelo amarelo-claro obtido serve para decorações.

Junte 1/2 colher (café) de vinagre de álcool ou de suco de limão para que o caramelo permaneça líquido por mais tempo.

Continue a cozinhar em fogo baixo. Quando o caramelo estiver escuro, adicione um pouco de água fria e retire a panela do fogo. O caramelo escuro serve para aromatizar vários tipos de preparação.

FRANGO E GALINHA: SALTEADOS OU GUISADOS
AVES, COELHO E CAÇA

150 ml de creme de leite fresco
sal e pimenta

5 Coloque a marinada e o creme de leite fresco na frigideira em que dourou o frango. Deixe ferver bem, sempre mexendo, para engrossar o molho. Prove e corrija o tempero.

6 Ponha o frango nesse molho, cozinhe por mais 5 min e sirva em seguida na própria frigideira.

■ Preparo: 15 min ■ Marinada: 1 h
■ Cozimento: 35 min

Frango ao vinagre

Rendimento: 4-6 porções

1 frango de 1,3-1,5 kg cortado (com o fígado)
50 g de manteiga
1 colher (sopa) de óleo
1 litro de caldo de frango em tablete
uma pitada de pimenta-de-caiena
1 copo de vinagre
20 g de manteiga em temperatura ambiente
20 g de farinha
sal e pimenta

1 Doure os pedaços de frango com 20 g de manteiga e o óleo em uma caçarola por 10 min. Retire o frango e descarte a gordura.

2 Acrescente o resto da manteiga na caçarola. Ponha de volta os pedaços de frango, tempere com sal e pimenta, tampe e cozinhe em fogo brando por 35 min.

3 Aqueça o caldo de frango e deixe reduzir pela metade. Acrescente a pimenta-de-caiena e o vinagre (reserve o equivalente a 1 colher de sopa) e deixe reduzir mais um terço.

4 Amasse o fígado do frango até que vire uma pasta e acrescente a colher de vinagre reservada. Prepare a Manteiga manié: misture com um garfo a manteiga em temperatura ambiente com a farinha até obter uma pasta homogênea.

5 Despeje o caldo com o vinagre na caçarola, mexa bem e cozinhe por 5 min. Acrescente a Manteiga manié e misture bem; cozinhe por 1 min, sem deixar ferver.

6 Retire do fogo e acrescente a pasta de fígado. Misture e sirva bem quente.

■ Preparo: 10 min ■ Cozimento: cerca de 45 min

FRANGO E GALINHA: SALTEADOS OU GUISADOS
AVES, COELHO E CAÇA

Frango com tomates

Rendimento: 4 porções

1 cebola
1 dente de alho
20 g de manteiga
2 colheres (sopa) de óleo
1 frango de 1,2 kg limpo e cortado
100 ml de vinho branco
100 g de molho de tomate
1 bouquet garni (veja glossário)
6 tomates
1 colher (sopa) de salsinha picada
sal e pimenta

1. Pique a cebola e o alho.
2. Aqueça a manteiga com 1 colher (sopa) de óleo e refogue a cebola. Acrescente os pedaços de frango, mexa bem e deixe que dourem.
3. Adicione o vinho branco, o molho de tomate, o bouquet garni e o alho. Tempere com sal, pimenta e deixe cozinhar por uns 30 min.
4. Enquanto isso, corte os tomate ao meio e retire as sementes. Aqueça 1 colher (sopa) de óleo em uma frigideira e refogue os tomates com a pele para baixo por 5 min. Vire-os ao contrário, tempere com sal e pimenta e frite por 10 min. Vire os tomates na posição inicial e frite por mais 5 min.
5. Escorra o frango e arrume-o em uma travessa com os tomates fritos à sua volta.
6. Coe o molho e despeje sobre os tomates. Espalhe por cima a salsinha e sirva imediatamente.

■ Preparo: 15 min ■ Cozimento: cerca de 30-35 min

Frango em gelatina

Rendimento: 18-20 porções

Galantine de frango (veja p. 179)
1 frango de 2,5 kg limpo
2 cenouras
3 cebolas
1 talo de aipo (salsão)
100 g de presunto
25 g de manteiga
uma pitada de tomilho
200 ml de caldo de frango em tablete
200 ml de vinho branco ▶

1. Prepare a galantine (pode ser feita na véspera, para ganhar tempo). Recheie o frango com a galantine e amarre-o. Preaqueça o forno a 200°C.
2. Pique as cenouras, as cebolas, o aipo e o presunto em cubinhos. Derreta a manteiga em uma assadeira e refogue lentamente esses ingredientes. Acrescente o tomilho, tempere com sal e pimenta.
3. Prepare o caldo de frango.
4. Coloque a ave recheada na caçarola e doure-a de todos os lados. Adicione o vinho, o caldo, o bouquet garni e deixe cozinhar, sem tampa, por 5 min de um lado e 5 min de outro. Retire a ave do forno, deixe esfriar e leve à geladeira. ▶

FRANGO E GALINHA: SALTEADOS OU GUISADOS
AVES, COELHO E CAÇA

1 bouquet garni (veja glossário)
1/2 litro de Gelatina de frango (veja p. 62)
sal e pimenta

5 Prepare a Gelatina de frango e cubra com ela o fundo da travessa que vai à mesa, depois leve à geladeira por 10 min para gelar.

6 Ponha o frango em uma travessa. Espalhe com uma espátula 4-5 camadas de gelatina, levando à geladeira entre uma camada e outra para firmar a gelatina. Mantenha na geladeira até o momento de servir.

■ Preparo: 1 h ■ Cozimento: 1h40 ■ Cobertura: 1 h

Frango en barbouille

Rendimento: 4-6 porções

1 frango de 1,3-1,5 kg limpo
1 colher (sopa) de vinagre
1 pacote de minicebolas
1 dente de alho
2 colheres (sopa) de óleo
150 g de toucinho picado
250 g de champignons pequenos
1 colher (sopa) de farinha de trigo
500 ml de vinho tinto
1 bouquet garni (veja glossário)
sal e pimenta

1 Corte o frango em pedaços.
2 Descasque as cebolas e esprema o alho.
3 Aqueça o óleo e refogue os pedaços de frango por 5 min em uma caçarola. Retire e escorra.
4 Ponha o toucinho, as cebolas e os champignons na caçarola e deixe corar por 3-4 min, mexendo sem parar.
5 Coloque o frango de volta na caçarola, polvilhe com farinha e misture bem por 2-3 min.
6 Adicione o vinho, o bouquet garni e o alho amassado. Tempere com sal e pimenta, tampe e cozinhe em fogo brando por 40 min.
7 Experimente e corrija o tempero, se necessário. Sirva na caçarola.

Este prato pode ser acompanhado de batatas cozidas no vapor ou macarrão na manteiga.

■ Preparo: 15 min ■ Cozimento: cerca de 50 min

9 Prove e corrija o tempero. Acrescente o resto do estragão e coloque em uma molheira. Sirva os galetos com o molho.

■ Preparo: 30 min ■ Cozimento: 30 min

Jambonnettes de frango

Rendimento: 4 porções

240 g de Recheio para aves (veja p. 108)
8 coxas de frango
1 cenoura
1 cebola
1 tomate
40 g de manteiga
100 ml de vinho branco
400 ml de Caldo claro de frango (veja p. 34) ou caldo em tablete
sal e pimenta

1 Prepare o Recheio para aves. Abra as coxas de frango de um lado, retire o osso e coloque o recheio. Tempere por fora com sal e pimenta.
2 Corte uma musselina (tecido fino) em oito pedaços e embrulhe as coxas recheadas.
3 Pique a cenoura e a cebola em cubinhos pequenos. Escalde o tomate, tire a pele e as sementes e corte em cubinhos. Em uma caçarola, derreta 40 g de manteiga, doure as coxas de frango e acrescente os legumes. Misture bem e cozinhe por uns 5 min.
4 Adicione o vinho branco e reduza até que seque. Acrescente o caldo e cozinhe em fogo brando, com a tampa, por cerca de 50 min.
5 Disponha as coxas na travessa que vai à mesa, coe o molho do cozimento e cubra os pedaços de frango.

Este prato pode ser acompanhado de purê de abóbora, legumes no vapor (brócolis, chuchu, abobrinha) ou arroz.

■ Preparo: 45 min ■ Cozimento: cerca de 1 h

FRANGO E GALINHA: MIÚDOS

Bolo de fígados de frango

Rendimento: 4 porções

1 dente de alho
8 fígados grandes de frango
50 g de farinha de trigo
8 ovos
1 colher (sopa) de salsinha picada
200 ml de creme de leite fresco
700 ml de leite
noz-moscada
20 g de manteiga
300 ml de molho de tomate
sal e pimenta

1. Pique o alho e a salsinha.
2. Limpe os fígados (retire os filamentos) e transforme-os em uma pasta no processador de alimentos.
3. Preaqueça o forno a 150ºC.
4. Coloque a pasta de fígado em uma vasilha. Acrescente a farinha e misture.
5. Quebre 4 ovos, separando as claras das gemas. Incorpore as gemas, uma a uma, ao purê de fígado.
6. Acrescente, aos poucos e misturando bem, os outros ovos inteiros, o alho, a salsinha, 100 ml de creme de leite fresco e o leite. Tempere com sal, pimenta e rale duas pitadas de noz-moscada.
7. Despeje em uma fôrma untada e asse em banho-maria por 50 min.
8. Enquanto isso, misture o molho de tomate quente com o restante do creme de leite.
9. Desenforme o bolo e cubra com o molho. Sirva quente.

■ Preparo: 20 min ■ Cozimento: 50 min

Fígados de frango fritos

Rendimento: 4-6 porções

500 g de fígados de frango
250 g de Massa para fritar (veja p. 118)
4 cebolas-brancas
1 dente de alho
1 maço pequeno de salsinha
25 g de manteiga
80 g de pão fresco (só o miolo)
2 ovos ▶

1. Limpe os fígados de frango (retire todos os filamentos) e transforme-os em uma pasta no processador ou no liquidificador.
2. Prepare a Massa para fritar.
3. Pique as cebolas e o alho. Pique a salsinha.
4. Aqueça a manteiga na frigideira e amoleça ligeiramente as cebolas.
5. Esfarele o miolo de pão. Bata os ovos em uma tigela.
6. Ponha o purê de fígado em uma vasilha com o alho, a salsinha, as cebolas, o pão, os ovos, o vinho Madeira, o creme de leite, a farinha, o sal e a ▶

FRANGO E GALINHA: MIÚDOS
AVES, COELHO E CAÇA

300 ml de caldo de galinha em tablete
1 bouquet garni (veja glossário)
sal e pimenta

6 Adicione o vinho branco e deixe reduzir por 5 min. Tempere com pimenta e pouco sal.
7 Dissolva pouco mais de meio tablete em um pouquinho de água. Acrescente o bouquet garni, o toucinho, as minicebolas, as batatas e adicione o restante dos 300 ml de água até que cubra tudo. Deixe ferver, tampe e cozinhe em fogo brando por 30-35 min.
8 Passe para uma travessa ou sirva na caçarola.

■ Preparo: 30 min ■ Cozimento: cerca de 50 min

Salpicão à caçadora

Rendimento: 4-6 porções
200 ml de Molho à caçadora (veja p. 89)
200 g de fígados de frango
200 g de champignons
40 g de manteiga
sal e pimenta

1 Prepare o Molho à caçadora.
2 Lave e corte em cubinhos os fígados de frango e os champignons.
3 Derreta a manteiga em uma frigideira e salteie esses cubinhos por uns 10 min, depois misture-os ao Molho à caçadora e corrija o tempero.

O salpicão pode ser servido em barquetes de massa, como recheio de torta ou com torradas. Também pode ser usado como recheio para um frango assado.

■ Preparo: 30 min ■ Cozimento: 10 min

Vol-au-vent à la financière

Rendimento: 6 porções
400 ml de Molho financière (veja p. 99)
1 kg de massa folhada pronta
1 ovo
150 g de champignons
10 g de manteiga ▶

1 Prepare o Molho financière e mantenha-o aquecido.
2 Divida a massa folhada em duas partes iguais e abra com o rolo até que fiquem com 5 mm de espessura. Preaqueça o forno a 240ºC.
3 Ponha um cortador de massa redondo de 18 cm de diâmetro em cima de cada pedaço de massa, apóie com força e corte dois discos. ▶

FRANGO E GALINHA: MIÚDOS

300 g de peito de frango cozido
200 g de presunto
sal e pimenta

4 Unte a assadeira. Ponha um dos discos. No outro disco, com um cortador de massa de 15 cm de diâmetro, corte e retire o centro: obtém-se um coroa.

5 Com um pincel molhado na água, umedeça toda a volta do disco que está na assadeira e, por cima, ponha a coroa.

6 Pegue o disco de massa retirado do meio da coroa e abra com o rolo para afiná-lo. Corte com o cortador. Molhe as bordas da massa e cubra-a com o terceiro disco, que será a tampa do vol-au-vent.

7 Com a ponta de uma faca pequena, trace a circunferência dessa tampa (seguindo o círculo interno de 15 cm). Faça pequenos entalhes em toda a volta do vol-au-vent e risque a parte de cima traçando losangos.

8 Bata o ovo em uma tigela e pincele a superfície da massa. Leve ao forno por 15 min.

9 Enquanto isso, prepare o recheio. Lave e corte os champignons em lâminas finas. Cozinhe em fogo lento por 10-15 min na manteiga, sem tampar. Corte o peito de frango e o presunto em cubinhos, misture-os e adicione ao Molho financière. Prove e corrija o tempero.

10 Tire a massa do forno. Com uma faca corte delicadamente a tampa sem quebrá-la e reserve. Retire a massa mole do interior.

11 Coloque o recheio no vol-au-vent, cubra-o com a tampa e sirva imediatamente.

■ Preparo: 1 h   ■ Cozimento: cerca de 15 min

GALINHA-D'ANGOLA / GANSO
AVES, COELHO E CAÇA

8 Fora do fogo, acrescente a manteiga ao caldo, bata bem, ponha mais sal, se necessário, e sirva à parte, em uma molheira.

■ Preparo: 30 min ■ Cozimento: cerca de 1 h

Galinha-d'angola sautée

Rendimento: 4 porções

1 galinha-d' angola de 1-1,2 kg cortada em quatro
1 colher (sopa) de óleo
60 g de manteiga
1 cebola-branca
100 ml de vinho branco, sidra ou cerveja
500 ml de caldo de galinha em tablete
1 bouquet garni (veja glossário)
sal e pimenta-do-reino

1 Lave a galinha e tempere com sal e pimenta.
2 Em uma caçarola, derreta 40 g de manteiga com o óleo e doure a carne. Tampe, abaixe o fogo e cozinhe por 20-25 min.
3 Pique a cebola.
4 Retire a galinha da panela, descarte a gordura, ponha a cebola e refogue em fogo baixo por 2 min, mexendo sempre. Adicione o vinho e deixe o líquido reduzir à metade.
5 Junte o caldo de galinha, o bouquet garni e reduza até que o molho fique bem cremoso. Ponha mais sal, se necessário.
6 Fora do fogo, incorpore o restante da manteiga ao molho e cubra a galinha com ele.

■ Preparo: 10 min ■ Cozimento: 25-30 min

GANSO

O ganso, a ave mais utilizada na França, chega a pesar 12 kg depois do processo de engorda, para que o seu fígado fique próprio para o foie gras (que significa "fígado gordo"). Há o foie gras de Toulouse, de Landes, da Alsácia etc. Os de plumagem branca, da região de Bourbonnais e do Poitou, são mais ágeis (pesam de 5 a 6 kg). Os gansos geralmente são sacrificados por volta dos 3 meses para uso culinário: os filés são grandes e a sua carne é muito delicada.

GANSO: CONSERVA

Conserva de ganso (Confit d'oie)

Rendimento: 4-6 porções

1 kg de confit d'oie (ganso em conserva)
2 kg de ervilhas frescas cruas (ou 1 kg se forem congeladas)
1 colher (sopa) de manteiga
1 réstia de cebolas pequenas
45 g de presunto cru
1 colher (sopa) de farinha de trigo
1 colher (café) de açúcar
1 maço de cerefólio
pimenta-do-reino

1. Abra o vidro de conserva e coloque em banho-maria.
2. Debulhe as ervilhas, se estiverem na vagem.
3. Descasque as cebolas e pique o presunto em cubos.
4. Em uma caçarola, esquente 1 colher (sopa) de manteiga. Refogue as cebolas e o presunto por 5 min, junte as ervilhas, salpique imediatamente com farinha e mexa bem.
5. Adicione 150 ml de água, a pimenta e o açúcar (não ponha sal, pois o presunto já é salgado). Acrescente o cerefólio, tampe e cozinhe por 30 min.
6. Escorra ligeiramente o confit, coloque-o na caçarola e cozinhe até que as ervilhas estejam macias.

■ Preparo: 30 min ■ Cozimento: 35-40 min

Rillettes de ganso

Rendimento: 1 terrina

1 ganso gordo
cerca de 500 g de gordura de ganso (ou manteiga)

Prepare esta receita da mesma maneira que as Rillettes de Tours (*veja p. 187*) e com o mesmo acompanhamento aromático. Coloque a conserva em potes e complete com gordura de ganso ou manteiga.

GANSO: GUISADO

Ganso à moda do campo

Rendimento: 8-10 porções

- 1 ganso de cerca de 3 kg limpo na hora
- 2 colheres (sopa) de vinagre
- 100 g de toucinho
- 24 cebolas pequenas
- 2 dentes de alho
- 1 bouquet garni (veja glossário)
- 50 ml de vinho tinto
- 150 g de pão de fôrma
- 200 ml de creme de leite fresco
- 1 copo de cachaça
- sal e pimenta-do-reino

1. Compre um ganso abatido na hora, para aproveitar o sangue. Adicione o vinagre ao sangue para evitar que ele coalhe.
2. Corte a ave em pedaços e o toucinho em cubos.
3. Descasque as cebolas. Descasque o alho e esmague-o.
4. Preaqueça o forno a 180°C.
5. Frite o toucinho em uma assadeira, junte a carne e refogue em fogo baixo. Adicione as cebolas e doure-as ligeiramente.
6. Acrescente o alho, o bouquet garni, o vinho, 250 ml de água quente, sal e pimenta. Leve ao fogo até ferver, cubra e ponha no forno por 2 h.
7. Corte o pão de fôrma em quadradinhos e frite-os na gordura de cozimento do ganso: estão prontos os croûtons.
8. Passe o fígado no processador, coloque em uma tigela e junte o sangue do ganso, o creme de leite e a cachaça. Misture bem.
9. Retire a carne da assadeira e mantenha-a em local aquecido.
10. Coloque o fígado temperado na assadeira, misture vigorosamente e leve ao fogo, sem deixar ferver. Cubra a carne com o molho quente.
11. Decore com os croûtons fritos.

■ Preparo: 15 min   ■ Cozimento: cerca de 2h10

Ganso recheado

Rendimento: 4 porções

- 2 pescoços de ganso
- 1 colher (sopa) de sal grosso ▶

1. Desosse completamente os pescoços de ganso, deixando um bom pedaço da pele do peito.
2. Vire a pele, ponha sal grosso e mantenha em lugar fresco por 12 h. ▶

GANSO: GUISADO
AVES, COELHO E CAÇA

200 g de foie gras fresco
200 g de paio picado
2 ovos
raspas de trufa
50 ml de conhaque
1 kg de gordura de ganso ou manteiga
sal e pimenta-do-reino
quatro especiarias (pimenta-do-reino, cravo-da-índia, gengibre e noz-moscada)

3 Corte o foie gras em cubos. Pique grosseiramente a carne desossada e misture-a com o paio e os ovos.

4 Acrescente o foie gras, a trufa e o conhaque. Salgue, apimente e junte uma pitada de quatro especiarias.

5 Recheie os pescoços com essa mistura e amarre as extremidades da pele.

6 Em uma caçarola, derreta 500 g de gordura de ganso ou manteiga e cozinhe os pescoços por 1 h, como se fosse uma conserva (*veja Confit de canard, p. 573*).

7 Coloque os pescoços nos vidros de conserva e cubra-os com a gordura de ganso ou manteiga derretida. Tampe bem e conserve em lugar fresco.

O pescoço de ganso recheado pode ser consumido frio ou quente, servido como o confit.

■ Preparo: 30 min   ■ Maceração: 12 h
■ Cozimento: 1 h

Guisado de ganso

Rendimento: 8-10 porções
3 cebolas
80 g manteiga
1 ganso de 3 kg cortado
2 colheres (sopa) de farinha de trigo
2 colheres (sopa) de extrato de tomate
750 ml de caldo de galinha em tablete
1 bouquet garni (veja glossário)
sal e pimenta-do-reino

1 Descasque as cebolas e corte-as bem fino.

2 Derreta a manteiga em uma caçarola e doure o ganso. Junte a cebola e doure-a também por 5 min.

3 Salpique com a farinha e mexa.

4 Dissolva o extrato de tomate no caldo e despeje sobre a carne. Salgue, apimente e mexa bem.

5 Adicione o bouquet garni e deixe apurar em fogo baixo por 1h30.

6 Fora do fogo, retire o bouquet garni e a gordura da superfície. Escorra a carne e disponha-a em uma travessa.

7 Reduza o caldo a um terço e regue a carne com ele.

■ Preparo: 20 min   ■ Cozimento: 1h45

7 Fora do fogo, junte o restante da manteiga, mexa bem e cubra a carne com o molho. Sirva bem quente.

■ Preparo: 15 min ■ Cozimento: cerca de 20 min

Pato à bigarade

Rendimento: 4 porções
1 pato de 1,5-1,8 kg
2 colheres (sopa) de óleo
300 ml de Molho bigarade (veja p. 93)
sal e pimenta-do-reino

1 Compre o pato já preparado.
2 Preaqueça o forno a 230°C. Coloque o pato em uma assadeira e tempere com sal e pimenta, besunte com óleo e leve ao forno por 40-45 min, regando freqüentemente.
3 Prepare o Molho bigarade.
4 Corte o pato, disponha em uma travessa e cubra com o molho.

■ Preparo: 15 min ■ Cozimento: 40-45 min

Pato assado com melado

Rendimento: 4 porções
1 pêra Williams
25 g de açúcar
1 limão
1 laranja
200 ml de vinho branco
150 ml de melado
1 cenoura
1 cebola
1 talo de aipo (salsão)
1/2 bulbo de erva-doce
1 dente de alho
1 cravo-da-índia
1 folha de louro
5 ramos de tomilho
1 pato de 2 kg limpo
1 colher (sopa) de óleo ▶

1 Descasque a pêra, corte-a ao meio e retire o miolo e as sementes.
2 Em uma caçarola, misture o açúcar, o suco do limão e da laranja e o vinho. Leve para ferver, junte a pêra, o melado e a pimenta e deixe apurar. Quando a pêra estiver macia, retire-a do suco e reserve-a aquecida.
3 Preaqueça o forno a 200°C.
4 Descasque e corte a cenoura, a cebola, o aipo, a erva-doce e o alho. Misture tudo com o cravo, o louro e o tomilho.
5 Espete a pele do peito do pato com um garfo e tempere com sal e pimenta toda a ave, unte-a com óleo, coloque em uma assadeira e ponha em volta o picadinho de legumes e temperos. ▶

PATO: ASSADO E COZIDO
AVES, COELHO E CAÇA

500 ml de caldo de galinha em tablete
1 colher (café) de extrato de tomate
sal e pimenta-do-reino

6 Leve ao forno. Depois de 15 min, abaixe a temperatura para 150°C. Regue o pato a cada 10 min com 1 colher do suco com o melado. Assim que os legumes começarem a tostar, adicione metade do caldo de galinha e asse por mais 1h15, regando sempre.

7 Retire o pato e mantenha-o aquecido, eliminando o máximo possível da gordura da assadeira.

8 Coloque os legumes e o suco em uma panela menor e esquente-os. Junte o extrato de tomate e cozinhe por 2-3 min. Acrescente o restante do caldo de galinha, deixe no fogo por 15 min e retire.

9 Corte o pato em pedaços e disponha-o em uma travessa. Fatie a pêra e arrume-a em volta em forma de leque. Regue a carne com o molho e sirva.

Pato com especiarias

Rendimento: 6-8 porções
1 pato de 2 kg limpo
2 colheres (sopa) de conhaque
uma pitada de quatro especiarias (pimenta-do-reino, gengibre, noz-moscada e cravo-da-índia moído)
250 g de champignons
200 g de toucinho
250 g de carne magra de porco
250 g de carne magra de vitela
1 maço de salsa
100 g de castanhas-do-pará moídas
1 ovo
200 ml de vinho branco
2 colheres (sopa) de vinho do Porto
talos de agrião
sal e pimenta-do-reino

1 Desosse inteiramente o pato, sem cortar os filés do peito. Separe a pele da carne. Corte os filés em fatias e deixe marinar na geladeira por 24 h com o conhaque, as quatro especiarias, sal e pimenta.

2 Lave os cogumelos.

3 Pique o toucinho, as carnes de porco e de vitela, os cogumelos, a salsa e misture bem. Junte as castanhas-do-pará moídas, o ovo, sal, pimenta e mexa bem.

4 Em uma frigideira, frite uma bolinha dessa mistura para experimentar e, se necessário, ponha mais sal.

5 Preaqueça o forno a 200°C.

6 Estenda a pele do pato em uma superfície de trabalho, disponha metade do recheio, os filés marinados e cubra com o restante do recheio. Dobre as bordas da pele, envolva o recheio e enrole como rocambole.

7 Estenda um papel-manteiga na superfície de trabalho. Envolva o rocambole e amarre bem com uma linha culinária. ▶

PATO: ASSADO E COZIDO
AVES, COELHO E CAÇA

Pato no tucupi

Rendimento: 8 porções

2 patos novos de 1-1,2 kg limpos
4 dentes de alho
4 colheres (sopa) de azeite
2 colher (sopa) de vinagre
4 folhas de louro
50 g de manteiga
2 litros de tucupi pronto
1 maço de jambu (ou outra verdura picante como mostarda, agrião, rúcula ou bertalha)
3 pimentas-de-cheiro (ou pimenta-malagueta)
farinha d'água (de mandioca)
sal e pimenta-do-reino

Molho de pimenta

8 pimentas-de-cheiro
1 dente de alho
sal
tucupi

1 Na véspera, tempere os patos com sal, pimenta, alho esmagado, azeite, vinagre e louro e deixe-o na geladeira curtindo o tempero.

2 No dia seguinte, preaqueça o forno a 200°C. Pincele a carne com manteiga e leve ao forno, com o caldo da marinada, coberta com papel-alumínio. Asse em temperatura média durante cerca de 40 min ou até que esteja assado. Enquanto assa, regue-o várias vezes com o caldo da marinada.

3 Retire do forno. Desosse os patos e corte em pedaços. Coloque a carne em uma panela grande e cubra-a com tucupi (reserve uma parte de tucupi para servir.

4 Cozinhe em fogo bem brando por cerca de 40 min, mexendo de vez em quando. Se o tucupi começar a secar antes que a carne esteja cozida, acrescente um pouco de água.

5 Lave as folhas de jambu (ou outra verdura picante) e reserve. Prepare o molho de pimenta: amasse em um pilão as pimentas com sal, o dente de alho e um pouco de tucupi fervente. Misture bem e reserve.

6 Quando os patos estiverem quase prontos, coloque as pimentas e as folhas de verdura. Cozinhe mais 5 min.

7 Em outra panela, ferva o tucupi. Tire a carne e a verdura da panela e passe para uma travessa de barro. Jogue o jambu fervente por cima e sirva com o molho de pimenta, arroz e farinha d'água (de mandioca). ▶

PATO: CONSERVA

AVES, COELHO E CAÇA

O jambu é uma planta amazônica ardida e muito saborosa, difícil de ser encontrada em outras partes do país; se não encontrá-la, escolha uma das outras opções sugeridas. O tucupi é o caldo da mandioca-brava, cujo preparo é bastante longo e trabalhoso; pode ser comprado pronto em restaurantes especializados em culinária do norte do Brasil.

■ Preparo: 30 min ■ Cozimento: 1h30-2h
■ Marinada: 12 h

PATO: CONSERVA

Confit de canard (Conserva de pato)

Rendimento: 4 porções

1 pato grande cortado em pedaços
3 dentes de alho
2 ramos de tomilho
1 folha de louro
1 cravo-da-índia
8 colheres (sopa) de sal grosso

Na véspera

1. Peça para cortar o pato em pedaços, mantendo inteiras as coxas e sobrecoxas. Se quiser, reserve a pele do pescoço para outra preparação.
2. Com uma faca, retire toda a gordura e corte-a em cubinhos. Coloque em uma caçarola com 100 ml de água fria, o alho descascado, o tomilho, o louro e o cravo esmagado. Cozinhe em fogo baixo, mexendo de vez em quando, e deixe esfriar.
3. Disponha o pato em uma travessa, salpique-o bem com sal grosso e leve à geladeira por 12 h.

No dia

4. Retire o excesso de sal do pato com papel-toalha.
5. Derreta a gordura em uma panela e ponha a carne de maneira que fique coberta pela gordura: se ela não for suficiente, junte um pouco de manteiga. Cozinhe por 2 h em fogo baixo.
6. Retire o pato com uma escumadeira e coloque-o em um recipiente para conserva. ▶

PATO: GUISADO
AVES, COELHO E CAÇA

5 Corte o pato em pedaços, disponha em uma travessa aquecida, decore com o abacaxi e regue com o molho do cozimento.

■ Preparo: 15 min ■ Cozimento: cerca de 1h30

Pato com ameixas

Rendimento: 4-6 porções

1 pato de cerca de 2 kg limpo
30 ameixas secas sem caroço
25 g de manteiga
1 cálice de conhaque
1/2 laranja
1/2 garrafa de vinho tinto
2 cravos-da-índia
noz-moscada
6 grãos de pimenta-preta
1 ramo de tomilho
1 folha de louro
1 cenoura
1/4 de talo de aipo (salsão)
1 cebola grande
100 g de toucinho defumado
1 colher (sobremesa) de farinha de trigo
sal e pimenta-do-reino

1 Tempere o pato com sal e pimenta por dentro, coloque dentro 10 ameixas e feche a ave, costurando-a.

2 Derreta a manteiga em uma caçarola e doure o pato. Esquente metade do conhaque, despeje na caçarola e flambe. Tampe e continue a cozinhar em fogo baixo por no máximo 1 h.

3 Enquanto isso, rale a casca da laranja. Coloque em uma panela com o vinho, os cravos, uma pitada de noz-moscada, os grãos de pimenta esmagados, o tomilho e o louro e ferva em fogo baixo por 10 min.

4 Descasque a cenoura e o aipo e corte-os em cubinhos. Descasque e pique a cebola.

5 Em uma frigideira, frite o toucinho e junte a cenoura, o aipo e a cebola. Misture bem, polvilhe com a farinha e acrescente o vinho aromatizado coado. Salgue, apimente, mexa bem e cozinhe em fogo baixo por 20 min.

6 Retire o pato, escorra-o e mantenha aquecido.

7 Coloque o molho ao vinho na caçarola e raspe o fundo com uma colher de pau. Mexa, junte o restante do conhaque e das ameixas. Esquente tudo.

8 Ponha o pato em uma travessa, com as ameixas em volta, e cubra com o molho.

■ Preparo: 15 min ■ Cozimento: cerca de 1h15

PATO: GUISADO
AVES, COELHO E CAÇA

Pato com ervilhas

Rendimento: 4-6 porções

1 pato de 2 kg
12 cebolas pequenas
40 g de manteiga
1 kg de ervilhas frescas (ou 500 g de congeladas)
200 g de bacon
250 ml de caldo de galinha em tablete
1 maço de estragão
1 colher (café) de açúcar
sal e pimenta-do-reino

1 Compre o pato já preparado.
2 Descasque as cebolas. Em uma caçarola, coloque a manteiga e refogue as cebolas por 8-10 min, acrescente as ervilhas e o bacon e escorra.
3 Na caçarola, doure o pato de todos os lados. Retire-o, descarte a gordura, adicione o caldo e raspe o fundo da panela com uma colher de pau para aproveitar os sucos do cozimento.
4 Recoloque o pato na caçarola por 30 min, acrescente as ervilhas, as cebolas, o bacon e o estragão. Salgue, apimente e polvilhe com o açúcar. Tampe e cozinhe por mais 35 min.
5 Retire o estragão, escorra o pato, corte-o em pedaços e disponha em uma travessa.
6 Sirva à parte as ervilhas com a cebola em uma tigela e o suco de cozimento em uma molheira.

■ Preparo: 20 min   ■ Cozimento: cerca de 1h20

Pato com laranja

Rendimento: 4-6 porções

6 laranjas
70 g de manteiga
1 pato de 2 kg
150 ml de licor Grand Marnier
1 colher (sopa) de vinagre
150 ml de caldo de carne em tablete
100 g de farinha de trigo
sal e pimenta-do-reino

1 Retire a casca de 2 laranjas e corte-a em tirinhas. Mergulhe-as em água fervente por 5 min, escorra e reserve.
2 Descasque as outras laranjas, retirando toda a parte branca, corte em pedaços e reserve.
3 Derreta 60 g de manteiga em uma caçarola e doure o pato em fogo médio, temperando com sal e pimenta. Tampe, abaixe o fogo e deixe cozinhar por 1 h, mexendo várias vezes.
4 Acrescente 100 ml de Grand Marnier e cozinhe por mais 5 min.
5 Escorra o pato, envolva-o em papel-alumínio e mantenha aquecido. ▶

PATO: GUISADO
AVES, COELHO E CAÇA

6. Esprema o suco das laranjas descascadas e junte-o à caçarola com o vinagre, o restante do Grand Marnier e o caldo. Cozinhe por 10 min em fogo baixo. Coe o molho e retire a gordura da superfície.
7. Derreta 10 g de manteiga com 10 g de farinha de trigo, mexendo sem parar. Incorpore ao molho.
8. Coloque as laranjas cortadas em uma panelinha, junte 4 colheres de molho, esquente e retire-as assim que ferver. Despeje o conteúdo da panelinha na caçarola.
9. Corte o pato em pedaços e disponha em uma travessa aquecida. Recolha o suco que se juntou no papel-alumínio, coloque-o na caçarola, esquente de novo e coe. Despeje algumas colheres do molho sobre o pato.
10. Salpique com a casca de laranja e ponha a laranja em volta. Sirva o restante do molho à parte.

■ Preparo: 45 min   ■ Cozimento: cerca de 1h15

Pato com nabos

Rendimento: 4-6 porções
1 pato de 2 kg limpo
80 g de manteiga
200 ml de vinho branco seco
1 kg de nabos pequenos
1 réstia de cebolas pequenas
sal e pimenta-do-reino

1. Compre o pato já pronto. Tempere com sal e pimenta. Esquente 25 g de manteiga em uma caçarola e doure a ave.
2. Escorra-a, descarte a gordura, recoloque-a na panela e regue com o vinho. Tampe e cozinhe por 30 min em fogo baixo.
3. Descasque os nabos e as cebolas e branqueie-os separadamente: escalde os nabos por 10 min e as cebolas por 2 min. Coloque os legumes em volta do pato e tempere com sal e pimenta e cozinhe por mais 25-30 min.
4. Disponha a ave em uma travessa com os legumes em volta. ▶

5 Reduza o molho do cozimento em fogo alto e adicione o restante da manteiga, mexendo bem. Regue o pato com esse molho e sirva em seguida.

■ Preparo: 15 min ■ Cozimento: cerca de 1h15

FOIE GRAS DE PATO OU GANSO

Foie gras em brioche

Rendimento: 4-6 porções

1 foie gras (fígado gordo) de ganso de cerca de 700 g (ou 2 foie gras de pato de cerca de 350 g)
800 g de Massa de brioche (veja p. 111)
1 trufa grande
100 ml de conhaque
300 ml de Molho Périgueux (veja p. 101)
sal e pimenta-do-reino

1 Compre o fígado preparado.
2 Prepare a Massa de brioche.
3 Corte a trufa em tirinhas, salgue, apimente e deixe macerar no conhaque por 30 min.
4 Introduza a trufa no fígado. Salgue-o e apimente-o e deixe macerar no conhaque por 2 h, virando várias vezes.
5 Preaqueça o forno a 200°C.
6 Envolva o fígado em um pedaço de musselina (tecido fino). Coloque o fígado e o molho da maceração em uma assadeira, tampe e leve ao forno por 15 min. Deixe esfriar.
7 Estenda a massa e corte-a em dois retângulos. Unte uma travessa com manteiga e disponha o primeiro retângulo, pressionando a massa contra as bordas. Coloque o fígado e cubra com o segundo retângulo. Aperte bem as bordas.
8 Coloque a fôrma em um lugar quente por 2 h e deixe a massa crescer. Preaqueça o forno a 200°C. Asse a massa por cerca de 1 h.
9 Prepare o Molho Périgueux. Desenforme o brioche e sirva com o molho à parte.

■ Preparo: 3 h ■ Maceração: 2h30
■ Descanso: 2 h ■ Cozimento: 15 min + cerca de 1 h

FOIE GRAS DE PATO OU GANSO
AVES, COELHO E CAÇA

Musse de foie gras de pato ou ganso

Rendimento: 4-6 porções

1 litro de Caldo de frango (veja p. 121) ou caldo em tablete
1 ovo
400 ml de gelatina
1 foie gras de pato (cerca de 750 g)
400 ml de Velouté de frango (veja p. 75)
400 ml de creme de leite fresco
1 trufa pequena
1/2 maço de estragão
sal e pimenta-do-reino

1. Prepare o caldo de frango.
2. Cozinhe o ovo e prepare a gelatina.
3. Envolva o foie gras em um pedaço de musselina (tecido fino), mergulhe-o no caldo bem quente e cozinhe em fogo baixo por 20 min. Passe na peneira, pressionando bem com o pilão.
4. Encha uma bacia com gelo. Coloque o foie gras em uma terrina e misture-o com 250 ml de gelatina e de Velouté de frango. Ponha a terrina no gelo e misture tudo delicadamente.
5. Tempere com sal e pimenta. Bata ligeiramente o creme e incorpore-o à musse, mexendo bem.
6. Forre uma fôrma redonda com gelatina.
7. Descasque o ovo, corte a clara e a trufa em rodelas finas. Disponha-as na gelatina, alternando com as folhas de estragão, e leve à geladeira.
8. Coloque a musse na fôrma e cubra com a gelatina. Deixe esfriar e leve à geladeira.
9. Desenforme sobre uma travessa. Coloque em volta a gelatina picada e sirva.

■ Preparo: 2h30 ■ Cozimento: 20 min

Terrina de foie gras semicozida

Rendimento:
1 terrina de 1 kg

1 kg de foie gras (fígado gordo) de pato ou ganso limpo
18 g de sal
5 g de pimenta-do-reino branca ▶

1. Tempere o fígado com o sal, a pimenta e as quatro especiarias dos dois lados. Regue com o vinho e deixe marinar por 12 h na geladeira, virando de vez em quando.
2. Preaqueça o forno a 100°C. Disponha o fígado em camadas em uma terrina, pressionando bem para que não sobre nenhum espaço vazio. Coloque a terrina em banho-maria e leve ao fogo até que a água ferva. Ponha no forno e deixe por 40 min. ▶

PERU: ASSADO, NA CAÇAROLA

2 g de quatro especiarias (pimenta-do-reino, cravo-da-índia moído, gengibre e noz-moscada)
100 ml de vinho do Porto branco

3 Retire a terrina. Disponha sobre ela uma tabuinha e um peso de 250 g, deixe esfriar e leve à geladeira.
4 Quando a gordura tiver endurecido, retire a tabuinha. Coloque a gordura em uma panela ou no forno quente para derreter e despeje sobre a terrina.
5 Desenforme a terrina, corte em pedaços e sirva.

> Esse prato pode ser conservado na geladeira por quinze dias. Cubra-o com filme de PVC e alise a gordura na parte que fica em contato com o ar para evitar oxidação.

■ Preparo: 15 min   ■ Marinada: 12 h
■ Cozimento: 40 min

PERU

Em culinária, o termo "peru" é usado tanto para se referir ao macho como à fêmea, mas a carne do macho é mais seca. Se o animal for abatido com até 25 semanas, sua carne será mais delicada que a do peru adulto. O tamanho da ave não é importante, porque varia consideravelmente conforme o tipo do animal. Porém, algumas empresas se especializam na produção de perus grandes e comercializam separadamente tanto as coxas como cortes especiais para preparar escalopes ou assados. Um bom peru deve ser jovem, gordo e de pescoço curto, com a traquéia flexível.

PERU: ASSADO, NA CAÇAROLA

Escalopes de peru ao creme

Rendimento: 4 porções
50 g de manteiga
4 escalopes de peru
100 g de champignons
150 ml de vinho branco seco ▶

1 Derreta 30 g de manteiga em uma frigideira e doure os escalopes dos dois lados. Abaixe o fogo, cozinhe por 10 min e tempere com sal e pimenta.
2 Lave e corte os cogumelos em rodelas finas e cozinhe-os na frigideira com a manteiga. ▶

PERU: ASSADO, NA CAÇAROLA
AVES, COELHO E CAÇA

1 colher (sobremesa) de mostarda de estragão
200 ml de creme de leite sem o soro
1/2 limão
sal e pimenta-do-reino

3 Escorra a carne, disponha em uma travessa e mantenha em lugar aquecido.

4 Descarte a gordura, coloque o vinho na frigideira, raspe o fundo para aproveitar o suco da carne e cozinhe por 2-3 min.

5 Dilua a mostarda em 2 colheres desse líquido e despeje na frigideira. Junte os cogumelos e o creme de leite e reduza o molho a cerca de um terço.

6 Adicione o suco de cozimento dos escalopes. Ponha mais sal, se necessário, acrescente o suco do limão e cozinhe por mais 2-3 min. O molho deve ficar bem cremoso. Cubra os escalopes com ele e sirva.

■ Preparo: 15 min ■ Cozimento: cerca de 25 min

Escalopes de peru ao curry

Rendimento: 6 porções
4 filés de peito de peru
4 cebolas-brancas
50 g de manteiga
250 ml de creme de leite
1 colher (sopa) de curry
uma pitada de pimenta-de-caiena
sal e pimenta-do-reino

1 Tempere os filés com sal e pimenta.

2 Descasque e pique as cebolas.

3 Esquente a manteiga em uma frigideira e cozinhe os escalopes por 5 min de cada lado. Escorra, ponha em uma travessa, cubra com papel-alumínio e reserve em lugar aquecido.

4 Na mesma frigideira, cozinhe as cebolas em fogo baixo. Quando estiverem bem macias, adicione o creme e raspe o fundo com uma colher de pau.

5 Junte o curry, a pimenta-de-caiena, salgue, apimente e cozinhe por 4-5 min, mexendo sempre.

6 Acrescente o suco reservado dos escalopes. Ponha mais sal, se necessário, e sirva.

Um bom acompanhamento para os pratos com curry é um arroz incrementado com uvas-passas e castanhas-de-caju.

■ Preparo: 8 min ■ Cozimento: cerca de 15 min

PERU: ASSADO, NA CAÇAROLA
AVES, COELHO E CAÇA

Escalopes de peru com amêndoas

Rendimento: 4 porções

2 ovos
100 g de amêndoas laminadas
4 escalopes de peru (150 g cada)
2 colheres (sopa) de farinha de trigo
40 g de manteiga
sal
pimenta- branca moída na hora

1. Bata os ovos em um prato fundo e misture-os com as amêndoas.
2. Tempere os escalopes com sal e pimenta.
3. Passe-os na farinha dos dois lados e depois na mistura de ovos com amêndoas.
4. Derreta a manteiga em uma frigideira, em fogo baixo, e frite os escalopes por 5 min de cada lado. Sirva em seguida.

Este prato pode ser servido com purê de mandioquinha.

■ Preparo: 5 min ■ Cozimento: cerca de 10 min

Peru com legumes

Rendimento: 6 porções

2 pimentões vermelhos
4 tomates
12 cebolinhas brancas
2 colheres (sopa) de azeite
1 peru de 1,2 kg limpo
1 bouquet garni (veja glossário)
sal e pimenta-do-reino

1. Lave e enxugue os pimentões. Coloque-os na grelha do forno, virando, até que a pele esteja quase preta. Descasque-os, abra ao meio, retire as sementes e fatie-os.
2. Aferevente os tomates, despele-os, corte em dois e retire as sementes. Descasque as cebolinhas.
3. Em uma caçarola, esquente 1 colher de azeite, doure o peru de todos os lados e retire-o.
4. Descarte a gordura da caçarola e ponha a outra colher de azeite. Quando esquentar, junte as cebolas, doure-as e acrescente o pimentão. Mexa por 2-3 min, adicione os tomates e tempere com sal e pimenta.
5. Recoloque o peru na caçarola entre os legumes. Acrescente o bouquet garni e 2-3 colheres (sopa) de água quente. Tampe e deixe apurar em fogo baixo por 1 h, virando a carne várias vezes. ▶

PERU: ASSADO, NA CAÇAROLA

6 Escorra o peru e corte-o em fatias grossas. Coloque em uma travessa e disponha sobre cada fatia um pouco dos legumes do cozimento.

■ Preparo: 30 min   ■ Cozimento: cerca de 1h15

Peru novo assado

Rendimento: 6 porções

1 peru novo de 2,5 kg limpo
60 g de bacon
sal e pimenta-do-reino

1 Tempere o peru com sal e pimenta por dentro. Envolva-o com o bacon e amarre-o.
2 Preaqueça o forno a 200°C. Ponha o peru em uma assadeira com 2-3 colheres de água e leve ao forno por cerca de 50-55 min (20 min para cada meio quilo de carne, se for no forno, e 15 min, se for no espeto).
3 Cerca de 15 min antes do fim do cozimento retire o bacon, para que a ave doure de todos os lados, e salgue. Enquanto assa, regue constantemente.
4 Coe o suco de cozimento e sirva-o em uma molheira à parte.

■ Preparo: 10 min   ■ Cozimento: cerca de 1h40

Peru recheado com castanhas

Rendimento: 6 porções

1 peru novo de 2,5 kg limpo
1 kg de castanhas portuguesas
60 ml de caldo de galinha em tablete
80 g de bacon
sal e pimenta-do-reino

1 Prepare o peru sem amarrá-lo ou peça ao açougueiro para fazê-lo.
2 Cozinhe as castanhas e descasque-as. Prepare o caldo e mergulhe-as nele. Cozinhe por 15 min.
3 Preaqueça o forno a 200°C.
4 Escorra as castanhas, coloque-as em uma musselina e enrole em formato de embutido. Introduza esse cilindro no interior da ave e costure a abertura. ▶

PERU: ASSADO, NA CAÇAROLA
AVES, COELHO E CAÇA

5 Tempere o peru com sal e pimenta. Envolva o peru no bacon e amarre-o. Coloque numa assadeira com 2-3 colheres de água e leve ao forno por cerca de 50-55 min (20 min para cada meio quilo de carne, se for no forno, e 15 min, se for no espeto).

6 Cerca de 15 min antes do fim do cozimento retire o bacon, para que a ave doure de todos os lados, e salgue. Enquanto assa, regue constantemente.

7 Coe e escume o caldo de cozimento, coloque em uma molheira e sirva acompanhado das castanhas.

■ Preparo: 30 min ■ Cozimento: 1h40

Peru trufado

Rendimento: 6-8 porções
1 peru de 2,5-3 kg limpo
1 trufa grande
50 ml de conhaque
250 g de banha de porco
250 g de foie gras cru
1 colher (café) de quatro especiarias (pimenta-do-reino, cravo-da-índia moído, gengibre e noz-moscada)
1 colher (café) de tomilho em pó
1 colher (café) de louro em pó
100 g de bacon
100 ml de vinho do Porto ou Madeira
150 ml de caldo de galinha em tablete
sal e pimenta-do-reino

1 Lave o peru.

2 Descasque ligeiramente a trufa e corte-a em rodelas finas. Salgue, apimente e ponha de molho no conhaque. Reserve as cascas da trufa.

3 Corte em cubos a banha e o foie gras e passe-os no processador.

4 Junte as cascas da trufa, sal, pimenta e as quatro especiarias. Coloque essa mistura em uma panela e derreta em fogo baixo. Adicione o tomilho e o louro e cozinhe lentamente por 10 min.

5 Escorra a trufa, junte o conhaque à panela, mexa bem e deixe esfriar completamente.

6 Introduza a trufa sob a pele da ave, empurrando com o dedo. Recheie a ave, ate-a, envolva em filme de PVC e leve à geladeira por 24 h.

7 Preaqueça o forno a 200°C. Envolva o peru com o bacon e coloque-o em uma assadeira grande com 2-3 colheres de água. Asse por cerca de 50-55 min (20-25 min para cada meio quilo de carne).

8 Cerca de 15 min antes do final do cozimento retire o bacon, para que a ave doure de todos os lados, e tempere com sal. Enquanto assa, regue constantemente o peru. ▶

PERU: GUISADO

9. Disponha o peru em uma travessa de servir e mantenha-o aquecido.
10. Adicione à assadeira o Porto ou o Madeira e raspe o fundo para aproveitar o suco de cozimento. Reduza até que não reste nenhum líquido.
11. Acrescente o caldo de galinha, mexa bem e reduza à metade.
12. Coe o molho e sirva-o à parte em uma molheira aquecida.

■ Preparo: 40 min ■ Descanso: 24 h
■ Cozimento: cerca de 2h15

PERU: GUISADO

Asas de peru ao vinho

Rendimento: 4-6 porções
1 cenoura
1 cebola
1 tomate
100 g de manteiga
12-18 asas de peru
1 bouquet garni (veja glossário)
100 ml de vinho branco
400 ml de caldo de galinha em tablete
150 g de farinha de rosca
sal e pimenta-do-reino

1. Corte a cenoura e a cebola em cubinhos. Ferva o tomate, tire a pele e as sementes e corte também em cubinhos.
2. Em uma caçarola, derreta 40 g de manteiga, doure as asas, acrescente os legumes e o bouquet garni, mexa bem e cozinhe por 5 min.
3. Adicione o vinho e deixe reduzir totalmente.
4. Junte o caldo, tampe e cozinhe por 50 min em fogo baixo.
5. Escorra as asas e deixe esfriar em uma tigela. Derreta 40 g de manteiga, despeje-a sobre a carne e misture bem.
6. Passe as asas na farinha de rosca, ponha em uma travessa e leve à geladeira por 1 h.
7. Preaqueça o forno a 220°C. Derreta a manteiga restante, regue a carne com ela e leve ao forno por 15 min ou até que esteja corada.

■ Preparo: 10 min ■ Descanso: 1 h ■ Cozimento: 1h15

Coxa de peru guisada

Rendimento: 4 porções

200 g de Recheio para aves (veja p. 108)
1 coxa grande de peru
1 cenoura
1 cebola
1 tomate
40 g de manteiga
100 ml de vinho branco
400 ml de caldo de galinha em tablete
sal e pimenta-do-reino

1 Prepare o Recheio para aves. Desosse a coxa de peru, coloque o recheio dentro e tempere-a com sal e pimenta.

2 Envolva a coxa com uma musselina (tecido fino).

3 Pique a cenoura e a cebola em cubinhos. Afervente o tomate, retire a pele e as sementes e corte em cubinhos.

4 Em uma caçarola, derreta 40 g de manteiga, doure a coxa, junte os legumes, mexa bem e cozinhe por cerca de 5 min.

5 Adicione o vinho e reduza quase totalmente o líquido. Acrescente o caldo, tampe e cozinhe em fogo baixo por cerca de 50 min.

6 Disponha a coxa em uma travessa e regue-a com o suco do cozimento peneirado.

Este prato vai muito bem com purê de legumes, legumes refogados (cenoura, aipo etc.) ou apenas arroz.

■ Preparo: 30 min   ■ Cozimento: 1 h

Guisado de peru

Rendimento: 6-8 porções

1 peru de cerca de 3 kg limpo
2 cenouras
2 cebolas
2 tomates
40 g de manteiga
1 bouquet garni (veja glossário)
200 ml de caldo de galinha em tablete
100 ml de vinho branco
1,2 kg de cenourinhas novas ▶

1 Tempere o peru com sal e pimenta.

2 Descasque e corte em cubos as cenouras e as cebolas. Afervente os tomates, retire a pele e as sementes e corte em cubos.

3 Preaqueça o forno a 180ºC. Em uma assadeira, derreta a manteiga, doure o peru de todos os lados, junte os legumes, o bouquet garni e cozinhe por 5 min, virando a carne. Tempere com sal e pimenta.

4 Prepare o caldo de galinha. Regue o peru com o vinho e o caldo e leve ao forno, coberto com papel-alumínio, por 1h30. ▶

POMBO
AVES, COELHO E CAÇA

600 g de minicebolas
240 g de bacon
sal e pimenta-do-reino

5 Corte as cenourinhas em três pedaços e cozinhe por 10 min em água fervente.
6 Cozinhe as minicebolas.
7 Mergulhe o bacon por 5 min em água fervente e derreta-o em uma frigideira.
8 Junte à assadeira as cenouras, as cebolas e o bacon, tampe e cozinhe por 30 min, regando com o suco do cozimento.
9 Disponha o peru em uma travessa, coe o caldo do cozimento e sirva-o à parte, em uma molheira.

■ Preparo: 15 min ■ Cozimento: 2 h

POMBO

O pombo, doméstico ou selvagem, deve ser bem jovem e carnudo: o ideal é que a carne seja bem rosada e tenha pouca gordura. O filhote de pombo, de cerca de 1 mês, é particularmente tenro e geralmente é usado em assados. Na França, o pombo selvagem mais utilizado é o ramier, ou palombe, cuja carne é mais densa e mais aromática que a do pombo doméstico.

Pombo à moda de Nice

Rendimento: 6 porções
6 minicebolas
1 kg de ervilhas-tortas
20 g de manteiga
1 colher (sopa) de óleo
6 pombos limpos
1 folha de louro
100 ml de vinho branco
200 g de azeitonas pretas
sal e pimenta-do-reino

1 Cozinhe as minicebolas. Retire os fios das ervilhas.
2 Em uma caçarola, derreta a manteiga com o óleo e doure os pombos, virando-os. Coloque o louro e mexa bem.
3 Adicione o vinho, as minicebolas e apure em fogo baixo por 15 min.
4 Enquanto isso, cozinhe as ervilhas no vapor.
5 Acrescente as azeitonas à caçarola e cozinhe os pombos por mais 10-15 min. Ponha mais sal, se necessário. ▶

6 Coloque a ervilha em uma travessa, disponha os pombos sobre ela e, em volta, as azeitonas e as cebolas.

■ Preparo: 40 min   ■ Cozimento: cerca de 30 min

Pombo assado

Rendimento: 4 porções

4 pombos limpos
200 g de bacon
3 galhos de salsa
1 ramo de tomilho
sal e pimenta-do-reino

1 Tempere os pombos com sal e pimenta por dentro e por fora. Envolva o peito de cada ave com uma fatia de bacon e amarre-os.
2 Preaqueça o forno a 200ºC. Asse os pombos em uma assadeira por 20 min, ou em um espeto por 30 min.
3 Retire as aves e mantenha-as aquecidas em uma travessa. Acrescente 250 ml de água à assadeira, raspe o fundo com uma colher de pau para aproveitar os sucos da carne, junte a salsa e o tomilho e reduza o caldo a um terço.
4 Coe o caldo e despeje-o sobre os pombos ou sirva-o à parte, em uma molheira.

■ Preparo: 15 min   ■ Cozimento: 20-30 min

Pombo com ervilha-torta

Rendimento: 4 porções

1,5 kg de ervilha-torta (na vagem)
1 miolo de alface
20 minicebolas
1 cebola-branca
50 g de manteiga
1 colher (sopa) de óleo
4 pombos limpos
200 ml de vinho branco ▶

1 Debulhe as ervilhas. Lave e seque as folhas de alface. Descasque as minicebolas e reserve. Descasque e corte a cebola-branca bem fino.
2 Em uma caçarola, esquente 25 g de manteiga com o óleo e doure a cebola-branca, mexendo. Junte os pombos e doure-os, virando várias vezes. Tempere com sal e pimenta, acrescente o vinho, tampe e cozinhe por 20 min. ▶

POMBO
AVES, COELHO E CAÇA

60 g de bacon
uma pitada de açúcar
sal e pimenta-do-reino

3 Enquanto isso, derreta o restante da manteiga em uma panela e frite o bacon. Adicione as ervilhas, a alface e as minicebolas. Tempere com sal, adicione o açúcar e 2 copos de água. Tampe e cozinhe em fogo médio por 15 min.

4 Escorra os pombos e coloque-os na panela com as ervilhas. Mergulhe-os ligeiramente no refogado e cozinhe em fogo baixo por 5 min. Sirva bem quente.

■ Preparo: 30 min   ■ Cozimento: cerca de 40 min

Pombo em conserva

Rendimento: 4 porções

4 pombos limpos
1 colher (sopa) de gengibre fresco ralado
4 colheres (sopa) de cachaça
100 g de bacon fatiado
2 réstias de cebolas novas
150 g de champignons
30 g de manteiga
1 colher (sopa) de óleo
100 g de toucinho
1 bouquet garni (veja glossário)
200 ml de vinho branco
200 ml de caldo de galinha
sal e pimenta-do-reino

1 Tempere com sal e pimenta a carne por dentro e por fora e introduza em cada ave um pouco de gengibre e 1 colher de cachaça. Vire os pombos com o pescoço para baixo e regue-os bem com a cachaça restante.

2 Envolva o peito de cada pombo com uma fatia de bacon e amarre-o com linha culinária.

3 Corte as cebolas e os champignons bem fino. Preaqueça o forno a 200ºC.

4 Em uma assadeira, derreta a manteiga com o óleo e doure os pombos. Retire-os.

5 Adicione as cebolas, o toucinho e os cogumelos e doure-os igualmente. Junte o bouquet garni, o vinho e o caldo e reduza o líquido em dois terços.

6 Recoloque os pombos na assadeira, tampe, leve para ferver e ponha no forno por 30-35 min.

7 Retire o bouquet garni, desamarre os pombos, coloque-os em uma travessa aquecida e cubra-os com o suco de cozimento coado.

■ Preparo: 30 min   ■ Cozimento: cerca de 40 min

AVES DE CAÇA

Como estas aves são cada vez mais raras em estado selvagem, várias criações foram desenvolvidas para compensar a sua escassez, tanto para preservação da espécie como para a caça e para o consumo. Distinguimos uma ave selvagem de uma de criação pelo comprimento da pena da cauda (mais curta entre as de criação porque se desgastam no aviário) e pelo aspecto da pele (seca e quase violeta no animal selvagem, gordurosa e amarela no animal cativo).

Aves de caça: preparo

Este tipo de caça – pato-selvagem, faisão, perdiz ou perdigoto-cinza e vermelho – pode ser encontrado em lojas especializadas, em aviários e mercados municipais. As aves podem ser preparadas de diversas formas, inteiras ou desossadas, assadas, cozidas ou refogadas.

Como as codornas costumam ser criadas em cativeiro, são vendidas o ano inteiro e podem ser facilmente encontradas.

CODORNA

Codornas à romana

Rendimento: 4 porções

- 1 pacote de minicebolas
- 50 g de presunto
- 40 g de manteiga
- 2 colheres (sopa) de óleo
- 4 codornas limpas
- 500 g de ervilhas congeladas
- uma pitada de açúcar
- sal e pimenta

1. Descasque e pique uma dúzia de minicebolas.
2. Corte o presunto em cubinhos.
3. Preaqueça o forno a 200°C.
4. Em uma fôrma, derreta 20 g de manteiga com o óleo e doure as cebolas e o presunto. Retire do fogo. Doure as codornas de todos os lados e reserve.
5. Descarte a gordura e coloque a manteiga restante, as cebolas e o presunto. Acrescente as ervilhas, uma pitada de açúcar, uma pitada de sal e de pimenta. Tampe e cozinhe em fogo lento por 20 min.
6. Acrescente as codornas, cubra a fôrma com papel-alumínio e leve ao forno por 20 min. ▶

CODORNA
AVES, COELHO E CAÇA

7 Sirva no recipiente em que foram assadas.

■ Preparo: 15 min   ■ Cozimento: 40 min

Codornas com cerejas

Rendimento: 4 porções
500 g de cerejas
125 g de açúcar
1 colher (sopa) de geléia de framboesa
4 codornas envolvidas em bacon
200 g de manteiga
1 colher (sopa) de óleo
sal e pimenta

1 Tire o cabinho e o caroço das cerejas. Leve ao fogo com o açúcar e meio copo de água. Cozinhe por 8-10 min. Acrescente a geléia e cozinhe por mais 5 min.
2 Preaqueça o forno a 200°C.
3 Coloque as codornas em uma assadeira com a manteiga e o óleo, tempere com sal e pimenta e leve ao forno por 15 min.
4 Quando as codornas estiverem cozidas, acrescente as cerejas cozidas. Asse por mais 2 min e sirva.

■ Preparo: 10 min   ■ Cozimento: cerca de 35 min

Codornas com folhas de uva

Rendimento: 4 porções
4 folhas grandes de uva
4 codornas limpas
40 g de manteiga
8 fatias de bacon
1 pacote de batatas chips
sal e pimenta

1 Preaqueça o forno a 220°C. Lave e seque as folhas de uva.
2 Tempere as codornas com sal e pimenta e unte os peitos e as coxas com manteiga. Ponha uma folha de uva no peito de cada ave, dobrando as beiradas por baixo e enrole-a com 2 fatias de bacon.
3 Amarre as codornas e embrulhe uma a uma em papel-alumínio. Asse por 20 min no forno.
4 Coloque as batatas chips no forno para esquentar. Desamarre as codornas e retire o bacon. Corte as aves ao meio, no sentido do comprimento, e regue-as com o molho que se formou no papel-alumínio.
5 Sirva com as batatas chips e salada verde. ▶

Codornas assadas

Prepare as codornas da mesma maneira e asse-as sem papel-alumínio. Coloque-as em cima de torradas e cubra-as com o molho de sua preferência.

■ Preparo: 15 min   ■ Cozimento: 15-20 min

Codornas com uvas

Rendimento: 4 porções

4 codornas
60 g de manteiga
150 ml de vinho branco
2 colheres (sopa) de suco de limão
20-25 uvas grandes
1 colher (sopa) de castanhas-de-caju fatiadas
sal e pimenta

1 Tempere as codornas por dentro com sal e pimenta e amarre-as.
2 Derreta a manteiga em uma caçarola, acrescente as codornas e doure-as de todos os lados. Adicione o vinho branco e o suco de limão. Abaixe o fogo, tampe e deixe cozinhar em fogo lento por 15 min.
3 Lave as uvas e tire a casca e as sementes. Adicione as uvas e as castanhas-de-caju. Misture e deixe cozinhar por mais 10 min.

■ Preparo: 10 min   ■ Cozimento: 25 min

Codornas en chemise

Rendimento: 4 porções

50 g de toucinho
150 g de fígado de frango
2 cebolas
1 cálice de conhaque
uma pitada de louro em pó
20 g de manteiga
4 codornas desossadas
500 ml de caldo de galinha
sal e pimenta

1 Pique o toucinho, os fígados e as cebolas. Derreta o toucinho no fogo, frite os fígados e acrescente as cebolas, mexendo. Tempere com sal e pimenta.
2 Esquente o conhaque, coloque sobre os fígados e flambe. Acrescente o louro e misture.
3 Tire do fogo e passe no processador para obter uma pasta. Adicione a manteiga, prove e acerte o tempero.
4 Tempere as codornas com sal e pimenta e recheie com essa pasta.
5 Amarre as aves. Embrulhe cada uma com um pedaço de musselina e amarre bem. ▶

6 Prepare o caldo de galinha e mergulhe as codornas nele. Depois que ferver, abaixe o fogo e cozinhe por cerca de 20 min.
7 Retire as codornas, tire a musselina e ponha as aves em uma travessa quente.
8 Reduza quatro quintos do caldo e cubra as codornas com ele.

■ Preparo: 30 min ■ Cozimento: 20 min

Codornas grelhadas petit-duc

Rendimento: 4 porções

600 g de Batatas na manteiga (veja p. 668)
4 codornas limpas
4 champignons grandes
1 colher (sopa) de óleo
50 g de manteiga
50 g de farinha de rosca
50 ml de caldo de galinha em tablete
1 colher (café) de vinho Madeira
sal e pimenta

1 Prepare as Batatas na manteiga.
2 Preaqueça o forno.
3 Abra as codornas ao meio no sentido do comprimento. Cubra com filme de PVC e bata ligeiramente com o cabo de uma faca grande para achatá-las.
4 Lave os champignons e corte fora os pés.
5 Unte as codornas e os champignons com o óleo e leve-os ao forno bem quente, por 1 min de cada lado.
6 Derreta 30 g de manteiga e unte as codornas. Em seguida, passe-as na farinha de rosca e coloque na assadeira com os champignons. Asse por 8 min.
7 Prepare o caldo de galinha, acrescente o vinho Madeira, o resto da manteiga e misture.
8 Desenforme as batatas. Arrume por cima delas as codornas e cubra-as com os champignons. Regue com o molho Madeira.

■ Preparo: 30 min ■ Cozimento: cerca de 15 min

CODORNA
AVES, COELHO E CAÇA

Codornas guisadas

Rendimento: 4 porções

4 codornas limpas
1 cenoura
1 cebola
1 talo pequeno de aipo (salsão)
50 g de manteiga
1 cálice de xerez
200 g de champignons
100 g de castanhas-do-pará
2 colheres (sopa) de conhaque
sal e pimenta

1. Amarre as codornas. Preaqueça o forno a 250°C.
2. Corte a cenoura, a cebola e o aipo à juliana (em tiras fininhas).
3. Doure as codornas de todos os lados com 40 g de manteiga. Tire do fogo e reserve.
4. Ponha os legumes na panela e refogue-os por 10 min, mexendo sempre. Arrume as codornas em uma fôrma e tempere com sal e pimenta. Cubra-as com a metade dos legumes e acrescente o xerez. Envolva a fôrma com papel-alumínio e leve ao forno por 10 min.
5. Enquanto isso, fatie os champignons e as castanhas-do-pará em lâminas finas.
6. Retire as codornas do forno.
7. Desamarre as codornas e leve a fôrma ao fogo, em banho-maria. Espalhe por cima os champignons e as castanhas-do-pará. Acrescente a juliana e a manteiga restantes. Adicione o conhaque e tampe a panela. Quando começar a fervura, retire do fogo e coloque a fôrma no forno, para terminar o cozimento. Asse por 20 min. Sirva bem quente.

■ Preparo: 15 min   ■ Cozimento: 30 min

Codornas no espeto

Rendimento: 4 porções

4 codornas limpas
60 g de bacon
sal e pimenta

1. Tempere as codornas por dentro com sal e pimenta.
2. Estique os pés e as asas ao longo do corpo para dar às aves um formato mais compacto. Envolva-as com o bacon e amarre-as.
3. Enfie as aves no espeto e grelhe na churrasqueira (de 12-15 min), ou no forno (10-12 min), em uma distância suficiente para que cozinhem por dentro sem queimar por fora.

■ Preparo: 15 min   ■ Cozimento: entre 8 e 15 min

CODORNA / FAISÃO
AVES, COELHO E CAÇA

Galantine de codornas recheadas

Rendimento: 4 porções

160 g de Recheio para aves (veja p. 108)
40 de musse de foie gras comprada pronta
4 codornas
8 folhas de gelatina sem sabor
50 ml de vinho Madeira (ou conhaque)
sal e pimenta

1. Prepare o Recheio para aves. Acrescente a musse de foie gras e tempere com sal e pimenta.
2. Recheie as codornas, amarre-as e envolva cada uma delas em musselina.
3. Dissolva as 8 folhas de gelatina sem sabor em 450 ml de água. Adicione o vinho Madeira (ou o conhaque) e cozinhe as codornas em fervura leve, por 20 a 25 min. Escorra.
4. Coe a gelatina e deixe esfriar um pouco.
5. Arrume as codornas em uma terrina redonda, não muito funda, e cubra-as com a gelatina. Leve à geladeira até o momento de servir.

■ Preparo: 30 min ■ Cozimento: 20-25 min

FAISÃO

Faisão à moda da Alsácia

Rendimento: 4 porções

1 faisão limpo
1 maço de cebolinhas
3 queijos tipo petit-suisse
40 g de manteiga
300 ml de vinho branco
300 g de cogumelos selvagens
100 ml de caldo de galinha em tablete
20 g de manteiga em temperatura ambiente
20 g de farinha de trigo
sal e pimenta moída

1. Tempere o faisão com sal e pimenta.
2. Pique a cebolinha, amasse-a com os queijinhos petits-suisses e tempere com sal e pimenta. Recheie o faisão com esse preparado e amarre.
3. Aqueça 30 g de manteiga em uma caçarola e refogue o faisão virando-o de todos os lados. Adicione a metade do vinho, tampe e deixe cozinhar por 1h. Vire a ave de vez em quando. Retire do fogo, coloque na travessa que vai à mesa e cubra com papel-alumínio.
4. Enquanto isso, refogue os cogumelos com 10 g de manteiga e tempere com sal e pimenta. Retire e reserve. ▶

5 Despeje o caldo da frigideira em que refogou os cogumelos na caçarola e misture. Prepare o caldo de galinha e coloque na caçarola. Cozinhe até reduzir à metade. Adicione o resto do vinho e deixe apurar mais ou menos um terço.

6 Prepare a Manteiga manié: misture com um garfo a manteiga em temperatura ambiente com a farinha até obter uma pasta homogênea. Incorpore-a ao molho, misturando bem.

7 Trinche o faisão. Acrescente o caldo que ele soltou ao molho. Cubra a carne com o molho em seguida.

■ Preparo: 20 min ■ Cozimento: cerca de 1h10

Faisão à moda normanda

Rendimento: 4 porções
60 g de manteiga
1 colher (sopa) de óleo
1 faisão limpo e amarrado
100 ml de vinho branco
4 maçãs grandes
100 ml de creme de leite fresco
1 colher (sopa) de conhaque
sal e pimenta

1 Aqueça 20 g de manteiga com o óleo em uma caçarola e doure o faisão por igual em fogo alto, de 8 a 10 min. Tempere com sal e pimenta.

2 Retire o faisão e descarte a gordura. Recoloque o faisão na caçarola. Acrescente 20 g de manteiga e o vinho branco e cozinhe por 30 min.

3 Descasque as maçãs, corte-as em quatro, retire as sementes e doure-as em fogo alto com o resto da manteiga. Adicione-as à caçarola em que está o faisão e cozinhe por 10 min.

4 Retire o faisão e as maçãs. Trinche a ave e coloque numa travessa.

5 Acrescente ao molho o creme de leite e o conhaque, misture e ferva por 3 min. Prove e corrija o tempero.

6 Cubra o faisão com o molho, arrume as maçãs em volta e sirva.

■ Preparo: 10 min ■ Cozimento: cerca de 50 min

Faisão ao champanhe com suco de laranja

Rendimento: 4 porções

1 faisão limpo e cortado
500 ml de Caldo de caça (veja p. 36)
1 garrafa de champanhe
40 g de manteiga
1 colher (sopa) de salsinha picada
1 colher (sopa) de cerefólio picado
1 laranja
sal e pimenta

1 Peça ao açougueiro para separar as coxas, as asas, o coração, o fígado e a carcaça do faisão e para cortar a carcaça em pedaços pequenos.
2 Leve ao fogo a carcaça cortada com o Caldo de caça e o champanhe. Tempere com sal e pimenta e cozinhe por 20 min em fogo brando.
3 Enquanto isso, derreta a manteiga em uma caçarola e doure as asas e as coxas. Tempere com sal e pimenta. Acrescente 3 colheres (sopa) do caldo feito. Tampe e cozinhe por 20 min em fogo bem baixo.
4 Pique o coração e o fígado.
5 Coe o caldo e leve ao fogo para reduzir mais ou menos um terço. Acrescente o coração e o fígado picados e cozinhe por mais 10 min.
6 Retire as coxas e as asas. Acrescente o caldo da caçarola ao caldo. Adicione as ervas picadas e o suco de laranja. Prove e corrija o tempero. Cubra o faisão com esse molho.

■ Preparo: 15 min ■ Cozimento: cerca de 30 min

Faisão assado

Rendimento: 4 porções

2 faisões novos (cerca de 800 g) limpos
3 colheres (sopa) de óleo
2 cebolas-brancas
20 g de manteiga
sal e pimenta

1 Tempere os faisões por dentro e por fora com sal e pimenta. Unte-os com óleo massageando-os. Envolva-os em papel-alumínio e ponha na geladeira por 12 horas.
2 Tire da geladeira 1 h antes de prepará-los. Preaqueça o forno a 220°C.
3 Coloque os faisões em uma assadeira e leve ao forno por 20-25 min, virando-os várias vezes.
4 Enquanto isso, descasque e pique as cebolas. ▶

5 Retire os faisões do forno e trinche-os. Arrume os pedaços em uma travessa, cubra com papel-alumínio e mantenha-os aquecidos.
6 Coloque as cebolas na assadeira em que os faisões foram assados e leve ao fogo por 3 min, mexendo bem. Adicione meio copo de água e raspe bem o fundo da assadeira.
7 Reduza um terço desse caldo e acrescente a manteiga. Misture bem. Corrija o tempero.
8 Sirva os faisões com o molho à parte.

■ Preparo: 5 min ■ Refrigeração: 12 h
■ Cozimento: cerca de 30 min

Faisão com nozes

Rendimento: 4 porções

1 faisão limpo
100 g de bacon
3 laranjas
600 g de uvas
1 xícara (chá) de mate bem forte
40 g de manteiga
200 g de nozes sem casca
1 cálice de vinho Madeira
sal e pimenta

1 Amarre o a faisão e enrole-o com bacon.
2 Esprema o suco das laranjas. Passe as uvas no processador e coe o suco obtido.
3 Faça o chá mate.
4 Corte a manteiga em pedacinhos.
5 Coloque o faisão em uma caçarola. Acrescente as nozes, o suco de frutas, o chá, a manteiga, o Madeira, o sal e a pimenta. Tampe e cozinhe em fogo brando por 30 min.
6 Preaqueça o forno a 250°C. Retire o faisão da panela, tire o bacon que o envolve e desamarre-o. Ponha em uma assadeira no forno e deixe tomar cor por cerca de 10 min.
7 Retire as nozes do caldo de cozimento, coe o caldo e deixe reduzir por 5 min em fogo alto.
8 Sirva o faisão com as nozes em volta e o molho à parte.

■ Preparo: 30 min ■ Cozimento: 45 min

Faisão com repolho

Rendimento: 4 porções

1 faisão limpo
bacon
1 repolho
2 cenouras
200 g de toucinho magro
1 bouquet garni
  (veja glossário)
1 paio pequeno
sal e pimenta

1 Amarre o faisão e envolva-o com bacon.
2 Preaqueça o forno a 220°C.
3 Ponha o faisão em uma assadeira e leve ao forno por 15 min.
4 Lave o repolho e corte em quatro. Elimine as folhas grossas externas e retire as nervuras. Mergulhe o repolho por 5 min em água fervente salgada. Escorra e reserve.
5 Corte as cenouras em pedaços.
6 Em uma panela, aqueça os dois lados do toucinho, depois acrescente o repolho, as cenouras, o bouquet garni e cozinhe em fogo brando por 20 min. Tempere ligeiramente com sal e pimenta.
7 Retire as fatias de bacon do faisão. Encaixe o faisão e o paio entre os quartos do repolho, coloque na panela, tampe e cozinhe por 40 min em fogo brando.
8 Desamarre e trinche o faisão. Descarte o bouquet garni.
9 Corte o toucinho em fatias e o paio em rodelas. Arrume em uma travessa funda e sirva imediatamente.

■ Preparo: 15 min   ■ Cozimento: 1h15

PATO SELVAGEM

Pato selvagem à bigarade

Rendimento: 4 porções

2 patos selvagens limpos
Marinada instantânea
  (veja p. 45)
250 ml de Molho bigarade
  (ou azedo) (veja p. 93)
100 ml de caldo de galinha
  em tablete ▶

1 Prepare os patos sem amarrar.
2 Faça a Marinada instantânea e deixe os patos nesse tempero por 15 min; vire-os várias vezes.
3 Preaqueça o forno a 220°C. Arrume os patos em uma assadeira e leve ao forno por 20 min.
4 Enquanto isso, prepare o Molho bigarade. ▶

PATO SELVAGEM
AVES, COELHO E CAÇA

10 g de manteiga
1/2 limão
sal e pimenta

5 Corte as coxas dos patos e grelhe 2 min de cada lado, regando com a marinada. Arrume-as em uma travessa aquecida e cubra com papel-alumínio.

6 Prepare o caldo e deixe-o reduzir bastante. Acrescente a manteiga e o suco de limão.

7 Corte os peitos e as asas do pato e aqueça nesse molho, virando-os. Arrume o pato na travessa e cubra-o com o molho. Sirva o Molho bigarade à parte.

■ Preparo: 15 min ■ Marinada: 15 min
■ Cozimento: 30 min

Pato selvagem ao porto

Rendimento: 4 porções
1 pato selvagem limpo
60 g de manteiga
300 ml de vinho do Porto
sal e pimenta

1 Preaqueça o forno a 230°C. Amarre o pato e tempere-o com sal e pimenta. Coloque em uma assadeira e leve ao forno por 20 min.

2 Separe as coxas e cubra o restante do pato com papel-alumínio. Com a ponta de uma faca, faça pequenos cortes na parte de cima das coxas. Derreta 10 g de manteiga e pincele as coxas. Leve-as ao fogo por 2 ou 3 min de cada lado.

3 Retire os filés de peito e corte-os em fatias finas. Arrume-os em uma travessa aquecida e acrescente as coxas grelhadas.

4 Descarte a gordura da assadeira, adicione o vinho do Porto e deixe reduzir à metade.

5 Adicione o suco que o pato soltou durante esse tempo e a manteiga restante aos poucos, mexendo vigorosamente.

6 Despeje esse molho em cima do pato e sirva.

■ Preparo: 15 min ■ Cozimento: cerca de 30 min

PATO SELVAGEM
AVES, COELHO E CAÇA

Pato selvagem com maçã

Rendimento: 4 porções

600 g de maçã
1 pato selvagem de 1,5 kg limpo
50 g de manteiga
2 colheres (sopa) de conhaque
100 ml de vinho branco seco
100 ml de creme de leite fresco
sal e pimenta

1 Preaqueça o forno a 220ºC.
2 Descasque, tire as sementes e pique uma maçã. Corte o fígado e a moela do pato em fatias finas.
3 Derreta 20 g de manteiga em uma panela, acrescente os miúdos e a maçã picados e tempere com sal e pimenta. Mexa em fogo alto, regue com o conhaque e flambe.
4 Recheie o pato com esse preparado e amarre-o. Ponha em uma assadeira e leve ao forno por cerca de 40 min.
5 Enquanto isso, descasque as outras maçãs, corte-as em quatro e retire as sementes. Aqueça o resto da manteiga em uma frigideira e salteie as frutas por 10 min; tempere com pimenta.
6 Coloque o pato na travessa que vai à mesa, cubra com papel-alumínio e mantenha-o aquecido.
7 Retire grande parte da gordura do cozimento, adicione o vinho branco, raspe o fundo da panela e ferva por 2 min. Acrescente o creme de leite e cozinhe em fogo lento, mexendo sempre. Prove e corrija o tempero.
8 Trinche o pato. Adicione ao molho na panela o suco que ele soltar. Dê mais uma fervura no molho.
9 Cubra o pato com o molho e disponha as maçãs em volta.

■ **Preparo:** 25 min ■ **Cozimento:** 45 min

PERDIGOTO E PERDIZ

Galantine de perdigotos recheados

Rendimento: 4 porções

2 perdigotos (filhote de perdiz) limpos e desossados pelas costas
160 g de Recheio para aves (veja p. 108)
40 g de musse de foie gras comprada pronta
8 folhas de gelatina sem sabor
50 ml de vinho Madeira (ou conhaque)
sal e pimenta

1. Abra os perdigotos ao meio e tempere-os com sal e pimenta.
2. Prepare o recheio, acrescente a musse de foie gras e tempere com sal e pimenta. Recheie as aves, amarre e embrulhe-as separadamente em musselina.
3. Dilua as 8 folhas de gelatina sem sabor em 450 ml de água e acrescente 50 ml de vinho Madeira ou conhaque. Cozinhe os perdigotos nessa gelatina por 35 min em fervura leve. Retire as aves do fogo. Coe a gelatina e deixe esfriar um pouco.
4. Arrume as aves em uma vasilha redonda e pouco profunda. Cubra-as com a gelatina e leve à geladeira até o momento de servir.

■ Preparo: 30 min ■ Cozimento: cerca de 35 min

Perdigotos à vigneronne

Rendimento: 4 porções

2 perdigotos (filhotes de perdiz) limpos
30 g de manteiga
1 cacho de uvas verdes e grandes
50 ml de Caldo de caça (veja p. 36)
1 colher (sopa) de conhaque
sal e pimenta

1. Amarre as aves. Derreta a manteiga e doure as aves. Tempere com sal e pimenta, tampe e cozinhe em fogo bem lento por 20 min. Tire as aves da caçarola e desamarre-as.
2. Tire a casca e as sementes das uvas e coloque-as na caçarola. Acrescente o Caldo de caça e o conhaque. Misture bem. Cozinhe em fogo lento por 5 min, com a panela tampada.
3. Adicione os perdigotos à caçarola, esquente bem e sirva em seguida na própria panela.

■ Preparo: 10 min ■ Cozimento: cerca de 25 min

PERDIGOTO E PERDIZ
AVES, COELHO E CAÇA

Perdigotos assados

Rendimento: 2 porções

60 g de manteiga
2 perdigotos pequenos (filhotes de perdiz) limpos
2 fatias de bacon
2 fatias de pão integral
3 colheres (sopa) de conhaque
sal e pimenta

1. Preaqueça o forno a 210ºC.
2. Tempere 20 g de manteiga com sal e pimenta e introduza 10 g em cada ave.
3. Enrole as fatias de bacon nas aves, amarre-as e tempere com sal e pimenta. Coloque em uma assadeira e leve ao forno por uns 18 min.
4. Enquanto isso, passe o resto da manteiga nas fatias de pão, tempere com sal, pimenta e leve ao forno para torrar.
5. Retire as aves do forno, desamarre-as e descarte o bacon. Coloque-as em uma travessa, sobre as torradas.
6. Leve ao fogo a assadeira do cozimento com o conhaque; raspe bem o fundo da assadeira, misture e regue as aves com esse molho.

■ Preparo: 10 min ■ Cozimento: cerca de 20 min

Perdigotos com alcachofra

Rendimento: 4 porções

150 g de foie gras
2 perdigotos (filhotes de perdiz) limpos
60 g de manteiga
4 fundos de alcachofra em conserva
200 g de champignons
1 colher (sopa) de salsinha picada
2 colheres (sopa) de conhaque
sal e pimenta

1. Amasse o foie gras com um garfo e recheie os perdigotos. Amarre as aves e tempere-as com sal e pimenta. Derreta 30 g de manteiga em uma caçarola e doure as aves de todos os lados. Tampe e cozinhe por 15 min em fogo brando.
2. Enquanto isso, corte os fundos de alcachofra em fatias finas e leve ao fogo por 5 min com 10 g de manteiga. Adicione à caçarola com as aves.
3. Lave os champignons, derreta 20 g de manteiga em uma frigideira e cozinhe-os por cerca de 10 min. Cubra-os com a salsinha picada e coloque-os junto com os perdigotos.
4. Aqueça o conhaque, despeje na caçarola e flambe. Sirva os perdigotos na caçarola.

■ Preparo: 15 min ■ Cozimento: 30 min

PERDIGOTO E PERDIZ
AVES, COELHO E CAÇA

Perdigotos com casca de laranja

Rendimento: 4 porções

- 2 perdigotos (filhotes de perdiz) limpos (com o fígado)
- 160 g de bacon
- 12 dentes de alho
- 150 g de presunto cru
- 1 colher (sopa) de salsinha
- 50 g de pão (só o miolo)
- 1 ovo
- 3 colheres (sopa) de manteiga
- 200 ml de vinho branco seco
- 200 ml de Caldo de caça (veja p. 36)
- 1 colher (sopa) de extrato de tomate
- 1 bouquet garni (veja glossário)
- 1 pedacinho de casca de laranja
- sal e pimenta

1. Amarre os perdigotos, tempere com sal e pimenta e envolva-os com bacon. Reserve os fígados.
2. Descasque os dentes de alho.
3. Pique 100 g do presunto, os fígados, a salsinha e 1 dente de alho. Misture esses ingredientes em uma tigela com o pão esfarelado e o ovo e recheie as aves.
4. Corte o restante do presunto em cubinhos.
5. Aqueça a manteiga em uma caçarola, deixe as aves tomarem cor e retire quando estiverem bem douradas.
6. Adicione o presunto cru e mexa durante 2 min.
7. Acrescente o vinho branco seco, o Caldo de caça, o extrato de tomate, o bouquet garni, a casca de laranja e cozinhe por 10 min. Retire a casca de laranja.
8. Coloque as aves na caçarola e cozinhe por 10 min.
9. Enquanto isso, mergulhe os dentes de alho em água fervente salgada e adicione-os à caçarola. Cozinhe em fogo brando por mais 10 min. Retire o bouquet garni. Sirva na caçarola.

■ Preparo: 20 min   ■ Cozimento: 35 min

Perdigotos forestière

Rendimento: 4 porções

- 2 perdigotos (filhote de perdiz) limpos
- 2 fatias de bacon
- 30 g de manteiga
- 1 colher (sopa) de óleo
- 1 cálice de cachaça
- 300 g de cogumelos selvagens
- 100 ml de creme de leite fresco
- sal e pimenta

1. Tempere os perdigotos com sal e pimenta. Envolva-os com as fatias de bacon e amarre-os.
2. Aqueça 20 g de manteiga com o óleo em uma caçarola, acrescente as aves e deixe corar por igual.
3. Aqueça a cachaça, despeje na caçarola e flambe. Tampe e deixe cozinhar em fogo brando por 10 min.
4. Lave os cogumelos. Salteie em uma frigideira com a manteiga restante e tempere com sal e pimenta. Acrescente o creme de leite, misture e cozinhe em fogo brando por 5 min. ▶

PERDIGOTO E PERDIZ
AVES, COELHO E CAÇA

5 Coloque os cogumelos com o creme na caçarola das aves e cozinhe por mais 8 min.
6 Retire o bacon e os perdigotos. Corte-os ao meio e coloque-os em uma travessa. Arrume em volta os cogumelos com creme e sirva imediatamente.

■ Preparo: 20 min   ■ Cozimento: 25 min

Perdiz com lentilhas

Rendimento: 4 porções

2 perdizes limpas
2 fatias de bacon
200 g de toucinho
3 cebolas
4 cenouras
250 g de lentilhas verdes
30 g de manteiga
150 ml de vinho branco
150 ml de Caldo claro de frango (veja p. 34) ou caldo em tablete
1 bouquet garni (veja glossário)
1 paio de 200 g
sal e pimenta

1 Envolva as perdizes em bacon.
2 Corte a metade do toucinho em fatias e leve ao fogo brando para derreter.
3 Fatie as cebolas e as cenouras. Ponha a metade na panela, misturando com o toucinho. Acrescente as lentilhas e cubra com água. Cozinhe por 15 min em fervura leve.
4 Corte o restante do toucinho em cubos. Derreta a manteiga em uma caçarola, acrescente as perdizes envoltas em bacon, o toucinho, o resto das cebolas e das cenouras e refogue. Adicione o vinho branco, o caldo de frango, o bouquet garni, o sal e a pimenta. Deixe cozinhar em fogo médio, com a caçarola tampada, por 15 min.
5 Passe as lentilhas para a caçarola, acrescente o paio e cozinhe em fogo brando por 25 min.
6 Retire as perdizes e o paio. Coe as lentilhas e ponha em uma travessa funda e quente.
7 Ponha o caldo do cozimento de volta na caçarola e deixe reduzir mais ou menos um terço.
8 Corte as perdizes ao meio, o paio em rodelas e ponha-os em cima das lentilhas. Cubra com o caldo do cozimento.

■ Preparo: 15 min   ■ Cozimento: cerca de 50 min

Perdiz com repolho

Rendimento: 4 porções

2 perdizes limpas
2 fatias de bacon
1 repolho
2 cenouras
200 g de toucinho magro
1 bouquet garni
  (veja glossário)
1 paio pequeno
sal e pimenta

1 Envolva as perdizes nas fatias de bacon.
2 Preaqueça o forno a 220ºC. Asse as aves por 2 min.
3 Corte o repolho em quatro partes e retire as nervuras. Mergulhe as folhas na água fervente por 5 min e retire. Corte as cenouras em pedaços.
4 Aqueça o toucinho dos dois lados em uma panela e acrescente o repolho, as cenouras, o bouquet garni e cozinhe em fogo lento por 20 min. Tempere levemente com sal e pimenta.
5 Retire o bacon das perdizes e coloque-as no meio do repolho. Acrescente o paio, tampe e cozinhe por 40 min em fogo brando.
6 Desamarre e trinche as perdizes. Descarte o bouquet garni.
7 Pique o toucinho em fatias e o paio em rodelas. Arrume em uma travessa e sirva.

■ Preparo: 15 min ■ Cozimento: 1h15

Salmis de perdigoto

Rendimento: 4 porções

2 perdigotos
  (filhote de perdiz)
2 fatias de bacon
2 colheres (sopa) de óleo
3 cebolas-brancas
400 ml de vinho branco
2 colheres (sopa) de
  conhaque
40 g de manteiga
sal e pimenta

1 Preaqueça o forno a 240ºC. Enrole o bacon nos perdigotos e unte-os com um pouco de óleo. Ponha as aves em uma assadeira com o resto do óleo e asse por 10 min, virando na metade do tempo.
2 Descasque e pique as cebolas-brancas.
3 Retire os perdigotos do forno, desenrole o bacon e corte as aves em quatro, removendo o máximo possível de ossos da carcaça. Quebre esses ossos e ponha-os em uma panela com as cebolas-brancas. Tempere com sal e pimenta, adicione o vinho e ferva por 10 a 15 min.
4 Coe o molho e ponha de volta na panela. Acrescente o conhaque, dê uma fervura, prove e corrija o tempero. ▶

5 Ponha os pedaços de perdigoto em uma caçarola, adicione o molho e aqueça por uns 5 min em fogo brando.
6 Acrescente a manteiga misturando bem e sirva na própria caçarola.

■ Preparo: 10 min   ■ Cozimento: cerca de 30 min

ANIMAIS DE CAÇA

Na Europa, o termo animais de caça abrange a caça grande (cervos e javalis) e a caça pequena (lebres e coelhos selvagens). O gosto e a textura deste tipo de carne variam em função da raça, do sexo, da idade e do tipo de alimentação do animal. Pela semelhança do tipo de carne e pelas características do preparo, incluímos o cabrito nesta seção do livro.

Animais de caça: preparo

A caça pesada (cervo, corça, cabrito montês, gamo, javali e filhote de javali) só é comercializada nas temporadas autorizadas para a caça. Essa carne é importada de vários países e na maioria das vezes é congelada. A carne de caça é cozida e assada como a carne de boi, mas, em geral, exige marinada mais longa para ficar mais tenra.
Compre sempre a carne de caça já limpa.

CABRITO

Civet de cabrito

Rendimento: 4 porções

1 perna de cabrito de 800 g-1 kg cortada
1 litro de Marinada fria para carne e caça (veja p. 44)
60 g de manteiga
1 colher (sopa) de óleo
2 colheres (sopa) de farinha de trigo
1 cálice de conhaque
1 litro de vinho tinto
sal e pimenta

1 Ao comprar a perna de cabrito peça para cortá-la em pedaços de mais ou menos 50 g. Prepare a marinada e coloque a carne de molho. Deixe marinar por 24-48 h na geladeira.

2 Escorra os pedaços de cabrito e tempere com sal e pimenta. Coe a marinada e reserve.

3 Derreta 40 g de manteiga com o óleo em uma caçarola e frite o cabrito em fogo alto por 2-3 min, virando os pedaços sem parar. Retire e escorra.

4 Descarte a gordura, ponha a marinada na caçarola e cozinhe-a por 2 min, mexendo sempre. Coloque o cabrito na caçarola, polvilhe com a farinha de trigo e cozinhe por 2-3 min, mexendo sempre.

5 Aqueça o conhaque, despeje na caçarola e flambe. Acrescente o líquido da marinada e o vinho tinto, leve ao fogo para ferver, tampe e cozinhe por 1h30 em fogo brando.

6 Retire o cabrito e mantenha aquecido. Coe o molho e coloque de volta na caçarola.

7 Acrescente os 20 g da manteiga restantes, mexendo vigorosamente. Prove e corrija o tempero.

8 Ponha o cabrito de volta no molho e sirva na caçarola.

■ **Preparo: 30 min** ■ **Marinada: 24-48 h**
■ **Cozimento: cerca de 1h40**

CABRITO
AVES, COELHO E CAÇA

Costeletas de cabrito com laranja e pepino

Rendimento: 4 porções
400 g de batatas
1/2 laranja
20 g de pepinos em conserva
20 g de manteiga
2 colheres (sopa) de óleo
12 costeletas de cabrito
2 colheres (sopa) de vinagre
50 ml de Caldo de caça (veja p. 36)
5 colheres (sopa) de creme de leite fresco
sal e pimenta

1. Prepare as batatas conforme o gosto (cozidas ou assadas).
2. Descasque a laranja e mergulhe a casca por 2 min na água fervente. Escorra e pique em tirinhas. Corte os pepinos em conserva da mesma maneira.
3. Derreta a manteiga e o óleo em uma frigideira e cozinhe as costeletas por 3-4 min de cada lado. Tempere com sal e pimenta. Retire do fogo e arrume na travessa que vai à mesa. Descarte a gordura.
4. Ponha o vinagre e o Caldo de caça na frigideira, raspe o fundo e cozinhe por 2-3 min.
5. Acrescente o creme de leite fresco, a casca de laranja, os pepinos e cozinhe por mais 2 min em fogo alto, mexendo sempre.
6. Cubra as costeletas com esse molho bem quente. Sirva com as batatas cozidas ou assadas.

■ **Preparo: 40 min** ■ **Cozimento: cerca de 15 min**

Costeletas de cabrito sautées

Rendimento: 4 porções
12 costeletas de cabrito
Marinada instantânea (veja p. 45)
600 g de champignons selvagens
1 cebola-branca
1 minicebola
50 g de manteiga
1 colher (sopa) de óleo
1 cálice de conhaque
sal e pimenta

1. Ponha as costeletas na marinada por 30 min, virando-as várias vezes.
2. Enquanto isso, limpe os champignons, pique a cebola-branca e a minicebola. Derreta 30 g de manteiga em uma frigideira, refogue as cebolas, acrescente os champignons e cozinhe 10-15 min.
3. Escorra as costeletas. Em outra frigideira, derreta o restante da manteiga com o óleo, doure as costeletas dos dois lados em fogo alto e deixe que cozinhem por 3 ou 4 min, virando-as.
4. Aqueça o conhaque, despeje sobre as costeletas e flambe. ▶

5 Arrume as costeletas em círculo em uma travessa e ponha os champignons no centro.

■ **Preparo:** 10 min ■ **Marinada:** 30 min
■ **Cozimento:** cerca de 30 min

Filés de cabrito à moda de Anticosti

Rendimento: 4-6 porções

900 g de filés (medalhões) de cabrito
50 ml de azeite
50 ml de geléia de framboesa
1 colher (café) de molho inglês
60 g de manteiga
sal e pimenta

1 Ponha os filés em uma assadeira, tempere com sal, pimenta e regue com o azeite. Deixe marinar por 12 h, virando-os várias vezes.
2 Grelhe os medalhões por 3-5 min de cada lado, conforme o grau de cozimento desejado. Ponha-os em uma travessa quente.
3 Derreta a geléia de framboesa com o molho inglês em fogo brando. Adicione a manteiga cortada em pedaços pequenos mexendo vigorosamente.
4 Cubra os medalhões com esse molho.

■ **Preparo:** 10 min ■ **Marinada:** 12 h
■ **Cozimento:** 6-10 min

Lombo de cabrito assado à moda húngara

Rendimento: 6 porções

100 g de toucinho
1 lombo de cabrito de 1,5 kg
100 ml de óleo
2 cebolas
2 talos de aipo (salsão)
150 ml de vinho tinto ▶

1 Preaqueça o forno a 220°C. Corte o toucinho em tiras.
2 Com a ponta de uma faca, faça pequenos cortes no cabrito e introduza os pedaços de toucinho. Pincele com óleo e ponha em uma assadeira.
3 Pique a cebola e o aipo e ponha em volta do cabrito. Tempere com sal e pimenta e leve ao forno por 30 min. ▶

100 ml de creme de leite fresco
três pitadas de páprica
1 colher (sopa) de kirsch (ou vinho do Porto)
sal e pimenta

4 Retire o lombo do forno e mantenha-o aquecido, coberto com papel-alumínio. Adicione à assadeira 2 colheres (sopa) de água quente e o vinho tinto. Raspe bem o molho do cozimento.

5 Leve a assadeira ao fogo para reduzir esse molho à metade. Bata no liquidificador.

6 Ponha o molho em uma panela, acrescente o creme de leite fresco e cozinhe por 10 min, mexendo. Corrija o tempero. Acrescente a páprica e o kirsch e misture.

7 Corte o lombo de cabrito em fatias, cubra-as com o molho bem quente e sirva imediatamente.

■ Preparo: 15 min ■ Cozimento: cerca de 45 min

Lombo de cabrito grand veneur

Rendimento: 4-6 porções
100 g de toucinho
1 cálice de conhaque
2 colheres (sopa) de óleo
1 colher (sopa) de salsinha picada
1 lombo de cabrito de 1,2-1,5 kg
300 ml de Molho grand veneur (veja p. 99)
80 g de manteiga
400 g de castanhas portuguesas cozidas
sal e pimenta

1 Corte o toucinho em tiras. Misture com o conhaque, 1 colher (sopa) de óleo, a salsinha, o sal, a pimenta e deixe marinar por 15 min.

2 Com a ponta de uma faca, faça pequenos cortes no cabrito e introduza os pedaços de toucinho. Reserve a marinada. Prepare o Molho grand veneur e mantenha-o aquecido.

3 Derreta 40 g da manteiga com o restante do óleo em uma caçarola e doure o cabrito, tempere com sal, pimenta e cozinhe em fogo brando de 20 a 25 min, conforme o grau de cozimento desejado.

4 Coloque o cabrito em uma travessa, cubra com papel-alumínio e mantenha em local aquecido.

5 Ponha a marinada do toucinho com 2 colheres (sopa) de água na caçarola, raspe o fundo, acrescente as castanhas e cozinhe por 10 min.

6 Disponha as castanhas em volta do cabrito. Regue o cabrito com 2 ou 3 colheres (sopa) do molho e sirva o restante do molho à parte.

■ Preparo: 40 min ■ Cozimento: 30-35 min

CABRITO
AVES, COELHO E CAÇA

Perna de cabrito

Rendimento: 6-8 porções

250 g de toucinho
1 perna de cabrito de 2,5-3 kg
30 g de manteiga
3 colheres (sopa) de óleo
1 cálice de conhaque
1 dente de alho
1/2 litro de vinho tinto
1 limão
1 pimenta-dedo-de-moça pequena
1 kg de batatas (para fazer um purê)
leite e manteiga (para o purê)
1 colher (sopa) de farinha de trigo
1 colher (sopa) de mostarda forte
2 colheres (sopa) de geléia de framboesa
sal e pimenta-do-reino

1. Corte o toucinho em tiras pequenas, faça pequenos entalhes na perna de cabrito e introduza os pedaços de toucinho.
2. Aqueça a manteiga e o óleo em uma caçarola, doure o cabrito por igual, escorra e descarte a gordura da caçarola.
3. Esquente o conhaque. Ponha a perna de cabrito de volta na caçarola, despeje o conhaque, flambe e deixe cozinhar por 40 min em fogo brando.
4. Descasque o alho. Acrescente à caçarola a metade do vinho tinto, o suco de limão, o dente de alho, a pimenta-dedo-de-moça, o sal e a pimenta-do-reino. Deixe cozinhar por 40 min, com tampa e sempre em fogo brando.
5. Enquanto isso, prepare o purê de batatas.
6. Em uma tigela, misture a farinha e a mostarda com um pouco de vinho tinto, adicione à caçarola e acrescente o restante do vinho. Misture bem e cozinhe por mais 30 min.
7. Arrume a perna de cabrito na travessa. Coe o molho, adicione a geléia de framboesa e ponha em uma molheira. Sirva com o purê de batatas.

■ Preparo: 30 min   ■ Cozimento: cerca de 2 h

JAVALI

Civet de javali

Rendimento: 4 porções

1 quarto dianteiro de javali novo (800 g-1 kg) desossado
1 litro de Marinada fria para carne e caça (veja p. 44)
60 g de manteiga
1 colher (sopa) de óleo
2 colheres (sopa) de farinha de trigo
1 cálice de conhaque
1 litro de vinho tinto
sal e pimenta

1. Compre o javali desossado e cortado em pedaços de 50 g mais ou menos.
2. Prepare a marinada, ponha os pedaços de javali e deixe-os marinar por 24-48 h na geladeira.
3. Retire o javali, coe a marinada e reserve. Tempere o javali com sal e pimenta.
4. Derreta 40 g de manteiga com o óleo em uma caçarola e cozinhe o javali em fogo alto por 2-3 min, virando sem parar. Escorra e descarte a gordura.
5. Ponha na caçarola os ingredientes aromáticos da marinada e cozinhe por 2 min, mexendo.
6. Coloque o javali na caçarola, polvilhe com a farinha e cozinhe por mais 2-3 min, mexendo sempre.
7. Aqueça o conhaque, adicione-o à caçarola e flambe. Acrescente o líquido da marinada e o vinho tinto, leve para ferver, tampe e cozinhe em fogo brando por cerca de 1h30.
8. Retire o javali e mantenha-o aquecido. Coe o molho.
9. Adicione os 20 g de manteiga restantes, mexendo vigorosamente.
10. Prove e corrija o tempero. Coloque o javali de volta no molho e sirva na caçarola.

■ **Preparo:** cerca de 30 min ■ **Marinada:** 24-48 h
■ **Cozimento:** por volta de 1h40

Costeletas de javali com peras

Rendimento: 4 porções
5 bagas de zimbro
2 cravos-da-índia
5 grãos de pimenta
4 colheres (sopa) de óleo
1 limão
2 colheres (sopa) de vinagre de maçã
4 costeletas de javali novo
4 peras
1 fava de baunilha
60 g de manteiga
1 colher (sopa) de rum
100 ml de creme de leite fresco
sal e pimenta

1 Esmague a zimbro, os cravos-da-índia e a pimenta, misture-os em uma travessa com o óleo, o suco de meio limão e o vinagre. Ponha as costeletas de javali para marinar por 1 h, virando-as várias vezes.

2 Descasque as peras, corte-as ao meio, retire o miolo e as sementes. Esfregue-as com limão. Ferva um pouco de água com a fava de baunilha e cozinhe as peras em fogo brando por cerca de 15 min. Escorra e mantenha as peras em um local aquecido.

3 Retire as costeletas de javali da marinada e seque-as. Derreta a manteiga em uma frigideira, cozinhe as costeletas por cerca de 10 min de cada lado, escorra e arrume-as em uma travessa quente que possa ir à mesa.

4 Adicione o rum à frigideira, raspe o fundo, acrescente o creme de leite, misture e deixe reduzir mais ou menos um terço desse molho. Tempere com sal e pimenta.

5 Arrume as peras cortadas ao meio em volta das costeletas. Cubra com o molho e sirva em seguida.

■ Preparo: 15 min ■ Marinada: 1 h
■ Cozimento: cerca de 25 min

Daube de javali

Rendimento: 10 porções
200 g de toucinho
1 pernil de javali novo de 3 kg sem osso
1 1/2 litro de Marinada fria para carne e caça (veja p. 44)
5 bagas de zimbro
1/2 maço de salsinha
4 cebolas ▶

1 Pique o toucinho em fatias finas e introduza no pernil de todos os lados.

2 Prepare a marinada, acrescentando as bagas de zimbro. Ponha o pernil para marinar por 24 h, virando-o várias vezes.

3 Preaqueça o forno a 170ºC. Pique a salsinha.

4 Corte as cebolas e as cenouras em pedacinhos pequenos. ▶

JAVALI
AVES, COELHO E CAÇA

5 cenouras
2 pedaços de toucinho com a pele
5 cravos-da-índia
100 ml de conhaque
sal e pimenta

5. Forre o fundo de uma assadeira com o toucinho. Coloque as cenouras e as cebolas.
6. Retire o pernil da marinada e coloque-o na assadeira. Coe a marinada sobre o pernil. Acrescente os cravos-da-índia triturados, a salsinha e o conhaque. Tempere com sal e pimenta. Tampe e leve ao forno por umas 5 h.
7. Corte o pernil em fatias grossas. Coe o molho do cozimento. Sirva as fatias regadas com o molho.

■ Preparo: 20 min ■ Marinada: 24 h ■ Cozimento: 5 h

Javali agridoce

Rendimento: 6-8 porções

12 ameixas secas
60 g de uvas-passas
2 cenouras
2 cebolas
1 talo de aipo (salsão)
3 colheres (sopa) de óleo
1 pernil de javali novo (cerca de 2,2 kg)
500 ml de caldo de carne em tablete
4 colheres (sopa) de pignoli
1 colher (sopa) de açúcar
4 colheres (chá) de açúcar
1 colher (sopa) de vinagre
400 ml de Caldo de caça (veja p. 36) ou caldo de galinha em tablete
24 cerejas em conserva no vinagre
30 g de chocolate
20 g de Manteiga manié (veja p. 68)
sal e pimenta

1. Ponha as ameixas e as uvas-passas, separadamente, de molho na água fria.
2. Preaqueça o forno a 200°C.
3. Corte em rodelas as cenouras, as cebolas e o aipo.
4. Aqueça o óleo em uma caçarola e doure o pernil de javali. Acrescente os legumes. Tempere com sal e pimenta. Prepare o caldo de carne e adicione à caçarola, misture, tampe e leve ao forno por 1h30.
5. Coloque os pignoli em uma assadeira pequena e leve ao forno para torrar ligeiramente.
6. Retire o javali do forno, escorra e arrume em uma travessa refratária retangular. Coe o molho do grelhado, regue a carne com algumas colheradas desse molho e polvilhe com 1 colher (sopa) de açúcar. Leve ao forno por 10-15 min, mais ou menos, até que o pernil fique bem dourado.
7. Para fazer o molho, derreta as 4 colheres (chá) de açúcar em 2 colheres (sopa) de água e deixe caramelizar. Acrescente o vinagre e misture bem. Adicione o molho do grelhado e o Caldo de caça (ou caldo de galinha). Misture, deixe ferver por 10 min e coe. ▶

8. Escorra as ameixas e as uvas-passas e adicione ao molho. Junte também os pignoli e as cerejas em conserva. Derreta o chocolate com 1 colher (sopa) de água e incorpore-o ao molho.
9. Prepare a Manteiga manié e adicione ao molho, mexendo vigorosamente. Prove e corrija o tempero. Sirva o molho à parte.

■ **Preparo: 30 min**   ■ **Cozimento: cerca de 1h45**

Lombo de javali assado

Rendimento: 4 porções

1 pernil de javali novo de 1,2 kg com o osso
20 g de manteiga
1 colher (sopa) de óleo
1 dente de alho
2 bagas de zimbro
2 galhos de salsinha
uma pitada de tomilho
1/2 folha de louro
sal e pimenta

1. Peça para retirar o osso do pernil e reserve-o. Amarre a peça de carne. Quebre o osso.
2. Preaqueça o forno a 250ºC.
3. Tempere o javali com sal, pimenta e unte com manteiga. Ponha o óleo em uma assadeira e leve ao fogo para dourar a carne por igual. Acrescente os ossos picados e leve ao forno por 15 min.
4. Descasque e esprema o alho. Esmague as bagas de zimbro.
5. Retire o lombo e coloque na travessa que vai à mesa. Mantenha em local aquecido e coberto com papel-alumínio.
6. Descarte a gordura da assadeira e leve-o ao fogo. Adicione 400 ml de água, o alho, as bagas de zimbro, a salsinha, o tomilho e o louro, misture bem raspando o fundo e deixe o molho reduzir à metade.
7. Coe o molho, prove e corrija o tempero. Sirva à parte.

■ **Preparo: 15 min**   ■ **Cozimento: cerca de 20 min**

LEBRE

Lebre: preparo

As receitas tradicionais de caça, como as de lebre, costumam levar o sangue do animal. Para isso, é preciso comprá-lo logo que ele é abatido. A fim de que o sangue não coagule, deve-se misturar a ele imediatamente meia colher de sopa de vinagre. Além disso, é preciso extrair o fel do fígado.

Civet de lebre

Rendimento: 6-8 porções

- 1 lebre grande (com o fígado e o sangue)
- 1/2 colher (sopa) de vinagre
- 3 litros de Marinada fria para carne e caça (veja p. 44)
- 8 bagas de zimbro
- 2 colheres (sopa) de óleo
- 80 g de manteiga
- 70 g de farinha de trigo
- 2 colheres (sopa) de conhaque
- 1 colher (sopa) de salsinha picada
- sal e pimenta

1. Compre uma lebre abatida na hora. Reserve o fígado e o sangue. Peça para cortá-la em pedaços. Adicione imediatamente meia colher (sopa) de vinagre ao sangue para que ele não coagule.
2. Limpe o fígado e mantenha-o na geladeira.
3. Prepare a marinada. Acrescente as bagas de zimbro esmagadas e ponha a lebre para marinar. Cubra-a e deixe marinando por 24-48 h na geladeira.
4. Retire a lebre e todos os ingredientes da marinada. Reserve o líquido.
5. Tempere a lebre e leve ao fogo alto com o óleo e 65 g de manteiga. Retire do fogo, elimine o excesso de gordura da caçarola, acrescente os temperos da marinada e refogue-os.
6. Coloque a lebre na caçarola. Polvilhe a farinha, envolvendo bem todos os pedaços de carne. Flambe com o conhaque, acrescente a marinada e deixe ferver. Cozinhe por umas 2 h com a caçarola tampada.
7. Retire a lebre do fogo e mantenha-a aquecida. Coe o molho em uma peneira fina. Adicione uma concha pequena desse molho ao sangue e dilua-o.
8. Fora do fogo, despeje o sangue no molho e acrescente uma bolinha de manteiga. Verifique o ▶

tempero, ponha os pedaços de lebre de volta no molho e cubra com a salsinha.

Civet de lebre à francesa

Siga a receita de Civet de lebre acrescentando 2 dúzias de minicebolas cozidas, 300 g de champignons refogados e 250 g de toucinho cortado em pedaços pequenos. Sirva com torradas.

■ Preparo: 45 min ■ Marinada: 24-48 h
■ Cozimento: cerca de 2 h

Civet de lebre ao chocolate

Rendimento: 6-8 porções

- 1 lebre grande (com o fígado e o sangue)
- 1/2 colher (sopa) de vinagre
- 3 litros de Marinada fria para carne e caça (veja p. 44)
- 4 bagas de zimbro
- duas pitadas de noz-moscada
- 10 g de gengibre fresco
- 50 g de chocolate meio amargo
- 40 g de manteiga
- 1 colher (café) de suco de limão
- 2 colheres (sopa) de suco de laranja
- sal e pimenta

1. Compre uma lebre abatida na hora. Reserve o fígado e o sangue. Peça para cortá-la em pedaços. Adicione imediatamente meia colher (sopa) de vinagre ao sangue para que ele não coagule. Limpe o fígado e mantenha-o na geladeira.

2. Prepare a marinada e acrescente as bagas de zimbro esmagadas, a noz-moscada e o gengibre. Ponha os pedaços de lebre para marinar. Cubra e deixe marinar por 24-48 h na geladeira.

3. Preaqueça o forno a 160°C. Coloque em uma assadeira a lebre e a marinada com todos os temperos. Leve ao fogo para ferver, cubra com papel-alumínio e ponha no forno para assar lentamente por 2 h.

4. Retire a lebre, passe para outra assadeira e mantenha-a aquecida. Coe o molho em uma peneira fina. Adicione uma concha pequena desse molho ao sangue e dilua.

5. Fora do fogo, despeje o sangue no molho, acrescente o chocolate, a manteiga, o suco de limão e o suco de laranja. Misture e verifique o tempero. Cubra os pedaços de lebre com esse molho. Esquente bem, mas não deixe ferver.

■ Preparo: 45 min ■ Marinada: 24 h ■ Cozimento: 2 h

Lebre real à moda de Sologne

Rendimento: 8 porções

1 lebre abatida na hora
1/2 colher (sopa) de vinagre
1 colher (café) de óleo
2 cebolas
2 cenouras
1/4 de talo de aipo (salsão)
5 cebolas-brancas
8 dentes de alho
3 garrafas de vinho tinto
4 bagas de zimbro
400 g de tripa de porco
400 g de fatias de bacon
40 g de manteiga
1/4 de colher (café) de noz-moscada
2 cravos-da-índia
1 bouquet garni (veja glossário)
1 colher (sopa) de cachaça
sal e pimenta

1. Compre uma lebre abatida na hora. Reserve o coração, o fígado e o sangue. Peça para cortá-la em pedaços. Adicione imediatamente meia colher (sopa) de vinagre ao sangue para que ele não coagule. Limpe o fígado e mantenha-o na geladeira.
2. Pique o coração e o fígado. Ponha-os em uma tigela, acrescente uma colherada de óleo por cima, cubra e leve à geladeira.
3. Pique as cebolas, as cenouras e o aipo em cubinhos. Pique as cebolas-brancas e esprema o alho.
4. Ferva o vinho e flambe. Deixe esfriar.
5. Amasse as bagas de zimbro, espalhe por cima dos pedaços de lebre, tempere com sal e pimenta. Corte a tripa de porco em pedaços. Envolva cada pedaço de lebre com uma fatia de bacon e embrulhe-o com a tripa.
6. Derreta a manteiga em uma caçarola, refogue os pedaços de lebre, acrescente todos os legumes, o alho esmagado, a noz-moscada, os cravos-da-índia e o bouquet garni. Adicione o vinho, tempere com sal e pimenta. Leve ao fogo para ferver, tampe e cozinhe em fogo brando por 6 h.
7. Retire a lebre do fogo. Desosse totalmente. Arrume os pedaços em uma travessa funda para servir, ponha essa travessa em banho-maria e cubra com papel-alumínio.
8. Coe o caldo do cozimento apertando bem com uma colher. Retire o excesso de gordura e ponha esse caldo em uma panela.
9. Ponha os miúdos picados em uma travessa e adicione uma concha do molho. Misture bem. Acrescente mais uma concha mexendo vigorosamente e despeje no molho. Mexa até levantar fervura e cozinhe em fogo brando por 20 min. ▶

10 Coe o molho. Adicione uma concha do molho ao sangue e misture bem.
11 Fora do fogo, adicione o sangue ao molho. Prove e corrija o tempero. Acrescente a cachaça e misture bem.
12 Cubra a lebre com o molho. Esse prato deve ser saboreado com colher.

A tripa de porco é vendida nos mercados centrais e utilizada no preparo de lingüiças caseiras e como envoltório de diversas preparações.

■ Preparo: 30 min ■ Cozimento: cerca de 6h30

Lebre refogada à niçoise

Rendimento: 4 porções

1 dente de alho
100 ml de azeite
1 lebre nova cortada em pedaços
2 colheres (sopa) de conhaque
300 ml de vinho tinto
1 bouquet garni (veja glossário)
10 minicebolas
lingüiças suínas fininhas
50 g de azeitonas pretas
100 g de cogumelos selvagens
sal e pimenta

1 Descasque o dente de alho e divida ao meio.
2 Aqueça o azeite em uma caçarola, reservando 1 colher (sopa). Acrescente a lebre e refogue. Tempere com sal e pimenta.
3 Aqueça o conhaque, coloque na caçarola e flambe. Mexa e acrescente o vinho tinto, o alho e o bouquet garni. Cozinhe com a tampa e em fogo brando por 40 min.
4 Descasque as minicebolas e mergulhe-as por 2 min em uma panela com água fervente.
5 Doure as lingüiças por igual em uma frigideira com o restante do azeite.
6 Descaroce as azeitonas. Limpe os cogumelos.
7 Acrescente as azeitonas e as cebolas à caçarola. Cozinhe por mais 10 min.
8 Por fim, junte as lingüiças cortadas em pedaços e os cogumelos. Cozinhe por cerca de 10 min. Prove e corrija o tempero. Sirva na caçarola.

■ Preparo: 20 min ■ Cozimento: cerca de 1h10

LEBRE
AVES, COELHO E CAÇA

Lombo de lebre com creme de leite

Rendimento: 4 porções

100 de toucinho
2 lombos de lebres novas (500 g cada)
2 colheres (sopa) de azeite
1 cálice de conhaque
100 ml de creme de leite fresco
pimenta-de-caiena
1 limão
sal e pimenta-do-reino

1 Preaqueça o forno a 220ºC.
2 Corte o toucinho em tiras pequenas. Com uma faca pequena e pontuda, perfure os lombos em intervalos regulares e enfie as tiras de toucinho. Tempere com sal e pimenta. Coloque em uma assadeira, besunte com o azeite e leve ao forno por 40 min. Regue umas 2-3 vezes com um pouco d'água.
3 Tire os lombos da assadeira, passe para a travessa que vai à mesa e mantenha no forno desligado para que permaneçam quentes.
4 Descarte a gordura e coloque o conhaque na assadeira. Dissolva o que ficou no fundo da fôrma em fogo alto, despeje o creme de leite e mexa. Tempere com sal, pimenta-do-reino e acrescente uma pitada de pimenta-de-caiena. Deixe engrossar, mexendo durante 3-4 min em fogo moderado.
5 Acrescente o suco de limão, corrija o tempero e derrame esse molho em cima dos lombos. Sirva imediatamente.

■ Preparo: 15 min ■ Cozimento: cerca de 45 min

Musse de lebre com castanhas

Rendimento: 6-8 porções

500 g de carne de lebre desossada
3 claras
250 ml de caldo de galinha em tablete
400 g de castanhas
1/2 litro de creme de leite fresco
250 ml de Molho Périgueux (veja p. 101)
sal e pimenta-branca

1 Pique a carne de lebre, sem os nervos, em lâminas bem finas.
2 Tempere com sal, uma pitada grande de pimenta-branca e misture. Adicione as claras, uma a uma, misturando bem. Peneire ou coe.
3 Ponha a carne na wok, ou frigideira antiaderente, e leve ao fogo brando, mexendo com uma colher de pau. Trabalhe bem a carne, amassando-a para amaciá-la. Tire do fogo, coloque em uma tigela, cubra e leve à geladeira por 2 h. ▶

4 Enquanto isso, prepare o caldo de galinha com meio tablete e 250 ml de água e cozinhe as castanhas em fogo brando por 10 min. Escorra, separe 8 castanhas inteiras e corte as outras em pedaços.

5 Encha um recipiente com cubos de gelo. Ponha sobre eles a tigela com a carne, adicione aos poucos o creme de leite fresco e as castanhas em pedaços, misturando vigorosamente. Leve à geladeira por 1 h.

6 Prepare o Molho Périgueux.

7 Preaqueça o forno a 200°C.

8 Unte 8 fôrmas individuais, distribua a musse de lebre, aperte um pouco e cubra com papel-alumínio. Ponha as forminhas em uma assadeira, em banho-maria, leve ao fogo para ferver e passe para o forno deixando por 25-30 min.

9 Desenforme na travessa que vai à mesa, cubra com um pouco do Molho Périgueux e decore com as castanhas inteiras.

■ Preparo: 1 h   ■ Refrigeração: 3 h
■ Cozimento: 30 min

Torta de lebre

**Rendimento:
umas 20 porções**

1 lebre de 2,5 kg abatida na hora
1/2 colher (sopa) de vinagre
250 g de presunto
650 g de toucinho
200 g de carne de porco magra
150 g de carne de porco gorda
100 g de cogumelos selvagens
4 bagas de zimbro
uma pitada de tomilho ▶

Na véspera

1 Compre uma lebre abatida na hora. Reserve o fígado e o sangue. Peça para cortá-la e desossá-la, mantendo os filés inteiros. Adicione imediatamente meia colher (sopa) de vinagre ao sangue para que ele não coagule. Limpe o fígado e mantenha-o na geladeira. Reserve os filés de lebre.

2 Corte o presunto e 250 g de toucinho em tiras. Corte o restante da carne da lebre, 400 g de toucinho, a carne magra e a carne gorda do porco em cubos. Lave os cogumelos e seque. Esmague as bagas de zimbro. ▶

LEBRE
AVES, COELHO E CAÇA

1 folha de louro
40 g de sal
12 g de pimenta
100 ml de conhaque
400 de Massa podre (sem ovo) (veja p. 118)
3 ovos
300 g de bacon
5 folhas de gelatina sem sabor
30 ml de vinho Madeira

3 Ponha tudo em uma tigela grande. Tempere com sal, pimenta, o tomilho e o louro. Regue com o conhaque, misture bem e leve à geladeira.

4 Prepare a massa, cubra e leve à geladeira.

No dia

5 Separe de um lado os cubos de lebre e de porco, do outro os filés e as tiras de presunto e de toucinho. Moa no liquidificador os cubos de lebre e de porco e misture em uma terrina. Acrescente 2 ovos e a marinada e bata bem até que o recheio fique bem homogêneo.

6 Preaqueça o forno a 190°C. Abra a massa, corte um pedaço e forre uma fôrma. Preencha o fundo com as fatias de bacon e, por cima, ponha uma fina camada do recheio.

7 Faça uma camada com as tiras de presunto e toucinho e um filé de lebre. Cubra com o recheio. Faça uma segunda camada semelhante à primeira, terminando com o recheio.

8 Cubra com fatias de bacon e com o outro pedaço da massa. Feche bem as bordas, apertando com os dedos. Recorte no centro um pequeno círculo da massa para fazer uma chaminé (para que o vapor saia durante o cozimento) e enfie nesse círculo um pedaço de cartolina enrolado.

9 Bata o último ovo e, com um pincel, doure toda a superfície da torta. Asse no forno por 1h30.

10 A massa deve esfriar na fôrma. Deixe descansar por 24 h.

No dia seguinte

11 Derreta as 5 folhas de gelatina sem sabor em 250 ml de água e 30 ml de vinho Madeira e despeje pela chaminé da torta.

12 Leve a torta à geladeira por 4-5 h. Só então estará pronta para ser consumida.

■ **Preparo: 2 dias** ■ **Repouso: 24 h + 5 h**
■ **Cozimento: 1h30**

Hortaliças e frutos

ABACATE	627	COGUMELOS	701
ABÓBORA E ABOBRINHA	629	COUVE-CHINESA	714
ABÓBORA-JAPONESA	634	COUVE-DE-BRUXELAS	716
ABÓBORA-MORANGA	634	COUVE-FLOR	718
ACELGA	637	ENDÍVIA	722
AGRIÃO	640	ERVA-DOCE	724
AIPO	641	ERVILHA E GRÃO-DE-BICO	726
AIPO-RÁBANO	643	ESPINAFRE	732
ALCACHOFRA	646	FAVAS	737
ALFACE	650	FEIJÃO	739
ALHO	652	LEGUMES SORTIDOS	747
ALHO-PORÓ	654	LENTILHA	753
ASPARGOS	656	MANDIOQUINHA	756
AZEDINHA	659	MILHO	759
BATATA	660	NABO	762
BATATA-DOCE	674	PALMITO	764
BERINJELA	675	PEPINO	765
BRÓCOLIS	686	PIMENTÃO	768
BROTOS E GRÃOS	687	REPOLHO	772
CASTANHA PORTUGUESA	689	REPOLHO ROXO	778
CEBOLA	691	SALSINHA	780
CENOURA	695	TOMATE	782
CHICÓRIA	698	TRUFA	790
CHUCHU	700	VAGEM	791

VERDURAS E LEGUMES FRESCOS

Ricas em minerais (ferro, sódio, enxofre, manganês e iodo), vitaminas e fibras, as hortaliças frescas são indispensáveis para uma alimentação equilibrada. Podem ser consumidas cruas, ao natural ou temperadas, e cozidas com ou sem gordura. Os legumes são muito usados como guarnições de carnes e peixes e podem constituir pratos completos quando são recheados, compõem uma sopa ou um gratinado. Escaldar e cozer a vapor são os melhores métodos para verduras e legumes. Dependendo do tipo de hortaliça, consumimos o fruto (berinjela, tomate), a inflorescência (alcachofra, couve-flor), a folha (alface, repolho, espinafre), o talo (aipo, aspargo, alho-poró), o bulbo (erva-doce, cebola), o tubérculo (batata, mandioca), o grão (soja) ou a raiz (cenoura, nabo).

O ideal é consumir os legumes da estação que foram colhidos no tempo certo. Para melhor conservação devemos guardá-los na gaveta da geladeira reservada para esse fim, embrulhados em plástico. Só no momento de usar os legumes é que devemos lavá-los.

LEGUMINOSAS

As leguminosas são plantas que fornecem grãos, folhas e brotos comestíveis, como a soja, as favas da ervilha e os brotos de feijão. Ricas em proteínas e glicídios, elas se conservam de uma estação para outra e devem ser sempre cozidas. Entre as leguminosas destacam-se todos os tipos de feijão, ervilha e lentilha. Em princípio, devem ser consumidas no mesmo ano em que são colhidas, pois continuam a secar conforme vão envelhecendo. As leguminosas são a base de algumas especialidades brasileiras (feijoada, feijão tropeiro) e francesas (cassoulet – prato feito com feijão-branco).

COGUMELOS

Os cogumelos são um alimento muito saudável, pois têm alto teor de ácido fólico e baixo teor de lipídios. Consumidos como acompanhamento ou prato principal, também são usados para aromatizar cremes e molhos. Os cogumelos comestíveis englobam espécies cultivadas (champignons ou cogumelos-de-paris, shimeji, shiitake etc.) e inúmeras variedades selvagens. A morille e a trufa, espécies raras e caras, há muito tempo são famosas na gastronomia.

Quase todos os cogumelos são saboreados cozidos.

ABACATE

Abacate: preparo

Ao comprar abacate, devemos escolher os maduros, sem manchas na casca. Se estiverem meio duros, basta embrulhá-los em jornal para acelerar o amadurecimento.

No momento de usar, abra ao meio, retire o caroço e esprema limão em toda a superfície para impedir que a polpa escureça.

Abacates com tomates e camarões

Rendimento: 4 porções

2 abacates
1 limão
1 miolo de alface
2 tomates
2 colheres (sopa) de vinagre de vinho
1 colher (sopa) de uísque
7 colheres (sopa) de azeite
100 g de camarões sem casca
sal e pimenta

1. Corte os abacates ao meio. Retire os caroços e as polpas e corte-as em cubinhos. Banhe a polpa com o limão.
2. Desfolhe o miolo de alface.
3. Escalde os tomates, retire a pele e corte-os em cubinhos.
4. Prepare um vinagrete com o vinagre, o uísque, o azeite, sal e pimenta.
5. Misture os cubinhos de tomate e de abacate com os camarões, regue com o vinagrete e mexa delicadamente.
6. Arrume esse preparado em uma saladeira, pique as folhas de alface e enfeite a volta da saladeira. Sirva imediatamente.

■ Preparo: 30 min

ABACATE
HORTALIÇAS E FRUTOS

Abacates refrescantes

Rendimento: 4 porções
1 banana
1 limão
1 laranja
1 talo de aipo (salsão)
1 ovo
1 colher (café) de cerefólio picado
2 abacates
sal e pimenta

1. Corte a banana em rodelas e banhe com limão.
2. Descasque a laranja retirando a pele e corte em fatias finas.
3. Corte o aipo em tirinhas.
4. Junte as frutas e o aipo em uma tigela e leve por 30 min à geladeira.
5. Enquanto isso, cozinhe o ovo duro, descasque, esfarele e misture com o cerefólio.
6. Corte os abacates ao meio, retire o caroço e a polpa e corte-a em cubinhos.
7. Misture os cubinhos de abacate com a banana, a laranja e o aipo gelados, tempere com sal e pimenta.
8. Arrume em tacinhas, polvilhe com o ovo e o cerefólio e sirva.

■ Preparo: 20 min ■ Geladeira: 30 min

Abacates salteados

Rendimento: 4 porções
2 abacates
1 limão
1 cebola-branca
20 g de manteiga
1 colher (sopa) de cebolinha verde
sal e pimenta

1. Corte os abacates ao meio e fatie a polpa em lâminas finas. Banhe com o suco do limão e tempere com sal e pimenta.
2. Descasque e pique a cebola.
3. Derreta a manteiga em uma frigideira e salteie os abacates por 5 min.
4. Acrescente a cebola-branca, misture com cuidado e refogue por mais 5-7 min.
5. Prove e corrija o tempero. Espalhe a cebolinha por cima e sirva imediatamente.

■ Preparo: 10 min ■ Cozimento: cerca de 10 min

ABACATE / ABÓBORA E ABOBRINHA

Guacamole

Rendimento: 4 porções

1 minicebola
1/2 maço de coentro
1 tomate
1 limão-taiti
4 abacates
uma pitada de coentro
1/2 colher (café) de tabasco
sal e pimenta

1 Descasque e pique a minicebola.
2 Pique o coentro.
3 Escalde o tomate, retire a pele, as sementes e corte em cubinhos.
4 Esprema o limão. Corte os abacates ao meio e retire o caroço. Extraia a polpa e bata no liquidificador com o suco do limão. Acrescente a minicebola, o coentro e o tabasco. Tempere com sal e pimenta.
5 Misture os cubinhos de tomate com a pasta de abacate.
6 Ponha na travessa que vai à mesa e leve à geladeira por 1 h, antes de servir.

■ Preparo: 15 min   ■ Geladeira: 1 h

ABÓBORA E ABOBRINHA

Abóbora e abobrinha: preparo

Abóbora é o nome genérico de diversos legumes da família das cucurbitáceas. Existem as abóboras de verão, como a abobrinha (agora comercializada o ano inteiro), e vários tipos de abóboras de inverno, que possuem casca dura e grossa, como a abóbora-moranga (*veja p. 634*), a abóbora-menina e a abóbora-moranguinha.

Abóbora-moranguinha, abóbora-moranga e abóbora-menina

Corte o legume em pedaços grandes e descasque. Retire as sementes e os filamentos e lave a polpa. ▶

ABÓBORA E ABOBRINHA
HORTALIÇAS E FRUTOS

Abobrinha
Uma das variedades de abóbora.
Temos dois tipos principais de abobrinha: a brasileira, de formato semelhante ao da abóbora, e a italiana, menor e de casca mais grossa. A abobrinha brasileira é própria para fritura, sopas e suflês. A italiana é própria para ser recheada ou assada. As abobrinhas não precisam ser descascadas.

Abóbora gratinada

Rendimento: 4 porções
1 kg de abóbora
80 g de manteiga
60 g de queijo ralado
sal e pimenta

1 Corte a abóbora em pedaços grandes. Retire as sementes e os filamentos e lave a polpa.
2 Mergulhe os pedaços de abóbora em água fervente com sal por 4-5 min, escorra e seque.
3 Preaqueça o forno a 220ºC. Unte com manteiga uma fôrma refratária e coloque a abóbora. Tempere com sal e pimenta e polvilhe com o queijo ralado.
4 Derreta o restante da manteiga e regue com ela a abóbora. Leve ao forno por 20-25 min.

■ Preparo: 15 min ■ Cozimento: cerca de 20-25 min

Abobrinha à moda crioula

Rendimento: 4 porções
800 g de abobrinha
50 g de manteiga
sal e pimenta

1 Corte as abobrinhas ao meio, no sentido do comprimento, e retire as sementes. Corte a polpa em cubinhos.
2 Derreta a manteiga em uma caçarola, ponha os cubos de abobrinha e doure-os. Tempere com sal e pimenta, tampe e cozinhe por 20-25 min em fogo bem brando, mexendo de vez em quando. ▶

3 Quando os cubinhos começarem a desmanchar, amasse com um garfo e continue o cozimento, mexendo sem parar, até que essa pasta fique bem apurada.

4 Sirva bem quente.

■ Preparo: 10 min ■ Cozimento: 20-25 min

Abobrinha à moda de Menton

Rendimento: 4 porções

2 abobrinhas de 220-250 g
1 kg de espinafre fresco ou
250 g de espinafre congelado
100 ml de azeite
40 g de queijo parmesão ralado
1 dente de alho
1 colher (sopa) de salsinha picada
30 g de farinha de rosca
sal e pimenta

1 Corte as abobrinhas ao meio no sentido do comprimento. Faça uma incisão na polpa a 1 cm da beirada e 7 ou 8 pequenos cortes na borda.

2 Tempere as abobrinhas com bastante sal e deixe-as viradas para baixo sobre papel-toalha por 30-40 min para que sequem bem.

3 Enquanto isso, prepare o espinafre (*veja p.* 732). Esprema-o bem e pique. Ponha 3 colheres (sopa) de azeite em uma panela e cozinhe o espinafre por uns 10 min, mexendo sem parar. Tempere com sal, pimenta e escorra.

4 Doure as abobrinhas em uma frigideira com 4 colheres (sopa) de azeite. Deixe secar sobre papel-toalha, retire a polpa, pique e misture com o espinafre. Acrescente a metade do parmesão e misture bem.

5 Preaqueça o forno a 250°C. Recheie as metades de abobrinha e ponha em uma assadeira untada com azeite. Descasque e pique o alho, misture com a salsinha e com a farinha de rosca. Espalhe por cima das abobrinhas.

6 Regue com o restante do azeite e leve ao forno para gratinar por uns 15 min.

■ Preparo: 30 min ■ Desidratação: 30-40 min
■ Cozimento: 15 min

ABÓBORA E ABOBRINHA
HORTALIÇAS E FRUTOS

Abobrinha recheada

Rendimento: 4 porções

2 abobrinhas de 220-250 g
40 g de arroz de grãos longos
400 ml de Molho de tomate (veja p. 97)
100 g de presunto ou sobras de carne
1 cebola
1/2 bulbo de erva-doce
1 dente de alho
30 g de manteiga
1/2 maço de salsinha
sal e pimenta

1. Corte as abobrinhas ao meio, no sentido do comprimento, retire as sementes com uma colher pequena, retirando um pouco da polpa. Mergulhe-as em água fervente com sal por 5 min e escorra.
2. Cozinhe o arroz por 15 min em água fervente com sal. Coe-o, passe-o em água corrente e escorra novamente.
3. Prepare ou descongele o molho de tomate.
4. Pique o presunto ou as sobras de carne. Descasque e pique a cebola, a erva-doce e o alho, e refogue-os por 10 min em uma frigideira com 20 g de manteiga. Tempere com sal e pimenta. Misture-os em uma vasilha com o arroz e a carne picada. Pique a salsinha, adicione e misture novamente.
5. Preaqueça o forno a 185°C. Recheie as metades de abobrinha com essa preparação. Disponha-as lado a lado em uma fôrma refratária untada com manteiga. Cubra-as com o molho de tomate.
6. Leve ao fogo até levantar fervura, cubra com papel-alumínio e passe para o forno, deixando cerca de 10-15 min, e regando com freqüência.

■ **Preparo: 40 min**   ■ **Cozimento: 10-15 min**

Purê de abobrinha

Rendimento: 4 porções

800 g-1 kg de abobrinhas
3 dentes de alho
80 g de manteiga
1 colher (café) de cerefólio picado
1 colher (café) de cebolinha picada
1 colher (café) de salsinha picada
sal e pimenta

1. Corte as abobrinhas em rodelas, ponha em uma panela com água suficiente para cobri-las e tempere com sal. Descasque os dentes de alho, adicione-os à panela e cozinhe sem tampa por 10 min.
2. Escorra as abobrinhas e amasse-as com o garfo ou passe-as no processador de legumes. ▶

ABÓBORA E ABOBRINHA
HORTALIÇAS E FRUTOS

3 Ponha as abobrinhas em uma panela e, se for preciso, leve o purê ao fogo para reduzir, mexendo sem parar, para que não grude no fundo da panela. Acrescente a manteiga aos poucos e continue mexendo.

4 Despeje em uma travessa funda e espalhe as ervas finas por cima.

■ **Preparo: 10 min** ■ **Cozimento: 15 min**

Salada de abobrinha

Rendimento: 4 porções

4 abobrinhas (as brasileiras, de casca fina)
1 limão orgânico
1 colher (café) de coentro em grão
30 g de açúcar
4 colheres (sopa) de vinagre com estragão
sal e pimenta

1 Lave as abobrinhas e corte-as em rodelas finas.
2 Descasque o limão e esprema-o.
3 Escalde por 2 min as rodelas de abobrinha em água fervente com sal. Escorra e seque.
4 Misture as abobrinhas em uma travessa funda com o coentro em grão, sal, pimenta e a casca do limão. Regue com o suco do limão.
5 Aqueça o açúcar em uma panela pequena com algumas gotas de água. Quando começar a caramelizar, acrescente o vinagre e mexa. Ao levantar fervura, despeje sobre as abobrinhas. Misture bem e deixe marinar por 2 horas.
6 Leve à geladeira. Sirva bem fria.

■ **Preparo: 25 min** ■ **Marinada: 2 h**

ABÓBORA-JAPONESA

Abóbora-japonesa gratinada

Rendimento: 4 porções

800 g de abóbora-japonesa
1 maço de cebolinha verde
30 g de manteiga
30 g de queijo gouda ou meia cura
1 colher (sopa) de azeite
sal e pimenta

1 Descasque a abóbora e corte-a em pedaços. Cozinhe-a por 20 min em água fervente com sal e escorra.
2 Preaqueça o forno a 220°C.
3 Esmague a abóbora com o garfo.
4 Pique a cebolinha. Misture metade com a manteiga e espalhe pelo fundo e laterais de uma travessa refratária. Disponha a abóbora e polvilhe com pimenta.
5 Pique o queijo em pedaços pequenos e espalhe-o por cima, com o restante da cebolinha. Regue com o azeite e leve ao forno para gratinar por 10 min. Sirva na mesma travessa.

■ **Preparo: 20 min**   ■ **Cozimento: cerca de 30 min**

ABÓBORA-MORANGA

Abóbora-moranga: preparo

Escolha uma abóbora pequena. Corte-a em quatro e descasque. Retire as sementes e os filamentos.

Compota de moranga

Rendimento:
4-5 potes de 375 g

1,3 kg de abóbora-moranga (1 kg em peso líquido)
2 limões orgânicos
1 kg de açúcar cristalizado

Na véspera
1 Descasque a moranga, retire as sementes e os filamentos, corte a polpa em cubinhos.
2 Lave os limões, escovando-os em água corrente. Descasque delicadamente, sem estragar a pele branca.
3 Corte a casca e os frutos em fatias finas. Recolha o suco que escorrer. ▶

ABÓBORA-MORANGA

4 Ponha a polpa da abóbora, os limões, o suco escorrido, as cascas e 200 ml de água em uma terrina, alternando as camadas com o açúcar. Cubra com um filme de PVC e deixe macerar por 12 h.
No dia
5 Escorra os frutos e ponha o caldo da maceração em uma panela de fundo grosso. Leve para ferver, retire a espuma e cozinhe até o aparecimento de bolhas na superfície.
6 Acrescente os pedaços de abóbora e de limão, deixe ferver novamente. Retire a espuma da superfície e cozinhe por 10 min, até engrossar. Verifique o cozimento pondo um pouco da calda em um prato frio: ela deve formar uma gota inflada e não deve escorrer.
7 Encha os potes e feche imediatamente. Vire-os de cabeça para baixo e deixe assim por 24 h.

■ Preparo: 20 min ■ Maceração: 12 h

Moranga com ervas aromáticas

Rendimento: 4-6 porções
1 kg de abóbora-moranga
120 g de manteiga em temperatura ambiente
1 colher (sopa) de ervas aromáticas (orégano, estragão, hortelã, tomilho etc. secos) ▶
1 limão
sal e pimenta

1 Descasque a moranga, retire as sementes e os filamentos, corte em fatias iguais de 1 cm de espessura.
2 Em uma tigela, misture 100 g de manteiga até obter uma pasta. Acrescente as ervas aromáticas, sal e pimenta.
3 Preaqueça o forno a 150°C.
4 Unte com manteiga uma travessa refratária e disponha as fatias de abóbora. Besunte-as generosamente com a manteiga de ervas.
5 Leve ao forno e deixe assar por 30 min. De vez em quando, regue as fatias de abóbora com a manteiga que derrete durante o cozimento. No fim do cozimento, polvilhe sal e pimenta e regue com o suco do limão. Sirva na própria travessa.

■ Preparo: 20 min ■ Cozimento: 30 min

ABÓBORA-MORANGA
HORTALIÇAS E FRUTOS

Moranga gratinada

Rendimento: 4 porções

800 g de abóbora-moranga bem madura
200 g de cebolas
50 g de manteiga
1 dente de alho
50 g de queijo ralado
2 colheres (sopa) de azeite
sal e pimenta

1. Descasque a moranga, retire as sementes e os filamentos. Corte a polpa em pedaços pequenos, mergulhe-os por 10 min na água fervente, esfrie-os em água corrente e escorra.
2. Descasque e pique as cebolas. Derreta 40 g de manteiga, acrescente as cebolas e cozinhe-as em fogo baixo por 10-12 min.
3. Preaqueça o forno a 230°C.
4. Descasque o alho e esfregue com ele uma travessa refratária, unte-a com manteiga e ponha uma camada de abóbora, outra de cebolas e, por cima, o restante da abóbora.
5. Polvilhe com o queijo ralado, regue com o azeite e leve ao forno para gratinar de 10 a 15 min.

■ Preparo: 15 min   ■ Cozimento: cerca de 30 min

Musseline de abóbora

Rendimento: 4 porções

800 g de abóbora-moranga
2 gemas
150 ml de creme de leite fresco
noz-moscada
sal e pimenta

1. Descasque, corte a abóbora em pedaços, retire os filamentos e as sementes.
2. Cozinhe a abóbora em água fervente com sal por 10-15 min (ou no vapor). Passe no processador de legumes, disco fino, ou no liquidificador.
3. Ponha o purê em uma panela e mexa por 5-10 min em fogo brando para secá-lo.
4. Retire do fogo, acrescente as gemas e misture bem.
5. Adicione o creme de leite fresco, leve de volta ao fogo baixo e misture bem. Tempere com sal, pimenta e noz-moscada ralada. Passe para a travessa que vai à mesa.

■ Preparo: 10 min   ■ Cozimento: cerca de 25 min

ACELGA

Acelga: preparo e cozimento

Retire as folhas da acelga e quebre os talos (não corte com faca) para tirar os filamentos. Divida os talos sem os filamentos em pedaços de 6-8 cm de comprimento e lave. Cozinhe-os em água e sal com suco de limão por 20-25 min.

Lave as folhas, cozinhe por 5 min em água fervente, com ou sem sal, escorra, passe-as imediatamente em água fria, escorra e seque-as.

Acelga à italiana

Rendimento: 4 porções

1 maço de acelga
1 limão
400 ml de molho de tomate
50 g de queijo parmesão ralado
1/2 maço de manjericão
sal e pimenta

1. Prepare e cozinhe os talos de acelga (*veja receita acima*). Escorra.
2. Prepare o molho de tomate e adicione o parmesão.
3. Ponha os talos e o molho de tomate em uma wok, misture e cozinhe em fogo brando por 15 min. Tempere com sal e pimenta.
4. Pique o manjericão e espalhe por cima.

■ Preparo: 45 min ■ Cozimento: 15 min

ACELGA

Acelga ao creme

Rendimento: 4 porções

1 maço de acelga
1 limão
25 g de manteiga
300 ml de creme de leite fresco
1 colher (sopa) de salsinha picada
sal e pimenta

1 Prepare e cozinhe os talos da acelga (*veja p. 637*).
2 Escorra. Cozinhe em fogo baixo com a manteiga, em uma wok ou frigideira antiaderente, por 5 min.
3 Aqueça o creme de leite e adicione aos talos. Tempere com sal e pimenta.
4 Tampe e cozinhe até que o creme de leite fique reduzido à metade.
5 Ponha na travessa que vai à mesa e espalhe a salsinha por cima.

■ Preparo: 45 min   ■ Cozimento: cerca de 20-30 min

Acelga ao molho branco

Rendimento: 4 porções

1 maço de acelga
1 limão
400 ml de Béchamel (veja p. 70)
noz-moscada
50 g de manteiga
sal e pimenta

1 Prepare os talos da acelga (*veja p. 637*).
2 Enquanto isso, prepare o Béchamel acrescentando um pouco de noz-moscada.
3 Escorra os talos das acelgas. Ponha em uma wok ou frigideira antiaderente com o Béchamel. Tempere com sal, pimenta e cozinhe em fogo baixo por 5 min.
4 Acrescente 50 g de manteiga, misture e ponha na travessa que vai à mesa.

■ Preparo: 45 min   ■ Cozimento: 5 min

Acelga gratinada

Rendimento: 4 porções

1 maço de acelga
1 limão
400 ml de Molho cremoso (veja p. 76) (ou 400 ml de creme de leite fresco)
40 g de queijo ralado
10 g de manteiga
sal e pimenta

1. Prepare a acelga (*veja p.* 637) cozinhando separadamente os talos e as folhas.
2. Enquanto isso, prepare o Molho cremoso (ou utilize o creme de leite).
3. Preaqueça o forno a 220°C.
4. Esprema bem as folhas e pique grosseiramente. Misture com os talos e com três quartos do molho.
5. Ponha em uma travessa refratária untada com manteiga, cubra com o restante do molho e polvilhe o queijo ralado.
6. Derreta a manteiga e regue o preparado.
7. Leve ao forno para gratinar por 10 a 15 min.

■ Preparo: 40 min ■ Cozimento: cerca de 10-15 min

Acelga na manteiga

Rendimento: 4 porções

1 maço de acelga
1 limão
75 g de manteiga
2 colheres (sopa) de salsinha picada
sal e pimenta

1. Prepare e cozinhe os talos da acelga (*veja p.* 637).
2. Escorra.
3. Derreta a manteiga em uma wok, acrescente os talos, tampe e deixe cozinhar de 15 a 20 min em fogo baixo. Tempere com sal e pimenta. Acrescente 1 ou 2 colheres (sopa) de água, se necessário.
4. Ponha os talos da acelga na travessa, regue com a manteiga do cozimento e espalhe a salsinha por cima.

Acelga à provençal

Cozinhe a acelga na manteiga, acrescente 4 dentes de alho bem picados e 2 colheres (sopa) de salsinha picada.

■ Preparo: 45 min ■ Cozimento: 15-20 min

ACELGA / AGRIÃO

Acelga no caldo

Rendimento: 4 porções
1 maço de acelga
1 limão
200 ml de caldo de carne em tablete
20 g de manteiga
sal e pimenta

1 Prepare e cozinhe os talos de acelga (*veja p. 637*).
2 Escorra e ponha em uma wok com o caldo de carne, tempere com sal, pimenta, tampe e deixe cozinhar em fogo baixo por 15 min, no mínimo.
3 Acrescente a manteiga cortada em pedacinhos.
4 Ponha os talos na travessa e regue com o molho.

■ **Preparo: 45 min**   ■ **Cozimento: 15-20 min**

AGRIÃO

Purê de agrião

Rendimento: 4 porções
4 maços de agrião
60 g de manteiga
noz-moscada
sal e pimenta

1 Limpe, lave e escorra o agrião.
2 Escalde-o por 2 min em uma panela de água fervente com sal. Escorra e passe sob água corrente em uma peneira. Esprema-o entre os dedos para extrair o máximo possível de água.
3 Passe o agrião no liquidificador ou no processador de legumes.
4 Coloque esse purê em uma panela e, se preciso, seque no fogo, mexendo sem parar para que não grude no fundo.
5 Acrescente a manteiga aos poucos, misturando bem, tempere com sal, pimenta e um pouco de noz-moscada ralada.

■ **Preparo: 15 min**   ■ **Cozimento: cerca de 5 min**

AGRIÃO / AIPO
HORTALIÇAS E FRUTOS

Salada de agrião

Rendimento: 4 porções

2 ovos
1 maço de agrião
1 maçã
2 colheres (sopa) de suco de limão
100 g de queijo gouda ou gruyère
50 ml de Vinagrete com mostarda (veja p. 57)
sal e pimenta

1. Prepare os ovos cozidos.
2. Selecione o agrião, eliminado as hastes grossas e lave-o. Escorra e seque bem.
3. Descasque a maçã, corte-a ao meio e retire o miolo e os caroços. Corte-a em cubinhos e misture com o suco de limão para que não escureça.
4. Corte o queijo em cubinhos.
5. Descasque os ovos e corte-os em rodelas.
6. Prepare o vinagrete.
7. Ponha o agrião, a maçã e o queijo em uma travessa funda. Tempere com sal e pimenta. Regue com o vinagrete e misture. Acrescente as rodelas de ovo e sirva.

■ Preparo: 20 min

AIPO

Aipo: preparo

Elimine os talos grossos externos, os talos verdes e as folhas. Retire a base e corte os talos, deixando-os com 20 cm. Se o aipo (salsão) for consumido cru, destaque os talos, lave e elimine os filamentos. Se for cozido, lave o pé sem a base em água fria afastando os talos; elimine os filamentos e enxágüe. Cozinhe por 10 min em água fervente com sal. Escorra, salgue por dentro e junte os talos em feixes. (O aipo também é conhecido como salsão.)

AIPO
HORTALIÇAS E FRUTOS

Aipo à milanesa

Rendimento: 4 porções

1 kg de aipo (salsão)
60 g de manteiga
80 g de queijo parmesão ralado
sal e pimenta

1. Prepare o aipo (*veja p. 641*).
2. Preaqueça o forno a 250°C.
3. Unte uma travessa refratária com 20 g de manteiga e disponha a metade dos talos de aipo. Polvilhe com a metade do parmesão. Ponha outra camada de aipo e polvilhe outra vez com o queijo.
4. Derreta o restante da manteiga e regue a travessa. Leve para gratinar por cerca de 10 min.

■ Preparo: cerca de 10 min   ■ Cozimento: 20 min

Aipo ao creme

Rendimento: 4 porções

4 talos de aipo (salsão) sem a base e sem as folhas
20 g de manteiga
200 ml de creme de leite fresco
sal e pimenta

1. Prepare o aipo (*veja p. 641*).
2. Ponha os aipos em cima de um pano, abra-os ligeiramente e tempere as partes internas com sal e pimenta. Amarre-os dois a dois.
3. Unte a caçarola com manteiga e ponha os aipos. Cubra-os com água. Inicie a fervura no fogo, tampe e leve ao forno por 1h30.
4. Escorra e arrume os aipos na travessa. Coe a água do cozimento e deixe reduzir à metade, acrescente o creme de leite e deixe novamente reduzir à metade.
5. Corrija o tempero. Cubra os aipos com o molho.

■ Preparo: 10 min   ■ Cozimento: cerca de 1h40

AIPO / AIPO-RÁBANO
HORTALIÇAS E FRUTOS

Aipo com toucinho

Rendimento: 4 porções

4 talos de aipo (salsão) sem a base e as folhas
150 g de toucinho com a pele
1 cenoura
1 cebola
20 g de manteiga
1 bouquet garni (veja glossário)
1 litro de caldo de frango em tablete
sal e pimenta

1. Prepare o aipo (*veja p. 641*).
2. Ponha os aipos em cima de um pano, abra-os ligeiramente e tempere as partes internas com sal e pimenta. Amarre-os dois a dois.
3. Preaqueça o forno a 180ºC.
4. Corte os toucinhos em pedaços pequenos. Corte a cenoura e a cebola em rodelas finas.
5. Unte uma caçarola com manteiga e ponha os pedaços de toucinho, a cebola e a cenoura no fundo, por cima os aipos e acrescente o bouquet garni.
6. Adicione o caldo de frango. Comece a fervura no fogo, tampe e leve ao forno por 1h30.

Aipo light
Para preparar o aipo com poucas calorias, elimine o toucinho e substitua o caldo de frango por água.

■ Preparo: 20 min ■ Cozimento: 1h40

AIPO-RÁBANO

Aipo-rábano: preparo

Descasque o aipo-rábano como a batata, enxágüe e banhe com limão. Se for consumido cru, apenas raspe a casca, banhe com limão para que não escureça, e tempere, dependendo do gosto, com Molho rémoulade (*veja p. 55*) ou vinagrete, eventualmente aromatizado. Se for consumido cozido, corte-o em pedaços e cozinhe por 5 min em água fervente com sal e limão.

AIPO-RÁBANO

Aipo-rábano à camponesa

Rendimento: 4 porções
2 aipos-rábanos
 (300 g cada)
2 cenouras
2 cebolas
60 g de manteiga
40 g de queijo gruyère ralado
50 ml de caldo de legumes em tablete
sal e pimenta

1. Prepare os aipos-rábanos (*veja p. 643*) e corte-os ao meio. Cozinhe em água fervente com sal. Devem continuar firmes.
2. Preaqueça o forno a 200ºC.
3. Esvazie as metades deixando uma parede de 1 cm de espessura. Corte a polpa em cubinhos.
4. Corte em cubinhos as cenouras e as cebolas.
5. Derreta 20 g de manteiga em uma panela e ponha os cubinhos de legumes para cozinhar, tampados e temperados com sal e pimenta.
6. Guarneça as metades de aipo-rábano com essa mistura.
7. Unte uma travessa com manteiga e arrume os aipos-rábanos. Espalhe por cima o gruyère ralado e bolinhas de manteiga.
8. Prepare o caldo de legumes, despeje na travessa e leve ao forno por 10 min.

■ Preparo: 15 min ■ Cozimento: 20 min

Aipo-rábano à juliana

Rendimento: 4 porções
800 g de aipos-rábanos
30 g de manteiga
1 colher (café) de açúcar
5 colheres (sopa) de ervas finas picadas
sal e pimenta

1. Descasque e lave os aipos-rábanos e corte-os em tirinhas.
2. Derreta a manteiga em uma caçarola e ponha os aipos-rábanos com o açúcar. Tempere com sal e pimenta.
3. Tampe e deixe cozinhar por 20 min em fogo baixo. Polvilhe com ervas-finas.

■ Preparo: 20 min ■ Cozimento: 20 min

AIPO-RÁBANO
HORTALIÇAS E FRUTOS

Aipo-rábano com molho rémoulade

Rendimento: 4 porções

150 ml de Molho rémoulade (veja p. 55)
400 g de aipo-rábano
1/2 limão
2 colheres (sopa) de salsinha picada

1. Prepare o Molho rémoulade.
2. Descasque o aipo-rábano e banhe com o limão para que não escureça.
3. Rale o aipo-rábano em um ralador grosso. Misture com o Molho rémoulade e espalhe a salsinha por cima.

■ Preparo: 15 min

Purê de aipo-rábano

Rendimento: 4 porções

800 g de aipo-rábano
200 g de batatas
2 limões
100 ml de leite
noz-moscada
60 g de manteiga
sal e pimenta

1. Descasque o aipo-rábano. Banhe com limão. Corte em fatias grossas.
2. Descasque as batatas.
3. Ferva 3 litros de água com sal e suco de 1 limão em uma panela grande. Acrescente as batatas e o aipo.
4. Cozinhe por 30-40 min, até que os legumes fiquem bem moles. Enquanto isso, ferva o leite. Escorra os legumes e passe no processador.
5. Ponha o purê em uma panela, leve ao fogo baixo e, mexendo, vá acrescentando o leite quente. Tempere com sal e pimenta, rale a noz-moscada. Incorpore a manteiga aos poucos, mexendo sempre.

Este purê é um bom acompanhamento para os assados e as carnes de caça.

■ Preparo: 20 min   ■ Cozimento: 40 min

ALCACHOFRA

Alcachofra: preparo

Com uma faca bem afiada, corte as alcachofras a dois terços da sua altura para eliminar as pontas duras. Lave-as. Quebre o caule rente às folhas com as mãos (não use a faca): as partes com filamentos sairão com o caule.

Amarre as alcachofras para que elas mantenham a forma durante o cozimento e mergulhe-as na água fervente por 5 min. Escorra e passe em água fria para esfriar. Retire as folhas pequenas centrais e os pêlos. Tempere com sal e pimenta.

Alcachofras à la diable

Rendimento: 4 porções

4 alcachofras
4 dentes de alho
2 colheres (sopa) de salsinha picada
200 g de miolo de pão esfarelado
3 colheres (sopa) de alcaparras
15 ml de azeite
sal e pimenta

1. Prepare as alcachofras.
2. Preaqueça o forno a 160°C.
3. Descasque e pique os dentes de alho. Misture-os com a salsinha, o miolo de pão esfarelado e as alcaparras. Tempere com sal e pimenta.
4. Recheie as alcachofras com essa mistura. Arrume-as em uma assadeira, uma ao lado da outra. Regue com um fiozinho de azeite e adicione 100 ml de água. Tempere com sal e pimenta.
5. Cubra com papel-alumínio e leve ao forno por cerca de 50 min. Regue várias vezes.
6. Arrume as alcachofras na travessa e regue-as com o caldo do cozimento.

■ Preparo: 20 min ■ Cozimento: 50 min

Alcachofras à moda da Bretanha

Rendimento: 4 porções

4 alcachofras
400 ml de Molho cremoso (veja p. 76)
sal

1. Prepare as alcachofras (*veja p. 646*).
2. Ponha água e sal em uma panela e cozinhe as alcachofras por 25-30 min.
3. Enquanto isso, faça o molho.
4. Escorra as alcachofras, afaste as folhas e retire os pêlos. Arrume na travessa que vai à mesa.
5. Sirva o molho à parte.

■ Preparo: 15 min   ■ Cozimento: 25-30 min

Alcachofras à moda de Clamart

Rendimento: 4 porções

1,5 kg de ervilhas frescas
ou
500 g de ervilhas congeladas
12 alcachofras novas e pequenas
1/2 limão
1 pé de alface
50 g de manteiga
1 colher (café) de açúcar
sal

1. Debulhe as ervilhas.
2. Lave as alcachofras, quebre os talos, retire as folhas do fundo, as folhas pequenas do centro e os pêlos. Regue as alcachofras com limão.
3. Lave a alface e pique à juliana (em tirinhas pequenas).
4. Derreta 30 g de manteiga em uma caçarola e ponha as alcachofras nessa panela. Tampe e deixe cozinhar em fogo brando por 15 min.
5. Acrescente as ervilhas, a alface picada, o sal, o açúcar e 3 colheres (sopa) de água. Cozinhe em fogo bem baixo, sempre com a tampa, por 20 min.
6. Adicione o resto da manteiga e sirva na caçarola.

Alcachofras Crécy

Raspe a casca de 3 maços de cenouras pequenas. Corte as cenouras em 3 pedaços. Siga a receita das Alcachofras à moda de Clamart, substituindo as ervilhas pelas cenouras.

■ Preparo: 30 min   ■ Cozimento: cerca de 35 min

ALCACHOFRA
HORTALIÇAS E FRUTOS

Alcachofras ao vinagrete

Rendimento: 4 porções

4 alcachofras
150 ml de Vinagrete (veja p. 57)
1 colher (café) de mostarda forte
1 colher (sopa) de cebolinha verde picada
sal e pimenta

1. Prepare as alcachofras e cozinhe-as em água fervente com sal de 25 a 30 min (10 min na panela de pressão).
2. Prepare o Vinagrete acrescentando a mostarda e a cebolinha.
3. Escorra as alcachofras e deixe esfriar um pouco.
4. Afaste as folhas centrais e retire todo o pêlo. Sirva com o Vinagrete à parte.

■ Preparo: 10 min ■ Cozimento: cerca de 30 min

Brouillade de alcachofrinhas

Rendimento: 6 porções

30 alcachofrinhas
1 limão
4 tomates verdes
2 tomates maduros
2 dentes de alho
2 minicebolas
200 g de toucinho magro
5 colheres (sopa) de azeite
1 pitada de tomilho
1/2 folha de louro
10 folhas de manjericão
sal e pimenta

1. Corte a ponta das folhas das alcachofras com a tesoura. Extraia os pêlos e regue a alcachofra com limão.
2. Lave os tomates e corte-os em quatro. Descasque o alho e as minicebolas e corte em fatias finas.
3. Corte o toucinho em pedaços pequenos e leve ao fogo em uma frigideira para dourar por igual. Escorra em papel-toalha e reserve. Coloque na frigideira os tomates e o alho. Refogue por 5 min, tempere com sal e pimenta. Tire os tomates do fogo e reserve.
4. Ponha as alcachofras e as cebolas na frigideira, regue-as com o azeite e refogue, espalhando por cima o tomilho e o louro picado.
5. Depois de 10 min, acrescente os tomates e o toucinho reservados. Tampe e deixe cozinhar em fogo lento por 20 min.
6. Pique grosseiramente as folhas de manjericão e espalhe por cima da brouillade. Cozinhe por mais 10 min.

A brouillade pode acompanhar um carneiro, escalopes de vitela e medalhões de carne. Pode ser ▶

servida fria, como entrada, acompanhada de um molho de azeite e limão, e temperada com uma pitada de alho e estragão.

■ Preparo: 20 min ■ Cozimento: 1 h

Fundos de alcachofra à florentina

Rendimento: 4 porções

250 ml de Molho Mornay (veja p. 77)
800 g de espinafre
4 fundos de alcachofras em conserva
60 g de manteiga
20 g de queijo ralado
sal e pimenta

1. Prepare o Molho Mornay e mantenha-o aquecido.
2. Cozinhe o espinafre e refogue-o na manteiga.
3. Cozinhe os fundos de alcachofra na manteiga por 5-8 min, tempere com sal e pimenta e coloque em uma travessa refratária.
4. Preaqueça o forno a 280ºC.
5. Guarneça cada fundo de alcachofra com 1 colher (sopa) bem cheia de espinafre e cubra com o molho. Polvilhe com o queijo ralado e leve ao forno para gratinar por 5-6 min.

■ Preparo: 30 min ■ Cozimento: 5-6 min

Fundos de alcachofra com purê de mandioquinha

Rendimento: 4 porções

150 g de purê de mandioquinha
4 fundos de alcachofra em conserva
40 g de manteiga
20 g de queijo parmesão
sal e pimenta

1. Prepare o purê de mandioquinha, usando mais ou menos 150 g de mandioquinhas cozidas, leite e manteiga, sal e pimenta.
2. Cozinhe os fundos de alcachofra na manteiga por 5-8 min.
3. Preaqueça o forno a 275ºC.
4. Ponha os fundos de alcachofra em uma travessa refratária, guarneça-os com o purê de mandioquinha, polvilhe com o parmesão e leve ao forno para gratinar por 5-6 min.

■ Preparo: 30 min ■ Cozimento: 5-6 min

ALCACHOFRA / ALFACE

Fundos de alcachofra na manteiga

Rendimento: 4 porções
40 g de manteiga
4 fundos de alcachofra em conserva
sal e pimenta

1 Derreta a manteiga em fogo baixo. Coloque os fundos de alcachofra, tempere com sal e pimenta, vire-os uma ou duas vezes, para que os dois lados fiquem bem amanteigados.
2 Tampe e cozinhe em fogo baixo por 5-8 min.

Os fundos de alcachofra podem ser cortados em cubinhos grandes e servidos como acompanhamento de carne ou frango. Também podem receber uma guarnição.

■ Preparo: 5 min ■ Cozimento: 8-12 min

ALFACE
Alface: preparo

Para fazer uma salada, corte o talo inferior do pé da alface e elimine as folhas estragadas. Lave bem as folhas e corte ao meio as grandes demais. Lave bem.

Alface cozida: corte o talo inferior e elimine as folhas estragadas. Encha uma vasilha com água fria, pegue a alface pelo talo e mergulhe-a várias vezes na água, separando as folhas sem quebrá-las. Escorra.

ALFACE
HORTALIÇAS E FRUTOS

Alface com toucinho

Rendimento: 4 porções

4 pés de alface
1 cenoura
1 cebola
20 g de manteiga
150 g de toucinho com pele
1 bouquet garni (veja glossário)
400 ml de Caldo claro de vitela (veja p. 35)
sal

1. Lave e seque a alface. Mergulhe as folhas por 5 min na água fervente com sal, passe na água fria, esprema-as entre as mãos para extrair o máximo de água.
2. Preaqueça o forno a 200°C.
3. Pique a cenoura e a cebola.
4. Unte uma assadeira com manteiga, forre-a com o toucinho, acrescente a cenoura e a cebola, ponha as folhas de alface por cima e o bouquet garni. Adicione o Caldo claro de vitela, e um pouco de sal.
5. Leve ao fogo para ferver. Retire do fogo, cubra com papel-alumínio e leve ao forno por 50 min.
6. Escorra a alface. Divida as folhas ao meio no sentido do comprimento e arrume-as na travessa que vai à mesa.

Este prato pode ser servido como acompanhamento de um assado.

■ Preparo: 15 min   ■ Cozimento: cerca de 1 h

Chiffonade de alface cozida

Rendimento: 4 porções

1 pé de alface grande
50 g de manteiga
sal e pimenta

1. Lave e seque a alface. Corte-a em tirinhas.
2. Derreta a manteiga em uma caçarola e acrescente a alface. Tempere com sal e pimenta.
3. Cozinhe em fogo brando, sem tampar, até que a água do vegetal tenha evaporado totalmente. Prove e corrija o tempero.

■ Preparo: 10 min   ■ Cozimento: 15-20 min

ALFACE / ALHO
HORTALIÇAS E FRUTOS

Purê de alface

Rendimento: 4 porções

6 pés de alface cozidos com toucinho
250 ml de Béchamel (veja p. 70)
20 g de manteiga
sal e pimenta

1. Prepare as alfaces cozidas com toucinho (*veja p. 651*).
2. Faça o Béchamel.
3. Escorra as alfaces e passe-as no liquidificador ou no processador de legumes.
4. Aqueça esse purê e misture com o Béchamel.
5. Prove e corrija o tempero, acrescente a manteiga e misture bem. Sirva imediatamente.

■ Preparo: 15 min ■ Cozimento: cerca de 1h15

ALHO

Alho en chemise

Rendimento: 4 porções

3-4 cabeças de alho
3 colheres (sopa) de azeite

1. Separe os dentes de alho e escolha os maiores, selecionando 4-5 por pessoa. Lave-os, seque, mas não descasque.
2. Opções de cozimento:
   - mergulhe por 5 min em água fervente e cozinhe por 15 min em fervura leve;
   - coloque em uma travessa refratária, regue com azeite e leve ao forno, a 220ºC, por 15-20 min;
   - faça uma conserva: cubra os dentes de alho com o azeite e cozinhe em uma panela, a 80ºC, por cerca de 1 h;
   - cozinhe no microondas: regue-os com o azeite e cozinhe por 1 minuto e meio em potência máxima.

O alho en chemise pode acompanhar os assados de carneiro, de vitela e as aves.

■ Preparo: 5 min ■ Cozimento: Depende do modo de preparo escolhido

ALHO

Creme de alho

Rendimento: 4 porções

12 dentes de alho
1 fatia de pão de fôrma
250 ml de leite
1 colher (sopa) de salsinha picada
noz-moscada
sal e pimenta

1 Ferva água em uma panela pequena. Descasque os dentes de alho e mergulhe-os na água fervente por 1 min; escorra e repita a operação.
2 Faça uma torrada com o pão e esfarele-a.
3 Aqueça o leite em uma panela, acrescente os dentes de alho, a salsinha e a torrada esfarelada. Tempere com sal, pimenta e noz-moscada. Cozinhe em fogo brando por 20 min, mexendo de vez em quando.
4 Bata no liquidificador até que o creme fique homogêneo.

Este creme de alho é um excelente acompanhamento para uma ave assada, um pernil de cordeiro ou costeletas de cordeiro grelhadas.

■ Preparo: 20 min   ■ Cozimento: 20 min

Purê de alho

Rendimento: 4 porções

150 ml de Béchamel (veja p. 70)
12 dentes de alho
20 g de manteiga

1 Prepare o Béchamel (molho branco).
2 Ferva água em uma panela pequena.
3 Descasque os dentes de alho e mergulhe na água por 1 min. Escorra e repita a operação.
4 Derreta a manteiga em uma panela e ponha o alho para cozinhar por 10 min, em fogo bem baixo.
5 Retire os dentes de alho, misture ao molho branco e bata no liquidificador.

Este purê de alho pode servir de acompanhamento para um cordeiro grelhado ou assado.

■ Preparo: 20 min   ■ Cozimento: 10 min

ALHO-PORÓ

Alho-poró: preparo

O alho-poró deve estar fresco, liso, de cor suave e folhagem ereta. Elimine as raízes e as primeiras folhas de cor verde-escura e duras.

Alhos-porós pequenos e novos
Se forem usados inteiros, faça 2 ou 3 cortes na vertical, partindo da base até o alto das folhas. Lave-os várias vezes em água corrente, afastando as folhas para eliminar qualquer vestígio de terra. Amarre os alhos-porós em maços e cozinhe em água fervente com sal.

Alhos-porós grandes
Elimine as folhas verdes. Use somente a parte branca. Corte-os e lave como os alhos-porós pequenos. Pique-os em rodelas ou em bastonetes, de acordo com a receita.

As folhas podem ser usadas em uma sopa: elimine as partes estragadas. Corte as folhas e deixe de molho, trocando a água várias vezes antes de cozinhá-las.

Alho-poró ao vinagrete

Rendimento: 4 porções

800 g de alhos-porós pequenos e novos
1 cebola-branca
1/2 maço de cebolinha verde
100 ml de Vinagrete (veja p. 57)
mostarda
sal e pimenta

1 Separe as partes brancas dos alhos-porós, lave e corte-as em pedaços regulares. Mergulhe-as por 10 min em água fervente com sal.

2 Enquanto isso, descasque e pique a cebola-branca, pique a cebolinha.

3 Faça o Vinagrete com um pouco de mostarda e acrescente a cebola-branca e a cebolinha. ▶

4 Escorra os alhos-porós, passe rapidamente na água fria e escorra. Coloque em uma travessa funda e regue com o Vinagrete. Sirva morno.

■ Preparo: 10 min   ■ Cozimento: 10 min

Alho-poró cozido

Rendimento: 4 porções
1,2 kg de alhos-porós
60 g de manteiga
sal e pimenta

1 Separe as partes brancas dos alhos-porós, lave e corte-as em pedaços regulares.
2 Derreta a metade da manteiga em uma caçarola, acrescente os alhos-porós, tempere com sal e pimenta. Adicione meio copo de água, tampe e cozinhe por 40 min em fogo bem baixo.
3 Escorra e arrume-os na travessa. Adicione o restante da manteiga no caldo do cozimento e regue os alhos-porós.

■ Preparo: 15 min   ■ Cozimento: 40 min

Alho-poró gratinado

Rendimento: 4 porções
1,2 kg de alhos-porós
60 g de manteiga
40 g de parmesão ralado
sal e pimenta

1 Separe as partes brancas dos alhos-porós, lave e corte-as em pedaços regulares.
2 Cozinhe por 10 min (ou mais, conforme o tamanho) em água fervente com sal. Escorra.
3 Derreta 40 g de manteiga em uma caçarola, acrescente os alhos-porós, tempere com sal e pimenta e deixe refogar de 6 a 8 min.
4 Preaqueça o forno a 240ºC.
5 Unte com manteiga uma travessa refratária e disponha os alhos-porós. Polvilhe com o queijo ralado e leve ao forno para gratinar.

■ Preparo: cerca de 35 min
■ Cozimento: cerca de 20 min

ALHO-PORÓ / ASPARGOS
HORTALIÇAS E FRUTOS

Cozido com alho-poró

Rendimento: 4-6 porções
1 joelho de porco salgado
300 g de toucinho magro salgado
1,2 kg de alhos-porós
80 g de cebolas
50 g de manteiga
300 ml de vinho branco seco
300 ml de caldo de carne em tablete
600 g de batata
1 paio
pimenta

1. Ponha o joelho de porco e o toucinho de molho na água para eliminar o sal.
2. Separe as partes brancas dos alhos-porós, lave e corte-as em pedaços pequenos de 1 cm de largura.
3. Descasque e pique as cebolas.
4. Derreta a manteiga em uma caçarola e refogue os alhos-porós e as cebolas em fogo baixo.
5. Acrescente o vinho branco seco, o caldo e cozinhe por 15 min. Tempere com um pouco de pimenta.
6. Enquanto isso, descasque as batatas e corte-as em rodelas. Ponha as batatas na caçarola com o alho-poró e a cebola. Acrescente o paio, o joelho de porco e o toucinho. Cozinhe em fogo baixo por 50 min, acrescentando um pouco de água, se necessário.
7. Retire as carnes e misture para que os legumes se desmanchem. Sirva com as carnes cortadas por cima.

■ Demolha: 3 h ■ Preparo: 30 min
■ Cozimento: cerca de 1h10

ASPARGOS

Aspargos: preparo, cozimento e congelamento

1. Corte os aspargos no mesmo comprimento. Use uma tábua para não quebrá-los. Descasque-os das pontas para os pés e lave-os rapidamente em água corrente. Escorra e amarre-os em maços.
2. Ferva água com sal e cozinhe os aspargos. Depois de 15 min, verifique se estão prontos, testando com a ponta da faca. Ao espetar a lâmina na base mais grossa, ela deve entrar facilmente. Se for preciso, cozinhe mais alguns minutos. Retire do fogo e ▶

escorra. Os aspargos também podem ser cozidos no vapor. São servidos quentes ou frios. Cozidos na água, ou no vapor, podem ser acompanhados de diferentes molhos quentes (cremoso, holandês, musseline) ou frios (maionese, vinagrete, molho de mostarda ou tártaro).

Pontas do aspargo

Corte as pontas e amarre-as em maços. Pique os pedúnculos em cubinhos e cozinhe por 5 min em água fervente com sal. Acrescente as pontas, cozinhe por 7-8 min, retire da água e deixe esfriar.

Congelamento do aspargo

Descasque os aspargos e, dependendo do tamanho, ferva-os por 2-4 min em uma grande quantidade de água fervente com sal. Escorra em uma peneira sob água fria e seque-os bem. Embale-os em pequenas quantidades, em sacos próprios para congelar. Coloque os sacos plásticos em outros maiores ou em embalagens para congelar. Feche, rotule e congele. No momento de usar os aspargos, mergulhe-os ainda congelados em água fervente com sal e deixe por 12-16 min, dependendo do tamanho, para que terminem de cozinhar. Podem ser preparados como os aspargos frescos.

Aspargos à moda flamenga

Rendimento: 4 porções

1,6 kg de aspargos
2 ovos
80 g de manteiga
1 colher (sopa) de salsinha picada
sal

1 Prepare e cozinhe os aspargos.
2 Cozinhe os ovos duros, descasque e amasse as gemas.
3 Derreta a manteiga, misture-as com as gemas e a salsinha picada. Tempere com sal.
4 Sirva os aspargos bem quentes e o molho à parte.

■ Preparo: 20 min ■ Cozimento: 10-15 min

ASPARGOS
HORTALIÇAS E FRUTOS

Aspargos à polonesa

Rendimento: 4 porções

1,6 kg de aspargos
2 ovos
1 colher (sopa) de salsinha picada
50 g de manteiga
50 g de farinha de rosca
sal e pimenta

1. Prepare e cozinhe os aspargos. Escorra com cuidado.
2. Cozinhe os ovos duros, descasque e pique-os.
3. Unte uma travessa retangular e arrume os aspargos em filas escalonadas, de modo que todas as pontas fiquem à mostra.
4. Polvilhe com os ovos duros e a salsinha picada. Tempere com sal e pimenta.
5. Prepare a Manteiga noisette (*veja p. 70*) acrescente farinha de rosca e deixe dourar. Regue com ela os aspargos. Sirva imediatamente.

■ **Preparo: 35 min** ■ **Cozimento: 15 min + 5 min**

Aspargos gratinados

Rendimento: 4 porções

1,6 kg de aspargos
250 ml de Molho Mornay (veja p. 77)
20 g de queijo parmesão ralado
20 g de manteiga
sal e pimenta

1. Prepare e cozinhe os aspargos.
2. Enquanto isso, faça o Molho Mornay.
3. Arrume os aspargos em uma travessa refratária, em camadas alternadas, de modo que as pontas apareçam de ambos os lados da travessa.
4. Cubra as pontas com o molho.
5. Cubra as partes que não receberam o molho com papel-manteiga.
6. Salpique o parmesão ralado e tempere com sal e pimenta. Regue com a manteiga derretida e leve para gratinar por 3-4 min no forno, até que as pontas fiquem bem douradas.
7. Retire o papel-manteiga antes de servir.

■ **Preparo: cerca de 35 min** ■ **Cozimento: 3-4 min**

AZEDINHA

Azedinha: preparo

1. Elimine as folhas estragadas e retire os cabos duros.
2. Lave e seque as folhas.
3. Mergulhe-as por 1 min em água fervente e escorra rapidamente.
4. Deixe de molho na água gelada para preservar a cor e não amarelar. A azedinha também pode ser cozida diretamente na manteiga.

A azedinha pode ser substituída por agrião novo: o efeito é o mesmo.

Chiffonade de azedinha

Rendimento: 4 porções

500 g de azedinha (ou agrião novo)
50 g de manteiga
sal

1. Lave as folhas da verdura.
2. Corte as folhas em chiffonade da seguinte forma: enrole todas as folhas juntas, como um charuto, e corte-as bem fininho.
3. Derreta a manteiga em uma caçarola, sem dourar.
4. Acrescente a azedinha, tempere com sal, tampe a panela parcialmente e deixe cozinhar em fogo baixo, até que toda a água da verdura evapore.

A Chiffonade de azedinha acompanha bem carnes vermelhas e peixes.

Chiffonade de azedinha com creme de leite
Ao final do preparo, acrescente creme de leite sem soro e leve ao fogo para apurar.

■ **Preparo: 15 min** ■ **Cozimento: 10-15 min**

AZEDINHA / BATATA

Purê de azedinha

Rendimento: 4-6 porções (800 g de purê)

50 g de arroz
1 kg de azedinha (ou agrião novo)
2 ovos
100 ml de creme de leite fresco
30 g de manteiga
sal e pimenta

1 Ponha o arroz na água fervente com sal e cozinhe por 20 min.
2 Lave e seque a verdura. Escalde-a por 1 min e passe em água gelada para preservar sua cor.
3 Passe o arroz e a azedinha, juntos, no processador.
4 Bata os ovos com o creme de leite fresco e acrescente essa mistura ao purê. Tempere com sal e pimenta. Aqueça em fogo brando mexendo sempre. Adicione a manteiga e misture bem.

■ Preparo: 10 min   ■ Cozimento: 25 min

BATATA

Batata: preparo

Ao comprar batatas, escolha as bem firmes, sem brotos e sem nenhum vestígio esverdeado. Se não for usá-las imediatamente, conserve-as em lugar escuro (bem fechadas em um saco), porque a luz contribui para o desenvolvimento de uma substância verde, amarga e indigesta.

As batatas de uso corrente como a bintje são mais utilizadas em sopas, frituras e purês, e as de polpa dura, como a roseval, são próprias para assar. Encontradas o ano inteiro, as batatas são colhidas antes do tempo, estocadas com inibidores químicos e germicidas. Como os germicidas são tóxicos, é preciso lavar as batatas antes e depois de descascá-las e evitar cozinhá-las com a casca. A única exceção são as batatas orgânicas. ▶

Descasque as batatas, para eliminar os resíduos tóxicos, corte, lave bem e seque em um pano limpo. Depois de descascadas, devemos cozinhá-las imediatamente, senão escurecem. Para aguardar o cozimento, ponha as batatas em uma tigela com água fria.

Aligot

Rendimento: 6 porções
1 kg de batatas bintje
500 g de mussarela
2 dentes de alho
30 g de manteiga
sal e pimenta

1. Descasque as batatas e corte-as em pedaços grandes. Ponha em uma panela, cubra com água fria e salgue. Leve para ferver e cozinhe por 20 min (verifique o cozimento).
2. Enquanto isso, corte a mussarela em fatias finas, descasque e pique o alho.
3. Escorra as batatas e passe-as no espremedor de batatas.
4. Ponha o purê quente em uma panela, leve-a ao fogo em banho-maria e misture com a manteiga e o alho, tempere com sal e pimenta.
5. Vá acrescentando a mussarela aos poucos, mexendo sem parar. Espere a mussarela ficar bem incorporada ao purê antes de acrescentar o próximo pedaço. Ao mexer, erga a colher de pau de vez em quando. Quando a massa estiver lisa, cremosa e cair em um fio contínuo é sinal de que está pronta.
6. Prove e retifique o tempero. Sirva bem quente.

■ Preparo: 25 min ■ Cozimento: cerca de 20 min

BATATA
HORTALIÇAS E FRUTOS

Batatas à inglesa

Rendimento: 4 porções
1 kg de batatas firmes
150 g de manteiga
sal

1 Escolha batatas do tamanho de um ovo pequeno. Descasque-as dando-lhes uma forma oval.
2 Ponha as batatas em uma panela e cubra-as generosamente de água fria com sal. Leve para ferver e cozinhe por 20-25 min.
3 Escorra as batatas e arrume-as na travessa que vai à mesa. Sirva a manteiga à parte.

Se não servir as batatas imediatamente, cubra a travessa com papel-alumínio e ponha em banho-maria.

Batatas no vapor
Prepare as batatas do mesmo jeito e cozinhe-as por 20-30 min no vapor.

■ Preparo: 15 min ■ Cozimento: 20–25 min

Batatas à moda de Landes

Rendimento: 4 porções
800 g de batatas
1 cebola grande
150 g de presunto cru
60 g de manteiga
2 dentes de alho
1/2 maço de salsinha
sal e pimenta

1 Descasque e lave as batatas, corte-as em cubos.
2 Descasque e pique a cebola em cubinhos. Corte o presunto em cubinhos.
3 Derreta a manteiga e refogue a cebola e o presunto. Quando estiverem dourados por igual, acrescente as batatas e misture. Tempere levemente com sal e pimenta. Cozinhe com a tampa por 15-20 min, mexendo de vez em quando.
4 Descasque e pique o alho e a salsinha e adicione-os no último momento.

■ Preparo: 15 min ■ Cozimento: cerca de 25 min

BATATA
HORTALIÇAS E FRUTOS

Batatas à moda de Sarlat

Rendimento: 4 porções
800 g de batatas
4-5 dentes de alho
1 maço de salsinha
60 g de manteiga
1 trufa fresca (opcional)

1. Descasque e lave as batatas, corte-as em rodelas de uns 5 mm de espessura.
2. Descasque e pique o alho. Pique a salsinha.
3. Aqueça a manteiga em uma frigideira grande de fundo grosso, acrescente as batatas e meia colher (sopa) do alho picado. Salteie as batatas em fogo alto por 15 min, mexendo todo o tempo.
4. Misture o restante do alho com a salsinha. Adicione à frigideira e misture. Abaixe o fogo e tampe. Deixe cozinhar por mais 4-5 min.
5. Se for usar a trufa fresca, retire a pele, pique-a e adicione às batatas no fim do cozimento com 1 colher (sopa) de manteiga. Tampe e deixe que os aromas se misturem.

■ Preparo: 20 min ■ Cozimento: cerca de 20 min

Batatas ao creme

Rendimento: 4 porções
600 g de batatas firmes
300 ml de creme de leite fresco
1 colher (sopa) de cebolinha verde picada
sal e pimenta

1. Prepare e cozinhe as Batatas à inglesa (*veja p. 662*), mas sem descascá-las. Em seguida, corte-as em rodelas grossas ou em cubos grandes.
2. Ponha as batatas em uma panela, acrescente 250 ml de creme de leite, adicione o sal e a pimenta. Deixe o creme de leite reduzir mais ou menos à metade, mexendo com cuidado para não quebrar as rodelas de batata.
3. Acrescente o resto do creme quando for servir. Prove e acerte o tempero. Passe para a travessa e espalhe a cebolinha por cima.

■ Preparo: 15 min ■ Cozimento: cerca de 15 min

Batatas boulangère

Rendimento: 4 porções
600 g de batatas firmes
300 g de cebolas
40 g de manteiga
2 colheres (sopa) de óleo
cerca de 500 ml de caldo de carne em tablete
sal e pimenta

1 Descasque e lave as batatas; corte-as em rodelas. Descasque e pique as cebolas. Refogue as batatas e as cebolas separadamente em 20 g de manteiga e 1 colher (sopa) de óleo, por 10 min. Tempere levemente com sal e pimenta.
2 Preaqueça o forno a 200ºC.
3 Escorra as batatas e as cebolas. Arrume-as em camadas alternadas em uma travessa refratária e cubra com o caldo de carne. Leve ao forno por 25 min.
4 Diminua o forno para 180ºC e cozinhe mais 20 min.

■ Preparo: 30 min ■ Cozimento: 45 min

Batatas camponesas

Rendimento: 4 porções
800 g de batatas firmes
sal

1 Lave as batatas, ponha em uma caçarola e cubra generosamente de água fria com sal.
2 Leve para ferver e cozinhe de 20 a 30 min, dependendo do tamanho. Verifique o cozimento espetando com um garfo.

Sirva as batatas assim ou descascadas, com manteiga ou creme de leite à parte.

■ Preparo: 5 min ■ Cozimento: 20-30 min

BATATA
HORTALIÇAS E FRUTOS

Batatas com toucinho

Rendimento: 4 porções

800 g de batatas firmes
250 g de toucinho defumado picado
três pitadas de tomilho
3 colheres (sopa) de salsinha picada
pimenta

1. Descasque e lave as batatas. Corte-as em cubinhos.
2. Mergulhe os toucinhos defumados na água fria, leve para ferver e cozinhe-os por 10 min. Escorra.
3. Preaqueça o forno a 210ºC.
4. Ponha os cubinhos de batata em uma caçarola. Cubra pela metade com a água do cozimento dos toucinhos, acrescente o tomilho, tempere com pimenta e misture. Leve ao forno por 20 min.
5. Aqueça e doure os toucinhos na frigideira antiaderente.
6. Escorra as batatas, ponha em uma travessa quente, acrescente os toucinhos, a salsinha e misture. Sirva em seguida.

■ Preparo: 15 min   ■ Cozimento: 35 min

Batatas Darphin

Rendimento: 4 porções

800 g de batatas firmes
2 colheres (sopa) de óleo
30 g de manteiga
sal e pimenta

1. Descasque as batatas, lave-as e corte em forma de Batatas-palha (*veja p. 667*). Seque-as no pano de prato, espalhe-as, polvilhe sal e pimenta.
2. Aqueça o óleo e a manteiga em uma frigideira grande antiaderente, acrescente as batatas e salteie-as rapidamente.
3. Retire do fogo. Espalhe as batatas numa assadeira e leve ao forno preaquecido a 220ºC. Vire as batatas e deixe dourar do outro lado. Escorra o excedente de gordura, ponha na travessa e sirva bem quente.

As batatas Darphin também podem ser preparadas em frigideiras pequenas individuais (200 g por porção).

■ Preparo: 15 min   ■ Cozimento: cerca de 30 min

BATATA

Batatas dauphine

Rendimento: 6 porções
750 g de batatas
40 g de manteiga
3 gemas
250 g de Massa de carolina (veja p. 112)
noz-moscada
óleo para fritura
sal e pimenta

1 Prepare as batatas como para croquetes (*veja p. 670*).
2 Prepare a Massa de carolina; acrescente a noz-moscada e misture com a batata.
3 Aqueça o óleo para a fritura.
4 Pegue a massa com uma colher (sobremesa), faça bolinhas com as mãos e frite a 180°C. Proceda da mesma maneira até terminar a massa. Quando as batatas estiverem infladas e douradas, escorra-as e seque no papel-toalha. Polvilhe com sal e sirva bem quente.

■ Preparo: 40 min   ■ Cozimento: 15-20 min

Batatas em papillote

Rendimento: 4 porções
4 batatas grandes
4 colheres (café) de cebolinha verde picada
4 colheres (sopa) de creme de leite fresco ou 60 g de manteiga

1 Preaqueça o forno a 200°C.
2 Lave e escove as batatas. Seque-as, enrole-as no papel-alumínio e leve ao forno por 1 h.
3 Abra as batatas ao meio no sentido da largura, espalhe a cebolinha por cima e sirva-as acompanhadas de manteiga ou de creme de leite fresco.

■ Preparo: 5 min   ■ Cozimento: 1 h

Batatas fritas

Rendimento: 4 porções
1-1,2 kg de batatas
óleo para fritura
sal

1 Descasque as batatas, corte-as em bastonetes de 1 cm de espessura e 7 cm de comprimento. Lave-as duas vezes trocando a água, escorra e seque-as bem.
2 Aqueça o óleo para fritura a 180°C. ▶

3 Mergulhe as batatas nesse óleo. Quando estiverem bem douradas, escorra no papel-toalha. Frite as batatas em pequenas quantidades para que não colem umas nas outras. Polvilhe com sal e sirva em seguida.

> As batatas também podem ser fritas, inicialmente, a 160ºC por 7-9 min; em seguida devem ser escorridas e, bem na hora de servir, postas de volta no óleo da fritura a 180ºC, por 4-5 min para dourar.

Batatas-palha
Corte as batatas bem finas, como palitos, com a faca ou o multiprocessador e frite-as por 2 ou 3 min. Retire quando estiverem bem douradas.

■ Preparo: 15 min   ■ Cozimento: cerca de 30 min

Batatas Macário

Rendimento: 4 porções
600 g de batatas (tipo bintje)
50 g de manteiga
noz-moscada
40 g de farinha
50 ml de óleo
sal e pimenta

1 Prepare e cozinhe as Batatas em papillote (*veja p. 666*).

2 Descasque as batatas e passe-as pelo processador de legumes enquanto estiverem quentes. Acrescente a manteiga, o sal, a pimenta, rale a noz-moscada e misture bem.

3 Forre uma assadeira com papel-manteiga; unte ligeiramente o papel com óleo. Espalhe o purê formando mais ou menos 2 cm de espessura. Corte quadrados ou rodelas com um cortador de massa (ou um copo).

4 Retire do papel e enfarinhe os pedaços cortados de ambos os lados. Aqueça o óleo em uma frigideira e doure-os rapidamente. Escorra em papel-toalha e arrume na travessa que vai à mesa.

■ Preparo: 50 min   ■ Cozimento: 10-12 min

BATATA
HORTALIÇAS E FRUTOS

Batatas na manteiga

Rendimento: 4 porções
800 g de batatas firmes
100 g de manteiga
sal e pimenta

1 Lave e descasque as batatas. Corte-as em rodelas finas e tempere-as com sal e pimenta.
2 Derreta 25 g de manteiga em uma fôrma antiaderente de 25 cm de diâmetro. Disponha as batatas em camadas circulares (como uma torta de maçã). Despeje o restante da manteiga sobre as batatas e aperte-as com uma escumadeira.
3 Cubra com papel-alumínio e cozinhe por 5 min em fogo baixo. Em seguida, leve ao forno a 220°C por 25-30 min.
4 Com uma escumadeira, pressione levemente. Deixe descansar em local aquecido por 10 min. Desenforme e sirva em seguida.

■ Preparo: 15 min ■ Cozimento: 30-35 min

Batatas noisettes

Rendimento: 4 porções
800 g de batatas firmes
60 g de manteiga
3 colheres (sopa) de óleo
sal e pimenta

1 Descasque as batatas, lave e enxugue-as.
2 Retire a polpa da batata com um boleador, lave e seque as bolinhas.
3 Aqueça a manteiga e o óleo em uma frigideira grande de fundo grosso, ponha as noisettes e doure-as por igual, mexendo sempre.
4 Escorra as batatas em um papel-toalha, polvilhe com sal e pimenta. Passe para a travessa.

■ Preparo: 20 min ■ Cozimento: 12-15 min

BATATA
HORTALIÇAS E FRUTOS

Batatas recheadas

Rendimento: 4 porções

4 batatas grandes
sal grosso
80 g de sobras de carne cozida ou presunto ou queijo
30 g de manteiga
150 ml de creme de leite fresco
20 g de farinha de rosca ou queijo ralado
sal e pimenta

1 Preaqueça o forno a 200°C.

2 Lave as batatas, escove-as e enxugue. Ponha-as em uma assadeira sobre uma espessa camada de sal grosso e leve ao forno por cerca de 1 h.

3 Enquanto isso, prepare o recheio: pique a carne ou o presunto, ou rale o queijo. Misture o ingrediente escolhido com o creme de leite fresco, 20 g de manteiga, sal, pimenta e aqueça em fogo baixo.

4 Preaqueça o forno a 270°C.

5 Corte o quarto superior de cada batata no sentido do comprimento. Despreze essa tampa. Com uma colherinha, esvazie as batatas sem quebrá-las.

6 Passe a polpa no processador de legumes, disco fino, e misture-a com o recheio. Recheie as batatas esvaziadas, polvilhe com a farinha de rosca ou o queijo (ou uma mistura dos dois).

7 Regue com o restante da manteiga derretida e gratine no forno por uns 15 min.

■ Preparo: 30 min   ■ Cozimento: cerca de 1h15

Batatas sautées

Rendimento: 4 porções

800 g-1 kg de batatas
150 ml de óleo
20 g de manteiga
sal e pimenta

1 Descasque e lave as batatas. Corte-as em fatias de 3 mm de espessura ou em cubinhos. Lave-as novamente e seque-as bem.

2 Aqueça o óleo em uma frigideira antiaderente. Salteie as batatas por 15-20 minutos, mexendo constantemente. Tempere com sal e pimenta.

3 Acrescente a manteiga no fim do cozimento para dourá-las.

4 Escorra as batatas e passe para a travessa que vai à mesa. ▶

Batatas sautées com parmesão

Prepare as batatas sautées, arrume-as na assadeira e polvilhe com 200 g de parmesão ralado. Leve ao forno para gratinar por 10 min.

■ Preparo: 15 min ■ Cozimento: 15-20 min

Croquetes de batata

Rendimento: 4 porções
750 g de batatas
40 g de manteiga
3 gemas
óleo para fritura
1 colher (sopa)
  de farinha de trigo
400 g de farinha de rosca
sal

1 Descasque e lave as batatas; corte-as em quatro. Ponha em uma panela, cubra com água fria e acrescente o sal. Leve ao fogo para ferver e cozinhe por 20 min.
2 Preaqueça o forno a 250°C. Ponha as batatas em uma assadeira e seque-as no forno até que fiquem com a superfície esbranquiçada.
3 Passe as batatas no espremedor para transformá-las em purê. Acrescente a manteiga, incorpore aos poucos as gemas batidas e temperadas com sal. Unte um prato raso com óleo, ponha o purê e deixe esfriar completamente.
4 Aqueça o óleo para a fritura. Enrole o purê em bolas com as mãos enfarinhadas e vá formando longos cilindros estreitos e iguais. Corte em pedaços de 6-7 cm. Arredonde um pouquinho esses pedaços. Passe na farinha de rosca e frite por 3 min a 180°C. Escorra sobre papel-toalha e sirva em seguida.

■ Preparo: 30 min ■ Cozimento: cerca de 30 min

BATATA

Galette de batata

Rendimento: 4-6 porções

750 g de batatas
3 gemas
100 g de manteiga
farinha de trigo
1 ovo inteiro
sal

1 Prepare as batatas como para croquetes (*veja receita anterior*), porém com 100 g de manteiga.
2 Preaqueça o forno a 220°C.
3 Com as mãos enfarinhadas, enrole o purê em bola e achate com a palma da mão. Junte novamente em uma bola e recomece a operação por duas vezes.
4 Forre uma assadeira com papel-manteiga e achate a massa para formar uma galette, ou biscoito grande, de 4 cm de espessura. Risque a massa com a ponta de uma faca. Espalhe o ovo batido por cima com o pincel e asse no forno por uns 20 min.

■ Preparo: 30 min ■ Cozimento: cerca de 20 min

Gratinado à moda real

Rendimento: 4-6 porções

1 kg de batatas firmes
2 dentes de alho
80 g de manteiga
250 ml de leite
500 ml de creme de leite fresco
sal

1 Descasque as batatas, corte-as em rodelas finas.
2 Preaqueça o forno a 220°C. Esfregue os dentes de alho em uma travessa refratária e unte-a generosamente com manteiga. Arrume as batatas em camadas.
3 Bata o leite com o creme de leite, acrescente 1 colher rasa (café) de sal. Despeje essa mistura sobre as batatas e espalhe bolinhas de manteiga por cima. Leve ao forno por 50 min.

■ Preparo: 15 min ■ Cozimento: 50 min

Nhoque

Rendimento: 4 porções

600 g de batatas (tipo bintje)
70 g de manteiga
1 ovo inteiro
1 gema
80 g de farinha de trigo
noz-moscada
40 g de queijo gruyère ralado
sal e pimenta

1. Prepare as batatas e asse-as embrulhadas em papel-alumínio. Descasque-as e passe no processador. Acrescente 30 g de manteiga, o ovo inteiro, a gema e 75 g de farinha. Tempere com sal, pimenta e rale um pouco de noz-moscada.
2. Enfarinhe a superfície de trabalho, ponha o purê e separe em duas porções. Enrole cada uma das partes no formato de uma lingüiça de uns 2 cm de diâmetro. Corte em pedaços de 1 cm de comprimento e enrole-os nas mãos para arredondá-los. Faça entalhes com os dentes de um garfo, achatando-os ligeiramente.
3. Preaqueça o forno a 200°C. Cozinhe os nhoques por 5-6 min em água com sal, em fervura leve. Escorra.
4. Unte com manteiga uma travessa refratária e disponha os nhoques. Polvilhe com o queijo ralado e regue com o restante da manteiga derretida. Leve ao forno por 12-15 min. Sirva na mesma travessa.

■ Preparo: 30 min ■ Cozimento: 12-15 min

Pflutters (Bolinhos de batata)

Rendimento: 4-6 porções

500 g de purê de batata
2 ovos
75 g de farinha de trigo
noz-moscada
20 g de farinha de rosca
80 g de manteiga
1 pão
sal e pimenta

1. Prepare o purê de batata. Acrescente os ovos um a um, a farinha e misture bem para obter uma massa consistente. Tempere com sal, pimenta e rale a noz-moscada.
2. Com as mãos enfarinhadas faça bolinhas.
3. Ferva água com sal e adicione as bolinhas de batata. Cozinhe por 8-10 min. Escorra e arrume em uma travessa untada com manteiga. ▶

4. Derreta o restante da manteiga e acrescente o miolo de pão esfarelado. Quando o miolo estiver dourado, regue os bolinhos e misture. Sirva bem quente.

■ Preparo: cerca de 40 min
■ Cozimento: cerca de 15 min

Purê de batata

Rendimento: 4 porções (1 kg de purê)
800 g de batatas
50 g de manteiga
400 ml de leite
sal

1. Descasque as batatas e corte-as em pedaços. Cozinhe-as na água com sal por 20 min a partir da fervura, ou no vapor por 35 min.
2. Passe as batatas no processador de legumes, disco fino. Ponha o purê em uma panela e, em fogo baixo, acrescente a manteiga aos poucos, misturando.
3. Enquanto isso, aqueça o leite. Despeje aos pouquinhos, misturando sempre. Mexa vigorosamente para que o purê fique bem leve. Prove, acerte o tempero e sirva imediatamente.

Purê musseline

Acrescente aos poucos 100 g de manteiga às batatas espremidas, mais 2 gemas, mexendo o purê em fogo brando. Tempere com sal e noz-moscada ralada. Fora do fogo, acrescente 100 ml de creme de leite batido.

■ Preparo: 10 min ■ Cozimento: 25-40 min

BATATA / BATATA-DOCE
HORTALIÇAS E FRUTOS

Salada de batata com ovas de peixe

Rendimento: 4 porções

800 g de batatas pequenas e novas
4 colheres (sopa) de cerefólio
3 colheres (sopa) de creme de leite
1 colher (sopa) de vinagre de xerez
150 g de ovas de salmão ou de truta
sal e pimenta

1 Escove as batatas e cozinhe-as em água com sal por 20-25 min.
2 Enquanto isso, misture em uma tigela o cerefólio picado, o creme de leite e o vinagre. Tempere com sal e pimenta.
3 Escorra e retire a pele das batatas. Corte-as em rodelas e disponha em uma saladeira. Cubra as batatas com o molho e misture delicadamente.
4 Divida a salada em pratos individuais. Acrescente as ovas de salmão ou de truta como guarnição e sirva em seguida.

■ Preparo: 20 min   ■ Cozimento: 25 min

BATATA-DOCE

Batata-doce: preparo

As batatas-doces são preparadas como as batatas. Ao comprá-las, escolha as mais firmes, sem amassados e sem cheiro.

Batata-doce gratinada

Rendimento: 4 porções

800 g de batatas-doces
4 ovos
duas pitadas de pimenta-de-caiena
1/2 colher (café) de chili em pó
1 colher (café) de cominho ▶

1 Lave as batatas-doces, escovando-as. Cozinhe no vapor, com a casca, por 20 min.
2 Escorra, deixe amornar e descasque. Amasse com um garfo.
3 Preaqueça o forno a 180°C.
4 Bata os ovos como para omelete e junte-os ao purê de batata-doce com a pimenta-de-caiena, o chili e o cominho. Tempere com sal, pimenta e noz-moscada. ▶

BERINJELA

noz-moscada
40 g de manteiga
sal e pimenta

5 Unte com manteiga uma travessa refratária e coloque o preparado. Adicione o restante da manteiga em pedaços e leve ao forno por 20 min. Sirva na própria travessa.

■ Preparo: 15 min   ■ Cozimento: 40 min

BERINJELA
Berinjela: preparo

Não é preciso descascar as berinjelas. Em algumas receitas é preciso desidratá-las. Para isso, corte-as em fatias, polvilhe com sal grosso, deixe repousar por 30 min e ponha para secar cuidadosamente em papel-toalha.

Para rechear as berinjelas, podemos cortá-las ao meio como barquinhas e esvaziá-las, ou simplesmente fazer um corte e retirar a polpa, recheando-as inteiras. Nesse caso, passe uma faca em toda a volta, penetrando 5-6 mm, e retire a polpa. Regue o interior e a polpa retirada com limão, para impedir que escureçam.

Beignets de berinjela

Rendimento: 4 porções

150 g de Massa para fritar (veja p. 118)
4 berinjelas
50 ml de óleo
1/2 limão
2 colheres (sopa) de salsinha picada
4 ovos
20 g de manteiga
óleo para fritura
sal e pimenta

1 Prepare a Massa para fritar e deixe descansar por 1 h.
2 Corte as berinjelas em rodelas. Misture o óleo, o suco do limão, 1 colher (sopa) de salsinha picada, o sal e a pimenta e deixe as berinjelas marinando por 1 h.
3 Cozinhe os ovos duros, descasque e separe as claras das gemas.
4 Escorra as berinjelas e amasse-as com o garfo ou bata no liquidificador com as gemas, a manteiga e o restante da salsinha. Tempere com sal e pimenta. ▶

5 Deixe bater bastante e enrole esse preparado com as mãos formando bolinhas do tamanho aproximado de uma tangerina.

6 Achate as bolinhas, mergulhe-as na Massa para fritar e frite no óleo a 180°C, até que os beignets fiquem dourados.

7 Forre a travessa em que vai servir com um guardanapo de papel e arrume os beignets.

■ Preparo: 15 min ■ Marinada: 1 h
■ Cozimento: 10-15 min

Berinjelas à oriental

Rendimento: 4 porções

200 g de uvas-passas pretas
2 xícaras de chá mate morno
4 berinjelas compridas
1/2 limão
4 cebolas
8 tomates
1/2 maço de salsinha
2 dentes de alho
150 ml de azeite
2 galhinhos de tomilho
2 folhas de louro
sal e pimenta

1 Mergulhe as uvas-passas no chá morno.

2 Lave as berinjelas sem descascar, corte ao meio e retire a polpa, deixando 1 cm das bordas. Tome cuidado para não furar a casca. Corte a polpa em cubinhos e ponha em uma vasilha com o suco do limão.

3 Descasque e pique as cebolas.

4 Escalde os tomates, retire a pele, as sementes e amasse.

5 Pique a salsinha. Descasque e esprema o alho.

6 Aqueça 4 colheres (sopa) de azeite e refogue os cubinhos de berinjela, acrescente as cebolas cortadas, a salsinha picada e a polpa dos tomates.

7 Tempere com sal, pimenta, um galhinho de tomilho e uma folha de louro, tampe e deixe cozinhar por 20 min.

8 Acrescente o alho e as uvas-passas escorridas. Misture bem e cozinhe por mais 5 min.

9 Retire o tomilho e o louro.

10 Preaqueça o forno a 160°C. ▶

BERINJELA
HORTALIÇAS E FRUTOS

11 Unte com o azeite uma travessa refratária. Arrume as metades das berinjelas esvaziadas e encha com o recheio.
12 Adicione o restante do azeite ao redor, acrescente o outro ramo de tomilho e a outra folha de louro picados. Leve a travessa ao forno por 30 min.

■ Preparo: 25 min   ■ Cozimento: 50 min

Berinjelas com cominho

Rendimento: 4 porções
2 limões
100 ml de azeite
1 colher (café) de grãos de coentro
1 colher (sobremesa) de grãos de cominho
12 grãos de pimenta-do-reino branca
1 bouquet garni (veja glossário)
3 pitadas de tomilho
4 berinjelas
sal grosso

1 Prepare um court-bouillon com meio litro de água, o suco de 1 limão, o azeite, as sementes de coentro e o cominho, a pimenta, o bouquet garni, o tomilho e 3 pitadas de sal grosso.
2 Corte as berinjelas em cubinhos iguais e regue com limão. Mergulhe as berinjelas no court-bouillon, ferva em fogo alto por 10 min e escorra.
3 Descarte o bouquet garni, coe o court-bouillon e deixe reduzir à metade. Corrija o tempero. Regue as berinjelas com ele e deixe esfriar.
4 Leve à geladeira até o momento de servir.

Berinjelas ao molho de tomate
Acrescente 2 colheres (sopa) de extrato de tomate ao court-bouillon.

■ Preparo: 10 min   ■ Cozimento: cerca de 15 min

BERINJELA
HORTALIÇAS E FRUTOS

Berinjelas com molho cremoso

Rendimento: 4 porções
4 berinjelas
sal grosso
80 g de manteiga
150 ml de Molho cremoso (veja p. 76)
sal e pimenta

1. Corte as berinjelas em rodelas de 5 mm de espessura, polvilhe com sal grosso e deixe repousar por 30 min. Coloque sobre papel-toalha para secar.
2. Derreta a manteiga em uma caçarola e coloque as rodelas de berinjela. Tempere com sal e pimenta e cozinhe em fogo brando por cerca de 15-20 min.
3. Enquanto isso, prepare o Molho cremoso.
4. Misture delicadamente o molho nas berinjelas, sem quebrá-las, e arrume-as na travessa que vai à mesa.

■ Preparo: 5 min ■ Desidratação: 30 min
■ Cozimento: cerca de 15-20 min

Berinjelas fritas

Rendimento: 4 porções
4 berinjelas
40 g de farinha de trigo
200 ml de azeite
1 colher (sopa) de salsinha picada
sal grosso

1. Corte as berinjelas em cubos com 2 cm de lado, polvilhe com sal grosso e deixe repousar por 30 min. Depois, coloque sobre papel-toalha.
2. Espalhe a farinha em um pano de prato limpo, coloque os cubos de berinjela e envolva-os bem.
3. Aqueça o azeite em uma frigideira grande e salteie as berinjelas por 10-15 min, virando-as várias vezes. Escorra sobre papel-toalha.
4. Ponha as berinjelas em uma travessa quente para servir e espalhe a salsinha por cima.

■ Preparo: 10 min ■ Desidratação: 30 min
■ Cozimento: 10-15 min

Berinjelas gratinadas

Rendimento: 4 porções

4 berinjelas
sal grosso
1 cebola
1 dente de alho
150-200 g de sobras de carne
5 galhos de salsinha
40 g de manteiga
2 colheres (sopa) de extrato de tomate
50 ml de azeite
farinha de rosca
sal e pimenta

1 Corte as berinjelas em rodelas, polvilhe com sal grosso e deixe repousar por 30 min. Deixe secar sobre papel-toalha.

2 Enquanto isso, descasque e pique a cebola e o alho. Moa as sobras de carne e a salsinha.

3 Derreta 30 g de manteiga em uma frigideira, refogue a cebola e o alho. Quando estiverem dourados, acrescente a carne moída e a salsinha. Misture.

4 Adicione o extrato de tomate e misture novamente, tempere com sal, pimenta e cozinhe por 5-7 min.

5 Aqueça o azeite em uma frigideira grande e salteie as berinjelas por cerca de 10 min, tempere com sal e pimenta. Escorra em papel-toalha.

6 Preaqueça o forno a 220°C.

7 Unte uma travessa refratária com manteiga. Ponha no fundo uma camada de berinjelas, por cima uma camada do recheio e assim por diante. Termine com as berinjelas.

8 Polvilhe com farinha de rosca, derreta o restante da manteiga e regue a travessa. Leve ao forno por 30 min.

■ **Preparo: 20 min** ■ **Desidratação: 30 min**
■ **Cozimento: 50 min**

Berinjelas gratinadas à moda de Toulouse

Rendimento: 4 porções

4 berinjelas
sal grosso
300 ml de azeite
5 tomates
2 dentes de alho
50 g de miolo de pão duro
1 colher (sopa) de salsinha picada
sal e pimenta

1 Corte as berinjelas em fatias grossas, na transversal ou no sentido do comprimento e polvilhe com sal grosso. Deixe repousar por 30 min. Coloque sobre papel-toalha para secar.

2 Ponha 200 ml de azeite em uma frigideira e doure as fatias de berinjela, virando-as várias vezes.

3 Corte os tomates ao meio e retire as sementes. Aqueça 50 ml de azeite em outra frigideira e salteie os tomates; tempere com sal e pimenta. ▶

4 Preaqueça o forno a 200°C.
5 Pique o alho e misture com o miolo de pão esfarelado.
6 Unte uma travessa refratária com o azeite, disponha alternadamente os tomates e as berinjelas e espalhe fartamente por cima o miolo de pão com o alho e a salsinha picada. Regue com o azeite restante e leve ao forno por 10-15 min para gratinar.

■ Preparo: 5 min ■ Desidratação: 30 min
■ Cozimento: 30 min

Berinjelas recheadas à italiana

Rendimento: 4 porções

4 berinjelas
100 ml de azeite
2 dentes de alho
300 g de arroz cozido
1 colher (sopa) de salsinha picada
50 g de farinha de rosca
sal e pimenta

1 Preaqueça o forno a 180°C.
2 Corte as berinjelas ao meio formando barquinhas. Escave a 1 cm da beirada e retire a polpa sem atingir a pele. Faça pequenos entalhes nas bordas.
3 Ponha as metades de berinjelas em uma travessa refratária untada com azeite, tempere com sal e pimenta, regue com um fio de azeite e leve ao forno por 10 min.
4 Pique a polpa das berinjelas. Descasque e pique o alho. Acrescente tudo ao arroz com a salsinha picada e misture bem. Cozinhe por 5 min.
5 Aumente a temperatura do forno para 220°C.
6 Recheie as berinjelas com esse preparado. Espalhe por cima a farinha de rosca.
7 Regue com o restante do azeite e leve ao forno para gratinar por 10-15 min.

■ Preparo: 15 min ■ Cozimento: cerca de 30 min

BERINJELA
HORTALIÇAS E FRUTOS

Berinjelas recheadas à moda catalã

Rendimento: 4 porções

1 ovo
2 dentes de alho
2 cebolas
1/2 maço de salsinha
2 berinjelas
150 ml de óleo
50 g de farinha de rosca
sal e pimenta

1 Cozinhe o ovo duro, descasque e pique-o.
2 Descasque o alho e as cebolas. Pique a salsinha.
3 Preaqueça o forno a 180°C.
4 Corte as berinjelas ao meio formando barquinhas. Escave a 1 cm da beirada e retire a polpa sem atingir a pele. Faça pequenos entalhes nas bordas.
5 Ponha as metades das berinjelas em uma travessa refratária untada com óleo, regue com um filete de óleo e leve ao forno por 10 min.
6 Enquanto isso, pique a polpa e misture com o ovo, o alho e a salsinha picados.
7 Aumente a temperatura do forno para 225°C.
8 Aqueça 3 colheres (sopa) de óleo em uma caçarola, amoleça a cebola por 10 min e acrescente-a à polpa das berinjelas. Tempere com sal e pimenta e misture bem.
9 Guarneça as metades de berinjelas com esse recheio.
10 Polvilhe a farinha de rosca sobre as berinjelas, regue com o restante do óleo e asse no forno por cerca de 25-30 min.

■ **Preparo: 20 min** ■ **Cozimento: cerca de 1 h**

Bolinhos de berinjela

Rendimento: 4 porções

500 g de Massa para fritar (veja p. 118)
4 berinjelas
sal grosso
óleo para fritura
sal

1 Prepare a Massa para fritar e deixe descansar por 30 min.
2 Corte as berinjelas em rodelas de 5 mm de espessura, polvilhe com sal grosso e deixe repousar por 30 min. Depois, coloque sobre papel-toalha para secar. ▶

3 Mergulhe a berinjela na massa. Com uma colher, vá retirando as rodelas de berinjela da massa e colocando no óleo bem quente, para fritar. Retire quando estiverem bem douradas.

4 Escorra sobre papel-toalha. Polvilhe com o sal e sirva imediatamente.

■ Preparo: 10 min ■ Desidratação: 30 min
■ Cozimento: cerca de 15-20 min

Caponata

Rendimento: 4-6 porções

500 g de molho de tomate
4 berinjelas
100 ml de azeite
1 cebola
100 g de alcaparras em conserva
100 g de talos de aipo (salsão)
100 ml de vinagre
100 g de açúcar
100 g de azeitonas verdes sem caroço
2 ovos
150 g de lulas
4 sardinhas em conserva no óleo
2 colheres (sopa) de salsinha picada
sal e pimenta

Na véspera

1 Prepare o molho de tomate ou compre-o pronto.

2 Lave as berinjelas e corte-as em cubinhos. Aqueça 5 colheres (sopa) de azeite em uma frigideira e salteie as berinjelas por 10 a 15 min, tempere com sal e pimenta. Escorra no papel-toalha.

3 Descasque e pique a cebola. Doure-a em uma panela com 2 colheres (sopa) de azeite. Acrescente o molho de tomate e cozinhe em fogo brando.

4 Enxágüe as alcaparras. Tire as nervuras do aipo e pique. Ponha o vinagre e o açúcar em outra panela. Aqueça lentamente, acrescente as alcaparras, as azeitonas e o aipo. Quando estiverem cozidos *al dente*, ponha-os no molho de tomate e cozinhe por 10 min.

5 Diminua o fogo, acrescente as berinjelas e cozinhe por mais 15 min, mexendo. Leve à geladeira por 12 h.

No dia

6 Cozinhe os ovos duros e esfarele-os. Refogue as lulas.

7 Sirva a caponata com os ovos esfarelados por cima, acompanhada das lulas e das sardinhas no óleo escorridas. Espalhe a salsinha picada.

■ Preparo: 1 h ■ Geladeira: 12 h no mínimo
■ Cozimento: 30 min + cerca de 20 min

BERINJELA
HORTALIÇAS E FRUTOS

Mussaca

Rendimento: 4-6 porções

5 berinjelas
1/2 litro de azeite
350 g de molho de tomate
10 folhas de hortelã
10 galhos de salsinha
750 g de carne moída
sal e pimenta

1. Corte as berinjelas em fatias. Ponha 300 ml de azeite em uma frigideira e frite as berinjelas até que fiquem bem douradas.
2. Ponha as berinjelas em um papel-toalha e deixe que escorram por 12 h, trocando o papel 2-3 vezes.
3. Prepare o molho de tomate e deixe reduzir um terço, mais ou menos.
4. Pique a hortelã e a salsinha.
5. Numa tigela, misture a carne moída, o molho de tomate, a hortelã, a salsinha, o restante do azeite (reserve 2 colheres de sopa), o sal e a pimenta.
6. Preaqueça o forno a 180°C.
7. Unte com o azeite uma travessa refratária oval e ponha camadas alternadas da carne moída temperada e das fatias de berinjelas, terminando com a carne.
8. Ponha a travessa em banho-maria, leve ao fogo para começar a fervura e ponha no forno por 1 h.
9. Apague o forno e deixe a mussaca por mais 15 min, com a porta entreaberta. Desenforme e sirva.

■ **Preparo: 30 min** ■ **Descanso: 12 h**
■ **Cozimento: 1h15**

Papeton de berinjela

Rendimento: 4-6 porções

500 ml de molho de tomate
2 kg de berinjelas
50 g de farinha de trigo
100 ml de azeite
2 dentes de alho
7 ovos
100 ml de leite
uma pitada de pimenta-de-caiena
sal e pimenta

1. Prepare o molho de tomate ou compre-o pronto.
2. Lave as berinjelas e corte em cubinhos, salpique-as com sal e deixe desidratar por 1 h.
3. Lave as berinjelas na água corrente e seque-as bem. Enrole em um pano de prato com a farinha.
4. Aqueça o azeite em uma caçarola e ponha os cubos de berinjela para cozinhar lentamente. Tempere com sal e deixe esfriar, depois passe no liquidificador. ▶

BERINJELA

5 Preaqueça o forno a 180°C.
6 Descasque e esprema o alho.
7 Bata bem os ovos, acrescente o leite, o alho, o sal, a pimenta-do-reino e uma pitada de pimenta-de-caiena e adicione à pasta de berinjela.
8 Unte uma fôrma de pudim com manteiga e despeje o preparado. Ponha a fôrma em banho-maria, comece a fervura no fogo e leve ao forno por 1 h.
9 Aqueça o molho de tomate.
10 Desenforme o papeton em uma travessa aquecida que possa ir à mesa e cubra com o molho bem quente.

■ Preparo: 30 min   ■ Desidratação: 1 h
■ Cozimento: 1 h

Pasta de berinjela

Rendimento: 4-6 porções

3 berinjelas
4 ovos
2 tomates
1 cebola
500 ml de azeite
sal e pimenta

1 Preaqueça o forno a 200°C. Leve as berinjelas inteiras ao forno por 15-20 min.
2 Cozinhe os ovos duros e descasque.
3 Tire a pele e as sementes dos tomates; pique a polpa.
4 Descasque e pique a cebola.
5 Corte as berinjelas ao meio, retire a polpa e pique.
6 Numa saladeira, misture o tomate, a polpa de berinjela e a cebola, tempere com sal e pimenta. Acrescente o azeite aos poucos, batendo como em uma maionese (ou use o liquidificador).
7 Leve à geladeira até o momento de servir. Decore com os ovos duros partidos em quatro.

■ Preparo: 30-35 min   ■ Cozimento: 15-20 min

BERINJELA
HORTALIÇAS E FRUTOS

Rougail de berinjela

Rendimento: 4-6 porções

3 berinjelas
1 cebola
1 colher (café) de gengibre fresco picado
1/2 pimenta dedo-de-moça
1/2 colher (café) de sal
1/2 limão
4 colheres (sopa) de azeite

1. Preaqueça o forno a 220°C.
2. Retire o pedúnculo das berinjelas e leve-as ao forno por 20-25 min.
3. Enquanto isso, corte a cebola em pedaços e bata no liquidificador com o gengibre, a pimenta dedo-de-moça, o sal, o suco do limão e o azeite.
4. Abra as berinjelas ao meio, retire as sementes e, com uma colher, retire a polpa.
5. Pique a polpa e misture ao preparado do liquidificador. Bata bastante até que fique bem fino.
6. Leve à geladeira até o momento de servir.

■ Preparo: 20 min ■ Cozimento: 20-25 min

Suflê de berinjela

Rendimento: 4 porções

400 ml de Béchamel (veja p. 70)
4 berinjelas
1 limão
2 ovos
40 g de queijo parmesão ralado
noz-moscada
sal e pimenta

1. Prepare o Béchamel (molho branco).
2. Limpe as berinjelas sem descascar, corte ao meio e retire a polpa, deixando 1 cm das bordas. Tome cuidado para não furar a casca. Corte a polpa em cubinhos e ponha em uma vasilha com o suco do limão.
3. Preaqueça o forno a 200°C.
4. Passe a polpa das berinjelas no processador e misture com o Béchamel.
5. Quebre os ovos e separe as claras das gemas. Bata as claras em neve firme, com uma pitada de sal. Adicione as gemas às berinjelas com molho branco. Tempere com sal, pimenta e noz-moscada.
6. Acrescente as claras, misturando delicadamente.
7. Recheie as berinjelas e arrume-as em uma travessa refratária untada com azeite. Polvilhe o queijo ralado e leve ao forno por 10 min. ▶

Suflê de berinjela à moda húngara
Acrescente ao recheio 1 cebola picada e passada na manteiga e 1 colher (sopa) de páprica.

■ Preparo: 30 min   ■ Cozimento: 10 min

BRÓCOLIS

Brócolis: preparo e cozimento

Elimine as folhas verdes externas e a maior parte dos talos. Lave o brócolis em água corrente antes de cozinhá-lo. O cozimento é rápido: de 5-10 min, em água fervente com sal ou no vapor. Se os brócolis forem pequenos, podemos cozinhá-los inteiros no vapor. Depois de cozidos será mais fácil separar os buquês. Se forem do tamanho normal, separe as inflorescências e faça um corte em cruz nos talos para que cozinhem por igual.

Assim preparados, os brócolis podem ser consumidos com um simples vinagrete.

Brócolis ao creme

Rendimento: 4 porções
1 maço de brócolis
50 g de manteiga
200 ml de creme de leite fresco
sal e pimenta

1. Lave o maço de brócolis e reserve os buquês.
2. Ferva 2 litros de água com sal e mergulhe os buquês nessa água. Cozinhe por 8 min em fogo alto. Não deixe que fiquem cozidos demais, apenas tenros.
3. Escorra.
4. Doure a manteiga em uma wok ou frigideira antiaderente, acrescente o brócolis e deixe cozinhar por 5 min. Despeje o creme de leite, tempere com pimenta e, se necessário, adicione um pouco de sal. Cozinhe por mais 5 min. Sirva bem quente.

■ Preparo: 15 min   ■ Cozimento: cerca de 15 min

BRÓCOLIS / BROTOS E GRÃOS
HORTALIÇAS E FRUTOS

Purê de brócolis

Rendimento: 4 porções

1 maço de brócolis
200 ml de creme de leite fresco
50 g de manteiga
sal e pimenta-branca

1. Lave o maço de brócolis.
2. Ferva água com sal em uma panela grande e mergulhe o brócolis. Cozinhe por 5 min.
3. Escorra e passe imediatamente no processador.
4. Ponha o creme de leite fresco em uma panela pequena e deixe reduzir até que fique mais consistente.
5. Aqueça a manteiga em outra panela. Quando estiver bem quente, acrescente o purê de brócolis, mexa vigorosamente, adicione o creme de leite e misture bem. Tempere com sal e pimenta. Sirva bem quente.

■ Preparo: 10 min ■ Cozimento: 10 min

BROTOS E GRÃOS

Brotos: preparo

Lave rapidamente os brotos (broto de alfafa, feijão, bambu, soja, lentilha etc.). Escorra e seque delicadamente com um pano. Os brotos podem ser ingeridos crus, como saladas, ou cozidos rapidamente no vapor ou em água fervente.

Brotos de feijão na manteiga

Rendimento: 4 porções

200 g de brotos de feijão
1 cenoura
1 abobrinha
40 g de manteiga
1 colher (sopa) de cebolinha picada
sal e pimenta

1. Lave rapidamente os brotos de feijão, mergulhe-os por 1 min em água fervente com sal. Escorra.
2. Corte a cenoura e a abobrinha em bastonetes. Mergulhe-as por 1 min em água fervente com sal. Escorra e enxágüe em água corrente.
3. Derreta a manteiga em uma panela, acrescente o broto, a cenoura e a abobrinha, misture bem e cozinhe por 3 min. ▶

4 Tempere com sal e pimenta. Prove e corrija o tempero. Disponha em uma travessa e salpique a cebolinha por cima.

■ Preparo: 10 min   ■ Cozimento: 3 min

Salada de trigo integral

Rendimento: 6 porções
200 g de trigo integral
2 abobrinhas
50 ml de azeite
3 colheres (sopa) de suco de limão
4 colheres (sopa) de uvas-passas
1 pimentão amarelo marinado
sal e pimenta

Na antevéspera
1 Ponha os grãos de trigo em uma vasilha com água e deixe-os de molho por 24 h.

Na véspera
2 Lave os grãos, escorra e coloque-os de volta na vasilha. Deixe por 24 h: devem ficar um pouco úmidos.

No dia
3 Lave os grãos.

4 Lave e pique as abobrinhas. Regue-as com o azeite e com o suco do limão. Deixe marinar por 30 min.

5 Enquanto isso, ponha as uvas-passas de molho na água morna para hidratá-las. Pique o pimentão. Ponha em uma tigela os grãos de trigo, as abobrinhas com a marinada, o pimentão e as uvas-passas escorridas.

6 Tempere com sal e pimenta a gosto. Misture bem e sirva em temperatura ambiente.

Uma vez germinado, o trigo estraga rapidamente, por isso deve ser consumido no mesmo dia.

■ Molho: 24 h + 24 h   ■ Preparo: 30 min
■ Marinada: 30 min

CASTANHA PORTUGUESA

Castanha portuguesa: preparo

1. Antes de cozinhar as castanhas portuguesas, faça um corte, com uma faca pequena, na parte mais abaulada da casca.
2. Mergulhe as castanhas por 10 min na água fervente.
3. Descasque-as ainda quentes. Ponha as castanhas em um caldo em ebulição (elas devem ficar totalmente cobertas), acrescente um talo de aipo e cozinhe de 30 a 40 min.
4. As castanhas podem ser cozidas ao natural, apenas com água, na panela de pressão, durante cerca de 40 min.

Castanhas com cebola

Rendimento: 4 porções
500 g de castanhas cruas
100 g de minicebolas
20 g de manteiga

1. Cozinhe as castanhas com água, na panela de pressão, durante cerca de 40 min.
2. Enquanto isso, cozinhe as minicebolas.
3. Escorra as castanhas e reduza o líquido do cozimento até que fique encorpado.
4. Acrescente a manteiga. Ponha as castanhas de volta na panela e misture-as bem no molho amanteigado. Junte as minicebolas ao molho e misture. Sirva em seguida.

■ **Preparo: 30 min** ■ **Cozimento: cerca de 40 min**

CASTANHA PORTUGUESA
HORTALIÇAS E FRUTOS

Purê de castanha

Rendimento: 4 porções
500 g de castanhas
250 ml de creme de leite
50 g de manteiga
sal e pimenta

1 Cozinhe as castanhas com água, na panela de pressão, durante cerca de 40 min.
2 Passe as castanhas no espremedor de batatas. Ponha o purê em uma panela. Tempere com sal e pimenta.
3 Aqueça o creme de leite e misture com o purê. Acrescente a manteiga e mexa bem.
4 Prove e acerte o tempero. Ponha na travessa que vai à mesa.

Este purê pode acompanhar uma ave assada ou um prato de caça.

■ Preparo: cerca de 50 min
■ Cozimento: cerca de 10 min

Purê de castanha com aipo

Rendimento: 4 porções
400 g de castanhas
200 g de aipo-rábano
uma pitada de açúcar
100 g de manteiga
100 ml de creme de leite fresco
300 ml de leite
sal e pimenta-do-reino branca

1 Descasque as castanhas sem cozinhá-las. Descasque o aipo-rábano e corte em pedaços.
2 Ponha as castanhas e o aipo-rábano em uma panela, cubra de água, tempere com sal e pimenta e acrescente o açúcar. Deixe cozinhar em fervura leve por 30 min.
3 Escorra as castanhas e o aipo e passe no processador.
4 Ponha o purê em uma panela. Acrescente a manteiga aos poucos, misture bem, adicione o creme de leite fresco, mexendo com uma colher de pau por 3-4 min em fogo médio.
5 Aqueça o leite e vá despejando aos poucos até que a consistência fique bem cremosa. Acerte o tempero e sirva bem quente.

■ Preparo: 1 h ■ Cozimento: cerca de 35 min

Cebola: preparo

Cebolas-brancas
Escolha as mais brilhantes.

Cebolas amarelas (comuns) e roxas
Ao comprar verifique se estão envolvidas por uma casca seca, quebradiça e se não têm brotos. Para descascar as cebolas sem chorar coloque-as por 10 min no congelador ou por 1 h na geladeira ou, então, deixe correr um fio de água da torneira e descasque-as sob a água.

Minicebolas amarelas e brancas
Mergulhe-as por 1 min na água fervente e descasque-as. Depois de descascada e cortada, a cebola nunca deve ser guardada porque oxida rapidamente e se torna tóxica.

Cebolas cozidas no vinho

Rendimento: 4 porções
6 cebolas grandes
1 colher (sopa) de azeite
150 ml de vinho tinto, branco ou rosé
sal e pimenta

1 Descasque as cebolas. Arrume-as inteiras e em uma única camada em uma fôrma antiaderente grande. Regue com o azeite. Tempere com sal e pimenta.
2 Preaqueça o forno a 170ºC.
3 Leve a fôrma por 5 min em fogo médio. Adicione o vinho e deixe levantar fervura. Acrescente uma quantidade de água suficiente para chegar à metade da altura das cebolas e tampe.
4 Leve a fôrma ao forno e deixe por 1h15. As cebolas devem permanecer inteiras.
5 Tire do forno e deixe reduzir o líquido do cozimento em fogo bem alto, até que fique encorpado.

■ Preparo: 10 min ■ Cozimento: 1h30

Cebolas glaçadas

Para 12 cebolas glaçadas (cerca de 250g)

12 minicebolas brancas
20 g de manteiga
1 colher (café) de açúcar
uma pitada de sal

1. Descasque as minicebolas.
2. Derreta a manteiga em uma panela pequena e ponha as cebolas, cubra com água até a altura das cebolas, acrescente o sal e o açúcar.
3. Cozinhe em fogo baixo por 10-15 min, deixando que o líquido evapore até adquirir uma consistência encorpada. Role bem as cebolas nesse líquido.
4. Deixe-as na panela por mais 5 min, para que fiquem bem douradas e brilhantes.

■ Preparo: 15 min   ■ Cozimento: cerca de 20 min

Cebolas recheadas

Rendimento: 4 porções

4 cebolas-brancas grandes
160 g de carne
1 colher (sopa) de salsinha picada
30 g de manteiga
200 ml de caldo de carne em tablete
20 g de parmesão ralado
sal e pimenta

1. Descasque as cebolas sem dilacerar a primeira camada branca. Corte-as transversalmente.
2. Mergulhe-as por 10 min na água fervente com sal, passe as cebolas na água fria e escorra.
3. Esvazie-as com cuidado, deixando à volta uma espessura de 2-3 mm.
4. Preaqueça o forno a 200°C.
5. Pique a polpa da cebola e a carne, acrescente a salsinha e misture. Tempere com sal e pimenta.
6. Com uma colher pequena, guarneça as cebolas com o recheio. Arrume-as em uma travessa refratária untada com manteiga. Umedeça-as com o caldo de carne.
7. No fogo e com a panela tampada, deixe levantar uma fervura leve e, em seguida, ponha no forno por 30 min.
8. Dez minutos antes do fim do cozimento, polvilhe o parmesão, regue com manteiga derretida e deixe gratinar por 5 min. Sirva na travessa do cozimento.

■ Preparo: 20 min   ■ Cozimento: cerca de 35 min

Conserva de cebolas no vinagre

Rendimento: dois vidros para conserva de 500 g

1 kg de minicebolas brancas
10 grãos de pimenta
1 colher (sopa) de coentro em grão
350 ml de Vinagre com estragão (veja p. 51)
sal

1. Ponha uma colher (sopa) de sal em uma panela com um litro de água. Acrescente as minicebolas sem descascar e deixe marinar por 12 h.
2. Escorra as cebolas, descasque e deixe-as novamente de molho por 24 h em 1 litro de água com sal.
3. Escorra as cebolas e enxágüe-as.
4. Escalde cuidadosamente os 2 vidros de boca larga e divida entre eles a pimenta e o coentro. Acrescente as minicebolas e adicione o vinagre.
5. Feche os vidros e mantenha-os em local fresco. Aguardar 2 meses para consumir.

■ Marinada: 12 h + 24 h
■ Preparo: 20 min em 2 dias ■ Descanso: 2 meses

Purê Soubise

Para cerca de 1,5 kg

1 kg de cebolas
175 g de manteiga
uma pitada de açúcar
150 g de arroz ou
300 ml de Béchamel (veja p. 70)
sal e pimenta

1. Descasque as cebolas e corte-as em rodelas.
2. Mergulhe-as em uma panela grande de água com sal. Leve para ferver. Escorra.
3. Ponha as cebolas em uma panela com 100 g de manteiga, o sal, a pimenta e uma pitada de açúcar. Tampe e deixe estufar em fogo brando de 30 a 40 min.
4. Enquanto isso, prepare o arroz ou o Béchamel (molho branco) bem espesso.
5. Acrescente o molho branco às cebolas, misture bem e cozinhe por mais 20 min. Se acrescentar arroz, só misture.
6. Prove e acerte o tempero. Passe na peneira fina e acrescente 75 g de manteiga.

■ Preparo: 20 min ■ Cozimento: cerca de 1 h

CEBOLA
HORTALIÇAS E FRUTOS

Torta à moda de Caux

Rendimento: 4-6 porções

400 g de Massa podre (veja p. 118)
750 g de cebolas
80 g de manteiga
1 ovo
200 ml de creme de leite fresco
noz-moscada
200 g aproximadamente de sobras
de frango ou de vitela frias ou
200 g de presunto
sal e pimenta

1 Prepare a massa e deixe descansar por 1 h (ou use uma massa comprada pronta).
2 Preaqueça o forno a 210°C.
3 Forre uma fôrma de torta de 28 cm com a massa. Leve ao forno para assar fazendo furinhos com um garfo na massa. Cubra com papel-manteiga ou papel-alumínio.
4 Descasque as cebolas e corte em pedaços pequenos. Cozinhe-as em fogo baixo em uma caçarola com 50 g de manteiga, de 15 a 20 min.
5 Bata o ovo com o creme de leite fresco em uma tigela, tempere com sal, pimenta e rale um pouco de noz-moscada.
6 Ponha essa mistura em uma panela e deixe engrossar em fogo bem baixo, sem ferver. Junte às cebolas.
7 Corte as sobras de carne ou o presunto em pequenos bastonetes e guarneça o fundo da torta. Ponha as cebolas por cima. Espalhe bolinhas de manteiga na superfície e leve ao forno de 15 a 20 min.
8 Sirva bem quente.

■ Preparo: 30 min ■ Descanso da massa: 1 h
■ Cozimento: cerca de 15-20 min

Torta de cebola

Rendimento: 4-6 porções

400 g de Massa podre (sem ovo) (veja p. 118)
1 kg de Purê Soubise (veja p. 693)
40 g de farinha de rosca
30 g de manteiga

1 Prepare a Massa podre (sem ovo).
2 Preaqueça o forno a 250°C.
3 Forre uma fôrma de torta de 28 cm com a massa, fazendo furinhos com um garfo. Cubra com papel-manteiga ou papel-alumínio.
4 Prepare o purê. ▶

5 Ponha o purê no fundo da torta, polvilhe com a farinha de rosca, espalhe por cima bolinhas de manteiga e leve ao forno para gratinar por cerca de 15 min.

■ Preparo: 30 min   ■ Cozimento: cerca de 15 min

CENOURA

Cenoura: preparo

As cenouras devem ser apenas raspadas. Corte as duas extremidades das cenouras e lave-as, sem deixar de molho.

Cenouras com hortelã

Rendimento: 4 porções
800 g de cenouras
80 g de manteiga
200 ml de creme de leite fresco
1 maço de hortelã fresca
sal e pimenta

1 Raspe as cenouras e corte em pedaços iguais.
2 Ponha as cenouras em uma panela, tempere com sal e pimenta e cubra-as com água. Acrescente a manteiga cortada em pedaços e cozinhe em fogo alto, sem tampa, até que a água evapore.
3 Acrescente o creme de leite fresco e diminua o fogo. Misture bem e tampe a panela. Deixe cozinhar em fogo baixo até o momento de servir.
4 Lave e pique a hortelã. Ponha as cenouras com o molho na travessa e espalhe a hortelã por cima.

■ Preparo: 20 min   ■ Cozimento: 30 min

CENOURA
HORTALIÇAS E FRUTOS

Cenouras com uvas-passas

Rendimento: 4 porções

80 g de uvas-passas
800 g de cenouras novas
40 g de manteiga
1 colher (sopa) de cachaça
1 colher (sopa) de salsinha picada
sal e pimenta

1 Ponha as uvas-passas de molho na água morna.
2 Raspe as cenouras e corte-as em rodelas.
3 Derreta a manteiga em uma frigideira e adicione as cenouras para saltear por 5 a 10 min.
4 Acrescente 100 ml de água e a cachaça, tempere com sal e pimenta. Tampe e cozinhe por cerca de 15 min.
5 Acrescente as uvas-passas. Termine de cozinhar com a tampa e em fogo baixo por mais 10 min. Verifique o cozimento com a ponta de uma faca.
6 Ponha na travessa e espalhe a salsinha por cima.

■ Preparo: 15 min ■ Cozimento: cerca de 35 min

Cenouras glaçadas

Rendimento: 4 porções

800 g de cenouras novas
30 g de açúcar
1 colher (café) de sal
60 g de manteiga

1 Raspe as cenouras e corte em pedaços pequenos.
2 Ponha as cenouras em uma wok sem que fiquem sobrepostas e cubra-as com água fria já salgada; polvilhe com o açúcar. Acrescente a manteiga cortada em pedaços pequenos.
3 Leve ao fogo alto até ferver, abaixe o fogo, cubra com papel-manteiga e cozinhe até que quase não sobre mais água. Verifique o cozimento com a ponta de uma faca.
4 Mexa delicadamente as cenouras para que fiquem bem envolvidas pelo preparado.

■ Preparo: 15 min ■ Cozimento: 20-30 min

CENOURA
HORTALIÇAS E FRUTOS

Cenouras Vichy

Rendimento: 4 porções

800 g de cenouras novas
1 colher (café) de sal
1 colher (sobremesa) de açúcar
30 g de manteiga
2 colheres (sopa) de salsinha picada

1 Raspe as cenouras e corte-as em rodelas finas.
2 Ponha as cenouras em uma wok ou frigideira antiaderente e adicione água, apenas o suficiente para cobri-las. Acrescente o sal, o açúcar e misture. Cozinhe em fogo baixo e com a tampa até que toda a água tenha evaporado.
3 Ponha as cenouras na travessa que vai à mesa. Corte a manteiga em pedacinhos pequenos e divida por cima das cenouras. Espalhe a salsinha.

■ Preparo: cerca de 20 min
■ Cozimento: cerca de 30 min

Purê de cenoura

Rendimento: 4 porções

1 kg de cenouras
1 colher (café) de açúcar
70 g de manteiga
sal e pimenta

1 Raspe as cenouras e corte-as em pedaços. Ferva água com sal em uma panela e ponha as cenouras, o açúcar e 30 g de manteiga. Cozinhe por 15-20 min.
2 Verifique o cozimento com a ponta de uma faca. Escorra as cenouras e passe no processador de legumes (disco fino) ou no liquidificador. Ponha esse purê em uma panela.
3 Aqueça o purê em fogo baixo. Se ficar muito consistente, adicione algumas colheradas do caldo do cozimento.
4 No último momento, incorpore o restante da manteiga.
5 Misture bem e ponha na travessa.

■ Preparo: 15 min ■ Cozimento: cerca de 30 min

CHICÓRIA
HORTALIÇAS E FRUTOS

CHICÓRIA
Chicória: preparo

Elimine as folhas estragadas e quebradas. Lave bem e seque as folhas. Em geral, a chicória é usada em saladas, mas também pode ser cozida ou refogada.

Chicória cozida no caldo

Rendimento: 4 porções

4 maços de chicória
1 cenoura
1 cebola
20 g de manteiga
150 g de toucinho com a pele
1 bouquet garni (veja glossário)
400 ml de caldo de carne em tablete
sal e pimenta

1 Lave e seque a verdura.
2 Mergulhe a verdura por 5 min em uma fervura de água e sal. Escorra e esprema delicadamente com a mão para retirar o excesso de água.
3 Cozinhe a chicória como a Alface com toucinho (*veja p. 651*). Escorra e molde-as dando-lhes uma forma alongada. Coloque-as na travessa que vai à mesa e mantenha em um local aquecido.
4 Passe o caldo do cozimento na peneira e volte ao fogo para reduzir e encorpar.
5 Verifique o tempero. Cubra a chicória com o caldo e sirva bem quente.

■ Preparo: 15 min   ■ Cozimento: cerca de 1 h

CHICÓRIA
HORTALIÇAS E FRUTOS

Purê de chicória

Rendimento: 4 porções

2 maços de chicória
150 g de toucinho
1 cenoura
1 cebola
1 bouquet garni
  (veja glossário)
500 ml de caldo de carne
  em tablete
200 g de purê de batatas
50 ml de creme de leite
  fresco
20 g de manteiga
sal e pimenta

1 Lave e seque a verdura.
2 Mergulhe-a por 5 minutos em uma fervura de água e sal. Escorra. Cozinhe a chicória como a Alface com toucinho (*veja p. 651*).
3 Prepare o purê de batatas.
4 Escorra as chicórias e passe-as no processador de legumes (disco fino) ou no liquidificador.
5 Ponha esse purê em uma panela em fogo baixo com o creme de leite. Mexa bem. Acrescente o purê de batatas e mexa novamente. Prove e corrija o tempero.
6 Retire a panela do fogo, acrescente a manteiga misturando bastante, tempere com sal e pimenta e ponha na travessa.

■ Preparo: 1 h   ■ Cozimento: 20 min

Salada de chicória com toucinho

Rendimento: 4 porções

1 maço de chicória
100 ml de Vinagrete
  (veja p. 57)
vinagre balsâmico
50 g de torradinhas
20 g de manteiga
250-300 g de toucinho
sal e pimenta

1 Lave e seque a verdura.
2 Faça o Vinagrete e acrescente algumas gotas de vinagre balsâmico.
3 Faça as torradas cortadas em cubinhos.
4 Misture a chicória com o Vinagrete em uma saladeira.
5 Derreta a manteiga em uma frigideira e doure o toucinho em pedaços em fogo alto, virando-o sem parar.
6 Despeje todo o conteúdo da frigideira na saladeira, acrescente os croûtons, misture e sirva em seguida.

■ Preparo: 20 min   ■ Cozimento: cerca de 5 min

CHUCHU

CHUCHU

Chuchus à moda da Martinica

Rendimento: 4 porções

4 chuchus grandes
100 g de miolo de pão
100 ml de leite
50 g de cebolas novas
20 g de manteiga
3 colheres (sopa) de azeite
50 g de farinha de rosca
sal e pimenta

1 Descasque os chuchus, retire o centro, corte-os em pedaços e ferva por 5 min na água e sal. Esprema-os em um pano para escorrer. Preaqueça o forno a 200°C.
2 Misture o miolo de pão e o leite em uma tigela e acrescente o chuchu cozido. Amasse tudo com um garfo.
3 Descasque e corte as cebolas em fatias finas. Derreta a manteiga em uma panela, doure a cebola por 5 min e ponha na tigela com a mistura do miolo de pão e chuchu. Tempere com sal e pimenta.
4 Unte uma travessa refratária com o azeite e despeje o preparado. Alise por cima, regue com azeite, polvilhe com a farinha de rosca e leve ao forno por cerca de 10 min. Sirva bem quente.

■ Preparo: 15 min ■ Cozimento: cerca de 15 min

Chuchus gratinados com fígado

Rendimento: 4 porções

4 chuchus grandes
1 cebola-branca
100 g de fígado de frango
40 g de manteiga
1 colher (sopa) de óleo
noz-moscada
2 colheres (sopa) de creme de leite fresco
100 g de queijo gruyère ralado
sal e pimenta

1 Lave os chuchus e cozinhe no vapor por 20 min. Deixe esfriar.
2 Descasque e pique a cebola-branca.
3 Limpe os fígados de frango e corte-os em pedaços iguais.
4 Aqueça 20 g de manteiga com o óleo em uma frigideira, refogue a cebola, acrescente os fígados de frango e salteie em fogo alto por 8 min.
5 Tempere com sal, pimenta, rale um pouco de noz-moscada e acrescente o creme de leite. Deixe reduzir por 3-4 min para encorpar. Retire do fogo. ▶

6 Preaqueça o forno a 180°C. Unte uma travessa refratária com manteiga.

7 Descasque os chuchus, corte-os em quatro e em seguida em fatias finas, conservando a parte central.

8 Arrume uma camada de chuchus na travessa, acrescente os fígados salteados com creme. Cubra com o restante dos chuchus. Tempere com sal e rale mais um pouco de noz-moscada. Polvilhe com o gruyère ralado.

9 Leve ao forno por 20 min. Sirva na mesma travessa em que foram cozidos.

■ Preparo: 30 min ■ Cozimento: cerca de 35 min

COGUMELOS

COGUMELOS: OS VÁRIOS TIPOS

Os cogumelos são fungos comestíveis, que vêm sendo cultivados desde a Antiguidade greco-romana. Existem cerca de 2 mil espécies de cogumelos, mas apenas pouco mais de 20 são cultivadas. É importante conhecer muito bem o tipo de cogumelo antes de colhê-lo na natureza, pois muitos são venenosos.

As espécies mais conhecidas são o champignon, ou cogumelo-de-paris, o shiitake e o shimeji, amplamente cultivados no Brasil. Na Europa, há maior variedade de cogumelos, como os cèpes, girolles ou chanterelles e morilles.

No Brasil também são comercializados os cogumelos italianos secos, os famosos *funghi secchi*, que depois de reidratados podem ser empregados em diversos pratos e molhos de macarrão.

Os cogumelos podem participar dos mais diversos tipos de pratos. São ótimos em entradas e saladas, carnes, peixes, tortas e pizzas.

COGUMELOS
HORTALIÇAS E FRUTOS

Cèpes: preparo

Os cèpes são um tipo de cogumelo francês grande, com o chapéu largo, marrom-brilhante, e normalmente são importados. Como são porosos, não devem ser lavados. Prefira sempre cèpes novos, portanto, os pequenos. Limpe cuidadosamente um por um e corte a ponta da haste que fica em contato com a terra. Se forem médios ou grandes e tiverem esporos verdes sob o chapéu, retire-os. Se a beirada do chapéu estiver dobrada, corte essa parte.

Cèpes à béarnaise

Rendimento: 4 porções
800 g de cèpes grandes
2 colheres (sopa) de azeite
5 dentes de alho
50 g de miolo de pão
2 colheres (sopa) de salsinha picada
sal e pimenta

1. Limpe cuidadosamente os cèpes.
2. Preaqueça o forno a 220°C.
3. Besunte os chapéus dos cogumelos com azeite, ponha-os em uma assadeira e leve ao forno para que desidratem.
4. Descasque o alho. Corte 3 dentes em fatias e introduza nos chapéus dos cogumelos.
5. Tempere com sal e pimenta e besunte-os novamente com azeite, grelhando por 5 min na churrasqueira ou no forno.
6. Pique os outros 2 dentes de alho, misture com o miolo esfarelado e com a salsinha. Espalhe por cima dos cèpes grelhados e sirva em seguida.

■ Preparo: 30 min ■ Cozimento: 10 min

COGUMELOS
HORTALIÇAS E FRUTOS

Cèpes à moda de Bordeaux

Rendimento: 4 porções
800 g de cèpes
2 cebolas-brancas
1/2 maço de salsinha
130 ml de óleo
1/2 limão
50 g de miolo de pão
sal e pimenta

1. Limpe os cèpes (*veja página anterior*). Corte-os em fatias se forem muito grandes, ao meio se forem médios e deixe-os inteiros se forem pequenos.
2. Descasque e pique as cebolas-brancas.
3. Pique a salsinha de modo a obter 2 colheres (sopa). Reserve o equivalente a 1 colher e misture o restante às cebolas-brancas.
4. Aqueça 100 ml de óleo em uma wok e ponha os cèpes, acrescente o limão, tempere com sal e pimenta, mexa, tampe a panela e cozinhe por 5 min.
5. Escorra em papel-toalha.
6. Aqueça o restante do óleo em uma frigideira, ponha os cogumelos, tempere com sal e pimenta e doure-os por igual em fogo alto por 2-3 min com as cebolas-brancas. Acrescente o miolo de pão.
7. Escorra, espalhe a salsinha restante, misture e sirva bem quente.

■ Preparo: 30 min ■ Cozimento: cerca de 10 min

Cèpes à moda húngara

Rendimento: 4 porções
800 g de cèpes
1 cebola
50 g de manteiga
1 colher (café) de páprica
150 ml de creme de leite
1 colher (sopa)
de salsinha picada
sal e pimenta

1. Limpe cuidadosamente os cèpes. Corte-os em fatias se forem grandes, ao meio, no sentido do comprimento, se forem médios e deixe-os inteiros se forem pequenos.
2. Descasque e pique a cebola. Derreta a manteiga em uma caçarola, acrescente a cebola, os cèpes, o sal, a pimenta e a páprica, misture, tampe a panela e cozinhe em fogo baixo por 10 min.
3. Adicione o creme de leite, misture e deixe reduzir, sem a tampa, por 5 min.
4. Arrume os cogumelos na travessa quente e espalhe por cima a salsinha.

■ Preparo: 30 min ■ Cozimento: cerca de 15 min

COGUMELOS
HORTALIÇAS E FRUTOS

Cèpes à provençal

Rendimento: 4 porções
800 g de cèpes
1/2 maço de salsinha picada
2 dentes de alho
120 ml de azeite
1/2 limão
sal e pimenta

1 Limpe cuidadosamente os cèpes. Corte-os em fatias se forem grandes, ao meio, no sentido do comprimento, se forem médios e deixe inteiros se forem pequenos.
2 Prepare uma mistura de salsinha e alho: descasque e pique os dentes de alho, pique a salsinha e misture com o alho.
3 Aqueça 100 ml de azeite em uma wok ou frigideira antiaderente e ponha os cèpes, acrescente o suco do limão, tempere com sal e pimenta. Tampe, leve ao fogo por 5 min mexendo de vez em quando. Escorra em um papel-toalha.
4 Aqueça 3 colheres (sopa) de azeite em uma frigideira, ponha os cèpes, tempere com sal e pimenta e doure por igual em fogo alto por 5 min.
5 Escorra, espalhe por cima a mistura de alho com a salsinha e sirva bem quente.

■ Preparo: 25 min ■ Cozimento: 10 min

Cèpes gratinados

Rendimento: 4 porções
800 g de cèpes
200 ml de óleo
4 cebolas-brancas
1 maço de salsinha
50 g de miolo de pão fresco
sal e pimenta

1 Limpe cuidadosamente os cèpes. Separe os chapéus e tempere com sal e pimenta.
2 Aqueça 100 ml de óleo em uma frigideira e refogue-os por 5 min, mexendo. Escorra em um papel-toalha.
3 Pique as hastes dos cèpes, as cebolas-brancas, a salsinha e misture.
4 Aqueça 50 ml de óleo em uma frigideira e refogue tudo por cerca de 10 min.
5 Preaqueça o forno a 275°C.
6 Esfarele o miolo de pão. ▶

7 Unte uma travessa refratária com óleo. Ponha os chapéus com a parte abaulada para baixo e guarneça-os com o preparado picadinho. Espalhe por cima o miolo de pão, regue com o restante do óleo e leve ao forno para gratinar por 5-10 min.

■ Preparo: 25 min ■ Cozimento: cerca de 25 min

Cèpes grelhados

Rendimento: 4 porções
800 g de cèpes pequenos
2 dentes de alho
50 ml de azeite
1/2 limão
3 colheres (sopa) de salsinha picada
sal e pimenta

1 Limpe cuidadosamente os cèpes. Com uma faca pequena, faça incisões nos chapéus.
2 Descasque e pique o alho. Misture o azeite, o suco do limão, o alho e 2 colheres (sopa) da salsinha picada. Tempere com sal e pimenta.
3 Ponha os cèpes para marinar por cerca de 50 min.
4 Escorra e leve-os ao forno ou ponha-os na churrasqueira por 5 ou 6 min, virando-os. Polvilhe com o restante da salsinha.

■ Preparo: 15 min ■ Marinada: 50 min
■ Cozimento: 5-6 min

Cèpes marinados

Rendimento: 4-6 porções
800 g de cèpes
300 ml de azeite
1/4 de bulbo de erva-doce
3 dentes de alho
10 galhos de salsinha
1 limão orgânico
50 ml de vinagre de vinho
1 folha de louro
duas pitadas de tomilho
sal e pimenta moída na hora

1 Limpe cuidadosamente os cogumelos. Corte-os em fatias ou ao meio, dependendo do tamanho.
2 Aqueça 100 ml de azeite em uma frigideira e refogue os cogumelos por 5 min. Tempere com sal e pimenta.
3 Escorra sobre papel-toalha e reserve.
4 Limpe e pique a erva-doce. Descasque o alho e pique. Pique a salsinha.
5 Tire a casca do limão e pique o equivalente a 1 colher (café) da casca. ▶

6 Misture em uma panela 200 ml de azeite, o vinagre de vinho, a erva-doce picada, a casca do limão picada, a folha de louro cortada em quatro, o tomilho, o sal, a pimenta e ferva por 5 min.
7 Coe essa marinada e despeje imediatamente sobre os cèpes.
8 Acrescente o alho e a salsinha. Mexa bem para espalhar os aromatizantes.
9 Deixe no mínimo por 24 h na geladeira antes de servir.

■ Preparo: 40 min ■ Marinada: 24 h

Cèpes na terrina

Rendimento: 4 porções
800 g de cèpes
4 dentes de alho
4 cebolas-brancas
1 maço pequeno de salsinha
100 ml de azeite
150 g de bacon defumado
sal e pimenta

1 Limpe cuidadosamente os cèpes. Separe os chapéus das hastes.
2 Descasque e pique o alho, as cebolas-brancas, a salsinha e as hastes dos cogumelos.
3 Ponha a metade do azeite em uma frigideira e refogue esse picadinho. Tempere com sal e pimenta.
4 Aqueça o restante do azeite em uma caçarola, acrescente os chapéus dos cogumelos e cozinhe por 10 min com a tampa. Tempere com sal e pimenta. Escorra-os em um papel-toalha.
5 Preaqueça o forno a 200ºC.
6 Forre o fundo e as laterais de uma terrina com as fatias de bacon defumado. Ponha uma camada de chapéus dos cèpes, por cima, o preparado picadinho, uma segunda camada de chapéus e cubra com bacon.
7 Feche com a tampa da própria terrina e leve ao forno por 50 min.

■ Preparo: 40 min ■ Cozimento: 50 min

Champignons (cogumelos-de-paris): preparo

Os champignons, ou cogumelos-de-paris, são amplamente cultivados e podem ser encontrados o ano todo.

1 Escolha champignons bem brancos e firmes. As lâminas situadas sob o chapéu tendem a escurecer à medida que os champignons ficam velhos.

2 Corte a ponta das hastes que têm contato com a terra e lave os champignons diversas vezes e rapidamente na água fria. Se não for usá-los na mesma hora, regue-os com limão para que não escureçam.

3 Os champignons podem ser preparados de diversas maneiras. O cozimento por 6 min em água fervente com sal, um pouquinho de manteiga e suco de limão permite obter um caldo aromatizado que serve para diversos preparos.

Champignons à grega

Rendimento: 4 porções

- 1 cebola grande
- 1 dente de alho
- 2 tomates
- 1/2 maço de salsinha
- 500 g de champignons
- 4 colheres (sopa) de azeite
- 2 colheres (sopa) de vinho branco
- 1 bouquet garni (veja glossário)
- 12 grãos de coentro
- sal e pimenta

1 Descasque e pique a cebola e o alho.

2 Escalde os tomates, retire a pele e as sementes e corte em pedaços.

3 Pique a salsinha.

4 Limpe cuidadosamente os champignons e corte as hastes rente ao chapéu.

5 Ponha 4 colheres (sopa) de azeite em uma panela e refogue a cebola. Quando estiver dourada, adicione o vinho branco, tempere com sal e pimenta.

6 Acrescente o bouquet garni, o coentro, o alho e misture. Cozinhe por mais 2-3 minutos.

7 Junte os champignons e os tomates e cozinhe em fogo baixo, sem a tampa, por cerca de 10 min. A água que sair dos tomates e dos champignons deve reduzir aos poucos.

8 Retire do fogo e deixe amornar. Retire o bouquet garni. Prove e corrija o tempero. ▶

COGUMELOS
HORTALIÇAS E FRUTOS

9 Ponha na travessa que vai à mesa e deixe esfriar completamente. Quando for servir, espalhe por cima a salsinha picada.

▪ **Preparo:** 20 min ▪ **Descanso:** cerca de 2 h
▪ **Cozimento:** cerca de 20 min

Champignons à inglesa

Rendimento: 4 porções

12 champignons grandes
20 g de Manteiga maître d'hotel (veja p. 68)
12 fatias de pão de fôrma redondo
20 g de manteiga
sal e pimenta

1 Limpe os champignons cuidadosamente e retire as hastes. Tempere os chapéus com sal e pimenta.
2 Prepare a Manteiga maître d'hotel.
3 Preaqueça o forno a 200°C.
4 Encha a parte côncava dos chapéus com um pouco de Manteiga maître d'hôtel.
5 Passe manteiga nas fatias de pão de fôrma e torre ligeiramente.
6 Ponha um chapéu de champignon em cada uma das fatias. Arrume as torradas em uma travessa refratária untada, cubra com papel-alumínio e leve ao forno por 12 a 15 min.

▪ **Preparo:** 15 min ▪ **Cozimento:** 12-15 min

Champignons à la poulette

Rendimento: 4 porções

800 g de champignons
40 g de manteiga
1 limão
1 colher (sopa) de cebolinha verde
100 ml de Molho poulette (veja p. 87)
sal e pimenta

1 Lave os champignons, corte em lâminas finas se forem grandes e cozinhe por 6 min em água fervente com sal, 40 g de manteiga e o suco do limão.
2 Pique a cebolinha. Prepare o Molho poulette com o caldo do champignon. Despeje o molho sobre os champignons cozidos e misture. Prove e corrija o tempero. Ponha na travessa que vai à mesa e espalhe a cebolinha por cima.

▪ **Preparo:** 30 min ▪ **Cozimento:** cerca de 15 min

COGUMELOS
HORTALIÇAS E FRUTOS

Champignons ao creme

Rendimento: 4 porções

800 g de champignons
30 g de manteiga
1/2 limão
400 ml de creme de leite fresco
2 colheres (sopa) de cerefólio picado
sal e pimenta

1. Prepare os champignons (*veja p. 707*) e corte em lâminas finas.
2. Derreta a manteiga em uma frigideira, acrescente os champignons e o limão, tempere com sal e pimenta.
3. Cozinhe em fogo baixo, sem tampar, por mais ou menos 10 min, mexendo várias vezes.
4. Quando o líquido secar, acrescente o creme de leite fresco e mexa. Cozinhe por mais 5 min para reduzi-lo um pouco.
5. Acrescente o cerefólio picado. Prove e corrija o tempero. Passe para uma travessa quente e sirva em seguida.

■ Preparo: 10 min ■ Cozimento: cerca de 15 min

Champignons na manteiga

Rendimento: 4 porções

800 g de champignons
50 g de manteiga
2 colheres (sopa) de salsinha picada
sal e pimenta

1. Limpe os champignons cuidadosamente e corte-os em fatias pequenas ou em pedaços. Tempere com sal e pimenta.
2. Derreta a manteiga em uma frigideira e doure os champignons, mexendo várias vezes. Vire na travessa e espalhe a salsinha picada por cima.

■ Preparo: 15 min ■ Cozimento: cerca de 15 min

COGUMELOS

Champignons recheados

Rendimento: 4 porções
12 champignons bem grandes
250 ml de Molho à la duxelles (veja p. 89)
80 g de miolo de pão
3 colheres (sopa) de óleo
sal e pimenta

1. Prepare os champignons (*veja p. 707*).
2. Separe as hastes e use para preparar o Molho à la duxelles. Quando esse molho estiver pronto, acrescente 20 g de miolo de pão esfarelado para que fique mais espesso.
3. Preaqueça o forno a 180°C.
4. Pincele os chapéus com o óleo. Arrume-os em uma travessa refratária com o lado abaulado para baixo e leve ao forno por 5 min.
5. Retire a travessa do forno. Espalhe o molho sobre os champignons preparados. Espalhe por cima o restante do miolo esfarelado e regue com o que sobrou do óleo. Leve para gratinar por cerca de 10 min.

■ Preparo: 30 min ■ Cozimento: cerca de 10 min

Crepes de champignon

Rendimento: 6-8 porções
300 g de Massa de crepe (veja p. 113)
300 ml de Béchamel (veja p. 70)
1 cebola-branca
1 dente de alho
400 g de champignons
50 g de manteiga
60 g de queijo ralado
sal e pimenta

1. Prepare a massa e deixe descansar.
2. Enquanto isso, faça o Béchamel (molho branco).
3. Descasque e pique a cebola-branca e o alho.
4. Limpe cuidadosamente os champignons e corte-os em cubinhos.
5. Derreta 20 g de manteiga em uma frigideira e ponha os champignons para cozinhar com a cebola-branca, o alho, o sal e a pimenta, até que evapore a água eliminada pelos champignons. Misture-os com o molho branco.
6. Prepare 8 crepes. Guarneça-os com uma colher (sopa) cheia de molho branco com os champignons.
7. Preaqueça o forno a 200°C. Arrume os crepes em uma travessa refratária untada com manteiga. Polvilhe com queijo ralado. ▶

8 Derreta o restante da manteiga e regue os crepes. Leve ao forno por 5 min e sirva bem quente.

O Béchamel pode ser substituído por 6 colheres (sopa) de creme de leite fresco.

■ Preparo: 30 min ■ Descanso: 1 h
■ Cozimento: 25 min

Salada de champignons e vagens

Rendimento: 4 porções

250 g de champignons
1 colher (sopa) de suco de limão
200 g de vagens
1 cebola-branca
1 ovo duro
3 colheres (sopa) de azeite
1 colher (sopa) de Vinagre com estragão (veja p. 51)
cerefólio fresco
sal e pimenta

1 Limpe e corte os champignons em lâminas finas. Regue com limão.
2 Cozinhe as vagens em água fervente. Escorra e deixe esfriar.
3 Descasque e pique a cebola-branca.
4 Descasque o ovo duro e corte ao meio. Retire a gema e amasse em uma tigela. Acrescente o azeite e o vinagre. Tempere com sal e pimenta.
5 Ponha os champignons e as vagens em uma saladeira. Regue com o molho e misture. Use a clara e o cerefólio picados para decorar.

O cerefólio pode ser substituído por coentro.

■ Preparo: 20 min ■ Cozimento: 8-10 min

Girolles: preparo

As girolles, ou chanterelles, são cogumelos muito utilizados na França; no Brasil, são importados. Como são muito frágeis, devem ser manuseadas com cuidado. Escove-as apenas e corte a ponta das hastes. Se estiverem muito sujas, coloque em uma peneira e lave rapidamente em água corrente. Em seguida, deixe escorrer sobre papel-toalha ou pano de prato para que sequem.

Girolles ao creme

Rendimento: 4 porções
800 g de girolles
30 g de manteiga
200 ml de creme de leite fresco
1 colher (sopa) de cerefólio picado
sal e pimenta

1. Lave cuidadosamente os cogumelos.
2. Ponha a manteiga para derreter em uma frigideira, acrescente os cogumelos e salteie por cerca de 5-7 min. Tempere com sal e pimenta.
3. Acrescente o creme de leite fresco e deixe reduzir um terço.
4. Passe para a travessa e espalhe por cima o cerefólio picado.

■ Preparo: 15 min   ■ Cozimento: cerca de 15 min

Girolles bonne femme

Rendimento: 4 porções
600 g de girolles
1 pacote de minicebolas
125 g de toucinho
40 g de manteiga
250 ml de vinho branco
100 ml de creme de leite fresco
1 colher (sopa) de salsinha picada
sal e pimenta

1. Lave cuidadosamente os cogumelos.
2. Descasque as minicebolas e corte-as ao meio.
3. Ponha o toucinho em pedaços para derreter em uma frigideira, acrescente as cebolas e deixe dourar. Escorra e descarte a gordura da frigideira.
4. Ponha o toucinho e as cebolas de volta na frigideira com 40 g de manteiga quente, acrescente as girolles e salteie por 5 min.
5. Adicione o vinho branco, misture e deixe reduzir à metade em fogo alto.
6. Acrescente o creme de leite fresco, misture e deixe reduzir por 2-3 min. Tempere com sal e pimenta.
7. Passe para a travessa, espalhe por cima a salsinha e sirva em seguida.

■ Preparo: 15 min   ■ Cozimento: cerca de 15 min

COGUMELOS

Girolles na manteiga

Rendimento: 4 porções
800 g de girolles
2 cebolas-brancas
40 g de manteiga
sal e pimenta

1 Limpe cuidadosamente os cogumelos.
2 Descasque e pique as cebolas-brancas.
3 Derreta a manteiga em uma frigideira e salteie os cogumelos em fogo alto, por 10-12 min.
4 Acrescente as cebolas-brancas, misture bem e cozinhe por mais 5 min.
5 Tempere com sal e pimenta. Passe para a travessa que vai à mesa.

Se as girolles forem servidas como acompanhamento de uma carne, 500 g serão suficientes.

■ Preparo: 15 min ■ Cozimento: 15-20 min

Morilles: preparo

Morilles frescas

As morilles são cogumelos franceses que dão na primavera; é raro encontrá-los frescos. No Brasil, geralmente são importados.

Utilize apenas os chapéus; corte e descarte as hastes. Mergulhe os cogumelos na água fria e agite-os rapidamente para limpá-los. Escorra e seque. Corte os chapéus maiores em duas ou quatro partes. Por serem um tipo de cogumelo muito raro e caro, as morilles em geral são servidas como acompanhamento de carnes, aves e caça (mais ou menos 75 g por pessoa).

Morilles desidratadas

É mais fácil encontrar as morilles secas ou desidratadas. Para prepará-las, coloque-as em uma tigela e cubra com água. Deixe por 20-30 min. Agite os cogumelos nessa água para eliminar a sujeira. Em seguida, escorra e seque. ▶

COGUMELOS / COUVE-CHINESA

Se a água em que ficaram de molho for cuidadosamente coada em um filtro de papel (para café), poderá ser usada para aromatizar um outro preparado.

Morilles ao creme

Rendimento: 4 porções

300 g de morilles desidratadas
1 cebola-branca
20 g de manteiga
1/2 limão
150 ml de creme de leite
1 colher (sopa) de creme de leite fresco
1 colher (sopa) de salsinha picada
sal e pimenta

1. Deixe os cogumelos de molho em água por 20-30 min. Escorra, lave e seque.
2. Descasque e pique a cebola-branca.
3. Derreta a manteiga em uma wok, acrescente as morilles, a cebola, o suco do limão, o sal e a pimenta. Misture bem e cozinhe com a tampa em fogo baixo por 5 min.
4. Ferva o creme de leite e derrame por cima. Continue o cozimento até que o molho engrosse. Prove e corrija o tempero.
5. Passe as morilles para a travessa, acrescente o creme de leite fresco, a salsinha e misture.

■ Preparo: 30 min ■ Cozimento: 10-15 min

COUVE-CHINESA

Couve-chinesa: preparo

Corte o talo da couve de modo que as folhas não se soltem. Elimine as partes estragadas das folhas. Lave a couve várias vezes trocando a água e escorra.

Couve-chinesa à moda de Pequim

Rendimento: 4 porções

1 couve-chinesa
200 g de presunto fatiado fino
1 pacote de minicebolas
2 colheres (sopa) de azeite
sal

1. Descarte as folhas externas da couve. Lave a verdura, seque e corte as folhas em pedaços de 10 cm.
2. Corte as fatias de presunto do mesmo tamanho.
3. Pique as minicebolas em lâminas finas.
4. Aqueça o azeite em uma wok, acrescente os pedaços de couve e refogue-os em fogo alto por 2-3 min.
5. Coloque os pedaços de couve com as cebolas e um pouco de sal em uma panela de cozimento a vapor e cozinhe por 30 min.
6. Intercale o presunto com os pedaços de couve, leve de volta ao fogo, sempre no vapor, por 4 ou 5 min. Sirva tudo junto.

■ Preparo: 15 min   ■ Cozimento: cerca de 40 min

Couve-chinesa à moda de Sichuan

Rendimento: 4 porções

1 couve-chinesa
1 dente de alho
3 colheres (sopa) de óleo
pimenta de Sichuan
1 colher (café) de cachaça
1 colher (café) de açúcar
sal

1. Prepare a couve-chinesa (*veja p. 714*) e corte-a em pedaços de 3 cm mais ou menos. Mergulhe por 10 min em uma fervura de água e sal e escorra.
2. Descasque e pique o alho.
3. Aqueça o óleo em uma frigideira. Doure o alho, acrescente a couve, misture e adicione um pouco de pimenta de Sichuan e sal. Mexa bem e cozinhe por 1 min.
4. Corrija o tempero e sirva bem quente.

■ Preparo: 15 min   ■ Cozimento: cerca de 2 min

COUVE-DE-BRUXELAS

Couve-de-bruxelas: preparo

Ao comprar as couves-de-bruxelas, escolha as de cor bem verde e bem fechadas. Corte o talo e elimine as folhas estragadas. Lave as couves na água com vinagre, enxágüe e escorra. Cozinhe as couves-de-bruxelas mergulhando-as por 10 min em uma fervura de água e sal.

As couves-de-bruxelas em conserva ou congeladas são preparadas como as frescas.

Couve-de-bruxelas à inglesa

Rendimento: 4 porções
800 g de couve-de-bruxelas
manteiga salgada
manteiga sem sal
sal

1 Lave as couves-de-bruxelas em água com vinagre, enxágüe e escorra.
2 Mergulhe-as em uma panela com água e sal e ferva por 30 min. Escorra e ponha as couves na travessa que vai à mesa.
3 Ponha as manteigas na mesa, para que cada um se sirva de acordo com o próprio gosto.

Couve-de-bruxelas refogada
Derreta 40 g de manteiga em uma frigideira e doure a verdura. Espalhe salsinha picada por cima e sirva bem quente.

■ Preparo: 20 min ■ Cozimento: 30 min

COUVE-DE-BRUXELAS
HORTALIÇAS E FRUTOS

Couve-de-bruxelas gratinada

Rendimento: 4 porções
800 g de couve-de-bruxelas
70 g de manteiga
80 g de queijo ralado
sal e pimenta

1 Lave as couves-de-bruxelas em água com vinagre, enxágüe e escorra.
2 Cozinhe-as na manteiga (40 g) como na receita anterior. Tempere com sal e pimenta.
3 Preaqueça o forno a 275ºC. Unte uma travessa refratária com manteiga, ponha as couves e polvilhe com o queijo ralado.
4 Derreta o restante da manteiga e regue as hortaliças. Leve ao forno para gratinar por 10 min.

■ Preparo: 50 min ■ Cozimento: 10 min

Couve-de-bruxelas na manteiga

Rendimento: 4 porções
800 g de couve-de-bruxelas
40 g de manteiga
2 colheres (sopa) de salsinha picada
sal e pimenta

1 Lave as couves-de-bruxelas em água com vinagre, enxágüe e escorra.
2 Cozinhe-as à inglesa (*veja p. 716*).
3 Aqueça a manteiga em uma frigideira antiaderente e refogue as couves-de-bruxelas. Tempere e prove. Tampe e deixe cozinhar até que fiquem tenras.
4 Passe para a travessa e espalhe a salsinha picada por cima.

Couve-de-bruxelas ao creme
Acrescente 100 ml de creme de leite fresco depois de refogar as hortaliças na manteiga e continue o cozimento como indicado acima.

■ Preparo: 20 min ■ Cozimento: 30 min

Purê de couve-de-bruxelas

Rendimento: 4 porções

800 g de couve-de-bruxelas
40 g de manteiga
300 g de purê de batatas
100 ml de creme de leite fresco
1 colher (sopa) de salsinha picada
sal e pimenta

1. Lave as couves-de-bruxelas em água com vinagre, enxágüe e escorra.
2. Aqueça a manteiga em uma frigideira antiaderente e refogue as couves-de-bruxelas. Tempere e prove. Tampe e deixe cozinhar até ficarem bem macias.
3. Prepare o purê de batatas.
4. Passe as couves-de-bruxelas no processador de legumes e ponha em uma panela. Leve esse purê ao fogo baixo para secar, mexendo sem parar.
5. Acrescente o purê de batatas, o creme de leite e mexa bem. Tempere com sal, pimenta e salpique a salsinha. Sirva bem quente.

■ Preparo: 25 min   ■ Cozimento: cerca de 35 min

COUVE-FLOR

Couve-flor: preparo

Retire todas as folhas e corte o talo. Separe os buquês e deixe de molho por 10 min na água com vinagre. Enxágüe várias vezes e escorra.

A couve-flor pode ser consumida fria, em saladas, ou quente, em suflês, sopas e outros pratos. Mergulhe os buquês em uma grande quantidade de água fervente com sal, deixe por 2-3 min sem tampar e escorra.

COUVE-FLOR

Couve-flor à polonesa

Rendimento: 4 porções

1 couve-flor
3 ovos
10 galhos de salsinha
75 g de miolo de pão duro
75 g de manteiga
sal

1 Separe os buquês da couve-flor, lave e seque-os. Cozinhe por 20 min em água fervente com sal.
2 Enquanto isso, cozinhe os ovos duros. Descasque-os e pique.
3 Pique a salsinha.
4 Esfarele o miolo de pão.
5 Escorra os buquês de couve-flor e arrume-os na travessa, reconstituindo o formato original.
6 Espalhe por cima os ovos duros e a salsinha picados e mantenha em local aquecido.
7 Derreta a manteiga em uma frigideira e doure o miolo de pão.
8 Despeje em seguida sobre a couve-flor e sirva.

■ Preparo: 15 min   ■ Cozimento: cerca de 35 min

Couve-flor ao creme

Rendimento: 4 porções

1 couve-flor
400 ml de Molho cremoso (veja p. 76)
sal

1 Separe os buquês da couve-flor, lave e seque-os.
2 Cozinhe os buquês por 20 min na água fervente com sal.
3 Enquanto isso, prepare o Molho cremoso.
4 Escorra os buquês, ponha na travessa que vai à mesa, reconstituindo o formato da couve-flor. Cubra com o molho.

■ Preparo: 15 min   ■ Cozimento: 20 min

Couve-flor ao vinagrete

Rendimento: 4 porções

1 couve-flor
2 ovos
3 colheres (sopa) de vinagre de vinho branco
6 colheres (sopa) de azeite
5 galhos de salsinha
sal e pimenta

1 Separe os buquês da couve-flor, lave e seque-os. Cozinhe em água fervente com sal por 20 min.
2 Enquanto isso, cozinhe os ovos duros.
3 Faça o vinagrete com 3 colheres (sopa) de vinagre, 6 colheres (sopa) de azeite, sal e pimenta.
4 Pique a salsinha.
5 Descasque e pique os ovos.
6 Escorra os buquês de couve-flor. Arrume-os formando um montículo em uma travessa redonda. Espalhe por cima os ovos duros picados, regue com o vinagrete, salpique a salsinha picada e sirva ainda morno.

■ Preparo: 20 min ■ Cozimento: 25 min

Couve-flor aurora

Rendimento: 4 porções

1 couve-flor
4 ovos
250 ml de Béchamel (veja p. 70)
100 ml de molho de tomate
100 g de gruyère ralado
sal e pimenta

1 Separe os buquês da couve-flor, lave e seque-os.
2 Cozinhe em água fervente com sal por 20 min.
3 Escorra a couve-flor e passe no processador de legumes.
4 Bata os ovos como se fosse omelete, tempere com sal e pimenta. Acrescente os ovos batidos ao purê de couve-flor e misture bem.
5 Coloque em uma fôrma de pudim untada. Ponha a fôrma em banho-maria e cozinhe por 40 min.
6 Enquanto isso, prepare o Béchamel, adicione o molho de tomate e o gruyère ralado. Misture bem e mantenha aquecido.
7 Desenforme o bolo de couve-flor e cubra-o com o molho.

■ Preparo: 15 min ■ Cozimento: cerca de 1 h

Couve-flor gratinada

Rendimento: 4 porções

1 couve-flor
400 ml de Molho Mornay (veja p. 77)
40 g de manteiga
40 g de gruyère ralado
sal e pimenta

1. Separe os buquês da couve-flor, lave e seque-os.
2. Cozinhe em água fervente com sal por 20 min.
3. Faça o Molho Mornay.
4. Preaqueça o forno a 275°C.
5. Unte com manteiga uma forma refratária e arrume os buquês de couve-flor. Cubra-os com o molho. Espalhe por cima o gruyère ralado, regue com a manteiga derretida e leve ao forno para gratinar por cerca de 10 min.

O queijo gruyère pode ser substituído por parmesão. Polvilhe a travessa com o queijo antes de pôr a couve-flor.

■ Preparo: 15 min ■ Cozimento: cerca de 25 min

Purê de couve-flor

Rendimento: 4 porções

1 couve-flor
200 g de batatas
200 ml de creme de leite fresco
80 g de manteiga
noz-moscada
sal

1. Separe os buquês da couve-flor, lave e seque-os.
2. Descasque as batatas, lave e corte em pedaços.
3. Cozinhe os buquês de couve-flor com as batatas por 20 min em água fervente com sal.
4. Escorra a couve-flor e as batatas e passe no processador de legumes.
5. Ponha o purê em uma panela, acrescente o creme de leite, mexa com uma colher de pau, em seguida adicione a manteiga.
6. Tempere e prove. Rale uma pitada de noz-moscada. Ponha na travessa e sirva bem quente.

■ Preparo: 20 min ■ Cozimento: cerca de 30 min

ENDÍVIA

Endívia: preparo

1 Escolha as endívias mais brancas e bem fechadas.
2 Elimine as folhas externas, quase sempre estragadas.
3 Com uma faquinha, corte o talo e retire um pequeno cone na base.
4 Não lave as endívias, pois a água as deixa amargas.

Chiffonade de endívia ao creme

Rendimento: 4 porções

1 kg de endívias
60 g de manteiga
1/2 colher (café) de açúcar
1 limão
200 ml de creme de leite fresco
sal e pimenta

1 Prepare as endívias (*veja acima*) e corte-as em tiras de 1 cm de largura.
2 Derreta a manteiga em uma caçarola, coloque as endívias, acrescente o açúcar, o suco de limão, o sal e a pimenta. Tampe e deixe cozinhar por 30 min em fogo brando.
3 Acrescente o creme de leite fresco e aqueça em fogo alto, sem tampa, mexendo sem parar. Experimente e corrija o tempero. Sirva bem quente.

■ Preparo: 15 min   ■ Cozimento: cerca de 30 min

Endívia com presunto

Rendimento: 4 porções

4 pés de endívia
60 g de manteiga
500 ml de Béchamel (veja p. 70)
60 g de queijo ralado
noz-moscada
4 fatias de presunto
sal e pimenta

1 Lave as endívias e refogue-as em 30 g de manteiga.
2 Faça o molho Béchamel e deixe reduzir um pouco para engrossar. Acrescente 30 g de queijo ralado, mexa bem e adicione uma boa pitada de noz-moscada.
3 Preaqueça o forno a 275°C. Unte uma fôrma refratária com manteiga. Escorra as endívias, enrole cada folha em uma fatia de presunto e disponha-as lado a lado na fôrma. Cubra com o Béchamel bem quente. ▶

4 Espalhe por cima o restante do queijo ralado e bolinhas de manteiga. Leve ao forno por uns 15 min.

■ Preparo: 30 min ■ Cozimento: cerca de 15 min

Endívia com queijo

Rendimento: 4 porções

1 kg de endívias
30 g de manteiga
250 ml de Béchamel (veja p. 70)
60 g de queijo ralado

1 Prepare as endívias e refogue-as na manteiga em uma panela com tampa.
2 Prepare o Béchamel.
3 Preaqueça o forno a 250°C. Escorra as endívias, coloque-as em uma travessa refratária, cubra com o Béchamel e com o queijo ralado e leve ao forno por 15 min.

■ Preparo: 20 min ■ Cozimento: 15 min

Endívia no bafo

Rendimento: 4 porções

1 kg de endívias
30 g de manteiga
1/2 limão
1 colher (sopa) de salsinha picada
sal

1 Prepare as endívias (*veja p.* 722).
2 Ponha as endívias em uma panela com a manteiga, uma pitada de sal, o suco do limão e 1 copo de água. Deixe levantar fervura em fogo alto, com tampa. Diminua o fogo e cozinhe por mais 35 min.
3 Escorra e disponha-as em uma travessa. Espalhe a salsinha por cima.

■ Preparo: 10 min ■ Cozimento: 35 min

ENDÍVIA / ERVA-DOCE
HORTALIÇAS E FRUTOS

Salada de endívia

Rendimento: 4 porções

3 pés de endívia
1 limão
1 maçã
3 colheres (sopa) de azeite
1 colher (sopa) de cerefólio picado

1. Prepare as endívias (*veja p. 722*) e corte-as em tirinhas finas. Ponha em uma vasilha e regue imediatamente com o suco do limão.
2. Descasque a maçã, retire as sementes e corte-a em cubinhos. Acrescente à vasilha e misture bem para evitar que escureça.
3. Prepare um vinagrete com 3 colheres (sopa) de azeite e 1 colher (sopa) de suco de limão; adicione à salada, misture, salpique o cerefólio por cima e sirva.

Partindo dessa salada básica, pode-se criar muitas variações, principalmente com os seguintes ingredientes: nozes, bastonetes de presunto, cubos de gruyère ou pignoli.

■ Preparo: 10 min

ERVA-DOCE

Erva-doce: preparo

1. Corte as hastes de erva-doce (guarde-as no congelador para, eventualmente, aromatizar alguma outra receita). Retire as partes estragadas do bulbo.
2. Se não for consumi-la crua, é preciso branquear a erva-doce antes de cozinhá-la: mergulhe-a inteira por 5 min na água fervente com sal, escorra, passe sob água corrente e seque.
3. Para preparar uma salada de erva-doce, corte os bulbos em pedaços pequenos, deixe-os por 10 min em sal grosso, depois lave-os em água fria. A salada de erva-doce deve ser servida com maionese.
4. A erva-doce também pode ser adicionada a saladas mistas de tomate, pepinos, abobrinhas, azeitonas, anchovas ou a saladas verdes.

Erva-doce com toucinho

Rendimento: 4 porções
4 bulbos de erva-doce
1 cenoura
1 cebola
150 g de toucinho com a pele
1 bouquet garni (veja glossário)
500 ml de Caldo ou consomê de carne (veja p. 38), Caldo claro de vitela (veja p. 35), ou caldo em tablete
sal e pimenta

1. Prepare os bulbos de erva-doce (*veja p. 724*). Divida-os em quatro partes se forem muito grandes, ou deixe-os inteiros se forem pequenos.
2. Corte a cenoura e a cebola em rodelas.
3. Preaqueça o forno a 220ºC.
4. Forre uma assadeira com o toucinho. Acrescente o bouquet garni e as rodelas de cebola e cenoura. Disponha a erva-doce por cima.
5. Adicione o caldo escolhido.
6. Leve ao fogo para ferver. Cubra com papel-alumínio e leve ao forno para assar por 40 min.

■ Preparo: 15 min ■ Cozimento: cerca de 45 min

Erva-doce com vinho branco

Rendimento: 4 porções
3 bulbos de erva-doce
150 ml de vinho branco seco
50 ml de azeite
duas pitadas de tomilho
1 folha de louro
1 colher (café) de coentro em grão
1 limão
sal e pimenta

1. Prepare a erva-doce (*veja p. 724*). Corte os bulbos ao meio.
2. Ponha em uma panela o vinho, o azeite e um copo pequeno de água. Acrescente o tomilho, o louro, o coentro e misture. Em seguida, adicione os bulbos de erva-doce partidos ao meio e tempere com sal e pimenta. Tampe e deixe cozinhar por 30-40 min (ou 10 min no microondas).
3. Deixe esfriar na panela, escorra e regue com o suco de limão.

■ Preparo: 10 min ■ Cozimento: cerca de 40 min

Ragu de erva-doce com tomate

Rendimento: 4 porções
1 berinjela grande
sal grosso
500 g de tomates
2 cebolas
3 bulbos de erva-doce
200 ml de azeite
3 dentes de alho
1 maço de salsinha
4 anchovas no óleo
sal e pimenta

1. Corte a berinjela em cubinhos, misture sal grosso por cima e deixe descansar por 30 min. Depois deixe secar sobre papel-toalha.
2. Escalde os tomates, retire a pele, as sementes e corte-os em quartos. Descasque e pique as cebolas. Prepare a erva-doce: mergulhe os bulbos por 5 min na água fervente com sal, escorra, passe sob água corrente, seque e corte-os em fatias.
3. Aqueça o azeite em uma caçarola. Acrescente as cebolas e a erva-doce, mexa e deixe cozinhar por 10 min. Tempere com sal e pimenta.
4. Escorra os cubinhos de berinjela e ponha na caçarola com os tomates e os dentes de alho descascados e inteiros. Deixe cozinhar em fogo brando, sem tampa, por 30 min, mexendo de vez em quando.
5. Amasse a salsinha e as anchovas em um pilão com um pouco do óleo. Acrescente essa mistura aos legumes e misture. Deixe cozinhar em fogo brando por mais 5 min.

■ **Preparo: 30 min** ■ **Cozimento: 45 min**

ERVILHA E GRÃO-DE-BICO

Ervilha e grão-de-bico: preparo

Ervilhas frescas

Retire as ervilhas das vagens e elimine os grãos estragados. Lave-as e mergulhe-as em água fervente com sal. Deixe cozinhar de 8 a 10 min, mais ou menos. Prove para verificar o cozimento. Para meio quilo de grãos de ervilhas, calcule 1 kg de ervilhas nas vagens. ▶

ERVILHA E GRÃO-DE-BICO

Ervilhas congeladas
Mergulhe-as em água fervente com sal ainda congeladas. Comece a contar o tempo de cozimento (4 ou 5 min) depois que recomeçar a ferver.

Ervilhas em lata
Ao esquentá-las na água, evite que ela ferva para que as ervilhas não endureçam.

Grão-de-bico
O preparo do grão-de-bico é mais demorado. Deixe-o de molho de véspera e cozinhe na panela de pressão em água e sal, com uma folha de louro.

Ervilhas à bonne femme

Rendimento: 4 porções

- 1,2 kg de ervilhas frescas ou
- 600 g de ervilhas congeladas
- 4 minicebolas
- 20 g de manteiga
- 125 g de toucinho em pedaços
- 1 colher (sopa) de farinha de trigo
- 300 ml de caldo de carne em tablete
- 1 bouquet garni (veja glossário)

1. Retire as ervilhas das vagens, descasque as minicebolas.
2. Derreta a manteiga, refogue rapidamente as minicebolas e o toucinho. Retire e reserve.
3. Polvilhe a manteiga do cozimento com a farinha e deixe cozinhar por mais 1 ou 2 min, mexendo com colher de pau.
4. Adicione o caldo, misture e deixe ferver. Cozinhe por mais 5 min, acrescente as ervilhas e misture.
5. Adicione as minicebolas e o toucinho, acrescente o bouquet garni e deixe cozinhar de 15 a 20 min, com tampa.

Como opção, acrescente 1-2 colheres (sopa) de ervas aromáticas.

■ **Preparo:** 30 min   ■ **Cozimento:** cerca de 40 min

ERVILHA E GRÃO-DE-BICO
HORTALIÇAS E FRUTOS

Ervilhas à francesa

Rendimento: 4 porções

1,2 kg de ervilhas frescas
ou
600 g de ervilhas congeladas
4 minicebolas
1 alface
1 bouquet garni (veja glossário)
1/4 de maço de cerefólio
100 g de manteiga
2 colheres (café) de açúcar
sal

1. Retire as ervilhas das vagens, descasque as minicebolas.
2. Lave e seque a alface. Enrole as folhas como um charuto e corte-as em tiras largas.
3. Ponha as ervilhas e a alface em uma caçarola com o bouquet garni, o cerefólio, 70 g de manteiga cortada em pedaços pequenos, 1 colher (café) de sal, o açúcar e meio copo de água fria. Tampe, leve ao fogo e cozinhe de 15 a 20 min em fervura leve.
4. Retire o bouquet garni, acrescente o restante da manteiga, passe para a travessa e sirva.

- Preparo: 15 min (30 min se forem ervilhas frescas)
- Cozimento: 15-20 min

Ervilhas à inglesa

Rendimento: 4 porções

1,2 kg de ervilhas frescas (ou 600 g de ervilhas congeladas)
40 g de manteiga
sal

1. Retire as ervilhas das vagens e mergulhe-as em água fervente com sal. Cozinhe por 12-17 min, sem tampar a panela, até que fiquem macias.
2. Escorra as ervilhas, ponha na travessa e sirva a manteiga à parte.

- Preparo: 20 min
- Cozimento: 12-15 min

ERVILHA E GRÃO-DE-BICO
HORTALIÇAS E FRUTOS

Ervilhas à moda do Languedoc

Rendimento: 4 porções

1,2 kg de ervilhas frescas
ou
600 g de ervilhas
   congeladas
1 cebola
125 g de presunto cru
30 g de manteiga
1 colher (sopa)
   de farinha de trigo
1 colher (café) de açúcar
1 bouquet garni
   (veja glossário)
sal

1 Retire as ervilhas das vagens. Descasque a cebola e corte-a em quatro. Corte o presunto em cubinhos um pouco maiores.
2 Derreta a manteiga em uma caçarola e refogue a cebola e o presunto. Acrescente as ervilhas e refogue rapidamente. Polvilhe com farinha e mexa.
3 Adicione 300 ml de água. Tempere com sal, acrescente o açúcar e o bouquet garni. Cozinhe sem tampa por 15-20 min.
4 Retire o bouquet garni e passe para a travessa que vai à mesa.

■ Preparo: 30 min ■ Cozimento: cerca de 15-20 min

Ervilha-torta com manteiga de castanha-de-caju

Rendimento: 4 porções

800 g de ervilhas-tortas
800 g de castanhas-de-
   caju
50 g de manteiga
sal e pimenta

1 Pique as ervilhas-tortas, mergulhe-as em água fervente com um pouco de sal e cozinhe por uns 6 min. Prove para verificar o ponto de cozimento. Escorra as ervilhas e deixe-as reservadas em uma frigideira antiaderente com tampa.
2 Pique as castanhas-de-caju. Derreta a manteiga em uma frigideira pequena e acrescente as castanhas. Mexendo delicadamente, doure-as em fogo médio por 3 min.
3 Junte as castanhas-de-caju e a manteiga do cozimento com as ervilhas-tortas. Leve novamente ao fogo e mexa delicadamente por 2 min. Tempere com sal e pimenta. Sirva em seguida.

■ Preparo: 10 min ■ Cozimento: cerca de 20 min

ERVILHA E GRÃO-DE-BICO
HORTALIÇAS E FRUTOS

Ervilha-torta na manteiga

Rendimento: 4 porções
600 g de ervilhas-tortas
60 g de manteiga
1 colher (sopa)
  de salsinha picada
sal

1. Para retirar os fios, quebre as extremidades e puxe o fio de ponta a ponta. Lave bem e escorra.
2. Mergulhe as ervilhas-tortas em uma grande caçarola de água fervente. Cozinhe por 20 min em fervura alta, sem tampa. Na metade do cozimento, tempere com sal. Prove para avaliar o cozimento e escorra.
3. Derreta a manteiga em uma panela e acrescente as ervilhas-tortas. Mexa delicadamente para não quebrá-las.
4. Passe para a travessa que vai à mesa e espalhe por cima a salsinha picada.

Ervilha-torta com molho de tomate
Não utilize a manteiga nesta receita. Quando as ervilhas estiverem cozidas, sirva com molho de tomate quente.

■ Preparo: 15 min   ■ Cozimento: 20-25 min

Grão-de-bico com chouriço

Rendimento: 4-6 porções
500 g de grão-de-bico
1 cenoura
1 cebola
2 talos de aipo (salsão)
1 alho-poró (parte branca)
250 g de toucinho
  defumado
1 bouquet garni
  (veja glossário)
4 colheres (sopa)
  de azeite
400 g de chouriço forte ▶

1. Ponha o grão-de-bico de molho por 12 h na água fria. Escorra.
2. Corte a cenoura, a cebola, o aipo e o alho-poró em pedaços. Ponha-os em uma caçarola, acrescente o grão-de-bico, o toucinho defumado e o bouquet garni. Cubra com 2 litros de água fria e leve ao fogo para ferver.
3. Retire a espuma da superfície, tempere com sal e pimenta, abaixe o fogo e acrescente o azeite. Cozinhe em fogo brando por 2 ou 3 h.
4. Ponha o chouriço na caçarola e prolongue o cozimento por mais 30 min. ▶

ERVILHA E GRÃO-DE-BICO

200 ml de molho de tomate
sal e pimenta

5 Retire o bouquet garni, o toucinho defumado e o chouriço. Escorra o grão-de-bico e ponha em uma panela com o molho de tomate, acrescente o chouriço cortado em rodelas, o toucinho defumado em fatias e cozinhe por mais 15 min em fogo lento. Sirva bem quente.

■ Demolha: 12 h ■ Preparo: 15 min
■ Cozimento: 3h45

Purê de ervilha

Rendimento: 6 porções
600 g de ervilhas secas
1 pé de porco
1 bouquet garni (veja glossário)
2 cebolas
2 cravos-da-índia
20 g de manteiga
2 colheres (sopa) de creme de leite fresco
sal e pimenta

1 Ponha as ervilhas de molho em água fria por 2 h.
2 Escorra-as e ponha em uma panela grande. Acrescente o pé de porco, o bouquet garni e as cebolas descascadas e espetadas com um cravo-da-índia. Ponha água na panela o suficiente para cobrir as ervilhas e leve para ferver em fogo lento. Diminua o fogo e cozinhe por 1 h em fogo médio, mexendo de vez em quando. Tempere com sal na metade do tempo de cozimento.
3 Retire o pé de porco, o bouquet garni e as cebolas. Escorra as ervilhas em cima de uma panela (guarde o caldo do cozimento para uma sopa) e passe-as no processador de legumes.
4 Leve o purê ao fogo brando, acrescente primeiro a manteiga e mexa até que ela derreta. Em seguida, o creme de leite fresco. Tempere com sal, pimenta e misture bem. O purê deve ficar bem cremoso. Passe para a travessa.

Depois de desossado e cortado em pedaços, o pé de porco pode servir para outra receita. Guarde-o no congelador.

■ Demolha: 2 h ■ Preparo: 10 min ■ Cozimento: 1 h

ESPINAFRE

Espinafre: preparo

1. Retire as hastes do espinafre, corte as folhas maiores ao meio, lave-as em água corrente e escorra.
2. Para branquear o espinafre, faça o seguinte: encha uma caçarola com água e sal, leve ao fogo para ferver e deixe o espinafre por 8-10 min.
3. Enquanto isso, prepare uma bacia de água com gelo. Escorra o espinafre e ponha imediatamente na bacia, misture bem para que esfrie rapidamente (e preserve a cor) e escorra. Pegue o espinafre aos punhados e esprema entre as mãos para extrair o máximo possível de água.

Espinafre congelado
Depois de descongelado, prepare da mesma maneira que o espinafre fresco.

Bolinhos à florentina

Rendimento: 4-6 porções

500 g de Massa para fritar (veja p. 118)
1,2 kg de espinafre fresco ou 500 g de espinafre congelado
300 ml de Béchamel (veja p. 70)
60 g de queijo ralado
óleo para fritura
100 g de farinha de trigo
sal

1. Prepare a Massa para fritar e deixe descansar.
2. Prepare e cozinhe o espinafre ou descongele (*veja acima*). Escorra-o e esprema-o entre as mãos para extrair o máximo possível de água.
3. Passe o espinafre no liquidificador ou no processador de legumes.
4. Coloque esse purê em uma panela e deixe secar em fogo brando, mexendo com a colher de pau. Reserve em local aquecido.
5. Prepare o Béchamel e misture com o purê de espinafre. Acrescente o queijo ralado e deixe esfriar totalmente. ▶

6 Aqueça o óleo. Divida a mistura do espinafre em bolas do tamanho de um limão. Passe-as na farinha, na massa para fritar e frite-as no óleo a 180ºC, até ficarem bem douradas.

7 Escorra os bolinhos sobre papel-toalha, tempere com sal e sirva bem quentes.

■ Preparo: 40 min ■ Cozimento: 15-20 min

Crepes gratinados com espinafre

Rendimento: 4 porções

250 ml de Massa de crepe (veja p. 113)
400 g de Espinafre ao creme (veja p. 735)
30 g de manteiga
60 g de queijo ralado

1 Prepare a Massa de crepe e o Espinafre ao creme.
2 Faça 12 crepes pequenos, recheie-os com uma colher (sopa) de espinafre, e enrole-os de modo que a borda final fique no meio.
3 Unte com manteiga uma fôrma refratária e arrume os crepes, deixando a borda para baixo. Polvilhe com o queijo ralado e regue com a manteiga derretida.
4 Leve ao forno por 3-5 minutos para gratinar. Sirva bem quente.

■ Preparo: 35 min ■ Cozimento: cerca de 10 min

Croquetes de espinafre

Rendimento: 4 porções

250 ml de Molho cremoso ou molho de tomate
200 ml de Béchamel (veja p. 70)
800 g de espinafre fresco ou 400 g de espinafre congelado
1 ovo inteiro
3 gemas
2 colheres (sopa) de creme de leite sem soro
▶

1 Prepare o Molho cremoso (*veja p.* 76), acrescentando a noz-moscada ralada, ou faça um molho de tomate. Mantenha esse molho em local aquecido.
2 Prepare e cozinhe o espinafre (*veja p.* 732). Escorra-o bem e pique. Prepare o Béchamel e misture-o com o espinafre.
3 Bata o ovo inteiro e as gemas em uma tigela e acrescente ao espinafre com o Béchamel. Misture. Acrescente o creme de leite. Tempere com sal, pimenta e noz-moscada. Deixe esfriar completamente. ▶

ESPINAFRE
HORTALIÇAS E FRUTOS

30 g de manteiga
1 colher (sopa) de óleo
noz-moscada
sal e pimenta

4 Forme com esse preparado bolinhas ou discos pequenos achatados. Derreta a manteiga junto com o óleo em uma frigideira e doure os croquetes por 3 min de cada lado.

Sirva os croquetes bem quentes, cobertos com o Molho cremoso ou com molho de tomate.

■ Preparo: 30 min ■ Cozimento: 6 min

Espinafre gratinado

Rendimento: 4 porções

1,2 kg de espinafre
400 ml de Béchamel (veja p. 70)
noz-moscada
80 g de queijo ralado
20 g de manteiga
sal e pimenta

1 Prepare e cozinhe o espinafre (*veja p. 732*).
2 Faça o Béchamel. Acrescente ao molho a noz-moscada e 40 g do queijo ralado.
3 Preaqueça o forno a 275°C. Unte levemente com manteiga uma fôrma refratária e coloque nela o espinafre. Cubra com o Béchamel e espalhe por cima o restante do queijo ralado.
4 Regue com a manteiga derretida e leve ao forno para gratinar por 10-15 min.

■ Preparo: 30 min ■ Cozimento: cerca de 10-15 min

Espinafre na manteiga

Rendimento: 4 porções

1,5 kg de espinafre fresco
100 g de manteiga
noz-moscada
sal e pimenta-branca

1 Prepare e cozinhe o espinafre (*veja p. 732*).
2 Aqueça 60 g de manteiga em uma wok ou frigideira antiaderente. Acrescente o espinafre, tempere com sal, pimenta e um pouco de noz-moscada ralada. Mexa durante 2 min em fogo moderado.
3 Acrescente aos poucos 40 g de manteiga e deixe cozinhar por mais 2 min. ▶

Espinafre ao creme

Acrescente 250 ml de creme de leite fresco em vez dos 40 g de manteiga, misture e cozinhe em fogo brando por 5 min. Prove, corrija o tempero e sirva.

■ Preparo: 6 min   ■ Cozimento: cerca de 10 min

Pão de espinafre à romana

Rendimento: 4 porções

1,2 kg de espinafre fresco ou 400 g de espinafre congelado
6 filés de anchova salgados
50 g de manteiga
3 ovos
50 g de queijo gruyère ou 30 g de parmesão ralado
noz-moscada
200 ml de molho de tomate
sal e pimenta

1 Limpe e cozinhe o espinafre (*veja p. 732*). Esprema bem e pique.
2 Ponha as anchovas de molho em uma tigela com água para retirar o sal.
3 Preaqueça o forno a 200°C.
4 Derreta a manteiga e misture com o espinafre.
5 Escorra as anchovas, corte-as em pedacinhos e adicione-as ao espinafre.
6 Bata os ovos e incorpore-os ao espinafre. Acrescente o queijo. Tempere com sal, pimenta e noz-moscada. Prove e corrija o tempero.
7 Ponha esse preparado em uma fôrma untada com manteiga e asse em banho-maria, no forno, por 45 min.
8 Prepare o molho de tomate.
9 Desenforme o pão. Sirva com o molho de tomate à parte.

■ Preparo: 30 min   ■ Cozimento: 45 min

ESPINAFRE
HORTALIÇAS E FRUTOS

Ravióli à moda da Savóia

Rendimento: 4 porções

1,2 kg de espinafre fresco ou 500 g de espinafre congelado
1 tomate
2 petits suisses
50 g de farinha
2 ovos
20 g de manteiga
100 ml de leite
100 ml de creme de leite fresco
100 g de queijo gruyère ralado
sal e pimenta

1. Prepare e branqueie o espinafre (*veja p.* 732). Pique bem.
2. Escalde o tomate, retire a pele e as sementes e pique a polpa.
3. Em uma tigela, misture os petits suisses, a farinha e os ovos. Acrescente o espinafre e o tomate. Misture até virar uma massa homogênea.
4. Ferva uma panela grande com água e sal.
5. Forme bolinhas com o recheio e cozinhe-as na água por 10 min. Escorra.
6. Preaqueça o forno a 180°C. Unte uma fôrma refratária com manteiga e coloque nela as bolinhas.
7. Misture o leite, o creme de leite e tempere com pimenta. Despeje sobre as bolinhas.
8. Polvilhe o gruyère ralado por cima e leve ao forno para gratinar por 15 min. Sirva na própria fôrma.

■ Preparo: 20 min ■ Cozimento: 25 min

Salada de espinafre

Rendimento: 4 porções

150 g de Hadoque com ovos pochés (veja p. 342)
2 ovos
120 g de espinafre
50 ml de Vinagrete (veja p. 57)
1/2 maço de endro

1. Prepare o hadoque.
2. Faça os ovos cozidos.
3. Prepare o espinafre (*veja p.* 732) e seque-o bem.
4. Faça o Vinagrete.
5. Adicione o espinafre ao Vinagrete e misture. Desfie o hadoque por cima.
6. Corte os ovos em quartos e disponha-os sobre a salada junto com raminhos de endro.

■ Preparo: 20 min

ESPINAFRE / FAVA
HORTALIÇAS E FRUTOS

Torta de espinafre

Rendimento: 4 porções

225 g de Massa podre (veja p. 118)
250 ml de Molho Mornay (veja p. 77)
40 g de queijo ralado
700 g de espinafre fresco ou 250 g de espinafre congelado
120 g de manteiga

1 Prepare um fundo de torta com a Massa podre e asse (*veja Croustades: preparo p. 212*).
2 Faça o Molho Mornay, acrescente a metade do queijo ralado, misture bem e mantenha aquecido.
3 Prepare o espinafre e refogue-o na manteiga (*veja p. 734*).
4 Preaqueça o forno a 275ºC.
5 Coloque os espinafres sobre o fundo de torta, cubra com o Molho Mornay, polvilhe com o queijo ralado restante, regue com a manteiga derretida e leve ao forno por 10 min.

▪ Preparo: 40 min ▪ Cozimento: 10 min

FAVA

Fava: preparo

As favas frescas podem ser preparadas de duas formas: inteiras ou em grãos. Se preferir separar os grãos das favas, retire a película branca que os envolve. Os grãos podem ser consumidos apenas escaldados (por 10 min em água fervente com sal) ou preparados de outras formas como veremos a seguir.

Favas ao creme

Rendimento: 4 porções

2 kg de favas frescas ou 600 g de favas congeladas
40 g de manteiga
150 ml de creme de leite fresco
sal e pimenta

1 Escalde as favas por 10 min em água fervente com sal.
2 Derreta a manteiga em uma caçarola e salteie as favas. ▶

3 Tempere com sal e pimenta, acrescente o creme de leite e continue a cozinhar por mais alguns minutos. Prove e corrija o tempero.

■ Preparo: 20 min ■ Cozimento: 5 min

Favas com toucinho

Rendimento: 4 porções
2 kg de favas frescas
2 cebolas médias
40 g de manteiga
1 colher (sopa) de óleo
150 g de toucinho picado
três pitadas de segurelha fresca
sal e pimenta

1 Escalde as favas por 10 min em água fervente com sal.
2 Pique as cebolas em fatias finas. Aqueça a manteiga e o óleo em uma wok ou frigideira antiaderente e refogue nela a cebola em fogo brando; acrescente o toucinho picado e mexa por 2 min.
3 Acrescente as favas e a segurelha. Tempere com sal e pimenta.
4 Adicione 2 colheres (sopa) de água, misture e cozinhe em fogo brando por uns 10 min, até que as favas estejam bem tenras. Sirva bem quente.

■ Preparo: 25 min ■ Cozimento: 15 min

Purê de favas

Rendimento: 4 porções
2 kg de favas frescas
50 g de manteiga
1 ramo de segurelha
1 colher (café) de açúcar
1-2 colheres (sopa) de creme de leite fresco
sal e pimenta

1 Escalde as favas por 10 min em água fervente com sal.
2 Derreta a manteiga em uma caçarola, acrescente as favas, a segurelha, uma pitada de sal, o açúcar e 100 ml de água. Tampe e cozinhe por 10-15 min.
3 Coe e passe no processador de legumes ou no liquidificador.
4 Acrescente o creme de leite fresco para diluir o purê e sirva bem quente.

■ Preparo: 30 min ■ Cozimento: cerca de 15 min

FEIJÃO

Feijão: preparo

1. Ponha o feijão de molho na água em uma tigela grande. Elimine os que subirem à superfície. Deixe de molho no mínimo por 2 h. O feijão-preto deve ficar de molho por mais tempo: cerca de 8 h.
2. Escorra. Coloque o feijão em uma panela grande, cubra com água e leve ao fogo para ferver.
3. Retire a espuma que se forma na superfície e acrescente, conforme a quantidade de feijão, 1 ou 2 cebolas espetadas com um cravo-da-índia, 1 dente de alho descascado e 1 bouquet garni ou 1 amarradinho com salsinha, cebolinha, louro e uma pimenta dedo-de-moça.
4. Cozinhe em fogo brando por 1h30-2h30. Tempere com sal apenas quando estiver quase cozido. Prove para avaliar o cozimento.

Cassoulet

Rendimento: 8 porções

1 kg de feijão-branco
200 g de toucinho com a pele
5 dentes de alho
4 cebolas
1 cravo-da-índia
1 cenoura
300 g de toucinho magro
2 bouquets garnis (veja glossário)
100 g de manteiga
750 g de lombo de porco
500 g de peito de cordeiro desossado
300 ml de caldo de carne em tablete
1 salsichão com alho ▶

1. Ponha o feijão de molho na água em uma vasilha. Descarte os grãos que subirem à superfície. Deixe por 2 h. Escorra.
2. Corte o toucinho com a pele em pedaços e amarre-o em porções.
3. Descasque o alho e as cebolas e espete um cravo-da-índia em uma cebola. Corte a cenoura e o toucinho magro em pedaços.
4. Ponha o feijão em uma caçarola com o toucinho magro, as porções de toucinho com a pele, a cenoura, a cebola com o cravo-da-índia, 3 dentes de alho e 1 bouquet garni. Cubra com água. Tampe e cozinhe por 1 h em fogo brando. Tempere com sal na metade do tempo de cozimento. ▶

FEIJÃO
HORTALIÇAS E FRUTOS

300 g de peito de frango em cubos
ou ganso (confit d'oie)
40 cm de lingüiça fresca de porco
farinha de rosca
sal e pimenta

5 Derreta 50 g de manteiga em uma wok ou frigideira antiaderente e refogue o lombo e o peito de cordeiro, cortados em pedaços grandes, por 10 min. Tempere com sal e pimenta.

6 Pique as 3 cebolas restantes, esprema 2 dentes de alho e adicione-os à wok com o segundo bouquet garni. Despeje um pouco do caldo de carne, tampe e cozinhe por 40 min, acrescentando, de tempos em tempos, mais caldo de carne.

7 Quando o feijão estiver quase cozido, retire da caçarola os legumes e o bouquet garni, acrescente o lombo e o peito de cordeiro, o salsichão com alho, o peito de frango e a lingüiça. Cozinhe por 1 h em fogo brando.

8 Preaqueça o forno a 160°C.

9 Retire todas as carnes. Corte o cordeiro, o lombo e o ganso em pedaços iguais, o toucinho com a pele em retângulos, o salsichão em fatias (retire a pele) e a lingüiça em pedaços pequenos.

10 Forre uma assadeira com uma parte dos toucinhos com pele. Ponha uma camada de feijão, outra camada das carnes com o molho. Cubra com feijão e termine de encher a travessa, sempre alternando as camadas e temperando todas as vezes com pimenta moída na hora.

11 Sobre a última camada de feijão ponha os pedaços de toucinho magro, de toucinho com a pele e algumas fatias de salsichão. Polvilhe com farinha de rosca e regue com 50 g de manteiga.

12 Leve ao forno em temperatura baixa por cerca de 1h30. Quando formar uma crosta, quebre-a, afunde-a na travessa e espere que outra crosta se forme.

13 Sirva o cassoulet na própria assadeira.

A qualidade do feijão é primordial para deixar o cassoulet cremoso e saboroso.

■ Preparo: 40 min ■ Demolha: 2 h
■ Cozimento: cerca de 3h30

Feijão-branco à moda da Bretanha

Rendimento: 4 porções

300 g de feijão-branco
3 cebolas
2 cravos-da-índia
1 cenoura
2 dentes de alho
1 bouquet garni
  (veja glossário)
2 tomates
40 g de manteiga
50 ml de vinho branco
1 colher (sopa)
  de extrato de tomate
1 colher (sopa)
  de salsinha picada
sal e pimenta

1. Deixe o feijão de molho por 2 h. Escorra.
2. Cozinhe o feijão por 1h30 com 2 cebolas espetadas com os cravos-da-índia, a cenoura, 1 dente de alho e o bouquet garni.
3. Enquanto isso, prepare o molho bretão: descasque e pique 1 cebola e 1 dente de alho. Escalde os tomates, retire a pele e as sementes e corte-os em cubinhos. Derreta 20 g de manteiga em uma panela e doure nela a cebola. Adicione o vinho branco e deixe reduzir à metade. Acrescente os tomates, o extrato de tomate e o alho. Tempere com sal e pimenta, tampe a panela e deixe cozinhar por uns 15 min.
4. Acrescente o feijão e misture bem. Adicione a manteiga restante, salpique a salsinha por cima e sirva.

■ Demolha: 2 h ■ Preparo: 15 min
■ Cozimento: 1h30

Feijão-branco com caldo

Rendimento: 4 porções

300 g de feijão
2 cebolas
2 cravos-da-índia
1 cenoura
1 dente de alho
1 bouquet garni
  (veja glossário)
100 ml de caldo de carne
  ou em tablete
40 g de manteiga
1 colher (sopa)
  de salsinha
sal e pimenta

1. Ponha o feijão de molho e depois cozinhe (*veja receita anterior*).
2. Esquente o caldo que sobrou de um assado, pernil ou ave ou prepare 200 ml de caldo de carne ou de galinha em tablete e deixe reduzir à metade. Tempere com sal e pimenta.
3. Escorra o feijão, acrescente o caldo, a manteiga e misture bem. Salpique por cima a salsinha picada.

■ Demolha: 2 h ■ Preparo: 10 min
■ Cozimento: 1h30

Feijão-branco com tomate

Rendimento: 4 porções
300 g de feijão-branco
3 dentes de alho
400 g de toucinho magro
1 bouquet garni (veja glossário)
250 ml de Molho de tomate (veja p. 97) ou molho pronta
sal e pimenta

1 Ponha o feijão de molho na água em uma vasilha. Descarte os grãos que subirem à superfície. Deixe por 2 h. Escorra.
2 Descasque o alho.
3 Ponha o feijão em uma caçarola com o toucinho, o alho, o bouquet garni e cubra com água. Tampe a panela e cozinhe por 1h30 em fogo brando. Tempere depois de 45 min de cozimento.
4 Prepare o Molho de tomate.
5 Escorra o feijão e retire o toucinho e o bouquet garni.
6 Recoloque o feijão na caçarola e acrescente o molho de tomate.
7 Corte o toucinho em cubinhos e adicione também ao feijão.
8 Cozinhe em fogo brando por uns 10 min. Sirva bem quente.

■ Preparo: 15 min   ■ Demolha: 2 h
■ Cozimento: cerca de 1h40

Feijão-fradinho ao creme

Rendimento: 4 porções
600 g de feijão-fradinho
2 tomates
150 ml de creme de leite
1 colher (sopa) de salsinha picada
sal e pimenta

1 Prepare e cozinhe o feijão (*veja feijão p. 739*). Escorra.
2 Escalde os tomates, retire a pele e amasse-os.
3 Ferva o creme de leite e despeje sobre o feijão. Misture bem e deixe cozinhar em fogo brando de 5 a 10 min, até que o molho fique encorpado.
4 Prove e corrija o tempero. Coloque na travessa de servir e disponha os tomates em volta. Salpique a salsinha picada. Sirva imediatamente.

■ Preparo: 10 min   ■ Cozimento: cerca de 1 h

FEIJÃO
HORTALIÇAS E FRUTOS

Feijão-preto com toucinho

Rendimento: 4 porções
400 g de feijão-preto
250 g de toucinho magro
1 cebola
1 dente de alho
1 folha de louro
3 ramos de salsinha
3 talos de cebolinha
sal e molho de pimenta

1. Na véspera, lave o feijão. Passe para uma vasilha, cubra com bastante água fria e deixe de molho até o dia seguinte.
2. Retire a pele do toucinho e corte-o em pedacinhos. Mergulhe-os por 5 min em água fervente, retire e reserve. Corte a cebola em fatias finas e pique o alho. Faça um amarradinho com o louro, a salsinha e a cebolinha.
3. Frite o toucinho por alguns instantes, mexendo sempre até começar a dourar. Adicione a cebola, tampe e cozinhe por mais 6-7 min.
4. Adicione o feijão e o amarradinho de ervas. Cubra o feijão com água e leve ao fogo até levantar fervura. Diminua o fogo, tempere com sal e pimenta, tampe e cozinhe por cerca de 2 h.
5. Experimente o feijão para verificar o cozimento. Assim que estiver cozido, retire o amarradinho de ervas e coloque o feijão em uma sopeira.

Sirva bem quente, acompanhado de arroz branco, couve refogada e farofa, carne assada ou lingüiça grelhada.

Se perceber que a água está evaporando demais, adicione um pouco de água fervente de vez em quando para manter a umidade.

■ Demolha: 12 h ■ Preparo: 15 min
■ Cozimento: 2 h-2h30

Feijão-roxinho à moda da Borgonha

Rendimento: 4-6 porções
300 g de feijão-roxinho
50 ml de vinho tinto da Borgonha ▶

1. Escolha o feijão e coloque de molho na água por 2 h. Escorra. Ponha em uma panela, adicione o vinho e leve ao fogo para ferver. ▶

FEIJÃO
HORTALIÇAS E FRUTOS

1 cebola
1 cravo-da-índia
1 bouquet garni (veja glossário)
150 g de toucinho
1 cenoura
1 colher (sopa) de óleo
20 g de Manteiga manié (veja p. 68)
sal e pimenta

2. Descasque a cebola, espete-a com o cravo-da-índia e ponha tudo na panela com o bouquet garni, o toucinho e a cenoura. Cozinhe em fogo brando por 1h30-2 h.
3. Retire o toucinho, a cebola e o bouquet garni. Escorra o feijão e mantenha em local aquecido. Reserve o caldo.
4. Corte o toucinho em cubinhos, doure-os por igual em uma frigideira com o óleo, em fogo brando. Escorra o toucinho e adicione-o ao feijão.
5. Prepare a Manteiga manié e incorpore-a ao caldo, batendo vigorosamente. Tempere com sal, pimenta e adicione-a ao feijão.
6. Disponha na travessa que vai à mesa.

■ Demolha: 2 h ■ Preparo: 15 min
■ Cozimento: cerca de 2 h

Feijão tropeiro

Rendimento: 6 porções
500 g de feijão
100 g de cebola
1 maço de cebolinha verde
200 g de toucinho
200 g de lingüiça
5 colheres (sopa) de óleo
6 ovos
1/2 xícara (chá) de farinha de milho
pimenta dedo-de-moça
sal e pimenta

1. Cozinhe o feijão por cerca de 10 min, deixando-o *al dente*. Escorra a água e reserve. Pique separadamente a cebola e a cebolinha. Reserve.
2. Pique o toucinho em cubinhos e doure em uma panela. Retire e reserve.
3. Corte a lingüiça em pedaços médios e frite em um pouco de óleo.
4. Quebre os ovos na mesma panela e tempere com sal e pimenta-do-reino. Não mexa os ovos. Retire da panela, reserve e mantenha aquecido.
5. Na mesma panela, adicione o óleo e doure a cebola. Junte o toucinho frito, a lingüiça, o feijão cozido e a farinha de milho. Tempere com pimenta dedo-de-moça. Prove e acerte o tempero. Se preciso, coloque sal. ▶

6 Misture delicadamente para não quebrar o feijão. Coloque os ovos. Espalhe a cebolinha picada por cima. Prove e corrija o tempero.

Sirva em seguida com couve refogada e arroz branco.

■ Preparo: 15 min ■ Cozimento: 25 min

Feijão-verde ao creme

Rendimento: 4 porções
300 g de feijão-verde
150 ml de creme de leite
sal e pimenta

1 Prepare e cozinhe o feijão-verde (*veja Feijão: preparo, p.* 739). Escorra.

2 Ferva o creme de leite e despeje-o sobre o feijão. Misture bem e deixe cozinhar em fogo brando por 5-10 min, até o creme engrossar.

3 Prove e corrija o tempero. Sirva quente.

■ Demolha: 2 h ■ Cozimento: cerca de 2 h
■ Preparo: cerca de 10 min

Feijoada

Rendimento: 6-8 porções
4 paios
2 lingüiças-portuguesas
2 lingüiças-calabresas defumadas
300 g de costelinhas defumadas
1 kg de carne-seca
300 g de lombinho
300 g de lombinho defumado
1 orelha de porco salgada
1 língua de porco salgada
1,5 kg de feijão-preto
3 folhas de louro
1 laranja sem casca
▶

1 Na véspera, coloque as carnes salgadas de molho e troque a água a cada 4 h. À noite, deixe o feijão-preto de molho. Se estiver calor, deixe as carnes de molho na geladeira durante à noite.

2 No dia seguinte, retire as carnes da água, corte-as em pedaços grandes e aferventes-os 3 vezes, trocando a água. Escorra o feijão e leve ao fogo com bastante água. Junte o louro e a carne-seca. Cozinhe por 30 min.

3 Acrescente as outras carnes e a laranja inteira, reservando as costelinhas. Cozinhe por mais 30 min, então adicione as costelinhas.

4 Observe as carnes, retirando da panela as que já estiverem cozidas. Não deixe as costelinhas cozinharem demais. ▶

FEIJÃO
HORTALIÇAS E FRUTOS

Para temperar o feijão
2 colheres (sopa) de óleo
1 cebola
4 dentes de alho
2 pimentas-malaguetas
sal

5 Quando tudo estiver cozido, tempere o feijão. Em uma frigideira, esquente o óleo e junte a cebola, o alho picadinho e as pimentas. Despeje nesse refogado uma concha do feijão e amasse, refogando bem. Devolva essa mistura à panela com o restante do feijão. Acerte o sal.

Sirva a feijoada bem quente, com seus acompanhamentos clássicos: arroz branco, couve cortada bem fininho refogada, pimenta, fatias de laranja e farinha de mandioca. Se preferir, coloque as carnes em uma travessa separada.

■ Demolha: 12 h ■ Preparo: 2h30-3 h
■ Cozimento: cerca de 6 h

Salada de feijão-fradinho

Rendimento: 4 porções
600 g de feijão-fradinho
1 cebola comum pequena
1 cravo-da-índia
1 cenoura
1 dente de alho
1 bouquet garni (veja glossário)
1 cebola-branca
5 ramos de salsinha
100 ml de Vinagrete (veja p. 57)
1 colher (café) de vinagre balsâmico

1 Escolha o feijão. Deixe de molho por 2 h e escorra. Coloque em uma panela grande, cubra com água e leve ao fogo para ferver.
2 Acrescente a cebola comum espetada com o cravo-da-índia, a cenoura, o alho e o bouquet garni. Escorra e deixe esfriar um pouco.
3 Descasque e pique a cebola-branca e a salsinha.
4 Prepare o Vinagrete, acrescentando o vinagre balsâmico. Misture com o feijão morno e acrescente a cebola-branca.
5 Coloque na travessa de servir e salpique por cima a salsinha picada.

■ Preparo: 15 min ■ Cozimento: cerca de 1 h

LEGUMES SORTIDOS

Garbure

Rendimento: 8 porções

um pedaço de presunto cru (cerca de 200 g)
300 g de feijão
200 g de ervilha-torta
500 g de batata
2 nabos
2 cebolas
3 dentes de alho
2 alhos-porós (parte branca)
1 talo de aipo (salsão)
2 cenouras
1/4 de repolho
2 lingüiças
3 coxas de pato em conserva (confit de canard)
1 bouquet garni (veja glossário)
2 litros de caldo de galinha em tablete (ou água)
200 ml de vinho branco seco
6-8 fatias de pão integral
1 colher (sopa) de salsinha picada
sal e pimenta

1. Na véspera, ponha o presunto de molho na água fria com o feijão.
2. Mergulhe o presunto na água fervente por 10 min. Retire os grãos das ervilhas e a película que os envolve.
3. Descasque as batatas, os nabos e corte-os em cubinhos. Descasque e pique as cebolas e 2 dentes de alho. Corte em pedaços pequenos a parte branca dos alhos-porós, o aipo e as cenouras. Pique em tirinhas as folhas de repolho.
4. Preaqueça o forno a 220ºC.
5. Ponha as lingüiças e o confit de canard em uma assadeira e doure-os no forno por 15 min. Escorra, retire o excesso de gordura e corte-os em pedaços grandes. Reserve.
6. Ponha o presunto, o feijão e o bouquet garni em um caldeirão. Adicione o caldo de galinha (ou água) e cozinhe por 45 min.
7. Adicione o vinho branco seco na assadeira para deglaçar e ponha esse caldo no caldeirão.
8. Numa wok ou frigideira antiaderente, refogue por 5 min as cebolas-brancas, as cenouras, os nabos, os alhos-porós e o aipo, com um pouco da gordura do confit de canard.
9. Tempere com sal e pimenta. Ponha tudo no caldeirão e cozinhe em fogo baixo por 30 min.
10. Branqueie o repolho: cozinhe por 5-8 min em água fervente. Escorra as folhas e adicione ao caldeirão, junto com as batatas. Deixe cozinhar lentamente por mais 30 min.
11. Acrescente as ervilhas e deixe cozinhar por mais 5 min. Acerte o tempero e retire o bouquet garni.
12. Esfregue o alho nas fatias de pão previamente torradas e arrume-as em uma sopeira de porcelana. ▶

LEGUMES SORTIDOS
HORTALIÇAS E FRUTOS

13 Corte o presunto em fatias de 1 cm de espessura e ponha na sopeira com os pedaços de lingüiça e de confit.

14 Despeje por cima o caldo bem quente com os legumes, espalhe a salsinha picada, leve ao fogo para ferver e acerte o tempero, acrescentando um pouco de pimenta moída na hora. Sirva bem quente.

■ Molho: 12 h ■ Preparo: 40 min
■ Cozimento: cerca de 2 h

Guisado de legumes

Rendimento: 6 porções
250 g de ervilha
200 g de nabos pequenos
12 minicebolas
220 g de batatas bolinhas
2 miolos de alface
250 g de vagem-macarrão
3 alcachofras
1/2 limão
1/2 couve-flor
50 g de manteiga
200 g de cenouras pequenas
50 ml de caldo de galinha em tablete
10 cebolinhas verdes
10 galhinhos de cerefólio
sal e pimenta

1 Debulhe as ervilhas. Descasque os nabos, as cebolas e as batatas. Lave a alface. Retire os filamentos das vagens e lave-as. Tire todas as folhas das alcachofras e limpe os fundos; esprema o suco de limão e corte-os em quatro. Separe os buquês da couve-flor.

2 Unte uma panela com manteiga e ponha as cenouras, as vagens e os fundos de alcachofra. Cubra com o caldo de galinha e leve ao fogo para ferver.

3 Depois de 8 min de cozimento, acrescente os nabos, as batatas, as ervilhas, a couve-flor, as minicebolas e os miolos de alface. Tempere com sal e pimenta. Prolongue o cozimento por mais 20 min.

4 Pique a cebolinha e o cerefólio.

5 Retire os legumes do fogo e ponha-os em uma travessa.

6 Ferva o caldo do cozimento para reduzi-lo; acrescente 50 g de manteiga mexendo vigorosamente e despeje sobre os legumes.

7 Espalhe por cima a cebolinha e o cerefólio picados.

■ Preparo: 30 min ■ Cozimento: cerca de 30 min

LEGUMES SORTIDOS
HORTALIÇAS E FRUTOS

Jardineira de legumes

Rendimento: 4 porções

3 cenouras
2 nabos
300 g de vagens
1 kg de ervilhas frescas
1/4 de maço de cerefólio
40 g de manteiga
sal e pimenta

1 Descasque os nabos e corte-os em bastonetes juntamente com as cenouras.
2 Retire o fio das vagens e corte-as ao meio. Retire as ervilhas das favas.
3 Cozinhe as vagens e as ervilhas em água fervente com sal por 7-8 min, e as cenouras e os nabos no vapor, durante o mesmo tempo.
4 Pique o cerefólio.
5 Ponha todos os legumes escorridos em uma panela com a manteiga. Aqueça em fogo brando, mexendo sempre. Tempere com sal e pimenta.
6 Passe a jardineira para uma travessa, espalhe o cerefólio por cima e sirva.

■ Preparo: 35 min ■ Cozimento: 15 min

Legumes chop suey

Rendimento: 6 porções

4 cenouras pequenas
3 abobrinhas pequenas
3 alhos-porós pequenos
1 pimentão
2 colheres (sopa) de óleo
2 minicebolas
150 g de brotos de bambu
1 dente de alho
2 tomates
1 colher (sopa) de shoyu
1 colher (café) de óleo de gergelim
sal e pimenta

1 Lave e corte as cenouras, as abobrinhas, os alhos-porós e o pimentão em tirinhas.
2 Ponha os legumes em uma wok, ou frigideira antiaderente, com 2 colheres de sopa de óleo, mexa bem, tampe e deixe cozinhar em fogo baixo por 4-5 min.
3 Pique as minicebolas.
4 Afervente os brotos de bambu, passe na água fria e escorra.
5 Descasque e pique o alho.
6 Escalde os tomates, retire a pele e corte em cubinhos.
7 Adicione os brotos de bambu à frigideira, misture bem e cozinhe por 1 min.
8 Acrescente os tomates, as cebolas, o alho, a pimenta, o shoyu, um pouco de sal e o óleo de gergelim. Misture, cozinhe por 1 min e sirva.

■ Preparo: 30 min ■ Cozimento: cerca de 8 min

LEGUMES SORTIDOS
HORTALIÇAS E FRUTOS

Legumes com feijão

Rendimento: 6 porções

500 g de feijão
4 miolos de alface
600 g de ervilhas frescas
2 nabos
3 batatas
2 cenouras
250 g de vagens
100 g de manteiga
sal e pimenta

1 Cozinhe o feijão de sua preferência por apenas 15 min. Pode ser fradinho, carioca, roxinho, jalo, branco etc.
2 Enquanto isso, lave os miolos de alface, seque e corte-os ao meio ou em quatro.
3 Retire as ervilhas das favas. Descasque os nabos e as batatas e pique-os em cubinhos ou rodelas, juntamente com as cenouras.
4 Retire as pontas e os filamentos das vagens.
5 Preaqueça o forno a 180°C.
6 Unte uma fôrma com a metade da manteiga. Ponha a metade da alface e dos outros legumes. Acrescente aos poucos 25 g de manteiga. Acabe de preencher a fôrma com outra camada de legumes. Misture. Acrescente o restante da manteiga e 3 colheres (sopa) de água. Tempere com sal e pimenta.
7 Comece o cozimento no fogo por 10-12 min, depois leve a fôrma ao forno por 40 min. Sirva bem quente.

■ Preparo: 30 min   ■ Cozimento: cerca de 50 min

Macedônia de legumes

Rendimento: 4 porções

250 g de cenouras
250 g de nabos
250 g de vagens
250 g de ervilhas frescas ou congeladas
sal e pimenta

1 Descasque e corte em cubinhos as cenouras, os nabos e as vagens. Debulhe as ervilhas ou descongele-as.
2 Cozinhe todos os legumes em água fervente com sal. Mantenha em fervura alta sem tampar a panela. Prove e verifique o cozimento.
3 Escorra e ponha em uma travessa. Adicione a manteiga e consuma os legumes quentes.

Quentes, os legumes podem acompanhar tanto uma carne quanto um peixe. Também podemos servi-los frios, com 250 ml de maionese.

■ Preparo: 30 min   ■ Cozimento: cerca de 15 min

LEGUMES SORTIDOS
HORTALIÇAS E FRUTOS

Picles de legumes com limão

Rendimento: 1 vidro de conserva de 1,5 litro

2 limões
1 pepino
2 pimentões
2 cenouras
100 g de vagens
100 g de folhas de repolho
100 g de buquês de couve-flor
250 g de sal grosso
1/2 cebola
20 g de gengibre
pimenta-de-caiena
500 ml de vinagre de álcool
um pistilo de açafrão (ou 1 colherinha de curry em pó)
50 ml de azeite

1. Divida os limões em quatro partes e retire as sementes.
2. Descasque o pepino e os pimentões e corte-os, juntamente com as cenouras, em lâminas finas de uns 4 cm de comprimento.
3. Lave as vagens e as folhas de repolho e corte em pedaços pequenos. Lave os buquês de couve-flor.
4. Deixe macerar em sal grosso todos os legumes e, à parte, os limões.
5. Depois de 12 h de maceração, lave os limões e deixe-os de molho na água fria por 24 h, mudando a água várias vezes.
6. Ferva os limões até que fiquem moles. Escorra e seque.
7. Depois de 36 h, escorra e seque os legumes.
8. Descasque a cebola, pique e passe no liquidificador com o gengibre. Acrescente uma pitada de pimenta-de-caiena, o vinagre, o açafrão e o azeite.
9. Ponha os quartos de limão e os pedaços de legumes em um vidro de boca larga e cubra com o azeite aromatizado. Feche e guarde na geladeira até o momento de consumir.

■ Preparo: 15 min ■ Maceração: 36 h

Piperade

Rendimento: 4-6 porções

75 g de toucinho
800 g de cebolas
600 g de pimentão verde
8 dentes de alho
150 g de presunto cru
1 bouquet garni (veja glossário)
1,5 kg de tomates ▶

1. Pique o toucinho. Descasque e corte as cebolas em pedacinhos bem pequenos. Retire as sementes dos pimentões e corte-os em quatro no sentido do comprimento. Descasque e esprema o alho. Corte o presunto em pedaços.
2. Derreta o toucinho em uma caçarola, refogue as cebolas e os pimentões, acrescente o alho, o presunto, o bouquet garni e cozinhe em fogo baixo por 15 min. ▶

LEGUMES SORTIDOS
HORTALIÇAS E FRUTOS

molho de pimenta dedo-de-moça
1 colher (café) de açúcar
sal

3 Escalde os tomates, tire a pele, as sementes, corte-os em pedacinhos e ponha na caçarola. Acrescente um pouquinho de molho de pimenta dedo-de-moça.

4 Cozinhe em fogo alto, mexendo várias vezes. Depois de alguns minutos, prove; se o gosto estiver muito ácido, coloque 1 colher (chá) de açúcar. Continue o cozimento até que o líquido dos tomates evapore. Prove e acerte o tempero.

■ Preparo: 15 min ■ Cozimento: 30-40 min

Ratatouille à moda de Nice

Rendimento: 4-6 porções
6 abobrinhas
2 cebolas
3 pimentões
6 tomates
3 dentes de alho
6 berinjelas
100 ml de azeite
1 bouquet garni (veja glossário)
1 galho de tomilho
sal e pimenta

1 Lave as abobrinhas e fatie em rodelas, sem descascá-las.

2 Descasque as cebolas e pique-as.

3 Tire as sementes dos pimentões e corte-os em tirinhas.

4 Escalde e tire a pele dos tomates; corte-os em 6 pedaços e retire as sementes.

5 Descasque e esprema o alho. Corte as berinjelas em rodelas.

6 Aqueça 6 colheres (sopa) de azeite em uma panela de fundo grosso. Refogue as berinjelas, acrescente os pimentões, os tomates, as cebolas e, por último, as abobrinhas e o alho.

7 Acrescente o bouquet garni e o tomilho picado, tempere com sal e pimenta e cozinhe por 30 min em fogo baixo.

8 Adicione 2 colheres (sopa) de azeite e continue o cozimento por mais algum tempo, conforme o gosto.

9 Retire o bouquet garni e sirva bem quente.

A Ratatouille à moda de Nice pode acompanhar assados, aves refogadas, peixes cozidos e omeletes. Também pode ser consumida gelada.

■ Preparo: 30 min ■ Cozimento: cerca de 40 min

LEGUMES SORTIDOS / LENTILHA

Salada de frutas com abacate

Rendimento: 6 porções

2 limões
2 abacates
2 laranjas
1 grapefruit vermelho
1 grapefruit branco
1 maço pequeno de hortelã
8 colheres (sopa) de óleo
açúcar
2 colheres (sopa) de pignoli
6 folhas de alface
6 azeitonas pretas
sal e pimenta

1 Esprema os limões. Corte os abacates ao meio, retire o caroço e pique a polpa em cubinhos. Regue com o suco de limão.
2 Descasque as laranjas e os grapefruits e retire a pele que envolve a polpa.
3 Lave, desfolhe e pique a hortelã. Ponha em uma tigela pequena. Adicione o óleo, acrescente uma pitada de açúcar, tempere com sal e pimenta. Misture bem.
4 Ponha o abacate e a polpa das frutas em uma grande saladeira. Acrescente o molho e misture. Deixe na geladeira por uns 30 min.
5 Toste os pignoli em uma frigideira, sem gordura.
6 Lave e escorra as alfaces. Ponha uma folha em cada prato. Dentro das alfaces ponha a salada. Espalhe os pignoli por cima e decore com uma azeitona preta.

■ Preparo: 15 min   ■ Refrigeração: 30 min

LENTILHA

Lentilha: preparo

Lave as lentilhas. Não é preciso deixá-las de molho. Cozinhe em grande quantidade de água fervente com duas cebolas e um cravo-da-índia espetado em uma delas, uma cenoura fatiada e um bouquet garni (*veja glossário*). Tempere com sal na metade do cozimento.

A água do cozimento pode ser usada em uma sopa.

LENTILHA
HORTALIÇAS E FRUTOS

Lentilhas à moda de Dijon

Rendimento: 4 porções

300 g de lentilhas
1 cebola
1 cravo-da-índia
1 cenoura
1 dente de alho
1 bouquet garni (veja glossário)
100 g de toucinho cru
2 colheres (sopa) de mostarda de Dijon
20 g de manteiga
sal e pimenta

1 Lave as lentilhas.
2 Descasque a cebola e espete-a com o cravo-da-índia. Corte a cenoura em pedaços. Descasque o dente de alho.
3 Cubra as lentilhas com água fria, em quantidade equivalente a três vezes o volume dos grãos. Leve ao fogo para ferver.
4 Acrescente os legumes, o bouquet garni e o toucinho. Tampe a panela e cozinhe por 40 min. Tempere com sal na metade do cozimento.
5 Retire o toucinho (ele poderá ser usado em outra receita), o bouquet garni e a cebola.
6 Se necessário, retire com uma concha o excesso de caldo (que deve apenas cobrir as lentilhas).
7 Dissolva a mostarda em 1 colher (sopa) do caldo e despeje sobre as lentilhas. Misture bem e acrescente a manteiga.
8 Passe para a sopeira e sirva.

■ Preparo: 15 min ■ Cozimento: cerca de 40 min

Lentilhas com caldo

Rendimento: 4 porções

300 g de lentilhas
1 cebola
1 cravo-da-índia
1 cenoura
1 dente de alho
1 bouquet garni (veja glossário)
100 g de toucinho cru
400 ml de caldo de carne em tablete
20 g de manteiga
sal

1 Lave as lentilhas. Descasque a cebola e espete-a com o cravo-da-índia. Descasque a cenoura e corte-a em pedaços. Descasque o dente de alho.
2 Cubra as lentilhas com água fria, em quantidade equivalente a três vezes o volume dos grãos e leve ao fogo para ferver.
3 Acrescente os legumes, o bouquet garni e o toucinho. Tampe a panela e cozinhe por 40 min. Tempere com sal na metade do cozimento.
4 Prepare o caldo e reduza-o à metade.
5 Retire o toucinho da panela, corte-o em cubinhos e coloque-o de novo na sopa. ▶

LENTILHA
HORTALIÇAS E FRUTOS

6 Acrescente o caldo reduzido, misture e aqueça. Incorpore a manteiga e sirva em seguida.

Essas lentilhas servem para acompanhar uma carne cozida ou assada (carne branca, de preferência).

■ Preparo: 10 min ■ Cozimento: cerca de 45 min

Lentilhas com cúrcuma

Rendimento: 4 porções
200 g de lentilhas
uma pitada de cúrcuma moída
2 pimentas vermelhas secas
1 colher (sopa) de óleo
1 colher (café) de grãos de mostarda
1 colher (sopa) de açúcar mascavo
2 iogurtes naturais
sal

1 Escolha e lave as lentilhas. Ponha 2 litros de água em uma panela, acrescente as lentilhas e tempere com sal e cúrcuma. Leve ao fogo para ferver e deixe cozinhar em fogo médio por cerca de 45 min. Verifique o cozimento. Os grãos devem estar macios e bem cozidos.

2 Enquanto isso, retire as sementes das pimentas e pique-as. Aqueça o óleo e ponha os grãos de mostarda para que se abram. Acrescente a pimenta. Misture e continue o cozimento por alguns instantes.

3 Adicione esse tempero às lentilhas, polvilhe o açúcar e incorpore os iogurtes. Se necessário, acrescente um pouco de água quente e prolongue o cozimento.

■ Preparo: 25 min ■ Cozimento: 1 h

Purê de lentilha

Rendimento: 4 porções
400 g de lentilhas
1 cebola
1 cravo-da-índia
1 cenoura pequena
1 bouquet garni (veja glossário)
50 g de manteiga
sal grosso e pimenta

1 Lave as lentilhas.
2 Descasque a cebola e espete o cravo-da-índia. Corte a cenoura em cubinhos.
3 Ponha as lentilhas em uma panela grande e cubra fartamente com água fria, leve para ferver e retire a espuma que se forma na superfície. ▶

4. Acrescente o sal grosso, a pimenta, o bouquet garni, a cebola e a cenoura. Cozinhe em fervura leve por cerca de 45 min, com a panela tampada.
5. Retire o bouquet garni e a cebola. Passe as lentilhas no processador de legumes.
6. Ponha o purê em uma panela e aqueça em fogo baixo, mexendo com uma colher de pau. Acrescente a manteiga e sirva bem quente.

■ Preparo: 15 min   ■ Cozimento: cerca de 45 min

MANDIOQUINHA

Mandioquinha: preparo

As mandioquinhas devem ser escolhidas bem claras e firmes. São mais perecíveis que as batatas e devem ser conservadas em saco plástico, na gaveta da geladeira, por cerca de 1 semana.

Lave bem a casca e raspe-as antes de cozinhar. São ótimas em sopas, saladas, purês etc.

Bolinhos de mandioquinha

Rendimento: 25 bolinhos
800 g de mandioquinha
salsinha picada
1 ovo batido
1/2 xícara (chá) de leite
farinha de trigo
óleo para fritura
sal e pimenta

1. Cozinhe as mandioquinhas. Retire do fogo, escorra e passe no espremedor. Faça bolinhas e reserve.
2. Adicione sal, pimenta, salsinha picada, o ovo batido, o leite e farinha de trigo suficiente para dar ponto à massa. A massa não deve ficar dura nem mole.
3. Esquente o óleo e frite os bolinhos até que fiquem bem dourados.
4. Escorra sobre papel-toalha e sirva em seguida.

■ Descanso: 1 h   ■ Preparo: 15 min
■ Cozimento: 10-15 min

MANDIOQUINHA
HORTALIÇAS E FRUTOS

Mandioquinha ao creme

Rendimento: 4 porções
800 g de mandioquinha
200 ml de creme de leite fresco
sal e pimenta

1 Cozinhe as mandioquinhas e corte-as em rodelas grossas.
2 Ferva o creme de leite fresco em uma panela, acrescente as mandioquinhas, tempere com sal e pimenta e deixe reduzir por cerca de 3 min em fogo baixo. Coloque em uma travessa e sirva.

■ Preparo: 5 min ■ Cozimento: cerca de 13 min

Mandioquinha delícia

Rendimento: 4 porções
800 g de mandioquinha
2 ovos
120 g de manteiga
5-6 galhinhos de salsinha
40 g de farinha de rosca
sal e pimenta

1 Cozinhe as mandioquinhas e corte-as em rodelas grossas.
2 Cozinhe os ovos duros, descasque e pique.
3 Derreta 20 g de manteiga em uma frigideira e doure as mandioquinhas. Tempere com sal e pimenta. Coloque em uma travessa e mantenha aquecida.
4 Corte a salsinha bem miudinho. Derreta o restante da manteiga na mesma frigideira, acrescente a farinha de rosca e deixe-a alourar. Adicione os ovos e a salsinha picados, misture e ponha sobre as mandioquinhas.

■ Preparo: 10 min ■ Cozimento: 15 min

MANDIOQUINHA
HORTALIÇAS E FRUTOS

Mandioquinha gratinada

Rendimento: 4 porções
800 g de mandioquinha
250 ml de Béchamel (veja p. 70)
40 g de queijo ralado
10 g de manteiga

1. Cozinhe as mandioquinhas e corte-as em rodelas.
2. Prepare o Béchamel (molho branco).
3. Ponha as mandioquinhas em uma travessa refratária untada de manteiga, despeje o molho e misture bem.
4. Polvilhe a travessa com queijo ralado e espalhe bolinhas de manteiga. Leve ao forno para gratinar por uns 10 min.

■ Preparo: 15 min   ■ Cozimento: 15 min

Mandioquinha no caldo

Rendimento: 4 porções
800 g de mandioquinha
200 ml de Caldo ou consomê de carne (veja p. 38) ou em tablete
sal e pimenta

1. Cozinhe as mandioquinhas por cerca de 5 min e corte-as em rodelas grossas.
2. Prepare o caldo e cozinhe as mandioquinhas por 3-4 min. Prove e acerte o tempero. Coloque na travessa e sirva.

■ Preparo: 5 min   ■ Cozimento: 8-9 min

Mandioquinha sautée

Rendimento: 4 porções
600 g de mandioquinhas
40 g de manteiga
2 colheres (sopa) de salsinha picada
sal e pimenta

1. Prepare as mandioquinhas mergulhando-as por 5 min na água fervente com sal. Escorra e seque.
2. Derreta a manteiga em uma frigideira e salteie as mandioquinhas por alguns minutos. Tempere com sal e pimenta.
3. Disponha em uma travessa e espalhe a salsinha por cima.

■ Preparo: 5 min   ■ Cozimento: cerca de 2-3 min

MILHO

Milho: preparo

Escolha espigas de grãos e folhas claros. Cozinhe o milho em água fervente com sal por 10-15 min. Quanto mais novo, mais rápido é o seu cozimento. As espigas de milho bem verde ficam prontas em 8-10 min. Ao assar as espigas, mantenha sempre as folhas e umedeça-as antes de levar ao forno. Outra opção é envolver as espigas em papel-alumínio.

Milho em lata
Escorra e lave os grãos em uma peneira.

Creme de milho

Rendimento: 4 porções
12 espigas de milho
500 ml de leite
15 g de manteiga
sal

1 Descasque, lave e rale ou debulhe as espigas. Passe o milho por um processador ou liquidificador, juntamente com o leite. Coe e despreze o bagaço.
2 Em uma panela, despeje o milho coado, junte a manteiga e o sal, e cozinhe em fogo brando por cerca de 35 minutos, até obter um creme firme.
3 Coloque o creme em uma fôrma, deixe endurecer por alguns minutos e desenforme-o sobre uma travessa.

Sirva quente, como acompanhamento de carnes vermelhas ou brancas.

■ Preparo: 30 min ■ Cozimento: 35 min

Flã de milho verde com molho de camarão

Rendimento: 8-10 porções

400 g de milho verde (em lata)
400 ml de leite de coco
8 ovos
15 g de manteiga em temperatura ambiente
1 colher (sobremesa) de açúcar

Molho: preparo

1 cebola pequena
2 dentes de alho
30 ml de óleo
1 1/2 xícara de purê de tomate pronto
240 ml de vinho branco seco
1 kg de camarão limpo e sem a casca
sal e pimenta-do-reino

1 Escorra o milho verde em lata. Descarte a água. Leve ao liquidificador o leite de coco e o milho verde. Bata bem e passe a mistura por uma peneira.
2 Devolva a mistura ao liquidificador. Sempre batendo, acrescente os ovos, a manteiga, o açúcar e uma pitada de sal.
3 Unte uma fôrma média com orifício central. Despeje nela a mistura e leve ao forno em banho-maria por cerca de 30-35 min.
4 Prepare o molho. Descasque e pique a cebola. Descasque e amasse o alho. Em uma panela, esquente o óleo e refogue a cebola e o alho. Acrescente o purê de tomate, o vinho branco e os camarões. Tempere com sal e pimenta. Cozinhe por cerca de 15-20 min, até o molho encorpar e os camarões ficarem cozidos.
5 Desenforme o flã sobre uma travessa previamente aquecida. Cubra com o molho de camarão bem quente.

Sirva quente, como acompanhamento de pescada frita.

■ Preparo: 15 min ■ Cozimento: 40 min

Milho ao molho branco

Rendimento: 4 porções

4 espigas de milho verde
250 ml de leite
200 ml de Béchamel (veja p. 70)
sal e pimenta

1 Deixe apenas uma camada de folhas nas espigas.
2 Aqueça 5 copos de água e acrescente o leite. Tempere com sal e leve ao fogo para ferver. Mergulhe as espigas no líquido fervente e deixe cozinhar por 15 min. ▶

MILHO
HORTALIÇAS E FRUTOS

3 Enquanto isso, prepare o Béchamel (molho branco).
4 Escorra o milho. Retire as folhas e debulhe as espigas. Misture os grãos com o molho, prove e acerte o tempero. Sirva em seguida.

■ Preparo: 5 min ■ Cozimento: 15 min

Milho assado

Rendimento: 4 porções
4 espigas de milho
250 ml de leite
40 g de manteiga
1 limão
sal

1 Deixe apenas uma camada de folhas nas espigas. Cozinhe-as por apenas 5 min, escorra e passe em água corrente.
2 Leve ao forno por 10-12 min, virando o milho várias vezes.
3 Derreta a manteiga, misture com o suco de limão e regue as espigas, ou sirva em uma molheira.

Milho ao natural
Cozinhe as espigas em uma mistura de água e leite por 15 min. Arrume-as em uma travessa e sirva a manteiga com limão à parte, para ser temperado à vontade.

■ Preparo: 10 min ■ Cozimento: cerca de 15 min

Milho com miúdos de frango

Rendimento: 4 porções
700 g de miúdos de frango
40 g de manteiga
2 colheres (sopa)
  de molho de tomate
3 colheres (sopa)
  de farinha de milho
1 cebola
sal e pimenta

1 Corte os miúdos de frango em pedaços iguais e doure-os na manteiga.
2 Acrescente 250 ml de água e o molho de tomate. Tempere com sal e pimenta. Cozinhe em fogo brando por uns 20 min.
3 Quando os miúdos estiverem bem cozidos, retire da panela. ▶

NABO

4 Dissolva a farinha no caldo do cozimento e adicione um pouco de água para diluir esse molho, que não deve ser grosso.
5 Junte a cebola picada e os miúdos ao molho e cozinhe por mais uns 15 min em fogo brando.

■ Preparo: 5 min   ■ Cozimento: cerca de 35 min

NABO

Nabo: preparo

Descasque e lave os nabos. Os nabos pequenos e novos podem ser apenas raspados e lavados, não precisam ser descascados.

Nabos com cebolinha

Rendimento: 4 porções
800 g de nabos médios
60 g de manteiga
2 colheres (sopa) de cebolinha verde picada
sal e pimenta

1 Descasque e lave os nabos.
2 Ponha em uma panela, cubra com água e adicione um pouco de sal. Leve para ferver e cozinhe por 15 min em fogo alto.
3 Escorra os nabos e deixe-os amornar. Corte-os em cubinhos ou em rodelas.
4 Aqueça a manteiga em uma frigideira. Acrescente os nabos e misture.
5 Deixe dourar em fogo baixo, mexendo de vez em quando. Tempere com sal e pimenta. Espalhe a cebolinha por cima e sirva em seguida.

■ Preparo: 15 min   ■ Cozimento: cerca de 25 min

Nabos gratinados

Rendimento: 4 porções

600 g de nabos
60 g de manteiga
250 ml de Molho Mornay (veja p. 77)
20 g de queijo ralado
sal

1. Descasque e lave os nabos.
2. Corte os nabos em rodelas e mergulhe por 2 min em água fervente com sal. Escorra e passe-os na água fria.
3. Derreta 40 g de manteiga em uma panela, acrescente os nabos, tempere com sal e deixe refogar por 20 min em fogo baixo.
4. Preaqueça o forno a 240ºC.
5. Enquanto isso, prepare o molho.
6. Unte fartamente com manteiga uma travessa refratária e disponha os nabos. Cubra-os com o molho e polvilhe o queijo ralado.
7. Leve a travessa ao forno e deixe até que o molho de cobertura fique bem dourado.

■ Preparo: 30 min ■ Cozimento: cerca de 25 min

Nabos recheados com champignons

Rendimento: 4 porções

12 nabos médios e novos
50 g de manteiga
300 g de champignons
50 ml de caldo de galinha em tablete
2 colheres (sopa) de farinha de rosca
sal e pimenta

1. Descasque e lave os nabos. Corte ao meio, retire a polpa e reserve as cascas.
2. Mergulhe as cascas por 8 min na água fervente com sal, escorra e passe na água fria. Tempere por dentro com um pouquinho de sal.
3. Numa panela, refogue em fogo brando a polpa dos nabos com 20 g de manteiga.
4. Enquanto isso, lave os champignons, pique em pequenos cubinhos, tempere com sal e pimenta e cozinhe em 20 g de manteiga, até que a água evapore. Misture com os nabos refogados.
5. Preaqueça o forno a 210ºC.
6. Com uma colher pequena, guarneça as cascas de nabo com o recheio. ▶

PALMITO

7 Unte com manteiga uma travessa refratária e disponha os nabos recheados. Despeje por cima o caldo de galinha e polvilhe a farinha de rosca.

8 Deixe no forno até que os nabos fiquem macios: espete-os com uma faca para verificar o cozimento.

■ Preparo: 30 min ■ Cozimento: cerca de 25 min

PALMITO

Palmito: preparo

Se o palmito for fresco, escolha as partes mais tenras, lave e seque-as. Em conserva, temos o "coração do palmito".

Salada de palmito

Rendimento: 4 porções
200 g de mariscos
1 vidro de palmito
5 pepinos em conserva
4 tomates
50 ml de Vinagrete com mostarda (veja p. 57)
4 fatias de bacon
sal e pimenta

1 Cozinhe os mariscos.

2 Corte o palmito em pedaços iguais.

3 Fatie os pepinos em conserva e os tomates.

4 Prepare o Vinagrete com mostarda.

5 Numa frigideira antiaderente, refogue as fatias de bacon de ambos os lados. Escorra quando estiverem douradas.

6 Ponha em uma tigela o palmito, os mariscos, os pepinos e os tomates. Regue com o vinagrete e misture.

7 Divida a salada nos pratos e arrume o bacon por cima. Moa a pimenta na hora, dando duas voltas no moedor em cima de cada prato e sirva.

■ Preparo: 20 min ■ Cozimento: 3-5 min

PEPINO

Pepino: preparo

Pepino cru

Descasque o pepino, deixando um pouco da casca para dar-lhe um aspecto mais bonito.

Se o pepino for novo e recém-colhido, não é preciso eliminar o excesso de água. Se não, corte-o em fatias finas ou em cubinhos e retire as sementes.

Ponha os pedaços de pepino sobre um pano de prato, coloque bastante sal e cubra com o restante do pano. Deixe assim por 30 min.

Pepino cozido

Descasque os pepinos, corte-os ao meio no sentido do comprimento e retire as sementes. Corte a polpa em pedaços iguais e mergulhe-os por 2 min na água fervente, escorrendo em seguida.

Minipepinos aromatizados

Rendimento: 2 potes de 1,5 litro

- 1 kg de pepininhos em conserva
- 200 g de sal grosso
- 2 ramos de estragão
- 125 g de cebolinhas brancas
- 2 dentes de alho
- 2 folhas de louro
- 2 ramos de tomilho
- 4 cravos-da-índia
- 1 pimenta dedo-de-moça
- 6 grãos de pimenta-do-reino preta
- 10 grãos de coentro
- 2 litros de vinagre branco

1 Esfregue os pepinos com um pano de prato grosso (ou uma esponja abrasiva) para eliminar a penugem picante. Ponha-os em uma tigela com sal grosso, misture bem e deixe por 24 h.

2 Lave os pepinos em água com um pouquinho de vinagre, enxugue-os um por um e distribua-os em dois potes herméticos. Lave os ramos de estragão, deixe secar sobre papel-toalha e adicione aos pepinos. Descasque as cebolinhas brancas e os dentes de alho e distribua também nos potes.

3 Adicione as folhas de louro picadas, o tomilho, os cravos-da-índia, a pimenta dedo-de-moça, a pimenta-do-reino e os grãos de coentro. Complete com o vinagre branco, feche hermeticamente, vire de ponta-cabeça para misturar bem e mantenha os potes em local fresco. ▶

Essa conserva de pepino poderá ser consumida em 5 ou 6 semanas, mas ficará melhor com o passar do tempo (até 1 ano).

■ Preparo: 30 min ■ Desidratação: 24 h

Pepinos ao creme

Rendimento: 4 porções

1 pepino grande ou 2 médios
60 g de manteiga
250 ml de creme de leite fresco
2 colheres (sopa) de salsinha picada
sal e pimenta

1 Prepare e cozinhe os pepinos (*veja página anterior*). Corte-os em cubinhos.

2 Derreta a manteiga em uma panela e coloque nela o pepino em cubinhos. Mexa bem, tempere com sal e pimenta, tampe e deixe cozinhar por 10 min em fogo brando.

3 Aqueça o creme de leite, adicione-o ao pepino e cozinhe por mais 10 min sem tampa.

4 Disponha em uma travessa com a salsinha picada por cima.

Os Pepinos ao creme podem ser servidos como aperitivo: ponha uma pequena quantidade em torradinhas, polvilhe com queijo ralado e leve ao forno por alguns minutos.

Pepino à Mornay:
Cozinhe os Pepinos ao creme, coe-os e cubra-os com 200 ml de Molho Mornay (*veja p. 77*).

■ Preparo: 10 min ■ Cozimento: 20 min

Pepinos recheados

Rendimento: 4 porções

2 pepinos médios
400 g de Recheio americano (veja p. 105)
5 ramos de salsinha
1 cebola
2 cenouras
20 g de manteiga
300 ml de Caldo de galinha em tablete
40 g de Manteiga manié (veja p. 68)
sal e pimenta

1 Descasque os pepinos, corte-os ao meio no sentido do comprimento e retire as sementes.

2 Prepare o Recheio americano. Pique a salsinha.

3 Descasque a cebola e corte-a em cubinhos, juntamente com as cenouras.

4 Preaqueça o forno a 225ºC. Unte com manteiga uma assadeira. Forre o fundo com a cenoura e a cebola e espalhe um pouco da salsinha picada. Tempere com sal e pimenta. Encha as metades de pepino com o Recheio americano e disponha-as na assadeira. Encha dois terços da assadeira com o caldo de galinha.

5 Leve ao fogo até levantar fervura e a seguir passe para o forno, deixando assar por 35 min. Cubra com papel-alumínio assim que a parte de cima do recheio começar a secar.

6 Arrume os pepinos recheados em uma travessa e mantenha em local aquecido.

7 Coe o caldo do cozimento e deixe-o reduzir em cerca de um terço. Prepare a Manteiga manié e incorpore-a ao caldo reduzido, batendo vigorosamente.

8 Despeje esse molho sobre os pepinos e sirva bem quente.

■ Preparo: 20 min   ■ Cozimento: cerca de 40 min

PEPINO / PIMENTÃO
HORTALIÇAS E FRUTOS

Pepinos salteados

Rendimento: 4 porções
2 pepinos grandes
40 g de manteiga
2 colheres (sopa) de cerefólio ou cebolinha
1 colher (café) de açúcar
sal e pimenta

1 Prepare os pepinos (*veja p. 765*) e corte-os em cubos ou em bastões.
2 Derreta a manteiga em uma frigideira, ponha os pepinos e misture bem. Tempere com sal, pimenta e o açúcar, e refogue por 10-15 min, mexendo constantemente.
3 Disponha os pepinos em uma travessa, espalhe por cima o cerefólio, ou a cebolinha, e misture.

■ Preparo: 10 min ■ Cozimento: 10-15 min

Salada de pepino com iogurte

Rendimento: 4 porções
2 pepinos
1 maço de endro
2 iogurtes naturais
1 limão
sal e pimenta

1 Prepare os pepinos (*veja p. 765*) e corte-os em fatias finas.
2 Pique o endro.
3 Ponha os iogurtes em uma tigela e, com um garfo, misture-os com o suco do limão. Acrescente o endro, sal e pimenta.
4 Misture o pepino com o molho de iogurte.
5 Leve à geladeira até o momento de servir.

■ Preparo: 10 min

PIMENTÃO

Pimentão: preparo

1 Escolha pimentões brilhantes e firmes.
2 Para retirar a pele, coloque os pimentões inteiros no forno quente, a 250°C, até que fiquem bem escuros: a pele sairá facilmente. Deixe esfriar. Corte os pimentões ao meio e retire as sementes e os filamentos.

PIMENTÃO
HORTALIÇAS E FRUTOS

Pimentão à piemontesa

Rendimento: 4 porções

600 g de Risoto à piemontesa (veja p. 823)
4 pimentões
40 g de parmesão (ou gruyère) ralado
60 g de manteiga

1 Faça o risoto.
2 Tire a pele dos pimentões e corte-os em tiras.
3 Preaqueça o forno a 230°C.
4 Unte um travessa refratária e disponha camadas alternadas de pimentões e risoto. Termine com uma camada de pimentões e polvilhe o queijo ralado.
5 Regue com a manteiga derretida e leve para gratinar de 15 a 20 min.

■ Preparo: 30 min ■ Cozimento: 15-20 min

Pimentão com orégano

Rendimento: 4 porções

150 g de toucinho defumado
4 pimentões de cores diferentes
2 cebolas
2 colheres (sopa) de azeite
1 colher (café) de orégano
3 tomates
sal e pimenta

1 Corte o toucinho em cubinhos. Tire a pele dos pimentões e corte-os em tiras. Descasque e pique as cebolas.
2 Aqueça o azeite em uma panela, derreta o toucinho e as cebolas por uns 10 min.
3 Acrescente os pimentões, o orégano, tempere com sal e pimenta, misture e cozinhe de 10 a 15 min.
4 Escalde os tomates, retire a pele e as sementes e corte-os em cubinhos. Ponha-os na panela e cozinhe sem tampar até que evapore a água que ele solta.

O pimentão com orégano pode acompanhar um peixe cozido no vapor ou uma ave assada.

■ Preparo: 15 min ■ Cozimento: 40-45 min

PIMENTÃO
HORTALIÇAS E FRUTOS

Pimentão marinado

Rendimento: um vidro para conserva de 500 g

8 pimentões verdes, amarelos e vermelhos (700 g)
250 ml de azeite
3 dentes de alho
pimenta doce moída
1/2 colher (sopa) de vinagre balsâmico
sal e pimenta

1 Preaqueça o forno a 220ºC.
2 Unte os pimentões com azeite, ponha em uma assadeira e leve ao forno por cerca de 10 min, até que as peles inflem.
3 Descasque e pique o alho.
4 Deixe os pimentões amornarem, tire as peles. Corte-os ao meio, retire as sementes e os filamentos e pique-os em tiras de uns 2 cm de largura.
5 Ponha uma camada de pimentões no fundo do vidro de boca larga, tempere com sal, pimenta, polvilhe a pimenta doce e espalhe por cima um pouco de alho. Repita a mesma operação até terminarem os pimentões. Adicione o azeite e o vinagre que devem cobri-los.
6 Feche o vidro e ponha em local fresco.

■ Preparo: 30 min

Pimentão recheado

Rendimento: 4-6 porções

250 g de arroz
20 g de manteiga
300 g de molho de tomate
15 pimentões pequenos
1/2 maço de azedinha (ou agrião novo)
3 tomates
3 cebolas
1 talo pequeno de erva-doce
250 ml de azeite
1 limão
sal e pimenta

1 Prepare o arroz. Acrescente a manteiga e o molho de tomate.
2 Abra 12 pimentões do lado do pedúnculo. Retire a semente e ponha para branquear por 5 min em água fervente com sal.
3 Ponha os outros 3 pimentões no forno por cerca de 10 min para retirar a pele.
4 Lave e pique a azedinha. Escalde, retire a pele e as sementes dos tomates, corte-os em pedaços. Descasque e pique as cebolas. Pique os 3 pimentões sem a pele e a erva-doce.
5 Aqueça em uma panela 2 colheres (sopa) de azeite e cozinhe os legumes picados por 10-12 min.
6 Coe os legumes para eliminar a água que soltam e misture-os ao arroz. ▶

PIMENTÃO
HORTALIÇAS E FRUTOS

7 Tempere com sal e pimenta. Guarneça os 12 pimentões com esse recheio.

8 Unte uma wok com o azeite e arrume os pimentões recheados lado a lado. Ponha o restante do azeite e o suco do limão no molho de tomate e despeje na wok. Tampe e cozinhe por 25 min.

9 Disponha os pimentões em uma travessa com o molho do cozimento. Sirva quente ou frio.

■ Preparo: 30 min   ■ Cozimento: cerca de 40 min

Salada de pimentão

Rendimento: 4 porções
6 pimentões vermelhos
2 dentes de alho
1 limão
6 colheres (sopa) de azeite
1 colher (café) de tomilho picado
12 filés de anchova no óleo
12 azeitonas pretas
1 colher (sopa) de salsinha picada
sal e pimenta

1 Tire a pele dos pimentões colocando-os no forno por cerca de 10 min. Corte-os ao meio, retire as sementes e pique-os em tiras. Coloque-os em uma tigela funda.

2 Descasque e pique o alho bem miudinho.

3 Esprema o limão, misture o suco com o azeite, o alho e o tomilho.

4 Escorra bem os filés de anchova e descaroce as azeitonas.

5 Regue os pimentões com o molho.

6 Misture bem e passe para a travessa que vai à mesa. Decore com os filés de anchova e as azeitonas. Acrescente a salsinha e leve à geladeira ao menos por 2 h antes de servir.

Na geladeira, esta salada se conserva por 2-3 dias.

■ Preparo: 30 min   ■ Descanso: 2 h no mínimo

REPOLHO

Repolho: preparo

1 Corte o talo da base do repolho. Retire as folhas externas, em geral estragadas, e separe as restantes. Corte a nervura central. Lave as folhas, sem deixar de molho.

2 Se for consumi-lo cru, deixe-o por 1 h coberto com sal, lave e seque. Preparado cru ou cozido, o repolho deve ser branqueado da seguinte forma: mergulhe-o por 5-8 min em uma grande quantidade de água fervente com sal, sem tampar.

Charutos de repolho

Rendimento: 4 porções

1 repolho
350 g de Recheio americano (veja p. 105) ou de Recheio para aves (veja p. 108)
50 ml de Caldo claro de vitela (veja p. 35) ou caldo em tablete
50 g de manteiga
1 cebola
1 cenoura
sal e pimenta

1 Lave e seque o repolho.

2 Faça o recheio e o caldo escolhido.

3 Reserve 8 folhas grandes de repolho, retirando os talos grossos, e pique o restante.

4 Derreta 20 g de manteiga e refogue o repolho picado em fogo brando por uns 15 min, temperando com sal e pimenta. Misture o repolho picado com o recheio.

5 Descasque a cebola e corte-a em cubinhos juntamente com a cenoura.

6 Pegue cada folha de repolho reservada, ponha em uma concha, recheie, feche como um charuto e amarre.

7 Derreta o restante da manteiga em uma caçarola. Doure por 3 min a cenoura e a cebola. Acrescente os charutos e doure-os de todos os lados com cuidado.

8 Adicione o caldo, tampe e cozinhe em fogo brando por 1h15.

9 Retire os charutos de repolho e regue-os com o caldo depois de coá-lo.

■ Preparo: 1 h ■ Cozimento: 1h15

Chucrute: preparo e cozimento

Rendimento: 6-8 porções

2 kg de chucrute
2 cravos-da-índia
*1 colher (café)
  de pimenta em grão*
*1 colher (sobremesa)
  de bagas de zimbro*
*1 bouquet garni
  (veja glossário)*
2 cebolas
2 dentes de alho
100 g de manteiga
1 copo de vinho branco
sal

1 Lave o chucrute trocando a água várias vezes até que saia limpa. Escorra bem e pressione-o com as mãos para eliminar o excesso de água.
2 Ponha o chucrute em um pano de prato e seque-o.
3 Levante-o várias vezes com a mão para que se desgrude.
4 Preaqueça o forno a 190ºC.
5 Deixe em infusão por 5 min em 200 ml de água fervente os cravos-da-índia, a pimenta, o zimbro e o bouquet garni. Coe.
6 Pique as cebolas e doure-as na manteiga.
7 Acrescente o chucrute, o alho, a infusão e o vinho branco. Tampe, deixe levantar fervura, depois passe para uma assadeira e leve ao forno por 1h30. Cozido desse modo, o chucrute fica ligeiramente crocante.

O chucrute é o repolho cortado em tiras finas e fermentado com vinho branco, sal e condimentos por 8-10 dias. Pode ser comprado pronto.

■ Preparo: 20 min ■ Cozimento: 1h30

Bigos

Rendimento: 4-6 porções

2 kg de chucrute
4 maçãs
1 limão
2 cebolas grandes
*600 g de presunto (ou
  sobras de carne
  vermelha ou branca)*
100 g de manteiga
*800 ml de caldo de carne
  em tablete*
30 g de farinha de trigo

1 Lave o chucrute trocando a água várias vezes até que saia limpa. Escorra bem e pressione-o com as mãos para eliminar o máximo possível de água.
2 Ponha o chucrute em um pano de prato e seque bem.
3 Solte-o com as mãos para que desgrude.
4 Ponha-o em uma panela e cubra com água fria. Leve ao fogo para ferver e cozinhe por 5 min.
5 Descasque as maçãs, retire o caroço e corte-as em cubinhos. Regue-as com o suco do limão.
6 Descasque e pique as cebolas. ▶

REPOLHO
HORTALIÇAS E FRUTOS

7 Escorra o chucrute e misture-o com as maçãs e as cebolas.

8 Corte o presunto (ou a carne) em pedaços.

9 Derreta 30 g da manteiga em um caldeirão, ponha por cima uma grossa camada de chucrute e uma camada de pedaços de presunto (ou de carne).

10 Continue a encher o caldeirão alternando as camadas e acrescentando um pouco de manteiga entre elas. Termine com o chucrute. Despeje o caldo de carne por cima, tampe e cozinhe em fogo brando por 1h30.

11 Prepare um Roux branco (*veja p. 82*) com o restante da manteiga e a farinha e dissolva-o no caldo do cozimento.

12 Despeje o roux e cozinhe por mais 30 min. Sirva bem quente, na própria caçarola.

O bigos pode ser acompanhado de salsichas pequenas grelhadas.

■ Preparo: 30 min ■ Cozimento: 2 h

Chucrute à moda da Alsácia

Rendimento: 6-8 porções

1,250 kg de batatas
2 kg de chucrute cozido (veja página anterior)
1 paleta de porco média, defumada
700 g de toucinho defumado
6-8 salsichas

1 Descasque as batatas.

2 Prepare o chucrute e cozinhe-o por 1h30 no forno.

3 Retire o chucrute do forno, ponha a paleta e o toucinho por cima e deixe no forno por mais 30 min.

4 Retire o toucinho defumado e adicione as batatas. Cozinhe por mais 30 min. Acrescente as salsichas 5 min antes do final do cozimento e recoloque o toucinho na caçarola para esquentá-lo.

5 Coloque o chucrute em uma travessa. Corte as carnes em fatias uniformes e disponha por cima do chucrute. Acrescente as salsichas e contorne com as batatas.

■ Preparo: 15 min ■ Cozimento: 2h30

REPOLHO
HORTALIÇAS E FRUTOS

Salada de chucrute à moda alemã

Rendimento: 4-6 porções

1 kg de chucrute
3 cebolas
1/2 litro de caldo de carne em tablete (ou água)
1 colher (sopa) de óleo
4 ovos
200 ml de Vinagrete (veja p. 57)
1 beterraba cozida
sal e pimenta

1 Lave o chucrute, escorra-o e esprema-o com as mãos.
2 Descasque as cebolas.
3 Ponha o chucrute em uma panela, acrescente as cebolas, sal e pimenta.
4 Cubra o chucrute com o caldo de carne (ou a mesma quantidade de água) e adicione o óleo. Tampe e cozinhe em fogo brando por 2h30, escorra e deixe esfriar.
5 Faça os ovos cozidos e corte-os em quartos.
6 Prepare o Vinagrete e corte a beterraba em cubinhos.
7 Retire as cebolas da panela. Esprema bem o chucrute para eliminar o máximo do caldo e em seguida solte-o com as mãos.
8 Pique as cebolas e misture-as com o chucrute.
9 Tempere com o vinagrete e coloque-o em uma travessa funda. Enfeite com os quartos de ovos e a beterraba em cubinhos.

■ Preparo: 30 min ■ Cozimento: 2h30

Repolho amanteigado

Rendimento: 4 porções

1 repolho crespo pequeno
50 g de manteiga com sal
50 g de manteiga sem sal
1 maço de cebolinha
sal e pimenta

1 Lave o repolho e mergulhe-o por 5-8 min em uma grande quantidade de água fervente com sal. Corte as folhas em tirinhas finas e iguais.
2 Derreta 60 g de manteiga em uma caçarola.
3 Acrescente as tirinhas de repolho e refogue por 20-30 min, mexendo. Tempere com um pouco de sal e pimenta.
4 Adicione a cebolinha picada e o restante da manteiga aos poucos. Misture com um garfo para a manteiga derreter e sirva em seguida.

■ Preparo: 15 min ■ Cozimento: cerca de 30 min

REPOLHO

Repolho cozido

Rendimento: 4 porções

1 repolho
2 cenouras
1 cebola
10 g de manteiga
200 g de toucinho com a pele
1 bouquet garni (veja glossário)
500 ml de caldo de carne em tablete
50 g de bacon
sal e pimenta

1. Lave e branqueie a verdura: mergulhe-a por 5-8 min em uma grande quantidade de água fervente com sal, sem tampar.
2. Corte as cenouras e a cebola em cubinhos e cozinhe-as na manteiga.
3. Preaqueça o forno a 180ºC.
4. Forre o fundo de uma panela com o toucinho. Acrescente os cubinhos de cenoura e de cebola. Ponha o repolho por cima e aperte.
5. Acrescente o sal, a pimenta e o bouquet garni. Adicione o caldo de carne e cubra com as tiras de bacon. Tampe a panela.
6. Leve ao fogo até levantar fervura, em seguida ponha em uma fôrma e leve ao forno por 1h30.

■ Preparo: 20 min ■ Cozimento: 1h30

Repolho recheado

Rendimento: 6-8 porções

1 repolho grande
100 g de presunto
200 g de toucinho magro
200 g de vitela
3 cebolas comuns
3 cebolas-brancas
40 g de manteiga
1 fatia de pão
3 colheres (sopa) de leite
1 ovo
2 fatias de bacon
2 cenouras
150 g de toucinho com a pele
75 g de toucinho em pedaços ▶

1. Branqueie o repolho sem separar as folhas: mergulhe-o por 5-8 min em uma grande quantidade de água fervente com sal, sem tampar.
2. Ponha o repolho inteiro para cozinhar, por 10 min, em água fervente com sal. Passe em água corrente, escorra e retire o talo.
3. Umedeça um tecido fino, forre com ele uma vasilha bem grande e ponha o repolho por cima. Abra o repolho, afastando as folhas grandes, uma por uma. Retire as folhas do centro e pique-as.
4. Pique o presunto, o toucinho magro e a vitela. Descasque e pique 2 cebolas comuns e todas as cebolas-brancas. Refogue as cebolas em uma panela com manteiga por 3 min, acrescente as carnes picadas, misture bem e deixe cozinhar por 10 min. ▶

500 ml de Caldo gordo (de carne) (veja p. 122)
sal e pimenta

5 Esfarele o pão em uma tigela e embeba-o no leite. Misture o ovo, acrescente ao recheio de carne e misture bem. Tempere com sal e pimenta.

6 Recheie o repolho com esse preparado e feche novamente as folhas, reconstruindo a forma original do vegetal e prendendo com as fatias de bacon antes das últimas folhas. Feche o repolho no tecido e amarre.

7 Preaqueça o forno a 200°C.

8 Descasque a cebola restante e corte-a em pedaços pequenos juntamente com as cenouras.

9 Forre o fundo da assadeira com o toucinho com a pele, os cubinhos de legumes e o toucinho em pedaços. Ponha o repolho por cima e adicione o caldo gordo. Tampe, deixe levantar fervura e coloque no forno por 1h30.

10 Escorra o repolho, desembrulhe-o e retire as fatias de bacon. Arrume-o em uma travessa funda e mantenha em local aquecido.

11 Deixe reduzir o caldo do cozimento à metade e despeje sobre o repolho.

■ Preparo: 40 min ■ Cozimento: cerca de 1h50

Sou-fassum

Rendimento: 6-8 porções

1 repolho grande
4 colheres (sopa) de azeite
250 g de acelga
2 tomates grandes
250 g de toucinho em pedaços
2 cebolas
100 g de arroz
1 dente de alho
750 g de paio picado ▶

1 Prepare e cozinhe o repolho (mergulhe-o por 5-8 min em uma grande quantidade de água fervente com sal). Destaque e reserve as folhas grandes.

2 Pique o miolo do repolho e cozinhe-o em uma panela com 2 colheres (sopa) de azeite, sal e pimenta. Escorra e ponha em um prato.

3 Prepare as folhas de acelga (*veja p. 637*). Cozinhe-as em uma panela, em fogo brando, com 2 colheres (sopa) de azeite. Tempere com sal e pimenta. Depois de cozidas, ponha em um prato.

4 Escalde os tomates, retire a pele e as sementes, corte em pedaços e ponha em uma tigela. ▶

REPOLHO ROXO
HORTALIÇAS E FRUTOS

4 litros de Caldo de carne (veja p. 35) ou caldo em tablete
sal e pimenta

5 Refogue os pedaços de toucinho em uma frigideira por 5 min e deixe secar sobre papel-toalha.

6 Descasque e pique as cebolas, refogue-as na gordura do toucinho e reserve.

7 Cozinhe o arroz por 15 min em água com sal e escorra.

8 Descasque o dente de alho, pique-o e misture com o paio em pedaços. Tempere com sal e pimenta.

9 Aqueça ou prepare o caldo em uma panela grande.

10 Abra as folhas de repolho em cima de um pano fino, molhado e torcido. Ponha o repolho picado sobre essas folhas abertas e, em camadas sucessivas, o repolho picado, as folhas de acelga, os pedaços de toucinho, as cebolas, os tomates, o arroz e, finalmente, o paio picado.

11 Forme uma bola com esse preparo e dobre as folhas de repolho por cima, envolvendo esse recheio. Feche o pano e amarre.

12 Mergulhe o sou-fassum no caldo e deixe cozinhar em fogo brando por 3h30. Escorra, desembrulhe o repolho e disponha-o em uma travessa redonda.

13 Deixe reduzir à metade cerca de 1 litro do caldo e regue com ele o sou-fassum. Sirva bem quente.

■ Preparo: 1h15-1h30 ■ Cozimento: 3h30

REPOLHO ROXO

Repolho roxo: preparo

1 Corte o talo. Retire as folhas estragadas. Divida o repolho em quatro. Corte a base do talo que então aparece. Separe as folhas, elimine os talos brancos mais grossos. Deixe as folhas de molho na água com um pouco de vinagre por 10 min, lave-as 3 ou 4 vezes, sempre trocando a água. Enxágüe e escorra.

▶

2 Se o repolho for consumido cru, separe as folhas, polvilhe-as com sal grosso e deixe assim por 1 h. Enxagüe e seque-as.

Repolho roxo à moda de Limousin

Rendimento: 4 porções

1 repolho roxo
500 de caldo de galinha em tablete
50 g de manteiga
300 g de castanhas portuguesas cozidas
sal e pimenta

1 Prepare o repolho (*veja p. 778*) e corte-o em tirinhas. Prepare o caldo de galinha.
2 Derreta a manteiga. Acrescente o repolho e o caldo de galinha e cozinhe em fogo baixo por 1 h. Prove e acerte o tempero.
3 Acrescente as castanhas e cozinhe por mais 30 min.

Este repolho é ótimo acompanhamento para um assado ou costeletas de porco.

■ Preparo: 15 min ■ Cozimento: 1h30

Repolho roxo à moda flamenga

Rendimento: 4 porções

1 repolho roxo
40 g de manteiga
1 colher (sopa) de vinagre
4 maçãs ácidas
1 colher (sopa) de açúcar mascavo
sal e pimenta

1 Prepare o repolho (*veja p. 778*) e corte-o em tirinhas.
2 Derreta a manteiga em uma caçarola, acrescente o repolho, tempere com sal, pimenta, regue com vinagre, tampe e cozinhe em fogo baixo.
3 Descasque as maçãs, corte-as em quatro, tire as sementes e corte-as em lâminas. Ponha as maçãs na caçarola.
4 Ao fim de 1 h de cozimento, polvilhe com o açúcar mascavo, tampe novamente e deixe cozinhar por mais 20 min. Sirva na caçarola.

■ Preparo: 10 min ■ Cozimento: 1h20

Salada de repolho roxo

Rendimento: 4 porções
1/2 repolho roxo
200 ml de vinagre de vinho tinto
50 ml de azeite
sal e pimenta

1 Prepare o repolho (*veja p. 778*) e corte-o em tirinhas.
2 Ferva o vinagre de vinho e despeje sobre o repolho, misture, cubra e deixe marinar de 30 min a 1 h.
3 Escorra o repolho, tempere com sal, pimenta e azeite e misture bem.

■ Preparo: 20 min   ■ Marinada: 1 h

SALSINHA

Salsinha: preparo

1 A salsinha lisa é mais perfumada que a salsinha crespa, normalmente utilizada para fritar e decorar pratos.
2 Lave os seus galhinhos rapidamente. Destaque as folhas e seque-as bem.
3 Ao usá-la para decorar, ou como condimento, pique as folhas bem miudinhas com uma faca (os cortadores não são aconselhados porque esmagam a salsinha). Outra opção é cortar as folhinhas com tesoura.
4 A salsinha pode ser congelada: seque bem o maço depois de lavá-lo, pique as folhas e coloque em uma embalagem especial para freezer.

Persillade (Salsinha com alho)

Rendimento: 100 g
50 g de miolo de pão
40 g de salsinha
2 dentes de alho
1 colher (café) de azeite ▶

1 Esfarele o miolo de pão e pique a salsinha. Descasque e pique o alho.
2 Misture esses ingredientes com o azeite e o tomilho. Tempere com sal e pimenta. ▶

SALSINHA

uma pitada de tomilho
sal e pimenta

A Persillade (salsinha com alho) é usada nas carnes assadas, peixes e legumes para dar aroma e ressaltar o gosto desses alimentos. Devemos passá-la na carne 10 min antes do final do cozimento.

■ Preparo: 10 min

Purê de salsinha

Rendimento: 4 porções
500 g de salsinha lisa
100 ml de creme de leite batido
40 g de manteiga
sal e pimenta

1 Desfolhe e lave a salsinha. Mergulhe por 3 min em água fervente com sal.
2 Escorra e passe em água fria. Aperte bem as folhas entre as mãos. Bata a salsinha no liquidificador com o creme de leite e a manteiga.
3 Aqueça esse purê em fogo brando (ou no microondas, por 2 min) e tempere com sal e pimenta.

■ Preparo: 10 min   ■ Cozimento: 5 min

Salsinha frita

Rendimento: 4 porções
óleo para fritura
40 g de salsinha crespa
sal

1 Aqueça o óleo para fritura.
2 Separe a salsinha em maços pequenos. Lave-os e seque bem. Mergulhe-os por 5 segundos no óleo a 180°C.
3 Escorra a salsinha em papel-toalha, tempere com sal e use-a em seguida no preparo de algum prato.

■ Preparo: 5 min   ■ Cozimento: 5 s

TOMATE

Tomate: preparo

Escolha tomates firmes, carnudos, brilhantes, de cor uniforme e bem vermelhos, portanto, maduros. Se ainda estiverem verdes, deixe que amadureçam em local quente.

Tomates cozidos
Antes de serem cozidos, os tomates devem ser mergulhados por 1 min em água fervente e esfriados. Assim fica mais fácil retirar a pele. Corte-os ao meio, retire as sementes e pique a polpa em pedaços.

Tomates crus
Nem sempre é preciso retirar a pele. Lave-os bem, enxugue com papel-toalha e corte-os para eliminar as sementes.

Compota de tomate

Rendimento: 1 kg

1,8 kg de tomates bem maduros
2 kg de açúcar cristal
2 limões

1 Lave e escalde os tomates por 1 min em água fervente. Tire a pele. Corte-os ao meio e retire as sementes. Pique a polpa em pedaços e ponha em uma tigela grande. Acrescente o açúcar e o suco dos limões, misture e deixe macerar por 2 h.

2 Despeje tudo em um tacho de doces e leve para ferver em fogo baixo. Cozinhe por 1 h-1h15 em fogo baixo.

3 Escalde os potes e encha-os com a compota. Feche, vire-os de cabeça para baixo e deixe assim por 24 h. ▶

Compota de tomate verde

Proceda da mesma maneira com os tomates verdes, mas deixe-os macerar no açúcar por 24 h.

■ Preparo: 20 min ■ Maceração: 2 h
■ Cozimento: 1 h-1h15

Coulis de tomate

Para 1 kg de coulis

1 kg de tomates
1 cebola comum grande
1 dente de alho
1 cebola-branca
20 g de manteiga
2 colheres (sopa) de azeite
1 bouquet garni (veja glossário)
sal e pimenta

1. Lave e escalde os tomates por 1 min em água fervente. Tire a pele. Corte-os ao meio e retire as sementes. Pique a polpa em cubinhos.
2. Descasque e corte a cebola comum, o alho e a cebola-branca em pedaços bem pequenos.
3. Aqueça a manteiga e o azeite em uma panela em fogo brando, refogue a cebola, a cebola-branca e acrescente os tomates em cubinhos. Misture, acrescente o alho, o bouquet garni e tempere com sal e pimenta. Deixe cozinhar em fogo baixo de 15 a 20 min.
4. Passe pela peneira, forçando com as costas de uma colher ou com um pilão. Prove e acerte o tempero.

Este coulis pode ser preparado em quantidade maior para ser congelado e usado quando necessário.

■ Preparo: 15 min ■ Cozimento: 30 min

TOMATE

Fondue de tomate

Para uns 250 g de fondue mais ou menos

1 kg de tomates
1 cebola
1 dente de alho
3 colheres (sopa) de azeite
1 bouquet garni (veja glossário)
sal e pimenta

1. Lave e escalde os tomates por 1 min em água fervente. Tire a pele. Corte-os ao meio e retire as sementes. Pique a polpa em cubinhos. Pique a cebola e o alho.
2. Aqueça o azeite e refogue a cebola, acrescente os tomates, o alho e o bouquet garni. Cozinhe lentamente, mexendo com uma colher de pau até que a fondue forme uma massa leve. Prove e acerte o tempero.

Esta fondue pode ser feita em grande quantidade e congelada.

■ Preparo: 15 min ■ Cozimento: cerca de 30 min

Rougail de tomate

Rendimento: 4 porções

1 cebola grande
25 g de gengibre fresco
4 tomates
1/2 limão
1 pimenta vermelha
1 pimenta verde
sal e pimenta

1. Descasque e pique a cebola. Descasque e rale o gengibre.
2. Lave e escalde os tomates por 1 min em água fervente. Tire a pele. Corte-os ao meio e retire as sementes. Pique a polpa e amasse-a.
3. Esprema o limão. Lave as pimentas e corte-as em pedacinhos.
4. Passe tudo no processador de legumes ou no liquidificador, acrescentando meia colher (café) de sal e algumas pitadas de pimenta-do-reino.
5. Ponha esse purê em uma tigela.

Sirva frio para acompanhar um risoto, um peixe grelhado ou bolinhos salgados.

■ Preparo: 10 min

Sorbet de tomate

Para 250 ml de sorbet

1 kg de tomates
300 g de açúcar cristalizado
1 copo (licor) de vodca
1 clara
50 g de açúcar de confeiteiro

1 Escalde, retire a pele e corte os tomates, passe-os na peneira e coe o suco (guarde a polpa para alguma outra receita). Pese um quarto de litro.

2 Prepare a calda a frio, misturando 150 ml de água com o açúcar. Acrescente o suco de tomate e a vodca e encha uma forma de gelo. Leve ao congelador por 1 h.

3 Bata a clara com o açúcar de confeiteiro em banho-maria, em fervura leve. Quando o sorbet começar a endurecer, bata-o, incorpore a clara batida e leve de volta ao congelador por 2 h.

Este sorbet é servido como acompanhamento de legumes e frutas.

■ Preparo: 30 min ■ Congelamento: 3 h

Tian de tomates

Rendimento: 4-6 porções

1 kg de tomates
3 colheres (sopa) de salsinha lisa
3 dentes de alho
100 ml de azeite
3 galhinhos de alecrim
sal e pimenta

1 Lave e enxugue os tomates. Corte em fatias grossas. Pique a salsinha. Descasque e pique o alho.

2 Preaqueça o forno a 210ºC.

3 Pincele uma forma refratária com a metade do azeite. Ponha no fundo 2 galhos de alecrim. Arrume os tomates em camadas regulares por cima do alecrim. Polvilhe o sal e a pimenta. Acrescente a salsinha e o alho. Esfarele por cima o terceiro galho de alecrim.

4 Regue com o restante do azeite e leve ao forno por 25 min. Sirva bem quente na própria travessa.

■ Preparo: 10 min ■ Cozimento: 25 min

Tomates à provençal

Rendimento: 4 porções

8 tomates
3 colheres (sopa) de azeite
1 colher (café) de sal
1 colher (café) de açúcar
40 g de de Persillade (veja p. 780)
1 colher (café) de manjerona ou orégano
sal e pimenta

1. Preaqueça o forno a 190°C.
2. Lave os tomates e corte-os ao meio. Aperte-os levemente para eliminar as sementes.
3. Unte uma travessa refratária com um pouco do azeite e disponha os tomates com o lado da pele para baixo. Misture o sal e o açúcar e distribua sobre os tomates.
4. Prepare a Persillade, misture-a com a manjerona (ou o orégano) e ponha por cima dos tomates.
5. Regue com o restante do azeite e leve ao forno por 45 min.

■ Preparo: 10 min ■ Cozimento: 45 min

Tomates com mussarela

Rendimento: 4 porções

4-5 tomates
200 g de mussarela
1/2 maço de manjericão
1 colher (sopa) de vinagre
4 colheres (sobremesa) de azeite
sal e pimenta

1. Lave, retire a pele e corte os tomates em rodelas.
2. Corte a mussarela em fatias finas. Pique o manjericão.
3. Arrume as rodelas de tomate na travessa, alternando com as fatias de mussarela, tempere com sal, pimenta e espalhe o manjericão por cima. Regue com algumas gotas de vinagre e com um fio de azeite. Sirva em temperatura ambiente.

■ Preparo: 15 min

Tomates fritos

Rendimento: 4 porções

8 tomates
2 colheres (sopa) de azeite ▶

1. Lave e corte os tomates ao meio. Aperte-os levemente para retirar as sementes.
2. Aqueça o azeite em uma frigideira e ponha os tomates com a pele virada para baixo. Cozinhe-os por uns 15 min em fogo baixo, virando-os várias vezes. ▶

*1 colher (sopa)
de salsinha picada
sal e pimenta*

3 Tempere com sal, pimenta, espalhe a salsinha picada e sirva.

■ Preparo: 5 min ■ Cozimento: cerca de 15 min

Tomates fritos com ovos

Rendimento: 4 porções
*4 tomates fritos
8 ovos
sal e pimenta*

1 Prepare os tomates fritos (*veja receita anterior*).
2 Na mesma frigideira, quebre um ovo sobre cada metade de tomate e cozinhe até que a clara esteja bem dura. Polvilhe sal e pimenta.

■ Preparo: 5 min ■ Cozimento: 15 min

Tomates recheados: preparo

Rendimento: 4 porções
*4 tomates grandes
1 colher (sopa) de óleo
sal*

1 Escolha tomates maduros, mas firmes e de forma regular.
2 Tire uma tampa do tomate do lado do pedúnculo. Com uma colherinha, retire as sementes sem furar a pele e aperte ligeiramente o tomate para eliminar a água que ele contém. Escave a polpa para poder rechear.
3 Salgue ligeiramente o interior do tomate e ponha-os virados sobre um pano por 10 a 15 min para que terminem de escorrer.
4 Preaqueça o forno a 240°C.
5 Unte com óleo uma travessa refratária, disponha os tomates com as tampas e leve ao forno por 5 min. Escorra-os novamente antes de recheá-los.

■ Preparo: 20 min ■ Cozimento: 5 min

Tomates recheados à bonne femme

Rendimento: 4 porções

4 tomates grandes
1/2 cebola
1/2 dente de alho
20 g de salsinha
20 g de manteiga
150 g de paio
20 g de miolo de pão fresco
farinha de rosca
1 colher (sopa) de azeite
sal e pimenta

1. Lave e escalde os tomates por 1 min em água fervente. Tire a pele. Corte-os ao meio e retire as sementes. Pique a polpa em cubinhos.
2. Pique a cebola, o alho e a salsinha.
3. Derreta a manteiga em uma panela e doure a cebola. Misture-a com o paio bem picado, o miolo de pão esfarelado, a salsinha, o alho, o sal e a pimenta. Trabalhe o recheio para que fique bem homogêneo.
4. Diminua o forno para 220ºC.
5. Recheie os tomates com uma colherinha, formando uma abóboda. Polvilhe com farinha de rosca, regue com o azeite e leve ao forno por 30 a 40 min.
6. Ponha as tampas nos tomates antes de servir.

■ Preparo: cerca de 20 min ■ Cozimento: 30-40 min

Tomates recheados ao creme

Rendimento: 4 porções

4 tomates grandes
2 dentes de alho
1 maço de cebolinha verde
200 ml de creme de leite fresco
2 colheres (sobremesa) de vinagre balsâmico
1 pitada de pimenta-de-caiena
sal e pimenta

1. Siga a receita de Tomates recheados (*veja p.* 787) sem levá-los ao forno.
2. Descasque e pique o alho, pique a cebolinha. Misture-os com o creme de leite e o vinagre. Tempere com sal e pimenta-do-reino e acrescente uma pitada de pimenta-de-caiena.
3. Recheie os tomates, tampe-os novamente e leve por 1 h à geladeira antes de servir.

■ Preparo: 25 min ■ Refrigeração: 1 h

TOMATE
HORTALIÇAS E FRUTOS

Tomates recheados com atum

Rendimento: 4 porções

100 g de arroz com cenoura
4 tomates grandes
1 limão
150 g de atum ralado no óleo
50 ml de maionese
4 colheres (sopa) de ervas finas picadas (veja glossário)
4 azeitonas pretas
1/2 maço de salsinha
sal e pimenta

1 Cozinhe o arroz com cenoura ralada e deixe-o esfriar.
2 Siga a receita de Tomates recheados (*veja p.* 787).
3 Descasque o limão (retirando a pele branca), corte-o em cubinhos pequenos e retire as sementes.
4 Misture o arroz, o atum escorrido, a maionese, as ervas finas e os cubinhos de limão. Prove e acerte o tempero.
5 Recheie os tomates, ponha uma azeitona em cada um e leve à geladeira antes de servir.
6 Decore o prato com raminhos de salsinha.

■ Preparo: 30 min ■ Refrigeração: 1 h

Tomates recheados com ovos

Rendimento: 4 porções

4 tomates grandes
4 ovos
15 g de manteiga
sal e pimenta

1 Siga a receita de Tomates recheados (*veja p.* 787).
2 Quebre um ovo dentro de cada tomate, tempere levemente com sal e pimenta, ponha por cima uma bolinha de manteiga e leve por 6 min ao forno preaquecido a 230ºC.
3 Ponha as tampas de volta nos tomates antes de servir.

■ Preparo: 20 min ■ Cozimento: 6 min

TRUFA

As trufas são importadas da Europa. Frescas, são raras no Brasil. Em conserva, podem ser encontradas em mercearias finas.

Trufa: preparo

Trufas frescas

Escove-as sob um filete de água corrente para eliminar qualquer vestígio de terra. Não deixe as trufas de molho. Descasque-as, mas tire uma pele fina (guarde essa pele para criar outra receita).
Se uma trufa ficar com alguns ovos em um pote de vidro hermeticamente fechado por 24 h, ela transmitirá o aroma para os ovos.

Trufas em conserva

Escorra as trufas e guarde o caldo para ser utilizado em outra receita.

Macarrão com trufas

Rendimento: 4 porções
1 colher (sopa) de óleo
500-600 g de talharim
20 g de trufas frescas ou em conserva
100 g de manteiga
50 ml de creme de leite
sal e pimenta moída na hora

1 Leve ao fogo uma panela com água e sal até ferver. Acrescente o óleo e cozinhe o talharim *al dente*.
2 Pique a trufa. Corte a manteiga em pedaços.
3 Ferva 50 ml de água com uma pitada de sal, acrescente o creme de leite e deixe ferver novamente.
4 Acrescente a manteiga mexendo vigorosamente, adicione a trufa picada e dê duas voltas no moedor de pimenta. Prove e acerte o tempero.
5 Escorra o macarrão.
6 Ponha o talharim em uma panela, acrescente o molho de trufas, misture bem e sirva em seguida.

■ Preparo: 10 min   ■ Cozimento: cerca de 15 min

Vagem: preparo

Vagens frescas

Escolha as vagens mais finas, firmes e crocantes, pois não têm filamentos. Retire as pontas e lave-as em água corrente. Não deixe de molho. Quanto menores forem as vagens, mais depressa irão cozinhar. É preciso branqueá-las na água fervente ou no vapor por 8 a 12 min.

Se as vagens forem usadas em outro preparado, você deve deixá-las crocantes. Assim que estiverem cozidas, escorra-as e passe imediatamente em água corrente para interromper o cozimento e preservar a cor (senão ficarão amareladas).

Vagens congeladas

São usadas da mesma maneira que as vagens frescas e não precisam ser branqueadas. As vagens congeladas nunca têm a mesma firmeza, nem o mesmo gosto das vagens frescas. Simplesmente descongele-as se for cozinhá-las na frigideira.

Congelamento

Escolha vagens bem frescas. Retire os filamentos. Lave em água corrente. Mergulhe-as por 2 min em água fervente com sal, depois em água fria e escorra. Disponha-as em um prato e leve-as ao congelador por 2 ou 3 h. Em seguida, feche-as em sacos especiais e conserve no congelador.

VAGEM
HORTALIÇAS E FRUTOS

Salada de vagem

Rendimento: 4 porções

500 g de vagens
3 minicebolas
150 ml de Vinagrete (veja p. 57)
1 colher (sopa) de salsinha picada
sal

1. Retire o filamento e as pontas das vagens, cozinhe por 8-12 min e coloque a seguir em água fria, mantendo-as meio firmes. Corte-as ao meio.
2. Descasque as minicebolas e corte-as em quartos.
3. Prepare o Vinagrete. Misture delicadamente as vagens com o vinagrete e as cebolas.
4. Disponha na travessa e salpique a salsinha picada por cima.

■ Preparo: 15 min ■ Cozimento: 8 min

Vagem à moda normanda

Rendimento: 4 porções

600 g de vagens
200 ml de creme de leite fresco sem soro
3 colheres (sopa) de cerefólio picado
sal e pimenta-do-reino moída na hora

1. Prepare e cozinhe as vagens (*veja p. 791*). Escorra e ponha em uma panela.
2. Acrescente o creme de leite fresco. Tempere com sal e pimenta. Deixe cozinhar em fogo brando, sem tampar, de 10 a 12 min, mexendo de vez em quando para reduzir.
3. Coloque as vagens na travessa que vai à mesa, salpique o cerefólio por cima e misture delicadamente. Sirva em seguida.

■ Preparo: 10 min ■ Cozimento: cerca de 25 min

Vagem com tomate

Rendimento: 6 porções

600-800 g de vagens
4 tomates médios bem firmes
6 minicebolas brancas
2 dentes de alho
2 colheres (sopa) de azeite
um ramo de tomilho
sal e pimenta

1 Retire o filamento das vagens e corte-as em dois. Cozinhe-as por 2 min em água fervente, mergulhe na água fria e escorra.

2 Escalde os tomates, retire a pele e as sementes e corte-os em pedaços. Descasque as minicebolas e corte-as ao meio. Descasque o alho.

3 Aqueça o azeite em uma caçarola e refogue levemente as cebolas. Adicione os tomates e cozinhe por mais 3 min.

4 Acrescente as vagens, o tomilho e o alho, sal e pimenta. Misture. Tampe a caçarola e deixe cozinhar em fogo brando por 20-25 min. Sirva na caçarola.

■ Preparo: 15 min   ■ Cozimento: cerca de 30 min

Vagem na manteiga

Rendimento: 4-6 porções

600-800 g de vagens
60 g de manteiga
2 colheres (sopa) de ervas-finas (opcional)
sal e pimenta

1 Prepare e cozinhe as vagens (*veja p. 791*). Escorra.

2 Derreta a manteiga em uma panela, acrescente as vagens e misture delicadamente.

3 Verifique o tempero e coloque na travessa para servir.

O gosto das vagens frescas é tão refinado que se pode dispensar o acréscimo de outros sabores.

■ Preparo: 15 min   ■ Cozimento: cerca de 15 min

Vagem no vapor

Rendimento: 4-6 porções
600-800 g de vagem
60 g de manteiga
sal

1 Retire os filamentos das vagens e lave-as.
2 Cozinhe as vagens no vapor, escorra, regue com a manteiga derretida e tempere com sal a gosto.

■ Preparo: 15 min   ■ Cozimento: 15 min

Massas, risotos e sêmola

MASSAS	797
PÃES	813
RISOTOS	815
SÊMOLA	825

MASSAS, RISOTOS E SÊMOLA

MASSAS

As massas frescas são preparadas com farinha ou sêmola de trigo e ovos. As industrializadas, fabricadas com sêmola de trigo duro, são ricas em glúten. Depois de secas, são cortadas pela máquina de macarrão, que lhes dá os diferentes formatos para serem comercializadas. As massas de macarrão são divididas em quatro grandes famílias:

• macarrão para sopa: cabelo-de-anjo, vermicelle, gravatinha e outros de formatos variados, como o de letrinhas.

• macarrão para cozinhar, que é mais comum e variado, como espaguete, talharim, tagliatelle, fusilli, penne, concha, borboleta etc.; pode ser feito de massa comum ou com espinafre (macarrão verde), cenoura (laranja), beterraba (vermelho) e ervas aromáticas.

• macarrão para gratinar ou assar no forno, como a lasanha.

• macarrão recheado, como ravióli, canelone, cappelletti, agnolotti etc.

Como prato principal ou acompanhamento, com molhos variados, em geral à base de tomates, às vezes com presunto, carne picada, frutos do mar, champignons etc., o macarrão também pode ser servido como salada, gratinado ou em timbale. Preparado com molho, manteiga ou queijo, constitui um prato perfeitamente equilibrado.

ARROZ: BASE DO RISOTO

Cereal energético, o arroz serve de base para inúmeros pratos quentes ou frios, salgados ou doces. Existem vários tipos de arroz, que podemos classificar em duas grandes famílias: arroz de grãos longos (que ficam bem soltos) e arroz de grãos menores, usado em preparações cremosas, sopas e sobremesas como o arroz-doce. O arroz pode ser refogado com óleo, cozido na água (à crioula, à indiana), no vapor e no leite. Por se tratar de um cereal de grande poder de absorção, deixa-se penetrar pelo líquido em que é cozido. O arroz é acompanhamento para quase todos os pratos. Não há feijão sem arroz. É servido com carnes, peixes, legumes e leguminosas. É a base do risoto, da paella e do pilaf.

SÊMOLA

Alimento nutritivo e leve, a sêmola é a fécula obtida da moagem de grãos como o trigo duro, o arroz e o milho. Usada na fabricação de massas alimentícias, na preparação de sopas, de acompanhamentos e diversos pratos (cuscuz, nhoque, tabule), a sêmola também é empregada em sobremesas (cremes e bolos).

MASSAS

Massa para canelone, talharim, lasanha e ravióli: preparo

Para 300 g de massa
200 g de farinha de trigo
2 ovos
sal

1. Peneire a farinha em uma tigela. Abra uma cova no meio, quebre os ovos, acrescente uma boa pitada de sal e, com as mãos ou a colher de pau, comece a misturar. Adicione um pouco de água e sove até a mistura ficar firme e elástica.
2. Forme uma bola com a massa, enrole-a em filme de PVC e ponha na geladeira por 1 h no mínimo.
3. Enfarinhe a superfície de trabalho e, com o rolo, abra a massa até ficar com 3 mm de espessura. Corte-a de acordo com a receita.

Canelone
1. Com uma carretilha, corte retângulos de 6 cm de largura por 8 de comprimento e deixe-os secar por 1 h.
2. Ferva água com sal em uma panela e mergulhe nela os retângulos. Cozinhe por cerca de 4 min.
3. Escorra e ponha-os imediatamente na água fria.
4. Escorra novamente e estenda-os sobre um pano úmido.

Lasanha
1. Corte retângulos de 20 x 30 cm (ou do tamanho da travessa em que serão servidos).
2. Faça como no canelone.

Ravióli (*veja p. 806*).

Talharim
1. Corte a massa em tiras largas e passe-as na máquina de macarrão ou corte o talharim com uma faca.
2. Deixe o talharim descansar por 2 h antes de cozinhá-lo (*veja Macarrão: cozimento p. 798*).

■ Preparo: 10 min   ■ Descanso: 1 h

Macarrão: cozimento

1. Mergulhe a massa em uma grande quantidade de água fervente (2 litros para 250 g de massa) com 1 colher (sopa) de sal por litro e, se a massa for fresca, 1 colher (sopa) de óleo de girassol. Misture bem e deixe levantar fervura, mexendo de vez em quando.
2. Prove a massa e não deixe cozinhar demais. Escorra quando estiver *al dente* e tempere-a em seguida.
3. Se não for usar a massa imediatamente, passe-a em água fria, escorra e misture 1 colher (sopa) de óleo. Quando for servir, mergulhe-a por 2 min em água fervente, escorra novamente e prepare-a.
4. Calcule de 50 a 60 g de massa por pessoa.

Canelone de carne

Rendimento: 4 porções

300 g de Massa para canelone (veja p. 797)
400 ml de Molho à bolonhesa (veja p. 88)
40 g de miolo de pão
4 colheres (sopa) de leite
5 ramos de salsinha
300 g de sobras de carne (ensopada ou assada)
1 ovo
60 g de queijo parmesão ralado
30 g de manteiga
noz-moscada
sal e pimenta

1. Faça 12 retângulos de Massa para canelone ou cozinhe a massa pronta por 4 min em água fervente com sal. Escorra.
2. Prepare o Molho à bolonhesa.
3. Ponha o miolo de pão de molho no leite.
4. Pique a salsinha e a carne. Misture-as com o ovo, o parmesão, o miolo de pão espremido, sal, pimenta e noz-moscada ralada.
5. Preaqueça o forno a 275°C.
6. Recheie os canelones com o preparado de carne.
7. Unte com manteiga uma fôrma refratária e disponha nela os canelones. Cubra com o molho à bolonhesa e espalhe pedacinhos de manteiga por cima. Leve ao forno por 20 min.

Pode-se acrescentar algumas colheres de Béchamel (*veja p. 70*) por cima do Molho à bolonhesa antes de levar a travessa ao forno.

■ Preparo: 45 min ■ Descanso: 1 h
■ Cozimento: 20 min

MASSAS
MASSAS, RISOTOS E SÊMOLA

Canelone de presunto e queijo

Rendimento: 4 porções

300 ml de Molho de tomate (veja p. 97) ou molho pronto
300 g de massa para canelone
500 g de queijo-de-minas ou ricota
2 ovos
1 gema
4 colheres (sopa) de salsinha picada
5 colheres (sopa) de queijo parmesão ralado
noz-moscada
25 g de manteiga
12 fatias de presunto
sal e pimenta

1. Prepare o Molho de tomate.
2. Faça 12 retângulos de canelones (*veja p.* 797) ou cozinhe o canelone comprado pronto por 4 min em água fervente com sal. Escorra.
3. Em uma tigela, misture o queijo-de-minas (ou a ricota), os ovos, a gema, a salsinha picada e 1 colher do queijo parmesão. Tempere com sal, pimenta e noz-moscada. Derreta a manteiga.
4. Preaqueça o forno a 100°C.
5. Recheie os canelones com uma fatia de presunto e uma porção do recheio de queijo. Disponha-os em uma travessa untada com manteiga.
6. Regue com a manteiga derretida, cubra com o molho de tomate e polvilhe com o restante do parmesão. Leve ao forno por 20 min.

■ Preparo: 45 min ■ Descanso: 1 h
■ Cozimento: 20 min

Espaguete à amatriciana

Rendimento: 4 porções

800 g de tomates
200 g de toucinho picado
50 ml de azeite
1 pimenta dedo-de-moça
100 ml de vinho branco
250 g de espaguete
100 g de queijo pecorino (queijo de ovelha)
sal e pimenta-do-reino

1. Escalde os tomates, retire a pele e as sementes e amasse-os. Corte o toucinho em cubinhos.
2. Aqueça o azeite em uma wok e doure o toucinho com a pimenta.
3. Adicione o vinho branco, misture bem e deixe reduzir à metade. Acrescente os tomates. Deixe cozinhar até a água dos tomates evaporar totalmente, mexendo sempre.
4. Enquanto isso, cozinhe o espaguete *al dente* (*veja Macarrão: cozimento, p.* 798).
5. Rale o pecorino (ou o queijo de ovelha).
6. Escorra o espaguete e ponha-o na wok. Misture e polvilhe o queijo ralado. Sirva bem quente.

■ Preparo: 10 min ■ Cozimento: cerca de 30 min

MASSAS
MASSAS, RISOTOS E SÊMOLA

Espaguete à bolonhesa

Rendimento: 4 porções

500 ml de Molho à bolonhesa (veja p. 88)
250 g de espaguete
50 g de queijo parmesão ralado
sal

1. Prepare o Molho à bolonhesa.
2. Cozinhe o espaguete al dente (*veja Macarrão: cozimento, p. 798*).
3. Ponha três quartos do molho na travessa que vai à mesa.
4. Escorra o espaguete e misture com o molho.
5. Despeje o restante do molho por cima do espaguete e polvilhe com um pouco do parmesão ralado. Sirva com o restante do queijo à parte.

■ Preparo: 40 min ■ Cozimento: 10-12 min

Espaguete à botarga

Rendimento: 4 porções

250 g de espaguete
1 pimenta dedo-de-moça
2 dentes de alho
50 ml de azeite
100 g de ovas de peixe cozidas
2 colheres (sopa) de creme de leite fresco
1 colher (sopa) de salsinha picada
1/2 limão
sal

1. Cozinhe o espaguete *al dente* (*veja Macarrão: cozimento, p. 798*).
2. Corte a pimenta em pedacinhos, descasque e corte em quartos os dentes de alho.
3. Aqueça o azeite em uma panela e doure nela a pimenta e o alho. Escorra o espaguete e ponha na panela. Misture bem.
4. Pique as ovas de peixe e misture com o creme de leite fresco, a salsinha picada e o suco do limão.
5. Coloque o espaguete bem quente na travessa que vai à mesa, acrescente as ovas de peixe, misture bem e sirva em seguida.

■ Preparo: 15 min ■ Cozimento: 10-12 min

MASSAS

MASSAS, RISOTOS E SÊMOLA

Espaguete à carbonara

Rendimento: 4 porções

400 g de espaguete
1 cebola
30 g de manteiga
200 g de toucinho
  defumado em pedaços
1/2 copo de vinho branco
1 ovo
2 gemas
75 g de parmesão ralado
sal e pimenta

1. Cozinhe o espaguete *al dente* (*veja* Macarrão: cozimento, p. 798). Esquente a travessa que vai à mesa em banho-maria.
2. Descasque e pique a cebola. Derreta a manteiga em uma frigideira e refogue nela a cebola e o toucinho. Acrescente o vinho branco e cozinhe por 2-3 min. Passe para a travessa.
3. Bata os ovos com as gemas, tempere com sal e pimenta, acrescente o parmesão e 2 colheres (sopa) da água de cozimento do macarrão.
4. Escorra o espaguete e coloque na travessa. Misture com o toucinho.
5. Ponha imediatamente por cima os ovos com o parmesão, misture e sirva bem quente.

■ Preparo: 15 min   ■ Cozimento: 12-15 min

Espaguete ao vôngole

Rendimento: 6 porções

2 kg de vôngoles
4 dentes de alho
5 colheres (sopa) de óleo
5 colheres (sopa) azeite
2 colheres (sopa)
  de salsinha picada
1 pacote de espaguete
  (500 g)
sal e pimenta-do-reino
  moída na hora

1. Prepare os vôngoles (*veja p.* 304) e retire-os das conchas. Deixe apenas uma dúzia nas conchas para decorar. Guarde o líquido de cozimento.
2. Pique o alho. Misture o óleo com o azeite e leve ao fogo em uma panela. Adicione o alho; quando o alho começar a dourar, coloque os mariscos e o líquido de cozimento e deixe levantar fervura. Coloque a salsinha e reserve.
3. Cozinhe o espaguete até ficar *al dente* em 2 litros de água fervente com sal. Coe e passe para uma travessa aquecida. ▶

MASSAS

4 Esquente o líquido de cozimento com todos os vôngoles. Espalhe o molho sobre o macarrão, misturando com dois garfos. Coloque os mariscos por cima e tempere tudo com pimenta-do-reino moída na hora. Decore com os vôngoles na casca. Sirva bem quente.

■ Preparo: 25 min   ■ Cozimento: 10 min

Espaguete com azeitonas pretas

Rendimento: 4 porções

2 laranjas orgânicas
1 cebola grande
2 colheres (sopa) de azeite
100 g de azeitonas pretas sem caroço
250 g de espaguete
sal e pimenta

1 Descasque as laranjas e pique a casca em tirinhas. Ferva-as por 2 min em uma panelinha com água. Escorra.

2 Descasque e corte a cebola em fatias. Aqueça o azeite em uma panela e refogue nela a cebola em fogo brando por 5 min.

3 Retire a panela do fogo. Acrescente as azeitonas e as cascas de laranja e misture. Mantenha esse molho aquecido.

4 Cozinhe o espaguete por 10 min (*veja Macarrão: cozimento, p. 798*).

5 Escorra o espaguete e ponha em uma vasilha bem quente. Acrescente o molho e misture bem.

■ Preparo: 10 min   ■ Cozimento: cerca de 15 min

Fusili à moda da Calábria

Rendimento: 4 porções

800 g de tomates
50 ml de azeite
100 g de azeitonas pretas sem caroço
2 colheres (sopa) de alcaparras
300-350 g de fusili
3 colheres (sopa) de manjericão picado
sal e pimenta

1 Corte os tomates ao meio e aperte-os levemente para eliminar a água.
2 Disponha-os em uma fôrma refratária com o lado da pele para baixo, tempere com sal e pimenta e regue com 4 colheres (sopa) de azeite.
3 Leve os tomates ao forno, a 180°C, até que fiquem quase, mas não totalmente, cozidos. Na metade do tempo de cozimento, acrescente as azeitonas e as alcaparras.
4 Enquanto isso, cozinhe o fusili (*veja Macarrão: cozimento, p. 798*) e escorra.
5 Ponha o fusili em uma travessa e guarneça com os tomates. Salpique o manjericão por cima, regue com o restante do azeite e sirva bem quente.

■ Preparo: 10 min ■ Cozimento: cerca de 20 min

Lasanha à bolonhesa

Rendimento: 4-6 porções

450 g de Massa de lasanha (veja p. 797) ou 450 g de massa pronta
400 ml de Molho à bolonhesa (veja p. 88)
300 ml de Molho branco (veja p. 74)
150 g de queijo parmesão ralado
noz-moscada
sal e pimenta

1 Faça a massa e prepare a lasanha.
2 Enquanto a massa descansa, prepare o Molho à bolonhesa e o Molho branco. Rale um pouco de noz-moscada no molho branco.
3 Preaqueça o forno a 250°C. Unte uma fôrma refratária com manteiga, forre o fundo com um pouco do Molho à bolonhesa e encha até a borda, alternando as camadas de lasanha, molho branco e molho à bolonhesa, terminando com duas camadas espessas dos molhos.
4 Leve ao forno por 30 min. Sirva com o parmesão ralado à parte.

■ Preparo: 45 min ■ Descanso: 1 h
■ Cozimento: 30 min

Lasanha gratinada

Rendimento: 4 porções

450 g de Massa para lasanha (veja p. 797) ou massa pronta
500 ml de Molho à bolonhesa (veja p. 88)
150 g de queijo parmesão ralado
2 ovos
200 g de mussarela
60 g de manteiga
sal e pimenta

1. Faça a massa e prepare a lasanha.
2. Enquanto a massa descansa, faça o Molho à bolonhesa e acrescente 100 g de parmesão.
3. Prepare os ovos cozidos. Descasque-os e corte-os em rodelas. Corte a mussarela em fatias.
4. Preaqueça o forno a 180°C. Unte uma fôrma refratária com manteiga. Forre o fundo da travessa com uma camada de lasanha. Por cima, acrescente algumas rodelas de ovo e fatias de mussarela. Continue alternando as camadas, terminando com a lasanha.
5. Regue com a manteiga derretida e polvilhe com o restante do parmesão. Leve ao forno para gratinar por 15 min. Sirva em seguida.

■ Preparo: 45 min ■ Descanso: 1 h
■ Cozimento: 15 min

Massa fresca com foie gras

Rendimento: 4 porções

400 g de massa fresca
100 ml de creme de leite
tomilho
noz-moscada
100-120 g de foie gras (de pato ou ganso)
sal e pimenta-do-reino moída na hora

1. Cozinhe a massa (*veja Macarrão: cozimento, p. 798*). Escorra e ponha em uma panela.
2. Acrescente o creme de leite, mexa e deixe aquecer em fogo brando. Adicione duas pitadas de pimenta-do-reino moída na hora, e um pouco de tomilho e noz-moscada.
3. Corte o foie gras em pedaços, acrescente-o à massa e misture por 1-2 min. Sirva em uma travessa.

■ Preparo: 2 min ■ Cozimento: cerca de 15 min

Massa fresca com manjericão

Rendimento: 4 porções

1 maço de manjericão
2 dentes de alho
80 g de queijo parmesão ralado
200 ml de creme de leite
400 g de massa fresca

1. Lave e seque o manjericão. Retire as folhas e pique-as grosseiramente. Descasque e pique o alho.
2. Na travessa que vai à mesa, misture o alho, o manjericão, o parmesão e o creme de leite.
3. Cozinhe a massa fresca (*veja Macarrão: cozimento, p. 798*). Escorra, coloque em uma travessa e misture.
4. Recoloque tudo na panela, leve de volta ao fogo e misture novamente por 2 min.
5. Despeje na travessa e sirva em seguida.

■ Preparo: 10 min ■ Cozimento: cerca de 15 min

Massa verde com frutos do mar

Rendimento: 6 porções

1 kg de vôngole
1 kg de mexilhão
400 g de tagliatele verde
18 camarões-rosa grandes
50 g de manteiga
250 ml de creme de leite batido
40 g de parmesão ralado
sal e pimenta

1. Ponha os vôngoles e os mexilhões em panelas separadas com água e deixe em fogo alto para que as conchas se abram. Descarte os que não abrirem. Retire os outros das conchas.
2. Coe a água dos vôngoles, coloque em uma panela pequena e deixe reduzir até que sobre apenas o equivalente a 5 colheres (sopa).
3. Cozinhe o tagliatele em grande quantidade de água fervente, levemente salgada, até que fique *al dente*.
4. Enquanto isso, descasque os camarões e corte-os ao meio.
5. Escorra o macarrão e ponha em uma panela com a manteiga em pedaços. Misture em fogo brando para que a manteiga derreta.
6. Acrescente o creme e o parmesão, mexa e tempere com sal e pimenta. Adicione os vôngoles, os mexilhões e os camarões.
7. Misture e vá acrescentando aos poucos a água do cozimento dos vôngoles. Tempere com pimenta. Sirva em seguida.

■ Preparo: 20 min ■ Cozimento: 20 min

MASSAS
MASSAS, RISOTOS E SÊMOLA

Nhoque de mandioca

Rendimento: 6 porções

Nhoque

1 kg de mandioca
240 ml de leite
1 ovo
240 g de farinha de trigo
60 g de queijo meia-cura ralado
1 colher (sopa) de óleo
sal

Molho

6 tomates médios sem pele e sem sementes
1/2 maço de manjericão
2 colheres (sopa) de óleo
1 cebola
1/2 xícara (chá) de água
sal

1. Descasque, lave e pique a mandioca. Cozinhe em bastante água por cerca de 50 min, até ficar bem tenra. Escorra, retire a fibra central e passe-a pelo espremedor de batata. Reserve.
2. Em uma tigela, misture a mandioca amassada, o leite, o ovo, a farinha de trigo, o queijo e o sal, até obter uma massa homogênea e lisa.
3. Enfarinhe a superfície de trabalho e faça com a massa rolinhos compridos, cortando nhoques de 3 cm de comprimento.
4. Em uma panela, ferva bastante água e coloque o óleo. Com uma escumadeira, coloque os nhoques aos poucos. À medida que subirem, retire-os, escorra e disponha em uma travessa refratária.
5. Prepare o molho. Pique os tomates em cubinhos e reserve. Lave, seque e pique grosseiramente as folhas de manjericão. Esquente o óleo em uma panela grande e refogue a cebola até que murche. Adicione o tomate, o manjericão, o sal e a água. Cozinhe por cerca de 10 min, mexendo de vez em quando. Deixe o molho encorpar, corrija o tempero e despeje sobre os nhoques. Sirva imediatamente.

■ Preparo: 2 h ■ Cozimento: cerca de 50 min

Ravióli: preparo e cozimento

1. Prepare a massa de ravióli (*veja p. 797*) e abra-a em dois grandes retângulos de tamanhos iguais, com espessura de 1,5 mm.
2. Com um saco de confeitar de bico largo, ponha quantidades iguais de recheio em um dos retângulos, em fileira, a cada 4 cm.
3. Umedeça a massa entre as fileiras de recheio com um pincel. ▶

4 Ponha o segundo retângulo por cima e aperte entre os montinhos de recheio para colar a massa. Corte os raviólis com a carretilha e deixe-os secar por 4 h em local fresco.

5 Cozinhe por 8-10 min em água fervente com sal e prepare-os a gosto.

Ravióli de alcachofra

Rendimento: 4 porções
400 g de farinha de trigo
5 ovos
3 alcachofras pequenas
1 limão
1/2 cebola
1 dente de alho
3 colheres (sopa) de azeite
1 colher (sopa) de salsinha picada
1 colher (café) de manjerona
20 g de queijo parmesão
150 g de ricota
sal e pimenta

1 Faça a massa de ravióli com a farinha e 4 ovos (*veja p. 797*).

2 Lave as alcachofras e retire as folhas mais duras. Ponha as alcachofras na água com limão e corte-as em fatias finas.

3 Aqueça o azeite em uma panela, acrescente a cebola e o alho descascados e picados. Coloque as alcachofras na panela e cozinhe por 10-15 min, acrescentando um pouco de água, se necessário.

4 Corte as alcachofras em pedacinhos, misture-as com a salsinha picada, a manjerona, o parmesão, o ovo restante e a ricota. Tempere com sal, pimenta e misture bem.

5 Recheie os raviólis (*veja explicação em Ravióli: preparo e cozimento, p. 806, passo 2*).

6 Deixe os raviólis secarem e cozinhe-os por 8-10 min em água fervente com sal.

■ Preparo: 1 h   ■ Secagem: 4 h   ■ Cozimento: 8-10 min

MASSAS
MASSAS, RISOTOS E SÊMOLA

Ravióli de carne

Rendimento: 4 porções

400 g de farinha de trigo
4 ovos
450 g de sobras de carne assada com legumes e o molho
50 g de queijo parmesão ralado
sal

1. Prepare a massa de ravióli com 400 g de farinha de trigo e 4 ovos (*veja p. 797*) e deixe secar. Esquente a carne assada.
2. Coe o molho da carne e reserve.
3. Pique bem a carne e os legumes.
4. Prepare os raviólis com esse recheio (*veja Ravióli: preparo e cozimento, p. 806, passo 2*) e cozinhe-os em água fervente com sal, por 8-10 min.
5. Aqueça o molho da carne assada.
6. Escorra os raviólis e ponha-os na travessa aquecida. Regue-os com o molho e sirva com o parmesão ralado à parte.

Ravióli ao molho de tomate
Proceda da mesma maneira, prepare o molho de tomate e cubra o ravióli.

- Preparo: cerca de 1 h
- Secagem: 4 h
- Cozimento: 10 min

Ravióli de espinafre

Rendimento: 4 porções

400 g de farinha de trigo
4 ovos
100 g de espinafre
1 cebola
100 g de sobras de carne
100 g de presunto
100 g de vitela
50 ml de óleo
tomilho e louro
1 copo de caldo de carne em tablete (ou vinho branco) ▶

1. Prepare a massa de ravióli (*veja p. 797*) com 400 g de farinha e 4 ovos e deixe secar.
2. Cozinhe o espinafre na água, escorra e pique.
3. Pique a cebola, as sobras de carne, o presunto e a vitela em pedaços bem pequenos.
4. Refogue a cebola no óleo, acrescente as carnes, um pouco de tomilho e de louro picados, sal e pimenta. Adicione o caldo de carne ou o vinho branco e deixe cozinhar em fogo brando por 5 min. Incorpore o espinafre.
5. Prepare os raviólis com esse recheio (*veja p. 806*) e cozinhe-os em água fervente com sal de 8 a 10 min.
▶

MASSAS

30 g de manteiga
50 g de queijo parmesão
sal e pimenta

6 Escorra os raviólis. Regue-os com a manteiga derretida e sirva com o parmesão ralado à parte.

O raviõli também pode ser servido com molho de tomate.

■ Preparo: cerca de 1 h ■ Secagem: 4 h
■ Cozimento: 10 min

Salada à carbonara

Rendimento: 4 porções
125 g de fusili
1 colher (sopa) de azeite
150 ml de Maionese (veja p. 52)
2 colheres (café) de mostarda
1/2 colher (café) de páprica
1 limão
100 g de queijo curado
1/2 talo de aipo (salsão)
1 pé de alface
1/2 cebola
50 g de avelãs trituradas
2 colheres (sopa) de avelãs inteiras

1 Cozinhe o fusili (veja Macarrão: cozimento, p. 798). Escorra, ponha em uma tigela, acrescente o azeite e deixe esfriar.
2 Prepare a Maionese bem consistente com 2 colheres (café) de mostarda, a páprica e o suco de limão.
3 Corte o queijo em bastonetes. Lave e pique o aipo. Lave a alface e escolha as folhas mais bonitas (guarde as outras para outra receita). Corte a cebola em rodelas.
4 Misture a maionese ao fusili frio. Acrescente as avelãs trituradas, o queijo, o aipo picado e misture bem.
5 Disponha algumas folhas de alface em uma travessa grande e coloque a salada por cima. Decore com as rodelas de cebola e as avelãs inteiras.

■ Preparo: 15 min ■ Cozimento: cerca de 10 min

Spätzles na manteiga noisette

Rendimento: 6 porções
500 g de farinha de trigo
5 ovos
2 colheres (sopa) de creme de leite fresco
100 g de manteiga
noz-moscada
sal e pimenta

1 Ferva água com sal em uma caçarola.
2 Peneire a farinha em uma tigela e abra nela uma cova. Adicione o sal, a pimenta e um pouco de noz-moscada ralada. Acrescente os ovos, um a um, misturando todas as vezes e, por fim, adicione o creme de leite e misture até a massa ficar bem homogênea.

▶

3 Pegue um pouco de massa com uma colherinha. Com outra colher, dê-lhe o formato de bola e deslize-a para a água fervente. Deixe os spätzles cozinhando na água até que subam à superfície. Escorra, deixe secar sobre papel-toalha e disponha-os em uma travessa.

4 Prepare a Manteiga noisette (*veja p. 70*) e regue com ela os spätzles.

■ Preparo: 10 min   ■ Cozimento: cerca de 20 min

Tagliatelle com shiitake

Rendimento: 4 porções

300 g de tagliatelle
4 colheres (sopa) de azeite
400 g de shiitake
2 dentes de alho
10 folhas de estragão
sal e pimenta

1 Cozinhe o tagliatelle por 8 min em bastante água com um pouco de sal e o azeite. Escorra.

2 Enquanto o macarrão cozinha, lave delicadamente os shiitake e corte em fatias. Descasque e pique o alho.

3 Aqueça 3 colheres (sopa) de azeite em uma frigideira grande. Acrescente o alho e mexa por 2 min. Adicione os cogumelos e salteie por 7-8 min.

4 Acrescente o tagliatelle e o estragão picado. Misture delicadamente, diminua o fogo e deixe aquecer por 3 min. Tempere com a pimenta. Disponha sobre pratos aquecidos e sirva em seguida.

■ Preparo: 10 min   ■ Cozimento: 15 min

Talharim à moda da Alsácia

Rendimento: 4 porções

550 g de massa de talharim (veja p. 797)
80 g de manteiga
sal e pimenta-do-reino moída na hora

1. Prepare a massa, faça o talharim e deixe secar. Reserve um punhado do talharim e polvilhe-o levemente com farinha.
2. Ferva 3 litros de água com pouco sal em uma panela e acrescente o talharim quando a água estiver fervendo. Assim que recomeçar a ferver, retire a panela do fogo e deixe o macarrão escaldando na água por mais 6 min.
3. Derreta 25 g de manteiga em uma frigideira. Quando começar a espumar, acrescente o talharim reservado e refogue-o na manteiga por cerca de 5 min em fogo alto.
4. Escorra o talharim cozido na água, ponha-o em uma travessa funda bem quente e acrescente o restante da manteiga em pedaços. Mexa para que a manteiga derreta e adicione o talharim passado na manteiga. Tempere com pimenta e sirva.

■ Preparo: 1 h ■ Cozimento: cerca de 8 min

Talharim com nozes

Rendimento: 4 porções

50 g de nozes sem casca
50 g de pignoli
2 dentes de alho
1/2 maço de salsinha
150 ml de azeite
400 g de talharim fresco
sal e pimenta

1. Preaqueça o forno.
2. Mergulhe as nozes em água fervente e deixe por 1 min. Escorra e retire a pele que as envolve.
3. Ponha os pignoli em uma assadeira e leve ao forno por 5 min, mexendo de vez em quando.
4. Coloque as nozes e os pignoli em um pano de prato e esmague-os com o rolo de massa.
5. Descasque e pique o alho. Lave, escorra e pique bem a salsinha.
6. Aqueça a metade do azeite em uma frigideira e refogue o alho e a salsinha por cerca de 3-4 min.
7. Acrescente as nozes e os pignoli e doure-os por 2 min, mexendo sem parar. ▶

MASSAS

8 Retire a frigideira do fogo e adicione o restante do azeite e 100 ml de água. Mexa vigorosamente para misturar bem. Corrija o tempero e mantenha o molho aquecido.

9 Cozinhe o talharim em água fervente (*veja Macarrão: cozimento, p. 798*). Escorra, coloque em uma travessa e misture com o molho.

■ Preparo: 15 min ■ Cozimento: cerca de 20 min

Talharim com queijo

Rendimento: 4 porções
250 g de talharim
50 g de manteiga
100 g de queijo gruyère ralado
25 g de queijo parmesão ralado
noz-moscada (opcional)
sal e pimenta

1 Cozinhe o talharim (*veja p. 798*).

2 Corte a manteiga em pedacinhos na travessa que vai à mesa e coloque em banho-maria para que a manteiga derreta (ou leve ao microondas). Se quiser, adicione um pouco de noz-moscada ralada.

3 Escorra o talharim e ponha na travessa. Misture com a manteiga.

4 Acrescente os queijos e misture novamente. Sirva em seguida.

■ Preparo: 5 min ■ Cozimento: 10-12 min

Talharim no caldo de carne

Rendimento: 4 porções
250 g de talharim
1 copo de de Caldo de carne (veja p. 38) ou 200 ml de Caldo claro de vitela (veja p. 35) ou caldo em tablete
70 g de manteiga

1 Cozinhe o talharim (*veja p. 798*).

2 Aqueça o Caldo de carne (ou deixe reduzir o Caldo claro de vitela à metade) e adicione-o ao talharim escorrido, junto com a manteiga. Sirva bem quente.

■ Preparo: 5 min ■ Cozimento: 10-12 min

MASSAS / PÃES
MASSAS, RISOTOS E SÊMOLA

Timbale de macarrão à bolonhesa

Rendimento: 4 porções

400 ml de Molho à bolonhesa (veja p. 88)
250 g de macarrão caracol
250 g de champignons
1 dente de alho
1 cebola-branca
100 g de presunto
50 g de manteiga
1 colher (sopa) de salsinha picada
40 g de queijo parmesão ralado
sal e pimenta

1. Prepare o Molho à bolonhesa.
2. Cozinhe o macarrão caracol (*veja Macarrão: cozimento, p. 798*) e mantenha-o aquecido.
3. Lave e fatie os champignons. Descasque e pique o alho e a cebola-branca. Corte o presunto em cubinhos. Derreta 40 g de manteiga em uma panela e refogue nela a cebola-branca, o alho e a salsinha. Acrescente os champignons e salteie por cerca de 10 min.
4. Adicione o presunto e cozinhe por mais 5 min. Misture com o macarrão e com o Molho à bolonhesa.
5. Ponha o timbale em uma travessa refratária untada com manteiga, polvilhe com o parmesão e leve ao forno para gratinar por 5 min.

■ Preparo: 30 min   ■ Cozimento: cerca de 20 min

PÃES

Club-sandwich de frango

Rendimento: 2 porções

1 ovo cozido
6 fatias de pão de fôrma
2 colheres (sopa) de maionese
4 folhas de alface
1 tomate
100 g de peito de frango
ketchup ou ervas finas picadas

1. Prepare o ovo cozido.
2. Retire a casca das fatias de pão de fôrma e toste-as levemente.
3. Passe maionese nelas. Em 4 das 6 fatias, ponha uma folha de alface, 2 rodelas de tomate, tiras de peito de frango e rodelas de ovo duro.
4. Cubra novamente com a maionese misturada com o ketchup ou com as ervas finas picadas e monte essas fatias duas a duas. Cubra os sanduíches com as 2 fatias de pão de fôrma restantes.

■ Preparo: 15 min

Croûtons

Para 50 g de croûtons

70 g de pão de fôrma ou baguete ou pão integral
1 colher (sopa) de óleo
10 g de manteiga

1 Retire a casca das fatias do pão de fôrma. Corte-as em triângulos (ou, se quiser, em cubinhos).
2 Toste levemente o pão na torradeira ou no forno.
3 Aqueça o óleo e a manteiga em uma frigideira e doure nela as fatias de pão de ambos os lados. Deixe secar sobre papel-toalha.

Croûtons de alho
Proceda da mesma maneira, esfregando um dente de alho no pão depois de tostado.

■ Preparo: 5 min ■ Cozimento: 5 min

Pãezinhos com toucinho

Para 500 g de pão

350 g de Massa de pão (veja p. 113)
150 g de toucinho defumado em pedaços

1 Prepare e sove a Massa de pão.
2 Grelhe o toucinho em uma frigideira por 5 min, mexendo sem parar. Ponha os pedaços de toucinho na massa e deixe fermentar por 2 h em local quente.
3 Com a massa, molde pãezinhos de cerca de 50 g. Deixe crescer por 2 h.
4 Pincele-os com água (para que fiquem brilhantes depois de assados).
5 Asse os pãezinhos em forno preaquecido a 200-220°C, até que fiquem dourados e crocantes. Retire-os do forno e deixe esfriar.

■ Preparo: 2h30 ■ Cozimento: 15 min
■ Descanso da massa: 2 h

Pan-bagnat

Rendimento: 4 porções

2 ovos cozidos
2 tomates
1 cebola pequena
1/2 pimentão
4 pãezinhos redondos
2 dentes de alho
4 colheres (café) de vinagre
4 colheres (sopa) de azeite
8 azeitonas pretas sem caroço
4 filés de anchova no óleo

1. Prepare os ovos cozidos. Descasque e corte-os em rodelas. Corte os tomates e a cebola em rodelas e o pimentão em tiras.
2. Corte os pães ao meio sem separar as duas metades. Retire um terço do miolo.
3. Esfregue o alho nas duas metades. Regue com um pouco de vinagre e azeite.
4. Recheie os pães com as rodelas de tomate, cebola, ovo, as tiras de pimentão e as azeitonas. Acrescente os filés de anchova. Regue com o restante do azeite e feche novamente os pães.
5. Leve à geladeira por 1 ou 2 h antes de servir.

■ Preparo: 15 min ■ Refrigeração: 1-2 h

RISOTOS

Arroz: preparo

O arroz precisa ser bem lavado antes do cozimento. Use o escorredor de arroz e lave em água corrente, revolvendo-o com a mão.

Para fazer risoto ou arroz temperado (à crioula, à indiana, com curry etc.), utilize arroz de grãos longos, arbóreo ou basmati, que são mais durinhos e próprios para risoto.

O tempo de cozimento varia de acordo com a qualidade do arroz.

Arroz à crioula

Rendimento: 4 porções

200 g de arroz de grãos longos, basmati ou arbóreo
sal

1 Lave o arroz e coloque-o em uma panela. Tempere com sal e cubra com água equivalente a três vezes o seu volume.
2 Cozinhe em fogo alto e sem tampa.
3 Quando o nível da água estiver na altura do arroz, tampe a panela e diminua o fogo até que o arroz fique totalmente seco.

■ Preparo: 2 min ■ Cozimento: 12-18 min

Arroz à indiana

Rendimento: 4 porções

200 g de arroz de grãos longos ou basmati
sal

1 Lave o arroz e ponha-o em água fervente com sal (calcule 9 g de sal por litro de água). Cozinhe por 18 min (12 min para o arroz basmati), mexendo três ou quatro vezes. Escorra e enxagüe-o abundantemente sob água corrente.
2 Preaqueça o forno a 100°C.
3 Ponha um guardanapo em uma peneira e despeje o arroz. Dobre as beiradas do guardanapo para que o arroz fique bem fechado e leve-o ao forno por 15 min para secar.

■ Preparo: 5 min ■ Cozimento: 11-18 min
■ Secagem: 15 min

RISOTOS
MASSAS, RISOTOS E SÊMOLA

Arroz ao curry

Rendimento: 4 porções

200 g de arroz de grãos longos, basmati ou arbóreo
1 cebola
50 ml de óleo
1 colher (sopa) de curry
1 bouquet garni (veja glossário)
40 g de manteiga
sal

1 Preaqueça o forno a 200°C.
2 Meça o arroz em um copo. Em seguida, coloque uma vez e meia o volume do arroz de água em uma panela, tempere com sal e leve ao fogo para ferver.
3 Descasque e pique a cebola.
4 Aqueça o óleo em uma wok, doure a cebola e acrescente o curry. Adicione o arroz e mexa bem, para refogá-lo.
5 Despeje lentamente a água fervente e acrescente o bouquet garni. Espere levantar fervura, tampe e leve a wok ao forno por 17 min, se for arroz de grãos longos (11 min para o arroz basmati).
6 Retire a wok do forno, espalhe bolinhas de manteiga por cima, misture com um garfo para soltar bem o arroz e sirva numa travessa.

■ Preparo: 15 min ■ Cozimento: 11-17 min

Arroz branco

Rendimento: 4 porções

200 g de arroz de grãos longos ou basmati
50 g de manteiga
sal

1 Lave e escorra o arroz. Cubra-o fartamente com água fria (três vezes o volume de arroz). Tempere com sal (calcule 10 g de sal por litro de água), tampe e cozinhe por 18 min (12 minutos para o arroz basmati), em fogo brando.
2 Escorra, esfrie-o passando na água fria, escorra novamente e ponha-o em uma panela.
3 Acrescente a manteiga aos poucos e misture delicadamente. Tampe e leve ao fogo para aquecer.

■ Preparo: 2 min ■ Cozimento: 12-18 min

RISOTOS
MASSAS, RISOTOS E SÊMOLA

Arroz cantonês

Rendimento: 4 porções

200 g de arroz de grãos longos
100 g de presunto ou lingüiça chinesa
4 ovos
50 ml de óleo de girassol
2 colheres (sopa) de cebolinha picada
sal e pimenta

1 Cozinhe o Arroz à crioula (*veja p. 816*).
2 Corte o presunto ou a lingüiça em cubinhos.
3 Bata os ovos e tempere-os com sal e pimenta.
4 Aqueça 2 colheres (sopa) de óleo em uma frigideira e faça uma omelete (*veja p. 239*). Corte a omelete em pedaços pequenos.
5 Ponha o restante do óleo na frigideira, aqueça e salteie rapidamente o arroz. Acrescente os cubinhos de presunto ou lingüiça, os pedaços de omelete e a cebolinha. Misture delicadamente, prove, corrija o tempero e disponha em uma travessa.

■ Preparo: 30 min ■ Cozimento: cerca de 15 min

Arroz com páprica

Rendimento: 4 porções

200 g de arroz de grãos longos ou arbóreo
1 cebola
50 ml de óleo
1 colher (sopa) de páprica
1 bouquet garni (*veja glossário*)
40 g de manteiga
sal

1 Preaqueça o forno a 200°C.
2 Meça o arroz em um copo. Em seguida, coloque uma vez e meia o volume do arroz de água em uma panela, tempere com sal e leve ao fogo para ferver.
3 Descasque e pique a cebola. Aqueça o óleo em uma panela, doure a cebola e acrescente a páprica. Adicione imediatamente o arroz e mexa para que fique bem refogado.
4 Despeje a água fervente e acrescente o bouquet garni. Deixe ferver novamente, tampe a panela e leve-a ao forno por 17 min, se for o arroz de grãos longos (11 min para o arroz arbóreo).
5 Retire a panela do forno, espalhe bolinhas de manteiga por cima e mexa com um garfo para soltar bem o arroz. Passe para a travessa.

■ Preparo: 15 min ■ Cozimento: 11-17 min

Arroz na manteiga

Rendimento: 4 porções

200 g de arroz de grãos longos
30 g de manteiga
300 ml de Caldo de carne (veja p. 38) ou Caldo claro de frango (veja p. 34) (ou caldo em tablete)
sal

1 Meça o volume de arroz. Ponha-o em água fervente com sal e deixe por 5 min.
2 Escorra o arroz e esfrie-o passando-o sob água corrente.
3 Preaqueça o forno a 220°C.
4 Aqueça a manteiga em uma panela, acrescente o arroz e mexa bem. Cubra com caldo equivalente a duas vezes o volume do arroz. Deixe ferver novamente, tampe a panela e leve ao forno preaquecido por 15 min.

■ Preparo: 2 min ■ Cozimento: 18 min

Jambalaia de frango

Rendimento: 4 porções

1 frango de 1,2 kg
3 litros de caldo de frango ou de galinha em tablete
250 g de arroz de grãos longos
300 g de presunto cru
50 g de manteiga
pimenta-de-caiena
sal e pimenta-do-reino

1 Prepare o frango (*veja p. 526*) ou compre o frango limpo.
2 Aqueça o caldo e cozinhe o frango nele por 50 min. Retire e deixe esfriar.
3 Lave o arroz e cozinhe-o à crioula (*veja p. 816*) com o caldo de frango.
4 Retire a pele do frango e desosse-o. Corte a carne em cubinhos e deixe fora da geladeira.
5 Corte o presunto em cubinhos e salteie em fogo brando, em uma frigideira com a manteiga por 10 min.
6 Quando o presunto estiver cozido, acrescente os cubos de frango, uma pitada de pimenta-de-caiena, sal e pimenta-do-reino (deve ficar bem condimentado).
7 Acrescente o arroz, misture bem e sirva bem quente.

■ Preparo: 20 min ■ Cozimento: cerca de 1 h

RISOTOS
MASSAS, RISOTOS E SÊMOLA

Paella

Rendimento: 8 porções

1 frango de 1,5 kg
350 g de amêijoas
350 g de vôngoles
16 mexilhões
250 ml de azeite
16 lagostins
400 g de lulas
2 cebolas
2 pimentões
6 tomates
1 colher (sopa) de açafrão
2 dentes de alho
250 g de vagem
500 g de ervilhas frescas ou 250 g de ervilhas congeladas
400 g de arroz de grãos longos
pimenta-de-caiena
sal e pimenta-do-reino

1 Corte o frango em 8 pedaços. Lave com uma escovinha as amêijoas, os vôngoles e os mexilhões.

2 Aqueça o azeite em uma assadeira, ou panela própria para paella, e doure os lagostins. Retire-os e reserve.

3 Ponha os pedaços de frango e refogue-os. Acrescente as lulas cortadas em tiras, as cebolas picadas, os pimentões também em tiras, os tomates sem as sementes cortados em cubinhos, sal e pimenta-do-reino.

4 Polvilhe o açafrão, acrescente o alho esmagado, a vagem em pedaços e a ervilha. Cozinhe esse guisado em fogo brando por cerca de 15 min.

5 Aqueça uma quantidade de água equivalente ao dobro do volume do arroz.

6 Adicione o arroz ao guisado, misture e coloque as amêijoas, os vôngoles e os mexilhões. Adicione a água fervente, tempere com sal e uma pitada da pimenta-de-caiena. Deixe ferver, cubra a assadeira com papel-alumínio e leve ao forno preaquecido a 220°C por 25 min.

7 Retire a assadeira do forno e acrescente os lagostins. Aguarde 10 min antes de servir.

■ Preparo: 50 min ■ Cozimento: 40 min

RISOTOS
MASSAS, RISOTOS E SÊMOLA

Pilaf

Rendimento: 4 porções (cerca de 400 g)

200 g de arroz de grãos longos
1 cebola
80 g de manteiga
1 bouquet garni (veja glossário)
sal

1. Meça o arroz. Em seguida, coloque uma vez e meia o volume do arroz de água em uma panela e leve ao fogo para ferver.
2. Preaqueça o forno a 200°C.
3. Descasque e pique a cebola e doure-a lentamente em 40 g de manteiga. Acrescente o arroz, sem lavá-lo. Misture bem para envolvê-lo na manteiga e refogue por 1-2 min, mexendo sem parar.
4. Despeje aos poucos a água fervente e acrescente o bouquet garni. Coloque um pedaço de papel-manteiga em cima do arroz. Tampe a panela e leve ao forno por 16-17 min.
5. Retire a panela do forno e deixe o arroz crescer por 15 min.
6. Acrescente o restante da manteiga e misture delicadamente com um garfo para soltar bem o arroz. Passe para a travessa.

■ Preparo: 5 min + 15 min ■ Cozimento: 16-17 min

Risoto

Rendimento: 4 porções (600 g de risoto)

250-300 ml de caldo
1 cebola
4 colheres (sopa) de azeite
200 g de arroz arbóreo
1 bouquet garni (veja glossário)
sal

1. Aqueça uma quantidade de caldo equivalente ao dobro do volume de arroz.
2. Descasque e pique a cebola, e refogue-a no azeite por 2-3 min. Acrescente o arroz e misture bem.
3. Quando o arroz estiver bem refogado, adicione o caldo. Mexa com a colher de pau até que o arroz comece a absorver o caldo. Corrija o tempero e acrescente o bouquet garni. Tampe e deixe cozinhar por 16-18 min (o arroz deve ficar bem mole); não mexa mais.

■ Preparo: 5 min ■ Cozimento: cerca de 20 min

RISOTOS
MASSAS, RISOTOS E SÊMOLA

Risoto à italiana

Rendimento: 4 porções
(700 g de risoto)

250-300 ml de caldo
(de carne ou galinha)
1 cebola
4 colheres (sopa)
de azeite
200 g de arroz de grãos
longos
1 bouquet garni
(veja glossário)
40 g de manteiga
90 g de queijo parmesão
ou gruyère ralado
sal

1 Aqueça uma quantidade de caldo equivalente ao dobro do volume de arroz.
2 Descasque, pique a cebola e refogue no azeite por 2-3 min. Acrescente o arroz e misture bem.
3 Quando o arroz estiver bem refogado e brilhante, adicione o caldo. Mexa com a colher de pau até que o arroz comece a absorver o caldo. Corrija o tempero e acrescente o bouquet garni. Tampe e deixe cozinhar por 16-18 min (o arroz deve ficar bem mole); não mexa mais.
4 Ao final do cozimento, incorpore a manteiga e 60 g de queijo ralado. Sirva o restante do queijo à parte.

Risoto à moda de Milão
Proceda da mesma maneira que no risoto à italiana, acrescentando 1 colher (sopa) de açafrão junto com o queijo ralado.

Risoto à marinara

Rendimento: 6 porções

1 kg de mexilhões
300 g de vôngoles
3 colheres (sopa)
de azeite
200 g de lulas
150 g de camarão sem
casca
1 cebola
1 dente de alho
150 ml de vinho branco
300-350 g de arroz
300 ml de caldo de carne
30 g de manteiga
30 g de queijo parmesão
ralado ▶

1 Lave bem os mexilhões e os vôngoles. Ferva-os em uma caçarola com água e 1 colher (sopa) de azeite para que as conchas abram. Mantenha-os aquecidos.
2 Limpe e corte as lulas em pedacinhos. Corte os camarões em quatro.
3 Descasque e pique a cebola e o alho. Separe a metade e refogue em uma frigideira com 1 colher (sopa) de azeite.
4 Acrescente as lulas e os camarões e cozinhe em fogo alto até que não soltem mais água.
5 Coe a água dos mariscos e reserve. Coloque os mexilhões e os vôngoles em uma frigideira com 50 ml de vinho branco. Mantenha esse molho aquecido.
▶

*2 colheres (sopa) de
    salsinha picada*
sal

6. Em outra panela, refogue o restante da cebola e do alho em fogo brando, com 1 colher (sopa) de azeite. Acrescente o arroz e mexa bem com a colher de pau para absorver os temperos.
7. Adicione o restante do vinho branco em duas etapas. Espere o vinho ser totalmente absorvido, acrescente uma concha de caldo, deixe evaporar, ponha mais uma concha e assim por diante, até que o caldo termine.
8. Depois de 10 min, adicione a água de cozimento dos mariscos.
9. Depois de 18 min o arroz ficará *al dente*. Retire do fogo e misture com a manteiga e o parmesão, acrescente os frutos do mar, a salsinha picada e misture delicadamente.

■ Preparo: 30 min ■ Cozimento: cerca de 25 min

Risoto à piemontesa

**Rendimento: 4 porções
(850 g de risoto)**
*250-300 ml de caldo
    (de carne ou galinha)*
1 cebola
*4 colheres (sopa)
    de azeite*
200 g de arroz
*1 bouquet garni
    (veja glossário)*
150 g de presunto
40 g de manteiga
90 g de parmesão ralado
sal

1. Aqueça uma quantidade de caldo equivalente ao dobro do volume do arroz.
2. Descasque e pique a cebola. Refogue-a no azeite por 2-3 min, acrescente o arroz e misture bem.
3. Quando os grãos de arroz estiverem bem brilhantes, adicione o caldo. Mexa com a colher de pau até que o arroz comece a absorver o caldo. Corrija o tempero e acrescente o bouquet garni. Tampe e deixe cozinhar por 16-18 min (o arroz deve ficar bem mole); não mexa mais.
4. Enquanto o arroz cozinha, corte o presunto em cubinhos.
5. Ao final do cozimento, incorpore ao risoto a manteiga e o queijo ralado. Acrescente os cubinhos de presunto. Sirva bem quente com o restante do queijo à parte.

■ Preparo: 10 min ■ Cozimento: cerca de 20 min

RISOTOS

Risoto primavera

Rendimento: 4 porções
600 g de risoto
500 g de ervilhas frescas ou 250 g de ervilhas congeladas
2 alcachofras pequenas
1 dente de alho
100 g de champignons
1/2 limão
2 colheres (sopa) de óleo
1 colher (sopa) de salsinha picada
2 minicebolas
1/2 maço de cebolinha
1 pote de aspargos novos
60 g de manteiga
30 g de queijo parmesão ralado
sal e pimenta

1. Prepare o risoto (*veja p. 821*) e mantenha-o aquecido.
2. Debulhe as ervilhas (ou descongele-as) e cozinhe em água fervente com sal por 10 min. Escorra.
3. Prepare as alcachofras (*veja p. 646*) e corte a parte de cima das folhas. Descasque e pique o alho. Lave e corte em pedaços os champignons. Tempere-os com o limão, sal e pimenta.
4. Cozinhe as alcachofras com 1 colher (sopa) de óleo e, em outra panela, os champignons com a outra colher (sopa) de óleo. Divida entre os dois a salsinha picada.
5. Mergulhe as minicebolas por 5 min em água fervente com sal.
6. Corte as pontas dos aspargos e reserve. Cozinhe os aspargos por 10 min em água fervente com sal.
7. Derreta 20 g de manteiga na frigideira, acrescente os aspargos e mexa para envolvê-los na manteiga. Mantenha-os aquecidos.
8. Aqueça todos os outros legumes, adicione-os ao risoto juntamente com os aspargos e misture.
9. Acrescente o parmesão, o restante da manteiga e misture bem.
10. Sirva o risoto decorado com as pontas dos aspargos.

■ **Preparo: 40 min** ■ **Cozimento: cerca de 40 min**

Timbales à piemontesa

Rendimento: 4 porções
450 g de Risoto à piemontesa (veja p. 823)
40 g de presunto
20 g de trufa

1. Prepare o Risoto à piemontesa.
2. Preaqueça o forno a 200°C. Unte com manteiga forminhas refratárias (ou forminhas individuais de 100 ml).
3. Corte o presunto em cubinhos e disponha no fundo das forminhas. ▶

4 Pique a trufa em pequenos bastonetes e misture-a ao risoto.

5 Coloque o risoto nas forminhas e leve ao forno por 10-15 min. Aguarde 5 min antes de desenformar.

■ Preparo: 30 min   ■ Cozimento: cerca de 15 min

SÊMOLA

Sêmola de trigo para cuscuz marroquino: cozimento

1 Encha dois terços da cuscuzeira com água ou caldo e aqueça em fogo alto.

2 Quando o líquido entrar em ebulição, encha a parte superior com a sêmola de trigo, coloque um pano em torno da junção dos dois recipientes para evitar a perda de vapor e tampe.

3 Depois de cerca de 30 min, retire do fogo, coloque em uma assadeira redonda e use as mãos besuntadas com óleo para desmanchar os grumos.

4 Leve a sêmola para cozinhar novamente. Repita a operação por duas vezes, sem esquecer de trabalhá-la com as mãos.

5 Somente no segundo ou terceiro cozimento é que a guarnição do cuscuz deve ser acrescentada: legumes e carnes cozidos, uvas-passas, castanhas-de-caju, pignoli, castanhas-do-pará etc.

6 Depois do terceiro cozimento, espalhe pedacinhos de manteiga por cima da sêmola e sirva.

Cuscuz de legumes marroquino

Rendimento: 4 porções

50 g de grão-de-bico
500 g de sêmola de trigo para cuscuz
150 g de favas frescas
1 cebola
2 nabos
2 cenouras
2 tomates
2 abobrinhas
2 fundos de alcachofra
caldo de legumes em tablete (opcional)
100 g de manteiga
quatro especiarias (opcional, veja glossário)
sal e pimenta-do-reino

1. Deixe os grãos-de-bico de molho na água por 24 h.
2. Faça o primeiro cozimento da sêmola (*veja p. 825*).
3. Debulhe as favas. Descasque e pique a cebola em pedacinhos. Descasque e pique os nabos e as cenouras. Corte os tomates e as abobrinhas em rodelas. Corte os fundos de alcachofra em cubinhos.
4. Ponha os legumes na cuscuzeira e tempere com sal. Encha dois terços da panela de água ou de caldo de legumes antes de colocar a parte superior e começar o cozimento do cuscuz.
5. Escorra os legumes e coloque em uma travessa.
6. Misture a sêmola com a manteiga e disponha em uma outra travessa.
7. Verifique o tempero do caldo e realce-o com pimenta-do-reino ou as quatro especiarias.

■ Preparo: 2 h ■ Demolha: 24 h
■ Cozimento: cerca de 1h30

Espetinhos à piemontesa

Rendimento: 4 porções

400 de Polenta à piemontesa (veja p. 827)
óleo para fritura
400 g de Empanado à inglesa (veja p. 103)
Salsinha frita (veja p. 781)
espetos de madeira

1. Prepare a polenta, coloque-a em uma assadeira untada com óleo e deixe esfriar.
2. Aqueça o óleo para fritura.
3. Corte a polenta em quadrados de 4 cm de lado, enfie-os nos espetos e empane-os à inglesa.
4. Frite os espetinhos de polenta no óleo a 180°C.
5. Escorra e disponha em uma travessa com a salsinha frita.

■ Preparo: 30 min ■ Cozimento: 5-10 min

Nhoque à romana

Rendimento: 4 porções

50 ml de leite
125 g de sêmola
1 gema
1 ovo
60 g de queijo gruyère ou parmesão ralado
60 g de manteiga
noz-moscada
sal e pimenta

1 Ferva o leite e peneire a sêmola sobre ele. Misture bem, tempere com sal, pimenta e noz-moscada ralada. Cozinhe por 15-20 min, até que a sêmola se transforme em um mingau liso e espesso.
2 Retire a panela do fogo, acrescente a gema, o ovo inteiro e misture.
3 Forre uma assadeira com papel-manteiga e umedeça-a ligeiramente.
4 Abra a massa obtida até ficar com 1 cm de espessura e deixe esfriar.
5 Quando a massa estiver bem fria, use um cortador de massa (ou um copo) e corte-a em discos de cerca de 5 cm de diâmetro.
6 Preaqueça o forno a 220°C.
7 Unte com manteiga uma fôrma refratária, disponha nela os nhoques, polvilhe fartamente com o parmesão ou o gruyère ralado, regue com a manteiga derretida e leve ao forno por 10-12 min para gratinar.

■ **Preparo:** 20 min ■ **Descanso:** cerca de 1 h
■ **Cozimento:** 10-12 min

Polenta à piemontesa

Rendimento: 4 porções

250 g de fubá mimoso
100 g de manteiga
120 g de queijo parmesão ralado
sal

1 Ferva 1 litro de água com sal. Peneire o fubá na água. Misture bem e cozinhe por cerca de 30 min, mexendo sem parar com a colher de pau.
2 Acrescente 50 g de manteiga, 70 g de parmesão ralado e misture bem.
3 Forre uma assadeira com papel-manteiga, umedeça-o com um pouco de água e despeje nela a polenta, formando uma camada de 2 cm. Deixe-a esfriar totalmente.
4 Corte a polenta em quadrados ou losangos e doureos na frigideira com 30 g de manteiga. ▶

5 Disponha a polenta em uma travessa e polvilhe com o restante do queijo ralado.
6 Derreta o que sobrou da manteiga, deixe dourar e regue a polenta.

■ Preparo: 10 min   ■ Cozimento: cerca de 35-40 min

Tabule com hortelã

Rendimento: 4 porções

250 g de sêmola de trigo grossa para cuscuz (ou 250 g de trigo para quibe)
500 g de tomates
250 g de cebolas
hortelã fresca
salsinha
6 colheres (sopa) de azeite
3 limões
8 minicebolas
sal e pimenta

1 Ponha a sêmola para cuscuz (ou o trigo para quibe) em uma vasilha. Regue devagar com 200 ml de água fervente. Reserve.
2 Lave os tomates e corte-os em cubinhos. Descasque e pique as cebolas. Pique 4 colheres (sopa) de salsinha e hortelã, reservando algumas folhinhas para decorar. Adicione tudo à sêmola. Tempere com sal e pimenta. Misture.
3 Adicione o azeite e o suco dos limões. Misture e deixe descansar por 3 h na geladeira, mexendo umas 4 ou 5 vezes.
4 Ao servir, descasque as minicebolas e corte-as em quartos. Adicione-as ao tabule com algumas folhas de hortelã.

■ Preparo: 30 min (3 h antes de servir)

Sobremesas e doces

SOBREMESAS SEM FRUTAS	831
SOBREMESAS COM FRUTAS	872
Abacaxi	872
Ameixa	877
Amêndoa	880
Amora	882
Avelã	883
Banana	883
Caju	888
Caqui	890
Castanha	891
Cereja	895
Coco	901
Damasco	902
Figo	907
Framboesa	909
Goiaba	910
Grapefruit	911
Laranja	912
Limão	915
Maçã	919
Manga	923
Maracujá	925
Melão	925
Mexerica e tangerina	927
Morango	928
Pêra	933
Pêssego	938
Seleção de frutas	942
Seleção de frutas tropicais	948
Uva	950

SOBREMESAS E DOCES

O FINAL DA REFEIÇÃO

A sobremesa é o último prato de uma refeição, e engloba as frutas frescas e os doces, bolos e tortas. Atualmente, as designações "doce" e "sobremesa" tendem a se confundir. Conhecida popularmente como "doce", a sobremesa pode ser quente: crepes, carolinas, frutas flambadas, suflês, bolos, tortas; fria: arroz-doce, charlotes, compotas, cremes, manjar-branco, suspiros; ou ainda gelada: musses, ilhas flutuantes, ovos nevados, pudins, taças geladas, frutas nevadas, sorvetes, parfaits, sorbets e vacherins.

Acertar fazer uma sobremesa não exige necessariamente todos os conhecimentos e o talento de um grande confeiteiro, mas convém estar atento à escolha dos ingredientes, que devem ser de boa qualidade e frescor irrepreensível. Os produtos mais delicados devem ser comprados nas quantidades necessárias apenas no momento do uso. Em compensação, as farinhas, o arroz e a sêmola podem ser conservados em recipientes herméticos, ao abrigo do calor e da umidade. O primeiro capítulo da parte Sobremesas refere-se apenas àquelas que não levam massa. A confeitaria — bolos, tortas, tortinhas, biscoitos, folhados etc. — é apresentada no próximo capítulo (*veja p.* 952).

Para facilitar a consulta e a utilização, todos os doces à base de frutas foram classificados na ordem alfabética das frutas (*veja p.* 829). Assim, em "coco" estão as receitas de cocada mole e suflê de coco. Em "manga", há receitas de doce, compota e creme, entre outras.

Fazer uma relação das frutas da estação é uma boa maneira de renovar suas sobremesas. É interessante congelar certas frutas ao natural, em compota ou coulis, para utilizá-las posteriormente em caldas e sorbets. As frutas vermelhas são congeladas em bandeja, envoltas em açúcar. Frutas maiores, como ameixas, pêssegos e mangas, devem ser descascadas ou cortadas em pedaços.

AS GELÉIAS

Para fazer boas geléias, são necessárias frutas de boa qualidade e maduras. O açúcar é o fator essencial da conservação. Em princípio, utiliza-se um peso igual de açúcar e de frutas; a proporção de açúcar pode variar levemente, mas se ela for reduzida demais, ou se o açúcar não cozinhar suficientemente, a geléia corre o risco de fermentar. Para o cozimento, é preferível utilizar utensílios de cobre ou de aço inoxidável.

SOBREMESAS SEM FRUTAS

Bavaroise, manjar-branco e charlotes encerram agradavelmente uma refeição. Os cremes são geralmente empregados para acompanhar certas sobremesas: é o caso do creme pâtissière, do chantilly e do zabaione. Mas alguns podem ser servidos desacompanhados, como a ilha flutuante ou o creme de chocolate. Muitas receitas de cremes estão reunidas neste capítulo, pois são preparadas segundo os mesmos princípios.

Arroz à imperatriz

Rendimento: 4-6 porções

125 g de frutas cristalizadas
70 ml de rum
1 litro de leite
1 fava de baunilha
uma pitada de sal
25 g de manteiga
250 g de arroz arbóreo
150 g de açúcar
1 folha de gelatina sem sabor
500 ml de Creme inglês (veja p. 842)
250 ml de Chantilly (veja p. 837)
1 colher (sobremesa) de açúcar
1 colher (café) de essência de baunilha
3 cerejas em calda

1. Coloque as frutas cristalizadas de molho no rum.
2. Aqueça o leite em uma panela com a baunilha, o sal e a manteiga.
3. Em outra panela, ferva 1 litro de água. Despeje o arroz aos poucos na água fervente, cozinhe por 2 min, depois escorra e coloque-o de novo no leite fervente. Baixe o fogo e cozinhe em fogo brando por cerca de 20 min até que o arroz amoleça.
4. Junte o açúcar e deixe cozinhar mais 5 min. Incorpore as frutas cristalizadas e o rum da maceração, misture bem e retire do fogo. Espere esfriar.
5. Mergulhe a gelatina em um pouco de água fria.
6. Prepare o Creme inglês e, no fim do cozimento, adicione a gelatina escorrida e o rum restante. Passe o creme em uma peneira fina e deixe esfriar.
7. Prepare o Chantilly com o açúcar e a essência de baunilha.
8. Misture o arroz e o Creme inglês quando estiverem frios. Junte o chantilly revolvendo delicadamente.
9. Despeje tudo em uma fôrma de bolo de 22 cm de diâmetro e leve à geladeira por 3 ou 4 h.
10. Para desenformar, mergulhe a fôrma por alguns segundos em uma travessa com água fervente e vire-a sobre uma travessa de servir.
11. Decore com as cerejas em calda cortadas ao meio.

■ Preparo: 1 h ■ Cozimento: 25 min ■ Refrigeração: 3-4 h

SOBREMESAS SEM FRUTAS
SOBREMESAS E DOCES

Arroz-doce

Rendimento: 4-6 porções (cerca de 1,2 kg)

- 900 ml de leite
- 1 fava de baunilha ou uma pitada de canela
- 70 g de açúcar
- uma pitada de sal
- 200 g de arroz arbóreo
- 50 g de manteiga
- 2-3 gemas

1. Aqueça o leite com a baunilha ou a canela, o açúcar e uma pitada de sal. Ferva 1 litro de água.
2. Lave o arroz e coloque-o na água fervente. Após 2 min, escorra-o e despeje-o no leite fervente.
3. Baixe o fogo e deixe cozinhar o arroz tampado, em fogo bem baixo, por 30-40 min.
4. Junte a manteiga e as gemas uma a uma e misture bem.

Esse arroz-doce pode ser servido morno ou frio com Creme inglês (*veja p. 842*) ou compota de maçã.

■ Preparo: 15 min ■ Cozimento: 30-40 min

Bavaroise de chocolate e baunilha

Rendimento: 4-6 porções

- 2 folhas de gelatina sem sabor
- 500 g de Creme inglês (veja p. 842)
- 200 ml de Creme de leite batido (veja p. 841)
- 70 g de chocolate meio-amargo
- 2 colheres (café) de essência de baunilha

1. Prepare a bavaroise colocando as folhas de gelatina de molho em uma tigela com água. Depois de alguns minutos, coloque essa tigela dentro de uma maior, cheia de cubos de gelo.
2. Prepare o Creme inglês. Adicione-o à gelatina e misture bem até que adquira consistência. Bata o creme de leite e incorpore-o delicadamente. Divida em duas porções.
3. Derreta o chocolate em banho-maria (ou no micro-ondas) e junte-o a uma das partes. Misture a essência de baunilha na outra.
4. Despeje a bavaroise de chocolate em uma fôrma para pudim de 22 cm de diâmetro e leve à geladeira por 30 min.
5. Retire da geladeira e cubra com a bavaroise de baunilha. Leve à geladeira por 3-4 h.
6. Para desenformar, mergulhe o fundo da fôrma em água fervente. Coloque um prato de pudim sobre a fôrma e vire-a rapidamente.

■ Preparo: 40 min ■ Refrigeração: 3-4 h

SOBREMESAS SEM FRUTAS

Bavaroise de creme

Rendimento: 4-6 porções (cerca de 700 g)

2 folhas de gelatina sem sabor
500 g de Creme inglês (veja p. 842)
200 ml de Creme de leite batido (veja p. 841)

1. Prepare a bavaroise colocando as folhas de gelatina de molho em uma tigela com água. Depois de alguns minutos, coloque essa tigela dentro de uma maior, cheia de cubos de gelo.
2. Prepare o Creme inglês. Passe-o para a tigela onde está a gelatina e misture bem até que adquira consistência.
3. Bata o creme de leite e incorpore-o delicadamente ao creme inglês engrossado. Despeje a mistura em uma fôrma para pudim de 22 cm e leve-a à geladeira por no mínimo 3 h.
4. Para desenformar a bavaroise, mergulhe o fundo da fôrma em água fervente. Coloque o prato de servir em cima da fôrma, segure-o firme e desvire rapidamente.

■ Preparo: 30 min ■ Refrigeração: 3 h no mínimo

Bolo de arroz com caramelo

Rendimento: 4-6 porções

400 g de Arroz-doce (veja p. 832)
175 g de açúcar
3 ovos
uma pitada de sal
Para o caramelo
100 g de açúcar
1/2 limão

1. Prepare o Arroz-doce.
2. Separe as claras e as gemas. Retire a fava de baunilha do Arroz-doce e adicione o açúcar e as gemas, misturando.
3. Bata as claras em neve bem firme com o sal, depois incorpore-as aos poucos ao arroz. Preaqueça o forno a 200°C.
4. Faça uma Calda de caramelo (*veja p. 1034*) misturando o açúcar, o suco de limão e 1 colher (sopa) de água em uma panela grande. Despeje imediatamente a metade em uma fôrma para pudim (sem orifício) de 20 cm de diâmetro, fazendo girar o recipiente para distribuir o caramelo uniformemente no fundo e nas laterais. Reserve a outra metade. ▶

SOBREMESAS SEM FRUTAS
SOBREMESAS E DOCES

5 Despeje o arroz na fôrma comprimindo-o bem e coloque-o em banho-maria. Espere a água levantar fervura, depois leve ao forno por 45 min.
6 Deixe esfriar e desenforme na travessa para servir. Dilua a calda de caramelo com um pouco de água quente e cubra com ela o bolo de arroz.

■ Preparo: 30 min ■ Cozimento: 45 min

Brioches fritos

Rendimento: 40 unidades

700 g de Massa de brioche doce (veja p. 955)
óleo para fritura
açúcar de confeiteiro

1 Prepare a massa e deixe-a descansar por 1 h e meia.
2 Quando ela tiver dobrado de volume, achate-a com a mão e leve-a à geladeira por 1 h.
3 Estenda a massa com o rolo em uma espessura de 5 mm.
4 Aqueça o óleo para fritura.
5 Com o cortador de massa, recorte losangos, triângulos ou círculos e mergulhe-os no óleo a 180ºC.
6 Quando os brioches estiverem bem dourados, retire-os com uma escumadeira, escorra sobre papel-toalha e polvilhe com açúcar de confeiteiro.

■ Preparo: 15 min ■ Descanso: 2h30
■ Cozimento: 5 min

Bugnes

Rendimento: 25 unidades

2 ovos
250 g de farinha de trigo
50 g de manteiga em temperatura ambiente
30 g de açúcar
30 ml de rum ou água de flor de laranjeira ▶

1 Bata bem os ovos.
2 Coloque em uma tigela a farinha de trigo peneirada e abra no centro uma cova. Adicione a manteiga, o açúcar, uma pitada generosa de sal, os ovos batidos e o rum. Misture bem e amasse por muito tempo, depois forme uma bola e deixe descansar 3 h em local fresco. Aqueça o óleo. ▶

óleo para fritura
açúcar de confeiteiro
sal

3 Estenda a massa em uma espessura de 5 mm. Recorte-a em tirinhas de 10 cm de comprimento por 4 cm de largura. Com uma faca, abra uma fenda de 5 cm no centro de cada uma. Passe por ela uma das extremidades da massa: obtém-se assim uma espécie de nó.

4 Mergulhe os bolinhos no óleo a 180°C e vire-os uma vez. Retire com uma escumadeira e escorra sobre papel-toalha.

5 Disponha-os em uma travessa e polvilhe com açúcar de confeiteiro.

O bugne é um tipo de bolinho típico da cidade de Lyon, na França.

■ Preparo: 30 min   ■ Descanso: 3 h
■ Cozimento: 15 min

Café à moda de Liège

Rendimento: 4 porções

4 bolas de Sorvete de café (veja p. 863) ou utilize produto pronto
200 g de Chantilly (veja p. 837)
2 xícaras de café frio bem forte
24 grãos de café ou pastilhas de chocolate

1 Prepare (ou compre) o sorvete.

2 Bata o chantilly e despeje-o em um saco de confeitar.

3 Bata no liquidificador as bolas de sorvete e o café por alguns segundos ou bata-os à mão em uma tigela até que o sorvete e o café formem um creme homogêneo.

4 Despeje esse creme em copos grandes. Cubra com chantilly. Decore com grãos de café ou confeitos de chocolate.

■ Preparo: 30 min

Cassata italiana

Rendimento: 8 porções

1 litro de Sorvete de baunilha (veja p. 863)
60 g de amêndoas laminadas
60 g de frutas cristalizadas cortadas em cubos
30 ml de kirsch (ou vinho do Porto)
400 g de Torta de sorvete (veja p. 869)

1 Prepare o Sorvete de baunilha ou retire do congelador o sorvete pronto 1 h antes.
2 Toste rapidamente as amêndoas em uma frigideira: elas devem ficar levemente douradas.
3 Ponha as frutas cristalizadas de molho no kirsch (ou vinho do Porto).
4 Prepare o creme, juntando-lhe as amêndoas e as frutas cristalizadas.
5 Unte uma fôrma para pudim (sem orifício no meio) de 18 cm de diâmetro com o sorvete de baunilha.
6 Disponha o creme no centro da fôrma e leve ao congelador por 4 h.
7 Desenforme a cassata mergulhando a fôrma em água fervente.

■ Preparo: 30 min ■ Cozimento: 15 min
■ Congelamento: 4 h

Cassata siciliana

Rendimento: 1 litro

200 g de frutas cristalizadas
50 ml de rum
650 ml de creme de leite fresco
100 g de amêndoas moídas
1-2 gotas de essência de amêndoa
700 ml de leite
Creme inglês (veja p. 842)
100 g de açúcar
4 gemas

1 Ponha as frutas cristalizadas de molho no rum.
2 Aqueça o creme de leite.
3 Misture as amêndoas moídas (e, eventualmente, 2 gotas de essência de amêndoa) com o leite. Adicione então o creme e misture bem.
4 Passe a mistura em uma peneira ou em um coador pressionando bem para extrair o leite de amêndoa.
5 Faça um Creme inglês com o leite de amêndoa, o açúcar e as gemas.
6 Despeje o creme em uma tigela colocada sobre um recipiente cheio de cubos de gelo para esfriá-lo.
7 Junte as frutas cristalizadas maceradas e misture bem.
8 Coloque na sorveteira ou leve ao freezer para endurecer.

■ Preparo: 25 min

Chantilly

Rendimento: 500 g
0,5 litro de creme de leite
30 g de açúcar

1 Coloque o creme de leite e a tigela da batedeira na geladeira por 2 h: eles devem ficar na mesma temperatura.
2 Despeje o creme na tigela. Bata na batedeira em velocidade média.
3 Adicione o açúcar, peneirando-o aos poucos, quando o creme ainda estiver começando a crescer. Pare de bater quando ele ficar firme. Se passar do ponto, ele pode desandar e se transformar em manteiga.

■ Refrigeração: 2 h ■ Preparo: 10 min

Charlote de chocolate

Rendimento: 6-8 porções
800 g de Bavaroise de creme (veja p. 833)
330 g de chocolate em barra
400 g de Creme inglês (veja p. 842)
100 ml de água
120 g de açúcar
100 ml de rum
300 g de biscoito champanhe

1 Prepare a bavaroise.
2 Derreta lentamente 300 g de chocolate em banho-maria ou no microondas e incorpore-o à bavaroise misturando bem. Deixe esfriar.
3 Prepare o Creme inglês e mantenha-o em local fresco.
4 Ferva a água e o açúcar. Deixe amornar antes de juntar o rum.
5 Embeba um a um os biscoitos champanhe na calda. Forre com os biscoitos o fundo e as laterais de uma fôrma para pudim (sem orifício) de 22 cm de diâmetro.
6 Despeje com cuidado o creme de chocolate na fôrma e leve à geladeira por 4 h.
7 Desenforme a charlote mergulhando a fôrma rapidamente em água quente antes de virá-la sobre uma travessa.
8 Com uma faca de cozinha, corte aparas do chocolate restante e espalhe-as por cima da charlote. Sirva à parte o Creme inglês.

■ Preparo: 40 min ■ Refrigeração: 4 h
■ Cozimento: 20 min

Creme amanteigado

Rendimento: 500 g

250 g de manteiga em temperatura ambiente
2 ovos inteiros
2 gemas
uma pitada de sal
140 g de açúcar aromatizado
1 colher (sopa) de essência de baunilha
1 colher (sopa) de rum (ou licor)

1. Amasse a manteiga com um garfo até obter uma pasta cremosa.
2. Coloque os ovos e as gemas em uma tigela. Adicione uma pitada de sal e bata vigorosamente.
3. Prepare a calda: coloque o açúcar em uma panela e adicione 500 ml de água. Deixe diluir em fogo baixo mexendo a panela da frente para trás para igualar o calor.
4. Quando a calda estiver límpida e um pouco grossa, deixe ferver 2-3 min até o ponto de bola mole: molhe os dedos em água fria e pegue um pouco de calda entre o polegar e o indicador, depois mergulhe de novo os dedos na água gelada: deverá formar-se uma pequena pérola chata.
5. Derrame lentamente a calda fervente sobre os ovos batidos misturando constantemente com a batedeira até que a massa se resfrie. Junte a manteiga sem parar de bater.
6. Quando o creme estiver brilhante e firme, adicione a essência de baunilha e o rum (ou licor). Misture bem.

O creme amanteigado deve ser utilizado imediatamente; se for usá-lo mais tarde, mantenha-o na geladeira em recipiente fechado.

■ Preparo: 25 min   ■ Cozimento: 5 min

SOBREMESAS SEM FRUTAS

Crème brûlée

Rendimento: 4 porções

1 fava de baunilha
4 gemas
130 g de açúcar
200 ml de leite
250 ml de creme de leite fresco
1 colher (sopa) de licor de laranja

1 Parta a fava de baunilha ao meio e retire os grãos.
2 Preaqueça o forno a 150°C.
3 Despeje as gemas em uma tigela, adicione 100 g de açúcar e bata.
4 Junte os grãos de baunilha, depois o leite. Bata novamente para homogeneizar, depois incorpore, batendo, o creme de leite e o licor.
5 Divida o creme em pequenas fôrmas refratárias.
6 Leve ao forno por 30 min.
7 Deixe esfriar completamente e mantenha em local fresco por no mínimo 30 min.
8 Polvilhe com o resto do açúcar e leve ao forno para caramelizar a parte de cima. Sirva morno ou frio.

■ **Preparo: 20 min** ■ **Cozimento: 30 min**
■ **Descanso: 30 min**

Creme Chiboust

Rendimento: 500 g

2 folhas de gelatina sem sabor
500 g de Creme pâtissière (veja p. 843)
3 claras
uma pitada de sal
30 g de açúcar

1 Deixe a gelatina de molho em água fria. Prepare o Creme pâtissière.
2 Bata as claras em neve com uma pitada de sal, adicionando o açúcar aos poucos.
3 Escorra e esprema a gelatina. Incorpore-a ao creme quente, mexendo bem. Junte a metade das claras em neve ao creme e em seguida despeje tudo sobre o restante das claras e misture delicadamente, revolvendo, para aerar o creme.

Este creme é usado para rechear bombas e carolinas.

■ **Preparo: 25 min** ■ **Cozimento: 10 min**

Creme de amêndoa

Rendimento: 1,5 kg

1 litro de leite
1 colher (sobremesa) de açúcar sabor baunilha
2 ovos inteiros
150 g de açúcar
3 gemas
125 g de farinha de trigo
50 g de manteiga em temperatura ambiente
120 g de amêndoas moídas
sal

1. Aqueça o leite em uma panela com o açúcar sabor baunilha.
2. Bata dois ovos inteiros e as gemas na batedeira. Junte 110 g de açúcar e uma pitada de sal. Bata até que a mistura fique esbranquiçada.
3. Incorpore a farinha de trigo misturando, depois despeje o leite fervente sem parar de mexer.
4. Passe o creme para uma panela e deixe cozinhar em fogo baixo até levantar fervura. Retire do fogo.
5. Adicione a manteiga e as amêndoas moídas e misture bem. Polvilhe o creme ainda quente com o resto do açúcar para evitar a formação de uma película enquanto ele esfria.

■ Preparo: 10 min ■ Cozimento: cerca de 15 min

Creme de caramelo

Rendimento: 4-6 porções

75 g de Calda de caramelo (veja p. 1034)
500 ml de leite
100 g de açúcar
2 ovos inteiros
4 gemas

1. Prepare a calda e aqueça o leite com o açúcar ao mesmo tempo. Despeje o caramelo no leite quente.
2. Preaqueça o forno a 200ºC.
3. Bata os ovos e as gemas, junte o leite quente, batendo.
4. Despeje em uma fôrma de pudim e leve ao forno por 30 min em banho-maria.

■ Preparo: 20 min ■ Cozimento: 30 min

SOBREMESAS SEM FRUTAS
SOBREMESAS E DOCES

Creme de chocolate

Rendimento: 4-6 porções (900 g)
100 ml de creme de leite
400 ml de leite
1/2 fava de baunilha
5 gemas
80 g de açúcar
200 g de chocolate meio-amargo

1. Despeje o creme de leite e o leite em uma panela, adicione a fava de baunilha partida e deixe ferver. Retire do fogo e mantenha em infusão por 3 min.
2. Bata as gemas e o açúcar até obter uma mistura lisa e homogênea.
3. Retire a fava de baunilha do leite e despeje-o pouco a pouco na mistura de ovos, batendo.
4. Despeje novamente o creme na panela e deixe-o engrossar em fogo baixo sempre mexendo, sem deixar ferver. Passe-o para um recipiente frio. Está pronto o creme inglês.
5. Derreta o chocolate em banho-maria ou no micro-ondas.
6. Despeje por cima o creme inglês, misture bem e mantenha na geladeira até a hora de servir.

■ **Preparo: 15 min** ■ **Cozimento: 10 min**
■ **Refrigeração: 1 h no mínimo**

Creme de leite batido

Rendimento: 250 g
200 ml de creme de leite fresco
50 ml de leite

1. Leve à geladeira por 2 h o creme de leite, o leite e uma tigela: todos eles devem estar à mesma temperatura.
2. Despeje o creme e o leite na tigela e bata vigorosamente com um batedor manual ou na batedeira em velocidade média. Pare de bater quando o creme estiver firme, senão ele se transformará em manteiga.
3. Conserve o creme na geladeira até a hora de servi-lo.

■ **Preparo: 5 min** ■ **Refrigeração: 2 h de antecedência**

SOBREMESAS SEM FRUTAS
SOBREMESAS E DOCES

Creme de sêmola

Rendimento: 4-6 porções (cerca de 1,5 kg)

1 litro de leite
150 g de açúcar
uma pitada de sal
1 fava de baunilha
250 g de sêmola de trigo
75-100 g de manteiga

1. Preaqueça o forno a 180°C.
2. Aqueça o leite com o açúcar, o sal e a fava de baunilha aberta. Quanto ele ferver, despeje a sêmola peneirando-a levemente, mexa, depois adicione a manteiga e misture bem.
3. Distribua a sêmola em uma travessa refratária, cubra com papel alumínio ou papel-manteiga untado e asse por 30 min.

Se quiser, adicione – uvas-passas, frutas cristalizadas cortadas em cubos, damascos ou ameixas secas maceradas previamente em uma tigela com chá.

■ Preparo: 10 min ■ Cozimento: 30 min

Creme inglês

Rendimento: 6 porções (1,3 kg)

1 litro de leite
1 fava de baunilha
6 gemas
150 g de açúcar

1. Despeje o leite em uma panela. Abra a fava de baunilha e adicione-a. Deixe ferver em fogo baixo, retire do fogo e mantenha em infusão por 3 min.
2. Coloque as gemas em uma terrina. Despeje o açúcar e trabalhe a mistura com uma espátula até que ela se torne espumosa, lisa e homogênea.
3. Retire a fava de baunilha do leite e derrame-o aos poucos sobre a preparação de açúcar com gemas, misturando-os vigorosamente.
4. Recoloque a mistura na panela e deixe engrossar em fogo bem baixo mexendo sem parar com uma colher de pau. Não deixe ferver. O creme estará pronto quando a espuma que se formou na superfície desaparecer e a mistura envolver a colher.
5. Despeje o creme em um recipiente frio. ▶

SOBREMESAS SEM FRUTAS
SOBREMESAS E DOCES

O creme inglês pode ser aromatizado com extrato de café, com uma casca de laranja ou de limão ralada e imersa no leite, ou com 1-2 colheres (sopa) de caramelo derramadas no leite fervente. Se o creme formar grumos, despeje-o em uma tigela e bata vigorosamente.

■ Preparo: 10 min ■ Cozimento: 15 min

Creme pâtissière

Rendimento: 4-5 porções (800 g)
0,5 litro de leite
1 colher (sopa) do aroma à escolha: baunilha, café, caramelo, licor etc.
3-4 gemas
100 g de açúcar
50 g de farinha de trigo
50 g de manteiga

1 Aqueça o leite adicionando-lhe o aroma escolhido.
2 Bata as gemas e o açúcar até que a mistura fique esbranquiçada.
3 Adicione aos poucos a farinha de trigo peneirada. Despeje o leite fervente, bem lentamente, sem parar de mexer.
4 Passe essa preparação para uma panela e cozinhe em fogo baixo, sem parar de mexer até a primeira fervura.
5 Retire a panela do fogo e derrame seu conteúdo em uma tigela. Junte então a manteiga em pedaços pequenos, batendo vigorosamente.
6 Deixe o creme na geladeira até a hora de servi-lo.

Creme pâtissière com chocolate
Corte em lascas um tablete de chocolate de 100 g e adicione-as ao final do cozimento.

■ Preparo: 15 min ■ Cozimento: 10 min

SOBREMESAS SEM FRUTAS
SOBREMESAS E DOCES

Crepes com açúcar

Rendimento: 10 crepes

800 g de Massa doce de crepe (veja p. 960)
2 colheres (sopa) de óleo
açúcar

1. Prepare a massa e deixe descansar por 2 h.
2. Coloque óleo em uma tigela. Aqueça uma frigideira antiaderente e unte-a com o óleo, usando um pincel.
3. Coloque a travessa de servir sobre uma panela com água quase fervente.
4. Encha uma colher de sopa com massa e despeje-a na frigideira. Incline a frigideira em todas as direções para distribuir bem a massa.
5. Leve ao fogo novamente. Quando a massa estiver opaca, descole-a das bordas com uma espátula e vire o crepe. Deixe fritar do outro lado por cerca de 1 min: o crepe deve ficar dourado. Deslize sobre a travessa e polvilhe-o com açúcar.
6. Continue fritando a massa e cobrindo cada crepe com açúcar até o término da massa.

■ Preparo: 15 min ■ Descanso: 2 h
■ Cozimento: 30 min

Crepes com licor

Rendimento: 6 crepes

500 g de Massa doce de crepe (veja p. 960)
50 g de manteiga em temperatura ambiente
50 g de açúcar
3 suspiros
50 ml de licor
1 laranja orgânica
6 macarons
50 ml de conhaque
1 colher (sopa) de óleo
açúcar de confeiteiro

1. Prepare a massa e deixe-a descansar por 2 h.
2. Coloque a manteiga em uma terrina e amasse-a com um garfo até se tornar um creme. Junte o açúcar e misture.
3. Esfarele os suspiros entre os dedos acima da terrina. Adicione o licor. Rale a casca de laranja por cima da preparação e misture.
4. Pique bem fino os macarons e adicione-os, assim como o conhaque. Misture bem.
5. Com um pincel, unte a frigideira e frite os crepes (*veja receita anterior*). ▶

SOBREMESAS SEM FRUTAS
SOBREMESAS E DOCES

6 Coloque o recheio nos crepes e dobre-os em quatro. Disponha em pratos quentes, polvilhe com açúcar de confeiteiro e sirva imediatamente.

> Os macarons são um tipo de biscoito artesanal muito especial da culinária francesa que pode ser encontrado em mercearias finas.

■ Preparo: 35 min ■ Descanso: 2 h
■ Cozimento: 20 min

Crepes Suzette

Rendimento: 6 crepes

2 tangerinas
500 g de Massa doce de crepe (veja p. 960)
2 colheres (sopa) de licor curaçau
1 colher (sopa) de azeite
50 g de manteiga
50 g de açúcar
1 colher (sopa) de óleo de girassol
50 ml de licor Grand Marnier

1 Rale a casca de uma tangerina e esprema o suco das duas frutas.

2 Prepare a massa de crepe adicionando a metade do suco de tangerina, 1 colher de licor curaçau e 1 colher de azeite. Deixe descansar por 2 h.

3 Corte a manteiga em pedaços pequenos em uma tigela e amasse-a com o suco de tangerina e o licor restantes. Adicione as raspas de tangerina e o açúcar.

4 Coloque o óleo de girassol em uma tigela. Com um pincel, unte a frigideira com o óleo.

5 Leve a frigideira ao fogo. Encha uma colher de sopa com a massa e despeje-a na frigideira. Incline a frigideira em todas as direções para distribuir bem a massa. Os crepes devem ficar finos.

6 Ponha uma colher de manteiga (aromatizada ou não) sobre cada crepe. Dobre os crepes em quatro e arrume-os na travessa.

7 Aqueça o Grand Marnier, despeje-o sobre os crepes e flambe-os. Sirva imediatamente.

■ Preparo: 30 min ■ Descanso: 2 h
■ Cozimento: cerca de 30 min

SOBREMESAS SEM FRUTAS
SOBREMESAS E DOCES

Curau de milho verde

Rendimento: 6 porções

6 espigas de milho verde sem a palha
1 litro de leite
250 g de açúcar
canela em pau
canela em pó

1. Raspe as espigas amparando-as em uma tigela funda. Passe o milho no processador ou liquidificador juntamente com o leite, para facilitar. Passe tudo pela peneira. Descarte o bagaço.
2. Passe para uma panela. Adicione o açúcar e a canela em pau e cozinhe em fogo médio por cerca de 20-30 min, até o creme engrossar.
3. Disponha em uma travessa para servir ou em tigelinhas individuais. Polvilhe canela em pó e leve à geladeira.

O curau pode ser servido morno ou frio.

■ Preparo: 10 min ■ Cozimento: 20-30 min

Far breton (Pudim típico da Bretanha)

Rendimento: 6-8 porções

1 tigela de chá fraco morno
125 g de uvas-passas
400 g de ameixas secas
4 ovos
250 g de farinha de trigo
uma pitada de sal
20 g de açúcar
400 ml de leite
açúcar de confeiteiro

1. Prepare o chá e deixe as passas e as ameixas de molho por cerca de 1 h; depois escorra e reserve.
2. Descaroce as ameixas.
3. Preaqueça o forno a 200°C.
4. Bata bem os ovos.
5. Coloque a farinha de trigo em uma tigela grande, junte o sal e o açúcar, despeje os ovos batidos, o leite e misture. Junte finalmente as passas e as ameixas e mexa até que a massa fique homogênea.
6. Unte uma fôrma de 24 cm de diâmetro e despeje a massa. Leve ao forno e asse por 1 h: a parte de cima do pudim deve ficar marrom. Polvilhe com açúcar de confeiteiro.

■ Preparo: 1 h + 15 min ■ Cozimento: 1 h

SOBREMESAS SEM FRUTAS
SOBREMESAS E DOCES

Flaugnarde
(Bolo de frutas típico do centro da França)

Rendimento: 6-8 porções

8 ameixas secas
100 ml de rum
100 g de uvas-passas
4 damascos secos
4 ovos
100 g de açúcar
100 g de farinha de trigo
uma pitada de sal
1 litro de leite
40 g de manteiga

1 Descaroce as ameixas e deixe-as de molho no rum com as uvas-passas e os damascos cortados em pedaços pequenos por 3 h (no mínimo) ou 12 h (se possível). Preaqueça o forno a 220°C.
2 Bata os ovos e o açúcar até que fique bem espumoso.
3 Adicione aos poucos a farinha de trigo com o sal, misturando bem. Dilua com o leite, sempre mexendo. Junte as frutas maceradas e o rum.
4 Unte com manteiga uma fôrma de 24 cm de comprimento e despeje a massa. Espalhe por cima bolinhas de manteiga. Leve ao forno por 30 min. Sirva morno.

■ Preparo: 20 min ■ Maceração: 3-12 h
■ Cozimento: 30 min

Ganache

**Rendimento:
cerca de 500 g**

300 ml de creme de leite fresco
250 g de chocolate meio-amargo

1 Despeje o creme de leite em uma panela com fundo grosso e aqueça.
2 Quebre o chocolate em pedaços bem pequenos e derreta-o em banho-maria ou no microondas.
3 Despeje aos poucos o creme bem quente sobre o chocolate, mexendo cuidadosamente com uma espátula.
4 Passe para uma tigela e deixe em local fresco.

A ganache é usada para rechear, cobrir ou glaçar bolos.

■ Preparo: 10 min

SOBREMESAS SEM FRUTAS
SOBREMESAS E DOCES

Halvah de sêmola

Rendimento: 4-6 porções
150 g de manteiga
175 g de sêmola de trigo fina
75 g de uvas-passas
30 g de amêndoas laminadas
duas pitadas de cardamomo em pó
100 g de açúcar
coco ralado

1. Derreta a manteiga em fogo baixo em uma frigideira antiaderente. Aumente um pouco o fogo, peneire a sêmola aos poucos na frigideira e deixe-a fritar por 10 min, mexendo sem parar com uma colher de pau.
2. Baixe o fogo e junte as uvas-passas, a metade das amêndoas e uma pitada generosa de cardamomo. Misture tudo. Despeje 150 ml de água, misture de novo e deixe cozinhar em fogo baixo até que toda a água seja absorvida.
3. Junte o açúcar e continue o cozimento misturando até que ele dissolva.
4. Encha 6 tigelas com essa preparação, espalhe por cima as amêndoas restantes, uma pitadinha de cardamomo em pó e o coco ralado. Sirva bem quente.

As uvas-passas podem ser substituídas por outras frutas secas como frutas cristalizadas, ameixas, castanhas-de-caju, castanhas-do-pará etc.

■ Preparo: 30 min   ■ Cozimento: 20 min

Ilha flutuante (Île flottante)

Rendimento: 6-8 porções
800 ml de leite
1 fava de baunilha
8 ovos
uma pitada de sal
290 g de açúcar
100 g de Calda de caramelo (veja p. 1034)

1. Ferva o leite com a fava de baunilha.
2. Separe as claras e as gemas.
3. Preaqueça o forno a 180°C.
4. Bata as claras em neve firme com uma pitada de sal, adicionando aos poucos 40 g de açúcar.
5. Despeje em uma fôrma de pudim sem orifício, de 22 cm de diâmetro. Coloque-a em banho-maria e leve ao forno por 30 min, até que comece a dourar. Espere esfriar completamente.
6. Prepare um Creme inglês (*veja p.* 842) com o leite com baunilha, as gemas e o restante do açúcar (250 g). ▶

SOBREMESAS SEM FRUTAS
SOBREMESAS E DOCES

7 Despeje esse creme em uma taça e leve-a à geladeira para que esfrie completamente.
8 Desenforme as claras e coloque sobre o Creme inglês.
9 Prepare o caramelo e escorra-o ainda fervente sobre as claras.
10 Leve à geladeira até a hora de servir.

■ Preparo: 25 min ■ Cozimento: 30 min

Manjar-branco

Rendimento: 4-6 porções

40 ml de Leite de amêndoa (veja p. 881)
8 folhas de gelatina sem sabor
150 g de açúcar
60 ml de Creme de leite batido (veja p. 841)
2 ramos de hortelã

1 Prepare o Leite de amêndoa.
2 Coloque as folhas de gelatina de molho na água fria por 10 min. Retire da água e reserve.
3 Deixe amornar o Leite de amêndoa e despeje uma concha em uma tigela, junte as folhas de gelatina e misture bem. Despeje o conteúdo da tigela no leite de amêndoa e mexa. Junte o açúcar e misture até que ele se dilua.
4 Despeje a mistura em uma tigela e deixe esfriar.
5 Bata o creme de leite e incorpore-o delicadamente à mistura resfriada. Despeje-o em uma fôrma de cerca de 18 cm e leve à geladeira por 4-5 h.
6 Desenforme. Decore com folhas de hortelã.

O manjar-branco também pode ser servido em forminhas individuais.

■ Preparo: 40 min ■ Refrigeração: 4-5 h

Marquise de chocolate

Rendimento: 4-6 porções
3 ovos
200 g de chocolate meio-amargo
120 g de manteiga em temperatura ambiente
80 g de açúcar de confeiteiro
uma pitada de sal

1. Separe as claras e as gemas.
2. Parta o chocolate em pedaços pequenos e coloque-o para derreter em banho-maria ou no microondas. Junte a manteiga e misture, depois incorpore as gemas e o açúcar de confeiteiro batendo vigorosamente.
3. Bata as claras em neve bem firme, com uma pitada de sal, e adicione-as delicadamente à mistura de chocolate.
4. Despeje em uma fôrma de pudim. Leve à geladeira por 12 h antes de servir.

■ Preparo: 20 min ■ Cozimento: 3-4 min
■ Refrigeração: 12 h no mínimo

Matafans bisontins
(Crepes à moda antiga)

Rendimento: 5 unidades
50 g de farinha de trigo
150 ml de leite
1 ovo inteiro
2 gemas
50 g de açúcar
uma pitada de sal
1 colher (café) de azeite
20 ml de kirsch (ou vinho do Porto)
20 g de manteiga

1. Coloque a farinha de trigo em uma tigela e abra no centro uma cova, junte o leite, o ovo inteiro e as gemas, o açúcar, o sal e o azeite. Misture bem, depois junte o kirsch (ou porto). Deixe a massa descansar por cerca de 1 h.
2. Aqueça a manteiga em uma frigideira antiaderente. Despeje um pouco de massa, distribuindo-a bem na frigideira, cozinhe o crepe de um lado, vire-o e doure do outro lado.

■ Preparo: 10 min ■ Descanso: 1 h
■ Cozimento: 10 min

SOBREMESAS SEM FRUTAS
SOBREMESAS E DOCES

Musse de chocolate ao leite

Rendimento: 4-6 porções
3 ovos
uma pitada de sal
200 g de chocolate ao leite
30 g de manteiga em temperatura ambiente

1. Separe as claras e as gemas. Bata as claras em neve bem firme com uma pitada de sal.
2. Corte o chocolate em pedaços e deixe derreter em banho-maria ou no microondas.
3. Fora do fogo, adicione a manteiga, depois as gemas quando a mistura estiver bem homogênea. Incorpore pouco a pouco as claras em neve, virando delicadamente e sempre no mesmo sentido para não quebrá-las.
4. Vire-a na travessa para servir e leve-a à geladeira por no mínimo 3 h.

■ Preparo: 15 min ■ Refrigeração: 3 h

Omelete flambada

Rendimento: 4 porções
8 ovos
60 g de açúcar
uma pitada de sal
10 g de manteiga
150 ml de rum

1. Bata os ovos com 40 g de açúcar e uma pitadinha de sal.
2. Derreta a manteiga em uma frigideira e frite a omelete, conservando-a bem macia. Enrole-a em uma travessa e polvilhe com açúcar.
3. Aqueça o rum e flambe na hora de servir.

Pode-se substituir o rum por cachaça, conhaque ou uísque.

■ Preparo: 5 min ■ Cozimento: 10-12 min

Omelete norueguesa

Rendimento: 6 porções

1 litro de Sorvete de baunilha (veja p. 863)
500 g de Massa de pão-de-ló (veja p. 957)
300 g de Suspiro francês (veja p. 962)
260 g de açúcar
200 ml de água
200 ml de licor Grand Marnier
açúcar de confeiteiro

1 Faça o Sorvete de baunilha, ou use um sorvete pronto, e leve-o ao congelador.
2 Preaqueça o forno a 200°C.
3 Prepare a Massa de pão-de-ló. Ponha-a em um saco de confeitar com bico liso de 1 cm de diâmetro.
4 Forre uma assadeira com papel-manteiga e despeje a massa dando-lhe uma forma oval (de omelete). Leve ao forno por 15 min. Verifique o cozimento com um palito, depois deixe esfriar.
5 Aumente a temperatura do forno para 250°C.
6 Prepare o suspiro e ponha-o em um saco de confeitar com bico canelado de 1 cm de diâmetro.
7 Prepare a calda fervendo o açúcar com a água. Deixe esfriar e junte 100 ml de Grand Marnier.
8 Disponha a massa em uma travessa oval refratária e, com um pincel, embeba-a com a calda com Grand Marnier.
9 Desenforme o sorvete de baunilha e distribua sobre o fundo do bolo.
10 Recubra inteiramente o sorvete e o bolo com a metade do suspiro e alise bem a superfície com uma espátula. Trace anéis por cima da omelete com o resto do suspiro. Polvilhe com açúcar de confeiteiro.
11 Leve a travessa ao forno quente para dourar o suspiro.
12 Pouco antes de servir, aqueça o Grand Marnier restante (100 ml) em uma panelinha, despeje sobre a omelete e flambe.

■ **Preparo: 1h30** ■ **Cozimento: 15-20 min**

SOBREMESAS SEM FRUTAS
SOBREMESAS E DOCES

Orelhinhas fritas

Rendimento: 25 unidades

casca de 1 laranja orgânica
250 g de farinha de trigo
75 g de manteiga
2 ovos
1 colher (sobremesa) de açúcar
100 ml de rum
3 colheres (sopa) de leite
óleo para fritura
açúcar de confeiteiro

1. Rale a casca de laranja.
2. Coloque a farinha de trigo em uma tigela, junte a manteiga derretida, os ovos, o açúcar, o rum, o leite e as raspas de laranja, misturando após cada ingrediente.
3. Amasse com cuidado para obter uma massa homogênea e elástica, faça uma bola, envolva em filme de PVC e deixe descansar por 2 h.
4. Aqueça o óleo.
5. Estenda a massa em uma espessura de cerca de 2 mm e corte em retângulos de 5 cm x 8 cm com uma carretilha. Entalhe o interior de cada retângulo com duas passadas de carretilha.
6. Jogue os pedaços de massa no óleo a 180°C em pequenas quantidades: as orelhinhas incham imediatamente e douram depressa. Escorra sobre papel-toalha e polvilhe com açúcar de confeiteiro.
7. Disponha as orelhinhas em uma cesta guarnecida com um guardanapo branco.

■ Preparo: 15 min ■ Descanso: 2 h
■ Cozimento: 15-20 min

Ovos nevados

Rendimento: 6-8 porções

800 ml de leite
1 fava de baunilha
8 ovos
uma pitada de sal
290 g de açúcar
100 g de Calda de caramelo (veja p. 1034)

1. Ferva o leite com a fava de baunilha.
2. Separe as claras e as gemas. Bata as claras em neve firme com uma pitada de sal, adicionando aos poucos 40 g de açúcar.
3. Com uma colher de sopa, retire uma porção de clara e junte-a ao leite fervente. Cozinhe por 2 min virando-a com uma escumadeira e escorra em um guardanapo. Continue, colherada por colherada, até que todas as claras estejam cozidas. ▶

4 Prepare um Creme inglês (*veja p. 842*) com o leite e a baunilha, as gemas e o resto do açúcar (250 g). Despeje-o em uma taça e leve à geladeira.
5 Prepare a calda.
6 Coloque as claras cozidas sobre o creme e despeje por cima o caramelo quente em um filete fino. Leve à geladeira até a hora de servir.

■ Preparo: 30 min ■ Cozimento: 10 min

Pamonha

Rendimento: 10-15 porções

20 espigas de milho verde com a palha
1 litro de leite
500 g de açúcar
1 colher (chá) de sal
canela em pó

1 Retire as folhas das espigas com cuidado. Usando folhas duplas das espigas, costure saquinhos de cerca de 15 cm de comprimento por mais ou menos 8 cm de largura.
2 Raspe as espigas, amparando-as em uma tigela funda. Passe o milho no processador ou liquidificador juntamente com o leite, para facilitar. Passe tudo pela peneira. Descarte o bagaço.
3 Acrescente o açúcar, o sal e a canela ao milho verde ralado e peneirado.
4 Com uma colher, recheie os saquinhos com o milho preparado e amarre-os bem com uma fita da própria palha.
5 Leve um grande caldeirão de água ao fogo para ferver.
6 Coloque os saquinhos na água fervente e cozinhe-os bem por cerca de 45 min ou até que a palha adquira uma cor amarelada.

A pamonha pode ser consumida quente ou fria.

■ Preparo: 1 h ■ Cozimento: cerca de 45 min

SOBREMESAS SEM FRUTAS

Pamonha de forno

Rendimento: 10-15 porções

12 espigas de milho verde sem a palha
1 litro de leite
360 g de açúcar
30 g de manteiga em temperatura ambiente
1 colher (chá) de sal
canela em pó

1. Retire as folhas das espigas com cuidado. Usando folhas duplas das espigas, costure saquinhos de cerca de 15 cm de comprimento por mais ou menos 8 cm de largura.
2. Raspe as espigas, amparando-as em uma tigela funda. Passe o milho no processador ou liquidificador juntamente com o leite, para facilitar. Passe tudo pela peneira. Descarte o bagaço.
3. Acrescente o açúcar, a manteiga, o sal e a canela.
4. Preaqueça o forno a 240°C. Despeje esse creme de milho em uma fôrma e leve ao forno, em banho-maria, por cerca de 1 h.

■ Preparo: 1 h ■ Cozimento: 1 h

Parfait gelado de café

Rendimento: 6 porções

80 ml de água
200 g de açúcar
8 gemas
1 colher (café) de café liofilizado
50 ml (3 colheres de sopa) de café solúvel bem forte
300 g de Creme de leite batido (veja p. 841)

1. Misture a água e o açúcar e deixe cozinhar até o ponto de bala mole a 118°C (uma gota dessa calda mergulhada na água fria deve formar uma bola mole).
2. Coloque as gemas em uma tigela e despeje aos poucos a calda fervente, batendo. Continue a bater até que a mistura esfrie.
3. Dissolva o café liofilizado em uma colher de sopa de água quente e adicione às gemas assim como o extrato de café. Misture.
4. Prepare o creme batido e junte ao creme com café misturando delicadamente.
5. Despeje em uma fôrma de pudim sem orifício de 16 cm de diâmetro e leve ao congelador por 6 h.
6. Desenforme mergulhando a fôrma em água quente antes de virá-la sobre uma travessa de servir. ▶

SOBREMESAS SEM FRUTAS
SOBREMESAS E DOCES

Parfait de chocolate

Adicione às gemas batidas 200 g de chocolate em barra derretido em banho-maria ou no microondas.

Parfait com pralinê

Adicione às gemas batidas 150 g de amendoim moído.

■ Preparo: 30 min ■ Congelamento: 6 h

Pudim de arroz

Rendimento: 6-8 porções
250 g de arroz arbóreo
1 litro de leite
150 g de açúcar
1/2 fava de baunilha
uma pitada de sal
50 g de manteiga
8 ovos
farinha de rosca fina

1 Preaqueça o forno a 220°C.

2 Lave o arroz e mergulhe-o em água fervente salgada para branqueá-lo.

3 Aqueça o leite adicionando o açúcar, a fava de baunilha e uma pitada de sal.

4 Escorra o arroz e coloque-o em uma panela refratária, depois adicione o leite quente e a manteiga, mexa e deixe ferver em fogo baixo.

5 Cubra, leve a panela ao forno e deixe cozinhar por 25-30 min.

6 Separe as claras e as gemas. Bata as claras em neve bem firme.

7 Retire a panela do fogo com o arroz e junte as gemas, uma a uma, misturando delicadamente, depois incorpore as claras em neve.

8 Regule a temperatura do forno em 180°C.

9 Unte uma fôrma de 22 cm de diâmetro, polvilhe com farinha de rosca e despeje nela a mistura. Coloque a fôrma em banho-maria, leve ao forno por 30-35 min.

Este pudim pode ser acompanhado por um Creme inglês (*veja p. 842*) ou por um Coulis de frutas frescas (*veja p. 944*). ▶

SOBREMESAS SEM FRUTAS
SOBREMESAS E DOCES

Pudim de arroz com chocolate

Ao retirá-lo do forno, junte ao arroz-doce 100 g de chocolate raspado e misture bem até que ele derreta com o calor do arroz.

■ Preparo: 30 min ■ Cozimento: 45 min-1h05

Pudim de leite

Rendimento: 4-6 porções (500 g)

70 g de Calda de caramelo (veja p. 1034)
0,5 litro de leite
1 fava de baunilha
4 gemas
2 ovos
125 g de açúcar

1 Prepare a calda e despeje-a em uma fôrma de pudim ou em forminhas individuais. Incline a fôrma para distribuir bem o caramelo nas laterais.
2 Aqueça o leite com a fava de baunilha.
3 Prepare um Creme inglês (*veja p. 842*) com as gemas e os ovos batidos com o açúcar, e o leite. Despeje na fôrma.
4 Preaqueça o forno a 160°C.
5 Coloque a fôrma em banho-maria e leve-a ao forno por 35 a 40 min. O creme estará cozido quando, ao ser tocado com um dedo, o centro oferecer leve resistência. Retire do forno e espere esfriar.
6 Deixe na geladeira até a hora de servir.
7 Desenforme o pudim descolando as bordas com uma faca e virando-o em um prato grande.

■ Preparo: 20 min ■ Cozimento: 35-40 min

Pudim de ovos

Rendimento: 4-6 porções

1 litro de leite
125 g de açúcar
1 fava de baunilha
4 ovos

1 Ferva o leite com o açúcar e a fava de baunilha partida e raspada.
2 Bata os ovos em uma tigela.
3 Preaqueça o forno a 200°C.
4 Retire a fava de baunilha e adicione aos poucos o leite fervente, mexendo sem parar. ▶

5 Despeje em uma travessa refratária ao fogo ou em forminhas de porcelana. Leve ao forno, em banho-maria, por 40 min. Verifique o cozimento espetando um palito: ele deve sair seco.
6 Deixe esfriar e conserve na geladeira.

■ Preparo: 20 min ■ Cozimento: 40 min

Pudim de pão à francesa

Rendimento: 6-8 porções

chá fraco
50 g de uvas-passas
125 g de doce de damasco (ou outra fruta)
14 fatias de pão de leite amanhecido
400 ml de leite
4 ovos
100 g de açúcar
60 g de frutas cristalizadas
60 ml de rum
uma pitada de sal
4 peras em calda
300 ml de Coulis de frutas frescas (veja p. 944)

1 Prepare o chá e deixe as uvas-passas de molho.
2 Passe na peneira o doce de damasco.
3 Escorra as uvas-passas.
4 Corte as fatias de pão de leite em cubinhos em uma tigela grande.
5 Amorne o leite.
6 Bata os ovos com o açúcar, despeje sobre o pão e misture.
7 Junte o leite, as uvas-passas, as frutas cristalizadas cortadas em cubos, o rum, uma pitada de sal e o doce de damasco. Misture.
8 Escorra as peras em calda e corte-as em lâminas.
9 Preaqueça o forno a 200°C.
10 Unte uma fôrma para pudim de 18 cm de diâmetro e despeje a metade da massa. Distribua por cima as tiras de pêra e recubra com a massa restante. Sacuda delicadamente a fôrma sobre a superfície de trabalho para homogeneizar a mistura.
11 Leve ao fogo em banho-maria até levantar fervura, em seguida leve ao forno por 1 h.
12 Prepare o coulis de frutas.
13 Passe o fundo da fôrma por alguns instantes na água fria, desenforme o pudim em um prato grande redondo e sirva com o coulis.

■ Preparo: 15 min ■ Cozimento: 1 h

SOBREMESAS SEM FRUTAS
SOBREMESAS E DOCES

Pudim de sêmola

Rendimento: 6-8 porções
1 litro de leite
125 g de açúcar
100 g de manteiga
duas pitadas de sal
250 g de sêmola fina
4 claras
6 gemas
30 ml de licor de laranja
1 colher (sopa) de sêmola (para polvilhar)

1 Ferva o leite com o açúcar, 100 g de manteiga e uma boa pitada de sal. Depois, aos poucos, peneire por cima a sêmola. Misture com uma colher de pau e cozinhe por 25 min em fogo bem baixo. Espere amornar.

2 Preaqueça o forno a 200°C.

3 Bata 4 claras em neve bem firme com uma pitada de sal.

4 Despeje as gemas e o licor de laranja na sêmola morna. Misture bem, adicione as claras e misture de novo com cuidado.

5 Unte uma fôrma para pudim, polvilhe-a com sêmola e despeje a massa. Coloque-a em banho-maria e leve ao forno por 30 min: o pudim deve ficar levemente elástico ao toque.

6 Deixe o pudim descansar cerca de 30 min antes de desenformar.

Creme inglês (*veja p. 842*) aromatizado com laranja acompanha muito bem esse pudim.

■ Preparo: 30 min   ■ Cozimento: 55 min
■ Descanso: 30 min

Pudim escocês

Rendimento: 6-8 porções
200 g de manteiga
300 ml de leite
500 g de migalhas de pão
125 g de açúcar
375 g de uvas-passas
175 g de frutas cristalizadas
4 ovos
60 ml de rum

1 Deixe amolecer a manteiga em banho-maria ou no microondas.

2 Aqueça o leite.

3 Esfarele o pão em uma tigela e despeje o leite. Junte a manteiga, o açúcar, as uvas-passas e as frutas cristalizadas, misturando a cada adição. Adicione em seguida os ovos, um por um, e o rum. Misture até que a massa fique bem homogênea.

4 Preaqueça o forno a 200°C. ▶

5 Unte uma fôrma de 22 cm de diâmetro e despeje a massa. Leve ao forno em banho-maria por 1 h.

Um Zabaione (*veja p. 871*) aromatizado com 50 ml de rum pode ser servido com este pudim.

■ Preparo: 30 min ■ Cozimento: 1 h

Rabanada de brioche

Rendimento: 4-6 porções

0,5 litro de leite
100 g de açúcar
1/2 fava de baunilha
250 g de brioche amanhecido
2 ovos
100 g de manteiga
açúcar de confeiteiro
canela em pó

1 Aqueça o leite com 80 g de açúcar e a fava de baunilha aberta. Deixe ferver, mantenha em infusão e espere esfriar.
2 Corte o brioche em fatias bem grossas.
3 Bata os ovos em omelete com o açúcar restante (20 g).
4 Mergulhe rapidamente cada fatia de brioche no leite frio, depois passe-as nos ovos batidos.
5 Aqueça a manteiga em uma frigideira grande. Frite todas as fatias de brioche de cada lado até que fiquem bem douradas.
6 Disponha na travessa de servir e polvilhe com açúcar de confeiteiro e canela.

■ Preparo: 20 min ■ Cozimento: 5 min

Sonhos

Rendimento: 30 sonhos

300 g de Massa doce de carolina (veja p. 960)
óleo para fritura
açúcar de confeiteiro

1 Prepare a massa.
2 Aqueça o óleo para fritura a 170-180ºC.
3 Com uma colher de café, pegue um pouco de massa e mergulhe-a na fritura. Faça o mesmo com cerca de dez colheradas, vire-as para que dourem dos dois lados. Após 2-3 min de cozimento, retire-as com a escumadeira e escorra sobre papel-toalha. Continue até terminar a massa. ▶

SOBREMESAS SEM FRUTAS

4 Disponha os sonhos em uma travessa e polvilhe com açúcar de confeiteiro antes de servir.

Sonhos com amêndoa
Adicione 50 g de amêndoas laminadas à massa de carolina. Sirva as carolinas mornas com um coulis de fruta.

■ Preparo: 15 min ■ Cozimento: 25-30 min

Sorbet com calvados

Rendimento: 0,5 litro
200 g de açúcar
300 ml de água
1 fava de baunilha
1 limão
uma pitada de canela
3 claras
uma pitada de sal
4-5 copos de calvados (ou conhaque envelhecido de boa qualidade)

1 Dissolva o açúcar na água. Junte a fava de baunilha cortada ao meio. Deixe levantar fervura, mas sem mantê-la por muito tempo, para obter uma calda pouco consistente.
2 Apague o fogo, retire a baunilha. Adicione o suco de limão e a canela e misture bem.
3 Bata as claras em neve firme com uma pitada de sal e junte-as delicadamente à calda. Despeje tudo na sorveteira.
4 Quando a calda começar a endurecer, junte o calvados (ou conhaque).
5 Bata com o batedor manual por alguns segundos e coloque novamente para gelar.

■ Preparo: cerca de 40 min

SOBREMESAS SEM FRUTAS
SOBREMESAS E DOCES

Sorbet de chá

Rendimento: 1 litro

2 colheres (sopa) de chá
600 ml de água
400 g de açúcar
3 limões

1 Prepare o chá com 600 ml de água e coe.
2 Derrame o chá em uma panela, aqueça-o em fogo baixo sem deixar ferver e junte o açúcar e o suco de limão.
3 Misture bem, deixe esfriar e coloque na sorveteira.

■ Preparo: 15 min

Sorbet de chocolate

Rendimento: 1 litro

250 g de chocolate meio-amargo
600 ml de água
220 g de açúcar

1 Raspe o chocolate.
2 Ferva a água e o açúcar até obter uma calda pouco consistente. Adicione o chocolate e misture bem até que ele derreta.
3 Deixe a mistura ferver novamente. Despeje-a em uma tigela, deixe esfriar, depois coloque na sorveteira.

Este sorbet pode ser servido com um Creme inglês (*veja p. 842*) morno ou ser apresentado em taças com sorbet de hortelã ou café.

■ Preparo: 10 min

Sorvete ao caramelo

Rendimento: 1 litro

400 g de açúcar
0,5 litro de leite integral fresco
100 ml de creme de leite pasteurizado
6 gemas

1 Prepare uma Calda de caramelo com 200 g de açúcar (*veja p. 1034*).
2 Aqueça o leite. Despeje o creme de leite no caramelo, misture e incorpore ao leite fervente.
3 Prepare um Creme inglês com o leite com caramelo, as gemas e o açúcar restante (*veja p. 842*). Despeje-o em uma tigela e coloque a vasilha sobre outro recipiente cheio de cubos de gelo. ▶

SOBREMESAS SEM FRUTAS

4 Espere esfriar. Coloque-o na sorveteira.

■ Preparo: 25 min

Sorvete de baunilha

Rendimento: 1 litro

150 ml de leite fresco integral
500 ml de creme de leite fresco
1 fava de baunilha partida e raspada
7 gemas
150 g de açúcar

1 Ferva o leite e o creme de leite fresco juntos com a fava de baunilha aberta. Deixe em infusão por 30 min fora do fogo, depois coe.
2 Prepare um Creme inglês com essa mistura, as gemas e o açúcar (*veja p. 842*).
3 Despeje o creme em uma tigela e coloque-a sobre outro recipiente cheio de cubos de gelos, para esfriar mais depressa.
4 Leve-o para gelar na sorveteira.

Para reforçar o aroma do sorvete, pode-se deixar a fava de baunilha em infusão uma noite inteira na geladeira.

■ Preparo: 15 min

Sorvete de café

Rendimento: 1 litro

3 colheres (sopa) de café solúvel
0,5 litro de leite integral fresco
6 gemas
200 g de açúcar
20 g de Chantilly (veja p. 837)

1 Dilua o café no leite. Ponha-o para ferver. Coe.
2 Prepare um Creme inglês (*veja p. 842*) com o leite aromatizado com café, as gemas e o açúcar. Passe-o para uma tigela, coloque-o sobre um recipiente cheio de cubos de gelo. Espere esfriar.
3 Faça o Chantilly e incorpore-o ao creme, revolvendo-o delicadamente.
4 Ponha para gelar na sorveteira.

■ Preparo: 15 min ■ Cozimento: cerca de 20 min

Sorvete de chocolate

Rendimento: 1 litro

150 g de chocolate meio-amargo
0,5 litro de leite
4 gemas
100 g de açúcar

1 Raspe o chocolate, adicione meio copo de água e deixe-o derreter em banho-maria ou no microondas.
2 Aqueça o leite, junte o chocolate e misture bem. Prepare um Creme inglês com o leite, as gemas e o açúcar (*veja p. 842*). Despeje-o em uma tigela e coloque-a sobre um recipiente cheio de cubos de gelo.
3 Deixe esfriar e coloque na sorveteira.

■ Preparo: 20 min

Sorvete marmorizado Wanda

Rendimento:
10-12 porções

Sorvete

3 ovos
3 colheres (sopa) de açúcar
2 latas de leite (medida da lata de leite condensado)
1 lata de leite condensado
1 colher (chá) de essência de baunilha

Caramelizado

4 colheres (sopa) de açúcar
4 colheres (sopa) de água

Calda de chocolate

8 colheres (sopa) de água
4 colheres (sopa) de achocolatado (ou chocolate em pó)

1 Separe as gemas das claras. Passe as gemas na peneire e reserve.
2 Bata as claras em ponto de neve com o açúcar e reserve.
3 Leve ao fogo o leite, o leite condensado, as gemas e a baunilha até engrossar. Deixe esfriar. O creme será misturado às claras só depois de totalmente frio. Por isso, enquanto ele esfria, faça as caldas.
4 Caramelize uma fôrma de pudim grande derretendo o açúcar. Coloque a água para dissolver o açúcar. Deixe mais um pouco no fogo, mexendo a fôrma para misturar.
5 Leve ao fogo a água com o achocolatado até ferver. Deixe esfriar.
6 Depois que essa calda estiver fria, coloque na fôrma caramelizada.
7 Misture as claras em neve, delicadamente, ao creme já frio. Despeje esse creme na fôrma, sobre as caldas. Leve ao freezer na própria fôrma, coberta, para vedar bem. ▶

8 Retire do freezer uns 5 min antes de servir. Passe uma faca ao redor da fôrma e desenforme-a sobre um prato grande.

■ Preparo: 15 min   ■ Cozimento: 15 min
■ Refrigeração: 1 h

Subrics de arroz-doce
(Croquetes de arroz-doce)

Rendimento: 4-6 porções

100 g de frutas cristalizadas cortadas em cubos
50 ml de licor Grand Marnier
100 g de manteiga
500 g de Arroz-doce (veja p. 832)
150 g de geléia de goiaba

1 Deixe as frutas cristalizadas de molho no licor.
2 Prepare o Arroz-doce. Misture-o com as frutas cristalizadas.
3 Derreta 50 g de manteiga em uma panela.
4 Coloque uma folha de papel-manteiga em uma assadeira. Com uma espátula, estenda o arroz-doce com frutas cristalizadas em uma espessura de 4-6 mm. Pincele com manteiga, depois leve à geladeira por 30 min.
5 Com um cortador de massas ou com uma faca recorte o arroz-doce em rodelas ou em quadrados.
6 Aqueça o restante da manteiga em uma frigideira antiaderente e doure os croquetes dos dois lados.
7 À medida que for dourando, disponha os subrics em uma travessa e guarneça com uma colherada de geléia.

Subrics de sêmola
Proceda da mesma maneira substituindo o arroz-doce pelo Creme de sêmola (*veja p. 842*) com ou sem frutas cristalizadas.

■ Preparo: 30 min   ■ Cozimento: 10 min

SOBREMESAS SEM FRUTAS
SOBREMESAS E DOCES

Suflê ao Grand Marnier

Rendimento: 6 porções

250 ml de leite
70 g de açúcar
70 de manteiga
50 g de farinha de trigo
1 colher (sobremesa) de açúcar sabor baunilha
3 ovos
1 cálice de licor Grand Marnier

1. Aqueça o leite com 40 g de açúcar.
2. Derreta a manteiga em uma panela grande. Quando ela começar a espumar, coloque a farinha de trigo. Misture bem e adicione o açúcar sabor baunilha, depois despeje o leite fervente e açucarado de uma só vez. Espere levantar fervura, baixe o fogo e cozinhe por 8 min mexendo para reduzir a massa.
3. Separe as claras e as gemas.
4. Fora do fogo, incorpore as gemas assim como o Grand Marnier. Preaqueça o forno a 200ºC.
5. Bata as claras em neve e adicione-as revolvendo a massa delicadamente.
6. Unte e polvilhe com açúcar uma fôrma de pudim sem orifício de 18 cm de diâmetro e despeje nela a massa. Deixe assar por 20 min. Sirva imediatamente.

■ Preparo: 15 min ■ Cozimento: cerca de 30 min

Suflê de chocolate

Rendimento: 6 porções

200 g de chocolate meio-amargo
6 ovos
40 g de maisena
120 g de açúcar
1 colher (sobremesa) de açúcar sabor baunilha
15 g de manteiga
açúcar de confeiteiro

1. Quebre o chocolate em pedaços, coloque em uma panela de fundo grosso com 1 colher (sopa) de água e deixe derreter em banho-maria ou no microondas.
2. Separe as claras e as gemas. Peneire a maisena e misture-a com 60 g de açúcar.
3. Incorpore ao chocolate derretido as gemas duas a duas, depois o açúcar sabor baunilha e enfim a mistura de maisena e açúcar.
4. Preaqueça o forno a 220ºC.
5. Bata as claras em neve bem firme. Adicione 50 g de açúcar. Incorpore as claras em neve à preparação com chocolate revolvendo a massa sem bater demais. ▶

6 Unte com manteiga uma fôrma de pudim sem orifício de 16 cm de diâmetro e polvilhe com 10 g de açúcar. Despeje a mistura na fôrma e leve ao forno por 25-30 min. Retire o suflê do forno, polvilhe com açúcar de confeiteiro e sirva.

■ Preparo: 30 min   ■ Cozimento: cerca de 30 min

Suflê embaixatriz

Rendimento: 6-8 porções

80 g de amêndoas laminadas
30 ml de rum
8 macarons
800 ml de Creme pâtissière (veja p. 843)
1 colher (café) de essência de baunilha
12 claras
10 g de manteiga

1 Deixe as amêndoas de molho no rum por 15 min.
2 Pique os macarons com uma faca.
3 Prepare o Creme pâtissière adicionando a essência de baunilha, os macarons esmagados e as amêndoas com o rum da maceração. Misture delicadamente.
4 Preaqueça o forno a 200°C.
5 Bata as claras em neve bem firme e incorpore-as ao creme.
6 Unte com manteiga uma fôrma de pudim sem orifício, despeje a preparação e leve ao forno. Após 5 min, diminua a temperatura para 180°C e cozinhe por mais 25 min.

Os macarons são um tipo de biscoito artesanal muito especial da culinária francesa que pode ser encontrado em mercearias finas.

■ Preparo: 40 min   ■ Cozimento: 30 min

SOBREMESAS SEM FRUTAS

Tapioca ao leite

Rendimento: 4-6 porções
1 litro de leite
uma pitada de sal
20 g de açúcar
1 fava de baunilha (ou 1/2 colher (café) de água de flor de laranjeira)
80 g de tapioca

1. Ferva o leite com uma pitada de sal, o açúcar e a baunilha ou a água de flor de laranjeira.
2. Peneire aos poucos a tapioca sobre o leite, misture e cozinhe por 10 min, mexendo regularmente com uma colher de pau.
3. Retire a fava de baunilha. Sirva esse creme quente ou completamente frio.

Podem-se acrescentar uvas-passas ou frutas cristalizadas.

■ Preparo: 10 min ■ Cozimento: 10 min

Tiramisù

Rendimento: 6-8 porções
200 ml de café bem forte
8 ovos
160 g de açúcar
0,5 litro de água
1 kg de mascarpone
250 g de biscoito diplomata ou champanhe
80 ml de vinho Marsala
cacau sem açúcar

1. Faça o café.
2. Separe as claras e as gemas.
3. Misture o açúcar e a água e deixe dissolver em fogo baixo. Quando a calda estiver límpida, ferva por 2 ou 3 min até o ponto de bala mole (uma gota de calda mergulhada na água fria deve formar uma bola mole).
4. Despeje a calda sobre as claras, batendo sem parar, até o completo resfriamento.
5. Coloque o mascarpone em uma tigela e misture-o com as gemas, depois junte as claras ao açúcar.
6. Embeba a metade dos biscoitos champanhe no café, disponha em uma travessa e regue com o Marsala. Recubra com a metade do creme de mascarpone. Coloque outra camada de biscoitos embebidos em café e o creme restante.
7. Leve à geladeira por no mínimo 2 h.
8. Polvilhe com cacau antes de servir.

■ Preparo: 30 min ■ Refrigeração: 2 h

SOBREMESAS SEM FRUTAS
SOBREMESAS E DOCES

Torta de sorvete: preparo

Rendimento: 6-8 porções

100 g de açúcar
100 ml de água
4 gemas
200 ml de Creme de leite batido (veja p. 841)
essência de sabor a gosto
1 litro de sorvete

Creme para torta de sorvete

1 Em uma panela, dissolva lentamente o açúcar em 100 ml de água. Quando a calda ferver, retire-a do fogo e deixe amornar.

2 Coloque as gemas em uma tigela em banho-maria. Despeje a calda lentamente e misture com um batedor manual. Retire do fogo e bata até que a mistura esfrie inteiramente.

3 Prepare o creme de leite e incorpore-o delicadamente. Adicione a essência escolhida.

Unte a fôrma com o sorvete

4 Coloque a fôrma por 1 h no freezer para que ela fique gelada.

5 Passe o sorvete do freezer para a geladeira. Espalhe o sorvete uniformemente no fundo e nas laterais da fôrma com uma espátula. Alise bem.

6 Leve a fôrma por 1 h ao freezer.

7 Despeje o creme para torta de sorvete no centro da fôrma e leve ao freezer por 5 ou 6 h.

Desenforme a torta de sorvete

8 Mergulhe a fôrma rapidamente em água quente e vire-a sobre a travessa de servir.

■ Preparo: 15 min   ■ Refrigeração: 7 h

SOBREMESAS SEM FRUTAS
SOBREMESAS E DOCES

Torta de sorvete de damasco

Rendimento: 6-8 porções

1 litro de sorvete de damasco pronto
50 g de damascos secos
50 ml de kirsch (ou vinho do Porto)
400 g de Creme para torta de sorvete (veja p. 869)
1 fava de baunilha
200 ml de creme de leite pasteurizado
50 g de confeitos

1. Passe o sorvete do freezer para a geladeira para que ele amacie.
2. Corte os damascos em cubinhos e deixe-os de molho no kirsch ou no vinho.
3. Prepare o Creme para torta de sorvete juntando a fava de baunilha à calda, ao damasco e ao kirsch.
4. Unte a fôrma com o sorvete (*veja receita anterior*).
5. Bata o creme de leite, junte os confeitos e coloque em um saco de confeitar.
6. Coloque o Creme para torta de sorvete na fôrma (*veja receita anterior*) e decore-a com o creme de leite batido.

■ Preparo: 45 min ■ Congelamento: 5-6 h

Vacherin gelado

Rendimento: 6-8 porções

1 litro de Sorvete de baunilha (veja p. 863)
300 g de Suspiro francês (veja p. 962)
200 g de Chantilly (veja p. 837)

Para a decoração

250 g de morangos
300 g de framboesas (ou amoras)

1. Prepare o Sorvete de baunilha (ou utilize o produto pronto).
2. Preaqueça o forno a 120°C.
3. Faça o suspiro, coloque-o em um saco de confeitar com bico de 1 cm.
4. Em uma assadeira (ou duas) forrada com papel-manteiga, forme duas espirais de 20 cm de diâmetro e 16 tiras de 8 cm de comprimento por 3 cm de largura.
5. Leve ao forno por 1 h a 120°C, depois cozinhe por mais 3 h a 100°C. Espere esfriar completamente.
6. Coloque o primeiro disco de suspiro em uma fôrma de aro removível de 22 cm de diâmetro e 6 cm de altura e recubra-a com todo o sorvete de baunilha. Coloque por cima o segundo disco de suspiro e leve ao freezer por 2 h.
7. Bata o chantilly e coloque-o em um saco de confeitar com bico canelado. ▶

SOBREMESAS SEM FRUTAS

8 Retire do freezer e espere 3-5 min.
9 Tire o aro da fôrma. Aplique o chantilly em volta do doce e fixe os suspirinhos por cima. Aplique um círculo de rosáceas de chantilly por cima e leve ao freezer por mais 30 min.
10 Lave e escorra os morangos. Escolha as framboesas. Decore o centro da sobremesa com as frutas no momento de servir.

Esta sobremesa pode ser preparada com outro sorvete ou sorbet e decorada com raspas de chocolate ou frutas cristalizadas.

■ Preparo: 1 h ■ Congelamento: 2h30
■ Cozimento: 1 h + 3h

Zabaione

Rendimento: 4-6 porções

6 gemas
150 g de açúcar
250 ml de vinho branco (ou champanhe)
casca de 1 limão orgânico

1 Aqueça água em uma panela.
2 Em outra panela, misture as gemas, o açúcar e o vinho (ou champanhe) e a casca de limão.
3 Coloque essa panela sobre a panela com água quente e bata vigorosamente a mistura de gemas, açúcar e vinho até que espume e dobre de volume.
4 Bata ainda por 30 segundos, retire a casca de limão e sirva imediatamente.

O zabaione pode ser servido em taças, para acompanhar pão-de-ló ou frutas frescas.

■ Preparo: 15 min ■ Cozimento: 2-3 min

SOBREMESAS COM FRUTAS

É preciso utilizar frutas maduras, principalmente as que têm caroço, no preparo de saladas de frutas, sobremesas e geléias. Também é importante verificar a categoria e a proveniência, levando em conta a variedade indicada na receita. Quanto aos cítricos, compre os orgânicos sempre que utilizar as cascas. Dê preferência às frutas frescas da estação. No entanto, há no comércio todo tipo de frutas congeladas de excelente qualidade.

ABACAXI

Abacaxi cristalizado

Rendimento:
cerca de 20 fatias

1 abacaxi grande
açúcar (180 g de açúcar para 300 ml de suco)

1. Corte a coroa e a base do abacaxi e descasque-o com uma faca serrilhada. Corte-o em fatias de 1 cm de espessura. Retire o miolo de cada fatia.
2. Pese as fatias, coloque-as em uma panela de aço inoxidável com 350 ml de água para 500 g de fruta e cozinhe-as em fogo médio por 12 min, até que fiquem macias. Tire da água e coloque-as numa peneira para que escorram por no mínimo 1 h. Reserve o suco do cozimento.
3. Meça o suco. Utilize 180 g de açúcar para cada 300 ml de suco. Misture e deixe cozinhar em fogo médio, mexendo até levantar fervura. O açúcar deve estar completamente dissolvido.
4. Arrume as fatias de abacaxi uma ao lado da outra em uma travessa grande. Regue com a calda fervente. Cubra com uma folha de papel-manteiga: as frutas devem ficar imersas no líquido. Deixe macerar assim por 24 h.
5. No dia seguinte, retire as fatias de abacaxi da calda com uma escumadeira e escorra-as sobre uma peneira colocada sobre uma travessa funda.
6. Despeje em um vidro a calda contida na travessa de maceração e o suco recolhido sob as fatias de abacaxi. Meça a quantidade de calda e junte 60 g de açúcar para cada 300 ml de calda. Deixe ferver. ▶

ABACAXI
SOBREMESAS E DOCES

7. Recoloque o abacaxi na travessa e regue com a calda fervente. Cubra e deixe macerar por mais 24 h.
8. Nos 6 dias seguintes, repita exatamente a mesma operação. No 8.º dia, adicione 90 g de açúcar para 300 ml de calda e deixe descansar por 48 h.
9. No 10.º dia, recomece a operação e deixe macerar por 4 dias.
10. No 14.º dia, escorra as fatias sobre a peneira e deixe-as secar em local quente e seco (35ºC no máximo) por 3 dias.
11. O abacaxi cristalizado estará pronto quando não colar mais nos dedos. Conserve-o em um pote hermeticamente fechado, em camadas separadas por papel-manteiga.

■ Preparo: 15 dias ■ Maceração: 14 dias

Abacaxi gelado à moda crioula

Rendimento: 4-5 porções

1 abacaxi
200 g de frutas cristalizadas cortadas em cubinhos
50 ml de rum
1 litro de Sorbet de abacaxi com vodca (veja p. 875)
gelo moído

1. Corte a coroa do abacaxi e conserve-a em local fresco para que as folhas não murchem.
2. Deixe as frutas cristalizadas de molho no rum.
3. Esvazie o abacaxi e leve a casca ao congelador.
4. Prepare o sorbet.
5. Forre o abacaxi com uma camada de sorbet. Adicione em seguida um pouco das frutas cristalizadas, outra camada de sorbet, frutas cristalizadas e assim por diante até terminar os ingredientes. Recoloque a coroa e leve ao congelador.
6. Retire o abacaxi 1 h antes de servir e arrume-o em uma taça sobre gelo picado.

■ Preparo: 35 min

ABACAXI
SOBREMESAS E DOCES

Abacaxi recheado de bavaroise

Rendimento: 6 porções

500 g de Bavaroise de creme (veja p. 833)
1 abacaxi grande
100 ml de rum branco
70 g de coco ralado

1. Prepare a bavaroise e leve-a à geladeira.
2. Corte o abacaxi 1,5 cm abaixo da coroa e conserve-a. Retire a polpa deixando uma espessura de cerca de 1 cm no interior da casca. Corte 200 g em cubinhos e deixe macerar por 1 h em 50 ml de rum.
3. Bata o resto da polpa (cerca de 160 g) no mixer ou no liquidificador e deixe de molho no rum restante.
4. Misture a polpa e os cubos de abacaxi com a bavaroise. Adicione em seguida o coco ralado. Despeje a mistura na casca do abacaxi.
5. Leve tudo à geladeira por cerca de 2 h. Recoloque a coroa do abacaxi no momento de servir.

■ **Preparo: 45 min**   ■ **Maceração: 1 h**
■ **Refrigeração: 2 h**

Arroz-doce com abacaxi

Rendimento: 4-6 porções

800 g de Arroz-doce (veja p. 832)
1 abacaxi
50 ml de kirsch (ou vinho do Porto)
30 g de açúcar
20 g de cerejas em calda
25 g de laranja cristalizada

1. Prepare o Arroz-doce e despeje-o em uma fôrma para pudim sem orifício de 22 cm de diâmetro. Leve à geladeira por 3-4 h.
2. Descasque o abacaxi, corte-o em 8 fatias, retire o miolo e deixe de molho por 30 min no kirsch ou no vinho com o açúcar.
3. Desenforme mergulhando a fôrma por 5 segundos na água fervente e virando-a sobre a travessa de servir. Disponha as fatias de abacaxi no centro.
4. Decore com as cerejas e a laranja cortada em losangos.

■ **Preparo: 40 min**   ■ **Refrigeração: 3-4 h**
■ **Maceração: 30 min**

ABACAXI
SOBREMESAS E DOCES

Pannequet à moda crioula

Rendimento: 4 porções

350 g de Massa doce de crepe (veja p. 960)
150 g de Creme pâtissière (veja p. 843)
2 colheres (sopa) de rum
4 fatias de abacaxi em calda
10 g de manteiga
20 g de açúcar

1. Prepare a massa de crepe e deixe-a descansar.
2. Enquanto isso, prepare o Creme pâtissière adicionando o rum.
3. Corte o abacaxi em cubinhos e misture ao creme.
4. Unte uma travessa refratária. Preaqueça o forno a 250ºC.
5. Faça os crepes. Recheie com o creme com cubinhos de abacaxi. Enrole os crepes e arrume-os na travessa, polvilhe com açúcar e leve ao forno por 8-10 min. Sirva bem quente.

■ Preparo: 1 h ■ Cozimento: cerca de 10 min

Sorbet de abacaxi com vodca

Rendimento: 8 porções (cerca de 1 litro)

2 abacaxis
300 g de açúcar
1 ou 2 limões
1 clara
100 ml de vodca gelada

1. Descasque os abacaxis, corte-os em quatro e retire a parte central. Corte a polpa em cubos.
2. Coloque o açúcar em uma panela, junte 300 ml de água e deixe ferver por 10 min. Adicione os cubos de abacaxi e cozinhe por 20 min em fogo baixo virando-os na calda. Escorra-os e reserve a calda.
3. Bata o abacaxi em um mixer para obter 900 ml de purê. Junte a ele 3 colheres (sopa) de suco de limão e a clara levemente batida. Despeje a preparação em uma sorveteira e deixe congelar.
4. Quando o sorbet estiver solidificado, bata-o para torná-lo espumoso. Disponha-o em taças para servir e leve-as ao congelador.
5. Na hora de servir, regue cada taça com 2 colheres (sopa) de vodca bem gelada.

■ Preparo: 20 min ■ Cozimento: 30 min

ABACAXI
SOBREMESAS E DOCES

Surpresa de abacaxi

Rendimento: 4-6 porções

1 abacaxi
100 g de açúcar
50 ml de rum
950 g de Creme pâtissière (veja p. 843)
100 ml de creme de leite
6-8 morangos

1. Corte o abacaxi ao meio no sentido da altura e retire a polpa com cuidado para não furar a casca. Guarde algumas lâminas de polpa para a decoração. Corte a polpa em cubinhos e deixe-a macerando com o açúcar e o rum por cerca de 2 h.
2. Prepare o Creme pâtissière reservando 3 claras.
3. Adicione os cubinhos de abacaxi e o suco da maceração ao creme. Misture e leve à geladeira por 2 h.
4. Bata as claras em neve bem firme. Misture aos poucos e delicadamente ao creme, depois adicione os cubinhos de abacaxi e o creme de leite.
5. Lave os morangos.
6. Encha generosamente cada metade de abacaxi com essa mistura. Decore com as lâminas de abacaxi e os morangos e leve à geladeira até a hora de servir.

■ **Preparo: 40 min** ■ **Maceração: 2 h**
■ **Refrigeração: 2 h**

Taças Jamaica

Rendimento: 6 porções

160 g de uvas-passas
100 ml de rum
1 abacaxi fresco (ou 1 lata grande de abacaxi em conserva)
0,5 litro de sorvete de café pronto

1. Lave as uvas-passas e deixe-as de molho no rum por 1 h. Coloque 6 taças na geladeira para gelar.
2. Corte a polpa do abacaxi em cubos (ou escorra o abacaxi em conserva). Distribua os cubos nas taças geladas e cubra com sorvete de café. Escorra as uvas-passas e disponha-as por cima.
3. Leve à geladeira até a hora de servir.

■ **Preparo: 10 min** ■ **Maceração: 1 h**

AMEIXA

Ameixas na cachaça

Rendimento: 2 potes de 1,5 litro

1 kg de ameixas
250 g de açúcar
0,5 litro de água
1 litro de cachaça

1. Lave cuidadosamente as ameixas, seque-as e espete-as em dois ou três lugares com a ponta de uma faca.
2. Em uma panela de fundo grosso, prepare uma calda com o açúcar e meio litro de água, deixe ferver e mantenha-a em ebulição por 2 min.
3. Mergulhe as ameixas na calda e misture para que elas fiquem envoltas uniformemente. Retire-as com uma escumadeira e coloque-as nos potes.
4. Deixe esfriar completamente, depois despeje cachaça nos potes.
5. Vede os potes. Deixe descansar pelo menos 3 meses antes de consumir.

■ Preparo: 10 min ■ Cozimento: cerca de 5 min
■ Descanso: 3 meses no mínimo

Compota de ameixa

Rendimento: 4-6 porções

500 g de ameixas secas (ou frescas)
300 ml de chá mate fraco morno
100 ml de vinho branco ou tinto
80 g de açúcar cristal
1 limão
1 colher (sobremesa) de açúcar sabor baunilha

1. Tire o caroço das ameixas. Prepare o chá e coloque as ameixas secas de molho por 4-5 h (não é preciso deixar de molho as ameixas frescas).
2. Coloque as ameixas em uma panela com o vinho, o açúcar cristal, o suco de limão e o açúcar sabor baunilha. Deixe ferver e cozinhe por cerca de 40 min.
3. Sirva essa compota morna ou fria.

Esta compota pode ser feita com ameixas com caroços. Nesse caso, aumente a quantidade de vinho para 150 ml.

■ Preparo: 10 min ■ Maceração: 4-5 h
■ Cozimento: 40 min

AMEIXA
SOBREMESAS E DOCES

Compota de nêspera

Rendimento: 4-5 porções
1 kg de nêsperas
800 ml de água
200 g de açúcar
1 cálice de kirsch (ou conhaque)
250 ml de creme de leite fresco

1. Lave as nêsperas. Com uma faquinha, extraia os caroços sem cortar as frutas ao meio.
2. Ferva 800 ml de água com o açúcar. Quando a calda ferver, adicione as nêsperas e deixe cozinhar por 8 min.
3. Tire as frutas do fogo e passe-as para uma compoteira. Adicione a bebida alcoólica na calda que restou na panela e misture; despeje sobre as frutas e deixe esfriar.
4. Sirva o creme de leite fresco à parte.

■ Preparo: 20 min ■ Cozimento: cerca de 8 min

Doce de ameixa

Rendimento: 1 kg
800 g de ameixas
500 g de açúcar cristal
70 ml de água

1. Lave e descaroce as ameixas. Coloque-as em uma panela de fundo grosso com o açúcar e 70 ml de água.
2. Misture, deixe levantar fervura e cozinhe por 20 min, mexendo. Escume.
3. Afervente os potes, encha-os com o doce e vede imediatamente. Vire os potes de cabeça para baixo e deixe esfriar.

■ Preparo: 15 min ■ Cozimento: cerca de 25 min

AMEIXA
SOBREMESAS E DOCES

Doce de ameixa seca

Rendimento: cerca de 1 kg

80 g de uvas-passas
500 g de ameixas secas
2 laranjas orgânicas pequenas
1 limão orgânico
1 litro de água
50 g de açúcar
1/4 de colher (café) de cravo-da-índia em pó
1/4 de colher (café) de canela em pó
1/4 de colher (café) de gengibre moído
80 g de nozes sem casca

1 Deixe de molho as uvas-passas e as ameixas secas, em dois recipientes diferentes, por 12 h.

2 Escorra e descaroce as ameixas. Retire os cabinhos das laranjas e do limão, corte as frutas em rodelas finas e pique-as grosseiramente depois de eliminar as sementes.

3 Coloque as ameixas secas, a água, a laranja e o limão picados em uma panela de fundo grosso. Deixe cozinhar por 10 min em fogo baixo.

4 Junte as uvas-passas, o açúcar, o cravo-da-índia moído e a canela, bem como o gengibre. Misture e prolongue o cozimento por 10-15 min para apurar o doce.

5 Afervente os potes.

6 Pique as nozes e adicione-as ao doce. Misture bem.

7 Coloque nos potes, vede-os imediatamente e vire-os de cabeça para baixo por 24 h.

■ Maceração: 12 h   ■ Preparo: 30 min
■ Cozimento: 20-25 min

Pavê de ameixa

Rendimento: 4-6 porções

1 tigela de chá mate fraco
200 g de ameixas secas
500 g de Creme pâtissière (veja p. 843)
50 g de açúcar
2 cálices de rum
28 biscoitos champanhe
500 g de Creme inglês (veja p. 842)

Na véspera

1 Faça o chá e coloque as ameixas inteiras para macerar por toda a noite.

No dia

2 Prepare o Creme pâtissière.

3 Despeje as ameixas e o chá em uma panela grande, junte o açúcar e cozinhe em fogo baixo por 15 min. Espere esfriar.

4 Escorra as ameixas e retire o caroço. Despeje a calda em um prato fundo e adicione 1 cálice de rum.

▶

AMÊNDOA
SOBREMESAS E DOCES

5 Mergulhe um por um os biscoitos champanhe na calda e forre com eles o fundo de uma fôrma de pudim sem orifício de 18 cm de diâmetro. Espalhe primeiro um pouco do Creme pâtissière, disponha uma camada de ameixas, em seguida, uma camada de biscoitos, continuando assim até completar a fôrma, terminando pelos biscoitos.

6 Cubra o pavê com filme de PVC e leve à geladeira por 6 h.

7 Prepare o Creme inglês adicionando 1 cálice de rum.

8 Desenforme o pavê e cubra-o com o Creme inglês.

■ Maceração: 12 h ■ Preparo: 40 min
■ Refrigeração: 6 h

AMÊNDOA

Amêndoa sem pele

Rendimento: 100 g
100 g de amêndoas

1 Ferva água em uma panela.

2 Coloque as amêndoas em um coador, mergulhe-o na panela, depois retire do fogo.

3 Quando a pele das amêndoas ceder sob o dedo, descasque-as imediatamente e mergulhe na água fria.

4 Espalhe-as na assadeira e deixe-as secar em fogo bem baixo até que comecem a dourar.

5 Conserve as amêndoas em uma lata hermética ou em um vidro de boca larga bem fechado, ao abrigo da luz.

■ Preparo: 15-20 min

AMÊNDOA
SOBREMESAS E DOCES

Crepes de amêndoa

Rendimento: 6 porções

1 kg de Massa doce de crepe (veja p. 960)
500 g de Creme pâtissière (veja p. 843)
75 g de amêndoas moídas
30 ml de rum
açúcar de confeiteiro

1 Prepare a massa de crepe e deixa descansar por 1 h.
2 Faça o Creme pâtissière adicionando as amêndoas moídas e o rum. Misture bem.
3 Preaqueça o forno a 250°C.
4 Faça 12 crepes, recheie com creme e enrole-os.
5 Disponha em uma travessa refratária untada, polvilhe com açúcar de confeiteiro e doure no forno por 5 min.
6 Sirva imediatamente.

■ Preparo: 30 min   ■ Descanso: 1 h
■ Cozimento: 30 min

Leite de amêndoa

Rendimento: 0,5 litro

250 ml de água
100 g de açúcar
170 g de amêndoas moídas
1 colher (sopa) de kirsch (ou conhaque)
1 gota de essência de amêndoa

1 Ferva 250 ml de água com o açúcar, depois retire a panela do fogo. Adicione as amêndoas moídas e o kirsch, misturando bem.
2 Bata essa preparação no mixer. Passe-a em uma peneira colocada sobre uma terrina.
3 Deixe descansar no mínimo por 12 h na geladeira.
4 Pouco antes de servir, adicione a essência de amêndoa e misture bem.

■ Preparo: 10 min   ■ Refrigeração: 12 h no mínimo

AMORA

Coulis de amora

Rendimento: 0,5 litro
500 g de amoras
50 g de açúcar
1/2 limão

1 Lave as amoras, retire os cabinhos e amasse em uma peneira colocada sobre uma tigela. Aperte bem para extrair todo o suco.
2 Misture com o açúcar e o suco de limão.
3 Leve à geladeira ou congele.

■ Preparo: 15 min

Geléia de amora

Rendimento: 3,5 kg
2 kg de amora
1,8 kg de açúcar

1 Escolha amoras bem maduras. Bata no liquidificador (ou processador) por alguns instantes (repetindo o processo em várias etapas).
2 Despeje o purê obtido em uma panela de fundo grosso e deixe ferver. Junte o açúcar e mexa. Ferva novamente e mantenha a ebulição por 5-7 min.
3 Coloque a geléia em potes afervendados, feche-os e mantenha-os emborcados por 24 h.

■ Preparo: 5 min   ■ Cozimento: 8-10 min

Musse de amora

Rendimento: 8 porções
1 xícara (chá) de amoras
1 lata de leite condensado
300 g de creme de leite fresco

1 Lave as amoras delicadamente, retire os cabinhos e deixe escorrer.
2 Ponha as amoras, o leite condensado e o creme de leite no liquidificador e bata bem.
3 Coloque em um recipiente para servir e leve à geladeira. Sirva gelada.

■ Preparo: 8 min

AVELÃ / SOBREMESAS E DOCES

AVELÃ
Bolo de avelã

Rendimento: 6 porções

100 g de avelãs
8 claras
160 g de açúcar
40 g de farinha de trigo
100 g de manteiga em temperatura ambiente
açúcar de confeiteiro

1 Preaqueça o forno a 250ºC.
2 Moa grosseiramente as avelãs com o rolo de massa. Coloque-as em uma assadeira e deixe-as grelhar por 3-4 min no forno quente.
3 Em uma tigela misture as claras, sem bater, e o açúcar. Junte as avelãs, a farinha de trigo peneirada e misture bem.
4 Adicione a manteiga e misture até que ela esteja bem absorvida.
5 Baixe o forno para 200ºC.
6 Unte uma fôrma pequena com manteiga, despeje a massa e leve ao forno por 30 min.
7 Retire o bolo do forno e deixe amornar. Desenforme e polvilhe com açúcar de confeiteiro.

Bolo de castanha-do-pará
Substitua as avelãs por castanhas-do-pará.

■ Preparo: 20 min ■ Cozimento: 35 min

BANANA
Banana à moda crioula

Rendimento: 4 porções

4 bananas
2 laranjas
40 g de uvas-passas
30 g de manteiga
40 g de açúcar
1 colher (sobremesa) de açúcar sabor baunilha
100 ml de rum

1 Descasque as bananas e corte-as ao meio de comprido. Esprema as laranjas.
2 Lave rapidamente as uvas-passas sem deixá-las de molho.
3 Aqueça a travessa de servir no forno ou no microondas.
4 Derreta a manteiga em uma frigideira antiaderente, coloque as bananas e deixe-as dourar. Junte o açúcar refinado, o açúcar sabor baunilha, o suco de laranja e as uvas-passas. Quando levantar fervura, despeje a metade do rum. Deixe cozinhar por 2-3 min. ▶

5 Adicione as bananas e seu caldo na travessa de servir bem quente. Aqueça o resto do rum em uma panelinha, regue com ele as bananas e flambe. Sirva imediatamente.

■ Preparo: 10 min ■ Cozimento: 15 min

Banana Beauharnais

Rendimento: 6 porções
6 bananas
10 g de manteiga
30 g de açúcar
4 colheres (sopa) de rum branco
100 g de macarons
150 ml de creme de leite

1 Preaqueça o forno a 220°C. Unte uma travessa refratária. Descasque as bananas e arrume-as na travessa. Polvilhe com açúcar e regue com o rum. Leve ao forno por 6 a 8 min.
2 Esfarele os macarons.
3 Regue as bananas com o creme, espalhe por cima os macarons e leve novamente ao forno por 3 ou 4 min para glaçar a superfície. Sirva imediatamente.

Os macarons são um tipo de biscoito artesanal muito especial da culinária francesa que pode ser encontrado em mercearias finas.

■ Preparo: 15 min ■ Cozimento: 10-12 min

Banana flambada

Rendimento: 4 porções
4 bananas
30 g de manteiga
40 g de açúcar
100 ml de rum
4 colheres (sopa) de creme de leite

1 Descasque as bananas e corte-as ao meio, de comprido. Aqueça a travessa de servir no forno ou no microondas.
2 Em uma panela antiaderente, derreta a manteiga e doure as bananas. Junte o açúcar e a metade do rum. Cozinhe as bananas por cerca de 10 min, virando-as. Arrume-as na travessa de servir bem quente.
3 Aqueça o resto do rum em uma panelinha, regue com ele as bananas e flambe.
4 Sirva o creme de leite à parte.

■ Preparo: 10 min ■ Cozimento: 10 min

BANANA
SOBREMESAS E DOCES

Banana split

Rendimento: 4 porções

200 g de Suspiro francês (veja p. 962) (ou 8 suspiros prontos)
1 limão
4 bananas
400 ml de Coulis de morango (veja p. 929)
300 g de Chantilly (veja p. 837)
0,5 litro de sorvete de baunilha pronto
50 g de amêndoa em lâminas finas

1. Prepare o suspiro de véspera ou compre-o pronto.
2. Preaqueça o forno a 120ºC. Coloque o suspiro em um saco de confeitar com bico canelado n.º 10. Disponha rosáceas em grupos de três em uma assadeira forrada com papel-manteiga. Forme assim 8 suspiros. Leve ao forno por 1 h a 120ºC, depois mais 3 h a 90-100ºC.
3. Esprema o limão e reserve o suco em uma tigela. Descasque as bananas, corte-as ao meio no sentido do comprimento e banhe-as no suco de limão para que não escureçam.
4. Prepare o Coulis de morango e o Chantilly. Coloque este em um saco de confeitar com bico canelado.
5. Coloque duas meias bananas em cada taça, disponha entre elas 2 bolas de sorvete de baunilha e 1 suspiro de cada lado. Regue com coulis. Espalhe a amêndoa laminada e decore com o chantilly.

■ **Preparo: 40 min** ■ **Cozimento: 4 h**

Beignets de banana

Rendimento: 4 porções

500 g de Massa de beignet (veja p. 111)
4 bananas
50 ml de rum
óleo para fritura
50 g de açúcar cristal
uma pitada de canela

1. Prepare a massa e deixa descansar.
2. Descasque as bananas, corte-as ao meio, de comprido, e deixe-as de molho no rum por 1 h.
3. Aqueça o óleo de fritura.
4. Espete as bananas em um garfo com cabo longo, envolva-as na massa, mergulhe na fritura. Retire quando estiverem douradas e polvilhe com açúcar misturado com canela.

■ **Preparo: 20 min** ■ **Maceração: 1 h**
■ **Descanso da massa: 1 h**
■ **Cozimento: cerca de 15 min**

BANANA
SOBREMESAS E DOCES

Suflê de banana

Rendimento: 6-8 porções
200 ml de leite
1 fava de baunilha
70 g de açúcar
1 limão
8 bananas bem maduras
20 g de farinha de trigo peneirada
4 gemas
50 g de manteiga em temperatura ambiente
50 ml de kirsch ou de rum (opcional)
6 claras
uma pitada de sal

1. Ferva o leite com a fava de baunilha (cortada ao meio no comprimento e raspada) e 60 g de açúcar. Retire do fogo e deixe em infusão até esfriar completamente.
2. Esprema o limão. Descasque as bananas e coloque-as no caldo do limão para que não escureçam. Bata-as no liquidificador ou no mixer para reduzi-las a um purê fino.
3. Coloque a farinha de trigo em uma panela e despeje pouco a pouco o leite fervido, misturando bem. Cozinhe por 2 min batendo, retire do fogo, depois adicione o purê de banana, as gemas e a manteiga.
4. Eventualmente, aromatize com o kirsch ou com o rum.
5. Preaqueça o forno a 200°C.
6. Bata as claras em neve bem firme com uma pitada de sal e junte-as ao creme, mexendo sempre no mesmo sentido para que não desande.
7. Unte e polvilhe com açúcar uma fôrma de pudim sem orifício de 20 cm de diâmetro, despeje a preparação e leve ao forno por 30 min.

■ **Preparo: 40 min** ■ **Cozimento: 30 min**

Torta de banana com creme

Rendimento: 6-8 porções
240 g de farinha de trigo
30 g de manteiga
7 colheres (sopa) de água fria
1/2 colher (café) de sal ▶

1. Prepare a massa. Coloque a farinha em uma tigela grande, abra uma cova no meio e adicione a manteiga, a água e o sal. Com as mãos, vá misturando delicadamente os ingredientes até obter uma massa bem homogênea. Deixe-a descansar por 15 min. ▶

BANANA
SOBREMESAS E DOCES

2 gemas
3 colheres (sopa) de açúcar
45 g de farinha de trigo
uma pitada de sal
280 ml de leite
15 g de manteiga
1/2 colher (café) de essência de baunilha
4 bananas-prata
1/2 xícara (chá) de creme de leite

2 Unte uma fôrma funda com manteiga e estenda a massa. Leve ao forno por cerca de 15 min. Enquanto isso, bata as gemas. Reserve.

3 Leve ao fogo, em banho-maria, 2 colheres (sopa) de açúcar, a farinha e o sal. Misture bem e acrescente lentamente o leite, mexendo até engrossar. Depois de cozido, deixe o creme no fogo por mais 10 min, mexendo de vez em quando. Retire um pouco do creme e misture-o às gemas. Acrescente as gemas ao creme em banho-maria, mexendo sempre. Deixe por mais 1 min no fogo.

4 Retire o creme do banho-maria e adicione a manteiga e a essência de baunilha. Deixe esfriar. Corte três bananas em rodelas e cozinhe com 1 colher (sobremesa) de água e 1 colher (sopa) de açúcar.

5 Despeje o creme na massa já assada. Distribua as bananas sobre o creme.

6 Cubra a torta com o creme de leite batido com 1 colher (sopa) de açúcar. Enfeite com a quarta banana, que não foi utilizada, cortada em fatias. Leve à geladeira. Sirva fria.

■ **Preparo: 1 h** ■ **Descanso: 15 min**
■ **Cozimento: cerca de 15 min**

Torta de banana com granola

Rendimento: 6-8 porções

6 bananas-prata
3 colheres (sopa) de aveia em flocos finos
manteiga
canela em pó
açúcar mascavo
granola

1 Amasse as bananas e junte a aveia, misturando bem.
2 Unte uma assadeira. Preaqueça o forno.
3 Espalhe uma camada de bananas amassadas com aveia. Polvilhe com canela em pó e açúcar mascavo. Cubra com uma camada de granola.
4 Leve ao forno quente por cerca de 30 min.

■ **Preparo: 8 min** ■ **Cozimento: cerca de 30 min**

BANANA / CAJU
SOBREMESAS E DOCES

Torta de banana rápida

Rendimento:
24-30 unidades

12 bananas-nanicas
5 ovos
2 colheres (sopa) de manteiga
120 g de açúcar
100 g de farinha de trigo
1 colher (sopa) de fermento em pó

1 Corte as bananas de comprido, ao meio. Reserve.
2 Bata os ovos e reserve.
3 Unte uma assadeira com manteiga.
4 Misture os ingredientes secos.
5 Alterne na assadeira uma camada de ingredientes secos, uma camada de fatias de banana e pedacinhos de manteiga – espalhe pedacinhos generosamente sobre as camadas secas.
6 Repita as camadas até os ingredientes acabarem. Espalhe os ovos batidos por cima de tudo.
7 Preaqueça o forno. Asse por cerca de 30 min.
8 Retire do forno. Corte em quadradinhos. Sirva morna ou fria.

Esta receita é deliciosa e pode ser feita rapidamente para o lanche.

■ Preparo: 15 min   ■ Cozimento: cerca de 30 min

CAJU

Compota de caju

Rendimento: cerca de 1 kg
20 cajus maduros
1 limão
2 xícaras (chá) de açúcar

1 Lave os cajus. Tire as castanhas, a pele e corte as extremidades.
2 Ferva 1 litro de água com 1 colher (sopa) de suco de limão.
3 Mergulhe os cajus e deixe ferver por 10 min. Escorra. Reserve os cajus e a água do cozimento.
4 Faça um xarope com 3 xícaras (chá) de água, o açúcar e 3 gotas de suco de limão. Leve a ferver. Acrescente os cajus, um a um, e cozinhe por alguns min em fogo brando.
5 Adicione metade da água do cozimento e cozinhe por 1h30 em fogo brando. ▶

6 Retire os cajus e deixe a calda no fogo alto para apurar, até ficar em ponto de fio.
7 Coloque os cajus com a calda em vidros esterilizados e hermeticamente tampados. Retire o ar antes de tampar.
8 Cozinhe os vidros fechados em banho-maria por 30 min. Depois de frios, armazene em local fresco e arejado.

> Pode-se usar caju fresco ou congelado no preparo de receitas. Os cajus frescos devem ser conservados na geladeira, envoltos em filme de PVC. No freezer, podem permanecer por mais de 80 dias. Nesta receita, os cajus podem ser cozidos inteiros, cortados ao meio ou em fatias. Sirva com queijo-de-minas fresco.

■ Preparo: 10 min   ■ Cozimento: 2 h

Doce de caju

Rendimento: cerca de 1 kg

30 cajus maduros
1 kg de açúcar
suco de 1 limão
3 paus de canela
5 cravos-da-índia

1 Lave os cajus. Tire as castanhas, a pele e corte as extremidades.
2 Fure os cajus e esprema o suco. Leve ao fogo o suco e os cajus com o açúcar, 5 litros de água, o suco do limão, a canela e os cravos. Cozinhe em fogo brando até que fique avermelhado.
3 Se o doce secar antes de adquirir a cor marrom-avermelhada, acrescente mais água e continue o cozimento, que é longo e leva cerca de 7 h.
4 Mexa com uma colher de pau de tempos em tempos.
5 Retire do fogo e deixe esfriar. Coloque em vidros esterilizados e hermeticamente fechados. Deixe os vidros virados de cabeça para baixo por 24 h. Conserve em local arejado. ▶

Doce de caju com coco
Acrescente 250 g de coco fresco ralado na hora depois que o doce estiver no fogo há 2 h.

Doce de caju com castanha-de-caju
Faça a receita sem acrescentar os cravos-da-índia. Adicione 200 g de castanhas-de-caju sem sal, picadas, depois de 2 h de cozimento.

■ Preparo: 10 min ■ Cozimento: cerca de 7 h

CAQUI

Caqui gelado à moda crioula

Rendimento: 4 porções

4 caquis maduros
4 colheres (café) de rum
2 bolas de sorvete de baunilha
100 ml de creme de leite fresco
20 g de açúcar de confeiteiro
4 cerejas em calda

1 Lave e enxugue os caquis. Retire a folha do meio. Com uma colherinha, retire a polpa, cuidando para não perfurar a pele.
2 Despeje algumas gotas de rum em cada fruta esvaziada e deixe macerar em local fresco por 1 h.
3 Misture a polpa dos caquis com o sorvete de baunilha. Recheie as frutas vazias com essa mistura e leve-as ao congelador.
4 Minutos antes de servir, bata o creme com o açúcar de confeiteiro em ponto de chantilly bem firme.
5 Guarneça as frutas geladas com o creme e decore com as cerejas em calda.

■ Preparo: 15 min ■ Maceração: 1 h
■ Congelamento: 1 h

CASTANHA

Compota de castanha

Rendimento: 4-6 porções

700 g de castanhas portuguesas
2 favas de baunilha
700 ml de água
700 g de açúcar

1. Tire as pontinhas das castanhas e mergulhe-as em água fervente por 10 min. Escorra.
2. Abra as favas de baunilha, raspe-as e coloque-as em uma panela com 700 ml de água e o açúcar. Deixe ferver. Mergulhe as castanhas nessa calda de baunilha e cozinhe em fogo baixo por cerca de 45 min.
3. Despeje as castanhas e a calda em uma compoteira, espere esfriar e leve à geladeira por 1 h antes de servir.

■ Preparo: 10-45 min ■ Cozimento: 40-55 min
■ Refrigeração: 1 h

Geléia de castanha

Rendimento: 1 kg

750 g de castanhas portuguesas
açúcar
100 ml de água
2 favas de baunilha

1. Tire as pontinhas das castanhas e mergulhe-as em água fervente por 10 min. Escorra. Coloque-as em uma panela, recubra com água fria e cozinhe por 40 min.
2. Afervente os potes de geléia.
3. Escorra as castanhas, amasse-as no espremedor de legumes.
4. Pese o purê obtido e adicione o mesmo peso de açúcar. Leve tudo para uma panela grande, junte 100 ml de água e a baunilha. Aqueça em fogo médio, mexendo sem parar. A geléia estará cozida quando ficar brilhante.
5. Retire a geléia do fogo e tire as favas de baunilha. Coloque em potes e feche-os imediatamente.

■ Preparo: 45 min ■ Cozimento: cerca de 1 h

CASTANHA
SOBREMESAS E DOCES

Mont-blanc

Rendimento: 4-6 porções

200 g de Suspiro francês (veja p. 962) (ou 8 suspiros prontos)
500 g de creme de castanha
80 g de manteiga em temperatura ambiente
50 ml de rum
400 g de Chantilly (veja p. 837)
hortelã ou castanhas-do-pará para decorar

1 Prepare o suspiro e coloque-o em um saco de confeitar com bico de 1 cm de diâmetro. Ou utilize o produto pronto.
2 Preaqueça o forno a 120°C.
3 Forre uma assadeira com papel-manteiga e forme uma coroa (círculo largo) de suspiro (de 24 cm de diâmetro), constituída por vários círculos pequeninos (de cerca de 6 cm de largura) para formar uma base para a sobremesa. Leve ao forno por 45 min a 120°C; depois asse por mais 2 h a 100°C.
4 Junte o creme de castanha à manteiga e amasse bem. Quando a mistura estiver homogênea, adicione o rum e misture de novo.
5 Coloque esse creme em um saco de confeitar munido de um bico com furinhos e cubra a base de suspiro com bolinhas de creme de castanha.
6 Prepare o Chantilly. Coloque em um saco de confeitar com bico canelado e disponha pequenas rosas sobre o creme de castanha. Para decorar, dê um toque brasileiro usando castanhas-do-pará cortadas em lâminas finas ou folhinhas de hortelã.

O creme de castanha é importado e pode ser comprado em mercearias e supermercados finos.

■ Preparo: 1 h ■ Cozimento: 2h45

Pudim Nesselrode

Rendimento: 6-8 porções

70 g de laranja e cerejas cristalizadas
1 cálice de vinho do Porto
60 g de uvas-passas
500 g de Creme inglês (veja p. 842) ▶

1 Pique as laranjas e cerejas cristalizadas em cubinhos e deixe-as de molho por 1 h no vinho do Porto.
2 Deixe as uvas-passas de molho em água morna para incharem.
3 Faça o Creme inglês, misture-o com o creme de castanha. ▶

CASTANHA
SOBREMESAS E DOCES

125 g de creme de castanha
70 ml de marasquino
500 g de Creme de leite batido (veja p. 841)
morangos ou frutas da época para decorar

4 Bata o creme de leite. Junte o marasquino.
5 Misture o creme com castanha, as frutas cristalizadas, as uvas-passas e o creme de leite batido.
6 Despeje em uma fôrma de pudim de 18 cm de diâmetro. Recubra com filme de PVC e leve a fôrma por 1 h ao congelador.
7 Mergulhe a fôrma em água quente antes de desenformar. Decore com morangos ou frutas da época.

O creme de castanha é importado e pode ser comprado em mercearias e supermercados finos.

Nesselrode de coco
Substitua o creme de castanha por Cocada mole (*veja p. 901*) com pouco açúcar. Você pode usar cocada pronta. Nesse caso, diminua a quantidade de açúcar do Creme inglês, pois as cocadas prontas costumam ser excessivamente doces.

■ Preparo: 1 h   ■ Congelamento: 1 h

Suflê de castanha

Rendimento: 4-6 porções
300 g de Creme pâtissière (veja p. 843)
4 colheres (sopa) de creme de castanha
5 claras
uma pitada de sal
70 g de castanhas-de-caju sem sal
10 g de manteiga
1 colher (sopa) de farinha de trigo

1 Prepare o Creme pâtissière.
2 Adicione o creme de castanha e misture bem. Preaqueça o forno a 190ºC.
3 Bata as claras em neve com o sal. Incorpore um quarto delas ao creme. Pique as castanhas-de-caju e adicione a metade. Incorpore enfim o restante das claras, misturando delicadamente.
4 Unte e enfarinhe uma fôrma de suflê de 18 cm de diâmetro e despeje nela a preparação. Alise a superfície. Espalhe por cima a outra parte de castanhas-de-caju.
5 Leve ao forno. Reduza imediatamente a temperatura para 170ºC e asse por 20-25 min.

■ Preparo: 20 min   ■ Cozimento: 20-25 min

CASTANHA
SOBREMESAS E DOCES

Vacherin de castanha

Rendimento: 6-8 porções

1 litro de Sorvete de baunilha (veja p. 863)
300 g de creme de castanha
700 g de Massa com amêndoa (veja p. 953)
açúcar de confeiteiro
frutas de época para decorar

Na véspera

1 Faça o Sorvete de baunilha. Antes de levá-lo para gelar, quando estiver no ponto de um creme inglês cozido, junte o creme de castanha. Deixe esfriar e coloque na sorveteira.

2 Prepare a Massa com amêndoa, coloque-a em um saco de confeitar com bico de 1,5 cm de diâmetro. Preaqueça o forno a 160°C.

3 Forre uma assadeira com papel-manteiga. Com o saco de confeitar, disponha sobre ela dois discos de Massa com amêndoa de 22 cm de diâmetro, começando pelo centro e continuando o traçado em forma de espiral.

4 Leve ao forno por 30 min a 160°C; reduza a temperatura para 140°C e asse por mais 1 h. Se o forno não for suficientemente grande, asse os dois discos separadamente. Espere esfriar completamente.

5 Para descolar os discos do papel, coloque-os sobre um pano molhado estendido sobre a superfície de trabalho. Mantenha esses discos em temperatura ambiente, cobertos com um pano.

No dia

6 Tire o sorvete do congelador 1 h antes de servir para que ele fique bem macio. Com uma espátula, disponha uma camada grossa de sorvete sobre o primeiro disco. Coloque o segundo disco por cima. Polvilhe com açúcar de confeiteiro e decore com frutas da época (morango, manga fatiada, uvas etc.)

■ Preparo: 20 min (24 h de antecedência)
■ Cozimento: 1h30

CEREJA

Arroz-doce com cereja

Rendimento: 4-6 porções

150 g de arroz arbóreo
400 ml de leite
1 fava de baunilha
300 g de Creme pâtissière
  (veja p. 843)
3 colheres (sopa)
  de kirsch
  (ou vinho do Porto)
3 macarons
300 g de cerejas em calda
20 g de manteiga

1 Prepare o Arroz-doce (*veja p.* 832) com o leite e a baunilha. Despeje-o em uma fôrma para pudim sem orifício de 18 cm. Comprima bem.

2 Prepare o Creme pâtissière, adicione o kirsch (ou o vinho do Porto). Esfarele os macarons.

3 Preaqueça o forno a 275ºC. Escorra as cerejas.

4 Desenforme o arroz e guarneça o centro com camadas alternadas de creme e cerejas. Termine com uma pirâmide de cerejas.

5 Espalhe os macarons. Regue com manteiga derretida e leve ao forno por cerca de 10 min.

Esta sobremesa pode ser servida com um Coulis de morango ou cereja (*veja p. 929*).

■ Preparo: 40 min   ■ Cozimento: 10 min

Beignets de cereja

Rendimento: 30 unidades

400 g de Massa de beignet
  (veja p. 111)
óleo de girassol
300 g de cerejas firmes
100 g de açúcar cristal
uma pitada de canela
  em pó

1 Prepare a massa e deixe descansar por 1 h.

2 Aqueça o óleo para fritura.

3 Lave as cerejas sem retirar os cabinhos e seque-as cuidadosamente.

4 Em um prato, misture o açúcar e a canela.

5 Pegue cada cereja pelo cabo e mergulhe na massa, em seguida jogue-a no óleo de fritura a 175ºC. Deixe fritar até dourar. Retire com uma escumadeira.

6 Escorra sobre papel-toalha, passe na mistura de açúcar e canela e sirva em seguida.

■ Preparo: 20 min   ■ Descanso da massa: 1 h
■ Cozimento: 15 min

CEREJA
SOBREMESAS E DOCES

Cerejas flambadas

Rendimento: 4-6 porções
600 g de cerejas-pretas
200 ml de água
260 g de açúcar
2 ou 3 colheres (sopa) de geléia de groselha
50 ml de rum

1. Retire o caroço e o cabinho das cerejas.
2. Prepare uma calda com 200 ml de água e o açúcar. Quando ela ferver, mergulhe as cerejas, baixe o fogo e cozinhe por cerca de 10 min.
3. Junte a geléia de groselha e deixe reduzir ainda 5 ou 6 min em fogo baixo.
4. Disponha as cerejas na travessa de servir. Aqueça o rum em uma panelinha, regue com ele as cerejas, flambe e sirva imediatamente.

■ **Preparo: 30 min** ■ **Cozimento: 15 min**

Cerejas na cachaça

Rendimento: 1 vidro de boca larga de 2,5 litros
1 kg de cerejas
1,5 litro de água
250 g de açúcar
1 litro de cachaça

1. Afervente um vidro de boca larga.
2. Lave e seque as cerejas, corte o cabinho pela metade e fure-as com uma agulha do lado oposto ao cabo. Disponha-as no vidro.
3. Em uma panela, despeje 1,5 litro de água e o açúcar, ferva até que a calda fique levemente dourada. Retire do fogo, junte a cachaça e despeje sobre as cerejas.
4. Feche o vidro, coloque-o em local fresco, ao abrigo da luz. Espere 3 meses antes de degustar as cerejas curtidas.

■ **Preparo: 30 min** ■ **Cozimento: 2-3 min**

CEREJA
SOBREMESAS E DOCES

Cerejas no vinagre à moda alemã

Rendimento: 1 vidro de boca larga de 2,5 litros

1,5 kg de cerejas
1 litro de vinagre de vinho
200 g de açúcar mascavo (ou refinado)
3 cravos-da-índia
1 pau de canela
noz-moscada

1. Retire o cabinho das cerejas, lave-as delicadamente, enxugue-as e retire os caroços. Afervente o vidro de boca larga e coloque as frutas.
2. Misture o vinagre e o açúcar-mascavo (ou o açúcar refinado), os cravos-da-índia, a canela e rale um pouco de noz-moscada. Ferva tudo e deixe esfriar.
3. Recubra as cerejas com essa preparação, feche hermeticamente o vidro e deixe-o ao abrigo da luz. Espere 2 meses antes de consumir.

■ Preparo: 40 min

Clafoutis (Bolo de cereja)

Rendimento: 4 porções

300 g de cerejas-pretas
50 g de açúcar
10 g de manteiga
100 g de farinha de trigo
uma pitada de sal
2 ovos
200 ml de leite
açúcar de confeiteiro

1. Lave as cerejas e retire os cabinhos. Coloque-as em uma tigela, polvilhe com a metade do açúcar, mexa para distribuí-lo e deixe macerar por, no mínimo, 30 min.
2. Preaqueça o forno a 180ºC. Unte uma fôrma para torta ou uma fôrma de porcelana ou vidro refratário de 24 cm de diâmetro.
3. Peneire a farinha de trigo em uma tigela, junte o sal e o açúcar restante.
4. Bata os ovos, adicione à preparação e misture bem; em seguida, despeje o leite e misture de novo.
5. Disponha as cerejas na fôrma e recubra com a preparação. Leve ao forno por 35-40 min.
6. Deixe amornar e polvilhe com açúcar de confeiteiro. Sirva frio na fôrma. ▶

CEREJA
SOBREMESAS E DOCES

Bolo de morango
Substitua as cerejas por morangos e adicione 30 ml de rum à massa.

- Preparo: 15 min ■ Descanso: 30 min
- Cozimento: 35-40 min

Compota de cereja

Rendimento: 4 porções
600 g de cerejas
100 ml de água
150 g de açúcar
1 cálice de kirsch (ou vinho do Porto)

1 Lave as cerejas, tire os cabinhos e os caroços.
2 Despeje 100 ml de água com o açúcar em uma panela e deixe cozinhar por 10-12 min.
3 Coloque as cerejas nessa calda e deixe cozinhar em fogo baixo por cerca de 8 min.
4 Escorra as frutas e coloque-as em uma compoteira.
5 Junte o kirsch (ou porto) à calda e misture. Despeje sobre as cerejas e deixe esfriar. Conserve na geladeira até a hora de servir.

- Preparo: 30 min ■ Cozimento: 8-10 min

Crepes de cereja

Rendimento: 4-6 porções
650 g de Massa doce de crepe (veja p. 960)
400 g de cerejas frescas (ou 300 g de cerejas em calda)
3 colheres (sopa) de azeite
200 g de geléia de laranja
10 g de manteiga
30 g de açúcar

1 Prepare a massa e deixe descansar por 1 h.
2 Retire os cabos e as caroços das cerejas frescas ou escorra as cerejas em calda. Corte-as ao meio e junte-as à massa.
3 Frite os crepes (*veja Crepes com açúcar, p. 844*) e cubra-os com uma camada fina de geléia de laranja.
4 Preaqueça o forno a 250°C.
5 Enrole os crepes e arrume-os em uma fôrma untada com manteiga, polvilhe com açúcar e leve-os ao forno por 5 min.

- Preparo: 30 min ■ Descanso: 1 h
- Cozimento: 15-20 min

CEREJA
SOBREMESAS E DOCES

Flã de cereja à moda dinamarquesa

Rendimento: 6-8 porções

300 g de Massa podre (veja p. 118)
250 g de cerejas
195 g de açúcar
1 colher (café) de canela em pó
125 g de amêndoas moídas
2 ovos
125 g de manteiga em temperatura ambiente
100 g de pasta de amêndoa (fondant)
200 ml de rum

1. Prepare a Massa podre e deixe-a descansar por 2 h em local fresco.
2. Lave e retire as caroços das cerejas, coloque-as em uma tigela grande com 70 g de açúcar e a canela em pó, misture e deixe macerar por cerca de 1 h.
3. Unte uma fôrma de torta de 24 cm de diâmetro. Abra a massa em uma espessura de 2 mm, forre com ela a fôrma.
4. Escorra as cerejas e reserve o suco.
5. Preaqueça o forno a 210ºC.
6. Coloque as amêndoas moídas em uma tigela grande com 125 g de açúcar.
7. Bata os ovos, despeje-os na tigela e junte a manteiga, o suco das cerejas e trabalhe a massa até que ela fique homogênea.
8. Disponha as cerejas no fundo da fôrma e recubra com a mistura.
9. Leve ao forno a 210ºC por 10 min, depois baixe a temperatura a 190ºC e cozinhe por mais 30-35 min.
10. Misture a pasta de amêndoa (ou fondant) com o rum.
11. Retire o flã do forno e espere esfriar. Recubra com a pasta de amêndoa, espalhando-a bem com uma espátula.

A pasta de amêndoa, ou fondant, encontra-se à venda em supermercados ou mercearias finos.

■ Preparo: 30 min ■ Descanso: 2 h ■ Maceração: 1 h
■ Cozimento: 40-45 min

Geléia de cereja

Rendimento: 1 kg

500 g de cerejas sem caroço
450 g de açúcar
1 limão

1. Coloque as cerejas em uma tigela, polvilhe com açúcar, junte o suco de limão, misture e deixe macerar por 24 h.
2. Coloque uma peneira sobre um tacho de geléia ou uma panela, despeje o conteúdo da tigela e espere 15-20 min.
3. Afervente os potes.
4. Deixe cozinhar a calda recolhida mexendo. Mergulhe as frutas nessa calda, deixe levantar fervura e cozinhe por 10-15 min mexendo. Retire bem a espuma no final do cozimento.
5. Despeje imediatamente nos potes, feche-os e guarde-os virados até o dia seguinte.

■ **Preparo: 1 h** ■ **Maceração: 24 h**
■ **Cozimento: cerca de 15-20 min**

Sopa de cereja

Rendimento: 4 porções

600 g de cerejas
50 g de manteiga
1 colher (sopa) de farinha de trigo
200 ml de vinho tinto
200 ml de kirsch (ou conhaque)
2 colheres (sopa) de açúcar
4 fatias de pão de fôrma sem casca

1. Lave e enxugue as cerejas, retire os caroços conservando o suco.
2. Derreta 25 g de manteiga em uma panela. Junte a farinha de trigo e mexa por 2 min.
3. Despeje 750 ml de água morna batendo, junte o vinho tinto e o kirsch ou o conhaque. Quando a mistura estiver homogênea, adicione as cerejas e polvilhe com o açúcar. Deixe aquecer alguns min em fogo baixo.
4. Unte as fatias de pão, deixe-as dourar e corte-as em quadradinhos pequenos (são os croûtons). Distribua os croûtons em pratos fundos e despeje a sopa por cima.

■ **Preparo: 10 min** ■ **Cozimento: cerca de 15 min**

CEREJA / COCO
SOBREMESAS E DOCES

Taça gelada com cereja-preta

Rendimento: 6 porções

24 cerejas-pretas em conserva
50 ml de kirsch (ou vinho do Porto)
0,5 litro de sorvete de morango
0,5 litro de cassata
300 g de Chantilly (veja p. 837)
80 g de doce de damasco
confeitos de chocolate

1. Deixe as cerejas-pretas sem caroço de molho no kirsch ou vinho por 1 h.
2. Coloque 6 taças para sorvete na geladeira ou no congelador por 10 min. Tire o sorvete de morango e a cassata do congelador.
3. Prepare o Chantilly.
4. Distribua o doce de damasco no fundo das taças. Junte 2 bolas de sorvete de morango e uma bola de cassata. Disponha as cerejas por cima.
5. Decore com o Chantilly e espalhe por cima os confeitos de chocolate.

■ Preparo: 30 min   ■ Maceração: 1 h

COCO

Cocada mole

Rendimento: 8 porções

6 ovos
450 g de açúcar
450 g de coco ralado fresco
100 g de farinha de trigo

1. Separe as gemas das claras. Bata as claras em neve.
2. Em uma panela, adicione o açúcar, o coco ralado, a farinha de trigo peneirada e as gemas, também passadas na peneira. Misture bem.
3. Acrescente as claras em neve e mexa delicadamente.
4. Leve ao fogo até que a cocada comece a desprender-se do fundo da panela.

Sirva a cocada pura ou como acompanhamento de bolo. Esta cocada combina com pão-de-ló, bolo simples, bolos de frutas e de nozes.

■ Preparo: 10 min   ■ Cozimento: cerca de 10 min

COCO / DAMASCO

Suflê de coco

Rendimento: 4 porções
100 g de coco ralado
700 ml de leite
125 g de arroz
100 g de açúcar
60 g de manteiga
4 ovos
sal
noz-moscada

1. Coloque o coco ralado e o leite em uma panela. Deixe levantar fervura, mexendo. Cozinhe por 10 min.
2. Forre uma peneira com um tecido fino (musselina), coloque-a sobre uma panela e coe o leite, apertando com força para recolher o máximo de líquido.
3. Leve esse caldo ao fogo e deixe ferver. Junte o arroz e o açúcar, misture e reduza o fogo. Cozinhe por 20 min até que o líquido evapore. Junte 50 g de manteiga e misture.
4. Preaqueça o forno a 200ºC.
5. Separe as claras e as gemas. Junte as gemas, uma a uma, mexendo bem. Tempere com uma pitada de sal e uma de noz-moscada.
6. Bata as claras em neve firme com uma pitada de sal e incorpore-as delicadamente.
7. Unte com manteiga uma fôrma de pudim de 16 cm de diâmetro e despeje a massa. Leve ao forno por 5 min a 200ºC; abaixe o fogo para 180ºC e asse por mais 15 min sem abrir a porta. Sirva imediatamente.

■ Preparo: 30 min ■ Cozimento: 20 min

DAMASCO

Charlote de damasco

Rendimento: 6-8 porções
100 g de frutas cristalizadas cortadas em cubos
100 g de uvas-passas
100 ml de rum
140 g de açúcar ▶

1. Coloque as frutas cristalizadas e as uvas-passas de molho em 60 ml de rum.
2. Em uma panela, ponha para ferver 40 g de açúcar em 100 ml de água. Deixe a calda amornar fora do fogo e junte o restante do rum.
3. Mergulhe as folhas de gelatina em água fria. ▶

DAMASCO
SOBREMESAS E DOCES

2 folhas de gelatina sem sabor
1 lata grande de damascos (ou pêssegos) em calda
1 limão
36 biscoitos champanhe

4 Escorra o damasco ou o pêssego (reserve a calda) e bata-o no mixer ou no liquidificador.

5 Junte o suco de limão, a calda reservada e o açúcar restante. Coloque 3 colheres desse purê em uma tigela, misture a gelatina coada e despeje tudo no purê restante, misturando bem.

6 Escorra as uvas-passas e as frutas cristalizadas.

7 Mergulhe os biscoitos um por um na calda com rum e forre com eles uma fôrma quadrada de 22 cm de lado. Estenda por cima uma camada de frutas cristalizadas e de uvas-passas, uma camada de purê de damasco e uma camada de biscoitos embebidos. Continue a alternar as camadas e termine com os biscoitos.

8 Leve a charlote à geladeira por 24 h.

9 Desenforme e cubra com o restante do purê.

■ Preparo: 30 min   ■ Refrigeração: 24 h

Compota de damasco

Rendimento: 4-6 porções

700 g de damascos (ou pêssegos)
75 g de açúcar
3 folhas de gelatina sem sabor
1/2 cálice de cachaça

1 Lave e descaroce os damascos (ou pêssegos) e bata-os no mixer ou no liquidificador. Junte o açúcar ao purê e misture.

2 Molhe a gelatina, escorra-a. Coloque um quarto do purê em uma panela, junte a cachaça e a gelatina coada e aqueça em fogo baixo misturando para dissolver a gelatina.

3 Despeje essa preparação no restante do purê batendo vigorosamente. Leve à geladeira até a hora de servir.

■ Preparo: 10 min   ■ Cozimento: 2 min

DAMASCO
SOBREMESAS E DOCES

Conserva de damasco na cachaça

Rendimento: 1 vidro de boca larga de 1,5 litro

1 kg de damascos (ou pêssegos)
500 g de açúcar
700 ml de cachaça
1 fava de baunilha

1 Lave e descaroce os damascos (ou pêssegos). Mergulhe-os em uma panela com água fervente por 5 min. Escorra-os.
2 Na mesma panela, adicione 1 litro de água com o açúcar e deixe ferver. Mergulhe os damascos na calda fervente por 2 min, depois despeje tudo em uma tigela. Deixe macerar por 2 dias.
3 Escorra os damascos e coloque-os no vidro. Recubra com cachaça e complete com a calda. Junte a fava de baunilha. Feche o vidro e vire-o uma ou duas vezes para misturar bem.
4 Mantenha um mês em local fresco, seco, ao abrigo da luz antes de consumir.

■ Preparo: 10 min ■ Maceração: 2 dias

Coulis de damasco

Rendimento: 0,5 litro

700 g de damascos (ou pêssegos)
50 g de açúcar
1 limão

1 Lave e descaroce os damascos (ou pêssegos). Processe-os no mixer, junte o açúcar e o suco de limão.

■ Preparo: 15 min

DAMASCO
SOBREMESAS E DOCES

Damascos Bourdaloue

Rendimento: 6-8 porções

600 g de Creme de sêmola (veja p. 842)
500 g de damascos (ou pêssegos) (2 latas em calda)
700 g de açúcar
50 ml de kirsch (ou vinho do Porto)
1 fava de baunilha
2 macarons

1. Prepare o Creme de sêmola. Despeje dois terços em um refratário de 24 cm.
2. Retire os caroços dos damascos (ou pêssegos). Separe 8 grandes, cuidadosamente cortados ao meio. Corte os outros em pedaços e passe-os no processador ou no liquidificador.
3. Misture 200 ml de água com 50 g de açúcar, deixe esquentar para dissolver bem o açúcar, junte a pasta de damasco e deixe ferver por 5 min mexendo com uma colher de pau.
4. Passe o purê em uma peneira (ou em um coador fino), junte o kirsch ou o vinho e conserve em local aquecido.
5. Preaqueça o forno a 230ºC.
6. Despeje meio litro de água em uma panela, junte a fava de baunilha partida ao meio e o restante do açúcar (reserve 1 colher de sopa), deixe ferver e depois baixe o fogo.
7. Coloque as metades dos damascos reservados para escaldar 10 min nessa calda. Escorra e enxugue-as. (Guarde a calda para outra utilização.)
8. Pique os macarons com uma faca.
9. Arrume as metades de damascos por cima da sêmola, recubra com o restante do doce e espalhe os fragmentos dos macarons e o açúcar. Leve ao forno por 7-10 min.
10. Sirva a calda de damasco separadamente.

Os macarons são um tipo de biscoito artesanal muito especial da culinária francesa que pode ser encontrado em mercearias finas.

Peras Bourdaloue
Substitua os damascos por peras frescas.

Bananas Bourdaloue
Substitua os damascos por bananas.

■ Preparo: 40 min ■ Cozimento: 7-10 min

DAMASCO
SOBREMESAS E DOCES

Damascos em calda

Rendimento: 1 vidro de boca larga de 1,5 litro

1 kg de damascos (ou pêssegos)
1 litro de água
1/2 kg de açúcar

1. Lave e descaroce os damascos (ou pêssegos) e coloque-os em uma tigela.
2. Em uma panela, despeje 1 litro de água e o açúcar, deixe ferver. Recubra os damascos com a calda. Deixe macerar por 3 h.
3. Escorra os damascos e coloque-os em um vidro de boca larga. Deixe ferver a calda por 1-2 min e despeje-a sobre os damascos. Feche imediatamente o vidro.
4. Esterilize o vidro mergulhando-o em uma panela com água fervente por 10 min.

■ **Preparo:** 30 min ■ **Maceração:** 3 h
■ **Cozimento:** 15-20 min

Geléia de damasco

Rendimento: 1 kg

600 g de damascos (ou pêssegos)
6 amêndoas dos caroços do damasco
450 g de açúcar
1 limão
1 fava de baunilha

1. Lave e descaroce os damascos (ou pêssegos). Quebre os caroços, retire as amêndoas. Coloque os damascos em uma terrina, polvilhe com açúcar, junte o suco de limão e deixe de molho por 24 h.
2. Escorra em um coador colocado sobre o vidro de geléia. Junte, na calda escorrida, a fava de baunilha aberta ao meio e as amêndoas de damasco. Cozinhe a calda em fogo baixo por cerca de 5 min.
3. Adicione os damascos, baixe novamente o fogo e cozinhe por 20 min.
4. Coloque a geléia de damasco em potes aferventados, feche-os imediatamente e deixe-os virados por 24 h.

■ **Preparo:** 1 h ■ **Maceração:** 24 h
■ **Cozimento:** cerca de 30 min

DAMASCO / FIGO

SOBREMESAS E DOCES

Pannequet de damasco
(Crepe enrolado de damasco)

Rendimento: 4 porções

350 g de Massa doce de crepe (veja p. 960)
150 g de Creme pâtissière (veja p. 843)
2 colheres (sopa) de rum
8 damascos (ou pêssegos) em calda com os caroços
10 g de manteiga
20 g de açúcar

1. Prepare a massa de crepe e deixe descansar por 1 h.
2. Faça o Creme pâtissière adicionando o rum.
3. Lave as frutas e corte em cubos. Retire as amêndoas de dentro dos caroços de damasco e fatie em lâminas finas. Adicione tudo ao creme.
4. Unte uma travessa refratária. Preaqueça o forno a 250ºC.
5. Frite 8 crepes.
6. Recheie os crepes com o creme. Enrole-os e disponha-os em uma travessa untada, polvilhe com açúcar e leve ao forno por 8-10 min. Sirva bem quente.

■ Preparo: 1 h ■ Descanso: 1 h ■ Cozimento: 10 min

Sorbet de damasco

Rendimento: 1 litro

1,2 kg de damascos (ou pêssegos)
200 g de açúcar
2 limões

1. Lave e descaroce os damascos (ou pêssegos). Bata-os no mixer.
2. Junte o açúcar, o suco de limão e 300 ml de água. Misture bem e coloque na sorveteira.

■ Preparo: 10 min

FIGO

Compota de figo seco

Rendimento: 4-6 porções

300 g de figos secos
1 limão orgânico
300 g de açúcar
300 ml de vinho tinto

1. Deixe os figos de molho em um recipiente com água fria por 3 ou 4 h, até que eles fiquem bem reidratados.
2. Rale a casca do limão. Coloque o açúcar em uma panela, junte o vinho e a raspa de limão e deixe ferver. ▶

FIGO
SOBREMESAS E DOCES

3 Escorra os figos, mergulhe-os na calda e cozinhe em fogo baixo por 20 a 30 min. Sirva a compota morna.

Sorvete de maracujá ou baunilha acompanha muito bem esta compota.

■ Preparo: 10 min ■ Maceração: 3-4 h
■ Cozimento: 20-30 min

Figo seco com amêndoa

Rendimento: 6 porções
750 ml de água
2 colheres (café) de chá mate
6 figos secos
200 g de amêndoas moídas
100 g de mel
5 g de sementes de erva-doce
10 g de manteiga

1 Ferva 750 ml de água e deixe o chá em infusão por 3-4 min.

2 Coe o chá em uma terrina. Mergulhe os figos e deixe-os de molho até que o líquido esfrie completamente.

3 Misture em um outro recipiente as amêndoas moídas, o mel e as sementes de erva-doce.

4 Quando os figos estiverem bem inchados, corte-os com uma faca bem afiada, traçando uma cruz na parte superior de modo a abri-los bem. Aumente um pouco a abertura com os dedos.

5 Preaqueça o forno a 200°C.

6 Com a ajuda de uma colher, recheie cada figo com a mistura de erva-doce, amêndoas moídas e mel.

7 Unte um refratário e leve ao forno por 10 min. Sirva imediatamente.

■ Preparo: 30 min ■ Cozimento: 10 min

FRAMBOESA

Framboesas com creme

Rendimento: 4 porções

4 colheres (sopa) de creme de leite fresco
500 g de framboesas (ou amoras)
açúcar

1 Bata vigorosamente o creme de leite fresco e gelado.
2 Arrume as framboesas (ou amoras) em uma travessa.
3 Cubra com o creme de leite e polvilhe com açúcar à vontade.

As framboesas (ou amoras) acompanham bem um pão-de-ló de laranja ou bolo de chocolate sem cobertura.

■ Preparo: 10 min

Geléia de framboesa

Rendimento: 1,5 kg

1 kg de framboesas congeladas
800 g de açúcar
suco de 1 limão pequeno

1 Deixe degelar um pouco as framboesas, na geladeira: cerca de 1-2 h.
2 Coloque em uma panela grande com o açúcar e o suco de limão e misture delicadamente.
3 Deixe levantar fervura em fogo baixo e escume com cuidado. Continue o cozimento em fogo alto, mexendo com uma colher de pau por cerca de 10 min.
4 Coloque nos potes, feche-os e deixe-os virados por 24 h.

Geléia de banana
Substitua as framboesas congeladas por bananas e use 2 limões.

■ Preparo: 5 min ■ Cozimento: 10-15 min

FRAMBOESA / GOIABA
SOBREMESAS E DOCES

Sorbet de framboesa

Rendimento: 1 litro

1 kg de framboesas (ou amoras)
250 g de açúcar

1 Escolha as framboesas (ou amoras), coloque-as em uma peneira e esmague-as com um pilão ou com uma colher de pau (os grãos pequenos devem ficar na peneira).
2 Adicione o açúcar, misture bem e coloque na sorveteira.

■ Preparo: 15 min

GOIABA

Geléia de goiaba

Rendimento: 1 kg

1,5 kg de goiabas bem maduras
0,5 litro de água
5 grãos de pimenta-preta
açúcar
suco de limão

Na véspera
1 Descasque e corte as goiabas em fatias. Coloque-as em uma panela com meio litro de água e a pimenta. Deixe levantar fervura e cozinhe por 45 min até que as frutas estejam bem macias.
2 Afervente um pano de prato, torça-o e forre o fundo de uma peneira colocada sobre uma tigela. Despeje ali a polpa de goiaba e deixe escorrer por no mínimo 12 h.

No dia
3 Escalde os potes.
4 Despeje a polpa. Meça a quantidade de suco de goiaba que escorreu e despeje-o no tacho de geléia juntando 350 g de açúcar e 1 colher (sopa) de suco de limão para cada meio litro. Misture e aqueça em fogo baixo até que a calda fique homogênea.
5 Deixe ferver e mantenha a fervura por 10 min, sem mexer. Escume várias vezes: não deve restar nenhuma impureza.
6 Encha os potes, feche-os e vire-os por 24 h.

■ Preparo: 20 min ■ Descanso: 12 h ■ Cozimento: 1 h

Goiabas ao forno

Rendimento: 4 porções

4 goiabas bem maduras
100 ml de creme de leite fresco
195 g de açúcar
10 g de manteiga
100 ml de suco de maracujá

1 Preaqueça o forno a 220°C.
2 Descasque as goiabas e retire a polpa com uma colher, sem perfurá-las.
3 Misture o creme de leite com 65 g de açúcar e encha as goiabas.
4 Polvilhe as frutas com o restante do açúcar, disponha em uma fôrma untada e leve ao forno por cerca de 30 min. Regue regularmente as goiabas com seu caldo e o suco de maracujá. Sirva quente.

■ Preparo: 15 min ■ Cozimento: 30-35 min

GRAPEFRUIT

Grapefruit caramelizado

Rendimento: 4 porções

2 grapefruits
2 colheres (sopa) de açúcar mascavo
4 cerejas cristalizadas

1 Corte os grapefruits ao meio, na horizontal. Destaque os gomos da casca com a ajuda de uma faquinha, mas sem tirá-los (isso facilitará em seguida a degustação).
2 Preaqueça o forno. Polvilhe os grapefruits com açúcar e leve ao forno bem quente por 1 min.
3 Coloque uma cereja no centro das frutas e sirva imediatamente.

■ Preparo: 10 min ■ Cozimento: 1 min

GRAPEFRUIT / LARANJA
SOBREMESAS E DOCES

Grapefruit gelado

Rendimento: 4 porções
4 grapefruits
125 g de açúcar

1. Corte as pontas inferiores da casca das frutas e retire a polpa com uma colher com borda cortante tomando o cuidado de não perfurar a casca.
2. Separe a polpa das membranas brancas, amasse em um pilão e passe pela peneira, apertando bem com uma colher de pau para extrair todo o suco. Coloque as cascas e as pontinhas no congelador.
3. Misture o suco com o açúcar e coloque em uma sorveteira. Quando o suco começar a congelar, mas antes de endurecer totalmente, retire e recheie as cascas de grapefruits. Tampe as frutas com as pontinhas e leve-as ao congelador por 2 h.
4. Quarenta minutos antes de servir, passe as frutas do congelador para a geladeira.

■ Preparo: 30 min ■ Congelamento: 2 h

LARANJA

Doce de laranja

Rendimento: 1,5 kg
8 laranjas orgânicas grandes
1 limão orgânico
açúcar cristal

1. Descasque as laranjas e o limão e divida-os em quartos, extraindo cuidadosamente os filamentos brancos. Retire completamente a parte branca e corte a metade das cascas em lâminas bem finas.
2. Pese as frutas e as cascas cortadas, despeje em uma tigela e adicione um peso de água igual ao dos cítricos. Deixe de molho por 24 h.
3. Escorra e pese as frutas, coloque de novo na panela com um peso igual de açúcar e deixe ferver. Abaixe o fogo e cozinhe por 15-20 min, até que elas se desfaçam. ▶

4 Afervente os potes, coloque a geléia e feche-os hermeticamente. Mantenha os potes de cabeça para baixo por 24 h.

- **Preparo: 30 min** ■ **Maceração: 24 h**
- **Cozimento: 15-30 min**

Geléia de laranja

Rendimento: 2,5 kg

1,5 kg de laranja orgânica
2 limões orgânicos
300 ml de água
1,2 kg de açúcar cristal

1 Lave as laranjas e os limões. Descasque um limão e uma laranja e pique as cascas. Retire a pele branca das frutas.
2 Corte todas as frutas ao meio. Tire a membrana branca central e as sementes, feche-as em um saquinho de tecido fino e coloque-o em uma tigela com 1 copo de água.
3 Fatie todas as frutas (com ou sem casca) em rodelas finas. Coloque em um recipiente bem grande as frutas e as cascas picadas com 300 ml de água. Deixe de molho por 24 h, virando as frutas duas ou três vezes.
4 Coloque as frutas e a água em uma panela de fundo grosso, tampe e deixe levantar fervura.
5 Destampe a panela, abaixe um pouco o fogo e cozinhe em fogo médio por 30 min.
6 Afervente os potes.
7 Junte o açúcar e deixe ferver novamente; reduza mais o fogo para restabelecer uma fervura suave, mexendo.
8 Escume e continue o cozimento por 30 min.
9 Coloque a geléia em potes e feche-os imediatamente. Mantenha os potes de geléia virados de cabeça para baixo por 24 h.

- **Preparo: 20 min** ■ **Maceração: 24 h**
- **Cozimento: 1 h**

LARANJA
SOBREMESAS E DOCES

Laranjas nevadas

Rendimento: 8 porções
8 laranjas
120 g de açúcar
20 g de leite em pó

1 Com uma faca serrilhada, corte a ponta das laranjas e retire a polpa por aí com uma colherzinha de borda cortante, sem perfurar as cascas. Conserve as cascas e as pontas no congelador.
2 Amasse a polpa com um pilão e passe pela peneira.
3 Com o suco recolhido, o açúcar e o leite em pó, prepare um Sorbet de laranja (*veja p. 918*).
4 Coloque o sorbet em um saco de confeitar com bico canelado e recheie as cascas de laranja. Cubra as laranjas com suas pontinhas e leve novamente ao congelador até a hora de servir.

■ Preparo: 30 min

Suflê de laranja

Rendimento: 6 porções
6 laranjas grandes orgânicas
3 ovos
60 g de açúcar
2 colheres rasas (sopa) de maisena
50 ml de licor Grand Marnier
uma pitada de sal

1 Recorte as pontas das laranjas e mais uma pequena rodela para que fiquem bem assentadas.
2 Esvazie as laranjas com uma colherzinha de borda cortante, sem perfurar as cascas. Esprema a polpa sobre uma peneira e coe o suco.
3 Separe as gemas e as claras. Em uma tigela, bata as gemas com o açúcar e a maisena. Acrescente o suco de laranja.
4 Leve ao fogo baixo mexendo sem parar com uma colher de pau. Retire do fogo quando engrossar. Junte o Grand Marnier e espere esfriar.
5 Preaqueça o forno a 220°C.
6 Bata as claras em neve firme com uma pitada de sal e adicione delicadamente ao creme de laranja.
7 Coloque o creme dentro das laranjas vazias. Arrume-as em uma fôrma e leve ao forno por 30 min. Sirva quente.

■ Preparo: 45 min   ■ Cozimento: 30 min

LIMÃO
SOBREMESAS E DOCES

LIMÃO

Creme de limão

Rendimento: 1/2 kg
3 limões orgânicos
165 g de manteiga
2 ovos
135 g de açúcar

1. Rale a casca dos limões.
2. Esprema as frutas e coe o suco.
3. Corte a manteiga em pedaços pequenos.
4. Coloque cubos de gelo em um tacho.
5. Prepare uma panela de água para banho-maria. Em uma tigela colocada sobre o banho-maria, misture os ovos, o açúcar, o suco e as raspas de limão e cozinhe por 10 min. Pare o cozimento pouco antes da ebulição.
6. Passe a preparação para uma tigela e coloque-a imediatamente sobre os cubos de gelo. Mexa o creme até que ele amorne.
7. Retire o creme dos cubos de gelo e junte a manteiga, misturando com o batedor manual ou o mixer até que ele fique homogêneo. Leve à geladeira.

■ Preparo: cerca de 20 min

Flã de limão com suspiro

Rendimento: 4-6 porções
300 g de Massa sablée
(veja p. 961)
50 g de manteiga
2 limões orgânicos
3 ovos
250 ml de leite
40 g de farinha de trigo
175 g de açúcar
uma pitada de sal

1. Prepare a massa e deixe descansar por 1 h em local fresco.
2. Preaqueça o forno a 190°C. Unte uma fôrma para torta de 24 cm. Estenda a massa e forre com ela a fôrma.
3. Leve ao forno por 3 ou 4 min.
4. Retire a casca dos limões e esprema um deles. Afervente as raspas por 2 min, escorra-as e corte em lâminas finas.
5. Separe as claras e as gemas. Aqueça 200 ml de leite. Derreta a manteiga restante. ▶

LIMÃO
SOBREMESAS E DOCES

6 Misture a farinha de trigo e 100 g de açúcar e dilua inicialmente com o leite frio, juntando em seguida o leite fervente, a manteiga derretida, as gemas uma a uma e as raspas. Deixe engrossar por 15 min em fogo baixo, mexendo sem parar.
7 Fora do fogo, junte o suco de limão, misture e espere amornar.
8 Guarneça o fundo de massa com essa preparação.
9 Aumente a temperatura do forno para 240ºC.
10 Bata as claras em neve com o açúcar restante e uma pitada de sal, despeje-as sobre o creme e alise com uma espátula. Leve ao forno por 3 ou 4 min para dourar.
11 Espere esfriar antes de servir.

■ Preparo: 45 min ■ Descanso: 1 h
■ Cozimento: 10 min

Geléia de limão

Rendimento: 1 kg
1/2 kg de limão orgânico
600 g de açúcar

1 Afervente os potes.
2 Lave os limões e descasque um terço deles. Mergulhe as cascas por 2 min em água fervente, em seguida passe-as em água fria e corte-as em palitos finos.
3 Corte em fatias grossas dois terços dos limões, esprema os outros. Coloque em um tacho o suco e as fatias de limão, espere levantar fervura e cozinhe por 5 min mexendo.
4 Junte os três quartos de cascas cortadas em palitos, o açúcar e 600 ml de água. Mexa e cozinhe 20 min em fogo baixo.
5 Junte o resto das cascas, misture e cozinhe mais 3 min em fogo baixo.
6 Coloque a geléia em potes, feche-os imediatamente e deixe-os virados de cabeça para baixo até o dia seguinte.

■ Preparo: 20 min ■ Cozimento: cerca de 25 min

LIMÃO
SOBREMESAS E DOCES

Lemon curd (Manteiga de limão)

Rendimento:
3 potes de 1/2 kg

400 g de manteiga
6 limões orgânicos grandes
8 ovos
1 kg de açúcar

1. Corte a manteiga em pedaços pequenos.
2. Rale a casca dos limões e esprema-os.
3. Bata os ovos em uma tigela grande e leve-a ao fogo em banho-maria. Junte a manteiga, as raspas, o suco do limão e o açúcar. Deixe derreter batendo delicadamente.
4. Retire as raspas de limão e continue a cozinhar em banho-maria por cerca de 30 min, até que a massa engrosse.
5. Afervente os potes, distribua a mistura neles. Feche cada pote e coloque-os virados por 24 h. Conserve-os em lugar fresco. Essa manteiga de limão deve ser consumida em até 3 meses.

■ Preparo: 10 min ■ Cozimento: cerca de 40 min

Musse de limão

Rendimento: 6 porções

3 ovos
3 limões orgânicos
150 g de açúcar
1 colher (sopa) de maisena
20 g de manteiga

1. Separe as claras e as gemas.
2. Lave os limões, rale fino a casca de dois deles e esprema os três.
3. Coloque as gemas em uma panela com o açúcar, a maisena e 200 ml de água.
4. Aqueça em fogo baixo, junte o suco e as raspas de limão e cozinhe lentamente até que a mistura engrosse e envolva a colher.
5. Retire do fogo e junte a manteiga batendo. Deixe esfriar.
6. Bata as claras em neve firme e incorpore-as revolvendo delicadamente.
7. Despeje a musse de limão em taças. Leve à geladeira até a hora de servir.

■ Preparo: 20 min (24 h de antecedência)
■ Cozimento: cerca de 10 min

LIMÃO
SOBREMESAS E DOCES

Sorbet de limão

Rendimento: 1 litro
0,5 litro de água
250 g de açúcar
4 limões
20 g de leite em pó

1 Ferva meio litro de água com o açúcar, deixe esfriar.
2 Junte o suco dos limões e o leite em pó. Misture bem e coloque em uma sorveteira para encorpar.

Sorbet de laranja
Proceda do mesmo modo com 4 laranjas.

Sorbet de tangerina
Proceda do mesmo modo com 17 tangerinas e a mesma quantidade de açúcar e de leite em pó.

■ Preparo: 45 min ■ Congelamento: 3h30 no mínimo

Suflê de limão

Rendimento: 6 porções
6 limões orgânicos
300 ml de leite
40 g de farinha de trigo
110 g de manteiga
110 g de açúcar
6 claras
5 gemas

1 Rale a casca de 4 limões para obter o equivalente a 2 colheres de sopa. Esprema o suco dos outros 2 limões.
2 Aqueça o leite, peneire a farinha de trigo.
3 Em uma panela, trabalhe 100 g de manteiga com um garfo dando-lhe a consistência de um creme. Junte 60 g de açúcar e a farinha de trigo peneirada, depois despeje o leite fervente misturando vigorosamente. Deixe ferver por 1 min continuando a mexer até reduzir a mistura como uma massa de carolina.
4 Preaqueça o forno a 200°C.
5 Bata as claras em neve firme e junte aos poucos 40 g de açúcar.
6 Fora do fogo, junte à massa: o suco de 2 limões, as 5 gemas, as claras em neve e as raspas de limão, misturando bem entre cada ingrediente adicionado.
7 Unte e polvilhe com açúcar 6 forminhas refratárias, distribua nelas a massa e leve ao forno em banho-maria por 40 min.

■ Preparo: 40 min ■ Cozimento: 40 min

MAÇÃ

Bolinhos de maçã

Rendimento: 20 bolinhos

400 g de Massa de beignet (veja p. 111)
4 maçãs golden
óleo de girassol
90 g de açúcar
1 colher (café) de canela em pó

1. Prepare a massa e deixe-a descansar por 1 h.
2. Descasque as maçãs, sem cortá-las. Com um descaroçador, retire o miolo das maçãs e corte-as em rodelas iguais bem grossas.
3. Deixe esquentar o óleo a 175°C.
4. Misture a metade do açúcar com a canela em um prato. Passe as fatias de maçã no açúcar, dos dois lados, apertando para que elas se impregnem bem.
5. Espete cada rodela em um garfo de cabo longo, mergulhe na massa e em seguida no óleo quente. Com uma escumadeira, vire os bolinhos para que dourem de todos os lados, retire e coloque sobre papel-toalha.
6. Arrume os bolinhos em uma travessa, polvilhe com o restante de açúcar com canela e sirva imediatamente.

■ Preparo: 30 min ■ Descanso: 1 h
■ Cozimento: 20 min

Compota de maçã

Rendimento: 4-6 porções

100 ml de água
150 g de açúcar
2 favas de baunilha (ou 3 paus de canela)
1 limão
800 g de maçã

1. Ferva em uma panela a água, o açúcar e as favas de baunilha (abertas e raspadas) ou os paus de canela.
2. Esprema o suco do limão em uma tigela. Descasque as maçãs, corte-as em quartos e retire as sementes. Coloque-as na tigela e misture-as bem com o suco do limão.
3. Mergulhe as maçãs na calda fervente e cozinhe por 15-20 min: elas devem ficar cozidas, sem se desmanchar. Sirva a compota morna ou fria.

■ Preparo: 10 min ■ Cozimento: 15-20 min

Doce de maçã

Rendimento: 1 kg
1 kg de maçã golden
1 limão
500 g de açúcar
1 fava de baunilha

1 Lave as maçãs e não as descasque. Retire os cabinhos, os miolos e as sementes. Esprema o suco de meio limão em uma panela.
2 Rale as maçãs sobre o suco de limão, na panela. Adicione aos poucos o açúcar.
3 Junte a fava de baunilha aberta e ralada. Cozinhe em fogo baixo por cerca de 1 h, mexendo de vez em quando.
4 Afervente os potes.
5 Esprema o suco de meio limão ao final do cozimento. Misture bem. Coloque em potes, feche-os imediatamente e deixe-os emborcados por 24 h.

Doce de pêra
Proceda da mesma maneira, substituindo as maçãs por peras.

■ Preparo: 30 min ■ Cozimento: 1 h

Flã de maçã

Rendimento: 4-6 porções
60 g de farinha de trigo
75 g de açúcar
uma pitada de sal
3 ovos
0,5 litro de leite
10 g de manteiga
3-4 maçãs golden
açúcar de confeiteiro

1 Coloque a farinha de trigo em uma tigela com o açúcar e o sal. Bata os ovos, adicione à massa e misture bem com uma espátula de madeira para obter uma massa bem homogênea. Despeje aos poucos o leite e continue a misturar.
2 Preaqueça o forno a 180°C. Unte com manteiga uma fôrma de 22 cm. Descasque e corte as maçãs em fatias finas e retire as sementes. Disponha as maçãs em círculo na fôrma, sobrepondo umas às outras. Despeje a massa por cima e leve ao forno por 45 min. ▶

MAÇÃ
SOBREMESAS E DOCES

3 Desenforme o flã quando estiver morno e polvilhe com açúcar de confeiteiro. Sirva morno ou frio.

■ Preparo: 15 min ■ Cozimento: 45 min

Maçãs bonne femme

Rendimento: 4 porções

4 maçãs graúdas com polpa firme
50 g de manteiga
40 g de açúcar
1/2 copo de água

1 Preaqueça o forno a 220ºC.
2 Corte as maçãs ao meio, no sentido da largura. Esvazie as maçãs e arrume-as em uma fôrma untada com manteiga.
3 Amasse a manteiga restante com o açúcar e recheie as maçãs. Espalhe meio copo de água na fôrma.
4 Asse por 35-40 min. Sirva na fôrma do cozimento.

■ Preparo: 10 min ■ Cozimento: 35-40 min

Maçãs gratinadas com frutas secas

Rendimento: 4 porções

4 figos secos
30 g de pistaches
50 g de uvas-passas
70 ml de rum
1 limão
3 maçãs
40 g de farinha de rosca
10 g de manteiga
1/2 colher (café) de canela em pó
40 g de amêndoas moídas

1 Pique grosseiramente os figos e os pistaches em uma tigela. Adicione as uvas-passas e o rum e deixe macerar por 1 h.
2 Esprema o suco do limão em uma outra tigela. Descasque as maçãs e retire as sementes. Rale as maçãs sobre o sumo do limão.
3 Preaqueça o forno a 200ºC. Reúna o conteúdo das duas tigelas, junte a farinha de rosca e misture.
4 Unte com manteiga forminhas refratárias, distribua as frutas e polvilhe com a canela e as amêndoas moídas. Leve ao forno para gratinar por 10 min. Sirva esta sobremesa morna ou fria.

■ Preparo: 15 min ■ Maceração: 1 h
■ Cozimento: 10 min

Sorbet de maçã

Rendimento: 1 litro
1 kg de maçãs ácidas
250 ml de suco de maçã
25 g de açúcar
1/2 limão
noz-moscada

1 Lave, corte as maçãs sem descascá-las e retire as sementes. Coloque as frutas, o suco de maçã e o açúcar em uma panela. Cozinhe por 15-20 min.
2 Bata as maçãs no liquidificador ou processador. Junte o suco de limão a esse purê e rale sobre ele um pouquinho de noz-moscada.
3 Espere esfriar e coloque em uma sorveteira.

■ **Preparo: 15 min**   ■ **Cozimento: 15-20 min**

Suflê de maçã

Rendimento: 6-8 porções
8 maçãs graúdas
50 g de manteiga
300 g de açúcar
100 ml de conhaque
5 claras
50 g de açúcar de confeiteiro

1 Corte as maçãs ao meio, retire o miolo e a polpa.
2 Em uma panela, derreta cerca de 45 g de manteiga. Junte a polpa de maçã e cozinhe por 5 min com a panela tampada e sem mexer. Adicione 200 g de açúcar e cozinhe esse purê, mexendo, para apurar.
3 Preaqueça o forno a 230ºC. Regue o interior das maçãs com a metade do conhaque. Adicione a outra metade ao purê e misture bem.
4 Bata as claras em neve e incorpore-as ao purê de maçã com uma espátula de madeira, revolvendo delicadamente.
5 Disponha as frutas em uma fôrma untada com manteiga. Com uma colherinha, recheie as maçãs com o purê. Polvilhe com o açúcar de confeiteiro e leve ao forno para gratinar por 10-12 min.
6 Prepare uma calda de caramelo com o açúcar restante (*veja p. 1034*); junte 70 ml de água quente e mexa bem com uma colher de pau. Regue as maçãs com o caramelo ou sirva-o em uma molheira.

■ **Preparo: 45 min**   ■ **Cozimento: 15-17 min**

MANGA

Compota de manga fatiada

Rendimento: 4 porções

4 mangas maduras e sem fiapos
500 g de açúcar
720 ml de água
5 cravos-da-índia

1. Lave as mangas e descasque-as. Corte em tiras grossas.
2. Em uma panela, cozinhe o açúcar com a água até obter uma calda rala.
3. Acrescente a manga cortada e misture. Junte os cravos-da-índia, tampe e cozinhe em fogo brando até que as mangas fiquem macias.

■ Preparo: 5 min ■ Cozimento: 10 min

Creme de manga

Rendimento: 4 porções

3 mangas médias
60 g de açúcar de confeiteiro
2 laranjas-limas
250 ml de creme de leite

1. Corte, pique e passe as mangas no processador para obter um purê. Reserve.
2. Em uma tigela, dissolva o açúcar no suco das laranjas.
3. Adicione o purê de manga e o creme de leite. Misture delicadamente e leve à geladeira por cerca de 15 min.

■ Preparo: 10 min ■ Refrigeração: 15 min

Doce de manga com limão

Rendimento: 4 porções

2 limões orgânicos
2 kg de manga
50 g de açúcar
2 pitadas de canela

1. Rale a casca de um limão e esprema o suco dos dois.
2. Corte as mangas ao meio e retire a polpa com uma colherinha.
3. Coloque em uma panela. Junte o suco e as raspas de limão, o açúcar, a canela e recubra com água. Deixe ferver, escume, baixe o fogo e cozinhe por cerca de 30 min. ▶

MANGA
SOBREMESAS E DOCES

4 Despeje o doce em uma taça, espere esfriar e leve à geladeira por 1 h, no mínimo, antes de servir.

- **Preparo: 15 min** ■ **Cozimento: 30 min**
- **Refrigeração: 1 h**

Musse de manga

Rendimento: 4 porções

2 mangas
500 ml de creme de leite fresco gelado
30 g de açúcar
1 envelope de gelatina em pó sem sabor

1 Lave, descasque e pique as mangas. Passe no processador para obter um purê. Reserve.
2 Bata o creme de leite com o açúcar até obter um chantilly. Reserve.
3 Dissolva a gelatina em pó de acordo com as instruções da embalagem.
4 Em uma tigela, misture a polpa de manga com a gelatina dissolvida. Junte o chantilly, misturando delicadamente.
5 Leve a musse à geladeira por pelo menos 4 h.

A musse de manga pode ser servida com bolo simples, pão-de-ló ou coulis de frutas.

- **Preparo: 30 min** ■ **Refrigeração: 4 h**

Sorbet de manga

Rendimento: 1 litro

1,2 kg de mangas maduras
1 limão
150 g de açúcar

1 Descasque e descaroce as mangas, corte-as em pedaços.
2 Bata as mangas no liquidificador.
3 Esprema o limão, junte-o ao purê com o açúcar. Coloque em uma sorveteira.

- **Preparo: 10 min**

MARACUJÁ / MELÃO
SOBREMESAS E DOCES

MARACUJÁ

Coulis de maracujá

Rendimento: 0,5 litro
800 g de maracujá
3 colheres (sopa) de água
suco de 1 limão
50 g de açúcar

1 Corte os maracujás ao meio, retire a polpa, bata no liquidificador e coe em uma peneira fina.
2 Junte 3 colheres (sopa) de água, o suco do limão e o açúcar e misture bem.
3 Leve à geladeira.

■ Preparo: 15 min

Sorbet de maracujá

Rendimento: 1 litro
800 g de maracujá
250 ml de água
300 g de açúcar
1/2 limão

1 Corte os maracujás ao meio, retire a polpa, bata no liquidificador e coe em uma peneira fina.
2 Ferva 250 ml de água com o açúcar. Junte essa calda à polpa de maracujá, acrescente algumas gotas de limão, misture bem e coloque em uma sorveteira.

■ Preparo: 15 min

MELÃO

Coulis de melão

Rendimento: 0,5 litro
1 melão de cerca de 1 kg
50 g de açúcar

1 Corte o melão, retire as sementes e os filamentos e extraia toda a polpa com uma colher.
2 Bata a polpa no liquidificador com o açúcar.
3 Leve à geladeira ou congele.

■ Preparo: 10 min

MELÃO
SOBREMESAS E DOCES

Frapê de melão

Rendimento: 6 porções
6 melões
200 ml de vinho do Porto
1 litro de sorvete de melão pronto
gelo moído

1 Tire as pontas dos melões e reserve. Corte as frutas ao meio, retire as sementes e os filamentos e extraia delicadamente a polpa com um boleador fazendo bolinhas. Coloque em uma tigela grande. Junte o vinho do Porto e deixe macerar por 2 h na geladeira.
2 Coloque as cascas e as bases dos melões na geladeira pelo mesmo tempo.
3 Recheie as cascas vazias com camadas alternadas de sorvete e de bolinhas de melão. Regue com o vinho do Porto usado na maceração. Recoloque as pontas dos melões.
4 Disponha os melões em taças guarnecidas com gelo moído e sirva imediatamente.

■ Preparo: 10 min ■ Maceração e refrigeração: 2 h

Geléia de melão

Rendimento: 1 kg
1 melão de cerca de 700 g
450 g de açúcar

1 Corte o melão ao meio e retire as sementes. Pique a polpa em pedacinhos e coloque em uma tigela. Junte o açúcar e misture. Deixe macerar em um lugar fresco por 3-4 h.
2 Afervente os potes.
3 Coloque o melão e seu suco da maceração em uma panela de fundo grosso e cozinhe por cerca de 15 min, mexendo sem parar.
4 Coloque a geléia em potes e feche imediatamente.

■ Preparo: 15 min ■ Maceração: 3-4 h
■ Cozimento: cerca de 15 min

MEXERICA E TANGERINA

Mexericas nevadas

Rendimento: 8 porções
8 mexericas
120 g de açúcar

1. Lave as mexericas. Sem descascar, corte o centro das mexericas e retire a polpa com uma colher, tomando cuidado para não perfurar as cascas. Reserve as cascas e os centros das mexericas no congelador.
2. Amasse a polpa no pilão e passe pela peneira, apertando bem com uma colher.
3. Com o suco recolhido e o açúcar, prepare um Sorbet de tangerina (*veja p. 918*).
4. Coloque o sorbet em um saco de confeitar com bico canelado e guarneça as cascas ultrapassando a altura.
5. Cubra as mexericas com o pedaço cortado, leve-as novamente ao congelador até a hora de servir.

Limões nevados
Proceda do mesmo modo com 8 limões e a mesma quantidade de açúcar.

■ **Preparo: 30 min**

Tangerinas cristalizadas

Rendimento: 1 kg
600 g de tangerina orgânica
120 ml de água
600 g de açúcar

1. Ferva água em uma panela grande. Lave as tangerinas e mergulhe-as em água fervente por 30 segundos. Escorra-as.
2. Deixe ferver 120 ml de água com o açúcar, junte as tangerinas e cozinhe por 1 min. Retire a panela do fogo e deixe macerar por 12 h.
3. No dia seguinte, leve a panela ao fogo novamente, ferva por 1 min e em seguida deixe macerar por 12 h. Repita essa operação por 4 dias seguidos. ▶

MEXERICA E TANGERINA / MORANGO

4 No 6.º dia, corte uma tangerina ao meio para verificar se o centro da fruta está curado. Ele não deve estar cru, mas brilhante e suculento; senão, repita a operação.

5 Deixe escorrer as tangerinas em uma peneira para eliminar o excesso de calda que as envolve. Espere secar um pouco antes de dispô-las em uma travessa ou em um pote hermeticamente fechado.

■ Preparo: 6-7 dias de antecedência

Tangerinas na cachaça

Rendimento:
1 pote de 2 litros

750 g de Tangerinas cristalizadas (veja p. 927)
750 ml de cachaça

1 Afervente o pote de geléia e enxugue-o.
2 Corte as Tangerinas cristalizadas em quatro e coloque-as no pote. Recubra com cachaça.
3 Feche o vidro e guarde-o por 30 dias ao abrigo da luz antes de degustar as tangerinas.

■ Preparo: 5 min   ■ Descanso: 30 dias

MORANGO

Charlote de morango

Rendimento: 6-8 porções

1 kg de morango
6 folhas de gelatina sem sabor
60 g de açúcar
750 ml de creme de leite
250 g de biscoito champanhe

1 Lave os morangos, tire os cabinhos e escorra. Coloque as folhas de gelatina de molho em um pouco de água.
2 Reserve alguns morangos (os mais bonitos) para a decoração. No processador ou no liquidificador, reduza os outros morangos a um purê. Em seguida, coe o purê para obter uma polpa bem fina.
3 Escorra e enxugue as folhas de gelatina.
4 Aqueça levemente um quarto da polpa de morango com o açúcar, depois junte a gelatina e misture. Incorpore em seguida o restante da polpa e misture bem. Adicione o creme e misture de novo. ▶

MORANGO
SOBREMESAS E DOCES

5 Forre o fundo e as laterais de uma fôrma de pudim pequena (de 16 cm de diâmetro) e sem orifício com o biscoito champanhe. Espalhe a musse de morango. Recubra com uma camada de biscoito e leve à geladeira por 4 h.

6 Mergulhe rapidamente a fôrma na água bem quente para desenformar. Decore com os morangos reservados.

■ Preparo: 35 min   ■ Refrigeração: 4 h

Coulis de morango

Rendimento: 0,5 litro
750 g de morango
80 g de açúcar
1 limão

1 Lave os morangos e tire os cabinhos. No processador ou no espremedor de legumes reduza-os a um purê. Em seguida, passe o purê em uma peneira apertando-o bem com uma colher.

2 Misture o purê de morango com o açúcar e o suco de limão. Conserve na geladeira.

Coulis de mexerica
Substitua os morangos por mexericas. Esprema o suco das frutas e siga a receita.

■ Preparo: 20 min

Geléia de morango

Rendimento: 1,5 kg
1 kg de morangos bem maduros
1 kg de açúcar
1 limão

1 Lave os morangos e retire os cabinhos. Coloque-os em uma terrina, polvilhe com açúcar e misture. Deixe macerar por 12 h.

2 Coloque os morangos no tacho para geléia com o suco de limão e misture. Deve ferver e cozinhar por 5 min. Retire os morangos com uma escumadeira e passe-os para uma tigela. ▶

MORANGO
SOBREMESAS E DOCES

3 Afervente os potes. Deixe ferver a calda por 5 min para reduzi-la. Coloque os morangos novamente na calda por 5 min. Recomece essa operação 2 vezes e retire bem a espuma no final do cozimento.
4 Encha os potes e feche-os imediatamente. Vire-os e conserve-os assim por 24 h.

■ Preparo: 20 min ■ Maceração: 12 h
■ Cozimento: 20 min

Morango com hortelã

Rendimento: 6 porções

1 kg de morango
250 g de açúcar
500 ml de vinho branco seco
20 folhas de hortelã fresca

1 Lave os morangos e retire os cabinhos. Corte-os ao meio se forem grandes. Coloque-os em uma compoteira de vidro com o açúcar. Mexa e despeje o vinho. Misture e junte 10 folhas de hortelã.
2 Deixe macerar por 4 h na geladeira.
3 Na hora de servir, retire as folhas de hortelã murchas e substitua pelas folhas frescas. Sirva em uma taça grande ou poncheira.

■ Preparo: 20 min ■ Maceração: 4 h

Morango Ginette

Rendimento: 4 porções

750 ml de Sorbet de limão (veja p. 918)
500 g de morangos
100 g de açúcar
100 ml de licor curaçau
1 copo de champanhe
100 g de pêra desidratada
100 g de laranja cristalizada ▶

1 Prepare o Sorbet de limão. Coloque 4 taças vazias no congelador.
2 Lave e retire os cabinhos dos morangos. Coloque-os em uma tigela, corte ao meio os maiores, polvilhe 40 g de açúcar, despeje o licor curaçau e o champanhe e misture bem. Deixe macerar tudo por 30 min.
3 Corte a pêra desidratada e a laranja cristalizada em lâminas finas. ▶

200 ml de Creme de leite batido (veja p. 841)
1 colher (sobremesa) de açúcar sabor baunilha

4 Bata o creme com o açúcar restante (60 g) e o açúcar sabor baunilha. Escorra os morangos. Coe o suco em uma peneira forrada com um tecido fino (musselina) e reserve.
5 Coloque o Sorbet de limão no fundo das taças geladas. Adicione os morangos, a pêra e a laranja.
6 Regue com o suco. Decore com bolinhas de creme batido.

■ Preparo: 20 min ■ Maceração: 30 min

Morango na laranja

Rendimento: 6 porções
600 g de morango
3 laranjas
70 g de açúcar
300 ml de licor Cointreau
gelo moído

1 Lave os morangos e retire os cabinhos.
2 Corte as laranjas ao meio, retire a polpa com uma faquinha (ou uma colher para grapefruit) e coloque em uma tigela.
3 Recorte uma rodelinha de casca no meio de cada laranja para dar estabilidade. Leve as cascas de laranja à geladeira.
4 Passe a polpa no processador ou liquidificador e coe. Junte o açúcar e o Cointreau. Regue os morangos e leve-os à geladeira.
5 Na hora de servir, recheie as laranjas com os morangos. Distribua o gelo moído nas taças e as frutas por cima. Sirva imediatamente.

■ Preparo: 15 min

Musse de morango

Rendimento: 4 porções

600 g de morangos
160 g de açúcar
1 colher (café) de licor de morango
4 claras
1/2 limão

1 Lave os morangos e retire os cabinhos. Passe 400 g deles no processador. Misture esse purê com 150 g de açúcar e junte o licor de morango.
2 Bata as claras em neve firme com o açúcar restante e junte-as delicadamente ao purê de morango. Distribua essa musse nas taças para servir. Deixe em local fresco.
3 Reduza o restante dos morangos (200 g) a um purê líquido juntando-lhe 2 ou 3 colheres (sopa) de água e o suco do limão. Regue cada taça com essa calda.

■ Preparo: 15 min   ■ Descanso: 1 h

Sorbet de morango

Rendimento: 1 litro

500 g de morangos
200 ml de água
250 g de açúcar
2 limões
2 laranjas

1 Lave os morangos e retire os cabinhos. Passe-os no processador.
2 Ferva 200 ml de água com o açúcar por 5 min.
3 Deixe esfriar e misture com o purê de morango, o suco dos limões e das laranjas.
4 Coloque na sorveteira e leve ao congelador.

■ Preparo: 15 min

Suflê de morango

Rendimento: 6-8 porções

350 g de Creme pâtissière (veja p. 843)
300 g de morangos
12 claras
2 pitadas de sal
10 g de manteiga
10 g de açúcar

1 Prepare o Creme pâtissière.
2 Lave os morangos, tire os cabinhos, passe-os no processador ou no liquidificador e misture com o creme.
3 Bata as claras em neve bem firme com o sal. Depois, junte-as aos poucos revolvendo delicadamente o creme com morangos. ▶

4. Preaqueça o forno a 200°C.
5. Unte e polvilhe com açúcar uma fôrma de pudim sem orifício de 18 cm de diâmetro. Leve ao forno por 5 min a 200°C.
6. Baixe o forno a 180°C e cozinhe por mais 20 min.

Suflê de amora
Prepare da mesma maneira. Lave as framboesas muito delicadamente.

■ Preparo: 30 min   ■ Cozimento: 25 min

PÊRA

Charlote de pêra

Rendimento: 6-8 porções

1 litro de água
500 g de açúcar
1,5 kg de pêra
8 folhas de gelatina sem sabor
500 g de Creme inglês (veja p. 842)
50 ml de rum
50 g de Chantilly (veja p. 837)
24 biscoitos champanhe

1. Despeje um litro de água em uma panela, junte o açúcar e deixe ferver. Descasque as peras e cozinhe-as inteiras nessa calda por 10-15 min. Verifique o cozimento com a ponta de uma faca.
2. Corte duas peras ao meio, retire as sementes e bata no liquidificador. Reserve o purê.
3. Deixe de molho as folhas de gelatina na água fria.
4. Prepare o Creme inglês.
5. Escorra a gelatina e, fora do fogo, junte-a ao creme. Espere o creme esfriar. Adicione o purê de pêra e o rum.
6. Bata o Chantilly e misture com o creme aromatizado de peras.
7. Corte as outras peras cozidas na calda em fatias médias e retire as sementes. Guarde algumas fatias para decorar.
8. Forre uma fôrma de pudim sem orifício, de 20 cm de diâmetro, com os biscoitos champanhe. Espalhe uma camada de creme e uma camada de fatias de pêra. Disponha outra camada de creme e assim por diante até que a fôrma esteja completa. Termine com uma camada de biscoitos. ▶

PÊRA
SOBREMESAS E DOCES

9. Cubra a fôrma com filme de PVC e leve à geladeira por cerca de 6-8 h.
10. Passe a fôrma rapidamente em água quente para desenformar. Decore com fatias de pêra.

■ Preparo: 1 h ■ Cozimento: 30 min
■ Refrigeração: 6-8 h

Compota de peras com cerveja

Rendimento: 4-6 porções

500 g de pêra
0,5 litro de cerveja
50 g de laranja cristalizada
50 g de limão cristalizado
100 g de açúcar
100 g de uvas-passas pretas
1 colher (sopa) de canela em pó

1. Descasque as peras, corte em cubos de cerca de 2 cm de lado e retire as sementes. Coloque aos poucos os cubos de pêra em uma panela e cubra com cerveja.
2. Corte a laranja e o limão cristalizados em pedacinhos e adicione à panela com as frutas, o açúcar, as uvas-passas e a canela. Cozinhe por 20 min em fogo bem baixo, mexendo regularmente.
3. Deixe esfriar em temperatura ambiente, distribua em taças individuais ou sirva em uma compoteira.

■ Preparo: 10 min ■ Cozimento: 20 min

Compota de peras e maçãs caramelizadas

Rendimento: 4-6 porções

400 g de pêra
400 g de maçã
150 g de açúcar
100 ml de água
1 pau de canela

1. Descasque as peras e as maçãs; corte em pedaços e tire as sementes.
2. Prepare duas caldas, colocando em duas panelas diferentes 75 g de açúcar e 50 ml de água e a metade do pau de canela. Deixe ferver, mergulhe as maçãs em uma panela e as peras em outra. Cozinhe por 10-15 min, retire as frutas sem a calda e coloque em uma compoteira. Leve à geladeira. ▶

3. Misture as duas caldas de cozimento e reduza até que o açúcar comece a dourar.
4. Despeje o açúcar ainda fervente sobre as frutas refrigeradas e deixe endurecer em local fresco, mas fora da geladeira. Sirva em seguida.

■ Preparo: 15 min ■ Cozimento: cerca de 15 min

Flaugnarde de pêra

Rendimento: 4-6 porções

800 g de pêra
1 cálice de rum
4 ovos
100 g de açúcar
100 g de farinha de trigo
uma pitada de sal
1,5 litro de leite
40 g de manteiga

1. Descasque as peras, corte ao meio e fatie em lâminas. Coloque em uma tigela com o rum (elas devem macerar no mínimo 3 h; se possível, 12 h). Preaqueça o forno a 220°C.
2. Bata na batedeira, ou à mão, os ovos inteiros e o açúcar até que a mistura fique bem espumante. Incorpore pouco a pouco a farinha de trigo e a pitada de sal, misturando bem. Despeje em seguida o leite, sempre mexendo.
3. Junte as frutas maceradas e o rum. Unte generosamente com manteiga uma fôrma grande de 24 cm de comprimento, despeje a massa, espalhe por cima algumas bolinhas de manteiga e leve ao forno por 30 min.
4. Sirva morna, na fôrma de cozimento, acompanhada eventualmente de geléia.

■ Preparo: 20 min ■ Maceração: 3-12 h
■ Cozimento: 30 min

PÊRA
SOBREMESAS E DOCES

Peras ao vinho

Rendimento: 4 porções

1 limão orgânico
1 garrafa de vinho tinto
200 g de açúcar
1/2 pau de canela
noz-moscada
8 peras pequenas
  (ou 4 graúdas)

1. Corte o limão em rodelas finas. Despeje o vinho tinto em uma panela de aço inoxidável. Junte o limão, o açúcar e a canela. Rale generosamente a noz-moscada (cerca de três pitadas). Deixe ferver em fogo baixo.
2. Enquanto isso, descasque as peras. Deixe-as inteiras, se forem pequenas, conservando os cabos. Se forem grandes, corte ao meio e retire as sementes.
3. Coloque as peras na calda fervente, cubra e deixe ferver em fogo baixo. Cozinhe assim por 30-40 min, virando as frutas na metade do tempo de cozimento. Espete as peras com uma agulha para verificar se estão bem tenras. Escorra as frutas e arrume em uma travessa.
4. Retire o limão e a canela. Apure a calda até que ela envolva a colher. Despeje-a então sobre as peras.
5. Deixe descansar e leve à geladeira até a hora de servir.

■ Preparo: 10 min   ■ Cozimento: cerca de 1 h

Peras Belle-Hélène

Rendimento: 6 porções

1 litro de Sorvete de
  baunilha (veja p. 863)
  ou comprado pronto
550 ml de água
250 g de açúcar
6 peras williams
125 g de chocolate meio-
  amargo
600 ml de creme de leite
  fresco

1. Prepare (ou compre) o sorvete.
2. Ferva meio litro de água com o açúcar. Descasque as peras inteiras, mantendo os cabinhos, e mergulhe-as na calda por 20-30 min. Quando estiverem bem macias, escorra e leve à geladeira.
3. Ferva 50 ml de água. Pique o chocolate e coloque-o em uma panela em fogo baixo; despeje a água fervente por cima, misturando para derretê-lo. Adicione o creme de leite.
4. Forre o fundo de seis taças com o sorvete, acrescente uma pêra em cada uma e regue com a calda de chocolate bem quente. Sirva imediatamente.

■ Preparo: 45 min   ■ Cozimento: 20-30 min

Peras gratinadas com castanhas-do-pará

Rendimento: 4 porções

12 peras
1 limão
80 g de castanhas-do-pará
50 g de manteiga em temperatura ambiente
50 g de açúcar mascavo
100 ml de vinho branco
50 ml de licor de morango (ou de outra fruta)

1. Descasque as peras, corte ao meio e retire as sementes. Esfregue-as com meio limão dos dois lados.
2. Fatie as castanhas-do-pará em lâminas. Preaqueça o forno a 220°C.
3. Unte uma fôrma com manteiga, disponha as peras uma ao lado da outra, com o lado achatado para o fundo. Esprema o limão e regue as peras com o suco.
4. Em uma tigela, misture o açúcar, o vinho branco e o licor. Despeje esse líquido sobre as peras, espalhe por cima bolinhas de manteiga e as castanhas-do-pará laminadas. Leve ao forno por 25 min.
5. Sirva esse gratinado quente, morno ou frio.

Esta sobremesa também pode ser servida com Creme inglês (*veja p. 842*) ou Creme de chocolate (*veja p. 841*).

■ Preparo: 15 min ■ Cozimento: 25 min

Sorbet de pêra

Rendimento: 1 litro

1,2 kg de pêra
1 litro de água
500 g de açúcar
2 limões
1 fava de baunilha
1 colher (sobremesa) de açúcar sabor baunilha

1. Descasque as peras, corte em pedaços e retire as sementes.
2. Ferva 1 litro de água com o açúcar, o suco dos limões e a fava de baunilha aberta e raspada. Despeje a calda sobre as peras e deixe macerar por 12 h.
3. Retire a baunilha, bata as peras no liquidificador com seu suco e junte o açúcar sabor baunilha. Coloque em uma sorveteira.

■ Preparo: 30 min ■ Maceração: 12 h

PÊRA / PÊSSEGO
SOBREMESAS E DOCES

Surpresa delícia

Rendimento: 4-6 porções

Brioche especial
  (veja p. 994) ou
  comprado pronto
1 laranja orgânica
1 colher (sopa) de creme
  de leite fresco
1 colher (sopa) de leite
130 g de chocolate
20 g de manteiga
100 ml de rum
1 limão
3 peras
200 g de Chantilly
  (veja p. 837)

1 Prepare um brioche grande e retangular, compre pronto ou encomende à padaria. Rale a casca da laranja.
2 Aqueça o creme de leite com o leite. Corte o chocolate em pedaços pequenos e derreta em banho-maria ou no microondas. Derreta também a manteiga.
3 Misture todos esses ingredientes na panela em banho-maria. Junte a raspa da laranja e conserve aquecido.
4 Corte o brioche em 6 fatias bem grossas, arrume-as em uma travessa retangular e, com um pincel, embeba-as com rum.
5 Esprema o suco de limão em uma tigela. Descasque as peras, retire as sementes, corte em lâminas e passe rapidamente no suco de limão para que não pretejem. Coloque-as em seguida sobre as fatias de brioche.
6 Faça o Chantilly. Coloque em um saco de confeitar com bico grande canelado e disponha o creme sobre as peras.
7 Cubra com a calda de chocolate quente. Sirva imediatamente.

■ Preparo: 30 min   ■ Cozimento: 5 min

PÊSSEGO
Compota de pêssego

Rendimento: 4-6 porções

1 kg de pêssegos
300 g de açúcar
100 ml de água
1 fava de baunilha

1 Mergulhe os pêssegos em água fervente, descasque, corte ao meio e retire os caroços. Corte de novo cada metade em 4 pedaços.
2 Coloque o açúcar em uma panela com 100 ml de água. Abra a fava de baunilha, raspe o seu interior e junte à calda. Deixe ferver por cerca de 10 min. ▶

PÊSSEGO
SOBREMESAS E DOCES

3 Mergulhe os pêssegos na calda e cozinhe-os por 6-8 min. Despeje em uma compoteira e deixe esfriar.
4 Sirva morna ou fresca.

■ Preparo: 15 min   ■ Cozimento: cerca de 15 min

Coulis de pêssego

Rendimento: 0,5 litro
500 g de pêssego
50 g de açúcar

1 Aferventе os pêssegos, mergulhe-os rapidamente em água fria, descasque e retire os caroços. Passe os pêssegos no processador ou liquidificador.
2 Misture o purê obtido com o açúcar. Leve à geladeira ou congele.

■ Preparo: 15 min

Pêssegos à imperatriz

Rendimento: 4-6 porções
750 ml de água
375 g de açúcar
1 fava de baunilha
6 pêssegos
800 g de Arroz-doce (veja p. 832)
3 colheres (sopa) de kirsch (ou vinho do Porto)
2 colheres (sopa) de marasquino
150 g de damasco seco
100 g de macarons comprados prontos ou outro tipo de biscoitinho

1 Ferva 750 ml de água, o açúcar e a fava de baunilha partida e raspada. Mergulhe os pêssegos nessa calda por 10-15 min. Descasque, corte ao meio e retire os caroços. Reserve.
2 Prepare o Arroz-doce adicionando o kirsch ou o vinho e o marasquino.
3 Corte os damascos em pedaços e bata no processador ou liquidificador.
4 Pique os macarons com uma faca.
5 Preaqueça o forno a 180ºC.
6 Forre o fundo de uma fôrma de 24 cm de diâmetro com uma camada de arroz-doce. Recubra com os pêssegos escaldados cortados ao meio, coloque outra camada de arroz-doce, mais fina, por cima. Revista com o purê de damasco. Espalhe por cima os macarons (ou biscoitos) picados.
7 Leve ao forno por 5 min, cuidando para não tostar a superfície. Sirva imediatamente. ▶

PÊSSEGO
SOBREMESAS E DOCES

Os macarons são um tipo de biscoito artesanal muito especial da culinária francesa que pode ser encontrado em mercearias finas. Nesta receita, os macarons podem ser substituídos por outros biscoitos doces.

■ Preparo: 40 min ■ Cozimento: 20 min

Pêssegos à moda de Bordeaux

Rendimento: 4 porções

4 pêssegos
70 g de açúcar
300 ml de vinho tinto
4 colheres (chá) de açúcar
1 pau de canela

1. Mergulhe os pêssegos em água fervente por 30 segundos e passe em seguida na água fria.
2. Descasque, corte ao meio e retire os caroços. Coloque em uma tigela. Polvilhe com açúcar e deixe macerar por 1 h.
3. Despeje o vinho em outra panela com o açúcar e a canela e deixe ferver. Cozinhe por 10-12 min em fogo baixo.
4. Escorra os pêssegos e disponha-os em uma compoteira. Reduza a calda de cozimento até que ela envolva a colher e regue com ela os pêssegos.

■ Preparo: 30 min ■ Maceração: 1 h
■ Cozimento: cerca de 20 min

Pêssegos em calda cozidos

Rendimento: 0,5 litro

500 g de pêssegos
1/2 limão
150 g de açúcar
3 colheres (sopa) de licor de fruta à escolha

1. Afervente os pêssegos por 30 segundos, passe em água fria, descasque e tire os caroços. Passe no processador ou liquidificador. Junte o suco de limão.
2. Despeje o purê obtido em uma panela, adicione o açúcar e cozinhe por 7-8 min em fogo alto, mexendo.
3. Espere amornar e aromatize com um licor de fruta à sua escolha.

■ Preparo: 15 min ■ Cozimento: 7-8 min

Pêssegos em calda crus

Rendimento: 0,5 litro

500 g de pêssego
1/2 limão
150 g de açúcar
3 colheres (sopa) de kirsch ou licor de fruta (opcional)

1. Afervente os pêssegos por 30 segundos, passe em água fria, descasque e retire o caroço.
2. Passe os pêssegos no processador ou liquidificador. Junte o suco de limão, o açúcar e o kirsch (ou o licor de fruta).
3. Conserve em lugar fresco ou congele.

■ Preparo: 15 min

Pêssegos imperiais

Rendimento: 4 porções

0,5 litro de Sorvete de baunilha (veja p. 863) ou sorvete comprado
4 fatias de abacaxi
1 colher (sopa) de kirsch (ou vinho do Porto)
1 colher (sopa) de marasquino
2 pêssegos graúdos
250 ml de água
250 g de açúcar
1/2 fava de baunilha
200 g de Chantilly (veja p. 837)

1. Prepare o sorvete ou compre-o.
2. Coloque as rodelas de abacaxi de molho por 1 h com o kirsch (ou porto) e o marasquino.
3. Mergulhe os pêssegos por 30 segundos em água fervente e passe-os imediatamente na água fria. Descasque-os sem machucá-los.
4. Ferva 250 ml de água com o açúcar e a fava de baunilha cortada ao meio. Adicione os pêssegos e cozinhe por cerca de 10 min em fogo baixo, mexendo de vez em quando. Escorra, corte ao meio e retire os caroços.
5. Prepare o Chantilly e coloque-o em um saco de confeitar com bico canelado de 1 cm de diâmetro.
6. Forre o fundo de quatro taças com o sorvete, cubra com uma rodela de abacaxi e meio pêssego. Coroe o pêssego com chantilly e envolva o abacaxi com um cordão do creme.

■ Preparo: 45 min ■ Maceração: 1 h

PÊSSEGO / SELEÇÃO DE FRUTAS
SOBREMESAS E DOCES

Pêssegos Melba

Rendimento: 4 porções

- 0,5 litro de Sorvete de baunilha (veja p. 863) ou sorvete comprado
- 500 g de amoras
- 4 pêssegos
- 1 litro de água
- 500 g de açúcar
- 1 fava de baunilha

1. Prepare o sorvete ou utilize o produto pronto.
2. Bata as amoras no liquidificador.
3. Mergulhe os pêssegos em água fervente por 30 segundos, passe imediatamente em água fria e descasque.
4. Ferva por 5 min 1 litro de água com o açúcar e a fava de baunilha aberta e ralada. Mergulhe nessa calda os pêssegos por 7-8 min, mexendo. Escorra e deixe esfriar completamente.
5. Corte os pêssegos ao meio e retire os caroços.
6. Distribua o sorvete no fundo de uma taça grande ou em taças individuais. Disponha os pêssegos por cima e cubra-os com as amoras batidas.

Peras Melba
Proceda da mesma maneira utilizando peras no lugar dos pêssegos.

■ Preparo: 30 min ■ Cozimento: 12-13 min

SELEÇÃO DE FRUTAS

Bavaroise à moda crioula

Rendimento: 4-6 porções

- 3 bananas
- 100 ml de rum
- 700 g de Bavaroise de chocolate e baunilha (veja p. 832)
- 1 colher (sobremesa) de azeite
- 150 g de Chantilly (veja p. 837)
- 2 fatias de abacaxi em calda
- 20 g de pistaches

1. Descasque as bananas, corte-as em rodelas e deixe-as macerar no rum.
2. Prepare a Bavaroise.
3. Pincele com azeite uma fôrma de pudim. Coloque uma camada de bavaroise, recubra com rodelas de banana, e vá alternando assim, terminando com a bavaroise. Leve à geladeira por 5-6 h.
4. Prepare o Chantilly.
5. Escorra e corte o abacaxi em pedaços pequenos. ▶

6 Para desenformar, passe o fundo da fôrma em água quente. Desenforme em uma travessa. Cubra com pedaços de abacaxi.

7 Coloque o chantilly no saco de confeitar e decore a bavaroise (ou divida-o em bolinhas com uma colherinha). Espalhe por cima os pistaches triturados.

■ Preparo: 1 h ■ Refrigeração: 5-6 h

Bavaroise de frutas

Rendimento: 6-8 porções

1 abacaxi
600 g de Bavaroise de creme (veja p. 833)
3 folhas de gelatina sem sabor
1/2 limão
2 colheres (sopa) de coco ralado
açúcar de confeiteiro

1 Descasque, fatie e pique o abacaxi.
2 Prepare a Bavaroise.
3 Deixe as folhas de gelatina de molho por 15 min em água fria, depois escorra.
4 Junte o suco de limão ao abacaxi picado. Adicione a gelatina bem enxuta e misture muito bem.
5 Adicione à Bavaroise, misture e despeje em uma fôrma de pudim de 22 cm. Leve à geladeira por 6-8 h.
6 Desenforme em um prato de pudim depois de passar a fôrma por alguns instantes em água quente.
7 Leve o coco ralado ao forno quente (200°C), deixe grelhar levemente e espalhe por cima da sobremesa. Polvilhe com açúcar de confeiteiro.

■ Preparo: 1 h ■ Refrigeração: 6-8 h

Compota do velho vinhateiro

Rendimento: 6-8 porções

350 g de maçãs um pouco ácidas
250 g de açúcar
250 ml de vinho tinto
1 cravo-da-índia ▶

1 Descasque e corte as maçãs em quartos, retire as sementes e leve-as a uma panela com 100 g de açúcar. Cubra e cozinhe em fogo baixo até que comecem a se desmanchar.
2 Deixe ferver o resto do açúcar (150 g) com o vinho tinto, o cravo-da-índia e a canela. ▶

SELEÇÃO DE FRUTAS
SOBREMESAS E DOCES

uma pitada de canela
250 g de peras
250 g de pêssegos
20 g de manteiga
90 g de uvas

3 Descasque as peras e os pêssegos. Corte as peras em quatro e retire as sementes. Corte os pêssegos ao meio e descaroce-os. Recolha o suco e coloque-o com as frutas cortadas na calda fervente. Deixe cozinhar por 15 min.

4 Junte a manteiga à compota de maçã e despeje-a em uma compoteira. Retire os pêssegos e peras com uma escumadeira e disponha-os sobre a compota de maçã.

5 Jogue as uvas na calda fervente, deixe-as por 3 min, escorra e junte-as às outras frutas.

6 Retire o cravo-da-índia da calda e deixe-a reduzir até que engrosse. Cubra a compota com essa calda. Espere esfriar completamente até a temperatura ambiente.

■ **Preparo:** 40 min   ■ **Cozimento:** 15 min

Coulis de frutas frescas

Rendimento: 1 litro

1 kg de frutas variadas: morangos, pêssegos, abacaxi, amoras etc.
200 g de açúcar
2 limões

1 Prepare todas as frutas (lave, retire os cabinhos de algumas, os caroços de outras).

2 Corte o abacaxi em fatias e passe tudo no processador com o açúcar e o suco dos limões.

Este coulis pode ser feito com uma fruta só ou com uma mistura de duas, três ou mais frutas, o que permite utilizar frutas da estação, época em que o preço está baixo e elas são mais frescas. O coulis pode ser congelado em potes de vidro ou plástico e guardado para outras estações.

■ **Preparo:** 15 min

SELEÇÃO DE FRUTAS
SOBREMESAS E DOCES

Creme de sêmola com frutas

Rendimento 4-6 porções

1,5 kg de Creme de sêmola (veja p. 842)
100 g de frutas cristalizadas
1 lata grande de abacaxi, pêssego ou outra fruta em calda

1 Prepare o Creme de sêmola. Junte as frutas cristalizadas cortadas em cubos.

2 Despeje tudo em uma fôrma para pudim de 23 cm de diâmetro e leve ao forno a 180ºC por 30 min.

3 Desenforme o Creme de sêmola. Escorra as frutas em calda, corte-as em cubos e despeje no centro do creme.

Este creme pode ser servido com Coulis de maracujá (veja p. 925).

■ Preparo: 15 min ■ Cozimento: 30 min

Frutas com kirsch e marasquino

Rendimento: 6-8 porções

2 limões
6 pêssegos
2 maçãs
2 peras
3 bananas
6 damascos
150 g de morangos
150 g de amoras
3 colheres (sopa) de açúcar
200 ml de kirsch (ou vinho do Porto)
200 ml de licor de marasquino
24 castanhas-do-pará
5-10 folhas de hortelã

1 Esprema os limões e coloque o suco em uma tigela. Descasque os pêssegos, as maçãs e as peras, corte-as em pequenas lâminas. Descasque as bananas e corte-as em rodelas. Corte os damascos em pedaços.

2 Coloque aos poucos todas as frutas na tigela e misture-as ao limão para que não escureçam. Adicione 100 g de morangos e 100 g de amoras, depois o açúcar. Regue com o kirsch (ou porto) e o licor de marasquino. Misture com cuidado. Deixe macerar por 1 h na geladeira.

3 Enquanto isso, pique as castanhas-do-pará.

4 Sirva a salada de frutas em uma taça grande. Decore com as amoras e morangos restantes, as castanhas-do-pará picadas e as folhas de hortelã.

Utilize as frutas conforme sua estação. Se não tiver morango e amora, utilize apenas uma dessas frutas no dobro da quantidade.

■ Preparo: 20 min ■ Maceração: 1 h

SELEÇÃO DE FRUTAS
SOBREMESAS E DOCES

Geléia de frutas vermelhas

Rendimento: cerca de 4 kg

500 g de morangos
500 g de cerejas
1 kg de amoras
0,5 litro de água
1,7 kg de açúcar

1. Lave os morangos e retire os cabinhos. Tire os cabinhos e os caroços das cerejas, retire os caroços das amoras.
2. Em uma panela grande, despeje meio litro de água e adicione o açúcar. Deixe aquecer em fogo médio mexendo de vez em quando. Deixe a calda se concentrar até que algumas gotas derramadas na água formem uma bola mole.
3. Coloque as cerejas na calda. Deixe cozinhar em fogo alto por 20 min.
4. Adicione os morangos e deixe mais 15 min.
5. Adicione as amoras e cozinhe por mais 5 min. Retire do fogo.
6. Afervente os potes, vire-os sobre um pano de prato limpo. Escume a geléia e despeje-a nos potes. Feche-os imediatamente e deixe-os virados por 24 h.

■ Preparo: 20 min   ■ Cozimento: 45 min

Pavê de frutas cristalizadas

Rendimento: 6-8 porções

230 g de frutas cristalizadas
100 ml de rum
80 g de uvas-passas
500 g de brioches (ou pães de leite)
40 g de manteiga
200 g de açúcar
1 colher (sobremesa) de açúcar sabor baunilha
250 ml de leite
6 ovos

1. Pique as frutas cristalizadas, reservando algumas para a decoração, deixe-as macerar no rum com as uvas-passas por 1 h.
2. Preaqueça o forno a 150ºC.
3. Corte os brioches (ou pães de leite) em fatias de 2 cm de espessura. Retire a casca, passe manteiga de ambos os lados e deixe-as dourar levemente no forno, virando-as.
4. Escorra as uvas-passas e as frutas cristalizadas.
5. Unte uma fôrma de pudim sem orifício, de 22 cm de diâmetro, e polvilhe com açúcar. Distribua primeiramente uma camada de pão tostado no fundo e recubra com as frutas maceradas. Coloque outra camada de pão, depois uma camada de frutas e continue até que a fôrma esteja cheia. ▶

SELEÇÃO DE FRUTAS
SOBREMESAS E DOCES

6 Misture em uma tigela grande o açúcar refinado, o açúcar sabor baunilha e o leite.
7 Bata os ovos com um garfo e junte-os na tigela com o rum da maceração.
8 Despeje aos poucos essa mistura na fôrma para que o pão possa absorver o líquido.
9 Leve ao forno em banho-maria por 1 h.
10 Espere esfriar completamente. Desenforme o pavê em uma travessa. Decore com as frutas cristalizadas reservadas.
11 Leve à geladeira até a hora de servir.

■ Preparo: 35 min ■ Maceração: 1 h ■ Cozimento: 1 h

Salada de pêra, pêssego e amora

Rendimento: 4-6 porções

4 peras
4 pêssegos
1 limão
3 colheres (sopa) de açúcar
200 g de amoras

1 Descasque as peras e os pêssegos, corte a polpa em cubinhos e coloque em uma tigela com o suco de limão. Misture e polvilhe com açúcar.
2 Cubra com as amoras e leve à geladeira por no mínimo 3 h.
3 Misture delicadamente na hora de servir.

■ Preparo: 10 min ■ Refrigeração: 3 h

Surpresa de melão à parisiense

Rendimento: 4-6 porções

1 melão de cerca de 2 kg
100 g de damascos ou pêssegos
50 g de ameixas
50 g de uvas
100 g de morangos
100 g de amoras
100 g de açúcar
70 ml de licor de pêssego
gelo moído

1 Abra o melão pelo lado do pedúnculo cortando-lhe uma calota bem alta. Retire as sementes e os filamentos, esvazie-o com uma colher, cuidando para não estragar a casca. Corte a polpa em cubinhos e coloque-os em uma tigela.
2 Corte os damascos, ou os pêssegos, em cubos (se forem pêssegos, retire primeiro a pele), descaroce as ameixas. Coloque-os na tigela com o melão. ▶

3 Junte todas as outras frutas. Polvilhe com açúcar, regue com o licor de pêssego e misture com delicadeza para não amassar as amoras.
4 Encha a casca de melão com todas as frutas, recubra com a calota e leve à geladeira por 1 h.
5 Espalhe gelo picado em uma taça para fixar ali o melão e sirva.

■ Preparo: 30 min   ■ Refrigeração: 2 h

Taças de creme Havaí

Rendimento: 4 porções
250 ml de Leite de amêndoa (veja p. 881)
200 g de morangos
4 rodelas de abacaxi em lata
100 g de Coulis de amora (veja p. 882)
100 g de Chantilly (veja p. 837)

1 Prepare o Leite de amêndoa e leve-o à geladeira.
2 Lave, enxugue e retire os cabinhos dos morangos, corte-os ao meio se forem grandes.
3 Escorra o abacaxi e corte as rodelas em pedaços pequenos.
4 Prepare o Coulis de amora (ou utilize um coulis congelado).
5 Faça o Chantilly e coloque-o em um saco de confeitar.
6 Disponha em taças o morango e o abacaxi, cubra com Leite de amêndoa e coulis. Decore com o Chantilly. Sirva gelado.

■ Preparo: 30 min

SELEÇÃO DE FRUTAS TROPICAIS
Salada de frutas com suco de limão

Rendimento: 6 porções
4 limões
1 abacaxi ▶

1 Esprema os limões, coloque o suco em uma tigela. Descasque as frutas e corte-as: o abacaxi em cubos, as mangas em lâminas, as bananas em rodelas. ▶

SELEÇÃO DE FRUTAS TROPICAIS
SOBREMESAS E DOCES

3 mangas
3 bananas
4 colheres (sopa) de açúcar cristal

2 Coloque todas as frutas no suco de limão e misture-as. Escorra-as e ponha-as de novo na tigela. Polvilhe com açúcar e deixe em local fresco por 3 h.

3 Na hora de servir, junte mais 1 colher de suco de limão e misture.

■ Preparo: 15 min   ■ Refrigeração: 3 h

Sorbet de frutas tropicais

Rendimento: 1 litro
1 abacaxi
2 mangas
1 banana
1 limão
açúcar
1 colher (sobremesa) de açúcar sabor baunilha
uma pitada de canela

1 Descasque o abacaxi, divida-o em quatro, retire o miolo e corte a polpa em cubos, recolhendo o suco. Descasque as mangas e corte-as em pedaços. Descasque a banana e corte-a em rodelas.

2 Passe todas as frutas no processador com o suco de limão e meça a mistura obtida.

3 Junte 75 g de açúcar por um quarto de litro de purê de frutas. Misture com um batedor, depois incorpore o açúcar sabor baunilha e a canela. Coloque em uma sorveteira.

■ Preparo: 15 min

Suspiro de frutas tropicais com baunilha

Rendimento: 8 porções
200 g de Creme pâtissière (veja p. 843)
250 g de Chantilly (veja p. 837)
1 manga madura
1 kiwi
1 abacaxi pequeno
8 maracujás ▶

1 Prepare o Creme pâtissière e o Chantilly e leve-os à geladeira.

2 Descasque a manga, o kiwi e o abacaxi. Corte todas as frutas em tiras e coloque em uma tigela. Junte a polpa dos maracujás e os grãos da romã.

3 Abra e raspe a fava de baunilha acima da tigela, junte o Creme pâtissière e misture. Incorpore o chantilly. Preaqueça o forno a 150ºC. ▶

1/4 de romã
1 fava de baunilha
90 g de Suspiro francês (veja p. 962)

4 Prepare o suspiro e coloque em um saco de confeitar com bico liso. Distribua o creme de frutas em tigelinhas refratárias. Cubra três quartos de cada recipiente com bolas de suspiro bem juntas umas das outras.

5 Leve o suspiro ao forno por 8-10 min para dourar e sirva imediatamente.

■ Preparo: 45 min ■ Cozimento: 8-10 min

UVA
Creme de uva

Rendimento: 4-6 porções

1 litro de suco de uva
100 g de nozes descascadas
100 ml de água
50 g de maisena
1 colher (café) de canela em pó

1 Despeje o suco de uva em uma panela, deixe ferver, baixe o fogo e reduza, em fogo bem brando, até que reste apenas 750 ml de líquido.

2 Pique grosseiramente as nozes. Leve ao fogo uma panelinha com um pouco de açúcar para derreter. Acrescente um pouco de água, mexa bem e reserve 1 colher (café) da calda de caramelo que se formou.

3 Dilua a maisena em 100 ml de água fria e despeje-a no suco fervente, batendo rapidamente com o batedor ou colher de pau. Sempre no fogo, adicione a calda de caramelo, a canela e metade das nozes.

4 Retire do fogo, deixe amornar e despeje em cálices ou taças.

5 Polvilhe com as nozes restantes e leve à geladeira por 2-3 h antes de servir.

■ Preparo: 15 min ■ Cozimento: 25 min

Confeitaria

MASSAS DE CONFEITARIA	953
BISCOITOS, BOLOS E PETITS-FOURS SECOS	963
BOLOS RECHEADOS, TORTAS, TORTINHAS E FOLHADOS VIENENSES	975
PETITS-FOURS FRESCOS	1030

ALGUMAS DICAS

Chama-se confeitaria ao conjunto das preparações doces ou salgadas, em geral assadas, que têm como suporte ou como envoltório uma massa. Este capítulo trata apenas desse tipo de sobremesas, isto é, bolos, tortas, biscoitos, folhados vienenses e petits-fours.

As receitas de massas de confeitaria foram reunidas no início do capítulo, pois são utilizadas em inúmeras sobremesas. As massas que podem ser usadas tanto em preparações salgadas quanto doces — como a massa podre (com ou sem ovos), a massa de beignet, a massa folhada — são apresentadas no início da obra no capítulo relativo às preparações de base (*veja p. 31*). Algumas massas podem ser preparadas com antecedência e até congeladas, o que permite fazê-las em grande quantidade; é o caso da massa folhada ou da massa podre. As massas de pão-de-ló e de bolo deste capítulo, por exemplo, conservam-se no congelador depois de cozidas, envoltas em filme de PVC. Para utilizar uma massa para torta congelada, é preciso deixá-la descongelar lentamente na geladeira antes de abri-la, sem amassá-la de novo, pois perderia sua textura úmida.

O preparo de inúmeras massas de confeitaria pode ser facilitado por aparelhos elétricos e batedeiras multifuncionais.

Para ter êxito na confecção da massa de confeitaria, é essencial observar cuidadosamente as técnicas, escolher bem os ingredientes, pesá-los com precisão, e respeitar a temperatura e o tempo de cozimento. Para todas as massas, o cozimento tem importância capital. O forno deve ser previamente aquecido, a fim de atingir a temperatura ideal para assá-las. Conhecer bem o seu forno determina em grande parte o sucesso de um preparo, razão pela qual é aconselhável consultar o manual do fabricante. Embora os aparelhos estejam cada vez mais aperfeiçoados, pode haver uma diferença de 20 a 30% entre a temperatura mostrada no termostato e a temperatura real.

Enfim, pode-se poupar tempo considerável utilizando certas preparações vendidas prontas no comércio, como as massas de torta congeladas, especialmente no caso de massa folhada e massa podre. (Escolha de preferência as massas à base de manteiga, que são mais saborosas.) O fondant e o pó para flã e pudim, por exemplo, podem ser comprados prontos.

MASSAS DE CONFEITARIA

Massa com amêndoa

Rendimento: 500 g

85 g de amêndoas moídas
85 g de açúcar de confeiteiro
6 claras
160 g de açúcar
amêndoas em fatias (opcional)

1 Misture as amêndoas moídas e o açúcar de confeiteiro e peneire-os.
2 Bata as claras em neve com um pouco de açúcar. Quando estiverem bem firmes, adicione de uma só vez o restante do açúcar e misture. Pare de bater. Acrescente aos poucos, e com cuidado, a mistura de açúcar e amêndoa moída às claras batidas e, eventualmente, alguns pedaços de amêndoa.
3 Coloque a massa em um saco de confeitar e modele como quiser.

■ Preparo: 15 min

Massa de babá ao rum

Rendimento: cerca de 600 g

15 g de fermento biológico
125 g de manteiga
225 g de farinha de trigo
3 ovos
25 g de açúcar
sal

1 Dilua o fermento em uma tigela com 2 colheres (sopa) de água morna e deixe descansar por 10 min.
2 Corte a manteiga em pedacinhos e espere amolecer em temperatura ambiente.
3 Em uma vasilha, peneire juntos a farinha e três pitadas de sal. Abra uma cova no centro.
4 Bata os ovos em uma tigela, despeje-os na cova, adicione o fermento diluído e o açúcar. Misture tudo com as mãos até a massa ficar bem homogênea. Amasse levantando-a com a ponta dos dedos para eliminar todos os grumos.
5 Quando a massa estiver lisa e elástica, coloque os pedaços de manteiga por cima e cubra a vasilha com um pano úmido. Coloque-a em local quente por 45 min-1 h: a massa deverá dobrar de volume.
6 Incorpore, amassando, a manteiga até a massa ficar homogênea, quando estará então pronta para ser colocada na fôrma e levada ao forno. ▶

MASSAS DE CONFEITARIA
CONFEITARIA

Pode-se adicionar uvas-passas a essa massa: deixe de molho 75 g de uvas-passas em 100 ml de rum. Escorra e acrescente-as após o descanso da massa, junto com a manteiga.

■ Preparo: 30 min ■ Descanso: 45 min-1 h

Massa de biscoito

Rendimento:
cerca de 500 g

60 g de manteiga
4 ovos
125 g de açúcar
100 g de farinha de trigo
1/2 colher (café) de fermento

1. Derreta a manteiga.
2. Separe as claras e as gemas. Em uma tigela, bata as claras em neve incorporando aos poucos 50 g de açúcar.
3. Em outra tigela, bata as gemas com o restante do açúcar até que fiquem esbranquiçadas e espumosas.
4. Adicione aos poucos a metade da farinha, a manteiga derretida, o fermento, as claras e o restante da farinha, misturando bem. A massa está pronta para ser estendida, recheada e assada.

■ Preparo: 20 min

Massa de bolo

Rendimento:
cerca de 500 g

100 g de farinha de trigo
70 g de manteiga
4 ovos inteiros
140 g de açúcar
1 colher (sobremesa) de açúcar sabor baunilha
1 colher (sopa) de rum (opcional)
duas pitadas de sal

1. Peneire a farinha de trigo em uma vasilha.
2. Derreta a manteiga em uma panelinha, sem deixar queimar.
3. Separe as claras e as gemas. Adicione o açúcar e o açúcar sabor baunilha às gemas, bata vigorosamente até que a mistura fique esbranquiçada e espumosa.
4. Peneire a farinha aos poucos sobre a preparação, depois a manteiga derretida e, eventualmente, o rum, misturando bem até obter uma massa homogênea.
5. Bata as claras em neve bem firme com o sal, acrescente-as delicadamente à massa, misturando sempre no mesmo sentido para não quebrá-las. ▶

MASSAS DE CONFEITARIA
CONFEITARIA

Você pode aromatizar a massa com 50 g de amêndoas ou castanhas-de-caju moídas, uvas-passas, frutas cristalizadas, sementes de erva-doce ou ainda 2 colheres (sopa) de licor.

■ Preparo: 15 min

Massa de brioche doce

Rendimento: 500 g
5 g de fermento biológico
1 colher (sopa) de leite
190 g de farinha de trigo
20 g de açúcar
3 ovos
150 g de manteiga em temperatura ambiente
sal

1. Esmague o fermento em uma tigelinha, adicione 1 colher (sopa) de leite e misture.
2. Peneire a farinha de trigo em uma vasilha, acrescente o açúcar, 1 colher (café) de sal, o fermento e misture. Incorpore em seguida os ovos, um de cada vez.
3. Quando a massa se desprender bem das bordas da vasilha, adicione a manteiga e continue a sovar até que se desprenda de novo.
4. Faça uma bola com a massa, coloque-a em uma tigela, cubra com filme de PVC e deixe-a em local quente (22°C) por cerca de 3 h: deverá dobrar de volume.
5. Retire a massa da tigela, abra-a sobre a superfície de trabalho e achate-a com o punho para devolver-lhe o volume inicial. Recoloque a massa na tigela, cubra novamente e deixe em local quente por 1 h, no mínimo: deverá dobrar de volume novamente.
6. Esmague de novo a massa com o punho. Ela está pronta para ser estendida e modelada segundo a receita. Depois dessa etapa, deixe-a descansar de novo até dobrar de volume.

Esta massa pode ser preparada na batedeira.

■ Preparo: 20 min ■ Descanso: 4 h no mínimo

Massa de croissant

Rendimento: 500 g

140 g de manteiga em temperatura ambiente
5 g de fermento biológico
4-5 colheres (sopa) de água
210 g de farinha de trigo
1 colher (café) de sal
2 colheres (sopa) de açúcar
1 colher (café) de leite integral em pó

1 Amasse o fermento em uma tigela e dissolva-o em 4-5 colheres (sopa) de água.

2 Peneire a farinha de trigo em uma vasilha e adicione o sal, o açúcar e, eventualmente, o leite em pó, 15 g de manteiga e o fermento diluído. Trabalhe a massa com as mãos de fora para dentro até ficar homogênea. Se estiver demasiado dura, acrescente um pouco de água.

3 Cubra a vasilha com filme de PVC, mantenha em local aquecido (22°C) por 1 h-1h30: a massa deve dobrar de volume.

4 Retire a massa da vasilha e achate-a com o punho para expulsar o gás carbônico produzido pela fermentação. Ela retomará então seu volume inicial. Cubra a vasilha com filme de PVC e leve-a à geladeira por cerca de 1 h para que a massa dobre de volume novamente.

5 Amasse a massa uma segunda vez e leve-a ao congelador por mais 30 min.

6 Retire a massa do congelador e abra-a com o rolo de massa em formato retangular de comprimento três vezes maior do que a largura. Os ângulos devem ficar bem retos.

7 Espalhe com os dedos a metade restante da manteiga nos dois terços inferiores da massa e faça a primeira dobra no sentido do comprimento: dobre de novo a massa em três como para formar um envelope retangular.

8 Vire o retângulo de massa uns 90° na mesa de trabalho e dobre de novo em três. Leve a massa de volta ao congelador por 30 min, depois deixe por 1 h na geladeira. ▶

9 Repita a operação de dobradura com a manteiga restante.
10 Coloque de novo a massa no congelador por 30 min, depois por 1 h na geladeira. Só então estará pronta para ser utilizada.

■ Preparo: 30 min ■ Descanso: 5 h no mínimo
■ Congelamento: 1h30

Massa de nozes

Rendimento: 500 g
3 ovos
uma pitada de sal
125 g de nozes
125 g de açúcar
50 g de manteiga em temperatura ambiente
70 g de maisena

1 Separe as claras e as gemas. Bata as claras em neve firme com uma pitada de sal.
2 Triture as nozes no processador. Acrescente às gemas e misture bem.
3 Adicione sucessivamente o açúcar, a manteiga e a maisena, misturando bem.
4 Incorpore aos poucos, delicadamente, as claras em neve, misturando sempre no mesmo sentido para não quebrá-las. A massa está pronta para ser modelada e assada.

As nozes podem ser substituídas por avelãs.

■ Preparo: 15 min

Massa de pão-de-ló

Rendimento: 500 g
140 g de farinha de trigo
40 g de manteiga
4 ovos
140 g de açúcar

1 Peneire a farinha de trigo em uma vasilha.
2 Derreta a manteiga em uma panelinha, conservando-a espumosa.
3 Prepare uma panela com água fervente para banho-maria.
4 Em uma fôrma refratária, misture os ovos com o açúcar. ▶

5 Coloque a vasilha no banho-maria ligeiramente quente e bata até que a mistura engrosse e envolva bem a colher.
6 Retire a vasilha do banho-maria e continue a bater com o batedor ou com a batedeira até esfriar completamente.
7 Peneire então a farinha de trigo aos poucos sobre a vasilha e incorpore-a, revolvendo a massa com a espátula. Adicione a manteiga derretida morna e misture delicadamente.
8 Despeje finalmente a farinha de trigo restante e incorpore-a levantando bem a massa com a espátula para manter sua leveza. Ela está pronta para ser modelada.

■ Preparo: 30 min

Massa de savarin

Rendimento: 500 g

raspas de 1/4 de limão orgânico
60 g de manteiga em temperatura ambiente
15 g de fermento biológico
160 g de farinha de trigo
1/2 colher (café) de essência de baunilha
1 colher (sopa) de mel
1 colher (café) de sal
5 ovos

1 Pique bem a casca do limão.
2 Corte a manteiga em pedacinhos.
3 Amasse o fermento em uma vasilha e acrescente a farinha, a baunilha, o mel, o sal, as raspas de limão e um ovo.
4 Misture com a colher de pau, depois adicione os outros ovos um a um. Trabalhe a massa até se desprender das laterais da vasilha.
5 Acrescente a manteiga e trabalhe um pouco mais a massa até que se desprenda novamente e esteja elástica, lisa e brilhante. Pare de amassar quando estiver homogênea e deixe-a crescer por 30 min em temperatura ambiente.
6 Forre com ela uma fôrma. Depois de fazer isso, deixe-a crescer mais um pouco até atingir as bordas do recipiente. ▶

Para fazer esta massa na batedeira elétrica, utilize a pá de bater massa. Ponha na vasilha a farinha, o mel, as raspas de limão e 3 ovos. Ligue a batedeira em velocidade média até que a massa se desprenda das paredes da vasilha, acrescente os outros ovos um de cada vez, espere de novo que a massa se desprenda, depois incorpore a manteiga em pedacinhos. Desligue o aparelho quando a massa se desprender bem das laterais.

■ **Preparo: 20 min** ■ **Descanso: 30 min**

Massa doce

Rendimento: 500 g
210 g de farinha de trigo
85 g de açúcar de confeiteiro
1 ovo
1/2 fava de baunilha
125 g de manteiga em temperatura ambiente
25 g de amêndoas moídas
1 colher (café) de sal

1 Peneire separadamente a farinha de trigo e o açúcar de confeiteiro em dois recipientes. Quebre o ovo em uma tigela. Abra a meia fava de baunilha, raspe os grãos sobre o açúcar de confeiteiro e misture. Em uma vasilha, corte a manteiga em pedacinhos e amasse-a bem com a colher de pau.

2 Adicione sucessivamente o açúcar de confeiteiro, as amêndoas moídas, o sal, o ovo e, finalmente, a farinha de trigo, misturando bem a cada adição até que o novo ingrediente esteja bem incorporado.

3 Forme uma bola com a massa e achate-a entre as mãos. Envolva-a em filme de PVC e deixe descansar por 2 h na geladeira. Ela está pronta para ser aberta e modelada.

■ **Preparo: 15 min** ■ **Descanso: 2 h**

Massa doce de carolina

Rendimento: 500 g

80 ml de água
100 ml de leite integral fresco
1 colher (café) de sal
1 colher (café) de açúcar
75 g de manteiga
100 g de farinha de trigo
3 ovos

1. Despeje a água e o leite em uma panela. Acrescente o sal, o açúcar e a manteiga. Deixe levantar fervura, mexendo sem parar com a espátula.
2. Adicione toda a farinha de uma só vez. Misture energicamente até a massa ficar lisa e homogênea. Quando se desprender das paredes e do fundo da panela, continue a mexer por mais 2-3 min, a fim de secá-la um pouco.
3. Coloque a massa em uma vasilha e incorpore os ovos, um a um.
4. Continue a trabalhar a massa levantando-a de vez em quando: estará pronta quando estiver em ponto de fita.
5. Coloque a massa em um saco de confeitar para dar-lhe em seguida o formato desejado.

■ Preparo: 20 min

Massa doce de crepe

Rendimento: 500 g

2 ovos
10 g de manteiga
100 g de farinha de trigo
1/2 colher (café) de sal
250 ml de leite integral fresco
cerca de 4 colheres (sopa) de água
1 colher (sopa) de Grand Marnier ou outro licor (opcional)
1/2 fava de baunilha (opcional)

1. Bata os ovos em uma tigela. Derreta a manteiga em uma panela.
2. Peneire a farinha de trigo em uma vasilha, adicione o sal, misture, acrescente os ovos e dilua no leite e 2 ou 3 colheres de água. Adicione então a manteiga derretida e, eventualmente, o licor, misturando bem. Deixe descansar por, no mínimo, 2 h em temperatura ambiente (20°C).
3. Quando for utilizá-la, dilua a massa com 1 colher (sopa) de água.

Você pode adicionar baunilha a esta massa: abra a fava, raspe os grãos e adicione-os à farinha de trigo.

■ Preparo: 10 min ■ Descanso: 2 h no mínimo

Massa perolada

Rendimento:
cerca de 500 g

175 g de amêndoas moídas
175 g de açúcar
6 claras
uma pitada de sal

1 Misture as amêndoas moídas e o açúcar.
2 Bata as claras em neve bem firme com o sal. Adicione-as delicadamente ao preparado de amêndoa e açúcar.
3 Coloque a massa em um saco de confeitar. Ela está pronta para ser modelada.

■ **Preparo: 10 min**

Massa sablée

Rendimento: 500 g

125 g de açúcar
1 fava de baunilha
250 g de farinha de trigo
125 g de manteiga em temperatura ambiente
1 ovo

1 Coloque o açúcar em uma tigela. Abra a fava de baunilha ao meio e raspe os grãos. Misture-os ao açúcar.
2 Peneire a farinha de trigo diretamente sobre a superfície de trabalho e abra nela uma cova. Corte a manteiga em pedacinhos, coloque-os na cova e trabalhe-os com a farinha com as mãos, até que a mistura fique arenosa e não restem mais pedaços de manteiga.
3 Reúna a massa obtida e refaça uma cova no centro. Quebre nela o ovo, junte o açúcar e misture com as mãos todos os ingredientes, mas sem amassar demais.
4 Esmague a massa sob a palma da mão, empurrando-a para a frente, para deixá-la bem homogênea. Forme com ela uma bola, achate-a ligeiramente entre as mãos e envolva-a em filme de PVC.
5 Deixe descansar a massa por, no mínimo, 1 h na geladeira (4°C), antes de abri-la e modelá-la.

■ **Preparo: 15 min** ■ **Descanso: 1 h**

Suspiro francês

Rendimento: 500 g
5 ovos
uma pitada de sal
340 g de açúcar
1 colher (café) de essência de baunilha

1 Separe cuidadosamente as claras e as gemas. Reserve as gemas para outra utilização. Tome cuidado para que não fique nenhum vestígio de gema nas claras, o que impede que cresçam.
2 Na batedeira, ou à mão, bata as claras em neve com uma pitada de sal, incorporando aos poucos a metade do açúcar.
3 Quando as claras dobrarem de volume, adicione a baunilha e a outra metade do açúcar. Continue a bater até que as claras fiquem bem firmes, lisas e brilhantes. A massa deve aderir solidamente às pás da batedeira, caso a utilize.
4 Coloque o suspiro em um saco de confeitar com bico liso e modele-o no formato desejado.

■ Preparo: 20 min

Suspiro italiano

Rendimento: 500 g
850 ml de água
280 g de açúcar
5 claras

1 Coloque a água em uma panela, adicione o açúcar e deixe ferver, limpando regularmente as paredes da panela com um pincel molhado. Cozinhe essa calda até o ponto de bala dura (126-130°C). Para verificar o ponto, mergulhe uma colher de pau na calda, deixe cair uma gota em uma tigela com água fria e segure-a entre os dedos: deverá estar dura. Ou então mergulhe uma escumadeira na calda e assopre: flocos nevados devem desprender-se dela.
2 Na batedeira (ou com o batedor manual), bata as claras em neve não muito firmes. ▶

3 Despeje pouco a pouco a calda sobre as claras, regulando a batedeira em velocidade média (ou batendo menos energicamente). Bata até esfriar levemente.

4 Coloque o suspiro em um saco de confeitar de bico liso e modele como quiser.

■ Preparo: 20 min

BISCOITOS, BOLOS E PETITS-FOURS SECOS
Bastõezinhos glaçados com baunilha

Rendimento: 15 unidades
85 g de amêndoas moídas
85 g de açúcar
1 colher (sobremesa) de açúcar sabor baunilha
1 clara
250 g de Glacê real (veja p. 1036)
1 colher (café) de essência de baunilha

1 Misture as amêndoas moídas, o açúcar e o açúcar sabor baunilha em uma vasilha. Adicione a clara e mexa até a massa dar liga.

2 Prepare o Glacê real acrescentando a essência de baunilha.

3 Preaqueça o forno a 160ºC.

4 Enfarinhe levemente a superfície de trabalho e abra a massa com o rolo até ficar com 1 cm de espessura. Recubra essa massa com uma camada de Glacê real. Recorte-a em bastõezinhos de 2 cm de largura por 10 cm de comprimento.

5 Unte e polvilhe com farinha uma assadeira e disponha nela os bastõezinhos. Deixe assar por 10 min.

■ Preparo: 20 min ■ Cozimento: 10 min

Biscoitos com limão

Rendimento: 40 unidades

175 g de farinha de trigo
1 limão orgânico
80 g de manteiga em temperatura ambiente
150 g de açúcar
1 ovo
100-150 g de Lemon curd (veja p. 917) ou o produto pronto

1 Preaqueça o forno a 180°C.
2 Forre uma assadeira com papel-manteiga.
3 Peneire a farinha de trigo. Rale a casca do limão.
4 Em uma tigela, sove a manteiga, depois adicione o açúcar e continue a amassar.
5 Quando a mistura estiver esbranquiçada e homogênea, incorpore o ovo e as raspas de limão. Acrescente aos poucos a farinha, sem parar de mexer, trabalhando depois com as mãos.
6 Com um rolo, abra a massa até ficar com 8 mm de espessura. Recorte corações ou losangos com um cortador de massas. Disponha-os em uma assadeira e leve ao forno por 10 min.
7 Retire os biscoitos e deixe esfriar. Passe o Lemon curd na metade deles. Coloque os biscoitos restantes por cima para fechar e sirva imediatamente.

■ Preparo: 25 min ■ Cozimento: 10 min

Biscoitos da Bretanha

Rendimento: 30-35 unidades

130 g de manteiga
135 g de açúcar
2 g de sal
1 ovo
230 g de farinha de trigo
7 g de fermento em pó

1 Deixe amolecer a manteiga, misture-a com o açúcar e o sal. Adicione em seguida o ovo e sove por alguns minutos com uma colher de pau. Adicione a farinha de trigo e o fermento e trabalhe até a mistura ficar homogênea.
2 Forme uma bola com a massa, embrulhe-a em filme de PVC e deixe descansar por 1 h em local fresco.
3 Corte a massa em quatro pedaços. Faça um rolinho de 3 cm de diâmetro com cada pedaço e corte-os em fatias de 1 cm de espessura. Disponha esses discos em uma assadeira forrada com papel-manteiga e guarde novamente em local fresco por 1 h. ▶

4 Leve os biscoitos ao forno a 200ºC por 10 min. Espere esfriar e guarde em um recipiente hermético.

■ **Preparo:** 10 min   ■ **Descanso:** 2 h
■ **Cozimento:** 10 min

Biscoitos de amêndoa

Rendimento: 35 unidades

250 g de açúcar
1 colher (sobremesa) de açúcar sabor baunilha
125 g de amêndoas moídas
4 claras
135 g de farinha de trigo peneirada

1 Misture em uma vasilha os dois tipos de açúcar e as amêndoas moídas, adicione as claras uma por vez e, aos poucos, a farinha de trigo.
2 Preaqueça o forno a 180ºC. Abra a massa na superfície de trabalho até ficar com 1 cm de espessura. Recorte-a em bastonetes e disponha-as em uma assadeira forrada com papel-manteiga.
3 Leve ao forno por 10 min. Descole os biscoitos ainda quentes com uma espátula metálica e deixe-os esfriar na assadeira. Guarde em seguida em um recipiente hermético.

Estes biscoitos podem ser servidos com Creme inglês (*veja p. 842*).

■ **Preparo:** 15 min   ■ **Cozimento:** 10 min

Bolo de mandioca

Rendimento: 8 porções

1 kg de mandioca
100 g de manteiga
120 ml de leite
4 ovos
360 g de açúcar
1 colher (chá) de sal
1 coco fresco ralado
1 colher (sopa) de fermento em pó
farinha de mandioca

1 Em uma tigela, rale a mandioca crua. Reserve.
2 Deixe a manteiga amolecer em temperatura ambiente ou derreta-a lentamente em uma panelinha.
3 Esquente ligeiramente o leite; deve estar morno na hora de usar.
4 Separe as claras e as gemas. Bata as claras em neve.
5 Sem desligar a batedeira, acrescente as gemas, uma a uma. Adicione o açúcar e o sal, batendo bem. ▶

BISCOITOS, BOLOS E PETITS-FOURS SECOS
CONFEITARIA

6 Desligue a batedeira e acrescente a manteiga, o leite, o coco ralado, a mandioca ralada e o fermento, mexendo sempre delicadamente.

7 Preaqueça o forno a 240°C. Despeja a massa em uma fôrma com orifício central, untada e enfarinhada com farinha de mandioca. Leve ao forno por cerca de 30 min.

Sirva morno ou frio.

■ Preparo: 30 min ■ Cozimento: cerca de 30 min

Bom-bocado de coco

Rendimento: 24 unidades

6 ovos
500 g de açúcar
1 coco ralado fresco
125 g de manteiga em temperatura ambiente
100 g de farinha de trigo

1 Bata os ovos. Leve o açúcar ao fogo com 1 copo de água e mexa até obter uma calda grossa. Deixe esfriar e acrescente os ovos, pouco a pouco. Misture bem.

2 Adicione a seguir o coco, depois a farinha de trigo peneirada e a manteiga.

3 Preaqueça o forno a 240°C. Unte as forminhas e despeje nelas a massa.

4 Leve as forminhas ao forno por cerca de 20 min, até que a massa comece a dourar.

■ Preparo: 10 min ■ Cozimento: 20 min

Cigarrinhos russos

Rendimento: 25-30 unidades

100 g de manteiga
4 claras
uma pitada de sal
90 g de farinha de trigo
160 g de açúcar
1 colher (sobremesa) de açúcar sabor baunilha

1 Forre uma assadeira com papel-manteiga.
2 Preaqueça o forno a 180°C.
3 Derreta a manteiga em banho-maria.
4 Bata as claras em neve bem firme com o sal.
5 Em uma vasilha, misture a farinha de trigo, o açúcar, o açúcar sabor baunilha e a manteiga derretida. Incorpore delicadamente as claras em neve. ▶

6. Abra essa massa com o rolo em uma camada bem fina e recorte-a em discos de 8 cm de diâmetro. Leve-os ao forno por 10 min: devem ficar levemente dourados.
7. Descole os discos da assadeira e enrole-os imediatamente. Deixe esfriar completamente e conserve-os em um recipiente hermeticamente fechado.

■ Preparo: 30 min ■ Cozimento: 10 min

Cookies de chocolate

Rendimento: 30 unidades

175 g de chocolate meio-amargo
110 g de manteiga em temperatura ambiente
110 g de açúcar mascavo
100 g de açúcar
1 ovo
1/2 colher (café) de essência de baunilha
225 g de farinha de trigo
1/2 colher (café) de fermento em pó
uma pitada de sal

1. Preaqueça o forno a 170°C.
2. Passe o chocolate em um ralador grosso ou pique-o com uma faca.
3. Bata a manteiga em uma tigela com os dois tipos de açúcar até a mistura se tornar amarelo-clara e espumosa. Acrescente o ovo, a essência de baunilha e misture.
4. Peneire a farinha de trigo com o fermento e o sal aos poucos sobre a tigela, trabalhando bem com uma espátula de madeira para evitar a formação de grumos. Em seguida, incorpore à massa o chocolate ralado.
5. Em uma assadeira forrada com papel-manteiga, disponha montinhos de massa bem espaçados uns dos outros, usando uma colher de sopa e mergulhando-a a cada vez em uma tigela com água quente. Achate-as com o dorso da colher de modo a formar discos de cerca de 10 cm de diâmetro.
6. Leve ao forno por 8-10 min. Os cookies devem ficar crocantes por dentro.
7. Retire os cookies do forno e deixe esfriar. Sirva-os mornos ou frios.

■ Preparo: 20 min ■ Cozimento: 8-10 min por fornada

Língua-de-gato

Rendimento: 45 unidades

125 g de manteiga em temperatura ambiente
1 colher (sobremesa) de açúcar sabor baunilha
75-100 g de açúcar
2 ovos
125 g de farinha de trigo

1 Trabalhe a manteiga com a espátula até ficar bem cremosa.
2 Acrescente os dois tipos de açúcar e misture bem. Adicione os ovos um por vez. Peneire aos poucos a farinha de trigo sobre a preparação e incorpore-a com o batedor manual.
3 Preaqueça o forno a 200°C. Forre uma assadeira com papel-manteiga.
4 Coloque a massa em um saco de confeitar de bico liso e disponha pequenas línguas de massa de 5 cm de comprimento, deixando um espaço de 2 cm entre elas.
5 Leve ao forno por 4-5 min. Continue a assar as línguas-de-gato por fornadas, pois elas não cabem todas em uma única assadeira.
6 Quando as línguas-de-gato estiverem totalmente frias, guarde-as em um recipiente hermeticamente fechado.

■ Preparo: 20 min   ■ Cozimento: 4-5 min por fornada

Macarons

Rendimento: cerca de 10-12 unidades

240 g de açúcar de confeiteiro
150 g de amêndoas moídas
3 claras

1 Em uma tigela, misture o açúcar de confeiteiro e as amêndoas moídas. Bata as claras em neve. Incorpore delicadamente a elas a mistura de açúcar e amêndoas. A massa deve ficar um pouco fluida.
2 Preaqueça o forno a 250°C. Forre uma assadeira com papel-manteiga.
3 Coloque a massa em um saco de confeitar. Disponha montinhos de massa na assadeira. Achate cada um deles com um pincel umedecido em água.
4 Deixe descansar por cerca de 15 min e leve ao forno por 10-12 min, deixando a porta entreaberta. ▶

5. Retire do forno e despeje um copinho de água fria entre a assadeira e o papel para que os macarons se descolem facilmente. Coloque em outro recipiente e deixe esfriar.

Podem-se aromatizar os macarons adicionando 20 g de cacau em pó ao açúcar de confeiteiro (macarons sabor chocolate) ou 1/2 colher (café) de café fresco fortíssimo (macarons sabor café) ou de essência de baunilha (macarons sabor baunilha). Eles podem igualmente ser recheados com 150 g de Ganache (*veja p. 847*) ou Creme amanteigado (*veja p. 838*) ao natural ou com café.

■ Preparo: 30 min ■ Descanso: 15 min
■ Cozimento: 10-12 min

Madalenas

Rendimento: 36 unidades

2 limões orgânicos
200 g de manteiga
4 ovos
200 g de açúcar
225 g de farinha de trigo

1. Rale a casca de ambos os limões. Derreta 180 g de manteiga. Em uma vasilha, coloque os ovos, o açúcar, e bata até que a mistura se torne esbranquiçada. Adicione as raspas de limão, a farinha de trigo e a manteiga derretida, misturando bem entre cada adição de ingrediente.
2. Deixe essa massa descansar em local fresco por 1 h.
3. Preaqueça o forno a 190°C. Unte três assadeiras para madalenas com 12 forminhas cada uma. Despeje a massa preenchendo dois terços das forminhas. Leve ao forno por 10-12 min.
4. Desenforme as madalenas e deixe esfriar. Pode-se também degustá-las mornas. Podem ser conservadas alguns dias em um recipiente hermeticamente fechado.

■ Preparo: 25 min ■ Descanso: 1 h
■ Cozimento: cerca de 10-12min

Pães de Nantes

Rendimento: 10 unidades

1 limão ou 1 laranja orgânicos
200 g de manteiga
200 g de açúcar
duas pitadas de sal
1 colher (café) de fermento em pó
4 ovos
250 g de farinha de trigo
30 g de amêndoas fatiadas
300 g de Fondant (veja p. 1036) ou o produto pronto
40 ml de marasquino
200 g de pasta de damasco
açúcar granulado rosa

1. Rale a casca do limão ou da laranja. Corte a manteiga em pedacinhos e deixe amolecer em temperatura ambiente.
2. Adicione a açúcar, o sal, o fermento e as raspas e trabalhe até a mistura ficar cremosa. Incorpore os ovos e a farinha de trigo peneirada e misture bem.
3. Preaqueça o forno a 190°C.
4. Unte com manteiga forminhas individuais, espalhe nelas as amêndoas, recheie com a massa e leve ao forno por 20 min.
5. Prepare ou compre o Fondant e dilua-o com o marasquino.
6. Desenforme os pães. Pincele-os com um pouco de pasta de damasco, cubra-os com o Fondant aromatizado com marasquino. Polvilhe com açúcar granulado rosa.

A pasta de damasco pode ser comprada em casas de produtos árabes.

■ Preparo: 20 min ■ Cozimento: 20 min

Palets de dames

Rendimento: 25 unidades

80 g de uvas-passas pretas
80 ml de rum
125 g de manteiga em temperatura ambiente
125 g de açúcar
2 ovos
150 g de farinha de trigo
uma pitada de sal

1. Lave as uvas-passas pretas e deixe-as macerar no rum por cerca de 1 h. Preaqueça o forno a 200°C.
2. Bata a manteiga em uma tigela com o açúcar. Adicione os ovos um por vez e misture bem. Acrescente em seguida a farinha de trigo, as uvas-passas com o rum e uma pitada de sal. Misture bem a cada ingrediente adicionado.
3. Em uma assadeira forrada com papel-manteiga, deposite com uma colherinha montinhos de massa bem separados uns dos outros. Leve ao forno por 10 min. ▶

4 Deixe esfriar. Conserve-os em um recipiente hermeticamente fechado.

■ **Preparo: 15 min** ■ **Maceração: 1 h**
■ **Cozimento: 10 min**

Palitos folhados

Rendimento: 20 unidades

200 g de Massa folhada (veja p. 116) ou o produto pronto
250 g de Glacê real (veja p. 1036)

1 Prepare a massa e deixe-a descansar em local fresco (pode-se também utilizar o produto pronto).
2 Faça o Glacê real.
3 Preaqueça o forno a 200°C.
4 Abra a massa folhada até ficar com 4 mm de espessura. Recorte tiras de massa de 8 cm de largura.
5 Com um pincel ou uma espátula pequena, passe por cima uma leve camada de Glacê real.
6 Enrole as tiras de massa em palitos de 2,5-3 cm de largura e disponha-os em uma assadeira forrada com papel-manteiga.
7 Leve ao forno por cerca de 10 min, até que os palitos adquiram a cor creme. Sirva-os quentes.

■ **Preparo: 50 min** ■ **Cozimento: 10 min**

Palmiers

Rendimento: 20 unidades

500 g de Massa folhada (veja p. 116)
açúcar de confeiteiro

1 Prepare a Massa folhada segundo a receita, polvilhando-a com açúcar de confeiteiro nas duas últimas dobras. Deixe-a descansar por 1 h na geladeira.
2 Preaqueça o forno a 240°C.
3 Abra a massa, forme com ela um retângulo de 1 cm de espessura e polvilhe com açúcar de confeiteiro.
4 Dobre cada lado em direção ao centro, no sentido do comprimento, uma primeira vez, e depois uma segunda vez, para obter um rolinho. ▶

5 Corte o rolinho em rodelas de 1 cm de espessura, disponha-as em uma assadeira forrada com papel-manteiga, espaçando-as para que não grudem umas nas outras, pois a massa crescerá durante o cozimento.

6 Leve os palmiers ao forno por 10 min, virando-os aos 5 min para que dourem de ambos os lados.

7 Deixe esfriar e guarde-os em um recipiente hermeticamente fechado para que não amoleçam.

■ Preparo: 40 min ■ Descanso: 1 h ■ Cozimento: 10 min

Rochers à moda do Congo

Rendimento: cerca de 20 unidades

300 g de açúcar
uma pitada de sal
5 claras
250 g de coco ralado
1 colher (café) de raspas de baunilha

1 Coloque uma vasilha em banho-maria no fogo, adicione o açúcar, o sal e as claras.

2 Bata regularmente até o açúcar derreter e a mistura esquentar. Acrescente o coco ralado e a baunilha e mexa. Retire do fogo.

3 Preaqueça o forno a 250°C. Forre uma assadeira com papel-manteiga.

4 Com uma colherinha, disponha na assadeira pequenas pirâmides de massa, a intervalos regulares, não muito próximas umas das outras. Leve ao forno por cerca de 10 min.

5 Retire do forno. Deixe-os esfriar antes de tirar da fôrma.

■ Preparo: 20 min ■ Cozimento: 10 min

Sablés de Milão

**Rendimento:
cerca de 50 unidades**

*500 g de Massa doce
(veja p. 959)*
*1 colher (café) de
conhaque ou rum*
1 ovo

1. Prepare a Massa doce acrescentando-lhe 1 colher (café) de conhaque (ou de rum) e deixe-a descansar por 2 h em local fresco.
2. Preaqueça o forno a 200°C. Forre uma assadeira com papel-manteiga.
3. Abra a massa até ficar com 5 mm de espessura e, com o cortador de massas, recorte biscoitos redondos ou ovais. Disponha-os na assadeira.
4. Pincele os sablés com o ovo batido e trace riscas pressionando de leve com um garfo. Leve-os ao forno por 15 min.
5. Desenforme os sablés e deixe-os esfriar. Guarde-os em um recipiente hermeticamente fechado.

■ Preparo: 15 min ■ Descanso: 2 h ■ Cozimento: 15 min

Tuiles de amêndoa
(Biscoitos finíssimos)

Rendimento: 25 unidades

75 g de manteiga
75 g de farinha de trigo
100 g de açúcar
*1 colher (sobremesa) de
açúcar sabor baunilha*
2 ovos
uma pitada de sal
*75 g de amêndoas
fatiadas*
óleo

1. Preaqueça o forno a 200°C.
2. Derreta a manteiga em banho-maria, peneire a farinha. Misture em uma tigela, com a colher de pau, os dois tipos de açúcar, a farinha peneirada, os ovos, juntando-os um a um, e uma pitadinha de sal. Em seguida, incorpore a manteiga derretida e as amêndoas fatiadas, misturando delicadamente para não quebrá-las.
3. Forre uma assadeira com papel-manteiga. Com uma colherinha, disponha montinhos de massa bem distantes uns dos outros e achate-os levemente com o dorso de um garfo molhado em água fria. Deixe cozinhar por cerca de 4 min. ▶

4 Unte com óleo generosamente o rolo de massa. Depois descole delicadamente cada biscoito com uma espátula metálica e coloque-os imediatamente sobre o rolo. Assim que eles estiverem frios, retire-os do rolo e conserve-os em uma lata hermeticamente fechada.

É melhor assar as tuiles em pequenas fornadas para facilitar a operação de moldagem sobre o rolo, pois elas são muito frágeis.

■ Preparo: 20 min ■ Cozimento: 4 min por fornada

Visitandines

Rendimento: 40 unidades

4 claras
40 g de farinha de trigo
200 g de manteiga
125 g de açúcar
125 g de amêndoas moídas

1 Coloque 3 claras em uma tigela, 1 clara em outra e deixe-as na geladeira por 1 h para que fiquem bem frias.
2 Peneire a farinha de trigo.
3 Derreta 185 g de manteiga em banho-maria.
4 Bata em neve bem firme a clara sozinha e coloque-a de novo em um local fresco.
5 Preaqueça o forno a 220°C.
6 Em uma vasilha, misture o açúcar e as amêndoas moídas. Acrescente a farinha de trigo, depois incorpore as três claras, trabalhando bem a massa, e por fim a manteiga derretida, levemente morna. Adicione em seguida a clara batida em neve.
7 Unte com manteiga forminhas para barquinhas e, com o saco de confeitar com bico grande e liso, encha-as com a mistura. Leve ao forno por 8-10 min. Os docinhos devem ficar dourados por fora e moles por dentro.
8 Desenforme os docinhos quando ainda estiverem mornos. Para fazê-lo com mais facilidade, bata levemente a fôrma sobre a mesa.

■ Preparo: 20 min ■ Refrigeração: 1 h
■ Cozimento: 8-10 min

BOLOS RECHEADOS, TORTAS, TORTINHAS E FOLHADOS VIENENSES

Amandines à duquesa

Rendimento: 8 unidades

300 g de Massa doce (veja p. 959)
400 g de Creme de amêndoa (veja p. 840)
100 ml de kirsch (ou vinho do Porto)
10 g de manteiga
300 g de amora (ou morango) em calda
100 g de geléia de amora (ou morango)

1 Prepare a Massa doce e deixe-a descansar em local fresco por 2 h.
2 Prepare o Creme de amêndoa adicionando-lhe o kirsch (ou vinho do Porto).
3 Preaqueça o forno a 200°C.
4 Abra a massa até ficar com 3 mm de espessura. Recorte 8 discos de massa com o cortador de massa ou com uma forminha. Coloque os discos em forminhas untadas com manteiga. Espete o fundo com um garfo.
5 Coe a fruta em calda. Reserve algumas para a decoração. Distribua as outras nas fôrmas. Depois, com uma colher, cubra-as com o Creme de amêndoa.
6 Leve as amandines ao forno por 20 min. Deixe-as esfriar completamente antes de desenformá-las com cuidado.
7 Em uma panelinha, espere amornar a geléia. Pincele com ela as amandines.
8 Decore as amandines com as frutas reservadas e mantenha em local fresco até a hora de servir.

Amandines com cerejas
Proceda do mesmo modo, substituindo a fruta por 300 g de cerejas em calda.

■ Preparo: 40 min ■ Descanso: 2 h
■ Cozimento: 20 min

Apple pie

Rendimento: 6-8 porções

300 g de Massa podre (veja p. 118)
40 g de farinha de trigo
30 g de açúcar mascavo
uma pitada de raspas de baunilha
1/2 colher (café) de canela em pó
1 pitada de noz-moscada ralada
800 g de maçã golden
1 limão
1 ovo batido

1. Prepare a Massa podre e deixe descansar por 1 h na geladeira.
2. Divida em duas partes de tamanhos diferentes. Abra-as até ficarem com 2 mm de espessura. Estenda a parte maior em uma fôrma refratária de 22 cm de diâmetro.
3. Em uma vasilha, misture a farinha de trigo, o açúcar mascavo, a baunilha, a canela e a noz-moscada. Distribua a metade dessa mistura sobre a massa.
4. Preaqueça o forno a 200°C.
5. Descasque as maçãs, retire o miolo, corte-as em quartos, depois em fatias finas. Disponha-as em coroa na fôrma formando uma cúpula no centro. Regue com o suco de limão, em seguida polvilhe com o restante da mistura de farinha de trigo e açúcar mascavo com especiarias.
6. Recubra tudo com o segundo disco de massa. Pincele as bordas com o ovo batido para fechar bem.
7. Faça uma chaminé enfiando um rolinho de papel no centro da tampa de massa.
8. Pincele com ovo toda a superfície. Leve ao forno por 10 min.
9. Pincele novamente com o ovo batido e asse por mais 40 min.

A apple pie pode ser servida morna, pura ou acompanhada de creme de leite fresco, Coulis de amora (*veja p. 882*) ou sorvete de baunilha.

- Preparo: 40 min ■ Descanso: 1 h
- Cozimento: 50 min

BOLOS RECHEADOS, TORTAS, TORTINHAS E FOLHADOS VIENENSES
CONFEITARIA

Babá ao rum

Rendimento: 6 porções

500 g de Massa de babá ao rum (veja p. 953)
150 g de açúcar
400 ml de vinho branco
5 g de maisena
100 ml de rum
1 gema
300 ml de Chantilly (veja p. 837)

1 Prepare a massa de babá e deixe-a descansar por 1 h.
2 Preaqueça o forno a 180°C. Unte com manteiga uma fôrma de pudim sem orifício e despeje nela a massa. Deixe-a descansar por mais 15 min e em seguida leve ao forno para assar por 30 min.
3 Cerca de 15 min antes do final do cozimento, dissolva o açúcar no vinho branco em uma panela em fogo brando. Dilua a maisena no rum, adicione-a à calda e misture bem.
4 Em uma tigela, bata a gema com um garfo, despeje 2 colheres de calda, uma após a outra, bata bem e despeje na calda quente sem parar de bater. Retire a panela do fogo.
5 Retire o babá do forno e desenforme-o em uma travessa funda. Regue-o imediatamente com a calda com rum, dando à massa tempo de absorvê-la.
6 Repita essa operação, despejando a calda escorrida no prato até que a massa a absorva inteiramente.
7 Enquanto o babá absorve a calda, prepare o chantilly e diponha-o no centro do doce. Sirva frio.

■ **Preparo: 20 min** ■ **Descanso da massa: 1 h + 15 min**
■ **Cozimento: 30 min**

Barquinhas de amora

Rendimento: 10 unidades

300 g de Massa podre (veja p. 118)
150 g de Creme pâtissière (veja p. 843)
25 g de manteiga
200 g de amoras
5 colheres (sopa) de geléia de framboesa (ou de amora)

1 Prepare a massa e deixe descansar por 1 h em local fresco.
2 Faça o Creme pâtissière e leve-o à geladeira.
3 Abra a massa até ficar com 3 mm de espessura. Corte 10 pedaços com uma forminha ou com um cortador de massas. Unte com manteiga as fôrmas de barquinha e forre-as com a massa. Espete o fundo com um garfo. Deixe-as descansar por 1 h. ▶

4. Preaqueça o forno a 180°C, e leve ao forno por 15 min.
5. Desenforme as barquinhas e espere esfriar.
6. Com uma colherinha, coloque no fundo de cada uma delas um pouco de Creme pâtissière. Lave as amoras e espalhe-as por cima.
7. Em uma panelinha, amorne a geléia e pincele com ela delicadamente as frutas.

■ Preparo: 40 min ■ Descanso: 2 h
■ Cozimento: 15 min

Barquinhas de castanha

Rendimento: 10 unidades

300 g de Massa doce (veja p. 959)
25 g de manteiga
100 g de Fondant (veja p. 1036)
100 g de Cobertura de chocolate (veja p. 1038)
400 g de creme de castanha

1. Prepare a Massa doce e deixe-a descansar por 2 h em local fresco.
2. Abra a massa até ficar com 3-4 mm de espessura e, com o cortador de massa canelado ou com uma das forminhas, recorte 10 pedaços ovais.
3. Unte as fôrmas de barquinha e forre-as com os pedaços de massa. Espete o fundo com um garfo e deixe descansar por mais 1 h.
4. Preaqueça o forno a 180°C e asse as barquinhas por 15 min.
5. Prepare o Fondant e a cobertura.
6. Desenforme as barquinhas quando estiverem frias e, com uma colher, recheie-as generosamente com creme de castanha. Alise com uma espátula.
7. Cubra, no sentido do comprimento, uma das metades de cada barquinha com o Fondant de café e a outra com cobertura de chocolate.
8. Coloque o creme de castanha restante em um saco de confeitar e trace uma linha por cima. Sirva as barquinhas frescas.

■ Preparo: 1 h ■ Descanso: 2 h + 1 h
■ Cozimento: 15 min

BOLOS RECHEADOS, TORTAS, TORTINHAS E FOLHADOS VIENENSES
CONFEITARIA

Barquinhas de pêssego

Rendimento: 10 unidades

300 g de Massa podre (veja p. 118)
20 g de manteiga
1 colher (sopa) de açúcar
300 g de pêssegos frescos
5 colheres (sopa) de pasta de damasco
2 colheres (sopa) de água
60 g de castanhas-de-caju, castanhas-do-pará ou amêndoas fatiadas

1 Prepare a Massa podre e deixe-a descansar por 1 h em local fresco.
2 Preaqueça o forno a 200ºC.
3 Abra a massa até ficar com 3-4 mm de espessura e recorte-a com um cortador de massas oval canelado. Unte as fôrmas de barquinha com manteiga, forre-as com a massa, espete o fundo com um garfo e polvilhe com uma pitada de açúcar.
4 Escorra os damascos em calda (ou retire os caroços dos pêssegos) e corte-os em quartos. Disponha os quartos no sentido do comprimento nas barquinhas, com a pele para baixo. Leve ao forno por 20 min.
5 Desenforme as barquinhas e deixe-as esfriar sobre uma grelha.
6 Dilua a pasta de damasco com 2 colheres (sopa) de água, coe e cubra com ela cada barquinha. Decore com castanhas ou amêndoas fatiadas.

■ Preparo: 30 min ■ Descanso: 1 h
■ Cozimento: 20 min

Bolo ao rum

Rendimento: 6-8 porções

3 ovos
o mesmo peso dos 3 ovos em manteiga, açúcar e farinha de trigo
duas pitadas de sal
50 ml de rum (ou conhaque)

1 Pese os ovos e separe o mesmo peso de açúcar, manteiga e farinha de trigo.
2 Peneire a farinha de trigo. Separe as claras e as gemas. Derreta a manteiga. Bata as claras em neve bem firme com uma pitada de sal.
3 Preaqueça o forno a 200ºC.
4 Em uma tigela, misture as gemas, o açúcar e uma pitada de sal e bata até a mistura ficar esbranquiçada.
5 Incorpore a manteiga, depois a farinha de trigo e, finalmente, o rum ou o conhaque. ▶

BOLOS RECHEADOS, TORTAS, TORTINHAS E FOLHADOS VIENENSES
CONFEITARIA

6 Adicione as claras batidas, delicadamente, mexendo sempre no mesmo sentido, com a colher de pau, para não quebrá-las.

7 Unte e enfarinhe uma fôrma de 22 cm de diâmetro. Despeje a massa e leve ao forno por 15 min a 200°C. Diminua a temperatura do forno para 180°C e deixe assar por mais 25 min.

8 Desenforme o bolo alguns minutos depois de retirá-lo do forno, quando ainda morno.

■ Preparo: 15 min ■ Cozimento: 40 min

Bolo de amêndoa

Rendimento: 6 porções

150 g de manteiga em temperatura ambiente
150 g de açúcar
100 g de amêndoas moídas
3 ovos
100 g de farinha de trigo
uma pitada de sal
1 cálice de licor Grand Marnier

1 Coloque 120 g de manteiga em uma vasilha, adicione o açúcar e misture bem até torná-la cremosa, depois incorpore as amêndoas moídas.

2 Adicione os ovos um por vez, misturando a cada adição, depois a farinha de trigo, uma pitada de sal e o Grand Marnier. Trabalhe a massa até torná-la homogênea.

3 Preaqueça o forno a 180°C.

4 Unte com manteiga uma fôrma para bolo. Recorte uma rodela de papel-manteiga no tamanho da fôrma, forre com ele a fôrma e unte-o com manteiga. Despeje a massa por cima e leve ao forno por 40 min.

5 Desenforme e retire delicadamente o papel. Deixe esfriar.

Bolo de castanha-de-caju
Substitua as amêndoas por castanhas-de-caju.

■ Preparo: 20 min ■ Cozimento: 40 min

BOLOS RECHEADOS, TORTAS, TORTINHAS E FOLHADOS VIENENSES
CONFEITARIA

Bolo de café

Rendimento: 6-8 porções

400 g de Massa com amêndoa (veja p. 953)
10 g de manteiga
farinha de trigo
150 g de amêndoas fatiadas
20 g de café solúvel
1 colher (sopa) de água
600 g de Creme amanteigado (veja p. 838)
açúcar de confeiteiro

1 Prepare a Massa com amêndoa.

2 Preaqueça o forno a 130°C. Unte três assadeiras, coloque por cima 3 pratos de 23 cm de diâmetro, polvilhe as assadeiras com farinha de trigo, depois retire os pratos: 3 discos ficarão delimitados.

3 Coloque a massa em um saco de confeitar com bico n.º 8 e recubra os 3 discos desenhados traçando uma espiral do centro para a borda.

4 Leve ao forno por cerca de 45 min. Deixe os discos esfriarem.

5 No forno ainda quente, doure as amêndoas.

6 Dissolva o café solúvel em uma colher (sopa) de água fervente.

7 Prepare o Creme amanteigado aromatizando-o com o café. Reserve um quarto. Divida o restante em três partes.

8 Com uma espátula, recubra o primeiro disco com creme, coloque o segundo por cima e cubra-o com creme. Faça o mesmo com o terceiro, em seguida cubra todo o bolo com o creme restante.

9 Decore a superfície com as amêndoas fatiadas. Leve à geladeira por 1 h.

10 Em um papel grosso, recorte tiras de 1 cm de largura por 25 cm de comprimento. Coloque-as sobre o bolo, deixando um espaço de 2 cm entre elas, mas sem pressioná-las. Polvilhe com açúcar de confeiteiro, retire as tiras e leve novamente à geladeira por 1 h.

■ Preparo: 45 min   ■ Cozimento: 45 min
■ Refrigeração: 2 h

Bolo de chocolate

Rendimento: 6-8 porções

3 ovos
125 g de açúcar
125 g de manteiga
uma pitada de sal
150 g de chocolate em barra
3 colheres (sopa) de leite
1 colher (sobremesa) de café solúvel (opcional)
125 g de farinha de trigo
2 colheres (sopa) de açúcar
1 colher (sopa) de água
1 colher (sopa) de vinagre de vinho
Cobertura de chocolate (veja p. 1038)

1 Separe as claras e as gemas. Adicione o açúcar às gemas e bata até que se tornem esbranquiçadas.

2 Corte a manteiga em pedacinhos para que amoleça e coloque-a em uma outra tigela.

3 Bata as claras em neve firme com uma pitada de sal.

4 Quebre o chocolate em pedacinhos, adicione o leite e deixe derreter em uma panela em banho-maria ou no microondas. Quando o chocolate estiver derretido, mexa até a mistura ficar homogênea.

5 Preaqueça o forno a 190°C.

6 Aqueça ligeiramente a tigela onde está a manteiga levando-a por 2 min ao forno. Acrescente o chocolate quente (e eventualmente o café solúvel), misture e em seguida adicione a mistura de gemas e açúcar, misturando bem.

7 Peneire a farinha de trigo aos poucos e a seguir incorpore as claras em neve.

8 Unte com manteiga uma fôrma de 25 cm de diâmetro, despeje nela a massa e leve ao forno por 45 min.

9 Prepare a decoração: em uma panela, coloque o açúcar, 1 colher (sopa) de água e o vinagre e deixe caramelizar. Pegue cada noz com o garfo, mergulhe-a no caramelo e coloque-a em um prato untado.

10 Quando o bolo esfriar, desenforme-o virando a fôrma sobre um prato.

11 Com uma espátula metálica, espalhe a Cobertura de chocolate por cima e em volta do bolo, alisando bem. Decore com as nozes e deixe em local fresco.

■ Preparo: 30 min   ■ Cozimento: 45 min

BOLOS RECHEADOS, TORTAS, TORTINHAS E FOLHADOS VIENENSES
CONFEITARIA

Bolo de especiarias

Rendimento: 6 porções

100 ml de leite
200 g de mel
80 g de açúcar
2 gemas
1 colher (café) de bicarbonato de sódio
300 g de farinha de trigo
1 limão
100 g de frutas cristalizadas picadas
1 colher (café) de canela em pó
20 g de manteiga

1 Despeje o leite, o mel e o açúcar em uma panelinha. Aqueça em fogo brando, mexendo sem parar.
2 Bata as gemas em uma tigela e misture a metade do leite ao mel. Adicione o bicarbonato de sódio, o restante do leite com mel e misture bem.
3 Preaqueça o forno a 180°C.
4 Peneire a farinha em uma tigela. Adicione, aos poucos e alternando os ingredientes, a preparação precedente, 2 colheres (sopa) de suco de limão, as frutas cristalizadas e a canela. Bata essa massa por cerca de 10 min.
5 Unte com manteiga uma fôrma para bolo e forre-a com papel-manteiga. Despeje nela a massa e leve ao forno por 1 h.
6 Desenforme e deixe esfriar. Espere no mínimo 24 h antes de consumir.

■ Preparo: 20 min (24 h de antecedência)
■ Cozimento: 1 h

Bolo de fromage blanc

Rendimento: 6-8 porções

500 g de queijo tipo fromage blanc
150 g de damascos secos
500 ml de vinho branco
1/2 colher (café) de canela em pó
1 limão orgânico
350 g de farinha de trigo
200 g de açúcar
uma pitada de sal
1 colher (sobremesa) de fermento em pó
5 gemas ▶

1 Coloque o fromage blanc em uma peneira forrada com tecido fino e deixe-o escorrer por 2 h.
2 Deixe os damascos macerar em 400 ml de vinho branco com a canela em pó. Raspe a casca do limão.
3 Coloque a farinha em uma tigela ou sobre a superfície de trabalho e abra uma cova no centro. Adicione 160 g de açúcar, uma pitada de sal, o fermento, as raspas do limão, a manteiga e 2 gemas. Misture bem e amasse até a massa ficar homogênea, acrescentando o restante do vinho branco para amaciá-la. Faça uma bola com a massa e divida-a ao meio. ▶

150 g de manteiga em temperatura ambiente
1 colher (sobremesa) de açúcar sabor baunilha

4 Unte com manteiga uma fôrma de bolo de 28 cm de diâmetro. Abra cada pedaço de massa até ficar com 3 mm de espessura, de modo a ter dois discos desse formato. Forre a fôrma com um dos discos.

5 Preaqueça o forno a 160°C.

6 Escorra e pique os damascos.

7 Coloque o fromage blanc em uma tigela grande, adicione o açúcar sabor baunilha e o restante do açúcar comum, os damascos picados, as 3 gemas e misture bem; em seguida, despeje na fôrma e alise a superfície com a espátula de madeira.

8 Pincele com um pouco de água as bordas do segundo disco e coloque-o sobre a mistura de fromage blanc. Feche bem as bordas. Leve ao forno por 40 min.

9 Desenforme o bolo quando estiver morno e leve-o à geladeira depois que estiver frio.

O fromage blanc já é fabricado no Brasil e pode ser encontrado em supermercados finos.

■ Preparo: 40 min ■ Descanso: 2 h
■ Cozimento: 40 min

Bolo de iogurte

Rendimento: 4-6 porções
3 ovos
300 g de açúcar
1 laranja (ou limão) orgânica(o)
150 ml de óleo
1 iogurte natural
250 g de farinha de trigo
1 colher (sobremesa) de fermento em pó
uma pitada de sal
10 g de manteiga
250 ml de água
1 limão

1 Preaqueça o forno a 180°C.

2 Separe as claras e as gemas. Em uma vasilha, misture as gemas com 200 g de açúcar e bata até ficarem esbranquiçadas e espumosas.

3 Raspe a casca da laranja (ou do limão). Adicione-a à mistura com o óleo e o iogurte, mexendo bem. Peneire a farinha e o fermento em outra vasilha. adicione-os à massa e misture até se tornar homogênea.

4 Bata as claras em neve firme com uma pitada de sal. Acrescente-as delicadamente à massa, revolvendo-as de modo a não quebrá-las. ▶

5 Unte com manteiga uma fôrma de 24 cm de diâmetro, despeje nela a massa e leve ao forno por 25 min.
6 Coloque 250 ml de água em uma panela e adicione o suco de limão e o restante do açúcar. Deixe ferver por cerca de 15 min. Espere esfriar e regue o bolo com essa calda.

■ Preparo: 30 min   ■ Cozimento: 25 min + 15 min

Bolo de limão

Rendimento: 6-8 porções

1 limão orgânico
100 g de limão cristalizado
50 g de cidra cristalizada
600 g de Massa de bolo (veja p. 954)
70 g de Glacê real (veja p. 1036)

1 Deixe a casca de limão de molho por 2 min em água fervente, passe-a sob água corrente, seque-a e corte-a em lâminas finas. Corte o limão e a cidra cristalizados em cubinhos.
2 Prepare a massa de bolo, adicionando, pouco antes das claras em neve, a cidra e o limão cristalizados.
3 Preaqueça o forno a 200ºC.
4 Unte com manteiga uma fôrma de bolo de 22 cm de diâmetro. Despeje a massa, leve ao forno primeiro a 200ºC por 15 min, depois a 180ºC por 25-30 min, verificando o cozimento com um palito.
5 Deixe o bolo amornar para desenformá-lo, depois espere esfriar completamente.
6 Prepare o glacê. Utilizando uma espátula, cubra com ele o bolo já frio e decore-o com a cidra cristalizada.

■ Preparo: 30 min   ■ Cozimento: 40-45 min

BOLOS RECHEADOS, TORTAS, TORTINHAS E FOLHADOS VIENENSES
CONFEITARIA

Bolo de nozes suíço

Rendimento: 8 porções
250 g de nozes
5 ovos
270 g de açúcar
2 colheres (sopa) de rum
uma pitada de sal
100 g de maisena
40 g de manteiga
1 colher (sopa) de água
10 nozes para decorar

1 Triture bem as nozes.
2 Separe as claras e as gemas. Em uma vasilha, adicione às gemas 250 g de açúcar e trabalhe a mistura até se tornar espumosa. Acrescente o rum.
3 Bata as claras em neve bem firme com uma pitada de sal e incorpore-as à mistura. Adicione as nozes picadas, a maisena, e misture bem.
4 Preaqueça o forno a 190ºC.
5 Unte generosamente com manteiga uma fôrma de bolo de 25 cm de diâmetro. Unte igualmente um círculo de papel-manteiga do mesmo diâmetro e forre com ele a fôrma. Despeje a massa e leve ao forno por 50 min. Deixe o bolo amornar e desenforme-o.
6 Em uma panela, coloque o restante do açúcar e 1 colher (sopa) de água e deixe ferver. Mergulhe as nozes para decorar nessa calda e fixe-as na superfície do bolo. Sirva frio.

Pode-se revestir este bolo com cobertura de café preparada com 150 g de açúcar de confeiteiro diluído em 1 colher (sopa) de água e 2 colheres (sobremesa) de café solúvel. Coloque as nozes sobre a cobertura ainda mole.

■ Preparo: 25 min ■ Cozimento: 50 min

Bolo de Savóia

Rendimento: 8 porções
14 ovos
500 g de açúcar
1 colher (sobremesa) de açúcar sabor baunilha ▶

1 Separe as claras e as gemas. Preaqueça o forno a 170ºC.
2 Em uma vasilha coloque os dois tipos de açúcar, as gemas, e misture até que a preparação fique bem lisa e esbranquiçada. ▶

BOLOS RECHEADOS, TORTAS, TORTINHAS E FOLHADOS VIENENSES
CONFEITARIA

185 g de farinha de trigo peneirada
185 g de maisena
10 g de manteiga
1 colher (sopa) de maisena para untar
uma pitada de sal

3 Bata as claras em neve bem firme com uma pitada de sal. Incorpore-as à preparação precedente, juntamente com a farinha e a maisena, e continue a misturar sempre no mesmo sentido para não quebrar as claras e até que a massa se torne homogênea.

4 Unte com manteiga uma fôrma de bolo ou uma fôrma para pão-de-ló de 28 cm de diâmetro, polvilhe-a com maisena. Despeje a massa na fôrma até dois terços da altura.

5 Leve ao forno por 45 min. Verifique o cozimento espetando a massa com um palito: ele deve sair limpo. Desenforme sobre uma travessa. Sirva frio.

■ Preparo: 25 min ■ Cozimento: 45 min

Bolo de tangerina

Rendimento: 6-8 porções

300 g de Massa podre (sem ovo) (veja p. 118)
3 colheres (sopa) de pasta de damasco
4 pedaços de tangerina cristalizada
125 g de amêndoas sem pele
4 ovos
125 g de açúcar
3 gotas de essência de baunilha
2 gotas de essência de amêndoa
10 g de manteiga
150 g de geléia de tangerina
3-4 tangerinas
amêndoas fatiadas
3 colheres (sopa) de pasta de damasco
folhas de hortelã frescas

1 Prepare a Massa podre e deixe-a descansar por 1 hora.

2 Passe a pasta de damasco na peneira. Corte em pedaços a tangerina cristalizada.

3 Em um pilão ou no processador, triture as amêndoas, incorporando os ovos, um por vez.

4 Adicione a tangerina, o açúcar, a essência de baunilha, a essência de amêndoa e a pasta de damasco peneirada. Misture bem.

5 Preaqueça o forno a 200°C.

6 Abra a massa até ficar com 3 mm de espessura e forre com ela uma fôrma de torta de 24 cm de diâmetro previamente untada com manteiga. Espalhe a geléia de tangerina sobre ela e despeje em seguida a mistura de amêndoa. Alise bem a superfície.

7 Leve ao forno por 25 min. Retire do forno e espere esfriar.

8 Descasque as tangerinas. Doure no forno por alguns minutos as amêndoas fatiadas. ▶

BOLOS RECHEADOS, TORTAS, TORTINHAS E FOLHADOS VIENENSES

9 Aqueça a cobertura de damasco. Espalhe-a ligeiramente com um pincel sobre o bolo.
10 Disponha ao redor os quartos de tangerina e revista-os com a cobertura. Decore com as amêndoas fatiadas e as folhas de hortelã picadas. Sirva fresco.

A pasta de damasco pode ser comprada em casas de produtos árabes.

Bolo de laranja
Substitua o doce de tangerina por doce de laranja e as tangerinas por laranjas.

■ Preparo: 30 min ■ Descanso: 1 h
■ Cozimento: 25 min

Bolo moca

Rendimento: 6-8 porções

650 g de Massa de pão-de-ló (veja p. 957)
60 g de castanhas-do-pará (ou castanhas-de-caju) moídas
10 g de manteiga
600 g de Creme amanteigado (veja p. 838)
1 colher (café) de café fortísssimo
130 g de açúcar
1 litro de água
60 ml de rum
150 g de avelãs
confeitos de chocolate com café

1 Prepare o pão-de-ló adicionando as castanhas moídas.
2 Preaqueça o forno a 180°C. Unte uma fôrma de 20 cm de diâmetro com manteiga, despeje a massa e leve ao forno por 35 min.
3 Desenforme o bolo sobre uma assadeira, deixe-o esfriar completamente, cubra-o com um pano de prato e leve-o à geladeira por 1 hora.
4 Prepare o Creme amanteigado aromatizando-o com o café.
5 Prepare a calda levando ao fogo o açúcar com 1 litro de água. Deixe esfriar e acrescente o rum.
6 Em uma assadeira, leve ao forno as avelãs por 5 min para tostá-las.
7 Corte o bolo em três discos. Divida o Creme amanteigado em cinco partes.
8 Com um pincel, embeba o primeiro disco com a calda ao rum, depois, com uma espátula, cubra-o com um quinto do creme e espalhe um quarto das avelãs picadas por cima. ▶

BOLOS RECHEADOS, TORTAS, TORTINHAS E FOLHADOS VIENENSES
CONFEITARIA

9 Coloque o segundo disco por cima e faça o mesmo. Repita a operação com o terceiro disco.
10 Com a espátula, cubra o contorno do bolo com creme e fixe o restante das avelãs.
11 Coloque o restante do creme em um saco de confeitar de bico canelado e desenhe rosáceas sobre o bolo. No centro de cada uma, coloque um confeito de chocolate com café.
12 Leve o bolo à geladeira por, no mínimo, 2 h antes de servi-lo.

■ Preparo: 40 min ■ Refrigeração: 1 h + 2 h
■ Cozimento: 40 min

Bolo Montmorency

Rendimento: 4-6 porções
400 g de cerejas em calda
350 de Massa de pão-de-ló (veja p. 957)
10 g de manteiga
200 g de Fondant (veja p. 1036)
1 cálice de kirsch (ou vinho do Porto)
2-3 gotas de corante vermelho
12 cerejas cristalizadas

1 Preaqueça o forno a 200°C. Lave, escorra e descaroce as cerejas. Prepare a Massa de pão-de-ló adicionando as cerejas. Misture bem.
2 Unte uma fôrma de 20 cm de diâmetro, despeje nela a massa e leve ao forno por 30 min. Desenforme e deixe esfriar.
3 Em uma panela, esquente um pouco o Fondant em fogo baixo mexendo sem parar. Adicione o kirsch (ou vinho do Porto) e 2-3 gotas de corante vermelho e misture. Com uma espátula, recubra o bolo com essa mistura, alisando bem, e decore com cerejas cristalizadas.

Este bolo também pode ser cortado em duas camadas que serão embebidas com kirsch (ou vinho do Porto) e recheadas com Creme amanteigado (*veja p. 838*) e cerejas maceradas em aguardente.

■ Preparo: 40 min ■ Cozimento: 30 min

Bolo morangueiro

Rendimento: 6 porções

250 g de Creme amanteigado (veja p. 838)
50 ml de kirsch (ou vinho do Porto)
50 g de Creme pâtissière (veja p. 843)
30 g de açúcar
100 ml de água
1 pão-de-ló de 22 cm de diâmetro comprado pronto
500 g de morangos
açúcar de confeiteiro

1 Prepare o Creme amanteigado adicionando-lhe 1 colher (sopa) de kirsch (ou vinho do Porto). Bata e acrescente o Creme patissière.

2 Misture o açúcar, 100 ml de água e o kirsch (ou vinho do Porto) restante. Corte o pão-de-ló horizontalmente ao meio e, com um pincel, regue cada parte da massa com a calda com kirsch (ou vinho do Porto).

3 Lave e retire o cabinho dos morangos. Separe os mais bonitos. Coloque uma camada de pão-de-ló em uma travessa, com o lado cortado voltado para cima. Espalhe com uma espátula um pouco de creme. Coloque os morangos, de pé, bem próximos uns dos outros. Cubra-os com uma camada grossa de creme, fazendo-o penetrar nos interstícios, mas sem ocultar os morangos do contorno.

4 Coloque a segunda camada de pão-de-ló embebido, com o lado cortado para baixo, e comprima-a levemente para fixá-la. Polvilhe com açúcar de confeiteiro, coloque no centro um morango bem bonito e leve à geladeira até a hora de servir.

Decore o bolo com Chantilly (*veja p. 837*).

■ Preparo: 30 min ■ Cozimento: cerca de 15 min

Bolo musseline de laranja

Rendimento: 4-6 porções

80 g de farinha de trigo
4 ovos
110 g de açúcar
15 g de manteiga
30 g de açúcar de confeiteiro ▶

1 Peneire a farinha de trigo. Separe as claras e as gemas. Bata as claras em neve adicionando aos poucos 50 g de açúcar.

2 Em uma tigela, bata as gemas com o restante do açúcar até que a mistura fique esbranquiçada. ▶

BOLOS RECHEADOS, TORTAS, TORTINHAS E FOLHADOS VIENENSES
CONFEITARIA

100 ml de calda de laranja
50 ml de água
300 g de geléia de laranja
180 g de Fondant (veja p. 1036)
20 ml de curaçao
50 g de laranja cristalizada (ou 1 laranja fresca)

Adicione-a aos poucos às claras batidas em neve e misture com cuidado. Em seguida, peneire aos poucos a farinha de trigo sobre a massa e incorpore-a da mesma maneira.

3 Preaqueça o forno a 180°C. Com um pincel, unte com manteiga uma fôrma alta de 20 cm de diâmetro e polvilhe-a com açúcar de confeiteiro. Despeje a massa na fôrma, enchendo-a até dois terços da altura.

4 Leve ao forno por 40 min. Verifique o cozimento espetando a massa com um palito: ele deve sair seco.

5 Desenforme o bolo em um prato e deixe-o amornar. Corte-o em 2 discos da mesma espessura.

6 Dilua a geléia de laranja em 50 ml de água. Embeba o primeiro disco com um pouco de calda de laranja e cubra-o com uma boa camada de doce de laranja.

7 Cubra com o segundo disco. Embeba levemente de novo. Misture o Fondant com o curaçao e cubra toda a superfície do bolo.

8 Decore com a laranja cristalizada ou com rodelas de laranja fresca.

■ **Preparo: 40 min**   ■ **Cozimento: 40 min**

Bolo recheado de cereja

Rendimento: 6 porções
500 g de cerejas
200 ml de creme de leite fresco
150 g de açúcar
5 ovos
250 g de farinha de trigo
1 colher (sobremesa) de fermento em pó ▶

1 Lave as cerejas, seque-as, e retire os cabinhos e os caroços.

2 Misture em uma tigela o creme de leite fresco e o açúcar.

3 Separe as claras e as gemas. Coloque as gemas em uma vasilha, adicione a clara de dois ovos e misture adicionando o creme. Incorpore pouco a pouco a farinha e o fermento misturando cuidadosamente. ▶

2-3 colheres (sopa) de kirsch (ou vinho do Porto)
100 ml de leite
uma pitada de sal
25 g de manteiga

4 Quando a massa estiver homogênea, junte o kirsch (ou vinho do Porto), depois o leite, em pequenas quantidades, para diluí-la.

5 Preaqueça o forno a 200°C.

6 Bata as três claras em neve firme com uma pitada de sal e incorpore-as delicadamente à massa.

7 Unte com manteiga uma fôrma de bolo de 24 cm de diâmetro. Despeje um terço da massa na fôrma. Acrescente a metade das cerejas. Cubra-as com outro terço da massa, depois coloque as cerejas e a massa restantes.

8 Leve ao forno por 45-50 min. Deixe amornar o bolo fora do forno e em seguida desenforme-o. Sirva frio.

■ Preparo: 30 min ■ Cozimento: 45-50 min

Bolo tronco de castanha

Rendimento: 8 porções

125 g de chocolate meio-amargo
2 colheres (sopa) de água
125 g de manteiga
500 g de creme de castanha (ou marrom glacê) comprado pronto
125 g de açúcar de confeiteiro

1 Coloque o chocolate em pedaços em uma panela em fogo brando. Adicione 2 colheres (sopa) de água e deixe amolecer.

2 Enquanto isso, trabalhe a manteiga com uma espátula. Despeje o creme de castanha (ou o marrom glacê) em uma tigela e amasse-o com o garfo para eliminar todos os grumos até virar um purê.

3 Incorpore a manteiga e o chocolate ao purê com a metade do açúcar de confeiteiro. Misture bem para homogeneizar.

4 Coloque essa massa em colheradas sobre dois pedaços de papel-alumínio. Modele-os como um pão do tipo bengala, bem grosso, e enrole. Leve à geladeira por no mínimo 24 h.

5 Quando o rolo estiver bem firme, retire as folhas de papel-alumínio e coloque o tronco em uma travessa comprida. Corte as duas pontas em diagonal. Desenhe estrias na parte superior e polvilhe o restante com o açúcar de confeiteiro. Conserve na geladeira até a hora de servir. ▶

BOLOS RECHEADOS, TORTAS, TORTINHAS E FOLHADOS VIENENSES
CONFEITARIA

A massa deste bolo pode ser aromatizada com um pouco de rum. Para ganhar tempo, pode-se deixar endurecer o tronco por 2 h no congelador.

■ Preparo: 25 min (24 h de antecedência)

Brioche com confeitos

Rendimento: 4-6 porções

400 g de Massa de brioche doce (veja p. 955)
130 g de confeitos cor-de-rosa

1 Prepare a massa de brioche.

2 Quebre grosseiramente 100 g de confeitos e triture o restante no processador ou colocando-os em um pano e esmagando-os com o rolo. Adicione os 100 g de confeitos triturados à massa e deixe-a crescer por 3 h.

2 Sove rapidamente a bola e enrole-a sobre o restante dos confeitos para distribuí-los por toda a superfície. Deposite essa bola com confeitos em uma assadeira forrada com papel-manteiga e deixe crescer por 1 h.

3 Preaqueça o forno a 230ºC. Leve ao forno por 15 min, depois diminua a temperatura para 180ºC e continue a assar por 30 min. Desenforme o brioche e sirva-o morno.

Brioche com confeitos vermelhos

Proceda da mesma maneira, misturando à massa 130 g de confeitos vermelhos. Asse o brioche em uma fôrma ou em uma assadeira.

■ Preparo: 30 min ■ Descanso: 3 + 1 h
■ Cozimento: 45 min

Brioche de frutas

Rendimento: 4-6 porções

400 g de Massa de brioche doce (veja p. 955)
150 g de Creme de amêndoa (veja p. 840)
300 g de frutas da estação (morangos, pêssegos, peras, ameixas)
500 ml de rum
50 g de açúcar
1/2 limão
1 ovo
açúcar de confeiteiro

1. Prepare a Massa de brioche. Faça o Creme de amêndoa e leve-o à geladeira.
2. Lave as frutas escolhidas, descasque-as se for preciso e corte-as em cubos grandes. Deixe-as macerar no rum com o açúcar e o suco de meio limão.
3. Unte uma fôrma redonda de 22 cm de diâmetro com borda pouco elevada. Preaqueça o forno a 200°C.
4. Separe três quartos da massa, abra esse pedaço com o rolo e forre com ele a fôrma. Despeje o Creme de amêndoa no fundo. Coe as frutas e coloque-as por cima.
5. Abra o outro pedaço de massa e coloque-a por cima, fechando bem as bordas. Deixe crescer por 1 h em temperatura ambiente.
6. Bata o ovo em uma tigela e pincele com ele toda a superfície do brioche. Leve ao forno por 15 min a 200°C, depois continue a assar a 180°C por 30 min.
7. Retire do forno, polvilhe com açúcar de confeiteiro e sirva bem quente.

■ Preparo: 1 h ■ Descanso: 1 h ■ Cozimento: 45 min

Brioche especial

Rendimento:
1 fôrma de pudim de 14 cm de diâmetro

700 g de Massa de brioche doce (veja p. 955)
15 g de manteiga
1 gema

1. Prepare a massa.
2. Recorte uma rodela de papel-manteiga com a dimensão do fundo da fôrma e, para forrar as laterais, uma faixa de papel que ultrapasse de 6 a 8 cm a altura. Unte com manteiga o papel e ajeite-o na fôrma.
3. Esmague a massa para que abaixe, forme com ela uma bola e coloque-a na fôrma. Deixe crescer por 2 h.
4. Preaqueça o forno a 210°C. ▶

BOLOS RECHEADOS, TORTAS, TORTINHAS E FOLHADOS VIENENSES
CONFEITARIA

5 Pincele a superfície da massa com uma gema de ovo. Leve ao forno a 210ºC por 30 min. Reduza a temperatura para 180ºC e continue a assar por 10-15 min.

6 Antes de desenformar, espete o centro com um palito para saber se está pronta. Não se deve, em hipótese alguma, abrir a porta do forno antes dos últimos 10 min de cozimento.

7 Desenforme o brioche em uma travessa, retire o papel e deixe esfriar.

■ Preparo: 30 min ■ Descanso da massa: 2 h
■ Cozimento: 40-45 min

Brioche parisiense

Rendimento: 4 porções
300 g de Massa de brioche doce (veja p. 955)
15 g de manteiga
1 ovo

1 Prepare a massa. Divida-a em duas bolas: uma de 250 g para o corpo do brioche, e outra de 50 g para o chapéu. Enrole a bola grande, com as mãos enfarinhadas, para que fique bem redonda.

2 Unte uma fôrma de brioche de meio litro e coloque nela a bola. Faça o mesmo com a bola pequena, dando-lhe o formato de pêra.

3 Com os dedos, pressione um pouco a parte de cima da bola grande para poder enfiar a bola pequena e aperte levemente para fixá-la. Deixe a massa crescer em temperatura ambiente por 1h30, até dobrar de volume.

4 Preaqueça o forno a 200ºC.

5 Molhe as lâminas de uma tesoura e faça pequenas incisões na bola maior, partindo da beirada para o chapéu.

6 Bata o ovo e pincele o brioche.

7 Leve ao forno por 10 min a 200ºC, depois diminua a temperatura para 180ºC e continue a assar por cerca de 20 min. Desenforme o brioche ainda morno. ▶

Brioche polonês

Corte horizontalmente o brioche em 5 fatias. Misture 100 g de frutas cristalizadas cortadas em cubinhos e maceradas em 300 ml de kirsch (ou vinho do Porto) com 300 g de Creme pâtissière (*veja p. 843*). Passe uma camada grossa de creme de frutas em cada fatia. Reconstitua o brioche e recubra com 200 g de Suspiro francês (*veja p. 962*) e 50 g de amêndoas fatiadas e douradas no forno por 5 min.

■ Preparo: 25 min ■ Descanso: 1h30
■ Cozimento: 30 min

Buns (Pão doce com passas)

Rendimento:
15-20 unidades

12 g de fermento biológico
300 ml de leite
1 ovo
duas pitadas de sal
1/2 limão orgânico
100 g de manteiga em temperatura ambiente
60 g de açúcar
75 g de uvas-passas
300 g de farinha de trigo

1 Amasse o fermento em uma tigela e dissolva em um pouco de leite morno. Bata o ovo com o sal. Raspe a casca do limão, coloque-a em uma terrina com 250 ml de leite, 75 g de manteiga, 50 g de açúcar e as uvas-passas. Misture bem, acrescente o ovo batido, o fermento e incorpore a farinha de trigo. Amasse bem para obter uma massa elástica e deixe-a descansar por 5 h para que dobre de volume.

2 Divida a massa em bolas do tamanho de uma tangerina. Unte uma tigela grande, coloque nela as bolas de massa, pincele-as com o restante da manteiga derretida, tampe e deixe crescer por 5 h. (Pode-se também dispor as bolas em uma assadeira e guardá-la em um armário ao abrigo das correntes de ar.)

3 Preaqueça o forno a 200ºC. Coloque os pães em uma assadeira forrada com papel-manteiga e leve-os ao forno por 20 min.

4 Alguns min antes de retirá-los, misture o leite restante com 1 colher (sopa) de açúcar e pincele os pães.

■ Preparo: 15 min ■ Descanso: 10 h
■ Cozimento: 20 min

BOLOS RECHEADOS, TORTAS, TORTINHAS E FOLHADOS VIENENSES
CONFEITARIA

Cake de uvas-passas e frutas cristalizadas

Rendimento:
8 porções (ou 1 fôrma para bolo de 24 cm)

100 g de uvas-passas pretas
100 g de frutas cristalizadas cortadas em cubinhos
1 cálice de rum
175 g de manteiga
125 g de açúcar
3 ovos
270 g de farinha de trigo
1 colher (chá) de fermento em pó
10 g de manteiga
uma pitada de sal

1 Deixe as uvas-passas macerar no rum junto com as frutas cristalizadas.

2 Amasse a manteiga em uma terrina até adquirir consistência cremosa. Adicione aos poucos o açúcar e uma pitada de sal. Trabalhe a mistura até formar uma pasta. Incorpore os ovos um após o outro. Em seguida, adicione a farinha de trigo de uma só vez.

3 Escorra as frutas cristalizadas e as uvas-passas, passe-as em cerca de 2 colheres (sopa) de farinha (assim enfarinhadas, elas afundarão na fôrma) e adicione-as à massa, assim como o rum de maceração. Incorpore o fermento e misture bem todos os ingredientes.

4 Preaqueça o forno a 210ºC.

5 Unte uma folha de papel-manteiga, forre com ela a fôrma e despeje a massa até dois terços da altura.

6 Leve ao forno aquecido a 210ºC por 10 min, depois diminua a temperatura para 150ºC e deixe assar por mais 35 min.

7 Desenforme ao retirar do forno e deixe esfriar.

Cake de mel e cerejas em calda

Proceda da mesma forma, diminuindo a quantidade de açúcar para 100 g e acrescentando 2 colheres (sopa) de mel. Substitua as uvas-passas e as frutas cristalizadas por 125 g de cereja em calda. Decore o cake com frutas ou flores.

■ Preparo: 25 min ■ Cozimento: 45 min

BOLOS RECHEADOS, TORTAS, TORTINHAS E FOLHADOS VIENENSES
CONFEITARIA

Canapés folhados de damasco

Rendimento: 20 unidades

210 g de manteiga
150 ml de rum
250 g de açúcar
8 ovos
200 g de farinha de trigo
1/2 colher (sobremesa) de fermento em pó
30 g de amêndoas fatiadas
10 colheres (sopa) de pasta de damasco
20 cerejas em calda

1 Preaqueça o forno a 180°C.
2 Derreta 200 g de manteiga e adicione-lhe 100 ml de rum.
3 Em uma vasilha, bata o açúcar e os ovos até a mistura ficar esbranquiçada. Acrescente a farinha de trigo peneirada, o fermento e a manteiga derretida e aromatizada com rum.
4 Encha com essa massa forminhas redondas ou ovais untadas somente até três quartos da altura. Leve ao forno por 20 min. Desenforme os canapés e deixe esfriar.
5 Deixe dourar as amêndoas fatiadas no forno.
6 Misture 5 colheradas de pasta de damasco com a metade do rum restante. Corte cada canapé ao meio, no sentido da espessura. Recheie uma metade com o doce com rum e cubra com a outra metade.
7 Reduza o restante da pasta de damasco, adicione o restante do rum e cubra com ele os canapés.
8 Decore com as amêndoas e coloque uma cereja em calda sobre cada canapé.

■ **Preparo:** 30 min ■ **Cozimento:** 20 min

Carolinas com café

Rendimento: 12 unidades

350 g de Massa doce de carolina (veja p. 960)
800 g de Creme pâtissière (veja p. 843)
10 colheres (café) de café solúvel
200 g de Fondant (veja p. 1036)
2 colheres (sopa) de água
30 g de açúcar

1 Prepare a massa de carolina. Preaqueça o forno a 180°C. Despeje a massa em um saco de confeitar com bico canelado e disponha em uma assadeira forrada com papel-manteiga 12 montinhos bem redondos.
2 Leve ao forno por 20 min, deixando a porta do forno entreaberta após 5 min de cozimento.
3 Prepare o Creme pâtissière e aromatize-o com 6 colheres (café) de café solúvel. ▶

BOLOS RECHEADOS, TORTAS, TORTINHAS E FOLHADOS VIENENSES
CONFEITARIA

4 Aqueça o Fondant em banho-maria ou no micro-ondas, adicionando-lhe 4 colheres (café) de café solúvel e, em outra panela, 2 colheres (sopa) de água e o açúcar para fazer uma calda. Despeje aos poucos a calda sobre o Fondant, mexendo com a colher de pau.

5 Coloque o Creme pâtissière em um saco de confeitar de bico liso e recheie as carolinas, enfiando o bico por baixo.

6 Molhe a parte superior de cada carolina no Fondant e retire o excesso com o dedo. Coloque em uma travessa e espere esfriar.

Carolinas com creme Chiboust de café
Substitua o creme pâtissière pela mesma quantidade de Creme Chiboust (*veja p. 839*) aromatizado com igual quantidade de café solúvel.

■ Preparo: 40 min ■ Cozimento: 20 min

Carolinas com chantilly

Rendimento: 10 carolinas em forma de cisne

300 g de Massa doce de carolina (veja p. 960)
500 g de Chantilly (veja p. 837)
açúcar de confeiteiro

1 Prepare a Massa de carolina. Preaqueça o forno a 180°C. Despeje a massa de carolina em um saco de confeitar com bico liso de 15 mm de diâmetro.

2 Forre uma assadeira com papel-manteiga e disponha nela 10 carolinas ovais de 8 cm de comprimento por 5 cm de largura (elas formarão o corpo dos cisnes).

3 Retire o bico e substitua-o por outro de 4 ou 5 cm de diâmetro. Faça com a massa 10 contornos em forma de "S", com 5 ou 6 cm de altura (eles servirão para fazer os pescoços dos cisnes).

4 Leve as carolinas ao forno por 18-20 min e os "S" por 10-12 min. Deixe esfriar no forno com a porta aberta.

5 Prepare o Chantilly e leve-o à geladeira. ▶

BOLOS RECHEADOS, TORTAS, TORTINHAS E FOLHADOS VIENENSES
CONFEITARIA

6 Com uma faquinha serrilhada, corte a parte superior de cada carolina. Recorte essa tampa em duas partes no sentido do comprimento (esses pedaços serão as asas dos cisnes).

7 Despeje o chantilly em um saco de confeitar de bico grande canelado e recheie cada carolina formando um domo.

8 Enfie um "S" em uma das extremidades das carolinas e espete as asas no creme. Polvilhe generosamente com açúcar de confeiteiro.

■ Preparo: 30 min   ■ Cozimento: cerca de 20 min

Conversations (Docinhos de amêndoa)

Rendimento: 8 unidades

400 g de Massa folhada (veja p. 116) ou o produto pronto
200 g de Creme de amêndoa (veja p. 840)
2 claras
250 g de açúcar de confeiteiro

1 Prepare a Massa folhada segundo a receita (ou utilize a massa pronta).

2 Prepare o Creme de amêndoa.

3 Divida a massa em duas porções. Abra o primeiro pedaço com o rolo até ficar com 3 mm de espessura. Com um cortador de massa, recorte 8 círculos. Faça o mesmo com o outro pedaço de massa.

4 Unte 8 forminhas e forre-as com os primeiros círculos. Recheie com creme de amêndoa até 5 mm da borda, espalhando regularmente com o dorso de uma colherinha.

5 Umedeça as bordas dos outros círculos de massa com um pincel e coloque-os por cima do creme, fechando bem.

6 Bata as claras em neve mole, incorporando aos poucos o açúcar de confeiteiro. Com a espátula, espalhe essa mistura por toda a superfície dos docinhos.

7 Preaqueça o forno a 180-190°C.

8 Faça uma bola com as sobras da massa, abra-a até ficar com 2 mm de espessura e recorte 16 tirinhas de 6-8 mm de largura. ▶

BOLOS RECHEADOS, TORTAS, TORTINHAS E FOLHADOS VIENENSES
CONFEITARIA

9 Disponha as tirinhas em losangos sobre a cobertura entrelaçando-as. Deixe descansar por 15 min.
10 Leve ao forno por 30 min. Sirva os docinhos frios.

- Preparo: 1 h ■ Descanso: 15 min
- Cozimento: 30 min

Cramique

Rendimento: 6 porções

1 tigela de chá mate
100 g de uvas-passas pretas
100 g de manteiga
20 g de fermento biológico
200 ml de leite fresco
500 g de farinha de trigo
3 ovos
uma pitada de sal

1 Prepare o chá e deixe a uvas-passas macerarem nele.
2 Corte a manteiga em pedaços bem pequenos.
3 Esmigalhe o fermento em uma vasilha, despeje um pouco de leite morno e misture. Adicione a farinha de trigo aos poucos, mexendo com a colher de pau até que a massa fique mole. Coloque o restante da farinha de trigo na superfície de trabalho e abra uma cova no centro. Coloque nela o fermento. Bata 2 ovos com o sal e adicione-os, assim como o leite restante.
4 Trabalhe a massa à mão até ficar elástica. Incorpore a manteiga. Continue a sovar. Coe as uvas-passas e adicione-as à massa. Amasse mais um pouco para incorporá-la bem.
5 Preaqueça o forno a 200°C.
6 Faça um rolo com a massa e coloque-a em uma assadeira forrada com papel-manteiga. Bata o último ovo e pincele com ele a massa. Deixe crescer por 1 h em temperatura ambiente.
7 Leve o cramique ao forno a 200°C por 10 min, depois diminua a temperatura para 180°C e asse por mais 30 min. Desenforme e espere esfriar.

Sirva com compota de frutas, creme de chocolate ou sorvete de frutas.

- Preparo: 25 min ■ Descanso: 1 h
- Cozimento: 40 min

Croissant

Rendimento: 8 unidades

400 g de Massa de croissant (veja p. 956)
1 gema

1. Prepare a Massa de croissant. Abra-a até ficar com 6 mm de espessura. Recorte triângulos de 14 cm de base por 16 cm de lado. Dobre cada triângulo sobre si mesmo partindo da base para o topo.
2. Disponha os croissants em uma assadeira forrada com papel-manteiga.
3. Dilua a gema em um pouco de água e pincele os croissants. Deixe-os descansar por 1 h: eles dobrarão de volume.
4. Preaqueça o forno a 220°C.
5. Pincele novamente os croissants com a gema e leve-os ao forno. Após 5 min, diminua a temperatura para 190°C e continue a assar por mais 10 min.

- Preparo: 25 min   - Descanso: 1 h
- Cozimento: 15 min

Croissant alsaciano

Rendimento: 8 unidades

400 g de Massa de croissant (veja p. 956)
0,5 litro de água
70 g de açúcar
20 g de açúcar cristal
70 g de nozes moídas
70 g de amêndoas moídas
70 g de avelãs moídas
60 ml de água (ou kirsch ou vinho do Porto)
150 g de açúcar de confeiteiro

1. Prepare a Massa de croissant.
2. Ferva meio litro de água e o açúcar. Retire do fogo. Adicione o açúcar cristal e as frutas secas moídas, mexa bem.
3. Abra a massa de croissant até ficar com 6 mm de espessura. Recorte 8 triângulos de 14 cm de base por 16 cm de lado. Com uma colher, coloque o recheio na base de cada triângulo e enrole.
4. Disponha os croissants em uma assadeira forrada com papel-manteiga e deixe-os descansar por mais 1 h.
5. Preaqueça o forno a 220°C.
6. Leve os croissants ao forno e, após 5 min, diminua a temperatura para 190°C, deixando assar por mais 10 min. ▶

BOLOS RECHEADOS, TORTAS, TORTINHAS E FOLHADOS VIENENSES
CONFEITARIA

7 Prepare a cobertura misturando 60 ml de água (ou kirsch ou vinho do Porto) e o açúcar de confeiteiro e, com uma colherinha, distribua-a entre os croissants. Espere esfriar.

■ **Preparo: 50 min** ■ **Descanso: 1 h**
■ **Cozimento: 15 min**

Croissant de amêndoa

Rendimento: 6 unidades

250 g de Creme de amêndoa (veja p. 840)
250 ml de água
375 g de açúcar
70 g de amêndoas moídas
1 colher (café) de água de flor de laranjeira
6 croissants amanhecidos
50 g de amêndoas laminadas
açúcar de confeiteiro

1 Prepare o Creme de amêndoa e reserve-o na geladeira.
2 Ferva 250 ml de água com o açúcar. Retire do fogo e acrescente as amêndoas moídas e a água de flor de laranjeira.
3 Preaqueça o forno a 180ºC.
4 Corte os croissants amanhecidos ao meio, no sentido do comprimento, e mergulhe-os na calda. Com uma colher, distribua o Creme de amêndoa por dentro e por cima dos croissants. Reconstitua cada um deles, espalhe por cima um pouco de Creme de amêndoa e em seguida a amêndoa laminada.
5 Leve ao forno em uma assadeira forrada com papel-manteiga por 10-12 min. Polvilhe com açúcar de confeiteiro.

■ **Preparo: 20 min** ■ **Cozimento: 10-12 min**

Delícia de limão

Rendimento: 6-8 porções

100 g de frutas cristalizadas
100 g de manteiga
2 limões orgânicos ▶

1 Preaqueça o forno a 190ºC.
2 Corte as frutas cristalizadas em cubinhos. Derreta a manteiga em fogo brando em banho-maria. Raspe a casca de um limão e esprema o suco. ▶

BOLOS RECHEADOS, TORTAS, TORTINHAS E FOLHADOS VIENENSES
CONFEITARIA

250 g de farinha de trigo
1 colher (sobremesa) de fermento em pó
4 ovos
200 g de açúcar
350 g de Creme amanteigado (veja p. 838)
açúcar de confeiteiro

3 Em uma tigela, misture a farinha de trigo e o fermento, acrescente a manteiga derretida, os ovos, o açúcar, as raspas e o suco do limão e, por último, as frutas cristalizadas. Quando a massa estiver bem homogênea, despeje-a em uma fôrma de pudim sem orifício de 25 cm de diâmetro e leve ao forno por 40 min.

4 Prepare o Creme amanteigado, incorporando as raspas e o suco do segundo limão.

5 Verifique o cozimento do bolo espetando-o com um palito (que deverá sair limpo). Desenforme e espere esfriar completamente.

6 Corte o bolo em três discos. Com uma espátula metálica, recubra dois dos discos com uma boa camada de creme. Coloque um sobre o outro e por cima o terceiro disco.

7 Polvilhe com açúcar de confeiteiro e conserve em local fresco, mas não na geladeira.

Sirva com framboesas (ou amoras) frescas ou com um coulis de framboesa (ou de amora).

■ Preparo: 40 min ■ Cozimento: 40 min

Delícias de morango

Rendimento: 6 unidades

250 g de Massa sablée (veja p. 961)
300 g de morangos
60 g de açúcar
140 g de manteiga
6 folhas de hortelã fresca

1 Prepare a Massa sablée e deixe descansar por 1 h em local fresco.

2 Lave os morangos e retire os cabinhos. Coloque a metade em uma vasilha com o açúcar e deixe por cerca de 1 h.

3 Coloque a outra metade para secar sobre papel-toalha.

4 Preaqueça o forno a 190ºC.

5 Abra a Massa sablée até ficar com 3 mm de espessura e, com um cortador de massa, recorte 6 discos. Disponha-os nas forminhas de torta untadas. Espete o fundo de cada uma com um garfo. ▶

BOLOS RECHEADOS, TORTAS, TORTINHAS E FOLHADOS VIENENSES
CONFEITARIA

6 Recorte 6 pedaços de papel-manteiga, coloque-os sobre a massa com alguns grãos de feijão para evitar que a massa inche durante o cozimento. Leve ao forno por 10 min.

7 Coloque o restante da manteiga em uma vasilha e, com o batedor manual ou o garfo, sove-a até ficar cremosa.

8 Escorra os morangos macerados, passe-os no processador e adicione-os à manteiga. Misture até que o creme fique bem homogêneo.

9 Quando as tortinhas estiverem frias, desenforme-as delicadamente e com uma colher distribua o creme de morango em cada uma delas.

10 Coloque os morangos frescos por cima e decore com algumas folhas de hortelã.

■ Preparo: 30 min ■ Maceração: 1 h
■ Descanso: 1 h ■ Cozimento: 15 min

Delícias de nozes

Rendimento: 6 unidades

250 g de Massa doce (veja p. 959)
250 g de Creme de amêndoa (veja p. 840)
350 g de Creme amanteigado (veja p. 838)
10 g de manteiga
100 g de nozes
250 g de Fondant (veja p. 1036)
2 colheres (sopa) de café fresco fortíssimo (tipo extrato)
2 colheres (sopa) de água
8 nozes

1 Prepare a Massa doce e deixe-a descansar por 1 h.

2 Prepare o Creme de amêndoa e o Creme amanteigado com café. Leve-os à geladeira.

3 Preaqueça o forno a 190ºC.

4 Estenda a massa até ficar com 2 mm de espessura. Com uma forminha, recorte 6 rodelas. Unte as 6 forminhas e forre-as com os discos de massa. Espete o fundo com um garfo e distribua por cima o Creme de amêndoa. Leve ao forno por 15 min.

5 Pique as nozes e misture-as com o Creme amanteigado.

6 Desenforme as tortinhas quando estiverem frias. Com uma colherinha, recheie com creme amanteigado aromatizado e alise com a espátula. Leve-as à geladeira por 1 h. ▶

7 Aqueça ligeiramente o Fondant em banho-maria ou no microondas, adicione o café e 2 colheres (sopa) de água quente.
8 Espete o fundo de cada doce com um garfo e mergulhe a parte superior no fondant. Iguale a superfície com uma espátula metálica.
9 Decore cada docinho com uma noz e mantenha em local fresco até a hora de servir.

■ Preparo: 45 min ■ Descanso: 1 h + 1 h

Floresta negra

Rendimento: 6-8 porções

700 g de Massa de biscoito (veja p. 954)
10 g de manteiga
10 g de farinha de trigo
350 ml de água
200 g de açúcar
100 ml de kirsch (ou vinho do Porto)
800 g de Chantilly (veja p. 837)
2 colheres (sobremesa) de açúcar sabor baunilha
60 cerejas ao marasquino
250 g de raspas grossas de chocolate

1 Prepare a Massa de biscoito.
2 Preaqueça o forno a 180ºC.
3 Unte uma fôrma de 22 cm de diâmetro, polvilhe-a com farinha de trigo, e em seguida sacuda para eliminar o excesso. Despeje a massa e leve ao forno por 35-40 min. Verifique o cozimento com um palito. Desenforme e deixe esfriar.
4 Corte o bolo com uma faca serrilhada em 3 discos iguais.
5 Ferva 350 ml de água com o açúcar e o kirsch (ou vinho do Porto). Reserve a calda.
6 Prepare o Chantilly adicionando-lhe o açúcar sabor baunilha.
7 Regue o primeiro disco com a calda de kirsch (ou vinho do Porto), cubra-o com chantilly e cerca de 25-30 cerejas ao marasquino.
8 Repita o procedimento com o segundo disco e coloque-o sobre o primeiro.
9 Regue o terceiro disco com a calda e coloque-o por cima.
10 Cubra o bolo com chantilly. Decore com lascas de chocolate e leve à geladeira por 2-3 h.

■ Preparo: 40 min ■ Refrigeração: 2-3 h
■ Cozimento: 35-40 min

BOLOS RECHEADOS, TORTAS, TORTINHAS E FOLHADOS VIENENSES
CONFEITARIA

Fogaça

Rendimento: 4-6 porções

150 ml de leite
15 g de fermento biológico
500 g de farinha de trigo peneirada
4 ovos
uma pitada de sal
100 g de manteiga em temperatura ambiente
300 ml de rum, conhaque ou água de flor de laranjeira
50 g de açúcar
200 g de frutas cristalizadas cortadas em cubinhos
15 g de manteiga
1 ovo

1 Prepare o fermento: esquente levemente o leite e dilua nele o fermento biológico. Em uma vasilha, misture-o com 125 g de farinha de trigo e, se quiser, um pouco de leite ou de água para formar uma massa um pouco mole.

2 Deixe essa massa crescer cerca de 1h30, até que dobre de volume.

3 Bata os ovos. Coloque o restante da farinha na superfície de trabalho ou em uma vasilha. Abra uma cova e despeje no centro uma pitada generosa de sal, a manteiga, o rum (ou o conhaque ou a água de flor de laranjeira), o açúcar e os ovos batidos. Trabalhe essa mistura adicionado-lhe um pouco de leite ou de água para obter uma massa elástica, depois incorpore o fermento sovando e, por fim, as frutas cristalizadas.

4 Trabalhe novamente a massa para torná-la elástica, enrole-a em forma de bola, faça uma cruz por cima com a ponta de uma faca e deixe crescer (ela deverá dobrar de volume).

5 Preaqueça o forno a 210ºC.

6 Achate a massa com a palma da mão. Modele a fogaça em forma de bola, de pão ou de coroa, e coloque-a em uma assadeira forrada com papel-manteiga untado.

7 Pincele com o ovo batido e leve ao forno por 10 min a 210ºC, depois diminua para 180ºC e deixe assar mais 30 min. Espere esfriar.

■ **Preparo: 30 min** ■ **Descanso: 1h30 + 1h30**
■ **Cozimento: 40 min**

Kouglof

Rendimento: 2 unidades

145 g de uvas-passas
60 ml de rum
365 g de farinha de trigo
30 g de fermento biológico
160 ml de leite
três pitadas de sal
75 g de açúcar
2 gemas
115 g de manteiga
40 g de amêndoas inteiras
açúcar de confeiteiro

Na véspera

1. Deixe as uvas-passas macerar no rum.

No dia

2. Misture 115 g de farinha com 5 g de fermento e 80 ml de leite em uma vasilha. Sove bem. Cubra a tigela com um pano umedecido e deixe-a por 4-5 h na geladeira, até que pequenas bolhas surjam na superfície.
3. Dissolva 25 g do fermento em 80 ml de leite. Coloque a massa que foi à geladeira, o restante da farinha de trigo, o sal, o açúcar, as gemas e o fermento diluído em uma vasilha grande. Misture bem até que a massa se desprenda das laterais do recipiente.
4. Adicione 85 g de manteiga em pedacinhos e continue a trabalhar a massa até que se desprenda novamente da vasilha.
5. Escorra a uva-passa macerada e adicione-a. Misture, cubra o recipiente com um pano e deixe a massa descansar por cerca de 2 h em temperatura ambiente, até que dobre de volume.
6. Unte duas fôrmas e espalhe as amêndoas.
7. Coloque a massa sobre a superfície de trabalho enfarinhada e divida-a em duas partes iguais. Achate cada pedaço com a palma da mão para restituir-lhe a forma inicial. Faça duas bolas virando as bordas em direção ao centro. Enrole cada bola na superfície de trabalho amassando-a com a palma da mão em um movimento circular.
8. Enfarinhe as mãos e pegue cada bola entre as mãos, enfie os polegares no centro, estique um pouco a massa e coloque-a na fôrma. Deixe-a crescer em temperatura ambiente por cerca de 1h30: se o lugar for seco, cubra o recipiente com um pano úmido.
9. Preaqueça o forno a 200ºC e asse os dois kouglofs por 35-40 min. ▶

BOLOS RECHEADOS, TORTAS, TORTINHAS E FOLHADOS VIENENSES
CONFEITARIA

10 Desenforme os kouglofs e pincele com manteiga derretida para que sequem devagar. Deixe esfriar, polvilhe levemente com açúcar de confeiteiro e sirva.

Estes bolos podem ser conservados por algum tempo se forem envoltos em filme de PVC.

■ Preparo: 40 min ■ Refrigeração: 4-5 h
■ Descanso: 2 h + 1h30 ■ Cozimento: 35-40 min

Muffins

Rendimento: 18 unidades

300 ml de leite
1 ovo
duas pitadas de sal
250 g de farinha de trigo especial
1 colher (sobremesa) de fermento em pó
60 g de açúcar
100 g de manteiga em temperatura ambiente

1 Esquente levemente o leite. Separe a clara e a gema. Bata a clara em neve com uma pitada de sal. Coloque a farinha, o fermento e o sal em uma tigela e abra no centro uma cova. Despeje nela a gema, o leite e misture.

2 Forme uma bola com a massa, cubra-a com um pano e deixe descansar por 2 h em um local morno.

3 Preaqueça o forno a 220°C.

4 Incorpore o açúcar e a manteiga à massa, e adicione a clara em neve (delicadamente, para que não se quebre).

5 Unte com manteiga 18 forminhas redondas e encha-as com massa até a metade. Deixe assar por 5 min, depois diminua a temperatura para 200°C e deixe os muffins no forno por mais 10 min até ficarem bem dourados.

6 Retire os muffins, forre uma assadeira com papel-manteiga e desenforme-os nela. Leve de volta ao forno por 10-12 min para que dourem do outro lado.

■ Preparo: 25 min ■ Descanso: 2 h
■ Cozimento: 30 min

Orangine (Bolo de casca de laranja)

Rendimento: 6-8 porções

250 g de Creme pâtissière (veja p. 843)
180 ml de curaçao
650 g de Massa de pão-de-ló (veja p. 957)
10 g de manteiga
300 g de Chantilly (veja p. 837)
100 ml de água
120 g de açúcar sabor baunilha
200 g de Fondant (veja p. 1036)
pedacinhos de laranja cristalizada

1. Prepare o Creme pâtissière adicionando 50 ml de curaçao.
2. Preaqueça o forno a 200°C.
3. Prepare a Massa de pão-de-ló.
4. Unte com manteiga uma fôrma de 26 cm de diâmetro, despeje a massa e leve ao forno por 45 min.
5. Prepare o Chantilly com açúcar sabor baunilha em vez de açúcar, depois acrescente delicadamente o Creme pâtissière aromatizado com curaçao. Reserve na geladeira por 1 h.
6. Deixe ferver 100 ml de água com 120 g de açúcar sabor baunilha e 100 ml de curaçao. Em outro recipiente, misture o Fondant com o restante do curaçao.
7. Corte o bolo em 3 discos iguais. Com um pincel, embeba o primeiro com calda aromatizada de curaçao e recubra-o em seguida com creme pâtissière com chantilly.
8. Coloque por cima o segundo disco e repita a operação. Ponha em seguida o terceiro disco e, com uma espátula, espalhe cuidadosamente o preparo de fondant com curaçao, alisando bem.
9. Decore o bolo com a laranja cristalizada. Sirva fresco.

■ **Preparo:** 30 min ■ **Descanso:** 1 h
■ **Cozimento:** 45 min

Pão doce

Rendimento: 10 unidades

100 g de fermento biológico
125 ml de leite
250 g de farinha de trigo
uma pitada de sal ▶

1. Prepare o fermento (*veja p. 113, Massa de pão, passo 1*).
2. Esquente levemente o leite.
3. Peneire a farinha de trigo sobre a superfície de trabalho, abra no centro uma cova e coloque o sal, ▶

BOLOS RECHEADOS, TORTAS, TORTINHAS E FOLHADOS VIENENSES
CONFEITARIA

10 g de açúcar
75 g de manteiga em temperatura ambiente
1 ovo

o açúcar e a manteiga. Misture, depois acrescente o leite morno. Trabalhe a massa e adicione o fermento. Incorpore-o bem, em seguida forme uma bola com a massa, cubra-a com um pano e deixe fermentar por 12 h em local morno.

4 Preaqueça o forno a 220ºC.

5 Forre uma assadeira com papel-manteiga. Divida a massa em uma dezena de bolas de cerca de 50 g, enrole-as rapidamente entre as mãos para dar-lhes formato de pãezinhos e disponha-as na assadeira. Com uma faca, trace uma cruz por cima.

6 Bata o ovo e pincele os pãezinhos para dourá-los. Leve ao forno por 45 min.

■ Preparo: 15 min ■ Descanso: 12 h
■ Cozimento: 45 min

Pão doce com uvas-passas

Rendimento: 12 unidades
15 g de fermento biológico
100 ml de leite
530 g de farinha de trigo
100 g de uvas-passas pretas
150 g de manteiga
30 g de açúcar
4 ovos
seis pitadas de sal
açúcar granulado

1 Dissolva o fermento biológico em 60 ml de leite e 30 g de farinha de trigo e misture bem. Polvilhe com 30 g de farinha de trigo e deixe crescer por 30 min em local morno.

2 Coloque as uvas-passas em uma tigela com água morna e deixe-as inchar.

3 Deixe a manteiga em temperatura ambiente para amolecer. Peneire a farinha restante em uma vasilha, acrescente a massa, depois o açúcar, 3 ovos e o sal. Amasse por 5 min sovando a massa sobre a mesa para torná-la elástica.

4 Adicione o leite restante (40 ml) e misture bem. Incorpore em seguida a manteiga à massa, depois as uvas-passas escorridas. Sove um pouco mais e deixe descansar por 1 h em local morno.

5 Divida a massa em 12 pedaços, molde rolinhos, enrole-os em espiral e deixe-os crescer por 30 min na assadeira forrada com papel-manteiga. ▶

6 Preaqueça o forno a 210°C. Bata o último ovo com um garfo.
7 Pincele os pães com o ovo, polvilhe com açúcar granulado, leve-os ao forno por 20 min para dourar. Sirva os pãezinhos mornos ou frios.

- **Preparo:** 30 min ■ **Descanso:** 30 min + 1h30
- **Cozimento:** 20 min

Pithiviers

Rendimento: 6-8 porções

500 g de Massa folhada (veja p. 116)
400 g de Creme de amêndoa (veja p. 840)
1 ovo

1 Prepare a Massa folhada.
2 Prepare o Creme de amêndoa.
3 Corte a massa folhada em duas porções. Abra a primeira com o rolo e recorte um disco de 20 cm de diâmetro. Recheie com Creme de amêndoa, deixando uma margem livre de 1,5 cm em toda a volta.
4 Preaqueça o forno a 250°C.
5 Abra a massa restante de modo a obter um disco de diâmetro idêntico ao primeiro. Pincele com água a beirada do primeiro disco. Coloque o segundo por cima do creme e feche bem as bordas.
6 Com a ponta de uma faca, desenhe o contorno do pithiviers, fazendo pequenas incisões, e pincele-o com o ovo batido para dourar. Trace losangos ou rosáceas na superfície, sempre com a ponta da faca.
7 Leve ao forno por 45 min. Sirva morno ou frio.

- **Preparo:** cerca de 1 h ■ **Descanso:** 2 h
- **Cozimento:** 45 min

BOLOS RECHEADOS, TORTAS, TORTINHAS E FOLHADOS VIENENSES
CONFEITARIA

Profiteroles de chocolate

Rendimento: 30 unidades

350 g de Massa doce de carolina (veja p. 960)
1 ovo
200 g de chocolate em barra
100 ml de creme de leite fresco
400 g de Chantilly (veja p. 837)
75 g de açúcar
1 colher (sobremesa) de açúcar sabor baunilha

1 Prepare a massa de carolina.
2 Preaqueça o forno a 200ºC.
3 Coloque a massa de carolina em um saco de confeitar com bico liso e forme 30 bolas de massa do tamanho de uma noz sobre uma assadeira forrada com papel-manteiga.
4 Bata o ovo e pincele com ele cada bola. Leve ao forno por 15 min para dourar, deixando a porta do forno entreaberta após 5 min.
5 Pique bem o chocolate. Deixe ferver o creme de leite fresco, despeje-o imediatamente sobre o chocolate e bata.
6 Prepare o chantilly, adicionando-lhe aos poucos o açúcar comum e o açúcar sabor baunilha. Coloque em um saco de confeitar com bico n.º 7. Perfure o fundo das carolinas e recheie com o creme.
7 Disponha as profiteroles em uma taça e sirva com uma calda de chocolate quente.

■ Preparo: 40 min   ■ Cozimento: 15 min

Quindim

Rendimento: 24 unidades

11 ovos
350 g de açúcar
1/2 colher (sopa) de manteiga em temperatura ambiente
250 g de coco ralado fresco

1 Separe as claras das gemas de 9 ovos. Reserve 2 ovos inteiros. Bata as gemas por 1 min. Acrescente os ovos inteiros e bata por mais 1 min. Adicione o açúcar aos poucos. Coloque a manteiga e continue batendo até obter uma consistência cremosa.
2 Acrescente o coco ralado e bata tudo junto, rapidamente.
3 Unte com manteiga 24 forminhas de cerca de 6 cm de diâmetro. Polvilhe as forminhas com açúcar.
4 Preaqueça o forno a 220ºC por cerca de 10 min. Despeje a massa do quindim nas forminhas, enchendo quase até a borda. ▶

5. Leve as forminhas ao forno em banho-maria por cerca de 10 min. Abaixe o fogo para médio – os quindins já devem estar começando a corar – e asse por mais 30 min, aproximadamente.
6. Para desenformar os quindins, passe uma faca em volta da forminha e vire-os em um prato. Faça um teste com uma forminha: se o quindim ainda estiver mole, deixe mais um pouco no forno. Sirva gelado ou retire os quindins da geladeira 2 h antes de servir.

Quindão
Para fazer um quindão, use uma fôrma rasa, de 25 cm de diâmetro, untada com manteiga e polvilhada com açúcar. Asse em banho-maria e em forno alto por 10 min, diminua o fogo e deixe por mais 40 min, aproximadamente.

■ Preparo: 20 min   ■ Cozimento: 40 min

Rocambole

Rendimento: 4-6 porções
450 g de Massa para bolo (veja p. 954)
15 g de manteiga
100 g de açúcar
100 ml de água
1 colher (café) de rum
125 g de amêndoas fatiadas
6 colheres (sopa) de geléia de damasco ou de outra fruta

1. Prepare a massa para bolo. Preaqueça o forno a 180°C. Derreta a manteiga sem cozinhá-la. Forre uma fôrma com papel-manteiga e, com um pincel, unte-o com manteiga derretida.
2. Abra a massa com uma espátula uniformemente até ficar com 1 cm de espessura. Leve ao forno por 10 min e deixe dourar levemente.
3. Misture o açúcar com 100 ml de água, deixe ferver e acrescente o rum.
4. Grelhe ligeiramente as amêndoas no forno a 180°C.
5. Coloque o bolo sobre um pano de prato e, com um pincel, embeba-o com a calda. Com uma espátula, cubra-o com a geléia de damasco. ▶

6. Enrole o bolo com a ajuda do pano para não quebrá-lo. Corte as duas extremidades em diagonal. Com o pincel, passe a cobertura de damasco sobre o bolo todo. Espalhe por cima as amêndoas.

■ Preparo: 25 min ■ Cozimento: 10 min

Sachertorte

Rendimento: 6-8 porções

200 g de chocolate meio-amargo
125 g de manteiga
8 gemas
10 claras
uma pitada de sal
140 g de açúcar levemente aromatizado com baunilha
125 g de farinha de trigo
350 g de Cobertura de chocolate (veja p. 1038)
8 colheres (sopa) de geléia de damasco (ou de outra fruta)

1. Preaqueça o forno a 180°C. Forre duas fôrmas de 26 cm de diâmetro com papel-manteiga.
2. Corte o chocolate em pedacinhos e derreta-o em banho-maria ou no microondas. Derreta a manteiga em uma panelinha. Com uma colher de pau ou um batedor manual, misture as gemas e adicione a manteiga e o chocolate derretidos.
3. Bata as claras em neve firme com o sal, acrescente o açúcar aromatizado e continue a bater até que a espuma forme montinhos entre as pás da batedeira.
4. Adicione primeiramente um terço das claras em neve na preparação de ovos, manteiga e chocolate, depois, pouco a pouco, o restante. Peneire a farinha de trigo aos poucos sobre a massa e misture até ficar homogênea.
5. Despeje a massa nas fôrmas. Leve ao forno por 45 min: os bolos devem ficar bem estufados e secos.
6. Prepare a cobertura.
7. Desenforme os bolos e deixe esfriar. Com um pincel, cubra a superfície de um dos bolos com a geléia de damasco. Coloque o segundo bolo por cima. Com uma espátula, distribua a cobertura de chocolate por toda a superfície e as laterais.
8. Coloque a sachertorte em uma travessa, depois leve à geladeira por 3 h para que a cobertura endureça. Retire-a cerca de meia hora antes de servir.

■ Preparo: 35 min ■ Cozimento: 45 min
■ Refrigeração: 3 h

Saint-Honoré com chantilly

Rendimento: 6-8 porções

250 g de Massa podre (veja p. 118)
250 g de Massa doce de carolina (veja p. 960)
125 g de açúcar
200 ml de água
500 g de Chantilly (veja p. 837)

1. Prepare a Massa podre e a Massa doce de carolina. Abra a massa podre até ficar com 4 mm de espessura.
2. Recorte um disco de 22 cm de diâmetro e coloque-o em uma assadeira forrada com papel-manteiga umedecido.
3. Preaqueça o forno a 200°C.
4. Despeje a massa de carolina em um saco de confeitar com bico liso n.º 9 ou 10 e disponha uma primeira coroa a 1 cm das bordas da massa podre, depois outra no interior, a cerca de 5 cm da primeira. Ao lado do disco, deposite sobre a assadeira o restante da massa de carolina em pequenas bolas do tamanho de uma noz. Leve ao forno por 25 min.
5. Em uma panela, coloque o açúcar e 200 ml de água e prepare uma Calda de caramelo (*veja p. 1034*). Retire-o do fogo quando estiver dourado. Espete várias vezes as pequenas carolinas com uma agulha e mergulhe-as uma a uma no caramelo. Cole-as a seguir na coroa de massa de carolina, bem próximas. Deixe esfriar.
6. Bata o Chantilly, coloque-o em um saco de confeitar com bico canelado e recheie o centro do bolo.
7. Leve à geladeira até a hora de servir. Um saint-honoré não deve ficar à espera por muito tempo.

■ **Preparo: 30 min** ■ **Descanso: 1 h**
■ **Cozimento: 25 min**

Savarin com creme pâtissière

Rendimento: 4-6 porções

400 g de Massa de savarin (veja p. 958)
10 g de manteiga
700 g de Creme pâtissière (veja p. 843)
1 fava de baunilha
0,5 litro de água
250 g de açúcar

1 Prepare a Massa de savarin. Unte com manteiga uma fôrma de 20-22 cm de diâmetro, despeje a massa e deixe-a descansar por 30 min em local morno.
2 Preaqueça o forno a 200ºC. Leve ao forno por 20-25 min.
3 Desenforme e espere esfriar.
4 Prepare o Creme pâtissière e leve-o à geladeira.
5 Abra e raspe a fava de baunilha. Em uma panela, ferva a água com o açúcar e a baunilha. Retire a panela do fogo. Quando a calda estiver morna, regue o savarin com ela.
6 Recheie o centro do bolo com Creme pâtissière e leve à geladeira até a hora de servir.

■ Preparo: 25 min ■ Descanso: 30 min
■ Cozimento: 20-25 min

Savarin com frutas vermelhas e chantilly

Rendimento: 4-6 porções

400 g de Massa de savarin (veja p. 958)
250 g de açúcar
0,5 litro de água
1 fava de baunilha
150 ml de rum
250 g de Chantilly (veja p. 837)
375 g de framboesas (ou amoras)
250 ml de Coulis de morango (veja p. 929)

1 Prepare um savarin e embeba-o com a mesma calda da receita anterior. Regue-o em seguida com rum.
2 Prepare o Chantilly.
3 Prepare todas as frutas, faça o Coulis de morango.
4 Misture delicadamente as framboesas (ou amoras) com o chantilly e recheie o centro do savarin. Regue com o coulis de morango e leve à geladeira até a hora de servir.

■ Preparo: 25 min ■ Descanso: 30 min
■ Cozimento: 20-25 min

Torta de amêndoa

Rendimento: 8-10 porções

14 gemas
400 g de açúcar
15 g de açúcar sabor baunilha
1 colher (sopa) de água de flor de laranjeira
185 g de farinha de trigo
185 g de maisena
200 g de amêndoas moídas
1 gota de essência de amêndoa
3 claras
25 g de manteiga
150 g de geléia de framboesa
100 g de Fondant (veja p. 1036)
2 colheres (sopa) de cobertura de damasco
30 g de amêndoas picadas

1 Misture as gemas, 300 g de açúcar, o açúcar sabor baunilha e a água de flor de laranjeira. Bata essa mistura até ficar esbranquiçada.

2 Peneire a farinha de trigo e a maisena e adicione-as à massa. Misture bem. Incorpore em seguida as amêndoas moídas e a essência de amêndoa amarga.

3 Bata as claras em neve com o restante do açúcar. Incorpore-as delicadamente à primeira mistura.

4 Preaqueça o forno a 180ºC. Unte com manteiga uma fôrma de bolo de 28 cm de diâmetro e 4-5 cm de altura, polvilhe-a com açúcar sabor baunilha e despeje a massa.

5 Leve ao forno por 40 min. Verifique o cozimento espetando a massa com um palito: ele deve sair limpo. Desenforme o bolo sobre uma grelha e espere esfriar completamente.

6 Corte o bolo em 3 discos de espessura igual. Com uma espátula, recheie o primeiro com geléia de framboesa, coloque o segundo por cima, espalhe de novo a geléia, depois cubra com o terceiro.

7 Prepare o Fondant, acrescentando 1 colher (café) de essência de baunilha.

8 Passe a cobertura de damasco com um pincel por cima e em volta do bolo.

9 Cubra com o Fondant de baunilha e decore com amêndoas picadas.

■ Preparo: 25 min ■ Cozimento: 40 min

Torta de amora

Rendimento: 6-8 porções

300 g de Massa folhada (veja p. 116)
300 g de Creme pâtissière (veja p. 843)
6 colheres (sopa) de gelatina de amora (ou outro sabor)
500 g de amoras

1 Prepare a Massa folhada.
2 Prepare o Creme pâtissière e deixe-o esfriar.
3 Preaqueça o forno a 200ºC. Abra a massa até ficar com 3-4 mm de espessura, forre com ela uma fôrma de 24 cm de diâmetro untada com manteiga, espete o fundo com um garfo em vários pontos e cubra-a com papel-manteiga. Coloque grãos de feijão por cima para a massa não crescer.
4 Diminua a temperatura do forno para 180ºC e deixe assar por 25 min.
5 Derreta em fogo brando a gelatina de amora ou outro sabor. Deixe a massa esfriar e cubra-a com o Creme pâtissière. Distribua as amoras por cima e recubra-as com a gelatina. Leve à geladeira até a hora de servir.

■ Preparo: 30 min   ■ Cozimento: 25 min

Torta de castanha-do-pará com melado

Rendimento: 4 porções

300 g de Massa podre (veja p. 118)
100 ml de melado
3 colheres (café) de maisena
50 g de manteiga em temperatura ambiente
50 g de castanhas-do-pará moídas

1 Prepare a massa e deixe descansar por 1 h em local fresco.
2 Dilua o melado em um pouco de água e ferva por 5 min. Adicione a maisena diluída em água fria, depois a manteiga. Misture e deixe esfriar. Preaqueça o forno a 220ºC.
3 Abra a metade da massa. Unte uma fôrma de torta de 18 cm de diâmetro com manteiga e forre-a com a massa. ▶

4 Despeje o recheio sobre a massa. Guarneça com as castanhas-do-pará moídas. Abra o restante da massa bem fina, coloque esse disco por cima para tampar, pincele o contorno com os dedos para fechar as bordas e faça uma chaminé inserindo um rolinho de papel no meio dessa tampa.

5 Leve ao forno por 30-35 min. Sirva a torta fria.

■ **Preparo: 10 min** ■ **Descanso: 1 h**
■ **Cozimento: cerca de 40 min**

Torta de chocolate

Rendimento: 4-6 porções

175 g de Massa doce (veja p. 959)
250 g de Ganache (veja p. 847)

1 Prepare a Massa doce e deixe-a descansar por 2 h.

2 Preaqueça o forno a 170°C.

3 Abra a massa até ficar com cerca de 2 mm de espessura. Forre com ela uma fôrma de 22 cm de diâmetro. Espete o fundo com o garfo. Cubra com papel-manteiga, disponha caroços de pêssegos ou grãos de feijão e leve ao forno por 12 min.

4 Retire o papel e os caroços ou feijões e continue o cozimento por 8-10 min. Retire a massa do forno e deixe esfriar.

5 Prepare o Ganache. Coloque-o em um saco para confeitar e recheie com ele a torta. Alise bem a superfície com uma espátula metálica.

6 Leve à geladeira até a hora de servir.

■ **Preparo: 15 min** ■ **Descanso: cerca de 2h30**
■ **Cozimento: cerca de 25 min**

Torta de fromage blanc

Rendimento: 4-6 porções

250 g de Massa podre (veja p. 118)
10 g de manteiga
500 g de queijo tipo fromage blanc, bem escorrido
50 g de açúcar
50 g de farinha de trigo
500 ml de creme de leite fresco
2 ovos

1. Prepare a Massa podre e deixe-a descansar por 1 h em local fresco.
2. Preaqueça o forno a 200°C. Abra a massa até ficar com 2 mm de espessura e forre com ela uma fôrma para torta de 18 cm untada com manteiga. Leve-a em seguida à geladeira por 30 min.
3. Preaqueça o forno a 180°C.
4. Em uma vasilha, misture o fromage blanc, o açúcar, a farinha de trigo, o creme de leite e os ovos batidos.
5. Despeje a mistura na fôrma e leve ao forno por cerca de 45 min. Sirva fria.

■ Preparo: 10 min ■ Descanso: 1h30
■ Cozimento: 45 min

Torta de kiwi

Rendimento: 4-6 porções

250 g de Massa podre (veja p. 118)
2 gemas
80 g de açúcar
1 colher (café) de farinha de trigo
200 ml de leite
1 colher (sopa) de geléia de morango (ou outro sabor)
5-6 kiwis

1. Prepare a Massa podre.
2. Preaqueça o forno a 200°C. Abra a massa até ficar com cerca de 3 mm de espessura e forre com ela uma fôrma para torta de 26 cm de diâmetro untada com manteiga. Espete o fundo da massa com o garfo, cubra com papel-manteiga e coloque por cima grãos de feijão. Leve ao forno por 20 min.
3. Enquanto isso, misture em uma panela as gemas, o açúcar, a farinha de trigo e o leite. Deixe cozinhar em fogo brando, mexendo até o creme engrossar e aderir à colher. Fora do fogo, adicione a geléia.
4. Retire do forno a massa, deixe-a amornar, e em seguida despeje sobre ela o creme.
5. Descasque os kiwis e corte-os em rodelas finas. Disponha em círculos concêntricos sobre o creme sobrepondo-as levemente. Leve à geladeira até a hora de servir.

■ Preparo: 25 min ■ Cozimento: 20 min

Torta de limão

Rendimento: 4-6 porções

400 g de Massa podre (veja p. 118)
3 limões orgânicos
3 ovos
250 g de açúcar
80 g de manteiga em temperatura ambiente

1. Prepare a massa e deixe descansar por 1 h em local fresco. Abra com o rolo até ficar com 3 mm de espessura e forre com ela uma fôrma de 22 cm de diâmetro.
2. Rale a casca dos limões e esprema-os.
3. Preaqueça o forno a 220°C.
4. Em uma vasilha, misture os ovos, o açúcar e bata-os por 2 min para incorporá-los bem.
5. Adicione a manteiga, o suco e finalmente as raspas do limão. Bata vigorosamente todos os ingredientes.
6. Despeje a preparação sobre a massa e leve ao forno por 35 min.
7. Desenforme a torta e deixe-a esfriar.

Torta de laranja
Siga a receita, substituindo os limões por 3 laranjas.

Torta de tangerina
Siga a receita, substituindo os limões por 7 tangerinas.

■ Preparo: 25 min   ■ Descanso: 1 h
■ Cozimento: 35 min

Torta de maçã flambada

Rendimento: 6 porções

350 g de Massa podre (veja p. 118)
1 kg de maçãs golden
40 g de manteiga
150 g de açúcar cristal ou mascavo
2 colheres (café) de canela em pó
120 ml (2 1/2 cálices) de uísque

1. Prepare a Massa podre e deixe-a descansar por 1 h em local fresco.
2. Preaqueça o forno a 200°C. Abra a massa até ficar com cerca de 3 mm de espessura. Unte com manteiga uma fôrma de 26 cm de diâmetro, forre-a com a massa e espete o fundo com um garfo.
3. Recorte uma rodela de papel-manteiga do mesmo tamanho, coloque-a no fundo da fôrma, coloque caroços de damascos ou grãos de feijão por cima e leve ao forno por 20 min. ▶

BOLOS RECHEADOS, TORTAS, TORTINHAS E FOLHADOS VIENENSES — CONFEITARIA

4 Enquanto isso, descasque as maçãs, retire o miolo e as sementes, e corte-as em 8. Derreta a manteiga em uma panela e doure nela as frutas.

5 Adicione 125 g de açúcar, polvilhe com uma colher de (café) de canela e acrescente 2 colheres (sopa) de uísque. Misture com cuidado, tampe e deixe cozinhar em fogo brando por 10 min.

6 Coloque as maçãs sobre a torta assada e espalhe bem. Misture o restante do açúcar e da canela em uma tigela e espalhe por cima da torta. Guarde em local quente até a hora de servir.

7 Aqueça o uísque restante em uma panelinha ou no microondas, despeje-o sobre as maçãs e flambe. Sirva imediatamente.

■ Preparo: 30 min ■ Descanso: 1 h
■ Cozimento: cerca de 35 min

Torta de morango

Rendimento: 6 porções

300 g de Massa sablée (veja p. 961)
800 g de morangos
30 g de açúcar
10 g de manteiga
sal

1 Prepare a Massa sablée e deixe-a descansar por 1 h em local fresco. Preaqueça o forno a 200°C.

2 Lave e retire os cabinhos dos morangos. Separe cerca de 150 g (uma dúzia) deles e faça um coulis batendo-os com o açúcar no liquidificador.

3 Abra a massa e forre com ela uma fôrma untada com manteiga de 26 cm de diâmetro. Espete o fundo com um garfo, cubra com uma rodela de papel-manteiga do mesmo tamanho e com grãos de feijão e leve ao forno por 10 min.

4 Enquanto isso, deixe que esquente levemente o coulis de morango. Retire a massa do forno e recheie com os morangos frescos. Cubra com o coulis morno e sirva. ▶

Antes de assar a massa de torta, pode-se recobri-la com 200 g de Creme de amêndoa (*veja p. 840*). Disponha em seguida os morangos frescos e regue com o coulis.

■ Preparo: 10 min ■ Descanso: 1 h
■ Cozimento: 10 min

Torta de noz-pecã

Rendimento: 4-6 porções

300 g de Massa podre (veja p. 118)
100 g de nozes-pecã
80 g de manteiga
3 ovos
40 g de açúcar mascavo
1 colher (café) de baunilha em pó
uma pitada de sal

1 Prepare a Massa podre. Descasque e corte as nozes-pecã ao meio no sentido do comprimento.

2 Preaqueça o forno a 200°C. Abra a massa até ficar com cerca de 3 mm de espessura e forre com ela uma fôrma de 24 cm de diâmetro untada com manteiga.

3 Derreta a manteiga. Em uma vasilha, bata os ovos, o açúcar mascavo, a baunilha e o sal. Acrescente a manteiga derretida. Recheie a massa com essa mistura.

4 Disponha por cima as pecãs e leve ao forno por 20-30 min. Espere esfriar antes de servir.

■ Preparo: 30 min ■ Cozimento: 20-30 min

Torta de pêra

Rendimento: 6-8 porções

300 g de Massa podre (veja p. 118)
280 g de Creme de amêndoa (veja p. 840)
10-12 meias-peras em calda (conforme o tamanho)
4 colheres (sopa) de geléia de damasco

1 Prepare a Massa podre e deixe descansar por 1 h em local fresco.

2 Faça o Creme de amêndoa e conserve em local fresco. Escorra as peras.

3 Preaqueça o forno a 190°C. Abra a massa até ficar com 2 mm de espessura e coloque-a com cuidado em uma fôrma de torta de 26 cm, untada com manteiga, fazendo, com o polegar e o indicador, uma pequena crista nas bordas. ▶

4. Recheie a massa até a metade com o Creme de amêndoa e alise-a com uma espátula. Corte as peras em fatias de 2 mm de espessura e disponha-as em coroa por cima. Leve ao forno por 30 min.
5. Quando a torta estiver morna, desenforme-a.
6. Com um pincel, espalhe por cima a geléia de damasco.

■ **Preparo: 40 min** ■ **Descanso: 1 h**
■ **Cozimento: 30 min**

Torta de pêssego

Rendimento: 4-6 porções

250 g de Massa folhada (veja p. 116) ou o produto pronto
20 g de manteiga
20 g de açúcar
180 g de Creme de amêndoa (veja p. 840)
900 g de pêssegos
4 colheres (sopa) de pasta de damasco

1. Prepare a Massa folhada ou utilize o produto pronto. Abra-a com o rolo até ficar com 2 mm de espessura e leve-a à geladeira por 30 min.
2. Unte e polvilhe com açúcar uma fôrma de 22 cm de diâmetro e coloque nela a massa. Corte as bordas passando o rolo sobre a fôrma e pressionando com força. Fixe bem as bordas na fôrma pressionando-as com o polegar e o indicador. Espete o fundo com um garfo e leve à geladeira por 30 min.
3. Enquanto isso, prepare o Creme de amêndoa.
4. Preaqueça o forno a 185°C. Cubra a massa da torta com um disco de papel-manteiga de 23 cm de diâmetro, franjado nas bordas, coloque grãos de feijão por cima, para a massa não crescer, e deixe assar por 12 min.
5. Retire o papel-manteiga com os grãos de feijão e leve ao forno novamente por 5 min.
6. Espalhe o Creme de amêndoa sobre a massa. Corte os pêssegos ao meio e retire os caroços. Disponha as frutas, sobrepondo-as, em forma de rosácea, com a pele voltada para baixo.
7. Polvilhe com açúcar e espalhe bolinhas de manteiga. Leve ao forno por 22-25 min, até as frutas caramelizarem. ▶

8 Retire a torta do forno e deixe esfriar um pouco.
9 Pincele-a com a pasta de damasco. Sirva morna.

■ **Preparo:** 40 min ■ **Descanso:** 1 h
■ **Cozimento:** cerca de 40 min

Torta de uva

Rendimento: 6-8 porções

500 g de Massa sablée (veja p. 961)
500 g de uvas brancas
10 g de manteiga
3 ovos
100 g de açúcar
250 ml de creme de leite fresco
250 ml de leite
10 ml de kirsch (ou vinho do Porto)
açúcar de confeiteiro

1 Prepare a massa. Lave as uvas.
2 Preaqueça o forno a 200°C. Abra a massa até ficar com 3 mm de espessura e forre com ela uma fôrma de 24 cm de diâmetro, untada com manteiga. Espete o fundo com um garfo. Disponha os grãos de uvas por cima, deixando-as bem próximas umas das outras, e leve ao forno por 10 min.
3 Em uma vasilha, misture os ovos e o açúcar, e, quando a preparação estiver esbranquiçada, adicione o creme de leite fresco. Bata bem com um batedor manual e despeje aos poucos o leite e o kirsch (ou vinho do Porto).
4 Retire a torta do forno, despeje sobre ela o creme e cozinhe por mais 30 min.
5 Espere esfriar, desenforme e polvilhe com açúcar de confeiteiro.

■ **Preparo:** 40 min ■ **Cozimento:** 40 min

Torta rápida de maçã

Rendimento: 4 porções

400 g de massa podre pronta
10 g de manteiga
4 maçãs golden grandes
50 g de açúcar

1 Preaqueça o forno a 220°C. Abra a massa e estenda-a em uma fôrma de 22 cm de diâmetro untada com manteiga.
2 Descasque as maçãs, retire as sementes, corte-as em quartos e coloque em uma vasilha. Polvilhe com açúcar e misture bem. ▶

3 Disponha as maçãs sobre a massa e leve ao forno por 25-30 min. Sirva morna ou fria.

■ **Preparo:** 10 min ■ **Cozimento:** 25-30 min

Torta suíça de vinho

Rendimento: 6-8 porções

500 g de Massa podre (veja p. 118)
10 g de manteiga
15 g de maisena
220 g de açúcar
uma grande pitada de canela
150 ml de vinho branco
20 g de açúcar de confeiteiro
20 g de manteiga

1 Prepare a Massa podre e deixe-a descansar por 1 h em local fresco.
2 Preaqueça o forno a 240°C. Abra a massa com o rolo até ficar com 4 mm de espessura. Unte com manteiga uma fôrma de torta de 22 cm de diâmetro e forre-a com a massa.
3 Misture a maisena com o açúcar e a canela e cubra a massa com essa preparação. Despeje o vinho branco e leve ao forno por 20 min.
4 Retire a torta, polvilhe-a com açúcar de confeiteiro, espalhe bolinhas de manteiga por cima e deixe assar por 15 min. Sirva morna.

■ **Preparo:** 30 min ■ **Descanso:** 1 h
■ **Cozimento:** 35 min

Torta Tatin

Rendimento: 6 porções

250 g de Massa podre (veja p. 118)
120 g de açúcar
3 colheres (sopa) de água
50 g de manteiga
1,3 kg de maçãs golden
250 ml de creme de leite fresco

1 Prepare a Massa podre e deixe-a descansar por 1 h.
2 Faça uma calda de caramelo com 100 g de açúcar com 3 colheres (sopa) de água (*veja p. 1034*). Adicione a manteiga e misture. Despeje o caramelo em uma fôrma de torta de 18-20 cm de diâmetro.
3 Preaqueça o forno a 200°C.
4 Descasque as maçãs. Corte-as ao meio, retire o miolo e corte cada metade em três. Disponha as maçãs na fôrma, deixando-as bem juntas umas das outras. Leve ao forno por 40-45 min. ▶

5. Abra a massa podre em um disco do mesmo tamanho que a fôrma. Leve-a à geladeira por 30 min.
6. Retire a torta do forno e deixe esfriar as frutas.
7. Coloque a massa sobre as maçãs, empurrando bem as bordas para dentro. Leve novamente ao forno por 30-35 min.
8. Retire a torta do forno e deixe-a amornar.
9. Coloque então a travessa de servir sobre a fôrma e vire. Sirva a torta morna, acompanhada de creme de leite fresco.

■ Preparo: 30 min ■ Descanso: 1 h + 30 min
■ Cozimento: cerca de 1h15

Tortinhas de maçã

Rendimento:
10-12 unidades

500 g de Massa folhada (veja p. 116) ou o produto pronto
1 limão
5 maçãs golden
150 g de açúcar
200 ml de creme de leite fresco sem soro
30 g de manteiga
1 ovo

1. Prepare a Massa folhada (ou adquira o produto pronto).
2. Esprema o limão. Descasque as maçãs, retire as sementes, corte-as em cubinhos e misture-as imediatamente com um pouco de suco de limão para evitar que escureçam. Escorra-as e misture-as em uma tigela com o açúcar e o creme de leite fresco.
3. Corte a manteiga em pedacinhos.
4. Preaqueça o forno a 250°C.
5. Abra a massa folhada até ficar com 3 mm de espessura. Recorte 10-12 rodelas de 12 cm de diâmetro. Bata o ovo em uma tigelinha e pincele com ele as beiradas das rodelas.
6. Disponha com uma colher os cubinhos de maçã e a manteiga sobre a metade de cada rodela. Dobre a outra metade por cima.
7. Pincele a superfície com o restante do ovo. Deixe secar. Depois, com a ponta de uma faca, trace cruzinhas tomando o cuidado de não furar a tortinha.
8. Leve ao forno por 10 min a 250°C, depois diminua para 200°C e deixe por mais 25-30 min. Sirva as tortinhas mornas. ▶

Tortinhas de maçã e ameixa seca

Proceda da mesma maneira, utilizando 250 g de ameixas secas reidratadas e sem caroço, 50 g de uvas-passas pretas previamente maceradas no rum, assim como 4 maçãs cortadas em cubinhos.

■ Preparo: 1 h ■ Cozimento: 35-40 min

Waffles com açúcar

Rendimento: 5 unidades
50 ml de creme de leite
200 ml de leite integral fresco
3 g de sal
75 g de farinha de trigo
30 g de manteiga
3 ovos
5 ml de água de flor de laranjeira
óleo para untar
açúcar de confeiteiro

1 Em uma panela, deixe ferver o creme de leite e a metade do leite. Espere esfriar.
2 Em outra panela, ferva o restante do leite com o sal, peneire a farinha de trigo aos poucos sobre a massa e a manteiga. Misture bem. Deixe cozinhar e reduzir por 2-3 min, mexendo com a colher de pau.
3 Despeje essa mistura em uma vasilha, incorpore os ovos, um por vez, depois o creme de leite e o leite fervidos, e finalmente a água de flor de laranjeira. Deixe descansar por, no mínimo, 1 h.
4 Unte a fôrma para waffle com um pincel embebido em óleo e espere esquentar.
5 Despeje uma pequena concha com massa em uma metade da fôrma para waffles aberta, de modo a enchê-la, mas sem deixar transbordar. Feche a fôrma e vire-a para que a massa se distribua igualmente de ambos os lados. Deixe cozinhar por 2-3 min.
6 Abra a fôrma, desenforme o waffle e polvilhe-o generosamente com açúcar de confeiteiro.

■ Preparo: 15 min ■ Descanso: 1 h
■ Cozimento: 10 min

PETITS-FOURS FRESCOS

Biscoito maltês

Rendimento: 30 unidades

60 g de laranja cristalizada
100 g de açúcar
100 g de amêndoas moídas
3 colheres (sopa) de rum
2-3 colheres (sopa) de suco de laranja (opcional)
100 g de Fondant (veja p. 1036)
2 gotas de corante vermelho

1. Pique bem a laranja cristalizada. Misture o açúcar e as amêndoas moídas em uma tigela, acrescente o rum, a laranja picada, e um pouco de suco de laranja se a massa estiver muito seca.
2. Abra delicadamente a massa (que é muito frágil) na superfície de trabalho levemente enfarinhada, até ficar com 5 mm de espessura. Com um cortador de massa, recorte discos de 3 cm de diâmetro. Coloque-os em uma travessa e deixe-os secar por 12 h.
3. Derreta o fondant em banho-maria em fogo brando ou no microondas, divida-o em seguida em duas partes. Adicione o corante vermelho em uma delas.
4. Com uma colherzinha, cubra cuidadosamente metade dos discos com o Fondant que ficou rosado. Com o Fondant branco cubra os discos restantes.
5. Deixe em local fresco até a hora de servir.

■ Preparo: 30 min ■ Secagem da massa: 12 h

Carrés de chocolate e nozes

Rendimento: 20 unidades

230 g de chocolate meio-amargo
80 g de nozes sem casca
50 g de manteiga em temperatura ambiente
80 ml de creme de leite
180 g de açúcar
2 ovos
100 g de farinha de trigo
1 colher (sobremesa) de açúcar sabor baunilha

1. Preaqueça o forno a 240°C. Derreta 150 g de chocolate em banho-maria ou no microondas.
2. Pique as nozes.
3. Prepare um Ganache: pique o chocolate restante, deixe ferver o creme de leite e despeje-o por cima, batendo sem parar.
4. Misture em uma vasilha o açúcar e os ovos, bata até a mistura se tornar esbranquiçada, adicione a manteiga em temperatura ambiente, a farinha de trigo, o açúcar sabor baunilha, o chocolate derretido e as nozes picadas, incorporando bem cada ingrediente adicionado. ▶

5 Unte com manteiga uma fôrma retangular de 30 x 20 cm. Despeje nela a massa e leve ao forno por 20 min.

6 Espere o bolo esfriar, recubra-o em seguida com uma camada de ganache de cerca de 5 mm. Espere esfriar e corte-o em pequenos quadrados.

■ Preparo: 45 min   ■ Cozimento: 20 min

Duchesses

Rendimento: 20 unidades
4 claras
uma pitada de sal
70 g de amêndoas moídas
70 g de açúcar
30 g de farinha de trigo
60 g de manteiga em temperatura ambiente
30 g de amêndoas fatiadas
140 g de confeitos

1 Preaqueça o forno a 220ºC.

2 Bata as claras em neve bem firme com uma pitada de sal.

3 Misture, em uma tigela grande, as amêndoas moídas, o açúcar e a farinha de trigo. Acrescente as claras em neve à preparação, misturando devagar, sempre no mesmo sentido, para não quebrá-las.

4 Adicione 30 g de manteiga, misture bem e despeje essa massa em um saco de confeitar com bico n.º 7.

5 Forre duas assadeiras com papel-manteiga e disponha nelas pequenos montes de massa. Espalhe por cima as amêndoas fatiadas. Leve ao forno por 4 ou 5 min. Desprenda as rodelas de massa com uma espátula.

6 Misture a manteiga restante (30 g) com os confeitos. Com uma colherinha, recheie um dos lados de cada duchesse e coloque imediatamente outra por cima.

7 Reúna as duchesses duas a duas e coloque-as em local fresco, mas não na geladeira, até a hora de servir.

■ Preparo: 20 min   ■ Cozimento: 4-5 min

Petits-fours gregos com mel

Rendimento:
25-30 unidades

1/2 laranja orgânica
125 g de açúcar
100 ml de óleo
50 ml de conhaque
250 g de farinha de trigo
10 g de fermento em pó
1/2 limão
100 g de mel
1/2 pau de canela
100 ml de água
25-30 nozes
canela em pó

1. Preaqueça o forno a 180°C.
2. Rale a casca e esprema o suco da meia laranja. Coloque tudo em uma tigela e adicione 75 g de açúcar, o óleo, o conhaque, a farinha de trigo, o fermento e misture bem com uma espátula de madeira até que a mistura se torne elástica e homogênea.
3. Faça pequenos croquetes de massa em forma de ameixa, modelando-os com as mãos enfarinhadas.
4. Faça dois entalhes sobre cada croquete e coloque-os na assadeira forrada com papel-manteiga. Leve ao forno por 20 min e deixe esfriar.
5. Em uma panela, misture o suco do meio limão com o mel, o açúcar restante, o pau de canela e 100 ml de água. Deixe ferver e cozinhe por 10 min.
6. Retire a canela. Mergulhe os petits-fours nessa calda e disponha-os em uma travessa.
7. Decore com as nozes e polvilhe com canela.

■ **Preparo:** 1 h ■ **Cozimento:** 40 min

Petits-fours Souvarov

Rendimento:
25-30 unidades

500 g de Massa sablée (veja p. 961)
150 g de pasta de damasco
açúcar de confeiteiro

1. Prepare a Massa sablée e deixe-a descansar por 1 h em local fresco.
2. Preaqueça o forno a 200°C.
3. Abra a massa até ficar com 4 mm de espessura e recorte com o cortador de massa redondo ou oval e canelado. Disponha os biscoitos em uma assadeira forrada com papel-manteiga e asse-os por 15 min.
4. Deixe esfriar os sablés. Em seguida, com uma colherinha, cubra-os com pasta de damasco e reúna-os dois a dois.
5. Polvilhe cada petit-four com açúcar de confeiteiro.

■ **Preparo:** 30 min ■ **Descanso:** 1 h
■ **Cozimento:** 15 min

Balas, chocolates e docinhos

CARAMELOS
E GLACÊS   1034
BALAS   1037
CHOCOLATES   1038
DOCINHOS   1040

CARAMELOS E GLACÊS
BALAS, CHOCOLATES E DOCINHOS

CARAMELOS E GLACÊS

Açúcar sabor baunilha

Rendimento: 250 g
4 favas de baunilha
250 g de açúcar

1. Abra e raspe o interior das favas de baunilha e adicione-as ao açúcar.
2. Coloque essa mistura em um pote, sacuda bem para misturar e feche hermeticamente.

■ Preparo: 5 min

Açúcar sabor canela

Rendimento:
cerca de 30 g
1 canela em pau
3 colheres (sopa)
de açúcar

1. Pique a canela e misture a 1 colher de açúcar, depois bata tudo no processador ou em um pilão, adicionando uma segunda colherada de açúcar.
2. Passe em uma peneira bem fina.
3. Triture de novo a canela que sobrou na peneira com o açúcar restante.

■ Preparo: 10 min

Calda de caramelo: técnica e utilização

Rendimento: 100 g
100 g de açúcar
2 colheres (sopa) de água
suco de limão ou vinagre
de álcool

1. Escolha uma panela pequena de aço inoxidável.
2. Dissolva em fogo brando o açúcar na água.
3. Quando estiver dissolvido, aumente um pouco o fogo, vigiando o cozimento. Não mexa, mas incline de vez em quando a panela para unificar a cor e distribuir o calor.
4. O caramelo claro é obtido a uma temperatura de cerca de 150-160°C. Derrame uma colher da calda em um prato branco: deverá ter a cor do mel claro. ▶

5 Para que o caramelo permaneça líquido por mais tempo, adicione meia colher (café) de vinagre ou um filete de suco de limão para 100 g de açúcar.

6 Quando estiver castanho-avermelhado, adicione com cuidado uma pequena quantidade de água fria para interromper o cozimento: uma parte da calda se solidificará imediatamente; pode-se então utilizá-la como aromatizante, fazendo-a derreter novamente em fogo baixo.

Para caramelizar uma fôrma

1 Em uma fôrma refratária, umedeça 80 g de açúcar em água (para uma fôrma de 22 cm), coloque em fogo médio e vigie o cozimento.

2 Assim que ele adquirir a cor desejada, retire-o do fogo e incline a fôrma para que o caramelo a recubra inteiramente. Deixe a fôrma esfriar virada para baixo para evitar a formação de um depósito no fundo.

(Se a fôrma não for refratária, esquente o açúcar em uma panelinha e ao mesmo tempo coloque a fôrma vazia no forno quente para que o caramelo não se solidifique quando estiver pronto. Despeje na fôrma e incline-a para distribuir bem o caramelo.)

Para caramelizar frutas (morangos, cerejas, uvas)

Calcule 1 colher (chá) de açúcar por fruta. Espete as frutas em palitos e mergulhe-as uma a uma no caramelo claro.

Para caramelizar carolinas

Utilize um caramelo claro com vinagre: 1 colher (chá) de açúcar por carolina. Mergulhe as carolinas uma por vez e deixe-as esfriar sobre uma travessa.

■ Preparo: 2 min ■ Cozimento: 8-12 min

CARAMELOS E GLACÊS
BALAS, CHOCOLATES E DOCINHOS

Fondant

Rendimento: 500 g
450 g de açúcar
20 g de glicose
2 colheres (sopa) de água

1 Em uma panela, aqueça o açúcar, a glicose e a água. Deixe ferver a calda até o "ponto de bala mole" (uma gota de calda mergulhada em água fria deve formar uma bola mole).
2 Unte a superfície de trabalho. Despeje a calda e deixe-a amornar. Trabalhe-a com uma espátula, espalhando-a e recolhendo-a várias vezes até que se torne lisa e branca.
3 Coloque o fondant em um recipiente hermeticamente fechado ou em uma tigela coberta com filme de PVC e guarde-o na geladeira.

O Fondant pode ser encontrado pronto em lojas especializadas. Para reaquecê-lo, coloque-o em uma vasilha em banho-maria. Adicione o aromatizante ou o corante escolhido e misture quando estiver líquido.

■ Preparo: 10 min ■ Cozimento: 5 min

Glacê real

Rendimento: 250 g
225 g de açúcar de confeiteiro
1/2 limão
1 clara

1 Coloque em uma vasilha o açúcar de confeiteiro, acrescente algumas gotas de suco de limão e a clara, e mexa até essa preparação ficar homogênea e consistente o bastante para se espalhar sem escorrer.
2 Espalhe imediatamente essa cobertura sobre o bolo.

O Glacê real só pode ser feito em grandes quantidades, mas pode-se guardar o que não for consumido no freezer por 10-12 dias no máximo, em uma tigela coberta com filme de PVC.

■ Preparo: 5 min

BALAS

Caramelos amanteigados

Rendimento:
50-60 unidades

250 g de açúcar
100 ml de leite
80 g de mel
1 fava de baunilha
150 g de manteiga

1 Em uma panela, misture o açúcar, o leite, o mel e as raspas da fava de baunilha. Deixe ferver em fogo brando, mexendo com a colher de pau. Adicione aos poucos a manteiga e continue mexendo até que a preparação fique dourado-escura.

2 Coloque um aro para torta de 22 cm de diâmetro sobre uma folha de papel-manteiga levemente untada. Despeje o caramelo e deixe esfriar.

3 Retire o aro e corte o caramelo em quadrados, embrulhe em celofane e guarde em um recipiente.

■ **Preparo: 10 min** ■ **Cozimento: 10-12 min**

Caramelos de café

Rendimento:
50-60 unidades

250 g de açúcar
100 g de creme de leite fresco
2 colheres (sopa) de licor de café
12 gotas de suco de limão
óleo de girassol

1 Em uma panela, misture o açúcar, o creme de leite, o licor de café e 12 gotas de suco de limão. Leve ao fogo e mexa com a colher de pau até que o caramelo fique âmbar-escuro.

2 Coloque um aro para torta de 22 cm sobre uma folha de papel-manteiga, unte-o ligeiramente com óleo. Despeje o caramelo e deixe amornar.

3 Retire o aro e corte o caramelo em quadrados. Embrulhe-os em papel celofane e guarde em uma lata.

Caramelos de chocolate

Proceda do mesmo modo com 250 g de açúcar, 100 g de creme de leite, 50 g de mel e 50 g de chocolate em pó.

■ **Preparo: 10 min** ■ **Cozimento: 10-12 min**

CHOCOLATES

Calda de chocolate

Rendimento: 250 ml
100 g de chocolate
100 ml de leite
20 g de manteiga
20 g de açúcar
1 colher (sopa) de creme de leite fresco

1. Corte o chocolate em pedacinhos. Deixe-o derreter com o leite e a manteiga em uma panela em banho-maria.
2. Quando a mistura estiver bem homogênea, adicione o açúcar e o creme de leite.
3. Leve a panela ao fogo, deixe levantar fervura, sem parar de mexer, e retire imediatamente.
4. Sirva em uma molheira.

■ Preparo: 5 min ■ Cozimento: cerca de 10 min

Cobertura de chocolate

Rendimento: cerca de 300 g
60 g de manteiga
100 g de açúcar de confeiteiro
125 g de chocolate meio-amargo
5 colheres (sopa) de água

1. Corte a manteiga em pedacinhos e deixe amolecer em temperatura ambiente.
2. Peneire o açúcar de confeiteiro.
3. Derreta o chocolate em banho-maria, mexendo com a colher de pau.
4. Peneire aos poucos o açúcar de confeiteiro sobre a mistura, acrescentando em seguida a manteiga. Continue a mexer até que a preparação fique homogênea. Junte então aos poucos 5 colheres (sopa) de água fria.
5. Essa cobertura deve ser utilizada ligeiramente morna para revestir bolos.

■ Preparo: 10 min ■ Cozimento: cerca de 5 min

CHOCOLATES
BALAS, CHOCOLATES E DOCINHOS

Trufas de chocolate

Rendimento:
cerca de 20 unidades

300 g de chocolate meio-amargo
1 colher (sopa) de leite
100 g de manteiga
2 gemas
50 ml de creme de leite fresco
125 g de açúcar de confeiteiro
1 colher (sopa) de bebida alcoólica (opcional)
250 g de chocolate em pó meio-amargo

1. Coloque o chocolate cortado em pedacinhos em uma vasilha em banho-maria. Despeje o leite e misture até que o chocolate derreta e se torne homogêneo.
2. Acrescente aos poucos a manteiga em pedacinhos, para incorporar bem.
3. Coloque as gemas uma por vez, o creme de leite e o açúcar de confeiteiro. Pode-se eventualmente aromatizar com rum, conhaque, Grand Marnier ou outra bebida. Bata a massa por 5 min.
4. Abra a massa até ficar com cerca de 2 cm de espessura sobre uma assadeira forrada com papel-manteiga e leve-a à geladeira por 2 horas.
5. Espalhe o chocolate em uma travessa grande ou em uma assadeira. Recorte-o em quadradinhos. Pegue um quadrado, enrole-o rapidamente para formar uma bola e passe de novo no chocolate em pó. Aja rapidamente para não amolecer as trufas.
6. Quando as trufas estiverem todas modeladas, retire-as do chocolate em pó e coloque-as em uma taça. Conserve-as em local fresco (mas não na geladeira) até a degustação.
7. Recupere o chocolate em pó e guarde-o para outra utilização.

Cada trufa pode ser apresentada em uma forminha de papel plissado.

■ Preparo: 30 min   ■ Cozimento: cerca de 3 min
■ Descanso: 2 h

DOCINHOS

Ameixas-pretas disfarçadas

Rendimento: 40 unidades
40 ameixas-pretas
300 g de Doce de amêndoa (veja p. 1041)

1. Prepare a Massa com amêndoa (*veja p. 953*) variando as cores ou utilize o produto pronto.
2. Proceda em seguida como para as Tâmaras recheadas (*veja p. 1044*).

■ **Preparo: 40 min**

Cascas de laranja cristalizadas

Rendimento: 400 g
1 litro de água
6 laranjas orgânicas de casca grossa
500 g de açúcar
100 ml de suco de laranja

1. Ferva a água em uma panela. Corte as duas extremidades das laranjas. Faça uma incisão em quatro lugares da casca com uma faquinha e retire-a em quatro quartos regulares.
2. Escalde esses pedaços em água fervente por 1 min, escorra e lave sob água corrente.
3. Ferva água em outra panela e repita a operação. Escorra as cascas em uma peneira e depois coloque sobre papel-toalha.
4. Em uma panela grande, despeje 1 litro de água, adicione o açúcar e o suco de laranja e deixe ferver.
5. Adicione as cascas de laranja, cubra e cozinhe em fogo baixo por 1h30. Deixe esfriar as cascas na calda.
6. Escorra as cascas em uma peneira, depois sobre papel-toalha e deixe-as secar um pouco antes de guardá-las em um recipiente hermeticamente fechado e em local fresco.

■ **Preparo: 1 h** ■ **Cozimento: 1h30**

DOCINHOS
BALAS, CHOCOLATES E DOCINHOS

Cerejas disfarçadas (marquesas)

Rendimento: 50 unidades

50 cerejas ao marasquino
375 g de Fondant (veja p. 1036)
3 colheres (sopa) de kirsch (ou vinho do Porto)
3 gotas de corante vermelho
açúcar de confeiteiro

1 Escorra as cerejas (com seu cabinho) e seque-as em papel-toalha.
2 Derreta o Fondant em uma panelinha com o kirsch ou o vinho, misturando com uma espátula de madeira. Quando ele estiver líquido, retire-o do fogo e adicione o corante vermelho, mexendo vigorosamente.
3 Polvilhe levemente uma travessa com açúcar de confeiteiro. Pegue as cerejas pelo cabo e mergulhe-as no Fondant, deixando escorrer o excesso em uma panela. Disponha as cerejas em uma bandeja e deixe-as secar.
4 Coloque as cerejas em forminhas de papel.

O Fondant também pode ser usado sem corante, ou ser colorido apenas pela metade, para se obter 25 cerejas rosa e 25 cerejas brancas.

■ **Preparo: 30 min**

Doce de amêndoa

Rendimento: 500 g

500 g de açúcar
50 g de glicose
150 ml de água
250 g de amêndoas moídas
5 gotas de corante
açúcar de confeiteiro

1 Cozinhe o açúcar e a glicose em 150 ml de água, até o ponto de bala mole (uma gota de calda mergulhada em água fria deve formar uma bola mole).
2 Retire a panela do fogo, acrescente as amêndoas moídas e misture energicamente com a colher de pau até a mistura ficar granulosa. Adicione o corante. Deixe esfriar.
3 Polvilhe a superfície de trabalho com açúcar de confeiteiro. Trabalhe a massa à mão, em pequenas quantidades, até se tornar elástica. ▶

DOCINHOS
BALAS, CHOCOLATES E DOCINHOS

4 Modele a pasta em diferentes formatos. Comece sempre com um rolinho de 3-4 cm de diâmetro e corte-o em pedaços do mesmo tamanho. Enrole cada pedaço entre as palmas das mãos e transforme as bolinhas em cerejas, morangos ou outra fruta, conforme a cor do corante escolhido.

■ Preparo: 25 min   ■ Cozimento: 15 min

Doce de goiaba

Rendimento:
40-50 unidades

1 kg de goiaba
200 ml de água
2 limões orgânicos
600-700 g de açúcar
óleo de girassol
açúcar cristal

1 Lave e descasque as goiabas, retire as sementes e corte-as em pedaços de 2-3 cm.
2 Coloque-as em uma panela ou em um tacho para fazer geléia, adicione 200 ml de água e a casca dos limões. Deixe cozinhar em fogo brando até virar um purê.
3 Pese o purê e adicione 500 g de açúcar para cada 500 g de purê. Misture e leve ao fogo novamente por 5-6 min, retirando a espuma de vez em quando. Para verificar o cozimento, separe uma colherinha de massa e despeje-a em um prato frio. Se ela não estiver suficientemente firme, ainda um pouco líquida, deixe cozinhar por mais 1-2 min.
4 Em uma assadeira ou em uma travessa forrada com papel-manteiga untada com óleo, despeje a massa até ficar com 1,5-2 cm de espessura e deixe endurecer por 3-4 horas em lugar fresco (mas não na geladeira).
5 Em seguida, corte a massa em quadrados com cerca de 2 cm de lado e passe-os em açúcar cristal.
6 Guarde os quadrados de doce de goiaba em um recipiente hermeticamente fechado, no qual se conservarão por 5-8 dias.

■ Preparo: 40 min   ■ Cozimento: cerca de 25 min
■ Descanso: 3-4 h

DOCINHOS
BALAS, CHOCOLATES E DOCINHOS

Laranjas glaçadas

Rendimento: 200 g
2 laranjas
250 g de açúcar
0,5 litro de água
açúcar de confeiteiro

1. Preaqueça o forno a 250°C.
2. Descasque e corte as laranjas em quartos e retire cuidadosamente todos os filamentos brancos, sem machucar a película que envolve os quartos. Separe-os, coloque-os em uma travessa e deixe secar por 10-15 min no forno.
3. Coloque o açúcar em uma panela com 0,5 litro de água e faça uma calda em ponto de quebrar (uma gota de calda mergulhada na água fria se torna dura e quebradiça).
4. Polvilhe a superfície de trabalho com açúcar de confeiteiro. Espete os quartos de laranja secos em um garfo para fondue, mergulhe-os na calda, misture e em seguida escorra-os e coloque-os sobre o açúcar de confeiteiro.
5. Quando os quartos de laranja estiverem completamente frios, coloque-os em forminhas de papel.

■ **Preparo: 30 min**

Marzipã

Rendimento: 24 unidades
500 g de pasta de amêndoa
1 colher (café) de água de flor de laranjeira
1 colher (café) de essência de baunilha
2-3 gotas de essência de amêndoa
250 g de Glacê real (veja p. 1036)
açúcar de confeiteiro

1. Misture a pasta de amêndoa com a água de flor de laranjeira, a essência de baunilha e a essência de amêndoa.
2. Preaqueça o forno a 120°C.
3. Prepare o Glacê real.
4. Polvilhe a superfície de trabalho com açúcar de confeiteiro e espalhe a pasta de amêndoa aromatizada até ficar com 1 cm de espessura. Com um pincel, cubra-a com uma película de cerca de 1 mm de Glacê real. ▶

5 Com um cortador de massa, recorte no doce motivos diferentes, quadrados, redondos etc. Disponha os marzipãs em uma assadeira forrada com papel-manteiga e deixe-os secar no forno por 5 ou 6 min.

A pasta de amêndoa pode ser comprada em supermercados finos.

■ **Preparo: 15 min** ■ **Cozimento: 5-6 min**

Tâmaras recheadas

Rendimento: 20 unidades
20 tâmaras grandes
150 g de pasta de amêndoa
125 g de açúcar
3 colheres (sopa) de água
óleo de girassol

1 Abra as tâmaras com uma faquinha, sem cortá-las ao meio, e retire o caroço.
2 Corte a pasta de amêndoa em 20 pedaços iguais, modelando-os como uma azeitona entre as palmas das mãos. Recheie o interior de cada tâmara com a pasta. Com a ponta de uma faca, faça algumas ranhuras.
3 Em uma panela, derreta o açúcar com 3 colheres (sopa) de água. Deixe ferver e cozinhe até a calda atingir o ponto de quebrar. Para verificar o ponto, deixe cair uma gota de calda em uma tigelinha com água fria: deverá se tornar dura e quebradiça.
4 Pegue cada tâmara recheada com um garfo para fondue ou com a ponta de uma faca, e mergulhe-a na calda; disponha, em seguida, em uma travessa untada.
5 Sirva em seguida as tâmaras em forminhas de papel.

■ **Preparo: 40 min**

Cozinha rápida

60 receitas para refeições rápidas, saudáveis e saborosas no dia-a-dia

ABOBRINHA	1049	LARANJA	1064
ALHO-PORÓ	1050	LENTILHA	1065
ARROZ	1051	MAÇÃ	1066
BANANA	1052	MASSAS	1069
BATATA	1053	OVOS	1070
BRÓCOLIS, COUVE, COUVE-FLOR	1054	PEIXE (EM CONSERVA)	1071
		PEIXE (EM FILÉS)	1072
CARNE MOÍDA	1055	PORCO	1073
CENOURA	1056	PRESUNTO	1074
CHOCOLATE	1057	SALADA VERDE	1076
ENDÍVIA	1058	SÊMOLA E POLENTA	1077
ERVILHA	1060	TOFU	1079
FARINHA DE MANDIOCA E DE MILHO	1061	TOMATE	1080
FRANGO	1062	TRIGO E QUINOA	1081
KIWI	1063	VAGEM	1082

COZINHA RÁPIDA

Pratos saborosos e rápidos, isso é possível!

Quem já não voltou para casa, cansado após um dia de trabalho, com esta pergunta insistente na cabeça: "O que vou fazer para o jantar hoje à noite?" O tempo passa e você está sem inspiração. A tentação de esquentar rapidamente um prato congelado ou de consumir uma pizza é grande. Todavia, enfrentar o fogão não é necessariamente sinônimo de longas horas na cozinha, louça amontoada na pia, preparos cansativos e longo tempo de cozimento. Este capítulo foi feito para convencê-lo de que é possível preparar no dia-a-dia receitas rápidas e de baixo custo, equilibradas, simples e originais, compostas a partir de produtos que todos temos na cozinha. **Ao adotar essas receitas, você terá cardápios de jantar para um mês, no mínimo, sem ter de esquentar a cabeça procurando novas idéias.**

Eis aqui o "básico" que será necessário. Basta completá-lo com alguns produtos frescos, de acordo com a estação do ano e de suas preferências.

Tenha na geladeira

- **Alho e cebola**
- **Creme de leite fresco**
- **Ervas frescas**
  (salsinha, cebolinha, hortelã, manjericão ou coentro)
- **Legumes e verduras da época**
- **Leite**
- **Manteiga**
- **Massas para torta prontas: podre, folhada ou sablée**
  (prefira massas à base de "manteiga pura") **e folhas de massa filo** para realizar folhados leves
- **Mostarda**
- **Ovos de galinha e de codorna**
- **Presunto cozido e presunto cru**
  em peça, fatiado (próprio para sanduíches e saladas) ou cortado em cubos (muito práticos para usar em quiches, tortas e gratinados)
- **Queijo branco e iogurte natural**
- **Tofu**
- **Três ou quatro tipos de queijo**
  (prato, mussarela, queijo de cabra, gorgonzola, parmesão), que servirão para enriquecer uma salada ou gratinado

COZINHA RÁPIDA

Tenha no congelador

- **Bifes**: você poderá temperá-los em alguns minutos com especiarias, ervas e condimentos, ou fazer, rapidamente, um picadinho
- Costeletas de porco
- **Ervas picadas** (salsinha, cebolinha, hortelã, manjericão, coentro etc.)
- Filés de peixe e camarões limpos
- **Frutas congeladas** (morangos, amoras etc.) e coulis
- Peito de frango
- Postas de peixe (garoupa, robalo, badejo)
- Sorvetes e sorbets
- **Verduras e legumes crus** (divididos em porções): brócolis, cenoura, champignon, couve-flor, abobrinha, espinafre, vagem, ervilha, alho-poró, legumes cortados em tirinhas, purês de legumes

Tenha na despensa

- Arroz, macarrão, sêmola, polenta, trigo integral, quinoa
- Feijão, lentilha e grão-de-bico
- Batata, batata-doce, cará, inhame
- **Conservas** (tomate sem pele, molho de tomate, ervilha e milho em lata)
- **Peixes em conserva** (atum, sardinha)
- Caldo de galinha, carne e legumes em tablete ou em pó (às vezes mais prático de dosar)
- **Frutas da estação**: pense nos cítricos (laranja, limão, mexerica e tangerina), que se conservam muito bem por vários dias em temperatura ambiente ou na gaveta da geladeira. Do mesmo modo, os kiwis comprados ainda firmes podem amadurecer lentamente na fruteira. Na geladeira, conservam-se por até três semanas sem perder as vitaminas.
- **Frutas secas** (castanhas-do-pará, castanhas-de-caju, amêndoas, nozes, uvas-passas, ameixas pretas, frutas cristalizadas)
- Açúcar
- Alcaparras e azeitonas
- Chocolate em pó
- Compotas
- **Especiarias**: canela, cravo, orégano etc.; especiarias em pó: curry, cominho, cúrcuma, gengibre etc.
- Essência de baunilha
- Gergelim e pignoli
- Leite de coco
- Mel
- Molho de soja
- Pão de mel
- **Temperos**: sal, pimenta, óleo de girassol, azeite, vinagre de vinho, vinagre balsâmico

COZINHA RÁPIDA

Melhore sua "logística" e tenha uma alimentação equilibrada

Com um mínimo de organização, o preparo das refeições se tornará uma brincadeira de criança: prepare seu gratinado e deixe-o dourar tranqüilamente no forno enquanto lava a alface ou dá banho nas crianças. Comece preparando a salada de frutas e deixe-a descansar na geladeira até a hora da sobremesa. Utilize panela de pressão, microondas, frigideira, wok, cozinhe no vapor. Todas essas dicas permitem fazer uma sopa ou um purê em um piscar de olhos, preparar uma compota rapidamente ou refogar legumes e verduras.

É comum as pessoas da família terem de almoçar às pressas. Por isso, é importante restabelecer um pouco o equilíbrio na hora do jantar. Vamos lembrar alguns princípios: pense em integrar às refeições uma carne, um peixe ou um prato à base de ovos, assim como um laticínio como o queijo (fontes de proteínas), pão ou farináceos (massas, arroz, leguminosas, raízes) por conterem glicídios, um pouco de gorduras ou ácidos graxos, e sobretudo frutas e legumes, ricos em vitaminas e micronutrientes indispensáveis à saúde. Nada disso impede de forma alguma que você se dê o prazer de saborear um gratinado substancioso ou uma sobremesa com chocolate, se antes consumiu uma sopa de legumes ou um peixe grelhado.

Pequenos "truques" que transformam um prato

Alguns truquezinhos darão um toque de originalidade, despertarão suas papilas gustativas e transformarão suas refeições em momentos de descontração e prazer compartilhado.

- Espalhe frutas secas sobre uma salada, um gratinado ou uma jardineira de legumes.
- Polvilhe a salada com sementes de gergelim levemente douradas.
- Pique coentro fresco sobre um filé de peixe ou regue-o com um filete de azeite virgem extra ao retirá-lo do forno.
- Adicione algumas gotas de molho de soja ao vinagrete...

ABOBRINHA
COZINHA RÁPIDA

ABOBRINHA
Abobrinha à provençal

Rendimento: 4 porções
4 abobrinhas
1 bulbo de erva-doce
3 tomates
2 dentes de alho
2 ramos de tomilho
1 colher (sopa) de caldo de galinha em tablete
3 colheres (sopa) de azeite
sal e pimenta

1 Retire as pontas das abobrinhas, lave-as e corte-as em rodelas.
2 Corte a base da erva-doce, lave-a e fatie. Escalde os tomates por 1 min, retire a pele e as sementes e pique.
3 Coloque todos os legumes em uma travessa que vá ao microondas. Adicione o alho descascado e amassado, o tomilho picado e o caldo de galinha. Tempere com sal e pimenta. Despeje o azeite, cubra e deixe cozinhar por 15-18 min no microondas em potência máxima (850 W). Mexa na metade do cozimento.

Este prato rápido acompanha perfeitamente uma carne assada ou um peixe ao forno.

■ Preparo: 10 min ■ Cozimento: 15-18 min

Velouté de abobrinha com hortelã e queijo

Rendimento: 4 porções
3 abobrinhas
2 batatas
1 litro de água
150 g de queijo feta (ou branco)
25 folhas de hortelã
sal e pimenta

1 Retire as extremidades das abobrinhas, lave-as e corte-as em pedaços. Descasque as batatas, lave-as e corte-as ao meio.
2 Coloque os legumes na panela de pressão. Cubra com cerca de um litro de água. Adicione a metade do queijo feta (ou branco) e algumas folhas de hortelã. Tempere com sal e pimenta. Tampe e deixe por mais 10 min depois que a válvula começar a girar.
3 Bata tudo no liquidificador, espalhe por cima o queijo restante e a hortelã picados e sirva imediatamente. ▶

ALHO-PORÓ
COZINHA RÁPIDA

Velouté de abobrinha com queijo de cabra e azeitonas
Substitua o queijo feta (ou branco) por um queijo de cabra e adicione algumas azeitonas pretas picadas.

■ Preparo: 10 min ■ Cozimento: 10 min

ALHO-PORÓ
Alho-poró gratinado com cominho

Rendimento: 4 porções
600 g de alho-poró
1 cebola
2 colheres (sopa) de azeite
2 colheres (café) de cominho em pó
500 g de batatas firmes
200 ml de leite
20 g de manteiga
50 g de queijo prato ralado
sal e pimenta

1 Lave os alhos-porós e corte-os em fatias. Descasque a cebola e corte-a em fatias finas.
2 Aqueça o azeite em uma frigideira e acrescente a cebola e os alhos-porós. Polvilhe a metade do cominho. Tempere com sal e pimenta. Refogue por 10 min, mexendo de vez em quando.
3 Enquanto isso, descasque as batatas, lave-as e corte-as em rodelas. Coloque-as em uma panela, adicione o leite e o cominho restantes, depois cubra com água. Tempere com sal e pimenta. Deixe cozinhar por cerca de 10 min. Preaqueça o forno a 210°C.
4 Unte com manteiga uma travessa e disponha uma camada de alho-poró e, em seguida, uma camada de batata escorrida. Recubra com o queijo prato e deixe gratinar por cerca de 10 min.

■ Preparo: 15 min ■ Cozimento: cerca de 30 min

ALHO-PORÓ / ARROZ
COZINHA RÁPIDA

Fondue de alho-poró

Rendimento: 4 porções

1 kg de alho-poró
2 cebolas pequenas
40 g de manteiga
2 colheres (sopa) de azeite
1 colher (café) de coentro em grão
200 ml de vinho branco frutado
2 colheres (sopa) de creme de leite fresco
sal e pimenta

1 Lave os alhos-porós e corte em fatias. Descasque e fatie as cebolas.

2 Em uma frigideira, esquente a manteiga e o azeite, e refogue as cebolas e os alhos-porós por 5 min, mexendo sem parar. Tempere com sal e pimenta. Adicione o coentro e o vinho e deixe cozinhar em fogo brando por cerca de 20 min.

3 Incorpore o creme de leite e sirva imediatamente.

Este prato fondue pode acompanhar postas de salmão grelhado ou peito de frango cozidos em papillote.

■ Preparo: 10 min ■ Cozimento: cerca de 25 min

ARROZ

Arroz indiano com frutas secas

Rendimento: 4 porções

2 colheres (sopa) de azeite
2 cebolas
2 colheres (café) de cúrcuma em pó
240 g de arroz
400 ml de leite de coco
15 castanhas-de-caju
7 colheres (sopa) rasas de amêndoas fatiadas ou pistaches sem sal
3 colheres (sopa) rasas de uvas-passas
sal e pimenta

1 Aqueça o azeite em uma frigideira grande e refogue nela as cebolas cortadas em fatias finas temperadas com a cúrcuma.

2 Adicione o arroz e deixe cozinhar por 2 min em fogo médio, mexendo sempre. Incorpore o leite de coco, adicione 300 ml de água bem quente e deixe ferver. Tempere com sal e pimenta, diminua o fogo e deixe cozinhar por mais 15-20 min, até que o arroz esteja cozido (se começar a grudar, adicione um pouco de água quente).

3 Doure as castanhas-de-caju e as amêndoas ou pistaches em uma frigideira antiaderente. Quando o arroz estiver quase cozido, incorpore as uvas-passas e deixe cozinhar por mais 2 min. Espalhe por cima as castanhas-de-caju e as amêndoas fatiadas e sirva.

■ Preparo: 10 min ■ Cozimento: 20 min

ARROZ / BANANA
COZINHA RÁPIDA

Risoto de favas e aspargos

Rendimento: 4 porções
8 aspargos verdes congelados
100 g de favas sem pele congeladas
1 tablete de caldo de galinha
750 ml de água
2 colheres (sopa) de azeite
60 g de manteiga
1 cebola
200 g de arroz arbóreo
100 ml de vinho branco
40 g de parmesão ralado
sal e pimenta

1 Escalde os aspargos e as favas por 5 min em água fervente salgada. Escorra.
2 Dissolva o tablete de caldo de galinha em 750 ml de água fervente.
3 Aqueça o azeite e 30 g de manteiga em uma frigideira e refogue nela a cebola descascada e cortada em fatias finas. Adicione o arroz e deixe dourar por 2 min mexendo sem parar. Despeje o vinho. Quando tiver evaporado totalmente, acrescente o caldo quente concha por concha. Tempere com sal, se preciso, e com pimenta. Deixe cozinhar por 5 min.
4 Acrescente os aspargos e as favas e cozinhe por mais 5 min. Incorpore o restante da manteiga em pedacinhos e salpique por cima o parmesão. Sirva.

■ Preparo: 10 min ■ Cozimento: 25 min

BANANA

Gratinado de banana com presunto

Rendimento: 4 porções
4 bananas
150 g de presunto
20 g de manteiga
50 g de bacon
3 colheres (sopa) de mostarda de Dijon
2 colheres (sopa) de queijo tipo fromage blanc
4 colheres (sopa) de creme de leite
50 g de queijo gruyère ralado
sal e pimenta

1 Preaqueça o forno a 180°C.
2 Descasque as bananas e corte-as em rodelas. Corte o presunto em cubinhos ou em tirinhas.
3 Unte uma travessa refratária e disponha nela as rodelas de banana, o presunto e os pedaços de bacon.
4 Em uma tigela, misture a mostarda com o fromage blanc e o creme de leite. Tempere com sal e pimenta. Despeje essa mistura na travessa e polvilhe com o gruyère. Leve ao forno por cerca de 20 min.

Sirva este gratinado com salada verde e arroz.

■ Preparo: 15 min ■ Cozimento: 20 min

BATATA
COZINHA RÁPIDA

BATATA

Purê de batata com erva-doce

Rendimento: 4 porções

700 g de batatas
2 bulbos de erva-doce
3 ramos de tomilho
2 dentes de alho
40 g de manteiga em temperatura ambiente
2 colheres (sopa) de azeite
cerca de 10 azeitonas pretas
sal e pimenta

1 Descasque as batatas, lave-as e coloque-as na panela de pressão. Descasque e lave os bulbos de erva-doce e corte-os em quatro. Adicione-os à panela de pressão juntamente com o tomilho e os dentes de alho descascados. Cubra com água fria, tempere com sal, tampe e deixe esquentar. Cozinhe por mais 10 min depois que a válvula começar a girar.
2 Escorra as batatas e a erva-doce, retire o tomilho e passe no processador. Incorpore a manteiga, o azeite e as azeitonas cortadas picadas. Tempere com sal e pimenta. Sirva bem quente.

Este purê acompanha bem carnes de boi, porco e cordeiro grelhadas.

■ Preparo: 20 min ■ Cozimento: 10 min

Tian de batata e tomate à provençal

Rendimento: 4 porções

800 g de batatas
600 g de tomates
4 cebolas
2 dentes de alho
5 colheres (sopa) de azeite
4 ramos de tomilho
1 folha de louro
sal e pimenta

1 Preaqueça o forno a 180ºC.
2 Descasque e lave as batatas. Corte-as, assim como os tomates, em rodelas finas. Descasque as cebolas e o alho e corte-os em fatias finas.
3 Unte uma travessa refratária com 2 colheres (sopa) de azeite e alterne camadas de batatas, tomates e cebolas temperando-as com sal e pimenta a cada vez. Acrescente o alho, o tomilho, o louro e regue com o azeite restante. Leve ao forno por 30-35 min.

Servido com uma salada verde, este prato acompanha bem uma carne grelhada. ▶

BRÓCOLIS, COUVE, COUVE-FLOR
COZINHA RÁPIDA

Tian com caldo
Adicione 200 ml de caldo de frango antes de levar ao forno.

■ Preparo: 15 min ■ Cozimento: 30-35 min

BRÓCOLIS, COUVE, COUVE-FLOR
Gratinado de couve-flor e brócolis

Rendimento: 4 porções
500 g de buquês de couve-flor
500 g de buquês de brócolis
20 g de manteiga
2 ovos
250 ml de creme de leite
4 colheres (sopa) de amêndoa moída
50 g de emmental ralado
sal e pimenta

1 Mergulhe a couve-flor e o brócolis na água fervente salgada e deixe cozinhar por 10 min. Escorra.
2 Preaqueça o forno a 210°C.
3 Unte com manteiga uma travessa refratária e coloque nela os legumes.
4 Em uma tigela, bata os ovos com o creme de leite e a amêndoa moída.
5 Tempere com sal e pimenta. Coloque na travessa, polvilhe com emmental ralado e leve ao forno por 15 min.

Este gratinado acompanha perfeitamente escalopes de carne, frango ou peru.

■ Preparo: 10 min ■ Cozimento: 25 min

Salada de acelga com milho verde

Rendimento: 4 porções
meio maço de acelga (cerca de 1/2 kg)
2 cenouras
1 lata de milho verde (140 g)
alguns ramos de agrião novo ▶

1 Retire as folhas externas da acelga, lave e corte em tiras finas. Raspe e lave as cenouras, seque-as bem e rale.
2 Lave e escorra o milho. Escolha as folhas de agrião, lave-as e enxugue. Deixe grelhar levemente o gergelim. Reserve. ▶

1 colher (sopa) de gergelim
1 colher (sopa) de vinagre de vinho
3 colheres (sopa) de azeite
sal e pimenta

3 Prepare o vinagrete: coloque o sal e a pimenta em uma vasilha. Dilua com o vinagre, em seguida deixe emulsificar no azeite. Acrescente as tiras de acelga, o agrião, as cenouras e o milho. Misture, espalhe por cima o gergelim e sirva imediatamente.

Sirva esta salada com Flãs de presunto (veja p. 1070). Para um vinagrete mais perfumado, substitua 1 colher de azeite por óleo de gergelim.

■ Preparo: 15 min

CARNE MOÍDA
Carne com chili

Rendimento: 4 porções
2 cebolas
2 dentes de alho
2 colheres (sopa) de azeite
500 g de carne moída
250-300 g de feijão-roxinho cozido
1 lata de tomates pelados (280 g)
1 lata pequena de milho verde (140 g)
1 colher (café) de cominho
1 colher (café) de chili
sal e pimenta

1 Descasque as cebolas e os dentes de alho e corte-os em fatias. Aqueça o azeite em uma frigideira grande e refogue as cebolas e o alho. Acrescente a carne moída e deixe cozinhar em fogo bem alto por 5 min, mexendo com freqüência.

2 Incorpore o feijão, os tomates e o milho escorridos e misture.

3 Salpique com cominho e chili. Tempere com sal e pimenta e deixe cozinhar em fogo brando por 20 min.

Uma salada verde será uma parceira ideal para este prato principal.
Você pode substituir o milho verde por 150 g de arroz branco (ou integral) cozido, que será adicionado no final do cozimento.

■ Preparo: 10 min   ■ Cozimento: 25 min

CARNE MOÍDA / CENOURA
COZINHA RÁPIDA

Hambúrguer caseiro

Rendimento: 4 porções
1 colher (sopa) de miolo de pão
3 colheres (sopa) de leite
2 colheres (sopa) de azeite
1 cebola
1 dente de alho
alguns ramos de salsinha ou coentro
400 g de carne moída
1 ovo
sal e pimenta

1. Embeba o miolo de pão no leite. Coloque para esquentar 1 colher (sopa) de azeite em uma frigideira e refogue nela a cebola descascada e cortada em rodelas finas por 2 min.
2. Passe a cebola no processador juntamente com o alho descascado e a salsinha (ou o coentro). Adicione a carne moída, o ovo e o pão escorrido e espremido. Tempere com sal e pimenta. Bata no processador ou misture com um garfo. Divida a carne em 4 porções e forme bifes.
3. Aqueça o azeite restante em uma frigideira e frite os bifes em fogo médio por 3 ou 4 min de cada lado. Sirva imediatamente.

Sirva os bifes com tagliatelle temperado com brócolis, creme de leite fresco e queijo parmesão.

■ Preparo: 10 min ■ Cozimento: 6-8 min

CENOURA

Fritada de cenoura e champignons

Rendimento: 4 porções
500 g de cenoura
2 colheres (sopa) de azeite
30 g de manteiga
1 cebola
450 g de champignons fatiados
1 dente de alho
2 colheres (sopa) de creme de leite fresco
salsinha
sal e pimenta

1. Raspe, lave e corte as cenouras em rodelas. Mergulhe-as por 5 min em uma panela com água fervente com sal e escorra.
2. Aqueça o azeite e a manteiga em uma frigideira e refogue nela a cebola descascada e cortada em rodelas. Adicione os champignons e deixe-os cozinhar por 5 min em fogo alto. Tempere com sal e pimenta.
3. Incorpore em seguida a cenoura e o alho descascado e picado, e deixe cozinhar por mais 5 min. Acrescente o creme de leite, misture e, antes de servir, espalhe por cima a salsinha picada. ▶

CENOURA / CHOCOLATE
COZINHA RÁPIDA

Esta fritada pode acompanhar filés de salmonete fritos em azeite.

■ Preparo: 10 min   ■ Cozimento: 15 min

Sopa de cenoura e abóbora com cominho

Rendimento: 4 porções
500 g de cenouras
500 g de abóbora
1 batata
1 colher (sopa) de azeite
1 laranja
1 litro de água
1 tablete de caldo de galinha
2 colheres (café) de cominho em pó
sal e pimenta

1 Raspe as cenouras, descasque a abóbora e as batatas, lave-as e corte tudo em pedaços.
2 Aqueça o azeite na panela de pressão e refogue nela os legumes por 2 min, mexendo sem parar.
3 Esprema a laranja, despeje o suco na panela e adicione 1 litro de água, o tablete de galinha e o cominho. Tempere com sal e pimenta.
4 Tampe a panela e deixe cozinhar por cerca de 15 min depois que a válvula começar a girar. Bata no liquidificador e sirva bem quente.

Sopa de cenoura e abóbora ao curry
Substitua o cominho por curry em pó.

■ Preparo: 10 min   ■ Cozimento: cerca de 20 min

CHOCOLATE

Delícias de chocolate com castanha

Rendimento: 4 porções
70 g de chocolate meio-amargo
40 g de manteiga em temperatura ambiente
100 g de creme de castanha ▶

1 Derreta o chocolate em banho-maria. Adicione a manteiga e homogeneize a mistura. Incorpore o creme de castanha, depois o creme de leite.
2 Preaqueça o forno a 160-170ºC.
3 Separe as claras e as gemas. Bata as claras em neve firme com uma pitada de sal. Acrescente as ▶

CHOCOLATE / ENDÍVIA
COZINHA RÁPIDA

1 colher (sopa) de creme de leite
2 ovos
sal

gemas à mistura de chocolate com castanha. Misture bem e incorpore as claras em neve.

4 Despeje a preparação em fôrmas individuais untadas. Leve ao forno por cerca de 10 min. O interior das delícias deve ficar um pouco úmido.

■ Preparo: 25 min   ■ Cozimento: 10 min

Muffins de chocolate

Rendimento: 12 unidades
50 g de chocolate meio-amargo
50 g de manteiga em temperatura ambiente
100 g de açúcar
2 ovos
100 ml de leite
200 g de farinha de trigo
uma pitada de sal
2 colheres (café) rasas de fermento em pó
50 g de confeitos de chocolate

1 Derreta o chocolate em banho-maria.
2 Em uma vasilha, bata a manteiga com o açúcar até que a mistura fique esbranquiçada. Incorpore aos poucos os ovos, o leite levemente aquecido e o chocolate derretido.
3 Preaqueça o forno a 180°C.
4 Em uma vasilha, misture a farinha de trigo com o sal e o fermento. Incorpore aos poucos essa mistura à preparação de chocolate. Adicione os confeitos de chocolate.
5 Despeje a massa em uma fôrma de silicone para muffins. Leve ao forno por 10-15 min. Sirva os muffins mornos.

Pode-se servir os muffins com uma bola de sorvete de baunilha ou com salada de frutas.

■ Preparo: 20 min   ■ Cozimento: 10-15 min

ENDÍVIA
Endívia com raspas de cítricos

Rendimento: 4 porções
8 maços de endívias
2 colheres (sopa) de azeite
1 cebola ▶

1 Retire a base das endívias e corte-as em lâminas. Aqueça o azeite em uma frigideira, adicione a cebola cortada em fatias finas e, depois, as endívias. Tempere com sal e pimenta. Deixe cozinhar por 5 min em fogo médio, mexendo sem parar. ▶

ENDÍVIA
COZINHA RÁPIDA

1 laranja orgânica
1 limão orgânico
sal e pimenta

2 Lave a laranja e o limão e retire as cascas com uma faquinha para obter 4 colheres (café). Pique-as e distribua sobre as endívias. Acrescente o suco de meio limão e de meia laranja. Deixe cozinhar em fogo brando por 15 min, mexendo de vez em quando. Sirva bem quente.

Sirva com filés de pescada cozidos no vapor ou fritos. Se você não aprecia o sabor amargo da endívia, adicione 1 colher (café) de açúcar.

■ Preparo: 10 min   ■ Cozimento: 20 min

Gratinado de endívia e brócolis

Rendimento: 4 porções
4 maços de endívia
500 ml de leite
500 g de brócolis
1 bolinha de manteiga
1 colher (sopa) de azeite
1 cebola
4 colheres (sopa) de amêndoa fatiada
40 g de queijo roquefort
2 colheres (sopa) de queijo tipo fromage blanc
sal e pimenta

1 Coloque as endívias cortadas ao meio em uma panela. Adicione o leite, cubra com água e deixe cozinhar por 10 min. Lave os buquês de brócolis e mergulhe-os por 5 min em água fervente com sal. Escorra as hortaliças e coloque-as em uma travessa refratária untada com manteiga.

2 Esquente o azeite em uma frigideira e refogue nela a cebola cortada em fatias finas e a amêndoa fatiada, depois distribua essa mistura sobre as hortaliças.

3 Preaqueça o forno a 210°C.

4 Despedace o roquefort, misture-o com o fromage blanc e distribua uniformemente sobre a travessa. Tempere com sal e pimenta e leve ao forno por 20 min.

Este gratinado pode acompanhar frango assado. O queijo tipo fromage blanc já é produzido no Brasil.

■ Preparo: 15 min   ■ Cozimento: 35 min

ERVILHA
COZINHA RÁPIDA

ERVILHA

Flãs de ervilha ao curry

Rendimento: 4 porções

200 g de ervilhas congeladas
4 aspargos verdes
2 ovos
100 ml de leite
100 ml de creme de leite
1 colher (café) de curry
50 g de presunto defumado (opcional)
1 bolinha de manteiga
sal e pimenta

1 Mergulhe as ervilhas e os aspargos em água fervente salgada e deixe cozinhar por 5 min após levantar fervura. Escorra. Corte os aspargos em pedacinhos e reserve.

2 Bata no liquidificador as ervilhas com os ovos, o leite, o creme de leite e o curry. Tempere com sal e pimenta. Incorpore os aspargos e o presunto cortado em tirinhas. Despeje em forminhas individuais untadas com manteiga e leve ao microondas por 6 ou 7 min em potência média (potência 7 para 850 W) ou ao forno tradicional por 25 min a 160°C.

■ Preparo: 15 min   ■ Cozimento: 10 min

Sopa de ervilha à moda asiática

Rendimento: 4 porções

1 tablete de caldo de galinha
1 colher (café) de curry
400 ml de leite de coco
700 ml de água
200 g de ervilhas congeladas
50 g de macarrão de arroz
90 g de broto de feijão
alguns ramos de coentro fresco
sal e pimenta

1 Esmague o tablete de caldo de galinha em uma panela. Adicione o curry, o leite de coco e 700 ml de água. Tempere com sal e pimenta e leve ao fogo.

2 Quando o caldo ferver, adicione as ervilhas, diminua o fogo e deixe cozinhar por mais 5 min.

3 Enquanto isso, coloque o macarrão de arroz em uma vasilha e regue com água fervente. Deixe descansar por 5 min, escorra, corte-o em pedaços e incorpore ao caldo.

4 Lave os brotos de feijão, escorra-os e adicione-os à panela. Deixe cozinhar por 5 min. Despeje a sopa em cumbucas e espalhe por cima o coentro picado.

Sopa asiática com ervilha e tofu
Transforme essa sopa em uma refeição completa adicionando tofu cortado em cubinhos, miniespigas de milho verde ou camarões.

■ Preparo: 10 min   ■ Cozimento: 15 min

FARINHA DE MANDIOCA E DE MILHO

Cuscuz paulista

Rendimento: 10 porções

2 cenouras
14 vagens
1 cebola pequena
2 dentes de alho
3 tomates
1 lata de sardinha
1 ovo
2 colheres (sopa) de óleo
2 folhas de louro
1/2 xícara (chá) de água
1 xícara (chá) de farinha de mandioca
1 xícara (chá) de farinha de milho grossa (amarela)
salsinha picada
6 azeitonas
folhas de hortelã ou salsinha para decorar
sal e pimenta-dedo-de-moça

1 Cozinhe as cenouras e as vagens separadamente.
2 Corte as cenouras e as vagens em cubinhos.
3 Pique a cebola e o alho separadamente.
4 Escalde os tomates e retire a pele. Corte ao meio, retire as sementes e pique. Retire as espinhas das sardinhas e reserve. Cozinhe o ovo e reserve.
5 Leve ao fogo uma panela com o óleo e refogue nela a cebola. Adicione o alho. Quando o alho estiver dourado-claro, acrescente os tomates picados. Cozinhe um pouco.
6 Adicione as cenouras e as vagens cozidas e o louro. Tempere com sal e pimenta-dedo-de-moça e cozinhe por alguns minutos. Adicione as sardinhas e a água e deixe apurar mais um pouco. Misture tudo e retire do fogo.
7 Em uma tigela, misture a farinha de mandioca e a farinha de milho e tempere com sal e salsinha picada. Acrescente essa mistura aos poucos ao refogado, sem parar de mexer, em fogo brando, até aparecer o fundo da panela.
8 Unte uma fôrma de pudim com um pouco de óleo. Espalhe no fundo da fôrma o ovo fatiado, intercalando com as azeitonas. Coloque uma parte da mistura na forma e pressione bem. Adicione o restante e pressione um pouco. Desenforme em seguida em um prato de bolo.
9 Acrescente folhinhas de hortelã (ou salsinha) entre as fatias de ovo e as azeitonas.

Há várias formas de fazer o Cuscuz paulista, esta é a mais rápida e prática. O modo tradicional é cozinhar o cuscuz numa cuscuzeira ou em banho-maria. ▶

FRANGO
COZINHA RÁPIDA

Cuscuz de palmito com camarão
Substitua a sardinha por camarão cozido e a meia xícara de água por meia xícara de caldo do cozimento das cascas do camarão. Substitua a cenoura e a vagem por 1 xícara de palmito cortado em cubos.

FRANGO

Papillotes de frango com mostarda

Rendimento: 4 porções
- 4 peitos de frango
- 4 colheres (sopa) de mostarda
- 3 colheres (sopa) de creme de leite fresco
- 2 ramos de tomilho
- 3 ramos de salsinha
- 1 colher (café) de pimenta-rosa
- 2 colheres (sopa) de azeite
- sal e pimenta

1 Preaqueça o forno a 180°C. Corte 4 quadrados de papel-alumínio ou papel-manteiga. Coloque um peito de frango sobre cada quadrado.
2 Em uma tigela, misture a mostarda, o creme de leite e o tomilho esmagado. Tempere com sal e pimenta. Pincele cada peito com essa preparação. Polvilhe com salsinha picada e pimenta-rosa e regue com um filete de azeite.
3 Feche os papillotes, coloque-os em uma assadeira e leve ao forno por 20-25 min.

■ Preparo: 10 min ■ Cozimento: 20-25 min

Salada mediterrânea de frango com champignon

Rendimento: 4 porções
- 250 g de champignons
- 4 colheres (sopa) de azeite
- 2 colheres (sopa) de pignoli
- 1 colher (sopa) de vinagre balsâmico ▶

1 Fatie os champignons e refogue-os por 5 min em uma frigideira com 1 colher (sopa) de azeite. Reserve. Em outra frigideira, toste os pignoli. Reserve.
2 Despeje o vinagre em uma vasilha. Tempere com sal e pimenta. Misture, depois incorpore 2 colheres (sopa) de azeite. Lave e seque a rúcula, depois coloque-a na vasilha. ▶

KIWI
COZINHA RÁPIDA

150 g de rúcula
300 g de peito de frango
1 limão
1 colher (sopa)
  de uvas-passas
sal e pimenta

3 Corte os peitos de frango em tirinhas, regue-os com suco de limão e deixe dourar em uma frigideira com 1 colher (sopa) de azeite. Coloque-os na vasilha e adicione os champignons. Espalhe por cima os pignoli grelhados e as uvas-passas e sirva imediatamente.

■ Preparo: 20 min   ■ Cozimento: 10 min

KIWI

Salada de kiwi com frutas cítricas

Rendimento: 4 porções
3 kiwis
1 laranja
1 grapefruit
1 limão
2 colheres (sopa) de mel
1 colher (sopa)
  de amêndoas fatiadas
algumas folhas de hortelã
  fresca

1 Descasque os kiwis e corte-os em rodelas finas. Descasque completamente a laranja e o grapefruit (retirando inclusive a película branca), e separe os gomos.
2 Corte o limão ao meio e esprema-o. Despeje o suco em uma tigela e misture com o mel.
3 Coloque as frutas em uma vasilha, regue com a mistura de mel e o suco de limão. Mantenha em local fresco até a hora de servir.
4 Toste as amêndoas por alguns instantes em uma frigideira bem quente. Ao servir, espalhe-as por cima da salada e decore com folhas de hortelã.

■ Preparo: 15 min   ■ Cozimento: alguns segundos

Zabaione de kiwi

Rendimento: 4 porções
5 kiwis
algumas framboesas
  (ou amoras)
3 gemas
80 g de açúcar ▶

1 Descasque os kiwis, corte-os em rodelas e disponha-os com as framboesas (ou amoras) em pequenas travessas individuais.
2 Em uma vasilha, bata as gemas com um batedor manual (ou elétrico) com o açúcar comum e o açúcar sabor baunilha até que a mistura se torne esbranquiçada. Preaqueça o forno. ▶

LARANJA
COZINHA RÁPIDA

1 colher (sobremesa) de açúcar sabor baunilha
120 ml de vinho branco doce ou licoroso

3 Despeje a mistura de ovos e de açúcar em uma panela. Aqueça e, em fogo brando ou em banho-maria, continue a bater, incorporando aos poucos o vinho, até que o zabaione espume e engrosse. Retire do fogo e despeje-o sobre as frutas.
4 Doure os pequenos zabaiones no forno por alguns instantes. Sirva imediatamente.

Em vez de levar o zabaione ao forno, leve-o à geladeira até a hora da sobremesa e sirva fresco.

■ Preparo: 10 min   ■ Cozimento: 10 min

LARANJA
Laranjas em papillote

Rendimento: 4 porções
1 laranja com muito sumo
1 limão
1 colher (café) de essência de baunilha
4 laranjas
30 g de açúcar
1 manga pequena

1 Corte a laranja e o limão ao meio, esprema e despeje o suco em uma panela. Adicione a essência de baunilha e o açúcar. Deixe ferver, depois deixe cozinhar em fogo brando por 5 min.
2 Preaqueça o forno a 180°C.
3 Descasque completamente as laranjas (retire inclusive a pele branca) e separe os gomos. Descasque a manga e corte-a em pedaços.
4 Distribua as frutas sobre 4 quadrados de papel-manteiga e regue-os com o suco concentrado. Feche os papillotes e leve ao forno por 15 min. Sirva bem quente.

Papillotes de laranja condimentados
Substitua a essência de baunilha por uma pitada de gengibre em pó.

■ Preparo: 10 min   ■ Cozimento: 20 min

LARANJA / LENTILHA
COZINHA RÁPIDA

Salada de laranja com erva-doce

Rendimento: 4 porções
2 laranjas
1 bulbo de erva-doce
1 punhado de rúcula
1 colher (sopa) de suco de limão
2 colheres (sopa) de azeite
1 colher (sopa) de óleo de soja
12 azeitonas pretas sem caroço
sal e pimenta

1 Descasque completamente as laranjas (retire inclusive a pele branca) e separe os gomos. Retire a base, os caules e as folhas externas da erva-doce, lave-a e corte-a bem fino. Lave e enxugue a rúcula.

2 Prepare o vinagrete: em uma vasilha, misture o suco de limão com sal e pimenta, e em seguida emulsifique nos dois óleos.

3 Disponha a rúcula, os gomos de laranja e a erva-doce fatiada na vasilha, e espalhe por cima as azeitonas. Misture e sirva.

Salada de truta com laranja e erva-doce
Adicione algumas tirinhas de truta defumada.

■ Preparo: 15 min

LENTILHA
Lentilha com especiarias indianas

Rendimento: 4 porções
2 cenouras
2 colheres (sopa) de azeite
1 cebola
1 colher (café) de gengibre em pó
2 colheres (café) de cúrcuma
1 colher (café) de cominho em pó
180 g de lentilhas
600 ml de água
2 colheres (sopa) de creme de leite fresco (opcional)
3 ramos de coentro
sal e pimenta

1 Raspe, lave e rale as cenouras.

2 Aqueça o azeite em uma frigideira, refogue nela a cebola cortada em fatias finas. Polvilhe com gengibre, cúrcuma e cominho e deixe cozinhar em fogo alto por 2 min, mexendo sem parar.

3 Acrescente as cenouras raladas e as lentilhas, misture e despeje cerca de 600 ml de água. Deixe ferver, tempere com pimenta, diminua o fogo e cozinhe por mais 12-15 min. Tempere com sal e incorpore o creme de leite fresco. Passe para uma travessa, espalhe por cima o coentro picado e sirva imediatamente.

Em um jantar indiano, sirva essas lentilhas com uma omelete e pãezinhos indianos.

■ Preparo: 10 min   ■ Cozimento: 15 min

LENTILHA / MAÇÃ
COZINHA RÁPIDA

Salada de lentilha e cenoura

Rendimento: 4 porções

2 cenouras
algumas folhas de salada verde
4 ovos de codorna
1 colher (sopa) de vinagre de vinho
3 colheres (sopa) de azeite
200 g de lentilhas cozidas (mornas)
20 nozes
alguns ramos de salsinha
sal e pimenta

1 Raspe, lave e rale as cenouras. Lave as folhas de salada e enxugue.

2 Cozinhe os ovos de codorna por 4 min em água fervente; descasque-os.

3 Prepare o vinagrete em uma vasilha: tempere o vinagre com sal e pimenta. Misture bem, depois emulsifique no azeite.

4 Acrescente as lentilhas, as cenouras e as folhas de salada picadas. Espalhe por cima as nozes e a salsinha picadas, misture e sirva imediatamente.

Para transformar esta salada em prato principal, sirva com fatias de presunto cozido ou defumado ou adicione presunto cortado em cubos diretamente na vasilha.

■ Preparo: 15 min   ■ Cozimento: 4 min

MAÇÃ
Bolo fofo de maçã

Rendimento: 4 porções

2 colheres (sopa) de uvas-passas
2 colheres (sopa) de conhaque (opcional)
150 g de pão de fôrma
1 copo de leite
2 ovos
2 maçãs golden grandes
1 colher (sobremesa) de açúcar sabor baunilha
40 g de açúcar
2 colheres (café) de fermento em pó
30 g de manteiga

1 Deixe macerar as uvas-passas no conhaque. Retire a crosta do pão, coloque o miolo em uma tigela da batedeira e regue com o leite. Deixe o pão de molho.

2 Enquanto isso, descasque as maçãs e corte-as em cubos.

3 Na batedeira, adicione os ovos, o açúcar sabor baunilha, o açúcar comum e o fermento. Bata tudo, depois incorpore as maçãs e as uvas-passas escorridas.

4 Despeje a preparação em uma travessa untada com manteiga e leve ao microondas em potência máxima (850 W) por 10 min. Sirva morno ou frio. ▶

Bolo fofo de pêra com limão
Substitua uma maçã por uma pêra e o conhaque por 1 colher (café) de raspas de limão. Leve o bolo ao forno por 5 min para gratinar.

■ Preparo: 10 min ■ Cozimento: 10 min

Bruschettas de maçã e queijo de cabra

Rendimento: 4 porções
2 maçãs golden
20 g de manteiga
4 fatias de pão italiano
2 queijinhos de cabra
2 colheres (sopa) de mel
2 colheres (sopa) de pignoli
sal e pimenta

1 Preaqueça o forno a 240°C.
2 Descasque as maçãs e corte-as em lâminas. Derreta a manteiga em uma frigideira e refogue nela as maçãs por 3-4 min, até que fiquem douradas.
3 Sobre cada fatia de pão, disponha as maçãs e meio queijinho de cabra. Tempere com sal e pimenta. Regue com mel, salpique com pignoli e leve ao forno por cerca de 5 min. Sirva imediatamente.

Com essas bruschettas, sirva uma salada de alface-americana com castanhas-de-caju ou castanhas-do-pará picadas e levemente tostadas em uma frigideira.

■ Preparo: 5 min ■ Cozimento: 10 min

Compota rápida de maçã e pêra

Rendimento: 4 porções
500 g de maçãs
500 g de peras
1 laranja
30 g de manteiga salgada
1 pau de canela
1-2 colheres (sopa) de mel

1 Descasque as maçãs e as peras, retire as sementes e corte-as em pedaços.
2 Coloque em uma travessa. Lave a laranja e retire 4 tiras de casca com uma faquinha. Distribua-as sobre as frutas, adicione a manteiga cortada em pedaços e a canela. Tampe e deixe cozinhar por 5 min no microondas, em potência máxima. ▶

MAÇÃ
COZINHA RÁPIDA

3 Incorpore o mel e cozinhe por mais 5 min. Retire as cascas e amasse as frutas grosseiramente com o garfo. Deixe amornar antes de servir.

Compota rápida de frutas da estação
Substitua uma parte das peras por pedaços de goiaba ou rodelas de banana.

■ Preparo: 10 min ■ Cozimento: 10 min

Fritada de maçã à moda asiática

Rendimento: 4 porções
- 3 maçãs golden
- 1 pepino
- 1 cebola
- 30 g de manteiga
- 1 colher (café) de cúrcuma ou de cominho em pó
- 100 ml de leite de coco
- 400 g de camarões cozidos sem casca
- sal e pimenta

1 Descasque as maçãs e o pepino e corte-os em cubinhos. Descasque a cebola e corte-a em fatias finas.
2 Derreta a manteiga em uma frigideira e refogue a cebola. Acrescente os cubos de maçãs e de pepino, depois a cúrcuma (ou cominho). Tempere com sal e pimenta. Cozinhe em fogo médio por 5 min, mexendo de vez em quando.
3 Despeje o leite de coco, adicione os camarões, diminua o fogo e deixe cozinhar em fogo brando por 10 min.

Fritada de maçã com peixe
Substitua os camarões por 100 g de truta ou de salmão defumado, que deve ser incorporado 5 min antes do final do cozimento.

■ Preparo: 10 min ■ Cozimento: 15 min

MASSAS
COZINHA RÁPIDA

MASSAS
Macarrão com berinjela

Rendimento: 4 porções

2 berinjelas
1/2 lata de molho de tomate (200 g)
1 dente de alho
3 colheres (café) de caldo de galinha em pó
3 colheres (sopa) de azeite
200 g de macarrão (espaguete, borboleta...)
sal e pimenta

1 Corte as berinjelas em cubos. Coloque-as com o molho de tomate em uma travessa que possa ir ao microondas. Adicione o dente de alho descascado e picado, o caldo de frango e 2 colheres (sopa) de azeite. Tempere com sal e pimenta. Tampe e deixe cozinhar no microondas na potência máxima (850 W) por 12-15 min, misturando na metade do cozimento.

2 Enquanto isso, cozinhe a massa *al dente* em uma panela grande com água fervente salgada. Escorra e em seguida incorpore as berinjelas com o molho. Misture, adicione um filete de azeite e sirva imediatamente.

Gratinado de macarrão com berinjela
Espalhe sobre o macarrão com berinjela rodelas de mussarela e deixe gratinar por 10 min em forno quente.

■ Preparo: 10 min   ■ Cozimento: 20 min

Tagliatelle com ervilha e presunto

Rendimento: 4 porções

300 g de tagliatelle fresco
150 g de ervilha congelada
1 cebola
2 colheres (sopa) de azeite
150 g de presunto de Parma (ou outro presunto cru)
150 ml de creme de leite
80 g de parmesão
sal e pimenta

1 Cozinhe a ervilha em água fervente com sal por 5 min, depois escorra.

2 Refogue a cebola cortada em fatias finas em uma frigideira com o azeite. Adicione as ervilhas, o presunto cortado em tiras, depois o creme de leite. Tempere com sal e pimenta. Continue a cozinhar em fogo brando por mais 3-5 min, mexendo sem parar. ▶

3 Enquanto isso, prepare o tagliatelle *al dente* em um caldeirão com água salgada fervente. Escorra e coloque em uma travessa. Regue com o molho com ervilha. Espalhe por cima lascas de parmesão e sirva imediatamente.

■ Preparo: 10 min   ■ Cozimento: 15 min

OVOS
Flãs de presunto

Rendimento: 4 porções

4 ovos
100 ml de leite
100 ml de creme de leite
100 g de presunto cozido
40 g de queijo gruyère ou parmesão ralado
20 g de manteiga
sal e pimenta

1 Preaqueça o forno a 190-200°C.
2 Bata os ovos em uma vasilha. Incorpore o leite e o creme de leite, depois o presunto cortado em tirinhas. Adicione o queijo ralado. Tempere com sal e pimenta. Misture.
3 Distribua a preparação em fôrmas individuais untadas com manteiga e leve ao forno, de preferência em banho-maria, por cerca de 15 min.

Flãs com peixe
Substitua o presunto por um filé de truta ou de salmão defumado cortado em tirinhas e adicione um ramo de dill.

■ Preparo: 5 min   ■ Cozimento: 15 min

Ovos en cocotte sobre fondue de alho-poró

Rendimento: 4 porções

2 alhos-porós (parte branca)
20 g de manteiga ▶

1 Preaqueça o forno a 210°C.
2 Lave e fatie os alhos-porós.
3 Aqueça a manteiga e o azeite em uma frigideira, refogue nela os alhos-porós por 3-5 min, mexendo sem parar. Tempere com sal e pimenta. Deixe ▶

PEIXE (EM CONSERVA)
COZINHA RÁPIDA

2 colheres (sopa) de azeite
4 colheres (sopa) de creme de leite
4 ovos
sal e pimenta

cozinhar em fogo brando por 5 min. Incorpore 2 colheres (sopa) de creme de leite.

4 Unte quatro fôrmas individuais e forre o fundo com fondue de alho-poró. Quebre um ovo em cada uma, depois distribua o restante do creme de leite. Tempere com sal e pimenta. Leve ao forno por cerca de 10 min, até o ovo se solidificar. Sirva bem quente.

Ovos en cocotte com compota de cebola
Substitua os alhos-porós por 2 cebolas cortadas em fatias bem finas.

■ Preparo: 5 min ■ Cozimento: 20 min

PEIXE (EM CONSERVA)
Briks de sardinha (Aperitivo tunisiano)

Rendimento: 4 porções
2 latas de sardinhas no óleo (8 sardinhas)
2 colheres (café) de alcaparras
2 tomates pequenos
4 folhas de massa folhada

1 Preaqueça o forno a 190-200°C.
2 Escorra as sardinhas, reservando o óleo, retire a espinha e amasse a carne com um garfo.
3 Acrescente as alcaparras e os tomates sem sementes cortados em cubinhos. Misture tudo muito bem.
4 Pincele as folhas de massa com um pouco de óleo das sardinhas. Dobre as folhas em dois, disponha um pouco do recheio no centro.
5 Feche formando rolinhos e leve ao forno por cerca de 15 min, até que fiquem bem dourados.

Briks de sardinha com azeitonas
Adicione ao recheio azeitonas pretas picadas.

■ Preparo: 10 min ■ Cozimento: cerca de 15 min

PEIXE (EM CONSERVA) / PEIXE (EM FILÉS)
COZINHA RÁPIDA

Salada de atum com grão-de-bico

Rendimento: 4 porções

2 berinjelas pequenas
4 colheres (sopa) de azeite
6 tomates-cerejas
1 colher (sopa) de vinagre de xerez
1 colher (café) de mostarda
1 dente de alho
250 g de atum ao natural
1 lata de grão-de-bico (250 g)
algumas azeitonas pretas
sal e pimenta

1. Preaqueça o forno. Lave as berinjelas, corte-as em lâminas finas e regue-as com 2 colheres (sopa) de azeite. Deixe-as grelhar no forno por 8-10 min virando-as na metade do cozimento. Lave os tomates-cerejas e corte-os ao meio.
2. Despeje o vinagre em uma vasilha e dilua-o com a mostarda. Tempere com sal e pimenta. Adicione o azeite restante, depois o alho descascado e picado. Incorpore o atum amassado, o grão-de-bico escorrido, os tomates e as berinjelas. Acrescente as azeitonas, misture e sirva imediatamente.

Esta salada se transforma em um saboroso prato principal se você adicionar mussarela cortada em cubos e um punhado de rúcula.

■ Preparo: 15 min   ■ Cozimento: 10 min

PEIXE (EM FILÉS)
Papillotes de peixe com camarão

Rendimento: 4 porções

400 g de legumes congelados cortados em tirinhas
3 colheres (sopa) de azeite
1 colher (sopa) de creme de leite fresco
4 filés de peixe branco (pescada, linguado...)
120 g de camarões sem casca
2 colheres (café) de coentro em grão
sal e pimenta

1. Em uma frigideira, refogue os legumes cortados em tirinhas com 1 colher (sopa) de azeite quente durante 5 min em fogo médio. Tempere com sal e pimenta. Incorpore o creme de leite.
2. Preaqueça o forno a 210°C.
3. Corte 4 quadrados de papel-manteiga e disponha em cada um uma camada de legumes cortados em tirinhas. Adicione um filé de peixe. Espalhe camarões e grãos de coentro moídos. Tempere com sal e pimenta. Despeje o azeite restante. Feche os papillotes. Coloque-os em uma travessa e leve ao forno por 10 min.

Sirva os papillotes com arroz integral ou arroz selvagem.

■ Preparo: 15 min   ■ Cozimento: 15 min

PEIXE (EM FILÉS) / PORCO
COZINHA RÁPIDA

Peixe-espada na brasa com curry

Rendimento: 4 porções
4 postas de peixe-espada
2 colheres (café) de curry
1 limão
4 colheres (sopa)
de azeite
2 alhos-porós
1 cebola
sal e pimenta

1 Tempere as postas de peixe com sal e pimenta, polvilhe com curry e regue com suco de limão e 2 colheres (sopa) de azeite. Deixe marinar.
2 Preaqueça o forno a 210°C. Descasque os alhos-porós e corte-os em rodelas. Descasque e corte em rodelas a cebola. Aqueça 2 colheres (sopa) de azeite em uma frigideira e refogue a cebola e os alhos-porós por 15 min em fogo baixo, adicionando um pouco de água se for preciso.
3 Coloque os alhos-porós em uma travessa untada. Tempere com sal e pimenta. Disponha por cima o peixe. Leve ao forno por cerca de 10 min (ou deixe cozinhar por 15 min no vapor).

Você também pode fazer essa receita com filés de peixe branco (pescada, linguado, badejo).

■ Preparo: 10 min   ■ Cozimento: cerca de 25 min

PORCO
Costeletas de porco com mostarda e cerveja

Rendimento: 4 porções
4 costeletas de porco
4 colheres (sopa)
de mostarda
1 ramo de tomilho
2 folhas de louro
1 cebola
1 dente de alho
200 ml de cerveja clara
sal e pimenta

1 Preaqueça o forno a 210°C.
2 Pincele as costeletas com mostarda e coloque-as em uma travessa. Tempere com sal e pimenta. Polvilhe com tomilho moído, adicione o louro e espalhe a cebola e o alho cortados em fatias finas.
3 Leve ao forno por 5 min. Quando a carne começar a dourar, despeje a cerveja e continue a cozinhar por mais 15-20 min, regando de vez em quando com o suco do cozimento.

Sirva as costeletas de porco com batatas gratinadas ou com purê de maçã.

■ Preparo: 5 min   ■ Cozimento: 20-25 min

PORCO / PRESUNTO
COZINHA RÁPIDA

Wok de porco com leite de coco

Rendimento: 4 porções

2 cebolas
2 dentes de alho
500 g de porco
  (filé, lombo)
2 colheres (sopa)
  de azeite
2 colheres (café)
  de curry
uma pitada de colorau
  em pó
1 colher (café)
  de gengibre em pó
200 ml de leite de coco
1 iogurte batido ou 120 ml
  de creme de leite
sal e pimenta

1. Descasque e corte em fatias as cebolas e o alho. Corte a carne em lâminas.
2. Aqueça o azeite em uma wok ou em uma frigideira e frite as cebolas e as lâminas de porco em fogo alto até que a carne esteja bem dourada. Polvilhe com curry, colorau e gengibre, depois acrescente o alho. Misture.
3. Incorpore o leite de coco e o iogurte (ou o creme de leite). Tempere com sal e pimenta. Deixe cozinhar em fogo brando por 15 min. Sirva bem quente.

Como acompanhamento, sirva macarrão de arroz ou acelga refogada por alguns minutos em fogo alto, regados com o molho.

■ Preparo: 10 min ■ Cozimento: cerca de 20 min

PRESUNTO

Croustillants de presunto com espinafre

Rendimento: 4 porções

50 g de espinafres frescos
150 g de presunto cozido
alguns ramos de salsinha
3 colheres (sopa)
  de azeite
1 cebola
2 colheres (sopa)
  de creme de leite
4 folhas de massa folhada
  congelada (filo)
pimenta

1. Lave os espinafres, enxugue-os e pique-os juntamente com o presunto e a salsinha. Aqueça 1 colher (sopa) de azeite em uma frigideira e doure nela a cebola cortada em fatias. Acrescente a mistura de presunto e espinafre, tempere com pimenta, incorpore o creme de leite e deixe cozinhar por 2 min.
2. Preaqueça o forno a 210°C.
3. Pincele as folhas de massa filo com o azeite restante. Dobre-as ao meio, distribua um pouco de recheio no centro. Feche em triângulos ou em rolinhos. Leve ao forno por 15 min até que os croustillants estejam dourados e sirva.

Sirva este prato com salada mista.

■ Preparo: 10 min ■ Cozimento: cerca de 20 min

PRESUNTO
COZINHA RÁPIDA

Gratinado de abobrinha com presunto

Rendimento: 4 porções
- 1 tablete de caldo de galinha
- 4 abobrinhas frescas
- 2 colheres (sopa) de azeite
- 2 cebolas
- 4 fatias bem finas de presunto
- 1 limão (opcional)
- 1 dente de alho
- alguns ramos de salsinha
- 40 g de queijo ralado
- sal e pimenta

1 Leve ao fogo uma grande quantidade de água e deixe ferver. Adicione o tablete, mergulhe as abobrinhas cortadas em rodelas e deixe cozinhar por mais 3 min após levantar fervura. Escorra.

2 Preaqueça o forno a 240ºC.

3 Coloque uma colher (sopa) de azeite em uma frigideira e refogue as cebolas cortadas em fatias finas. Acrescente o presunto em fatias bem finas e eventualmente o suco de limão. Tempere com sal e pimenta-do-reino. Deixe cozinhar por 2-3 min em fogo médio.

4 Unte uma travessa refratária e disponha nela as abobrinhas. Distribua o presunto, o alho e a salsinha picados, polvilhe com queijo ralado. Deixe gratinar no forno por cerca de 5 min.

■ Preparo: 10 min   ■ Cozimento: cerca de 15 min

Salada de presunto com erva-doce

Rendimento: 4 porções
- 1 fatia de presunto cozido
- 1 fatia de presunto cru
- 1/2 limão
- 1 colher (café) de mostarda
- 2 colheres (sopa) de azeite
- 1 colher (sopa) de óleo de girassol
- 4 ovos de codorna
- 2 bulbos de erva-doce
- 50 g de queijo curado
- 6 castanhas-do-pará
- sal e pimenta

1 Prepare o vinagrete. Em uma vasilha, misture o suco de limão, o sal e a pimenta. Adicione a mostarda, o azeite e o óleo de girassol.

2 Cozinhe os ovos de codorna por 4 min em água fervente. Lave e corte a erva-doce em fatias finas e coloque na vasilha.

3 Acrescente o presunto cortado em tiras, os ovos descascados, o queijo cortado em cubos e as castanhas-do-pará fatiadas. Despeje o vinagrete, misture e sirva imediatamente. ▶

PRESUNTO / SALADA VERDE
COZINHA RÁPIDA

Se você não gosta da erva-doce crua, deixe-a branquear por alguns min em água fervente ou substitua-a por algumas folhas de alface e o queijo meia-cura por queijo cheddar ou prato.

■ Preparo: 15 min ■ Cozimento: 4 min

Torta de dois presuntos

Rendimento: 4 porções
1 massa folhada pronta
4 ovos
1 iogurte batido
2 colheres (sopa) de creme de leite
150 g de presunto cozido
100 g de presunto cru
100 g de queijo gruyère ou gorgonzola
pimenta

1 Forre uma fôrma de torta com a massa folhada.
2 Preaqueça o forno a 180°C.
3 Em uma terrina, bata os ovos com um garfo, adicione o iogurte e o creme de leite, o presunto cortado em tirinhas, o queijo gruyère ou o gorgonzola ralado despedaçado e incorpore-os. Tempere com pimenta. Distribua essa preparação sobre a massa de torta e leve ao forno por 25-30 min.

Torta de presunto com mostarda
Antes de colocar o recheio, pincele a massa da torta com mostarda.

■ Preparo: 10 min ■ Cozimento: 25-30 min

SALADA VERDE
Salada de agrião com beterraba

Rendimento: 4 porções
100 g de agrião novo
1 beterraba crua ou cozida
1 maçã
1 colher (sopa) de vinagre de maçã
3 colheres (sopa) de azeite
1 colher (sopa) de pignoli ▶

1 Lave e enxugue o agrião. Descasque e rale a beterraba crua. Se for utilizar a beterraba cozida, corte-a em cubos. Descasque a maçã, retire o miolo e corte-a em lâminas.
2 Prepare o vinagrete. Despeje o vinagre em uma vasilha. Tempere com sal e pimenta. Emulsifique com o azeite.
3 Toste ligeiramente os pignoli e o gergelim em uma frigideira bem quente. ▶

SALADA VERDE / SÊMOLA E POLENTA
COZINHA RÁPIDA

1 colher (sopa) de gergelim
10 castanhas-de-caju
sal e pimenta

4 Coloque o agrião, a maçã e a beterraba na vasilha. Espalhe por cima as castanhas, os pignoli e o gergelim, misture e sirva imediatamente.

Salada de agrião com requeijão
Substitua o azeite por 2 colheres (sopa) de requeijão ou creme de leite com soro.

■ Preparo: 10 min ■ Cozimento: alguns segundos

Salada de folhas variadas com pêra

Rendimento: 4 porções
150 g de salada sortida
1 pêra
1 limão
1 colher (sopa) de vinagre de xerez
3 colheres (sopa) de azeite
1 fatia de pão integral com grãos
50 g de queijo roquefort
sal e pimenta

1 Lave e escorra a salada. Descasque a pêra e corte-a em lâminas. Regue com o suco de limão.
2 Prepare o vinagrete: coloque o vinagre em uma vasilha. Tempere com sal e pimenta. Emulsifique com o azeite.
3 Toste ligeiramente o pão e corte-o em cubinhos.
4 Coloque a salada sortida na vasilha, acrescente o queijo roquefort cortado em cubos, as lâminas de pêra e os cubinhos de pão. Regue com o vinagrete. Misture bem e sirva imediatamente.

■ Preparo: 10 min ■ Cozimento: alguns segundos

SÊMOLA E POLENTA
Polenta fatiada com purê de abóbora

Rendimento: 4 porções
300 ml de água
350 ml de leite
160 g de polenta pré-cozida ▶

1 Preaqueça o forno a 210°C.
2 Aqueça 300 ml de água com o leite. Tempere com sal. Quando ferver, adicione a polenta, peneirando-a aos poucos, e deixe cozinhar por 5 min, ▶

SÊMOLA E POLENTA
COZINHA RÁPIDA

250 g de abóbora sem casca
20 g de manteiga
80 g de queijo prato
sal e pimenta

mexendo sem parar. Despeje sobre uma tábua ou em uma travessa e espere amornar.

3 Corte a abóbora em cubos e cozinhe no vapor por 5 min. Esmague com o garfo. Tempere com sal e pimenta.

4 Unte com manteiga uma travessa refratária. Com um aro ou um copo, recorte rodelas de polenta e disponha-as na travessa. Salpique lâminas de queijo, disponha o purê de abóbora e termine com lâminas de queijo. Leve ao forno por 10 min.

■ Preparo: 15 min ■ Cozimento: 20 min

Tabule de frutas

Rendimento: 4 porções
150 g de sêmola de trigo
1 laranja
1 limão
2 colheres (sopa) de mel
1 colher (sopa) de azeite
1 maçã
1 pêra
1 kiwi
algumas folhas de hortelã fresca

1 Coloque a sêmola de trigo em uma vasilha. Esprema a laranja e o limão em uma tigela. Adicione o mel, o azeite e despeje tudo sobre a sêmola. Misture bem com um garfo.

2 Descasque a maçã, a pêra e o kiwi e corte-os em cubinhos. Incorpore-os à sêmola, misture e deixe na geladeira por 30 min no mínimo.

3 Antes de servir, misture o tabule e decore-o com as folhas de hortelã.

Varie as frutas segundo as estações (manga, caqui, morango etc.). Sirva como acompanhamento um coulis de frutas escolhido de acordo com as frutas frescas utilizadas no tabule.

■ Preparo: 15 min   Refrigeração: 30 min

TOFU
COZINHA RÁPIDA

TOFU

Cozido de tofu com broto de feijão

Rendimento: 4 porções

400 g de vagens congeladas
3 colheres (sopa) de azeite
2 cebolas
2 dentes de alho
200 g de tofu
2 colheres (café) de gengibre em pó
400 g de broto de feijão
2 colheres (sopa) de shoyu
sal e pimenta

1. Mergulhe a vagem em água fervente com sal e cozinhe por 5-7 min. Escorra.
2. Aqueça 1 colher (sopa) de azeite em uma frigideira e refogue nela as cebolas e o alho cortados em rodelas. Acrescente a vagem, o tofu cortado em cubos e o gengibre. Deixe cozinhar por 5 min em fogo médio.
3. Despeje o azeite restante em uma outra frigideira e refogue os brotos de feijão lavados e escorridos por 5 min. Tempere com sal e pimenta. Adicione o molho de soja, a vagem e o tofu. Cozinhe por mais 2 min. Sirva imediatamente.

■ **Preparo: 10 min** ■ **Cozimento: cerca de 20 min**

Torta de tofu com legumes

Rendimento: 4 porções

200 g de legumes congelados (vagens, cenouras ou ervilhas)
3 ovos
50 ml de leite de soja (ou vaca)
5 colheres (sopa) de creme de leite fresco
125 g de tofu
80 g de queijo emmental (ou prato)
1 massa podre pronta
sal e pimenta

1. Coloque os legumes congelados em água fervente com sal e deixe cozinhar por 5 min. Escorra.
2. Preaqueça o forno a 180ºC.
3. Bata os ovos com o leite e o creme de leite, adicione o tofu em pedaços e o queijo ralado. Tempere com sal e pimenta.
4. Forre uma fôrma de torta com a massa podre. Distribua os legumes por cima, despeje a preparação com os ovos e leve ao forno por 30 min.

Sirva com uma salada de endívias com nozes.

Torta de tofu com mussarela
Substitua o queijo ralado por lâminas de mussarela.

■ **Preparo: 10 min** ■ **Cozimento: 35 min**

TOMATE
COZINHA RÁPIDA

TOMATE

Mil-folhas de tomate com hortelã

Rendimento: 4 porções
4 tomates grandes
80 g de queijo feta (ou branco)
3 colheres (sopa) de vinagre balsâmico
3 colheres (sopa) de azeite
20 folhas de hortelã fresca
pimenta

1 Lave os tomates e corte-os em rodelas bem grossas. Corte o queijo feta (ou branco) em lâminas finas.
2 Despeje meia colher (sopa) de vinagre balsâmico em cada prato, tempere com pimenta e adicione meia colher (sopa) de azeite.
3 Coloque sobre o tempero uma rodela de tomate, cubra com algumas lâminas de queijo e uma folha de hortelã. Disponha em seguida uma rodela de tomate e continue a alternar os ingredientes, terminando por uma folha de hortelã. Tempere com pimenta, regue os mil-folhas com um filete de vinagre e de azeite. Deixe em local fresco até a hora de servir.

Mil-folhas de tomate com manjericão
Substitua a hortelã por manjericão.

■ Preparo: 10 min

Torta de tomate

Rendimento: 4 porções
5 tomates
1 massa folhada ou podre pronta
2-3 colheres (sopa) de tapenade (ou pasta de azeitona)
80 g de queijo emmental (ou prato)
1 colher (sopa) de sementes de papoula
sal e pimenta

1 Preaqueça o forno a 210°C.
2 Lave os tomates, retire as sementes e corte-os em rodelas bem finas. Forre uma fôrma com a massa de torta.
3 Pincele o fundo da torta com a tapenade e disponha as rodelas de tomate por cima. Tempere com um pouco de sal e pimenta. Cubra com lâminas de queijo.
4 Polvilhe com sementes de papoula e leve ao forno por cerca de 25 min.

Para acompanhar essa torta aromatizada, prepare uma salada de brócolis, presunto cortado em cubinhos, milho verde em grão e nozes.

■ Preparo: 10 min ■ Cozimento: cerca de 25 min

TRIGO E QUINOA

Quinoa com legumes

Rendimento: 4 porções
180 g de quinoa
360 ml de água
2 berinjelas
2 cebolas
1 dente de alho
2 colheres (sopa) de azeite
1/2 lata de polpa de tomate (200 g)
sal e pimenta

1 Lave a quinoa e coloque-a em uma panela com a água. Tempere com sal, deixe levantar fervura e cozinhe por mais 15 min em fogo brando.
2 Enquanto isso, descasque as berinjelas e corte-as em cubos. Descasque as cebolas e o alho, corte-os em fatias finas. Em uma panela, refogue as cebolas no azeite quente. Adicione as berinjelas cortadas em cubos, a polpa de tomate e o alho. Deixe cozinhar em fogo brando por 20 min. Tempere com pimenta.
3 Incorpore a quinoa escorrida, misture e sirva.

Gratinado de quinoa com legumes
Adicione 1 ou 2 ovos batidos à fritada, despeje em uma fôrma refratária untada. Polvilhe com queijo ralado e deixe gratinar por alguns minutos.

■ Preparo: 10 min ■ Cozimento: 35 min

Salada de trigo com cítricos

Rendimento: 4 porções
150 g de trigo integral
1 abacate
1 limão
1 mexerica (ou laranja)
1 colher (sopa) de queijo tipo fromage blanc
2 colheres (sopa) de azeite
folhas de coentro fresco
sal e pimenta

1 Deixe o trigo de molho na véspera. No dia seguinte, cozinhe na panela de pressão com sal por 30 min. Escorra.
2 Descasque o abacate e corte a polpa em cubos. Coloque em uma vasilha e regue com a metade do suco de limão. Retire a casca e toda a pele da mexerica (ou laranja) e separe os gomos. Adicione o trigo e os gomos de fruta à vasilha.
3 Prepare o vinagrete. Em uma tigela, misture o suco de limão restante com sal e pimenta. Acrescente o fromage blanc e misture-o bem com o azeite. ▶

VAGEM
COZINHA RÁPIDA

4 Despeje na vasilha, misture e salpique o coentro picado. Sirva imediatamente.

Se encontrar trigo pré-cozido, não será preciso deixar de molho e o tempo de cozimento é de apenas 10 min.

■ Demolha: 12 h   ■ Preparo: 10 min
■ Cozimento: 30 min

VAGEM

Refogado de vagem e brócolis

Rendimento: 4 porções

500 g de vagens congeladas
500 g de brócolis congelados
1 colher (sopa) de azeite
30 g de manteiga
1 cebola
1 dente de alho
2 colheres (sopa) de amêndoas fatiadas
2 colheres (sopa) de castanhas-do-pará fatiadas
sal e pimenta

1 Deixe cozinhar as vagens em água fervente com sal por 3 min. Acrescente os brócolis e cozinhe por mais 5 min. Escorra.
2 Aqueça o azeite e a manteiga em uma panela e refogue nela a cebola descascada e cortada em fatias finas por 2 min. Adicione os legumes, depois o alho descascado e picado. Tempere com sal e pimenta-do-reino. Deixe cozinhar por 5 min em fogo médio, mexendo sem parar.
3 Toste ligeiramente as amêndoas e as castanhas-do-pará em uma frigideira bem quente. Espalhe-as sobre os legumes pouco antes de servir.

Pode-se também adicionar raspas de limão no final do cozimento.

Sirva este refogado com arroz e feijão.

■ Preparo: 15 min   ■ Cozimento: cerca de 20 min

Velouté de vagem

Rendimento: 4 porções

200 g de batatas
1 alho-poró
1 dente de alho
3 ramos de tomilho
250 g de vagens congeladas
1 fatia pequena de peito defumado
3 colheres (sopa) de creme de leite fresco
salsinha
sal e pimenta

1. Descasque, lave e pique as batatas. Lave o alho-poró e corte-o em pedaços.
2. Coloque-os em uma panela de pressão, acrescente o dente de alho descascado, depois cubra com água.
3. Tempere com sal e pimenta. Adicione o tomilho e deixe ferver. Quando a mistura levantar fervura, coloque as vagens e o peito defumado. Tampe a panela de pressão e deixe cozinhar por mais 10 min depois que a válvula começar a girar.
4. Retire o tomilho e o peito defumado, e bata tudo no liquidificador. Engrosse com o creme de leite, espalhe a salsinha picada por cima e sirva.

Este velouté pode ser acompanhado de uma quiche e uma salada de endívias.

■ Preparo: 15 min ■ Cozimento: cerca de 15 min

ANEXOS

CAPACIDADES E CONTEÚDOS

	Capacidades	Pesos
1 colher (café)	5 ml	5 g (café, sal, açúcar, tapioca), 3 g (fécula)
1 colher (sobremesa)	10 ml	
1 colher (sopa)	15 ml	5 g (queijo ralado), 8 g (cacau, farinha de rosca), 12 g (farinha de trigo, arroz, sêmola, creme de leite fresco), 15 g (açúcar, manteiga)
1 xícara (café)	80-90 ml	
1 xícara (chá)	120-150 ml	
1 taça de consomê	200-250 ml	
1 tigela	350 ml	225 g de farinha de trigo, 320 g de açúcar, 300 g de arroz, 260 g de cacau
1 prato de sopa	250-300 ml	
1 cálice de licor	25-30 ml	
1 cálice de vinho Madeira (ou do Porto)	50-60 ml	
1 taça de vinho Bordeaux	100-150 ml	
1 copo grande	250 ml	150 g de farinha de trigo, 220 g de açúcar, 200 g de arroz, 190 g de sêmola, 170 g de cacau
1 copo de mostarda	150 ml	100 g de farinha de trigo, 140 g de açúcar, 125 g de arroz, 110 g de sêmola, 120 g de cacau, 120 g de uvas-passas

TABELA INDICATIVA DE COZIMENTO

Termostato	Temperatura	Calor
1	100-120°C	ligeiramente morno
2	120-140°C	morno
3	140-160°C	bem baixo
4	160-180°C	baixo
5	180-200°C	moderado
6	200-220°C	médio
7	220-240°C	suficientemente quente
8	240-260°C	quente
9	260-280°C	muito quente
10	280-300°C	forte

Estas indicações são válidas para o forno elétrico tradicional. Para fornos a gás ou elétricos com calor circulante, consultar o manual do fabricante.

ÍNDICE

SALGADOS

A

Abacate
Abacate: preparo 627
Abacates à moda americana 170
Abacates com tomates e camarões 627
Abacates refrescantes 628
Abacates recheados de siri 171
Abacates salteados 628
Guacamole 629

Abacaxi
Abacaxi com presunto defumado 171
Chutney de abacaxi 46
Frango à crioula com abacaxi e rum 540
Pato com abacaxi 575

Abará 161

Abóbora
Abóbora: preparo 629
Abóbora gratinada 630

Abóbora-japonesa
Abóbora-japonesa gratinada 634

Abóbora-moranga
Abóbora-moranga: preparo 634
Compota de moranga 634
Moranga com ervas aromáticas 635
Moranga gratinada 636
Musseline de moranga 636

Abobrinha
Abobrinha: preparo 629
Abobrinha à moda crioula 630
Abobrinha à moda de Menton 631
Abobrinha à provençal 1049
Abobrinha recheada 632
Purê de abobrinha 632
Salada de abobrinha 633

Velouté de abobrinha com hortelã e queijo 1049
Velouté de abobrinha com queijo de cabra e azeitonas 1050

Acarajé 162

Acelga
Acelga: preparo e cozimento 637
Acelga à italiana 637
Acelga à provençal 639
Acelga ao creme 638
Acelga ao molho branco 638
Acelga gratinada 639
Acelga na manteiga 639
Acelga no caldo 640
Salada de acelga com milho verde 1054

Agrião
Atum com agrião 317
Costeletas de cordeiro com agrião 446
Espetinhos à moda de Nice 318
Purê de agrião 640
Salada de agrião 641
Salada de agrião com beterraba 1076

Aipo
Aipo: preparo 641
Aipo à milanesa 642
Aipo ao creme 642
Aipo com toucinho 643
Aipo light 643

Aipo-rábano
Aipo-rábano: preparo 643
Aipo-rábano à camponesa 644
Aipo-rábano à juliana 644
Aipo-rábano com molho rémoulade 645
Purê de aipo-rábano 645

Alcachofra
Alcachofra: preparo 646
Alcachofras à la diable 646
Alcachofras à moda da Bretanha 647

ÍNDICE

Alcachofras à moda de Clamart 647
Alcachofras ao vinagrete 648
Alcachofras Crécy 647
Brouillade de alcachofrinhas 648
Fundos de alcachofra à florentina 649
Fundos de alcachofra com purê de mandioquinha 649
Fundos de alcachofra na manteiga 650

Alface
Alface: preparo 650
Alface com toucinho 651
Chiffonade de alface cozida 651
Purê de alface 652

Alho
Alho en chemise 652
Creme de alho 653
Purê de alho 653

Alho-poró
Alho-poró: preparo 654
Alho-poró ao vinagrete 654
Alho-poró cozido 655
Alho-poró gratinado 655
Alho-poró gratinado com cominho 1050
Cozido com alho-poró 656
Fondue de alho-poró 1051

Anchova
Anchova: preparo 312
Anchovas fritas 312
Anchovas marinadas 312
Filés de anchova à moda sueca 313
Filés de anchova à silesiana 314

Arenque
Arenque: preparo 314
Arenque com batatas 314
Arenques à la diable 315
Arenques em papillote 315
Arenques marinados 316
Arenques marinados com pimenta 316

Aspic
Aspic de aspargos 173
Aspic de caranguejo, camarão ou lagosta 173
Aspic de foie gras 174
Aspic de peixe 174
Aspic de salmão defumado 175

Animais de caça
Animais de caça: preparo 608

Arroz
Arroz: preparo 815
Arroz à crioula 816
Arroz à indiana 816
Arroz ao curry 817
Arroz branco 817
Arroz cantonês 818
Arroz com páprica 818
Arroz indiano com frutas secas 1051
Arroz na manteiga 819
Jambalaia de frango 819
Paella 820
Pilaf 821
Risoto 821
Risoto à italiana 822
Risoto à marinara 822
Risoto à moda de Milão 822
Risoto à piemontesa 823
Risoto de favas e aspargos 1052
Risoto primavera 824
Timbales à piemontesa 825

Aspargos
Aspargos: preparo, cozimento e congelamento 656
Aspargos à moda flamenga 657
Aspargos à polonesa 658
Aspargos gratinados 658

Atum
Atum: preparo 317
Atum com agrião 317
Espetinhos à moda de Nice 318
Guisado de atum à provençal 319
Musse de atum 320
Posta de atum à moda basca 320
Posta de atum ao curry 321

ÍNDICE

Salada de atum com grão-de-bico 1072
Tomates recheados com atum 789

Aves de caça
Aves de caça (pato-selvagem, faisão, perdiz): preparo 591

Azedinha
Azedinha: preparo 659
Chiffonade de azedinha 659
Purê de azedinha 660

Azeites condimentados
Azeite apimentado 45
Azeite com alho 45
Azeite com manjericão 46

Azul-marinho 363

B

Bacalhau
Bacalhau: preparo 322
Bacalhau à beneditina 322
Bacalhau à crioula 323
Bacalhau à moda de Nice 324
Bacalhau à provençal 324
Brandade de bacalhau 325
Filés de bacalhau maître d'hôtel 326
Iscas de bacalhau 168

Badejo
Badejo: preparo 326
Badejo à indiana 326
Badejo ao creme 327
Badejo assado 328
Badejo em folha de bananeira 328
Badejo grelhado 329
Badejo na brasa 329
Badejo sauté ao creme 330
Croquetes de badejo 330
Waterzöi de salmão e badejo 376

Banana
Gratinado de banana com presunto 1052

Batata
Batata: preparo 660
Aligot 661
Batatas à inglesa 662
Batatas à moda de Landes 662
Batatas à moda de Sarlat 663
Batatas ao creme 663
Batatas boulangère 664
Batatas camponesas 664
Batatas com toucinho 665
Batatas Darphin 665
Batatas dauphine 666
Batatas em papillote 666
Batatas fritas 666
Batatas Macário 667
Batatas na manteiga 668
Batatas noisettes 668
Batatas no vapor 662
Batatas-palha 667
Batatas recheadas 669
Batatas sautées 669
Batatas sautées com parmesão 670
Croquetes de batata 670
Galette de batata 671
Gratinado à moda real 671
Nhoque 672
Pflutters (Bolinhos de batata) 672
Purê de batata 673
Purê de batata com erva-doce 1053
Purê musseline 673
Salada de batata com ovas de peixe 674
Tian com caldo 1054
Tian de batata e tomate à provençal 1053

Batata-doce
Batata-doce: preparo 674
Batata-doce gratinada 674

Beignet 111

Berinjela
Berinjela: preparo 675
Beignets de berinjela 675
Berinjelas à oriental 676

ÍNDICE

Berinjelas ao molho de tomate 677
Berinjelas com cominho 677
Berinjelas com molho cremoso 678
Berinjelas fritas 678
Berinjelas gratinadas 679
Berinjelas gratinadas à moda de Toulouse 679
Berinjelas recheadas à italiana 680
Berinjelas recheadas à moda catalã 681
Bolinhos de berinjela 681
Caponata 682
Mussaca 683
Papeton de berinjela 683
Pasta de berinjela 684
Rougail de berinjela 685
Suflê de berinjela 685
Suflê de berinjela à moda húngara 686

Beterraba
Salada de agrião com beterraba 1076
Salada de beterraba à moda escandinava 192

Boi
Boi: cozimentos e preparo 403
Baekenofe 421
Bife a cavalo 409
Bifes ao roquefort 409
Boeuf bourguignon 422
Broufado 423
Carne à moda 424
Carne com cerveja 425
Carne com chili 425
Carne cozida com legumes 404
Carne de panela 426
Carne-de-sol com pirão de leite 429
Carne em gelatina 427
Carne guisada 428
Carne miroton 428
Carne recheada 429
Carne salgada 405
Carpaccio 403
Chateaubriand maître d'hôtel 410
Costela à la bouquetière 410
Dobradinha 436
Entrecôte à moda da Borgonha 411
Entrecôte à moda da vovó 411
Entrecôte à moda de Bordeaux 412
Entrecôte à moda de Lyon 413
Entrecôte com salada 413
Entrecôte Mirabeau 414
Espetinhos de filé marinado 414
Estrogonofe de filé-mignon 430
Filé à moda de Frascati 415
Filé em brioche 415
Fondue à moda da Borgonha 421
Fondue chinesa 406
Fraldinha com cebola 416
Goulash 432
Guisado de carne com legumes 431
Hambúrguer com tomate 417
Hochepot 436
Língua à alsaciana 437
Língua ao forno 438
Picadinho à italiana 432
Picadinho gratinado com berinjelas 433
Picadinho parmentier 434
Ponta de contrafilé acebolado 417
Pot-au-feu 408
Rosbife: cozimento 418
Sopa à parisiense 407
Steak com pimenta 419
Steak tartare 404
Tajine de carne com bacon 434
Tournedos à caçadora 419
Tournedos Choron 420
Tournedos Rossini 420
Tripas à moda de Lyon 439
Vaca atolada 435

Bolinhos
Bolinhas à moda toscana 203
Bolinhas de queijo 163
Bolinhas de queijo recheadas 203
Bolinhas leves 204

1089

ÍNDICE

Bolinhos à fiorentina 732
Bolinhos de bacalhau 204
Bolinhos de berinjela 681
Bolinhos de mandioquinha 756
Pflutters (Bolinhos de batata) 672

Bouillabaisse 338

Brioche 111

Brócolis
Brócolis: preparo 686
Brócolis ao creme 686
Gratinado de couve-flor e brócolis 1054
Purê de brócolis 687

Brotos e grãos
Brotos de feijão na manteiga 687
Salada de trigo integral 688

C

Cabrito
Civet de cabrito 609
Costeletas de cabrito com laranja e pepino 610
Costeletas de cabrito sautées 610
Filés de cabrito à moda de Anticosti 611
Lombo de cabrito assado à moda húngara 611
Lombo de cabrito grand veneur 612
Perna de cabrito 613

Caldeiradas
Caldeirada 146
Caldeirada à la meunière 352
Caldeirada de peixes de rio 385

Caldos
Caldo claro de frango 34
Caldo claro de vitela 35
Caldo claro-escuro 36
Caldo de caça 36
Caldo de carne clarificado 37
Caldo de ervas 121
Caldo de frango 121
Caldo de legumes 122
Caldo escuro de vitela 38
Caldo gordo (de carne) 122
Caldo ou consomê de carne 38
Caldo para gelatina de caça 62

Camarão
Frutos do mar: cozimento 271
Bobó de camarão 272
Camarão à baiana 272
Camarão com coco 273
Camarão grelhado 274
Camarão sauté 274
Camarão sauté com uísque 275
Caruru 275
Salada de camarão 276

Canapés
Canapés: preparo 164
Canapés à moda de Bayonne 164
Canapés de anchova 165
Canapés de camarão 165
Canapés de peixe defumado 166
Canapés de salmão defumado 166
Canapés primavera 167

Caranguejo
Caranguejo: cozimento 276
Caranguejo à moda da Bretanha 277
Caranguejo recheado à moda da Martinica 277
Folhados de caranguejo 278
Molho de crustáceos 288
Sopa de caranguejo 279

Carnes
Boi 403
Carneiro e cordeiro 440
Porco 463
Vitela 485

Carne moída
Carne com chili 1055
Hambúrguer caseiro 1056

ÍNDICE

Carneiro
Carneiro: preparo 440
Carneiro com mandioca 453
Carneiro com pistache 453
Halicot de carneiro 459

Carolinas
Carolinas à moda holandesa 176
Carolinas com musse de foie gras 177
Carolinas com purê de legumes 205
Massa de carolina 112

Carpa
Carpa à chinesa 383
Carpa à moda judaica 384
Carpa na cerveja 384

Casquinhas de peixe 356

Castanha portuguesa
Castanha portuguesa: preparo 689
Castanhas com cebola 689
Purê de castanha 690
Purê de castanha com aipo 690

Cavala
Cavala: preparo 331
Cavalas à boulonnaise 332
Cavalas à normanda 333
Filés de cavala à moda de Dijon 333

Cebola
Cebola: preparo 691
Cebolas cozidas no vinho 691
Cebolas glaçadas 692
Cebolas recheadas 692
Conserva de cebolas no vinagre 693
Purê Soubise 693
Torta à moda de Caux 694
Torta de cebola 694

Cenoura
Cenoura: preparo 695
Cenouras com hortelã 695
Cenouras com uvas-passas 696
Cenouras glaçadas 696
Cenouras Vichy 697
Fritada de cenoura e champignons 1056
Purê de cenoura 697
Sopa de cenoura e abóbora ao curry 1057

Cherne
Cherne: preparo 337

Chicória
Chicória: preparo 698
Chicória cozida no caldo 698
Purê de chicória 699
Salada de chicória com toucinho 699

Chuchu
Chuchus à moda da Martinica 700
Chuchus gratinados com fígado 700

Chucrute
Chucrute: preparo 773
Chucrute à moda da Alsácia 774
Salada de chucrute à moda alemã 775

Chutneys
Chutney de abacaxi 46
Chutney de cebola roxa 47
Chutney de manga 47

Codorna
Codorna (Aves de caça): preparo 591
Codornas à romana 591
Codornas assadas 593
Codornas com cerejas 592
Codornas com folhas de uva 592
Codornas com uvas 593
Codornas en chemise 593
Codornas grelhadas petit-duc 594
Codornas guisadas 595
Codornas no espeto 595
Galantine de codornas recheadas 596

ÍNDICE

Coelho
  Coelho: preparo 514
  Caçarola de coelho 515
  Coelho à caçadora 515
  Coelho assado 516
  Coelho com ameixas 516
  Coelho com batatas 517
  Coelho com cebolas 518
  Coelho com mostarda 518
  Coelho em gelatina 519
  Coelho sauté 520
  Gibelotte de coelho 520
  Guisado de coelho 521

Cogumelos
  Cèpes: preparo 702
    Cèpes à béarnaise 702
    Cèpes à moda de Bordeaux 703
    Cèpes à moda húngara 703
    Cèpes à provençal 704
    Cèpes gratinados 704
    Cèpes grelhados 705
    Cèpes marinados 705
    Cèpes na terrina 706
  Champignons (cogumelos-de-paris): preparo 707
    Champignons à grega 707
    Champignons à inglesa 708
    Champignons à la poulette 708
    Champignons ao creme 709
    Champignons na manteiga 709
    Champignons recheados 710
    Crepes de champignon 710
    Salada de champignons e vagens 711
  Girolles: preparo 711
    Girolles ao creme 712
    Girolles bonne femme 712
    Girolles na manteiga 713
  Morilles: preparo 713
    Morilles ao creme 714

Consomês
  Consomê à madrilenha 123
  Consomê claro 123
  Consome de caça 124
  Consomê de frango 125
  Consomê de peixe 125
  Consomê Florette 126
  Consomê Leopoldo 126

Cordeiro
  Cordeiro: preparo 440
  Cari de cordeiro 452
  Carré de cordeiro à moda de Bordeaux 441
  Carré de cordeiro à moda de Nice 442
  Carré de cordeiro à moda do Languedoc 442
  Chiche-kebab 443
  Cordeiro ao forno 444
  Cordeiro com ameixas e amêndoas 454
  Cordeiro na brasa 455
  Cordeiro recheado 444
  Cordeiro refogado com berinjelas 456
  Cordeiro (ou vitela) sauté 456
  Cordeiro sauté à la poulette 457
  Costeletas de cordeiro ao molho cremoso 445
  Costeletas de cordeiro com agrião 446
  Costeletas de cordeiro com tomilho 446
  Fricassê de cordeiro 458
  Guisado de cordeiro 458
  Medalhões de cordeiro à moda turca 447
  Navarin de cordeiro 460
  Peito de cordeiro recheado 461
  Pernil de cordeiro à boulangère 447
  Pernil de cordeiro à inglesa 440
  Pernil de cordeiro apimentado 448
  Pernil de cordeiro assado 449
  Pernil de cordeiro assado com alho 449
  Pernil de cordeiro assado com ervas 450
  Pernil de cordeiro com feijão-verde 450
  Pernil de cordeiro cozido com alho 451
  Tajine de cordeiro primavera 462

ÍNDICE

Court-bouillons
  Court-bouillon água e sal 39
  Court-bouillon ao leite 39
  Court-bouillon ao vinho 40
  Court-bouillon para peixe 40

Couve-chinesa
  Couve-chinesa: preparo 714
  Couve-chinesa à moda de Pequim 715
  Couve-chinesa à moda de Sichuan 715

Couve-de-bruxelas
  Couve-de-bruxelas: preparo 716
  Couve-de-bruxelas à inglesa 716
  Couve-de-bruxelas ao creme 717
  Couve-de-bruxelas gratinada 717
  Couve-de-bruxelas na manteiga 717
  Couve-de-bruxelas refogada 716
  Purê de couve-de-bruxelas 718

Couve-flor
  Couve-flor: preparo 718
  Couve-flor à polonesa 719
  Couve-flor ao creme 719
  Couve-flor ao vinagrete 720
  Couve-flor aurora 720
  Couve-flor gratinada 721
  Gratinado de couve-flor e brócolis 1054
  Purê de couve-flor 721

Cremes
  Bisque d'écrevisse (Creme de lagosta) 127
  Creme Crécy 128
  Creme de abóbora de Saint-Jacques-de-Montcalm 129
  Creme de aipo 129
  Creme de arroz 130
  Creme de azedinha 130
  Creme de camarão 131
  Creme de cevadinha 132
  Creme de ervilha 132
  Creme de estragão 133
  Creme de frango 133
  Creme de legumes 134
  Creme de ostras 135
  Creme de tomate 136
  Creme Du Barry 136
  Creme Saint-Germain 137
  Gaspacho andaluz 137

Crepes
  Crepes de anchovas 206
  Crepes de champignon 710
  Crepes de ovo e queijo 206
  Crepes de presunto 207
  Crepes de queijo 207
  Crepes de roquefort 208
  Crepes gratinados com espinafre 733
  Massa de crepe 113
  Massa de crepe de trigo-sarraceno 113

Croissants de queijo 208

Croquetes
  Croquetes à bonne femme 209
  Croquetes de carne 210
  Croquetes de champignon 211
  Croquetes de queijo 211

Croustades e croûtes
  Croustades: preparo 212
  Croustades à la diable 212
  Croustades de fígado de frango 213
  Croustades de lagosta com trufas 214
  Croûtes de pão de fôrma: preparo 214
  Croûtes com miolo de boi 215

Croûtons
  Croûtons 814
  Croûtons de alho 814

Cuscuz
  Cuscuz de legumes 826
  Cuscuz de palmito com camarão 1062
  Cuscuz paulista 1061

ÍNDICE

D

Dourado
Dourado: preparo 334
Dourado à la meunière 334
Dourado à moda de Bordeaux 386
Dourado ao vinho branco 335
Dourado com limões confits 335
Dourado recheado 336
Filés de dourado com juliana de legumes 337

E

Empanados
Empanado à inglesa 103
Empanado à milanesa 103
Empanado de batata 104
Empanado de farinha de trigo 104
Empanado de pão 104
Empanado de pão fresco 105

Endívia
Endívia: preparo 722
Chiffonade de endívia ao creme 722
Endívia com presunto 722
Endívia com queijo 723
Endívia com raspas de cítricos 1058
Endívia no bafo 723
Gratinado de endívia e brócolis 1059
Salada de endívia 724

Ensopado de peixe 336

Entradas
Abará 161
Acarajé 162
Ameixas-pretas com bacon 162
Ameixas-pretas com roquefort 163
Barquinhas de anchova e champignon 200
Barquinhas de champignon 201
Barquinhas de queijo 202
Blinis à francesa 202
Bolinhas à moda toscana 203
Bolinhas de queijo 163
Bolinhas de queijo recheadas 203
Bolinhas leves 204
Bolinhos de bacalhau 204
Canapés: preparo 164
Canapés à moda de Bayonne 164
Canapés de anchova 165
Canapés de camarão 165
Canapés de peixe defumado 166
Canapés de salmão defumado 166
Canapés primavera 167
Capucins (Tortinhas de gruyère) 205
Carolinas à moda holandesa 176
Carolinas com musse de foie gras 177
Carolinas com purê de legumes 205
Charutinhos de folha de uva 178
Coquetel de caranguejo 178
Crepes de anchova 206
Crepes de ovo e queijo 206
Crepes de presunto 207
Crepes de queijo 207
Crepes de roquefort 208
Croissants de queijo 208
Croque-madame 209
Croque-monsieur (Misto-quente à francesa) 209
Croquetes à bonne femme 209
Croquetes de carne 210
Croquetes de champignon 211
Croquetes de queijo 211
Croustades: preparo 212
Croustades à la diable 212
Croustades de fígado de frango 213
Croustades de lagosta com trufas 214
Crôutes de pão de fôrma: preparo 214
Croûtes com miolo de boi 215
Dartois de anchovas 215
Dartois de frutos do mar 216
Diablotins de nozes com roquefort 167

ÍNDICE

Diablotins de queijo 167
Figos recheados com queijo de cabra 217
Flã à moda de Bordeaux 218
Folhados: preparo 218
Folhados à moda beneditina 219
Folhados da rainha (Bouchées à la reine) 220
Folhados de fígado de frango 220
Folhados de foie gras com ostras 221
Galantine de frango 179
Goyère 222
Grapefruit com camarão 180
Iscas de bacalhau 168
Musse de peixe 222
Palitinhos 168
Pão de peixe 223
Pasta de anchova 169
Peixes marinados à grega 185
Peras Savarin 186
Pissaladière 186
Pirojki caucasianos 224
Pirojki folhados 225
Quiche lorraine 226
Rilletes de Tours 187
Salada morna de lentilhas 228
Steak e kidney pie 229
Suflê: preparo 230
Suflê de ave 230
Suflê de batata 231
Suflê de batata-doce 231
Suflê de camarão 233
Suflê de carne de caça 231
Suflê de fígado de frango 232
Suflê de lagosta 233
Suflê de queijo 232
Suflê de salmão defumado 233
Suflê de siri 233
Torta de de alho-poró 234
Torta de frango 235
Torta de fromage blanc 235
Trutas secas 169
Welsh rarebit 236

Erva-doce
Erva-doce: preparo 724
Erva-doce com toucinho 725
Erva-doce com vinho branco 725
Ragu de erva-doce com tomate 726

Ervilha
Ervilha: preparo 726
Ervilhas à bonne femme 727
Ervilhas à francesa 728
Ervilhas à inglesa 728
Ervilhas à moda do Languedoc 729
Ervilha-torta com manteiga de castanha-de-caju 729
Ervilha-torta na manteiga 730
Flãs de ervilha ao curry 1060
Purê de ervilha 731
Sopa asiática com ervilha e tofu 1060
Sopa de ervilha à moda asiática 1060

Espinafre
Espinafre: preparo 732
Bolinhos à fiorentina 732
Crepes gratinados com espinafre 733
Croquetes de espinafre 733
Espinafre ao creme 735
Espinafre gratinado 734
Espinafre na manteiga 734
Pão de espinafre à romana 735
Ravióli à moda da Savóia 736
Salada de espinafre 736
Torta de espinafre 737

Essência de champignon 48

F

Faisão
Faisão (Aves de caça): preparo 591
Faisão à moda da Alsácia 596
Faisão à moda normanda 597
Faisão ao champanhe com suco de laranja 598
Faisão assado 598
Faisão com nozes 599
Faisão com repolho 600

ÍNDICE

Fava
Favas: preparo 737
Favas ao creme 737
Favas com toucinho 738
Purê de favas 738
Risoto de favas e aspargos 1052
Sopa de favas 152

Feijão
Feijão: preparo 739
Cassoulet 739
Feijão-branco à moda da Bretanha 741
Feijão-branco com caldo 741
Feijão-branco com tomate 742
Feijão-fradinho ao creme 742
Feijão-preto com toucinho 743
Feijão-roxinho à moda da Borgonha 743
Feijão tropeiro 744
Feijão-verde ao creme 745
Feijoada 745
Salada de feijão-fradinho 746

Folhados
Folhados: preparo 218
Folhados à moda beneditina 219
Folhados da rainha (Bouchées à la reine) 220
Folhados de caranguejo 278
Folhados de fígado de frango 220
Folhados de foie gras com ostras 221

Frango
Frango: preparo 523
Asas de frango ao curry 535
Bolo de fígados de frango 553
Capão assado com trufa 528
Chicken pie 536
Coq au vin 537
Costeletas de frango Pojarski 538
Coxas de frango à polonesa 538
Coxas de frango com orégano 529
Fígados de frango fritos 553
Frango à caçadora 539
Frango à crioula com abacaxi e rum 540
Frango à moda basca 540
Frango à moda cigana 541
Frango à moda de Clamart 542
Frango à niçoise 542
Frango à portuguesa 543
Frango ao curry 544
Frango ao leite de coco 529
Frango ao limão 544
Frango ao molho supremo 523
Frango ao vinagre 545
Frango assado 530
Frango com aipo 531
Frango com alcachofras 546
Frango com arroz 524
Frango com castanha-do-pará 524
Frango com cogumelos selvagens 546
Frango com estragão 547
Frango com tomates 548
Frango em crosta de sal 531
Frango em gelatina 548
Frango en barbouille 549
Frango frito Maryland 532
Frango grelhado no forno 533
Frango na cerveja 550
Frango no vapor com brócolis 525
Frango-quente-frio 526
Galantine de frango ao champanhe 550
Galeto com estragão 551
Galetos assados 533
Galetos grelhados 534
Jambonnettes de frango 552
Miúdos à caçadora 554
Miúdos Babylas 555
Miúdos bonne femme 555
Papillotes de frango com mostarda 1062
Salada mediterrânea de frango com champignon 1062
Salpicão à caçadora 556
Vol-au-vent à la financière 556
Waterzoï de frango 527
Yassa de frango (Frango à moda africana) 534

ÍNDICE

Fumets
Fumet ao vinho tinto 42
Fumet de peixe 41

G

Galantines
Galantine de frango 179
Galantine de frango ao champanhe 550

Galinha
Galinha: preparo 523
Galinha à béarnaise 527

Galinha-d'angola
Galinha-d'angola à normanda 558
Galinha-d'angola assada 559
Galinha-d'angola de panela 559
Galinha-d'angola sautée 560

Ganso
Conserva de ganso (Confit d'oie) 561
Ganso à moda da Alsácia 562
Ganso à moda do campo 564
Ganso com castanhas 562
Ganso recheado 564
Ganso recheado com maçãs 563
Guisado de ganso 565
Rillettes de ganso 561

Garoupa
Garoupa e cherne: preparo 337
Cozido de garoupa 339
Moqueca baiana 339

Gelatinas
Gelatina de carne 61
Gelatina de frango 62
Gelatina de peixe branco 62

Glaces
Demi-glace 41
Glace de carne 42
Glace de peixe 43

Grão-de-bico
Grão-de-bico: preparo 726
Grão-de-bico com chouriço 730

H

Hadoque
Hadoque: preparo 342
Hadoque à indiana 342
Hadoque com ovos pochés 342

J

Javali
Civet de javali 614
Costeletas de javali com peras 615
Daube de javali 615
Javali agridoce 616
Lombo de javali assado 617

L

Lagosta
Lagosta: preparo 280
Casquinhas frias de lagosta 280
Lagosta à americana 281
Lagosta à moda parisiense 282
Lagosta com maionese 282
Lagosta cozida ao vinho 282
Lagosta grelhada 283
Lagosta grelhada ao xerez 283
Salada de lagosta 284

Lagostim
Lagostim: preparo 280
Croquetes de lagostim 284
Lagostim ao molho de laranja 285
Lagostim frito 286

Lambari
Filés de lambari à milanesa 387

Laranja
Laranjas em papillote 1064
Papillotes de laranja condimentados 1064
Salada de laranja com erva-doce 1065

ÍNDICE

Salada de truta com laranja e erva-doce 1065

Lebre
Lebre: preparo 618
Civet de lebre 618
Civet de lebre à francesa 619
Civet de lebre ao chocolate 619
Lebre real à moda de Sologne 620
Lebre refogada à niçoise 621
Lombo de lebre com creme de leite 622
Musse de lebre com castanhas 622
Torta de lebre 623

Legumes sortidos
Garbure 747
Guisado de legumes 748
Jardineira de legumes 749
Legumes chop suey 749
Legumes com feijão 750
Macedônia de legumes 750
Picles de legumes com limão 751
Piperade 751
Ratatouille à moda de Nice 752
Terrina de legumes 110

Lentilha
Lentilha: preparo 753
Lentilha à moda de Dijon 754
Lentilha com caldo 754
Lentilha com cúrcuma 755
Lentilha com especiarias indianas 1065
Purê de lentilha 755
Salada de lentilha e cenoura 1066

Limões confits 48

Linguado
Linguado: preparo 343
Filés de linguado à moda crioula 344
Filés de linguado ao molho Véron 344
Filés de linguado com camarão 345
Filés de linguado com manjericão 346
Filés de linguado fritos 346
Filés de linguado Mornay 347
Linguado à la meunière 347
Linguado à moda de Dieppe 348
Linguado ao forno 349
Linguado Dugléré 349

M

Maçã
Bruschettas de maçã e queijo de cabra 1067
Fritada de maçã à moda asiática 1068

Mandioca
Carneiro com mandioca 453
Nhoque de mandioca 806
Sopa de mandioca gratinada 140

Mandioquinha
Mandioquinha: preparo 756
Bolinhos de mandioquinha 756
Mandioquinha ao creme 757
Mandioquinha delícia 757
Mandioquinha gratinada 758
Mandioquinha no caldo 758
Mandioquinha sautée 758

Manga
Chutney de manga 47
Salada de manga 196

Manteigas aromatizadas
Manteiga aromatizada a frio 63
Manteiga Bercy 63
Manteiga Chivry 64
Manteiga congelada e grelhada 64
Manteiga de agrião 65
Manteiga de alho 65
Manteiga de anchova 66
Manteiga de caranguejo ou camarão 66
Manteiga de echalota 65
Manteiga de escargot 66
Manteiga de estragão 65

ÍNDICE

Manteiga de lagosta 66
Manteiga de limão 67
Manteiga de pimentão 67
Manteiga de roquefort 67
Manteiga hôtelier 68
Manteiga maître d'hôtel 68
Manteiga manié 68
Manteiga marchand de vin 69
Manteiga Montpellier 69
Manteiga noisette 70

Marinadas
Marinada cozida para carne e caça 43
Marinada fria para carne e caça 44
Marinada fria para patês e terrines 44
Marinada instantânea 45

Mariscos
Amêijoas com creme 288
Espetinhos de frutos do mar 289
Espetinhos de mexilhão 289
Mariscada com açafrão 292
Mariscos grelhados e ostras sautées ao uísque 293
Mexilhões à la poulette 294
Mexilhões à marinheira 294
Mexilhões à provençal 295
Mexilhões ao creme 295
Mexilhões fritos 296
Salada de mariscos 298
Salada de mexilhões 299

Massas de macarrão
Canelone, talharim, lasanha e ravióli: preparo 797
Canelone de carne 798
Canelone de presunto e queijo 799
Espaguete à amatriciana 799
Espaguete à bolonhesa 800
Espaguete à botarga 800
Espaguete à carbonara 801
Espaguete ao vôngole 801
Espaguete com azeitonas pretas 802
Fusili à moda da Calábria 803
Gratinado de macarrão com berinjela 1069
Lasanha à bolonhesa 803
Lasanha gratinada 804
Macarrão: cozimento 798
Macarrão com berinjela 1069
Massa fresca com foie gras 804
Massa fresca com manjericão 805
Massa verde com frutos do mar 805
Nhoque de mandioca 806
Ravióli: preparo e cozimento 806
Ravióli ao molho de tomate 808
Ravióli de alcachofra 807
Ravióli de carne 808
Ravióli de espinafre 808
Salada à carbonara 809
Spätzles na manteiga noisette 809
Tagliatelle com ervilha e presunto 1069
Tagliatelle com shiitake 810
Talharim à moda da Alsácia 811
Talharim com nozes 811
Talharim com queijo 812
Talharim no caldo de carne 812
Timbale de macarrão à bolonhesa 813

Massas variadas
Massa de beignet (bolinho) 111
Massa de brioche (salgada) 111
Massa de carolina 112
Massa de crepe (salgada) 113
Massa de pão 113
Massa de pizza 114
Massa de torta 116
Massa de torta (com banha) 116
Massa folhada 116
Massa para fritar 118
Massa podre 118
Massa podre (sem ovo) 118

Milho
Milho: preparo 759
Creme de milho 759
Flã de milho verde com molho de camarão 760

ÍNDICE

Milho ao molho branco 760
Milho ao natural 761
Milho assado 761
Milho com miúdos de frango 761
Salada de acelga com milho verde 1054

Molhos
Aïoli 52
Béchamel (molho branco) 70
Maionese clássica 52
Molho à bolonhesa 88
Molho à caçadora 89
Molho à la duxelles 89
Molho à moda da Bretanha 71
Molho à moda de Bordeaux 90
Molho à moda de Dijon 53
Molho à moda de Lyon 90
Molho à moda de Rouen 91
Molho à pizzaiola 91
Molho agridoce 92
Molho Albufera 71
Molho alemão gordo 72
Molho alemão magro 72
Molho andaluz 53
Molho ao curry 85
Molho ao vinho branco 72
Molho apimentado 92
Molho aurora 73
Molho béarnaise 58
Molho Bercy 73
Molho beurre blanc 58
Molho beurre blanc à moda de Nantes 59
Molho bigarade (ou azedo) 93
Molho Bontemps 74
Molho bourguignon para carnes e aves 93
Molho bourguignon para peixes 85
Molho branco ou velouté 74
Molho branco quente-frio 75
Molho Cambridge 53
Molho Chateaubriand 94
Molho Choron 59
Molho Colbert (ou manteiga Colbert) 95
Molho com estragão 96
Molho cremoso 76
Molho Cumberland 83
Molho de amoras 83
Molho de hortelã 84
Molho de jabuticabas 84
Molho de miolo de boi 96
Molho de mostarda 76
Molho de pão 86
Molho de tomate 97
Molho de trufas 59
Molho diable 97
Molho espanhol 98
Molho financière 99
Molho Foyot 59
Molho genovês 86
Molho grand veneur 99
Molho gribiche 54
Molho húngaro 77
Molho indiano 87
Molho Madeira 41
Molho marinheiro 100
Molho marinière 74
Molho montês 100
Molho Mornay 77
Molho musseline 61
Molho Nântua 78
Molho normando 78
Molho Périgueux 101
Molho picante 79
Molho poulette 87
Molho quente de raiz-forte 88
Molho ravigote 54
Molho real 79
Molho rémoulade 55
Molho Robert 101
Molho russo frio 55
Molho Sainte-Menehould 102
Molho Soubise 80
Molho supremo 80
Molho tártaro 55
Molho Véron 81
Molho Villeroi 82
Molho Yorkshire 84
Pasta de anchova 56
Pesto 49
Rouille (molho provençal) 56
Roux branco 82
Roux caramelo 82
Roux escuro 102
Sardela 57

ÍNDICE

Velouté de frango 75
Velouté de peixe 75
Vinagrete 57
Vinagrete com mostarda 57

Moluscos de mar
Lula: preparo 305
Lulas à andaluza 305
Lulas à moda basca 306
Lulas recheadas à provençal 306
Lulas sautées 307
Polvo: preparo 307
Polvo à provençal 308
Polvo ao forno 308

Moluscos de terra
Escargots: preparo 309
Cumbuquinhas de escargots 310
Escargots à moda da Borgonha 310
Escargots refogados com salsicha 311

Moquecas
Moqueca baiana 339
Moqueca capixaba 340

N

Nabo
Nabos com cebolinha 762
Nabos gratinados 763
Nabos recheados com champignons 763

O

Omeletes
Omelete simples: cozimento 239
Omelete à moda da Lorraine 239
Omelete basca 240
Omelete com azedinhas 240
Omelete com batatas 241
Omelete com champignons 241
Omelete com ervas 241
Omelete com presunto ou bacon 242
Omelete com queijo 242
Omelete com tomate 242
Omelete Du Barry 243
Omelete mista 243
Omelete musseline 244

Ostras
Creme de ostras 135
Espetinhos de ostras 290
Espetinhos de ostras à inglesa 291
Espetinhos de vieiras e ostras à Villeroi 291
Folhados de foie gras com ostras 221
Mariscos grelhados e ostras sautées ao uísque 293
Ostras à la diable 296
Ostras à moda de Boston 297
Ostras fritas 297

Ovos
Barquinhas de ovos mexidos com aspargos 251
Brouillade de trufa 252
Ovos à catalã 256
Ovos à la coque: cozimento 244
Ovos à la coque com castanhas-do-pará 245
Ovos à la coque com ervas finas 245
Ovos à la coque com ovas de salmão 245
Ovos à moda da Lorraine 256
Ovos au miroir: cozimento 255
Ovos cozidos: cozimento 246
Ovos com bacon 257
Ovos com verduras 257
Ovos cozidos ao creme 246
Ovos cozidos com champignons 247
Ovos cozidos com maionese 247
Ovos en cocotte: cozimento 248
Ovos en cocotte à moda de Rouen 248
Ovos en cocotte com compota de cebola 1071
Ovos en cocotte com creme de leite 248
Ovos en cocotte sobre fondue de alho-poró 1070

ÍNDICE

Ovos fritos: preparo 249
Ovos fritos à americana 249
Ovos fritos com jardineira de legumes 250
Ovos fritos embrulhados 250
Ovos mexidos: cozimento 251
Ovos mexidos à romana 252
Ovos mexidos com alcachofra 253
Ovos mexidos com aspargos 253
Ovos mexidos com camarão 254
Ovos mexidos gratinados 254
Ovos na caçarola: cozimento 255
Ovos no prato: cozimento 255
Ovos pochés: cozimento 258
Ovos pochés à la Mornay 258
Ovos pochés com molho de camarão 259
Ovos pochés en meurette 259
Ovos pochés Raquel 260
Ovos semiduros (mollets): cozimento 260
Ovos semiduros à escocesa 261
Ovos semiduros à florentina 261
Ovos semiduros à provençal 262
Ovos semiduros Brillat-Savarin 263
Ovos semiduros com shiitake 263
Ovos semiduros em gelatina 264

P

Pães
Club-sandwich de frango 813
Massa de pão 113
Pãezinhos com toucinho 814
Pan-bagnat 815
Pão de espinafre à romana 735

Palmito
Cuscuz de palmito com camarão 1062
Palmito com camarão 182
Salada de palmito 764

Papillotes
Papillotes de frango com mostarda 1072
Papillotes de peixe com camarão 1072

Pargo
Pargo: preparo 350
Pargo assado 350
Pargo grelhado 351

Pastas
Pasta de anchova 169
Pasta de berinjela 684
Tapenade 50

Patês
Patê de anchova 183
Patê de coelho com castanha-do-pará 183
Patê de fígado maison 184
Patê de salmão 184

Pato
Confit de canard (Conserva de pato) 573
Confit de canard sarladais (Conserva de pato sarladais) 574
Foie gras em brioche 579
Magrets de pato com ervilhas e cebolas 566
Magrets de pato com pêssegos 567
Musse de foie gras de pato ou ganso 580
Pato à bigarade 568
Pato ao vinho tinto 575
Pato assado com melado 568
Pato com abacaxi 575
Pato com ameixas 576
Pato com ervilhas 577
Pato com especiarias 569
Pato com laranja 577
Pato com nabos 578
Pato em gelatina 570
Pato laqueado 571
Pato no tucupi 572
Terrina de foie gras semicozida 580

Pato selvagem
Pato selvagem (Aves de caça): preparo 591
Pato selvagem à bigarade 600

ÍNDICE

Pato selvagem ao porto 601
Pato selvagem com maçã 602

Peixada
Peixada à camponesa 387
Peixada à francesa 331
Peixada de rio 388

Peixe à moda do Quebec 354

Peixe à provençal 354

Peixe em conserva
Briks de sardinha
 (Aperitivo tunisiano) 1071
Briks de sardinha com azeitonas 1071
Salada de atum com grão-de-bico 1072

Peixe-espada
Peixe-espada: preparo 351
Ballotine de peixe
 (Peixe recheado) 352
Espetinhos à inglesa 353
Peixe-espada ao molho verde 355
Peixe-espada na brasa com curry 1073

Peixes de mar 312-383

Peixes de rio 383-397

Pepino
Pepino: preparo 765
Minipepinos aromatizados 765
Pepinos ao creme 766
Pepinos recheados 767
Pepinos salteados 768
Salada de pepino com iogurte 768

Pêra
Salada de folhas variadas com pêra 1077

Perdigoto e perdiz
Perdigoto e perdiz (Aves de caça): preparo 591

Galantine de perdigotos recheados 603
Perdigotos à vigneronne 603
Perdigotos assados 604
Perdigotos com alcachofra 604
Perdigotos com casca de laranja 605
Perdigotos forestière 605
Perdiz com lentilhas 606
Perdiz com repolho 607
Salmis de perdigoto 607

Peru
Asas de peru ao vinho 586
Coxa de peru guisada 587
Escalopes de peru ao creme 581
Escalopes de peru ao curry 582
Escalopes de peru com amêndoas 583
Guisado de peru 587
Peru com legumes 583
Peru novo assado 584
Peru recheado com castanhas 584
Peru trufado 585

Pescada
Pescada: preparo 355
Pescada à bonne femme 356
Pescada à provençal 357
Pescada ao molho holandês 357
Pescada com maionese 358
Pescada grelhada 359
Pescada-amarela à boulangère 359
Pescadas ao vinho branco 360
Pescadas fritas à Colbert 360

Picles
Picles ao vinagre 49
Picles de couve-flor e tomate 50

Pimentão
Pimentão: preparo 768
Pimentão à piemontesa 769
Pimentão com orégano 769
Pimentão marinado 770
Pimentão recheado 770
Salada de pimentão 771

ÍNDICE

Piracanjuba grelhada 389

Pitu
Pitu: preparo 286
Pitu à moda de Bordeaux 286
Pitu ao leite de coco 287

Pizzas
Massa de pizza 114
Pizza napolitana 225
Pizza quatro estações 226

Pombo
Pombo à moda de Nice 588
Pombo assado 589
Pombo com ervilha-torta 589
Pombo em conserva 590

Porco
Andouillettes à moda de Lyon 475
Andouillettes grelhadas 476
Boudin noir à la normande (Morcela à moda normanda) 476
Caillettes à moda da Ardèche 476
Carré de porco à moda da Alsácia 467
Carré de porco assado 467
Chipolatas com risoto à piemontesa 480
Civet de porco ao vinho tinto 472
Costeletas de porco à charcutière 468
Costeletas de porco agridoces 469
Costeletas de porco ao gruyère 469
Costeletas de porco com couve 472
Costeletas de porco com mostarda e cerveja 1073
Costeletas de porco grelhadas 470
Cozido à moda do Quebec 477
Cozido de Auvergne 463
Cozido de joelho de porco 464
Cozido lorraine 465
Filé-mignon de porco 470
Galantine de leitão à moda de Luxemburgo 465
Lingüiças à moda catalã 481
Lingüiças à moda do Languedoc 481
Lingüiças grelhadas 482
Orelhas de porco ao vinho 478
Orelhas de porco gratinadas 478
Paleta de porco com feijão-branco 466
Pernil de porco com ameixas 473
Pernil de porco com cinco especiarias 471
Pés de porco: cozimento 479
Pés de porco à Sainte-Menehould 479
Porco assado à moda de Dijon 471
Porco assado ao leite 474
Repolho recheado com carne de porco 474
Wok de porco com leite de coco 1074

Presunto
Cake de presunto 480
Croustillants de presunto com espinafre 1074
Flãs de presunto 1070
Gratinado de abobrinha com presunto 1075
Presunto ao molho Madeira 482
Presunto ao vinho branco 483
Presunto em papillote 484
Salada de presunto com erva-doce 1075
Torta de dois presuntos 1076
Torta de presunto com mostarda 1076

Q

Queijo
Fondue à piemontesa 265
Fondue valaisane 266
Fondues belgas de queijo 266

ÍNDICE

Keshy yena 267
Torta de gruyère 268

Quiche lorraine 226

Quinoa
Quinoa com legumes 1081
Gratinado de quinoa com legumes 1081

R

Raia
Raia: preparo 361
Raia na manteiga noisette 361
Salada de raia 362

Rãs
Rã: preparo 398
Coxas de rã com salsinha 398
Coxas de rã fritas 399
Coxas de rã grelhadas 399
Sopa de rã 400

Recheios
Recheio americano 105
Recheio de camarão 105
Recheio de champignons 106
Recheio de crustáceo (caranguejo, siri, pitu, lagostim) 106
Recheio de fígado 106
Recheio de musseline 107
Recheio de musseline de peixe 107
Recheio para aves 108
Recheio para peixe 108
Recheio para ravióli 109
Recheio para terrina de legumes 110

Repolho
Repolho: preparo 772, 778
Bigos 773
Charutos de repolho 772
Chucrute: preparo e cozimento 773
Chucrute à moda da Alsácia 774
Repolho amanteigado 775
Repolho cozido 776
Repolho recheado 776
Repolho recheado com carne de porco 474
Repolho roxo à moda de Limousin 779
Repolho roxo à moda flamenga 779
Salada de chucrute à moda alemã 775
Salada de repolho roxo 780
Sou-fassum 777

Risotos
Arroz: preparo 815
Arroz à crioula 816
Arroz à indiana 816
Arroz ao curry 817
Arroz branco 817
Arroz cantonês 818
Arroz com páprica 818
Arroz na manteiga 819
Jambalaia de frango 819
Paella 820
Pilaf 821
Risoto 821
Risoto à italiana 822
Risoto à marinara 822
Risoto à moda de Milão 822
Risoto à piemontesa 823
Risotos de favas e aspargos 1052
Risoto primavera 824
Timbales à piemontesa 824

Rissoles
Rissoles: preparo 227
Rissoles à camponesa 228

Robalo
Robalo: preparo 362
Caçarola de robalo 364
Postas de robalo com champignons 365
Robalo à moda crioula 365
Robalo marinado no gengibre 366

1105

ÍNDICE

S

Saint-pierre
Saint-pierre: preparo 366
Filés de saint-pierre ao limão 367
Filés de saint-pierre com abobrinha 367
Filés de saint-pierre com batatas 368

Saladas
Salada à carbonara 809
Salada Ali-Babá 188
Salada californiana 189
Salada César 189
Salada de abobrinha 633
Salada de acelga com milho verde 1054
Salada de agrião 641
Salada de agrião com beterraba 1076
Salada de alface, laranja e cereja 190
Salada de anchova à moda sueca 190
Salada de atum com grão-de-bico 1072
Salada de azedinha com bacon 191
Salada de batata 191
Salada de batata com ovas de peixe 674
Salada de beterraba à moda escandinava 192
Salada de broto de feijão 192
Salada de camarão 276
Salada de carne 193
Salada de cenoura com laranja 193
Salada de champignons e vagens 711
Salada de chicória com toucinho 699
Salada de couve-flor com agrião 194
Salada de crudités (legumes crus) 194
Salada de endívia 724
Salada de ervilha-torta 195
Salada de espinafre 736
Salada de espinafre com peixe defumado 195
Salada de feijão-fradinho 746
Salada de folhas variadas com pêra 1077
Salada de frutas com abacate 753
Salada de fundos de alcachofra 196
Salada de lagosta 284
Salada de laranja com erva-doce 1065
Salada de lentilha e cenoura 1066
Salada de manga 196
Salada de mariscos 298
Salada de mexilhões 299
Salada de palmito 764
Salada de presunto com erva-doce 1075
Salada de raia 362
Salada de trigo com cítricos 1081
Salada de trigo integral 688
Salada de vagem 792
Salada de vieiras 299
Salada de vôngoles 304
Salada mediterrânea de frango com champignon 1062
Salada Montfermeil 197
Salada morna de lentilhas 228
Salada niçoise 197
Salada russa 198

Salmão
Salmão: preparo 368
Canapés de salmão defumado 166
Costeletas de salmão à Pojarski 369
Costeletas de salmão ao vinho borgonha 369
Escalopes de salmão Troigros 370
Koulibiac de salmão 371
Ovos à la coque com ovas de salmão 245
Patê de salmão 184
Postas de salmão à florentina 372
Salada de salmão marinado 372

ÍNDICE

Salmão à moda de Nântua 373
Salmão en croûte 373
Salmão quente-frio 374
Suflê de salmão defumado 233
Tartare de salmão 375
Waterzöi de salmão e badejo 376

Salmonete
Salmonete: preparo 376
Caçarola de salmonetes com polpa de tomate 377
Salmonetes ao forno com erva-doce 377
Salmonetes em papillote 378
Salmonetes grelhados 379

Salsinha
Persillade (Salsinha com alho) 780
Purê de salsinha 781
Salsinha frita 781

Sanduíches
Croque-madame 209
Croque-monsieur (Misto-quente à francesa) 209

Sardinha
Sardinha: preparo 379
Dartois de sardinha 379
Sardinhas ao forno 380
Sardinhas cruas à moda da Bretanha 381
Sardinhas escabeche 381
Sardinhas grelhadas 382

Sêmola
Sêmola para cuscuz marroquino: cozimento 825
Cuscuz de legumes marroquino 826
Espetinhos à piemontesa 826
Nhoque à romana 827
Polenta à piemontesa 827
Tabule com hortelã 828

Sopas
Aïgo boulido 145
Borshtch 146
Caldeirada 146
Cock-a-leeckie 147
Cousinette 145
Fassolada 148
Minestrone florentino 148
Sobronade 149
Sopa com cerveja 150
Sopa de abóbora 150
Sopa de alho-poró com batata 151
Sopa de cebola 151
Sopa de cebola gratinada 152
Sopa de cenoura e abóbora com cominho 1057
Sopa de ervilha à moda asiática 1060
Sopa de favas 152
Sopa de frango à moda inglesa 153
Sopa de legumes 153
Sopa de pão 154
Sopa de pão ao leite 154
Sopa de peixes 155
Sopa de pesto provençal 156
Sopa de vagem 156
Sopa húngara 157
Tourin périgourdin 158

Sopas cremosas
Sopa cremosa: método de base 138
Sopa de costela de porco 138
Sopa de feijão 139
Sopa de feijão-branco 140
Sopa de mandioca gratinada 140
Sopa fria de pepino 141

Suflês
Suflê: preparo 230
Suflê de ave 230
Suflê de batata 231
Suflê de batata-doce 231
Suflê de camarão 233
Suflê de carne de caça 231
Suflê de fígado de frango 232
Suflê de lagosta 233
Suflê de queijo 232
Suflê de salmão defumado 233
Suflê de siri 233

ÍNDICE

T

Terrinas
Terrina de foie gras semicozida 580
Terrina de legumes 110
Terrina de pato 198
Terrina de vitela com legumes 199

Tilápia
Tilápia: preparo 389
Croquetes à moda de Nântua 390
Croquetes de tilápia 390
Croquetes de tilápia ao béchamel 391
Filés de tilápia ao creme 392
Tilápia ao molho beurre blanc 392

Tofu
Cozido de tofu com broto de feijão 1079
Torta de tofu com legumes 1079
Torta de tofu com mussarela 1079

Tomate
Tomate: preparo 782
Compota de tomate 782
Compota de tomate verde 783
Coulis de tomate 783
Fondue de tomate 784
Mil-folhas de tomate com hortelã 1080
Mil-folhas de tomate com manjericão 1080
Molho de tomate 97
Rougail de tomate 784
Sorbet de tomate 785
Tian de tomates 785
Tomates à provençal 786
Tomates com mussarela 786
Tomates fritos 786
Tomates fritos com ovos 787
Tomates recheados: preparo 787
Tomates recheados à bonne femme 788
Tomates recheados ao creme 788
Tomates recheados com atum 789
Tomates recheados com ovos 789
Torta de tomate 1080

Tortas
Massa de torta 116
Massa de torta (com banha) 116
Massa folhada 116
Steak & kidney pie 229
Torta à moda de Caux 694
Torta de alho-poró 234
Torta de cebola 694
Torta de dois presuntos 1076
Torta de espinafre 737
Torta de frango 235
Torta de fromage blanc 235
Torta de lebre 623
Torta de tofu com legumes 1079
Torta de tomate 1080

Trigo integral
Salada de trigo com cítricos 1081

Trufa
Trufa: preparo 790
Macarrão com trufas 790

Truta
Truta à moda da Bretanha 393
Truta salmonada recheada 394
Trutas à moda da Borgonha 394
Trutas ao molho holandês 395
Trutas com amêndoas 395
Trutas com espinafre 396
Trutas em papillote 397

V

Vagem
Vagem: preparo 791
Refogado de vagem e brócolis 1082
Salada de vagem 792
Vagem à moda normanda 792
Vagem com tomate 793
Vagem na manteiga 793
Vagem no vapor 794
Velouté de vagem 1083

Vatapá 341

ÍNDICE

Veloutés
Velouté de abobrinha com hortelã e queijo 1049
Velouté de abobrinha com queijo de cabra e azeitonas 1050
Velouté de alcachofra 142
Velouté de boi 143
Velouté de caça 142
Velouté de crustáceo 143
Velouté de frango 75, 143
Velouté de peixe 144
Velouté de vagem 1083

Vermelho
Vermelho: preparo 382
Vermelho na brasa 383

Vichyssoise 145

Vieiras
Espetinhos de vieiras e ostras à Villeroi 291
Salada de vieiras 299
Vieiras à provençal 300
Vieiras ao molho 301
Vieiras com algas no vapor 302
Vieiras com alho-poró 302
Vieiras cruas 303

Vinagres condimentados
Vinagre com ervas 51
Vinagre com estragão 51

Vitela
Blanquette de veau (Blanquete de vitela) 485
Caçarola de rim de vitela 508
Coração de vitela à bonne femme 500
Coração de vitela recheado 501
Coração de vitela sauté 501
Costeletas de vitela à camponesa 491
Costeletas de vitela à normanda 486
Costeletas de vitela à piemontesa 492
Costeletas de vitela com tomates recheados 492
Costeletas de vitela Pojarski 493
Escalopes à milanesa 487
Escalopes Casimir 488
Escalopes empanados 488
Espetinhos de coração 502
Fígado de vitela à criôula 502
Fígado de vitela à florentina 503
Fígado de vitela à inglesa 504
Fígado de vitela à moda de Lyon 504
Fígado de vitela assado 505
Fricandeau de vitela (Guisado de vitela) 494
Fricassê de vitela 495
Jarrete de vitela à provençal 495
Lombo de vitela assado em rognonnade 489
Medalhões de vitela ao molho 490
Medula de vitela frita 505
Orelhas de vitela à la diable 506
Orelhas de vitela à mirepoix 506
Ossobuco à milanesa 496
Pés de vitela: cozimento 507
Pés de vitela com molho tártaro 507
Picadinho de vitela à moda de Zurique 496
Rim: preparo 508
Rim de vitela à moda de Bordeaux 509
Rim de vitela com mostarda 509
Rim de vitela grelhado 510
Rôti de veau (Vitela assada) 490
Vitela à caçadora 497
Vitela ao vinho tinto 498
Vitela Marengo 498
Vitela recheada 499

Vôngoles
Vôngoles: preparo 304
Espaguete ao vôngole 801
Salada de vôngoles 304

W

Welsh rarebit 236

ÍNDICE

DOCES

A

Abacaxi
Abacaxi cristalizado 872
Abacaxi gelado à moda crioula 873
Abacaxi recheado de bavaroise 874
Arroz-doce com abacaxi 874
Pannequet à moda crioula 875
Sorbet de abacaxi com vodca 875
Surpresa de abacaxi 876
Taças Jamaica 876

Açúcar
Açúcar sabor baunilha 1034
Açúcar sabor canela 1034

Amandines à duquesa 975

Amandines com cerejas 975

Ameixa
Ameixas na cachaça 877
Ameixas-pretas disfarçadas 1040
Compota de ameixa 877
Compota de nêspera 878
Doce de ameixa 878
Doce de ameixa seca 879
Pavê de ameixa 879
Tortinhas de maçã e ameixa seca 1029

Amêndoa
Amêndoa sem pele 880
Biscoitos de amêndoa 965
Bolo de amêndoa 988
Conversations (Docinhos de amêndoa) 1000
Creme de amêndoa 840
Crepe de amêndoa 881
Croissant de amêndoa 1003
Doce de amêndoa 1041
Figo seco com amêndoa 908
Leite de amêndoa 881
Massa com amêndoa 953
Sonhos com amêndoa 861
Torta de amêndoa 1018
Tuiles de amêndoa (Biscoitos finíssimos) 973

Amora
Barquinhas de amora 977
Coulis de amora 882
Geléia de amora 882
Musse de amora 882
Salada de pêra, pêssego e amora 947
Suflê de amora 933
Torta de amora 1019

Apple pie 976

Arroz
Arroz à imperatriz 831
Arroz-doce 832
Arroz-doce com abacaxi 874
Arroz-doce com cereja 895
Bolo de arroz com caramelo 833
Pudim de arroz 856
Pudim de arroz com chocolate 857
Subrics de arroz-doce (Croquetes de arroz-doce) 865

Avelã
Bolo de avelã 883

B

Babá ao rum 977

Balas
Caramelos amanteigados 1037
Caramelos de café 1037
Caramelos de chocolate 1037

Banana
Banana à moda crioula 883
Banana Beauharnais 884
Banana flambada 884
Banana split 885
Bananas Bourdaloue 905
Beignets de banana 885

ÍNDICE

Geléia de banana 909
Suflê de banana 886
Torta de banana com creme 886
Torta de banana com granola 887
Torta de banana rápida 888

Barquinhas
Barquinhas de amora 977
Barquinhas de castanha 978
Barquinhas de pêssego 979

Baunilha
Açúcar sabor baunilha 1034
Bastõezinhos glaçados com baunilha 963
Bavaroise de chocolate e baunilha 832
Sorvete de baunilha 863
Suspiro de frutas tropicais com baunilha 949

Bavaroises
Abacaxi recheado de bavaroise 874
Bavaroise à moda crioula 942
Bavaroise de chocolate e baunilha 832
Bavaroise de creme 833
Bavaroise de frutas 943

Beignets
Beignets de banana 885
Beignets de cereja 895

Biscoitos e folhadinhos
Bastõezinhos glaçados com baunilha 963
Biscoito maltês 1030
Biscoitos com limão 964
Biscoitos da Bretanha 964
Biscoitos de amêndoa 965
Cigarrinhos russos 966
Palets de dames 970
Palitos folhados 971
Palmiers 971
Rochers à moda do Congo 972
Sablés de Milão 973
Tuiles de amêndoa (Biscoitos finíssimos) 973

Bolos
Bolo ao rum 979
Bolo de amêndoa 980
Bolo de arroz com caramelo 833
Bolo de avelã 883
Bolo de café 981
Bolo de castanha-do-pará 883
Bolo de chocolate 982
Bolo de especiarias 983
Bolo de fromage blanc 983
Bolo de iogurte 984
Bolo de limão 985
Bolo de mandioca 965
Bolo de morango 898
Bolo de nozes suíço 986
Bolo Savóia 986
Bolo de tangerina 987
Bolo fofo de maçã 1066
Bolo fofo de pêra com limão 1067
Bolo moca 988
Bolo Montmorency (de cereja) 989
Bolo morangueiro 990
Bolo musseline de laranja 990
Bolo recheado de cereja 991
Bolo tronco de castanha 992
Cake de mel e cerejas em calda 997
Cake de uvas-passas e frutas cristalizadas 997
Clafoutis (Bolo de cereja) 897
Cramique 1001
Flaugnarde (Bolo de frutas típico do centro da França) 847
Floresta Negra 1006
Kouglof 1008
Orangine (Bolo de casca de laranja) 1010

Brioches
Brioche com confeitos 993
Brioche com confeitos vermelhos 993
Brioche de frutas 994
Brioche especial 994
Brioche parisiense 995

1111

ÍNDICE

Brioche polonês 996
Brioches fritos 834
Massa de brioche doce 955
Rabanada de brioche 860

Bugnes 834

C

Café
Bolo de café 981
Café à moda de Liège 835
Caramelos de café 1037
Carolinas com café 998
Carolinas com creme Chiboust de café 999
Parfait gelado de café 855
Sorvete de café 863

Caju
Compota de caju 888
Doce de caju 889
Doce de caju com castanha-de-caju 890
Doce de caju com coco 890

Caldas
Calda de caramelo: técnica e utilização 1034
Calda de chocolate 1038
Calda para caramelizar carolinas 1035
Calda para caramelizar fôrma 1035
Calda para caramelizar frutas 1035

Caqui
Caqui gelado à moda crioula 890

Caramelização
Calda de caramelo: técnica e utilização 1034
Calda para caramelizar carolinas 1035
Calda para caramelizar fôrma 1035
Calda para caramelizar frutas 1035

Carolinas
Carolinas com café 998
Carolinas com chantilly 999
Carolinas com creme Chiboust de café 999

Cassatas
Cassata italiana 836
Cassata siciliana 836

Castanha
Barquinhas de castanha 978
Bolo tronco de castanha 992
Compota de castanha 891
Delícias de chocolate com castanha 1057
Geléia de castanha 891
Mont-blanc 892
Nesselrode de coco 893
Pudim Nesselrode 892
Suflê de castanha 893
Vacherin de castanha 894

Castanha-de-caju
Doce de caju com castanha-de-caju 890

Castanha-do-pará
Bolo de castanha-do-pará 883
Peras gratinadas com castanha-do-pará 937
Torta de castanha-do-pará com melado 1019

Cereja
Arroz-doce com cereja 895
Beignets de cereja 895
Bolo Montmorency (de cereja) 989
Bolo recheado de cereja 991
Cerejas disfarçadas (marquesas) 1041
Cerejas flambadas 896
Cerejas na cachaça 896
Cerejas no vinagre à moda alemã 897
Clafoutis (Bolo de cereja) 897
Compota de cereja 898
Crepes de cereja 898

ÍNDICE

Flã de cereja à moda dinamarquesa 899
Geléia de cereja 900
Sopa de cereja 900
Taça gelada com cereja-preta 901

Chantilly 837

Charlotes
Charlote de chocolate 837
Charlote de damasco 902
Charlote de morango 928
Charlote de pêra 933

Chocolate
Bavaroise de chocolate e baunilha 832
Bolo de chocolate 982
Calda de chocolate 1038
Caramelos de chocolate 1037
Carrés de chocolate e nozes 1030
Charlote de chocolate 837
Cobertura de chocolate 1038
Cookies de chocolate 967
Creme de chocolate 841
Delícias de chocolate com castanha 1057
Marquise de chocolate 850
Muffins de chocolate 1058
Parfait de chocolate 856
Profiteroles de chocolate 1013
Pudim de arroz com chocolate 857
Sorbet de chocolate 862
Sorvete de chocolate 864
Suflê de chocolate 866
Torta de chocolate 1020
Trufas de chocolate 1039

Coberturas
Cobertura de chocolate 1038
Fondant 1036
Glacê real 1036

Coco
Bom-bocado de coco 966
Cocada mole 901
Doce de caju com coco 890
Nesselrode de coco 893
Suflê de coco 902

Compotas
Compota de ameixa 877
Compota de caju 888
Compota de castanha 891
Compota de cereja 898
Compota de damasco 903
Compota de figo seco 907
Compota de maçã 919
Compota de manga fatiada 923
Compota de nêspera 878
Compota de peras com cerveja 934
Compota de peras e maçãs caramelizadas 934
Compota de pêssego 938
Compota do velho vinhateiro 943
Compota rápida de frutas da estação 1068
Compota rápida de maçã e pêra 1067

Conversations (Docinhos de amêndoa) 1000

Cookies de chocolate 967

Coulis
Coulis de amora 882
Coulis de damasco 904
Coulis de frutas frescas 944
Coulis de maracujá 925
Coulis de melão 925
Coulis de mexerica 929
Coulis de morango 929

Cremes
Creme amanteigado 838
Crème brûlée 839
Creme Chiboust 839
Creme de amêndoa 840
Creme de caramelo 840
Creme de chocolate 841
Creme de leite batido 841
Creme de limão 915
Creme de manga 923

ÍNDICE

Creme de sêmola 842
Creme de sêmola com frutas 945
Creme de uva 950
Creme inglês 842
Creme pâtissière 843
Taças de creme Havaí 948

Crepes
Crepes com açúcar 844
Crepes com licor 844
Crepes de amêndoa 881
Crepes de cereja 898
Crepes Suzette 845
Matafans bisontins (Crepes à moda antiga) 850
Pannequet de damasco (Crepe enrolado de damasco) 907

Croissants
Croissant 1002
Croissant alsaciano 1002
Croissant de amêndoa 1003

Curau de milho verde 846

D

Damasco
Canapés folhados de damasco 998
Charlote de damasco 902
Compota de damasco 903
Conserva de damasco na cachaça 904
Coulis de damasco 904
Damascos Bourdaloue 905
Damascos em calda 906
Geléia de damasco 906
Pannequet de damasco (Crepe enrolado de damasco) 907
Sorbet de damasco 907

Doces de frutas
Doce de ameixa 878
Doce de ameixa seca 879
Doce de caju 889
Doce de caju com castanha-de-caju 890
Doce de caju com coco 890
Doce de goiaba 1042
Doce de laranja 912
Doce de maçã 920
Doce de manga com limão 923

Docinhos
Ameixas-pretas disfarçadas 1040
Barquinhas de amora 977
Barquinhas de castanha 978
Barquinhas de pêssego 979
Bom-bocado de coco 966
Cerejas disfarçadas (marquesas) 1041
Conversations (Docinhos de amêndoa) 1000
Doce de amêndoa 1041
Doce de goiaba 1042
Laranjas glaçadas 1043
Marzipã 1043
Quindim 1013
Tâmaras recheadas 1044

F

Far breton (Pudim típico da Bretanha) 846

Figo
Compota de figo seco 907
Figo seco com amêndoa 908

Flãs
Flã de cereja à moda dinamarquesa 899
Flã de limão com suspiro 915
Flã de maçã 920

Flaugnarde (Bolo de frutas típico do centro da França) 847

Fogaça 1007

Folhados
Canapés folhados de damasco 998
Palets de dames 970
Palitos folhados 971
Palmiers 971
Pithiviers 1012

ÍNDICE

Rochers à moda do Congo 972

Framboesa
Framboesas com creme 909
Geléia de framboesa 909
Sorbet de framboesa 910

Frutas com kirsch e marasquino 945

Frutas cristalizadas
Abacaxi cristalizado 872
Cake de uvas-passas e frutas cristalizadas 997
Cascas de laranja cristalizadas 1040
Pavê de frutas cristalizadas 946
Tangerinas cristalizadas 927

G
Ganache 847

Geléias
Geléia de amora 882
Geléia de banana 909
Geléia de castanha 891
Geléia de cereja 900
Geléia de damasco 906
Geléia de framboesa 909
Geléia de frutas vermelhas 946
Geléia de goiaba 910
Geléia de laranja 913
Geléia de limão 916
Geléia de melão 926
Geléia de morango 929

Goiaba
Doce de goiaba 1042
Geléia de goiaba 910
Goiabas ao forno 911

Grapefruit
Grapefruit caramelizado 911
Grapefruit gelado 912

H
Halvah de sêmola 848

I
Ilha flutuante (Île flottante) 848

K
Kiwi
Salada de kiwi com frutas cítricas 1063
Torta de kiwi 1021
Zabaione de kiwi 1063

L
Laranja
Bolo musseline de laranja 990
Cascas de laranja cristalizadas 1040
Doce de laranja 912
Geléia de laranja 913
Laranjas em papillote 1064
Laranjas glaçadas 1043
Laranjas nevadas 914
Morango na laranja 931
Orangine (Bolo de casca de laranja) 1010
Sorbet de laranja 918
Suflê de laranja 914
Torta de laranja 1022

Limão
Biscoitos com limão 964
Bolo de limão 985
Bolo fofo de pêra com limão 1067
Creme de limão 915
Delícia de limão 1003
Flã de limão com suspiro 915
Geléia de limão 916
Lemon curd 917
Limões nevados 927
Musse de limão 917
Salada de frutas com suco de limão 948
Sorbet de limão 918
Suflê de limão 918
Torta de limão 1022

ÍNDICE

M

Maçã
Apple pie 976
Bolinhos de maçã 919
Bolo fofo de maçã 1066
Compota de maçã 919
Compota rápida de maçã e pêra 1067
Doce de maçã 920
Flã de maçã 920
Maçãs bonne femme 921
Maçãs gratinadas com frutas secas 921
Sorbet de maçã 922
Suflê de maçã 922
Torta de maçã flambada 1022
Torta rápida de maçã 1026
Tortinhas de maçã 1028
Tortinhas de maçã e ameixa seca 1029

Macarons 968

Madalenas 969

Manga
Compota de manga fatiada 923
Creme de manga 923
Doce de manga com limão 923
Musse de manga 924
Sorbet de manga 924

Manjar-branco 849

Maracujá
Coulis de maracujá 925
Sorbet de maracujá 925

Marquise de chocolate 850

Massas de doces e tortas
Massa com amêndoa 953
Massa de babá ao rum 953
Massa de biscoito 954
Massa de bolo 954
Massa de brioche doce 955
Massa de croissant 956
Massa de nozes 957
Massa de pão-de-ló 957
Massa de savarin 958
Massa doce 959
Massa doce de carolina 960
Massa doce de crepe 960
Massa perolada 961
Massa sablée 961

Matafans bisontins (Crepes à moda antiga) 850

Melão
Coulis de melão 925
Frapê de melão 926
Geléia de melão 926
Surpresa de melão à parisiense 947

Mexerica
Coulis de mexerica 929
Mexericas nevadas 927

Milho
Curau de milho verde 846
Pamonha 854
Pamonha de forno 855

Morango
Bolo de morango 898
Bolo morangueiro 990
Charlote de morango 928
Coulis de morango 929
Delícias de morango 1004
Geléia de morango 929
Morango com hortelã 930
Morango Ginette 930
Morango na laranja 931
Musse de morango 932
Sorbet de morango 932
Suflê de morango 932
Torta de morango 1023

Muffins
Muffins 1009
Muffins de chocolate 1058

Musses
Musse de amora 882
Musse de chocolate ao leite 851

ÍNDICE

Musse de limão 917
Musse de manga 924
Musse de morango 932

N
Nesselrode
Nesselrode de coco 893
Pudim Nesselrode 892

Nozes
Bolo de nozes suíço 986
Carrés de chocolate e nozes 1030
Delícias de nozes 1005
Massa de nozes 957
Torta de noz-pecã 1024

O
Omelete flambada 851

Omelete norueguesa 852

Orelhinhas fritas 853

Ovos nevados 853

P
Pães doces
Buns 996
Pães de Nantes 970
Pão doce 1010
Pão doce com uvas-passas 1011

Parfaits
Parfait com pralinê 856
Parfait de chocolate 856
Parfait gelado de café 855

Pavês
Pavê de ameixa 879
Pavê de frutas cristalizadas 946

Pêra
Bolo fofo de pêra com limão 1067
Charlote de pêra 933
Compota de peras com cerveja 934
Compota de peras e maçãs caramelizadas 934
Compota rápida de maçã e pêra 1067
Flaugnarde de pêra 935
Peras ao vinho 936
Peras Belle-Hélène 936
Peras Bourdaloue 905
Peras gratinadas com castanha-do-pará 937
Salada de pêra, pêssego e amora 947
Sorbet de pêra 937
Surpresa delícia 938
Torta de pêra 1024

Pêssego
Barquinhas de pêssego 979
Compota de pêssego 938
Coulis de pêssego 939
Pêssegos à imperatriz 939
Pêssegos à moda de Bordeaux 940
Pêssegos em calda cozidos 940
Pêssegos em calda crus 941
Pêssegos imperiais 941
Pêssegos Melba 942
Salada de pêra, pêssego e amora 947
Torta de pêssego 1024

Petits-fours
Bastõezinhos glaçados com baunilha 963
Biscoito maltês 1030
Carrés de chocolate e nozes 1030
Cigarrinhos russos 966
Cookies de chocolate 967
Duchesses 1031
Língua-de-gato 968
Macarons 968
Pães de Nantes 970
Palets de dames 970
Palitos folhados 971
Palmiers 971
Petits-fours gregos com mel 1032

ÍNDICE

Petits-fours Souvarov 1032
Rochers à moda do Congo 972
Sablés de Milão 973
Tuiles de amêndoa (Biscoitos finíssimos) 973
Visitandines 974

Profiteroles de chocolate 1013

Pudins
Far breton (Pudim típico da Bretanha) 846
Pudim de arroz 856
Pudim de arroz com chocolate 857
Pudim de leite 857
Pudim de ovos 857
Pudim de pão à francesa 858
Pudim de sêmola 859
Pudim escocês 859
Pudim Nesselrode 892

Q

Quindão 1014

Quindim 1013

R

Rabanada de brioche 860

Rocambole 1014

S

Sachertorte 1015

Saint-Honoré com chantilly 1016

Saladas de frutas
Frutas com kirsch e marasquino 945
Salada de frutas com suco de limão 948
Salada de kiwi com frutas cítricas 1063
Salada de pêra, pêssego e amora 947

Tabule de frutas 1078

Savarins
Massa de savarin 958
Savarin com creme pâtissière 1017
Savarin com frutas vermelhas e chantilly 1017

Sonhos
Sonhos 860
Sonhos com amêndoa 861

Sorbets
Sorbet com calvados 861
Sorbet de abacaxi com vodca 875
Sorbet de chá 862
Sorbet de chocolate 862
Sorbet de damasco 907
Sorbet de framboesa 910
Sorbet de frutas tropicais 949
Sorbet de laranja 918
Sorbet de limão 918
Sorbet de maçã 922
Sorbet de manga 924
Sorbet de maracujá 925
Sorbet de morango 932
Sorbet de pêra 937
Sorbet de tangerina 918

Sorvetes
Banana split 885
Grapefruit gelado 912
Sorvete ao caramelo 862
Sorvete de baunilha 863
Sorvete de café 863
Sorvete de chocolate 864
Sorvete marmorizado Wanda 864
Taça gelada com cereja-preta 901
Torta de sorvete: preparo 869
Torta de sorvete de damasco 870

Subrics
Subrics de arroz-doce (Croquetes de arroz-doce) 865
Subrics de sêmola 865

ÍNDICE

Suflês
Suflê ao Grand Marnier 866
Suflê de amora 933
Suflê de banana 886
Suflê de castanha 893
Suflê de chocolate 866
Suflê de coco 902
Suflê de laranja 914
Suflê de maçã 922
Suflê de morango 932
Suflê embaixatriz 867

Suspiros
Suspiro de frutas tropicais com baunilha 949
Suspiro francês 962
Suspiro italiano 962

T

Tâmaras recheadas 1044

Tangerina
Bolo de tangerina 987
Sorbet de tangerina 918
Tangerinas cristalizadas 927
Tangerinas na cachaça 928
Torta de tangerina 1022

Tapioca ao leite 868

Tiramisù 868

Tortas
Torta de amêndoa 1018
Torta de amora 1019
Torta de banana com creme 886
Torta de banana com granola 887
Torta de banana rápida 888
Torta de castanha-do-pará com melado 1019
Torta de chocolate 1020
Torta de fromage blanc 1021
Torta de kiwi 1021
Torta de laranja 1022
Torta de limão 1022
Torta de maçã flambada 1022
Torta de morango 1023
Torta de noz-pecã 1024
Torta de pêra 1024
Torta de pêssego 1025
Torta de tangerina 1022
Torta de uva 1026
Torta rápida de maçã 1026
Torta suíça de vinho 1027
Torta Tatin 1027

Tortinhas
Tortinhas de maçã 1028
Tortinhas de maçã e ameixa seca 1029

Trufas de chocolate 1039

U

Uva
Creme de uva 950
Torta de uva 1026

V

Vacherin
Vacherin de castanha 894
Vacherin gelado 870

W

Waffles com açúcar 1029

Z

Zabaiones
Zabaione 871
Zabaione de kiwi 1063

GUIA COMPLETO DE RECEITAS
foi impresso em São Paulo/SP, pela Gráfica Araguaia, para a Editora Lafonte Ltda., em março de 2016.